청소년상담사

3급

자격증 한 번에 따기

청소년상담사 3급

초판 인쇄   2021년 6월 14일

초판 발행   2021년 6월 16일

편 저 자 | 이정미

발 행 처 | (주)서원각

등록번호 | 1999-1A-107호

주   소 | 경기도 고양시 일산서구 덕산로 88-45(가좌동)

교재주문 | 031-923-2051

팩   스 | 031-923-3815

교재문의 | 카카오톡 플러스 친구[서원각]

영상문의 | 070-4233-2505

홈페이지 | www.goseowon.com

책임편집 | 정유진

디 자 인 | 이규희

PREFACE

청소년상담사는 청소년의 정서, 인지, 발달을 조력하는 상담 전문 국가자격증으로 상기 자격을 통하여 청소년과 그 주변인들에게 인간으로서의 존엄성을 높이는 데 조력하며 청소년의 합리적인 의사결정력을 함양하고 청소년의 행복추구를 위하여 헌신하는 보람된 일을 할 수 있습니다.

청소년상담사는 일반 상담과는 다른 청소년 문제에 초점을 맞춘 전문상담자로서, 최근 들어 학교폭력, 가출, 학업중단, 왕따, 집단 괴롭힘, 약물남용, 청소년 성매매 등 다양화 되고 심각해지는 청소년문제에 대해 현실적인 대처를 위한 전문상담 인력의 필요성이 더욱 요구되고 있습니다.

또한 기존의 청소년상담실, 사회 상담기관 등의 전문적인 청소년상담자 양성을 위한 교육과정이 없는 실정으로, 분산되어 있는 청소년 상담활동의 구심점을 마련하여 보다 효과적인 청소년 상담활동을 전개할 수 있는 제도적 장치가 필요하게 되었습니다.

이에 따라 청소년상담사에 대한 관심이 고조되어 효과적인 청소년 상담활동의 체계를 확립하고 전문인력 확보를 위한 제도로 청소년상담사 자격과정이 자리 잡게 되었습니다.

청소년상담사는 청소년 상담관련 분야 종사자들의 전문성을 확보함으로써 청소년 선도 효과를 극대화하며, 청소년에게 질 높은 상담서비스를 제공하기 위하여 자격과정을 엄정하게 처리하기에 공신력 또한 크다고 할 수 있습니다. 또한 상담전문 자격제도의 법적 근거에 따라 청소년단체 및 청소년수련기관 등에서 청소년상담사를 배치하므로 고용률 역시 증가하고 있습니다.

서원각에서 출판되는 청소년상담사 3급 교재는 양질의 이론과 핵심문제들로 구성된 종합본으로서 본 교재와 함께 꾸준히 실력을 쌓아 합격을 맺길 바랍니다.

1. 시험방법 및 과목

① 시험과목 및 시험시간

구분	시험과목		검정방법	
	필수(5과목)	선택(1과목)	1차	2차
3급(6과목)	• 발달심리 • 집단상담의 기초 • 심리측정 및 평가 • 상담이론 • 학습이론	청소년이해론 · 청소년수련 활동론 중 1과목	필기시험 (과목당 25문항)	면접

② 시험시간

구분	필기시험					면접시험
	교시	시험과목	입실시간	시험시간		
3급 청소년 상담사(6과목)	1교시	• 발달심리 • 집단상담의 기초 • 심리측정 및 평가 • 상담이론	09 : 00까지	09 : 30~ 11 : 10 (100분)		1조당 10~20분 내외
	2교시	• 학습이론(필수) • 청소년이해론 · 청소년수련 활동론 중 1과목	11 : 30까지	11 : 40~ 12 : 30 (50분)		

③ 필기시험 합격(예정)자 결정기준 등
    ㉠ 필기시험의 합격결정에 있어서는 매 과목 100점을 만점으로 하여 매 과목 40점 이상, 전 과목 평균 60점 이상을 득점한 자를 필기시험 합격예정자로 결정
    ㉡ 필기시험 합격예정자는 한국산업인력공단에 응시자격 서류를 제출하여야 하며, 정해진 기간 내 응시자격 서류를 제출하지 않거나 심사결과 부적격자일 경우 필기시험을 불합격 처리함

2. 응시자격(3급 청소년상담사)

① 대학 및 「평생교육법」에 따른 학력이 인정되는 평생교육시설의 청소년(지도)학 · 교육학 · 심리학 · 사회사업(복지)학 · 정신의학 · 아동(복지)학 · 상담학 분야 또는 그 밖에 여성가족부령으로 정하는 상담 관련 분야의 학사학위를 취득한 자
② 전문대학 또는 다른 법령에 따라 이와 동등한 학력을 인정받는 기관에서 상담관련분야 전문학사를 취득한 사람으로서 상담 실무경력이 2년 이상인 사람
③ 대학 또는 다른 법령에 따라 이와 동등한 학력을 인정받는 기관에서 학사학위를 취득한 후 상담 실무경력이 2년 이상인 사람
④ 전문대학 또는 다른 법령에 따라 이와 동등한 학력을 인정받는 기관에서 전문학사학위를 취득한 후 상담 실무경력이 4년 이상인 사람
⑤ 고등학교를 졸업하고 상담 실무경력이 5년 이상인 사람
⑥ 제1호부터 제4호까지에 규정된 사람과 같은 수준 이상의 자격이 있다고 여성가족부령으로 정하는 사람

3. 청소년상담사 3급 출제영역

1. 발달심리

주요항목	세부항목
발달심리학의 기초	발달심리학의 개념과 특징
	발달심리학의 연구방법론
	발달이론 및 발달심리학의 주요쟁점
발달에 대한 전생애적 접근	영유아기 발달
	아동기 발달
	청년기발달
	성인기 및 노년기 발달
주요 발달영역별 접근	유전과 태내발달
	신체 및 운동발달
	인지발달
	성격 및 사회성 발달
	정서 및 도덕성 발달
	발달정신병리
기타	기타 발달심리에 관한 사항

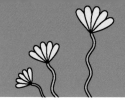

2. 집단상담의 기초

주요항목	세부항목
집단상담의 이론	집단상담의 기초
	집단상담의 지도성 및 집단상담자의 기술
	집단상담의 계획 및 평가
	집단상담의 윤리기준
	집단상담의 제 이론 -정신분석 접근 -개인심리학 접근 -행동주의 접근 -실존주의 접근 -인간중심 접근 -게슈탈트 접근 -합리정서행동 접근 -인지치료 접근 -현실치료/해결중심 접근 -교류분석 접근 -예술적 접근 등 기타 접근 (심리극, 미술, 음악 등)
집단상담의 실제	집단역동에 대한 이해
	집단상담의 과정 (초기, 중기, 종결)
청소년 집단상담	청소년 집단상담의 특징
	청소년 집단상담의 제 영역
	청소년 집단상담자의 기술
기타	기타 집단상담의 기초에 관한 사항

3. 심리측정 및 평가

주요항목	세부항목
심리측정의 기본개념	1. 검사, 측정, 평가의 개념 -검사개발의 원리 -난이도 -변별도 -유용도
	2. 표준화 검사의 개념과 개발 -표준화의 개념과 개발 -규준의 개념과 개발 -검사점수의 해석 -규준참조 해석 -준거참조 해석
	3. 통계의 기초 -척도의 종류와 해설 -명명/서열/동간/비율 -기본 개념의 적용
	4. 신뢰도 -신뢰도의 개념 -신뢰도의 종류와 특성 -신뢰도에 영향을 주는 요인 -신뢰도의 평가 및 적용
	5. 타당도 -타당도의 개념 -타당도의 종류와 특성 -타당도에 영향을 주는 요인 -타당도의 평가 및 적용
검사의 선정과 시행	1. 검사의 종류 -투사적 검사 -정의적 검사 -행동관찰 및 면접
	2. 검사 선정시 고려사항 -측정학적 문제 -의뢰목적
	3. 검사 시행시 고려사항 -라포형성 -피검자 변인 -검사자 변인 -검사상황 변인 -검사시행준비

	4. 윤리적 문제 -비밀보장 -이중관계 -검사결과 피드백 -성추행 및 성관계 -실시 및 해석자의 자격
인지적 검사	1. 지능검사 -지능의 개념과 측정 -Wechsler식 지능검사 -지능지수의 해석 -집단용 지능검사 및 기타 사항
	2. 성취도 검사 -성취도(학습기능)의 개념 -표준화 성취도 검사의 해석
정의적 검사	1. MMPI -실시 목적과 방법 -채점과 타당도 척도의 해석 -임상척도의 해석
	2. 기타 성격검사 -성격의 기본차원 -객관성격검사 사용의 유의사항 -MBTI 검사의 활용 -PAI 검사의 활용
	3. 적성검사 -적성의 개념 -표준화 적성검사의 해석방안
투사적 검사	1. 투사검사의 개관 -투사검사의 특성 -투사검사의 활용방안
	2. HTP 검사
	3. SCT 검사
	4. Rorschach 검사
	5. TAT 검사
기타	기타 심리측정 및 평가에 관한 사항

4. 상담이론

주요항목	세부항목
청소년상담의 기초	상담의 본질
	상담의 기능
	상담자의 자질
	상담자 윤리
청소년상담의 이론적 접근	정신분석
	개인심리학
	행동주의 상담
	실존주의 상담
	인간중심 상담
	게슈탈트 상담
	합리정서행동 상담
	인지치료
	현실치료/해결중심 상담
	교류분석
	여성주의 상담
	다문화 상담
	통합적 접근
청소년상담의 실제	상담계획과 준비
	상담목표
	상담과정과 절차
	상담기술과 기법
기타	기타 상담이론에 관한 사항

5. 학습이론

주요항목	세부항목
학습의 개념	학습의 정의, 개괄
	학습관련 연구의 쟁점
행동주의 학습이론	고전적 조건학습이론
	조작적 조건학습이론
인지주의 학습이론	사회인지이론
	정보처리이론
신경생리학적 학습이론	신경생리학적 이론
동기와 학습	동기와 정서
	동기와 인지
기타	기타 학습이론에 관한 사항

6. 청소년이해론

주요항목	세부항목
청소년 심리	청소년 심리의 이해
	청소년의 심리적 발달(생물, 인지, 도덕성, 성격, 자아 정체감, 정서 등)
	청소년기의 사회적 맥락(성 · 성역할, 학업과 진로, 친구관계, 여가 등)
청소년 문화	청소년 문화 관련 이론
	청소년 문화 실제(대중문화, 여가문화, 소비문화, 사이버 문화 등)
	가족 · 지역사회
	또래집단 · 학교
청소년 복지와 보호	청소년비행 이론
	학교부적응 · 학업중단
	폭력, 자살, 가출
	중독(약물, 인터넷, 게임 등)
	청소년 보호
	청소년 복지 기초
	청소년 복지 실제
	청소년 자립지원
	청소년 사례 통합관리
	지역사회안전망 운영
	청소년 인권과 참여
기타	기타 청소년이해론에 관한 사항

7. 청소년수련활동론

주요항목	세부항목
청소년활동이해	기본개념
	교육적 의의
	활동관련 이론
청소년활동 프로그램이론	프로그램 개발
	프로그램 실행
	프로그램 평가
청소년활동지도	지도원리
	지도방법
	청소년지도자(배치 등)
청소년활동기관 설치 및 운영	수련시설 · 기관 운영
	청소년단체 등
청소년활동실제	수련활동
	교류활동
	문화활동
	동아리활동
	참여활동
	기타 활동
청소년활동 제도 및 지원	활동관련 정책사업
	안전 및 시설 관리
청소년활동 여건과 환경	교육제도 및 연계
	지역사회 연계
기타	기타 청소년수련활동론에 관한 사항

STRUCTURE

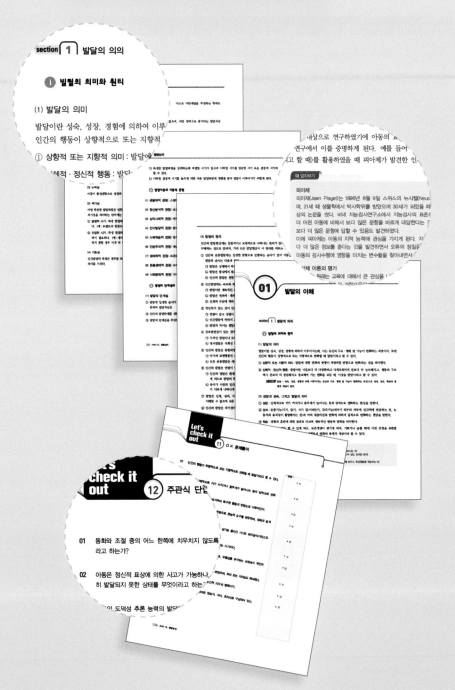

핵심이론정리

방대한 양의 이론을 중요개념을 중심으로 체계적으로 구성해 핵심파악이 쉽고 중요내용을 한 눈에 파악할 수 있도록 구성하여 학습의 집중도를 높일 수 있습니다.

더 알아보기

본문과 연관된 학습 팁들을 '더 알아보기'로 함께 수록하였습니다. 다양한 이론들을 더 학습하여 기본기를 완벽하게 다질 수 있도록 구성하였습니다.

OX 문제풀이

본문의 내용을 다시 확인하고 기억하기 쉽도록 이론에 나왔던 중요 핵심내용을 OX 퀴즈형식으로 단원별 10문제씩 수록하였습니다.

STRUCTURE

기출문제 맛보기와 예상문제

해당 단원에서 최근 출제된 기출문제를 일부 수록하여 최신 기출 유형을 파악할 수 있도록 하였습니다. 시험에 맞춘 유형과 보다 많은 문제 유형을 접할 수 있도록 다양한 난도와 유형의 문제를 최대한 수록하여 자신의 학습도를 점검할 수 있습니다.

상세한 해설

매 문제마다 상세한 해설을 달아 문제풀이만으로도 학습이 가능하도록 하였습니다. 문제풀이와 함께 완벽하게 이론을 정리할 수 있도록 하였습니다.

최신기출문제

2020년에 시행된 기출문제를 풀어봄으로써 실전에 보다 철저하게 대비하고 최종적으로 마무리할 수 있습니다.

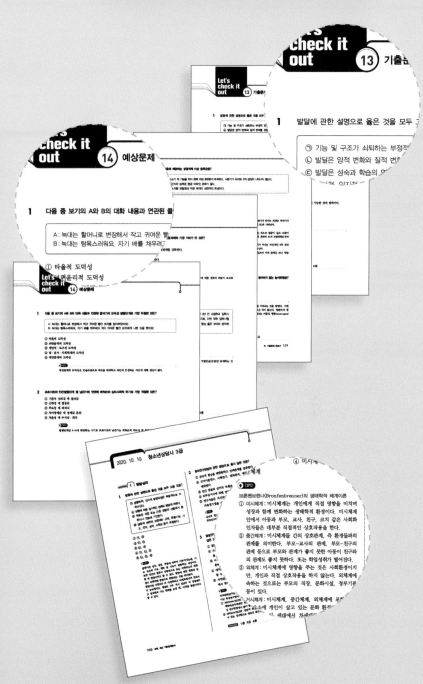

COTENTS

CONTENTS

PART

01

발달심리

01 발달의 이해

section 1 발달의 의의

1 발달의 의미와 원리

(1) 발달의 의미

발달이란 성숙, 성장, 경험에 의하여 이루어지는데, 이는 심신의 구조·형태 및 기능이 변화하는 과정이다. 또한 인간의 행동이 상향적으로 또는 지향적으로 변화할 때 발달이라고 할 수 있다.

① **상향적 또는 지향적 의미** : 발달에 대한 변화의 방향이 바람직한 방향으로 변화되는 것을 의미한다.

② **신체적·정신적 행동** : 발달이란 이전보다 더 다양화되고 다채로워지며 전보다 더 능숙해지고, 행동의 구조 역시 전보다 더 정밀해지고 정교해져 가는 변화를 보일 때, 이것을 발달이라고 할 수 있다.

> **POINT** 발달 … 성숙, 성장, 경험에 의해 이루어지는 심신의 구조·형태 및 기능이 변화하는 과정으로 성장, 성숙, 학습의 총체적 개념이 된다.

(2) 성장과 성숙, 그리고 발달의 차이

① **성장** : 신체적으로 키가 커지거나 몸무게가 늘어나는 등의 양적으로 변화하는 현상을 말한다.

② **성숙** : 운동기능(기기, 앉기, 서기 등)이라든가, 감각기능(피부가 외부의 자극에 민감하게 반응하는 것, 눈동자의 움직임이 활발해지는 것)과 여러 내분비선의 변화에 의하여 질적으로 변화하는 현상을 말한다.

③ **학습** : 경험과 훈련에 의한 결과로 비교적 영속적인 행동의 변화를 의미한다.

④ **발달** : 아기가 말을 할 수 있게 되고, 보존개념이 생기게 되며, 기쁘거나 슬플 때에 이런 감정을 표현할 수 있게 되는 등의 심리적·정신적 변화로서 변화의 총체적 개념이라 할 수 있다.

> **더 알아보기**
>
> 1) **자연발생적 발달** : 시기적으로 발달과업이 달성되는 것
>   ① 성장(growth) : 신체적으로 나타나는 양적 변화(예 : 키, 몸무게가 늘어나는 것)
>   ② 성숙(maturity) : 신체의 양적 변화+신경내분비선의 질적 변화(예 : 2차 성징, 호르몬 분비)
> 2) **인위적 발달** : 의도적인 행동을 통해 발달이 이루어지는 것
>   ③ 학습 : 경험과 훈련에 의하여 영속적으로 나타나는 변화(예 : 언어를 배우고, 특정행동을 학습되는 것)

(3) 발달의 원리

인간의 발달현상에는 일반적이고 보편적으로 나타나는 원리가 있다. 이 원리는 인간발달의 현상을 일관성 있게 지배하는 것으로 알려져, 거의 모든 발달현상이 이 원리를 따르는 것으로 인정되고 있다.

① 인간의 운동발달에는 일정한 방향으로 진행되는 순서가 있어 아동은 이 원리에 따라 발달한다. 구체적인 발달의 순서는 다음과 같다.

    ㉠ 발달은 상체에서 하체의 방향으로 이루어진다.

    ㉡ 발달은 중심에서 말초의 방향으로 이루어진다.

    ㉢ 인간의 발달은 전체 활동에서부터 특수한 활동의 방향으로 이루어진다.

② 인간발달에는 속도와 계속성이 있다.

    ㉠ 발달이란 계속적인 과정이지만, 그 속도는 일정한 것이 아니다.

    ㉡ 발달은 연속적·계속적인 과정이다.

    ㉢ 신체의 부분에 따라 발달의 속도가 다르며, 정신 기능에 따라서도 발달의 속도는 각기 다르다.

③ 개인차가 있는 것이 인간발달이다.

    ㉠ 연령이 같고 성별이 같다 해도 사람들은 신장이나 체중은 물론, 운동기능과 정신기능에도 차이가 있다.

    ㉡ 인간발달에 따라서 조숙아나 늦둥이라는 표현을 쓸 수 있다.

    ㉢ 발달의 차이는 발달의 개인차로 인한 것이며, 개인차는 유전과 환경의 차이에서 나타난다.

④ 상호관련성이 있는 것이 인간발달이다.

    ㉠ 지적인 발달이나 도덕성의 발달과 관련이 있는 것이 신체발달이다.

    ㉡ 정서발달은 사회성 발달이나 성격 발달과 관련되어 있다.

⑤ 인간의 발달은 통합과정과 분화를 거친다.

    ㉠ 아기의 표현행동인 울음도 연령의 증가에 따라서 점차 분화되어 간다.

    ㉡ 모든 운동발달은 세분된 특수운동이 나타나기 이전에 먼저 전체 활동이 나타난다.

⑥ 인간의 발달은 연령이 증가할수록 발달의 경향을 예측하기 어렵다.

    ㉠ 인간의 발달은 환경과 유전의 상호작용에 의해 연령이 증가할수록 유전보다는 환경적 영향을 많이 받게 되므로 발달의 특성을 예측하기 어려워진다.

    ㉡ 유아기 이전의 인간의 발달정도는 예측이 가능한데 반해 성인이 될수록 환경적 학습에 의해 발달정도가 다르게 나타나게 된다.

⑦ 발달은 신체, 심리, 사회적인 전체관점에서 이해해야 한다. 특히 인간의 발달은 특정부분에만 한정지어 이해할 수 없으며 모든 측면에서 고려해야 한다.

⑧ 인간의 발달은 적기성이 있다.

ⓐ 특정한 발달과업을 성취하는데 적절한 시기가 있으며 이러한 시기를 민감한 시기 또는 결정적 시기라 할 수 있다.

ⓑ 이러한 결정적 시기를 놓치게 되면 다음 발달과업에 영향을 받아 발달이 이루어지기 어렵게 된다.

② 발달이론의 이론적 관점

(1) **생물학적 관점** : 스텐리 홀, 게젤

(2) **정신분석적 관점** : 프로이트

(3) **심리사회적 관점** : 에릭슨, 설리번, 마르샤

(4) **인지발달적 관점** : 콜버그, 피아제

(5) **사회학습적 관점** : 반두라

(6) **인본주의적 관점** : 매슬로, 로저스

(7) **생태학적 관점** : 브론펜브레너

(8) **동물생태적 관점** : 로렌츠

(9) **사회문화적 관점** : 마가렛 미드, 베네딕트

③ 발달의 단계설과 비단계설

(1) **발달의 단계설**

① 발달에 일정한 순서가 있다는 의미는 한 단계의 발달이 이루어지면 다음 단계의 발달로 나아간다는 것을 뜻하며 발달곡선은   으로 나타난다.

② 인간의 발달단계를 생활연령으로 나누고 있다.

③ 발달의 단계설을 주장한 학자로는 프로이트, 에릭슨, 피아제 등이 있다.

(2) 발달의 비단계설

① 발달에 대한 비연속적 이론인 단계설이 있는가 하면, 발달은 　　　 이므로 비단계설을 주장하는 학파도 있다.

② 학습이론이 비단계설에 속한다.

③ 인간의 성장과 발달에 있어서 질적으로 차이를 보이는 단계는 없으며, 다만 양적으로 증가되는 발달곡선이 있을 뿐이다.

④ 발달의 비단계설을 주장한 학자로는 왓슨, 스키너, 반두라 등이 있다.

section 2 | 발달의 기본성격과 개인차

❶ 발달의 기본성격

(1) 불가역성
특정 시기로 다시 돌이켜서 어떤 발달의 결함을 회복시킬 수 없다.

(2) 누적성
아동이 환경결함으로 성장과 발달에 결손이 생기면 그 결손이 다음단계의 성장발달에도 영향을 준다.

(3) 적기성
어떤 특정한 발달과업은 성취하는 데는 적절한 시기가 있는데, 그 시기를 놓치면 다음 시기에 보충되기 어렵다. 적기성을 의미하는 단어에는 결정적 시기와 민감한 시기가 있으며 차이는 다음과 같다.

① **결정적 시기** : 특정 발달과업을 성취하는데 결정적 시기를 의미하며 이 시기를 놓치면 절대 회복할 수 없다. (예 : 로렌츠의 천둥오리 실험에서 천둥오리의 각인효과)

② **민감한 시기** : 특정 발달과업을 성취하는데 적기적 시기를 의미하며 해당 시기를 놓치게 되면 더 많은 노력이 필요하다. (예 : 생애초기의 양육자와의 애착형성이 성격발달에 영향을 미치게 되며 애착형성이 잘 되지 못한 경우 이후 더 많은 사랑과 관심을 쏟아야 회복될 수 있다.)

(4) 기초성
인간발달의 과업은 대부분 초기에 이루어진다. 즉, 어릴 때일수록 그 시기의 경험이 다음 단계를 위한 초석적인 의미를 가진다.

② 발달의 개인차

(1) 발달의 유전요인

① **신체적 특질의 유전** : 유전요인의 작용이 비교적 큰 것은 신체적 특질이다. 대머리나 쌍꺼풀은 우성 유전요인이며, 색맹이나 피부색은 열성 유전요인이다.

② **정신적 특질의 유전** : 인간의 여러 특질 중에서 지능의 유전성이 가장 분명하고 확실한 것이다. 지능의 유전성은 주로 쌍생아들을 대상으로 연구하여 밝혀낸 사실에 의거한다. 음악, 미술과 같은 예능적 특성도 비교적 유전성이 높은 특질로 알려져 있다.

③ **성격의 유전** : 태도나 성격 등은 유전의 영향을 덜 받고 환경의 영향을 더 크게 받는다. 사회적 제재가 성격에 영향을 미친다면 사회적 제재를 적게 받은 경우 유전의 영향력이 커지게 될 것이다.

> **POINT** 민감한 아이와 유순한 아이
> 민감한 아이와 유순한 아이는 유전학적으로 결정된다고 한다. 민감한 아이는 잠을 깊이 자지 못하고 칭얼대며 다소 짜증을 내며 반면 유순한 아이는 외부자극에 대해서 덜 민감하게 반응하며 깊이 자며 잘 먹는다.

> **POINT** Thomas와 chess(1977)의 세 가지 기질프로파일
> ㉠ 쉬운 기질(easy temperament)…아동이 규칙적인 일과를 재빨리 형성하고, 보편적으로 성질이 좋고, 쉽게 낯선 것에 적응하는 기질프로파일
> ㉡ 까다로운 기질(difficult temperament)…아동이 일과에서 불규칙적이고 새로운 경험에 대해 느리게 적응하고, 자주 부정적이고 강하게 반응하는 기질프로파일
> ㉢ 더딘 기질(slow-to-warm-up temperament)…아동이 활발하지 못하고 변덕스럽고 새로운 일과나 환경에 대해 부드럽지만 수동적인 저항을 보이는 기질프로파일
> ※ 조화의 적합성…부모의 자녀양육방식이 아동의 기질적 특성과 민감하게 적응될 때 발달이 최적화될 가능성이 높다는 Thomas와 chess의 개념

(2) 발달의 환경요인

① **신체적 특징에 대한 영향** : 신체의 골격구조는 환경영향과 기후, 식습관, 직업 등과 관계되는 것이 많다. 비만의 경우는 유전요인에 의해서 비만증상이 결정되는 것이 아니라, 식사의 질과 양, 부모의 과잉보호와 관계가 깊다.

② **지능에 대한 영향** : 인간의 지능은 환경에 의하여 보다 큰 비율로 좌우될 수 있다. 인간지능의 발달 준거연령을 만 17세(여 18세, 남 20세)로 보았을 때, 지능의 약 50%는 만 4세까지 발달한다.

> **더 알아보기**
>
> **블룸(Bloom)의 지능발달** : 블룸의 지능곡선은 만 17세를 지능발달의 준거(17세 준거100%기준)
> ㉠ 4세 : 성인지능의 50%
> ㉡ 8세 : 성인지능의 약 80%
> ㉢ 13세 : 성인지능의 약 92%

③ **성격에 미치는 영향** : 인간의 여러 특질 중 성격만큼 환경의 영향을 크게 받는 특질도 없다. 성격형성에 미치는 환경의 영향으로는 가족형태, 가족 수, 형제자매수와 성별의 비, 양육방법, 건강 등이 있다.

> **POINT** 지능과 뇌
> ① 출생시 : 성인 뇌의 1/4(25%)무게
> ② 생후 1년 : 성인 뇌의 2/3(66%)무게
> ③ 생후 2년 : 성인 뇌의 3/4(75%)무게 – 뇌의 급진적 성장시기
> ④ 3세 말 : 성인 뇌의 90%형성

02 인간발달의 이론

1 프로이트(S. Freud)의 심리성적이론

(1) 인간의 정신세계

프로이트는 40여 년에 걸친 장기간 자유연상의 방법으로 인간의 무의식을 추적 · 탐구하여, 인간의 정신세계란 의식, 전의식 및 무의식으로 나누어진다고 보았다.

① 의식 : 개인이 자기의 주의를 기울이는 바로 그 순간에 알아차릴 수 있는 정신생활의 일부분으로 대부분의 자아(ego)가 포함된다.

② 전의식 : 주의를 집중하고 노력하면 의식이 될 수 있는 정신생활의 일부분으로서, 그 위치는 주로 자아의 영역에 속한다고 보았다.

③ 무의식 : 무의식은 전적으로 의식 밖에 존재한다. 그러므로 개인에게는 그 자신이 전혀 자각하지 못하는 정신생활의 어떤 부분이 된다.

(2) 인성의 구조와 주요 개념

① 원초아(id)

　㉠ 원초아는 성격의 가장 원초적 부분으로 본능적 욕구를 관장하며, 성욕과 공격욕을 말한다.

　㉡ 원초아의 기능 : 본능적인 욕구를 관장하는 것인데, 본능적인 욕구란 주로 성욕과 공격욕을 의미한다.

　㉢ 출생시 형성된 특성이다.

② 자아(ego)

　㉠ 자아는 원초아의 욕구를 충족시키기 위한 현실적인 방법을 찾는 데 적절한 기능을 발휘한다.

　㉡ 자아는 현실원리에 따르게 된다.

　㉢ 약 2세경 형성된다.

③ 초자아(superego)

　㉠ 개인을 양육하는 부모나 주변사람들로부터 개인에게 투사되는 도덕적 · 윤리적 가치가 개인에게 내면화된 표상이다.

ⓛ 초자아의 두 측면

ⓐ **양심** : 잘못된 행동에 대해 처벌이나 비난받는 경험에서 생기는 죄책감이다.

ⓑ **자아이상** : 잘한 행동에 대해 긍정적 보상을 받은 경험으로 형성되기 때문에, 보상받을 행동을 하려고 추구하게 된다.

ⓒ 약 4, 5세경 형성된다.

(3) 인성의 발달단계

① 구강기(0~1세)

㉠ 유아의 주된 성감대 : 입, 혀 입술 등으로 젖을 빨 때 성적 욕구를 충족시킨다.

㉡ 고착현상 : 구강의 고소충족으로 욕구불만 현상이나 과잉충족으로 몰두·집착현상이 나타나서, 다음 단계로 이행되는 것을 방해한다.

② 항문기(2~3세)

㉠ 이 시기부터는 배설물의 보유와 배설에서 쾌감을 얻는다.

㉡ 이 시기에 배변훈련에 대해 칭찬과 격려를 받게 되면, 자란 후에도 생산성과 창의성의 기초를 형성할 수 있게 된다.

③ 남근기(4~5세)

㉠ 남근기는 인간의 리비도가 항문에서 성기로 옮아간 시기로 유아생식기라고도 한다.

㉡ 이 시기는 남아는 오이디푸스 콤플렉스(Oedipus Complex)를 경험하게 되고, 여아는 엘렉트라 콤플렉스(Electra Complex)를 겪게 된다.

㉢ 남아는 오이디푸스 콤플렉스로 인하여 거세불안에 시달리게 되며 동일시를 통해 성역할을 학습하며 부모자아를 내면화한다.

④ 잠복기(6~7세)

㉠ 프로이드는 이 시기부터 아동의 성적 욕구는 철저히 억압되어 외형상 '평온한 시기'가 되기 때문에 잠복기라고 불렀다.

㉡ 이 시기에는 지적인 탐색이 활발해진다.

⑤ 생식기(13~19세)

㉠ 이 시기는 성적 에너지가 무의식에서 의식의 세계로 나오는 시기이다.

㉡ 프로이드는 청년기 이후에 개인이 성취해야 할 발달과업은 '부모로부터의 독립'이라고 지적했다.

(4) 방어기제

① 안나프로이트는 방어기제의 이론을 정립하며 다양한 방어기제를 설명하고 있다.

② 인간은 초기에는 퇴행, 고착과 같은 방어기제를 사용하다 발달 후기로 갈수록 억압과 같은 방어기제를 사용하게 된다.

③ 대부분의 사람들은 방어기제를 사용하며 한번에 한가지 이상 사용하게 된다.

④ 방어기제의 병리성은 사용하는 방어기제의 수, 철회가능성, 연령정도에 비추어 판단할 수 있다.

2 에릭슨(Erikson)의 심리사회이론

(1) 에릭슨이론의 기초

① 점성원리

  ㉠ 에릭슨의 심리사회적 발달은 점성원리를 기초로 한다. 인간은 점성원리라고 불리는 미리 짜여 진 계획안에 따라 발달한다.

  ㉡ Epi(의존해서)와 gentic(유전)의 합성어로 발달이 유전에 의존한다는 뜻을 의미한다.

  ㉢ 인간발달이 유전적 요인에 의존한 일련의 단계에 의해 지배된다는 생각이다.

  ㉣ 에릭슨은 "발달하는 모든 것은 생물학적으로 타고난 기본계획과 같은 원래의 계획이 존재하며 이 기본계획을 바탕으로 각 부분들이 저마다 적절한 시기에 형성한다. 그리하여 각 부분들은 전체적인 유기체적 기능을 수행할 수 있다"고 설명한다.

② **자아정체감**: 자신감을 나타내는 자아정체감은 어떤 개인의 능력을 타인이 그에게서 발견하는 동일감과 일관성이 일치할 때 생긴다.

③ 에릭슨은 인간발달은 위기극복과정이며 인간은 무의식에 의해 동기화되고 발달은 사회적 요인에 영향을 받는다고 주장한다.

④ 노년기까지의 총체적 개념으로 인간을 이해하며 인간은 노년기까지 자아정체감을 확립하기 위해 노력한다.

(2) 심리사회성 발달단계

① **유아기**: 기본적 신뢰감 대 불신감(0~1세) – 희망

  ㉠ 출생에서 1세까지의 시기로 이 시기의 긍정적 결과는 신뢰감의 획득이다.

  ㉡ 생에 초기에 형성된 신뢰감은 인생 후기에서 맺어지는 사회적 관계의 성공적인 적응에 많은 영향을 미친다.

② **초기아동기**: 자율성 대 수치감(2~3세경) – 의지

  ㉠ 이 시기의 유아는 여러 상반되는 충동에서 스스로 선택하려 하고, 이런 과정에서 자신의 의지를 나타내고자 하는 자율성을 키우게 된다.

ⓛ 유아가 사회적 기대에 부응하여 적절한 행동을 수행하면 자율성이 발달하지만, 배변 시 실수를 하거나 신체적 통제나 자조기능 부족으로 적절한 행동을 잘 수행하지 못하면 수치감과 회의감을 느끼게 된다.

③ 유희연령기(학령전기): 주도성 대 죄책감(4~5세경) – 목적

ⓐ 프로이드의 남근기에 해당하는 시기로, 아동은 4세경이 되면 행동의 계획을 세우게 된다.

ⓛ 이 시기의 아동은 스스로 어떤 목표나 계획을 세워 그 일에서 성공하고자 노력한다.

④ 학령기: 근면성 대 열등감(6~12세경) – 능력

ⓐ 아동은 읽기, 쓰기, 셈하기의 학습적 능력을 길러야 한다.

ⓛ 에릭슨은 이 시기야말로 자아성장에 결정적 시기라고 하였다.

⑤ 청소년기: 정체감 대 정체감 혼미, 역할혼미(13~19세경) – 성실감, 충성심

ⓐ 자아정체감을 개발하지 못한 청소년은 역할 혼돈을 일으키고, 지향이 없고 표류감을 가질 수 있다.

ⓛ 이 시기에는 급격한 신체적 변화가 나타나고, 새로운 사회적 압력이나 요구에 대응해야 하는 시기가 된다.

> **POINT** 유예기 … 자아정체감 확립을 위하여 위기경험을 자유롭게 허용하며 여러 가지 시도를 할 수 있도록 하는 시기를 의미한다.

⑥ 성인기: 친밀감 대 고립감(20세~성인기) – 사랑

ⓐ 자아정체감이 잘 확립된 사람은 이미 친밀감에 대한 준비가 되어 있는 것이다.

ⓛ 이 시기는 청년기를 지나 성인기에 이르는 시기이다.

⑦ 중년기: 생산성 대 침체감 – 배려

ⓐ 가정에서는 자녀를 생산하여 양육하고 교육하는 시기이며, 사회적으로는 다음 세대의 양성, 직업적 성취, 학문적·예술적 업적을 통하여 생산성을 발휘한다.

ⓛ 성공적 발달을 이룬 사람은 자신의 이기적 관심에서 벗어나 다른 사람을 배려할 줄 알며 사회적 관계가 확대된다.

⑧ 노년기: 자아통합성 대 절망감 – 지혜

ⓐ 신체적 노쇠, 은퇴, 배우자의 죽음 등으로 인생에 대한 무력감을 느낄 수 있는 심리사회이론의 마지막 단계이다.

ⓛ 노년기에는 통합성 대 절망감을 형성하는 시기이다.

section **2** 인지발달이론

1 피아제(Piaget)의 인지발달이론

피아제(J. Piaget)는 발달의 시기에 따라 발달의 특성이 다르며, 발달단계에 따른 사고의 질적인 변화와 의미를 강조했다. 인간의 인지발달은 인간과 자연환경의 끊임없는 상호작용을 통해 이루어지는 적응과정이라고 보았다. 인간은 주관적 존재로 개인의 정서, 행동, 사고에 따라 현실세계를 구성하는 방식이 다른데 이러한 인간은 주관적 경험에 따라 판단하고 행동하게 된다.

(1) 피아제이론의 주요 개념

① **스키마(schema)** : 스키마는 유기체의 인지구조에 있는 요소로서 생활 환경에 어떻게 반응할 것인지를 결정한다. 스키마가 내현적으로 표현되는 것은 대개 사고와 같은 것이고 외현적으로 표현되는 것은 행동이지만 표현된 반응에 따라 내용을 지칭할 수 있다.

② **적응(adaptation)** : 동화와 조절 중의 어느 한쪽에 치우치지 않도록 평형을 이루는 것이며, 이것이 곧 살아 있는 유기체와 환경 간의 상호작용이라고 한다. 즉 적응이란 환경에 적합하게 도식이 변하는 것을 의미한다. 예를 들어 암컷 새가 눈에 띄지 않는 색으로 변하는 것을 적응이라 할 수 있다.

③ **동화와 조절** : 여러 가지의 스키마의 수가 유기체의 인지구조를 이룬다. 환경과의 상호작용이 활발할수록 가용한 인지구조는 많아질 것이다. 자기의 인지구조에 따라 환경에 반응하는 과정을 동화라 부른다. 동화는 인지구조와 물리적 환경 사이를 배합시켜 짝짓는 것으로 경험하는 모든 것은 스키마로 동화되어 갈 것이다. 만약 동화가 유일한 인지과정이라면 지적 성숙은 없을 것이다. 지적 성숙을 일으키는 것은 조절 과정이 있기 때문이다. 동화와 조절은 기능적 불변인으로 사람이 가지는 모든 경험에는 동화와 조절이 포함되어 있다. 원래 가지고 있는 인지구조에 사상은 쉽게 동화되지만 기존 인지구조를 갖고 있지 못할 때는 조절이 필요하다. 성숙해감에 따라 많은 것들이 현존의 인지구조와 일치하면서 조절은 점차 불필요해진다.

    ㉠ **동화(assimilation)** : 한 개인의 인지구조와 조화를 이루도록 환경에 반응하는 과정이다. 인간이 외계의 사물을 볼 때 기존의 틀에 끌어들여서 해석하는 것으로 이미 확립된 인지구조가 현재의 경험을 해석하는 과정(인지적 동화)이다. 예를 들어 유아가 음식 이외의 장난감을 다 입으로 가져가는 것을 동화라고 할 수 있다.

    ㉡ **조절(accommodation)** : 대상들이 현존하는 도식에 맞지 않을 때 인지구조가 수정되는 과정(인지적 성장의 중요한 이동수단)이다. 유기체가 새로운 대상을 기존의 체계로는 받아들일 수 없는 경우, 기존의 체계를 다소 변경시켜 가는 과정(인지적 조절)을 조절이라고 한다.

④ **평형(equilibration)** : 평형은 경험을 지식으로 바꾸는 과정을 통하여 일어나는데, 이는 동화와 조절의 균형적 역할을 한다. 균형을 향한 계속적인 욕구로서 피아제에서 평형화란 프로이드의 쾌락과 매슬로와 융의 자기실현이란 개념에 해당한다. 중요한 동기개념으로서 아동의 지적성숙을 설명하기 위해 동화, 조절, 평형화 개념을 사용한다.

ㄱ 평형은 유기체가 적응을 최대화하기 위해 자신의 경험을 조직하려는 선천적인 경향성이다.

ㄴ 선천적으로 균형(평형화)에 대한 욕구가 있기 때문에, 유기체는 정신구조를 변화시키고, 인지적 균형을 추구하게 된다.

(2) 인지발달단계

① 감각운동기(0~2세) : 이 시기에는 자극에 대한 반응, 직접적인 신체감각과 경험을 통한 환경의 이해, 대상의 영속성 등이 발달한다. 감각운동기의 아동들은 기억 속에 사물에 대한 어떤 표상도 가지고 있지 않은 상태에서 모방력을 발전시키는데, 이 시기에 발전되는 모방력은 이후 관찰학습을 위한 토대 형성에 중요한 기능을 한다. 감각동작기의 초기에 있는 영아는 아직 미분화된 상태에 있다. 따라서 자기 자신을 주변 환경과 구분하지 못하며, 바라는 것과 현실을 구분하지 못한다. 또한 그의 관심은 지극히 자기 자신에 한정되어 있다. 이시기에는 대상영속성의 개념이 발달한다.

ㄱ 반사단계(생후 0~1개월) : 외부자극에 대한 단순한 기계적 반응의 시기로 '빨기 도식'을 가지고 젖을 먹기 위해 자신의 행동을 조절하게 된다.

ㄴ 1차적 순환반응기(생후 ~4개월) : 영아는 자기 내부의 만족을 위하여 자신의 신체에 국한된 행동을 반복적으로 하게 되는데(순환반응) 이 시기에 가장 지배적인 기제는 동화이다. 예를 들어 영아는 자신의 손가락을 빨게 된다.

ㄷ 2차적 순환반응기(생후 4~8개월) : 영아는 외부에서 얻는 흥미를 얻기 위하여 순환반응을 수정한다. 예를 들어 아기가 우연히 손가락을 빨다가 숟가락을 빨게 되고 이러한 행동을 반복하게 된다.

ㄹ 2차적 순환반응의 협응기(생후 8~12개월) : 영아는 의도성을 가지고 두 가지 활동을 동시에 연결시킬 수 있어 놀이가 매우 풍요로워진다. 예를 들어 영아의 눈앞에서 베게 (수단도식)속으로 치운 장난감(목표도식)을 찾기 위해 베개를 치우는 행위를 할 수 있다.

ㅁ 3차적 순환반응기(생후 12~18개월) : 외부세계에 대해 실험적이고 탐색적인 접근을 하게 되며 시행착오적이며 탐색적인 행동이 늘어난다. 이 시기에는 아직 표상을 할 수 없으며 문제해결은 감각운동을 통해서 나타난다.

ㅂ 정신적 표상의 시작기(생후 18~24개월) = 통찰기 : 영아는 행동이 아닌 언어로 자신의 경험을 구성하고 기록할 수 있는 사고의 시작으로 상직적인 표상이 가능해진다. 이 시기에는 타인의 행동을 보고 습득하는 지연모방이 가능하며 내적표상이 가능하다.

더 알아보기

지연모방 : 기억을 좇아 모방을 하는 행위로 표상화 능력은 다음단계에서 개념적 사고를 할 수 있는 기초가 되는 것으로 대상연속성이 형성되는 것을 의미한다.

POINT 피아제의 인지발달단계 중 감각운동기의 발달과정

반사단계(생후 0~1개월)	빨기 등의 반사활동이 이루어진다.
1차적 순환반응기(생후 1~4개월)	적응반응이 반복적으로 이루어진다.
2차적 순환반응기(생후 4~8개월)	학습을 통한 반응이 발생하고 외부사물에 관심을 가지고 탐색하게 된다.
2차적 순환반응의 협응기(생후 8~12개월)	의도적인 행동을 통해 도식을 확대한다.
3차적 순환반응기(생후 12~18개월)	시행착오와 적극적 탐색을 한다.
정신적 표상의 시작기(생후 18~24개월)	신상을 형성하여 사고가 시작된다.

② 전조작기(2~7세) : 이 시기의 아동은 영상이나 언어 등과 같은 상징적 표현에 의해서 자신이 접하는 세계를 나타낼 수 있는 인지 구조를 형성하게 된다. 이와 같은 인지 구조의 형성은 그들의 사고가 작용하는 영역의 범위를 시간적으로나 공간적으로 확장하게 된다. 그럼에도 불구하고 그들의 사고는 조작적이라고 말하기는 어려운 여러 가지 미숙성을 보인다. 전조작기 사고는 자기 중심성, 집중성, 비전이, 비가역성, 추론 등의 특성이 있다. 첫 단어가 학습되고 상징적 표상이 시작되며 대상영속성을 획득하게 된다.

㉠ 전 개념의 하위단계(= 전 개념기, 생후 1년 6개월~4세) : 이 시기의 유아는 눈에 보이는 한 가지 사실에만 기초하여 계열적으로 분류하지 못하며(불완전한 분류), 자신의 경험을 내면화시키고 자아중심적이다.

> **POINT** 피아제의 세 산 모형 실험
> 피아제는 모양이 3개인 산을 배열해 놓고 유아를 탁자의 한쪽에 앉히고 반대쪽에 인형을 마주 앉힌 다음 유아에게 질문을 하여 유아가 보는 산 배치와 인형이 보는 산이 같은지를 물었다. 그 결과 4세 아이는 무선적으로 산의 배치를 응답하였고, 5세 아이는 자신의 쪽으로 바라본 모양을 응답하였으며 6, 7세 아이는 자신이 보는 산 모양과 인형이 보는 산 모양이 다르다는 것을 알지만 정확히 응답하지는 못했다. 하지만 7, 8세가 지나면 비교적 정확하게 인형이 보는 쪽의 산 모양을 응답하였다.

㉡ 직관적 사고의 하위단계(= 개념기, 4~7세 또는 8세) : 개념적 사고가 약간 발달하고, 탈중심화 능력이 발달하기 시작한다. 표상화는 가능하나 불안정적이며 부분적인 논리만 추론할 수 있다. 이 시기에 이르러 조절이 지배적인 기제가 된다.

㉮ 상징놀이 : 놀이상황에서 상직적인 의미를 부여하는 것으로 막대기를 가지고 기타라고 한다.

㉯ 물활론적 인과론 : 모든 생물은 생명이 있는 존재로 생각하고 생명이 없는 대상에게 생명을 부여하는 것으로 '종이를 자르면 아파해' 또는 '해가 지면 화가 나서 숨은 거야'라고 이야기 한다.

㉰ 목적론적 인과론 : 모든 사물은 인간에 의하여, 인간을 위하여 만들어졌으며 우연히 발생하게 된 사건의 결과에 대하여 원인을 찾아내려하는 것으로 '이 꽃은 내가 보라고 있는 거야'라고 생각한다.

㉱ 직관적 사고 : 대상이 갖는 단 한가지의 두드러진 지각적 속성에 의해 그 대상을 판단하는 것으로 이것은 자아중심적 판단에서 비롯되며 보존개념을 이해하지 못하기 때문에 발생하게 된다.

> **POINT** 양보존개념 실험
> 피아제는 똑같은 두 개의 컵에 같은 높이로 물을 부은 다음 유아에게 같은 양의 물이 있는지 물어보았다. 그런 다음 이 물을 한 컵은 밑면적이 좁은 컵으로 옮겨 붓고 다시 질문을 한 결과 유아는 밑면적이 좁아 높이가 높아진 물의 컵을 보고 같은 물의 양이라는 것을 이해하지 못했다.

⑪ **현상론적 인과론** : 전조작기 특유의 인과추론으로 유아는 시간적으로 근접해서 발생하는 두 사건에 특정 인과관계가 있다고 믿으며 먼저 일어나는 사건이 다른 사건을 일으키는 원인으로 생각한다.

③ **구체적 조작기(7~12세)** : 이 단계에 있는 아동들의 인지 구조는 전조작기에 있는 아동들에 비하여 현저하게 발달된 형태를 띤다. 이 시기의 조작은 구체적 사고를 의미한다. 구체적 조작단계의 아동들은 벌써 외면적 시행착오를 거치지 않고도 머릿속에서 생각이 일어날 수 있다는 점에서 내면적이다. 이 시기에는 모든 개념이 획득되어 수개념을 획득하게 된다. 즉, 수(數) 조합능력이 형성된다고 할 수 있다. 또한 타인을 조망수용이 가능해진다.

㉠ **조작적 사고** : 어떤 문제를 풀면서 생각할 수 있는 능력이며, 가역적으로 사고할 수 있는 능력이다.

㉡ **서열화** : 대상을 순서대로 나열할 수 있다.

㉢ **유목화** : 대상을 기준에 따라 분류할 수 있다.

㉣ **보존개념** : 보존개념은 대상의 외형이 변하여도 특정의 양은 그대로 보존된다고 판단하는 능력으로 보존개념은 가역성(역조작성), 보상성, 동일성의 3가지 개념을 획득할 경우 가능해진다.

> **더 알아보기**
>
> 1) 가역성(역조작성) : 대상의 외형이 변화된다.
> 2) 보상성 : 대상이 상호보완된다.
> 3) 동일성 : 대상의 양이 같다.

㉤ **수개념의 획득** : 수의 사칙연산이 가능하다.

㉥ **조합적인 사고 가능** : 가설적, 추리적, 추론적 사고가 가능해지게 되며 모든 개념을 획득하게 된다.

④ **형식적 조작기(12세~16세)** : 구체적 조작기에 있는 아동들이 현존하는 사물이나 현상에 국한하여 조작적 사고가 가능한데 비하여, 이 단계에서는 현존하는 것을 초월하여 여러 가지 가능한 경우를 가정한다. 예를 들면, 새로운 과학문제에 직면했을 때, 그들은 단지 관찰 가능한 실험 결과에만 집착하지 않고, 그 상황에서 일어날 수 있는 가능한 모든 경우를 동시에 생각하기 때문에, 실제로 나타난 현상은 가능한 여러 결과 중의 하나에 불과할 수 있다는 점을 인식한다. 따라서 여러 개의 변인을 동시에 고려하여 연역적으로 가설을 세우며, 그 가설의 타당성을 검증하기 위하여 체계적으로 실험을 설계하고 수행한다. 즉, 가능한 모든 경우를 고려하여 가설 연역적으로 문제를 해결한다. 그러므로 이 시기의 사고 구조는 고도의 평형상태를 이루고 있다고 말할 수 있다. 이는 그들의 인지 구조가 다양한 새로운 문제 상황에 효과적으로 적응하여 문제를 해결할 수 있는 수준에 이르렀음을 의미한다.

㉠ 아동은 가설을 세워 사고하고, 현실적인 것뿐만 아니라 비현실적인 것에 대해서도 추론할 수 있게 된다.

㉡ 추상적 문제를 체계적으로 사고하고, 그 결과를 일반화할 수 있다.

㉢ 이상적인 사고가 발달한다.

> **POINT** 지능과 지적 성장에 대한 Piaget의 관점
> ㉠ 인지발달 : 주의, 지각, 학습, 사고, 기억과 같은 정신능력에서 일어나는 연령에 따른 변화
> ㉡ 도식(scheme) : 아동의 그의 환경의 어떤 측면들을 이해하기 위해서 구성하는 조직화된 사고 패턴이나 행위패턴, Piaget는 때때로 도식의 동의어로 인지구조 사용함
> ㉢ 동화(assimilation) : 아동들이 새로운 경험을 그들의 기존 도식내에 통합하여 설명하는 과정을 나타내는 것
> ㉣ 비평형(disequilibriums) : 사람의 사고과정과 환경 사건 사이의 불균형 혹은 모순, 반대로 평형은 인지구조와 환경 사이의 균형 잡히고, 조화로운 관계
> ㉤ 조절(accommodation) : 아동이 새로운 경험을 통합하거나 새로운 경험에 적응하기 위해서 기존 도식을 수정하는 과정을 나타내는 것
> ㉥ 불변적 발달순서 : 순서대로 일어나는 각 발달은 다음 발달의 선행조건이기 때문에 특정순서로 진행되는 일련의 발달

(3) 학습의 최적조건

① 피아제의 발달단계가 교육에 미치는 의미로는, 교육자들이 교재를 개발할 때 그 내용을 각각의 발달단계에 속해 있는 아동들의 발달수준에 맞추어 적용해야 한다고 시사해 준 것이다.

② 피아제의 생각은 개방교육운동의 근거가 되는 기본적 사상을 제공해 준다. 권위적이며 통제적인 교육이 아닌 개방교육에서는 학생들이 자신들의 학습경험을 스스로 선정해야 하는 것이다.

③ 반면 피아제의 이론은 인지발달의 질적 변화를 강조하지만 하위단계에서 연속적인 변화과정으로 나타나기도 한다.

④ 피아제는 아동을 대상으로 연구하였기에 아동의 표현적 제한으로 인해 인지발달수준이 과소평가되었으며 후속 학자들의 연구에서 이를 증명하게 된다. 예를 들어 아동에게 친숙한 대상(강아지, 꽃) 및 용어(두 사람이 나눠가지려고 할 때)를 활용하였을 때 피아제가 발견한 인지발달수준보다 높게 나타났다.

> **더 알아보기**
>
> **피아제**
> 피아제(Jean Piaget)는 1896년 8월 9일 스위스의 뉴샤텔(Neuchatel)에서 태어났다. 일찍부터 생물학에 관심을 가졌으며, 21세 때 생물학에서 박사학위를 받았으며 30세가 되었을 때 주로 연체동물과 그 외 다른 논제들에 대해서 20편 이상의 논문을 썼다. 비네 지능검사연구소에서 지능검사의 표준화 작업을 도왔으며 그때 일반적으로 나이 많은 아동은 더 어린 아동에 비해서 보다 많은 문항을 바르게 대답한다는 것을 발견하였고 연령이 같은데도 어떤 아동은 다른 아동보다 더 많은 문항에 답할 수 있음도 발견하였다.
> 이에 피아제는 아동의 지적 능력에 관심을 가지게 된다. 지능검사의 표준화 작업을 하면서 검사문항에 오답이 정답보다 더 많은 정보를 준다는 것을 발견하면서 오류의 정질을 탐구할 수 있는 자유기술형 질문지인 임상법을 이용하였다. 아동의 검사수행에 영향을 미치는 변수들을 찾아내면서 아동심리학의 권위자가 되었다.
>
> **피아제 이론의 평가**
> 피아제는 원래는 교육에 대해서 큰 관심을 나타내지 않았었지만, 그의 이론이 1950년대 말에서 1960년대 초에 걸쳐 일어난 미국에서의 수학 및 과학교육의 개혁에 큰 영향을 미친 후, 교육에 관한 자신의 관점을 그의 저서 '교육과학과 아동심리학(1970)'과 '이해와 창조(1973)'에서 밝히고 있다. 그의 교육관은 그동안 훌륭한 교육학자로 등장했던 루소, 프뢰벨, 듀이 등과 크게 다른 점은 없지만, 과학적인 연구를 토대로 당시까지 전통적으로 받아 들여 온 학습과 아동에 대한 기본 가정의 허구성을 분명하게 조명함으로써, 그들의 주장을 좀 더 확실하게 타당화시켜 주었다. 특히 그의 주장은 당시의 교육을 지배하던 급진적인 환경론과 경험주의적 피상성을 극복하고 있다는 점에서 주목할 만하다.

❷ 비고츠키(Vygotsky)의 인지이론

(1) 고등정신기능의 발달과 영역

① **고등정신기능의 발달** : 역사적 산물인 언어를 매개수단으로 하여, 보다 유능한 사회구성원과의 상호작용 과정에서 전달받는 사회·문화적 특성 등을 토대로 자신의 행동과 사고구조를 발달시켜 나가며, 이런 과정에서 인간만이 지니는 고등정신기능을 획득하게 된다.

② **비고츠키이론의 기본전제 및 주요개념**

    ㉠ 인간은 지식을 구성한다.

    ㉡ 인지발달은 사회문화적 맥락 속에서 이루어진다.

    ㉢ 언어가 인지발달을 주도한다.

    ㉣ 학습이 발달을 주도한다.

    ㉤ 성인은 인지발달에 있어 발판역할을 한다.

    ㉥ 근접발달영역이란 혼자서 성취하기는 어렵지만 유능한 타인의 도움으로 성취 가능한 것의 범위이다.

    ㉦ 아동의 혼잣말은 문제해결능력을 조절하는 인지적 자기 안내 체계이다.

    ㉧ 지식은 사회적 상호작용을 통해 내면화된다.

    ㉨ 인지발달에 미치는 사회문화적 영향을 강조한다.

③ **근접발달영역(ZPD ; Zone of Proximal Development)** : 아동이 혼자 독립적으로 문제를 해결할 때, 아동이 보이는 실제적 발달수준에 비하여 성인이나 좀 더 유능한 또래와의 협력으로 아동이 성취할 수 있는 잠재적 발달수준 간의 간격이다.

| 실제적 발달수준 | ⇨ (ZPD) ⇨ | 잠재적 발달수준 |

    ※ ZPD : 아동의 발달에 있어 아동 스스로 해결하지 못하는 부분으로 성인(교수자)의 도움으로 성공적으로 문제해결을 할 수 있는 지역을 의미한다.

④ **내면화** : 개인의 사고 및 감정, 행동 등이 여러 가지의 사회적 영향을 받아 내부로 흡수되는 현상, 즉 사회적 상호작용을 통하여 문화가 개인 심리과정으로 전환되는 것이 내면화인 것이다.

⑤ **발달** : 내면화의 결과로 특정한 정신기능이 개인 안에 자율적으로 구성되어 독립적으로 기능할 수 있는 상태이다.

⑥ **언어와 사고의 관계** : 자기중심적인 사고의 발달은 인간의 지적 성장을 의미하며, 사회적 사고를 담고 있는 언어가 개인의 내적 언어로 전환되는 과정에서 자기중심적인 언어로 나타난다.

    🔖POINT 언어기능의 발달순서 ··· 사회적 언어(외적언어) → 자아중심적 언어 → 내적언어

⑦ **자아중심성** : 자신의 몰두로 인하여 잘못된 지각과 판단을 하기 쉬우며, 이러한 자아중심성은 다양한 대인 관계를 경험하면서 점차 해소된다.

⑧ **학습** : 근접발달지대의 축소 과정으로 교육적 상호작용을 통해서 실재적 발달 수준을 잠재적 발달 수준으로 이끄는 것이다.

⑨ **비계설정(scaffolding) = 발판화 설정** : 교사, 즉 성인이 아동 학습에 도움을 주어 인지적 향상을 꾀하는 발판 역할을 하는 체계를 의미하며 독자적으로 학습하기 어려운 지식, 기능을 학습자가 획득하도록 도와주기 위한 것이다.

(2) 언어와 사고의 발달단계

① **1단계(초기언어단계 : 출생~2세까지)** : 사고 이전의 언어적 특성을 보이며 비언어적, 비개념적 사고는 언어와 관련이 없다. 감각, 동작적으로 수행할 뿐이다.

② **2단계(순수심리단계 : 2세 이후)** : 이 시기가 되면 언어와 사고가 교차(융합)하면서 언어적 사고가 나타나기 때문에 인지적 활동으로서 언어적 특성을 보인다. 다른 사람이 아동의 행동을 말로써 지시할 수 있다.

③ **3단계(자기중심적 언어단계 : 7세 이전까지)** : 아동은 혼잣말 등의 자아중심적 언어를 통해 자신의 행동수행과 계획방법을 조직하며, 문제해결을 위한 자기-지시나 자기-조절을 도모한다. 예를 들어 취학 전 아동이 무슨 일을 할 때 자기가 하고 있는 일을 스스로에게 말하는 것이다.

④ **4단계(내부언어단계 : 7세 이후)** : 이 시기는 논리적 사고 같은 내적 언어를 통해 문제를 해결할 수 있다. 아동은 언어적 사고의 도구로 외적 언어와 내적 언어를 모두 사용하게 된다. 외현적이었던 자기 중심적 언어가 점점 내면화되면서 형식이 간략해진다.

비고츠키(Lev Semenovich Vygotsky, Лев Семенёвич Выготский)
1896년 11월 17일~1934년 6월 11일)는 구소련의 심리학자로, 벨라루스 출신이다. 비고츠키는 피아제와 같은 년도인 1896년 러시아계 유태인의 가정에서 태어났다. 아버지는 은행지점장이었고 어머니는 교사교육을 받은 사람이었으며 그의 가족은 사모바르(러시아식 물끓이는 주전자) 주위에 앉아 대화 나누는 것을 중요시하는 따뜻하고 지적이며 자극적 환경이 있는 대가족이었다.

독서광이었던 비고츠키는 15세부터 토론의 리더가 되면서 '작은 교수'라고 불리기도 했으며, 대학에서는 법학으로 학위를 받았으나 문학·언어학·심리학·예술·사회과학·철학 등 넓은 분야를 공부했고 나중에는 셰익스피어의 '햄릿'에 대한 박사논문을 썼다.

비고츠키 삼인방이 있는데 Vygotsky, Luria, Leontiev로 마르크시즘에 기초하여 새로운 심리학을 연구하였다. 이들은 무기력하고 소외된 봉건적 심적 상태를 분배·협동·지지에 기초를 둔 자기-지시적 행동으로 시민의 생각을 변화시키길 원했고, 이러한 생각에서 발달심리학의 사회-역사적 견해를 구성하였다.

비고츠키는 3가지 방법으로 심리학에 막스와 엥겔스의 사상을 확장시켰다. 첫째, 인간은 생리적 특징에 의해 변할 뿐 아니라, 노동과 도구를 사용함으로써 변화한다. 사회적 환경(social setting)에서 아동은 상호작용과 상호작용에서 사용되는 언어와 같은 심리학적 도구(psychological tools)'를 통해 생각을 구체화 한다. 이는 피아제와 동일하게 객체와 물질간의 상호작용이 인지발달을 이끈다고 생각했다. 그러나 사회적인 상호작용을 더욱 강조했고, 기계나 장난감과 같은 물리적인 대상의 문화적 기원을 중요하게 생각했다. 둘째, 물질처럼 지식도 공유되어야 한다. 즉 경제공동체원리처럼 어른공동체는 아동과 지식을 공유할 책임이 있다. 셋째, 헤겔에서 시작되고 마르크시즘 원리가 된 변증법적(dialectical) 정반합의 원리를 발전시켜 발달심리이론에(발달기제로서) 적용시켰다. 즉 새로운 개념과 기존의 개념, 아동과 아동의 환경, 본성과 육성 간에는 끊임없이 갈등(conflict)이 생기는데, 이러한 갈등해결을 통해 인지가 발달한다고 보았다. 이는 피아제의 평형화(equilibration)개념과 유사하다.

비고츠키는 시각장애·실어증·정신지체 등 정신적 육체적 어려움을 갖고 있는 아동들의 교육에 관심이 있었고, 1930년 초 '부르주아 심리학자'로 낙인 되면서 정치적 희생물이 되었다(1936년~1956년까지 러시아 정부는 그의 이론에 대한 연구를 금지). 1924년 결혼하여 두 딸을 두었고, 1934년 폐결핵으로 37세의 젊은 나이에 생을 마감하기까지 그는 끊임없이 독서하고, 강의하고, 저술하였는데 그의 뛰어난 재기와 이른 죽음은 '심리학의 모차르트'라는 호칭을 얻게 했다(Toulmin, 1978).

비고츠키이론을 연구한 학자들로는 Michael Cole, Barbara Rogoff, James Wertsch, Jean Valsiner, Ann Brown, Kozulin 등이며, 최근 20여년의 세계화와 같은 문화적 다양성은 인간발달에서의 사회문화적 맥락을 강조하는 그의 연구에 대한 관심이 증가시키고 있다.

아래 2권 모두 사후(1934년 하반기)에 출판되었으며 1958년이 되어서야 서방세계로 알려졌다.

• Thought and Language(사고와 언어)
• The Crisis in Psychology(심리학의 위기)

section **3** 도덕발달의이론

1 콜버그(Kohlberg)의 도덕성 발달이론

(1) 도덕성 추론 능력의 발달

① 인간의 도덕성 추론 능력의 발달은 인지적 발달과 관련된 것이다.

② 도덕성 추론 능력의 발달은 모든 사람과 모든 문화에서 동일하게 나타난다.

> **더 알아보기**
>
> **하인즈 딜레마**
> 콜버그는 하인즈 딜레마를 통해 응답자가 어떤 반응을 하는지 관찰한다.
> 응답자의 태도에 따라 도덕발달 수준을 구분하였다.
> 「어떤 마을에 하인즈라는 사람이 있었다. 하인즈는 아내가 위독한 병에 걸려 약을 사야 했는데 약사는 약의 원료는
> 200불인데 약값은 2000불을 요구하게 된다. 하지만 하인즈의 수중에는 1000불 밖에 없다. 이 상황에서 하인즈는 어
> 떤 행동을 할 것인가?」

(2) 도덕성의 발달단계(3수준 6단계)

① 전인습 수준(4~10세) : 인습 이전의 특성을 보인다.
   ㉠ 제1단계(벌과 복종의 지향 : 타율적 도덕성) : 보상과 처벌의 기준에 따라 행동한다.
   ㉡ 제2단계(자기 이익 지향 : 욕구충족) : 자신이나 사랑하는 사람에게 이익이 되는 정도에 따라 행동을 판단한다.

② 인습적 수준(10~13세) : 법과 규칙을 지키려는 인습적 특성을 보인다.
   ㉠ 제3단계(대인관계 조화) : 착한 사람들이 인정하는 선의의 행동인 것이다.
   ㉡ 제4단계(법, 질서 지향) : 사회의 법률이나 규칙을 지지하는 정도에 따라 행동하고 판단한다.

③ 후인습 수준(13세 이상) : 인습 이후의 특성을 보인다.
   ㉠ 제5단계(사회계약 지향) : 개인의 권리를 존중하고 사회계약을 유지하는 정도에 따라 행동하고 판단한다.
   ㉡ 제6단계 (양심 지향 : 보편적 양심지향) : 사회질서를 초월하는 인간의 존엄성에 대한 보편적 원리에 근거
      한 도덕적 판단인 것이다.

> **더 알아보기**
>
> **콜버그(Lawrence Kohlberg, 1927-1987)**
> 미국 출신의 세계적인 인지심리학자이며 도덕적 딜레마에 대한 소년들의 반응을 토대로 피아제의 도덕발달이론을 정교
> 화하고 확장시켜 나간 학자이다. 자신이 추구했던 도덕적 이상을 행동으로 실천하며 살다간 교육자이다.
> 콜버그는 1927년에 뉴욕 주에서 태어났으며 부모는 부유한 실업가였다. 그는 대학진학을 포기하고 이스라엘 건국운동
> 을 돕기 위해 자원하였다. 그는 유럽에서 이스라엘로 귀환하는 귀환자들 수송을 맡은 비행기의 부조종사로 봉사하였다.
> 그 후 그는 시카고 대학에 입학하여 2년 만에 학사 학위를 받았다. 같은 대학의 박사 과정에 입학한 그는 임상심리학
> 과 아동 발달에 관심을 보였다. 당시 학계는 정신분석학이나 행동주의가 주류를 이루던 때였지만 콜버그는 피아제 이
> 론에 심취하게 되어 인지발달론에 근거한 도덕성이론을 성립하게 된다.

❷ 길리건의 도덕성 발달이론

콜버그의 이론에 대한 반발로 남녀 성별에 따른 도덕적 추론의 차이를 설명한 이론이다. 남녀는 정의와 타인에 대한 애정의 서로 다른 방식으로 추론하며 남성은 정의, 합리성, 공평성, 공정성의 입장에서 여성은 타인을 돌보고 사회적 관계를 중시하는 입장에서 도덕적 추론을 한다. 길리건은 콜버그가 도덕원리와 정의를 지향하는 도덕성을 강조한 것에 반해 인간관계의 보살핌, 애착, 희생 등 대인지향적 도덕성을 제시하였다. 정의지향과 대인지향적 도덕성은 상호 배타적이라기보다, 도덕성이 내포하는 본질적인 두 개의 측면으로 보아야 할 것이다. 길리건(1984)은 연구대상의 90% 이상이 두 가지 지향의 도덕적 추론을 모두 갖고 있지만 이들 중 65%는 둘 중 하나의 지향에 선택적으로 의존한다는 사실을 발견한다. 이것은 남과 여성이 차이를 보이게 된다. 길리건은 폭력, 낙태 등 도덕적 사태에서 청소년들이 보여주는 여성 특유의 도덕적 사고를 분석하여 여성의 도덕 추론과정을 2개의 이행과정에 포함한 3개의 수준으로 단계화하였다.

(1) 1수준(자기이익지향)

① 자신의 이익과 생존에 몰두한다.

② 제1이행기 : 이기심에서 책임감으로 여성은 자신이 하고 싶은 개인적 욕구와 자신이 해야 하는 책임을 구별하기 시작하고 자기중심적 이기주의에서 성숙한 수준의 도덕적 추론이 시작된다.

(2) 2수준

① 타인에 대한 책임으로 선의식별

② 도덕성의 사회적 조망이 발달하며 자신의 욕구를 억제하고 타인의 요구에 순응한다. 자기희생과 타인에 대한 배려를 동등하게 선한 것으로 간주한다.

③ 제2이행기 : 동조로부터 새로운 내재적 판단으로 자신의 가치에 대한 비판적 의문이 생겨나고 선의 본질에 대한 새로운 인식이 시작된다.

(3) 3수준

① 자신과 타인간의 역동

② 자신의 권리와 타인간의 책임이 조화를 이루며 자기주장과 배려가 공존한다.

③ 우리나라 청소년은 서구 청소년과 유사하게 합리성과 공정성을 우선으로 고려하다 청소년후기로 갈수록 대인지향적 도덕성이 강화되는 것으로 나타났다.

3 피아제의 도덕성 추론

피아제는 어린아이에게 다음과 같은 질문을 한다. 어머니를 도우려다 5개의 컵을 깬 아이가 있고 엄마 몰래 과자를 꺼내려다 1개의 컵을 깬 아이가 있는데 이 중 어느 아이가 나쁘냐는 질문에 대해 아이의 반응을 살펴본 결과 응답한 태도에 따라 다음과 같이 도덕성을 이해하였다.

① 전도덕성 : 도덕성 이전

② 사실적 도덕성(타율적 도덕성 : 6∼10세 이전) : 권위자가 만들어놓은 규칙은 변경할 수 없으며, 위반시 처벌 받아야 한다고 생각한다.

③ 상대적 도덕성(자율적 도덕성 : 10∼11세 이후) : 법에 대한 임의적 합의방식을 이해한다.

참 고

(1) 발테스의 지혜모형

① 지혜 : 실재적 생활문제에 대해 탁월한 판단과 충고가 가능한 전문가적 지식체계로 전문지식의 획득과 함께 뛰어난 통찰력의 발달과 관련이 있다.

② 지혜의 종류
   ㉠ 사실적 지식 : 사실을 정확하게 이해하고 있는가?
   ㉡ 절차적 지식 : 사실적 지식을 통해 얻은 여러 대처 방안을 고려하여 해결할 수 있는 방법을 탐색하고 결정할 수 있는가?
   ㉢ 맥락에 대한 지식 : 상황에 관련된 시대, 사회, 역사적 배경, 가족, 친구 직장 등의 삶의 맥락에 미칠 수 있는 영향을 고려할 수 있는가?
   ㉣ 상대주의적 가치 : 삶에 대해 절대적 가치보다는 상대성을 인정하고 타인의 다양성을 이해하고 조절할 수 있는가?
   ㉤ 불확실성 : 완벽한 해결방안과 미래에 대한 예측이 불가능하다는 것을 이해하고 있는가?

(2) 유전과 환경 발달모형

① 반응의 범위모형 : 사람의 발달은 선천적인 요소와 후천적인 요소가 복합적으로 작용하며 선천적으로 발달이 가능한 범위가 정해져 있고, 그 안에서 발달의 수준이 변한다. 즉, 유전에 의해 결정된 반응의 범위가 경험과 환경에 의해 얼마만큼 변화할 수 있는가를 보여준다. 예를 들어 작은 키의 유전인자를 가지고 있는 사람이 아무리 좋은 영양상태가 좋다고 해도 평균이상의 신장을 가지기 어렵다.

② 수로화 모형 : 아동이 발달하는 방향에는 여러 경로가 있어 발달의 방향을 결정하게 된다. 수로화는 운하를 파고 배출구를 만들어 흐름의 방향을 유도한다는 의미로 인간의 특성은 강하게 수로화 된 특성(생물학적)일수록 환경의 영향을 덜 받게 된다. 예를 들어 초기 신체운동(앉기, 서기, 걷기), 언어능력(옹알이 등)은 강하게 수로화된 반면 후천적인 것에 의해 영향을 받을수록 덜 수로화되었다고 할 수 있다.

③ 거래적 상호작용모형 : 유전과 환경요인은 양방향적인 과정(P : 유기체↔E : 환경)으로 설명하는 것으로 유전자형이 환경에 미치는 영향과 그러한 영향이 다시 유전자형의 발달로 송환된다는 이론으로 종류로는 3가지가 있다.
   ㉠ 수동적 유전 – 환경상호관계 : (스스로 환경을 선택할 수 없는)아동의 경우 부모에 의해 제공되는 환경자극에 수동적으로 노출된다.
      예 : 부모님이 아동을 미술학원에 등록하여 보낸다.
   ㉡ 능동적 유전 – 환경상호관계 : 아동의 경험이 확대되어 감에 따라 자신의 유전적 성향과 가장 잘 맞는 환경을 능동적으로 선택한다.
      예 : 미술에 관심을 가진 아동이 미술과목을 선택한다.
   ㉢ 유발적 유전 – 환경상호관계 : 아동의 유전적 특성이 다른 사람들의 행동에 영향을 미쳐 특정 환경을 유발한다.
      예 : 미술에 소질을 보인 아동을 친구들이 미화반장으로 추천한다.

---

① 로저스(Rogers)의 현상학적 이론

(1) 로저스의 인간중심적 접근

① '현상'은 눈에 보이는 것이 아니라 현재의 지각, 의식, 판단, 평가를 알아야만 그 사람 행동을 이해할 수 있다고 보는 것이다.

② 인간중심적 접근은 내담자에게 조언이나 지시를 하기보다는 허용적·수용적 분위기를 조성하며, 그러한 분위기를 전문성보다 더 중시한다.

③ 비지시적인 상담, 내담자 중심 상담을 해야 하는 이유는 무조건적이고 긍정적인 관심을 보여줌으로 인해서 긍정적인 자기지각, 자아개념을 갖게 되어서, 긍정적인 성격을 갖게 되기 때문이다.

(2) 로저스이론의 주요내용

① **유기체** : 로저스는 인간을 유기체로 볼 것을 주장하며, 유기체는 모든 의식적·무의식적 체험의 소재지이다. 이 체험들의 전체가 현상적 장을 구성한다.

② **자아** : 일관성 있고 조직화된 개념적 형태를 띠면서 개인의 지각과 행동에 다시 영향을 준다.

③ **불안과 방어** : 자아와 유기체의 체험이 일치하지 않을 경우, 개인은 불안과 위협을 느낀다.

④ **현상학적 장** : 특정 순간에 개인이 지각하고 경험하는 모든 것을 의미하는 것으로, 경험적 세계 또는 주관적 경험으로 불린다.

⑤ **긍정적 존중욕구 – 가치조건** : 긍정적 존중욕구는 인간의 성격발달에서 결정적 작용을 하며, 이 욕구가 충족되고 좌절되는 체험으로부터 스스로를 존중하고자 하는 자기존중욕구가 발달한다.

(3) 충분히 기능하는 사람

로저스는 완전히 기능하는 삶을 자신의 잠재력을 인식하고 능력과 자질을 발휘하는 삶으로 보았다. 훌륭한 삶이란 어떤 목적지가 아니라 방향이다. 방향이란 유기체가 어떤 방향으로든지 자유롭게 움직일 수 있는 내적 자유가 있을 때 그가 선택하는 방향으로 움직이는 과정이다.

① **체험에 대한 개방성** : 자신의 체험이 개방적이라는 것은 결국 자아나 가치조건에 따라 자신의 체험을 억압하거나 왜곡하지 않는다는 것을 의미한다.

② **실존적인 삶** : 현상적 체험에 충실한 삶을 말한다.

③ **자신의 유기체에 대한 신뢰** : 자신의 유기체적 체험을 신뢰함으로써 그것을 기준으로 자신의 행동을 결정하는 것을 의미한다.

④ **자유의식** : 충분히 기능하는 사람은 제약이나 억제 혹은 금기 없이 생각과 행동과정의 여러 가지 대안들 중에서 자유로운 선택을 한다.

② 매슬로(Maslow)의 욕구이론

(1) 욕구이론의 주요내용

매슬로는 욕구단계이론을 통해 인간의 욕구와 동기가 어떻게 조작되는가를 밝히고, 욕구단계이론의 최고단계(생리적 욕구 → 안전에 대한 욕구 → 소속감과 사랑에 대한 욕구 → 자아존중의 욕구 → 자아실현의 욕구)이자 선천적인 잠재력을 완전히 발휘하는 인간발달의 가장 높은 단계인 자아실현의 중요성을 강조하였다.

① **생리적 욕구** : 유기체의 생물학적 유지를 위해 필요한 음식, 물, 공기, 수면, 성 등에 대한 욕구이다. 인간의 가장 기본적이고 강력한 욕구로서, 이것이 채워지지 않으면 인간은 더 높은 단계의 욕구로 나아갈 수 없다.

② **안전에 대한 욕구** : 생리적 욕구가 충족되면 인간은 안전과 안정, 보호와 질서 등에 대한 욕구를 느끼게 된다. 현재나 미래에 대한 예측성, 확실성, 안정성에 대한 욕구라고도 할 수 있다.

③ **소속감과 사랑(애정)에 대한 욕구** : 인간은 타인과 특별하고 의미 있는 관계를 맺고 그들과 애정을 주고받기를 원하며, 또한 특정한 집단에 소속되기를 바란다.

④ **자아존중의 욕구** : 타인으로부터 존중을 받을 뿐만 아니라 자기 자신으로부터 존중받음으로써 충족될 수 있다. 전자는 명예와 지위에 대한 추구로 나타나고, 후자는 능력과 자유, 독립 등에 대한 추구로 나타난다.

⑤ **자아실현의 욕구** : 자신의 잠재력을 인식하고 그것을 성취하고자 하는 욕구이다. 매슬로는 건강하고 바람직한 성장과 자아실현은 외부로부터 형성되는 것이 아니라 타고난 잠재력과 흥미를 실현시킴으로써 이루어지는 것이라고 보았다.

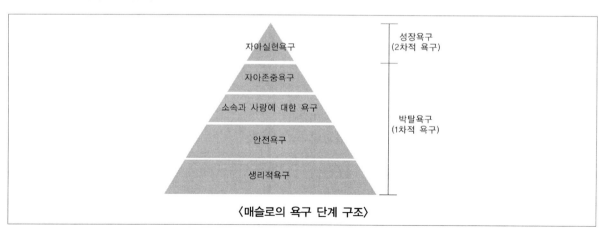

〈매슬로의 욕구 단계 구조〉

(1) 박탈욕구 : 생리적 욕구 → 안전에 대한 욕구 → 소속감과 사랑에 대한 욕구 → 자아존중의 욕구
(2) 성장욕구 : 지적욕구 → 심미적욕구 → 자아실현
(3) 자아실현인의 특징 : 현실적이고, 부정적인 감정에 솔직하다. 사적이고 유머적이며 창조적이다.

> **더 알아보기**
>
> **알더퍼의 ERG이론(Existence—Relatedness—Growth Theory)**
> 알더퍼의 ERG이론은 높은 수준의 욕구나 낮은 수준의 욕구 모두가 어느 시점에서는 동기부여(motivator)의 역할을 한다는 이론이다. 한 단계의 욕구가 충족되면 그 상위의 욕구가 증가하는데, 욕구단계는 미리 정해진 것이 아니라 다른 욕구의 충족정도에 따라 증감될 수 있다고 하였다. 또한 높은 단계의 욕구가 만족되지 않거나 좌절될 때 그보다 낮은 단계 욕구의 중요성이 커진다고 보고, 낮은 단계의 욕구가 충족되어야 다음 단계의 욕구가 발생하여 성장해 나간다는 매슬로 이론의 가정을 배제하였다.
> ERG이론은 매슬로(Abraham H. Maslow)의 욕구 5단계설을 수정한 것으로, 인간의 핵심적 욕구를 존재욕구(existence needs), 관계욕구(relatedness needs), 성장욕구(growth needs) 등의 3가지로 분류하였다.
> ㉠ 존재욕구 : 생존을 위해 필요한 생리적·물리적 욕구
> ㉡ 관계욕구 : 다른 사람과의 주요 관계를 유지하고자 하는 욕구
> ㉢ 성장욕구 : 창조적 개인의 성장을 내적 욕구

(2) 자아실현인

자아실현은 기본적 욕구들이 충족되고 재능, 능력, 잠재력 등을 남김없이 이용하는 것을 의미한다. 자아실현인의 공통적 특징은 다음과 같다.

① **효율적인 현실 지각** : 대상과 세계를 명확하고 효율적으로 인식하는 능력을 지닌다.

② **자신·타인·자연에 대한 수용** : 자기 자신의 모든 면을 그대로 수용하고, 자신의 약점이나 실패에 대해 지나친 부끄러움이나 죄책감을 갖지 않기 때문에, 방어성이나 허세 등을 드러내지 않는다.

③ **자발성·단순성·자연스러움** : 자아실현인의 행동은 자연스럽고 단순하며 인습에 사로잡혀 있지 않다.

④ **외적 문제 중심의 태도** : 자아 내부의 문제에 얽매이지 않고 자신 밖의 일이나 문제에 열정을 쏟는다.

⑤ **사적인 자유와 독립에 대한 욕구(문화와 환경으로부터 독립된 자율성)** : 독립적이고 자율적이어서 자신만의 시간을 즐기고 타인의 지지나 애정에 집착하지 않는다.

⑥ **인식의 신선함** : 주변 세계를 항상 새롭고 신선하게 인식하는 능력이 있다.

⑦ **공동체 의식** : 자아실현인들은 동료 인간들에 대해 강한 공감과 유대감을 느끼며 인본주의적 성향을 갖는 경우가 많다.

⑧ **자아실현적 대인관계** : 자아실현인들은 비교적 소수의 인간들과 매우 깊은 인간관계를 맺는 경향이 있다.

⑨ **민주적 인격구조** : 계급이나 교육수준, 인종, 종교 등의 사회적 편견에 좌우되지 않고, 모든 인간들을 관대하게 대하는 민주적 인격구조를 지녔다.

⑩ **창조성** : 자기 분야에서 창의성과 독창성을 지니고 있는데, 이것은 때 묻지 않은 어린아이의 순진무구하고 광범위한 창조성에 가깝다.

section 5 기타 이론(역동체계이론)

① 환경을 탐색하고 통제하는데 가장 효율적인 방법을 찾기 위해서 이미 숙달된 각 능력들이 협력하고 통합하여 운동기술은 형성된다.

② 새로운 운동기술은 기존운동 도식을 이용하여 능동적으로 재구성한 적응의 산물이다.

③ 아동에게 움직이고자 하는 동기를 제공하기 위해 흥미 있는 환경의 도움이 필요하다.

④ 운동능력은 유전적으로 프로그램화된 것이 아니라 환경과의 능동적 상호작용의 결과이다.

03 인간발달의 연구방법과 유전학적 기초

section 1 인간발달의 연구방법

① 과학의 정의와 연구의 과정

(1) 과학의 정의

과학(science)에 대한 정의는 학자들에 따라 다양하다. 과학을 '지위 있는 과업' 또는 '진실 된 지식의 체계'라고 정의할 수도 있다.

① 과학의 정태적 정의와 동태적 정의

    ㉠ 과학의 정태적 정의 : 과학을 '진실 된 지식의 체계' 또는 '누적된 지식의 체계', 나아가서는 '과학적 노력의 산물'이라고 정의한다.

    ㉡ 과학의 동태적 정의 : 과학을 '실증적 현상에 대한 객관적 조사 또는 조사방법'이라고 정의함으로써 과학의 결과적 측면보다는 과정적 측면을 주로 강조한다.

② 과학에 대한 종합적 정의 : 과학이란 인간이 자연의 산물과 현상의 원리를 추구하는 마음으로부터 경험적 사실을 근거로 보편타당하고 체계화된 지식을 얻기 위해 사회·문화 속에서 발전해 가는 과정이다.

(2) 과학적 연구의 과정

① 문제의 제기

    ㉠ 일상적인 경험과 사건에서 촉발되는 것이 과학적 연구의 발단이다.

    ㉡ 어떤 문제가 좀 더 깊이 연구될 필요가 있는가를 인식한다.

② 중요한 요인의 발견 : 중요하게 생각하는 것을 찾아내서 어떤 방법으로 조사할 것인가를 결정한다.

③ 문제의 검증 : 연구가 실제로 수행되는 단계로, 자료를 수집하고 통계적 검증을 통해 가설과의 일치 여부를 확인한다.

④ 가설의 기각 및 수락 : 가설을 기각할 것인지 또는 가설을 수락 할 것인지 결정한다.

2 과학적 연구의 요소

(1) 명제

① 실세계에 대한 하나의 진술로서 경험적 근거가 확인된 가설이다.

② 명제는 항상 두 개 또는 두 개 이상의 개념을 포함하고, 항상 옳고 그름을 판단할 수 있게 해 주어야 한다.

(2) 가설

① 확인 또는 검증되지 않은 두 개 이상의 변수 간의 관계에 관한 논술이다.

② 구체화는 가설을 통해서 이루어진다.

> **POINT** 연구가설=대립가설(귀무가설에 대립한다.)
> 영가설=귀무가설

(3) 이론

① 이론이란 경험적으로 검증이 가능하고 어느 정도의 법칙적인 일반성을 포함하는, 체계적으로 연관성을 가진 일련의 진술이다.

② 이론은 관찰된 데이터에서 변수들 간의 관계에 대한 확률적 진술, 즉 가설을 도출하여 이를 검증한 것이다.

(4) 변수

① 변수는 궁극적으로 우리의 감각기관을 통해 지각될 수 있는 현상을 전제로 한다.

② 변수는 현상의 특수한 속성을 가리킨다. 개념이 현상의 일반적 · 전제적 속성을 가리키는 데 반해 변수는 현상의 특수한 속성을 가리킨다.

③ 변수는 그 속성(가치)에 있어 연속성을 갖는다.

3 표집

(1) 표본

전체 모집단의 축소 또는 단면이 된다는 가정 하에서 모집단에서 선택된 모집단 구성단위의 일부를 통하여 전체를 유추하게 된다.

(2) 확률표집

① 각각의 표집단위가 추출될 확률을 알고서 무작위 방법에 의하여 표집 한다.

② 모집단의 각 단위는 추출될 수 있다.

(3) 비확률표집

시간·비용 등의 이유로 적용하기에 비현실적인 경우가 많거나 표집될 확률이 동일하지 않을 때 주로 사용한다. 비확률표집법은 비용이 절감되며 표집오차가 문제되지 않을 때 사용할 경우 효율적이다.

④ 자료수집방법

(1) 관찰법

① 관찰은 조사방법의 도움을 받아 경험적 조사를 시행하는 행동이다.

② 관찰은 평범한 일상생활에서 요구되고 있는 지식을 얻는 데도 필요하지만 과학적인 조사연구를 할 때에는 유용한 자료수집방법이 된다.

③ 유형
   ㉠ 자연관찰(비통제관찰), 실험관찰(통제관찰)
   ㉡ 참여관찰, 준참여관찰, 비참여관찰

(2) 면접법

① 면접법은 연구문제에 대한 적절한 해답을 구하기 위해 면접자가 응답자와 대면하면서 한다.

② 면접법은 피면접자에게 직접 질문하는 것이기 때문에 개인의 정보를 얻기에 가장 빠르다.

> **더 알아보기**
>
> **참여정도에 따른 분류**
> ㉠ 참여관찰 : 연구자가 연구장면에 참여하여 관찰한다.
> ㉡ 준참여관찰 : 연구자가 일정시간과 장소를 정하여 연구대상에 참여하여 관찰한다.
> ㉢ 비참여관찰 : 연구자가 연구장면에서 분리된 장소에서 미러를 통해 관찰한다.

(3) 사례연구

① case study : 어떤 한, 두 가지의 사건을 가지고 자서전적으로 기술하면서 심층적으로 연구를 하는 것으로 변화를 강조한다. 하지만 소수의 표집을 연구결과 일반화하는 문제가 발생할 수 있다.

② 일화기록법 : 일부 사례를 연구하면서 일화적 단면을 자세히 기술하는 방법을 말한다.

(4) 비교문화연구 : 한 문화권 또는 모든 문화권에서 나타나는 특성연구법

① 에믹(emic)접근법 : 내부자관점. 특정문화에 국한되어 해당대상자에게만 적용할 수 있는 연구법으로 질적인 연구방법에서 많이 활용된다.

② 에틱(etic)접근법 : 일반적 관점. 모든 문화에 적용할 수 있는 연구법으로 양적인 접근에서 활용된다.

5 인간발달연구의 접근법

(1) 종단적 연구

① 종단적 연구의 정의 : 같은 표집으로 시간 간격을 두고 적어도 두 번 이상 검사하는 것을 말한다.

② 종단적 연구의 기준

  ㉠ 실험적으로 일어나는 변화보다 자연적으로 일어나는 변화에 대한 연구를 중심으로 한다.

  ㉡ 적당한 시간을 두고 조사를 반복하는 것이다.

③ 종단적 연구의 장·단점

  ㉠ 종단적 연구의 장점

    ㉮ 성장과 발달의 개인적 변화를 파악할 수 있다.

    ㉯ 초기의 어떤 발달과 후기의 어떤 발달과의 관계를 알 수 있다.

    ㉰ 아동이 성장함에 따라 행동체계들의 지속적이고 점질적인 변화를 추정하는데 적합하다.

    ㉱ 많은 기본 현상이 밝혀져야만 하는 새로운 조사영역에 필요하다.

  ㉡ 종단적 연구의 단점

    ㉮ 검사도구가 구식이 되거나, 검사의 이론적 흥미가 상실되어 사용되고 있는 검사도구의 폐기이다.

    ㉯ 종단적 연구에서는 연구대상자 측의 시간과 노력에 계속적인 할애가 요구되는데 이러한 요구에 응하는 집단만이 실험에 참가하게 되고, 연구자는 연구의 가치에 신념을 가진 사람을 선택하므로 편향된 선택으로 인해 모집단의 대표성이 부족해진다.

    ㉰ 표집에서 모집단을 대표하도록 선정하여 대상선정의 오류를 피한다 하더라도 선택적 누락이 있다. 이사, 참여거부, 자연사망 등이 누락의 이유가 된다.

    ㉱ 반복되는 검사로 인해 먼저 실시한 검사가 사후검사에 영향을 준다.

    ㉲ 한 대상에게 반복적으로 같은 검사 도구를 이용하여 신뢰성이 문제된다.

(2) 횡단적 연구

① 횡단적 연구의 정의 : 어느 한 시점에서 다수의 자료를 표집하는 것으로 현상적 단면을 분석한다.

② 횡단적 연구의 기준

    ㉠ 실험적으로 일어나는 변화에 대한 측정보다 현재의 현상적 상황을 분석하는데 효과적이다.

    ㉡ 시간 간격 없이 다수의 자료를 조사하는 것이다.

③ 횡단적 연구의 장·단점

    ㉠ 횡단적 연구의 장점

        ㉮ 연령이 다른 개인 간의 발달적 차이를 단기간에 비교하는데 효과적이다.

        ㉯ 자료수집기간이 짧으며 간단하고 연구비용이 경제적이다.

        ㉰ 최신 검사 도구를 사용하여 검사의 신뢰도와 타당도가 높다.

        ㉱ 피험자의 탈락이 없으므로 연구결과의 신뢰도에 있어서 효과적이다.

        ㉲ 연구표본수가 많으므로 다른 연구방법에 비하여 일반화하기가 쉽다.

    ㉡ 횡단적 연구의 단점

        ㉮ 현상적 연구는 가능하나 실험연구 및 기타 연구방법에 있어서는 사용의 제약이 따른다.

        ㉯ 아동이 성장함에 따라 나타나는 행동체계들의 지속적이고 점질적인 변화를 설명하는 것은 어렵다.

        ㉰ 연령차이의 영향이라기보다 출생 집단 효과로 인하여 발생할 수 있으므로 연구결과의 신뢰에 문제가 발생할 수 있다.

(3) 종단 – 횡단적 연구

① 종단 – 횡단적 연구의 정의 : 횡단적인 연구방법과 종단적인 연구방법을 절충한 방법으로 3년에서 5년 동안 횡단적 설계의 집단을 단기간 추적하여 종단적으로 발생하는 발달의 변화를 연구하는 것이다.

② 예를 들어 10세, 12세, 14세의 3개 집단의 아동을 3년 후 다시 연구하는 경우에 해당된다.

③ 장점

    ㉠ 종단법에 비해 단기간 내 많은 연령집단을 연구대상으로 할 수 있다.

    ㉡ 출생동시집단의 효과를 알 수 있다.

    POINT 출생동시집단

        같은 시대에 태어난 개인들로서 이들은 비슷한 사회, 문화적 영향을 받는다. 즉, 1970년대에 태어난 집단과 1980년대 태어난 집단은 서로 다른 사회, 환경으로 인해 다른 관심사를 가질 수 있다.

(4) 시차설계법

① 시차설계법의 정의 : 생물학적 나이는 동일하지만 시차에 따른 개인의 다른 특성을 알아보고자 할 때 설계할 수 있는 방법으로 연령은 같으나 출생년도가 다른 표본을 조사 시기를 달리 하여 계속적으로 조사하는 연구방법을 말한다.

② 예를 들어 1970년 20세인 사람과 2010년의 20세인 사람의 발달정도를 비교하는 경우에 해당된다.

section **2** 인간발달의 유전학적 기초

1 유전의 기제

(1) 유전인자

① 핵산이라는 복잡한 분자로 구성되어 있고, 이중의 나선형으로 얽혀 있다. RNA는 세포핵으로부터 DNA가 내린 지시를 세포 바깥쪽에 있는 세포질에 전달하는 역할을 담당한다.

② DNA는 나선형 사다리꼴로 되어 있으며 바깥쪽 긴 고리는 당과 인으로 구성되었고 안쪽 짧은 고리는 아데닌, 사이토신, 구아닌 등 질산염기로 구성되어 유전적 정보를 제공한다.

② DNA는 염색체 속에 들어 있다. 인간의 경우 남성의 정자로부터 23개의 염색체와, 여성의 난자로부터 23개의 염색체가 합해져서 46개의 새로운 염색체 배합이 이루어진다(상동체).

POINT DNA구조

A : 아테닌
S : 사이토신
G : 구아닌

(2) 유전적 잠재성

① 특정한 신체적 특성이나 행동을 결정짓는 데 작용하는 유전인자들을 대립유전자(allele)라 하며, 보통 한 가지 특성에 두 개의 대립유전자가 관여한다.

② 유전적 잠재성, 즉 46개의 염색체의 독특한 배합 형태를 유전자형이라고 한다.

(3) 태아의 성별

염색체로 결정된다. 수정 시에 X염색체를 가진 정자와 난자, 즉 X염색체끼리 결합되면 여성(XX)이 되고, 정자의 Y염색체와 난자의 X염색체가 결합되면 남성(XY)이 된다.

(4) 세포분열

① 유사분열에 의해 골격, 신경, 근육, 소화기관 등을 형성하는 것이 신체세포이다.

② 감수분열에 의해서 재생산되는 것은 난자와 정자를 만드는 생식세포이다.

❷ 유전인자와 염색체의 이상

(1) 유전인자 및 상염색체 이상

① 페닐케토뉴리아(Phenylketouna)

　㉠ 페닐알라닌이란 물질이 축적되어 12번째 상염색체상 손상이 나타나 지능지수가 50 이하로 떨어지는 정신지체를 초래한다.

　㉡ 신진대사에 필요한 효소의 결핍으로 인한 유전병으로 운동신경장애와 지능장애를 동반한다.

　㉢ 생후 1개월 내 신생아선별검사로 페닐알라닌의 섭취를 제한하는 식이요법을 통해 페닐케토뉴리아의 초래를 저지할 수 있다.

② 헌팅턴병(huntington's disease)

　㉠ 대부분의 유전병의 경우 열성인자에 의한 것으로 우성인자에 의한 유전병은 드문 반면 헌팅턴병은 비정상 특성이 우성인자에 의해 전달될 때 나타난다.

　㉡ 중년기에 나타나는 헌팅턴병은 4번째 상염색체 상에서 신경세포가 손상되기 시작해서 우울증, 환각, 망상, 성격변화를 포함한 정신장애와 운동기능장애가 나타난다.

③ 다운증후군

　㉠ 상염색체 이상에서 오는 다운증후군은 23쌍의 염색체 중 21번째에 쌍이 아니라 세 개의 염색체가 나타나는 삼체형이다.

　㉡ 지적 장애와 신체적 장애를 동반하며, 발병은 산모의 연령이 증가함에 따라 급격하게 나타난다.

　㉢ 일명 '몽고증'이라고 하며 임신 15주~20주 사이 혈액검사를 통해 발견할 수 있다.

④ 에드워드증후군

　㉠ 상염색체 이상에서 에드워드증후군은 23쌍의 염색체 중 18번째에 쌍이 아니라 세 개의 염색체가 나타나는 삼체형이다.

　㉡ 다운증후군 다음으로 흔하며 정신지체, 신체기형을 초래한다. 출생 후 10주 이내에 사망한다.

(2) 성염색체 이상

① 터너증후군 : 난소가 제 기능을 하지 못해서 여성호르몬의 부족으로 인하여 사춘기가 되어도 외견상 여자이지만 2차 성징이 나타나지 않는다. 전체 염색체 수가 45개이며 X염색체가 1개인 XO로 나타난다. 공간지각 능력은 평균 이하인 경우가 많다. 연소자형 관절염과 작은 체격이 보편적인 특성으로 나타난다.

② XXX염색체 증후군 : 여성에게 나타나며 인지발달장애가 나타난다.

③ X염색체 결함 증후군 : X염색체가 구부러져 있거나 너무 가는 경우 발생하는 것으로 얼굴이 길고 고환이 비대해서 정신지체·언어장애·자폐증 등이 나타난다. 여성보다는 남성에게 흔하며 모의 X염색체로부터 전달된다.

④ 클라인펠트증후군 : 남성염색체가 있음에도 불구하고 사춘기에 가슴과 엉덩이가 커지는 여성적인 2차 성징이 나타나는 것으로 성염색체가 XXY, XXYY, XXXY등의 여러 가지로 나타난다.

⑤ 초웅증후군(=XYY 염색체 증후군) : 남성으로서 XYY의 성염색체를 가지고 있으며 키와 골격은 크나 학습 불능으로 나타나며 공격적이다.

section 3 발달적 이론

생태학적 이론이 청소년의 발달과 관련된 요인으로는 유전적 요소, 가정의 역동성 환경, 학교의 또래환경, 사회의 문화 및 매체환경 등이 있다.

① 생물학적 이론

(1) 게젤(Anold Gesell)의 성숙이론(1880~1961)

① 성장의 모든 면을 좌우하는 것은 인간의 성숙이다.

② 인간이 성장할 때 체계화되는 것은 형태와 과정행위이다.

③ 인간의 다른 행동에도 광범위하게 적용되는 것은 상호교류 원리인 것이다.

④ 개인의 자질과 성장유형은 그 아동이 속한 문화와 관련이 있는 것이다.

⑤ 아동은 자신의 능력에 맞게 자기규제가 필요한 것이다.

⑥ 아동발달은 유전적으로 규정되어 있어서 성숙이라는 프로그램에 따라 진행된다. 성숙에 의해 다음 행동을 예측할 수 있으며 서둘러 학습하는 것은 바람직하지 못하다.(루소의 '사전결정론' 영향)

⑦ 인간의 발달은 상부에서 하부, 중심에서 말초로 발달한다.

⑧ 청소년 각 개인의 발달 속도와 시기는 차이가 있지만, 모든 사람에게 그 발달의 순서는 일정하며 유전적으로 규정되어 있다.

(2) 홀(Hall)의 재현이론(1846~1924)

인간 발달과정이 인류의 발달과정을 재현하며, 개체발생이 계통발생과정을 따른다.

① 유아기(0~4세) : 동물적인 발달을 재현한다.

② 아동기(5~7세) : 동굴 거주와 수렵 및 어로시대를 재현한다.

③ 소년기(8~14세) : 야영 시대의 삶을 재현한다.

④ 청소년기(15~25세) : 급진적이고 '질풍노도의 시기'로 문명 초기를 재현한다.

⑤ 성인기(25세 이상) : 문명생활을 하는 인류의 모습을 재현한다.

(3) 로렌츠(Lorenz)의 각인이론

① 현대 비교행동학의 아버지로 불리는 로렌츠는 자연환경 속에서만 동물을 제대로 이해할 수 있다고 보았다.

② 생의 어떤 결정적 시기에 일어나는 것이 각인인 것이다.

③ 학습과정과 구별되는 각인현상은 어떤 행동을 결정하는 결정적 시기에 형성되어 그 이후에는 지울 수 없는 행동으로 되는 강력한 작용을 한다.

④ 로렌츠의 각인이론은 동물행동학으로 분류할 수 있으며 이후 각인은 생애의 발달 중 결정적 시기의 과업이 되어 유기체의 특성에 많은 영향을 미치게 된다.

(4) 보울비의 애착이론

① 생존보호반응 : 생존위협을 받을 때 보호자에 대한 애착이 나타난다.

② 민감한 시기 : 인생 초기 형성된 사회적 관계의 질이 일생의 발달에 영향을 미치게 된다. 민감한 시기란 특정 능력이나 행동이 출현하는데 최적의 시기를 의미한다.

(5) 생물학적 이론의 비판

① 생물학적 요인을 과도하게 강조하면서 가족의 영향, 친구의 영향과 같은 환경적 요인을 과소평가하였다.

② 사회문화론자에 의하며 어떤 문화에서는 청소년이 질풍노도의 격동기를 전혀 겪지 않는 모습을 보인다.

2 생태학적 체계이론

(1) 브론펜브렌너(Bronfenbrenner)의 생태학적 체계이론

브론펜브렌너는 인간발달과정을 분석하는 가운데 체계론적 관점을 확대하여 생태적 체계(ecological systems)라는 용어를 사용하였다. 그는 인간발달을 사회문화적 관점에서 이해하는 이론으로 미시체계, 중간체계, 외체계, 거시체계, 그리고 시간체계라는 다섯 가지 환경체를 제시하였다. 인간은 체계, 즉 환경의 영향을 받으며 인간을 보기 위해서는 체계를 주시해야 한다고 주장한다.

① 미시체계

　　㉠ 미시체계는 아동이 살고 있는 주거의 크기, 인근의 운동장 시설물, 학교 도서관의 구비장서량과 다양성 등의 물리적 특성을 포함하며, 아동의 가족, 친구, 학교, 이웃이 모두 포함된다.

　　㉡ 미시체계에 속하는 것으로는 또래집단의 사회·경제적 지위, 부모의 교육수준, 교사의 정치적 신념 등이 있다.

　　㉢ 미시체계는 개인에게 직접 영향을 미치며 성장과 함께 변화하는 생태학적 환경이다.

　　㉣ 미시체계 안에서 아동과 부모, 교사, 친구, 코치 같은 사회화 인자들은 대부분 직접적인 상호작용을 한다.

② 중간체계

　　㉠ 미시체계들 간의 상호관계, 즉 환경들과의 관계를 의미한다.

　　㉡ 부모–교사의 관계, 부모–친구의 관계 등으로 부모와 관계가 좋지 못한 아동이 친구와의 관계도 좋지 못하다. 또는 학업성취가 떨어진다.

③ 외체계

　　㉠ 미시체계에 영향을 주는 것은 사회환경이지만, 개인과 직접 상호작용을 하지 않는다.

　　㉡ 외체계에 속하는 것으로는 부모의 직장, 문화시설, 정부기관 등이 있다.

④ 거시체계

　　㉠ 거시체계는 미시체계, 중간체계, 외체계에 포함된 모든 요소에 개인이 살고 있는 문화 환경까지 포함된다.

　　㉡ 문화란 전 세대에서 차세대로 전수되는 행동유형, 신념, 관습 등을 의미한다.

　　㉢ 거시체계는 일반적으로 다른 체계보다 안정적이지만, 사회변화에 따라 바뀔 수 있다.

　　㉣ 거시체계는 아동의 삶에 직접적으로 개입하지는 않아도, 전체적으로 아치 모양으로 펼쳐진 사회계획을 포함함으로써 간접적이지만 매우 강한 영향력을 행사한다.

⑤ 시간체계

　　㉠ 인간의 전 생애에 걸쳐 일어나는 변화와 사회역사적 환경이 포함된다.

ⓒ 시간체계의 구성요소로는 인간이 성장하면서 겪게 되는 내적인 사건(심리적 변화)이나 외적인 사건(부모의 죽음) 등이 있다.

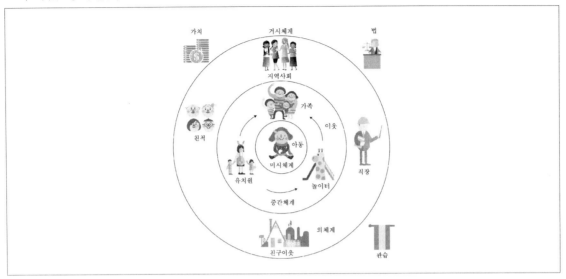

(2) 파슨즈(Pasons)의 체계이론

파슨즈는 사회체계이론은 브론펜브레너와 같이 체제론적 입장을 취하고 있으며 가능주의적 사회체제론의 관점을 취한다.

① **체계의 위계** : 행동적 체계 < 인격체계 < 사회체계 < 문화체계

② **AGIL 기능**

　ⓐ 소집단의 문제해결 패러다임에서 도출한 모형을 사회시스템 및 행위시스템에 적용하였다.

　ⓑ AGIL 패러다임은 행위시스템이 직면하는 문제를 외부적, 내부적 문제와 수단-목적의 문제라는 두 개의 축에 의하여 4개의 체계문제로 구별하였다.

　ⓒ 파슨즈 사회체제론을 주장하며 사회의 항상성, 안정성을 강조하는 구조기능주의자이다.

　ⓓ 기능요건들 사이에서 A→G→I→L의 방향에서 조건이 지어지지만 L→I→G→A의 방향에서 제어가 이루어짐으로서 에너지와 정보의 사이버네틱스한 방향이 나타난다.

③ **모형** : A(adaption, 적응), G(goal-attainment, 목적달성), L(latency, 잠재성), I(intergration, 통합)

❸ 진로발달적 이론

(1) 긴즈버그의 발달이론

① 이론의 특성

　㉠ 긴즈버그는 직업선택이론을 발달적 관점으로 접근한 최초의 시도를 하였다. 긴즈버그와 그의 동료들은 경제학자, 심리치료학자, 사회학자, 심리학자들로 구성되어 직업선택이론을 개발하고 검증하려는 시도를 하였다. 그들의 초기 연구는 일의 세계에 관한 더욱 종합적인 연구의 일환으로 시작되었다. 긴즈버그와 긴스버그(Ginzberg & Ginsberg)는 직업선택과정에 발달적 접근방법을 도입하여 일생동안 이루어져야 하는 과업으로 인식하였다.

　㉡ 초기 긴즈버그는 개인은 연대기적으로나 심리적으로 최초의 결정이 있던 시점으로 되돌릴 수 없다는 직업선택이 1회적인 행위 즉, 불가역적인 선택이라고 주장하였으나 이후 직업의사결정에서 역전 불가능성이 반박당하면서 일부 자신의 의견을 수정하면서 후기에 이르러는 직업선택을 가역적이며 연속적인 과정으로 설명하고 있다. 또한 직업의사결정을 장기간에 걸쳐서 이루어지는 일련의 결정으로 인식하고 있으나 긴즈버그는 커리어의사결정에서 초기 선택의 중요성을 계속 강조하고 있다.

② 발달과정

발달단계	연령	특성
환상기 (Fantasy)	아동기 (11세 이전)	• 초기 단계의 놀이 중심의 단계가 후반으로 갈수록 일 중심으로 변화하게 된다. • 점차적으로 일에 대해 관심을 가지고 특정 활동에 대한 최초의 선호가 나타난다. • 다양한 직업역할놀이를 통해 구현되고 직업세계에 대한 가치판단이 시작된다.
잠정기 (Tentative)	청소년 초기 (11 ~ 17세)	작업요구수준 즉 관심, 능력, 작업보상, 가치관 등에 대하여 점차적으로 인식하는 과도기적 단계이다. • 흥미단계 : 좋아하는 것과 그렇지 않은 것에 대해 결정을 내리게 된다. • 능력단계 : 직업에의 열망과 관련하여 자신의 능력을 인식한다. • 가치단계 : 자신에 직업가치에 대해 명료화한다. • 전환단계 : 직업선택에 대한 책임을 인식한다.
현실기 (Realistic)	청소년 중기 (17세 ~ 성인 초기)	능력과 관심의 통합단계로서, 가치관을 발달시키고, 직업선택을 구체화하는 시기이다. • 탐색단계 : 진로선택 대안을 2 ~ 3개 정도로 좁히지만 아직까지 애매모호하고 결단력이 부족한 상태이다. 그러나 커리어초점의 범위는 전반적으로 더 좁아진다. • 구체화(결정화) 단계 : 특정직업 분야에 몰두하게 된다. 이 단계에서 커리어방향의 변화가 일어날 수도 있는데 이를 유사결정이라고 한다. • 특수화(정교화) 단계 : 직업을 선택하거나 특정진로에 맞는 직업훈련이나 교육을 받게 된다.

(2) 수퍼의 발달이론

① 이론의 특징

㉠ 수퍼(D. Super)는 자신을 개인차-발달-사회-현상학적 심리학자로 지칭하면서 그는 개인차 심리학이 성격, 적성, 흥미와 관련된 직업체계들의 차이에 관한 자료를 제공하는데 중요한 역할을 하며 이것을 우리가 일의 세계에서 배워가는 지속적인 과정으로 이해하였다. 따라서 수퍼는 직업선택과 직업발달에 대한 포괄적이고 발전적인 이론을 정립하고 진로발달과정을 긴즈버그의 아동기부터 초기 성인기까지의 과업으로 인식한 관점에서 전 생애적 접근으로 이해하고 있다.

㉡ 자기개념이론은 직업행동에 대한 수퍼의 접근에서 매우 핵심적인 부분이다. 이 접근은 어떻게 자기개념이 직업행동으로 작용되는지를 결정하는데 목적을 둔 많은 연구를 가능케 하였다.

㉢ 수퍼는 전 생애공간적 입장에서 진로를 발달시키는 것이 자아개념(self-concept)을 형성하는 과정이되며 인간은 자신의 자아 이미지와 일치하는 직업을 선택한다는 것이다. 일에 관한 인식이 더 폭넓게 경험될수록, 직업적 자기개념은 더 복잡하게 형성되어 간다. 수퍼는 학교현장에서 청소년을 위한 진로상담을 하면서 특성요인의 지시적인 상담기법과 내담자 중심의 비지시적인 상담기법을 상담과정에서 병행하여 사용하였으며 청소년의 진로지도를 위한 상담장면에 다양하게 사용하였다.

② 진로발달단계 : 개인은 하나 또는 그 이상의 단계를 거치면서 재순환할 수 있는데 이것을 소순환이라고 부를 수 있다.

성장기 (Growth Stage, 출생~14세)	타인과의 동일시를 통하여 자아개념을 발달시킨다. • 환상기(4~10세) : 욕구가 지배적이며 자신의 역할수행을 중시한다. • 흥미기(11~12세) : 개인취향에 따라 목표를 선정한다. • 능력기(13~14세) : 흥미와 욕구보다는 능력을 중시한다.
탐색기 (Exploration Stage, 15~24세)	학교·여가생활·시간제의 일 등의 경험을 통하여 잠정적으로 진로를 선택하고 필요한 교육이나 훈련을 받으며 자신에게 적합한 직업을 선택하여 일하기 시작한다. • 잠정기(15~17세) : 자신의 욕구, 흥미, 능력, 가치 등을 고려하여 직업을 선택한다. • 전환기(18~21세) : 필요한 교육훈련을 경험한다. • 시행기(22~24세) : 자신에게 적합한 직업을 선택한다.
확립기 (Establishment Stage, 25~44세)	자신에게 적합한 직업분야를 발견하고 자신의 생활의 안정을 위해 노력하는 단계이다. • 시행기(25~30세) : 자신이 선택한 직업과 자신과의 일치정도를 확인하고 불일치할 경우 적합 직업을 탐색한다. • 안정기(30세~44세) : 자신에게 적합한 직업을 찾아서 직업적 안정감을 경험한다.
유지기 (Maintenance Stage, 45~64세)	직업세계에서 자신의 위치가 확고해지고 자신의 자리를 유지하기 위해 노력하며 안정된 삶을 살아가는 시기이다.
쇠퇴기 (Decline Stage, 65세 이후)	정신적, 육체적 기능이 쇠퇴함에 따라 직업세계에서 은퇴하게 되고 새로운 역할과 활동을 찾게 되는 시기이다.

04 태아기, 신생아기, 영·유아기의 발달

section **1** 태아의 발달

❶ 생명체의 형성과정

(1) 임신과 수정

① 임신 : 성숙된 난자가 성숙된 정자와 결합하여 수정란이 되는 것을 말한다.

② 수정 : 남자의 정자와 여자의 난자를 배우체라고 하는데, 이 두 배우체의 결합을 의미한다.

(2) 모체의 변화

① 월경이 사라진다.

② 유선이 발달되고 유두와 그 둘레가 점점 검어지며, 임신 3~4개월쯤에 유두를 누르면 유즙도 나온다.

③ 임신 5~6개월이 되면 태동을 느낀다.

❷ 태아의 발달

(1) 배란기(= 발아기, 배종기, 발생기)

① 수정 후 약 15일간을 배란기라고 한다.

② 배란기 동안 자궁은 충혈되고, 배란막에 융모가 돋아서 자궁벽에 착상하게 된다.

③ 쌍생아가 결정된다.

(2) 배아기

① 배란이 자궁벽에 착상된 뒤 약 2~8주간을 배아기라고 한다.

② 이 기간은 짧지만, 신체의 각 부분의 약 95%가 형성되며, 신경계가 형성된다. 선천적 기형도 이 시기에 거의 이루어진다.

③ 이 시기에 외배엽, 중배엽, 내배엽이 발달된다.

　㉠ **외배엽** : 피부의 표피, 손톱, 발톱, 머리카락, 신경계, 감각기관 등

　㉡ **중배엽** : 피부의 진피, 근육, 골격, 순환계, 배설기관 등

　㉢ **내배엽** : 소화기관, 기관지, 내장, 간, 췌장, 갑상선 등의 신체 내부기관

④ 어머니의 질병, 영양결핍, 약물이 발달에 치명적인 영향을 주게 된다.

> **더 알아보기**
>
> **탈리도마이드 증후군** : 탈리도마이드는 1957년 독일 'GRUNENTHAL'이라는 회사에서 제조된 부작용이 거의 없는 최면제로 입덧이 심해 정신이 불안정하고 잠을 자지 못한 초기 임산부에게 복용된 의약품이었다. 하지만 이 약을 복용한 산모에게 출산한 아이가 이른바 바다표범 베이비라고 불리는 상지가 기형인 신생아가 나타면서 46개국에 1만 명이 넘는 기형아가 나타났다. 이러한 비극이 나타난 신생아는 임산부가 배아기 때 탈리도마이드를 복용했다는 공통점을 가지고 있다는 것이 밝혀지면서 1962년, 즉 5년이 지나서야 부작용을 인정하고 생산이 중지되었다.

⑤ 임신 5개월 : 한선이 발달하여 피부가 어른과 비슷해지고, 전신에 솜털이 돋고 손톱과 발톱, 머리털이 생긴다. 태반이 형성되어 모체로부터 영양 및 산소를 공급받는다.

(3) 태아기

태아기는 임신 3개월부터 출생 때까지의 기간으로서 이때부터 성장하는 유기체를 '태아'라고 한다.

① **임신 1개월** : 수정 된지 30시간 만에 세포분열을 시작한 수정란은 3~4일 후에 자궁에 들어가 자궁벽에 착상한다.

② **임신 2개월** : 눈, 코, 입, 귀와 팔다리가 생기고, 내장기관과 신경계통이 생긴다.

③ **임신 3개월** : 태아라 부르며, 성별이 구별된다.

④ **임신 4개월** : 키가 출생 시 1/2 정도가 된다.

⑤ **임신 5개월** : 한선이 발달하여 피부가 어른과 비슷해지고, 전신에 솜털이 돋고 손톱과 발톱, 머리털이 생긴다.

⑥ **임신 6개월** : 피부에 태지가 덮여 피부가 보호되고 눈이 완성되며, 혀에 맛봉오리가 생긴다.

⑦ **임신 7개월** : 태아의 근육, 신경, 순환계의 조직이 거의 완성되어 조산을 하더라도 보육기(인큐베이터)에서 양육할 수 있다.

⑧ **임신 8개월** : 8~10개월 사이에 발달상의 변화는 없고, 다만 태아가 성숙해진다.

⑨ **임신 9개월** : 9개월에 태어나면 아기의 움직임이 확실하고, 근육에 자극을 주면 반응을 하고, 강한 자극에도 놀란다.

⑩ **임신 10개월** : 출생할 준비를 다하여 태어난다.

❸ 태내환경과 영양요인

(1) 태내의 영양

① 태내에 영양을 충분히 공급하지 못하면 사산, 유산, 조산아, 미숙아 등이 태어날 확률이 높다.

② 태내기에 충분히 영양의 공급이 이루어지지 못할 경우 중추신경의 결함이 나타나서 지적발달에 영향을 미치게 된다.

　ⓐ 단백질 결핍 : 골격, 콩팥에 이상이 생기며 장기간 발육 저해가 나타난다.

　ⓑ 비타민 결핍 : 신체기형의 원인이 된다.

　ⓒ 철분 결핍 : 자율신경계의 손상이 초래된다.

　ⓓ 당뇨병 : 선천적 백내장이 나타난다.

(2) 연령 및 출산 횟수

① 임산부의 연령이 35세를 넘는 경우 노산이라고 한다.

② 둘째부터는 첫아이보다 출생결함이나 기형이 나타나는 비율이 낮고 신체가 큰 경향이 있다.

(3) 음주

① 알코올은 빠르게 흡수되기 때문에 소량도 비정상적인 발달을 야기할 수 있다.

② 알코올 중독현상을 보이는 임산부의 태아는 정신지체, 주의력 결핍, 과잉행동이 나타날 수 있으며 이것을 일명 태아알코올증후군(FAS)라고 한다.

(4) 흡연

① 저체중아 출산의 대표적인 원인이 된다.

② 조산아가 태어날 확률이나 질병에 걸릴 확률이 높다.

(5) 질병

① **성병** : 감염된 태아의 30% 정도는 출산 이전에 사망하고 시각장애나 기형아를 초래한다.

② **풍진** : 모체가 임신 3개월 이전에 풍진에 감염된 경우 청각장애, 정신지체 등을 유발할 확률이 높다.

③ **후천성면역결핍증** : 감염된 어머니로부터 태반이나 출산과정에 감염되고 두개골과 얼굴기형이 나타날 수 있다.

section 2 출산과 신생아의 발달

1 출산

(1) 출산예정일

출산예정일은 대체로 수정이 된 후 280일로 보는데, 그 계산방법은 최종월경 달수에 3을 빼거나 9를 더하고, 최종월경 시작일에 7을 더하면 된다.

(2) 분만의 요소

① 분만은 태아, 태반, 난막, 양막, 양수 등을 의미하는 만출 물질(passenger), 태아가 나오는 곳으로 골반, 자궁, 질강, 골반층 등으로 구성된 산도(passage), 태아와 태반을 밖으로 내보내는 힘인 만출력(power)에 의해 이루어진다.

② 이슬 : 출산 월이 가까워지면 임신부의 질 내에서 분비물이 많이 나온다. 분비물에 혈액이 약간 섞이는데, 이를 이슬이라고 한다.

2 신생아의 발달

(1) 신생아의 생리적 특성

① 신체

　㉠ 신생아의 몸은 전체 신체 크기에 비해 머리가 크고, 두위가 흉위보다 길며, 머리의 크기가 신체의 약 1/4을 차지한다.

　㉡ 평균 신생아의 신장은 약 50cm이고 체중은 약 3.4kg이며 대개 남아가 여아에 비해 약간 더 크다.

② 소화와 배설

　㉠ 신생아는 최초 2~3일간 암녹색의 태변을 보는데 태어나서 처음으로 보는 검고 끈적거리는 타르와 비슷한 변이다.

　㉡ 대변은 하루에 4~7회 정도, 모유 수유인 경우 10~15회까지도 볼 수 있다.

③ 수면과 울음

　㉠ 신생아는 하루에 약 16~18시간을 자며, 이 중 약 50% 정도가 얕게 꿈을 꾸는 불규칙한 수면 상태에 있다.

　㉡ 신생아는 하루에 약 1~4시간가량 운다.

④ 신생아의 감각발달

    ㉠ 시신경과 망막이 완전히 성숙하지는 않다.

    ㉡ 엄마와 다른 여성의 젖 냄새를 구분한다.

    ㉢ 단순한 소리의 크기와 음조를 구분한다.

    ㉣ 쓴맛, 단맛, 신맛을 구별한다.

(2) 신생아의 반사작용

① 생존반사

    ㉠ **동공반사** : 신생아의 상대적인 반사능력으로 반응을 할 수 있다. 시각자극에 대해서는 불빛이 눈에 가까이 다가오면 눈을 감는 반응을 할 수 있다.

    ㉡ **정향반사** : 어떤 자극에 대해서도 어떤 형태로든지 반사적인 반응을 하는 것을 말한다.

    ㉢ **탐지반사** : 신생아는 배가 고플 때 안아 주면 입을 벌리고 좌우로 두리번거리며 무엇인가 찾는 듯한 시늉을 한다.

    ㉣ **빨기반사(흡인반사)** : 배고픈 영아의 입가에 무엇인가 닿으면 재빨리 그쪽으로 고개를 돌려 입에 물고 빠는 반응을 보인다.

    ㉤ **하품, 기침반사** : 신생아가 이물질이 들어오면 기침을 하게 된다.

    ㉥ **연하반사** : 음식물을 잘게 부수어 소화하기 쉽게 만든다.

② 비생존반사(원시반사)

    ㉠ **수영반사** : 신생아가 태아 때 양수에서 수영을 하는 형태를 취한다.

    ㉡ **걷기반사** : 아이를 올려 발이 바닥에 닿게 되면 걷는 것과 같이 발을 움직인다.

    ㉢ **쥐기반사** : 파악반사라고도 하는 쥐기반사는 신생아의 손에 무엇을 쥐어주면 빼내기 힘들 정도로 아기는 강하게 움켜쥔다.

    ㉣ **모로반사** : 모로(Moro)가 발견하여 이름 지어진 반사작용으로 신생아를 탁 치거나 자극적인 소리를 갑자기 들려주면 아기는 깜짝 놀라 팔다리를 벌렸다 다시 오므린다.

    ㉤ **바빈스키반사** : 신생아의 발바닥을 살살 긁어주면 발가락을 폈다가 다시 오므리곤 한다.

(3) 신생아에게 흔히 나타나는 증상

① **딸꾹질** : 생후 몇 달 동안 아기가 수유나 목욕 후에 딸꾹질을 하는 경우가 많은데 이는 신경과 근육이 미숙하고, 수유 후 위가 늘어났기 때문이다.

② **황달** : 신생아의 간 기능 미숙과 그로 인한 혈액 내의 빌리루빈(bilirubin) 수치가 상승하면서 생기는 흔한 증상이다.

section 3 영·유아기의 발달

1 영아기의 발달

(1) 영아기의 개념

① 영아기는 출생 후부터 약 생후 2세까지를 말한다.

② 애착이란 다른 사람에게 접근을 유지하려는 행동 혹은 그 접근이 손상되었을 때 그것을 회복하려는 행동이라고 정의된다.

(2) 신체 및 운동발달

① 영아기는 일생에서 신체적 성장이 가장 빠른 속도로 이루어지는 시기다.(제 1의 성장급등기)

② 출생 후 1년까지는 몸통이 주로 발달하고 1년 이후에는 팔, 다리가 발달한다.

③ 키 : 신생아의 키는 남아 평균 50.8cm, 여아 평균 50.1cm이고, 1년이 되면 1.5배 정도 증가(76~78cm)하며 2년이 되면 성인 키의 절반가량(88cm)이 된다.

④ 체중 : 신생아의 체중은 남아 평균 3.4kg, 여아 3.2kg이고 1년이 되면 12kg 정도가 된다.

⑤ 대근육운동과 소근육운동의 발달

　㉠ 대근육운동의 발달 : 팔을 움직이기나 걷기와 같이 큰 근육을 사용하는 것으로, 1개월이 되면 머리를 올릴 수 있고 3~4개월에는 몸을 뒤집을 수 있으며, 8개월에는 혼자 일어설 수 있고 12~13개월경에는 도움 없이 걸을 수 있다.

　㉡ 소근육운동의 발달 : 신생아는 소근육을 전혀 조절하지 못하지만 점차 팔과 손, 손가락의 움직임이 정교해진다.

⑥ 영아의 운동기능발달 : 앉기(7개월) → 기기(10개월) → 잡고 일어서기(12개월) → 서기(14개월) → 걷기(15개월) → 계단오르기(16개월 이후)

(3) 인지발달

① 감각운동기(출생~2세) : 행동이 자극에 대한 반응을 하기 때문에 자극을 감각이라 하고, 반응은 운동이라 간주한다. 이 시기는 환경에 대한 적응을 모두 감각운동 활동에 기반을 두며, 언어 등의 표상 기능 이전 단계이다.

② 대상영속성 개념의 발달 : 대상영속성 개념이란 우리 자신을 포함하는 모든 대상들이 독립적 실체로서 존재하며, 대상이 한 장소에서 다른 장소로 이동하였을 때, 시야에서 그 대상이 사라지더라도 다른 장소에 계속 존재한다는 사실에 대한 지식을 의미한다.

③ 영아기의 대상영속성 개념의 발달과정 : 대상영속성 개념은 인지발달 단계와 병행하여 발달한다.

㉠ 제 1단계(반사기)

㉮ 대상영속성 개념이 전혀 없음 : 움직이는 물체가 보이면 눈으로 물체를 쫓다가 그 물체가 시야에서 사라지면 더 이상 관심을 보이지 않음

㉡ 제 2단계(제 1차 순환반응기) : 대상영속성 개념이 어렴풋이 나타남

㉡ 제 3단계(2차 순환반응기)

㉮ 대상영속성 개념이 어렴풋이 나타남

㉯ 부분적인 대상영속성 발달을 보여줌 : 눈과 손의 협응이 이루어져 물체가 부분적으로 눈에 보이는 경우 잡으려 애쓰지만 물체가 사라지는 과정을 보았음에도 완전히 사라진 경우 찾으려 하지 않는다.

㉢ 제 4단계(2차 순환반응의 협응)

㉮ 시야에서 사라진 물체를 적극적으로 찾으려 함 : 처음 감춘 장소에서 다른곳으로 옮겨놓아도 처음 장소에서 찾으려 함

㉣ 제 5단계(3차 순환반응)

㉮ 보이는 곳으로의 이동은 이해하지만 보지 못한 움직임은 상상할 수 없음 : 숨기는 것을 보지 않는 장소에서는 대상을 찾지 않는다.

㉤ 제 6단계(정신적 표상)

㉮ 대상영속성 개념이 완전히 발달 : 보이는 곳의 이동뿐만 아니라 보이지 않는 곳의 이동도 모두 이해

▶POINT 인지발달

낯가림 (5~15개월)이 나타난 이후 영아는 분리불안(9~15개월)을 느끼게 되며 대상영속성(18~24개월)에 대한 개념을 이해하면서 분리불안이 감소하게 된다.

(4) 시각발달

① 영아는 6개월이 지나면 깊이를 지각하게 된다.

② **깁슨의 시각벼랑**(영아의 깊이지각 실험) : 인간의 유아 및 동물의 어린 새끼들의 깊이 지각 능력을 연구하기 위해 Gibson 등이 창안한 실험 장치로 큰 유리 책상으로 되어 있으며, 중간의 나무판을 경계로 하여 두 부분으로 구성되었다. 즉, 한쪽은 유리판 바로 아래에 바둑판 무늬를 붙여 바로 밑처럼 보이는 부분이며, 다른 한쪽은 유리판에서 3피트 아래에 위치하여 푹 꺼진 것처럼 보이는 부분(절벽)으로 되어 있다. 5개월 이하의 영아는 유리판을 기어가지만 6개월 이상이 된 영아는 유리판에서 절벽이 위치한 이전까지만 기어가다 되돌아오는 모습을 보이게 된다. 이것은 영아가 깊이를 지각하여 절벽 쪽으로 가지 않는다는 것을 증명한 실험이다.

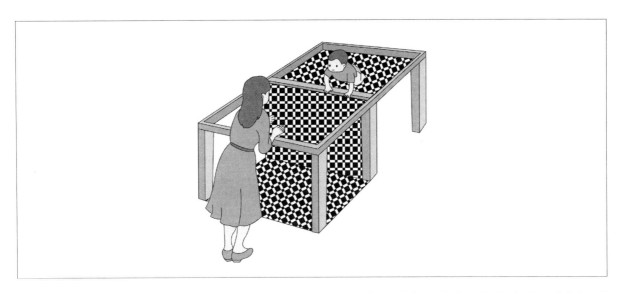

③ **루이스와 브룩스의 빨간코 실험** : 영아들의 코에 립스틱을 묻힌 후 거울에 비친 모습과 자신을 인식하는지 알아보는 실험으로 자기인식의 발달에 관한 연구이다.

5~8개월	거울을 보고 웃음
9~12개월	거울 속의 모습을 보고 만지려고 손을 뻗음
15~17개월	자기 코를 닦음, 거울 속의 '나'라는 관념을 획득
18~24개월	자신과 타인을 확실히 구별하여 완벽한 자기인식을 획득

(5) 정서 및 사회성 발달

① **정서의 분화** : 영아기에 이루어지며, 대체로 불쾌한 정서가 유쾌한 정서보다 빨리 분화된다.

　㉠ **1차 정서(기본정서)** : 선천적으로 타고난 정서

　　㉮ 기쁨(행복) : 약 6주

　　㉯ 분노(혐오) : 약 4~6개월

　　㉰ 슬픔 : 약 5~7개월

　　㉱ 두려움 : 약 6~12개월

　　㉲ 놀람(공포) : 약 1살

　㉡ **2차 정서** : 생후 1살 이후에 나타나는 정서로 사회적으로 획득된다.

　　㉮ 부러움, 당황, 애정, 질투심 : 약 2살

　　㉯ 자부심, 수치감 : 약 3살

② **브리지스 – 정서표현의 발달**

　㉠ **1차 정서** : 행복, 분노, 놀람, 공포, 혐오, 슬픔, 기쁨 등

ⓒ 2차 정서 : 당황, 수치, 죄책감, 질투, 자긍심 등을 포함

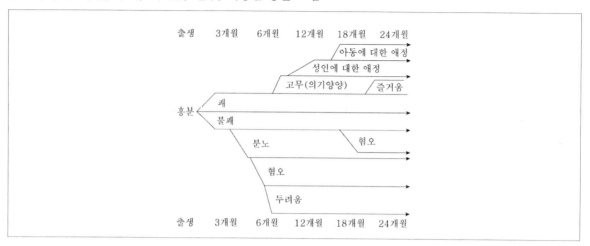

ⓒ 2차 정서는 1차 정서보다 늦게 나타나고 좀 더 복잡한 인지능력을 필요로 한다.

    ㉮ 정서의 이해능력

    ㉯ 6개월이 지나면 영아는 행복해서 미소 짓는 얼굴과 불편해서 찡그린 얼굴을 구분하며 다른 사람의 정서에 의해 영향을 받는다. 이를 '사회적 참조현상'이라 한다.

    ※ **사회적 참조** : 영아는 낯선 사람을 만났을 때 두려운지 아닌지 애매한 상황을 보다 정확하게 해석하기 위해 믿을만한 사람에게서 정서적 정보를 얻는다.

③ **애착** : 영아기에 발생하는 가장 중요한 형태의 발달로, 영아와 양육자 간에 형성되는 친밀한 정서적 유대감이다.

참고 동물행동학적 관점

① John Bowlby(1969, 1973)는 아동들이 미리 프로그램된 다양한 행동들을 보인다고 믿을 뿐 아니라, 이런 반응들 각각이 개인이 생존하고 정상적으로 발달하도록 도와줄 특정한 종류의 경험을 촉진한다고 주장.

② 영아울음의 적응적 의미

    ㉠ 영아의 기본 요구들(배고픔, 목마름, 안전 등)이 충족되고, 영아가 일차적이 정서애착을 이루기 위해 다른 사람들과 충분한 접촉을 가질 수 있음을 보증하는 것.

    ㉡ Freud처럼, 동물행동학자들은 생의 초기경험을 매우 중요시 여기며 결정기(critical period)는 발달 중인 유기체가 적응적인 발달패턴을 나타낼 생물학적 준비가 되고 그들에게 적절한 경험적 입력이 수용되는 제한된 시간폭이라고 가정한다. 민감기(sensitive period)는 특정능력이나 행동이 나타나기에 최적인 시간이며, 사람이 환경의 영향에 특히 민감한 시간을 나타냄.

    ㉢ 인간은 생래적으로 생물학적인 존재이며, 선천적인 특성들이 인간이 경험하는 학습경험의 종류에 영향을 준다고 강조함.

③ 공헌 : 인간발달을 정상적인 일상의 세팅에서 연구하는 것, 인간발달을 다른 종의 발달과 비교하는 것의 가치를 보여줌으로써 중요한 방법론적 기여함.

④ 비판 : 다양한 동기나 독특한 버릇, 행동들이 선천적이거나 적응적이며 혹은 진화역사의 산물임을 증명하기 어렵다.

---

④ **에인스워드(M. Ainsworth)의 낯선 상황검사** : 에인스워드는 유아가 낯선 상황에서 양육자가 없는 경우 어떤 불안 행동을 보이는지 실험한 결과 다음과 같은 애착유형을 보였다.

⊙ 안정애착 (B유형) : 주 양육자인 엄마가 함께 있을 경우 활달한 유아는 엄마가 없거나 낯선 사람과 함께 있을 경우 불안해하며 엄마가 오기를 기다렸으며 엄마가 나타났을 때 적극적으로 외부환경을 탐색하였다.

⊙ 불안정 회피애착 (A유형) : 낯선 환경에서 엄마가 떠났을 때는 무관심한 것처럼 보이다가 엄마가 돌아왔을 때는 회피하고 무시하였다.

⊙ 불안정 저항애착 (C유형) : 낯선 환경에서 엄마가 떠났을 때 극심한 분리불안을 보이며 엄마가 다시 나타났을 때 엄마에게 다가가 화를 내며 밀쳐낸다.

⊙ 혼란애착 (D유형) : 회피애착과 저항애착이 결합된 것으로 엄마가 돌아왔을 때 무관심한 표정으로 엄마에게 접근하고 엄마가 안아줘도 다른 곳을 쳐다본다.

> **더 알아보기**
>
> **Ainsworth(1983)의 애착형성의 단계와 유형**
> ① Ainsworth(1983)는 8가지 에피소드로 구성된 낯선 상황 실험을 통해 애착형성을 네 가지 유형으로 구분하였다.
> ② 안정애착 : 연구대상의 65%를 차지하며 낯선 이보다 어머니와 밀접한 관계를 유지하며 엄마와 분리됐을 때 능동적으로 위안을 찾고 탐색을 한다. 엄마가 돌아오면 쉽게 편안해 진다.
> ③ 회피애착 : 연구대상의 20% 정도 차지하고 엄마와 분리 됐을 때 반응을 보이지 않으며 엄마가 돌아와도 무시하거나 회피한다. 엄마와 친밀감을 추구하지 않으며 낯선 이에게도 비슷한 반응을 보인다.
> ④ 저항애착 : 연구대상의 10~15%를 차지하며 엄마가 방을 떠나기 전부터 불안해하고 같이 있을 때도 별로 탐색을 하지 않는다. 엄마가 방을 나가자 심한 분리불안을 보이고 다시 돌아 왔을 때 접촉하려고 시도는 하지만 안정감을 얻지 못하고 분노를 보이면서 내려달라고 소리를 지르거나 밀어내는 양면성을 보인다.
> ⑤ 혼란애착 : 연구대상의 5~10%를 차지하며 불안정애착의 가장 심한 형태로 회피애착과 저항애착이 결합된 것이다. 엄마와 재결합 했을 때 얼어붙은 표정으로 접근하거나 안아줘도 먼 곳을 쳐다본다.

⑤ 뉴만의 애착 5단계

　⊙ 출생 후~3개월 : 양육자와 밀착되어 있다.

　⊙ 3~6개월 : 친밀한 사람을 구분한다(낯가림 시작) – 애착형성의 결정적 시기

　⊙ 6~9개월 : 애착대상에게 신체적 접촉을 시도한다.

　⊙ 9~12개월 : 애착대상에 대한 표상이 시작된다.

　⊙ 12개월 이후 : 애착대상에게 영향을 줄 행동을 학습한다.

⑥ 영아의 발달적 애착형성

　⊙ 출생 후~6주 : 애착 대상을 구분하지 않는다.

　⊙ 2~6개월 : 애착을 형성한다.

　⊙ 5~15개월 : 낯가림을 하게 된다.(낯익은 사람과 그렇지 않은 사람을 구분한다.)

　⊙ 9~15개월 : 분리불안이 시작되어 최고조에 이른다.

　⊙ 15~24개월 이전 : 대상영속성을 이해한다.

　⊙ 24개월 이후 : 대상영속성을 획득한다.

⑦ 쉐퍼와 에멀슨(Schaffer & Emerson)의 애착발달 단계

비사회적 단계	0~6주	사회적, 비사회적 자극에 전적으로 호응
무분별적 애착단계	6주~6개월	모든 사람에게 애착
특정인 애착단계	7~9개월	낯선이 경계, 애착이 형성된 사람과 분리 불안
다인 애착단계	18개월 이후	여러 사람들과 애착 형성

⑧ 스피츠(R. spitz)의 접촉위안 : 스피츠는 고아원의 유아 발달 연구에서 고아원아이들이 일반 가정에서 양육되는 아이들과 똑같은 물리적 환경(청결, 영양공급)에도 불구하고 사망자가 일반가정의 유아보다 많다는 것을 발견하였다. 상기 연구결과 양육에 있어서 물질적 제공보다 정서적 지지가 더 중요하다는 것이 입증되었다.

⑨ 할로우(Harlow)의 원숭이 실험 : 할로우는 새끼원숭이에게 철사로 만들어졌으나 젖꼭지를 달아 젖을 줄 수 있는 엄마원숭이와 담요로 된 털을 가진 엄마원숭이를 할당하였다. 해당 실험결과 새끼원숭이는 당장 젖을 먹기 위하여 철사원숭이를 찾아갔으나 젖을 먹은 이후에는 담요원숭이에게서 휴식을 취하며 시간을 보냈다.

⑩ 마음이론

　㉠ 우리가 '안다', '생각한다', '느낀다', '바란다'를 언어로 표현하는 등 마음의 상태를 정확하게 이해하는 능력이다.

　㉡ 인간의 행동이 믿음, 바람, 의도와 같은 마음상태에서 비롯된다는 것을 이해하고 그 마음의 상태를 추론하는 능력을 말한다.

　㉢ 마음이론은 궁극적으로 사회성 발달과 연관된다.

　㉣ 마음이론은 타인의 감정을 이해하는 인지적 측면, 타인과 같은 감정을 공유하는 정의적 측면을 포함한다.

　㉤ 만4세가 되면 틀린 믿음을 이해한다.

　㉥ 틀린 믿음이란 어떤 사실에 대한 우리의 생각이 사실과 다를 수 있다는 믿음의 표상적 특성을 말하며 4세 이상이 되어서 사람이 틀린 믿음을 가질 수 있다는 것을 이해한다.

　㉦ 형제가 있는 아동과 부모와 대화가 풍부한 아동은 틀린 믿음을 잘 이해한다.

더 알아보기

어머니-영아간 안전 애착을 증진하는 양육의 특징
양육의 여섯 가지 특징들은 서로 중간 정도의 상관(DEWolff와 van Ijzendoom, 1997)

특징	설명
민감성	영아의 신호에 대해 즉각적이고 적절하게 반응
긍정적 태도	영아에게 긍정적 정서와 애정을 표현
동시성	영아와 부드럽고 상호적인 구조화된 상호작용
상호성	어머니와 영아가 동일한 사물에 대해 주목하는 구조화된 상호작용
지원	영아의 활동에 대해 밀접하게 주목하고 정서적 지원을 제공
자극	영아를 향한 빈번한 활동

(6) 언어발달

① 언어발달의 단계

　　㉠ 울음 : 영아기의 언어발달은 울음소리의 분화로부터 시작된다.

　　㉡ 옹알이 : 4~5개월에 나타나는 옹알이는 언어와 유사한 최초의 말소리로 8~9개월까지 지속된다.

　　㉢ 한 단어 문장 : 1세경이 되면 영아는 처음으로 유의미한 단어를 말할 수 있다.

　　㉣ 두 단어 문장 : 2세경이 되면 단일한 단어의 미분화된 사용이 둘 이상의 단어들로 결합되기 시작한다.

② 학습이론 : 유아의 언어습득은 강화와 모방이라는 학습 기제를 통해 이루어진다.

　　㉠ 스키너 : 언어의 습득과 발달은 다른 모든 행동과 마찬가지로 조작적 조건형성에 의해 학습된다고 주장

　　㉡ 반두라 : 유아는 강화를 받지 않고도 언어를 학습함. 주변인물로부터 강화뿐 아니라 모방에 의한 언어
　　　발달을 주장

③ 생득이론 : 유아는 스스로 배울 수 있는 가능성을 가지고 태어난다고 가정

　　㉠ 촘스키 : 유아는 언어습득장치(LAD)를 가지고 태어나며 이를 통해 투입된 언어자료를 처리하여 문법에
　　　맞는 문장을 이해하고 산출함(예 언어의 구성 : 심층적 언어 + 표면적 언어)

　　㉡ 레넨베르그 : 세계의 모든 유아의 언어발달이 비슷한 순서로 이루어진다고 주장

④ 유아의 단어의미 이해

신속표상대응	짧은 순간에 단어를 한번만 듣고도 그 의미를 습득
어휘대조론	익숙하지 않은 단어를 들었을 때 새로운 단어는 이미 알고 있는 단어들과는 다른 독특한 의미를 갖는다고 생각한다.
상호배타성의 원칙	각 사물은 하나의 명칭만을 가지고 있다고 생각한다.
전체-사물 가정	단어는 사물의 일부분이나 부분적 특성보다는 사물전체를 의미한다.
과잉확대	멍멍이를 강아지 이외에 네발이 달리고 털이 있는 동물을 가리킨다고 생각한다.
과잉축소	개라는 단어를 자기 집 개에게만 축소해서 적용한다.

❷ 유아기의 발달

(1) 유아기의 개념

① 유아기는 2세부터 초등학교 입학 이전인 6세까지의 시기로, 인지능력이 발달하고 상상과 환상이 풍부해지
며, 다른 사람과의 의사소통도 활발해진다.

② 유아기는 인간의 일생 중에서 약 3~4년에 해당하는 짧은 시기이지만, 이 시기에 형성된 신체, 인지, 언
어, 정서, 사회적 발달은 일생을 좌우한다.

(2) 신체 및 운동발달

① **신체발달** : 유아기는 영아기처럼 급속한 신체발달은 이루어지지 않으나 꾸준한 신체적 성장이 이루어지는 시기다.

② **운동발달** : 유아기의 신체발달은 대근육활동과 소근육활동을 가능하게 하는 능력을 발전시켜 준다.

> **더 알아보기**
>
> **마라스무스(marasmus)**
> 단백질 및 에너지의 결핍에 의해서 일어나는 영양 실조증의 일종. 중증의 단백질 결핍증을 콰시오르코르증이라고 하는데 반해서 마라스무스는 특히 에너지가 부족한 경우를 가르키는데 실제로 양자를 구별하는 것은 상당히 어렵다. 마라스무스의 증상은 극도의 저체중, 근육위축, 설사, 호흡부전증상 및 탈수증상이다. 치료는 당초 영양소를 골고루 함유한 식사를 소량씩 여러회로 나누어서 주고 회복기에 이르면 150kca/kg(1일당)정도의 에너지를 준다.

(3) 인지발달

① **자아중심적 사고** : 자아중심성이란 자기의 입장에서만 사물을 받아들이고 다른 사람의 입장을 이해하지 못하는 것이다.

② **상징적 사고** : 놀이 활동에서 다양한 비언어적인 상징행동을 많이 사용한다.

③ **직관적 사고** : 어떤 사물을 볼 때 그 사물의 두드러진 속성을 바탕으로 사고하는 것이다.

④ **물활론적 사고** : 모든 사물은 살아 있고 각자의 의지에 따라 움직인다는 생각을 말한다.

(4) 정서 및 사회성 발달

① **정서발달** : 유아기에는 정서상태의 지속시간이 짧으나 성장과 더불어 지속시간이 길어져 정서경험을 오래 기억할 수 있다.

② **사회성 발달** : 유아는 성장과 더불어 생활범위가 가정에서부터 영유아보육기관, 그리고 사회로 점차 확대된다.

③ **성역할 학습** : 소꿉놀이를 통해 성역할을 학습하게 된다.

> **POINT** 성역할 발달
> 성동일시(3세경) → 성안정성(4, 5세경) → 성항상성(6, 7세경)

④ **성역할 발달 이론** : 성에 적합한 사회적 역할을 학습하는 과정은 그 기초가 가정에서 이루어지며, 동성의 부모와 동일시하려는 심리적 과정에서 진행된다.

ⓐ Freud의 정신분석이론 : 남자의 여자의 근원적인 차이는 심리성적 발달의 5단계 중에서 제 3단계인 남근기에서의 서로 다른 경험에 기인한다고 한다. 남아는 오이디푸스 콤플렉스를, 여아는 엘렉트라 콤플렉스를 경험하고 이 콤플렉스를 해결하기 위해 성역할 동일시가 이루어진다고 하였다. 콤플렉스를 해결하는 방식으로 성역할 동일시가 이루어진다.

ⓑ Mischel의 사회학습이론 : 성 역할은 아동이 속한 사회적 환경 내에서 경험하는 다양한 학습의 결과로서, 다른 모든 행동과 마찬가지로 강화와 모방을 통해 발달 된다고 하였다. 학습의 중요한 원리는 강화, 벌, 모델링, 동일시이며, 직접적인 훈련이다. 아동은 어떤 행동을 할 때 자신의 성에 적합한지, 아닌지를 분류하기 위해 관찰학습을 하고 남성과 여성에 적합한 행동을 기억하며 모방하게 된다. 성역할은 적정학습과 간접학습에 의해 발달된다.

ⓒ Kohlberg의 인지발달이론 : 정신분석이론이나 사회학습이론이 모두 같은 성의 부모와 동일시하는 것이 자기성에 적합한 행동 및 태도를 습득하는 선행 조건이라고 보는 반면, 인지발달이론은 같은 성의 부모와의 동일시가 성 유형화의 결과라고 본다. 특히 Mischel과 Kohlberg는 성역할 동일시에 관해 정반대의 입장을 취하고 있다. 아동이 자신이 "남자다 또는 여자다"라는 성적 자아개념을 인식하는 것이 동일시에 선행된다.

ⓓ Bem의 성도식이론 : 사회학습이론과 인지발달 이론의 요소를 결합한 것이다. 성도식이론은 성역할개념의 습득과정을 설명하는 정보처리이론으로서, 성유형화가 아동의 인지발달 수준이나 사회문화적 요인의 영향을 받지만 동시에 성도식화 과정을 통해 형성된다고 한다. 성도식화란 성도식에 근거해서 자신에 관한 정보를 포함한 모든 정보를 부호화하고 조직화하는 전반적인 성향이다.

ⓔ Hefner, Rebecca, Oleshansky의 성역할 초월이론 : 성역할 사회화에 대한 전통적인 견해는 인간의 잠재력을 위축시키고, 성별의 양극 개념과 여성의 열등성을 조장하는 것이라고 주장하면서, 성역할발달에 대한 3단계의 새로운 모델을 제시하였다. 제 1단계는 성역할의 미분화 단계로 아동의 사고는 총체성으로 특정 짓는다. 아동은 성역할이나 성유형화에 행동에 대해 분화된 개념을 갖지 못하고 생물학적인 성에 따라 분화된 행동 개념도 없다. 2단계는 성역할의 양극화 단계로서 자신의 행동을 고정관념의 틀에 맞추는 것을 필연적인 것이라 생각한다. 3단계는 성역할 초월단계로 성역할의 고정관념에서 벗어나 상황에 따른 적절한 행동적 표현이나 감정적 표현을 하게 되고 규범에 얽매이지 않게 된다.

⑤ **사회성 발달** : 스크립트(Scripts) – 생크와 아벨슨

식당에서 음식을 주문할 때나 상점에서 물건을 사는 것과 같이 일상생활에서 여러 가지 상황들을 틀에 박힌 일련의 행동으로 나타내는 사건 도식을 말한다.

⑥ **사회성 발달** : 파튼의 놀이의 유형

ⓐ **기능적 분류** : 탐사놀이, 창작놀이, 상상놀이, 탐험놀이, 인지적 놀이, 모방놀이 등

ⓑ **인지적 수준에 따른 놀이 유형(SMILANSKY)**

ⓐ 기능놀이 : 단순반복

ⓑ 구성놀이 : 블록쌓기, 그림그리기, 그림붙이기

ⓒ 가상놀이 : 병원놀이, 소꿉놀이

ⓓ 규칙이 있는 놀이 : 숨바꼭질, 줄넘기놀이, 윷놀이 등

© 사회적 수준에 분류

비사회적 놀이	• 몰입되지 않은 놀이 : 영아는 놀고 있지 않은 것처럼 보이지만 주변의 일에 흥미를 가지고 있으며 주로 자신의 신체를 가지고 논다. • 방관자적 놀이 : 대부분의 시간을 다른 유아가 노는 것을 관찰하며 보낸다. • 혼자놀이 : 곁에 있는 유아와 상호작용하기보다는 혼자 장난감을 가지고 논다.
평행놀이	• 다른 아동들 틈에서 놀기는 하지만, 서로 접촉하거나 간섭을 하지 않고 혼자서 논다. • 서로의 놀이에 직접적인 영향을 미치지 않지만, 마음속으로 서로를 의식한다.
사회적 놀이	• 연합놀이 : 아동이 함께 공통적인 활동을 하고 장난감을 빌려주기도 하지만 역할 분담은 하지 않는다. • 협동놀이 : 활동을 함께하고 공동의 목표를 가지고 역할분담을 한다.

(5) 언어발달

① **어휘발달 및 문장의 사용** : 유아기 말에는 6~7단어로 구성된 문장을 구성하게 된다.

② **단어 의미의 발달** : 주어진 상황에서 유사성을 추출하며 이를 근거로 단어의 의미를 과잉 확대 또는 과잉 축소시키기도 한다.

③ **과잉일반화** : 명사 뒤의 조사를 일반화하여 사용한다. (**예** 엄마가, 삼촌이가)

> **POINT** 유아기 언어의 과잉일반화
> • 지금까지 배워온 문법적 지식을 가지고 그 규칙이 적용되리라 생각하는 곳에 적용하는 것을 말한다.
>   **예** 선생님이가, 곰이가
> • 어떤 개념이나 단어의 뜻을 너무 넓은 범위에 대하여 일반화하는 것을 말한다.

④ **언어의 화용화** : 의사소통을 효율적으로 하기 위해서 언어가 어떻게 사용되어야 하는지에 대한 규칙을 알고 사용할 수 있다.

참고 부모교육

사회화에 영향을 주는 요인들

Parsons와 Bales는 아버지의 역할을 "도구적 역할" 어머니의 역할을 "표현적 역할"로 구분 지었으며 가정에서의 부모가 통제하고 양육하는 역할을 함으로써 사회화 과정에 매우 중요한 역할을 한다고 하였는데 프로이드는 특히 어머니가 아동의 성장에 중요한 역할을 하는 인물이며 구강기에 만족을 했느냐 그렇지 않았느냐에 따라 이후에 사회적 관계형성에 지대한 영향을 끼친다고 하였다. 최근 우리 사회는 여러 측면에서 급격한 변화를 경험하고 있으며 부모의 양육 환경이 개인의 성격형성에 가장 큰 영향을 미치는데 많은 연구들이 부모의 유형과 자녀의 사회적 행동과의 관계를 보고하고 있다. 권위적 부모의 밑에서 자라는 아동의 사회적 행동은 책임감, 자신감, 사회성이 높으며 권위주의적 부모유형의 자녀들은 비효율적 대인관계, 사회성 부족, 의존적, 복종적, 반항적 성격이 나타난다고 하였다. 또 허용적 부모의 자녀들은 자신감이 있고 적응을 잘하는 편이나 규율을 무시하고 제멋대로 행동하는 경향이 있다고 한다. 반면에 무관심한 부모의 자녀들은 독립심이 없고 자기 통제력이 부족하며, 문제행동을 많이 보인다고 보고하였다. 텔레비전이 아동과 청소년의 인지발달, 사회성 발달, 정서발달에 미치는 영향은 일차적으로 그것이 어떤 행동을 유발하기 때문이라기보다는 가족모임, 가족회의, 등과 같이 아동의 인격이 형성 될 수 있는 바람직한 행동들이 방해 받는다는 점이다. Bandura의 사회학습이론에서는 TV폭력물은 아동들로 하여금 그 행동을 모방하게 함으로써 공격적 반사회적 행동을 증가시킨다고 주장하였다.

하지만 프로그램의 내용을 잘 구성한다면 텔레비전은 아동발달에 효과적인 도구로 활용할 수도 있다고 하였다. 미국 PBS 방송에서는 취학 전 아동의 지적발달과 사회성발달을 촉진하기 위해 Sesame street라는 프로그램을 제작하여 아동들의 사회적 행동에 긍정적인 영향을 주었다고 나타났다. 친사회적 프로그램의 긍정적인 영향은 부정적인 영향을 훨씬 능가하며 아동의 공격성을 증가 시키는 것 이상으로 친 사회적 행동에 영향을 미치는 것으로 보고 되고 있다.

05 아동기의 성장과 발달

section 1 아동기의 개념과 이론

1 아동기의 개념

(1) 아동기의 정의

① 아동기란 조직적 생활이 시작되는 초등학교 1학년인 7~8세부터 초등학교를 졸업하는 12세까지의 시기를 말하며, 이 시기에는 아동생활의 중심이 가정에서 학교로 옮겨지게 된다.

② 아동기는 신체적으로 발달속도가 완만하게 이루어지며, 정신적으로는 두뇌의 발달에 있어서 거의 성인에 가까워지고, 그 기능도 조직적으로 분화·발달한다.

③ 아동기를 학동기, 학령기라 한다.

(2) 아동기의 주요 특징

아동기는 신체적·지적·심리사회적 성장이 계속 이루어지는 시기이다.

① **신체적인 면** : 아동들은 키가 계속 크고, 체중이 증가하며, 체력이 강해지지만, 일반적으로 세수도 잘 하지 않고 옷도 단정히 입지 못하는 등의 이유로 인해 더러운 시기(dirty age)라고도 한다.

② **지적인 면** : 사회에서 요구하는 새로운 기술과 개념을 알게 됨으로써 성장을 이룩하는 시기이지만 통찰력과 예견력이 부족하고 순간적 충동에 의해 행동하므로 실수가 많고 위험한 시기이다.

③ **사회성 성장의 면** : 부모의 역할이 중요한 영향을 미치지만, 아동들은 점점 부모로부터 독립적이 되어가고 또래집단과 더 어울리고 몰두함으로써 사회성을 발달시키게 된다.

2 아동기의 이론적 관점

아동기를 프로이트는 잠복기라 하였고, 에릭슨은 근면성이 발달하는 시기라고 보았으며, 피아제는 구체적 조작을 획득하게 되는 시기라고 하였다.

(1) 프로이트의 잠복기

① **프로이트의 견해** : 모든 인간이 성장과정에서 구강기, 항문기, 남근기, 잠복기 및 생식기의 일정한 단계들을 거친다고 보았다.

② 프로이트의 이론을 반박하는 많은 학자들에 의하면 아동기의 아동은 어른들이 좋아하지 않기 때문에 성적인 관심을 숨기지만 여전히 성적인 놀이나 자위행위를 하고 성에 관해 질문한다고 보고 있다.

(2) 에릭슨의 근면감 대 열등감

① 아동기에는 언어적 사고를 할 수 있게 되고, 규칙에 따라 놀이와 학습을 할 수 있게 된다.

② 에릭슨은 아동기를 근면성 대 열등감의 시기로 보았는데. 이는 어떻게 물건을 만들고, 어떻게 일하며, 무엇을 하는지가 중심이 되므로 근면성이 중요한 문제가 된다는 것이다.

(3) 피아제의 구체적 조작기

① **피아제의 견해** : 지능, 즉 사고와 행동이 단계적으로 발달한다고 지적한다. 어린 아동의 경우는 자기중심적이어서 의사소통을 하지 못하고, 성장할수록 자기중심적인 것에서 사회적인 것으로 변화한다.

② **발달단계의 순서** : 모든 아동에게 일정하지만 단계에 도달하는 연령은 아동의 선천적 재능과 양육된 물리적 · 사회적 환경에 의존한다고 피아제는 믿었다.

③ 유아기에는 중심화 현상, 직관적 사고, 비가역성으로 획득하지 못했던 보존개념을 아동기에 획득하게 된다.

> **더 알아보기**
>
> 보존개념획득
> ㉠ 수 보존 이해 : 5~6세경
> ㉡ 길이보존 이해 : 6~7세경
> ㉢ 무게, 액체, 질량, 면적 보존 이해 : 7~8세경
> ㉣ 부피보존 이해 : 11~12세경

---

section 2 아동기의 발달과제

1 신체적 성장과 발달

(1) 체중, 신장 및 흉위

① 아동기 아동의 성장 : 매년 키는 평균 5~6cm 정도 자라고, 체중은 2~3kg씩 증가하고, 10세쯤 될 때까지 남아가 여아보다 체중이 더 무겁고 신장 및 흉위가 더 큰 경향이 있지만, 비슷한 성장속도를 유지한다.

② 초등학교 5~6학년 : 여아들의 성장속도가 남아보다 빨라져서 여아가 남아보다 신체적으로 약간 우세하게 된다.

③ 12~13세경의 남아 : 사춘기 성장이 나타날 때까지 여아는 남아보다 신체적으로 우월하게 된다.

> **POINT** 성장폭발
> ㉠ 11세 이전 : 남아 > 여아
> ㉡ 11세~13세 : 남아 < 여아 (여아의 성장폭발시기)
> ㉢ 13세 이상 : 남아 > 여아 (남아의 성장폭발시기) → 남아가 여아보다 2년 정도 늦다.

(2) 신체균형과 골격의 성장

① 아동기 아동의 신체구조 : 머리는 아직 체격에 비해 큰 편이지만 다리가 길어지고 무게 중심이 낮아져서 균형이 잡히고 걷는데 안정감이 있다.

② 아동기 아동의 특징 : 아동기에 접어들면 개구쟁이가 되고 외모와 청결에 무관심해진다.

2 사회정서발달

(1) 자기이해의 발달

① 자아개념 : 신체적 특징, 역할, 가치관, 사회적 신분 등을 포함한 '나'는 누구이며, 어떤 것인가를 깨닫는 것을 말한다. 자기이해는 연령이 증가할수록 다양해진다.

② 자아존중감 : 자기존재에 대한 느낌으로 감정적인 측면을 나타낸다.

③ 자기효능감 : 자신에게 주어진 과제를 성공적으로 수행할 수 있다는 신념이나 기대를 말한다.

(2) 공격성의 발달

① 사회학습이론

㉠ 타인의 공격적인 행동을 보고 학습하게 된다.

ⓛ 관찰학습을 통해 대리강화를 받은 아동이 폭력적인 행동을 하게 된다.

ⓒ 대표적인 학자로 반두라(Bandura)가 있다.

② **보상이론**: 패터슨(Paterson)은 이전의 공격적인 행동에서 보상을 받아 공격성이 강화된다고 주장한다.

POINT 보상을 수반한 최적화 이론(SOC이론)

선택전략	연령증가로 인한 능력저하에도 불구하고 성장이나 유지를 지속시키기 위해 활동범위를 축소, 제한하여 몰두하는 전략
최적화전략	선택한 영역에서 개인의 발달적 잠재능력을 최대한 활용하여 원하는 결과를 얻고 원하지 않는 결과는 피하기 위한 전략
보상전략	능력의 감소로 인해 예전만큼의 결과를 얻지 못하게 될 때 그 부족부분을 실제적인 전략이나 기술적 도움을 받아 보충하는 전략

③ 사회인지이론

㉠ 닷지는 공격성이란 잘못된 사고에서 비롯된다고 주장한다.

ⓛ 타인이 의도 없이 한 행동에 대해 공격받는다고 인지한 아동은 공격적인 행동을 강화하게 된다고 설명한다.

④ 공격적 행위의 유형

도구적 공격성	원하는 것을 얻거나 힘을 과시하기 위해 활용되는 공격성
적대적 공격성	타인에게 해를 가하는 것 자체가 목적인 공격성
반응적 공격성	타인의 행동을 적대적으로 해석하고 그것에 대한 보복으로 활용되는 공격성
주도적 공격성	목적을 획득하기 위해 의도된 행동을 하는 공격성
신체적 공격성	• 언어가 발달되지 않은 유아가 자신의 감정을 신체적으로 표현 • 언어가 발달하면서 적대적, 언어적 공격성으로 변함
외현화 공격성	폭력, 욕설 등의 직접적 공격성, 남아에게 많음
관계적 공격성	• 자신과 타인의 관계를 손상시켜 해를 주고자 하는 간접적 공격성 • 상대의 자존감, 우정, 사회적 지위의 손상을 목적으로 냉대, 비난, 소문을 내는 공격성, 여아에게 많음

(3) 교우관계

① **아동기 아동의 교우관계**: 생활연령, 정신연령, 학업성적, 운동능력, 성격, 가정의 사회경제적 위치 등이 비슷한 아동끼리 형성되는 경향이 있다.

② **우정**: 아동으로 하여금 더욱 민감하고 애정적으로 만들며, 자아가치감을 주고, 인간됨이 무엇인지를 알게 해준다.

(4) 교사와 아동

① 아동의 사회성 : 교사의 태도에서도 큰 영향을 받는다.

    ㉠ 저학년의 아동은 교사를 절대적인 존재로 생각하고, 부모보다 교사의 말을 더 잘 듣는다.

    ㉡ 고학년이 되면 교사의 불합리하고 불공평한 처사를 비난할 줄 알게 된다.

② 교사의 아동에 대한 태도 : 크게 전제적·민주적·방임적인 것으로 나눌 수 있다.

    ㉠ 전제적인 경우 : 폭력·명령·위협·질책을 많이 사용하는 경우로서, 아동은 무조건 복종하게 되고, 자발성과 자기결정력이 부족해지며, 공동일에 비협조적이고, 자기중심적인 행동을 많이 하게 된다.

    ㉡ 민주적인 경우 : 전체 분위기가 우호적이고 건설적이 되며, 교사가 없어도 자주적으로 일을 처리하고 협동적이 된다.

    ㉢ 방임적인 경우 : 공동목표를 향해 협동할 줄 모르고, 꾀를 피우며, 이로 인해 불만이 생기기 쉽고, 교사에게 공격적인 태도를 나타내며, 개인주의에 빠지기 쉽다.

(5) 가족 내의 아동

① 부모와의 관계 : 아직 부모의 사랑에 상당히 의존적인 것은 사실이나 자기충족이 되고 신체적 감독이나 보호가 덜 필요함에 따라 점점 가정 밖에서의 친구나 다른 어른들과의 교제에 관심이 증가하게 된다.

② 형제와의 관계

    ㉠ 아동기 아동에게 있어서 형제의 유무 : 아동의 사회성과 성격발달에 큰 영향을 미친다.

        ㉮ 외동아이의 경우 : 언제나 자신이 가족의 중심이라는 관념 하에 있다가 또래집단에 노출되는데, 이때 이런 아동은 친구들과의 관계에서도 자기가 중심이 되기를 기대하나 현실이 그렇지 못함을 깨닫게 된다. 부모의 태도나 염려, 걱정들을 혼자서 다 받아들여야 하기 때문에 자유가 제한될 염려도 있다.

        ㉯ 형제가 많은 경우 : 가족 밖에서 훨씬 쉽게 적응할 수 있다.

    ㉡ 형제간의 유대관계 : 상당한 경쟁의식과 분개가 있지만, 싸움으로 갈라지거나 사라질 수 있는 일상적인 우정보다 더 깊고 지속적이며 특별한 애정으로 맺어진 관계이다.

(6) 하비거스트의 아동기(6세~12세) 발달과업

① 보통 경기에 필요한 신체적 기초기능을 습득한다.

② 성장하는 유기체로서의 자신에 대한 건전한 태도를 가진다.

③ 친구 사귀기를 배운다.

④ 성의 적절한 사회적 역할을 학습한다.

⑤ 읽기, 쓰기, 셈하기의 기본 기능을 학습한다.

⑥ 일상생활에서 필요한 기본 개념을 형성한다.

⑦ 양심, 도덕성, 가치척도가 발달한다.

⑧ 인격적 독립을 성취한다.

⑨ 사회적 집단과 사회제도에 대한 태도가 발달한다.

참고 형제와 아동의 발달

아동이 겪는 갈등 중 형제간의 갈등은 시간 당 6회 이상이 발생한다는 학자들의 보고가 있다. 형제간의 갈등은 사회적 관계에서 갈등의 역할과 타인의 관점을 이해하게 되고 가족이 아닌 사람과 갈등이 발생할 경우 어떻게 해결해야 하는지를 배울 수 있다. 그러나 언어적, 신체적 폭력 같은 파괴적 전략을 통해 갈등이 해결될 때는 부정적 결과를 낳게 된다. 예를 들면, 형제관계의 질이 손상되고, 청소년기와 성인기에 반사회적 행동을 할 확률이 높아지며, 성인이 되어 가정폭력을 행사할 가능성도 높아진다.

형제간 갈등은 해결과정에 부모가 개입하는 경우가 많다. 많은 부모들은 갈등을 부정적인 것으로 인식하고 형제가 싸우기 시작하면 갈등을 빨리 종결시키려 노력한다. 부모님의 개입은 형제간 갈등의 진행과 갈등해결에 영향을 미칠 뿐만 아니라 각 아동과 부모관계에도 영향을 미치기 때문에 매우 신중히 이루어져야 한다.

부모의 갈등 개입 유무에 대해서는 학자마다 입장이 다르다. 일부 학자들은 부모가 갈등에 개입할 경우 긍정적 결과보다는 부정적 결과가 생길 가능성이 높기 때문에 개입을 자제해야 한다고 주장하기도 한다. 특히 부모가 동생 편을 들면 형제관계에서의 힘의 균형이 깨지고, 형제들끼리 스스로 갈등을 해결하고 관계를 형성할 기회를 뺏기 때문에 갈등해결 기술과 대인관계 기술의 발달이 저하되며, 형제관계의 질도 나빠질 수 있다고 한다.

반면, 일부의 학자들에 따르면, 아동들은 갈등해결 기술이 부족하기 때문에 갈등이 긍정적으로 해결되기 위해서는 부모의 도움이 필요하다고 주장한다. 부모가 개입하지 않았을 때는 공평의 개념이 무시되고 형제만 만족하는 방향으로 갈등이 해결되지만, 부모가 개입했을 때는 갈등의 강도가 약해지고, 이유대기, 사회적 규칙 언급하기, 달래주기 같은 긍정적인 전략을 사용하게 되기도 한다.

06 청소년기의 성장과 발달

청소년의 정의 및 변화

1 청소년의 정의

(1) 어의에 따른 정의

① **청소년기(adolescence)의 어원** : adolescence는 '성숙되어 진다'라는 의미의 라틴어(adolescere)에서 유래된 것이다. 청소년기는 미성숙한 아동의 발달단계에서 성숙한 성인의 발달단계로 전환되는 시기이다.

② **청소년기를 지칭하는 용어**

ⓐ **제2의 탄생기(루소)** : 자아의식이 성장하는 정신적 독립의 시기로, 주체를 발견하고 형성하는 시기이다.

ⓑ **주변인(레빈)**
  ㉮ 아동과 성인의 경계에 놓여 있는 존재이다.
  ㉯ 보호나 통제의 해제와 성인의 의무 면제의 지불유예 상태이다.

ⓒ **심리적 이유기(홀링워스)**
  ㉮ 정신적인 의존관계에 있는 부모로부터 이탈하여, 자신의 판단과 책임하에 행동하려고 한다.
  ㉯ 자아를 찾고 자기의 가치를 발견하여 독립적인 자아 형성을 요구한다.

ⓓ **질풍노도기(스텐리 홀)** : 청소년을 퇴폐적 문제제공자로 간주하고 부모와 갈등하며, 심리적인 불안정, 위험행동을 하는 존재로 인식한다.

ⓔ **과도기(앤더슨)** : 미숙한 아동기에서 성숙한 성인기로 옮아가는 시기이며, 신체적·생리적·심리적·사회적 측면에서 이중적 특성을 보인다.

ⓕ **심리적 유예기(에릭슨)** : 자신의 의사결정과 책임을 유예하고 여러 가지 실험과 시도를 할 수 있는 시기로 인식하고 있다.

(2) 학문적 차원에 따른 정의

① **교육학적 측면** : 성인이 되어 가는 과정의 기간에 있는 자이다.

② **사회학적 측면** : 청소년기를 회의세대로 보고, 14~15세의 연령을 지불유예기로 규정하였으며, 자주적 자기결정권(취업, 결혼 등)이 허용되는 시기까지로 보았다.

③ 생물학적 측면 : 생식 가능시기인 사춘기를 시작하여 성적인 생식능력 완성시기로, 육체적으로 성체로 발달하는 시기이다.

  ㉠ 남자 : 14~15세에서 20~22세까지
  ㉡ 여자 : 12~13세에서 18~20세까지

④ 심리학적 측면 : 오수벨은 청소년의 개념을 계속적인 성장과정으로 보았으며, 부모로부터 정서적으로 분리되고 자아정체감을 형성하는 시기이다.

❷ 우리나라 청소년의 가치관의 변화

(1) **자아 및 타인관** : 자기 자신을 지적 · 사회적 능력은 있으나 도덕적 · 규범적인 면에서는 자신감이나 확신이 부족하다고 여긴다.

(2) **직업 및 근로관** : 직업선택의 기준은 안정성, 자기발전성, 사회기여도를 중시하며, 수동적인 일보다 책임과 권한을 위임해 주는 직장을 선호한다.

(3) **사회 및 국가관** : 귀속요인(서열 · 가문 · 배경)보다는 업적요인(개인의 능력 · 노력)을 중요시하며, 국가에 대한 희생심은 줄어들고, 개인 중심적 가치관이 확산되는 현상을 보인다.

(4) **도덕 및 윤리관** : 전통적 윤리관의 수용정도가 점차 낮아진다.

(5) **인생관** : 사회지향적인 가치관은 약화되고, 개인적인 삶을 추구한다.

section 2 청소년 관련 연구와 이론적 견해

❶ 초기이론

(1) 플라톤(Platon)

① 인간발달의 3국면 : 정신(감정), 욕망, 이성이며, 가장 높은 차원인 이성은 아동기에 발달하는 것이 아니며, 청소년기에 최초로 발달한다.

② 아동기와 청소년기의 차이점

  ㉠ 아동기 : 품성을 형성시켜야 하는 시기로 체육, 음악을 가르쳐야 한다.
  ㉡ 청소년기 : 이성을 발달시켜야 하는 시기로 합리적 사고를 요구하는 과학과 수학을 가르쳐야 한다.

(2) 아리스토텔레스(Aristoteles)

① **청소년기의 정의** : 사춘기로부터 21세까지를 가리키며, 정신과 육체는 분리될 수 없지만, 구조와 기능면에서 서로 연관되어 있다.

② **청소년기의 특성** : 인내심과 자기통제능력이 부족하고 불안정하나 이러한 특성은 약 21세가 되면 사라진다.

③ **자기결정능력** : 이는 성숙의 기준으로 청소년기의 발달과업이다. 자기결정능력에는 독립성, 자주성, 자율성, 정체감, 직업선택 등이 있다.

(3) 로크(Locke, 1632~1704)

① '인간이해'에 관한 논문에서 인간은 마치 백지(Tabula Rasa)와 같은 상태로 태어나서 환경으로부터 주어지는 경험을 통하여 인간의 본성과 발달이 이루어진다고 주장하였다.

② 백지상태에 관한 로크의 주장은 질적인 측면에서 성인과의 차별성을 나타내기 위한 것이다.

③ 아동에 대한 최초의 이해를 시도한 학자로 인간발달은 점진적으로 이루어지기 때문에 아동의 초기에는 수동적인 정신 상태에서 청소년기에는 능동적인 정신상태로 옮겨간다.

④ 청소년기의 마지막 무렵에는 이성적인 사고가 나타난다.

(4) 루소(J.J. Rousseau, 1762~1848)

① 인간의 본성은 선하기 때문에 자연이 이끄는 대로 두면 바르고 건강한 발달이 이루어진다.

② 청소년은 성인과 다른 고유한 관심사를 소유하고 있으며, 축소된 성인이 아닌 독립된 인격체이므로 성인처럼 대하는 것은 위험하다.

③ **루소가 제시한 발달의 단계**(emil)

  ㉠ **유아기**(0~2세) : 유아기는 쾌락과 고통에 의해 지배되는 쾌락지향적인 시기로, 강한 신체적 욕구를 지닌다.

  ㉡ **아동기**(야만인기 : 2~12세) : 감각의 발달이 가장 중요하며, 교육의 중심이 되어야 하는 것은 놀이, 스포츠, 게임 등이다.

  ㉢ **청소년기 전기**(소년기 : 12~15세) : 신체적 에너지와 함께 이성과 자기의식이 발달하는 시기이다.

  ㉣ **청소년기 후기**(청소년기 : 15~20세) : 정신적으로 성숙해지는 시기로, 타인에 대한 관심이 증대되고 가치체계와 도덕관이 형성되기 때문에 성인과 같은 활동이 가능하다.

(5) 스탠리 홀(G. Stanley Hall, 1846~1924 ; 20세기 초)

① 청소년 연구를 객관적이고 기술적인 발달연구로서 과학화하고, 체계화를 시도하여 청소년학의 아버지로 불린다.

② 청소년기는 사고 · 감정 · 행동에서 자만과 겸손, 행복과 슬픔, 선과 악, 친절과 잔인 사이를 진동하는 '질풍노도의 시기'이다. 이러한 상태가 성인에게 나타나면 조울증이 되지만 청소년에게는 정상상태이다.

③ 많은 청소년들이 수동적 존재로 보이지만 내면적으로 혼란을 겪으며 크게 동요하고 있다.

④ 다윈의 진화론에 영향을 받아 인간의 계통발생적 특성을 재현이론을 통해 기술하였다.

(6) 로저 바커(Roger Barker)

① 신체발달의 심리사회적 의미를 중요시하고 개인의 체격이 사회적 경험을 결정한다고 보았다.

② 개인의 신체적 발달은 아동기에서 성인기로 이동하는 결정적 요인이 된다.

② 생물학적 이론

(1) 게젤(Gesell)과 암스(Ames)

① 출생에서 16세까지를 대상으로 청소년의 발달에 영향을 미치는 환경적 요인에 초점을 두고 연구하였다.

② 청소년기 발달을 신체적 성장으로 묘사하면서, 청소년기의 변화가 인간의 모든 면에 영향을 미친다.

(2) 파우스트(Faust)와 태너(Tanner)

① 초기 청소년기는 갑작스런 키의 성장, 생식기관의 성숙, 2차 성징으로 출현, 체중의 재분배의 특징을 갖는 빠른 변화를 보여주는 시기이다.

② 여자는 11세, 남자는 13세에 시작되나 개인차를 보인다.

③ 정신분석학적 이론

정신분석학적 이론에서는 본능이 고조되는 사춘기를 청소년기의 시작으로 보고 있다. 에릭슨은 청소년의 위기를 해결하는 단계로 신뢰감 · 자율성 · 진취성 · 근면성의 단계를 언급하고 있다.

(1) 제1단계(신뢰성의 단계)

청소년들은 자신이 믿을 수 있다고 증명할 수 있는 아이디어나 대상자를 찾게 된다.

(2) 제2단계(자율성의 단계)

청소년은 성인이나 또래집단이 있는 상황에서 가능한 한 어려운 활동을 자발적으로 수행하는 것을 좋아한다.

(3) 제3단계(진취성의 단계)

청소년은 아동보다 성인과 비교해서 자신의 능력범위를 충족시킬 수 있도록 진취성이나 목적의식을 설정한다.

(4) 제4단계(근면성의 단계)

청소년은 외적인 만족보다는 자신이 느낄 수 있는 만족감에 의해 동기부여가 잘된다.

④ 인지발달이론

(1) 피아제(Piaget)는 인지발달이론에서 청소년기를 '형식적 조작기'로 규정하였으며, 이 시기의 청소년 사고는 '형식적 사고'로서 추상적이며, 가설적인 범위까지 확장되고 구체적 사물을 넘어서 상징이나 추상화하여 추리할 수 있다고 한다.

(2) 인지발달은 현재에만 국한되지 않고 과거를 회상하며, 미래의 가능성을 추상할 수 있게 되므로 미래의 성인으로서의 역할이나 계획, 생의 목적 수립 등을 가능하게 한다.

⑤ 사회문화적 이론

(1) 사모아섬의 청소년을 관찰하면서 청소년이 혼란과 갈등의 시기라고 한 스텐리 홀의 주장을 반박하는 이론이다.

(2) 성고정성이나 청소년으로서의 갈등은 사회문화적으로 조장된 것이며 원시부족의 경우 혼란을 겪지 않는 모습을 통해 서구사회에서의 청소년에 대한 시각을 비판하고 있다.

(3) 대표적인 학자로는 마가렛 미드(1902~1978), 베네딕트 등이 있다.

마가렛 미드(Magaret Mead, 1901~1978)

1901년 중상층의 교양 있고 사회적으로 안정된 가정에서 자랐났다. 아버지는 경제학 교수였으며, 어머니는 대학 교육을 받고 다양한 사회활동–시민의 권리, 여성의 참정권 획득, 모피 거부–에 적극적인 여성으로 그녀의 소신을 딸에게 물려주었다. 미드는 드포 대학을 1년간 다니다가, 뉴욕 중심부의 컬럼비아 대학과 자매결연을 한 버너드 여대로 옮겼다. 버너드에서의 생활을 즐기며 그녀는 다른 학생들과 우정을 쌓고 모더니즘의 발달과 함께 학내에 만연한 주요 이론과 정치적 쟁점, 논쟁들을 섭렵해 나갔다.

마가렛미드가 세상을 떠났을 때 그녀는 미국에서 가장 널리 읽히는 인류학자였고, 아마 지금도 그럴 것이다. 1928년 출판된 그녀의 첫 저서 「사모아의 사춘기」(Coming of Age Samoa)는 나오자마자 고전이 되었고, 인류학 서적 가운데 최고의 베스트셀러로 남아있다. 이 책의 폭넓은 인기는 사람들이 흥미를 느낄만한 그 핵심적인 질문에서 비롯된다. 왜 우리는 지금처럼 살고 있는가? 미드는 대부분의 사람들이 공유하는 세 가지 경험–어린 시절, 부모노릇, 성–에서 그 답을 찾았고, 따라서 그녀의 연구는 수백만 사람들의 피부에 직접 와 닿는 것이었다. 미드의 작업과 사상에 대한 폭 넓은 관심은 그녀의 수많은 출판물들이 음반, 테이프, 영화, 비디오 등 갖가지 매체로 존재한다는 사실에서도 나타난다.

미드를 자극한 것은 사회의 중요한 문제들을 쟁점화하면서, 비교론적 인류학 자료에 바탕을 두고 사회적 조건을 개혁하고픈 열정적인 신념이었다. 예를 들어 고정된 시간에 수유하지 않는 사회도 있다는 사실은 수유습관이 전적으로 학습된 행위이며, 따라서 마음만 먹으면 고칠 수도 있음을 의미한다. 상이한 육아방식이 성인의 인성에 미치는 영향을 평가할 수 있다면, 이에 바탕을 두고 바람직한 습관들을 널리 알려 채택하도록 함으로써 사회를 개선해 나갈 수 있다. 마거릿 미드의 중심 사상–사람들 사이의 차이는 대체로 어릴 때 전해지는 문화적 차이이다–은 확연한 전망을 내놓지 않고, 대신 일반적인 의견 변화나 아이가 특정 사회의 성인 구성원으로 바뀌는 과정에 대한 관심을 이끌어내는 정도이다. 그리고 미드의 소신 있는 공인으로서의 역할은 그녀의 인류학적 조사의 신빙성에 대한 시비를 불러일으켰다. 마거릿 미드는 장수했고, 열심히 연구했으며, 인간이 처한 상황을 개선하기 위해 사회적 혁신과 전통에 대한 존중을 결합하고자 주장하였다. 그녀의 삶과 노력의 결과는 강렬하고 지속적이다.

미드는 자신의 현지조사를 통해 직접 이론적 개념들을 발전시켰다. 1925년과 1939년 사이 그녀는 다섯 번의 조사 여행에 참여했고, 여덟 개의 다른 사회를 연구했다. 이상하게도 그녀의 학위 논문은 현지조사가 아니라 보아스가 할당한 주제인 폴리네시아의 물질문호에 대한 도서관 조사에 기초한 것으로, 이를 두고 어떤 이들은 구체적이고 만족스럽다고 다른 이들은 그저 그렇다고 평가한다. 미드의 첫 조사연구는 사모아에서 이루어졌는데, 그녀는 1925년 그곳에서 8개월을 보냈다. 그녀의 저서 「사모아의 사춘기」는 굉장히 인기 있는 성과물이었으며, 조사결과는 여전히 논쟁거리이다.

현지조사를 통한 연구에서 미드의 뛰어난 공헌은 제도·신앙·관습을 나열하는 식으로 연구하는데 만족하지 않고, 어떻게 사람들이 마음속 깊이 그들의 문화를 간직하고 생활하며, 어떻게 태어난 순간부터 어린 시절을 거쳐 문화를 익히며, 또 자신들의 문화에 순응하거나 또는 거역하거나 속이려 한 점이다. 이는 전통적인 현지 조사 방식인 '가능한 한 있는 그대로'의 기술에서 벗어나 문제 중심적 연구였다는 점에서 큰 의의를 가지며, 또 「문화와 인성」 연구의 기초 작업으로서 인류학 역사의 획기적인 장을 장식하기도 한다. 현지 조사를 통해 넓어지고 깊어진 다양한 문화에 대한 그의 이해는 인류학의 역할은 인간도 하나의 동물이라는 사실을 결코 인식하지 못하는 인문과학과 또 인간이 양심을 가졌다는 사실을 무시하려는 자연과학 및 시대에 뒤떨어진 물리학 이론을 단순하게 받아들인 사회과학 사이에 놓는 것이다.

사모아에서 돌아오는 길에 미드와 포천은 두 가지 조사계획에 착수했다. 1930년 여름의 간단한 오마하족 조사(그녀의 유일한 아메리카 원주민 집단 연구)와 「세 부족 사회의 성과 기질」(Sex and Temperament in Three Primitive Societies, 1935)에 기술된 통문화적인 비교인 장기간의 뉴기니 연구계획(1931~33)이 그것이다. 후에 그녀는 그레고리 베이트슨과 함께 1938년과 1938년 사이, 그리고 1939년에 다시 발리를 조사했으며, 1938년에는 뉴기니의 이아트물(latmul)족도 조사했다. 발리조사는 사진을 도구로 사용한 점이 주목되며, 「발리인의 성격」(Balinese Character)으로 결실을 본다.

이러한 세 시기의 현지조사가 미드의 주요업적–육아습관이 인성을 형성하며 이것이 특수한 사회에 본질적 성격을 부여한다–을 뒷받침하는 민족지적 기반이 된다.

section 3 청소년기의 성장발달

① 신체적 성장발달

(1) 신체적 성장발달의 관련요인

청소년 초기의 급격한 신체적 성장의 발달원인에 대해서는 아직도 명확하지 않으나, 시상하부 – 뇌하수체 단위에서 다음과 같은 3가지의 변화와 연관된 것으로 알려져 있다.

① 야간에 수면시 황체호르몬의 증가가 성선자극유리호르몬(gonadotropin releasing H. GnRH)을 증가시킨다. 성선자극호르몬은 2차성징의 발달을 자극하는 성장촉진호르몬(growth stimulating hormone. GsH, 뇌하수체 전엽에서 생산되어 생물의 성장 및 촉진에 관여하는 호르몬)으로, 남자는 고환에서 테스토스테론(testosterone)을 생산하게 되고, 여자는 난포에서 에스트로겐(estrogen)을 생산하게 되어 2차 성징이 발현된다.

② 에스트라디올과 테스토스테론에 대한 시상하부와 뇌하수체의 민감성이 저하되어, 상대적으로 성선자극호르몬과 황체호르몬 및 난포자극호르몬의 분비가 증가한다. 이것은 중추신경계의 성숙과 연관된 것으로 추측한다.

③ 여자 청소년의 경우, 에스트로겐의 수치가 증가하여 성선자극유리호르몬을 방출시키고 황체호르몬을 자극하여 배란이 일어나게 된다.

④ 사회경제적 여건도 신체적 성장발달에 영향을 미친다. 즉, 경제상황이 좋아지면 국가의 의료복지 혜택이 좋아질 뿐 아니라 개인의 수입이 많아져 개인이 영양가 높은 식사를 하게 되어, 결국은 성장발달에 영향을 미치게 된다.

> **POINT** 호르몬
> ① 에스트로겐 : 에스트로겐은 사춘기 이후에 많은 양이 분비되어 여성의 성적 활동에 많은 영향을 끼친다. 사춘기에 일어나는 여성의 이차성징의 원인이 되어 가슴을 나오게 하고 성기를 성숙하게 하며 몸매에도 영향을 준다. 또한 여포자극호르몬(FSH), 황체형성호르몬(LH), 프로게스테론과 함께 작용하여 자궁벽의 두께를 조절하고 배란에 관여한다. 즉 생식주기를 조절하는 역할을 한다.
> ② 성장촉진호르몬 : 시상하부(hypothalamus)가 분비하는 성장자극호르몬(GHRH : growth hormone releasing hormone)에 의해 뇌하수체 전엽(anterior pituitary gland)에서 생성되는 호르몬의 일종이다. 뼈, 연골 등의 세포분열을 촉진시켜 길이와 부피가 커지게 하며, 그 에너지원으로 사용될 지방분해, 그리고 단백질 합성 등을 촉진시킨다. 성장기 이후에는 근육이나 뼈의 성장보다는 결체조직(인대), 콜라겐 등을 증가시키며 근력의 증가와 함께 지방분해를 촉진시킨다. 분비 과다 시 거인증을 유발할 수 있으며 분비 과소 시 왜소증을 유발할 수 있다. 여러 가지 발육지연 증상의 약물로 사용될 수 있지만 호르몬을 직접적으로 투여하는 것은 몸에 큰 영향을 주기 때문에 매우 주의하여야 한다. 따라서 규칙적인 생활, 식습관 조절 등으로 자연스럽게 성장호르몬을 조절하는 것이 더 바람직하다.
> ③ 테스토스테론 : 테스토스테론은 일명 남성호르몬으로 얼굴의 수염, 굵은 목소리와 같은 남성적 특징 및 남성의 성기관 발달에 필수적이다. 이 호르몬은 1931년 정소 추출물이 소변에서 얻어졌던 안드로스테론보다 효능이 높은 안드로겐을 함유하고 있다는 사실이 알려진 후, 1935년 정소의 추출물에서 분리되었다. 안드로스테론은 후에 테스토스테론의 생화학적 대사산물로 밝혀졌다. 테스토스테론은 디오스게닌(diosgenin)과 같은 값싼 스테로이드를 화학적·미생물학적으로 변형시켜 상업적으로 생산한다. 이 호르몬은 남성의 기능 부전(不全) 치료, 유즙분비 억제, 유방암 치료, 여성의 성불감증 치료 등을 위해 임상적으로 사용된다.

POINT 시상하부와 뇌하수체

시상하부는 모든 호르몬이 분비되는 양을 통제하는 기관이며 뇌하수체는 뇌 기저부의 정중앙에 위치한 완두콩 크기의 조직(시상하부 바로 위에 위치함)으로 전엽에서는 성장호르몬, 성선자극호르몬(성선에서 에스토로겐, 프로게스테론, 테스토스테론 분비), 갑상선자극호르몬, 부신피질자극호르몬이 분비되며 후엽에서는 항이뇨호르몬, 옥시토신호르몬을 분비한다.

(2) 신체적 성장

① 청소년의 급성장(남녀비교)

    ⊙ 여자 청소년의 신장 성장속도의 절정기(PHV : Peak height velocity)는 남자 청소년보다 18~24개월 빠르다.

    ⓒ 여자 청소년의 연평균 몸무게 성장속도의 절정기(PWV : Peak weight velocity)는 남자 청소년보다 작다.

    ⓒ 남자 청소년은 연평균 PWV나 PHV가 일치하나, 여자 청소년의 몸무게는 신장의 성장과 일치하지 않아서, 신장이 성장한 6~9개월 후에 몸무게가 성장한다.

    ⓔ 남자 청소년의 경우 신체적 성장이 균형과 조화를 잃게 된다.

② **남자 청소년의 성장** : 남자 청소년의 경우, 13세부터 신체적 변화가 시작되어 약 20세까지 계속되며, 근육세포가 출생 시보다 약 14배가 될 때까지 계속 분열한다.

    ⊙ **성숙이 늦은 경우(만숙)** : 심각한 심리적인 압박감과 부정적 자아상을 가지게 된다.

    ⓒ **조숙한 경우**

        ㉮ 부모와 선생님으로부터 지도자적 역할을 부여받는다.

        ㉯ 동년배 사이에서 인기와 사회적 지위가 높아진다.

        ㉰ 긍정적 자아상을 가지고 자신의 신체에 대해 만족한다.

③ **여자 청소년의 성장**

    ⊙ 남자 청소년보다 신장 성장속도가 **빠르다**. 신장 성장속도가 동년배 남자 청소년보다 **빠르므로**, 큰 키를 감추기 위해 고개를 숙이거나 몸을 움츠려 체형이 변하기도 하고, 교우관계가 원만하지 못할 수도 있다.

    ⓒ 지방의 분포가 많아진다. 청소년 초기에 체지방이 증가하여 비만감을 느끼고, 비만을 해결하기 위해 무절제한 다이어트를 하므로 건강의 문제를 야기한다.

    ⓒ 성적 변화가 일어난다. 여자 청소년들의 성적 변화는 여성다움에 대해 만족감을 느끼면서, 그 시대의 사회규범, 유행에 맞추려는 노력을 한다.

④ **청소년의 신체적 건강문제** : 초기 청소년들은 심한 건강문제를 갖는 경우는 드물지만 다음과 같은 건강문제를 호소하는 경우가 많다.

    ⊙ 두통·복통 등으로 인한 신체적 불편감이나, 감기·편도선염으로 인한 신체적 허약함을 느낀다.

    ⓒ 심장의 성장발달에 비해 혈관의 성장속도가 느리기 때문에 혈압이 상승하여 심장압박으로 인한 긴장감과 피로감을 호소하기도 한다.

ⓒ 피지활동의 증가로 인한 여드름 : 이는 급속한 신체의 성장, 불규칙한 식사, 위생(청결)의 부족과 학교ㆍ교우, 사회생활에서 겪는 갈등ㆍ좌절ㆍ스트레스 등이 원인이 될 수 있다.

ⓔ 운동 후에는 피부나 치아 등을 청결히 하는 위생습관을 갖도록 도와준다.

❷ 심리사회적 성장발달

(1) 정서발달

① 분노 : 개인의 요구가 방해받고 있을 때 불쾌감을 제거하려고 하는 반응으로서 시기별로 특성을 가지고 있다.

ⓐ 중학교 시절 : 사회적 인정과 자기 평가에 대해 분노가 생긴다.

ⓑ 고등학교 시절 : 진학을 둘러싸고 교사, 부모, 사회제도에 대해 분노가 생긴다.

② 공포 : 개인이 위기에 처했을 때 경험하는 정서로서 시기별로 대상의 차이가 있다.

ⓐ 초기 청소년 : 돈, 부끄러움, 시험, 일, 용모, 능력, 의복 등 물체가 공포의 대상이 된다.

ⓑ 후기 청소년 : 사회 경제적인 면에 공포를 느낀다.

③ 불안과 걱정 : 불안은 장래에 생길지도 모르는 불유쾌한 일에 대하여 미리 생각하여 걱정하는 것을 말한다.

④ 애정 : 자기에게 쾌락을 가져오는 상대에게 접근하려는 상태를 말한다.

⑤ 자아중심성 : '자아중심성'을 '자기 몰두'라고 하며 이 시기 청소년은 개인적 우화, 상상적 청중으로 나타난다. 청소년기 특유의 사회인지적 특징은 자아중심성(adolescent egocentrism)으로 자신은 특별한 존재이며 우주의 중심이 된다고 믿을 만큼 강한 자의식을 갖게 되는 것을 말한다.

ⓐ 개인적 우화(personal fable) : 자신은 아주 특별하며 독특한 존재라고 생각하여 다른 사람들에게 적용되는 일반적인 법칙이 자신에게는 해당되지 않는다고 믿는 경향을 말한다. 나는 특별하고 독특한 존재로 타인과는 다르다는 생각으로, 청소년은 다른 사람들이 경험하는 죽음이나 위험, 위기 같은 불행한 사건이 자신에게 피해를 끼친다는 생각을 하지 못한다. 따라서 이 시기 청소년은 과도한 자의식으로 인하여 헬멧을 쓰지 않고 오토바이 운전을 하는 등 비합리적인 행동을 하게 된다.

ⓑ 상상적 청중(imaginary audience) : 상상의 청중의식이 높으면 부정적인 자아 개념이 갖는 경향이 높고, 자아존중감 발달단계가 낮고, 자아정체감 확립 수준이 낮다. 이러한 문제는 적절한 대인관계나 자아정체감 탐색의 기회가 부족했기 때문이다. 나는 타인의 관심과 집중의 대상이 된다고 생각하는 것으로, 이것 역시 청소년의 과도한 자의식에서 비롯된다. 예를 들자면 신입생이 입학식 때 다른 사람들이 자신만 쳐다본다며 옷을 신경 쓰는 것이다.

ⓒ 의사우매성(pseudostupidity) : 상황을 보다 복잡하게 해석하려는 경향을 말한다.

ⓓ 외견적 위선(apparent hypocrisy) : 말과 행동 간의 불일치성으로 추상적인 행동 규칙은 개념화시킬 수 있지만 이를 구체적인 행동으로 연결시키는 데 있어서 경험이 부족한 것이다.

POINT 청소년시기의 정서적 특징
① 청소년 초기 : 감정의 이변이 크고, 성적 충동 또한 크다.
② 청소년 중기 : 감정의 내면화, 자기중심적 사고, 이상주의적 사고
③ 청소년 후기 : 현실적인 사고, 논리적 사고, 감정의 안정화

(2) 사회적 관계

① 교우관계

　㉠ 교우관계를 통해 얻을 수 있는 이점

　　㉮ 즐거울 때 즐길 수 있다.

　　㉯ 안전감을 촉진시켜 준다.

　　㉰ 관대함과 이해력을 발달시킨다.

　　㉱ 타인들과 원만하게 일할 수 있는 경험을 얻게 한다.

　　㉲ 사회적 기술을 획득하는 기회를 얻게 된다.

　　㉳ 사람을 비판하는 기회를 준다.

　　㉴ 구애행동을 경험하게 된다.

　　㉵ 충성심이 발달한다.

　㉡ 교우 선택에 영향을 주는 요인 : 지리적 근접성, 성, 연령, 신체, 지능, 흥미, 용모, 성격의 성숙도 등

② 이성관계

　㉠ 초기 청소년 : 이성 동료를 미워하며 사사건건 반대하고 가까이 하는 것조차 꺼려한다.

　㉡ 후기 청소년 : 연애의 형식이 나타난다.

③ 청소년의 역할수용단계 : 셀만(Selman, 1980)은 역할수용단계를 다음과 같이 설명하고 있다.

　㉠ 자기중심적 미분화 (3~6세)

　㉡ 주관적 역할수용 (5~9세)

　㉢ 상호적 역할수용 (7~12세)

　㉣ 제 3자적 역할수용단계 (10~15세)

　㉤ 사회관습적 역할수용단계 (12~성인)

(3) 하비거스트의 청소년기(12세~18세) 발달과업

① 남녀 동년배와 좀 더 성숙된 관계를 형성한다.

② 사회성을 획득한다.

③ 자신의 체격을 인정하고 자신의 성 역할을 수용한다.

④ 부모나 다른 성인으로부터 독립심을 기른다.

⑤ 경제적인 독립을 준비한다.

⑥ 직업을 준비하고 선택한다.

⑦ 결혼과 가정생활을 준비한다.

⑧ 국민으로서 필요한 지식을 습득한다.

⑨ 사회적으로 책임 있는 행동을 한다.

⑩ 행동지침으로 도덕적인 가치관을 기른다.

❸ 지적 성장발달

(1) 지능의 발달

① 11세가 되면 성인 지능의 50% 정도가 발달되며, 남녀의 차이는 거의 없다.

② 유전이나 환경적 요인에 의해서 지능발달이 완숙된다.

(2) 사고의 발달

① 논리적 유희에 빠지기 쉽다.

② 현실생활을 무시한 추상성을 중시하는 경향이 있다.

③ 기존의 질서에 순응하기 보다는 비판하고 합리성이 있는 것을 따른다.

④ 사고과정에 대한 사고가 일어나며 타인의 판단에 대하여 생각할 수 있다.

⑤ 사고의 발달로 자아정체감이 확립되고 자기몰두가 일어난다.

(3) 사색의 발달

① 독선적 · 자기중심적이며, 이유와 이치를 따지고, 모든 것에 부정적인 의혹을 품고 자신을 불신하게 되며, 허무주의적 열등감에 빠지기도 한다.

② 정서적으로 불안해하며, 충동적 의사결정과 순간적으로 변하는 과민성을 보이기도 한다.

③ 인생을 구체적이고 현실적으로 생각한다.

④ 모든 것을 알려는 욕구를 체념하고, 특정 직업과 결부된 학문을 배우려고 한다.

⑤ 학문을 통하여 인류와 사회에 기여할 수 있는 것에 대하여 생각하게 된다.

(4) 상상력의 발달

① 상상력이 풍부하며 공상적 이상을 동경하고 낭만적인 문학을 좋아하게 된다.

② 상상은 구체적 심상을 내용으로 하며 주관적 · 비현실적이다.

③ **상상의 특징** : 과거와 현재에 제약되지 않는 신기한 구체적 표상활동을 한다.

(5) 창의력

① 창의력 발달의 원리

　㉠ 판단보류의 원리

　㉡ 결합의 원리

　㉢ 창의성의 원리

　㉣ 다양성의 원리

　㉤ 개방성의 원리

　㉥ 자율성의 원리

② Osborn의 Brain Storming(두뇌 폭풍) : 창의력 개발 기법

　㉠ 의의 : 창의력 개발을 위한 특수기법으로 회의에서 여러 사람의 지혜와 아이디어를 규합해서 어떤 문제 해결이나, 의사결정을 하려는 데서 비롯된 것이다.

　㉡ 기본 전제 : 인간은 잠재적으로 창의력을 갖고 있는데, 비창의적인 사회문화적 풍토 때문에 불가능함으로, 개인이 가진 부정적 태도를 바꾸어 줌으로써 창의력이 개발된다.

　㉢ 기본 원리 : 비판금지, 자유개방, 양산, 결합과 개선

③ 창의력 신장을 위한 수업

　㉠ 독창적이고 다양한 방식의 확산적 수업을 고무한다.

　㉡ 강한 긍정적인 인간관계를 맺도록 도와준다.

　㉢ 창의적인 표현은 계속적으로 고무되고 강화되어야 한다.

　㉣ 독특하고, 창의적인 성격을 증진시킨다.

　㉤ 문제에 대해 갖고 있는 가정을 생각해 봄

　㉥ 기존적인 고정관념에서 벗어난다.

(6) 기억의 발달

① 청소년의 기억은 청각적 기억에서 시각적 기억으로, 기계적 기억에서 논리적 기억으로 변화한다.

② 기계적 기억이 논리적 기억으로 전환하는 시기는 13~15세 사이이며, 17세가 되면 본격적으로 논리적 기억활동을 할 수 있게 된다.

(7) 흥미의 발달

① 흥미의 발달과정

    ㉠ 흥미가 다양하나 불완전하여 쉽게 변한다.

    ㉡ 흥미가 다양할 뿐만 아니라 그 폭이 넓고 깊고 세밀해져서, 특정한 일에 흥미를 느끼게 되면 깊이 파고든다.

    ㉢ 흥미에 따라 가치관이 다르게 형성된다.

    ㉣ 흥미가 안정되고 고정된다.

② 흥미의 내용

    ㉠ 사회적 흥미 : 언어를 통하여 발전되며, 이를 통해 지식을 넓히고 생의 보람을 느낀다.

    ㉡ 개인적 흥미 : 직업에 대한 흥미를 갖게 되며, 직업관이 확립되고 전공영역을 선택 · 결정한다.

    ㉢ 오락 활동의 흥미 : 오락 활동은 기분을 전환하고 안정감을 갖게 한다.

07 성인기의 발달

section **1** 성인기의 발달

① 성인기의 개념과 특성

(1) 성인기의 개념

① 성인기는 신체적 성숙이나 정신적 발달 등 심신 양면에 있어서 결정의 시기(신체적 황금기)이며 사회환경의 영향을 많이 받는 시기로 26세에서 39세까지가 해당된다.

② 성인기는 이제까지 준비해 온 것을 실현하고 구체화시키는 시기로서 사회적 측면에서 다른 사람을 사랑하고 보살피는 능력이 심화되는 시기이다

(2) 성인기의 특징

① 신체적 · 정신적 발달과정상의 특징으로 볼 때 성인기는 청년기와 중년기의 중간에 위치한 과도기적 성격을 띠고 있다.

② 사회와 사회구성원의 구조적 · 기능적 역학관계를 이해하고 각 사회, 각 시대를 지배하는 윤리 가치관 등을 이해하고 조화와 갈등의 문제 및 갈등을 건전하고 진취적으로 처리하는 능력도 발휘해야 한다.

② 성인기의 발달과업

(1) 하비거스트(Havighurst)

① 발달과업이란 개인의 생에 중의 특정시기에 행해져야 할 과업으로서 일정과업의 성공적인 달성은 그 개인에게 행복감을 주고 다음 단계의 과업성취를 용이하게 하지만, 과업달성을 성공적으로 이루지 못하게 되면 개인에게 불행감을 주게 됨은 물론, 사회의 인정을 받지 못하는 결과를 초래한다.

② 하비거스트의 성인초기(18세~30세) 발달과업
  ㉠ 배우자를 선택한다.
  ㉡ 배우자와 함께 생활하는 방법을 학습한다.
  ㉢ 가정을 꾸민다.

ⓔ 자녀를 양육하고 가정을 관리한다.

ⓜ 직업생활을 시작한다.

ⓗ 시민의 의무를 완수한다.

ⓢ 마음 맞는 사람들과 사회적 집단을 형성한다.

(2) 에릭슨(Erikson)

① 인간의 심리사회발달 8단계 이론에서 6단계인 성인초기를 친밀감 대 고립으로 표현하여, 이 시기에 인간은 타인과 깊은 관계를 맺게 되고 친구관계·부부관계·전우애 등의 친밀감을 가진다.

② 이러한 친밀감은 타인의 입장이해·감정이입의 능력이 형성되어 있을 때 가능하고 만일 친밀감이 형성되지 않은 경우에는 고립되어 살아갈 수밖에 없고, 친구·애인·배우자 등을 얻기 어렵다.

(3) 레빈슨(M. Levinson)

① 친밀한 관계를 형성한다.

② 직업을 선택하고 경력을 쌓아 자신을 발전시켜 나간다.

③ 현실에 기반을 두지 못하고 과장된 목표로 구성되어 있는 꿈과 희망을 명확히 정의한다.

④ 성인생애에 있어 5번의 전환기(3번의 주기 전환기 포함)를 5년 동안 경험하게 된다.

> **POINT** 레빈슨의 성인발달단계
> ㉠ 성인 전기 전환기(17세~22세) : 아동기를 끝내고 성인 초기로 들어가는 전환기로, 인생 구조의 변화를 수반할 뿐 아니라 인생 주기에 있어 기본적인 전환점이 된다.
> ㉡ 성인 입문기(22세~28세) : 몇 개의 중요한 선택(직업선택, 배우자 선택)을 하고, 젊은 성인으로서 자신의 삶을 계획하기 위하여 멘토가 필요하다.
> ㉢ 30세 전환기(28~33세) : 입문기의 인생 구조를 재평가하고 더욱 더 개별화될 기회를 갖게 된다. 다음 구조를 형성하는데 필요한 새로운 가능성을 탐색해 본다.
> ㉣ 성인 초기 절정기(33~40세)~안정기 : 사회에서 자신이 안주할 안전한 위치를 마련해서 젊은 시절의 꿈과 목적을 성취해 나갈 수 있는 인생구조를 형성하며 진정한 자기자신이 될 수 있다. 성인세계 안에서 연소자에서 연장자로 이동해 가는 시기이다.
> ㉤ 성인 중기 전환기(40~45세) : 성인 초기와 중기 사이의 발달적 교량 역할을 하는 시기이며 중년기에 걸맞게 젊음과 늙음의 균형을 이루는 새로운 방법을 모색하려 애쓴다.
> ㉥ 성인 중기 입문기(45~50세) : 중년기를 시작할 첫 인생구조를 만드는 것으로 새로운 세대에서 또한 인생의 새로운 계절에서 우리가 설 자리를 마련한다.
> ㉦ 50세 전환기(50~55세) : 중년 입문기의 인생구조를 재평가하고 자아와 세계에 대한 탐색에 더욱 관심을 기울이며 다음 시대의 인생구조를 형성하기 위한 기초를 마련한다. 통상 이시기는 발달적 위기일 가능성이 있다.
> ㉧ 성인 중기 절정기(55~60세) : 30대 절정기에서처럼 이 시기의 인생구조는 중년기의 중요한 야망과 목표를 실현하기 위한 수단이 된다.
> ㉨ 성인 후기 전환기(60~65세) : 중년기를 종결하고 노년기를 시작하는 시기로 지나온 과거를 심오하게 재평가하고 새로운 시대를 전환해 간다.

(4) 헤이즌과 세이버의 성인 애착 유형 및 특징(Hazan & Shaver, 1987)

애착유형	애착유형별 특성
안정형 (secure)	자신이 사랑받을 만한 가치가 있다고 생각하고 타인은 수용적일 것으로 기대한다. 행복감과 신뢰감을 형성하며 이성 관계를 만들어 갈 수 있다.
회피형 (avoidant)	타인을 신뢰하지 못하고 타인과 지나치게 가까워지면 불편함을 느낀다. 파트너와 친밀감을 형성하는 데서 두려움을 느끼며 정서적인 동요를 나타낸다.
불안/양가형 (anxious/ambivalent)	타인과 지나치게 많이 가까워지기를 원하나 자신이 원하는 만큼 타인이 자신과 가까워지려 하지 않는 것을 걱정하는 동시에 타인에게 버림받거나 사랑받지 못할 것을 두려워한다. 파트너에게 강박적으로 몰두하며, 심각한 정서 변화와 질투심을 나타낼 수 있다.

(5) 발달과업의 내용

① 성인으로서 사회적으로 적응하기 위해서는 개인이 먼저 성숙된 인격을 갖추어야 한다.

② 열등감과 좌절을 스스로 극복하는 방법을 찾으며, 작은 일에도 행복감을 느끼는 것은 통합된 인성의 소유자, 즉 성숙된 사람에게서 발견된다.

③ 인격적 · 사회적 성숙을 완성한 개인은 자기의 적성과 능력에 맞는 직업을 선택하고, 또 이에 적응하는 일이 보다 용이하다.

❸ 신체 및 인지발달

(1) 신체발달

① 신체적 성장과 성숙이 거의 완성된다.

② 체력이 절정에 이르고, 사회적 · 경제적 · 정서적 과업을 달성하기에 충분하다.

(2) 인지발달

① 인지적 융통성 : 익숙한 지적 운용의 맥락에서 한 사고로부터 다른 사고로 전환할 수 있다.

② 결정성 지능 : 교육과 경험의 축적을 통해 후천적으로 지능을 습득할 수 있다.

③ 시각화 : 시각적 자료를 조직하고 처리하는 능력이 있다.

(3) 샤이에의 인지발달 5단계

피아제가 지식획득이 되는 청소년기까지 인지발달과정을 설명한 것에 반해 샤이에는 지식의 사용능력이 발휘되는 청소년기 이후의 성인인지발달단계를 설명하고 있다.

① **지식획득(아동, 청소년기)** : 감각운동기~형식적 조작기까지의 기본인지구조 발달

② **성취단계(20~30대)** : 직업선택, 가정의 설계 등 생애의 중요한 의미를 갖는 실제적 문제를 해결하는 단계로 독자적 의사결정이 가능

③ **책임단계(성인중기)** : 배우자, 자녀, 동료, 지역사회에 대한 책임을 가지고 과업에 관여하고 의사결정, 자신의 의사결정에 책임이 따름

④ **실행단계(성인중기)** : 자신의 지적기능을 어떻게 사용하는가에 따라 발전 또는 위기 초래, 복잡한 조직적 위계와 책임을 갖는 문제해결

⑤ **재통합단계(노년기)** : 사회적 책임 감소

(4) 리겔의 변증법적 추론모형

① 형식적 조작기에 도달해서 인지발달이 완성된다는 피아제의 이론을 반박한 것으로 성인기 특유의 사고 특징인 변증법적 추론 주장하였다.

② 변증법적 추론이란 다양한 상황과 대상물 또는 사람에 내재하는 모순을 인식하는 능력이다.

③ 리겔은 문제상황과 해결양상의 불완전성과 애매성을 강조(피아제의 평행이론과 반대)하였으며 갈등과 변화를 발달의 본질로 삼았다.

(5) 아를린의 문제발견 모형

피아제의 형식적 조작사고는 문제해결에 국한되나, 성인기 인지발달은 문제발견이 주가 된다. 따라서 아를린은 피아제의 형식적 조작기 다음 문제발견단계가 있다고 주장하고 있으며 문제발견단계는 창의적 사고, 확산적 사고, 새로운 문제해결방법의 발견 등이 있다.

POINT 성인기의 인지발달 단계비교

단계	피아제	아를린(Arlin)	리겔(Riegel)	샤이에(Schaie)
청소년기	형식적 조작기	형식적 조작사고	형식적 조작사고	습득단계
성인기				성취단계
중년기		문제발견적 사고	변증법적 사고	책임/실행단계
노년기				재통합단계

08 장년기의 발달

section 1 장년기의 개념과 발달과업

1 장년기의 정의

(1) 정의

일반적으로 장년기(중년기)는 신체적 나이로 38세에서 59세에 해당하는 시기이지만, 여기서는 장년기를 성인기가 끝나는 40세부터 노년기가 시작되기 직전인 60세까지로 구분하였다. 사회적 연령으로는 장년기를 첫 자녀의 사춘기 시작부터 막내 자녀의 결혼 또는 직업생활에서의 은퇴까지라 할 수 있다.

(2) 장년기의 특징

① 장년 인구는 해마다 증가 추세를 보여, 성인의 세기에 돌입하고 있다고 할 수 있다.

② 인간의 발달 과정에 있어 장년기가 결정적 시기이며, 장년기는 '샌드위치 시대', '빈 둥지 증후의 시대', '상실감의 시기', '제2의 사춘기' 혹은 '정체성 위기의 시기' 등으로 다양하게 표현하고 있다.

③ 장년기를 인생의 전성기로 보는 견해 : 신체적·가정적·사회적 지위가 안정적 상태를 유지하게 된다.

④ 장년기를 인생의 쇠퇴기로 보는 견해 : 신체적 쇠퇴와 가정생활의 갈등 및 직장에서의 역할 상실로 인해 불안정한 상태에 있는 경우이다.

⑤ 노화가 시작되며 기본적인 생리기능 등이 유지되는 시기로 신경계 및 내분비기능 등이 안정적이다.

2 장년기의 발달과업

(1) 자기의 확대와 신장

① 개인은 성인기에 적응·정착한 개인적·공민적 경험과 지위를 기초로 자신을 신장·확대시킨다.

② 장년기의 개인은 이전보다 훨씬 다양해지고, 넓은 무대를 개척·흡수해서 자기세계를 확대시켜 간다.

(2) 가치관의 변화

① 장년기는 가치관의 변화를 주도하게 되며, 젊은 세대들에게는 모델로서 지각되고 평가받게 된다.

② 장년은 자신의 가정·직장에서 생산적이고 창의적인 만큼 자기보다 어린 세대가 창의적이고 생산적이 되도록 자극해야 한다.

(3) 동반자의식의 결실

① 부부가 남녀의 결합이라는 의식보다는 동료의식으로 발전되어 동반자의식의 결실을 거두는 시기이다.

② 장년기에 들어서서는 동질성을 더 많이 소유하는 부부가 되며, 보다 밀착된 운명공동체, 동일체의식을 발달시켜 갈 수 있다.

(4) 개인의 발달과업

① **장년기의 발달과업** : 개인적 요구나 필요성뿐 아니라, 유기체 내부의 변화나 환경적 압력에 의해 생겨난 것들이 많다.

    ㉠ 10대 자녀가 책임감 있는 성인으로 성장하도록 도와주는 것

    ㉡ 성인으로서의 사회적 책임감 있는 성인으로 성장하도록 도와주는 것

    ㉢ 성인으로서의 사회적 책임감을 성취하는 것

    ㉣ 개인의 직업적 경력에서 만족할만한 성과를 거두고 유지하는 것

    ㉤ 여가시간을 활용하는 것

    ㉥ 배우자와의 관계에서 겪는 장년기의 생리적 변화를 수용하고 적응하는 것

    ㉦ 노화해 가는 부모에 대해 적응하는 것

② 가족단위로 생각할 때 장년기는 가족생활을 확장하고 가족단위의 고유한 특성을 확립하는 시기이다.

(5) 하비거스트의 중년기(30세~55세) 발달과업

① 성인으로서의 공민적 사회적 책임 수행

② 생활의 경제적 표준을 확립하고 유지한다.

③ 10대 청소년들로 하여금 책임감 있고 행복한 성인이 되도록 도와준다.

④ 성인다운 여가활동을 한다.

⑤ 하나의 인격자로서의 자기 배우자와 관계를 맺는다.

⑥ 중년기의 생리적 변화를 인정하고 이에 적응한다.

⑦ 연로한 부모님에 대해 적응한다.

1 신체적 변화

(1) 장년기의 신체적 변화

① 사람들은 유전적으로 달라 노화 속도가 각각 다르다.

② 노화의 표시는 신체의 외부에 나타나며, 주로 머리카락과 피부에 나타난다.

③ 피부는 탄력성이 줄어들고 늘어지며, 눈 가장자리와 입 주변, 앞이마에 주름이 나타난다.

④ 신체적 힘과 지구력도 어느 정도 떨어져, 젊음의 특징인 활력을 잃어 간다.

(2) 감각의 변화

① **시각** : 40세 이후 원시가 나타나고, 빛으로부터 회복과 암순응이 더 오래 걸리며, 밤 운전이 어려워진다.

② **청각** : 청각은 40세경에 떨어지기 시작하며, 남성은 특히 고음조의 소리에 청각적 예민성을 상실한다.

③ **미각** : 장년기까지 비교적 일정하게 유지되지만, 점차 미각의 식역이 다소 높아지거나, 미각적 예민성이 다소 감소한다.

④ **후각** : 노년기에 이르러서야 다소의 쇠퇴를 나타낸다.

2 성격과 사회적 변화

(1) 자아개념의 재수립

장년기가 자아개념의 재수립기의 성격을 띠게 되는 상황적 요인으로는 갱년기 신체변화를 비롯해서 자녀의 독립, 안정된 사회적 자립획득으로 인한 긴장감 감소, 죽음에 대한 의식의 시작 등을 들 수 있다.

① **갱년기 신체변화** : 성인 중기는 그 이전까지만 해도 거의 느낄 수 없었던 신체적 · 정신적 능력의 쇠퇴를 경험하면서, 자기에게 가장 가치 있었던 부분들을 상실해 가고 있다는 생각으로 심한 정서적 갈등, 불안을 겪게 된다.

② **자녀의 독립** : 부모의 물질적 · 정신적 부담을 덜어 주고, 자녀를 키워 온 보람을 안겨 주기도 하나 동시에 갑작스러운 상실감, 손상감 등으로 충격을 줄 수 있다.

③ **긴장감 감소** : 사회에서 어느 정도 안정된 지위도 획득했고, 가정생활도 안정을 찾게 되면서 자신의 존재 의의에 대해서도 재평가를 한다.

(2) 레빈슨이 제시한 장년기에 성취해야 할 발달과제

① 양 극단의 통합을 통해 개별화한다.

② 남은 인생의 대부분을 새로운 시기로서 시작한다.

③ 과거의 자신에 대해 재평가 한다.

(3) 굴드가 제시한 장년기에 벗어나야 할 다섯 가지 비합리적 가정

① 자신은 순수하다.

② 어떠한 삶이나 변화도 가족 밖에서는 존재할 수 없다.

③ 배우자가 없이 사는 것은 불가능하다.

④ 자신과 자기가 사랑하는 사람들에게 죽음이 일어나지 않는다.

⑤ 안전은 계속될 것이다.

> **▶POINT** 빈둥지 증후군
> 중년이후 가족구성원 중 자녀가 성장하여 가정을 떠나게 되면 부부만 남게 되어 우울감과 허탈감을 느끼게 되는데 이것을 빈둥지 증후군이라고 한다.

(4) 마모어의 중년의 위기

① 신체의 노화

② 가족, 친분이 있는 사람의 죽음으로 인한 정신적 스트레스

③ 신문화로 인한 사회문화적 스트레스

④ 퇴직으로 인한 경제적 스트레스

(5) 펙의 중년의 발달과제

① 육체의 힘 중시 대 지혜의 힘 중시

② 지적 엄격성 대 지적 융통성

③ 성적 대상화 대 대인관계 사회화

④ 정서적 빈곤 대 정서적 융통성

09 노년기의 발달

노년기의 개념과 발달과업

1 노년기의 개념

(1) 서구에서는 노년기를 전형적인 은퇴의 나이인 65세에서 시작된다고 본다.

(2) 우리나라의 노인복지법에서는 노인을 65세부터로 규정하고 있으며, 현재 일반적으로 노년기는 65세에서 시작하여 죽음으로 끝난다고 보는 시각이 지배적이다.

> **더 알아보기**
>
> UN의 노인인구 비율
> ㉠ 노령화사회 : 전체 인구 중 7%이상 14%미만
> ㉡ 노령사회 : 전체 인구 중 14%이상 20%미만
> ㉢ 초노령사회 : 전체 인구 중 20%이상

2 노년기의 발달과업

(1) 신체적 · 정신적 노화에 대한 적응

① 노년기는 신체적 · 정신적 노화에 대해 적응하는 것이 중요한 발달과업이 된다.

② 노년기의 신경증적 행동이나 우울증은 대체로 신체적 기능 쇠퇴에 동반되는 정신적 증상이다.

③ 기억력, 추리력에서 현저한 감퇴현상이 나타나고 지각이나 사고 등에서도 속도 및 강도에서 쇠퇴현상이 나타난다.

(2) 노화이론

① 활동이론 : 해비거스트의 주장으로 노인은 노화로 인하여 생리적 변화를 경험하기는 하나 심리적 · 사회적 욕구는 중년기 때와 마찬가지로 꽤 안정되게 유지되므로 중년기의 활동이나 태도를 계속 유지하고자 한다.

② **사회유리이론** : 커밍&헨리에 의해 주장된 이론으로 자발적으로 은퇴한 노인은 죽음을 준비하고 삶을 정리하면서 신체적, 사회적, 심리적으로 분리된다. 노년기에 나타나는 사회적인 이탈은 하나의 자연스러운 과정에 불과한 것이지 결코 사회적 압력에 의해서 밀려난 것을 의미하지는 않는다.

③ **분리이론** : 젊은이에 비해서 노인은 건강이 약화되고 죽음에 이르게 될 확률이 높으므로 노인과 사회는 분리되어야 한다.

④ **교환이론** : 노인은 대인관계나 보상에서 불균형을 초래하며, 노인들이 젊은이와 상호작용시 훨씬 적은 권한을 가지고 있다. 노인이 가지고 있는 자원이 젊은이의 자원과 보상에서 불균형을 초래하기에 문제가 발생하므로 노인이 평생학습, 자격취득, 덕망 등을 통해 젊은이와 상호 작용할 요소를 증진시킨다.

⑤ **현대화 이론** : 코길&홈즈의 주장으로 현대화가 진행될수록 노인들이 지위는 낮아지고 역할은 상실된다.

⑥ **역동이론**(성공적 노화이론) : 발츠의 주장으로, 활동이론과 분리이론의 절충으로 노인들의 노화를 보상함으로서(돋보기, 보청기 등) 적합한 일을 수행함으로서 직업선택을 할 수 있다. 현대 지지받고 있는 이론이다.

⑦ **텔로미어이론** : DNA 단백질로 구성되어 있는 염색체의 끝 부분이 세포분열을 거듭할수록 점점 짧아지고, 세포는 더 이상 분열하지 못해서 노화를 일으킨다.

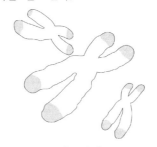

텔로미어

⑧ **노화시계이론** : 생물학적 이론으로 노화를 설명하며 신체 내부에 노화에 대한 시계가 존재하며 시간의 흐름에 맞춰 노화가 진행된다고 주장하는 이론이다.

⑨ **교차결합 이론** : 세포 내부의 분자들이 상호교착(cross linking)되어 활동성을 잃고 둔감하게 되거나, 분자의 교착으로 기능상의 문제를 가진 단백질이 세포와 조직에 상처를 주면서 신체기능의 저하를 야기하고 이로 인해 노화현상이 발생한다.

⑩ **유전자결정이론** : 노화란 성장, 수명 등과 같이 유전인자(DNA)에 의해 정해진 계획에 따라 진행되는 현상의 일부로서, 정해진 시기에 이르게 되면 노화를 일으키는 특정 유전자가 적극적으로 작용하여 세포를 노화시키면서 노화가 진행된다는 이론이다.

⑪ **유전자오류이론** : RNA(Ribonucleic Acid)는 DNA와 함께 세포핵 속에 위치하고 있으며, DNA로부터 전달된 정보를 받아 세포나 기관의 생성과 생명유지에 필요한 단백질 합성을 인도하는 핵산이다. DNA작용착오이론이란 DNA와 RNA 사이의 정보전달과정에서 착오가 발생하여 RNA가 잘못된 단백질을 합성하고, 이것이 축적되어 세포, 조직, 기관에 손상을 입힘으로써 노화를 유발시킨다는 이론이다.

⑫ **유전자돌연변이이론**(체세포변이이론) : 세포 내에 축적된 노폐물 등에 의해 유전자가 손상을 입게 되면 DNA복구시스템이 손상된 유전자를 정상 유전자로 복구시킨다. 그러나 DNA복구시스템의 작동이 비정상적일 경우 일부 유전자 정보가 상실되어 돌연변이 세포가 생성되는데, 이러한 돌연변이 세포들이 누적되면서 노화가 발생한다.

⑬ **노폐물누적이론** : 살아가는 동안 인체 내부에 해로운 물질과 노폐물이 점진적으로 축적되고, 축적된 노폐물이 정상적인 세포기능을 방해하면서 노화현상이 생긴다.

⑭ **면역반응이론** : 백혈구가 인체 내의 해로운 물질을 식별하는 능력을 상실해 감으로써 제거하여야 할 유해물질을 제거하지 못하게 되고, 이로 인해 체내에 유해물질이 누적되고, 누적된 유해 물질이 인체에 부작용을 일으킴으로써 노화가 촉진된다.

⑮ **산화기이론** : 체내에 산소와 유기물 등을 흡수하고, 그것을 분해 합성하여 성장과 존속에 필요한 물질과 에너지를 생산하며, 이러한 물질과 에너지를 사용함으로써 성장, 존속, 활동하는데 이러한 과정을 신진대사라고 한다. 외부로부터 유기물(C, H, O)과 산소(O)를 흡수하고, 흡수된 유기물과 산소가 상호반응하게 되며, 반응과정에서 동물에게 필요한 물질(영양분, 호소 혈액, 호르몬 등)과 칼로리(에너지)가 생산되며 이러한 과정을 산소대사라고 하는데, 이 과정 중 남은 활성산소가 불안정하여 자유 라디칼의 양이 증가함과 다가불포화지방산과의 결합가능성이 증가되어 세포막의 변형이 빈번하게 발생하고 이로 인해 노화현상이 초래된다.

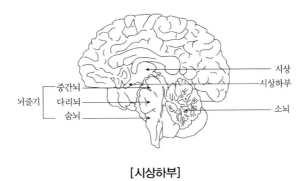

[시상하부]

> **더 알아보기**
>
> 프리래디컬은 동식물의 체내 세포들의 대사과정에서 생성되는 산소화합물인 활성산소를 이르는 말이다. 활성산소는 체내 적당량이 있으면 세균이나 이물질로부터 방어하는 기능을 하지만, 과다 발생할 경우 정상세포까지 무차별 공격해 각종 질병과 노화의 주원인이 된다

(3) 은퇴 및 고독에의 적응

① 노년기의 은퇴 시기는 직업의 종류나 직업세계의 성격에 따라 조금씩 다를 수 있지만 대체로 60~65세 사이에는 은퇴를 하게 된다.

② 노년기는 삶과 죽음에 대한 바른 인식과 다가오는 죽음에 대한 심리적 준비를 갖출 필요가 있다.

③ 노년기의 부부관계는 은퇴 이후의 시간적·정신적 여유 등의 요인이 결합되어 더욱 완벽한 동료의식으로 성숙된다.

(4) 하비거스트의 노년기 발달과업

① 신체적 힘과 건강의 약화에 따라 적응한다.

② 퇴직과 경제적 수입 감소에 적응한다.

③ 배우자의 죽음에 대해 적응한다.

④ 자기 동년배 집단과의 유대관계를 강화한다.

⑤ 사회적 역할을 융통성 있게 수행하고 적응한다.

⑥ 생활에 적합한 물리적 생활환경을 조성한다.

(5) 조부모 역할유형

① **공식적 유형** : 자녀와 심리적 거리를 두고 필요할 때에만 조력하는 유형으로 가장 보편적인 유형에 해당된다.

② **대리부모 유형** : 부모대신 양육을 전담하는 유형에 해당된다.

③ **권위적 유형** : 가족지혜의 원천으로 조부모의 권위를 유지하는 유형으로 과거의 가족형태에서 나타났다.

④ **원거리형** : 손자들과 접촉하지 않아 심리적, 물리적 거리가 존재하는 유형에 해당된다.

---

section 2 노화의 의미와 특징 및 변화

1 노화의 의미와 특징

(1) 노화의 의미

① 노화, 즉 '늙어간다는 것'은 신체적 쇠퇴, 허약, 무기력, 생리적 기능의 쇠퇴 등을 복합적으로 나타내는 표현이다.

② 노화란 신체 및 정신적인 면에서의 쇠퇴현상을 의미하며 그 속도나 시기는 개인에 따라서 조금씩 다르다.

> **POINT** 노화의 의미
> 1차적 노화 : 자연적 노화
> 2차적 노화 : 질병에 의한 노화

(2) 노년기의 특징

① 외모, 골격 및 근육, 감각기관 그리고 신경계통 등 신체구조면에서 퇴화가 일어나고, 소화, 내분비작용, 호흡, 순환 및 동질정체 등의 신체 기능면에서도 퇴화와 더불어 때로는 병리현상으로 나타나기도 한다.

② 기억력, 추리력, 지각능력, 사고능력, 언어능력 등 제반 정신기능에서 쇠퇴현상을 보이고, 때로는 정신질환의 형태로 표출되기도 한다.

③ 신체기능, 정신기능의 쇠퇴와 함께 욕구, 태도, 정서 등 성격적 측면에서도 대체로 둔화현상을 보이거나 문제 상태를 보인다.

② 신체적 변화

(1) 외형적 변화

① 머리털이 빠지고, 검은 머리가 흰머리로 바뀌는 것이 특징이다.

② 피부 : 얼룩반점이 많이 생기며 탄력성이 줄어들어 주름이 생긴다.

③ 치아 : 노년기적 변화는 더욱 두드러져서 치아가 병들고 빠지기도 하며, 균열도 생기게 되어 제 기능을 다하지 못한다.

④ 골격 : 어깨가 구부러지고 키가 줄어들며, 제2차 성징의 쇠퇴 때문에 성별 특징이 점차 사라진다.

(2) 신체 내부기능의 변화

① 소화기능 : 분비액의 감소

② 호흡기능 : 폐활량 감소

③ 순환기능 : 혈액순환 둔화, 심장박동 불규칙

④ 기초대사기능 : 기초대사율의 감소, 당뇨

⑤ 신장기능의 쇠퇴 : 배설통제가 자율적으로 되기 어려워진다.

(3) 운동기능의 변화

① 운동기능은 중년기, 장년기를 지나면서 감퇴가 현저하게 나타나며 노년기에 이르러서는 급속히 쇠퇴한다.

② 노년기 운동기능의 감퇴는 운동기술의 퇴화로 나타난다.

❸ 인지적 변화

인지란 지식을 획득, 저장, 인출, 활용하는 일련의 심리적 과정으로서 대상에 대한 지각, 새로운 경험과 지식을 획득하고 저장하는 학습과 기억 및 사고 과정을 일컫는다.

(1) 감각과 지각의 변화

노인은 시력과 안구조절능력의 감퇴 및 청력장애 같은 감각기관의 기능이 저하되고 지각적 예민성이 줄고 지각속도가 느려짐과 아울러 환경의 변화에 즉각적으로 대처하는 능력이 감소한다.

> **POINT** 수지상돌기
>
> 수상돌기 또는 수지상돌기는 신경세포(뉴런)에서 뻗어 나온 나뭇가지 모양의 짧은 돌기이다. 수상돌기는 다른 신경세포에서 보내는 전기화학 신호를 받아들여 신경세포체에 전달하는 역할을 한다. 이전 뉴런의 전기 신호는 시냅스를 통해 축색돌기의 말단으로 전달된다. 이 때 노년기에 수상돌기가 감소하면 축색돌기에서 보내온 전기화학 신호를 전달받는데 시간이 걸리게 되며 이로 인하여 지각적 예민성이 줄고 지각속도가 늦어지게 된다.

(2) 학습능력과 속도의 변화

노인은 지적 호기심, 동기 및 상황의 요구에 대처하는 능력이 부족하다. 그러나 지능은 항상성을 가지고 있기에 노인이 되었다고 감소하지 않는다.

> **POINT** 수초화
>
> 수초화(myelination)는 축색돌기가 수초라는 덮개(미엘린, Myelin)에 의해 마디를 이루면서 둘러싸여지는 과정을 말한다. 수초는 지방 세포층의 절연물질로 되어 있어 신경자극이 마디를 건너뛰어 전달됨으로써 신경자극을 보다 빠르게 전달하여 뇌가 신체의 다른 부분과 더욱 효율적으로 통신하도록 한다. 즉 신경세포를 절연시켜 정보가 뒤섞이는 것을 방지하고 신호를 빠르게 전달하는 역할을 담당한다. 수초화는 환경적인 영향을 많이 받으며 노년기는 뇌의 퇴화에도 불구하고 지능이 유지되는 것은 이러한 수초화의 영향이라 할 수 있다.
> 두뇌의 수초화 단계를 살펴보면 다음과 같다.
> 1) 0~1세 : 척수, 뇌간, 소뇌의 수초화 진행된다.
> 2) 0세~20세 : 대뇌의 수초화 진행된다.
> 3) 20세 이후부터 전전두엽(종합적 판단, 예측능력)의 수초화 진행, 두정연합, 측두연합도 매우 활발해진다.

(3) 기억의 변화

노인은 기억내용을 장기적으로 옮기는 전이과정이나 저장능력에 심한 감퇴현상을 보인다.

❹ 심리사회적 변화

(1) 은퇴의 단계

노인의 은퇴는 퇴직 전 단계 → 밀월단계 → 환멸단계 → 재지향단계 → 안정단계 → 종결단계로 이루어진다.

(2) 에릭슨의 심리사회적 이론

① 노년기의 조화로운 성격발달의 핵심인 자아통합 대 절망이란 심리사회적 위기를 해결하는 능력이다.

② 노년기는 비록 몸의 기능이 약화되고 성적 에너지가 감소한다 할지라도, 사람들은 '풍부한 신체적 · 정신적 경험'을 즐길 수 있다.

(3) 펙의 3가지 위기이론

펙(Peck)은 노인들의 건전한 성격발달을 위해 해결해야 하는 중요한 3가지 위기를 강조했는데, 이 위기의 성공적 해결은 일, 신체적 안녕, 자기 그리고 인생의 목적에 대한 더 넓은 이해를 통한 실존적 관계에 의해 이루어진다.

① 자아변별 대 직업역할몰입(몰두)

② 신체초월 대 신체몰입(몰두)

③ 자아초월 대 자아몰입(몰두)

(4) 레빈슨의 인생계절론

① 레빈슨(Levinson)은 성인 후기를 60세에서 65세 사이로 간주하고 신체적 변화와 성격과의 관계를 강조하였다.

② 성인 후기의 사람들은 가족 내에서 조부모세대의 역할로서 성장하는 자손들을 도울 수 있고 지혜와 지지의 원천으로서 봉사한다.

③ 은퇴 후에도 개인은 가치 있는 일에 종사할 수 있으나 이는 창조적 에너지로부터 근거한다.

(5) 마모어의 노년기 적응

① 신체스트레스 적응

② 정신적 스트레스 적응

③ 사회문화적 스트레스 적응

④ 경제적 스트레스 적응

(6) 죽음에 대한 태도(로스 & 큐)

① **부정단계** : 의사의 오진이라고 생각하며, 죽음을 인정하지 않는다.

② **분노단계** : 자신만의 죽음에 대하여 주변 사람들에게 화를 내고 건강한 사람을 원망한다.

③ **타협단계** : 죽음을 받아들이고 불가사의한 힘과 타협한다.

④ **우울단계** : 주변 사람과 헤어져야 한다는 것 때문에 우울증이 나타난다.

⑤ **수용단계** : 죽음 자체를 수용하고 임종에 직면한다.

5 치매

알츠하이머병과 혈관치매가 전체 치매의 80~90%를 차지하게 된다. 알치하이머병은 전체 치매의 2/3이상을 차지한다. 우리나라를 포함한 동양에서는 혈관 치매가 알츠하이머병 못지않게 줌요한 흔한 치매의 원인이 된다.

(1) 혈관성 치매

혈관성 치매란 뇌혈관 질환에 의한 뇌 손상이 누적 되어 나타나는 치매를 말하며 위험 인자로는 고혈압, 당뇨병, 고지혈증, 심장병, 흡연, 비만을 가진 사람에게서 많이 나타난다. 이러한 위험인자들로 인하여 뇌혈관이 막히거나 치매가 발생하게 되는데 여러 가지 원인의 뇌 손상에 의해 기억력을 비롯한 다양한 인지 기능 장애가 생겨 예전 수준의 일상생활을 수행할 수 없게 된다.

(2) 알츠하이머

알츠하이머병은 치매의 가장 흔한 원인이며, 알츠하이머병은 건강하던 뇌세포들이 죽어 신경 전달 물질인 아세틸콜린이 감소되어 기억력, 언어능력, 판단력이 상실된다. 또한 성격이 변화하여 스스로 통제할 수 있는 능력이 상실된다.

(3) 파킨슨병

치매와 근육손상이 함께 동반되는 것으로 신경 전달물질인 도파민의 감소로 인하여 발생하게 된다.

(4) 기타 질병

① **황화현상** : 망막이 노래져 짧은 파장을 가진 청색계열의 색을 보기 어렵고 긴 파장을 가진 붉은 계통의 색은 잘 보인다.

② **백내장** : 망막의 화학적 구성이 변해 눈에 막이 씌인 것으로 시야가 흐려지고 번쩍이는 불빛 속에서 쉽게 눈이 붓는 현상이다.

③ **녹내장** : 안구 내의 비정상적인 압력으로 인해 혈관 압박, 산소공급이 원활치 않아 망막 시신경세포와 조직이 손상되는 현상이다.

10 DSM5

section **1** DSM5 의 개념과 특징

(1) 개념

정신장애의 진단 및 통계편람에서 진단을 하는 데 사용하는 5개의 중심

(2) 특징

축 Ⅰ은 임상적 증상이나 임상적 관심이 필요한 정보가 제시된다. 일반적으로 현재 나타나고 있는 증상이나 문제에 근거하여 진단이 내려진다. 축 Ⅰ에 속하는 장애로는 불안장애, 기분장애, 섭식장애, 해리장애, 조현증(정신분열증) 등이 있다. 축 Ⅱ는 성격장애와 지적장애에 관한 정보를 포함한다. 오랫동안 지속되어 온 문제들과 관련이 있다. 축 Ⅲ은 내담자의 일반적 의학상태에 대한 정보를 포함한다. 현재 심리장애와 관련이 있을 것으로 보이는 의학적 상태를 기록한다. 예를 들어, 알코올중독의 경우에는 간경화증이라는 의학적 상태가 고려해야 할 중요한 사항이 될 수 있다.

축 Ⅳ는 진단, 치료, 예후에 영향을 줄 수 있는 심리사회적 환경적 문제에 대한 정보를 포함한다. 주거문제나 직장 문제와 같이 심리장애의 발생 원인이 될 수 있는 심리 사회적 스트레스가 기술된다. 축 Ⅴ는 전반적인 적응적 기능수준(GAF)을 포함한다. 일상생활에서의 적응 정도를 0~100까지의 점수로 제시한다. 점수가 높을수록 적응적 기능수준이 높다는 의미다.

5개의 축을 통한 진단의 예는 다음과 같다. 축 Ⅰ은 알코올중독, 축 Ⅱ는 가벼운 지적장애, 축 Ⅲ은 만성 통증, 축 Ⅳ는 이혼, 실직, 친구가 없음, 축 Ⅴ는 GAF=30 등이다. DSM-5에서는 이러한 다축체계 없이 단순화하여 기술하게 되었다. 1~3 축이 결합되었으며 4, 5축 역시 관련된 내용을 연결하여 기술하고 있다. DSM-Ⅲ에 처음 도입되었고 이후 DSM-Ⅲ-R과 DSM-Ⅳ 그리고 DSM-Ⅳ-TR에 걸쳐서 계속 유지되어 온 축 기반 진단시스템은 2013년 발표된 DSM-5에서는 폐지되었다.

section 2 DSM5진단

① 불안장애

(1) 분리불안장애(Separation Anxiety Disorder)

① 애착 대상과의 분리에 대한 공포나 불안이 발달 수준에 비추어 볼 때 부적절하고 지나친 정도로 발생한다. 다음 중 3가지 이상이 나타나야 한다.

  ㉠ 집 또는 주 애착 대상과 떨어져야 할 때 과도한 고통을 반복적으로 겪음

  ㉡ 주 애착 대상을 잃거나 질병이나 부상, 재앙 혹은 죽음 같은 해로운 일들이 그에게 일어날 것이라고 지속적으로 과도하게 걱정함.

  ㉢ 곤란한 일(예 길을 잃거나, 납치 당하거나, 사고를 당하거나, 아프게 되는 것)이 발생하여 주 애착 대상과 떨어지게 될 것이라고 지속적으로 과도하게 걱정함.

  ㉣ 분리에 대한 공포 때문에 집을 떠나 학교, 직장 혹은 다른 장소로 외출하는 것을 지속적으로 거부하거나 거절함.

  ㉤ 집이나 다른 장소에서 주 애착 대상 없이 있거나 혼자 있는 것에 대해 지속적으로 과도하게 두려워하거나 거부함

  ㉥ 집에서 떠나 잠을 자는 것이나 주 애착 대상 곁이 아닌 곳에서 자는 것을 지속적으로 과도하게 거부하거나 거절함.

  ㉦ 분리 주제와 연관된 반복적인 악몽을 꿈

  ㉧ 주 애착 대상과 떨어져야 할 때 신체 증상을 반복적으로 호소함(예 두통, 복통, 오심, 구토)

② 공포, 불안, 회피 반응이 아동, 청소년에서는 최소한 4주 이상, 성인에서는 전형적으로 6개월 이상 지속되어야 한다.

③ 장애가 사회적, 직업적 또는 다른 중요한 기능 영역에서 임상적으로 현저한 고통이나 손상을 초래한다.

④ 장애가 다른 정신질환으로 더 잘 설명되지 않는다.

(2) 사회불안장애(사회공포증)(Social Anxiety Disorder)[Social Phobia]

① 타인에게 면밀하게 관찰될 수 있는 하나 이상의 사회적 상황에 노출되는 것을 극도로 두려워하거나 불안해 한다. 그러한 상황의 예로는 사회적 관계(예 대화를 하거나 낯선 사람을 만나는 것), 관찰되는 것(예, 음식을 먹거나 마시는 자리), 다른 사람들 앞에서 수행을 하는 것(예 연설)을 들 수 있다.

  주의점 : 아이들에서는 성인과의 관계가 아니라 아이들 집단 내에서 불안해할 때만 진단해야 한다.

② 다른 사람들에게 부정적으로 평가되는 방향(수치스럽거나 당황한 것으로 보임, 다른 사람을 거부하거나 공격하는 것으로 보임)으로 행동하거나 불안 증상을 보일까 봐 두려워한다.

③ 이러한 사회적 상황이 거의 항상 공포나 불안을 일으킨다.

　　주의점 : 아동의 경우 공포와 불안은 울음, 분노발작, 얼어붙음, 매달리기, 움츠러듦 혹은 사회적 상황에서 말을 하지 못하는 것으로 표현될 수 있다.

④ 이러한 사회적 상황을 회피하거나 극심한 공포와 불안 속에 견딘다.

⑤ 이러한 불안과 공포는 실제 사회 상황이나 사회문화적 맥락에서 볼 때 실제 위험에 비해 비정상적으로 극심하다.

⑥ 공포, 불안, 회피는 전형적으로 6개월 이상 지속되어야 한다.

⑦ 공포, 불안, 회피는 사회적, 직업적, 또는 다른 중요한 기능 영역에서 임상적으로 현저한 고통이나 손상을 초래한다.

⑧ 공포, 불안, 회피는 물질(예 남용약물, 치료약물)의 생리적 효과나 다른 의학적 상태로 인한 것이 아니다.

⑨ 공포, 불안, 회피는 공황장애, 신체이형장애, 자폐스펙트럼장애와 같은 다른 정신질환으로 더 잘 설명되지 않는다.

⑩ 만약 다른 의학적 상태(예 파킨슨병, 비만, 화상이나 손상에 의한 신체 훼손)가 있다면, 공포, 불안, 회피는 이와 무관하거나 혹은 지나칠 정도다.

(3) 공황장애(Panic Disorder)

① 반복적으로 예상하지 못한 공황발작이 있다. 공황발작은 극심한 공포와 고통이 갑작스럽게 발생하여 수분 이내에 최고조에 이르러야 하며 그 시간 동안 다음 중 4가지 이상의 증상이 나타난다.

　　주의점 : 갑작스러운 증상의 발생은 차분한 상태나 불안한 상태에서 모두 나타날 수 있다.

　　㉠ 심계항진. 가슴 두근거림 또는 심장 박동 수의 증가

　　㉡ 발한

　　㉢ 몸이 떨리거나 후들거림

　　㉣ 숨이 가쁘거나 답답한 느낌

　　㉤ 질식할 것 같은 느낌

　　㉥ 흉통 또는 가슴 불편감

　　㉦ 메스꺼움 또는 복부 불편감

　　㉧ 어지럽거나 불안정하거나 멍한 느낌이 들거나 쓰러질 것 같음

　　㉨ 춥거나 화끈거리는 느낌

　　㉩ 감각이상(감각이 둔해지거나 따끔거리는 느낌)

ⓒ 비현실감(현실이 아닌 것 같은 느낌) 혹은 이인증(나에게서 분리된 느낌)

ⓔ 스스로 통제할 수 없거나 미칠 것 같은 두려움

ⓕ 죽을 것 같은 공포

② 적어도 1회 이상의 발작 이후에 1개월 이상 다음 중 한 가지 이상의 조건을 만족해야 한다.

ⓐ 추가적인 공황발작이나 그에 대한 결과(통제 잃음, 심장발작, 미치는 것)에 대한 지속적 걱정

ⓑ 발작과 관련된 행동으로 현저하게 부적응적인 변화가 일어난다. (예 공황발작을 회피하기 위한 행동으로 운동이나 익숙하지 않은 환경을 피하는 것 등)

③ 장애는 물질(예 약물 남용, 치료약물)의 생리적 효과나 다른 의학적 상태(예 갑상선기능항진증, 심폐질환)로 인한 것이 아니다.

④ 장애가 다른 정신질환으로 더 잘 설명되지 않는다. (예 사회불안장애에서처럼 공포스러운 사회적 상황에서만 발작이 일어나서는 안 된다. 특정공포증에서처럼 공포 대상이나 상황에서만 나타나서는 안 된다. 강박장애에서처럼 강박 사고에 의해 나타나서는 안 된다. 외상 후 스트레스장애처럼 외상성 사건에 대한 기억에만 관련되어서는 안 된다. 분리불안장애에서처럼 애착 대상과의 분리에 의한 것이어서는 안 된다)

(4) 광장공포증(Agoraphobia)

광장공포증이란 개방된 공간에서의 두려움을 말한다. 그러나 광장공포증의 본질은 공황발작에 대한 두려움이다. 대부분의 광장공포증을 지닌 사람들은 공황장애를 가지고 있을 뿐만 아니라 그들이 공황 발작을 일으켰을 때 다른 사람들이 뭐라고 생각할지를 두려워한다.

광장공포증 진단기준은 다음과 같다.

① 다음 5가지 상황 중 2가지 이상의 경우에서 극심한 공포와 불안을 느낀다.

ⓐ 대중교통 이용(예 자동차, 버스, 기차, 배, 비행기)

ⓑ 열린 공간에 있는 것(예 주차장, 시장, 다리)

ⓒ 밀폐된 공간에 있는 것(예 상점, 공연장, 영화관)

ⓓ 줄을 서 있거나 군중 속에 있는 것

ⓔ 집 밖에 혼자 있는 것

② 공황 유사 증상이나 무능력하거나 당혹스럽게 만드는 다른 증상(예 노인에서 낙상에 대한 공포, 실금에 대한 공포)이 발생했을 때 도움을 받기 어렵거나 그 상황에서 벗어나기 어려울 것이라는 생각 때문에 그런 상황을 두려워하고 피한다.

③ 광장 공포증의 상황에서 거의 대부분 공포와 불안을 야기한다.

④ 광장 공포증 상황을 피하거나 동반자를 필요로 하거나 극심한 공포와 불안 속에서 견딘다.

⑤ 광장 공포증 상황과 그것의 사회문화적 맥락에서 볼 때 실제 위험에 비해 비정상적으로 공포와 불안이 극심하다.

⑥ 공포, 불안, 회피는 6개월 이상 지속된다.

⑦ 공포, 불안, 회피는 사회적, 직업적, 다른 중요 기능에서 임상적으로 현저한 고통이나 손상을 초래한다.

⑧ 만약 다른 의학적 상태(예 염증성 장질환, 파킨슨 병)가 동반된다면, 공포, 불안, 회피 반응이 명백히 과도해야만 한다.

⑨ 공포, 불안, 회피는 다른 정신질환으로 잘 설명되지 않는다. 예를 들어, 증상이 특정 공포증의 상황 유형에 국한되어서는 안 된다. (사회불안장애처럼) 사회적 상황에서만 나타나서는 안 된다. (강박장애에서처럼) 강박 사고에만 연관되거나 (신체이형장애에서처럼) 신체 외형의 손상이나 훼손에만 연관되거나, (외상후 스트레스장애에서처럼) 외상 사건을 기억하게 할 만한 사건에 국한되거나, (분리불안장애에서처럼) 분리에 대한 공포에만 국한되어서는 안 된다.

(5) 범불안장애(Generalized Anxiety Disorder)

범불안장애는 6개월 이상 지속되지만 공황 발작, 공포증, 강박적 행동을 수반하지 않는 만성적인 불안을 특징으로 한다. 아론 백과 게리 에머리에 따르면 범불안장애는 통제를 잃는 것에 대한 두려움, 대처하지 못하는 것에 대한 두려움, 실패에 대한 두려움, 거부에 대한 두려움, 죽음과 질병에 대한 두려움 등 기본적 두려움에 의해 나타난다.

범불안장애 진단기준은 다음과 같다.

① (직장이나 학업과 같은) 수많은 일상 활동에 있어 지나치게 불안해하거나 걱정(우려하는 예측)을 하고, 그 기간이 최소한 6개월 이상으로 그렇지 않은 날보다 그런 날이 더 많아야 한다.

② 이런 걱정을 조절하는 것이 어렵다고 느낀다.

③ 불안과 걱정은 다음의 6가지 증상 중 적어도 3가지 이상의 증상과 관련이 있다.(지난 6개월 동안 적어도 몇 가지 증상이 있는 날이 없는 날보다 더 많다).

주의점 : 아동에서는 한가지 증상만 만족해도 된다.

㉠ 안절부절못하거나 낭떠러지 끝에 서 있는 느낌

㉡ 쉽게 피곤해짐

㉢ 집중하기 힘들거나 머릿속이 하얗게 되는 것

㉣ 과민성

㉤ 근육의 긴장

㉥ 수면 교란 (잠들기 어렵거나 유지가 어렵거나 밤새 뒤척이면서 불만족스러운 수면상태)

④ 불안과 걱정, 혹은 신체 증상이 사회적, 직업적, 또는 다른 중요한 기능 영역에서 임상적으로 현저한 고통이나 손상을 초래한다.

⑤ 장애가 물질(예 남용약물, 치료약물)의 생리적 효과나 다른 의학적 상태(예 갑상선기능항진증)로 인한 것이 아니다.

⑥ 장애가 다른 정신질환으로 잘 설명되지 않는다. (예 공황장애에서 공황발작을 일으키는 것, 사회불안장애에서 부정적 평가, 강박장애에서 오염이나 나른 강박사고, 분리불안징애에서 애착 대상과의 분리, 외상 후 스트레스장애에서 외상 사건을 상기시키는 것, 신경성 식욕부진증에서 체중 증가, 신체증상장애에서 신체적 불편, 신체이형장애에서 지각된 신체적 결점, 질병불안장애에서 심각한 질병, 조현병이나 망상장애에서 망상적 믿음의 내용에 대해 불안해하거나 걱정하는 것)

(6) 특정공포증 (Specific Phobia)

특정공포증 진단기준은 다음과 같다.

① 특정 대상이나 상황에 대해 극심한 공포나 불안이 유발된다. (예 비행기, 고공, 동물, 주사 맞기, 피를 봄)
주의점 : 아이들의 경우 불안은 울기, 발작, 얼어붙거나 매달리는 것으로 표현될 수 있다.

② 공포 대상이나 상황은 대부분의 경우 즉각적인 공포나 불안을 유발한다.

③ 공포 대상이나 상황을 회피하거나 아주 심한 공포나 불안을 지닌 채 참아 낸다.

④ 공포나 불안이 특정대상이나 상황이 줄 수 있는 실제 위험에 대한 것보다 극심하며, 사회문화적 맥락에서 통상적으로 받아들여지는 것보다 심하다.

⑤ 공포, 불안, 회피 반응은 전형적으로 6개월 이상 지속된다.

⑥ 공포, 불안, 회피는 사회적, 직업적, 또는 다른 중요한 기능 영역에서 임상적으로 현저한 고통이나 손상을 초래한다.

⑦ 장애가 다른 정신질환으로 더 잘 설명되지 않는다. 공포, 불안, 회피가 광장공포증에서 공황 유사 증상이나 다른 당황스러운 증상들과 관련된 상황, 강박장애에서 강박 사고와 연관된 대상이나 상황, 외상 후 스트레스 장애에서 외상 사건을 상기시키는 것, 분리불안장애에서 집이나 애착대상으로부터 분리되는 것, 사회불안 장애에서 사회 상황과 연관된 경우가 아니어야 한다.

❷ 강박 및 관련 장애

(1) 강박장애(Obsessive-Compulsive Disorder)

강박장애 진단기준은 다음과 같다.

① 강박 사고 또는 강박적 행동 혹은 둘 다 존재하며

강박 사고는

ㄱ. 반복적이고 지속적인 사고, 충동 또는 심상이 장애 시간의 일부에서는 침투적이고 원하지 않는 방식으로 경험되며 대부분 현저한 불안이나 괴로움을 유발함.

ㄴ. 이러한 생각, 충동, 심상을 경험하는 사람은 이를 무시하거나 억압하려고 시도하며, 또는 다른 생각이나 행동을 통해 중화시키려고 노력함

강박 행동은

ㄱ. 예를 들어, 손 씻기나 정리정돈하기, 확인하기와 같은 반복적 행동과 기도하기, 숫자 세기, 속으로 단어 반복하기 등과 같은 심리내적인 행위를 개인이 경험하는 강박 사고에 대한 반응으로 수행하게 되거나 엄격한 규칙에 따라 수행함.

ㄴ. 행동이나 심리 내적인 행위들은 불안감이나 괴로움을 예방하거나 감소시키고, 또는 두려운 사건이나 상황의 발생을 방지하려는 목적으로 수행됨. 그러나 이러한 이 행동이나 정신적 행위들은 그 행위의 대상과 현실적인 방식으로 연결되지 않거나 명백하게 과도한 것임.

주의점 : 어린 아동의 경우 이런 행동이나 심리내적인 행위들에 대해 인식하지 못할 수도 있다.

② 강박 사고나 강박 행동은 시간을 소모하게 만들어(예 하루에 1시간 이상) 사회적, 직업적 또는 다른 중요한 기능 영역에서 임상적으로 현저한 고통이나 손상을 초래한다.

③ 강박 증상은 물질(예 약물 남용, 투약)의 생리적 효과나 다른 의학적 상태로 인한 것이 아니다.

④ 장애가 다른 정신질환으로 더 잘 설명되지 않는다.

(2) 신체이형장애(Body Dysmorphic Disorder)

신체이형장애 진단기준은 다음과 같다.

① 타인이 알아볼 수 없거나 혹은 미미한 정도이긴 하나 혹은 그 이상의 신체적 외모의 결함을 의식하고 이에 대해 지나친 몰두와 집착을 보인다.

② 외모에 대한 걱정 때문에 질환 경과 중 어느 시점에 반복적 행동(예 거울 보기, 과도한 치장, 피부뜯기, 안심하려고 하는 행동)이나 심리 내적인 행위(예 자신의 외모를 다른 이와 비교하는 것)를 보인다.

③ 이런 집착은 사회적, 직업적 또는 다른 중요한 기능 영역에서 임상적으로 현저한 고통이나 손상을 초래한다.

④ 외모에 대한 집착이 섭식장애의 진단을 만족하는 증상을 보이는 사람의 신체 지방이나 몸무게에 대한 염려로 더 잘 설명되지 않는다.

③ 성격장애

(1) 일반적 성격장애(General Personality Disorder)

① 내적 경험과 행동의 지속적인 유형이 개인이 속한 문화에서 기대되는 바로부터 현저하게 편향되어 있다. 이러한 형태는 다음 중 2가지(또는 그 이상)에서 나타난다.

  ㉠ 인지(즉, 자신과 다른 사람 및 사건을 지각하는 방법)

  ㉡ 정동(즉, 감정 반응의 범위, 불안전성, 적절성)

  ㉢ 대인관계 기능

  ㉣ 충동 조절

② 지속적인 유형이 개인의 사회 상황의 전 범위에서 경직되어 있고 전반적으로 나타난다.

③ 지속적인 유형이 사회적, 직업적, 또는 다른 중요한 기능 영역에서 임상적으로 현저한 고통이나 손상을 초래한다.

④ 유형은 안정적이고 오랜 기간 동안 있어 왔으며 최소한 청년기 혹은 성인기 초기부터 시작된다.

⑤ 지속적인 유형이 다른 정신질환의 현상이나 결과로 더 잘 설명되지 않는다.

⑥ 지속적인 유형이 물질(예 남용약물, 치료약물)의 생리적 효과나 다른 의학적 상태(예 두부 손상)로 인한 것이 아니다.

(2) A군 : 편집성 성격장애(Paranoid Personality Disorder)

① 다른 사람의 동기를 악의가 있는 것으로 해석하는 등 타인에 대한 전반적인 불신과 의심이 있으며, 이는 성인기 초기에 시작되며 여러 상황에서 나타나고 다음 중 4가지(또는 그 이상)로 나타난다.

  ㉠ 충분한 근거 없이, 다른 사람이 자신을 관찰하고 해를 끼치고 기만한다고 의심함.

  ㉡ 친구들이나 동료들의 충정이나 신뢰에 대한 근거 없는 의심에 사로잡혀 있음.

  ㉢ 어떠한 정보가 자신에게 나쁘게 이용될 것이라는 잘못된 두려움 때문에 다른 사람에게 비밀을 털어놓기를 꺼림.

  ㉣ 보통 악의 없는 말이나 사건에 대해 자신의 품위를 손상하는 또는 위협적 의미가 있는 것으로 해석함.

  ㉤ 지속적으로 원한을 품는다. 즉, 모욕이나 상처 줌 혹은 경멸을 용서하지 못함.

  ㉥ 다른 사람에겐 분명하지 않은 자신의 성격이나 평판에 대해 공격으로 지각하고 곧 화를 내고 반격함

  ㉦ 정당한 이유 없이 애인이나 배우자의 정절에 대해 반복적으로 의심함.

② 정신병적 양상을 동반한 양극성장애 또는 우울장애, 다른 정신병적 장애의 경과 중 발생한 것은 여기에 포함시키지 않으며, 다른 의학적 상태의 생리적 효과로 인한 것이 아니다.

　주의점 : 진단기준이 조현병의 발병에 앞서 만족했다면 '병전'을 추가해야 한다. 즉, '편집성 성격장애(병전)'

(3) A군 : 조현성 성격장애(Schizoid Personality Disorder)

① 다양한 형태의 사회적 유대로부터 반복적으로 유리되고, 대인관계에서 제한된 범위의 감정 표현이 전반적으로 나타나며, 이러한 양상이 성인기 초기에 시작되며 여러 상황에서 나타나고 다음 중 4가지 이상에 해당될 때 조현성 성격장애로 진단한다.

　㉠ 가족과의 관계를 포함해서 친밀한 관계를 바라지 않고 즐기지도 않음

　㉡ 항상 혼자서 하는 행위를 선택함

　㉢ 다른 사람과의 성적 경험에 대한 관심이 거의 없음

　㉣ 거의 모든 분야에서 즐거움을 취하려 하지 않음

　㉤ 일차 친족 이외의 친한 친구가 없음

　㉥ 다른 사람의 칭찬이나 비난에 무관심함

　㉦ 감정적 냉담, 유리 혹은 단조로운 정동의 표현을 보임

② 단, 조현병, 정신병적 양상을 동반한 양극성장애 또는 우울장애, 다른 정신병적 장애 혹은 자폐스펙트럼장애의 경과 중 발생한 것은 조현성 성격장애로 진단하지 않으며, 다른 의학적 상태의 생리적 효과로 인한 것이 아니다.

　주의점 : 진단기준이 조현병의 발병에 앞서 만족했다면 '병전'을 추가해야 한다. 즉, '조현성 성격장애(병전)'

(4) A군 : 조현형 성격장애(Schizotypal Personality Disorder)

① 친분 관계를 급작스럽게 불편해하고 그럴 능력의 감퇴 및 인지 및 지각의 왜곡, 행동의 괴이성으로 구별되는 사회적 및 대인관계 결함의 광범위한 형태로, 이는 성인기 초기에 시작되며 여러 상황에서 나타나고 다음 중 5가지(또는 그 이상)로 나타난다.

　㉠ 관계사고(심한 망상적인 관계망상은 제외)

　㉡ 행동에 영향을 주며, 소문화권의 기준에 맞지 않는 이상한 믿음이나 마술적인 사고를 갖고 있음(예 미신, 천리안, 텔레파시 또는 육감 등에 대한 믿음, 다른 사람들이 내 느낌을 알 수 있다고 함, 아동이나 청소년에서는 기이한 공상이나 생각에 몰두하는 것)

　㉢ 신체적 착각을 포함한 이상한 지각 경험

　㉣ 이상한 생각이나 말을 함(예 모호하고, 우회적, 은유적, 과장적으로 수식된, 또는 상동적인)

　㉤ 의심하거나 편집성 사고

　㉥ 부적절하고 제한된 정동

ⓢ 기이하거나 편향되거나 괴이한 행동이나 외모

ⓞ 일차 친족 이외에 친한 친구나 측근이 없음

ⓩ 친하다고 해서 불안이 감소하지 않으며 자신에 대한 부정적인 판단보다도 편집증적인 공포와 관계되어 있는 과도한 사회적 불안

② 조현병, 정신병적 양상을 동반한 양극성장애 또는 우울장애, 다른 정신병적 장애 혹은 자폐스펙트럼장애의 경과 중 발생한 것은 여기에 포함시키지 않는다.

주의점 : 진단기준이 조현병의 발병에 앞서 만족했다면 '병전'을 추가해야 한다. 즉, '조현형 성격장애(병전)'

(5) B군 : 반사회성 성격장애(Antisocial Personality Disorder)

① 15세 이후에 시작되고 다음과 같은 다른 사람의 권리를 무시하는 행동 양상이 있고 다음 중 3가지(또는 그 이상)을 충족한다.

ⓐ 체포의 이유가 되는 행위를 반복하는 것과 같은 법적 행동에 관련된 사회적 규범에 맞추지 못함.

ⓑ 반복적으로 거짓말을 함. 가짜 이름 사용. 자신의 이익이나 쾌락을 위해 타인을 속이는 사기성이 있음

ⓒ 충동적이거나, 미리 계획을 세우지 못함.

ⓓ 신체적 싸움이나 폭력 등이 반복됨으로써 나타나는 불안정성 및 공격성

ⓜ 자신이나 타인의 안전을 무시하는 무모성

ⓗ 일정한 직업을 갖지 못하거나 혹은 당연히 해야 할 재정적 의무를 책임감 있게 다하지 못하는 것 등의 지속적인 무책임성

ⓢ 다른 사람을 해하거나 학대하거나 다른 사람 것을 훔치는 것에 대해 아무렇지도 않게 느끼거나 이를 합리화하는 등 양심의 가책이 결여됨.

② 최소 18세 이상이어야 한다.

③ 15세 이전에 품행장애가 시작된 증거가 있다.

④ 반사회적 행동은 조현병이나 양극성장애의 경과 중에만 발생되지는 않는다.

(6) B군 : 경계성 성격장애(Borderline Personality Disorder)

대인관계, 자아상 및 정동의 불안정성과 현저한 충동성의 광범위한 형태로 성인기 초기에 시작되며 여러 상황에서 나타나고, 다음 중 5가지(또는 그 이상)를 충족한다.

ⓐ 실제 혹은 상상 속에서 버림받지 않기 위해 미친 듯이 노력함

ⓑ 과대이상화와 과소평가의 극단 사이를 반복하는 것을 특징으로 하는 불안정하고 격렬한 대인관계의 양상

ⓒ 정체성 장애 : 자기 이미지 또는 자신에 대한 느낌의 현저하고 지속적인 불안정성

ⓓ 자신을 손상할 가능성이 있는 최소한 2가지 이상의 경우에서의 충동성(예 소비, 물질, 남용, 좀도둑질,

부주의한 운전, 과식 등) (주의점 : ⑪에 해당하는 자살 행동이나 자해 행동은 포함하지 않음)

　⑪ 반복적 자살 행동, 제스처, 위협 혹은 자해 행동

　⑭ 현저한 기분의 반응성으로 인한 정동의 불안정

　⑮ 만성적인 공허감

　⑯ 부적절하고 심하게 화를 내거나 화를 조절하지 못함

　⑰ 일시적이고 스트레스와 연관된 피해적 사고 혹은 심한 해리 증상

④ 신경발달장애

(1) 자폐 스펙트럼 장애(Autism Spectrum Disorders)

① 다양한 맥락에 걸쳐 사회작용과 의사소통에 지속적인 결함을 보인다. 이런 결함은 다음과 같은 방식으로 나타난다.

　㉠ 사회적 정서적 상호작용의 결함.(타인에게 비정상적으로 접근 시도 등)

　㉡ 사회적 상호작용을 위해 사용하는 비언어적 의사소통 행동의 결함

　㉢ 대인관계를 발전시키고 유지하며 이해하는 데 결함.(또래 친구에게 전혀 관심을 갖지 않음 등)

② 행동, 흥미 또는 활동에 있어서 제한적이고 반복적인 패턴이 다음 4가지 중 2가지 이상 증상으로 나타난다.

　㉠ 정형화된 또는 반복적인 운동 동작, 물체 사용이나 언어 사용.

　㉡ 동일한 것에 대해 고집 일상적인 것에 대한 완고한 집착 또는 언어적 비언어적 행동의 의식화된 패턴.

　㉢ 매우 제한적이고 고정적인 흥미를 지니는데 그 강도나 초점이 비정상적이다.

　㉣ 감각적 자극에 대한 과도한 또는 과소한 반응성, 환경의 감각적 측면에 대해서 비정상적인 관심을 나타낸다.

③ 이런 증상들은 어린 아동기에 나타난다.

④ 이러한 증상은 사회적, 직업적 또는 다른 중요한 기능 영역에 심각한 손상을 초래한다.

⑤ 이러한 장해는 지적장애(intellectual disabilities)나 전반적 발달지연에 의해 더 잘 설명되지 않는다.

(2) 지적장애

지적장애(지적발달장애)는 개념적, 사회적, 실행적 영역에서 지적기능과 적응기능 양쪽 모두 결함을 나타내는 발달적 시기에 출현하는 장애이다. 다음의 세 가지 기준이 반드시 충족되어야 한다.

① 임상적 평가와 표준화된 개인 지능검사에 의해 확인된 추론하기, 문제해결하기, 계획하기, 추상적 사고하기, 판단하기, 학교의 학습, 경험을 통한 학습과 같은 지적기능의 결함.

② 개인적 독립성과 사회적 책임감에 관한 발달적 표준과 사회문화적 표준에 충족되지 못하는 결과를 야기하는 적응기능에서의 결함. 지속적인 지원이 없을 경우, 적응결함에 의해 가정이나 학교, 일터, 공동체와 같은 복합적인 환경에 걸친 의사소통하기, 사회적 참여하기, 독립적인 생활하기와 같은 일상적 활동에서 하나 또는 그 이상의 기능이 제한된다.

③ 지적결함과 적응결함은 발달적 시기에 시작됨.

> **주의점** : 지적장애란 진단적 용어는 ICD-11에 있는 지적발달상애와 동의어이다. 이 매뉴얼에서는 시석상애란 용어를 사용하고 있지만, 다른 분류체계와의 연관성을 분명히 나타내기 위해 제목에 두 용어가 모두 사용되어 있다. 더욱이 미국연방법령(111-256, 로사법)에서 정신지체란 용어를 지적장애로 대체되어, 학술저널에서도 지적장애란 용어가 사용되고 있다. 따라서 지적장애는 의학과 교육, 다른 전문분야와 일반 대중과 시민단체에서 일반적으로 사용되는 용어이다.

(3) 의사소통장애

(4) 주의력 결핍/과잉행동 장애

유아기에 흔히 발생하기 쉬운 문제 행동의 하나로 부주의하고, 과잉행동과 충동성 성향을 주요한 특징으로 하는 행동으로 주의력 결핍-과잉행동 유아는 자신과 비슷한 발달 수준에 있는 다른 유아들보다 더 심하게 당면한 과제에 주의를 기울이거나 주의를 지속함에 있어서 제한된 능력을 보이며(부주의, inattention) 어떤 일을 심사숙고하여 조직으로 처리하지 못하거나 목적 없이 행동하며(충동성, impulsivity) 활동의 양이 같은 연령의 또래나 주어진 과제에 비해 과도함(과잉행동, hyperactivity)을 나타냄.

학령전기 유아의 약 3~5%가 이 장애를 보이는 것으로 추정되고 있으며, 여아보다는 남아에게서 약 3~9배 정도 많이 발생되며 약 50%정도는 만 4세 이전에 발병되는 것으로 보고된다고 함

부주의 진단 기준 9가지 중 6가지 또는 과잉행동 및 충동성 진단 기준 9가지 중 6가지가 적어도 6개월 동안 지속적으로 나타나야 함(진단 기준 ①).
그리고 주의력 결핍-과잉행동 증상이 12세 이전에 발생하고(진단 기준 ②)
적어도 두 가지 이상의 상황에서 광범위하게 나타나야 하며(진단 기준 ③)
사회적 기능, 학업 수행, 직업 기능 등에서도 문제가 있다는 분명한 증거가 있어야 함(진단 기준 ④).

주의력 결핍-과잉행동은 부주의, 과잉행동 및 충동성에 기초해서 복합형, 부주의 우세형, 과잉행동 및 충동 우세형의 세 가지 하위 유형으로 분류하며 복합형은 지난 6개월 동안 기준 ①의 ㉠과 ①의 ㉡ 모두에 부합되는 경우이고 부주의 우세형은 지난 6개월 동안 기준 ①의 ㉠에는 부합되지만 ①의 ㉡에는 부합되지 않는 경우이며 과잉행동 및 충동 우세형은 지난 6개월 동안 기준 ①의 ㉡에는 부합되지만 ①의 ㉠에는 부합되지 않는 경우를 말함

① ㉠ 또는 ㉡ 가운데 1가지:

  ㉠ 부주의에 관한 다음 증상 가운데 6가지(또는 그 이상) 증상이 6개월 동안 부적응적이고 발달수준에 맞지 않는 정도로 지속된다.

㉮ 세부적인 면에 대해 면밀한 주의를 기울이지 못하거나, 학업, 작업 또는 다른 활동에서 부주의한 실수를 저지른다(예 세부적인 것을 간과하거나 놓친다, 일을 정확하게 하지 못한다).

㉯ 일을 하거나 놀이를 할 때 지속적인 주의집중에 어려움이 있다(예 수업, 대화, 또는 긴 문장을 읽을 때 지속적으로 집중하기 어렵다).

㉰ 다른 사람이 직접적으로 말을 할 때 경청하지 않는 것처럼 보인다(예 분명한 주의산만이 없음에도 생각이 다른 데 있는 것 같다).

㉱ 지시를 완수하지 못하고, 학업, 잡일 또는 작업장에서의 임무를 수행하지 못한다(예 과제를 시작하지만 빨리 집중력을 잃고, 쉽게 곁길로 빠진다).

㉲ 과업과 활동을 체계화하지 못한다(예 순차적 과제 수행의 어려움, 물건과 소유물 정돈의 어려움, 지저분하고 조직적이지 못한 작업, 시간관리 미숙, 마감 시간을 맞추지 못함).

㉳ 지속적인 정신적 노력을 요구하는 과업에 참여하기를 피하고, 싫어하고, 저항한다(예 학업 또는 숙제, 청소년들과 성인에게는 보고서 준비, 서식완성, 긴 논문 검토).

㉴ 활동하거나 숙제하는 데 필요한 물건들을 잃어버린다(예 학교 준비물, 연필, 책, 도구, 지갑, 열쇠, 서류, 안경, 휴대폰).

㉵ 외부의 자극에 의해 쉽게 산만해 진다.

㉶ 일상적인 활동을 잘 잊어버린다(예 잡일하기, 심부름하기, 청소년과 성인에게는 전화 회답하기, 청구서 납부하기, 약속 지키기).

ⓛ 과잉행동과 충동성에 관한 다음 증상 가운데 6가지(또는 그 이상) 증상이 6개월 동안 부적응적이고 발달 수준에 맞지 않는 정도로 지속된다.

과잉행동 및 충동성

㉮ 손발을 가만히 두지 못하거나 의자에 앉아서도 몸을 옴지락거린다.

㉯ 앉아 있도록 요구되는 교실이나 다른 상황에서 자리를 이탈한다(예 교실, 사무실이나 작업장, 또는 자리에 있어야 할 다른 상황에서 자리를 이탈한다).

㉰ 부적절한 상황에서 지나치게 뛰어다니거나 기어오른다.

㉱ 조용히 여가 활동에 참여하거나 놀지 못한다.

㉲ 끊임없이 움직이나 마치 자동차에 쫓기는 것처럼 행동한다(예 식당, 회의장과 같은 곳에서 시간이 오래 지나면 편안하게 있지 못한다, 지루해서 가만히 있지 못하거나 지속하기 어렵다는 것을 다른 사람들이 경험한다).

㉳ 지나치게 수다스럽게 말을 한다.

㉴ 질문이 채 끝나기 전에 성급하게 대답한다(예 다른 사람의 말에 끼어들어 자기가 마무리 한다. 대화에서 차례를 기다리지 못한다).

㉵ 차례를 기다리지 못 한다(예 줄서서 기다리는 동안).

㉶ 다른 사람의 활동을 방해하고 간섭한다(예 대화나 게임에 참견한다, 요청이나 허락 없이 다른 사람의 물건을 사용한다).

② 부주의 또는 과잉행동–충동 증상이 만 12세 이전에 나타났다.

③ 부주의 또는 과잉행동-충동 증상이 2가지 또는 그 이상의 상황에서 나타난다.

④ 증상이 사회, 학업 또는 직업 기능에 방해를 받거나 질적으로 감소하는 명백한 증거가 있다.

⑤ 증상은 조현병(schizophrenia) 또는 기타 정신증 장애의 경과 중에만 발생하지 않으며, 다른 정신장애에 의해 더 잘 설명되지 않는다.

(5) 특정 학습장애

① 학습하고 학업기술을 사용하는 데 어려움을 해결하기 위한 중재를 제공받았음에도 불구하고 읽기, 쓰기언어, 수학 영역에서의 다음의 여러 가지 증상들 중 적어도 한 가지 증상이 적어도 6개월 동안 지속적으로 나타났을 때이다.

    ㉠ 부정확하게 또는 느리게, 노력하며 단어읽기(하나의 단어를 부정확하게 또는 느리고 머뭇거리며 읽기, 단어를 자주 추측하기, 단어를 소리 내어 읽는 어려움)

    ㉡ 읽는 내용의 의미를 이해하는 어려움(문장은 정확하게 읽으나 순서, 관계, 추론, 또는 읽는 내용의 깊은 의미를 이해하는 어려움)

    ㉢ 철자의 어려움(추가, 생략, 또는 모음과 자음 대체)

    ㉣ 쓰기 표현의 어려움(문장 내 여러 가지 문법과 구두법 오류, 낮은 문단구성 수준, 명확하지 않은 아이디어에 대한 쓰기 표현)

    ㉤ 수감각, 수지식, 계산의 어려움(낮은 수준의 수, 수크기, 관계에 대한 이해력, 또래 친구처럼 수학 지식을 기억하는 대신에 손가락을 이용해서 한 자릿수 덧셈하기, 산술 계산하는 과정에서 헤매거나 순서 뒤바꾸기)

    ㉥ 수학적 추론의 어려움(문제를 풀 때 수학적 개념, 지식, 과정들을 적용하는 것에 대한 심각한 어려움)

② 특정학습장애의 학업적 어려움에 대한 확고한 임상적 지표는 개별적으로 수행된 표준화된 성취도 평가와 종합적인 임상검사를 통해서 실제 연령에서 기대되는 학업기술 수준 또는 평균 학업성취보다 수량적으로 현저하게 낮을 때이다. 이러한 낮은 학업기술은 아동의 경우 학교 내 학습활동을 저해하는 원인이 되며, 이는 학교 기록들과 교사의 평가점수를 통해 나타나게 된다. 17세 이상인 경우, 학습 어려움에 대한 문서 기록들은 표준화된 평가들을 대체할 수 있다.

③ 학업적 어려움은 학령기 동안에 시작된다. 그러나 개인의 제한된 학습능력을 넘어선 학업기술이 요구되기 전까지 명백하게 나타나지 않을 수도 있다. (**예** 시간이 정해진 시험, 제출기한이 빠듯한, 복잡한 쓰기능력이 요구되는 과제, 부담이 너무 큰 과제)

④ 학업적 어려움은 정신지체, 교정되지 않은 시력과 청력의 문제, 다른 정신 또는 신경학적 장애, 심리사회적 역경, 언어문제, 또는 부적절한 교육으로 인해 기인될 수 없다.

정확하고 유창한 단어인지, 부족한 해독, 부족한 철자능력과 관련된 문제를 가진 학업적 어려움의 양식을 일컬을 때 사용되는 대안적인 용어이다. 만약 난독증을 앞서 언급한 어려움들의 특별한 패턴을 구체화하기 위해서 사용한다면 읽기이해 또는 수학추론의 어려움과 같은, 존재하는 추가적인 어려움에 대해서 구체적으로 제시해야 한다.

⑹ 틱장애(Tic Disorders)

틱은 갑작스럽고 빠르며 반복적이고 비율동적인 동작이나 음성 증상을 말한다.

투렛장애

① 여러 가지 운동성 틱과 한 가지 또는 그 이상의 음성 틱이 질병경과 중 일부 기간 동안 나타난다. 2가지 틱이 반드시 동시에 나타날 필요는 없다.

② 틱 증상은 자주 악화와 완화를 반복하지만 처음 틱이 나타난 시점으로부터 1년 이상 지속된다.

③ 18세 이전에 발병한다.

④ 장애는 물질(예 코카인)의 생리적 효과나 다른 의학적 상태(예 헌팅턴병, 바이러스성 뇌염)로 인한 것이 아니다.

만성 운동 또는 음성 틱장애

① 한 가지 또는 여러 가지의 운동 틱 또는 음성 틱이 장애의 경과 중 일부 기간 동안 존재하지만, 운동 틱과 음성 틱이 모두 나타나지는 않는다.

② 틱 증상은 자주 악화와 완화를 반복하지만 처음 틱이 나타난 시점으로부터 1년 이상 지속된다.

③ 18세 이전에 발병한다.

④ 장애는 물질(예 코카인)의 생리적 효과나 다른 의학적 상태(예 헌팅턴병, 바이러스성 뇌염)로 인한 것이 아니다.

⑤ 투렛장애의 진단기준에 맞지 않아야 한다.

잠정적 틱장애

① 한 가지 또는 다수의 운동 틱 또는 음성 틱이 존재한다.

② 틱은 처음 틱이 나타난 시점으로부터 1년 미만으로 나타난다.

③ 18세 이전에 발병한다.

④ 장애는 물질(예 코카인)의 생리적 효과나 다른 의학적 상태(예 헌팅턴병, 바이러스성 뇌염)로 인한 것이 아니다.

⑤ 투렛장애나 만성 운동 또는 음성 틱장애의 진단기준에 맞지 않아야 한다.

5 주요우울장애(major depressive disorder)

① 다음 증상 가운데 5개(또는 그 이상) 증상이 연속 2주 동안 지속되며, 이러한 상태가 이전 기능으로부터의 변화를 나타내는 경우 증상 가운데 적어도 하나는 ㉠우울 기분이거나, ㉡흥미나 즐거움의 상실이어야 한다.

주의점 : 명백한 다른 의학적 상태로 인한 증상은 포함되지 않아야 한다.

㉠ 하루의 대부분, 그리고 거의 매일 지속되는 우울한 기분이 주관적인 보고(슬프거나 공허하다고 느낀다)나 객관적인 관찰(울 것처럼 보인다)에서 드러난다.

주의점 : 소아와 청소년의 경우는 과민한 기분으로 나타나기도 한다.

㉡ 모든 또는 거의 모든 일상 활동에 대한 흥미나 즐거움이 하루의 대부분 또는 거의 매일같이 뚜렷하게 저하되어 있을 경우(주관적인 설명이나 타인에 의한 관찰에서 드러난다.)

㉢ 체중조절을 하고 있지 않은 상태(예 1개월 동안 체중 5% 이상의 변화)에서 의미 있는 체중감소나 체중증가, 거의 매일 나타나는 식욕감소나 증가가 있을 때

주의점 : 소아의 경우 체중증가가 기대치에 미달되는 경우 주의할 것

㉣ 거의 매일 나타나는 불면이나 과다수면

㉤ 거의 매일 나타나는 정신운동초조나 지연(주관적인 좌불안석 또는 처진 느낌이 타인에 의해서도 관찰 가능하다)

㉥ 거의 매일 피로나 활력 상실

㉦ 거의 매일 무가치감 또는 과도하거나 부적절한 죄책감을 느낌(망상적일 수도 있는)(단순히 병이 있다는 데 대한 자책이나 죄책감이 아님)

㉧ 거의 매일 나타나는 사고력이나 집중력의 감소, 또는 우유부단함(주관적인 호소나 관찰에서)

㉨ 반복되는 죽음에 대한 생각(단지 죽음에 대한 두려움뿐만 아니라), 특정한 계획 없이 반복되는 자살생각 또는 자살기도나 자살수행에 대한 특정 계획

② 증상이 혼재성삽화의 기준을 충족시키지 않는다.

③ 증상이 사회적, 직업적, 기타 중요한 기능 영역에서 임상적으로 심각한 고통이나 장애를 일으킨다.

④ 증상이 물질(예 약물남용, 투약)이나 일반적인 의학적 상태(예 갑상선기능저하증)의 직접적인 생리적 효과로 인한 것이 아니다.

⑤ 증상이 사별에 의해 잘 설명되지 않는다. 즉, 사랑하는 사람의 상실 후에 증상이 2개월 이상 지속되거나, 현저한 기능장애, 무가치감에 대한 병적 집착, 자살생각, 정신병적 증상이나 정신운동지연이 특징적으로 나타날 경우에만 이 장애의 진단이 내려진다.

6 외상 및 스트레스 관련 장애

(1) 외상 후 스트레스 장애(PTSD : Post Traumatic Stress Disorder)

① DSMIV의 분류기준에서 불안장애 하위유형으로 분류되었으나 DSM5애서 불안장애에서 분리되어 외상및 스트레스 사건 관련 장애의 독립된 장애범주로 분류한다.

② 충격적인 외상 사건을 경험하고 난 후 다양한 심리적 부적응 증상이 나타나는 장애

③ PTSD는 다른 정신장애와 공병률이 매우 높으며, 특히 PTSD의 약 50%에서 주요 우울장애가 나타남

④ 약물치료와 인지행동치료가 활용. 특히 포아에 의해 개발된 지속적 노출치료가 가장 효과적이다.

⑤ 충격적 경험 이후 예민한 각성 상태 지속되고 고통스러운 기억에서 완전히 벗어나지 못하며, 그로 인해 관련된 생각 회피

⑥ 재현성 환각이나 악몽을 통해 과거의 외상 사건에 대한 생각에서 쉽게 못 벗어나며, 당시의 경험을 회상하도록 하는 다양한 자극들에 대해 불안과 두려움 느낀다.

⑦ PTSD 진단 기준

ㄱ 실제적 혹은 위협에 의한 죽음에의 노출, 심각한 상해 또는 성폭력에의 노출을 다음의 어느 한 가지 이상의 방식으로 경험

㉮ 외상 사건을 직접 경험

㉯ 외상 사건이 다른 사람에게서 일어나는 것을 경험

㉰ 외상 사건이 가까운 가족원이나 친구에게서 일어난 것을 알게 됨

㉱ 외상 사건의 혐오스러운 세부 내용에 반복적 혹은 극단적으로 노출

ㄴ 외상 사건이 일어난 후 외상 사건과 관련된 침투 증상이 다음 중 한 가지 이상으로 나타남

㉮ 외상 사건의 고통스러운 기억을 자신의 의지와 상관없이 반복적이고 침투적으로 경험

㉯ 외상 사건과 관련된 내용 및 정서가 포함된 고통스러운 꿈들을 반복적으로 경험

㉰ 외상 사건이 마치 되살아나는 듯한 행동이나 느낌이 포함된 해리 반응을 경험

㉱ 외상 사건의 특징과 유사하거나 이를 상징화한 내적 혹은 외적 단서에 노출되는 경우 강렬한 혹은 장기적인 심리적 고통 경험

㉲ 외상 사건의 특징과 유사하거나 이를 상징화한 내적 혹은 외적 단서에 대한 현저한 생리적 반응

ㄷ 외상 사건이 일어난 이후 외상 사건과 관련된 지속적인 자극 회피가 다음 중 한 가지 이상의 방식으로 나타남

㉮ 외상 사건에 대한 혹은 그것과 밀접하게 연관된 고통스러운 기억, 생각, 감정을 회피하거나 이를 회피하려고 노력

㉯ 외상 사건에 대한 혹은 그것과 밀접하게 연관된 고통스러운 기억, 생각, 감정을 유발하는 외적인 단서들을 회피하거나 이를 회피하려고 노력

ⓔ 외상 사건이 일어난 이후 혹은 악화된 이후 외상 사건과 관련된 인지와 기분의 부정적인 변화가 다음 중 2가지 이상으로 나타남

　㉮ 외상 사건의 중요한 측면을 기억하지 못함

　㉯ 자기 자신 혹은 세상에 대한 과장된 부정된 신념이나 기대를 지속적으로 나타냄

　㉰ 외상 사건의 원인이나 결과에 대한 왜곡된 인지를 지속적으로 나타내며, 이러한 인지가 그 자신이나 타인을 책망하도록 이끎

　㉱ 부정적인 정서 상태를 지속적으로 나타냄

　㉲ 중요한 활동에 대한 관심이나 참여가 현저히 감소

　㉳ 다른 사람으로부터 거리감 혹은 소외감 느낌

　㉴ 긍정적인 감정을 지속적으로 느끼지 못함

ⓜ 외상 사건이 일어난 이후 혹은 악화된 이후 외상 사건과 관련된 각성 및 반응성에서의 현저한 변화가 다음 중 2가지 이상으로 나타남

　㉮ 사람이나 사물에의 언어적 혹은 물리적 공격으로 나타나는 짜증스러운 행동과 분노 폭발

　㉯ 무모한 행동 혹은 자기파괴적 행동

　㉰ 과도한 경계

　㉱ 과도한 놀람 반응

　㉲ 주의집중 곤란

　㉳ 수면 장해

ⓗ 위에 제시된 장해(2~5의 진단기준)가 1개월 이상 나타남

ⓢ 이러한 장해가 사회적·직업적 기능 또는 다른 중요한 기능 영역에서 임상적으로 유의미한 고통이나 손상 초래

ⓞ 이러한 장해는 물질(예 치료약물, 알코올)이나 다른 의학적 상태의 효과에 기인한 것이 아님

ⓩ 위의 진단 기준은 성인, 청소년, 만 6세 이상의 아동에게만 적용

⑧ PTSD를 유발하는 위험요인

　㉠ **외상 전 위험요인**: 과거력, 우울증 등 정신장애의 가족력, 정서적 불안정성 등의 성격 특성 등

　㉡ **외상 중 위험요인**: 외상 사건의 강도가 높고 노출 횟수가 많을수록 외상 후 스트레스 장애 발병 가능성 높음

　㉢ **외상 후 위험요인**: 사회적 지지망의 기능 및 형태, 경제적 자원, 부가적 스트레스 원인 등

⑨ PTSD 침습증상의 유형

　㉠ 반복 기억(유아는 놀이)

　㉡ 꿈(유아는 악몽)

　㉢ 플래시백(유아는 놀이)

　㉣ 극심한 심리적 고통

　㉤ 생리적 반응

(2) 탈억제성 사회적 유대감 장애(Disinhibited Social Engagement Disorder)

① 아동이 낯선 성인에게 활발하게 접근하고 소통하면서 다음 중 2가지 이상으로 드러나는 행동 양식이 있다.

    ㉠ 낯선 성인에게 접근하고 소통하는데 주의가 약하거나 없음

    ㉡ 과도하게 친숙한 언어적 또는 신체적 행동(문화적으로 허용되고 나이에 합당한 수준이 아님)

② 낯선 성인을 따라가는데 있어 주저함이 적거나 없음

③ 진단기준 A의 행동은(주의력결핍 과잉행동장애의) 충동성에 국한되지 않고, 사회적으로 탈억제된 행동을 포함한다.

④ 아동이 불충분한 양육의 극단적인 양식을 경험했다는 것이 다음 중 최소 한 가지 이상에서 분명하게 드러난다.

    ㉠ 성인 보호자에 의해 충족되는 안락과 자극, 애정 등의 기본적인 감정적 요구에 대한 지속적인 결핍이 사회적 방임 또는 박탈의 형태로 나타남.

    ㉡ 안정된 애착을 형성하는 기회를 제한하는 주 보호자의 반복적인 교체(예 위탁 보육에서의 잦은 교체)

    ㉢ 선택적 애착은 형성하는 기회를 고도로(심각하게) 제한하는 독특한 구조의 양육(예 아동이 많고 보호자가 적은 기관)

⑤ 진단기준 C의 양육이 진단기준 A의 장애 행동에 대한 원인이 되는 것으로 추정된다. (예 진단기준 A의 장애는 진단기준 C의 적절한 양육 결핍 후에 시작했음)

⑥ 아동의 발달 연령이 최소 9개월 이상이어야 한다.

11 ○× 문제풀이

정답

01 인간의 행동이 하향적으로 또는 지향적으로 변화될 때 발달이라고 할 수 있다.　▶ ×

02 성장이란 신체적으로 키가 커지거나 몸무게가 늘어나는 등의 양적으로 변화하는 현상을 말한다.　▶ ○

03 인간의 발달은 전체 활동에서부터 특수한 활동의 방향으로 이루어진다.　▶ ○

04 초자아는 성격의 가장 원초적 부분으로 본능적 요구를 관장하며, 성욕과 공격욕을 말한다.　▶ ×

05 남근기는 인간의 리비도가 항문에서 성기로 옮아간 시기로 유아생식기라고도 한다.　▶ ○

06 청소년기에 통합성 대 절망감이 형성되는 시기이다.　▶ ×

07 인간의 생활양식은 열등의 보상방식으로, 우월성을 추구하는 과정에서 개인의 독특한 목표를 추구하면서 형성된다.　▶ ○

08 리비도는 퍼스낼리티 전체를 정신으로 보았으며, 의미 또는 가치로도 해석된다.　▶ ×

09 직관은 전체적인 형태를 깨닫는 순간적 지각의 형태이다.　▶ ○

10 프로이트에 의하면 인간의 성격은 원초아, 자아, 초자아로 구성되어 있다.　▶ ○

01 동화와 조절 중의 어느 한쪽에 치우치지 않도록 평형을 이루는 것을 무엇이라고 하는가?

02 아동은 정신적 표상에 의한 사고가 가능하나, 아직 개념적인 조작능력이 충분히 발달되지 못한 상태를 무엇이라고 하는가?

03 인간의 도덕성 추론 능력의 발달은 무엇과 관련이 있는가?

04 일관성 있고 조직화된 개념적 형태를 띠면서 개인의 지각과 행동에 다시 영향을 주는 것은?

05 매슬로의 욕구 단계 중 자신의 잠재력을 인식하고 그것을 성취하고자 하는 욕구는?

06 확인 또는 검증되지 않은 두 개 이상의 변수 간의 관계에 대한 논술을 무엇이라고 하는가?

07 전체 모집단의 축소 또는 단면이 된다는 가정 하에서 모집단에서 선택된 구성단위의 일부를 통하여 전체를 유추하는 것은?

08 실험적으로 일어나는 변화보다 자연적으로 일어나는 변화에 대한 연구를 무엇이라고 하는가?

09 태아의 성별은 무엇으로 결정하는가?

10 사춘기에 가슴과 엉덩이가 커지고 남성적 특성이 약해서 여성적인 2차 성징이 나타나는 것은?

정답

▶ 적응

▶ 전조작기

▶ 인지적 발달

▶ 자아

▶ 자아실현의 욕구

▶ 가설

▶ 표본

▶ 종단적 연구

▶ 염색체

▶ 클라인펠트증후군

13 기출문제 맛보기

1 발달에 관한 설명으로 옳은 것을 모두 고른 것은?

> ㉠ 기능 및 구조가 쇠퇴하는 부정적 변화는 발달에 포함되지 않는다.
> ㉡ 발달은 양적 변화와 질적 변화를 포함한다.
> ㉢ 발달은 성숙과 학습의 영향을 포함한다.
> ㉣ 도덕적, 인지적, 사회적 발달은 상호 독립적이다.

① ㉠, ㉡   ② ㉠, ㉢

③ ㉡, ㉢   ④ ㉡, ㉣

⑤ ㉢, ㉣

TIPS!

기능 및 구조가 쇠퇴하는 부정적 변화는 발달에 포함한다.
도덕적, 인지적, 사회적 발달은 상호 보완적이다.

2 비고츠키(L. Vygotsky)의 인지발달이론에 관한 설명으로 옳지 않은 것은?

① 근접발달영역이란 혼자서 성취하기는 어렵지만 유능한 타인의 도움으로 성취 가능한 것의 범위이다.

② 인지발달을 촉진하는 방법에는 발판화(scaffolding)와 수평적 격차가 있다.

③ 아동의 혼잣말은 문제해결능력을 조절하는 인지적 자기 안내 체계이다.

④ 지식은 사회적 상호작용을 통해 내면화 된다.

⑤ 인지발달에 미치는 사회문화적 영향을 강조한다.

TIPS!

인지발달을 촉진하는 방법에는 발판화(scaffolding)와 수직적 격차가 있다.

Answer 1.③ 2.②

3 다음에 해당하는 성염색체 이상 증후군은?

> • 난소가 제 기능을 하지 못해 여성 호르몬이 부족하고, 사춘기가 되어도 2차 성징이 나타나지 않는다.
> • 공간지각 능력은 평균 이하인 경우가 많다.
> • 연소자형 관절염과 작은 체격이 보편적인 특성이다.

① 터너 증후군
② 클라인펠터 증후군
③ XYY 증후군
④ 삼중 X 증후군
⑤ 다운 증후군

> 🔔 **TIPS!**
> ① 터너증후군 : 난소가 제 기능을 하지 못해서 여성호르몬의 부족으로 인하여 사춘기가 되어도 외견상 여자이지만 2차 성징이 나타나지 않는다. 전체 염색체 수가 45개이며 X염색체가 1개인 XO로 나타난다.
> ② XXX염색체 증후군 : 여성에게 나타나며 인지발달장애가 나타난다.
> ③ X염색체 결함 증후군 : X염색체가 구부러져 있거나 너무 가는 경우 발생하는 것으로 얼굴이 길고 고환이 비대해서 정신지체·언어장애·자폐증 등이 나타난다. 여성보다는 남성에게 흔하며 모의 X염색체로부터 전달된다.
> ④ 클라인펠트증후군 : 남성염색체가 있음에도 불구하고 사춘기에 가슴과 엉덩이가 커지는 여성적인 2차 성징이 나타나는 것으로 성염색체가 XXY, XXXY, XXXXY등의 여러 가지로 나타난다.
> ⑤ 초웅증후군(=XYY 염색체 증후군) : 남성으로서 XYY의 성염색체를 가지고 있으며 키와 골격은 크나 학습 불능으로 나타나며 공격적이다.

4 다른 유아가 노는 것을 관찰하면서 말을 하거나 제안을 하지만, 자신이 직접 놀이에 참여하지 않는 놀이유형은?

① 방관자적 놀이
② 몰입되지 않은 놀이
③ 혼자 놀이
④ 협동 놀이
⑤ 연합 놀이

> 🔔 **TIPS!**
> 방관자적 놀이는 아동이 놀이에 참여하지 않고 수동적으로 다른 아동의 놀이를 지켜보는 것을 말한다. 이때 아동의 관심은 다른 아동의 놀이에 있으나, 자신이 관찰하는 아동과 상호작용은 하지 않는다. 방관자적 행동은 특정 집단의 행동을 관찰한다는 점에서 우연히 흥미 있는 어떤 것을 지켜보는 비몰입 행동(unoccupied behavior)과 다르다.

Answer 3.① 4.①

5 지능에 관한 설명으로 옳지 않은 것은?

① 유동성 지능은 결정성 지능보다 중추신경계의 기능에 더 의존한다.
② 유동성 지능에는 공간지각능력이 포함된다.
③ 결정성 지능에는 언어이해력이 포함된다.
④ 유동성 지능은 생활 경험과 교육을 통해 축적된 지식이다.
⑤ 결정성 지능과 유동성 지능이 절정에 달하는 시기는 가기 다르다.

 TIPS!

지능 요인 간에 공유되거나 중첩된 변인을 종합하여 보다 높은 수준의 요인을 가정하고 있는 이론으로 카텔의 유동성 지능과 결정성 지능으로 구분된다(유동성<결정성). 유동성 지능은 타고난 지능으로 생물학적으로 결정되며 경험이나 학습과는 무관하다.

6 다음에서 설명하는 것은?

영아는 낯선 사람을 만났을 때 두려운지 아닌지 애매한 상황을 보다 정확하게 해석하기 위해 믿을만한 사람에게서 정서적 정보를 얻는다.

① 정서 최적화
② 정서적 참조
③ 사회적 비교
④ 사회적 참조
⑤ 자기의식적 정서

TIPS!

규범들의 초기 형태는 '사회적 참조'(social referencing)라는 현상으로 설명된다. 낯선 상황, 혹은 낯선 대상에 대한 아이들의 규범적 판단은 어머니의 정서적 반응을 참조하여 결정된다.

Answer 5.④ 6.④

1 다음 중 보기의 A와 B의 대화 내용과 연관된 콜버그의 도덕성 발달단계로 가장 적절한 것은?

> A : 늑대는 할머니로 변장해서 작고 귀여운 빨간 모자를 잡아먹었어요!
> B : 늑대는 탐욕스러워요. 자기 배를 채우려고 작고 귀여운 빨간 모자에게 나쁜 짓을 했어요!

① 타율적 도덕성
② 보편윤리적 도덕성
③ 개인적 · 도구적 도덕성
④ 법 · 질서 · 사회체계적 도덕성
⑤ 대인관계적 도덕성

TIPS!

대인관계적 도덕성은 인습수준으로 타인을 배려하고 타인에 인정되는 자신에 대해 관심이 많다.

2 프로이트의 인간발달단계 중 남근기와 연관된 에릭슨의 심리사회적 위기로 가장 적절한 것은?

① 기본적 신뢰감 대 불신감
② 근면성 대 열등감
③ 주도성 대 죄의식
④ 자아정체감 대 정체감 혼란
⑤ 자율성 대 수치심 · 회의

TIPS!

발달단계상 4~5세 해당하는 시기로 프로이트의 남근기는 에릭슨의 주도성 대 죄의식에 해당한다.

Answer 1.⑤ 2.③

3 다음 중 하비거스트(Havighurst)가 제시한 노년기의 발달과제와 가장 거리가 먼 것은?

① 성인다운 여가생활을 한다.
② 생활주기상 동일한 시기에 있는 사람들과 유대관계를 강화한다.
③ 배우자의 죽음에 적응한다.
④ 생활에 적합한 물리적 생활환경을 조성한다.
⑤ 경제적 수입 감소에 적응한다.

> **TIPS!**
> 여가생활을 선용하는 것은 중년기의 발달과업에 해당된다. 노년기는 여가선용에 대한 경제적 부담이 크므로 경제적 손실감소에 적응해야 한다.

4 다음 중 보기의 내용과 연관된 청소년기의 자아정체감 범주에 해당하는 것은?

> 올해 고등학교 3학년인 A군은 곧 대입 수학능력시험을 앞두고 있다. 그러나 A군은 3년 전 고등학교 입학시험을 앞둔 당시 부모가 희망하는 특수목적 고등학교에 원서를 넣었던 것과 마찬가지로, 이번 대학 입학시험을 앞두고서도 부모의 의사에 따라 법대를 지망할 예정이다. A군은 부모의 결정이 항상 옳은 것이라 생각하며, 평소에도 부모의 의사에 따라 행동하곤 한다.

① 정체감 성취
② 정체감 혼미
③ 정체감 유예
④ 정체감 혼란
⑤ 정체감 유실

> **TIPS!**
> 부모의 바람에 따라 자신의 진로를 결정하는 것으로 권위자의 지시를 따르고 역할연습(전념)만 존재하는 것을 정체감 유실이라고 한다.

5 중년기의 성격발달 특징을 설명한 내용 중 맞지 않는 것을 고르시오.

① 개성화   ② 빈 둥지 현상
③ 자아통합감 대 절망감   ④ 과잉습관화
⑤ 샌드위치 세대

> **TIPS!**
>
> 중년기는 융의 개별화과정이 진행되는 시기로 진정한 자기(self)를 찾으며 빈둥지 증후군, 샌드위치 세대로 대변된다. 또한 일상의 반복적인 자극에 대해 주의가 감소되는 현상이 나타나며, 이 습관화는 성인중기와 노년기에 일상의 습관적인 일들에 과도하게 적응함으로써, 변화하는 세계에 대한 유연성이 떨어질 수 있다.

6 우리 자신을 포함하는 모든 대상들이 독립적인 실체로서 존재하며, 대상이 한 장소에서 다른 장소로 이동하였을 때 시야에서 그 대상이 사라지더라도 다른 장소에 계속 존재한다는 사실에 대한 지식을 의미하는 무엇인가?

① 보존개념   ② 대상영속성
③ 지연모방   ④ 습관화

> **TIPS!**
>
> 대상이 시야에서 사라지더라도 소멸되지 않고 다른 장소에 계속 존재한다는 사실을 인식하는 것을 대상영속성이라고 한다.

7 아동기의 언어발달 특징 중 틀린 것을 고르시오.

① 학동기 아동들은 상대방이나 자신의 메시지가 분명하지 않을 때 듣는 이에 맞도록 말을 조절해야한다는 사회 언어적 이해 능력이 떨어진다.
② 읽기와 쓰기의 능력 발달로 읽기를 통한 학습과 이야기의 이해력 증진에 효과가 있다.
③ 어휘와 문법 면에서 단어에 대한 여러 가지 의미, 이중적 의미를 이해하여 은유적 표현이나 유머도 사용한다.
④ 아동기에는 언어와 언어의 속성에 대해 생각하는 능력인 상위 언어적 인식이 증가한다.
⑤ 자기중심적 언어에서 사회적 언어로 변한다.

> **TIPS!**
>
> 학동기 아동들은 유아기에 비해 상대방이나 자신의 메시지가 분명하지 않을 때 듣는 이에 맞도록 말을 조절할 수 있게 된다.

Answer 5.③ 6.② 7.①

8 성숙론은 인간의 발달이 유전에 의해 결정된다는 이론으로 유전이 발달의 중요하고 직접적인 요인이 된다고 주장하는 이론이다. 성숙론을 주장하는 이론가를 고르시오.

① 로크(Locke)
② 반두라(Bandura)
③ 파브로프(Pavlov)
④ 루소(Rousseau)
⑤ 피아제(piaget)

> **TIPS!**
> 루소는 사전결정론에 의해 인간은 유전적으로 발달이 결정되어 있다고 주장하며 후기 유아학자들에게 지대한 영향을 미치게 된다.

9 다음에서 설명하고 있는 용어는?

> • 운동기능, 피부가 외부자극에 민감하게 반응한다.
> • 내분비선에 의한 신체기능이 유능하게 된다.

① 경험
② 성숙
③ 변화
④ 발달
⑤ 성장

> **TIPS!**
> 성숙이란 신체적인 변화 중에서도 기기, 앉기, 서기 등과 같은 운동기능, 피부가 외부자극에 대해 민감한 반응을 보이거나 눈동자의 움직임이 활발해지는 등의 감각기능과 여러 가지 내분비선의 변화로 신체기능이 발달하는 것을 말한다.

10 사람의 행동이 이전보다 다양해지고 행동구조도 정교해지는 변화를 무엇이라고 하는가?

① 인식
② 발달
③ 학습
④ 성숙
⑤ 개성

> **TIPS!**
> 인간이 출생 후 나타내는 모든 행동변화를 보고 발달이라고는 할 수 없다. 어떤 사람의 행동, 즉 신체적, 정신적인 행동이 이전보다 더 다양화되고 다채로워지고, 또한 전보다 더 능숙해지고, 행동의 구조 역시 전보다 정밀해지고, 정교해져가는 변화를 보일 때 우리는 이를 발달이라고 할 수 있다.

Answer 8.④ 9.② 10.②

11 인간의 행동이 상향적으로나 지향적으로 변화할 때 발달이라고 한다. 여기서 상향적, 지향적의 의미로 볼 수 없는 것은?

① 질적으로 불변하는 것
② 기능적으로 세련되는 것
③ 기능적으로 유능해지는 것
④ 양적으로 전보다 증대하는 것
⑤ 변화의 방향이 바람직한 것

 TIPS!

발달(development)이란, 인간의 행동이 상향적 또는 지향적으로 변화되는 것을 말한다. 여기서 상향적이나 지향적이라고 할 수 있는 변화란, 변화의 방향이 바람직한 방향으로 변화되는 것을 의미한다. 즉, 양적으로 전보다 더 증대되기도 하고, 기능적으로도 전보다 더 유능해지고 세련화될 때 발달이라고 할 수 있다.

12 다음 ( ) 속에 해당하는 말이 순서가 옳은 것은?

발달은 어떤 사람의 행동이 이전보다 더 다양화되고, 행동 구조가 더 정교해져 가는 것을 말하며 (　　)은 (　　)과 (　　)의 변화에 의해 신체기능이 발달하는 것을 말한다.

① 성장, 생리기능, 유전
② 성숙, 본능, 생리기능
③ 성숙, 감각기능, 내분비선
④ 변화, 내분비선, 감각기능
⑤ 성장, 변화, 성숙

TIPS!

발달은 어떤 사람의 행동이 이전보다 더 다양화되고, 행동 구조가 더 정교해져 가는 변화를 뜻하며, 성장은 신체상의 양적인 변화를 의미하고, 성숙은 감각기능과 내분비선의 변화에 의해 신체기능이 발달하는 것을 뜻한다. 학습은 연습과 경험을 통해 이루어지는 변화를 말한다.

13 발달이론 중 비단계설에 해당하는 것은?

① 매슬로의 인본주의 이론　　　　　　　② 피아제의 지능발달이론

③ 에릭슨의 심리사회성 발달이론　　　　④ 프로이트의 성격발달이론

⑤ 왓슨의 학습이론

> **TIPS!**
> 발달에 대한 비연속적 이론인 단계설이 있는가 하면, 발달은 연속적이므로 비단계설을 주장하는 학파도 있다. 주로 학습이론이 비단계설에 속한다고 보겠다.

14 다음 중 발달의 기본성격이 아닌 것은?

① 통합성　　　　　　　　　　　　　　② 적기성

③ 누적성　　　　　　　　　　　　　　④ 기초성

⑤ 역동성

> **TIPS!**
> 인간의 발달에는 발달의 기초성, 적기성, 누적성, 불가역성이라는 기본적 성격이 있다.

15 다음 중 "결정적 시기"와 관계가 깊은 발달의 기초성격으로 옳은 것은?

① 발달의 형식성　　　　　　　　　　　② 발달의 불가역성

③ 발달의 누적성　　　　　　　　　　　④ 발달의 적기성

⑤ 발달의 기초성

> **TIPS!**
> 발달의 적기성 : 어떤 특정한 발달과업을 성취하는 데는 발달의 결정적 시기가 있는데 그 시기를 놓치면 다음 시기에 보충되기가 어려워 자라서도 평생장애를 겪게 된다. 결정적 시기는 아동기에 여러 번 있다.

Answer　13.⑤　14.①　15.④

16 발달의 원리에서 "아이들은 명사를 먼저 배우고, 동사를 학습하며 형용사나 부사를 배운다."는 것은 어떤 내용과 관련이 있는가?

① 발달은 분화과정을 거친다.　　　　　② 발달에는 일정한 방향성이 있다.
③ 발달은 연속적이고 점진적이다.　　　④ 발달은 통합하는 과정을 거친다.
⑤ 발달에는 순서가 있다.

> **⊙ TIPS!**
> 발달에는 일정한 순서가 있기 때문에 설문에서처럼 "아이들은 명사를 먼저 배우고, 동사를 학습하며 형용사나 부사를 배우게 된다."는 것이다.

17 다음의 ( ) 안에 알맞은 것은?

> 인간이 (　　)에 정상적인 발달을 이룩하지 못하면, 비교적 영구적인 결함이나 장애를 겪는 수가 많다.

① 결정적 시기　　　　　　　　　　② 연령
③ 발달　　　　　　　　　　　　　　④ 성숙
⑤ 감각

> **⊙ TIPS!**
> 어떤 특정한 발달과업을 성취하는 데에는 가장 적절한 시기(결정적 시기)가 있는데, 그 시기에 정상적인 발달을 이룩하지 못하면 이후에 이를 보완하기 어려우며 영구적인 결함이나 장애를 겪을 수 있다.

18 어떤 학생이 "나의 키는 중 1 때 20cm가 컸고 그 후에는 5cm 정도, 또 2cm 정도 컸고 이제는 거의 변화가 없다." 라고 하였을 때 발달원리에 해당하는 것은?

① 발달에는 결정적 시기가 있다.　　　② 발달에는 개인차가 존재한다.
③ 유전과 환경이 상호작용을 한다.　　④ 중심부위에서 말초부위로 발달한다.
⑤ 발달은 연속적이다.

> **⊙ TIPS!**
> 어떤 특정한 발달과업을 성취하는 데에는 결정적인 시기가 있다.

Answer 16.⑤ 17.① 18.①

19 다음에서 설명하고 있는 발달의 기본성격은?

> 인간의 특성은 아동기에 그 기초가 형성되고 또한 발달이 급속히 이루어진다. 그러므로 발달의 최적기를 놓치게 되면, 그 시기 이후에 이를 보완하거나 교정하기가 매우 힘들게 된다.

① 발달의 불가역성
② 발달의 여동성
③ 발달의 적기성
④ 발달의 기초성
⑤ 발달의 변동성

> **TIPS!**
> 발달의 불가역성이란 다시 돌이켜서 어떤 발달의 결함을 회복시킬 수가 없다는 뜻이다. 인간의 특성은 주로 인간의 초기, 즉 아동기에 그 기초가 형성되고 또한 발달이 급속히 이루어진다. 그러므로 발달의 최적기를 놓치게 되면, 그 시기 이후에 이를 보완하거나 교정하기가 매우 힘들게 된다.

20 다음 중 인간발달의 보편적이고 일반적인 원리를 잘못 설명한 것은?

① 발달은 일정한 순서가 있다.
② 발달은 계속적인 과정이나 그 속도는 일정하지 않다.
③ 연령이 같고 성별이 같으면 발달은 개인에 따른 차이가 없다.
④ 발달의 각 측면은 상호 밀접하게 관련되어 있다.
⑤ 발달은 분화와 통합과정을 거친다.

> **TIPS!**
> 인간의 발달 원리
> ㉠ 인간발달에는 순서와 개인차가 있다.
> ㉡ 인간발달에는 속도와 계속성이 있다.
> ㉢ 인간발달에는 상호관련성이 있다.
> ㉣ 인간의 발달은 분화와 통합과정을 거친다.

Answer 19.① 20.③

21 다음 중 유전인자의 영향을 가장 많이 받는 것으로 밝혀진 것은?

① 환경   ② 인성

③ 지능   ④ 태도

⑤ 성격

> 🔸**TIPS!**
> 지금까지의 연구에 따르면 인간의 여러 특질 중에 지능이 유전성이 가장 분명하고 확실하다.

22 다음은 프로이트가 말한 인간의 정신세계를 설명한 것이다. ( )에 적당한 것은?

> ( )은/는 의식 밖에 존재하는데, ( )의 내용은 원초아와 초자아로 구성되어 있으며, 행동과 사고를 좌우한다.

① 억압   ② 자아

③ 전의식   ④ 무의식

⑤ 감정

> 🔸**TIPS!**
> 무의식은 전적으로 의식 밖에 존재한다. 그러므로 개인에겐 그 자신이 전혀 자각하지 못하는 정신생활의 어떤 부분(중요한 부분)이 된다. 무의식의 내용은 대체로 원초아(id)와 초자아(superego)로 구성되어 있으며, 행동과 사고를 좌우한다.

23 다음 중 프로이트가 말한 무의식에 대한 설명으로 옳지 않은 것은?

① 무의식의 내용은 자신이 영원히 알지 못할 수 있다.

② 방어기제와 전환적 신경증상을 일으키는 데 중요한 역할을 한다.

③ 원초아와 초자아로 구성되어 있다.

④ 전적으로 의식 밖에 존재한다.

⑤ 주의를 집중하고 노력하면 의식이 될 수 있다.

> 🔸**TIPS!**
> 주의를 집중하고 노력하면 의식이 될 수 있는 정신생활의 일부분은 전의식이다.

Answer   21.③   22.④   23.⑤

24 프로이트가 구분한 인간의 정신세계 중 본능적 추진력, 정열의 기초가 되는 부분은?

① 의식   ② 전의식
③ 무의식   ④ 집단 무의식
⑤ 초자아

> **TIPS!**
>
> 프로이트에 의하면 인간의 본능적 추진력, 정열, 억압된 관념 및 감정 등은 큰 무의식에서 찾아야 된다. 왜냐하면 이 무의식이야말로 생명에 대한 하층구조이며 인간의 사고와 행동을 통제하는 보이지 않는 힘이기 때문이라고 보았다.

25 다음 중 프로이트의 성격발달이론에서 성격을 구성하는 것은?

① 근면성, 자율성, 생산성
② 쾌락원리, 현실원리, 자아이상
③ 일차적 과정, 이차적 과정, 양심체계
④ 원초아, 자아, 초자아
⑤ 의식, 전의식, 무의식

> **TIPS!**
>
> 프로이트에 의하면 인간의 성격은 원초아, 자아, 초자아로 구성되어 있다.

26 다음 중 원초아(id)에 관한 설명으로 옳지 않은 것은?

① 쾌락원리에 의해 작동한다.
② 리비도를 방출한다.
③ 현실원리에 의해 작동한다.
④ 본능적인 욕구를 관장한다.
⑤ 신생아 때부터 존재한다.

> **TIPS!**
>
> 원초아는 신생아 때부터 존재하며 인간의 정신에너지가 저장된 창고이다. 원초아는 신생아가 자람에 따라 자아와 초자아로 분화된다. 현실원리에 작동하는 것은 자아이다.

Answer   24.③ 25.④ 26.③

27 원초아의 작동원리를 나타내는 것은?

① 방어기제

② 보편적 원리

③ 이상실현

④ 현실원리

⑤ 쾌락원리

> **TIPS!**
> 원초아는 원시적인 여러 쾌락추구의 충동을 만족시키는 쾌락원리에 따라 작용한다.

28 다음에서 설명하고 있는 성격구조는?

> 개인으로 하여금 자기행동이 도덕적·윤리적으로 정당한지 아닌지를 판단하게 해준다.

① 동일시

② 전의식

③ 초자아

④ 자아

⑤ 원초아

> **TIPS!**
> 초자아(superego)는 개인을 양육하는 부모나 주변사람들로부터 개인에게 투사되는 도덕적·윤리적 가치나 개인에게 내면화된 표상이다. 그러므로 초자아는 개인으로 하여금 자기행동이 도덕적·윤리적으로 정당한지 아닌지를 판단하게 해주며, 가능한 한 이런 기준에서 완벽에 이르고자 한다.

29 다음 중에서 대소변 가리기 훈련이 시작되고 이 과업을 완성시키는 시기로 옳은 것은?

① 생식기

② 잠복기

③ 남근기

④ 항문기

⑤ 구강기

> **TIPS!**
> 항문기는 약 2~3세의 시기로 배설물을 보유함으로써 쾌감을 느끼기 시작하고, 또한 보유했던 배설물을 방출함으로써 쾌감을 얻는다. 이 시기에는 대소변 가리기 훈련(toiler training)이 시작되어, 이 과업을 완성시키게 된다. 이 나이의 유아는 처음 자기의 본능적인 충동인 배변에 대해 외부로부터의 통제를 받게 된다.

Answer 27.⑤ 28.③ 29.④

30 다음과 같은 특성을 나타내는 발달의 시기는?

> - 남아의 오이디푸스 콤플렉스(Oedipus Complex)
> - 여아의 엘렉트라 콤플렉스(Electra Complex)

① 성인초기　　　　　　　　　　② 생식기
③ 항문기　　　　　　　　　　　④ 남근기
⑤ 잠복기

> **TIPS!**
>
> 남근기의 남아는 어머니에게 성적 애착을 느끼게 되는데 이것을 오이디푸스 콤플렉스라고 한다. 한편 어머니에 대한 성적 애정은 그 경쟁자인 아버지에게 적대감을 갖게 되는데 이러한 어머니에 대한 욕망과 아버지에 대한 적대감은 아버지와의 갈등을 야기하며 아버지는 자기보다 우세하기 때문에 자기의 성기를 없애 버릴 것이라는 거세불안을 유발한다. 이 거세불안을 감소시키기 위하여 아버지에 대한 동일시를 하게 된다. 또한 양심과 자아이상을 발달시켜 나간다.

31 다음 중에서 지적인 탐색이 활발해 지는 시기는?

① 잠복기　　　　　　　　　　　② 생식기
③ 남근기　　　　　　　　　　　④ 항문기
⑤ 성인초기

> **TIPS!**
>
> 프로이트는 6~12세부터 아동의 성적 욕구는 철저히 억압되어 외형상 '평온한 시기'가 되기 때문에 잠복기라고 불렀다. 이 시기에는 지적인 탐색이 활발해 진다.

32 다음 중에서 에릭슨의 발달이론에 기초가 되는 것은?

① 인간의 심리사회적인 측면　　　② 인간의 성욕
③ 무의식　　　　　　　　　　　④ 꿈
⑤ 인간의 욕망

> **TIPS!**
>
> 에릭슨의 발달이론은 인간의 심리사회적인 측면에서 인간발달이 이루어진다고 보고 있다. 그의 이론을 심리학적 이론으로 보는 이유도 이 때문이다.

Answer　30.④　31.①　32.①

33 다음 중 자아정체감 확립을 나타내는 것은?

① 지속되고 통합된 자아감을 개발하는 것이다.
② 존경하는 위인, 영웅을 통해 자신의 형태를 정당화하려는 것이다.
③ 고민, 갈등, 방황에 따른 정서적 불안을 나타낸다.
④ 자기의 위치, 능력, 역할, 책임 등에 대한 의식과 확신인 것이다.
⑤ 자기존재에 대한 새로운 의문과 탐색을 말한다.

 **TIPS!**

자아정체감이란 에릭슨이 사용한 개념으로, 자기의 위치나 능력 또는 역할과 책임 등에 대한 의식이며 확신이라고 할 수 있다.

34 에릭슨의 이론에서 다음이 설명하는 것은?

> 성장하는 모든 것은 기본 도안을 가진다. 이로부터 각 부분이 발생하며, 각 부분은 전체가 완전한 기능을 할 때까지 우세해지는 특정한 시기가 있다.

① 창조의 원리   ② 상승원리
③ 적응원리   ④ 통합원리
⑤ 점성원리

TIPS!

에릭슨의 심리사회적 발달은 점성원리를 기초로 한다. 인간은 점성원리라고 불리는 미리 짜인 계획안에 따라 발달한다.

35 다음 중 에릭슨이 주장한 노년기의 조화로운 성격발달의 핵심은?

① 자율성 대 수치심   ② 친밀감 대 고립감
③ 통합성 대 절망감   ④ 생산성 대 침체
⑤ 기본적 신뢰감 대 불신감

TIPS!

에릭슨의 이론에서 인생의 마지막 시기인 노년기는 통합성 대 절망감을 형성하는 시기이다.

Answer 33.④ 34.⑤ 35.③

36 에릭슨의 이론에서 연결이 바르게 된 것은?

① 노년기 – 자아통합 대 절망
② 성인기 – 친밀 대 고립
③ 학령기(아동기) – 주도성 대 죄의식
④ 학령전기(유희기) – 자율성 대 수치심과 회의
⑤ 초기 아동기 – 기본적 신뢰감 대 불신감

> **TIPS!**
> 노년기에는 통합성 대 절망감을 형성하는 시기이다.
> ② 생산성 대 침체
> ③ 근면성 대 열등감
> ④ 주도성 대 죄의식
> ⑤ 자율성 대 수치심

37 아들러는 어떤 욕구가 인간행동을 자극하고 추동하는 요인으로 작용한다고 하였는가?

① 형식적 욕구   ② 안전추구 욕구
③ 우월추구 욕구   ④ 파괴 욕구
⑤ 성적 욕구

> **TIPS!**
> 아들러는 우월추구 동기를 인간의 행동을 자극하고 추동하는 요인으로 설정하고, 이것은 완벽을 향해 인간의 행동에 에너지를 공급하고 지속시키는 선천적인 것으로 보았다.

38 아들러(A. Adler)이론과 관계가 없는 것은?

① 솔선성   ② 가상적 목표
③ 창조적 자아   ④ 열등감과 보상
⑤ 우월성의 추구

> **TIPS!**
> 아들러가 제시한 개념으로는 열등감과 보상, 우월성의 추구, 창조적 자아, 생활양식, 가족형성, 사회적 관심, 가상적 목표 등이다. ①의 솔선성은 에릭슨의 심리사회적 발달단계에 해당한다.

Answer 36.① 37.③ 38.①

39 다음 중에서 인간의 정신구조와 정신역동에 관한 접근에서 융이 제시한 것은?

① 분석심리학　　　　　　　　　② 발달심리학
③ 존재심리학　　　　　　　　　④ 개인심리학
⑤ 논리심리학

> 💡 **TIPS!**
>
> 융은 인간의 정신구조와 정신역동에 관한 접근을 분석심리학이라고 한다. 왜냐하면 정신적 현실에 대한 경험이라는 주관적 접근방법으로 심리적 사실의 발견을 추구하기 때문이다.

40 무의식의 구성에 대한 융의 설명이 바르게 되어 있는 것은?

① 인간을 현상학적 자아로 인식 한다.
② 콤플렉스만으로 구성되어 있다.
③ 개인 무의식과 집단 무의식으로 구성되어 있다.
④ 집단 무의식으로만 되어 있다.
⑤ 개인 무의식으로만 되어 있다.

> 💡 **TIPS!**
>
> 융은 무의식이 개인 무의식과 집단 무의식이라는 두 층으로 구성되어 있다고 보았다. 융은 무의식의 세계는 상징을 통해서만 접근할 수 있다고 생각했다. 융은 무의식의 창조성을 절대적으로 신봉하였으므로, 그의 무의식은 프로이트식의 위험한 무의식 개념과 뚜렷이 구별된다.

41 다음 중 융이 강조하는 인간행동을 결정하는 요소는?

① 초자아　　　　　　　　　　　② 자연환경의 영향
③ 집단 무의식　　　　　　　　　④ 보상
⑤ 인지구조

> 💡 **TIPS!**
>
> 융은 모든 개인의 정신이 공통으로 가지고 있는 하부구조를 집단 무의식이라 일컫는다. 집단 무의식은 현재의 모든 행동을 지시하므로 성격에 큰 힘을 미치게 된다.

Answer 39.① 40.③ 41.③

42 융 이론의 주요 개념이다. 바르게 설명한 것은?

① 페르소나 – 외부세계에 표현되는 자아
② 아니마 – 조상 대대로 내려온 경험의 침전물
③ 집단 무의식 – 인간이 갖고 있는 악하고 동물적인 측면
④ 리비도 – 여성에게 발견되는 남성적인 면
⑤ 주체적 인간 – 주체가 체험하고 있는 모든 정신

> **TIPS!** ··
> 페르소나는 겉으로 드러나고 외부세계로 표출되는 자아이다. 융은 리비도를 생물학적·성적·사회적·문화
> 적·창조적인 모든 형태의 활동에 에너지를 제공하는 전반적인 생명력으로 보았다. 아니마(anima)란 남성에
> 게서 발견되는 여성적인 면이고, 아니무스(animus)는 여성에게서 발견되는 남성적인 면을 가리킨다.

43 융이 설명한 것으로 올바른 것은?

① 페르소나는 영적인 특질을 가진 창조적 생명력이다.
② 아니마는 무의식 속에 존재하는 여성의 남성적인 면이다.
③ 음영은 생명을 유지, 발전시키고 사랑하게 하는 본능이다.
④ 콤플렉스는 특수한 종류의 감정으로 이루어진 무의식 속의 관념이다.
⑤ 원형은 성적 충동과 공격적 충동에 대한 무의식적 과정을 통해 이루어진다.

> **TIPS!** ··
> ① 페르소나는 자아의 가면으로 개인이 외부세계에 내보이는 이미지이다.
> ② 아니마가 남성의 여성적인 면이라면, 아니무스는 여성의 남성적인 면을 나타낸다.
> ③ 음영은 의식의 이면으로 무시되고 도외시되는 동물적인 본성이다.
> ⑤ 원형은 모든 인간에게 보편적으로 전재하는 인류의 가장 원초적인 행동이다.

Answer 42.① 43.④

44 다음 중 중년기에 접어들면서 여성이 적극적이고 독립적으로 변해간다는 이론은?

① 스키너의 행동주의이론　　　　　② 로저스의 현상학적 이론
③ 아들러의 개인심리이론　　　　　④ 피아제의 인지이론
⑤ 융의 심리분석이론

> **TIPS!**
> 융의 심리분석이론 : 융은 중년기를 전환점으로 적극적이고 독립적으로 변해간다고 주장하였다.

45 다음 중 피아제(Piaget)가 인지발달을 설명하기 위해 사용한 2개의 하위과정은?

① 의식과 무의식　　　　　　　　　② 퇴행과 투사
③ 고찰과 진보　　　　　　　　　　④ 동일시와 모델링
⑤ 동화와 조절

> **TIPS!**
> 피아제에 따르면 인간의 인지발달은 인간과 환경의 끊임없는 상호작용을 통해 이루어지는 적응과정이다. 이 적응과정은 동화와 조절의 두 개의 하위과정으로 나누어진다.

46 인지발달이론의 주요 개념 중 무엇을 설명한 것인가?

> 입의 크기보다 더 크거나 치아로 깨물기에는 너무 딱딱한 음식을 먹기 위해서 전보다 입을 더 크게 벌리고, 더 세게 씹거나 입 속에 넣어 침으로 불려서 좀 무르게 만들어 씹는 과정이다.

① 투사　　　　　　　　　　　　　　② 적응
③ 도식　　　　　　　　　　　　　　④ 조절
⑤ 동화

> **TIPS!**
> 유기체가 새로운 대상을 기존의 체계로는 받아들일 수 없는 경우, 기존의 체제를 다소 변경시켜가는 과정을 조절이라고 한다.

Answer 44.⑤ 45.⑤ 46.④

47 다음과 같은 적응과정이 나타내는 것은?

> 인간이 외계의 사물을 볼 때 기존의 틀에 맞추어 해석하는 것으로, 음식물을 자기 입의 크기에 알맞게 넣어 씹고 위에서 효소를 분비하여 소화시키는 것과 같이 외계의 대상인 음식물을 유기체가 지닌 입의 크기, 치아, 위장, 내분비 체계와 같은 기존의 체계에 맞도록 받아들이는 것을 예로 들 수 있다.

① 욕구
② 모방
③ 조절
④ 동화
⑤ 투사

TIPS!
외계의 대상이 기존의 체계에 맞지 않는 경우 기존의 체계를 다소 변경시켜 받아들이는 것(우유를 안 먹던 사람은 우유를 먹으면 설사를 하게 되는데, 이는 우유 소화효소가 분비되지 않아서이다. 그러나 계속 마시면 우유를 소화시키는 분비액이 나와 우유를 소화시킬 수 있게 됨)을 조절이라 한다. 그러나 동화는 인간이 외계의 사물을 볼 때 기존의 틀에 끌어들여서 해석하는 것이다.

48 피아제의 인지발달이론의 주요 개념 중 ( )에 해당하는 것은?

> 인지발달의 구조적 측면을 설명하는 유기체의 이해의 틀이라 할 수 있는 (   )은/는 유기체가 가지고 있는 기존의 체제이다.

① 도식
② 조작
③ 조절
④ 동화
⑤ 퇴행

TIPS!
피아제는 인지발달의 기능적 측면 외에 구조적 측면을 설명하면서 유기체가 가지고 있는 기존의 체제, 즉 이해의 틀을 도식 또는 구조라고 하였다.

Answer 47.④ 48.①

49 다음과 같은 특징을 나타내는 인지발달단계로 옳은 것은?

> • 사물은 모두 살아 있다고 생각한다.
> • 사물은 모두 각자의 의지에 따라 움직인다고 생각한다.
> • 규칙은 본래 정해진 것으로 변경될 수 없다는 생각이 지배적이다.
> • 자신이 꾼 꿈이 실제라고 생각한다.
> • 외부세계에 대해 자신이 생각하는 것이 전부이고 유일하다고 생각한다.

① 형식적 조작기　　　　　　　　② 무의식 조작기
③ 구체적 조작기　　　　　　　　④ 전조작기
⑤ 감각운동기

 TIPS!

전조작기 : 약 3~5세경의 이 시기는 아동의 정신적 표상에 의한 사고가 가능하나, 아직 개념적인 조작능력이 충분히 발달되지 못하여 전조작기라고 한다. 이 시기는 다시 상징적 활동의 증가, 직관적 사고, 자아중심성, 물활론적 사고, 도덕적 실재론, 꿈의 실재론의 단계로 나눌 수 있다.

50 다음과 같은 인지발달이 가능한 시기는?

> 조합적 사고, 연역적 사고, 이상향(utopia)의 개념, 추상적 이론 설정, 논리적 사고

① 형식적 조작기　　　　　　　　② 구체적 조작기
③ 전조작기　　　　　　　　　　④ 감각운동기
⑤ 언어발달기

 TIPS!

형식적 조작기는 13세 정도가 되어 사춘기가 시작되면서 아동의 사고가 중요한 변화를 겪게 되는 시기부터 시작된다. 이 시기의 청소년들은 추상적으로 사고할 수 있게 되어, 추상적 이론 설정이 가능하게 되고, 조합적 사고를 할 수 있으면서 연역적 사고도 할 수 있게 된다. 또한, 이 시기에는 이상향의 개념도 갖게 된다.

Answer 49.④ 50.①

51 다음은 피아제의 인지발달단계 중 어디에 해당하는가?

> • 다양한 변수를 통해서 사고한다.
> • 서열화, 분류, 보존개념을 획득한다.
> • 여전히 관점은 구체적인 부분에 머물러 있다.

① 감각운동기   ② 전조작기
③ 구체적 조작기   ④ 생식기
⑤ 형식적 조작기

TIPS!

구체적 조작기는 탈중심성이 나타나 자아중심성에서 탈피하고, 다양한 변수를 통해서 사고하게 된다.

52 다음 중에서 전조작적 사고단계의 특성으로 올바른 것은?

① 자신의 사고와 다른 사람의 사고를 구별하지 못한다.
② 몸으로 행동하는 대신 마음속으로 행동의 결과를 예측한다.
③ 논리적 사고로 전환된다.
④ 가설설정과 미래사건의 예측이 가능하다.
⑤ 언어를 사용하기 시작하고 언어능력이 발달한다.

TIPS!

전조작기의 아동은 가시적인 조건에 의지할 뿐 내적 조건이나 객관적 기준에 의한 사고는 불가능하다. 말하자면 아동은 보이는 대로 대상을 판단하는 것이다.

Answer   51.③   52.①

53 다음 중 구체적 조작기의 특징은?

① 전개념적 사고가 이루어진다.
② 사고가 가능하다.
③ 상징놀이와 보존개념을 어렴풋이 이해한다.
④ 에릭슨에 의하면 이 시기는 청소년기에 해당한다.
⑤ 여아가 남아보다 성장이 빠르다.

 TIPS!

구체적 조작기의 아동은 자기중심에서 벗어나 탈중심화가 된다. 이 시기에 여아의 성장은 남아의 성장보다 빠르게 나타난다.

54 다음 중 콜버그의 도덕성 발달과정 중 4번째 단계의 판단기준은?

① 욕구의 충족 수단
② 법과 질서 준수
③ 가치·관점의 상대적 인식
④ 보편적 도덕원리에 대한 확신
⑤ 사회계약정신으로서의 도덕성

TIPS!

콜버그의 도덕성 발달단계
㉠ 1단계 : 물리적·신체적인 벌과 복종에 의한 도덕성
㉡ 2단계 : 욕구충족수단으로서의 도덕성
㉢ 3단계 : 대인관계의 조화를 위한 도덕성
㉣ 4단계 : 법과 질서 준수로서의 도덕성
㉤ 5단계 : 사회계약정신으로서의 도덕성
㉥ 6단계 : 보편적 도덕원리에 대한 확신으로서의 도덕성

Answer 53.⑤ 54.②

55 사회적 차원에서 이루어지는 환경과의 상호작용을 통해 인지발달이 이루어진다고 본 학자는?

① 매슬로   ② 프로이트
③ 콜버그   ④ 비고츠키
⑤ 피아제

> **TIPS!**
> 비고츠키는 사회적 차원에서 이루어지는 환경과의 상호작용을 통해 인지발달이 이루어진다고 보았다.

56 아동의 학습을 인지적으로 좀 더 높은 수준으로 나아갈 수 있도록 도와줄 수 있는 것은?

① 형식적 조작   ② 직관적 사고
③ 준비   ④ 모방
⑤ 근접발달지대

> **TIPS!**
> 근접발달지대는 아동이 혼자 독립적으로 문제를 해결할 때, 아동이 보이는 실제적 발달수준과 성인이나 좀 더 유능한 또래와의 협력으로 아동이 성취할 수 있는 잠재적 발달수준 간의 간격이다.

57 다음 중 비고츠키가 구분한 언어발달의 4단계가 아닌 것은?

① 수직적 성장 언어단계   ② 자아중심적 언어단계
③ 순수심리적 언어단계   ④ 원시적 언어단계
⑤ 내적 성장 언어단계

> **TIPS!**
> 비고츠키가 구분한 언어발달의 4단계 : 원시적 언어단계, 순수심리적 언어단계, 자아중심적 언어단계, 내적 성장 언어단계

Answer   55.④   56.⑤   57.①

58 다음 중에서 현상학적 성격이론의 창시자는?

① 로저스   ② 스키너
③ 반두라   ④ 프로이트
⑤ 피아제

> 💡 **TIPS!**
> 로저스(Rogers)는 현상학적 성격이론의 창시자로 미국 일리노이 주 오크파크에서 태어났다.

59 로저스의 이론에서 클라이언트와의 관계형성을 위해 강조한 것은?

㉠ 지시적 조언과 권유	㉡ 일치성 또는 진실성
㉢ 감정이입적 이해와 경청	㉣ 긍정적인 관심

① ㉠㉡   ② ㉢㉣
③ ㉠㉡㉢   ④ ㉡㉢㉣
⑤ ㉠㉡㉢㉣

> 💡 **TIPS!**
> 로저스(C. Rogers)는 청소년상담사의 태도 속에 감정이입적 이해, 무조건적인 긍정적 관심, 진실성(일치성) 등이 있으면 클라이언트가 성장적으로 변화한다는 것이다.

60 로저스이론의 가정으로 옳은 것은?

① 자아통합   ② 선험적
③ 준거틀   ④ 미래지향
⑤ 자아실현욕구

> 💡 **TIPS!**
> 로저스의 현상학적 이론은 오직 지금 일어나고 있는 경험에 대한 주관적 해석에 초점을 두며, 개인이 세상에 정보를 부호화하고 범주화하는 자아실현욕구에 많은 관심을 갖는다.

Answer   58.①   59.④   60.⑤

61 다음 중 인본주의 성격이론에서 인간의 궁극적인 목적으로 설명하는 '유기체를 유지, 향상시키는 인간의 모든 잠재 능력을 최대한 개발하는 것을 무엇이라고 하는가?

① 안전욕구　　　　　　　　　　　② 행동발달
③ 인격성숙　　　　　　　　　　　④ 초자아 형성
⑤ 자아실현의 욕구

> **TIPS!**
> 인간의 궁극적인 동기는 유기체가 가진 유일한 기본경향인 유기체를 유지하며 향상시키려고 인간의 모든 잠 재능력을 개발하는 것, 즉 자아실현이다.

62 로저스의 인본주의 이론에서 부적응 행동의 원인을 나타내는 것은?

① 이상적 자아와 실제적 자아의 불일치　　② 욕망의 억압에 따른 고착
③ 부적응 행동의 학습　　　　　　　　　④ 호르몬의 과다 분비 또는 결핍
⑤ 지시적 조언과 권유

> **TIPS!**
> 로저스는 자아를 이상적 자아와 실제적 자아로 구분했는데, 둘 사이의 불일치나 주관적 현실과 외적 현실 사이의 불일치는 부적응을 가져온다고 보았다.

63 로저스의 '자아'에 관한 설명으로 옳은 것은?

① 긍정적이고 무조건적인 존중은 성격발달에 부정적인 영향을 미친다.
② 이상적 자아와 실제적 자아 사이의 불일치가 부적응을 불러온다.
③ 불안에서 벗어나기 위해 승화, 긍정 등의 방어기제를 취한다.
④ 객관적으로 인정된 특성이 자아 개념이다.
⑤ 현실에서 무조건적·긍정적 존경만을 경험하는 경우도 있다.

> **TIPS!**
> 로저스의 자아는 주관적으로 지각된 자아를 가리킨다. 이 자아는 이상적 자아와 실제적 자아로 구분하여, 이상적 자아와 실제 자아 사이의 불일치나 주관적 현실과 외적 현실 사이의 불일치는 부적응을 불러온다고 보았다. 불안과 위험에서 벗어나기 위해 취하는 방어적 기제는 특정경험의 회피나 왜곡, 부정이다. 한 개인 이 무조건적·긍정적 존중만을 경험하는 경우는 없다.

Answer　61.⑤　62.①　63.②

64 다음 중 인본주의 성격이론에서 볼 때 건강한 성격발달에 있어 최우선적인 요건은?

① 이상적 자아의 성립 　　　　　　　② 이성부모와의 동일시
③ 적절한 강화 　　　　　　　　　　④ 무조건적인 긍정적 관심
⑤ 초자아의 형성

 TIPS!

　　로저스는 인간이 타인으로부터 인정과 사랑을 받고자 하는 욕구를 보편적으로 지니고 있다고 한다. 인정과
사랑을 받고자 하는 욕구는 인간의 성격발달과정에서 결정적이고 강력한 작용을 한다. 또한 이러한 긍정적
존중에 대한 욕구가 충족되고 좌절되는 체험으로부터 스스로를 존중하고자 하는 자기존중욕구가 발달하게
된다. 한 개인이 무조건적·긍정적 존중을 경험한다면 유기체와 자아 사이에 모순이 빚어지지 않는다. 이
경우 긍정적 존중욕구와 자기존중욕구가 유기체적 평가 과정과 일치를 이룸으로써 심리적으로 안정되고 충
분히 기능하는 상태를 유지시킬 수 있다.

65 매슬로의 욕구단계를 바르게 설명하고 있는 것은 어느 것인가?

① 최상위에 자아존중의 욕구가 있다.
② 안전욕구를 넘어선 욕구들은 채우지 않아도 불만이 없다.
③ 생리적 욕구는 다른 욕구보다 우선이다.
④ 상위단계의 욕구를 먼저 충족하고자 한다.
⑤ 욕구의 단계는 문화에 따라 다르게 나타난다.

TIPS!

　　생리적 욕구는 유기체의 생물학적 유지를 위해 필요한 음식, 물, 공기, 수면, 성 등에 대한 욕구이다. 인간의
가장 기본적이고 강력한 욕구이며, 이것이 채워지지 않으면 인간은 더 높은 단계의 욕구로 나아갈 수 없다.

66 다음 중 자신의 잠재력을 최대한 발현하고자 하는 것과 관련이 깊은 욕구는?

① 자아존중의 욕구 　　　　　　　　② 자아실현의 욕구
③ 소속감과 사랑에 대한 욕구 　　　　④ 안전에 대한 욕구
⑤ 생리적 욕구

TIPS!

　　매슬로는 욕구단계이론을 통해 인간의 욕구와 동기가 어떻게 조작되는가를 밝히고, 욕구단계이론의 최고단
계(생리적 욕구→안전에 대한 욕구→소속감과 사랑에 대한 욕구→자아존중의 욕구→자아실현의 욕구)이
자 선천적인 잠재력을 완전히 발휘하는 인간발달의 가장 높은 단계인 자아실현의 중요성을 강조하였다. 자
아실현의 욕구는 자신의 잠재력을 인식하고 그것을 성취하고자 하는 욕구이다.

Answer 64.④ 65.③ 66.②

67 매슬로의 자아실현에 가장 가까운 사람은 누구인가?

① 강렬한 환희, 경이, 경외를 체험하는 사람이다.
② 많은 사람들과 폭넓은 인간관계를 맺고 있는 사람이다.
③ 주위 사람들의 애정이나 지지에 집착하는 사람이다.
④ 인습에 따라 행동하고 전통을 중시하는 사람이다.
⑤ 긍정적인 가치를 추구하는 사람이다.

> **TIPS!**
> 자아실현을 이루었다는 것은 기본적 욕구들이 충족되고 재능, 능력, 잠재력 등을 남김없이 이용한다는 것을 의미하고, 자아실현의 공통적 특징으로는 효율적인 현실 지각, 자신·타인·자연에 대한 수용, 자발성·단순성·자연스러움, 외적 문제 중심의 태도, 사적인 자유와 독립에 대한 욕구(문화와 환경으로부터 독립된 자율성), 인식의 신선함, 신비·결정경험, 공동체 의식, 자아실현적 대인관계, 민주적 인격구조, 수단과 목적의 분명한 구별, 명확한 도덕적 기준, 적대적이지 않은 철학적 유머감각, 창조성, 문화적 동화에 저항하는 경향 등이 있다.

68 다음 중 인간발달과정을 분석하는 가운데 '생태적 체계'라는 용어를 사용하여 체제론적 관점에서 인간을 이해한 학자는?

① 프로이트   ② 밀러
③ 에릭슨   ④ 브론펜브레너
⑤ 스키너

> **TIPS!**
> 브론펜브레너는 인간발달과정을 분석하는 가운데 체계론적 관점을 확대하여 '생태적 체계'(ecological systems)라는 용어를 사용하였다.

69 산부의 약물복용이 태아에게 가장 많은 영향을 미치는 시기는?

① 임신 전   ② 8~9개월
③ 1~3개월   ④ 4~6개월
⑤ 임신 전체 시기

> **TIPS!**
> 임신 초기(1~3개월)는 태아가 가장 약물에 취약한 때이므로 복용 전 반드시 의사와 상의해야 한다. 임신 중에 장기적인 약물복용은 태아에게 부정적인 영향을 미친다. 탈리도마이드 사건은 초기 임산부의 약물복용에 미치는 치명적 문제를 잘 설명하는 예이다.

Answer 67.① 68.④ 69.③

70 다음 중 배우체에 대한 설명으로 옳은 것은?

① 수많은 유전적 정보가 포함되어 있다.
② 긴 꼬리는 난자에 달려 있다.
③ 정자의 크기는 난자의 약 4배이다.
④ 정자와 난자의 1회 배출량은 같다.
⑤ 꼬리부분에 유전적 정보가 있다.

TIPS!

남자의 정자와 여자의 난자를 배우체라 하며 많은 유전인자가 들어 있다. 이 두 배우체의 결합이 수정이며 난자의 크기는 정자의 10배 정도이고 난자는 월 1개가 배출되나 정자는 1회에 약 1~5억 개 정도 배출되며 꼬리가 달려 있다.

71 다음 중 유전인자를 구성하고 있는 것은?

① 지방
② 아미노산
③ DNA
④ RNA
⑤ 단백질

TIPS!

유전적 정보를 유전인자라고 부르고 이 유전인자는 염색체라고 하는 보다 큰 덩어리의 물질 속에 배열되어 있다. 유전인자는 핵산(DNA)이라는 복잡한 분자로 구성되어 있다.

72 다음 중 수정 후 약 3주에서 8주 사이의 시기를 무엇이라 하는가?

① 유도기
② 배란기
③ 태아기
④ 배아기
⑤ 정착기

TIPS!

수정 후 약 3주, 배란이 자궁벽에 착상된 뒤 약 6~8주간을 '배아기'라고 한다.

Answer 70.① 71.③ 72.④

73 신생아에 대한 설명으로 틀린 것은?

① 신생아의 울음은 여러 가지의 형태로 분리된다.
② 신생아는 생존과 관련된 행위를 할 수 있다.
③ 출생 후 약 1주 동안 출생 시보다 체중이 감소한다.
④ 머리의 크기가 전 신장의 1/2이다.
⑤ 신생아는 낯선 사람이라도 상대가 웃는다면 따라 웃는다.

> **TIPS!**
> 신생아의 가장 뚜렷한 특징은 머리의 크기가 전 신장의 약 1/4에 해당한다는 것이다. 신생아는 출생 후 약
> 1주 동안 체중이 출생 시보다 감소하는 데, 이는 양수의 물기가 출생 후에 빠지기 때문이라기보다는 외부상
> 황에 대한 적응이 힘들기 때문에 나타나는 현상인 것으로 보인다.

74 신생아의 가장 특징적인 반사로서 '어떤 자극에 대해서도 어떤 행태로든지 반사적인 반응을 하는 것'을 무엇이라
하는가?

① 정향반사
② 바빈스키반사
③ 모로반사
④ 탐지반사
⑤ 동공반사

> **TIPS!**
> 신생아의 가장 특징적 반사가 곧 정향반사 인데, 즉 어떤 자극에 대해서도 어떤 형태로든지 반사적인 반응
> 을 하는 것을 말한다.

75 다음 중 정향반사를 나타내는 것은?

① 불빛의 강도에 따라 눈동자를 수축한다.
② 손에 무엇을 쥐어주면 빼어내기 힘들 정도로 꼭 잡는다.
③ 배가 고플 때 무엇인가 두리번거리며 찾는 시늉을 한다.
④ 불빛이 다가오면 눈을 감는 반응을 한다.
⑤ 갑자기 나타나는 자극 쪽으로 향하는 행동을 한다.

> **TIPS!**
> 정향반사는 어떤 자극에 대해서도 어떤 형태로든지 반사적인 반응을 하는 것을 말한다. 그러나 자라면서 점
> 차 정향반사는 변하여 특정의 자극에 대해서만 목적 있는 반응을 보이게 된다.

Answer 73.④ 74.① 75.⑤

76 신생아의 손에 무엇이 닿으면 주먹을 꼭 쥐는 반사는?

① 흡인반사   ② 정향반사

③ 파악반사   ④ 모로반사

⑤ 경악반사

> **TIPS!**
>
> 쥐기반사는 파악반사라고도 하며, 신생아의 손에 무엇을 쥐어 주면 빼내기 힘들 정도로 아기는 강하게 움켜쥔다.

77 바빈스키반사를 나타내는 것은 어느 것인가?

① 발바닥을 살살 긁어주면 발가락을 폈다 다시 오므린다.

② 겨드랑이를 잡고 발이 바닥에 닿게 하면 걸어가듯이 무릎을 구부리면서 번갈아 움직인다.

③ 밝은 빛이 들어오는 방향으로 고개를 돌린다.

④ 무엇이나 손에 잡히는 것은 입으로 가져간다.

⑤ 어떤 자극에 대해서도 반사적인 반응을 한다.

> **TIPS!**
>
> 바빈스키반사는 신생아의 발바닥을 살살 긁어주면 발가락을 폈다가 다시 오므리는 반사이다. 이 반사작용은 생후 1년경이면 사라진다.

78 신생아기의 반사운동의 유형과 특성이 바르게 연결된 것은?

① 바빈스키반사 – 발가락을 펴고 오므리는 반사운동으로 생후 1년경에 사라짐

② 파악반사 – 입 부근에 부드러운 자극을 주면 입을 벌리는 반사

③ 경악반사 – 빠르게 무릎을 펴는 반사운동

④ 모로반사 – 발가락을 펴고 오므리는 반사운동

⑤ 빨기반사 – 음식물을 삼키는 반사운동

> **TIPS!**
>
> ② 신생아의 손바닥을 손가락으로 건드리면 꽉 붙잡는 반응
>
> ③ 갑작스러운 큰 소리와 같은 강한 자극에 빠른 반응을 보이는 것
>
> ④ 몸에 접촉물이 닿을 때 팔, 다리를 쭉 폈다 오므리며 머리를 굽히는 반사
>
> ⑤ 신생아의 혀, 입술, 볼 등에 무엇이든지 닿으면 입을 움직여 빨려고 하는 반사

Answer   76.③   77.①   78.①

79 영·유아기의 사회적 발달의 특징으로 적당하지 않은 것은?

① 놀이 – 학습된다.

② 애착 – 엄마에게만 나타난다.

③ 도덕성 – 기초적 도덕성이 발달된다.

④ 분리불안 – 낯선 사람에 대한 불안

⑤ 자아실현 – 자기에 대한 인식 가능

 TIPS!

영·유아기의 애착형성은 근본적으로 선택적인 특성이 있어서 소수의 제한된 대상에 대하여 형성된다.

80 다음 중에서 영·유아기의 발달과제인 것을 모두 고른다면?

㉠ 애착형성	㉡ 감정분화
㉢ 적응발달	㉣ 자아정체감 형성

① ㉠㉡㉢

② ㉠㉢

③ ㉡㉣

④ ㉣

⑤ ㉠㉡㉢㉣

TIPS!

영·유아기의 발달과제로는 애착형성, 적응발달, 타인의 감정을 공감하는 능력으로 점차 발달한다. 자아정체감 형성은 청소년기의 발달과업이다.

81 다음 중 아동기를 설명한 것으로 볼 수 없는 것은?

① 옷도 단정히 입지 못하는 더러운 시기이다.

② 구체적 조작을 획득하게 되는 시기이다.

③ 근면성이 발달하는 시기이다.

④ 정체감이 발달하는 시기이다.

⑤ 성적으로 고요한 잠복기이다.

TIPS!

프로이트는 아동기를 잠복기라 하였고, 에릭슨은 근면성이 발달하는 시기라 하였으며, 피아제는 구체적 조작을 획득하게 되는 시기라고 하였다.

Answer 79.② 80.① 81.④

82 다음 중 아동기를 설명하는 용어로서 옳지 않은 것은?

① 구체적 조작기   ② 질풍노도의 시기

③ 근면성 대 열등감의 시기   ④ 갱시기

⑤ 잠복기

> **TIPS!**
>
> 아동기를 갱시기라고 하며 프로이트는 잠복기라고 하였고, 에릭슨은 근면성이 발달하는 시기라고 하였으며, 피아제는 구체적 조작을 획득하게 되는 시기라고 하였다.

83 다음 중 아동기의 신체적 성장에 관한 설명으로 가장 올바른 것은?

① 아동의 모든 신체발달상황은 자아발달, 지적발달, 그리고 심리사회적 성장에도 큰 영향을 준다.

② 아동기는 자신의 신체를 이용하는 운동보다 놀이기구를 사용하는 운동에 더 흥미가 있다.

③ 아동기에는 임파선이 점점 감소하여 11~12세경에는 거의 위축된다.

④ 아동기의 운동발달은 유아기에 비해서 학습보다는 성숙요인이 더 많은 영향을 준다.

⑤ 아동기는 예견력과 통찰력이 풍부한 시기이다.

> **TIPS!**
>
> 아동기는 신체적 · 지적 · 심리사회적 성장이 계속 이루어지는 시기이다. 신체적인 면에서 이 시기의 아동들은 키가 계속 크고, 체중이 증가하며, 체력이 강해진다.

84 '아동기에는 다른 사람의 입장에서 자신을 볼 수 있으며 눈앞의 지각적 특성보다는 과정과 관계에 따라서 사고하기 시작한다.'고 설명한 학자는?

① 스키너   ② 설리반

③ 피아제   ④ 에릭슨

⑤ 프로이트

> **TIPS!**
>
> 피아제의 발달이론에 의하면 아동기 아동은 대체적으로 구체적 조작기(7~11세)에 속한다. 5~7세 사이에 아동의 사고방식에 극적인 변화가 일어나서 눈앞의 지각적 특성보다는 과정과 관계에 따라서 사고하기 시작한다. 구체적 조작이란 이전에는 실제 행동을 통해 성취해야 했던 것을 '머리 속에서' 하게 되는 내재화된 행동을 말한다.

Answer   82.②   83.①   84.③

85 청소년기(13~24세)에 대한 설명으로 잘못된 것은?

① 조작 운동 능력이 발달한다.
② 또래에 인정받고자 하는 욕구가 강하다.
③ 부모나 가족으로부터의 독립 욕구가 강하다.
④ 자아정체감 형성 대 정체감 혼란이 나타난다.
⑤ 감정 변화가 심한 자신의 정서상태에 보다 관대해진다.

> 🔎 **TIPS!**
> 청소년기는 신체발달에 따른 심리적 경험과 미래의 삶에 대한 틀이 형성되는 중요한 시기이다.

86 다음의 할로우의 원숭이 대리모 실험에서 알 수 있는 것은?

> 우유병을 매단 철사로 만든 엄마 원숭이와 우유병은 없지만 담요로 만든 엄마 원숭이 두 마리에 대한 아기 원숭이의 행동 관찰실험

① 아기 원숭이는 생존의 욕구에 의해 우유병이 있는 철사 원숭이에게 다가간다.
② 아기 원숭이는 담요로 만든 엄마 원숭이에게 편안함을 느끼며 이것을 애착이라고 한다.
③ 아기 원숭이는 실제 원숭이가 아닌 두 개의 인형 원숭이에게 관심을 보이지 않는다.
④ 아기 원숭이는 실제 원숭이가 아닌 두 개의 인형 원숭이에게 공격성을 보인다.
⑤ 원숭이의 대리모가 움직임이 없기 때문에 아기 원숭이는 두려움을 갖게 된다.

> 🔎 **TIPS!**
> 이 실험을 통해 아기 원숭이는 철사 원숭이 보다는 담요 원숭이에게 불안을 덜 보이는 애착이 형성된다. 애착이라는 것은 동적인 행동이 아닌 접촉에 의한 위안이라고 설명한다. 일종의 접촉 스트로크이다. 애착이라고 하는 것은 물질적인 것(음식, 물)보다 원숭이의 정서적, 육체적 안녕에 많은 영향을 미치게 된다. 이것은 스피치의 고아원실험에서도 설명하고 있다.

Answer 85.① 86.②

87 다음은 청소년의 어떤 특성을 표현한 것인가?

> • 다른 사람의 죽음이나 위기가 자신에게 일어나지 않는다고 확신한다.
>
> • 오토바이를 타면서 헬멧을 착용하지 않는다.
>
> • 미성년자로서 혼전관계에 있어 피임을 하지 않는다.
>
> • 당신은 내 감정을 이해할 수 없을 거야.

① 개인적 우화　　　　　　　　　② 상상적 청중

③ 사회적 조망　　　　　　　　　④ 조작적 사고

⑤ 도덕 가치 절하

💡 TIPS!
청소년의 주요특징 중 '개인적 우화'란 과도한 자의식에서 자신에게는 죽음, 위험, 위기와 같은 부정적인 사건이 존재하지 않는다고 확신하는 것을 말한다.

88 다음은 청소년의 어떤 특성을 표현한 것인가?

> • 입을 옷을 고르느라 입학식 때 늦었다.
>
> • 타인이 자신만을 바라보고 동경한다고 생각한다.

① 개인적 우화　　　　　　　　　② 상상적 청중

③ 사회적 조망　　　　　　　　　④ 조작적 사고

⑤ 도덕 가치 절하

💡 TIPS!
청소년의 주요특징 중 '상상적 청중'이란 과도한 자의식에서 비롯되며 타인이 자신에게 과도하게 동경하며 관심을 가지고 있다고 생각하는 특성을 말한다.

89 인간발달의 3국면을 설명하며 정신, 욕망, 이성은 분리되어 있으며 상위의 개념인 이성이 정신과 육체를 지배한다고 주장하는 학자는?

① 플라톤   ② 아리스토텔레스

③ 칸트   ④ 로크

⑤ 루소

> **TIPS!**
> 플라톤은 인간발달의 3국면을 정신, 욕망, 이성으로 보았으며 이원론을 주장한다.

90 청소년의 주요특성 중 '상상적 청중'과 '개인적 우화'의 기본감정은 무엇인가?

① 타인 배려   ② 자의식

③ 공감   ④ 도덕적 판단

⑤ 상대적 가치

> **TIPS!**
> 청소년기의 대표적인 특징인 상상적 청중과 개인적 우화는 과도한 자의식에서 발생하며 이러한 자의식은 자아중심성에서 비롯된다.

91 다음 중 청소년기에 해당하는 특징으로 볼 수 없는 것은?

① 자아중심성 사고   ② 생물적 충동

③ 조작적 사고   ④ 물활론적 사고

⑤ 사변적 사고

> **TIPS!**
> 청소년기는 자의식이 강한 자아중심적 태도, 성충동의 강화, 사변적이며 형식적 조작적 사고를 하는 것이 특징이라고 할 수 있다.

Answer   89.①   90.②   91.④

92 다음 중 청소년기를 설명한 내용으로 볼 수 없는 것은?

① 명제적 논리를 다룰 줄 알고 사고에 대한 추리력을 갖는다.

② 생식기가 성숙되는 생리적인 변화가 있다.

③ 구체적 조작기이다.

④ 자아발견기 또는 자아정체성의 형성기라고도 한다.

⑤ 인생관이 형성되는 시기이다.

> **TIPS!**
> 피아제(Piaget)의 인지발달이론에서는 청소년기를 '형식적 조작기'라고 정의하였는데, 이 시기의 청소년 사고는 '형식적 사고'로 추상적이며, 가설적인 범위에까지 확장되고 구체적 사물을 넘어서 상징이나 추상화하여 추리할 수 있다고 한다.

93 청소년기의 발달과업이라 할 수 없는 것은 어느 것인가?

① 사회적으로 책임 있는 행동한다.

② 동년배와 사귀기를 배운다.

③ 자신의 성역할을 수용한다.

④ 가치관과 윤리체제를 습득한다.

⑤ 부모로부터 경제적으로 독립한다.

> **TIPS!**
> 하비거스트(Havighurst)는 청소년기의 발달과업
> ㉠ 남녀 동년배와 좀 더 성숙된 관계를 형성한다.
> ㉡ 사회성을 획득한다.
> ㉢ 자신의 체격을 순응하고 자신의 성 역할을 수용한다.
> ㉣ 부모나 다른 성인으로부터 독립성을 기른다.
> ㉤ 경제적인 독립, 결혼과 가정생활을 준비한다.
> ㉥ 직업을 준비하고 선택한다.
> ㉦ 국민으로서 필요한 지식을 습득한다.
> ㉧ 사회적으로 책임 있는 행동을 한다.
> ㉨ 행동지침으로 도덕적인 가치관을 기른다.

Answer 92.③ 93.②

94 다음 중 청소년 전기의 발달적 특징으로 가장 중요하게 나타나는 것은?

① 인지발달 ② 성적 성숙
③ 자아정체감의 발달 ④ 취미활동의 적극성
⑤ 경제적 독립

 TIPS!
청소년 전기는 아동기에서 성인기로 옮겨가는 과도기로서 신체·심리·사회적 발달을 경험하게 되면서 성적
성숙을 경험하게 된다.

95 다음 중 에릭슨의 발달이론에서 성인기에 성취해야 하는 발달과업에 해당하는 것은?

① 책임감 ② 친밀감
③ 안정감 ④ 정체감
⑤ 기본신뢰감

TIPS!
에릭슨은 인간의 심리사회발달 8단계 이론에서 6단계인 성인초기를 친밀감 대 고립으로 표현하여, 이 시기
에 인간은 타인과 깊은 관계를 맺게 되고 친구관계·부부관계·전우애 등의 친밀감을 가지는데, 이러한 친
밀감은 타인의 입장이해·감정이입의 능력이 형성되어 있을 때 가능하고 만일 친밀감이 형성되지 않은 경우
에는 고립되어 살아갈 수밖에 없고, 친구·애인·배우자 등을 얻기 어렵다고 하였다.

96 성인기의 발달과업에 관한 내용으로 옳은 것은?

① 사회적으로 책임 있는 행동을 수행한다.
② 동반자의 의식을 배우자와 함께 결실시키는 것이다.
③ 부부의 동반자 의식을 더욱 신장시키는 일이다.
④ 자아에 대한 개념의 재수립이다.
⑤ 배우자를 선택하여 가정을 꾸미는 일이다.

TIPS!
성인기의 발달과업: 먼저 성숙한 인격을 갖추어야 하며, 자신의 정성과 능력에 맞게 직업을 선택하여 이에
적응해야 한다. 이 시기에는 자신의 동반자를 찾아 결혼을 하고, 가정을 형성하며, 결혼한 성인들은 부모가
되어, 자신만의 새로운 가정을 완성하게 된다.

Answer 94.⑤ 95.② 96.⑤

97 장년기의 발달과업만으로 나열된 것은?

> ㉠ 자아통합 대 절망   ㉡ 직업적 전환
> ㉢ 부부역할과 자녀역할의 동시 수행   ㉣ 인지능력 저하로 일상생활 방해

① ㉠㉡㉢   ② ㉡㉢㉣
③ ㉡㉢   ④ ㉢㉣
⑤ ㉠㉡㉢㉣

> **TIPS!**
>
> 장년기의 발달과업으로는 생리적 변화의 수용, 자녀양육, 부부역할의 수행, 여가시간의 활용 등이 있다.

98 성인 자녀들이 독립한 후 부부만 남은 상태에서 남성은 경제사회적 활동으로 바쁜 반면 전업주부인 여성이 소외감과 심리적 어려움을 경험하는 현상은?

① 무력감   ② 정체감 유실
③ 갱년기 우울증   ④ 빈 둥지 증후군
⑤ 심리적 이유기

> **TIPS!**
>
> 빈 둥지 증후군이란 성인 자녀들이 독립한 후 부부만이 남은 상태에서 전업주부인 여성의 소외감과 심리적 어려움을 표현한 것이다.

99 다음 중 학자들이 주장한 중년기의 내용으로 옳은 것은?

① 피아제 – 정체성의 형성   ② 홀 – 제2의 탄생기
③ 플라톤 – 자아정체   ④ 에릭슨 – 생산성 대 자아침체의 형성시기
⑤ 프로이트 – 잠복기

> **TIPS!**
>
> 에릭슨은 중·장년기의 사회심리적 분위기를 생산성 대 침체 형성으로 보았다. 생산성이란 자녀를 양육하고 현재보다는 미래를 위해 일을 하는 것을 의미하고, 침체는 주로 직장에서의 승진탈락, 새로운 기술의 발달과 생활양식의 변화로 겪게 된다.

Answer   97.③   98.④   99.④

100 갱년기의 특징으로 올바른 것은?

① 물질에 애착을 갖는다.

② 사회적으로 제도적 역할이 급격히 저하된다.

③ 신진대사가 활발해진다.

④ 현실적으로 힘과 지위, 권한이 하락한다.

⑤ 우울증에 빠지기도 한다.

> **TIPS!**
> 갱년기에는 무력감, 불안, 허무감, 우울증에 빠지기도 한다.

101 장년기에 나타나는 변화로 가장 알맞은 것은?

① 근면성 확대   ② 신체적 기능 저하

③ 인지능력의 향상   ④ 종합적 사고 향상

⑤ 40대 이후의 남녀의 성적 강화

> **TIPS!**
> 장년기에는 신체적 능력과 건강이 감퇴하기 시작한다.

102 다음 중 장년기를 표현하는 용어로 볼 수 없는 것은?

① 상실감의 시기   ② 제2의 사춘기

③ 빈 둥지 증후의 시대   ④ 정체감의 위기

⑤ 자아존중감의 시기

> **TIPS!**
> 인간의 발달 과정에 있어 장년기가 결정적 시기이며, 장년기는 '샌드위치 시대', '빈 둥지 증후의 시대', '상실감의 시기', '제2의 사춘기' 혹은 '정체성 위기의 시기' 등으로 다양하게 표현하고 있다.

Answer   100.⑤   101.②   102.⑤

103 다음 중 장년기에 관한 내용 중에서 잘못된 것은?

① 신체적 쇠퇴와 가정생활의 갈등이 나타난다.
② 인간의 발달 과정에서 결정적 시기이다.
③ 가족문제와 사회문제가 유발된다.
④ 장년 인구는 감소하고 있다.
⑤ 가족 주기로 보면 나이에 관계없이 막내 자녀가 초등학교에 들어가는 시기이다.

 TIPS!

장년 인구는 해마다 증가 추세를 보여, 성인의 세기에 돌입하고 있다고 할 수 있다. 장년 인구의 증가, 가족생활주기의 변화, 작업 환경의 변화 등으로 장년기는 가족문제, 사회문제를 유발하기도 한다.

104 다음과 같은 특징을 갖는 시기로 옳은 것은?

> • 인생의 정상을 향하여 능력과 창의성을 발휘하는 시기
> • 정신능력에서 절정에 이르는 시기
> • 사회적 공헌과 성숙된 부모의 역할이 요구되는 시기

① 청년기   ② 성인기
③ 장년기   ④ 노년기
⑤ 아동기

TIPS!

장년기는 대체로 연령 38세에서 59세에 이르는 때가 된다. 성인기의 발달과업을 제대로 완수하고 모든 면에서 정착과 안정을 얻은 이 시기의 중년은 인생의 정상을 향하여 능력과 창의성을 발휘하는 때가 된다.

105 다음 중 장년기의 특징을 가장 잘 표현한 것으로 옳은 것은?

① 정신적 능력에서 절정에 이르는 시기이다.
② 다양한 역할 탐색과 선택을 한다.
③ 인생의 개척기라 할 수 있다.
④ 보다 나은 사회적 지위로의 이동을 위해 자신의 능력개발과 자기 발전을 추구하는 시기이다.
⑤ 경제적 활동과 노동현장에서 은퇴하게 된다.

 TIPS!

성인기가 신체적 능력에서 절정에 이르는 건강과 쾌적의 시기라면 장년기는 정신능력에서 절정에 이르는 시기라 할 수 있다.

106 노년기의 심리적 특성으로 옳은 것은?

① 사용해 온 물건에 대한 애착이 줄어든다.
② 외부 사물이나 행동보다 내적 측면에 관심을 가진다.
③ 우울 성향이 증가하고 과거에 대한 회상을 기피하려고 한다.
④ 여생을 고려하여 지금까지 해결하지 못한 것을 덮으려고 한다.
⑤ 성역할 지각이 고정화되어 남성성, 여성성이 보다 더 강해진다.

TIPS!

노년기는 노화로 인하여 생리적 변화를 경험하며, 외부 사물이나 행동보다 내적 측면에 관심을 갖는다.

107 활동 및 이탈이론에 관한 설명으로 틀린 것은?

① 이탈이론은 노년기에 나타나는 사회적인 이탈을 하나의 자연스러운 과정으로 본다.
② 이탈이론에서 부정적인 영향을 미치는 것은 대인관계의 감소나 사회로부터의 이탈인 것이다.
③ 이탈이론은 노년기의 사회적 이탈을 압력에 의하여 밀려난 것으로 생각한다.
④ 활동이론은 노인들의 사회적 이탈을 최소화하기 위하여 노력한다.
⑤ 활동이론은 중년기의 활동이나 태도를 계속 유지하고자 한다.

TIPS!

이탈이론이란 노년기에 나타나는 사회적인 이탈로 하나의 자연스러운 과정에 불과한 것이지 결코 사회적 압력에 의해서 밀려 난 것을 의미하지는 않는다.

Answer 105.① 106.② 107.③

108 다음과 같이 노인의 생활적응을 노인의 역할 및 활동관계로 설명한 이론으로 옳은 것은?

> 노인은 노화로 생리적 변화를 느끼나 심리적, 사회적 욕구는 중년기 때와 같이 꽤 안정되어 있으므로, 중년기의 활동, 태도를 계속 유지할 때 적응을 잘한다.

① 학습이론　　　　　　　　　　　② 위기이론
③ 역할이론　　　　　　　　　　　④ 이탈이론
⑤ 활동이론

TIPS!

활동이론에 의하면 노인은 노화로 인해 생리적 변화를 경험하기는 하나 심리적·사회적 욕구는 중년기 때와 마찬가지로 꽤 안정되게 유지되므로 중년기의 활동이나 태도를 계속 유지하기를 바란다.

109 노화의 상태에 관한 내용으로 적당하지 않은 것은?

① 기초대사율의 감소　　　　　　　② 정신적 기능 쇠퇴
③ 운동기능의 속도와 강도 증가　　④ 성격적 측면 둔화
⑤ 신체적 기능 퇴화

TIPS!

노화의 특징 : 퇴화현상, 정신기능의 쇠퇴현상, 성격적 측면의 둔화현상, 순환기 기능의 퇴화

110 다음 중 신체 내부에서 내부환경을 조절하고 안정을 꾀하는 생리적 기능에 해당하는 것은?

① 신장기능　　　　　　　　　　　② 조절기능
③ 감각기능　　　　　　　　　　　④ 수면기능
⑤ 동질정체기능

TIPS!

동질정체기능 : 신체 내부에서 내부환경을 조절하고 안정을 꾀하는 일체의 생리적 기제로 체온을 조절하고 적당한 칼슘을 유지시키며 혈액농도 등을 통제하는 일을 해준다.

Answer 108.⑤ 109.③ 110.⑤

111 노인들의 특성을 나열한 것으로 잘못된 것은?

① 노인들의 운동기능의 감퇴는 운동기술의 퇴화로 나타난다.
② 노인들의 노화현상은 전 세포 모든 기관 전체에서 볼 수 있다.
③ 노인이 되어 가면서 상실되는 것은 자아개념이다.
④ 노인들은 동기조성에 둔화가 온다.
⑤ 노인들은 신체적으로나 생리적으로나 에너지가 왕성하다.

 TIPS!

노인들은 신체적으로나 생리적으로나 에너지가 왕성하지 못하고 적응력이 감퇴되어 노인들의 에너지는 생리적인 기초대사인 혈액순환이나 호흡·소화·배설에 필요한 것 이외에 나머지가 거의 없다고 보아야 한다.

112 다음 중 로스(Ross)의 죽음단계에 관한 수용의 순서가 옳은 것은?

① 분노 → 수용 → 우울 → 부정 → 타협
② 부정 → 분노 → 타협 → 수용 → 우울
③ 수용 → 우울 → 타협 → 분노 → 부정
④ 부정 → 분노 → 타협 → 우울 → 수용
⑤ 분노 → 타협 → 부정 → 우울 → 수용

TIPS!

로스의 죽음의 5단계 : 부정 → 분노 → 타협 → 우울 → 수용

Answer 111.⑤ 112.④

113 다음은 청소년의 신체상에 대한 설명이다. 다음 설명 중 잘못된 것은?

① 청소년의 신체상은 신체적 변화에 대한 직접적인 영향 이외에도 개인의 태도, 가치, 사회적, 문화적 규준에 의해 많은 영향을 받게 된다.

② 신체상이란 자신의 신체에 대한 정신적인 표상을 의미한다.

③ 대체로 남아들이 여아들에 비해 부정적인 신체상을 가지는 경향이 크다.

④ 여아의 경우 조숙한 경우 자아개념이 낮고 문제행동에 연루되는 경우가 크다.

⑤ 남아의 경우 조숙한 경우 자신감이 높고 적응도가 높다.

TIPS!

대체로 여아의 경우 남아들보다 자신의 신체상에 대해 부정적인 느낌을 많이 가지게 되며 조숙한 여아의 경우 성적인 문제와 연루되어 문제행동이 나타나는 경우도 종종 발생하게 된다.

Answer 113.③

PART

02

집단상담

01 집단상담의 이해

section 1 집단과 집단상담의 이해

1 집단

(1) 집단의 의미

집단이란 공동 목적을 달성하기 위해 구성원 사이에 상호작용을 통해 이해를 함께 나누는 집합이다. 집단의 속성을 열거하면 다음과 같다.

① 집단의 구성원은 서로 상호작용하며, 상호 의존적이다.

② 공동이해의 문제에 관한 규범들을 공유하며, 구성원 상호간에 영향을 준다.

③ 공동목표들을 추구하는 둘 또는 그 이상의 개인들의 집합이다.

(2) 집단의 특성

① 집단은 집단의 규범과 가치관에 의해 동일성을 가지고 있다.

② 집단의 구성원들은 스스로를 집단 외부의 사람들과 구별하여 집단의 일원으로 인식한다.

③ 집단은 시간과 환경에 따라 변화하기도 하지만, 근본적으로 구성원들 간의 안정적인 관계 형성에 기반한다.

④ 집단의 구성원들은 공동의 목표를 공유하고 한 개인의 역량으로서는 이룰 수 없는 공동의 이해나 목표 달성을 위해 형성된다.

⑤ 집단은 상호 영향력을 행사하는 둘 이상의 사람으로 구성된다.

(3) 집단의 구조

① 집단은 참여자들 사이의 상호작용이 안정된 형태이다.

② 집단구조의 발전은 둘 또는 그 이상의 개인들이 목표를 성취하기 위해 함께 결합할 때 가능하다.

③ 참여자들 사이의 상호작용은 집단의 규범과 역할에 의해 구조화된다.

④ 집단의 구성은 안정도를 유지할 만큼의 동질성과, 활력소가 될 만큼의 이질성을 가지도록 균형을 취하며, 개인적인 차이가 공동목적의 성질과 달성에 도움이 되도록 통합한다.

⑤ 집단의 시작단계는 상담자가 집단에 대해 안내하고, 집단구성원들이 집단에 대해 탐색하는 단계이다.

⑥ 집단의 구성원들은 집단에서 자신들의 목표들을 한정하고, 기대를 명료화하며, 집단 내에서 자신의 자리를 찾는다.

(4) 집단과 관련된 용어

① **집단과정** : 집단과정이란 어떻게 논의가 진행되고 있는가를 의미한다.

② **집단응집력** : 집단을 함께 유지하는 상호작용의 정도를 의미한다. 집단응집력은 집단구성원들의 부정적인 면보다 긍정적인 면이 많을 때 높아진다.

    ㉠ 집단응집력이 언제나 변하는 것은 특정한 시간에 있어서 집단의 매력정도에 달려 있기 때문이다.

    ㉡ 집단응집력은 집단구성원들이 제대로 제 시간에 출석하는지, 구성원들이 상호 간에 표현하는 애정, 신뢰, 상호지지 등과 같은 요인에 의해 평가될 수 있다.

③ **집단규범** : 집단

내에서 어떤 행동이 적합한 행동으로 간주되는가를 규정하는 공식적·비공식적 규칙을 말한다.

    ㉠ 보편화된 집단규범은 집단 내에서 논의된 사항에 대해 비밀을 지키는 것이다.

    ㉡ 집단은 집단경험 초기에 형식적인 규범을 확립하는 것이 중요하다. 비공식적 규범은 집단구성원들 행동에 대한 긍정적, 부정적 결과를 통해 형성된다.

(5) 집단의 형성 시 고려할 사항

집단이 효율적으로 기능할 수 있기 위해서 몇 가지 고려할 사항을 살펴보면 다음과 같다.

① **집단의 형태** : 개인적인 성장집단인지 치료집단인지, 집단의 존속을 장기적으로 할 것인지 단기적으로 할 것인지를 결정한다.

② **집단의 대상** : 동질집단으로 할 것인지 이질집단으로 할 것인지를 결정한다. 동질집단은 집단구성원 간 공감을 쉽게 할 수 있는 장점이 있고, 이질집단은 집단 경험이 풍부해지는 장점이 있다.

③ **집단의 개방성** : 개방집단은 수시로 새로운 집단구성원을 받아들이는 형태이며, 폐쇄집단은 집단상담이 끝날 때까지 새로운 집단구성원을 받아들이지 않는 형태이다.

④ **집단의 기간** : 집단상담을 시작할 때, 그 기간을 분명히 정하고 종결의 시일도 정해 둔다.

⑤ **집단의 조직성** : 상담자 중심 집단과 집단구성원 중심 집단이 있다. 상담자 중심 집단은 상담자가 사전에 정한 절차에 따라 지시적으로 진행되는 고도의 조직성이 나타나고, 집단구성원 중심 집단은 비조직적인 형태이다.

❷ 집단상담의 이해

(1) 집단상담의 정의

집단상담은 문제해결과 인간의 발달을 위해 상담을 집단의 형식으로 접근하는 것으로 생활 과정상의 문제를 해결하고, 보다 바람직한 성장 발달을 위하여 전문적으로 훈련된 상담가의 지도와 동료와의 역동적인 상호교류를 통해 각자의 감정, 태도, 생각 및 행동양식 등을 탐색, 이해하고 보다 성숙된 수준으로 향상시키는 과정이다. 집단상담의 대상자는 정상적인 범위에 속하는 개인으로 심각한 개인적 문제나 집단 응집성을 파괴할 위험성 있는 개인은 제외한다.

(2) 집단상담의 의미

① 집단상담은 한 사람의 상담자가 동시에 몇 명의 내담자를 상대로 각 내담자의 관심사·대인관계·사고 및 행동양식의 변화를 가져오게 하려는 목적이 있다.

② 집단상담에서는 전문적인 훈련을 받은 상담자 한 명이 동시에 4~10명 정도의 내담자들과 대인관계를 맺는다.

③ 집단상담은 깊은 자기이해와 자기수용을 더 효과적으로 하기 위하여 집단의 상호작용을 적용하는 과정이다.

④ 집단상담에서 다루어지는 문제는 병리적인 장애나 현실적인 문제보다 집단구성원의 발달과업에 초점을 맞춘다.

(3) 집단상담의 가치

① 집단상담은 내담자들에게 자신의 발달적 욕구, 관심, 문제에 관해 탐색할 기회를 제공한다.

② 집단상담이 제공하는 것은 내담자에게 자기 자신의 감정이나 행동에 대해 통찰할 수 있는 기회이다.

③ 집단상담은 내담자에게 다른 사람과 자연스럽고 긍정적인 관계를 형성할 기회를 제공한다.

④ 집단상담은 내담자가 타인 및 자신에 대한 책임을 학습할 수 있는 기회를 제공한다.

section 2 집단상담의 목적과 목표

1 집단상담의 목적

(1) 집단상담은 조직된 집단을 통하여 교육적·직업적·개인적 또는 사회적 정보를 제공하는 데 목적을 둔다.

(2) 궁극적인 집단상담의 목적은 개인의 성장을 위한 것이다.

(3) 일차적인 집단상담의 목표는 개인으로 하여금 자기이해와 대인관계의 능력을 향상시키고, 생활환경에 보다 건전하게 적응할 수 있도록 하는 것이다. 이 목표를 달성하기 위하여 흔히 정서적인 차원에서의 개인의 문제가 먼저 다루어진다.

2 집단상담의 목표

(1) 자기주장

① 자신이 나타내고자 하는 바를 상대방에게 피해를 주지 않으면서 그대로 나타내는 학습된 행동이다.

② 자기주장은 적극적으로 상대방에게 자신의 권리와 의견을 알리기 위한 것이다.

(2) 자기이해

① 사실 그대로 자신의 몸과 마음에 관한 모든 것을 이해하는 것이다.

② 다른 사람에 대한 이해를 촉진시킬 수 있는 것이 자신에 대한 이해이다.

(3) 자기수용

① 이해한 그대로의 자신을 인정하고 받아들이는 것이다.

② 수용의 대상이 되는 것은 자연현상이나 모든 사람이다.

(4) 자기개방

① 자신에 대해 이해하고 수용한 자신을 그대로 나타낸다.

② 타인의 개방을 촉진시켜 상호 이해의 폭을 넓혀서 자기개방을 하도록 한다.

> **POINT** Corey가 제시한 집단상담의 목표
> ㉠ 선정된 다른 구성원과 더불어 더 개방적으로 솔직해지는 것
> ㉡ 친밀성을 저해하는 책략이나 조작을 줄임
> ㉢ 자신과 타인을 신뢰하는 법을 배움
> ㉣ 좀 더 진실하고 진지하게 되는 것
> ㉤ 외부 압력에서 해방되어 지배를 덜 받음
> ㉥ 자기를 수용할 수 있게 되고 자신에게 완전무결함을 요구하지 않게 됨
> ㉦ 자신의 양극성을 인식하고 수용
> ㉧ 친밀감을 표현하는 것에 대한 공포를 줄이고 가까워지고 싶은 사람과 친해지는 것을 배움
> ㉨ 단순히 다른 사람의 기대에 맞추려는 데서 탈피하여 자신의 기준으로 결정
> ㉩ 다른 사람을 배려하고 관심을 가지고 정직·솔직하게 대하는 방법을 배움
> ㉪ 자기가 원하는 것을 직접 요구함
> ㉫ 자기인식을 증대시켜서 선택과 행동에 대한 가능성을 증가시킴
> ㉬ 느낌과 그 느낌을 행동으로 옮기는 것과의 차이를 배움
> ㉭ 자신이 할 수 있거나 하고 싶은 만큼 하지 못하게 하는 부적합한 초기 결정을 하지 않도록 하는 것
> ⓐ 다른 사람들도 문제를 가지고 있다는 것을 인식함
> ⓑ 자신의 가치관을 명료화하고 이러한 가치관을 변경할 것인가 또 어떻게 변화시킬 것인가를 결정하는 것
> ⓒ 애매모호한 것을 감당할 수 있게 됨
> ⓓ 개인적인 문제를 해결하는 방법을 찾음
> ⓔ 내재한 잠재력과 창의성을 탐색
> ⓕ 다른 사람을 배려하는 개인의 역량을 증대시킴
> ⓖ 다른 사람에게 베푸는 방법을 배움

❸ 집단상담의 치료적 요인(개인상담과 구별되는 독특한 치료적 요인)

얄롬(Yalom, 1985)은 집단상담 과정에서 집단원들이 학습하게 되는 것들을 다음과 같이 이야기하고 있다. 희망의 고취, 보편성, 정보 전달, 이타성, 일차가족 집단의 교정적 경험, 사회화 기술의 발달, 모방행동, 대인학습, 집단 응집성, 정화, 자신과 타인에 대한 이해, 실존적 요인들

① **희망의 고취** : 집단성원은 집단상담을 통해 자신에게 일어나는 문제를 해결할 수 있다는 희망을 가지게 된다.

② **보편성** : 문제의 일반화를 의미하며 다른 사람들도 자신과 비슷한 문제를 경험하고 고민하고 있음을 알게 되어 위로를 받게 된다.

③ **정보전달** : 유사한 문제를 겪고 있는 집단성원에게 자신의 문제 극복 방법에 대한 정보를 전달할 수 있다.

④ **이타심** : 타인에게 정보전달, 심리적지지 등을 통해 도움을 준다는 것을 발견하고 자존감이 높아질 수 있다.

⑤ **일차가족집단의 교정적 경험** : 집단은 가족 및 작은 사회의 기능을 하며 가족에서 상호작용이 미숙했던 집단원이 심리적 지지를 받음으로서 부정적 대인관계 양상과 미해결된 감정을 해결할 수 있는 기회를 갖게 된다.

⑥ **사회화** : 다른 집단원들과 사회적 관계를 형성하면서 다양한 사회화 기술을 습득하게 된다.

⑦ **모방행동** : 다른 집단원 또는 집단상담자를 모방하여 바람직한 행동, 사고를 학습하게 된다.

⑧ **대인관계 학습** : 집단원들과의 대안관계를 통해 대인관계문제를 해결할 수 있으며 새로운 행동양식을 학습할 수 있다.

⑨ **집단응집력**(소속감, 결속력) : 집단원들이 집단에 매력을 느끼게 계속 참여하도록 만드는 요소로서 집단원들의 소속감, 친밀감은 집단을 신뢰할 수 있는 치료적 가치를 지닌다.

⑩ **정화**(환기) : 집단원 개개인의 억압된 감정 및 생각을 집단상담에서 표출함으로서 정서적 변화를 경험하게 된다.

⑪ **실존적 요인** : 삶이 반드시 공정하지 못하고 죽음이나 고통은 피할 수 없음을 인식하고 자신의 삶에 대해 책임을 지니고 있음을 이해하고 집단원들이 각자의 경험을 공유함으로서 집단성원 개개인의 실존과 책임을 이해하게 된다.

> **POINT** 코리(Corey, 1995)의 치료적 요인
> ① 신뢰와 수용
> ② 공감과 배려
> ③ 희망
> ④ 실험을 해보는 자유
> ⑤ 변화하겠다는 결단
> ⑥ 친밀감
> ⑦ 감정 정화
> ⑧ 인지적 재구조화
> ⑨ 자기개방
> ⑩ 직면
> ⑪ 피드백

section 3 집단의 형태와 역할

❶ 집단의 형태

(1) 지도집단

① 지도집단은 학업, 직업, 사회적 정보와 같은 내담자의 개인적 요구나 관심사에 관련된 정보를 제공한다.

② 지도집단은 학교, 특히 교실 상황에서 주로 수행된다.

③ 집단의 크기는 12~40명 정도이다.

④ 다른 집단과 구별되는 특징은 비교적 구조화되어 있고, 논의할 주제가 일반적으로 집단상담자에 의해 선정되는 것이다.

(2) 상담집단

① 상담집단은 소규모(5~10명)이며, 덜 구조화 되어 있다.

② 상담자의 역할은 내담자가 자신의 가족, 대인관계, 자아개념, 개인적 · 사회적 · 교육적 문제와 관련된 개인적 내용을 서로 편안하게 나눌 수 있는 분위기를 만들어 내는 것이다.

③ 각 집단구성원들은 원하는 행동변화에 관련된 발달적, 대인관계 상의 문제를 다룰 기회를 가지게 된다.

④ 집단의 장소와 분위기는 심리적인 안정감을 줄 수 있는 집단상담실의 위치, 크기, 분위기로 운영되어야 하며 시청각 교재를 활용할 때에는 상담의 효과도 높일 수 있다.

⑤ 집단의 크기 내담자의 연령, 기대되는 개입의 정도, 집단구성원의 성격에 따라 많은 영향을 받는다.

⑥ 집단의 크기가 너무 적으면 내담자들의 상호관계 및 행동의 범위가 좁아지고, 각자가 받는 압력이 너무 커져 오히려 비효율적일 수도 있다.

(3) 치료집단

① 치료적 목적으로 사용된 최초의 집단이다.

② 치료집단의 내담자들은 집중적인 심리적 치료를 필요로 한다.

③ 치료집단은 상담집단보다 장기간을 요하며, 더 많은 훈련과 전문적 기술을 지닌 상담자를 필요로 한다.

[집단지도, 집단상담, 집단 치료 비교]

	집단지도	집단상담	집단치료
지도자	교사, 강사	상담심리 전문가	임상심리 전문가, 정신과의사
목적	바림직하고 건전한 생활태도 촉진	개인의 태도와 행동변화	심리정서문제를 가진 환자의 정상적인 생활을 도움
대상	공동목표를 가진 학생 및 일반인	개인적 목표를 지닌 정상인	임상적으로 비정상적인 환자
내용	필요한 정보제공, 해결책과 방향제시	개인의 심리, 적응문제, 행동변화	심리장애, 이상행동
접근방법	지원적	예방적, 성장촉진적	교정적

(4) 참만남집단

① 참만남집단은 개인적인 자각을 일깨우고 잠재능력을 발달시키는 것에 초점을 둔다.

② 참만남집단의 목적은 자각과 대인관계에 있어 자신의 잠재력을 탐색하고 실현할 수 있는 건강한 사람에게 기회를 제공하는 것이다.

③ 참만남집단은 내담자에게 주로 서로 간의 신뢰, 개방, 나눔, 모험적인 행동을 통해 나오는 친밀한 경험을 제공한다.

④ 참만남집단은 상담자가 구조화 된 경험으로 내담자들을 지도함으로써 구조화 시킬 수 있다.

(5) 주제에 따른 집단형태

① **지지집단** : 삶의 위기에 대처할 수 있도록 돕는 집단

  예 이혼가정 아동 지지집단, 장애우가족 지지집단 등

② **성장집단** : 자기인식을 증진시키고 개인적인 변화를 이끌어 낼 수 있는 기회를 제공하여 자아 향상에 초점을 둔 집단. 집단은 자신의 능력을 최대한 발휘하는 도구

  예 가치명료화집단, 성취동기향상집단, 자아성장집단, 또래상담자 집단, 도덕성 증진 집단 등

③ **교육집단** : 자신과 사회에 대해 배우는 것이 주요 목적인 집단

  예 직업집단, 진로집단

④ **사회화집단** : 대인관계 또는 사회적 기술을 향상시키기 위한 집단

  예 대인관계향상집단, 갈등관리 집단, 친구사귀기 집단 등

⑤ **치료집단** : 구성원들의 행동을 바꾸고 개인적인 문제를 완화하거나, 대처하고 스스로 원상복귀 시킬 수 있도록 돕는 집단

  예 정신치료집단

⑥ **학습집단** : 학습능력을 향상시키는 목적으로 하는 집단

  예 집중력향상집단, 학습습관 향상집단, 시험불안 극복 집단 등

⑦ **정서집단** : 정서적 안정을 도모하는 집단

  예 대인 불안 극복집단, 분노조절 집단, 스트레스 대처 집단 등

⑧ **적응집단** : 집단성원의 부적응적 문제를 해결하고 현실상황 및 환경에 적응력을 높이는 집단

  예 우울, 자살, 비행청소년, 부적응 학생 적응력 강화집단 등

(6) 학자별 집단의 분류 및 형태

① **토슬랜드 & 리바스** : 집단의 목적에 따라 치료집단과 과업집단으로 분류함

  ㉠ **치료집단** : 사교성 향상 및 치료를 목적으로 하는 집단

    ㉮ 지지집단

    ㉯ 교육집단

    ㉰ 성장집단

    ㉱ 치유집단

    ㉲ 사회화집단

  ㉡ **과업집단** : 공동의 목표를 달성하고 성과물산출을 위한 집단

    ㉮ 목적지향적 집단

    ㉯ 과업달성형 집단

    ㉰ 사적이고 비밀보장이 필요한 집단

② **퇴니스 & 쿨리** : 사회적 관계유형에 따라 집단 분류함

  ㉠ **퇴니스모형**

    ㉮ 공동사회(게마인샤프트, Gemeinschaft) : 충동, 욕망의 통일된 인간의 본질 의지에 의해 형성되는 집단

    ㉯ 이익사회(게젤샤프트, Gesellschaft) : 인간의 선택의지에 의해 형성된 집단으로 개인의 이익을 중심으로 타산적, 합리적, 개인중심적 집단이 나타남

  ㉡ **쿨리모형**

    ㉮ 일차집단 : 혈연과 지연을 바탕으로 한 자연발생적으로 형성된 집단

    ㉯ 이차집단 : 목적달성을 위해 인위적인 계약에 의해 형성된 집단

(7) 구조화에 따른 운영형태

집단	특징
구조화 집단	• 특정한 주제와 목표에 따라 일련의 구체적인 활동으로 구성 • 정해진 절차에 따라 진행
비구조화 집단	• 정해진 활동이 없이 학생과의 상호작용 속에서 집단의 치료적 효과를 얻는 형태 • 구조화 집단에 비해 폭넓고 깊은 자기 탐색이 가능 • 적절한 임상경험이 필요함
반구조화 집단	• 비구조화 집단을 토대로 하되 필요 시 구조화 집단 형태 • 집단의 초기 단계에 활용

(8) 폐쇄성에 따른 운영형태

집단의 목표에 따라 집단의 운명을 폐쇄형으로 할 것인가 혹은 개방형으로 할 것인가를 미리 정해야 한다.

① **폐쇄형 집단** : 집단이 처음 구성된 인원으로 집단을 운영하며 중도탈락, 참여거부 등의 인원탈락이 있어도 집단을 유지한다. 응집성발달에는 효과적이나 상호역동에는 부정적이다.

② **개방형 집단** : 집단을 운영 중 집단성원의 탈락이 있을 경우 집단인원을 보충하는 것으로 새로운 집단원의 참여로 집단의 활기가 될 수 있으며 상호역동에 효과적이다.

> **더 알아보기**
>
> **토의집단과 집단상담의 차이**
> ㉠ 내용과 과정 : 토의집단은 분명한 주제를 중심으로 과제 해결 강조하나, 상담집단은 집단과정을 중시하며 내려야 할 결론이 없다.(상담집단은 일차적, 비형식적, 정서적 집단)
> ㉡ 양극성 대 통일성 : 토의집단은 승패, 시비를 가리고 규칙을 강조하지만 상담집단은 개인의 관점과 사고는 주관적 견지에서 수용한다.
> ㉢ 형식성대 자발성 : 정서적 반응 과제 해결을 위한 토의진행에 방해한다. 상담집단은 형식보다 자발적인 참여를 중시한다.
> ㉣ 객관성 대 주관성 : 토의는 객관적인 사실(지적 영역 강조)을 강조하지만, 상담집단은 주관적인 측면을 강조한다.(감정, 정서, 상상력 등 정서적 영역 강조)
> ㉤ 제한성 대 솔직성 : 옳고 그런 것에 대한 판단이 아니라 솔직한 감정, 사고표현을 격려한다.
> ㉥ 지도성의 차이 : 토의집단에서는 목적 달성을 위해 제한과 통제를 강조하나, 상담집단은 집단분위기 조성을 강조한다.

❷ 집단상담자의 역할과 집단구성원의 역할

집단상담에 임하는 상담자의 역할은 다양하고 복잡하다. 각 집단구성원들이 상호 의사소통을 어떻게 하는가를 관찰함과 동시에, 각 구성원들에 대해 민감하고 공감적으로 반응해야 한다.

(1) 집단상담자의 역할

① 적극적인 참여와 격려

② 피드백 주고받기

③ 허용적인 분위기와 심리적인 안정감 조성

④ 여기(here)-지금(now) 중심의 활동

⑤ 의도적 활동 또는 게임 활동

⑥ 구성원의 권리보호(비밀보장 및 참여거부에 대한 자기결정권의 인정)

⑦ 집단종결 돕기

⑧ 상담자의 구성원에 대한 영향력 주의기울이기

(2) 집단구성원의 역할

집단구성원의 행동도 상담자의 행동만큼 중요하며, 이들의 행동은 집단상담의 결과에 직접적인 영향을 준다. 구성원들에게 기대되는 효율적인 행동은 다음과 같다.

① 참여를 격려하는 행동

② 집단의 행동기준을 설정하는 행동

③ 열심히 듣는 행동

④ 신뢰감을 조성하는 행동

⑤ 대인관계 문제를 해결하는 행동

(3) 협동상담자(코리더, coleader)의 역할

① 이론적으로 배경이 유사하고 상보적일수록 효과적

② '이성'인 협동상담자가 '동성'상담자보다 효과적

③ 구성원이 많을 경우 집단원의 비언어적 요소를 파악하는데 도움

④ 15명 이상의 경우 집단성원의 반 정도를 시야확보 가능

⑤ 집단상담을 처음 경험하는 집단원에게 시범적 기능

⑥ 집단상담자(leader)와 경쟁관계일 경우 집단상담에서 문제 야기

⑦ 공동리더십 한계의 극복방안

    ㉠ 집단 예비모임에 함께 참석한다.

    ㉡ 서로의 개인적 특성을 파악할 시간을 갖는다.

    ㉢ 회기 후 집단원 반응에 대해 서로 의견을 교환한다.

    ㉣ 회기 전 집단에 대한 기대를 함께 나눈다.

    ㉤ 코리더(보조리더)는 단계획과 목표는 리더가 정하고 코리더는 리더의 방향에 따라 집단운영에 협조한다.

> **POINT** 공동상담자 모형(Co-leadership Model)
> 두 사람의 집단 상담자가 서로 협조하여 한 잡단을 이끄는 형태이다.
> ① 장점 : 역할 분담으로 인한 소진의 가능성 감소되며 한 상담자는 개인의 감정 표출에, 다른 상담자는 전체 집단의 반응을 확인 가능하다. 또한 집단 상담자의 부득이한 부재 시에도 상담이 계속 진행가능하다.
> ② 단점 : 공동상담자들 사이에 경쟁, 문제 발생 가능할 수 있다. 주의 깊은 공동상담자의 선택 및 공동상담자들 간의 충분한 의견 교환 시간 확보가 중요하다.

section 4 집단상담의 특징

1 집단상담의 장점

(1) 내담자 자신들의 문제를 전체적으로 볼 수 있게 하고, 다른 사람들이 가진 문제와의 유사점과 차이점을 이해하게 한다.

(2) 내담자 상호 간에 지지 체제를 형성한다.

(3) 내담자는 대인관계 상의 의사소통 기술을 배운다.

(4) 내담자는 도움을 받을 뿐만 아니라 도움을 줄 기회도 갖게 된다.

(5) 상담 시간의 활용이 효율적이며, 상담자는 많은 내담자들에게 더 많은 상담기회를 제공할 수 있다.

(6) 집단상담은 대인관계 문제를 다루는 데 있어 사회적 대인관계 상황을 제공할 수 있다.

(7) 내담자가 새로운 행동을 실천해 볼 기회를 갖는다.

POINT 말레코프(1997)의 집단상담 이점
① 상호지지
② 일반화(문제의 보편화)
③ 희망고취
④ 이타심
⑤ 새로운 지식과 기술의 습득(정보제공 및 정보습득)
⑥ 소속감
⑦ 감정 정화
⑧ 재경험의 기회제공 : 집단경험 이후 집단활동 산출물을 집단 밖(현실장면)에서 재경험하는 기회를 갖는다.
⑨ 현실감각의 시험 : 집단에서 학습한 내용을 집단 밖(현실장면)에서 시험해 보는 효과를 가지게 된다.

❷ 집단상담의 단점

(1) 집단상담에서 상담자의 역할은 더 많이 분산되므로 복잡하다. 상담자는 각 내담자의 문제를 동시에 집중하고, 집단구성원 간의 상호작용에 반응하고, 집단역동을 살펴야 한다.

(2) 집단은 시간을 낭비하는 '집단과정'의 문제에 집착하게 되어, 집단구성원의 개인적인 문제는 등한시하게 될지도 모른다.

(3) 어떤 내담자는 집단에 대한 신뢰감을 발전시키는 것이 어려울 수도 있다. 그러므로 수용되지 못할 감정, 태도, 가치관과 행동 등을 논의의 대상으로 제기하지 못할 수도 있다.

(4) 내담자 문제의 어떤 유형이 개인상담보다 집단상담에 더 적합한가에 대한 논란이 아직도 계속되며, 이에 대한 정보가 부족하다.

(5) 내담자 중에는 집단상담 전에 개별적인 도움을 받아야 하는 경우도 있다. 처음에 일 대 일의 상담과정의 경험이 없이는 집단 환경에 들어갈 수 없거나 안정감을 느끼지 못하는 내담자가 있다.

(6) **수단의 목표화** : 집단과정에 빠져 본인 문제는 등한시 할 수 있다.

❸ 집단상담과 개인상담의 공통점

(1) 내담자의 자기이해와 자기관리와 생활상의 문제해결에 초점을 둔다.

(2) 허용적인 분위기의 조성과 유지 즉 내담자들이 자신의 감정과 생활경험을 자유롭게 탐색하도록 한다.

(3) **유사한 상담기법의 활용** : 내담자들이 자기의 감정과 태도를 자각하고 검토하는 기법을 사용한다.

(4) 사적인 정보의 비밀 보장(상담자 윤리)에 노력한다.

④ 집단상담이 필요한 경우

(1) 내담자의 문제에 대해 객관적 시각이 요구되는 경우

(2) 내담자가 배려심이나 존경심 등을 배워야 하는 경우

(3) 사회적 기술이 요구되는 경우

(4) 협동심과 소속감이 요구되는 경우

(5) 타인의 조언, 지지, 이해 등이 필요한 경우

(6) 자기노출에 필요이상으로 위협을 느끼는 경우

⑤ 개인상담이 필요한 경우

(1) 내담자의 문제가 위급하고 복잡한 경우

(2) 내담자의 신상보호를 필요로 하는 경우

(3) 상담내용이 자아개념이나 지극히 사적인 내용인 경우

(4) 심리검사 해석시

(5) 내담자가 발언에 공포를 지나치게 가지고 있는 경우

(6) 내담자가 파괴적이고 공격적인 행동 또는 성적인 문제행동을 하는 경우

(7) 자기탐색이 제한되어 있는 내담자의 경우

(8) 강박적으로 타인에게 인정을 요구하는 경우

6 개인상담과 집단상담의 차이

(1) 개인상담은 1:1 상담으로 진행되며 상담을 원하는 분(내담자)이 가지고 있는 문제가 위급하면서 원인과 해결이 복잡하고 관련되는 내담자 자신과 관련 인물들의 신상들을 보호할 필요가 있는 경우, 그리고 집단에서 공개적으로 발언하는 것에 대해 심한 공포 불안이 있는 내담자에게 적당하다.

(2) 집단상담은 여러 사람들을 보다 잘 이해하고 다른 사람이 자기를 어떻게 보고 있는지를 알아야 할 것으로 판단되는 내담자에게 적합하다.

(3) 개인상담에 비해 집단상담은 상대방을 대하는 바람직한 태도나 행동 반응을 즉각적으로 시도해 보고 확인할 수 있으며 타인과 친밀감에 대한 경험을 가질 수 있다.

(4) 집단상담은 개인상담과는 달리 참여자들이 다른 사람들로부터 도움을 받을 수 있을 뿐만 아니라 참여자 자신이 다른 사람을 도와주는 경험을 가질 수 있다.

(5) 집단상담의 상담자는 개인상담에서 보다 더욱 복잡한 과제를 짊어진다.

(6) 집단상담의 상담자는 내담자의 감정을 이해하고, 내담자 스스로 자신을 자각할 수 있도록 유도해야 할 뿐 아니라, 내담자의 발언이 다른 내담자와 상담 집단 전체에 어떤 영향을 주는가를 유의 깊게 관찰해야 한다.

02 집단상담의 모형

정신분석적 모형

① 주요 개념

(1) 상담자는 직접적인 지도를 피하고 집단이 스스로 과정을 결정하도록 한다.

(2) 전통적인 정신분석적 견해에 따르면, 인간은 자신의 운명을 조절할 수 있는 존재가 아니며, 인간의 행동은 기본적인 생물학적 욕구를 충족시킬 필요에서 동기화 된다고 한다.

(3) 인간의 행동은 우연히 일어나는 것이 아니라 자신의 경험에 의해 대체로 결정된다.

(4) 인간의 성격은 자아(Ego), 초자아(Superego), 원초아(id)의 세 가지 체계로 구성되어 있으며, 인간의 행동은 거의 언제나 이 세 체계간의 상호작용에 의해 결정된다.

(5) 집단상담의 목적은 집단과정 중 전이, 정화, 해석 등을 활용하고 현실검증을 통해 자아의 기능을 강화시키는 것이다.

② 주요 상담기법

(1) 자유연상(돌림차례법)
① 자유연상은 정신분석적 집단상담에서 사용되는 기법 중 가장 기본적인 기법이다.
② 자유연상의 목적은 집단상담자가 집단구성원의 무의식적 감정과 동기에 쉽게 접근할 수 있도록 하기 위해 집단구성원들이 현실지향적이 되도록 격려하고자 하는데 있다.
③ 내담자를 한명 선택하여 집단원들이 그 성원을 볼 때 마음에 연상되는 것을 자유롭게 이야기하는 방법이다.

(2) 저항 분석
① 저항의 표시는 내담자의 계속적인 질문, 집단상담의 근거에 대한 도전의 형태가 된다.
② 침묵도 저항의 형태가 된다.

(3) 전이 분석

① 전이는 저항과 밀접한 관련이 있으며, 전이의 요소는 인간 삶의 거의 모든 면에서 관찰한다.

② 전이는 과거와 현재를 연결시켜 주는 다리이다.

③ 집단성원이 많은 만큼 집단원의 행동에 대해 다양한 전이가 발생하며 분석 및 해석이 다양할 수 있다.

(4) 역전이 분석

① 역전이는 집단상담자가 어떤 집단구성원에 대해 구별하는 방식으로 반응하는 경향을 말한다.

② 상담자가 역전이를 보이는 경우, 집단구성원들은 그 문제로 상담자를 직면하게 되면 그 직면으로 인하여 집단상담자는 개성과 감정을 좀 더 개인적으로 다룰 수 있다.

(5) 훈습

훈습이란 신경증적 · 강박적 충동으로 표현되는 행동 패턴을 저항 및 전이 분석을 통해 얻은 통찰에 기초한 새로운 행동 패턴으로 대치시키는 과정을 말한다.

(6) 해석

집단원의 행동을 다양한 집단성원이 다양한 의미로 해석할 수 있다.

③ 집단상담자의 역할(4가지 기능)

집단상담자는 항상 전이와 저항에 대하여 주의를 해야 하며, 일정한 때 이들에 대하여 해석하고 언어화를 통하여 통찰을 하도록 도와주어야 한다. 정신분석적 집단상담자의 기능은 크게 지도적 기능, 자극적 기능, 확장적 기능, 해석적 기능의 네 가지로 분류 할 수 있다.

(1) 지도적 기능

① 집단이 침체에 빠졌을 때 상담자가 사용한다.

② 집단이 어려워하는 주제를 확인하고 그 주제를 따라 가도록 돕는다.

(2) 확장적 기능

고착될 경우 의사소통의 범위를 확장하며, 집단구성원의 의식적 자아와 무의식적 자아를 연결한다.

(3) 자극적 기능

집단상담자는 정서적 피로, 억압, 저항, 흥미의 상실 등으로 집단이 무감각 상태에 빠지거나 활기를 상실할 때 자극적 기능을 행사한다.

(4) 해석적 기능

해석이란 본질적으로 집단구성원의 의사소통 속에 숨어 있는 무의식을 의식화 시키려는 집단상담자의 노력이다.

④ 집단상담자의 자질

(1) 상담자는 집단구성원들이 보여주는 다양한 전이를 다룰 수 있어야 한다.

(2) 상담자는 자신의 잘못을 인정할 수 있어야 한다.

(3) 상담자는 집단 내 갈등을 해결하는 데 능숙하고, 문제를 해결할 수 있어야 한다.

section 2 T-집단

① 주요 개념

(1) T-집단 혹은 훈련집단은 초기에 기업체에서 작업집단의 효율성과 능률성을 증진하기 위해서 집단기능의 과정을 연구하는 방법으로 사용되었다.

(2) T-집단은 집단구성원들의 집단 내 역할을 강조하고, 일정한 시간에 집단 내 각 구성원 간의 관계에 초점을 둔다.

(3) 다른 집단과는 대조적으로 T-집단은 과업지향적이고, 집단의 기능에 관심을 두어 더 훌륭한 집단구성원들이 되도록 내담자들을 교육시키는 데 관심을 둔다.

(4) 레빈(1946)이 긴장해소를 위해 지도자를 집단으로 양성할 목적으로 실험실에서 최초로 실시한 집단으로 실험실적 접근이라고 할 수 있으며 집단원 스스로 목표를 설정하여 집단활동을 관찰하고 분석하며 계획, 평가할 수 있다.

(5) 집단원들의 인간관계기술, 갈등관리 등의 과제지향적으로 집단이 운영되며 추후에는 구체적인 문제해결 중심으로 집단활동이 이루어졌다.

❷ T-집단 학습의 본질적인 요소와 역할

(1) T-집단 학습의 본질적인 요소

① 모호성 혹은 사회적 공백상태를 다양한 학습의 자료로 활용한다.

② 집단구성원에게 새로운 행동의 실험을 할 수 있는 기회를 제공한다.

③ 새로운 행동을 실험할 수 있도록 허용적 분위기와 심리적 안정감을 제공한다.

④ 집단에서 무엇이 일어나고 있는지 '여기-지금'의 활동에 초점을 둔다.

⑤ T-집단의 필수조건은 집단구성원들의 자기투입과 참여인 것이다.

⑥ 상대방이 어떤 행동을 하는지 반응을 보기 위해서 피드백 주고받기를 한다.

⑦ 비조직적인 T-집단을 통제할 규준을 발달시켜야 한다.

(2) T-집단상담자의 역할

① **학습에 적합한 장면의 구성** : 허용적 분위기와 심리적 안전을 도모해 줌으로써 집단의 역동성을 탐색할 수 있도록 한다.

② **모범적인 행동** : 집단구성원들이 모방할 수 있도록 도움을 주기 위해서 바람직한 집단구성원으로서 해야 할 행동에 모범을 보인다.

③ **의사소통의 통로** : 집단상담자는 상호 이해와 일치의 발달을 향한 의사소통의 통로를 여는 데 도움을 줄 수 있도록 모든 집단구성원의 적극적 참여를 권장한다.

④ **집단에 조력자와 집단구성원 및 전문가로서 참여** : T-집단의 집단상담자는 집단의 구성원이 조력자, 집단구성원, 전문가의 세 가지 역할을 융통성 있게 수행할 수 있도록 한다.

section **3** 참만남집단의 모형

1 주요 개념

(1) 내담자들은 통상의 사회생활에서 보다는 훨씬 밀접하고 직접적인 상호간의 접촉을 하게 되고 부정적인 피드백이든 지나친 맞닥뜨림이든 아무런 저항없이 받아들이고 이해할 뿐 아니라 오히려 그들 때문에 더욱 친근감을 느끼게 된다.

(2) 참만남집단은 일반적으로 태도, 가치관 및 생활양식의 변화를 통해서 개인적 변화를 목표로 한다.

(3) 참만남집단은 집단의 목적, 계획이 없이 비구조적으로 집단이 운영되며 엔카운터 집단(en-counter group)이라고 불리운다.

2 집단상담자의 역할과 집단과정

(1) Schutz의 모형

언어적인 방법과 심리극, 도형, 신체운동연습 등을 이용해서 개인의 정서적 문제의 해방에 관심을 둔다.

(2) Rogers의 모형

내담자 중심의 원리를 집단과정에 적용하여 발전시킨 것으로, 그 강조점은 사고와 감정을 솔직하게 표현하는 것이다.

(3) Stoller의 모형

집단훈련의 시간적 집중을 강조한다.

(4) 집단훈련의 시간적 집중(24~48시간)을 강조한다. 집단상담을 집중적으로 실시하여 집단원들의 피로감을 유발함으로서 집단상담의 발달적 촉진제 역할을 하게 된다.

① 주요 개념

(1) 게슈탈트 집단상담은 개인이 인생에서 자신만의 길을 찾아내고 책임감을 받아들여야 한다는 전제에 바탕을 두고 있다.

(2) 인간은 자신의 갈등에 대해 기본적인 책임이 있으며 인생문제를 다룰 수 있는 스스로의 능력을 가지고 있다.

(3) 인간생활을 형태의 점진적 형성과 소멸의 과정으로 본다.

(4) 신체적인 면의 특성을 강조하고, 지금 – 경험 – 각성 – 현실에 초점을 둔다.

(5) 미해결 과제에는 분노, 증오, 원망, 고통, 상처, 불안 등과 같은 표현되지 않은 감정, 사건, 기억이 포함되어 있다.

(6) '집단상담 속의 개인상담'이라고 불리며 상담자가 중심이 되어 한 집단원에게 집중적으로 피드백을 주고받는 것으로 이것은 한 집단원의 문제에 집중하여 현재경험에 중점을 두고 이에 대한 집단원의 자각이 이루어지도록 '뜨거운 자리'를 형성하는 것이다.

② 주요 상담기법

(1) 언어연습

언어의 양식은 종종 개인의 감정, 사고, 태도를 표현하는 것이다.

(2) 비언어적 표현

자신의 성격 중 어느 한 측면을 차단할 때, 다른 표현방법인 몸짓, 움직임, 자세, 목소리 등을 찾게 된다.

(3) 대화게임

자신이 부인하고 거부했던 성격의 측면을 수용하여 통합된 기능을 하도록 하기 위해 사용한다.

(4) 실연

집단 속에서 어떤 역할을 실제로 연출해 봄으로써 사회적 역할을 지탱해 주는 준비수단에 대해 더 지각할 수 있을 때 사용한다.

(5) 반전기법

외형적인 행동이 내재적 욕구와 반대방향으로 나타날 수 있음을 내담자에게 자각하도록 함으로써 문제되는 징후에 접근하는 방법이다.

(6) 과장기법

내담자가 어떤 상황에서 자신의 감정을 체험하지만 아직 그 정도와 깊이가 미약할 때 행농이나 언어를 과장하여 표현함으로써 감정자각을 돕는다.

(7) 차례로 돌아가기(한바퀴 돌기)

집단성원 중 한명이 다른 집단원에게 한사람씩 차례로 돌아가면서 자신의 감정, 특정행동을 표현하도록 하는 방법으로 자각을 촉진시키는 방법 중 하나이다.

(8) 현실검증

집단원의 상상과 현실을 분리시켜 현실을 이해하도록 한다.

❸ 집단상담자의 역할과 기능

(1) 집단상담자는 참여자들로 하여금 사회의 규범이나 부모의 명령에서 자유롭게 되어 '있는 그대로의 지금 자신'을 수용하고 자신의 생활에 대한 책임감을 갖도록 돕는 역할을 한다.

(2) 집단상담자는 성숙하고 통합된 인간이 되는 것뿐만 아니라 특별한 능력, 자격, 기법도 가지고 있어야 한다.

section 5 합리적 · 정서적 · 행동적 상담 및 치료모형

❶ 주요 개념

(1) 현실적으로 어렵거나 불가능하고, 하고자 하는 일이나 행동에 도움이 되지 못할 때 정서적 문제가 일어난다.

(2) 상담 및 치료과정은 경험적이고 논리적인 사고의 원리에 입각한 행동에 대치되도록 도움을 준다.

(3) 이 형에서 주로 사용되는 것은 인지적이고 활동적이며 지시적인 교육방법이다.

② 집단상담자의 역할과 기능

(1) 집단상담자의 역할
집단상담자는 집단구성원들로 하여금 비합리적인 생각에서 자유롭게 되고 합리적인 것들로 선택되도록 돕는다.

(2) 집단상담자의 기술
집단상담자는 역할놀이, 암시, 자기주장에 대한 훈련, 감정둔화 등의 기능을 활용해서 집단구성원들을 돕는다.

① **행동치료적 방법** : 적극적인 인식의 변화가 집단구성원 스스로나 다른 구성원들에게 일어나도록 돕는다.

② **감정적 – 환기적 방법** : 역할놀이를 통해서 그 역할과 관련된 감정을 극복하고 각성하도록 한다.

③ **인지적 치료방법** : 이것은 자기주도적 치료법으로 집단구성원들로 하여금 완전하다는 생각을 버리고 불안에서 탈피하도록 한다.

---

section 6 행동주의적 접근모형

① 주요 개념

(1) 행동주의 상담은 개인사적인 결정인자들에 반대하는 것으로 현재 개인행동에 영향을 주는 것들에 초점을 둔다.

(2) 상담에서 평가되어야 할 주요 준거는 겉으로 드러나는 개인의 행동을 관찰할 것을 강조한다.

(3) 가능한 한 행동을 묘사할 수 있는 구체적이고 객관적인 용어로 상담목표를 구체화한다.

(4) 행동주의 집단은 부적절한 행동이 학습된 것을 적절한 행동으로 학습시키고 이를 일반화, 유지시킴으로서 적응행동의 증가시키고 부적응행동을 약화시키는 것을 목적으로 한다.

② 주요 상담기법

(1) 이완훈련

① 일상생활에서 발생하는 스트레스에 대처하는 방법이다.

② 기본적인 이완절차를 배운 후에는 매일 연습해야 큰 효과를 기대 할 수 있다.

(2) 스트레스 관리 훈련집단

① 스트레스의 특성과 영향에 대해 내담자를 교육시킨다.

② 스트레스 관리 훈련은 정보제공, 문제해결, 이완훈련, 자기관찰, 상상시연 등의 요소로 결합되어 있다.

(3) 주장훈련

① 여러 가지 사회적 상황에서 자기의 주장을 펼 수 있도록 하는 훈련이다.

② 이 훈련은 행동의 범위를 넓혀서 타인의 감정과 권리를 민감하게 반영하는 표현방법을 가르치는 데 있다.

③ 집단의 기술

(1) 행동을 약화시키는 기술

① **심적 포화** : 강화의 가치가 상실될 수 있도록 포화상태에 이르기까지 계속 주어서 그 반대의 효과가 나타 내게 한다.

② **체계적 과민성 제거** : 불안상태의 역 조건화에 이완을 이용한다.

③ **양립할 수 없는 행동의 강화** : 두 개의 양립할 수 없는 행동 중에서 하나를 강화해 줌으로써 다른 하나를 약화시킨다.

④ **소거** : 출현빈도를 줄이기 위해서 바람직하지 못한 행동에 강화를 주지 않는다.

(2) 행동을 강화시키는 기술

① **행동계약** : 집단상담원과의 계약은 행동을 강화시킨다.

② **자기주장 훈련** : 집단내담자들에게 자신의 감정, 사고, 신념, 태도 등을 표현할 권리를 갖도록 한다.

❹ 집단상담자의 역할과 기능

(1) 내담자들의 문제에 대해 지속적인 평가를 한다.

(2) 내담자들과 초기면접은 예비평가와 오리엔테이션을 하는 동안에 한다.

(3) 집단과정과 집단에서 얻을 수 있는 이익을 내담자들에게 알려준다.

(4) 특수한 개인적, 집단적 목표 달성에는 비판적 역할도 도움이 된다.

(5) 다양한 기법을 사용해서 내담자들이 정한 목표를 성취할 수 있도록 한다.

(6) 각 내담자들에 대한 상담효과를 평가하기 위한 자료를 모은다.

(7) 내담자들에게 집단 내에서 능동적으로 행동하고 상담과정 밖에서도 새로운 행동실행에 대한 책임이 있음을 가르친다.

(8) 종결준비를 돕는다.

section 7 ┃ 현실 치료적 모형

❶ 주요 개념

(1) 현실 치료적 모형에서 강조하는 것은 욕구와 목적적 행동이다.

(2) 현상론과 실존주의적 관점을 강조한다.

(3) 인간의 특정한 욕구인 선택이론을 강조한다.

(4) 집단구성원은 자신과 대상에 대한 통제력을 습득할 수 있으며 타인의 욕구를 방해하지 않는 범위 내에서 타인이 자신을 통제하지 못하게 행동할 수 있다.

(5) '긍정적 중독'이란 자신의 질적 세계에 있는 바람에서 욕구를 탐색하고 행동을 강화시킴으로서 만족을 얻는 것이다.

2 집단상담자의 역할

(1) 집단구성원 모두가 현실에 적응하고 집단에 관여하도록 한다.

(2) 집단구성원들은 선택한 행동의 책임을 알고 그 책임을 받아들이도록 한다.

(3) 집단구성원들이 현명한 선택을 통해 자신의 삶을 효과적으로 통제할 수 있도록 한다.

(4) 집단구성원들의 느낌을 통제할 수 있다는 점을 이해시키기 위해서 과거의 다른 행동과 생각을 선택한다.

section 8 개인심리 집단

1 주요 개념

(1) 집단원의 사회적 관심을 고양시키고 열등감, 잘못된 생활양식을 사회적 생활양식으로 변화시키는 것을 목적으로 한다.

(2) 상담자는 지금-여기(here-now)를 강조하며 개인역동의 분석, 이해를 위한 문제의 원인에 대해 가설을 세우며 사회적 유용형의 긍정적 생활양식을 가질 수 있도록 재교육을 실시한다.

03 집단구성원의 상호작용과 발달단계 및 과정

❶ 집단역동

(1) 집단역동의 개념

① 긍정적이고 단결력이 있는 집단의 경우 구성원에게 좋은 영향력을 행사하여 만족스런 상호관계를 가능하게 한다.

② 집단구성원들 간의 전체적 상호작용이다.

③ 집단상담은 구성원들의 상호작용이 끊임없이 활동적, 활기차게 변화하며 일어나기 때문에 역동이라는 용어를 사용한다.

④ 집단역동은 집단과정을 분석하기 위하여 일반적인 체제이론을 적용한다(체제이론은 한 사람의 행동을 집단체제 내의 한 부분으로 이해하는 방법).

⑤ 이 이론의 관점에서 집단상담은 각 구성원들에게 미치는 집단의 힘이 존재한다. 상담자의 임무는 집단과정에 영향을 미치는 주요 요인들을 규명하고 분석하며, 집단상담의 목표를 달성할 수 있도록 통제하는 것이다.

⑥ 집단역동은 집단과 역동의 합성어로 집단 내에 어떠한 역동적인 힘이 존재한다는 관점에서 비롯된 개념이다. 집단 내에서 활동하는 힘이다. 즉, 집단은 모인 사람들의 관계와 상호작용을 통해 더 큰 힘을 생산할 수 있으며 이러한 힘은 집단구성원들 간에 존재하는 상호작용과정에서 비롯된다.

⑦ 집단역동성은 집단이 조직되고 관리되는 방식과 관련되어 있는 일종의 정치적 이념을 말한다. 역할연기, 소집단의 비공식적 회합, 그리고 인간관계와 회의 및 위원회 관리기술을 증진시키기 위해 설계된 집단의 사결정 등과 같은 일련의 기법을 지칭한다.

(2) 내적 역동성과 외적 역동성

① 내적 역동성 : 개개인과 다른 사람과의 상호작용을 통해 파생되는 에너지나 힘, 행동으로 나타나는 추진력 등

② 외적 역동성 : 지역사회의 가치관, 지역사회의 기대감, 부모집단의 친화 및 통제, 집단 상호간의 경쟁, 지속적인 활동 등

(3) 집단역동의 구성요소

일반적으로 집단구조, 집단규범, 집단지도력, 집단응집력, 집단의사소통, 집단의 정서적 유대, 지위와 역할, 집단의 크기, 집단의 물리적 환경, 집단문화, 피드백 등이 있다.

(4) 집단역동의 영역

① **의사소통과 상호작용** : 집단구성원은 집단 내에서 언어적·비언어적으로 의사소통하면서 상호작용한다. 이 상호작용은 리더 중심일 수도 있고, 집단 중심일 수도 있다.

② **집단결속력** : 집단구성원들이 그 집단에 머물고자 하는 집단의 영향력 및 집단요인 등을 말한다. 구성원들이 이 집단에서 얻는 것이 많을 때, 즉 집단에 매력을 느끼고 있을 때 집단결속력이 생긴다.

③ **사회통제의 역동성** : 집단구성원들은 일정한 방식으로 상호작용하게 되는데, 이러한 일관성과 순응성이 없으면 집단과정은 무질서해지고 제대로 기능하지 못한다. 이러한 통제력이 바로 집단의 또 다른 역동성이다.

④ **집단문화** : 집단구성원들이 공통적으로 갖고 있는 가치, 신념, 관습, 전통 등을 의미한다. 집단문화는 집단에 대한 매력과 지지 여부에 영향을 미친다.

(5) 집단역동의 영향요인

① **개인적 차원의 요인** : 인구통계학적 특성, 능력과 지성, 인성, 기대

② **조직적 차원의 요인** : 집단의 규모, 사회적 밀도, 과업의 형태, 집단의 구성

(6) 집단 역동을 파악하기 주의 깊게 살펴보아야 할 것들

① 서로 어떻게 말하고 반응하는가?

② 누가 주로 말하고 누가 주로 듣는가?

③ 집단원들은 집단에 대해 어떻게 느끼고 소속감을 가지고 있는가?

④ 누가 누구에게, 얼마나 자주, 길게 말하는가?

⑤ 집단원들은 집단 상담자에게 어떠한 태도를 보이는가?

⑥ 집단원들은 다른 집단원들에게 어떤 감정을 느끼고 있는가?

(7) 집단역동의 과정적 측면과 내용적 측면

① 내용적 측면은 집단원들이 무엇에 관하여 이야기하고 있는지에 관심을 둔다.

② 과정적 측면은 집단원이 어떻게, 왜 그런 말을 했는지에 대해 관심을 둔다.

③ 내용적 측면은 언어로 표현된 것보다 이면에 있는 무의식적인 동기나 의도를 더 중시하는 것이다.

④ 과정적 측면을 이해하기 위해 시선, 동작, 태도에도 주의를 기울여야 한다.

⑤ 내용적 측면과 과정적 측면 중 어느 한쪽으로 치우쳐서는 안 된다.

② 집단응집력

(1) 집단응집력의 개념

① **집단응집력의 사전적 정의** : 집단구성원들이 그 집단에 매력을 느끼고 그 안에 머물도록 작용하는 자발적인 힘의 총체이며, 이는 집단구성원들이 서로를 좋아하고 집단의 일원으로 존재하고 싶어 하는 정도를 의미한다.

② **집단응집력을 결정하는 요소** : 작은 규모의 집단, 성공체험, 공유된 가치 및 태도, 외부의 위협 및 상호작용의 시간 등이며 이러한 요인으로 인해 집단의 사기·만족의 고취(긍정적 강화), 원활한 의사소통, 집단목표의 수용(목표달성방법 확인과 지각) 등의 결과가 나타난다.

③ 집단응집력은 집단의 성과에 강력한 영향을 주는 결정요인으로 응집력이 높은 집단은 중도이탈자가 적고, 집단의 안정성이 응집력을 증대시키며, 더 많은 자기 개방, 모험, 집단갈등을 기꺼이 표출하여 건설적인 방법으로 해결하고자 한다.

(2) 집단응집력의 특징

① 집단응집력은 결속시키는 힘이다.

② 집단응집력은 집단의 일체성이다.

③ 집단응집력은 끌어당기는 힘(매력)이다.

④ 집단응집력은 팀워크이다.

⑤ 집단응집력은 다차원적인 것이다.

(3) 집단응집력에 영향을 미치는 요인들

① **집단구성원에 대한 매력** : 만약 구성원끼리 좋아하면 집단응집력은 더 커진다.

② **집단에 대한 매력** : 보상으로 집단에 대한 매력을 느낄 수 있다. 집단응집력이 높으면 안전성과 자긍심이 증대되고 불안이 낮아진다.

③ **집단의 크기** : 집단의 크기가 증가하면 집단의 응집력은 감소된다. 그래서 응집력의 수준은 소집단에서 최상이다. 증가된 크기의 결과로서 구성원의 만족도가 줄어드는 특성으로는 구성원들 사이에 적절한 의사소통을 하기가 어렵다.

④ 스텝과 사람과의 관계 : 집단 안에서 스텝과 사람들 사이에 관계가 좋지 못하면 응집력이 약해 그 집단은 문제가 야기될 수 있다.

⑤ 리더십의 유형과 토론에 참여하는 기회 : 스텝의 리더십 유형이 너무 권위적이거나, 구성원들이 토론에 참여하는 기회가 너무 적으면 집단의 응집력이 적어진다.

⑥ 투과성 및 정보유동 : 투과성이란 어떤 집단이 다른 집단 또는 집단구성원이 아닌 구성원들과 의사소통을 하는 정도를 말하며 집단의 투과성이 적으면 적을수록 그 집단의 응집력은 커진다. 정보유동이란 집단 사회 내의 의사소통수준을 의미하며 정보유동이 크면 클수록 응집력은 커진다.

⑦ 집단목표의 본질 및 분위기 : 사람이 바라는 목표를 집단에서 충족시켜주지 못하면 응집력이 약해져 집단을 이탈하게 된다. 집단의 분위기가 좋지 못하면 집단응집력이 약해진다.

section 2 집단의 과정

1 모집공고 및 예비단계

(1) 집단원들이 집단에서 만나기 이전의 예비적 단계를 의미한다.

(2) 예비단계는 예비면담을 통해 집단상담의 후보자를 결정하고 상담의 동기 및 문제를 파악한다.

(3) 집단의 목적과 방식에 설명하는 과정이다.

> **POINT** 모집공고사항
> ① 집단유형
> ② 집단목적
> ③ 집단운영시간 및 장소, 비용
> ④ 집단원의 기대효과
> ⑤ 상담자의 자질과 배경
> ⑥ 집단 적합자의 결정지침
> ⑦ 집단원의 권리 및 책임
> ⑧ 집단에서 사용되는 기법 및 절차
> ⑨ 집단회기 녹음(기록) 여부

② 도입단계

(1) 개요

① 도입단계는 내담자가 집단 경험을 자신의 성장을 위하여 최대한 활용할 수 있도록 돕는 단계이다.

② 집단상담자는 내담자의 문제 내용, 문제가 야기된 환경, 문제 극복을 위한 본인의 수단과 반응에 관한 정보수집과 내담자가 집단지도를 통해서 가장 적절한 치료를 받을 수 있는지도 평가한다. 또한 집단의 크기, 내담자들의 특성과 배경, 집단의 환경적 위치 등 변수들을 파악한다.

③ 집단상담의 초기에 응집성을 높이고 자기노출과 피드백을 높이기 위해서 적절한 구조화를 한다.

④ 집단초기단계로 집단원 간의 어색함으로 침묵하는 경우가 종종 있다.

> **POINT** 구조화
> • 집단의 성격, 목적 정의
> • 상담자역할 언급
> • 집단규범 및 유의사항 전달

(2) 행동 목표의 설정

① 집단목표의 분류

   ⊙ 개인적 목표 : 집단상담자는 집단구성원 각자로 하여금 개인적인 목표를 설정할 수 있도록 한다.

   ⓒ 과정적 목표 : 집단구성원들의 신뢰관계 형성 및 활성화를 목표로 한다.

② 집단의 목표 설정 시 집단상담자가 유의할 점 : 경청, 반영, 명료화, 해석 등을 활용해서 목표의 달성여부를 구체적이고 가시적이며 조작적은 행동목표로 재진술 할 수 있도록 한다.

③ 준비단계(과도적 단계)

(1) 개요

① 준비단계에서는 집단구성원들의 저항, 불안, 갈등이 두드러진다. 이러한 일련의 변화를 경험하면서 집단은 점차 응집력과 생산성을 지니게 된다.

② 준비단계는 집단상담원들로 하여금 상호 간과 전문가에 대한 올바른 이해를 가지도록 하며, 집단구성원의 목표와 기대를 발전시키고, 나아가 집단지도과정에 참여할 수 있도록 하는 것이다.

③ 작업을 위한 준비단계로 분위기를 조성하고 작업으로 이어지는 단계이다.

(2) 준비단계의 특징

① 불안

　㉠ 준비단계에서는 집단 내의 불안과 방어가 증가하는 것이 특징이다.

　㉡ 집단구성원들이 집단을 점차 신뢰하고 이러한 불안과 방어를 공개적으로 진실하게 다른 집단구성원들과 공유하게 될 때, 자신들의 불안감을 줄이고 나아가 집단을 개방적, 신뢰적 분위기로 이끌 수 있다.

　㉢ 대개 집단구성원들은 다른 구성원들이 자신을 진실로 이해하고 있고 관심을 갖고 있는지, 자신이 내적인 감정을 이야기했을 때 다른 사람들이 받아들일 수 있을지, 이야기 도중 자신이 통제력을 상실하거나 울게 될 경우 다른 사람들이 어떻게 생각할지 등에 대해 불안한 마음을 갖는 경우가 많다.

　㉣ 불안은 자신이 공식적 이미지에서 벗어날 경우 다른 집단구성원들이 자신을 어떻게 볼지에 대한 걱정스러움, 다른 집단구성원들이 자신을 오해할 것에 대한 두려움, 집단 내에서 바람직한 행동이 무엇인지 잘 모르는 불명확성 등에서 비롯된다.

　㉤ 불안을 다룸에 있어 잡단상담자는 불안이 집단 준비단계의 자연스러운 현상임을 집단구성원 모두가 이해하고 수용할 수 있도록 집단구성원들이 개방적으로 불안에 대해 이야기할 수 있는 분위기를 조성해야 한다.

② 의존성

　㉠ 집단상담자는 점차로 집단활동의 책임을 집단에 이양하는 것이 타당하다.

　㉡ 집단상담자는 구성원들의 참여를 촉진하기 위해서 직접 응답하는 대신 집단에 도움의 지원을 요청할 수 있다.

　㉢ 집단상담자가 길러야 하는 능력은 집단과 집단의 과정을 신뢰하고 관망하는 것이다.

③ 저항

　㉠ 저항은 구성원들의 개인적인 문제나 고통스런 감정을 탐색하는 것을 회피하는 것을 말한다.

　㉡ 저항은 변화에 대한 불안감으로부터 자신을 보호하는 방식이다. 주로 집단 내에서 개인적 노출, 자기개방과 관련하여 모험을 거는 과정에서 나타나는 반응이다. 그러나 저항은 반드시 집단구성원 개인의 문제에서만 비롯되는 것은 아니다. 자격이 없는 상담자, 권위적인 상담자, 상담자에 대한 신뢰 부족, 상담자들 간의 갈등 등이 저항의 원인이 되기도 한다.

　㉢ 집단에 저항이 있는 경우, 상담자는 집단구성원들이 주저하고 불안해하는 것을 인식하고 집단구성원들이 이를 집단 내에서 해결할 수 있게 격려하는 개방적인 분위기를 조성할 필요가 있다. 이때 상담자는 집단구성원들의 저항에 대해 낙인찍지 말고, 집단구성원들의 구체적인 행동에 대해 이야기하는 것이 바람직하다. 낙인을 찍는 경우 집단구성원들이 자신의 행동방식을 과도하게 의식하게 되어 자발적, 공개적으로 행동하는데 방해를 받을 수 있기 때문이다.

　㉣ 주지화는 일종의 방어기제로 집단원이 핵심문제를 벗어나 철학적 사상이나 개념 등을 이야기하는 것으로 작업에 방해가 된다. 주지화 행동이 일어난 경우 집단상담자는 역할연습을 통해 자신의 감정을 인식하게 유도하고 상담자가 감정표현하는 것을 보여줌으로써 집단원이 정서를 표현하도록 도와준다.

⑩ 상담자는 집단구성원들이 자신의 저항과 관련된 행동을 인식하고, 이러한 행동을 변화시키기 위해 도전할 수 있게 도울 수 있다.

⑪ 상담자는 집단구성원들이 자신의 저항과 관련된 행동을 인식하고, 이러한 행동을 변화시키기 위해 도전할 수 있게 도울 수 있다.

POINT 저항의 유형
① 침묵, 지나친 의존, 하위집단이 공유하는 이야기만 하는 것, 주지화, 역사출현(집단에서 과거 있었던 이야기, 떠난 집단원에 대해 이야기하는 것) 등의 행동을 하는 경우
② 상호간에 너무 조심스럽게 지지적이고 지나치게 예의바른 행동을 하는 경우
③ 피상적이고 제한된 의사소통을 하는 경우
④ 집단원 자신이 진실된 자기노출을 꺼리고 표현을 우회하는 경우

④ 갈등

㉠ 준비단계의 갈등은 집단구성원들이 서로 더 많은 권력과 통제력을 갖고자 하는 욕구에서 비롯된다.

㉡ 갈등의 대표적인 양상은 집단구성원들이 서로에게 부정적인 언급, 비난을 하는 것, 또는 심판하는 자세로 나타난다.

㉢ 집단구성원들이 과도하게 조언을 제공하는 것, 집단을 독점하는 것, 조롱하거나 냉소적인 태도, 방관적인 태도 등도 집단의 갈등이 표출되는 방식들이다.

POINT 집단원의 갈등유형
① 화제독점형 : 집단 내에서 끊임없이 이야기하는 사람으로 자신의 불안을 방어하기 위해 장황하게 반복적으로 말한다.
② 구원자형 : 다른 집단원이 경험하는 부정적인 감정을 다급히 상처를 싸매는 유형으로 겉으로는 고통받는 집단원의 문제를 도와주는 것처럼 보이지만 오히려 문제해결을 방해하는 부정적인 효과를 나타낼 수 있다.
③ 도사형(성인군자형) : 자신이 옳다고 생각하고 타인의 잘못을 들추려는 유형으로 내면에는 수치감과 분노심이 있으며 근엄하고 우월한 태도로 행동한다.
④ 조수자형(동맹형) : 상담자역할을 자처하며 초기에는 집단역동에 긍정적인 역할을 하지만 자신의 우수성을 과시하며 지도자의 역할을 하려 들기 때문에 이후에는 타 집단원들의 비난을 받기도 한다.
⑤ 부정적인 집단원 : 집단에 대해 불평하고 타 집단원과 상호역동을 하지 않으려는 집단원
⑥ 방관자 : 집단역동에 관심을 두지 않고 냉소적인 태도를 지닌다.

㉣ 집단구성원들은 집단 내에 위계 순위를 구축하기 위해 집단구성원들 사이에서뿐 아니라 집단상담자와도 갈등하는 모습을 나타낼 수 있다.

㉤ 서로 더 많은 권력을 갖기 위해 집단구성원들끼리 경쟁하기도 하고, 누가 상담자로 적합한지를 두고 투쟁하기도 한다.

㉥ 갈등상황을 다룰 때, 상담자는 준비단계의 갈등은 불가피한 것이며 이러한 갈등을 잘 다룰 경우 집단 내의 신뢰가 강화될 수 있다는 것을 인식하는 것이 중요하다.

㉦ 상담자는 집단 내에 갈등이 있을 때 갈등이 있음을 있는 그대로 인정하고 이를 정직하게 직면하고 해결하려고 노력해야 한다.

㉧ 갈등이 있는 상황에서 갈등을 무시하는 것은 바람직한 대처방안이 아니다.

ⓩ 상담자는 집단구성원들이 갈등상황에서 경험하는 부정적인 감정을 표현하게 함으로써 집단에 대한 신뢰를 형성할 수 있게 도와야 한다.

ⓩ 갈등과정은 집단초기의 어색함과 침묵 즉 저항이 처리되었다는 것을 의미하기도 하며 지금 여기에서 부정적인 감정표출을 유도함으로서 작업단계로 이어질 수 있다.

⑤ 응집성

㉠ 저항과 갈등이 처리된 후 집단응집성이 발달할 수 있다.

㉡ 집단응집성은 부정적인 감정 표현이 허용된 후 가능하며 자기노출에 대한 긍정적인 반응을 수반하게 된다.

㉢ 작업단계를 위한 전제조건이 되며 이 자체가 목적이 되어서는 안 된다.

> **POINT** 응집성 발달의 장애요인
> ① 집단원들이 부정적인 감정 표현을 자제하는 경우
> ② 유쾌한 대화나 상호역동에 빠져들어 거짓 응집성이 발달된 경우
> ③ 응집성발달 이후 다음 작업단계로 넘어가지 않는 경우

④ 작업단계

(1) 개요

① 작업단계에서 집단은 주요한 문제에 대해 깊이 있는 탐색을 시작하고, 바람직한 행동변화를 위해 행동하며, 자기 삶에 대한 책임의식을 갖는다.

② 작업단계에서 전문적 개입의 초점은 집단으로 하여금 구성원들이 서로 도움을 줄 수 있는 능력이 증대하도록 하는 데 있으며, 전문적 개입활동은 구성원들이 자신의 힘으로 성취할 수 있는 것을 보강하는 방향에서 수행된다.

③ 작업단계에 오면 집단 내 하위집단이 현저하게 나타나게 되는데, 집단활동의 긍정적 기여가 될 수 있도록 상담자는 하위집단을 조정하며, 문제의 노출 시 구성원들의 관계향상을 위한 노력을 기울이도록 도움을 주어야 한다.

④ 작업단계에서 중요한 것은 집단이 치료목적을 달성하도록 움직여나가는 것이며, 후퇴가 일어날 경우 심각한 사태가 초래되지 않는 한 상담자의 지나친 개입은 조심해야 하다. 왜냐하면 이 과정을 통해 구성원들은 가치 있는 학습의 기회가 주어지며, 문제를 극복하는 방법을 익히기 때문이다.

⑤ 작업단계는 집단상담의 핵심단계가 되며 집단상담자의 권위가 완전히 이양된 단계를 의미한다.

⑵ 자기노출과 감정의 정화

① 사적인 문제가 노출되면 집단은 자기노출 기법과 공감을 활용해서 여러 가지 감정적 응어리를 토로하도록 한다.

② 그 자체로서 치료적이 될 수 있는 것은 부정적 감정의 응어리를 정화할 경우이다.

③ 집단구성원의 상호간에 동료의식을 느끼게 할 수 있도록 하기 위해서 유사한 경험을 노출한다.

⑶ 비효과적 행동패턴의 취급

① 자신의 비효과적 행동패턴으로서 문제 상황에 연루되고 헤어나지 못하게 만드는 것을 탐색 · 이해 · 수용하도록 돕는다.

② 집단구성원 상호 간에 보다 깊은 수준에서 있는 그대로의 피드백과 맞닥뜨림을 할 수 있는 모험을 하게 되고 상호 간에 깊은 교정적 · 정서적 경험을 하게 된다.

⑷ 바람직한 대안행동의 취급

① 집단구성자는 적절한 대안행동을 선정할 수 있도록 돕기 위해서 다각적인 측면에서 가능성과 효과성을 논의한다.

② 집단상담원들의 대안행동을 학습하겠다는 확고한 의지가 있을 때 실제적인 행동변화가 일어날 수 있다.

⑸ 집단역동의 활용

집단역동이란 집단이 형성되고 변화하는 과정에 생기는 집단구성원과 상담자 혹은 집단 구성원들 간의 심리적 관계에 일어나는 상호작용적인 힘을 말한다. 집단역동은 집단의 구조, 이론적 접근, 집단 구성원의 독특한 성격, 성별, 연령, 문화, 욕구 등과 같은 복잡한 요인의 영향을 받게 된다.

집단의 성격과 방향을 좌우하는 복합적인 힘인 집단역동은 집단 상담자의 개입과 중재로 집단원 개개인을 변화시키는 원동력이 되지만 이 역동을 잘못 사용하게 되면 집단원들에게 부정적인 영향을 미치게 된다.

집단역동의 구성요소는 집단의 규범, 지위와 역할, 집단응집력, 집단의사소통과 상호작용(정서적 유대, 하위집단, 집단의 크기와 물리적 환경), 집단문화, 피드백 등을 들 수 있고 집단 역동에 영향을 미치는 요인으로는 집단의 배경, 집단의 참여 형태, 의사소통 형태, 집단의 응집성, 집단의 분위기, 집단행동의 규준, 집단원들의 사회적 관계유형, 하위집단의 형성, 주제의 회피, 지도성의 경쟁, 숨겨진 안건, 제안의 묵살, 신뢰 수준 그리고 집단원의 개인적 특성(출신지역, 학력, 결혼상태, 직업, 종교, 그리고 집단의 크기와 집단의 회기의 길이 집단 참여 동기 등이 있다.

5 종결단계

(1) 개요

① 종결단계는 집단구성원들이 집단에서 경험한 것을 집단 밖에서 실행해 봄으로써 배운 것들을 통합하는 단계이다.

② 집단의 종결은 집단상담자가 집단상담을 시작하면서부터 지속적으로 기정사실임을 집단구성원들에게 상기시켜야 하는 부분이다.

③ 집단상담자는 지금까지의 집단 경험과정에서 일어난 사람들의 변화에 직면하고 또 다른 적절한 계획을 만들도록 도우며, 목적성취와 관련하여 평가를 실시한다. 그리고 필요에 따라 집단상담자는 어떤 요인이 집단의 통합성을 결여하게 만들었는지 찾아보아야 한다. 아울러 집단구성원들에게는 종료시기를 미리 알려주어야 하며, 집단구성원들 스스로가 이것을 알고 조치할 수 있도록 하는 것이 바람직하다.

④ 종결단계에서 집단상담자의 할 일은 집단의 과제를 완성하고, 전체 경험을 평가하고, 실제 얻을 것과 아직 남은 문제가 무엇임을 확인하고, 장래에 대해 생각하는 일 등을 집단구성원이 할 수 있도록 도와야 한다.

⑤ 집단구성원들이 집단에서 바람직하지 못한 행동을 버리고 새로운 행동형을 학습함으로써 소기의 목적을 달성한다.

⑥ 집단구성원 각자는 자신의 문제를 해결하게 되어, 자기노출이 감소되는 경향을 나타내며, 한편으로는 이제까지 맺어 온 깊은 유대관계에서 분리되어야 하는 데 대한 아쉬움을 경험한다.

(2) 종결단계의 주요 과업

① 감정다루기

　⊙ 종결단계에서 집단상담자는 집단구성원들에게 집단의 모임이 얼마 남지 않았음을 상기시킴으로써, 집단구성원들이 다가오는 종결에 대비하고 집단의 성공적 종결을 준비할 수 있게 하는 것이 중요하다.

　ⓒ 집단상담자가 집단구성원들이 헤어짐에 대해 어떻게 생각하고 느끼는지를 집단 내에서 충분히 공개적으로 이야기하고 검토할 수 있게 하는 경우, 집단구성원들은 헤어짐을 성숙하게 준비할 수 있을 것이다.

　ⓒ 집단구성원들은 집단을 떠나 집단의 지지 없이 일상생활을 해 나가야 하는 것에 대한 두려움을 공유하게 된다.

② **집단의 영향력 검토하기** : 집단상담자는 집단구성원 모두가 집단경험을 통해 배운 것에 대해 구체적으로 검토할 수 있게 도와야 한다.

③ **피드백 교환** : 집단구성원들은 집단모임 때마다 자신들의 감정과 생각 등을 주고받아 왔지만, 종결단계에서 집단구성원들이 자신들에 대해 어떻게 인식하고, 어떤 갈등이 명확해졌고, 무엇이 전환점이었으며, 집단에서 배운 것을 토대로 무엇을 할 계획인지 등을 이야기하게 하는 것은 집단활동의 의미를 되새기는 데 도움이 된다.

④ **미완성 과제의 완수**: 종결단계에서는 집단구성원들 사이의 상호작용에서 완결되지 않은 과업이나 집단의 목적과 관련하여 해결되지 않은 과제에 대해 이야기하는 시간이 필요하다. 비록 이러한 미해결 과제들을 집단 종결 이전에 해결하기는 어려울지라도 집단 내에서 미해결된 부분을 인정하고 남겨두는 것도 하나의 중요한 마무리과정으로서 의미를 갖는다.

⑤ **사후관리계획**: 청소년집단은 다른 대상에 비해 종결시 거부감을 느낄 수 있다. 종합적인 집단원들간의 토의, 평가를 유도하고 문제행동을 개선하기 위한 노력, 계획을 나누도록 유도한다.

6 추수작업

(1) 개요

① 지금까지 집단의 효과를 재검토하는 단계이다.

② 집단의 부정적인 영향은 없는지, 일상생활에서 긍정적인 영향을 미치고 있는지를 검토한다.

③ 종결 후 약 6개월이 지나 follow-up하며 집단의 효과가 지속되는지 확인해 보는 과정이다.

> **▶POINT** 집단상담 단계
> ㉠ 도입단계: 오리엔테이션, 참여자 소개, 예상되는 불안 취급, 집단의 구조화, 목표 설정, 신뢰감 형성
> ㉡ 준비단계: 의존성, 저항, 갈등, 응집성
> ㉢ 작업단계: 자기노출, 비효과적인 행동패턴 확인과 수용, 바람직한 대안행동의 습득과 이에 필요한 상담 요소들, 즉 문제 해결
> ㉣ 종결단계: 집단경험 요약, 집단원의 변화에 대한 평가, 이별 감정과 미진한 사항 다루기, 피드백 주고받기 등

---

section 3 집단의 발달단계

1 집단의 발달

집단원들의 응집성과 집단작업정도에 따라 발달단계를 나누어 볼 수 있다.

집단발달단계는 집단과정과 유사할 수 있으나 집단과정은 집단상담과정을 초기부터 종결까지 다룬 것이라면 집단발달단계는 집단원들의 집단상담에서 성숙도와 작업정도에 따라 정렬해 놓은 것이라고 이해하면 쉽다.

② 집단발달단계

(1) 존스(Jones)의 집단발달단계

① 가입 전 단계

 ㉠ 집단성원들이 집단참여 전 집단에 대해 기대와 집단활동에 대한 고통 등 양가감정을 가진다.

 ㉡ 집단에 대한 접근&회피반응을 하는 단계이다.

② 힘과 통제의 단계

 ㉠ 집단상담자가 집단규칙(규범)에 대해 설명한다.

 ㉡ 집단성원은 집단 내에서 확고한 위치를 차지하고자 투쟁하게 된다.

 ㉢ 집단 내에서 하위집단이 나타나고 갈등유형의 집단원이 나타난다.

③ 친밀단계

 ㉠ 집단원들간 하위집단이 견고해지며 집단과제에 대해 일체감이나 응집성이 고조된다.

 ㉡ 집단에 대해 개방적이고 집단원 자신의 감정을 자유롭게 표현하게 된다.

 ㉢ 집단목표를 달성하고 과업을 수행한다.

④ 분화(특수화)단계

 ㉠ 집단성원들이 새로운 행동을 실천해보고 문제를 해결하는 단계이다.

 ㉡ 집단 내에서 권위에 대한 투쟁이 최소화되고 집단원에게 권위가 모두 이양된 상태이다.

 ㉢ 집단목표 이후에 개인적 목표를 달성할 수 있다.

 ㉣ 집단원들이 감정적으로 자신의 문제를 인식하기보다 객관적 기준에게 자신의 문제를 인식하고 해결하게 된다.

⑤ 이별(종결)단계

 ㉠ 집단의 종결에 대해 이야기한다.

 ㉡ 집단종결에 대한 양가감정을 보일 수 있으며 집단 내에서 퇴행현상이 나타날 수 있다.

 ㉢ 집단종결 이후 사후문제에 대해 이야기해 본다.

(2) 노든(Northen)의 집단발달단계

① 준비단계 : 집단원들이 대면하기 이전 단계로 집단을 구성하고 목표를 설정하는 단계이다.

② 오리엔테이션 : 집단원들이 1차적으로 접촉하고 집단원의 불안과 긴장이 고조되는 단계로 집단 내에서 권위쟁탈을 위한 투쟁적 리더가 출현하는 단계이다.

③ 탐색단계 : 집단 목표지향적 활동이 나타나며 친밀한 집단원 간 하위집단이 나타나게 된다.

④ **문제해결단계** : 집단 응집성이 가장 높은 단계로 집단원간 집단역동이 활발하여 문제해결능력이 상당히 높은 수준에 해당한다.

⑤ **종결단계** : 집단목적 달성시 집단종결을 준비하며 집단원의 의존성이 감소되나 집단목적달성이 안된 집단원에서는 부적응이 나타나기도 한다.

04 집단의 지도성과 기술

section 1 집단의 시도성

1 상담지도성과 역할

(1) 집단상담의 시작
상담자는 집단구성원들로 하여금 상호작용을 시작하도록 안내하고 솔선하여 자신의 견해를 이야기 한다.

(2) 집단의 방향 제시
집단상담의 초기단계에 집단상담자는 그 집단이 나아갈 방향을 제시하고 일반적인 오리엔테이션을 제공해야 한다.

(3) 분위기 조성
집단상담자는 허용적인 집단 분위기와 심리적인 안정감을 줄 수 있는 장면을 조성해 주어야 한다.

(4) 행동의 모범
상담자 자신이 행동에 대한 시범을 보임으로써 집단구성원도 그렇게 하도록 돕는다.

(5) 의사소통
집단으로부터 의사소통을 방해하는 요인을 제거한다.

section 2 집단상담의 기술

1 관심기울이기 및 경청

(1) 관심기울기 행동의 중심 되는 세 가지 요소

① 서로 간에 말할 때 시선을 부드럽게 한다.

② 얼굴표정과 몸짓을 중시한다.

③ 간단한 동작과 말에도 즉각적인 반응을 보인다.

(2) 경청하기

① 소극적 경청과 적극적 경청

　　㉠ 소극적 경청 : 내담자가 말하는 내용을 들으면서 상담자가 고개를 끄덕이거나, '아아', '으음', '그래' 등의 감탄사를 하는 것을 말한다.

　　㉡ 적극적 경청 : 상담자가 내담자의 말을 듣고 난 후 언어적인 반응을 분명하게 표현해 주는 것이다.

② 경청의 요소

　　㉠ 청취 : 물리적으로 소리를 듣는다.

　　㉡ 이해 : 포괄적으로 메시지를 해석하고 이해한다.

　　㉢ 기억 : 이전의 인상이나 경험을 의식 속에 간직하거나 도로 생각해 낸다.

　　㉣ 반응 : 상담자의 감정에 반응하는 것으로, 상담자의 감정과 기분을 말한다.

2 반영하기

(1) 의미

반영이란 내담자가 전달하고자 하는 의사의 본질을 스스로 알 수 있도록 상담자가 감정·생각·태도를 참신한 말로 기술하는 것을 의미한다.

(2) 목적

① 내담자가 자신의 감정을 더 표현해 보도록 격려하기 위함이다.

② 내담자가 느낀 감정을 더 강하게 느껴 보게 하기 위함이다.

③ 내담자의 감정을 정확히 구별하기 위함이다.

④ 내담자를 압도하고 있는 감정을 보다 잘 지각하게 하기 위함이다.

예시 : '바다'님은 '강물'님의 말에 신경 안 쓴다고 했지만 목소리가 떨리고 표정이 어두워진 거 같아요.

③ 명료화 및 요약

(1) 명료화

① 명료화는 모호하고 혼란한 내용을 명확하게 한다.

② 상담자가 한 말을 정확히 들었는지 확인한다.

③ 명료화를 위한 기법으로는 질문, 재진술 등이 있다.

예시 : '바다'님이 말씀하신 내용에 대해 더 자세히 이야기해 주시겠어요?

(2) 요약

① 상담자의 말을 압축하거나 회기를 압축하여 두서너 개의 문장으로 간추려 말한다.

② 목적

　㉠ 상담자의 말 중 여러 요소들을 서로 묶기 위함이다.

　㉡ 공통된 주제나 패턴을 밝혀내기 위함이다.

　㉢ 지나치게 두서없는 이야기를 방지하기 위함이다.

　㉣ 이야기의 진행 정도를 검토하기 위함이다.

④ 해석하기

(1) 해석의 역할

① 해석은 정신역동적인 개념으로 내담자가 잘 인식하지 못하는 것을 의식화 시켜주는 역할을 한다.

② 해석은 직면반응에 비해 좀 더 무의식에 가까운 내용을 다룬다.

(2) 해석의 반응

① 내담자가 해석을 받아들일 수 있을 만큼 충분히 자각이 증진되었을 때 사용한다.

② 상담자가 해석의 증거자료를 충분히 모았을 때 사용한다.

③ 상담자의 해석이 확인해 봐야 하는 잠정적인 가설임을 인식하고 조심스럽게 시도해야 한다.

④ 해석은 단정적으로 해서는 안 되며 가설적으로, 질문하는 방식으로 한다.

⑤ 주장이나 판단이 아닌 느낌으로, 지금 – 여기에 초점을 주고 직접적, 구체적으로 해석함으로서 내담자가 스스로 확인할 수 있도록 해주도록 한다.

> 예시 : '바다'님은 아까부터 그 이야기만 하고 있는데 왜 그런지 궁금하군요. (가설)해서 그럴지도 모르지만 다른 분들은 어떻게 생각하시나요?

⑤ 질문하기

상담에서 질문은 매우 중요하다. 내담자가 자발적으로 이야기를 풀어가기도 하지만, 적절할 때 적절한 질문을 하는 것은 내담자의 자기탐색을 촉진하는 역할을 하기 때문이다.

(1) 개방적 질문과 폐쇄적 질문

① 개방적 질문 : 내담자가 자유롭게 자신의 생각을 표현할 수 있는 질문이다.

② 폐쇄적 질문 : 내담자에게 예/아니오의 찬반이나 단답을 요구하는 질문이다.

(2) 간접질문과 직접질문

① 간접질문 : 간접적으로 넌지시 물어보는 질문이다.

② 직접질문 : 직선적으로 물어 보는 질문이다.

(3) 이중질문과 질문공세

① 이중질문 : 한 번에 두 가지를 동시에 묻는 질문이다.

② 질문공세 : 동시에 여러 가지 질문을 한 번에 하는 질문이다.

⑥ 연결하기와 마주하기

(1) 연결하기

① 한 내담자의 말과 행동을 다른 내담자의 관심에다 관련지어 주는 통찰력에 관한 기술이다.

② 내담자가 도움을 받을 수 있는 것은 자기문제를 다른 각도에서 보거나 미처 의식하지 못했던 문제의 진정한 원인이나 해결책을 찾는 것이다.

③ 집단원의 문제개방에 대해 다른 집단원도 비슷한 경험이 있는지 연결해 주는 것이다.

④ 특정 집단원의 행동이나 말을 다른 집단원의 관심사와 연결시키는데 사용되는 집단상담자의 통찰을 표현하는 방법으로 사고와 행동의 유사점과 차이점을 지적하는데 사용하며 집단원의 진술 내용과 감정을 연결하여 감추어진 의미를 발견하며 비언어적 행동의 관찰로 느낌과 사고를 연결하게 된다. 집단원간의 상호작용과 응집력을 높이는데 효과적인 기법이라 할 수 있다.

> 예시 : '바다'가 자신의 불안감에 대해 개방할 때 집단상담자가 '산'에게 이와 같은 불안감을 느낀 경험이 있는지 질문함으로서 '바다'와 '산'의 공통된 경험에 대해 상호교류를 격려하고 촉진할 수 있다.

(2) 마주하기

① 내담자의 행동이 집단상담의 기능을 방해하거나 말과 행동이 일치하지 않을 때 지적해 주는 기술이다.

② 마주하기를 사용하는 경우

    ㉠ 과거에 한 말과 현재 하는 말이 일치하지 않을 경우

    ㉡ 행동과 말이 일치하지 않을 경우

    ㉢ 내담자 자신이 인식하는 것과 다른 사람이 인식하는 것이 일치하지 않을 경우

    ㉣ 내담자의 말 내용과 집단상담자가 느끼는 것이 다를 경우

    ㉤ 내담자의 말과 정서적 반응과 차이가 있을 경우

> 예시 : '바다'님은 지난 모임에서 이런 일에는 자신이 있다고 하고선, 오늘은 자신이 없다고 말씀하시네요.(전후 발언의 차이 직면)

7 심적 지지 해주기

심적인 지지가 필요한 것은 내담자가 위기에 직면했을 때, 미지의 행동을 모험적으로 감행하려 할 때, 바람직하지 못한 행동을 제거하려고 노력할 때 등이다.

8 행동 제한하기

(1) 의의

내담자의 비생산적이고 집단의 발전에 도움이 되지 못하는 행동을 제한하는 것이다.

(2) 내담자의 행동을 제한할 수 있는 경우

① 계속적으로 질문만 할 때

② 제3자를 험담할 때

③ 외부의 집단 이야기를 계속할 때

④ 다른 내담자의 개인적인 비밀을 캐내려고 할 때

⑨ 촉진하기

(1) 의의

집단상담자는 개인적 목적과 집단적 목적을 달성하기 위해서 모든 내담자들이 보다 적극적으로 집단과정에 참여할 수 있도록 한다.

(2) 집단상담자의 집단과정 촉진

① 내담자들의 느낌을 정직하게 표현하도록 돕는다.

② 신뢰적인 분위기를 조성한다.

③ 내담자가 새로운 행동을 실험해 보거나 개인적인 문제를 탐색할 때 지지와 격려를 해 준다.

④ 많은 내담자를 참여시키기 위해서 도전 또는 초청을 한다.

⑤ 가능한 집단상담자에게 의존하는 경향을 축소한다.

⑥ 공공연히 갈등이나 의견 불일치를 표현하도록 장려한다.

⑦ 의사소통의 장벽을 극복하도록 도와준다.

> 예시 : '바다'님은 5분이 넘는 지금까지 계속 침묵만 하고 계시네요. '강물'님이 눈물 흘리시는 거 보시고 '바다'님은 어떤 생각이 드셨는지요?

⑩ 노출하기와 피드백

(1) 노출하기

① 자기 노출을 통하여 내담자에게 유사성과 친근성을 전달할 수 있는 사람은 집단상담자이다.

② 자기 노출은 상담자와 내담자 간의 보다 싶은 이해를 발달시킬 수 있다.

(2) 피드백

① 피드백이란 타인의 행동에 대한 자신의 반응을 상호 간에 솔직히 이야기해 주는 과정을 말한다.

② 집단상담의 목적은 내담자로 하여금 타인들이 자기를 어떻게 보고 있는가에 대하여 학습할 기회를 제공하는 데 있다.

③ 피드백 사용시 유의점

    ㉠ 피드백은 사실적으로 해야 하며 가치판단의 변화를 강요해서는 안 된다.

    ㉡ 피드백은 구체적으로 해야 하며 행동이 일어난 직후 해야 한다(포괄적으로 해서는 안 된다).

    ㉢ 변화가능한 대안까지 제시하는 것이 좋다.

    ㉣ 집단원 전체가 피드백을 주는 것이 바람직하다.

    ㉤ 피드백은 분명하게, 간결하게, 직접적으로 주는 것이 좋다.

    ㉥ 언어적인 것 이외에 비언어적인 것 까지 모두 피드백한다.

    ㉦ 피드백은 비판적으로 해서는 안 된다.

    ㉧ 부정적인 것과 긍정적인 것 모두 피드백한다.

⑪ 전이의 취급

(1) 의미

① 과거의 경험에 의해서 억압된 느낌을 현재의 비슷한 대상에게 표현하려는 현상을 전이라고 한다.

② 집단상담자는 전이적 행동을 보이고 있는 내담자에게 기술적인 피드백을 제공한다.

⑫ 역전이 현상의 처리

(1) 의미

① 역전이란 내담자들에 대한 집단상담자의 의식적 또는 무의식적인 정서적 반응을 의미한다.

② 집단상담자는 그의 감정을 내담자에게 올바르게 이야기 할 수 있어야 한다.

③ **역전이** : 정신분석치료과정에서 환자의 전이에 대한 치료자의 무의식적인 반응, 즉 치료자의 감정, 태도, 사고(思考)를 말한다. 넓은 뜻으로는 치료자가 환자에 대해 품는 의식적, 무의식적인 감정반응 전체를 말한다. 역전이는 치료자의 무의식적 갈등에서 생기는 상황이 많아, 치료자의 중립성을 방해하고 환자에 대한 공감이나 이해의 방해가 되어 치료과정에 큰 영향을 준다. 한편, 역전이 감정을 면밀하게 분석함으로서 환자의 행동, 감정, 사고의 의미를 이해하여 환자의 통찰을 심화하는 계기를 얻게 한다. 치료자에게는 교육 분석이나 감독자를 통하여 역전이를 느끼게 하는 훈련이 필요하다.

⑬ 모험하기

(1) 의의

위험이 있어도 성장에 도움이 되는 행동을 기꺼이 실천하려는 것을 의미한다.

> 예시 : ① 타인에 대해 부정감을 불편해하는 집단원에게 자신이 싫어하는 집단원을 순서대로 세워보는 것
> ② 이성에 부담을 느끼는 집단원에게 다른 이성집단원에게 신체 접촉시키기

⑭ 차단하기

차단하기(blocking) : 집단과정에 부정적인 영향을 주거나 집단원의 성장을 저해하는 의사소통에 개입하는 것으로 부정적인 피드백을 주는 가해 집단원의 인격을 공격하지 않으면서 비생산적인 행동을 막는 기법으로 집단상담자의 민감성과 직접성이 요구된다.

⑮ 재초점화

내용이 본질에서 이탈되었을 때 논의하던 주제로 되돌아오거나 다른 주제로 초점을 전환할 때 주로 사용한다.

집단상담에서 초점을 맞춘다는 것은 집단상담의 과정에서 어느 한 집단원의 관심사에 관해 모든 집단원들이 같이 생각하도록 하며, 주제에 관련된 자료를 중심으로 이야기 하도록 하는 것이라고 말할 수 있다.

05 집단상담자의 자질과 책임

1 집단상담자의 자질의 의의와 인간관

(1) 집단상담자의 자질의 의의

① 최근 학교 장면에서는 집단상담을 많이 시도하고 있고 기업체에서도 감수성훈련 등의 형태로 인간관계능력의 향상을 위한 집단연수가 많이 이루어지고 있다. 이렇게 집단상담 형태의 지도 및 교육이 증가될수록 집단상담자의 자질과 책임의 중요성도 커지게 마련이다.

② 충분한 전문적 훈련과 자질을 갖추지 않은 상담자가 이끄는 집단상담은 단순히 '신기하고 재미있는 모임'에 불과하거나 집단구성원에게 혼란과 부정적 행동을 유발하는 경우가 있기 때문이다.

③ 집단상담자의 자질은 단순히 인간관계와 개인상담의 경험이 많다고 해서 자연적으로 구비되는 조건은 아니며, 그 밖에 인간행동의 의미에 대한 통찰력과 집단역동에 관한 전문적 지식 등을 더 갖추어야 하는 것이다.

④ 적절한 훈련배경과 자질을 갖추지 않고 집단상담을 하는 경우
  - ㉠ 비생산적이고 신경증적인 행동의 묵인 또는 강화
    - ㉮ 무의미한 자료에 관한 논의
    - ㉯ 이론적 언급 및 설명식 발언
    - ㉰ 타인에 대한 비방 및 합리화 위주의 발언
    - ㉱ 내담자로서의 기계적인 역할 수행
  - ㉡ 침묵의 지지 또는 지속화
  - ㉢ 감정적 표현의 과잉강조
  - ㉣ 발산 또는 고백 위주의 경향
  - ㉤ 피상적인 융화

(2) 집단상담자의 바람직한 인간관

① 집단상담자가 기초로 삼아야 할 인간관
  - ㉠ **행동주의 심리학** : 인간을 환경에 반응하는 수동적인 존재로 본다.

ⓒ 정신분석학 : 인간은 생물학적인 충동인 성욕에 의하여 움직인다.

ⓒ 현상학 및 실존주의 심리학 : 인간은 자아실현의 경향성을 지닌 존재이다.

ⓔ 초월심리학 : 인간은 시간과 공간을 초월할 수 있는 심원한 우주적 존재로 본다.

② 집단상담자가 지녀야 할 인간관

ⓐ 발달 가능성 : 인간은 건강한 상태에서 스스로를 지도하고 통제할 수 있다.

ⓑ 존엄성과 가치성 : 인간은 선천적으로 가치성과 존엄성을 지니고 있다.

ⓒ 도덕적 신성성 : 인간은 선한 도덕성을 지니고 있다.

ⓓ 전인적 존재 : 인간은 성격의 차원에서 신체적 · 지적 · 정서적 · 사회적 · 영적인 측면을 가지고 있다.

ⓔ 개성 : 인간은 독특하고 고유한 개성을 지닌 존재로 발달한다.

ⓕ 사회적 상호작용 능력 : 인간은 유기체로 환경과 역동적인 상호작용을 한다.

ⓖ 자유와 책임 : 스스로의 삶을 선택하고 결정할 수 있는 것이 인간이다.

❷ 집단상담자의 인간적 특성과 자질

(1) 집단상담자의 인간적 특성

① 내담자에 대한 선의와 관심 및 자신감이 있어야 한다.

② 용기와 끈기를 지니고 있어야 한다.

③ 융통성과 포용력이 있어야 한다.

④ 진실성과 개방성이 있어야 한다.

⑤ 지각력과 민감성 및 수용능력이 있어야 한다.

⑥ 유머감각과 지혜로워야 한다.

(2) 집단상담자의 인간적 자질

① 인간행동의 깊은 이해력이 있어야 한다.

② 행동 및 태도의 의미를 명료화시키는 능력이 있어야 한다.

③ 집단에의 몰입 및 상호교류의 속도 · 깊이를 관리할 수 있는 능력이 있어야 한다.

④ 행동변화를 위한 실천 노력을 촉진하는 능력이 있어야 한다.

(3) 상담자의 자질

① 로저스는 상담자의 기본적인 자질로서 인간관계에 대한 민감성, 객관적인 태도와 정서적으로 격리된 태도, 자신을 이해하며 정서적인 제한점과 결점을 아는 능력, 개인에 대한 무조건적인 존중과 있는 그대로를 받아들일 줄 아는 노력 및 의욕, 인간행동의 이해 등을 들고 있으며, NVGA에서는 상담자의 자질로 인내력, 인간에 대한 깊은 관심, 정서적 안정성과 객관성, 타인의 태도와 반응에 대한 민감성, 타인으로부터 신뢰받을 수 있는 능력, 사실의 존중 등 6가지를 들고 있다.

② 정원식과 박성수는 상담자의 자질로서 인간적인 자질과 전문적인 자질로 구분하여 다음과 같이 제시하고 있다.
  ㉠ 인간적인 자질
    ㉮ 자아의식
    ㉯ 원숙한 적응 상태
    ㉰ 인간문제에 대한 관심
    ㉱ 감정의 통제
    ㉲ 모델로서의 상담자
  ㉡ 전문적인 자질
    ㉮ 인성의 조직과 발달에 대한 지식
    ㉯ 사회환경에 대한 지식
    ㉰ 개인의 평가에 대한 지식
    ㉱ 카운슬링의 이론과 실제에 대한 지식
    ㉲ 카운슬링 실습연구방법과 통계적 기술에 관한 지식
    ㉳ 카운슬링이 적용되는 분야에 대한 이해

section 2 집단상담자의 책임

1 정보에 대한 책임

집단상담자는 내담자들이 집단압력에 억지로 순응하게 하지 말고 필요 없이 집단과정을 연장시키지 않으며, 집단에서 오고 간 사적인 정보들이 외부에 누설되지 않도록 할 중요한 책임이 있다.

2 추후 집단면접 및 개인상담에 대한 책임

집단상담자는 가능한 한 충분히 사전 소개와 준비를 해야 하며, 경우에 따라 종결 후의 추후 집단면접 및 개인상담을 동시에 실시해야 될 때도 있다.

06 집단구성원과 상담자의 역할 및 접근방식

section 1 집단구성원과 상담자의 역할

① 개인과 집단중심적 역할행동

(1) 개인 중심적 역할행동

① **충고하기** : 상담자는 집단구성원들이 해야 할 것과 하지 말아야 할 것을 말해 주고, 충고를 하게 된 동기에 대해서 스스로 탐색한다.

② **상처 싸매기** : 구성원의 기분을 좋게 해 주고 고통을 덜어 주기 위한 행동이다.

③ **공격하기** : 구성원은 다른 구성원으로부터 배척을 당할까봐 공격을 하게 된다.

④ **도움을 구걸하기** : 자신의 의존성을 유지하려는 수단으로 이용된다.

⑤ **문제없는 사람으로 자처하기** : 구성원 자신의 문제점이나 약점을 노출시키는 것을 꺼리기 때문에 나타나는 행동이다.

⑥ **지성에만 호소하기** : 아무런 느낌이 없이 지적인 면에만 관심을 기울이는 것은 인간관계를 증진시키는데 도움이 되지 못한다.

⑦ **다른 사람들의 기분 맞추기** : 다른 구성원으로부터 배신을 당할까봐 자신의 감정을 제대로 표현하지 못한다.

⑧ **참여하지 않기** : 상담활동에 참여하지 않고 침묵을 지키는 구성원에게 상담자는 참여할 수 있는 기회를 제공해야 한다.

⑨ **독점하기** : 집단상담의 활동을 독점하기 위해서 지나치게 말이 많고 적극적으로 행동하는 구성원은 집단상담자가 부드럽고 솔직하게 피드백을 해 주어야 한다.

(2) 집단중심적 역할행동

① 집단상담의 과업성취를 위한 역할행동

 ㉠ 제안을 솔선해서 하기

 ㉡ 정보를 물어 보고 제시하기

 ㉢ 의견을 물어 보고 제공하기

    ⓔ 제출된 안건을 상세히 설명하기

    ⓜ 여러 가지 제안들을 조정하기

    ⓗ 상담의 방향을 제시하기

    ⓢ 상담 내용에 대한 평가하기

    ⓞ 구성원들이 활기를 띠게 하기

    ⓩ 집단의 진행을 돕기

    ⓒ 안건이나 토의결과를 기록하기

 ② 집단의 유지와 발전을 돕는 역할행동

    ㉠ 집단의 진행에 따르기

    ㉡ 집단과정의 여러 측면을 기록하고 관찰하기

    ㉢ 집단의 규범을 명시하기

    ㉣ 구성원들의 의사소통을 촉진하기

    ㉤ 집단상담의 의사에 양보하고 타협하기

    ㉥ 구성원 간의 의견에 대한 불일치를 조화시키기

    ㉦ 다른 구성원들을 칭찬하고 격려하기

section 2 집단구성원의 접근방식

❶ 집단구성원의 접근방식의 개관

(1) 집단상담의 접근방식은 상담자의 이론적 입장, 평소의 대인관계 양식 및 내담자들의 수준과 문제특징에 따라 차이가 있을 것이다.

(2) 상담자의 개인적 측면은 집단지도력의 유형과 관련하여 검토할 수 있다. 즉, 사회심리학에서 말하는 권위형, 민주형 및 집단중심형이 그것이다. 이들 세 가지 집단지도의 유형은 서로 상관이 깊고 비슷하게 보이면서도, 각각 다른 성격이론과 인간개념에서 출발되었다고 볼 수 있다.

② 집단구성원의 접근방식의 유형

(1) 권위형

① 상담자는 무엇을 언제 어떻게 할지를 직접 관장하며 구성원들의 책임감에 호소하여 훈육하는 유형이다.

② 이 유형은 상담자의 판단 및 결정이 구성원들보다 우월하다는 가정을 기초로 하고 있다.

③ 성실한 태도를 지키는 한, 권위형 상담자는 자기의 지식과 경험을 토대로 구성원들과의 의사소통 및 문제해결을 촉진시킬 수도 있을 것이다.

④ 권위형 상담자는 주로 자신의 대화능력 · 판단 및 해석적 경험에 의존한다.

(2) 민주형

① 민주형의 상담자는 구성원들이 스스로 행동결과에 대한 자각을 갖도록 인도하는 것이 특징이다. 즉 구성원들에게 자기이해와 문제해결의 능력이 있음을 가정하고 있으며, 가능한 한 지시와 해석적인 기법을 사용하지 않는 유형일 것이다.

② 민주형은 구성원들에게 합당한 문제해결의 방향과 접근방식에 대한 자신의 이해능력을 믿는다.

(3) 집단중심형

① 집단중심형의 상담자는 집단상담에 참여한 구성원들 스스로 문제를 이해하고 해결책을 모색하도록 분위기만 조성해 주는 것이 특징이다. 즉, 거의 질문 · 해석 · 조언 등을 하지 않고 구성원들의 의견을 경청하면서 토의내용 및 결과를 존중해 준다.

② 수용 · 반영 · 명료화를 통해서 구성원들의 태도가 바람직하게 변화된다는 가정에 기초를 두고 있다.

③ 집단중심형은 구성원 반응의 의미를 이해하며 잠재적 가능성의 상호촉진능력을 바탕으로 하고 있다.

07 집단상담의 계획

section 1 집단상담 계획의 의의와 고려 사항

1 집단상담 계획의 의의

(1) 계획이란 앞으로 할 일의 절차, 방법, 규모 등을 미리 헤아려 작성하는 것을 말한다.

(2) 집단상담은 계획된 시간에 시작하고 끝낼 수 있도록 계획한다.

(3) 집단상담은 생각보다는 느낌이나 표현을 통해서 있는 그대로의 나를 내보이고 행동하도록 함으로써 인간관계, 태도, 성격, 정신건강 등에 긍정적 변화를 경험하도록 계획한다.

2 집단상담 계획시 고려사항

집단상담이 효과적으로 기능을 발휘하기 위해서는 다음과 같은 것을 사전에 미리 준비하고 분명히 해 두어야 한다.

(1) 집단의 장소와 분위기

① 심리적인 안정감을 줄 수 있는 것이 집단상담실의 위치, 크기, 분위기 등이다.

② 집단상담실은 가운데 테이블이 없고 아늑하며 자유롭게 신체활동도 할 수 있을 정도로 큰 것이 좋다.

③ 시청각 교재를 활용 할 때에는 상담의 효과도 높일 수 있다.

(2) 집단의 크기

① 집단의 크기는 내담자의 연령, 기대되는 개입의 정도, 집단구성원의 성격에 따라 많은 영향을 받는다.

② 상담집단은 6~8명이 이상적이어서, 성격유형에 따른 다양성을 인정할 수 있으며, 모든 구성원에게 적당한 참여 기회를 제공할 수 있다. 어린 아동들을 대상으로 할 때는 더 적은 수여야 한다.

③ 집단의 크기가 너무 작으면 내담자들의 상호관계 및 행동의 범위가 좁아지고, 각자가 받는 압력이 너무 커져 오히려 비효율적일 수도 있다.

(3) 집단의 구성

① 집단구성원을 구성하는 데 있어서는 성별·연령·과거의 배경·성격차이 등을 고려하여야 한다. 흔히 흥미나 문제가 비슷한 사람들을 모아야 한다고 생각하나 반드시 그렇지는 않다.

② 아동의 경우에는 남녀를 따로 구성하는 것이 좋으며, 청소년기 이상에서는 남녀가 섞인 집단이 더 바람직하다.

③ 집단상담에서는 효과를 얻을 수 있는 사람들을 선정하는 일반적 지침이 있다.

  ㉠ 내담자는 반드시 도움을 받기를 원해야 하고, 자기의 관심사나 문제를 기꺼이 말해야 하며, 집단 분위기에 잘 적응하는 내담자일수록 좋다.

  ㉡ 상담자는 집단원이 되고자 하는 내담자들을 미리 하나씩 면담하여, 집단의 목표에 적절한자 또는 내담자들에게 가장 적합하도록 집단을 어떻게 구성할지를 결정해야 한다.

  ㉢ 예정된 상담집단의 기능이 무엇이며, 집단구성원들에게 무엇을 기대하고 있는지를 알려 준다.

  ㉣ 집단상담의 구성원이 될 것인지의 여부는 내담자가 스스로 결정하도록 한다.

(4) 집단 운영방식

집단의 목표에 따라 집단의 운명을 폐쇄형으로 할 것인가 혹은 개방형으로 할 것인가를 미리 정해야 한다.

① 폐쇄집단

  ㉠ 폐쇄집단은 상담이 시작될 때 참여했던 사람들로만 끝까지 밀고 나가는 것이다.

  ㉡ 도중에 탈락자가 생겨도 새로운 구성원을 채워 넣지 않는다. 대개 학교에서의 집단상담은 이 형태를 취한다.

  ㉢ 폐쇄집단은 여러 가지 장점을 갖고 있으나 구성원이 도중에 탈락할 경우 집단의 크기가 너무 작아질 염려가 있다.

② 개방집단

  ㉠ 개방집단은 집단이 허용하는 한도 내에서 새로운 사람을 받아들이는 것이다. 이때에는 집단구성원 간에 의사소통이나 수용·지지 등이 부족해지거나 갈등이 일어날 수 있다.

  ㉡ 새로운 구성원을 받아들일 때에는 반드시 집단 전체가 그 문제를 충분히 논의해야 한다. 이러한 논의를 통해 집단의 기본적인 특성을 분명히 유지할 수 있다.

  ㉢ 새로운 구성원은 간혹 집단의 흐름을 방해하는 경우도 있으나 오히려 집단과정에 활기와 도움을 줄 수도 있다.

(5) 모임의 빈도

① 집단상담에서는 1주일에 한 번 혹은 두 번 정도 만나는 것이 보통이다. 문제의 심각성이나 집단의 목표에 따라 모임의 빈도를 증감시킬 수 있으며, 때로는 불가피한 주위 여건 때문에 일정이 변경될 때도 있다.

② 집단을 구성하는 이유가 빠른 해결을 보아야 하는 급박한 문제 때문이라면, 어느 정도 진전이 보일 때까지는 매일 혹은 격일로 만날 수 있다.

③ 상담시간 사이에 어느 정도의 간격을 두는 이유는 상담경험에 대하여 생각해 볼 기회를 주기 위한 것이다.

(6) 모임의 시간

집단 상담의 적절한 시간량은 내담자의 연령이나 모임의 종류 및 모임의 빈도에 따라 달라진다.

① 1주일에 한 번 만나는 집단은 한 시간에서 한 시간 반 정도로 지속되는 것이 필요하며, 2주일에 한 번 만나는 집단이라면 한 번에 두 시간 정도가 바람직하다.

② 청소년의 경우라면 한 시간 내지 한 시간 반 정도가 좋으나, 아동의 경우는 20~40분 정도가 적당하다.

③ 학교 장면에서는 학교의 수업시간의 길이와 일치하게 하는 것이 보통이다.

④ 집단상담의 일반적인 시간보다 더 오랫동안 한 모임을 계속하는 것을 '연속(마라톤)집단'이라고 한다.

⑤ 상담시간에 대하여 반드시 한정된 원칙이 있는 것은 아니지만, 일단 정해진 시간은 반드시 지킬 필요가 있다.

(7) 집단의 조직성

① 집단의 조직성이란 집단 상호 간의 관계분석, 갈등을 이해하고 해소할 수 있는 정도를 나타내는 것을 말한다.

② 집단의 조직성은 그 집단의 목적, 구성원들의 성격, 그리고 상담자가 채용하는 이론적 접근에 따라 달라질 수 있다.

③ 집단상담자 중심적인 집단에서 고도의 조직성을 띠는 것은 사전에 정한 절차에 따라 지시적으로 진행되기 때문이다.

집단상담의 윤리적 운영

---

section 1 상담윤리의 개념과 목적

❶ 상담윤리의 개념

(1) 의의

상담윤리는 상담자들이 상담수행과정에서 '선'을 행하고 '악'을 피할 수 있도록 도와주는 안내자의 역할을 하며 구체적인 지침을 상세히 규정하여 상담자에게 무엇이 필요한 행동이며, 어떠한 행동을 하지 말아야 할 것인가를 말해 준다.

(2) 윤리적 물음

① 상담이 무엇인지 해답을 찾기 위한 과정이다.

② 상담자의 책임성과 윤리의식이라는 두 가지 요소는 대립된 상황에서 서로 다른 가치 간에 질서를 부여하고 무엇이 중요한 가치인가를 구별해 준다.

③ 정직성과 책임성이다. 정직성은 마음에 거짓이나 꾸밈이 없이 바르고 곧은 특성을 의미하여 상담과정에서 상담자의 이익을 위해 내담자를 이용하지 않도록 상담자가 지녀야 할 윤리적 덕목과 도덕성, 미덕과 같은 개인적 인격형성의 우수성이다. 책임성은 상담자가 어떤 결정을 하거나 재량권을 행사할 때 길잡이가 될 수 있는 도덕적 지침을 말하는 것으로, 상담자는 상담과정에 대하여 책임을 져야 할 위치에 있다.

④ 행위규범의 기준설정 사고와 성찰을 통한 판단능력은 상담자로 하여금 신뢰를 얻도록 하는 자체적인 통제장치로, 도덕과 행동에 대해 체계적으로 생각하고 옳고 그름을 판단하는 능력이다.

❷ 상담윤리의 목적

(1) 상담윤리는 서로 친분관계가 없는 상담자와 내담자 사이에서 이루어지는 상담에 필요한 기준을 마련할 목적으로 생겼으며, 상담자로 하여금 책임성을 확보하여 보다 전문가다운 의사결정을 할 수 있도록 만든다.

(2) 상담윤리의 목적은 상담자가 지켜야 할 윤리와 상담자가 함양해야 할 품성을 해명하는 데 있다.

(3) 상담은 근본적으로 인간을 돕는 활동이며 관계라는 것이다. 이러한 맥락에서 상담윤리는 대인관계에서 발생하는 윤리적 갈등뿐만 아니라 내담자를 돕는 과정에서 발생할 수 있는 윤리적 문제를 사전에 막기 위한 목적을 지닌다.

---

section 2 집단상담의 윤리적 운영

1 집단내담자의 권리

(1) 집단상담에서 내담자의 권리가 강조되어야 하는 까닭은 개인상담에서 찾을 수 없는 집단상담만의 특성이 있기 때문이다. 개인상담은 개인의 영향에 따라 상담의 결과가 달라지지만, 집단상담은 집단의 분위기에 따라 상담 결과가 좌우된다.

(2) 집단상담이 진행되면서 때로는 집단 내담자 스스로 집단상담에서 갖는 당연한 기본적 권리나 책임에 대해 인식하지 못하는 경우가 있다.

2 집단내담자의 심리적 불안과 초조

(1) 집단상담 시 개인상담에서 경험하지 못하는 심리적 불안과 초조, 때로는 공포감마저 느낄 수 있다. 다른 집단구성원들의 적극적인 참여나 집단 분위기 특성상, 내담자에 대한 집요한 질문이나 질책 때문에 강한 열등의식에 빠지게 되면 순간적인 충격으로 인한 심리적 위축을 경험하게 된다.

(2) 처음 참가하는 사람에게는 집단상담이 심리적 위협으로 다가올 수 있음을 잊지 말아야 한다.

3 집단상담자의 행동윤리

(1) 집단상담은 개인상담과 달리 자신만의 문제가 아니라 대부분의 사람들이 함께 경험하고 고민하는 문제라는 사실을 깨닫게 될 때 문제 해결의 실마리를 빨리 찾게 되는 이점이 있다.

(2) 집단 리더는 집단상담 운영의 차원을 넘어 내담자들이 문제를 해결하고 심리적 상처를 치유하기 위한 뚜렷한 목적의식을 가져야 하며 개인의 이익을 위해 상담을 이용해서는 안 된다.

(3) 집단상담에서 신뢰를 구축하는 원동력은 바로 상담자와 집단내담자가 이중적인 관계를 형성하지 않는 데서 비롯된다.

1 집단상담자의 전문성

(1) 상담자는 기본적으로 집단상담을 운영할 수 있는 전문성을 가지고 있어야 하며, 유능한 상담자가 되려면 인간적인 측면에서 집단내담자들에게 전문성 이상의 효과를 발휘할 수 있는 자질이 필요하다.

(2) 상담자의 운영방법은 일정기간 전문적인 훈련과 반복학습을 통해 얼마든지 습득할 수 있는 상담기법에 불과하다.

(3) 상담자의 이중성은 상담자 본인뿐만 아니라 내담자에게까지 부정적 결과를 초래할 수 있으므로, 지양되어야 할 요소이다.

(4) 집단상담자의 전문성은 상호보완적 관계를 유지할 때 가능하다.

2 집단상담 전문가 윤리기준의 필요성

(1) 집단상담에서 전문가의 이론과 상담기법 등 실제적인 상담운영 못지않게 중요한 것이 바로 집단상담 전문가의 윤리성이다.

(2) 집단상담 자체는 개인상담과 달리 일 대 다수의 개념인 만큼 의도하지 않은 비윤리적 행위로 문제를 야기시킬 수 있다.

(3) 집단상담자라면 누구를 막론하고 각 학회별로 제정된 윤리기준에 적합하게 행동하고 집단상담을 운영할 수 있도록 노력하여야 한다.

(4) 집단상담 전문가 윤리기준의 필요성
① 윤리기준은 활동지침이 된다.
② 윤리기준은 갈등을 해결한다.
③ 윤리기준은 매뉴얼을 제공한다.
④ 윤리기준은 상담활동을 확신한다.
⑤ 윤리기준은 상담구성원을 보호한다.

section 4 집단상담의 윤리적 문제와 해결절차

❶ 집단상담의 윤리적 문제

(1) 집단상담 전문가 윤리기준의 기본원칙

① 집단상담자는 내담자들과 부적절한 개인관계를 갖지 않는다.

② 상담자 자신의 개인적인 욕구와 이익을 도모하는 비윤리적인 행위를 하지 않는다.

③ 상담자의 권리와 의무도 중요하지만, 내담자의 존엄성 존중과 복리증진이 더욱 중요하다.

④ 내담자는 상담자에게 심리적 의존자가 아니라, 독립적인 존재이자 상담을 위한 협력자임을 명심한다.

⑤ 상담에서 내담자의 권리는 존중되어야 한다.

(2) 집단참여에 관련된 쟁점

① 상담자의 주도 및 솔선수범

   ⊙ 다른 집단상담원들에게 집단상담이 어떻게 진행될 것인지에 대한 전망을 보여 주는 것이 상담자의 주도적인 발언과 솔선수범이다.

   ⓛ 집단상담자의 능력은 주도적인 행동으로 내담자에게 선보여야 할 가장 중요한 것이다.

② 비자발적인 참여와 관련된 문제

   ⊙ 집단구성원들 중 특정한 사람의 문제를 중점적으로 내놓다 보면 비자발적인 참여와 관련된 부작용이 나타나기도 한다.

   ⓛ 집단상담자가 이해해야 하는 것은 집단구성원들의 선택권이 제한되는 부분에 대해서 설명을 들을 자유와 권리가 있다는 점이다.

   ⓒ 집단상담자는 집단구성원들이 강제적으로 집단상담을 하게 된 것에 대한 자신의 느낌과 생각을 이야기할 수 있는 기회를 주어야 한다.

③ 집단에 남고 싶지 않은 경우 떠날 권리

   ⊙ 때로는 집단상담의 부적응 때문에 집단을 이탈하는 사례까지 생긴다. 당연히 참여뿐만 아니라 이탈 또한 자발적으로 이루어지는 것이지만, 그렇지 않은 경우 더 큰 문제로 확산될 수 있다.

   ⓛ 상담자의 입장에서 내담자의 판단이 비건설적인 판단이라 할지라도 참여자의 순간적인 감정이나 부정적인 견해가 바뀌지 않고 분노로 이어질 경우, 집단을 떠나도록 허용하는 것이 집단상담의 윤리에 부합한다.

(3) 비밀보장과 관련된 쟁점

① **사전동의** : 집단상담자는 집단구성원들의 자발적 또는 비자발적 참여 여부와 관계없이 우선적으로 집단구성원들과의 비밀보장과 관련된 사전동의 절차를 밟아야 한다.

② **사전동의 요청 내용** : 일상적인 상담과정에서 요구되는 사항들이 있지만 이는 비밀보장과 관련된 내용으로 집단상담 회기 동안에 얻어진 집단구성원들의 정보가 집단 밖에서 일체 누설되거나 다른 목적으로 사용되어서는 안 된다.

(4) 상담자의 능력과 관련된 쟁점

① 인간 행동에 대한 기본적인 지식이 부족하다.

② 내담자의 행동을 명료하게 이해하지 못한다.

③ 내담자의 권리와 인권을 고려하지 않는다.

④ 집단상담 진행 속도와 깊이를 조절하는 능력이 없다.

⑤ 문제상황을 적절하게 다루지 못한다.

(5) 집단상담에서 심리적 위험에 관련된 쟁점

① **집단의 압력** : 집단의 규모 또는 동질집단이냐 이질집단이냐에 따라 상호작용을 경험할 수도 있고 개중에는 코너에 몰리는 심리적 압박을 느낄 수도 있다.

② **급작스런 심리적 혼란** : 내담자의 연령이나 사회적 지위 등 사회적 배경에 따라 혼란을 가중시킬 수 있고 그렇지 않을 수 있다.

③ **무분별한 피드백** : 집단으로부터 내담자에게 유용한 피드백을 주기 위한 목적으로 다른 사람에게 긍정적 또는 부정적 피드백을 주게 된다.

④ **상담자의 조정적 행위** : 집단 리더는 특정 개인의 문제를 조정하거나 개인 자체를 조정해서는 안 된다. 다만, 집단 리더는 내담자들 사이에 서로 연결되지 않은 문제가 생겼을 경우, 내담자들의 잘못된 발언을 관련된 내용으로 조정하여 전달할 수 있도록 노력해야 한다.

❷ 윤리적 문제 해결을 위한 절차

(1) 집단상담과정에 윤리적 딜레마나 문제가 있는지 확인한다.

(2) 현재의 상황에서 중요한 가치와 윤리가 문제가 되는지 확인한다.

⑶ 우선순위가 윤리적 딜레마에도 있음을 알아야 하다.

⑷ 집단 리더의 가치관에 따라 딜레마 상황을 파악하고, 가장 핵심적인 가치와 일치하는 행동계획을 세운다.

⑸ 계획은 가장 적절한 기법과 기술을 가지고 실행한다.

09 집단상담의 평가

section **1** 집단평가의 개념과 시기

1 집단평가의 개념

(1) 평가란 측정보다 훨씬 광범위한 개념으로서 양적 기술뿐만 아니라 질적 기술을 포함하며, 나아가서 이러한 양적·질적 기술에 대한 가치판단을 포함한다.

(2) 집단상담을 통하여 어느 정도의 목표가 달성되었으며, 얼마만큼의 진전이 이루어 졌는가에 대하여 알아보는 과정을 집단상담의 평가라고 한다.

(3) 평가가 효과적이 되려면 조직적이고 계획성 있게 이루어져야 한다.

2 집단상담 평가의 시기

(1) **매 모임이 끝날 무렵**

① 평가는 집단과정에 강조점을 두고 모임이 끝날 때마다 할 수 있다.

② 평가는 특정 개인들의 행동에 대하여 해도 무리가 없다.

③ 2시간 정도의 모임시간이 있으면, 약 15분 정도는 평가에 할애한다,

(2) **집단상담 기간의 중간과 마지막**

① 모든 구성원이 사전에 준비해서 평가의 시기를 정한다.

② 평가는 전체 집단과정의 중간에 한 번의 모임을 떼어서 할 수 있다.

③ 집단상담의 전체 경험에 대하여 평가를 할 때에는 집단상담의 전 과정이 끝날 무렵에 한두 번 모임을 할애하여 평가한다.

④ 구성원 상호 간에 솔직한 피드백을 주고받을 수 있을 때 평가는 효과적이 된다.

(3) 추후평가

① 추후평가는 집단상담의 전 과정이 끝나고 2~3개월 후에 모든 구성원을 불러서 실시한다.

② 이때는 집단경험과 집단상담의 효과에 대해서 평가한다.

section 2 집단상담 평가의 내용 및 방법

① 집단상담 평가의 내용

(1) 집단 자체에 관계되는 평가 내용

① Jenkins의 집단자체 평가에 대한 내용

　㉠ 목표 지향적인 방향성

　㉡ 집단상담 활동의 성취도

　㉢ 성취 혹은 진전의 속도

　㉣ 집단 자원의 활용도

　㉤ 집단상담의 개선책

② National Training Laboratory의 집단평가기준

　㉠ 효율적인 집단기능

　㉡ 사회적 목표에 대한 광범위한 인식

　㉢ 집단 자원의 충분한 활용

　㉣ 구성원의 성장 촉진

(2) 집단구성원의 성장에 관한 평가내용

① 집단구성원의 역할 행동에 관한 내용들이 있다.

② 집단구성원 각 개인이 작성한 행동 목표에 포함된 내용들이 있다.

② 집단상담 평가의 방법

(1) 공개토론 방식

① 집단과정이나 구성원 상호 간의 작용에 대하여 사전에 특별한 준비 없이 솔직하게 의견을 교환한다.

② 이 방법은 일관성과 체계성을 상실하고 시간을 낭비할 우려가 있다.

(2) 단어 연상법

① 집단구성원들로 하여금 머릿속에 떠오르는 단어를 쓰도록 하는 방법이다.

② 이 방법은 의미 있는 자료를 제공하고 시간을 절약하며, 정직한 느낌을 반영할 수 있다.

(3) 측정도구를 이용한 방법

① 질문지나 평정척도를 사용해서 무기명으로 답하는 방법이다.

② 이 방법은 여러 가지 정보를 쉽게 얻을 수 있는 장점이 있다.

(4) 관찰자 또는 기록자를 이용한 방법

① 특정한 구성원을 선정하여 그의 행동에 대해서 기록한 후 집단에 피드백을 하게 하는 방법이다.

② 이 방법은 구성원들이 관찰자나 기록자를 한 번씩 할 수 있는 장점이 있다.

(5) 녹음이나 녹화장치를 이용한 방법

① 녹음이나 녹화장치를 관찰자 대신에 사용할 수 있다.

② 이 방법은 관찰자의 억양의 변화나 정서적인 특질까지도 나타낼 수 있는 장점이 있다.

③ 심리극(사이코 드라마)

(1) 특징

일정한 대본 없이 등장인물인 집단원에게 어떤 역할이나 상황을 주어 그가 생각나는 대로 연기하게 하며 그의 억압된 감정과 갈등을 표출하게 하여 치료하는 집단 치료 접근

① 갈등을 말보다 행동으로 직접 표현하여 드러내게 함

② 이 과정을 통해 과거의 상처받은 마음을 치료하며 보다 깊이 있게 자신을 이해하고 새로운 모습으로 변화하도록 함

③ 아이들이나 정신질환자들처럼 언어표현에 불편을 느끼거나 잘 표현하지 못하는 사람들도 신체적 동작을 통해 자신을 표현하도록 해줌

④ 특정한 옷을 입을 필요도 없고 무대도구도 필요하지 않으며 장면을 상상만 하면 됨

(2) 구성

① 주인공 : 심리극의 연기의 주체가 되는 사람으로 심리극에 참여한 관객 중의 한사람

② 연출가(집단상담자) : 주인공이 그의 문제를 탐구하도록 심리극을 이끌어주는 전문가

③ 보조자아

    ㉠ 전문적으로 훈련받은 사람 또는 관객 중에서 담당

    ㉡ 주인공의 또 다른 모습이 되기도 하고, 주인공의 중요한 인물(부모, 형제, 이미 있는 물건)역할을 하기도 하고 주인공이 심리극에 집중하도록 도움

    ㉢ 주인공이 전에 몰랐던 자신의 모습을 볼 수 있게 하며, 마음속에 담아두고 잘 표현하지 못했던 감정을 표현할 수 있게 함

④ 관객 : 심리극의 관객은 주인공과 같은 문제를 가진 사람들로 구성되는 경우가 많음. 극을 보면서 극에 참여함으로써 각자의 심리적 어려움을 해결함

(3) 진행과정

① 준비작업(워밍업) : 춤이나 간단한 역할극, 상황극, 상상의 표현 등을 통해 마음의 긴장을 풀고 자신의 마음을 행동을 표현해보고자 하는 참여의식을 높여주는 과정 – 여기서 스스로 자신을 표현해보고자 하는 동기가 강한 한 사람이 주인공으로 선정

② 행동 : 주인공이 선정되면 보조자아가 연출가의 지시에 따라 주인공과 같이 행동하며 서로의 행동을 통해 주인공이 자신의 문제를 표현하도록 도움

③ 관객들은 주인공의 행동을 보면서 자신도 주인공의 감정을 함께 느끼게 됨

④ 주인공이 자신의 갈등을 충분히 행동으로 표현하면, 마음의 정화가 이루어지고 자신의 모습을 볼 수 있게 됨

⑤ 종합 : 주인공이 자기가 원하는 새로운 행동을 충분히 연습할 수 있게 하며 심리극 중에 깨달은 것을 지속할 수 있게 함

⑥ 기본정신 : 창조성(새로운 것을 만드는 능력), 자발성, 즉흥성(사전연습이나 대본 없이 즉흥적)

⑦ 집단상담자(연출자)의 역할 : 무대에서의 체험을 현실처럼 느끼고 심리극의 진행을 위해서는 주인공의 몰입 필요

    ㉠ 성패는 주인공의 몰입에 달려있음

    ㉡ 연출가와 보조자아는 주인공이 가지고 있는 고정관념과 두려움을 벗어나 용기를 갖도록 도움

ⓒ 연출가는 환자가 가지고 있는 문제를 미리 알고 있어야 하고 심리극이 문제의 핵심에서 벗어나면 즉시 시정해 줌

⑧ **텔레** : 프로이트의 전이, 역전이와 비슷한 개념으로 이를 부정적인 측면으로 고려하지 않고 환자와 치료자 간 서로에 대해 더 많이 알아가면서 상대의 실체에 대한 상을 형성해 가는 것으로 이해함. 텔레를 양방향 의사소통이 가능한 전화기에 비유하고 치료관계의 안정성은 두 참여자간의 텔레 강도에 달려 있으며 치료자-환자 관계의 현상 역시 모든 관계에 적용되는 일반적인 현상으로 이해한다.

> **POINT** 기타 집단기법
> ① 마술상점기법 : 집단워밍업 활동으로 개인의 문제접근을 위해 사용하는 기법으로 개인의 집단참여목적, 가치명료화 등에 효과적이다.
> ② 역할바꾸기 : 집단원이 객관적인 입장을 이해하고자 타인의 역할과 바꾸어본다.
> ③ 이중기법 : 보조자아가 주인공의 또 다른 자아가 되어 주인공을 대변해 주는 것으로 주인공 옆에서 주인공의 내적 갈등을 표현해 준다.
> ④ 거울기법 : 보조자아가 주인공이 연기하는 동안 몸짓, 말, 자세 등을 비춰주는 역할을 함으로 직면의 기능을 하게 된다.

❹ 심리상담자의 인성

(1) 치료적 인간으로서의 심리상담자

심리상담은 친밀한 관계에서 일어나는 학습이다. 심리상담자는 심리상담자라는 정형화된 역할에 매달리지 않고 진정한 인간이 되어야 한다. 심리상담자는 내담자를 위한 본보기 역할을 해야 한다. 즉 상담자가 모순된 행동을 하고, 모호한 태도를 보이면 내담자도 이 행동을 모방할 것이다. 상담자가 적절한 자기 개방으로 진실함을 보인다면, 내담자도 치료관계에서 상담자에게 진실할 수 있을 것이다.

(2) 유능한 심리상담자의 인간적 특성

어떤 심리상담자도 인간적인 자질을 완전히 구현할 수는 없다. 그러나 중요한 것은 좋은 영향을 주는 인간이 되려는 끊임없는 노력이다. 그리고 다른 사람들의 삶을 변화시킬 수 있는 사람이 어떤 사람인가에 대한 끊임없이 생각하고 노력하는 것이다.

① 효과적 상담자는 정체감을 가지고 있다. 현재 자신이 누군지, 어떤 사람이 될 수 있는지, 자신이 원하는 것이 무엇인지, 무엇이 본질적인 것이지를 알고 있다.

② 자신을 존중하고 인정한다. 자신이 가진 가치관과 힘으로 도움과 사랑을 준다.

③ 자신의 힘을 인정하고 수용할 수 있다. 상대와 동등한 관계를 좋아하며, 상대가 힘을 낼 수 있도록 한다.

④ 변화에 개방적이다. 자신이 가지고 있는 것에 만족하지 않을 때, 모험을 할 수 있는 의지와 힘을 가지고, 변하고 싶은 것을 결정하고, 되고자 하는 사람을 위해 노력한다.

⑤ 삶을 위한 선택을 한다. 자기 주변 상황에서 초기에 결정한 것을 인식하고, 이들은 필요하다면 기꺼이 고칠 수도 있다. 즉 초기 결정의 희생자가 되지 않는다.

⑥ 활기가 있으며, 생명 지향적 선택을 한다. 단순히 존재하는데 안주하지 않고, 충만하게 생활한다.

⑦ 진실하고, 성실하고, 정직하다. 가면, 방어, 헛된 역할, 허울 속에 숨지 않는다.

⑧ 유머 감가이 있다. 생활을 관주할 줄 안다. 자신의 약점과 무순에 대해서 인정한다.

⑨ 실수를 기꺼이 수용한다. 자신의 과오를 가볍게 넘겨버리지는 않지만, 그 과오 때문에 괴로워하지는 않는다.

⑩ 주로 현재에 산다. 과거에 집착하지도 않고, 미래에 매달리지도 않는다. 현재를 경험하고, 현재에 살고, 현재의 사람들과 함께 한다.

⑪ 문화의 영향을 인식하고 있다. 문화가 어떻게 영향을 미치는지 알고 있으며, 여러 문화의 가치관을 존중한다. 또한 사회계층, 인종, 성에 따른 차이에 대해서도 알고 있다.

⑫ 타인의 복지에 진정한 관심을 가지고 있다. 이러한 관심은 존경, 잘 되기를 바라는 마음, 신뢰, 타인의 가치를 인정하는 것 등에서 나온다.

⑬ 일을 열심히 하며, 일에서 의미를 찾는다. 일에서 보상이 주어진다는 것을 인정하지만 일의 노예는 아니다.

⑭ 건전한 한계선을 유지한다. 내담자와 현재에 있다. 그러나 여가 시간에는 내담자의 문제를 가져오지 않는다. 삶을 균형 있게 만드는 방법을 알고 있다.

10 청소년 집단상담

section 1 청소년 집단상담

(1) 청소년 집단상담 개요

청소년 집단상담은 청소년들의 발달과정에서 대두되는 욕구를 충족시키도록 돕는다. 안전한 집단 안에서 감정과 태도를 배우고 행동에 대한 이해를 깊게 하며 자신이 갖고 있는 기술과 능력에 대해 보다 자신감을 가지도록 돕는 것을 목표로 한다.

청소년 집단상담의 과정은 준비단계, 시작단계, 작업단계, 종결단계로 이루어진다.

(2) 청소년 집단상담 과정

① 준비 단계

　㉠ 상담 장소 및 분위기 : 상담이 행해지는 곳의 환경은 집단의 분위기와 집단 내 상호작용 등 상담과정에 영향을 미친다. 상담 장소로는 어느 정도 비밀이 보장되고 편안함을 느끼며 방해를 받지 않는 장소이면 어디에서든지 이루어질 수 있다.

　㉡ 집단의 크기 : 집단상담의 인원은 6~8명의 집단 구성원이 가장 이상적이라고 주장하는 학자가 많으나 5~15명의 범위이면 무난하다고 주장하는 전문가들도 상당수 있으며 청소년을 대상으로 하는 집단은 15명 내외가 집단 구성원들의 부담을 최소화하면서 참여도를 높이는 데 효과적이라고 한다.

　㉢ 집단의 구성

　　㉮ 집단을 이질적인 집단으로 구성할 것인가 혹은 동질적인 집단으로 구성할 것인가의 문제는 집단의 목적과 관련된다. 동질집단은 집단원들이 유사한 문제를 가지고 있기 때문에 개별상담보다 효율적으로 다루어질 수 있다. 이질집단의 경우는 안전한 환경 안에서 다양한 종류의 사람으로부터 피드백의 도움을 받아 상호관계 기술을 개발하고 새로운 행동을 실험할 수 있다.

　　㉯ 집단이 청소년들로 구성되는 경우에는 집단 구성원간에 나이차가 적을수록 좋고 혼성으로 구성되는 것이 집단의 목표 달성에 특별한 이점을 가지고 있다고 하므로 가급적 동수에 가까운 혼성으로 구성하는 것이 목표달성의 가능성을 높일 수 있다.

　㉣ 집단의 개방성

　　㉮ 개방집단이란 집단이 허용하는 한도 내에서 새로운 구성원을 받아들이는 것을 말한다.

　　㉯ 폐쇄집단이란 상담의 시작 시 참여했던 구성원들만으로 끝까지 유지되는 집단으로 도중에 탈락자가 생겨도 새로운 집단원을 받아들이지 않는다.

　　ⓑ 개방집단의 경우 새로운 자극을 집단에 제공할 수 있다는 이점이 있지만 집단응집력을 기르기에 다소 제한점이 있고 폐쇄집단의 경우 집단의 안정성과 응집력이 강하다.

　ⓜ **집단원의 선발절차** : 상담 집단에 대한 기본적인 계획이 세워지면 집단원을 모집하기 위해서 집단의 유형, 집단의 목적, 만나는 시간과 장소, 집단에 가입하는 절차, 집단상담가로부터 집단원들이 기대할 수 있는 것, 상담자의 자질과 배경에 대한 진술, 집단에 적합한 사람들을 결정하는 지침, 가입비 등이 사전에 공고되어야 한다. 또한 상담자가 성공적인 집단상담을 이끌기 위해서는 집단에 참여하기를 신청한 클라이언트를 먼저 만나 클라이언트의 특성, 문제, 집단에 대한 욕구, 기대 등에 대한 검토를 한 후 선발하도록 해야 한다. 선발 후에는 예비모임을 가져 집단원들이 집단이 발달과정, 목표, 상담자와 집단원의 역할, 그리고 집단에 참여함으로써 얻는 이익 등을 명확히 이해하도록 해야 한다

　ⓗ **집단 회기와 빈도** : 교육 프로그램의 시간이나 기간은 프로그램의 목표와 특성에 따라 다양하고 융통성 있게 정해야 하고 필연적으로 현실적 여건이 고려될 수밖에 없다고 본다. 집회시간은 집단 유형과 집단원들의 흥미에 따라 다양하다. 일반적으로 집단은 크게 분산적 집단과 집중적 집단으로 나눌 수 있다.

　ⓢ **집단의 구조화** : 집단원들의 변화를 효율적으로 이끌어 내기 위하여 집단은 일반적으로 상담자에 의해 통제되는 구조화된 집단과 집단원들이 중심이 되는 비구조화된 집단으로 나눌 수 있다.

② **시작 단계**

　⑴ **오리엔테이션** : 집단상담에 관한 오리엔테이션과 선발을 위한 면접 등 집단상담을 위한 준비는 첫 번째 집단모임 이전에 준비모임을 갖고 실시하는 것이 바람직하다.

　ⓛ **참여자 소개 및 예상불안의 취급** : 상담가는 첫 모임에서 구성원들 서로가 자기소개 및 집단에 참여하게 된 동기, 기대 등을 이야기하도록 하고 집단원들에게 집단의 목적과 기본 원칙을 확인시킨다. 자기소개의 경우 이름이나 적당한 별칭을 지어 소개하기도 하는데 상담가는 자기소개의 시범을 보여줌으로써 집단원이 이해를 도울 수 있다.

참고

집단상담 시작 단계에서 일어나는 집단 구성원의 행동과 심리

집단원들은 조심스럽게 집단 분위기를 시험하며 서로 친숙해지려고 노력한다.

사회적으로 수용될 수 있는 행동을 보이고 개인적으로 위험하게 느껴지는 행동이나 탐색은 매우 제한적으로 나타낸다.

집단 내에서 자신이 받아들여지는지 혹은 거부되는지에 대해 염려하며 집단 내에서의 자신의 역할과 위치를 찾고자 노력한다.

어떤 집단원들은 초기에 부정적인 감정을 표현함으로써 집단에서 모든 감정이 받아들여지는지 시험해 보기도 한다.

참여자들은 각자 집단 내에서 누구를 신뢰할 수 있는지, 누구에게 호감이 가고 누구에게 반감이나 거리감이 느껴지는지, 어느 수준까지 자기개방을 할 것인지, 어느 정도 집단과정에 참여할 것인지를 나름대로 결정한다.

침묵과 어색함이 느껴지는 순간이 종종 있고 이런 순간에 참여자들은 상담가나 다른 누군가가 방향을 제시해 주기를 기대한다.

대부분의 참여자들은 상담가에게 의존하려는 경향이 있다. 상담가가 보이는 반응에 높은 관심을 두고 중요시하며 발언을 할 때도 상담가만 쳐다보면서 하거나 혹은 상담가의 동의나 반응을 요구하는 듯한 태도를 보이기도 한다.

참여자들이 나누는 대화의 내용이 피상적인 수준에 머물거나 제한되어 있다.

참여자들이 집단과정 중에 경험하는 감정이나 생각을 있는 그대로 솔직하게 표현하고 다른 사람들로부터 수용받는 경험을 하게 되면 집단의 응집성과 상호 신뢰가 형성되기 시작한다.

ⓒ 상담 집단의 구조화

㉮ 집단의 구조화를 위해 집단상담시 집단 구성원이 지켜야 할 집단의 기본규칙과 집단의 행동규범을 설정한다.

㉯ 집단의 기본 규칙이 비교적 쉽고 명확하게 판별될 수 있는 규칙인데 반해 집단의 행동규범은 훨씬 더 추상적이고 암묵적이며 정확한 판별이 어렵다. 집단 초기에 상담자는 집단규칙과 행동규범을 격려하고 지지해야 한다.

참고

집단상담시 집단 구성원이 지켜야 할 집단규칙

집단 내에서 이야기된 어떤 구성원에 관한 내용도 집단 밖에서 말하지 않는다. 대부분의 일반적 사항도 이 원칙에 포함된다. 단 자기 자신에 관한 사항은 말해도 좋을 것이다.

지각이나 결석이 불가피할 경우 사유를 미리 상담자나 다른 참여자들 중 누구에게 알리도록 한다.

집단에서 빠지고 싶을 때는 집단에 참석하여 다른 사람들에게 이유를 밝히고 빠진다.

가능한 솔직하고 정직한 느낌과 진지한 마음으로 내 자신에 대해 말하고 남의 말에 공감하며 듣도록 노력한다.

우리는 누구에게나 귀기울여 말하는 사람의 진실된 느낌을 듣고 이해하도록 노력한다.

우리의 궁극적 목표는 진지한 만남에 있다. 그 밖의 것은 다 함께 논의한 후 결정한다.

집단에 들어오고 싶어하는 새로운 참여 희망자가 있을 때 집단 참여자 모두 함께 논의한 후 결정한다.

집단원 중 누가 위기사항에 직면할 때엔 서로 연락하여 바깥에서 개별적으로 만날 수 있다. 그러나 그와 같은 사실을 다음 모임에서 꼭 보고한다.

집단에서 결정되는 사항은 참여자들 모두가 논의한 후 동의하여야 하며 이렇게 결정된 사항은 누구나 어떻게 지키도록 한다.

참고

집단 구성원의 행동규범

집단원들은 다른 구성원들에게 직접 의사소통하며 집단과정에 적극적으로 참여한다.

어느 정도 자기개방을 할 것인지를 스스로 결정한다. 자기개방은 문제해결과 자기성장을 위해 필요하다. 그러나 그 수준과 정도는 개개인의 차이가 있으므로 본인들이 준비되어서 표현될 수 있을 때 하도록 한다.

다른 집단 구성원들과 서로 피드백을 주고 받는다. 집단참여자들은 다른 사람들로부터 피드백을 받음으로써 다른 사람들에게 보이는 그들의 행동효과를 점검한다. 만약 피드백이 솔직하고 관심과 사랑으로 주어진다면 참여자들은 다른 사람에게 보이는 그들의 행동효과를 보다 분명히 이해할 수 있게 된다.

과거에 일어난 사건보다는 집단 내에서 일어나는 지금 여기의 상호작용에 초점을 둔다. 집단 구성원들은 현재 집단에서 일어나고 있는 상황에 대해 어떤 생각과 느낌을 갖는지에 집중하고 그에 따른 자신의 생각이나 감정을 솔직하게 표현하고 자신이 현재 장에서 경험하고 있는 것을 다른 사람과 나누는 것이 필요하다.

참여자들은 서로에게 적절한 심리적 지지를 제공한다. 집단 구성원들은 집단참여 이전의 해결되지 않는 문제로 어려움에 직면할 수 있고 집단상담에서의 경험이 익숙치 않아 불안하거나 자기표현 방법을 몰라 두려움을 가질 수 있다. 집단경험이 모두에게 성장의 경험을 제공할 수 있도록 적극적인 지지와 격려가 필요하다

ⓓ 집단 분위기 조성 : 상담가는 집단원들이 서로 친숙하고 수용과 신뢰의 분위기를 형성하도록 집단의 분위기를 형성하고 새롭고 의미있는 경험을 가지도록 이끌고 유지시키는 책임이 있다. 또한 허용적인 집단 분위기와 심리적인 안정감을 갖도록 해야 한다.

ⓜ **의사소통 및 상호작용 촉진** : 상담가는 집단원간에 원활한 상호관계가 발달되도록 의사소통을 촉진시켜야 한다. 그러나 집단상담의 초기 단계에서 수반되는 불안에 대하여 집단원이 저항하는 현상이 일어난다는 사실을 잘 인식해야 한다.

ⓑ **행동목표의 설정** : 분명하고 구체적인 목표의 설정은 집단상담의 방향 설정 및 집단상담의 효과에 대한 평가에서 매우 중요하다. 집단목표는 크게 집단 전체의 목표와 개인적 목표로 나눌 수 있다. 집단상담가는 각자의 집단 구성원들이 집단에서 성취하고자 하는 개인적 목표를 설정하도록 도와주어야 한다.

③ **작업 단계** : 집단상담의 작업 단계는 저항과 갈등, 응집성, 자기노출 촉진과 생산성이 나타나는 단계로서 상담가는 이들을 성공적으로 다룸으로써 효과적인 집단목표의 달성은 물론 집단에서의 긍정적인 경험을 통해 집단 구성원들이 자기성장의 경험을 갖게 한다.

ⓖ **저항과 갈등** : 저항이란 집단과정 중에 집단원이 어떠한 이유에서든 불편함을 느낄 때 그것을 회피하거나 그것으로부터 벗어나고자 하는 집단원의 행동이다. 저항의 근원과 형태에 대한 이해는 상담의 효과를 높일 수 있다.

참 고

집단 상담에서 저항이 생기는 5가지 이유

단순히 집단 구성원들이 그들이 무엇을 해야 하는지를 이해하지 못할 때이다.

집단 구성원들이 상담자의 제안을 어떻게 해야 하는지를 이해하지 못할 때이다.

집단 구성원이 문제해결을 위한 동기 부족 혹은 성공적인 치료 결과에 대한 기대가 낮을 때이다.

집단과정에서 만들어진 혹은 이전의 행동에서 발생하는 불안이나 죄의식으로 인하여 일어난다.

집단 구성원들의 증상, 즉 그들이 겪는 어려움으로부터 파생하는 이차적 습득에서 야기될 수 있다.

ⓛ **응집성**

  ㉮ 집단 상담에서 집단응집력을 높이는 데 영향을 미치는 요인들이다.

  ㉯ 신뢰감이 높을수록 집단응집력이 높다. 신뢰감이 구축되면 자신에 대한 보다 적극적인 노출은 물론 다른 집단원의 의견과 감정을 존중하게 된다.

  ㉰ 집단 내에서 자신의 생각이나 감정 등을 노출하도록 격려할수록 응집력이 높다. 특히 억눌리고 굴절된 감정의 표현은 억제받는 어떤 느낌에서 막혀 있던 위력이 발휘되는 점에서 변화 그 자체이다. 그것이 긍정적이건 부정적이건 솔직하게 자신을 드러냄으로써 집단의 응집력과 소속감이 강화될 수 있다. 자신의 본래 모습을 기꺼이 다른 집단원들과 상담자에게 드러내는 것은 곧 그들을 신뢰한다는 의미가 된다.

  ㉱ 집단매력이 클수록 응집력이 증가한다. 집단원들이 소속집단에 대해 갖는 애착심이나 매력이 클수록 응집력의 정도는 강하게 된다. 집단이 지지적인 분위기를 띠면서 집단원들에게 관심이 있는 문제를 다룬다면 그 집단이 매력으로 지각될 가능성이 커진다.

  ㉲ 집단원들과 함께 지도력을 공유함으로써 응집성이 발전할 수 있다. 집단상담가 대 집단원 상호작용 방향 대신에 집단원 대 집단원 상호작용을 집단상담가는 촉진시킬 수 있다. 이것은 피드백과 공유를 격려함으로써 가능하다.

ⓑ 신뢰감 형성을 위해 상담가는 관심 기울이기, 주의 깊은 경청, 공감, 진솔성, 자기노출, 따뜻한 직면 등을 사용할 수 있다.

ⓒ 자기노출 : 자기노출은 그대로의 자신을 내보이는 것으로 집단과 집단 구성원에 대한 신뢰가 생겼을 때 가능하다. 특히 집단 상담이 보다 진전되어 신뢰관계와 응집력이 형성되면 보다 깊이 있는 자기를 노출하게 된다.

ⓓ 생산성(효과적인 피드백)

　ⓐ 집단에 대한 신뢰감과 응집성이 어느 정도의 수준에 다다르게 되면 집단은 집단원간의 피드백 및 직면을 통해 깊은 통찰을 하고 그에 따른 행동변화를 하게 되는 생산성 단계에 이른다. 이때 집단상담을 통해 집단 참여자들은 사람들과 관계 맺는 방법 등 대인관계에 대한 학습을 하게 되고 더 나아가 집단원들 개개인이 자신에게 필요하다고 느끼는 것들을 집단에서 함께 하게 되면 그들은 모험을 요하는 행동을 시도할 수 있게 된다. 이러한 모험적인 시도를 진지하게 받아들이고 지지하며 격려할 때 집단원들은 긍정적인 강화를 받는다.

　ⓑ 효과적인 피드백이란 분명하고 직접적으로 주어지는 간결한 피드백이 효과가 크다. 집단의 전 과정, 즉 내용이나 비언어를 포함한 모든 면에 대해 피드백을 주는 것이 좋다. 포괄적인 피드백은 피하는 것이 좋다. 집단상담의 과정 중에 나타났던 관찰 가능한 구체적인 행동과 관련된 피드백은 집단원에게 그들이 활용할 수 있는 유용한 정보를 제공한다.

　ⓒ 피드백은 적절한 시기에 이루어져야 하고 비판적이어야 한다. 그렇지 않으면 피드백을 받는 사람이 그에 대해 방어적이거나 거부한다. 피드백은 이를 주고받은 사람간의 관계를 다룰 때 큰 의미를 가질 수 있다. 피드백은 그 집단원에 대해 부정적으로 경험한 것과 마찬가지로 긍정적으로 경험한 것에도 관심을 가지는 것이 좋다.

　ⓓ 피드백을 통해 상대를 강제로 바꾸려고 해서는 안된다. 생각이나 느낌을 나타내는 하나의 지각적 사실로 피드백이 주어져야 한다. 변화가 가능한 행동에 대해서 피드백이 주어져야 한다. 같은 피드백이라도 여러 사람이 주면 집단역동 때문에 영향력이 더 크다. 피드백을 받을 때는 관심을 기울이고 상대방 말의 내용을 확인해 본다. 서로가 잘못 이해하여 오해할 수 있는 소지가 있기 때문이다.

참 고

청소년 집단상담의 중간 단계에서 상담가의 역할

① 바람직한 집단행동의 강화이다. 상담가는 초기 단계에서 취했던 태도를 그대로 유지하면서 각 구성원이 자신의 문제를 더욱 진지하게 다루어 보도록 인도하고 바람직한 행동을 강화시켜 준다.

② 공통의 주제로 인도한다. 상담자가 구성원들의 주제와 관심사에 대하여 공통의 구심점을 가지도록 인도한다.

③ 새로운 모험을 장려한다. 집단상담가는 구성원으로 하여금 새로운 행동을 시작해 보도록 보다 더 적극적으로 맞닥뜨려 준다. 이 때 집단상담가는 새로운 행동을 시도해 보도록 연습시키고 지지적 태도로 새로운 시도를 해보는 집단원을 격려해야 한다. 그러나 너무 조급하게 강압적으로 몰고 가서는 안되며 내담자의 수준을 고려해야 한다.

④ 각 구성원에게 공평한 기회를 준다. 상담가는 가능한 한 모든 구성원에게 자신의 문제를 노출하고 변화를 시도하도록 적극적으로 개입하며 모든 구성원들이 적절한 시기에 적절한 노출을 할 수 있게 한다.

③ 종결 단계

　㉠ 집단상담은 여러 가지 이유로 종결된다. 어떤 상담가는 집단상담을 시작하기 전에 종결 시간을 미리 정하는 경우가 있고, 어떤 경우는 종결 단계를 정하지 않고 무작정 진행하다가 외적 상황에 의해서 집단을 종결하게 되는 수도 있다.

　㉡ 상담가는 집단 종결 시 집단과정에 대한 평가를 한다. 집단과정에 대한 평가는 집단의 분위기, 응집도, 상담가의 리더쉽, 집단원의 역할, 의사소통, 인간관계의 형태, 집단상담에 사용한 기법들에 대해 평가하도록 한다. 이것은 집단 구성원이 평가할 수도 있고 상담가가 집단 종결 후 스스로 평가할 수도 있다.

참고

집단상담의 종결단계에서 상담가가 다루어야 할 내용 (이형득, 1999 : 5458)

① 집단 경험의 개관과 요약

집단상담가는 집단원들로 하여금 전체 집단과정에서 자신에게 특별히 의미가 있었거나 도움이 되었던 경험을 상호간에 나누어 가지도록 돕는다. 이를 위해 집단과정에서 의미있거나 두드러지게 경험된 2~3가지 일을 회상해 보고 돌아가면서 간단히 발표하는 방법이 있다.

② 집단원의 성장 및 변화에 대한 사정

상담가는 집단원들로 하여금 집단 시작 시점과 현재를 비교해 무엇이 얼마만큼 변화하였고 집단과정에서 배운 것을 미래의 생활 장면에 어떻게 적용할 것인가를 생각하게 한다. 이때 일반적이고 막연한 진술보다는 구체적으로 무엇이 좋았으며 어떤 행동을 학습하였는지에 대해 이야기하도록 촉진하여야 한다.

③ 이별감정 및 미진사항의 취급

시작 단계에서 집단원들이 예상불안을 경험했었다면 종결 단계에서는 이별에 대한 아쉬움을 경험하게 된다. 상담가는 집단으로 하여금 이들 느낌을 표출할 어느 정도의 시간적 여유를 주고 상호간에 아쉬움을 공유하도록 도울 필요가 있지만 지나치게 아쉽거나 슬픈 감정을 조장하는 일은 삼가해야 한다. 또한 집단과정 중에 미해결 과제 또는 미진사항은 없는지를 확인하고 필요한 경우 집단과정이 끝난 뒤 개별적으로 도와주거나 다른 전문가에게로 의뢰하는 것이 효과적이다.

④ 피드백 주고받기

매 회기마다 집단이 끝날 때마다 피드백을 주고받았지만, 집단 종결에 있어서는 더욱 중요하다.

종결 단계에서의 피드백은 이때까지 관찰해 온 집단원의 행동변화를 최종적으로 그리고 종합적으로 하며 부정적인 것보다는 긍정적인 것에 초점을 두어서 집단상담원이 자신감, 희망을 지니고 집단을 떠나도록 하는 것이 필요하다.

정답

01 집단은 집단의 규범과 가치관에 의해 이질성을 가지고 있어야 한다. ▶ ×

02 집단은 상호 영향력을 행사하는 둘 이상의 사람으로 구성된다. ▶ ○

03 집단응집력은 집단구성원들의 긍정적인 면보다 부정적인 면이 많을 때 높아진다. ▶ ×

04 자기주장은 적극적으로 상대방에게 자신의 권리와 의견을 알리기 위한 것이다. ▶ ○

05 인간만이 수용의 대상이 될 수 있다. ▶ ×

06 치료집단은 개인적인 자각을 일깨우고 잠재능력을 발달시키는 것에 초점을 둔다. ▶ ×

07 집단은 대규모이며, 비구조화 되어 있다. ▶ ×

08 전이는 저항과 밀접한 관련이 있으며, 전이의 요소는 인간 삶의 거의 모든 면에서 관찰된다. ▶ ○

09 집단상담자는 항상 전이와 저항에 대하여 주의를 해야 한다. ▶ ○

10 집단구성원과의 행동계약은 행동을 약화시킨다. ▶ ×

정답

01 집단의 구성원들이 공유하고 있는 목표는 무엇인가?

▶ 공동의 목표

02 집단을 함께 유지하는 상호작용의 정도를 무엇이라고 하는가?

▶ 집단응집력

03 집단 내에서 어떤 행동이 적합한 행동으로 간주되는가를 규정하는 공식적·비공식적 규칙은?

▶ 집단규범

04 자신이 나타내고자 하는 바를 상대방에게 피해를 주지 않으면서 그대로 나타내는 학습된 행동은 무엇인가?

▶ 자기주장

05 개인적인 자각을 일깨우고 잠재능력을 발달시키는 것에 초점을 두는 집단은?

▶ 참만남집단

06 정신분석적 집단상담에서 사용되는 기법 중 가장 기본적인 것은?

▶ 자유연상

07 집단이 침체에 빠졌을 때 상담자가 사용하는 것은 무엇인가?

▶ 지도적 기능

08 외형적인 행동이 내재적 욕구와 반대방향으로 나타날 수 있음을 참여자에게 자각하도록 하는 것은 무엇인가?

▶ 반전기법

09 일상생활에서 발생하는 스트레스에 대처하는 방법은?

▶ 이완훈련

10 개개인과 다른 사람과의 상호작용을 통해 파생되는 에너지나 힘, 행동으로 나타나는 추진력은 무엇인가?

▶ 내적 역동성

1 개인상담보다는 집단상담에 가장 적합한 청소년은?

① 대인관계에 관심이 많은 청소년　　② 의심이 심한 청소년
③ 극도로 의존적인 청소년　　　　　　④ 반사회적인 청소년
⑤ 주의산만하고 충동적인 청소년

> **TIPS!**
> 집단상담은 대인관계문제에 효과적이다

2 집단상담의 이점으로 옳은 것을 모두 고른 것은?

> ㉠ 소속감과 연대감을 경험할 수 있다.　　㉡ 새로운 대인관계를 학습할 수 있다.
> ㉢ 집단상담은 모든 사람에게 적합하다.　　㉣ 새롭게 터득한 사회기술을 연습할 수 있다.

① ㉠, ㉡　　　　　　　　　　　　　　② ㉢, ㉣
③ ㉠, ㉡,　　　　　　　　　　　　　④ ㉡, ㉢, ㉣
⑤ ㉠, ㉡, ㉢, ㉣

> **TIPS!**
> 집단상담은 모든 사람에게 적합한 것은 아니다.

3 현실치료 집단상담의 주요기법이 아닌 것은?

① 질문하기　　　　　　　　　　　　② 유머사용
③ 역설적 기법　　　　　　　　　　　④ 탈숙고(dereflection)
⑤ 직면하기

> **TIPS!**
> 탈숙고 : '지나친 숙고'(hyperreflection)로 인해 오히려 그 불안을 가중시킬 수 있음으로 숙고를 지양하는 것이다.

Answer 1.① 2.③ 3.④

4 코리(G. Corey)의 집단발달 단계 중 과도기(transition)의 특징으로 옳지 않은 것은?

① 불안이 증가한다.
② 하위 집단을 이루며 서로 분리된다.
③ 변화를 도모하고 과감하게 시도한다.
④ 집단원 자신을 속으로 숨기거나 간접적으로 표현한다.
⑤ 다른 사람들에게 조언을 하는데 많은 에너지를 쏟는다.

 TIPS!

변화를 도모하고 과감하게 시도하는 것은 작업시기에 가능하다.

5 생산적인 집단을 운영하는데 방해가 되는 집단원의 진술에 해당하는 것은?

① "다른 친구들이 슬픈 표정을 짓는 것을 보면 저도 왠지 슬퍼요."
② "저는 정말로 아무런 문제가 없어요. 다 괜찮아요."
③ "다른 친구들이 기뻐하는 것을 보면 부럽기도 하고 저도 그렇게 하고 싶어져요."
④ "저만 이런 고민이 있는 것이 아니라서 다행이에요."
⑤ "저도 저 친구처럼 처음 보는 사람에게 말을 걸어보고 싶어요."

TIPS!

자기개방하지 않는 태도는 집단에 비효과적이다.

6 청소년 집단상담자의 기술과 그 예로 옳지 않은 것은?

① 직면 – "채송이가 진구에 대하여 지금 말한 내용이 지난번에 했던 것과 다른 것 같은데"
② 해석 – "채송이가 진구의 잘못에 대하여 이야기를 할 때 불편해 하는 것은 중학교 1학년 때 따돌림 받았던 경험이 떠올라서 그럴 수 있을 것 같습니다."
③ 명료화 – "불편하다는 것이 무엇을 말하는지 다른 친구들에게 더 이야기해 주면 도움이 될 것 같아요."
④ 연결짓기 – "채송이도 진구처럼 친구들에게 놀림당한다고 한 것 같은데 채송이의 이야기를 들어볼까요?"
⑤ 재진술 – "옆에 있는 친구가 자기 이야기를 잘 들어줘서 기분이 좋았겠어요."

TIPS!

재진술 : 내담자가 한 말을 다시 되돌려 주는 것이다.

Answer 4.③ 5.② 6.⑤

1 집단 상담의 형태적 접근 모형에서 다음이 설명하는 집단 기술은?

> 화내는 행동에 대해 지식화하거나 이야기만 하지 말고, 직접 화내는 행동을 하는 자기가 되어 그것을 각성하고 이에 대한 책임을 지게 하려는 것이다.

① 뜨거운 자리　　　　　　　　　　　② 차례로 돌아가기
③ 빈 의자　　　　　　　　　　　　　④ 신체언어
⑤ 질문형을 진술형으로 고치기

> **TIPS!**
> 내담자가 가진 내적 갈등과 대인관계 갈등을 해결하는데 효과적인 방법이다.

2 내담가가 한 이야기의 내용을 상담자가 다시 진술해주는 상담기법으로 내용적, 사실적, 인지적 측면에 초점을 둔 것은?

① 반영　　　　　　　　　　　　　　② 해석
③ 공감　　　　　　　　　　　　　　④ 질문하기
⑤ 재진술

> **TIPS!**
> 반영은 내담자의 주관적인 감정의 측면을 강조한다.

3 집단원의 역할 행동에서 개인중심적인 역할 행동과 거리가 있는 것은?

① 참여하지 않기　　　　　　　　　　② 독점하기
③ 지성에 호소하기　　　　　　　　　④ 집단에 참여하기
⑤ 상처 싸매기

> **TIPS!**
> 집단원의 역할 행동이란 자신의 요구충족을 위하여 노력하는 행동들을 말하며 때로는 생산적인 집단생활에 방해가 되기도 한다.

Answer 1.③　2.⑤　3.④

4 다음 중 종결단계에 대한 내용으로 틀린 것은?

① 집단 구성원이 자신의 비효과적인 행동패턴을 깨닫고 인정한 다음 바림직한 대안행동을 탐색, 선택, 학습하게 된다.

② 자신의 문제를 해결하게 되어 자기 노출을 줄인다.

③ 비효과적인 행동패턴을 버리고 새로운 대안 행동을 학습해서 목적을 달성하면 종결단계에 돌입한다.

④ 집단상담자와 성원들은 양가감정을 경험한다.

⑤ 지금까지 유지되어온 유대관계에서 분리되어야 한다는 아쉬움을 경험한다.

> **TIPS!**
>
> 종결단계에서는 이별 감정다루기, 집단경험을 개관하고 요약하며 지속적인 성장을 촉구하게 된다.

5 집단 상담에서 집단원의 침묵에 대한 설명으로 틀린 것은?

① 상담자 개인에 대한 적대감에서 오는 저항이나 불안 때문에 생길 수 있다.

② 상담관계가 이루어지기 전에 일어난 침묵은 대체로 긍정적이며 수용의 형태로 해석될 수 있다.

③ 상담자에게서 재확인을 바라거나 상담자의 해석 등을 기대하며 침묵에 들어가는 경우도 있다.

④ 이전에 표현했던 감정 상태에서 생긴 피로를 회복하고 있다는 뜻이기도 하다.

⑤ 집단상담의 침묵은 개인상담의 침묵과 마찬가지로 상담자가 이를 활용하는 자세가 요구된다.

> **TIPS!**
>
> 초기의 침묵은 저항의 일종이다

6 과거에 탐닉하는 내담자에게 과거 거기서 벌어졌던 일보다는 지금 여기서 벌어지는 일들에 직면하여 그것을 다루도록 하는 초점화 기술로 강한 상호성을 요구하는 기술은?

① 즉시성   ② 명확화

③ 재초점화   ④ 반복

⑤ 요약

> **TIPS!**
>
> 대인관계에 초점을 주는 대화기술로 내담자 과거에 대한 푸념과 넋두리보다 지금 여기서 직면하게 한다.

Answer 4.① 5.② 6.①

7 T-집단의 개념과 특징으로 틀린 것은?

① 실험실 교육프로그램의 방법 활용
② 모호성 & 사회적 공백상태
③ 새로운 행동 실험
④ 집단상담자에 의해 정해진 집단 규준 강조
⑤ 인간관계를 형성하고 유지할 수 있는 기술 강조

 **TIPS!**

집단원에 의해 정해진 규준을 강조한다.

8 상담의 기법 중 자기개방의 효과로 적절하지 않은 것은?

① 내담자에게 모델링을 제공할 수 있다.
② 목표설정과 행동실천에 필요한 새로운 시각 개발에 도움을 준다.
③ 내담자와 친밀한 관계를 맺는데 도움이 된다.
④ 내담자 혼자만의 경험이 아니라는 것을 알게 되어 안정감을 느낀다.
⑤ 자기개방이 많으면 많을수록 내담자가 상담자를 인간적으로 느끼게 된다.

TIPS!

자기개방은 반드시 필요한 것이 아니며 내담자에게 도움이 된다고 판단될 때 한다.

9 다음 중 비밀 보장 원칙을 제한하는 상황이 아닌 것은?

① 내담자가 법률적 피해자일 때
② 슈퍼 비전 중일 때
③ 상담자나 내담자의 신변이 위험할 때
④ 청소년 상담시 가족이 제3자에게 공개하길 원하는 경우
⑤ 상담자가 법적에서 피고로 진술하는 경우

TIPS!

가족보다는 본인의 의견이나 생각이 중요하다.

Answer 7.④ 8.⑤ 9.④

10 다음의 내용은 심리극의 무슨 기법인가?

> • 보조자아가 주인공의 또 다른 자아가 되어 주인공을 대변하고 표현하는 기법
> • 보조자아가 주인공 옆에서 주인공이 언어화 하지 않은 감정을 발견하고 큰소리로 하는것

① 역힐바꾸기
② 서울기법
③ 마술상점
④ 이중기법
⑤ 현실검증

> **TIPS!**
> 주인공의 깊은 정서를 표현하도록 자극하는데 사용되며 지지 격려 등의 내부의 힘이 필요할 때 유용한 기법이다.

11 다음 중 청소년을 위한 집단상담 프로그램과 주제의 연결이 틀린 것은?

① 갈등 관리프로그램 – 사회성
② 집중력향상을 위한 집단상담 – 진로
③ 스트레스 대처 훈련을 위한 집단상담 – 정서
④ 우울과 자살 위험 학생을 위한 집단상담 – 부적응
⑤ 가치명료화 – 성장

> **TIPS!**
> 집중력 향상을 위한 집단상담은 진로가 아니라 학습상담이다.

12 다음 중 T-집단과 참만남집단의 내용으로 틀린 것은?

① T-집단은 구성원들의 합의된 절차나 특정한 의지, 기대, 지도자 없이 비조직적으로 구성원들이 집단에 참여한다.
② T-집단의 목적은 집단기능에 대한 통찰력의 증진과 효과적인 집단원의 역할에 대한 학습이다.
③ 참만남 집단은 실존적이고 인도주의적 사상을 기초로 발전시킨 집단이다.
④ T-집단은 시간이 많이 걸리는 참만남집단의 한계를 보완하는 성격이 있다.
⑤ T-집단은 소집단의 훈련을 위주로 형성된 집단이다

> **TIPS!**
> T-집단의 한계를 보완한 것이 참만남집단이다.

Answer 10.④ 11.② 12.④

13 집단상담의 기법 중 피드백 주고받기 사용시 주의할 점으로 잘못된 것은?

① 분명하고 직접적으로 주어지는 간결한 피드백이 좋다.
② 적절한 시기에 이루어져야 하고 비판적이어야 한다.
③ 심리적 상처를 받지 않도록 포괄적인 피드백을 주는 것이 좋다.
④ 같은 피드백이라도 여러 사람이 주면 집단역동 때문에 영향력이 크다.
⑤ 부정적인 피드백보다 긍정적인 피드백을 먼저 하는 것이 좋다.

> **TIPS!**
> 구체적인 피드백이 효과적이다.

14 교류 분석 상담기법에 해당하지 않는 것은?

① 자아구조분석   ② 의사 교류분석
③ 게임분석   ④ 인정자극 분석
⑤ 인생각본 분석

> **TIPS!**
> 교류분석에서 인정자극(스트로크)은 '어루만지다'라는 뜻으로 인정해주거나 긍정적인 반응을 통해 우리는 존재확인을 하게 되며 그것이 결핍되면 심각한 문제가 발생한다고 간주한다.

15 다음 중 집단에서 나타난 저항의 징후로 볼 수 있는 것을 모두 고르시오.

┌───┐
│ ㉠ 침묵   ㉡ 상담자 조수형과 같은 지도자와의 동일시 │
│ ㉢ 집단의 역동적 상호작용   ㉣ 주지화   │
│ ㉤ 역사가 출현   ㉥ 지나친 의존   │
└───┘

① ㉢㉣㉤㉥   ② ㉠㉡㉢㉣
③ ㉠㉣㉤㉥   ④ ㉠㉡㉣㉤㉥
⑤ ㉠㉡㉢㉣㉤㉥

> **TIPS!**
> 역동적 상호작용은 저항의 징후가 아니다.

Answer 13.③ 14.④ 15.④

16 다음에서 상담자 조수형에 대한 태도에 해당되지 않는 것은?

① 다른 참여자들의 긍정적 관심이 나타난다.
② 스스로 상담자나 의사와 같은 역할을 하는 사람이다.
③ 자기의 우수성을 과시하려 들고 지도자의 역할을 하려는 유형이다.
④ 상담자와 다른 참여자들의 인정을 얻기 위해 이러한 행동을 하는 수가 많다.
⑤ 처음에는 집단내의 교류를 촉진하기도 한다.

> **TIPS!**
> 처음에는 긍정적이지만 이후에는 부정적인 경향을 보인다.

17 다음 중 집단의 종결 단계에서 나타나는 특징이 아닌 것은?

① 집단에서 경험한 것들을 부정한다.
② 좋지 않은 이별 경험이 있을 경우 직, 간접적으로 분노를 표현한다.
③ 집단활동 후 상담자의 헌신에 힘입어 누구나 만족한다.
④ 집단 역기능 때문에 종결하는 경우도 있다.
⑤ 목적을 달성하지 못할 경우 해결하지 못한 부분에 대해 논의 할 시간을 갖는다.

> **TIPS!**
> 전부 다 만족하는 것은 아니다.

18 다음 중 얄롬의 집단의 치료적 요인들로 구성된 것은?

㉠ 보편성	㉡ 이타심
㉢ 모방행동	㉣ 희망의 고취

① ㉠㉡㉢
② ㉠㉢
③ ㉡㉣
④ ㉠㉡㉣
⑤ ㉠㉡㉢㉣

> **TIPS!**
> 이외에도 일차가족집단의 교정적 경험, 사회화기술, 대인학습, 정보전달, 정화 등이 있다.

Answer 16.① 17.③ 18.⑤

19 다음 중 집단의 응집성이 집단 발달에 장애가 되는 경우가 아닌 것은?

> ㉠ 집단원들이 응집되어도 부정적인 감정을 표현하는 경우
> ㉡ 유쾌한 대화나 상호작용에 빠져들어 거짓 형태의 응집성을 발달시킬 경우
> ㉢ 갈등 뒤에 응집성을 얻었기 때문에 이를 즐기기 위해 다음 단계로 나아가기 싫어하는 경우
> ㉣ 부정적인 하위 집단의 응집성이 강하게 나타나는 경우

① ㉠
② ㉢㉣
③ ㉠㉢
④ ㉠㉡㉢
⑤ ㉠㉡㉢㉣

TIPS!
정확한 피드백이 집단 상담을 효과적이게 한다.

20 집단원들에게 선정된 행동을 연습하거나 실천하도록 함으로써 집단 구성원이 계약을 실행할 기회를 최대화하도록 돕는 면담의 기술은?

① 계약
② 유머
③ 직면
④ 리허설
⑤ 감정이입

TIPS!
예를 들면 각자의 인생에서 중요한 사람들에게 하고 싶은 말하기 등을 사용한다.

Answer 19.① 20.④

21 집단상담의 장점이 아닌 것은?

① 개인이 참여하면서 관망할 수 있다.
② 개인이 시도하기 어려운 행동에 대해 현실검증을 해 볼 수 있는 기회가 된다.
③ 개인적인 문제가 충분히 다루어진다.
④ 여러 가지 문제를 용이하게 다룰 수 있다.
⑤ 다양한 성격의 소유자들을 접할 수 있는 기회가 된다.

 **TIPS!**

개인의 문제가 충분히 다루어지지 못하는 것은 장점이 아니라 단점이다.

22 집단성원을 선정할 때 집단에 적합하지 않는 유형과 거리가 있는 것은?

① 극심한 위기에 처해 있는 사람   ② 아주 의심이 많은 사람
③ 비자발적으로 참여하는 사람   ④ 공격적 성향이 강한 사람
⑤ 적대감이 강한 사람

 **TIPS!**

비자발적인 사람을 참여하도록 하는 것이 집단상담자의 기술이다.

23 집단의 유형과 예가 적절하지 않은 것은?

① 은퇴를 앞둔 직장인 집단 – 성장 집단
② 알코올중독 해결 집단 – 치유집단
③ 비행 청소년들의 모임 – 치료집단
④ 이혼한 부부의 자녀집단 – 지지 집단
⑤ 정신요양원의 사회 복귀 준비 집단 – 사회화 집단

TIPS!

위기상황은 모두 지지집단이다.

Answer 21.③ 22.③ 23.③

24 집단성원이 다른 집단원들에게 피드백을 주기 어려워하는 이유에 해당하는 것은?

> ㉠ 우리 사회에서는 타인의 사적인 느낌에 대해 표현하는 것을 좋지 않게 생각하기 때문
> ㉡ 솔직한 피드백이 타인의 분노를 야기하고 이로 인해 관계가 악화 될 것을 우려하기 때문
> ㉢ 시간이 지난 후에 상대방으로부터 보복에 대한 두려움이 있기 때문
> ㉣ 피드백을 해 본 경험이 적고 어떻게 할지 몰라서

① ㉠㉡㉢　　　　　　　　　　　② ㉡㉢㉣
③ ㉠㉡㉣　　　　　　　　　　　④ ㉠㉣
⑤ ㉠㉡㉢㉣

TIPS!
집단원이 원하는 변화를 가져올 수 있도록 새로운 대인관계 기법을 실습하고 피드백을 받고 이러한 피드백에 관해 토론하는 것은 집단상담에서 매우 중요하다.

25 집단상담의 과정에서 연결이 맞는 것은?

① 집단준비단계 : 오리엔테이션과 탐색이 이루어지는 시기로 침묵이 많고 서로 어색하게 느끼고 혼란스러워 하는 단계
② 초기단계 : 집단구성원들에게 집단의 목적과 운영방식 등을 알려주고 이 잡단을 통해 어떤 경험과 도움을 받을 것이니 미리 생각해야 한다.
③ 과도기 단계 : 집단원의 불안감과 방어적 태도가 두드러지며 집단 내에서 힘과 통제력을 놓고 갈등이 일어나며 저항이 다양한 형태로 표현되는 단계이다.
④ 작업단계 : 지금까지 집단이 집단원 각자에게 주었던 영향을 평가하며 서로에 대한 피드백과 해결되지 않은 주제를 마무리 한다.
⑤ 종결단계 : 상담자는 집단의 응집력을 강화하고 맞닥뜨림과 공감과 같은 적절한 반응에 대해 모범을 보이며, 집단전체와 개인이 보이는 패턴에도 관심을 가지고 자신이 관찰한 것을 개방한다.

TIPS!
① 초기 단계, ② 준비 단계, ③ 종결 단계, ⑤ 작업 단계에 대한 설명이다.

Answer 24.⑤ 25.③

26 동질 집단의 특징이 아닌 것은?

① 공감이 쉽게 일어난다.　　　　　　② 상호간 즉각적인 지지가 가능하다.

③ 응집성이 높다.　　　　　　　　　④ 현실검증의 기회가 풍부하다.

⑤ 갈등이 적다.

> **TIPS!**
> 이질집단의 특성이다.

27 집단 역동성에 관한 설명 중 옳은 것은?

① 집단 역동성은 항상 집단 발전에 긍정적인 영향을 끼친다.

② 집단 역동성은 부정적 영향을 발생시키므로 집단상담자가 개입하여야 한다.

③ 집단 역동성은 목표달성을 방해한다.

④ 집단 역동성은 집단 구성원들간에 발생하는 상호작용이므로 집단 상담자의 개입은 불필요하다.

⑤ 집단의 역동성이 무시될 경우 성급한 개인공개 및 평가 압력과 같은 부정적 영향이 생길 수 있다.

> **TIPS!**
> 집단 역동성은 부정적으로 영향을 미치기도 한다.

28 다음 집단상담의 과정 중 참여단계(도입단계)의 내용으로 맞는 것은 무엇인가?

① 집단상담자는 집단 활동의 책임을 점차로 집단원들에게 이양하는 것이 바람직하다.

② 예상 불안을 감소시키며 긴장을 풀어주며 신뢰감 있고 안정된 집단 분위기 조성

③ 타인들에게 수용될 것인지, 아니면 무시나 배척을 당할 것인지 타진해보는 단계

④ 집단의 성장과 변화를 평가

⑤ 집단원들 각자에 삶에서 겪고 있는 심각한 문제를 취급하는 단계

> **TIPS!**
> 초기단계(준비단계)에 대한 설명이다.

Answer 26.④ 27.⑤ 28.②

29 집단 상담에서 집단을 구성할 때 설명으로 옳지 않은 것은?

① 상담의 목적과 기능에 따라 구성 범위와 내용이 달라질 수 있다.
② 친한 친구나 친척들은 같은 집단에 넣는 것이 좋다.
③ 아동집단 상담의 구성은 동질적인 편이 좋다.
④ 다양한 연령층이 모이면 서로의 경험을 교환할 수 있는 이점이 있다.
⑤ 관심과 문제가 비슷한 사람들로 구성하지 않아도 된다.

TIPS!

아는 사람은 한 집단에 넣지 않는 것이 일반적이다.

30 다음은 어떤 집단에 대한 설명인가?

- 자칫하면 피상적인 관계에 머무르기 쉽다.
- 출석률이 높고 갈등이 적다.
- 상호간의 적극적인 지지가 가능하다.
- 영속적인 행동변화의 가능성이 낮아질 수 있다.

① 훈련 집단   ② 과업집단
③ 이질집단   ④ 자조집단
⑤ 동질집단

TIPS!

동일집단에 대한 설명이다.

31 T-집단에 대한 설명으로 적절하지 않은 것은?

① 학습방법에 대한 학습   ② 자기 이해력의 증진
③ 집단기능에 대한 통찰력의 증진   ④ 구체적인 행동기술의 습득
⑤ 집단상담자의 권위

TIPS!

집단상담자는 교사도 아니고 집단원도 아닌 조력자로서 역할을 한다.

Answer 29.② 30.⑤ 31.⑤

32 다음 중 집단의 조직에 대한 설명으로 틀린 것은?

① 집단의 조직성은 목적, 집단원의 성격, 상담가의 이론적 접근에 따라 달라진다.
② 집단 상담자는 어느 정도 조직성을 가지고 임할 것인가를 첫 모임 후에 정한다.
③ 집단중심적 집단은 비조직적인 형태를 취한다.
④ 집단 상담자 중심적 집단은 고도의조직성을 띄게 될 것이다.
⑤ 집단의 조직은 비구조화, 구조화, 반구조화로 나눌 수 있다.

> **TIPS!**
> 첫 모임 전에 결정해야 한다.

33 다음 중 구조화 집단에 대한 설명이 아닌 것은?

① 집단의 심리적 관계가 중요한 작성의 대상이 된다.
② 너무 소극적이라서 의사소통에 참여하기 어려운 사람에게 좋다.
③ 상담자가 목표, 과정 등을 정해 놓고 주도적으로 이끌어가는 형태이다.
④ 스트레스 관리, 부모 역할 훈련과 같은 주제를 다룬다.
⑤ 비구조화집단보다 더 깊은 수준의 경험을 하기는 어렵다.

> **TIPS!**
> 비구조화 집단에 대한 설명이다.

34 다음 중 집단 상담의 목표로 적절하지 않은 것은?

① 자기수용, 자신감, 자기 존중감 증진과 자신에 대한 시각의 개선
② 효과적인 사회적 기술 학습
③ 인간의 욕구나 문제들의 공통성과 보편성 인식
④ 비정상적인 발달 문제와 성격의 재구성
⑤ 타인의 욕구와 감정에 대한 민감성 증진

> **TIPS!**
> 집단심리치료에 대한 설명이다.

Answer 32.② 33.① 34.④

35 집단상담자들과 집단원들이 그 집단에서 일어나는 여러 가지 행동의 숨은 의미에 대해서 통찰을 얻게 되는데 이를 표현하는 정신분석학적 모형의 집단기술은 무엇인가?

① 자유연상   ② 해석
③ 저항   ④ 전이
⑤ 분석

TIPS!

분석적 집단상담에서 성급한 해석은 피해야 한다.

36 다음 중 집단원 선발 절차 중 모집 공고의 내용으로 적합하지 않은 것은?

① 집단에 가입하는 절차   ② 집단에 적합한 사람들을 결정하는 지침
③ 집단 구성원들의 자질과 배경에 대한 내용   ④ 집단에서 사용될 기법이나 절차
⑤ 집단 리더와 집단구성원들의 권리나 책임

TIPS!

집단구성원이 아니라 집단상담자의 자질과 배경에 대한 내용이 포함된다.

37 다음의 설명은 집단의 발달 단계 중 준비단계에서 나타 날 수 있는 현상을 말한 것이다. 무엇에 관한 설명인가?

- 일종의 자기 보호를 위한 노력이다.
- 어떤 모험을 감행하기 전에 자연스럽게 나타나는 반응으로 이해할 수 있다.
- 스스로 인정하고 처리하도록 돕는 개방적인 집단분위기가 조성되어야 한다.

① 의존성   ② 갈등
③ 저항   ④ 응집성
⑤ 노출

TIPS!

집단초기에는 다양한 저항이 나타나게 된다.

Answer 35.② 36.③ 37.③

38 다음은 집단상담, 집단지도, 집단치료에 대한 설명의 연결이 바르지 않은 것은?

① 집단상담 –개인적, 정서적 문제의 해결에 치중한다.
② 집단지도–적극적이고 예방적인 입장을 취한다.
③ 집단상담–집단원 개개인의 행동변화보다 집단의 변화가 중심이다.
④ 집단치료–무의식적 동기에 관심을 기울인다.
⑤ 집단상담–현재의 문제를 해결하고 치료하는데 관심을 기울인다.

> **TIPS!**
> 집단상담도 개인의 변화가 우선이다.

39 다음 집단상담의 과정을 바르게 연결한 것은?

㉠ 갈등단계	㉡ 시작단계
㉢ 응집단계	㉣ 종결단계
㉤ 생산단계	

① ㉠-㉡-㉢-㉣-㉤   ② ㉠-㉢-㉡-㉣-㉤
③ ㉡-㉢-㉠-㉤-㉣   ④ ㉡-㉠-㉢-㉤-㉣
⑤ ㉡-㉠-㉤-㉢-㉣

> **TIPS!**
> 갈등이 해결될 때 응집이 생기게 되면서 집단이 활성화되게 된다.

Answer 38.③ 39.④

40 다음 집단 상담 이론에서 연결이 올바른 것은?

① 정신분석상담 – 지금 여기
② 개인 심리 상담 – 자유연상, 해석, 자아의 강화
③ 교류분석 – 구조, 교류, 게임, 각본분석
④ 인지행동 – 집단속 개인상담
⑤ 게슈탈트 – 비합리적 신념의 대치, 지시적, 설득적

 TIPS!
정신분석은 그때 거기에 초점을 두고, 집단속 개인 상담은 게슈탈트 상담을 말한다.

41 집단상담에서 공동지도력의 장점으로 옳지 않은 것은?

① 역할 분담이 가능하다.
② 역전이를 방지하는데 효과적이다.
③ 집단 분열과 양극화 양상을 방지할 수 있다.
④ 피드백을 제공하여 전문적 성장에 효과적이다.
⑤ 정확한 사정과 모니터링에 효과적이다.

TIPS!
분열과 양극화는 단점이다.

42 상담이 성취할 수 있도록 도와주는 촉진적 인간관계에 관한 설명 중 틀린 것은?

① 상담자와 촉진적인 인간관계는 바람직한 방향으로 변화를 이루게 되는 것과 관련된다.
② 촉진적 인간관계란 변화, 성장, 발달, 진보같이 바람직한 방향으로 움직이고 이동해가는 것을 가리킨다.
③ 촉진적 인간관계는 상담자가 내담자를 도와주어 얻어지는 것이 아니라, 내담자 스스로 여러 가지 노력을 한 결과로 얻어지는 것만을 상담 목표로 간주한다.
④ 촉진적 인간관계는 삶에 새로운 활력을 넘치게 하는 에너지를 끝없이 재생산해 낼 수 있는 힘을 기르는 것이라고 할 수 있다.
⑤ 내담자 자신이 다른 사람과 촉진적인 인간관계를 형성하고 발달시킬 수 있는 힘을 기르게 된다.

TIPS!
촉진적 인간관계란 상호협력이 가능하도록 서로 신뢰하고, 허용적인 분위기 즉 내담자가 안정감을 느끼고 자신을 표출할 수 있는 관계를 말한다.

Answer 40.③ 41.③ 42.③

43 심리극의 주요개념과 거리가 먼 것은?

① 자발성과 독백　　　　　　　　② 즉흥성과 창조성
③ 죽음과 비존재　　　　　　　　④ 역할연기
⑤ 마술 상점

> **TIPS!**
> 죽음과 비존재는 실존주의 상담 개념이다.

44 다음 중 집단의 속성으로 볼 수 없는 것은?

① 서로 상호작용한다.
② 상호 독립적이다.
③ 공동이해의 문제에 관한 규범들을 공유한다.
④ 집단의 보상을 발견한다.
⑤ 공동목표들을 추구하는 둘 또는 그 이상의 개인들이다.

> **TIPS!**
> 집단은 서로 상호작용하고 의존적이다.

45 다음 중 집단상담의 목표로 보기에 가장 적절하지 않은 것은?

① 자신과 타인에 대한 신뢰감 형성
② 자신에 대한 지식습득과 정체성 발달
③ 특정행동의 변화를 위한 구체적 계획 수립
④ 타인의 기대에 부응하는 태도
⑤ 타인의 욕구와 감정에 대한 민감성 증진

> **TIPS!**
> 집단상담의 목표는 타인의 기대에 부응하는 태도에서 벗어나 자신의 기대에 맞게 사는 방식을 습득하는 것이다.

Answer 43.③ 44.② 45.④

46 집단상담에 관한 내용 중 옳지 않은 것은?

① 집단상담은 정서적 차원에서 집단의 문제가 먼저 다루어진다.
② 집단상담에서 다루어지는 문제는 구성원의 발달과업에 초점을 맞춘다.
③ 집단상담은 개인으로 하여금 생활환경에 보다 건전하게 적응할 수 있도록 하는 것이다.
④ 집단상담이 제공하는 것은 참여자에게 자기 자신의 감정이나 행동에 대해 통찰할 수 있는 기회이다.
⑤ 집단상담은 구성원들에게 자신의 발달적 욕구, 관심, 문제에 관해 탐색할 기회를 제공한다.

 TIPS!

일차적인 집단상담의 목표는 구성원으로 하여금 자기이해와 대인관계의 능력을 향상시키고, 생활환경에 보다 건전하게 적응할 수 있도록 하는 것이다. 이 목표를 달성하기 위하여 흔히 정서적인 차원에서의 개인의 문제가 먼저 다루어진다.

47 다음 중 상담집단의 내용으로 틀린 것은?

① 상담집단은 집단구성원으로 하여금 그들의 자기이해, 자기수용, 본질적인 발달과업을 성취 · 실현할 수 있도록 돕기 위한 과정이다.
② 상담집단은 구성원 개개인의 실제적 행동의 변화를 목적으로 한다.
③ 상담집단은 내담자가 갖고 있는 심각한 문제의 교정과 장애를 치료한다.
④ 상담집단이 갖는 관심사는 어떤 주제에 관심을 갖기보다는 구성원 개개인 자체에 관심을 갖는다.
⑤ 타인이해, 타인수용을 통해 대인관계를 향상하고 일체감을 체험함으로써 집단생활 능력과 대인관계 기술을 습득한다.

TIPS!

치료적 목적으로 사용된 치료집단은 내담자가 갖고 있는 심각한 문제의 교정과 장애를 치료한다.

48 다음 중 적극적으로 상대방에게 자신의 권리와 의견을 알리기 위한 것은?

① 자기이해
② 자기주장
③ 자기수용
④ 자기개방
⑤ 탐색적 기회

TIPS!

자기주장은 자신이 나타내고자 하는 바를 상대방에게 피해를 주지 않으면서 그대로 나타내는 학습된 행동이다.

Answer 46.① 47.③ 48.②

49 지도집단에 관한 내용 중 잘못된 것은?

① 내담자의 개인적 요구나 관심사에 관련된 정보를 제공한다.

② 교실 상황에서 주로 수행한다.

③ 집단의 크기는 12~40명 정도이다.

④ 비교적 구조화 되어 있다.

⑤ 논의할 수제가 내담자에 의해 선정된다.

 TIPS!

지도집단이 다른 집단과 구별되는 특징은 비교적 구조화 되어 있고, 논의할 주제가 일반적으로 집단상담자에 의해 선정된다는 것이다.

50 참만남집단의 내용만으로 나열된 것은?

㉠ 개인적인 자각을 일깨우고 잠재능력을 발달시킨다.

㉡ 자각과 대인관계에 있어 자신의 잠재력을 탐색한다.

㉢ 내담자에게 친밀한 경험을 제공한다.

㉣ 각 내담자들은 원하는 행동변화에 관련된 발달적, 대인관계 상의 문제를 다룰 기회를 가지게 된다.

① ㉠㉡㉢

② ㉠㉢

③ ㉡㉣

④ ㉣

⑤ ㉠㉡㉢㉣

TIPS!

상담집단은 소규모이며, 각 내담자들은 원하는 행동변화에 관련된 발달적, 대인관계 상의 문제를 다룰 기회를 가지게 된다.

Answer 49.⑤ 50.①

51 집단상담의 장점이 아닌 것은?

① 내담자 자신들의 문제를 전체적으로 볼 수 있다.
② 내담자 상호 간에 지지체제를 형성한다.
③ 내담자는 대인관계 상의 의사소통 기술을 배운다.
④ 내담자는 도움을 줄 기회가 거의 없다.
⑤ 집단상담은 대인관계 문제를 다루는 데 있어 사회적 대인관계 상황을 제공할 수 있다.

 TIPS!

내담자는 도움을 받을 뿐만 아니라 도움을 줄 기회도 가지게 된다.

52 집단상담에 관한 내용 중 틀린 것은?

① 집단상담은 많은 내담자들에게 더 많은 상담기회를 제공할 수 있다.
② 집단상담은 정상인의 발달적 문제를 취급한다.
③ 집단상담은 성원 개개인의 실제적 행동의 변화를 목적으로 한다.
④ 집단상담은 상담자 1~2명이 내담자들의 본질적인 발달과업을 성취할 수 있도록 돕는다.
⑤ 집단상담이 비중을 두는 것은 과거 및 현재와 미래이다.

TIPS!

집단상담은 내담자로 하여금 그들의 자기이해, 자기수용, 본질적인 발달과업을 성취·실현할 수 있도록 돕기 위한 과정으로, 집단지도와 같이 현재나 미래에 비중을 둔다.

53 다음 중 개인적인 자각을 일깨우고 잠재능력을 발달시키는 집단은?

① 치료집단 ② 상담집단
③ 참만남집단 ④ 지도집단
⑤ T-집단

TIPS!

참만남집단의 목적은 자각과 대인관계에 있어서 자신의 잠재력을 탐색하고 실현할 수 있는 건강한 사람에게 기회를 제공하는 것이다. 이 집단은 개인적인 자각을 일깨우고 잠재능력을 발달시키는 것에 초점을 둔다.

Answer 51.④ 52.⑤ 53.③

54 다음의 집단 중 인간관계에 대한 경험과 통찰, 학습, 자각 등을 강조하는 집단은?

① T-집단   ② 지도집단
③ 상담집단   ④ 치료집단
⑤ 참만남집단

> **⚡ TIPS!** ....
> 참만남집단은 자신과 타인의 보다 의미 있는 접촉을 통하여 인간관계에 대한 경험과 통찰, 학습, 그리고 인간의 실존에 대한 자각을 강조한다.

55 다음 중 집단이 침체에 빠졌을 때 상담자가 사용하는 기능은?

① 지도적 기능   ② 자극적 기능
③ 확장적 기능   ④ 축소적 기능
⑤ 해석적 기능

> **⚡ TIPS!** ....
> 지도적 기능은 집단이 침체에 빠졌을 때 상담자가 사용한다. 상담자는 집단이 어려워하는 주제를 확인하고 그 주제를 따라가도록 돕는다.

56 다음 중 형태주의 접근모형의 주요 상담기법이 아닌 것은?

① 언어연습   ② 대화게임
③ 실연   ④ 반전기법
⑤ 인지적 치료기법

> **⚡ TIPS!** ....
> 형태주의 접근모형의 주요 상담기법으로는 언어연습, 대화게임, 실연, 반전기법, 과장기법 등이 있다.

Answer 54.⑤   55.①   56.⑤

57 T-집단상담자의 역할만으로 짝지어진 것은?

> ⊙ 학습에 적합한 장면의 구성　　　　ⓛ 모범적인 행동
> ⓒ 의사소통의 통로　　　　　　　　　ⓔ 전문가로서 참여

① ⊙ⓛⓒ　　　　　　　　　　　　　② ⊙ⓒ
③ ⓛⓔ　　　　　　　　　　　　　　④ ⓔ
⑤ ⊙ⓛⓒⓔ

> 💡 TIPS!
>
> T-집단상담자의 역할
> ⊙ 학습에 적합한 장면의 구성 : 허용적 분위기와 심리적 안전을 도모해 줌으로써 집단의 역동성을 탐색할 수
> 있도록 한다.
> ⓛ 모범적인 행동 : 집단원들이 모방할 수 있도록 도움을 주기 위해서 바람직한 집단원으로서 해야 할 행동에
> 모범을 보인다.
> ⓒ 의사소통의 통로 : 집단상담자는 상호 이해와 일치의 발달을 향한 의사소통의 통로를 여는데 도움을 줄 수
> 있도록 모든 집단구성원의 적극적 참여를 권장한다.
> ⓔ 집단에 조력자와 집단구성원 및 전문가로서 참여 : T-집단의 집단상담자는 집단의 구성원이 조력자, 집단구
> 성원, 전문가의 세 가지 역할을 융통성 있게 수행할 수 있도록 한다.

58 행동주의적 접근모형에서 행동을 강화시키는 기술은?

① 심적 포화　　　　　　　　　　　② 체계적 과민성 제거
③ 자기주장　　　　　　　　　　　　④ 소거
⑤ 양립할 수 없는 행동의 강화

> 💡 TIPS!
>
> 행동을 강화시키는 기술
> ⊙ 행동계약 : 집단구성원과의 계약은 행동을 강화시킨다.
> ⓛ 자기주장 훈련 : 집단내담자들에게 자신의 감정, 사고, 신념, 태도 등을 표현할 권리를 갖도록 한다.

59 집단응집력을 결정하는 요소로 볼 수 없는 것은?

① 지역사회의 가치관
② 성공체험
③ 공유된 가치 및 태도
④ 외부의 위협
⑤ 상호작용

> **TIPS!**
> 집단응집력을 결정하는 요소는 작은 규모의 집단, 성공체험, 공유된 가치 및 태도, 외부의 위협 및 상호작용의 시간 등이다.

60 집단의 크기에 대한 설명으로 틀린 것은?

① 나이가 어릴수록 많은 수의 집단구성원으로 구성하는 것이 바람직하다.
② 5~15명의 범위로 구성할 수 있으며, 7~8명 정도가 적당하다.
③ 집단의 크기는 모든 집단구성원이 원만한 상호작용을 할 수 있을 정도로 커야 한다.
④ 동시에 모든 집단구성원이 정서적으로 집단활동에 관여하여 집단감정을 느낄 수 있을 정도로 작아야 한다.
⑤ 집단구성원의 수가 너무 많아지면 집단구성원 중 일부는 전적으로 참여할 수 없게 되고 상담자가 개개인에 충분한 주의를 기울이기 어려워진다.

> **TIPS!**
> 집단의 크기가 증가하면 집단의 응집력은 감소한다. 집단은 나이가 어릴수록 적은 수의 집단으로 구성하는 것이 타당하다.

61 집단상담의 과정 중 준비단계의 특징이 아닌 것은?

① 집단 내의 불안과 방어가 감소한다.
② 집단상담자는 점차로 집단활동의 책임을 집단에 이양한다.
③ 저항은 변화에 대한 불안감으로부터 자신을 보호하는 방식이다.
④ 갈등은 집단구성원들이 서로 더 많은 권력과 통제력을 갖고자 하는 욕구에서 비롯된다.
⑤ 서로 더 많은 권력을 갖기 위해 집단구성원들은 경쟁한다.

> **TIPS!**
> 집단과정의 준비단계에서는 집단 내의 불안과 방어가 증가하는 것이 특징이다.

Answer 59.① 60.① 61.①

62 다음 중 종결단계에 대한 설명으로 틀린 것은?

① 상담자와 내담자는 양가감정을 경험한다.

② 집단구성원들이 자신의 문제를 해결하게 됨으로써 자기노출을 줄인다.

③ 이제까지 유지되어 온 유대관계에서 분리를 하여야 하기 때문에 아쉬움을 경험한다.

④ 비효과적인 행동패턴을 버리고, 새로운 대안 행동을 학습해서 목적을 달성하면 종결단계에 돌입한다.

⑤ 저항과 갈등을 생산적으로 처리하고 집단은 점차 응집성을 발달시킨다.

 TIPS!

준비단계(과도적 단계)에서는 상담구성원들의 저항, 불안, 갈등이 두드러진다. 이러한 일련의 변화를 경험하면서 작업단계에서 집단은 점차 응집력과 생산성을 지니게 된다.

63 집단상담에서 작업단계에 나타나는 특징이 아닌 것은?

① 수용과 신뢰의 분위기를 형성하여 새롭고 의미 있는 경험을 하도록 이끈다.

② 특히 어려운 새 행동을 실행하려는 구성원에게 강력한 지지를 보내준다.

③ 구성원이 높은 사기와 분명한 소속감을 갖게 된다.

④ 상담자는 구성원이 대인관계를 분석하고 문제를 다루어 가는 데 자신감을 얻도록 도움을 준다.

⑤ 집단상담에서 핵심이 되는 부분으로 동료를 신뢰하고 자신을 솔직하게 드러낸다.

TIPS!

①은 도입단계에 나타나는 특징이다.

64 집단상담의 기법 중에서 질문, 재질문과 관련이 있는 것은?

① 요약하기   ② 연결지우기
③ 경청하기   ④ 관심기울이기
⑤ 명료화하기

TIPS!

명료화를 위한 기법으로는 질문, 재진술, 다른 집단구성원들을 활용하여 명료하게 하는 방법이 있다.

Answer   62.⑤   63.①   64.⑤

65 집단상담자가 집단과정을 촉진하고자 할 때 주의하여야 할 사항이 아닌 것은?

① 내담자들의 느낌을 정직하게 표현하도록 한다.
② 심리적인 분위기를 조성한다.
③ 내담자가 새로운 행동을 실험해 본다.
④ 집단상담자에게 의존하는 경향을 확대한다.
⑤ 의사소통의 장벽을 극복하도록 도와준다.

> **TIPS!**
>
> 집단상담자가 집단과정을 촉진하고자 할 때 주의하여야 할 사항
> ㉠ 내담자들의 느낌을 정직하게 표현하도록 돕는다.
> ㉡ 신뢰적인 분위기를 조성한다.
> ㉢ 내담자가 새로운 행동을 실험해 보거나 개인적인 문제를 탐색할 때 격려한다.
> ㉣ 많은 내담자를 참여시키기 위해서 도전 또는 초청한다.
> ㉤ 가능한 집단상담자에게 의존하는 경향을 축소한다.
> ㉥ 공공연히 갈등이나 의견 불일치를 표현하도록 장려한다.
> ㉦ 의사소통의 장벽을 극복하도록 도와준다.

66 상담자와 내담자 간의 보다 깊은 이해를 발달시킬 수 있는 기법은?

① 전이
② 자기노출하기
③ 촉진하기
④ 행동 제한하기
⑤ 연결지우기

> **TIPS!**
>
> 집단상담자는 자기노출을 통하여 내담자에게 유사성과 친근성을 전달할 수 있는 사람이다.

67 다음 중에서 인간을 수동적 존재로 보는 것은?

① 행동주의 심리학
② 정신분석학
③ 현상학
④ 실존주의 심리학
⑤ 초월심리학

> **TIPS!**
>
> 행동주의 심리학은 인간을 환경에 반응하는 수동적인 존재로 본다.

Answer 65.④ 66.② 67.①

68 집단상담자의 인간적 특성만으로 나열된 것은?

> ⊙ 용기와 끈기를 지니고 있어야 한다.
> ⓒ 융통성과 포용력이 있어야 한다.
> ⓒ 진실성과 개방성이 있어야 한다.
> ⓔ 유머감각과 지혜가 있어야 한다.

① ⊙ⓒⓒ ② ⊙ⓒ
③ ⓒⓔ ④ ⓔ
⑤ ⊙ⓒⓒⓔ

TIPS!

집단상담자의 인간적 특성
⊙ 내담자에 대한 선의와 관심 및 자신감이 있어야 한다.
ⓒ 용기와 끈기를 지니고 있어야 한다.
ⓒ 융통성과 포용력이 있어야 한다.
ⓔ 진실성과 개방성이 있어야 한다.
ⓜ 지각력과 민감성 및 수용능력이 있어야 한다.
ⓗ 유머감각과 지혜가 있어야 한다.

69 다음 중 집단의 유지와 발전을 돕는 역할행동은?

① 제안을 솔선해서 하기 ② 의견을 물어 보고 제시하기
③ 집단의 진행을 돕기 ④ 안건이나 토의결과를 기록하기
⑤ 집단의 규범을 명시하기

TIPS!

집단의 유지와 발전을 돕는 역할행동
⊙ 집단의 진행에 따르기
ⓒ 집단과정의 여러 측면을 기록하고 관찰하기
ⓒ 집단의 규범을 명시하기
ⓔ 내담자들의 의사소통을 촉진하기
ⓜ 집단상담의 의사에 양보하고 타협하기
ⓗ 내담자 간의 의견에 대한 불일치를 조화시키기
ⓢ 다른 내담자들을 칭찬하고 격려하기

70 개인 중심적 역할행동 중 내담자의 고통을 덜어 주기 위한 것은?

① 상처 싸매기
② 공격하기
③ 도움을 구걸하기
④ 독점하기
⑤ 참여하지 않기

 TIPS!

상처 싸매기 : 내담자의 기분을 좋게 해 주고 고통을 덜어 주기 위한 행동이다.

71 민주형 집단상담자의 내용으로 옳은 것은?

① 무엇을 언제 어떻게 할지를 직접 관장한다.
② 상담자의 판단 및 결정이 내담자들보다 우월하다.
③ 상담자 자신의 대화능력과 판단에 의존한다.
④ 스스로 행동결과에 대한 자각을 갖도록 인도한다.
⑤ 상담자는 자기의 지식과 경험을 토대로 내담자들과 의사소통한다.

TIPS!

민주형의 상담자는 내담자들이 스스로 행동결과에 대한 자각을 갖도록 인도하는 것이 특징이다. 즉 내담자
들에게 자기이해와 문제해결의 능력이 있음을 가정하고 있으며, 가능한 지시와 해석적인 기법을 사용하지
않는 유형이다.

72 심리극의 기본적 기법이 아닌 것은?

① 연출   ② 더블링
③ 재연   ④ 현실투사
⑤ 역할 바꾸기

TIPS!

심리극의 기본 기법 : 연출, 더블링, 독백, 역할 바꾸기, 다중자아, 재연, 거울, 구체화, 조력자 활용 등

Answer 70.① 71.④ 72.④

73 집단의 구성에 관한 내용 중 잘못된 것은?

① 흥미가 비슷한 사람들을 모아야 한다.

② 아동의 경우는 남녀를 따로 구성하는 것이 좋다.

③ 청소년기 이상에서는 남녀가 섞인 집단이 바람직하다.

④ 상담자는 내담자들에게 무엇을 기대하고 있는가를 알려 준다.

⑤ 집단상담의 내담자가 될 것인지의 여부는 내담자 스스로가 결정한다.

> **TIPS!**
> 집단구성원을 구성하는 데 있어서는 성별·연령·과거의 배경·성격차이 등을 고려하여야 한다. 흔히 흥미나 문제가 비슷한 사람들은 모여야 한다고 생각하나 반드시 그렇지는 않다.

74 다음 중 단기상담의 특징으로 틀린 것은?

① 문제를 빨리 해결하려고 상담자를 찾아오는 경우가 많다.

② 내담자와 상담하는 횟수는 평균적으로 6~8회 정도에 불과하다.

③ 심각하고 만성적인 문제에도 상당히 효과적으로 적용될 수 있다는 것이 밝혀졌다.

④ 장기상담만큼 효과가 있는 것이 밝혀졌다.

⑤ 비용이 많이 들어간다.

> **TIPS!**
> 단기상담은 내담자가 가져오는 문제들이 단기에 도울 수 있는 것이어야 하며, 비용이 적게 든다는 장점이 있다.

75 집단상담 전문가 윤리기준의 기본원칙으로 볼 수 없는 것은?

① 집단상담자는 내담자들과 부적절한 개인관계를 갖지 않는다.

② 집단상담자는 비윤리적인 행위를 하지 않는다.

③ 집단상담자의 의무도 중요하지만, 내담자의 존엄성 존중과 복리증진이 더욱 중요하다.

④ 내담자는 집단상담자에게 심리적 의존자가 된다.

⑤ 상담에서 내담자의 권리는 존중되어야 한다.

> **TIPS!**
> 내담자는 집단상담자에게 심리적 의존자가 아니라, 독립적인 존재이자 상담을 위한 협력자임을 명심한다.

Answer 73.① 74.⑤ 75. ④

PART

03

심리측정 및 평가

01 심리측정의 이해

❶ 심리측정의 본질

(1) 심리측정의 의미

① 측정(Measurement)이란 추상적 · 이론적 세계와 경험적 세계를 연결시켜 주는 수단이다.

② 측정은 개념 또는 변수를 현실 세계에서 관찰 가능한 자료와 연결시켜 주는 과정이자, 질적 속성을 양적 속성으로 전환하는 작업이다.

③ 측정은 대상물 자체를 측정하는 것이 아니라 측정대상이 지니고 있는 속성에 수치를 부여하는 것이다.

④ 심리측정은 지능, 성격, 적성, 흥미, 창의성 등 심리적 특성을 일정한 조건하에서 자로 길이를 재는 것과 같이 그 결과를 숫자로 계량화하는 것을 의미한다.

> **POINT** 척도 구성의 기본 원칙
> ㉠ 상호 배타적이고 같은 범주에서는 포괄적이어야 한다.
> ㉡ 응답 범주는 응답 가능한 상황을 모두 포함해야 한다.
> ㉢ 논리적 일관성을 가져야 한다.
> ㉣ 여러 개의 문항들로 구성될 경우 문항간에는 상호 내적 일관성을 가져야 한다.

(2) 심리측정이 어려운 이유

① 측정하려는 대상이 추상적인 개념인 경우가 많다. 특히 교육학 및 심리학의 관심분야는 사실보다는 가치를 배분하는 요소가 강하기 때문에 더욱 그러하다.

② 측정하려는 개념이 다른 개념과 복합되어 있는 경우가 많다. 측정대상이 명확하게 구분되어야 측정의 정확성을 기할 수 있고 속성을 파악할 수 있음에도 불구하고 사회현상은 복잡 · 다양한 요소들이 얽혀져 있는 경우가 많다.

③ 자연과학에서 널리 이용되는 측정을 위한 표준과 같이 일정한 규칙이나 표준화된 도구가 부족하여 측정대상에 가장 적합한 측정도구의 개발이 시급하며 그 기준에 대한 동의가 우선되어야 한다.

(3) 심리측정의 특성

① **기술성** : 심리측정은 특정한 순간 개인의 수행 능력을 기술하는 것이다.

② **상대성** : 심리측정은 개인간의 차이를 파악하기 위해 절대적인 기준보다는 상대적인 기준이 더 유용하다.

③ **간접성** : 간접적으로 측정될 수밖에 없는 추상적인 개념이 심리적 특성이다. 심리측정을 위해서는 신뢰할 수 있는 측정도구인 심리검사가 필요하다.

④ **수량화** : 심리적 특성을 재는 것과 함께 그 결과를 척도에 따라 수량화하는 것이 심리측정이다. 심리적 특성을 수량화하게 되면 표준화 · 규격화도 가능하고 공평성도 유지할 수 있다.

⑤ **효율성** : 정보수집의 효율성에 있는 것이 심리측정이다.

(4) 심리측정과 관련된 용어의 정의

① **총평** : 개인의 특성을 기술하고 그 특성을 더 잘 이해하기 위하여 개인에 대한 정보를 종합하는 포괄적인 과정을 의미한다.

② **진단** : 피검사자의 문제를 분류하고 명명하여 문제의 실체를 객관화하는 것이다. 진단은 피심사자의 문제를 진단기준에 맞추어 보고 그 기준에 맞으면 특정한 진단명을 부여하기 때문에 다분히 기술적이고 정적인 성격을 띨 개연성이 많다.

③ **평가** : 어떤 대상의 수치화된 결과를 준거에 비추어 가치판단하는 과정을 말한다. 이것은 검사나 진단을 포함하지만 진단에 비해 계속적이고 역동적인 활동으로 볼 수 있다.

④ **숙달** : 수행이 일정한 수준을 만족시키는지 만족시키지 못하는지를 판단하는 것이며, 대개 통과냐 탈락이냐 중에 가능한 결과로 나타난다. 심리측정은 능력이나 숙달 정도를 입증하기 위해 사용된다.

② 심리측정의 유형

(1) 임의측정

① 임의측정이란 임의적 정의에 의한 방법으로서, 어떤 사물의 특성과 그 측정값 간에 관계가 있다고 가정하고 측정하는 것을 의미한다.

② 사회과학에서 하고 있는 대부분의 측정은 임의측정에 속한다.

③ 특정 시기에 한 개인의 신장을 여러 번 측정하더라도 하나의 값이 나오지만(물론 이때 측정의 오차로 인하여 약간 다를 수 있다), 그 사람의 지능을 측정하면 임의측정인 관계로 측정오차의 범위를 넘어서 검사에 따라 서로 다른 측정값이 나올 수 있다.

(2) 본질측정

① 본질측정이란 측정할 때 어떤 사물의 특성을 표현하는 본질적인 법칙에 따라서 수치를 부여하는 것을 의미한다.

② 가장 이상적이고 충실한 측정으로서 확고한 이론적 배경을 가지고 있는 것이 본질측정이다.

(3) 유도측정

① 유도측정은 어떤 사물의 특성을 다른 특성과 관련시키는 규정이나 법칙에 의해 측정의 의미가 나타나도록 하는 것을 말한다.

② 기본적으로 유도측정은 확고한 이론적 배경이 있어야 한다.

③ 자연과학에서는 특성들 간의 관계가 법칙의 수준으로 확고히 정립된 것들이 많이 있으므로 유도측정이 흔히 이루어질 수 있다.

③ 심리측정의 오차

측정의 오차는 검사도구에 기인하는 것에서부터 측정과정에서 채점자나 관찰자에 의한 오차, 피검사자(내담자)에 기인하는 오차 등 여러 가지가 있을 수 있다.

(1) 측정도구에 따른 오차

① 오차가 일어나는 것은 측정도구 자체의 결함이나 부정확성 때문에 나타난다.

② 심리학과 교육학에 사용되는 여러 가지 측정도구는 길이나 무게를 재는 도구에 비하여 훨씬 부정확하기 때문에 그만큼 오차도 크게 발생한다.

③ 검사문항에서 요구하는 반응의 조건이 명료하게 제시되지 않을 때 오차가 발생할 가능성이 높다.

④ 검사의 문항형식이 선택형일 경우, 문항내용이 피검사자의 능력수준에 비하여 너무 어려울 경우에는 추측하여 반응하는 수가 많으므로 오차가 개입될 가능성이 높아진다.

(2) 측정과정에 따른 오차

① 측정과정에서 일어나는 오차로는 측정하는 사람의 미숙한 측정기술·부주의·착오, 검사시간을 더 주거나 또는 덜 줌으로 인한 오차 등이 있다.

② 검사실시 요강을 만들어 지시 및 준비사항, 검사시간, 채점방법 등을 명확하게 기술해 놓고, 검사자는 반드시 사전에 검사실시요강을 숙독하여 검사실시 요령을 습득하도록 하면 검사실시 과정에서 발생하는 오차를 많이 줄일 수 있다.

(3) 피검사자에 따른 오차

① 피검사자의 측정 받는 심리적 속성 자체의 일시적인 변동이나, 측정이 이루어지는 환경적 조건의 특이성 등으로 인한 측정의 오차가 있다.

② 인간의 생리적 현상을 측정하는 경우에 피검사자에 따른 오차가 흔히 일어난다.

③ 지능, 학력, 흥미, 태도 등의 심리적 특성을 측정할 경우 측정하는 속성 그 자체의 변화뿐만 아니라, 검사 받을 당시 개인의 신체적 조건이나 심리적 상태의 여하에 따라서도 크게 영향을 받는다.

④ 검사점수에 영향을 미치는 피검사자의 요인으로는 동기 · 흥미 · 불안 등 심리적 상태, 피로 · 질병 · 장애 등 신체적 조건, 검사에 대한 경험, 검사에 대한 특별지도 등 매우 다양하다.

(4) 우연적 오차와 체계적 오차

① 우연적 오차란 측정과정 중 예상치 못한 일시적인 변동으로 인해 발생하는 오차로 측정결과에 대한 신뢰도를 낮추는 원인이 된다.

② 체계적 오차란 측정과정 중 발생할 수밖에 없는 오차로 예측이 가능하고 이에 대한 대비 역시 가능한 오차로 측정결과의 신뢰도뿐 아니라 검사 자체의 타당도까지 영향을 미치는 요인이 된다.

section **2** 척도

1 **척도의 의미**

(1) 척도(Scale)란 일종의 측정도구로서 일정한 규칙에 따라 측정대상에 적용할 수 있도록 만들어진 일련의 기호나 숫자를 뜻한다.

(2) 일정한 규칙에 입각하여 연속체상에 표시된 숫자나 기호의 배열이다(연속성의 특징).

(3) 측정대상의 속성과 일대일 대응의 관계를 맺으면서 대상의 속성을 양적으로 전환시킨다.

(4) 수량화를 위한 도구로서의 척도를 써서 측정된 대상이 자료로서 믿을 만하고, 타당성이 있으며, 단순하고 유용한 것이 되려면 척도 그 자체가 정확한 측정이여야 한다.

(5) 측정의 본질적인 제약이 있는 한 척도의 가용성은 근본적으로 한계가 있다. 예를 들어 자(尺), 저울, 온도계, 혈압계, 탐지기 등이 있다.

② 척도의 분류기준

(1) 명목척도

① 명목수준의 측정을 수행하는 측정도구를 명목척도(Nominal scale)라고 하며, 명목척도에 의하여 측정되는 변수를 명목변수(Nominal variable)라고 부른다.

② 명목척도에 의한 각각의 수치는 이름 대신 붙인 것으로 어떠한 수치를 부여하느냐는 연구자(심사자)가 임의로 결정한다.

③ 숫자의 차이가 대상에 따라 측정한 속성이 다르다는 것만을 나타내는 척도이다. 축구선수나 배구선수의 등번호와 같이 속성의 같고 다름을 의미하며 이외에는 아무런 정보를 갖고 있지 않다.

(2) 서열척도

① 측정대상을 분류한 다음 범주 간에 서열 또는 대 · 소 구분이 가능하다.

② 서열수준의 척도는 순서를 변경하지 않는 수학적 조작이 가능하다.

③ 숫자의 차이가 측정한 속성의 차이에 관한 정보 뿐 아니라, 그 순위관계에 대한 정보도 포함하고 있는 척도이다. 예를 들면 학교석차가 있다.

(3) 등간척도

① 등간격수준의 측정이 이루어질 수 있으려면 측정단위(Unit)가 있어야 하는데, 단위는 일정 정도를 나타내고 그 정도는 불변(Constant)이며, 공통적인 표준으로 공인되거나 될 수 있어야 한다. 예를 들어, 거리, 무게, 시간, 온도 등은 단위가 공통된다.

② 심리검사에서는 등간척도로 공인된 것은 거의 없다. 그러나 실제로 엄밀한 의미에서의 서열척도를 등간척도로 간주하여 사용하는 경우가 많은데 이것은 심사자 개개인의 결정에 의하는 경우이다.

③ 수치상의 차이가 실제 측정한 속성간의 차이와 동일한 숫자집합을 말한다. 따라서 등간척도는 할당된 수의 차이가 '다르다'는 차이정보와 '더 ~하다'는 서열정보 외에 간격에 대한 정보도 포함하고 있다. 예를 들면 온도계로 측정한 온도에서 0도와 5도의 차이는 15도와 20도의 차이와 같다고 할 수 있다.

(4) 비율척도

① 비율척도는 등간척도의 성격을 다 가지면서 거기에 절대적인 영이 존재하기 때문에 더하기, 빼기, 곱셈, 나눗셈도 의미 있게 할 수 있다.

② 통계기법으로는 상승평균과 변이계수가 있다.

③ 비율척도는 차이정보와 서열정보, 등간정보 외에 수의 비율에 관한 정보도 담고 있는 척도로서 등간척도에 비해 절대영점을 가지고 있다 예를 들면 10kg는 1kg의 10배이고, 10 : 1이다.

POINT 측정방법과 통계방법

측정방법	측정목적 및 내용	산출통계량	예시	통계방법
명명척도	분류	최빈치, 비율	남자, 여자	비모수적 방법
서열척도	분류, 순위	중앙치, 사분위편차	1등, 2등..	
등간척도	분류, 순위, 간격	평균, 표준편차, 가감	0℃, 20℃	모수적 방법
비율척도	분류, 순위, 간격, 비율	모든 통계, 가감승제	0kg, 20kg	

③ 척도의 종류

(1) 평정척도

① 평정척도는 심사자가 측정대상의 연속성을 전제로 삼아 일정한 기준에 따라 심사함으로써 대상의 속성을 구별하는 척도이다.

② 평정척도에는 3가지 요소, 즉 심사자, 심사대상 및 연속체가 논리적 연관성을 갖고 합리적으로 규정되어야 한다.

③ 심사자의 문제에서는 다만 2인 이상이 되는 경우에 적절한 평점이 내려져야 하며, 연속성의 요건은 일정한 지시문과 평정을 위한 척도를 만듦으로써 충족된다.

(2) 총화평정척도(리커트 척도)

① 태도측정 방법의 하나로, 피험자에게 조사항목에 동의하느냐의 여부를 묻지 않고 각각의 항목에 대한 동의 정도를 표시하도록 하는 측정방법이다.

② 리커트 척도는 평정척도의 변형으로 응답자의 태도나 제품의 속성을 측정하는데 주로 사용되는 척도 인데 여러 문항의 개별응답점수를 합하여 척도를 구성한다는 의미에서 총화평정척도(summated rating scale)라고 한다.

③ 응답에 대한 느낌의 강도를 나타내기가 간편하여 처리가 쉽고 응답자들이 간단히 응답할 수 있다는 장점이 있다.

④ 리커트 척도의 단점은 구간척도가 아닌 서열척도에 가깝다는 점이 지적되지만 간격을 나타낼 수 있는 가장 좋은 척도로 연속형 자료에 대한 통계 분석법의 사용도 가능한 것으로 알려져 있다.

⑤ 각 문항이 하나의 척도이고 전체의 문항에 대한 총평점을 태도의 측정치로 봄으로써 문항의 수를 많게 할 필요가 없다.

(3) 등현등간척도(서스톤척도)

① 태도변수를 검증하기 위해 찬반을 나타내는 연속체에 의하여 피심사자의 태도에 대한 점수를 배분하는 문항측정이라는 점에서는 총화평정척도와 동일하나, 각 태도문항 자체를 척도화하는 점이 다르다.

② 조사자들이 어떠한 대상에 대해 가능한 많은 설명을 문장으로 만들어 놓고, 일정수의 응답자들이 가장 많이 동의하는 문장을 찾아 이를 바탕으로 하여 척도에 포함될 적절한 문항들을 선정하여 척도를 구성하는 방법이다.

③ 서스톤 척도는 측정항목들 간의 거리가 일정하다고 가정하기 때문에 태도의 차이 및 변화 정도의 비교가 가능하다.

> **더 알아보기**
>
> **서스톤 척도의 구성 절차**
> ㉠ 특정 문제에 대한 의견을 수집(문항 수집) : 의견이 아닌 사실에 관한 것, 내용이 맞지 않은 것, 복잡해서 이해하기 곤란한 것 등 부적절한 문항 제외
> ㉡ 판정자 그룹 구성 : 전문가 모집(30~50명)
> ㉢ 척도 가치의 결정 : 평정자 개개인이 척도상의 위치를 판단을 근거로 척도값 계산
> ㉣ 척도문항의 산정 : 지나치게 분산된 문항 배제
> ㉤ 최종척도구성 : 태도의 한 극단에서 다른 극단에 골고루 분포되도록 선정(일반적으로 11점 척도 사용)
> ※ 높은 타당성은 장점이지만 조사 대상자와 별도의 판단자가 필요하고 많은 시간과 비용 발생하고 판단자의 영향을 받을 수 있기 때문에 잘 사용되지 않는다. 또한 등간격성을 가정하지만 실제로 등간격성을 갖는지 의문점 역시 단점으로 작용하고 있다.

(4) 누적척도(거트만 척도)

① 태도의 강도에 대한 연속적 증가유형을 측정하고자 하는 척도로 단일차원의 동질적인 문항으로 구성된다.

② 거트만척도(누적척도)의 중요한 전제조건으로는 측정의 대상이 되는 척도가 일관성 있는 하나의 요소여야만 하며 단일차원성을 검사하는 수단을 갖고 있다. 따라서 단일차원의 척도는 한 개의 변수만을 측정하며, 문항과 개인의 총평점 간의 누적적인 관계가 성립된다.

③ 어떤 사상(事象)에 대한 태도를 일련의 질문에 의해 측정하는데, 이 때 질문이 그 사상에 대하여 호의적 · 비호의적(非好意的), 관심 · 무관심 등의 축(軸)에 관하여, 어떤 순서하에 나열되도록 하는 것이 특징이다.

(5) 보가더스 척도

① 보가더스 척도는 일종의 사회적 거리척도이다.

② 대개 일정한 대상에 대하여 느끼는 친밀감, 무관심, 혐오감 등을 측정하는 척도이며, 이때의 대상에는 사회집단, 민족, 개인 등이 있다.

③ 보가더스는 일찍이 인종적 편견의 강도를 측정하기 위하여 각 인종에 대해 어떤 반응(사회적 이용도)이 나타나는가를 보았다.

④ **보가더스 척도의 장점** : 적용범위가 비교적 넓고 예비조사에 적합한 면이 있다.

⑤ **보가더스 척도의 단점** : 척도점 간의 거리가 같다는 것을 가정하고 문항에 경중이 있기 때문에 작성상 주의해야 하고 해석상의 한계가 있다.

(6) 소시오메트리

① 보가더스 척도는 집단 간의 거리를 측정하는 것이고, 소시오메트리(Sociometry)는 집단 내의 구성원 간의 거리를 측정하는 방법이다.

② 광의로는 제도적 행동과 사회적 거리 척도를 포함하는 것이지만, 협의로는 인간관계의 측정에 관한 방법을 뜻한다.

③ **소시오메트리의 기본전제** : 인간의 관계가 역학적으로 견인과 반발의 관계를 맺고 있어서 쌍방의 의도를 서로 모르더라도 그 강도나 빈도를 측정하여 인간의 집단 내에서의 위치를 알아낼 수 있다는 것이다.

④ **소시오메트리의 분석방법**(소시오매트릭행렬방법) : 응답결과를 행렬로 정리하여 분석하는 방법이다.

　㉠ **소시오그램** : 집단구성원 간의 영향관계, 의사소통관계, 지배관계 또는 친구관계를 기술하여 그림으로 표시하는 방법이다. 또한 선택과 배척의 관계를 도표로 표시하여 인과관계의 특성을 알 수 있다.

　㉡ **소시오매트리지수** : 구성원 간의 관계를 분석하기 위해 일정한 공식에 따라 계산함으로써 지수를 구하는 분석방법이다.

⑤ **소시오메트리의 장점**

　㉠ 자료수집이 경제적 · 자연적 · 신축적이다.

　㉡ 계량화의 가능성이 높고, 적용범위가 넓다.

⑥ **소시오메트리의 단점**

　㉠ 조사대상에 대한 체계적 이론검토가 결여되어 있다.

　㉡ 신뢰성과 타당성에 대한 고찰 없이 측정결과를 받아들이는 경향이 있다.

　㉢ 측정기준과 자료의 처리에 소홀한 경향이 있다.

(7) 어의구별척도

① 어의구별은 개념이 갖는 본질적인 뜻을 몇 개의 차원에 따라 측정함으로써 태도의 변화를 좀 더 정확하게 파악하는 척도이며 방법이다.

② 주로 심리학적 의미를 파악하기 위해 심리학분야의 측정도구로 사용해 왔지만, 정치학분야에서도 진의를 파악하는 연구로 많이 사용되었다.

③ **어의구별의 분석방법** : 어의적 공간에서 개념의 구성요소들이 집락을 이룰 수 있다는 전제에서 출발한다.

④ 어의구별척도를 작성하기 위해서는 우선 개념과 그 기준을 선정해야 한다.

⑤ 어의구별척도에 따라 수집된 자료를 분석하는 방법은 평균치분석방법, 거리집락분석, 요인평점분석 등이 있다.

    ⊙ **평균치분석방법** : 기본개념에 따른 척도점의 평균치를 계산하여 분석하는 것이다.

    ⓒ **거리집락분석** : 각 개념들이 어의공간에 차지하는 위치 사이의 거리를 측정하여 관계를 분석하는 방법이다.

    ⓒ **요인평점분석** : 요인평점을 사용해서 피검사자의 개념 또는 차원을 평가하는 방법이다.

---

section 3 검사의 변인과 기초통계

1 변인

변인이란 서로 다른 수치를 부여할 수 있는 모든 다른 사건이나 대상의 속성을 말한다.

(1) 연속변인과 불연속변인

① **연속변인** : 측정값이 무한히 많은 값을 취할 수 있는 변수로서 예를 들어 키와 몸무게가 있다.

② **불연속변인** : 측정값이 한정된 수치만을 가지는 변수로서 예를 들어 자녀의 수, 방문횟수 등이 있다.

(2) 양적변인과 질적변인

① **양적변인** : 수치가 양적인 차이를 나타내는 것으로 수량화할 수 있는 값을 말한다. 예를 들어 지능지수, 키, 몸무게 등이 있다.

② **질적변인** : 수치를 수량화할 수 없는 것을 말하며 예를 들어 성별, 인종 등을 의미한다.

(3) 독립변인과 종속변인

① **독립변인** : 어떤 다른 변인의 원인이 되는 변인을 말하며 보통 X로 표기한다.

② **종속변인** : 어떤 다른 변인의 결과가 되는 변인으로 Y로 표기한다.

> **더 알아보기**
>
> **가외변인** : 독립변인이 아님에도 불구하고 종속변인에 영향을 미치는 변인을 말한다.

(4) 예언변인과 준거변인

① 예언변인 : 그 변인의 값을 통해 어떤 다른 변인의 값을 예언하려는 용도로 사용되는 변인을 말한다.

② 준거변인 : 예언변인으로 예측하고자 하는 변인을 말한다.

> **더 알아보기**
>
> 변인간의 인과관계가 성립되지 않은 상관관계에서 예언변인과 준거변인으로 설명할 수 있다.

② 기초통계

(1) 기본개념

① 분포 : 자료를 정확하게 제시하는 가장 기본적인 방법은 분포를 제시하는 것이다. 이를 위해 일단 빈도분
포를 만들어 볼 수 있는데, 빈도분포란 일정 점수대를 구획지어 놓고 각 점수대에 속하는 점수의 빈도를
정리하는 것이다. 이렇게 정리한 분포는 가로축에 점수대를 놓고, 세로축에 빈도를 표시해서 막대나 선의
형태로 그려서 제시할 수 있다. 이런 분포도는 사례수가 충분하다면 대개는 정상분포라 부르는 종모양의
그림을 이루게 된다.

  ㉠ 정규분포(normal distribution) : 평균, 중앙값, 최빈값이 일치하며 좌우대칭이 되는 형태의 분포를 말
  한다.

  ㉡ 편포(skewed distribution) : 한쪽으로 치우친 분포를 의미하며 정적분포와 부적분포가 있다.

   ㉮ 부적편포(negative skewed distribution) : 오른쪽으로 치우쳐 음의 부호로 길게 뻗어 나온 분포

   ㉯ 정적편포(positively skewed distribution) : 왼쪽으로 치우쳐 양의 부호로 길게 뻗어 나온 분포

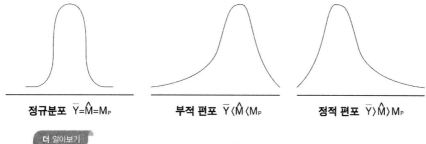

정규분포 $\bar{Y}=\hat{M}=M_P$ 부적 편포 $\bar{Y}\langle\hat{M}\langle M_P$ 정적 편포 $\bar{Y}\rangle\hat{M}\rangle M_P$

> **더 알아보기**
>
> 산술평균은 M, 중앙치를 Mdn, 최빈치를 Mo라 할 때(M−Mdn)의 값이 "+"로 나올 때 나타나는 분포는? 정적편포

  ㉢ 왜도(skewness) : 분포의 비대칭 정도, 분포가 기울어진 방향과 정도를 표현한다.

   ㉮ 왜도 = 0 : 정규분포

   ㉯ 왜도 < 0 : 부적편포

   ㉰ 왜도 > 0 : 정적편포

② **대표값**(중심경향) : 주어진 자료들이 어떤 값을 중심으로 분포되어 있는가를 나타내는 것으로, 통계집단의 자료전체를 하나의 수치로 요약하여 대표시킨 값이다.

⊙ **평균** : 한 집단의 특성을 가장 간편하게 표현하기 위해 개발된 개념 중의 하나이다. 측정치의 합을 사례수로 나눈 값으로 여러 가지 대푯값들 중에서 가장 널리 이용된다. 그 이유는 집단의 특성을 나타내는 값으로 통계적인 조작이 쉽고, 가장 안정되고 정확한 통계치라는 점이다. 또한 집단 내의 어떤 점수를 예측했을 때 실제값이 예측값이 차이, 즉 예측오차가 가장 작은 값이 된다. 하지만 평균은 집단 내의 극단적인 값에 의해 많은 영향을 받는다. 특히 분포의 모양이 정상분포에서 벗어나는 경우 평균치는 집단의 특성을 묘사하는 대표치로서 약점이 많아진다. 예를 들어 어떤 집단의 점수가 2, 2, 3, 3, 4, 4, 4, 5, 5, 20으로 구성된 경우, 20이라는 극단적인 점수 때문에 평균값은 상당히 커지게 된다. 이럴 때는 평균보다 중앙치나 최빈치가 집단의 특성을 더 잘 묘사해 주는 것일 수 있다.

⊙ **중앙값** : 자료를 크기 순서대로 늘어놓았을 때 중앙에 위치하는 값으로 자료에 이상이 있을 경우 평균보다 중앙치가 중심위치를 나타내는 대푯값으로 더 적절하다.

⊙ **최빈값** : 가장 빈번하게 발생하는 자료의 값으로 질적 자료에서 대푯값을 찾을 때 사용된다. 최빈값이 존재하지 않는 경우는 총 사례수가 적거나 모든 사례가 각기 다양한 값을 가질 때이다. 분포의 중심경향값을 계산하기 위해 사용하기 보다는 쉽게 도수가 가장 많은 값을 알기 위해 사용된다.

③ **표준편차** : 표준편차는 '집단의 각 수치들이 그 집단의 평균치로부터 평균적으로 얼마나 떨어져 있는가', 즉 점수들이 평균에서 벗어난 평균거리를 나타내는 통계치이다. 따라서 이 값이 클수록 해당 집단의 사례들이 서로 이질적이라는 것을 알 수 있다.

평균치가 같아도 두 집단의 특성은 차이가 있을 수 있다. 예를 들어 집단 A는 1, 3, 5, 7, 9이고 집단 B는 3, 4, 5, 6, 7인 경우 평균치는 5로 동일하지만, 집단 B가 집단 A에 비해 수치들의 차이가 적다(동질적)는 것을 알 수 있다.

표준편차는 여러 집단의 변산도를 비교하는데 유용하며, 정상분포나 이와 거의 유사한 분포에 적용하면 특정점수의 위치를 파악할 수 있다.

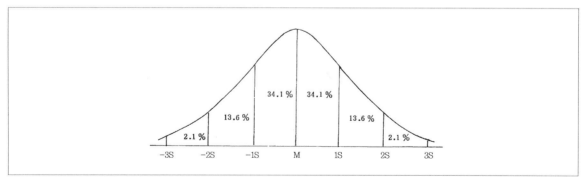

표준편차의 특성
㉠ 분포상 모든 점수, 특히 극단 점수의 영향을 받는다.
㉡ 한 집단의 모든 점수에서 일정점수를 더하거나 빼도 표준편차는 동일하다.
㉢ 한집단의 모든 수에 일정한 수를 곱하거나 나누면 표준편차는 그만큼 변화한다.
㉣ 표준편차와 정상분포는 일정한 체계를 가지고 있다(68%, 95%, 99.7%).
㉤ 분산의 양의 제곱근이 표준편차.

④ **표준점수와 표준화 점수** : 표준점수는 서로 다른 체계로 측정한 점수들을 동일한 조건에서 비교할 수 있게 해준다. 원점수에 상수를 곱하거나 나누는 것은 평균과 표준편차에 영향을 미치지 않는다. 이런 점수변환 의 성질을 이용해서 평균이 0이 되고, 표준편차가 1이 되도록 변환한 값을 표준점수(Z점수)라고 한다. 표 준점수는 원점수에서 평균을 뺀 후 표준편차로 나눈 값이다.

$$Z = (X - M) / S$$

표준점수는 음수 값을 가질 뿐만 아니라 소수점으로 표현되는 경우가 많기 때문에 일반인에게는 친숙하지 않은 수치이다. 그래서 표준점수에 상수를 더하거나 곱해서 친숙한 수치로 변환하게 되는데 이렇게 만든 점수를 표준화 점수라고 한다. 표준화 점수의 대표적인 예는 T점수인데, 원점수를 변환해서 평균이 50이 고 표준편차가 10인 분포로 만든 것이다.

$$T = 10 \times Z + 50$$

⑤ **상관계수** : 두 변인이 서로 일정한 관련성을 갖고 있는 정도를 나타낼 수 있도록 만든 통계치이다. 상관계 수는 −1에서 +1까지의 값을 가진다.

㉠ 상관계수 분석

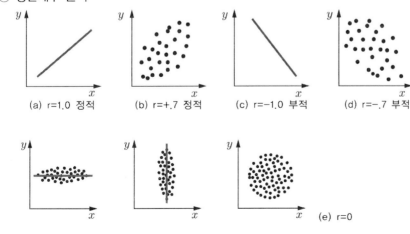

(a) r=1.0 정적　　(b) r=+.7 정적　　(c) r=−1.0 부적　　(d) r=−.7 부적

(e) r=0

ⓛ 상관연구의 기본가정

㉮ 상관계수는 두 변수의 관계가 선형성을 만족시켜야 한다. 두 변수가 곡선형성을 한 경우 상관관계를 해석하는 문제가 될 수 있다.

㉯ 상관연구를 위해 등분산성을 충족해야 한다.

• 등분산성(homoscedastic) : 두 변수들을 대표하는 직선을 그어 독립변수의 어떤 지저에서도 종속변수이 흩어진 정도가 같음을 의미한다.

• 이분산성(heteroscedatic) : X변수가 변해감에 따라 Y변수들의 흩어지는 폭이 넓어지거나 좁아지는 경향을 의미한다.

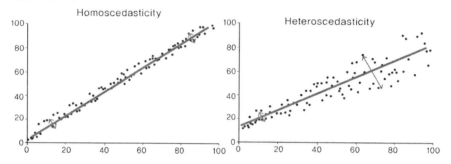

POINT 상관계수의 크기에 영향을 미치는 요인

㉠ 점수의 제한

두 변인 중 어느 것이든 관찰한 점수의 범위가 그 변인의 실제 범위보다 제한될 경우 상관계수의 크기는 실제 크기보다 작아진다.

㉡ 서로 다른 집단의 결합

각 집단 내에서 두 변인간의 상관이 없는데도 이들 두 집단의 자료를 결합해서 상관계수를 측정하면, 높은 상관이 나올 수도 있고, 두 변인간의 상관이 높은데도 상관계수는 낮게 나올 수도 있다.

⑥ **산포도**(변산도) : 산포도란 대푯값과 더불어 분포의 형태를 나타내는 중요한 척도로서, 각 점수들이 평균값을 중심으로 얼마나 퍼져있는가를 보여주는 통계값이다. 산포도를 보여주는 값은 범위(range), 사분위편차(quartile deviation), 분산(variance), 표준편차(standard deviation)가 있다.

㉠ **범위**(range) : 범위란 산포도를 보여주는 가장 간단한 값으로, 자료들이 퍼져있는 구간의 크기를 말한다. 변인의 분포에 중 최댓값에서 최솟값을 뺀 수치이다. 만약 학생들의 시험성적이 15점에서 90점 사이에 분포되어 있다면, 76점의 범위에 자료들이 퍼져있다고 표현된다. 연속성을 고려하여 최고값 상한계를 뺀 값이다.

> **R(범위) = 최대값 − 최소값 + 1**

㉡ **사분위편차**(quartile deviation) : 사분위편차란 자료들이 얼마나 중앙부분에 집중되어 있는가를 나타내주는 퍼짐의 정도를 말한다. 범위가 양극단의 점수에 의해 좌우된다는 단점을 가지므로, 점수분포상에서 자료를 크기순으로 4등분하여, 양극단의 점수가 아닌 어떤 일정한 위치에 있는 점수간의 거리를 비교하고자 하는 것이다.

ⓒ **분산(variance)과 표준편차(standard deviation)**
  ㉮ **분산(variance)** : 개별점수가 평균값으로부터 퍼져있는 정도를 보여주는 값이다. 이 값도 범위와 마찬가지로 변인의 동질성을 측정하는데 사용된다. 따라서 분산(variance)의 값이 작으면 작을수록 그 변인은 동질적이고, 분산(variance)의 값이 크면 클수록 그 변인은 이질적이라고 말할 수 있다.
  ㉯ **표준편차** : 평균으로부터 떨어진 점수들의 흩어진 정도를 나타내는 지표가 되며, 전체표본에서 결과들의 변량에 대한 추정치이며, 상이한 집단들의 변량을 비교할 때 유용하다.

> **POINT** 첨도(kurtosis)
> • 분포의 봉, 뾰족한 정도를 의미한다.
> • 정규분포의 첨도 : 0
> • 첨도가 0보다 크면 정규분포보다 더 뾰족한 급첨(leptokutic)
> • 첨도가 0보다 작으면 정규분포보다 낮은 평성(platkutic)

⑦ **표집오차** : 표본이란 모집단을 가장 잘 대표하도록 선정된 모집단의 부분집합이다. 이 때 전수조사가 아니기 때문에 초래되는 오차, 즉 표본 추출로 인해 야기되는 오차를 표집오차라 한다.

⑧ **표준오차(SEM)** : 표준오차는 표본을 여러 번 했을 때 각 표본들의 평균이 전체 평균과 얼마나 차이를 보이는가를 알 수 있는 통계량이다. 다시 말해서 여러 표본들의 평균값의 표준편차로서 측정의 표준오차를 통해 평균의 정확성을 확인할 수 있다. 표준오차는 표준편차보다 항상 작다.
$SEM = S / \sqrt{N}$

⑨ **원점수** : 통계 처리전의 점수/본래 점수 – 원 점수 자체로는 의미를 갖지 못한다.

⑩ **규준(norm)** : 상호 비교를 위하여 필요한 일종의 기준으로 검사의 목적과 필요에 따라 연령별, 성별, 지역별 등 여러 규준을 만들 수도 있다.

(2) 표본공간

어떤 시행에 일어날 수 있는 모든 경우를 $e_1, e_2, \dots$ 로 나타낼 때 집합 $\{e_1, e_2, \dots\}$를 그 시행의 표본공간이라 한다.

02 심리측정의 타당도와 신뢰도

1 타당도의 개념과 수단

(1) 타당도의 개념

① 타당도의 정의 : 사회현상의 연구에서는 추상적 개념을 측정하기 위해 측정지표나 측정문항을 개발하여 사용하게 되는데, 타당도란 측정하고자 하는 것을 얼마나 실제에 가깝게 측정하고 있는가 하는 정도를 말한다.

② 타당도는 자료수집에 있어서 가장 중요한 속성이라고 할 수 있다.

③ 타당도는 측정개념에 대한 개념적 정의와 조작적 정의의 타당성을 의미한다.

④ 교육의 성취도를 측정하기 위한 학력검사, 지능을 측정하기 위한 지능검사, 기타 각종시험이나 심리검사 등이 올바른 측정도구가 되기 위해서는 타당도가 있어야 한다.

(2) 타당도의 측정수단

① 타당한 측정수단이란 측정하고자 하는 것을 측정할 수 있는 도구이다. 즉, 어떤 측정수단이 검사자가 의도하지 않은 측면을 측정할 경우 이 수단은 타당하지 못한 것이 된다.

② 검사자가 조작적 정의나 지표 또는 척도를 사용하여 처음 측정하고자 한 것을 제대로 측정하였다면 타당도는 높게 될 것이다.

③ 사회과학에서 타당도가 문제되는 원인은 몇 가지 예외적인 경우를 제외하고는 측정을 간접적으로 밖에 할 수 없기 때문이다. 측정을 간접적으로 하여야 할 경우 검사자는 자신들이 측정하고자 하는 속성들을 제대로 측정하는가에 관해 안전한 확신을 가질 수 없다.

2 타당도의 종류

(1) 내용타당도

① 내용타당도의 정의 : 수많은 질문문항과 지표를 통해서 과연 얼마만큼 모집단의 특성을 잘 대표해 주고 있는가에 대한 것이다. 다시 말하면, 측정도구를 구성하는 측정지표(문항)가 측정하고자 하는 내용을 대표하고 있는가를 나타내는 측정도구의 대표성 또는 표본문항 추출의 적절성을 의미한다.

② 내용타당도의 평가방법 : 측정대상과 기존 지식이나 이론 등을 판단기준으로 하는 방법과 패널토의, 워크숍 등을 통하여 관계전문가들의 의견을 활용하는 방법들이 제시되고 있다.

③ 내용타당도의 문제점 : 내용타당도를 결정하는 어떤 명확한 방법이 없기 때문에 검사의 내용을 검토하며 논리적 접근방법에 의존한다.

(2) 기준타당도

① 기준타당도의 정의 : 하나의 측정도구를 사용하여 측정한 결과를 다른 기준을 적용하여 측정한 결과와 비교하여 나타난 관련성의 정도를 의미한다. 이는 경험적으로 입증된 기준과 관련시켜서 타당도를 검토하기 때문에 경험적 타당도라고 부른다.

② 기준타당도의 목적 : 검사에 있는 것이 아니라 예언하려고 하는 준거에 있다. 준거는 예측하려는 행동의 유형을 지시하고 검사가 측정하려는 특성을 추리하며, 그 검사의 실제적 유용성을 판단하는 기초를 제공한다.

③ 기준타당도의 형태

　㉠ 예언타당도 : 공인타당도와 차이점은 시간차원과 준거의 특성에 있다. 예언타당도에서는 타당성의 준거를 미래에서 찾는다. 피검사자가 미래에 표출하게 될 행동특성을 준거로 삼아서 예언타당도를 결정하는 것이다.

　㉡ 공인타당도(동시타당도) : 타당성의 준거를 현재에서 찾는다. 즉, 공인타당도는 해당 검사점수와 그 검사 이외에 현재의 다른 어떤 준거점수 간의 상관관계로 판단한다.

④ 기준타당도의 평가방법 : 측정도구를 적용하여 얻은 값과 기준변수를 적용하여 얻은 측정값에 대한 상관분석을 실시하여 평가하게 되는데, 상관계수값이 크면 기준타당도가 높다고 한다.

(3) 구인타당도(구성타당도)

① 구인타당도의 정의 : 검사자가 측정하고자 하는 추상적인 개념이 실제로 측정도구에 의하여 제대로 측정되었는지의 정도를 나타낸다.

② 구인타당도는 오늘날 사회과학분야에서 가장 중요시되고 있는 유형으로 검사에 사용된 이론적 구인개념과 이를 측정하는 측정도구 또는 측정수단들 간의 일치의 정도를 나타내는 개념이다.

③ 구인타당도의 종류 : 수렴성과 차별성이 높아야 한다.

    ㉠ 수렴적 타당도(집중타당도) : 같은 개념을 상이한 측정방법으로 측정했을 때 그 측정값 사이의 상관관계의 정도를 나타낸 것으로, 같은 개념을 측정하는 여러 측정지표들 간에 상관관계가 높으면 그러한 측정지표는 타당성이 높다.

    ㉡ 차별적 타당도(판별타당도) : 수렴적 타당도와 반대되는 의미로, 서로 다른 이론적 구인개념을 나타내는 측정지표들 간의 관계를 나타낸 것이다. 즉, 상이한 구인개념을 측정하는 측정지표들 간의 상관관계가 낮을 경우에 타당도가 높다고 할 수 있다.

④ 구인타당도를 측정하는 방법

    ㉠ 요인분석법 : 가장 널리 사용되고 있는 것이 요인분석이다. 요인분석의 기본원리는 항목들 간의 상관관계가 높은 것끼리 묶어 공통요인을 추출하는 것이다.

    ㉡ 수렴타당도 분석 : 검사의 결과가 그 속성과 관계가 있는 변인과 높은 상관관계를 가지는지를 평가하는 것이다.

    ㉢ 차별타당도 분석 : 검사의 결과가 그 속성과 관계가 없는 변인과 낮은 상관관계를 가지는지를 평가하는 것이다.

③ 연구방법에 있어서 타당도의 종류

(1) 내적타당도

내적타당도는 연구결과로 나타난 종속변인의 차이를 연구의 독립변인 조작에 의한 것이라고 해석할 수 있는 정도를 말하는 것으로 내적 타당도간 높다는 것은 동일한 조건에서 다시 실험했을 때 같은 결과가 나올 가능성이 높다는 것을 뜻하며 가외변인이 잘 통제되었다는 것을 의미한다.

(2) 외적타당도

연구에서 발견한 독립변인과 종속변인의 관계를 해당 연구장면과는 다른 시간, 다른 사람, 다른 환경 등에서 관찰해도 같게 나타나느냐의 정도를 의미한다. 여기서 독립변인이 아니면서도 독립변인에 영향을 미치는 변인을 가외변인이라고 하며 외생변인, 매개변인, 통제변수라고 표현될 수 있다.

> **더 알아보기**
>
> • 외생변수 : 가설화된 원인을 포함하지 않은 변수이다. 이에 반해서 내생변수(endogenous variable)는 최소한 하나의 가설화된 원인을 포함한 변수이다
> • 통제변수 : 연구를 수행하면서 탐구하기를 원하지 않기 때문에 통제하는 변수이다. 외재변수 중의 한 가지라고 할 수 있다.

연구방법으로 현장에서 이루어지는 연구로 현장연구방법과 실험실실험방법이 있다.

(1) 현장연구법

  1) 장점

  • 연구장면에 개입하지 않고 통제를 가하지 않으므로 외적타당도가 높다.

  • 여러 변인들을 한 연구에서 다룰 수 있고, 자료도 대규모로 얻을 수 있어서 엄격한 연구방법을 적용하기 이전에 가설을 개발한다거나, 이론적 통찰을 얻는 등의 방법으로 많이 활용된다.

  2) 단점

  • 실험과정 전체를 엄격하게 통제하는 것이 어렵기 때문에 연구결과의 내적타당성이 낮다(피험자의 탈락, 연구상황변화 등 통제 어려움)

  • 연구자들이 실제 현장상황에서 실험을 하는데 필요한 협조를 얻는 것이 어려운데 현장실험은 현장책임자의 협조가 없이는 불가하다.

(2) 실험실 실험법

  1) 장점

  • 인과관계를 밝히는 가장 좋은 방법이다.

  • 엄격한 측정이 가능하므로 정확성이 매우 높다.

  • 다른 연구자들이 쉽게 반복 확인할 수 있는 방법이어서 연구결과의 객관성이 높다.

  2) 단점

  • 현실성이 떨어지며 외적타당도가 낮다.

  • 모든 주제를 다룰 수 없으며 실제로 실험실 연구가 불가능한 주제들도 많다.

---

section **2** 신뢰도

❶ 신뢰도의 개념과 측정방법

(1) 신뢰도의 개념

① 측정의 신뢰도란 동일한 대상(현상)에 대하여 같거나 유사한(비교 가능한) 측정도구를 사용하여 반복 측정할 경우에 동일하거나 비슷한 결과를 얻을 수 있는 정도를 뜻한다.

② 측정을 반복할 때 동일한 측정결과를 가져온다면 측정결과를 예측할 수 있고, 따라서 안정성이 높다고 할 수 있다.

③ 신뢰도가 높은 척도는 사용하는 사람이 달라지고 측정하는 시간과 장소가 달라져도 항상 동일한 결과를 가져온다.

(2) 신뢰도의 종류

① 재검사신뢰도

⊙ 재검사신뢰도는 동일측정도구를 동일상황에서 동일대상에게 서로 다른 시간에 측정한 측정결과를 비교하는 방법이다.

⊙ 재측정기간은 보통 2주 정도의 간격을 갖는 것이 좋다.

⊙ 검사 – 재검사결과의 상관계수가 신뢰도의 추정치가 된다.

⊙ 측정기간이 길어진다면 검사기간 중 응답자의 속성변화에 따른 성숙의 효과가 나타날 수 있으며 측정기간이 짧다면 검사의 노출로 인한 학습의 효과가 나타날 수 있다.

② 동형검사신뢰도

⊙ 동형검사신뢰도는 동일한 조작적 정의 또는 지표들에 대한 척도를 두 종류씩 만들어 동일한 측정대상에게 각각 응답하게 하는 방법이다.

⊙ 동형검사신뢰도는 신뢰도 훼손문제를 극복할 수 없는 문제점이 있다.

⊙ 동형검사 신뢰도는 검사 – 재검사 신뢰도보다 널리 이용할 수 있는 것이지만 동형검사 제작 어렵고 검사제작을 위한 비용이 많이 든다는 것이 단점이다.

③ 반분신뢰도

⊙ 반분법은 측정도구를 임의의 반으로 나누어서 각각을 독립된 척도로 보고 이들의 측정결과를 비교해 보는 것으로 다음과 같은 조건을 갖추어야 한다.

⊙ 측정도구가 같은 개념을 측정한다는 것이 명백해야 한다.

⊙ 양분된 측정도구의 문항, 또한 문항의 수는 그 자체가 각각 완전한 척도를 이룰 수 있을 만큼 충분하여야 한다.

⊙ 반분방법에 따라 전후반분법, 기우반분법으로 나눌 수 있으며 속도 검사의 경우 전후반분법은 신뢰도가 낮게 나타난다.

④ 내적일관성 신뢰도(문항내적 합치도)

⊙ 동일한 개념을 측정하기 위해 여러 개의 항목으로 구성된 척도를 사용하는 경우, 신뢰검사를 구성하고 있는 문항간의 내적합치도의 정도를 나타내주는 지수로 해당검사 문항을 모두 독립된 검사로 간주하여 각 문항의 동질성을 측정할 수 있는 신뢰도로 문항응답에 대한 일관성을 의미한다.

⊙ 대표적인 내적일관성 신뢰도를 측정하는 방법에는 크롬바하 알파계수가 있다.

> **☞POINT** 신뢰도
>
> 측정의 일관성, 안정성, 동등성을 의미한다.
>
> 1. 검사–재검사 : 동일 집단에게 동일 검사를 반복해서 실시했을 때 얻어지는 검사 점수의 안정성을 나타내는 신뢰도. 안정 계수라고 한다. 통상적으로 70 정도는 되어야 하며, 검사 실시간의 간격이 짧으면 검사–재검사 신뢰도는 높아진다.
> 2. 동형검사 신뢰도 : 두 가지 유형의 검사가 동일한 개념을 어느 정도 일관성 있게 측정하고 있는 가를 나타내는 것으로 동등계수라고 한다. 세 가지 형태 중 가장 잘 사용되지 않는다.

3. 내적 합치도 : 검사 내 문항들 간의 동질성을 나타내는 신뢰도

3-1. 반분신뢰도 : 한 가지 검사의 내부 문항을 두 가지로 나누어서 신뢰로 산출

3-2. 크론바하 알파, 쿠드-리차드슨 계수 : 검사의 각 문항들을 하나의 검사로 생각하여 상호관계를 분석하여 도출 즉 100개의 문항을 가진 검사는 100개의 작은 검사로 취급하여 각 문항에 대한 반응과 모든 다른 문항들에 대한 반응들 간의 상관을 구한다.

4. 평정자간 신뢰도 : 두 명 이상의 평정가의 평가가 일치하는 정도를 나타내는 신뢰도

⑤ 객관도

   ㉠ 한 집단의 검사용지를 두 명의 검사자가 각자 독립적으로 채점하게 해서 구하는 신뢰도이다. 개개의 수검자들한테 관찰한 두 개의 점수를 가지고 통상적인 방법에 따라 상관관계를 따져보는 것인데, 이 때 나타난 신뢰도 계수가 채점자 신뢰도의 측정치가 된다.

   ㉡ 채점자 신뢰도는 주관적으로 채점해야 하는 검사도구인 투사적 성격검사의 경우 흔히 나타날 수 있다.

❷ 신뢰성 제고방안

(1) 측정도구를 구성하는 문항을 분명하게 작성하기 위하여 모호하게 작성된 문항은 배제시킨다.

(2) 측정항목수를 늘린다. 측정문항이 많아지면 측정값들의 평균치가 측정하고자 하는 속성의 실제값에 가까워지기 때문이다.

(3) 자료수집과정에서 측정의 일관성을 보장할 수 있도록 한다. 검사자가 일관성을 유지하지 못하면 동일한 문항에 대한 피검사자의 반응이 달라져 측정오차가 발생한다.

(4) 피검사자가 잘 모르거나 전혀 관심이 없는 내용은 측정하지 않는 것이 좋다.

(5) 동일한 질문이나 유사한 질문을 2회 이상 하는 방법이다.

section 3 | 타당도와 신뢰도의 관계

1 타당도와 신뢰도의 유형

(1) 신뢰도는 높으나 타당도가 낮음

측정의 정밀성은 높음에도 불구하고, 측정하고자 하는 것을 측정하지 못함으로써 타당도가 낮을 수밖에 없는 문제점을 지닐 수 있다.

(2) 타당도가 높으나 신뢰도가 낮음

측정하고 있는 것을 제대로 측정하였으므로 타당도는 높으나 측정과정상 발생하는 오류로 인하여 신뢰도가 낮게 나타날 수 있다.

(3) 신뢰도와 타당도가 모두 낮음

측정의 정밀성이 낮고, 또한 측정하고자 하였던 것도 측정할 수 없는 척도라면 최악의 경우로, 새로운 척도를 찾아야 할 것이다.

(4) 신뢰도와 타당도가 모두 높음

측정하고자 하는 것을 측정할 뿐만 아니라 정밀성도 높아서 타당도와 신뢰도가 매우 높은 바람직한 척도가 된다.

> **더 알아보기**
>
> 검사의 타당도가 높은 것은 측정하고자 하는 속성을 제대로 측정한 것으로 검사 측정 상 일관성이 유지되므로 통상적으로 신뢰도 역시 높다고 할 수 있다. 따라서 타당도는 신뢰도와 밀접한 관련이 있으며 타당도의 최댓값은 신뢰도의 범위를 넘을 수 없다.

② 타당도와 신뢰도에 영향을 미치는 요인

(1) 검사도구 및 그 내용

① 측정의 길이 : 질문이 길어져 검사자가 싫증을 느끼면 편의주의적·형식적 응답이 발생한다.

② 문화적 요인 : 관례상 사용되지 않는 단어나 문구 포함 시 문제가 된다.

③ 개방형 질문과 폐쇄형 질문 : 개방형 질문 시 검사자의 능력·교육수준에 영향을 받는다.

④ 기계적인 요인 : 질문지의 탈자, 오자, 읽기 어려운 단어, 페이지의 누락 등은 오해를 유발시킨다.

(2) 환경적 요인

검사 시 검사자의 개인적 특성, 개방형 질문의 경우 타인의 개입, 측정도구를 완성하는 데 필요한 제시의 명백성 등에 의해 영향을 받는다.

(3) 개인적 요인

검사자의 사회경제적 지위로서 소득, 직업, 교육수준 등과 성별, 연령 등에 의해 영향을 받는다.

(4) 사회적 요인

검사자가 진실을 밝히기보다는 사회적으로 바람직하다고 하는 것을 검사하는 경향이 있다.

(5) 검사자의 편견

검사자의 해석은 코딩 시 검사자의 편견개입으로 인하여 영향을 받는다.

03 심리검사

section 1 심리검사의 개념과 목적

1 심리검사의 개념

(1) 심리검사의 정의

① 심리검사는 행동의 표본을 측정하는 표준적 절차이다. 여기서 행동이란 지식, 사고력, 태도, 가치관, 성격, 자아개념, 창조성, 흥미 등 내면적 행동을 의미하며, 이를 심리적 특성이라고 한다.

② 심리검사는 가능한 모든 문항 중에서 일부 문항만을 포함한다.

③ 심리검사란 행동의 표본을 측정하기 위해 일관성이 있고 체계적인 방법을 응용한 측정도구이다.

④ 심리검사의 실시는 개인의 전체적인 정의적, 인지적, 행동적 측면을 이해하기 위한 심리학적 측정과정이다.

⑤ 심리학적 측정이란 개인의 행동을 특징짓는 성질, 즉 심리적 특성을 수량화하는 과정이다.

(2) 심리검사의 유의점

① 심리검사는 관찰이 불가능한 내현적·심리적인 영역을 관찰이 가능한 외현적인 행동을 통해 추정해야 하는 한계가 있다.

② 심리검사는 인간 전체가 아닌 인간이 지닌 일부분인 속성을 대상으로 한다.

③ 심리검사는 속성을 측정하는데, 명확한 공식이나 규칙에 따라 속성을 수나 양으로 나타낸다.

2 심리검사의 기능과 목적

(1) 심리검사의 기능

① 심리검사는 피검사자를 이해하는 하나의 객관적인 수단을 제공한다.

② 심리검사는 다른 사람을 이해하는 중요한 수단을 제공한다.

③ 피검사자의 상담과 생활지도 프로그램의 효과적인 운영과 진단 및 개선을 위한 자료를 제공한다.

④ 교육연구에 도움을 줄 수 있다. 일반적인 교육연구에서는 변인 간의 관계를 분석하는데, 이러한 변인의 측정수단으로서 적절한 심리검사를 사용하면 보다 신뢰할 수 있는 연구결과를 얻는데 도움을 줄 수 있다.

⑤ 심리검사를 통하여 개인의 자기인식이 높아지며 문제개입에 따른 처치가 수월하여 개인의 효율성이 증대된다.

(2) 심리검사의 목적

① 최근 심리검사를 상담에 적극적으로 활용하는 경우가 많은데, 이때의 심리검사의 목적은 개인 내, 개인 간 비교를 통하여 개인의 행동이나 성격을 이해하고 이를 바탕으로 하여 개인의 문제해결에 도움을 주려는 것이라 할 수 있다.

② 심리검사를 위한 안내서에는 검사의 목적이 분명하게 명시되어야 한다.

section 2 심리검사의 특성과 유형

1 심리검사의 특성

(1) 행동표본

① 심리검사는 본질적으로 표본행동을 측정한다. 개인의 행동을 측정한다고 할 때 개인의 수많은 행동을 모두 측정한다는 것은 불가능하다.

② 보다 좋은 심리검사는 대표성 있는 행동표본으로 이루어진 검사이어야 한다.

(2) 표준화

① 심리검사는 표준화된 조건하에서 실시되어야 한다. 표준화된 조건이란 검사실시에 주어지는 시간, 검사가 실시되는 장소의 환경적인 조건, 즉 소음, 조명, 습도, 온도, 검사반응의 요령에 대한 설명 등이 모든 사람에게 동일하게 적용되어야 한다.

② 심리검사는 채점에 있어 명확한 규칙이 있어야 한다.

(3) 객관적 난이도의 측정

① 심리검사는 각 문항의 난이도가 수준별로 골고루 분포해야 하고, 어떤 문항이나 어떤 검사 전체의 난이도 수준을 결정하는 과정은 객관적이고 경험적인 절차에 기초해야 한다.

② 심리검사는 비교적 쉬운 문항들에서부터, 어려운 문항들까지 모두 포함할 때 난이도가 골고루 분포되어 있다고 말할 수 있다.

(4) 신뢰도

심리검사는 그 검사를 통하여 얻어진 점수를 믿을 수 있어야 한다. 즉, 검사 점수가 측정하는 사람에 따라, 검사 실시의 시기에 따라, 혹은 검사 문항의 표집에 따라 점수 변화의 정도가 어느 정도 안정적으로 일관성을 유지해야 한다.

(5) 타당도

① 심리검사는 그 검사가 측정하고자 하는 내용을 충실하게 측정해야 한다.

② 심리검사의 타당도를 결정하는 일은 그 검사가 측정하고자 한 것이 무엇이든 간에 독립적인 외부의 준거를 필요로 한다.

② 심리검사의 종류

(1) 심리검사의 정의

심리검사란 심리적 특성의 내용과 그 정도를 밝힐 목적으로 일정한 조건하에 이미 마련한 문제나 작업을 통해 그 사람의 행동 또는 행동의 결과를 어떤 가정의 표준적 관점에 비추어 질적 혹은 양적으로 기술하는 조직적 절차를 말한다. 아나스타시는 인간 행동의 표본을 객관적이고 표준화된 절차로 측정, 진단하는 방법이라고 정의하였다. 즉 심리적 특성을 수량화하는 과정으로 일관적이고 체계적인 방법을 사용하여 일부분의 문항만 표집하여 측정한다.

(2) 검사의 실시방법에 따른 구분

① **속도검사와 역량검사**(실시시간 기준)

    ㉠ **속도검사**(speed test)

        ㉮ 정해진 시간제한을 두는 검사로서 보통 쉬운 문제로 구성한다.

        ㉯ 제한된 시간에 수행능력을 측정하는 것으로 문제해결력 보다는 숙련도를 측정하는 검사로, 예를 들면 산수 계산 문제가 있다.

    ㉡ **역량검사**(power test)

        ㉮ 시간제한이 없는 검사로 어려운 문제들로 구성된다.

        ㉯ 숙련도보다는 문제해결력을 측정하는 검사로서 예를 들면 수학경시대회 문제가 있다.

② 개인검사와 집단검사(수검자의 수 기준)

   ㉠ 개인검사

     ⑦ 검사시 한사람 실시해야 하는 검사로서 일반적으로 지필검사와 수행검사로 구성되어 있다.

     ⑭ 한 번에 한 사람을 대상으로 실시하는 검사로서 시간과 비용이 많이 소요된다.

     ⑮ 검사의 종류로는 한국판 웩슬러 지능검사(K－WAIS), 일반직업적성검사(GATB), 주제통각검사(TAT), 로샤검사 등이 있다.

   ㉡ 집단검사

     ⑦ 일반적으로 표준화된 지필검사로 구성되어 있어 한 번에 여러 명에게 실시할 수 있는 검사를 말한다.

     ⑭ 한꺼번에 많은 사람들을 대상으로 실시할 수 있기 때문에 시간과 비용이 절감된다.

     ⑮ 검사의 종류로는 다면적 인성검사(MMPI), 성격유형검사(MBTI), 캘리포니아 심리검사(CPI), 직업선호도검사(VPI)등이 있다.

③ 지필검사와 수행검사(검사도구 기준)

   ㉠ 지필검사 : 질문이 종이에 인쇄되며 답을 답안지에 기록한다.

   ㉡ 동작검사 : 행동이나 특성이 지필에 의해 평가되지 않는다. 검사에 소요되는 시간이 더 걸리며 개별검사로 실시되어야 한다.

(3) 특정 내용에 따른 구분

① 인지적 검사(능력검사 / 성능검사) : 일명 극대 수행검사로서 문항에 정답이 있으며 응답의 시간제한 있다. 피검자의 최대한의 능력발휘를 요구한다.

   ㉠ 능력검사 : 일반적으로 지능검사로 알려진 것으로, 검사에 소요되는 시간이 짧고 집단으로 실시할 수 있다.

   ㉡ 적성검사 : 특수 분야에 적절한 대상을 선발할 목적으로 제작하여 실시한다.

   ㉢ 성취도 검사 : 학교현장 등에서 학업성취를 확인하기 위하여 실시하는 검사로서 TOEFL, TOEIC 등이 있다.

② 정서적 검사(성향검사) : 습관적 수행검사로서 검사문항에 정답이 없으며 응답의 시간제한이 없다. 피검자로 하여금 최대한의 정직한 응답을 요구한다.

   ㉠ 흥미검사 : 어떤 종류로 향하는 개인의 일반화된 행동 경향을 측정하는 것이다. 직업상담, 학업상담 및 지도에 유용하다.

   ㉡ 성격검사 : 개인의 행동 유형과 정서 상태와 같은 기질 및 적응성의 측정, 개인의 동기 · 욕구 · 가치 등을 측정한다.

(4) 사용목적에 따른 구분

검사점수를 다른 대표적인 집단의 점수와 비교해서 해석하는가, 아니면 특정기준을 토대로 해석하고 사용하는가의 차이에 따라 구분할 수 있다.

① **규준참조검사**(상대평가)

　㉠ 개인의 점수를 다른 사람들의 점수와 비교해서 상대적으로 어떤 수준인지 알아보는 것으로 비교 기준이 되는 점수들을 규준이라고 한다.

　㉡ 대부분의 심리검사는 규준참조검사에 해당한다.

② **준거참조검사**(절대평가)

　㉠ 어떤 기준점수와 비교해서 이용하려는 것이 목적으로 하는 것을 말한다.

　㉡ 대부분의 국가자격시험이 준거참조검사에 해당한다.

(5) 구조화에 따른 구분

① **투사적 검사**

　㉠ 개인이 다양한 반응을 허용해 주기 위해 검사 지시 방법이 간단하고 일반적인 방법으로 주어진다.

　㉡ 비구조화되고 표준화된 상황에서 피검사자가 반응하도록 한다.

② **객관적 검사**

　㉠ 검사의 목적에 따라 준비되어 있고 일정한 형식에 따라 반응한다.

　㉡ 표준화된 검사이기 때문에 검사도구나 시행방법, 반응에 대한 채점방식은 일정한 표준적 절차에 따른다.

POINT 측정 내용에 따른 분류

대분류	중분류	검사명	특징비교
인지적 검사 (능력검사 / 성능검사)	지능검사	• 한국판 웩슬러 성인용 지능검사(K-WAIS) • 한국판 웩슬러 지능검사(KWIS)	• 극대 수행검사 • 문항에 정답이 있음 • 응답의 시간제한 있음 • 최대한의 능력발휘 요구
	적성검사	• GATB 일반적성검사 • 기타 다양한 특수적성검사	
	성취도검사	• TOEFL, TOEIC 등	
정서적 검사 (정의적 검사 / 성향검사)	성격검사	• 직업선호도 검사 중 성격검사(Big five) • 캘리포니아 성격검사(CPI) • 성격유형검사(MBTI) • 다면적 인성검사(MMPI)	• 습관적 수행검사 • 문항에 정답이 없음 • 응답의 시간제한 없음 • 최대한의 정직한 응답요구
	흥미검사	• 홀랜드, 스트롱 – 캠벨검사, 쿠더 흥미검사	
	태도검사	• 직무만족도검사, 구직욕구검사 등	

1 심리검사의 과정

(1) 검사의 필요성 확인
① 심리검사는 개인의 심리적 속성을 측정하는 표준화된 과정이다.

② 검사자는 전문적인 지식에 의해서 필요한 검사를 선정하고 실시하게 된다.

(2) 심리검사의 선택
① 심리검사는 상담이나 교육과정의 한 부분으로 간주해야 하며, 그것을 하나의 방해물로 보아서는 안 된다.

② 가능하면 피검사자들은 상담 장면에서 사용할 검사를 선택하는 데 있어 적극적으로 참여해야 한다. 피검사자가 특정한 검사에 대하여 그 본질과 목적을 배우게 될 때 검사결과로부터 더욱더 많은 것을 얻을 수 있게 된다.

③ 검사의 선택에서 생각해야 할 또 다른 중요한 원리는 피검사자의 다른 자료들도 탐색해야 한다는 것이다.

④ 검사를 실시하는 데 걸리는 시간이 간혹 어떤 검사를 실시할 것인가를 결정하는 데 중요한 원인으로 작용한다. 검사의 가격도 제한된 예산을 가지고 운영하는 기관이나 상담소에서는 중요한 요인으로 작용한다.

(3) 심리검사의 실시
피검사자들의 심리검사 반응은 검사 실시 조건, 검사 시행 방법, 검사자의 제반 특징, 검사자의 태도, 검사자와 피검사자 간의 상호관계, 피검사자의 신체적 · 심리적 상태, 동기 등에 따라 검사반응이 영향을 받는다.

① **라포(Rapport) 형성** : 초기 상담관계 형성의 중요한 측면은 피검사자가 검사자를 신뢰하고 상담에 대한 동기를 가질 수 있어야 한다는 것이며 이를 위해 검사자는 진지한 관심과 전문적 능력을 갖추고 있어야 한다. 심리검사 시행에서도 검사자와 피검사자간의 친화감, 즉 라포 형성이 이루어져야 한다.

② **피검사자의 변인** : 검사자는 심리검사를 받는 피검사자의 심리적 상태를 인식하고 있어야 한다. 피검사자가 검사결과와 내면 노출에 대한 저항과 두려움, 권위자에 대한 저항, 양가감정, 적대감, 긴장과 불안, 자존심에 대한 위협, 시험불안 등을 느낄 수 있음을 이해하여야 한다.

③ **검사자 변인** : 검사자의 연령, 성, 인종, 수련과 경험, 성격특징, 외모, 그리고 검사 시행 전이나 중간의 검사자의 태도와 행동 등이 검사결과에 영향을 미칠 수 있으며 검사자와 피검사자 간의 의미 있는 상호작용, 검사자 자신의 기대 등도 검사에 영향을 미칠 수 있다.

④ **검사 상황 변인** : 심리검사실의 환경과 세부적인 검사조건도 심리검사 결과에 영향을 미칠 수 있으므로 중요하다. 그리고 검사 시행 시간, 피검사자의 정서적 안정도나 신체적 피로감도 심리검사 결과에 영향을 준다.

(4) 채점

① 손으로 채점할 경우 가능하나 결과의 확실성을 위하여 다른 사람이 다시 채점해 보는 것이 필요하다.

② 컴퓨터로 채점하는 것이 손으로 채점하는 것과 비교하여 더욱 빠르고 정확하며 확실하다.

(5) 결과해석

① 심리검사란 심리적 특성을 수량화하는 과정으로서 사실상 그것은 직접적인 측정이 불가능한 특성들이다.

② 심리검사가 만들어지는 과정에서 신뢰가 되고 타당한 검사도구라는 사실을 확인하지만 그 검사만을 가지고 인간을 이해하고 설명하는 것은 위험하다.

③ 검사의 결과에 의해서 피검사자를 낙인찍지 않도록 주의해야 한다.

④ 검사의 결과는 언제나 그 검사가 보유하는 규준에 따라서 해석해야 한다.

(6) 상담과 교육에의 활동

① 심리검사 실시의 목적은 한 인간의 복잡한 심리적 체계를 이해하고 보다 건강하고 행복한 삶을 살아갈 수 있도록 돕기 위한 것이다.

② 심리검사의 결과는 한 인간을 이해할 때 대략적인 판단의 자료로 활용해야 하며 절대적인 의미를 부여하는 것은 위험하다.

③ 심리검사의 결과는 피검사자에게 도움이 되는 방향으로만 쓰이고 활용되어야 하며, 결코 타인에게 불필요하게 공개되어서는 안 된다.

(7) 심리검사의 유의점

① 물리적인 측정과 달리 추상적인 개념을 측정하는 것이므로 실제로 재려고 하는 특성과 측정하는 특성과의 일치성 여부를 판단하는 것이 어렵다.

② 개인의 심리적 특성은 고정된 특성이 아니라 경험·학습·성숙에 의해 변화되고 신장될 수 있기 때문에 고정적인 잠재력으로 해석 시 주의해야 한다.

③ 심리검사로 인해 얻은 정보가 부적절한 방법으로 사용될 때 개인의 사생활이 침해우려가 있다는 점을 인식해야 한다.

④ 검사의 자료를 가지고 응답자를 분류할 때 주의해야 한다.

⑤ 검사실시 전 응답자나 응답자의 보호자로부터 동의가 필요하다.

⑥ 다음의 경우 예외로 한다.

    ㉠ 법률이나 정부의 규정에 의해 검사의 실시가 요구될 경우

    ㉡ 정규적인 학교 활동의 일부로 시행될 경우

    ㉢ 입학 허가나 고용 등과 같이 동의의 뜻이 명확하게 내포되어 있을 때

❷ 심리검사의 문제

(1) 심리검사의 범위와 효율성

① 심리검사는 효율성을 지닌 검사로, 그 범위와 수준에 있어 다양한 것은 분명하지만, 시대에 뒤떨어진 규준이나 타당성을 지니지 못한 검사의 유통을 막을 수 있는 효율적 방법도 필요하다.

② 일반적으로 성취도를 측정하는 방법은 전형적인 방식보다 잘 개발되었으나, 성격적 특성의 측정은 아직까지 낮은 수준이다.

(2) 심리학적 문제

① 검사자는 결정을 내리거나 심리학적 구인을 알아보기 위해 검사점수를 해석하는 데 있어서 항상 다양한 변수가 지니는 가능한 영향을 고려해야 한다.

② 검사자는 타당한 자료가 지녀야 할 개별적 상황을 고려하지 못함으로써 특정한 상황에 대해 타당한 근거를 지니지 못하는 검사를 실시하게 된다.

04 심리평가

section 1 평가의 의의

1 평가의 정의

(1) 평가

① 평가란 심리검사가 필요한가, 심리검사가 활용될 것인가, 계획된 대로 수행되는가, 그리고 심리검사가 실제로 사람들의 욕구나 목적을 충족시키는 데 도움이 되는가를 결정하는 방법이라고 할 수 있다.

② 평가는 전통적인 심리검사연구와 긴밀한 연관이 있지만 그와는 구분되는 방법론적 영역이다. 평가는 심리검사연구에서 사용되는 많은 방법론을 동일하게 사용한다.

③ 평가는 관찰한 것들이 얼마나 중요하고 어떠한 가치를 가지고 있느냐를 판정하는 것과 관련된다.

④ 언제나 가치를 평정하는 것이므로 가치판단과 관련되어 있다.

⑤ 측정한 특징 혹은 속성이 어떤 가치나 중요성을 가지는가를 나타내는 것이다.

(2) 평가의 기준

① 좋은 평가는 누구나 합의할 수 있는 명백하고 현실적인 목표를 가지고 있다.

② 좋은 측정과 평가는 도구의 제작과 실시, 결과의 관리에서 현실성, 합리성, 경제성을 가지고 있다.

③ 좋은 평가는 일정한 수준의 타당도와 신뢰도를 가지고 있다.

2 평가의 분류

(1) 상대평가와 절대평가

① 상대평가

    ㉠ 상대평가는 주어진 집단 내에서 개인이 상대적으로 다른 사람들과 비교해 어떤 위치에 있는지를 판단하기 위해서 사용한다.

    ㉡ 상대평가의 결과는 피검사자들의 서열적인 순위를 매길 수 있어서 결과에 따라 정해진 인원을 선발할 수가 있다.

© 상대평가를 위해서 중요한 것은 피검사자들의 능력을 서열화하기 위한 변별력 있는 평가체제를 구축하는 것이다. 평가결과는 일반적으로 정상분포를 이루도록 구성된다.

② 절대평가

⊙ 미리 정해진 절대적인 기준에 의하여 평가를 실시하는 경우를 의미한다. 이 경우에는 피검사자들이 가지고 있는 지식과 기술의 정도를 판단하는 것으로 미리 정해진 절대적인 지식과 기술의 기준을 달성해야 하는 경우에 실시된다.

ⓒ 심리검사 상황에서는 검사목표가 기준이 되며 실제 검사목표를 얼마나 달성했는지를 평가하기 위해 사용된다.

(2) 형식적 평가와 비형식적 평가

① 형식적 평가 : 공식적이고 행정적 목적에 활용되는 경우가 대부분이다.

② 비형식적 평가 : 비공식적이고 검사자 개인 수준에서 필요로 하는 판단이나 평정을 하기 위한 경우가 많다.

(3) 능력평가와 특성평가

① 능력평가 : 선발이나 채용 등의 목적으로 자주 사용되고 있다.

② 특성평가 : 진단의 목적으로 널리 활용되고 있다.

(4) 양적 평가와 질적 평가

① 양적 평가 : 지능검사, 학교의 시험 등과 같이 일정한 점수로 표시하는 것이다.

② 질적 평가 : 가치의 판단이 개입되는 것이다. 예를 들어, '머리가 비상하다', '외모가 아름답다', '성격이 유순하다' 등 가치 판단이 필요한 것들이다.

(5) 성장지향 평가

평가의 기준이 성취한 발달이나 성장에 초점을 맞추는 것으로 검사를 통해서 피검사자의 성장이 어느 정도 이루어졌는가에 초점을 맞추어 평가하는 것 등이 있다.

section **2** 자료수집 방법

1 관찰법

(1) 관찰의 개념

① 관찰이란 주위에서 일어나는 일들에 대한 지식을 얻는 가장 기본적인 방법으로서 시각, 청각 등의 감각기 관을 통하여 현상을 인식하는 기초적 방법이다.

② 관찰은 심사방법의 도움을 받아 경험적 심사를 시행하는 행동이다.

③ 관찰은 평범한 일상생활에서 요구되고 있는 지식을 얻는 데도 필요하지만 과학적인 심사연구를 할 때에는 유용한 자료수집방법이 된다.

(2) 관찰의 장·단점

① 관찰의 장점

　㉠ 관찰자가 관찰대상이나 행위가 일어나는 현장에서 즉시 어떤 사실을 포착하는 것이다.

　㉡ 관찰대상이 유아나 동물 등 자기의 행위나 감정을 표현하지 못하는 경우나 표현능력이 부족한 경우에 는 관찰이 유일한 자료수집방법이 될 때가 있다.

　㉢ 피관찰자가 표현능력은 있더라도 관찰에 비협조적이거나 면접을 거부할 경우가 있는 데 이때는 관찰자 의 협력을 덜 필요로 하는 관찰이 더 효과적이다.

　㉣ 피관찰자에게는 너무도 일상적이어서 관심이 가지 않아 면접이나 질문지법으로는 얻을 수 없는 자료도 관찰에 의하면 얻을 수 있다.

② 관찰의 단점

　㉠ 관찰의 대상이 되는 행위를 현장에서 포착해야 하므로 그러한 행위가 발생할 때까지 기다려야 한다.

　㉡ 성질상 관찰이 곤란하거나 외부로 표출되기가 곤란한 문제가 있다.

　㉢ 관찰자의 선호나 마음의 준비, 관심의 여하, 지식의 범위 등에 의해서 선택적 관찰을 하게 되어 객관 적으로 중요한 사실을 빠뜨리는 경우가 생긴다.

　㉣ 관찰 대상 전부를 동시에 관찰하지 못한다.

　㉤ 관찰한 사실만을 기록할 때는 별로 문제가 안 되나 관찰한 사실을 해석해야 할 경우에는 그것이 관찰 자마다 구구한 해석을 하게 되어 객관성이 없다.

　㉥ 관찰 당시의 특수성 때문에 관찰대상이 그때만 특수한 행위를 했다면 이를 식별하지 못하고 기록하는 오류(誤謬)를 범하는 경우가 있다.

　㉦ 어떠한 종류의 사실이나 행위는 너무나 평범한 것이기 때문에 관찰자의 주의에서 벗어나는 경우가 가 끔 있다.

(3) 관찰의 종류

① 참여관찰과 준참여관찰 및 비참여관찰

　㉠ 참여관찰
　　㉮ 관찰대상의 내부에 들어가서 그 구성원의 일부가 되어 공동생활에 참여하면서 관찰하는 방법으로 관찰대상의 자연성과 유기적 전체성을 보장하게 된다.
　　㉯ 참여관찰은 특히 인류학자들이 많이 사용해 온 방법이나 최근에는 평가의 심사연구에서도 많이 사용되고 있다.
　　㉰ 참여관찰은 어떤 특수한 행위의 동기나 사람들 간의 미묘한 감정관계 등 외부로 나타나지 않는 사실까지 직접 경험할 수 있다.
　　㉱ 관찰자가 일단 관찰대상 집단에 들어갔다 할지라도 관찰자가 그 집단에서 어떤 업무를 수행하면서 관찰해야 하므로 관찰활동의 제약을 받게 된다.
　　㉲ 다른 조직구성원들과의 접촉관계로 인하여 관찰자 자신도 모르는 사이에 감정적 작용을 받아 관찰에 있어 객관성을 잃기 쉬우며, 또 집단생활에 익숙해질 경우 외부사람들이 보면 쉽게 즉시 알아볼 수 있는 집단의 생태나 특성을 무시하기 쉽다.

　㉡ 준참여관찰 : 참여관찰처럼 관찰대상의 생활 전부에 참여하는 것이 아니고 생활의 일부에만 참여하는 관찰방법이다.

　㉢ 비참여관찰
　　㉮ 관찰자라는 신분을 밝히고 관찰하는 방법이므로 주로 조직적인 관찰에 많이 사용된다.
　　㉯ 관찰을 조직적인 방법으로 할 수 있고, 자료의 표준화도 쉽다.
　　㉰ 자료의 신뢰성이 높아지고 자료수집의 반복성이 가능해진다.
　　㉱ 관찰을 받고 있다는 사실을 피관찰자가 알기 때문에 관찰현상을 왜곡시킬 염려가 있다.
　　㉲ 조직적이고 체계적인 관찰을 하기 위한 관찰의 범위와 규모의 한계가 있다.

② 비통제관찰과 통제관찰

　㉠ 비통제관찰
　　㉮ 비통제관찰이란 관찰조건을 표준화하지 않고 심사목적에 맞는 자료면 모두 관찰하는 방법이다.
　　㉯ 보통 비통제관찰은 탐색적 심사에 많이 사용된다. 비통제관찰에 있어서는 심사목적에 합당한 자료를 얻기 위하여 참여자, 배경, 목적, 행위, 빈도와 지속도 등을 고려해야 한다.
　　㉰ 관찰에 있어서 기록문제는 언제 기록할 것인가 하는 문제와 어떤 방법으로 기록할 것인가 하는 문제가 중요하다.
　　㉱ 관찰에 있어서도 관찰결과의 타당도와 신뢰도를 높여야 하는데 비통제관찰은 통제관찰보다 이것을 확보하기가 어려운 편이다.

　㉡ 통제관찰
　　㉮ 통제관찰은 사전에 계획된 절차에 따라 그 타당도와 신뢰도를 확보하기 위하여 관찰조건을 표준화하고 질문지나 심사표 등의 보조기구를 사용하여 관찰하는 것이다.

ⓑ 주로 비참여관찰 방법을 많이 사용하고 기술적 조사나 실험적 조사에서 많이 쓰인다.

ⓒ 통제관찰은 비교적 형식화된 절차에 따라 조직적으로 행해지므로 비통제관찰처럼 관찰내용에 대하여 융통성이 있는 것은 아니다. 즉, 이미 관찰자가 관찰하려고 하는 목적에 맞는 분석기초가 될 카테고리가 정해져 있어, 이에 따라 관찰하고 기록하면 되는 것이다.

ⓓ 통제관찰에 흔히 쓰이는 것은 카테고리가 나열되어 있어서 관찰한 행위를 부호로 그 카테고리에 기록할 수 있는 관찰표이다.

ⓔ 비통제관찰보다 신뢰도와 타당도가 높은 것은 사실이나 카테고리를 분류하고 기록을 하는 과정에서 문제가 발생하지 않는 것은 아니다.

② 면접법

(1) 면접의 개념

① 면접은 심리문제에 대한 적절한 해답을 구하기 위해 면접자가 피면접자와 서로 대면하여 실시하는 언어적인 상호작용을 의미한다.

② 개별적 상황에 높은 신축성과 적응성을 갖는다.

③ 질문지는 피면접자가 어느 정도 교육을 받은 사람이어야 하는데, 면접은 문맹자를 포함한 모든 사람에 대해서 가능하다.

(2) 면접의 역할

① 면접은 관찰과 더불어 여러 가지 심사활동에서 사용될 수 있는 일반적 도구이다.

② 자료수집의 주된 도구가 된다.

③ 면접은 관찰이나 질문지법 등으로 얻는 발견을 명백히 하는 데 사용된다.

(3) 면접의 장·단점

① 면접의 장점

ㄱ 자료수집에 있어서 신축성이 있고, 피면접자의 확인이 가능하다.

ㄴ 무응답률이 낮다.

ㄷ 표본의 분포상태를 알 수 있다.

② 면접의 단점

ㄱ 면접의 비용이 많이 들고, 심사자들을 감독하고 통제하는 일이 어렵다.

ㄴ 심사자의 편견이 개입할 수 있으며, 피심사자가 심사자에게 기만되기 쉽다.

(4) 면접의 종류

면접은 목적에 따라 진단적 면접과 조사면접, 사람의 수에 따라 집단면접과 개인면접, 소요시간에 따라 장기면접과 단기면접으로 분류된다. 또 구성형식에 따라 표준화 면접 · 비표준화 면접 · 반표준화 면접으로 분류한다.

① 표준화 면접

  ㉠ 표준화 면접의 의미 : 사전에 질문을 만들어서 모든 피심사자에게 같은 순서와 어조로 질문하여 면접하는 것을 말한다.

  ㉡ 표준화 면접의 특징

   ㉮ 정보의 비교가 가능하다.

   ㉯ 신뢰도가 크다.

   ㉰ 질문어구나 질문의 언어구성에서 오는 오류를 최소한으로 줄일 수 있다.

② 비표준화 면접

  ㉠ 비표준화 면접의 의미 : 질문의 순서나 내용이 미리 정해져 있지 않고 면접상황에 따라 적당히 변경될 수 있는 것으로, 비교적 자유스러운 면접이라 할 수 있다.

  ㉡ 비표준화 면접의 특징

   ㉮ 융통성이 있다.

   ㉯ 의미의 표준화를 가능하게 한다.

   ㉰ 면접결과의 타당도가 높다.

③ 반표준화 면접

  ㉠ 반표준화 면접의 의미 : 표준화 면접과 비표준화 면접의 장 · 단점을 보완 · 개발한 것으로서 일정한 수의 중요한 질문을 표준화하고 그 외의 질문은 비표준화하는 방법이다.

  ㉡ 반표준화 면접의 특징

   ㉮ 면접의 목적과 질문리스트가 기재되어 있는 면접지침(Interview guide)을 사용하되, 이 지침의 범위 안에서 심사자가 어느 정도 융통성을 가지고 면접하는 방법이다.

   ㉯ 이 방법의 대표적 예는 머튼(Merton)과 켄돌(Kendall)이 개발한 집중면접이다.

(5) 면접의 기술

① 라포의 유지는 면접의 성패를 결정하는 열쇠가 된다.

② 면접자의 태도는 면접의 종류나 면접내용에 따라 달라져야 한다.

③ 반대질문을 받았을 경우, 즉 가끔 피면접자들은 질문에 대해서 심사자가 어떻게 생각하고 있는지를 알기 위해서 거꾸로 질문하는 수가 있다.

④ 피면접자의 응답에 필요한 시간을 주는 것이 좋으며, 또 피면접자들이 질문을 제대로 이해하지 못하는 경우에는 다시 설명해 주는 것이 좋다.

⑤ "모른다"는 응답이 나올 경우에는 정말 모르는 것인가 아니면 다른 어떤 이유가 있는가를 심사자는 주의 깊게 파악하여 그에 대처해야 한다.

⑥ 면접 중에 피면접자의 대답이 먼저 말한 내용과 상반될 경우 면접자는 어느 것이 진실한 의견인지를 밝혀 내야 한다.

⑦ 질문어구나 질문순서에 따라 응답에 많은 차이가 나타남을 유의해야 한다.

⑧ 탐색적 질문에서 피심사자의 응답을 재확인하는 방향이라든가 방법에 따라 오류가 생길 수 있으므로 그 질문은 중립적이고 비지시적이어야 한다.

⑨ 면접기록에서 나타나는 오류는 피심사자가 귀찮거나 몰라서 아무렇게나 대답하는 것을 그대로 기록할 때 나타난다.

> **더 알아보기**
>
> **프로빙(Probing)의 기술**
> ㉠ 프로빙이란 피심사자의 대답이 불충분하거나 정확하지 않을 때 추가질문을 해서 충분하고 정확한 대답을 캐묻는 것을 말한다.
> ㉡ 프로빙이란 자료의 신뢰도를 높이기 위해 대답을 유도하는 기술이다.

❸ 평정법

(1) 평정법의 개념

① 평정법(Rating scales) 또는 평정척도법이란 심사자가 평정 받은 객체를 유목이나 숫자의 연속체 위에 분류하는 측정 도구를 뜻한다.

② 평정법은 제작이 쉽고 사용하기가 간편하기 때문에 사회학, 심리학, 교육학 등 여러 분야에서 널리 사용하고 있다.

③ 평정법은 순수성과 같이 추상적인 특성뿐만 아니라 깔끔함과 같은 구체적이고 관찰 가능한 변인들을 평정하는데 적합한 방법이다.

(2) 평정법의 기능

① 구체적이고 명확하게 정의된 행동의 직접적인 관찰이 가능하다.

② 비교하는 개인, 사물, 사건을 같은 상황 하에서 같은 참조체계를 가지고 평가할 수 있다.

③ 심사자가 자신의 판단을 보고하기에 편리한 방법을 선택할 수 있다.

(3) 평정법을 선택할 때 유의할 사항

① 평정하려고 하는 구체적인 행동은 그 척도를 사용하는 모든 심사자에게 같은 의미를 전달해야 한다.

② 모든 심사자가 쉽게 조사할 수 없는 특성은 배제되어야 한다.

③ 평정할 각 요인의 정도나 수준은 명백해야 하고, 사람마다 다르게 해석할 수 있는 용어는 피한다.

(4) 평정법의 장·단점

① 평정법의 장점

    ㉠ 작성하기 쉽고 시간이 많이 들지 않는다.

    ㉡ 한꺼번에 발달영역을 평가할 수 있다.

    ㉢ 특별한 교육 없이도 쉽게 활용할 수 있다.

    ㉣ 다른 관찰법의 보조도구로써 유용하게 사용될 수 있다.

    ㉤ 관찰을 하면서 바로 적지 않고 심사자가 편리한 시간에 기록할 수 있다.

    ㉥ 행동의 질도 평가할 수 있다.

    ㉦ 관찰 자료를 수량화할 수 있어 개체 간 비교를 가능하게 해준다.

    ㉧ 평정척도를 반복하여 사용함으로써 시간의 흐름에 따라 생기는 행동변화에 대한 정보를 얻을 수 있다.

② 평정법의 단점

    ㉠ 모든 심사자는 그 척도 위의 동일한 위치에 평정하는 경향이 있다.

    ㉡ 피심사자에 대한 일반적인 인상은 심사자가 그 특성을 어떻게 평정하느냐에 따라서 영향을 준다.

    ㉢ 대개 개인간의 상대적인 비교는 가능하나 이는 개인의 특정한 행동 달성 여부에 대한 절대적 판단은 아니다.

(5) 평정법의 유형

① **숫자 평정법** : 평정하려는 속성의 단계를 숫자로 표시하는 방법으로서 제작이 간편하고 결과를 통계적으로 처리하기 쉬우므로 가장 널리 사용된다. 숫자의 정의는 선호도, 빈도, 진술과의 일치도, 만족도 등에 영향을 준다.

② **도식 평정법** : 평정을 선으로 나타내도록 하는 방법이다. 이 평정법이 갖는 뚜렷한 특징은 각각의 특성이 수평선을 따라 있다는 점이다.

③ **등위법**(서열법) : 이 방법의 가장 잘 알려진 형태는 어떤 특성에 대하여 집단 내 차이를 측정하기 위해서 등수를 매기는 방법이다.

④ **행동 점검법** : 어떤 특성이나 행동에 대해 '예' 또는 '아니오'로 답을 하거나 또는 해당되는 사항에 체크 표시를 한다. 이것은 대개 행동을 기술하고 평가하는 것 두 가지 모두에 사용된다.

⑤ **강제선택 평정법** : 이것은 주어진 여러 개의 진술문 중에서 평정을 받는 피심사자가 어느 하나를 반드시 선택해야 하는 방법이다.

(6) 평정법의 오류

① **집중화 경향의 오류** : 평정이 중간 부분에 지나치게 자주 모이는 경향으로 훈련이 부족한 심사자가 자주 저지르는 오류이다.

② **인상의 오류** : 평정 대상에 대해 가지고 있는 특정 인상을 토대로 또 다른 특성을 보다 좋게 또는 나쁘게 평정하는 경향성으로 관대함에서 오는 오류와 엄격함에서 오는 오류로 구분할 수 있다.

③ **논리적 오류** : 전혀 다른 두 가지 행동 특성을 비슷한 것으로 생각해서 평정하는 오류이다.

④ **표준의 오류** : 심사자가 표준을 어디에 두느냐에 따라서 생기는 오류이다.

⑤ **대비의 오류** : 심사자가 가지고 있는 특성이 피심사자에게 있으면 신통치 않게 여기고 심사자에게 없는 특성이 피심사자에게 있으면 좋게 보는 현상으로서 사실보다 과대, 또는 과소평가 하게 되는 경향성을 말한다.

⑥ **근접의 오류** : '시간적으로나 공간적으로' 가깝게 평정하는 특성 사이에 상관이 높아지는 현상으로 같은 페이지에서 평정되는 특성이 다른 페이지에서 평정되었을 경우보다 상관이 더 높게 나타나는 경향을 말한다.

❹ 체크리스트

(1) 체크리스트의 개념

① 체크리스트(Checklist)는 관찰하려는 행동단위를 미리 자세히 분류하고 이것을 기초로 그러한 행동이 나타났을 때 체크하거나 빈도로 표시하는 방법이다.

② 평정법에서는 어떤 특징이 나타난 정도 또는 어떤 행동이 발생한 빈도를 표시할 수 있지만, 체크리스트는 단순히 '예 / 아니오' 판단만을 요구한다.

③ 체크리스트는 복잡한 평정이 별로 요구되지 않으며, 평정자가 비교적 경험이 적고 미숙한 경우에 많이 사용된다. 체크리스트의 범주는 가능한 한 명확하고 정밀해야 한다.

(2) 체크리스트의 활용

① 수업 목표의 달성 여부

② 기능의 숙달 여부

③ 흥미, 취미, 좋아하는 책, 좋아하는 라디오나 TV 프로그램 등 정의적 영역의 평가

④ 다양한 장면에서의 피심사자의 행동

⑤ 과제 수행 시 절차의 준수 여부

(3) 체크리스트의 장·단점

① 체크리스트의 장점

　㉠ 체크할 유목이 명확하고 조작적으로 잘 정의된다면 효율적으로 기록할 수 있다.

　㉡ 결과에 대한 양적 분석이 용이하다.

　㉢ 명확하게 정의되고 특수한 일련의 행위들로 나눌 수 있는 수행을 평가하는 데 유용하다.

　㉣ 특정한 학습 결과의 있고 없음에 대한 절대적 판단을 제공할 수 있다.

　㉤ 융통성이 있고 다양한 평가 전략을 가지고 사용될 수 있다.

② 체크리스트의 단점

　㉠ 행동 단위를 의미 있게 조직적으로 분류하기가 어렵다.

　㉡ 행동 단위의 수가 제한된 경우 관찰 행동을 체크하여 기입할 수 없는 상황이 발생한다.

　㉢ 행동 단위의 수가 너무 많으면 해당되는 항목을 찾아 체크하기가 불편해진다.

　㉣ 상호작용, 계속적인 행동, 사건의 특성 등에 관한 정보를 얻기 힘들다.

　㉤ 인성, 성취, 태도와 같이 연속적 행동에 대한 일반적인 인상을 기록하는 데는 유용하지 못하다.

　㉥ 사용하는 데 비교적 시간이 많이 걸린다.

　㉦ 심사자가 체크리스트를 사용하는 데에는 상당한 숙달이 요구된다.

　㉧ 피심사자가 얼마나 잘 수행하는지에 관한 정보를 알려주지 않는다.

⑤ 행동기록법

(1) 행동기록법의 개념

① 어떤 행동이 발생할 때 심사자가 그 행동을 기록하는 가장 손쉬운 방법 중의 하나는 바로 그 행동이 일어날 때마다 기록하는 것이다.

② 이 방법은 특히 분절된 단위로서 다른 행동과는 분리된 독특한 행동 단위를 관찰, 기록할 때 유용하게 사용할 수 있다.

(2) 행동기록법의 특징

① 행동기록법은 체크리스트와 비슷하지만, 예상되는 여러 가지 관찰행동 목록으로 제시되는 일반적인 체크리스트와는 달리, 대체로 행동단위에 한정하여 그 빈도나 지속시간을 체크하는 데 용이한 기록유형이라는 점에서 차이가 있다.

② 행동기록법은 평정법과 유사하기 때문에 행동기록법은 체크리스트와 평정법의 특성을 혼합한 형태라고 할 수 있다.

6 일화기록법(중요사건 기록법)

(1) 일화기록법의 개념

① 일화기록법은 관찰을 정확하게 기록하는 간단하고 편리한 방법이라고 할 수 있다.

② 일화기록법은 발생하는 사건, 행동, 혹은 현상에 대해 언어적으로 묘사하는 방법이므로 관찰대상이 되는 사건을 사실적으로 기술해야 한다.

③ 일화기록법은 심사자가 관찰한 의미 있는 사고나 사건을 사실적으로 기술하는 것이다. 따라서 각 사건은 발생한 후에 바로 기록되어야 하며 각 사건은 별도의 카드에 기록하는 것이 보통이다.

(2) 일화기록법의 활용

① 관찰할 내용을 미리 결정하되 명확하게 기술해야 한다.

② 전형적인 행동인지 아닌지를 분명하게 밝힌다.

③ 나중에 다른 사람이 일화기록을 사용할 수 있도록 충분한 정보를 기록해야 한다.

④ 가능한 한 관찰 후 바로 사건을 기록하는 것이 좋다.

⑤ 행동 사건의 긍정적인 면과 부정적인 면을 모두 기록한다.

⑥ 일화를 평가하는 식으로 기록하지 말아야 한다. 즉, 관찰된 행동을 좋은 행동이나 나쁜 행동으로 판단해서는 안 된다.

⑦ 일화를 해석적으로 기록하지 말아야 한다. 대개 한 가지 일반적인 원인으로 행동의 근거를 설명하기 때문이다.

⑧ 사건 자체와 그에 관한 해석은 엄격히 구별되어야 한다. 이 두 가지 내용이 뒤섞이게 되면 객관성을 잃을 뿐 아니라 해석이나 진단도 곤란하고 사람에 따라 달리 해석할 가능성이 있다.

(3) 일화기록법의 장·단점

① 일화기록법의 장점

　㉠ 개인적, 사회적 발달의 여러 측면, 그리고 다양한 학습 결과에 관한 자료를 얻는 데 사용할 수 있다.

　㉡ 대체로 예기치 않은 행동, 사건 혹은 사상을 관찰하여 기록할 때 사용할 수 있다.

　㉢ 아주 어린 학생과 기본 의사소통 기능이 제한된 사람들에 대한 자료를 제공할 수 있다.

　㉣ 관찰대상자가 관찰되고 있다는 것을 알아차리지 못하게 하면서 그에 대한 자료를 제공할 수 있다.

　㉤ 예외적이나 중요한 의미를 지닌 사건들에서 증거를 모을 수 있다.

② 일화기록법의 단점

  ㉠ 적절한 기록 체제를 유지하는 데 많은 시간이 필요하다. 학교에서 일화기록법을 사용할 때 일화를 요약하고 기록을 축적하는 일이 가장 시간이 많이 걸린다.
  ㉡ 학생의 행동을 관찰하고 보고할 때 기록자의 편견, 희망, 기존의 생각이 들어가는 것을 피할 수 없기 때문에 객관성을 유지하기 어렵다.
  ㉢ 적절한 행동 표본을 얻으려면 상당한 시간과 노력이 필요하다.

7 질문지법

(1) 질문지법의 개념

① 질문지법은 자료 수집을 위한 심사방법으로 가장 대표적이고 오래된 심사로서 일반적으로 가장 쉽게 떠올리는 방법이다.

② 질문지법은 피심사자가 고정된 질문지에 자신이 직접 기재하기도 하고, 심사자가 있어 간접기입도 가능하다.

③ 질문지의 작성은 심사연구분야 중에서도 광범위한 지식과 경험, 그리고 섬세한 언어적 감각을 필요로 한다.

④ 질문지는 개인의 태도나 인식을 심사하고자 하는 경우 매우 적절한 자료수집방법이라고 할 수 있다.

(2) 질문지법의 목적

① 질문지법에 앞서 가장 우선적으로 해야 하는 일은 심사목적을 설정하는 것이다. 아무 생각 없이 심사를 할 수는 없는 것이고, 심사목적을 명확히 설정하는 것은 효율적인 심사연구를 하는 데 매우 중요한 일이다.

② 질문지의 심사목적은 간결하고 명확하게 제시하여야 된다. 내용도 처음부터 끝까지 불필요한 문장이 엿보이지 않도록 한다.

③ 심사목적을 명확히 작성하기 위해서는 모호한 질문보다는 분명한 방향을 제시해 주어야 한다.

(3) 질문지법의 유형

① **직접대면조사**(Face − to − face survey) : 직접대면면접 또는 자기기입법이라고도 불리는 방법으로, 이는 심사자가 피심사자를 직접 만나서 일문일답으로 면접을 시행하여 심사자가 면접한 내용을 질문지에 기입하는 심사방법이다.

② **배포조사** : 심사자가 피심사자에게 질문지를 배포하고 그 후 피심사자들이 질문지를 기입한 후에 나중에 다시 가서 회수하는 방법이다. 보통의 경우 이 방법이 질문지의 적용방법으로서 가장 많이 쓰이고 있다.

③ **집단조사** : 피심사자 전원을 일정한 장소에 모아 놓고 질문지를 배포한 후 응답하도록 하는 방법이다. 모든 피심사자를 동시에 동일 장소에 집합시켜 놓은 상태 하에서 심사하기 때문에 매우 간편하다.

④ **우편조사** : 질문지를 피심사자들에게 반송우표가 붙은 반송봉투와 함께 우편으로 전달하고, 피심사자들이 질문지를 기입한 후 우송하게 함으로써 질문에 대한 응답을 하는 방법이다.

⑤ **전화조사** : 표본 추출된 피심사자에게 심사자가 전화를 걸어 준비된 질문지의 질문문항을 읽어준 후 피심사자가 답변한 내용을 심사자가 기록함으로써 자료를 수집하는 방법이다.

⑥ **ARS조사** : 사전에 입력된 전화번호에 자동적으로 전화를 걸어 녹음되어 있는 내용을 들려 준 후에 피심사자가 자신의 의견과 일치하는 항목의 번호를 누르게 하여 자료를 집계하는 방법이다.

⑦ **인터넷조사** : 인터넷상의 피심사자를 대상으로 실시하는 심사로, 홈페이지 상에서 질문에 대한 답을 클릭함으로써 자료를 수집하는 방법이다.

> **더 알아보기**
>
> **컨틴전시 질문**
> ㉠ 컨틴전시 질문(Contingency question)의 의미 : 폐쇄형 질문의 특수한 형태로서 표본의 일부만을 대상으로 하는 질문의 형식이며, 임시질문 또는 추가적 질문이라고도 한다.
> ㉡ 컨틴전시 질문에서 표본의 전부를 질문의 대상으로 하지 않고 표본의 일부만을 대상으로 하는 이유는 특정한 주제와 관련이 없는 대상들을 질문대상에서 제외시킴으로써 정확한 응답을 얻어내기 위함이다.

(4) 질문지의 편집 및 인쇄

① 작성된 질문지는 자간(space) · 활자 · 색깔 등을 고려하여 인쇄한다.

② 질문지의 관리가 쉽게 이루어질 수 있도록 외형을 결정하여야 한다. 일반적으로 16절지 크기의 용지가 피심사자들에게 익숙하고, 관리에도 편리하다.

③ 피심사자를 익명 · 기명으로 할 것인가를 결정하고, 심사기관의 익명 · 기명 여부, 심사표 식별란, 피심사자 식별란 등을 고려하여 필요할 경우에 포함시키도록 한다.

section 3 심리검사도구의 종류 및 특성

① 심리평가와 심리검사

(1) 심리평가

심리검사, 면접 및 행동관찰 등의 방법을 통해 얻어진 자료를 종합해 다양한 심리적 속성과 정신병리를 밝히고 개인의 전체생활과 관련해 전문적인 결정을 내리는 과정이다. 심리검사는 심리평가 중 핵심적인 기법의 하나로서 개인 내 비교와 개인 간의 차이 평가이다.

(2) 심리검사의 종류

① **임상면접법** : 전문가에 의한 면접 평정(우울 척도)

② **행동평가법** : 상활측정적 자기보고, self-monitoring, CBCL

③ **자기보고형** : MMPI, SCL-90-R(간이정신진단 검사), 16PF

④ **투사법 검사** : 로샤, TAT, CAT, DAP. HTP, K-HTP, KFD

⑤ **지능검사** : 비네검사, 웩슬러 지능검사

⑥ **신경심리검사** : BGT, Luria-Nebraska 검사 등

⑦ **정신생리적 측정법** : Polygraph – 심박, 호흡, 혈압, 근긴장도, 피부전기저항 등

⑧ **종합심리검사**(Full battery of tests) : BGT, 지능, MMPI, 로샤, TAT, SCT, Drawing(DAP, HTP, KFD)

(3) 심리검사의 일반적 역할

① 장애의 원인에 대한 이해(기질적, 기능적)

② 지능 및 인지기능(지각, 사고내용, 문제해결방식, 현실검증력 등)의 평가,

③ 정서적 반응양상(자아강도, 정서조절, 스트레스 대처 능력)

④ 사회적 측면에 대한 평가(사회규범이나 대인관계 태도, 대인관계 유형)

⑤ **예후 및 치료방법에 관한 정보제공** : 개인의 강점과 약점 등

⑥ 치료전후 비교 평가

❷ 지능검사

(1) 지능의 개념

① **지능의 정의**

　㉠ 지능은 관찰 가능한 행동이나 반응에서 추론되는 것이 일반적이다.

　㉡ 지능은 분별력과 독창성을 말하며 환경에 자신을 적응시키려는 능력, 예컨대 주어진 자극 환경을 잘 판단하고 이해하며 추론하는 능력을 일컫는다.

　㉢ 지능은 현실적인 능력인 학력이 아니라, 잠재적인 능력이나 소질로서 새로운 문제의 해결과 환경에 보다 합리적이고 목적적으로 적응할 수 있는 정신능력이다.

② 지능과 관련된 이론

　㉠ 요인이론 : 지능을 구성하고 있는 요인이 무엇인가에 관심

　　㉮ 스피어만(spearman) : 한 개의 일반요인(공통요인)과 여러 개의 특수요인(특정과제에만 활용되는 특수한 능력)으로 구성

　　㉯ 서스톤(thurstone) : 56개 지능검사결과를 요인분석 한 결과 7가지 기초정신능력을 발견(PMA : primary mental ability)-언어이해려, 추리려, 수리려, 공간지각려, 언어유창성, 지각속도, 기어려

　　㉰ 길포드(Guilford)

　　　• 내용(시각적 도형, 청각적 도형, 상징, 어의, 행동), 산출(단위, 유목, 관계, 체계, 변환, 함축), 조작(인지, 기억부호화, 기억파지, 수렴적 사고, 확산적 사고, 평가)의 세 차원으로 구성

　　　• 세차원의 조합에 따라 180개의 능력으로 구성

　　　• 조작차원

　　　-수렴적 사고는 하나의 정답을 찾기 위해 생각을 모아가는 방식

　　　-확산적 사고는 다양한 가능성에 대한 대안을 찾기 위해 생각을 퍼뜨리는 방식(창의적 사고와 관련)

　㉡ 위계이론 : 지능 요인간에 공유되거나 중첩된 변인을 종합하여 보다 높은 수준의 요인을 가정하고 있는 이론으로 카텔의 유동성지능과 결정성 지능으로 구분된다(유동성<결정성).

　㉢ 가드너의 다중지능이론 : 인간의 지적 역량이 다양한 요소로 구성된다고 설명하는 교육심리학 이론1983년 하워드 가드너(Howard Gardner)에 의하여 등장한 다중지능이론은 인간의 지능이 언어·음악·논리수학·공간·신체운동·인간친화·자기성찰·자연친화라는 독립된 8개의 지능과 1/2개의 종교적 실존지능으로 이루어져 있다고 설명한다. 따라서 다중지능이론은 '8과 2분의 1'지능론으로도 불린다. 즉, 지능검사(IQ Test)만으로는 인간의 모든 영역을 판단하거나 재단할 수 없다는 것이다. 이 이론에 따르면 각각의 지능이 조합됨에 따라 개인의 다양한 재능이 발현된다. 따라서 각 영역에 있어서 수많은 종류의 천재가 있을 수 있는 것이다.

　　지능이 높은 아동은 모든 영역에서 우수하다는 종래의 획일주의적인 지능관을 통렬히 비판하면서, 인간의 지적 능력이 서로 독립적이며 상이한 여러 유형의 능력으로 구성된다는 가드너(H. Gardner)의 지능 이론이다. 가드너는 지능을

　　㉮ 언어(linguistic)적 지능 : 시인 엘리어트

　　㉯ 논리 수학(logical-mathematical)적 지능 : 아인슈타인

　　㉰ 공간(spatial)적 지능 : 피카소

　　㉱ 신체 운동(bodily-kinesthetic) : 무용가 마르샤 그래헴

　　㉲ 음악(musical)적 지능 : 스트라빈스키

　　㉳ 대인 관계(interpersonal) = 개인 간 지능 : 간디

　　㉴ 자기 이해(intrapersonal) = 개인 내 지능 : 프로이트

　　㉵ 자연 탐구(natural) 지능의 8개 유형으로 구분하였다.

　　언어 지능은 사고하고 복잡한 의미를 표현하는 언어를 사용하는 능력이다. 논리 수학 지능은 계산과 정량화를 가능하도록 하고 명제와 가설을 생각하고 복잡한 수학적 기능을 수행하는 능력이다. 공간 지능은 내

외적 이미지의 지각, 재창조, 변형 또는 수정이 가능하도록 하며, 자신이나 사물을 공간적으로 조정하며 그래픽 정보로 생산하거나 해석이 가능하도록 하는 능력이다. 신체 운동 지능은 대상을 잘 다루고 신체적 기술을 잘 조절하는 지능이다. 음악 지능은 음의 리듬, 음높이, 음색에 대한 민감성을 보이는 사람들이 갖는 지능이다. 대인관계 지능은 타인을 이해하고 타인과 효과적으로 상호 작용하는 능력이다. 자기 이해 지능은 자신에 대한 정확한 지각과 자신의 인생을 계획하고 조절하는 지식을 사용할 수 있는 능력이다. 자연 탐구 지능은 자연의 패턴을 관찰하고 대상을 정의하고 분류하며 자연과 인공적인 체계를 이해하는 능력이다.

가드너는 인지과학 및 신경과학의 이론, 뇌손상 환자들에 대한 임상적 자료, 천재·자폐성 아동 등 특수 집단의 지적 능력에 관한 자료들에 근거하여 8개의 지능 모두가 우수한 '전능한' 사람은 없다고 주장한다. 그런 측면에서 정신지체 아동이라 할지라도 8개 지능 모두가 지체된 것은 아니라고 할 수 있다.

 ② 스텐버그의 삼원지능이론
  ㉠ **성분적 요소** : 분석적 사고력이 높은 경우
  ㉡ **경험적 요소** : 창의력이 높은 사람
  ㉢ **맥락적 요소** : 적응력이 높은 사람

③ **지능의 특성**
 ㉠ 추상적인 사고력이다.
 ㉡ 자신의 경험으로부터 학습한다.
 ㉢ 통찰력을 가지고 문제를 해결한다.
 ㉣ 새로운 상황에 적응한다.
 ㉤ 목표를 세우고 이를 달성한다.

④ **지능검사의 종류**
 ㉠ **피검사자의 수에 따른 구분** : 개별식 지능검사, 집단식 지능검사
 ㉡ **측정재료에 따른 구분** : 언어성 검사, 비언어성 검사, 혼합검사
 ㉢ **검사시간 제한 유무에 따른 구분** : 속도검사, 역량검사
 ㉣ **측정수준에 따른 구분** : 개관검사, 분석적 검사

⑤ **지능의 표시법**
 ㉠ **정신연령** : 지능검사에 의해 측정되는 것으로서 지능연령으로도 불린다. 이것은 비네(A. Binet)의 착상에 의한 것으로 아동의 지능발달에 의한 상응하는 연령별 문제가 있고, 이에 대한 정답률의 정도에 따라 연령을 가지고 그 아동의 지능발달의 정도를 표시한 것이다.
 ㉡ **퍼센타일 순위**(Percentile rank) : 지능검사의 결과 원점수를 백분율, 즉 50을 중간으로 하여 0에서 100까지에 이르는 능력의 척도로 환산하는 방법이다.
 ㉢ **지능편차치** : 표준편차(Standard deviation, SD)를 이용하여 검사 원점수를 환산하는 방법을 표준점수법이라 말하고 그 환산 점수를 표준편차치 또는 표준점수라고 부르며 대표적으로 Z점수와 T점수가 있다.

$$Z = \frac{X-M}{SD} \qquad T(SS) = 15Z + 100$$

$$(X = 개인의\ 원득점,\ M = 집단의\ 평균점수,\ SD = 표준편차)$$

㉣ **지능지수** : 이것은 정신연령을 생활연령과 비교하여 지능의 정도를 표시하는 방법이다. 실제로는 다음의 공식이 사용된다. 즉, 생활연령이 100일 때 정신연령이 어느 정도 되는가를 나타내는 것이다.

$$지능지수(IQ) = \frac{정신연령(MA)}{생활연령(CA)} \times 100$$

(2) 비네 – 사이먼의 지능검사

① 검사의 개요

    ㉠ 1905년 프랑스의 정신과 의사 비네(A. Binet)와 소아과 의사 사이먼(Simon)은 지진아와 정상아의 구별을 위해 지능검사를 제작했다.

    ㉡ 비네–사이먼의 지능검사는 연령별로 측정하도록 되어 있으며, 각각의 정신능력을 재기 보다는 일반적 정신발달을 측정하는 것이었다.

    ㉢ 이 검사의 문제점은 실시과정에서 시간을 너무 많이 소비하는 점이다.

    ㉣ 아동이 풀 수 있는 문제의 수(數)로써 지적 발달의 수준인 정신연령(MA ; Mental age)을 계산하였다.

② 비네 지능검사의 내용

    ㉠ **언어추리 영역** : 어휘, 이해력, 불합리성, 언어관계

    ㉡ **추상 · 시각추리 영역** : 패턴 분석, 복사하기, 행렬, 종이 접고 오리기

    ㉢ **수 추리 영역** : 수(수 세기, 더하기, 빼기), 등식성립

    ㉣ **단기기억 영역** : 구슬 끼우기, 문장기억, 수 기억, 사물기억

③ 검사의 실시방법

    ㉠ 채점은 각 문항에 대해 만점 또는 0점으로 한다.

    ㉡ 각각의 정답은 개월 점수로 변화되어 수치로 계산된다.

    ㉢ 지능지수는 같은 또래와 비교해 지적 발달의 상대적 비율로 나타낸다.

(3) 스탠포드 – 비네의 지능검사

① 비네 – 사이먼의 검사는 미국 스탠포드 대학의 터만(Terman)에 의해서 스탠포드 – 비네의 검사로 재표준화되었고, 이 검사가 전 세계에 널리 보급되었다.

② 지능검사는 지능지수(IQ)로 점수를 매기는데, IQ 개념은 독일의 심리학자 빌헬름 슈테른이 처음으로 제안하고 스탠퍼드 - 비네의 검사에서 루이스 터만이 채택했다.

③ 이 검사는 성인의 지능을 측정할 수 없으므로, 통계적 방법을 적용하여 표준편차를 이용한 지능지수로 전환하였다.

(4) 웩슬러 지능검사

① 검사의 개요 : 비네 검사의 지나친 언어에 치중에 불만을 가져 비언어적 지능 측정을 위한 수행검사 추가하여 언어성 I.Q와 동작성 I.Q 그리고 전체 I.Q를 산출하였고, 편차 I.Q를 도입하였다.

　㉠ 1939년에 웩슬러(Wechsler)는 성인의 지능을 재기 위한 개인지능 검사인 웩슬러 - 밸레브검사 (Wechsler - Bellevue Intelligence Test)를 발표하였다.

　㉡ 1949년에는 성인용 지능검사와 같은 생각으로 작성된 아동용 지능검사를 발표한 바, 이것이 웩슬러 아동지능검사(WISC ; Wechsler Intelligence Scale for Children)이며, 취학 전후의 유아 · 아동(4~6세)을 위해 WPPSI(Wechsler Preschool and Primary Scale of Intelligence)가 고안되었다.

　㉢ 1955년에는 1939년의 검사를 철저하게 개정한 웩슬러 성인지능검사(WAIS ; Wechsler Adult Intelligence Scale)가 제작되었다.

② WISC의 검사 내용

　㉠ 언어검사 : (상식문제 : 30문제), (일반 이해문제 : 17문제), (산수 : 18문제), (공통성 : 17문제), (어휘 : 32문제), (숫자 외우기 : 14문제)

　㉡ 동작검사 : (빠진 곳 찾기 : 26문제), (차례 맞추기 : 12문제), (나무토막 짜기 : 11문제), (모양 맞추기 : 4문제), (미로 : 9문제)

③ WAIS의 검사 내용

　㉠ 언어검사 : 상식문제, 이해문제, 산수문제, 공통성 문제, 숫자 외우기, 어휘문제

　㉡ 동작검사 : 바꿔 쓰기, 빠진 곳 찾기, 나무토막 짜기, 차례 맞추기, 모양 맞추기

④ 검사의 실시방법

　㉠ 웩슬러 지능검사의 실시는 스탠포드 - 비네 지능검사에 비해 쉬운 편이기는 하지만 역시 상당한 훈련과 숙련이 필요하다.

　㉡ 채점은 하위검사마다 하고 그것을 표준점수(Z 또는 T score)로 바꾸어 총계를 한 것이 총점 지능지수가 된다. 언어척도에 대한 지능지수와 동작척도에 대한 지능지수도 내도록 되어 있다.

　㉢ 웩슬러 지능검사의 IQ평균은 100이며 표준편차는 15이다. 스탠포드 - 비네검사와 비교하면 낮은 IQ로 표시되어 나오도록 되어 있다.

[웩슬러 지능검사와 스탠포드 – 비네 지능검사의 비교]

웩슬러 지능검사	스탠포드 – 비네 지능검사
• 하위검사에 의해 배열된다. • 언어성검사와 동작성검사를 모두 포함하고, 세 가지의 IQ (언어성, 동작성, 전체성검사 IQ)와 하위검사점수를 제공하고 15세 이상의 성인을 위해 고안되었지만 6~16세의 WISC −R과 4~6.5세의 WPPSI와 같은 아동용검사로 발전되었다. • 점수척도이고 모든 주제들은 동일한 하위검사를 가지고 있고 진단용으로 더 적합하다.	• 연령단계에 의해 배열된다. • 내용면에서 언어성검사가 주를 이룬다. • 하나의 전반적인 IQ와 정신연령 점수를 제공한다. • 근본적으로는 2~18세의 아동을 위해 고안된 것이기만, 성인에게도 실시할 수 있고 연령척도이다. • 연령단계에 따라 내용이 변한다.

⑤ K-WAIS의 특징

㉠ 국내에서 현재 가장 널리 사용되고 있는 개인형 지능검사로서 개인의 복잡한 인지구조(인지 장애) 뿐만 아니라 개인의 성격적, 정서적 측면을 측정할 수 있다.

㉡ 개인검사이므로 검사과정에 있어서 주의 깊은 관찰이 가능하고 모든 문제를 구두나 동작으로 제시해주고 결과도 직접 기록하므로 문맹자에게도 실시 가능하다.

㉢ 언어성 검사와 동작성 검사를 번갈아가며 실시하기 때문에 피검사자가 흥미를 잃지 않고 관심을 지속적으로 유지할 수 있다.

㉣ 목적에 맞게 효율적으로 행동할 수 있는 개인의 잠재력을 평가하기 위한 표준화된 과제들로 구성된 정신기능 측정 검사이다.

㉤ 다요인적이고 중다결정적이며 특정한 능력이 아닌 전체적인 능력을 평가하는 것이다.

㉥ 인지적 요소뿐만 아니라 비인지적 요소(불안, 지구력, 목표자각)도 평가한다.

㉦ 개인이 속한 해당 연령집단에서의 상대적인 위치를 지능지수로 환산하는 편차지능지수 사용(각 개인의 소검사 원점수를 객관적으로 평가, 소검사 평균 10, 표준편차 3) 60대가 획득한 120점과 20대가 획득한 120점이 해당 연령집단에서 동질적인 집단에 있음을 나타낸다.

⑥ K-WAIS 검사로 측정할 수 있는 것

㉠ **지적, 인지적 과정의 평가** : 전체상 파악, 내적 기능들 간 비교의 근거, 개인 간 개인내의 지능수순, 주의와 주의집중력(선택, 지속, 전환), 기억(단기, 장기)

㉡ 감각(기질적, 기능적 감각이상), 지각, 사고, 개념형성, 언어, 지각적 조직화, 의식, 지남력 등

㉢ 개인의 성격 특성, 동기 및 정신병리 파악

㉣ 특수한 장애 혹은 능력의 평가

⑦ K-WAIS 실시 과정에서 얻을 수 있는 정보

㉠ 이름, 나이, 생년월일, 주소, 일자 등을 통해 의식, 지남력, 장기기억 확인

㉡ **반응내용** : 정답여부와 엉뚱한 대답 등 일탈의 정도 확인

㉢ **접근방식** : 시행착오적인가, 급작스런 실패인가 부적절한 시도 등

② 반응속도 : 지나치게 빠른가? 느린가?

⑩ 수검태도 : 내가 이런 검사를 받을 필요가 있나? 정답이 뭐지 등의 내담자의 태도

⑭ 얼굴표정 : 눈동자가 고정되어 있나. 멍한가, 적절한가 등

④ 검사행동 : 검사자 무시 경계, 예의 건방진 태도, 위축 경직, 불안, 흥분, 말이 빠른가 느린가?

⑧ 양적분석과 질적분석

㉠ 양적분석

㉮ 현재지능수준과 병전지능 : 어휘, 상식, 토막짜기 등을 고려하여 추정

POINT 병전지능의 파악

㉠ 원래 피검자가 병리를 겪지 않았더라면 쓸 수 있는 지능(우울증이나 사고 없이 태어났을 때 모든 환경이 받쳐 주었을 때 기능한다.)

㉡ 피검자의 현재 지능 수준과 병전 지능수준의 차이를 알아보면 지능이 퇴화, 유지, 만성적 병리, 급성발병 추정 가능할 수 있다.

㉢ 상기 검사를 통해 원래의 지능을 추측할 수 있다.(11개 소검사 중 우울증에 걸려도 안 내려가는 것, 어떤 경우에도 안전성이 높은 지능)

㉣ 이들 소검사의 점수가 안정적이며 요인분석 결과 대표적인 언어성, 동작성 소검사이다.

㉤ 연령, 학력, 학교, 성적, 직업 등을 고려하여 피검자의 현재 지능이 15점 차이 이상이며 의미차이를 분석해야 함 (예 : 원점수 110(평균) → 잠재지능 130(상위2%)이면 차이 의미분석해야 함

㉥ 저하되었다면 피검자에게 유의미한 지능저하로 추정할 수 있다.

㉯ 각 소검사의 안정성 순위 확인

• 언어성 : 어휘-상식-공통성-이해-산수-숫자외우기

• 동작성 : 토막짜기 -바꿔쓰기- 모양맞추기-빠진곳 찾기= 차례맞추기

• 분산도 분석

-어휘 분산도 : 어휘검사를 기준으로 다른 소검사의 점수의 이탈 정도 분석

-평균치 분산도 : 언어성과 동작성 검사의 평균 비교

-특정 소검사의 비교 : 주의집중장애(산수와 숫자문제), 합리적 판단(이해와 차례 맞추기)

㉡ 질적분석

㉮ 쉬운 문항에서 실패 : 혼란된 정신병적 상태, 극심한 불안

㉯ 드문반응 혹은 별난 대답 : 현실세계의 무관심, 일탈된 성격 및 행동양식

㉰ 대충대답 : 의식적으로 faking bad

㉱ 부연설명 : 강박적, 정서적 고양, 사고의 우회성

㉲ 반대되는 대답, 공통성이 없다고 부정 : 고집, 사고의 경직, 반항과 거부성향

㉳ 지나치게 구체화 : 병적상태 반영

㉴ 정서적 느낌을 표현 : 히스테리 성격

㉵ 정신분열증 : 언어성<동작성, 쉬운 문항에서 실패. 문제 잘못이해, 전형적인 와해

㉶ 불안장애 : 숫자, 산수, 바꿔쓰기, 차례맞추기에서 낮은 수행

㉷ 우울장애 : 언어성>동작성, 늦은 반응

㉸ 성격 및 행동장애 : 언어성<동작성(동작성 우수 혹은 최우수, 언어성 보통이하)

⑨ **지능 수준 분류 및 해석** : 정신지체(69 이하), 경계선(70~79), 평균하(80~89), 평균(90~109), 평균상(110 ~119), 우수(120~129), 최우수(130이상~)

※ 백분위 : 피검자의 전체 지능지수가 해당되는 백분위 기술

IQ	분류	포함된 비율(%)
130 이상	최우수(very superior)	2.2
120~129	우수(superior)	6.7
110~119	평균상(high average)	16.1
90~109	평균(average)	50.0
80~89	평균하(low average)	16.1
70~79	경계선(borderline)	6.7
69 이하	정신지체(mentally deficient)	2.2

⑩ **검사의 실시 순서** : 1) 기본지식 – 2) 빠진 곳 찾기 – 3) 숫자외우기 – 4) 차례맞추기 – 5) 어휘문제 – 6) 토막짜기 – 7) 산수문제 – 8) 모양맞추기– 9) 이해문제 – 10) 바꿔쓰기 – 11) 공통성 문제 순으로 실시

⑪ **검사의 내용**

  ㉠ **언어성 검사(척도)** : 추상적 상징을 해결하는 능력, 개인의 교육적 배경, 언어적 기억 능력, 언어적 유창성 – 상식문제(기본지식), 숫자 외우기, 어휘, 산수, 이해, 공통성 문제

  ㉮ **기본지식** : 일상적, 사실적 지식의 범위, 학습과 학교 교육 기간, 지적호기심, 지적추구 성향, 일상생활에서의 기민성, 장기기억

  - 높은 점수 : 문화적 관심, 좋은 교육배경, 학교에서 대한 긍정적인 태도, 뛰어난 언어능력, 방어기제로서 주지화 사용
  - 낮은 점수 : 피상적 관심, 지적 호기심 부족, 문화적 박탈, 주류문화와의 친밀감 부족
  - 어려운 문제는 맞추면서 초기 쉬운 문제를 틀릴 경우 : 동기, 꾀병, 인출의 문제 의심

  ㉯ **숫자외우기** : 즉각적 기계적 회상, 주의집중력, 청각적 연속적 기능, 기계적 학습

  - 단기기억과 주의력 검사 – 긴장이나 불안에 민감한 검사

  ㉰ **어휘문제** : 언어 발달, 단어 지식, 일반적 언어 능력, 지적 능력 추론, 교육적 배경

  - 사고의 풍부성과 장기기억, 개념구성, 언어발달과 관련, 일반지능의 단일지표로 적합

  ㉱ **산수문제** : 주의집중, 기본적 수학적 기술과 적용능력, 인지적 기술, 청각적 기억, 연속적인 능력, 숫자 추리력과 숫자 조작의 속도, 학교학습, 논리적 추리력, 추상적 개념

  - 학업성취의 유용한 지표

  ㉲ **이해문제** : 실제적 지식의 표현, 사회적 성숙, 행동의 보편적 기준에 대한 지식–현실지각, 사회적 순응능력, 객관적인 판단능력, 일상경험의 응용능력이나 도덕적, 윤리적 판단능력

  ㉳ **공통성문제** : 유사성의 관계 파악능력과 추상적 사고능력, 논리력, 언어적 개념형성과 추상적 추론 능력을 요구 – 장기기억 사용, 반응 표현력

ⓒ **동작성 검사** : 언어성 검사에 비해 교육의 영향을 덜 받음. 언어성보다 높은 성적 우수한 지각 조직화 능력과 시간이 제한된 상황에서 작업하는 능력, 낮은 학업성취 경향, 행동화 가능성(비행)

  ㉮ **빠진곳 찾기** : 시각적 예민성, 높은 주의집중, 적절한 시각조직화 – 중요하지 않은 세부사항과 중요한 세부사항을 구별하는 능력, 환경의 세부사항 인식 등, 충동성(수행 방해) – 전체그림을 충분히 보지 않고 성급하게 반응

  ㉯ **차례맞추기** : 전체 상황에 대한 이해력과 계획 능력, 주어진 사회적 맥락 안에서 계획하고 해석하고 사회적 상황을 정확히 예측하는 검사

  ㉰ **토막짜기** : 지각구성 능력과 공간적 표상능력, 지각적 분석–통합력, 일반적인 지능과 높은 상관 높은 점수는 시각–공간 지각, 시각운동 속도, 주의 집중하는 능력, 시각 통합의 어려움

  ㉱ **모양맞추기** : 운동협응과 통제, 지각능력과 재구성능력, 시각–운동 협응능력

  ㉲ **바꿔쓰기** : 정신운동속도, 지시에 따르는 능력, 사무적 속도와 정확성, 낮은 점수는 손상된 시각 운동 기능, 낮은 정신 기민성, 단기기억능력 및 민첩성, 시각 – 운동속도 등

[K–WAIS–Ⅳ와 K–WAIS의 비교]

구분	K–WAIS–Ⅳ	K–WAIS
발행연도	2012년	1992년
측정영역	언어이해, 지각추론, 작업기억, 처리속도, 일반지능	언어성, 동작성, 일반지능
연령범위	16세 0개월~69세 11개월	16세~64세
소요시간	• 핵심 소검사(10개) : 70~80분 • 전체검사(15개) : 80~100분	11개 소검사 : 60~90분
검사자 자격	심리평가분야 대학원생 혹은 전문가수준의 수련을 받은 평가자	심리평가분야 대학원생 혹은 전문가수준의 수련을 받은 평가자
내용	• 언어이해 지수 : 언어적 개념형성능력, 언어적 추론능력, 환경으로부터 획득한 지식, 공통성, 어휘, 상식/이해(보) • 지각추론지수 : 지각적 및 유동적 추론능력, 공간 처리능력, 시각–운동통합력, 토막짜기, 행렬추론, 퍼즐/무게비교(보), 빠진곳 찾기(보) • 작업기억지수 : 작업기억능력측정, 숫자, 산수, 순서화(보) • 처리속도지수 : 간단한 시각적 정보를 빠르고 정확하게 살펴보고 배열하고 구별하는 능력, 동형찾기, 기호쓰기/지우기(보) • 전체 척도 IQ : 모든 인지적 능력의 측정치중 가장 타당한 것으로 여겨지며 언어이해지수, 지각추론지수, 작업기억 지수, 처리속도지수의 합으로 표현됨.	• 언어성 지능 : 지식, 학습능력과 일반개념, 수개념, 청각적 단기기억, 주의집중, 일상적 경험의 응용능력, 도덕적, 윤리적 판단, 유사성 파악 및 추상적 사고능력 • 동작성 지능 : 사물의 본질과 비본질 구별, 전체 상황에 대한 이해력과 계획능력, 지각적 구성 능력과 공간표상력, 시각–운동협응력, 단기기억, 민첩성

⑫ K-WAIS-IV의 이해

　　㉠ K-WAIS-IV의 소검사 구성

　　　㉮ 15개의 소검사

　　　　• 9개는 K-WAIS와 동일

　　　　• 12개는 WAIS-III와 동일

　　　㉯ 차례 맞추기, 모양 맞추기 삭제 : 시간 보너스이 비중과 동작 요구를 줄이기 위함

　　　㉰ 6개의 소검사가 새롭게 추가됨

　　　　• 행렬추론, 동형찾기, 순서화(WAIS-III부터 포함)

　　　　• 퍼즐, 무게비교, 지우기는 새로 제작됨

　　　㉱ 추상적 기호의 조작과 같은 정신적 조작을 수행하는 유동적 추론의 평가 강조 : 행렬추론

　　　㉲ 작업기억 평가 강조 : 순서화

　　　㉳ 처리속도 평가 강조 : 동형찾기, 지우기

　　　㉴ 비언어적 추론과 시각적 지각 측정 : 퍼즐

　　　㉵ 양적, 유추적 추론 측정 : 무게비교

　　㉡ K-WAIS-IV의 소검사 실시

　　　㉮ 합산점수를 얻기 위해서는 10개의 주요 소검사만 실시하면 충분

　　　㉯ 실제적, 임상적 이유에 따라 추가적으로 보충 소검사 실시 결정

　　　　예 운동 장애가 있는 수검자에게 토막짜기 대신 빠진 곳 찾기 실시 가능

　　　㉰ 합산점수는 가능하면 주요 소검사를 통해 얻어야 하며 부득이한 경우 허용된 대체 소검사를 사용할 수 있음

　　　㉱ K-WISC-IV와 겹치는 연령(16세 0개월~16세 11개월)

　　　　• 인지 능력이 평균 하 이하로 추정되거나 언어적 손상이 있을 때 K-WISC-IV 실시

　　　　• 평균 상 수준 이상의 능력을 가진 아동은 K-WAIS-IV 실시

　　㉢ K-WAIS-IV의 합산 점수

　　　㉮ WAIS-III와 동일한 합산 점수 체계 : 언어이해(VCI), 지각추론(PRI), 작업기억(WMI), 처리속도(PSI), 전체검사 IQ(FSIQ)

　　　㉯ 용어 변경

　　　　• 지각조직 : 지각추론

　　　　• 주의집중 : 작업기억

　　　㉰ 언어성 지능(VIQ) ⇒ 언어이해지표(VCI) : 결정지능

　　　㉱ 동작성 지능(PIQ) ⇒ 지각추론지표(PRI) : 유동지능

　　㉣ K-WAIS-IV의 소검사

　　　㉮ 주요 소검사(10개) : 4개의 지표를 구성

　　　　• 언어이해지표(3개) : 공통성, 어휘, 상식

　　　　• 지각추론지표(3개) : 토막짜기, 행렬추론, 퍼즐

- 작업기억지표(2개) : 숫자, 산수
- 처리속도지표(2개) : 기호쓰기, 동형찾기
- 주요 소검사는 합산점수가 필요한 대부분의 상황에서 반드시 실시해야 함

㉯ 보충 소검사(5개)

- 언어이해지표(1개) : 이해
- 지각추론지표(2개) : 빠진곳찾기, 무게비교
- 작업기억지표(1개) : 순서화
- 처리속도지표(1개) : 지우기
- 인지적, 지적 기능에 대한 더 광범위한 표본 제공, 주요 소검사를 대체할 수 있음.

㉰ 소검사 용어

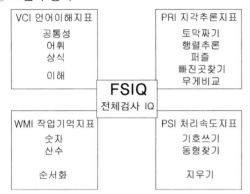

- 소검사 VCI 언어이해지표

-SI, Similarity 공통성 : 핵심 소검사

실시방법	공통적인 사물이나 개념을 나타내는 두 개의 단어가 제시되면 수검자는 그 둘이 어떠한 유사점이 있는지를 기술해야 함
측정	언어추론, 개념형성
관련능력	결정화된 지능, 추상적 추론, 언어적 이해, 기억력, 연합 및 범주적 사고
문항 수	18문항(K-WAIS의 14개에서 4개 추가)

-VC, Vocabulary 어휘 : 핵심 소검사

실시방법	그림문항 : 소책자에 시각적으로 제시되는 그림의 이름을 말해야 함 언어문항 : 인쇄된 글자와 동시에 구두로 제시되는 단어의 뜻을 말해야 함
측정	단어지식, 언어적 개념형성 장기기억, 언어발달의 정도
관련능력	청각적 이해, 언어적 표현
문항 수	30문항(K-WAIS의 35개에서 5개 감소) 3개의 그림 문항, 27개의 언어 문항

-IN, Information 상식 : 핵심 소검사

실시방법	수검자는 폭넓은 영역의 일반 지식에 관한 질문에 대답해야 함
측정	일반적이고 사실적인 지식을 획득하고, 유지하고, 인출하는 능력
관련능력	결정화된 지능, 장기기억, 언어적 지각과 청각적 이해, 언어적 표현능력
문항 수	26문항(K-WAIS의 29문항에서 3문항 감소)

-CO, Comprehension 이해 : 보충 소검사

실시방법	수검자는 일반적 원리와 사회적 상황에 대한 이해에 근거해서 질문에 답해야 함
측정	언어적 추론, 개념화, 언어적 이해와 표현 과거경험을 평가하고 사용하는 능력, 실제적 지식을 발휘하는 능력
관련능력	행동에 대한 관습적 기준, 사회적 판단력과 성숙도, 상식
문항 수	18문항(K-WAIS의 16개에서 2문항 증가)

-BD, Block Design 토막짜기 : 핵심 소검사

실시방법	정해진 제한시간 내에 작업해야 하며, 수검자는 제시된 모형(model)과 그림(picture) 또는 그림만 보고 빨간색과 흰색으로 이루어진 토막을 사용하여 똑같은 모양(design)을 만들어야 함
측정	추상적 시각 자극을 분석하고 통합하는 능력
관련능력	비언어적 개념형성, 시지각 및 시각적 조직화, 동시처리, 시각-운동 협응, 학습, 지각적 자극에서 전경과 배경을 분리해내는 능력, 유동적 지능
문항 수	14문항(K-WAIS의 9문항에서 5문항 증가)

-MR, Metrics Reasoning 행렬추론 : 핵심 소검사

실시방법	수검자는 일부가 빠져있는 행렬 매트릭스를 보고, 행렬 매트릭스를 완성할 수 있는 반응 선택지를 골라야 함
측정	유동성 지능(PIQ), 일반적 지적 능력(FSIQ)의 신뢰할 만한 좋은 측정치
관련능력	광범위한 시각적 지능, 분류와 공간적 능력, 동시적 처리 비교적 문화나 언어의 제약을 받지 않음 손으로 조작하는 것이 필요치 않음
문항 수	26문항

-VP, Visual Puzzle 퍼즐 : 핵심 소검사

실시방법	제한시간 내에 수검자는 완성된 퍼즐을 보고, 그 퍼즐을 만들 수 있는 세 개의 반응을 찾아야 함
측정	비언어적 추론과 추상적 시각 자극을 분석하고 통합하는 능력 측정 모양 맞추기의 시각적 변형
관련능력	문화나 언어에 비교적 제약을 받지 않음 손으로 조작하는 것이 필요치 않음
문항 수	26문항

-FW, Figure Weights 무게비교 : 보충 소검사

실시방법	정해진 제한시간 내에, 수검자는 양쪽 무게가 달라 균형이 맞지 않는 저울 그림을 보고 균형을 만드는데 필요한 반응을 찾아야 함
측정	양적, 유추적 추론 능력 측정
문항 수	27문항

-PC, Picture Completion 빠진곳찾기 : 보충 소검사

실시방법	정해진 제한시간 내에, 수검자는 중요한 부분이 빠져있는 그림을 보고 빠진 부분을 찾아야 함
측정	시지각 및 시각적 조직화, 집중력 사물의 본질적인 세부에 대한 시각적 재인
문항 수	24문항

-DS, Digit Sspan 숫자 : 핵심 소검사

실시방법	숫자 바로/거꾸로 따라하기 ; 검사자가 읽어준 숫자를 똑같은/반대 순서로 반복 숫자 순서대로 따라하기 ; 검사자가 읽어준 일련의 숫자를 작은 숫자부터 차례로 기억
측정	청각적 단기기억, 계열화 능력, 주의력, 집중력
관련능력	숫자 바로 따라하기 ; 기계적 암기 학습, 주의력, 부호화, 청각적 처리 숫자 거꾸로 따라하기 ; 작업기억, 정보변환, 정신적 조작, 숫자 바로 따라하기 → 숫자 거꾸로 따라하기 전환 (인지적 유연성, 정신적 기민함이 요구됨)
문항 수	각 8문항

-AR, Arithmetic 산수 : 핵심 소검사

실시방법	정해진 제한시간 내에, 수검자는 일련의 산수 문제를 암산으로 풀어야 함
측정	정신적 조작, 집중력, 주의력, 단기기억 및 장기기억, 수와 관련된 추론능력
관련능력	계열화, 유동적 추론, 논리적 추론
문항 수	22문항(K-WAIS의 16문항에서 6문항 추가)

-LN, Letter-Number Sequencing 순서화 : 보충 소검사

실시방법	검사자가 수검자에게 일련의 숫자와 요일 이름을 읽어주면, 수검자는 숫자는 커지는 순서대로 요일은 이름 순서대로 회상해야 함.
측정	계열화, 정신적 조작, 주의력, 청각적 단기기억, 시공간적 형상화, 처리속도
문항 수	10문항 (각 문항당 3개의 시행으로 구성)

-CD, Coding 기호쓰기 : 핵심 소검사

실시방법	제한 시간 내에, 수검자는 숫자와 짝지어진 기호를 옮겨 써야 함
측정	처리속도, 단기기억, 학습 능력, 시지각, 시각-운동 협응 시각적 주사능력, 인지적 유연성, 주의력, 동기를 측정
관련능력	시각적 연결 처리 및 순차 처리와 관련 운동적 기능도 수행에 영향을 줄 수 있음

-SS, Symbol Search 동형찾기 : 핵심 소검사

실시방법	정해진 제한시간 내에, 수검자는 탐색 집단에서 표적 기호와 동일한 것을 찾아야 함
측정	처리속도, 시각적 단기기억, 시각-운동 협응, 인지적 유연성 시각적 변별력, 집중력
관련능력	청각적 이해, 지각 조직화, 계획 세우기, 학습 능력 필요

-CA, Cancellation 지우기 : 보충 소검사

실시방법	정해진 제한시간 내에, 수검자는 조직적으로 배열되어 있는 도형들 속에서 표적 모양과 색깔과 모양이 동일한 도형을 찾아 표시해야 함
측정	처리속도, 시각적 선택 주의, 각성, 시각적 무시를 측정
관련능력	시각적 자극이 무선으로 배열되었을 때와 일렬로 배열 되었을 때 두 개의 문항으로 구성

⑩ K-WAIS-IV의 과정 점수

　㉮ 시간보너스가 없는 토막짜기(BDN) : 문항을 빨리 완성하는 것에 대한 추가적인 시간보너스 점수 없이 토막짜기에서 보이는 수행에 기초

　㉯ 숫자 바로 따라하기(DSF)

　㉰ 숫자 거꾸로 따라하기(DSB)

　㉱ 숫자 순서대로 따라하기(DSS)

　㉲ 최장 숫자 바로 따라하기(LDSF)

　㉳ 최장 숫자 거꾸로 따라하기(LDSB)

　㉴ **최장 숫자 순서대로 따라하기(LDSS)** : 각각 숫자 바로 따라하기와 숫자 거꾸로 따라하기의 마지막으로 정확히 수행한 시행에서 회상한 숫자들의 개수

　㉵ **최장 순서화(LLNS)** : 순서화 소검사의 시행에서 가장 마지막으로 완성한 숫자와 글자의 개수

⑪ K-WAIS-IV의 실시 및 채점

　㉮ **포함된 검사 도구들** : 검사 전 확인 요망

　• 실시 및 채점 요강 / 기술 및 해석 요강

　• 기록용지

　• 자극책자 1, 2

　• 반응용지 1, 2

- 토막짜기의 토막(9개의 흰색과 붉은 색 토막)
- 동형찾기 채점판
- 기호쓰기 채점판
- 지우기 채점판
- 연필 2자루와 초시계

㉴ 검사를 위한 기본 지침
- 검사 시간 전에 도구들을 손에 쉽게 닿게 배치
- 수검자가 과제에 주의를 집중할 수 있도록 검사도구함을 수검자의 시선에 노출시키지 않도록 : 도구함을 검사자 옆의 의자에 두고 사용한 도구들은 곧바로 도구함에 도로 놓아둘 것
- 기록용지에는 정답 반응이 있어 클립보드 사용
- 그림 문항을 제시할 때는 소책자를 닫은 상태에서 철사로 묶여 있는 모서리를 수검자 쪽으로 향하게 해서 탁자 뒤에 놓아둠
- 초시계는 가능한 조용히 작동하며 수검자의 눈에 띄지 않도록 둘 것
- 적절한 검사실 환경
 -조명이 밝은 조용한 실내일 것
 -가능하면 창문을 마주 하지 않도록 수검자 위치
 -가구는 수검자가 편안하게 느낄 수 있도록 사이즈가 맞아야 함

㉵ 검사 라포의 형성과 유지
- 수검자에게 불안을 유발할 수 있어 지능 검사라는 말은 사용하지 않음(인지 기능 검사 추천)
- 휴식 시간이 필요하다고 판단되는 경우 소검사를 마저 마치고 쉬게 할 것
- 지시문에 그렇게 지시되어 있지 않는 한 "좋아요", "맞았어요", "잘했어요"와 같은 반응으로 수행에 영향을 미치면 안 됨

㉶ 소검사의 표준 실시 순서
- 토막짜기
- 공통성
- 숫자
- 행렬추론
- 어휘
- 산수
- 동형찾기
- 퍼즐
- 상식
- 기호쓰기
- 순서화
- 무게비교
- 이해

• 지우기

• 빠진곳찾기

－첫 번째 검사는 토막짜기로 비언어적인 검사라 수검자의 부담이 덜함

－언어이해와 지각추론 소검사를 번갈아 실시하는 가운데 작업기억, 처리속도 소검사가 사이사이에 섞여서 제공됨

－검사를 실시하는 동안 흥미를 유지하고 다양성을 유지하며 피로 효과를 최소화하는 기능

－핵심 소검사를 먼저 실시하고 이어 보충 소검사 실시

－소검사 전부를 실시하지 않을 경우에는 합산 점수에 필요하지 않은 소검사들은 건너뛰고 계속해서 표준 순서대로 소검사를 실시

－수검자가 특정 소검사를 거부하면 일시적으로 중지하고 다음 소검사를 먼저 실시할 수 있음. 다음 소검사를 거부감없이 수행하면 중지했던 그 소검사로 돌아갈 수 있음

㉮ 시작점, 역순 및 중지규칙

• K-WAIS-IV의 시작점

－K-WISC-IV는 숫자, 선택 두 개의 소검사만 단 하나의 시작점

－K-WAIS-IV는 15개의 모든 소검사들이 단 하나의 시작점을 가짐

－전반적인 지적 결손이 의심되는 수검자는 생활 연령에 상관없이 항상 1번 문항에서 시작

－다수의 소검사들은 시작 문항을 실시하기 전에 모든 수검자에게 실시하는 시범문항이나 연습문항을 포함. 시범문항과 연습문항은 원점수 계산에 포함시키지 않음

• K-WAIS-IV의 역순 규칙

－1번 문항부터 시작하지 않는 소검사에 적용

－특정 연령 시작점에 앞서는 문항들은 역순 문항으로 간주

－역순 문항들이 있는 소검사에서는 처음 실시되는 두 문항에서 수검자가 완벽한 점수를 받으면 시작점 이전의 미실시 항목들에 대해 모두 만점을 부여

• K-WAIS-IV의 중지 규칙

－중지 규칙은 소검사마다 다름

－라포를 유지하고 검사 시간을 최소화하도록 고안

－일반적인 중지 규칙은 수검자가 특정 수의 연속적인 문항들에서 0점을 받은 후에 중단하는 것. 이 때, 역순으로 실시한 문항들에서 득점한 점수도 중지 규칙에 포함시켜 계산함

－섣불리 소검사 실시를 중지하지 말고 자신이 없으면 일단 진행하고, 검토 후에 검사가 중지되었어야 하는 지점을 초과하여 문항들을 실시했다면 중지 지점을 넘어선 문항들에 대해서는 점수를 부여하지 않으면 됨

－숫자, 순서화의 중지 규칙은 다소 특별함
이 소검사들의 문항은 각각 2~3개의 시행으로 구성. 중지 기준에 부합하려면 수검자가 한 문항 내의 모든 시행들에서 0점을 받아야 함

ᄖ 소검사의 시간 측정
- 공통성, 숫자, 행렬추론, 어휘, 상식, 순서화, 이해, 는 엄격한 시간 제한을 두지 않고 반응의 정확성만을 근거로 채점
- 시간 제한이 명시되어 있지 않은 소검사들에 대해서는 반응을 시작하기에 충분한 시간을 대략 10~30초로 잡음. 30초 후에 반응 격려
- 30초 지침을 너무 엄격히 적용하지 말고 검사자가 다음 문항을 시작한 후에 수검자가 반응하더라도 이전에 실시된 문항에 대한 반응에 적절한 점수를 부여할 것
- 토막짜기, 산수, 동형찾기, 퍼즐, 기호쓰기, 무게비교, 지우기, 빠진곳찾기 소검사는 모두 초시계로 정확하게 시간을 측정해야 하며 기록용지에 초단위로 기록할 것
- 시간 측정 시 지시문의 마지막 단어를 말한 후 시간을 재기 시작하고 수검자가 반응을 마쳤을 때 시간 측정을 중지함
- 라포의 유지를 위해 수검자가 제한 시간의 끝부분에서 문항을 가까스로 완성하고 있다면 한 문항에 대해 몇 초의 추가 시간을 부여해도 됨

ᄼ 시범문항, 연습문항 및 교육문항
- 시범문항 : 검사자가 과제를 설명하는 것을 도와주기 위해 사용되는 문항
- 연습문항 : 검사문항의 실제 실시에 앞서 수검자가 연습을 해볼 수 있도록 하는 문항
- 교육문항 : 시범문항과 연습문항을 제공하지 않는 소검사(어휘, 상식 등)에서 수검자가 과제를 분명히 이해할 수 있도록 시작시점에서 교정적 피드백을 제공하는 문항(요강과 기록용지에가 붙어 있음)

ᄋ 추가질문
- 추가 질문은 수검자의 반응이 불완전하고 모호하거나 불분명할 때 부가 정보를 끌어내기 위해 사용함
- "어떤 의미죠?", "조금 더 자세히 말해주세요"
- 추가 질문은 관련 소검사들에 대한 '지시' 부분에 들어있으며 검사자는 기록용지에 Q와 함께 추가 질문을 기록해야 함. 질문이 필요한 소검사는 기록용지에 별표로 표시되어 있음

ᄌ 촉구
- 촉구는 수검자에게 소검사의 과제를 교육시키거나 상기시키기 위해 사용
- 예 퍼즐 소검사에서 세 조각을 선택하지 않은 수검자에게 각 문제 당 세 조각씩 선택해야 한다는 것을 상기시켜 줌
- 촉구는 각 소검사의 '일반지침' 부분에 들어있으며 검사자는 기록용지에 그것을 P와 함께 기록해야 함

ᄎ 문항 반복
- 문항과 지시의 반복은 수검자의 주의를 그 과제로 다시 돌리도록 하고, 문항에 대한 이해도를 높여줌
- 숫자, 순서화는 문항 반복을 허용하지 않음 : 수검자가 문항의 반복을 요구하는 경우, "그냥 최선을 다해 추측해보세요"라고 할 것
- 수검자가 5~10초 이내에 답하지 못할 경우에는 지시문을 되풀이해 주는 것이 일반적임
- 반복은 기록용지에 R과 함께 기록함

㉮ 기록용지 표기를 위한 권장 약어 목록
- Q : 추가 질문을 사용했을 때
- P : 촉구를 사용했을 때
- R : 문항을 반복했을 때
- DK : 수검자가 모른다고 말했을 때
- NR : 수검자가 반응하지 않았을 때

㉯ 예시 반응의 사용
- 대다수 소검사의 경우 채점 기준에 대한 해석의 여지가 거의 없음
- 추가적인 판단이 요구되는 소검사들 : 공통성, 어휘, 이해, 상식, 단어추리
- 반응의 질은 수검자의 언어적 표현(세련됨이나 길이가 아니라)의 내용을 바탕으로 판단
- 언어적 반응에 대해, 문법에 맞지 않거나 발음이나 조음이 서투르다는 이유로 채점을 불리하게 해서는 안 됨

㉰ 추가 질문된 반응의 채점
- 추가 질문 받은 부분이 전체 반응을 개선시키는데 실패하는 경우라도, 수검자가 자발적으로 반응했던 부분에 대해 부여한 점수는 상실되지 않음
- 어떤 상황에서는 수검자가 추가한 반응이 추가질문 이전의 반응 수준과 동일한 점수 가치를 갖기도 하나, 원래의 반응과 합쳤을 경우 그 조합은 높은 점수로 채점되기도 함
- 예외 : 훼손 반응(빈곤 반응과 구분할 것)
  올바르게 시작했지만 곧 개념에 대한 명백한 오해를 드러내 앞선 반응의 점수까지 잃게 만드는 반응

㉱ 복수 반응에 대한 채점
- 수검자가 하나의 문항에 대해서 하나의 올바른 반응과 틀린 반응을 하거나 서로 다른 점수가를 지닌 두 개의 반응을 하고 그 중 어느 것이 의도된 반응인지 분명하지 않을 경우에는 수검자에게 어느 것을 의도한 것인지 물어보고 의도된 반응을 채점
- 만약 수검자의 반응이 어떤 대답도 전체 반응을 손상시키지 않으면서 질적으로 다양할 때는 그 반응들 중 가장 좋은 반응을 채점

ⓐ 수검자의 생활연령 계산
- 규준집단들이 연령간격으로 나누어지기 때문에 K-WAIS-IV에서는 수검자의 연령이 특히 중요함
- 검사 실시일에서 수검자의 출생일을 빼서 검사 시 연령을 산출함. 수검자가 두 번에 걸쳐서 검사를 받았다면 첫 번째 날짜를 계산에 이용함
- 연령 계산에서 모든 달은 30일로 가정함

ⓑ 합산점수의 무효화
- 예를 들어 수검자가 잠재적인 대체검사들을 포함하여 언어이해 척도를 구성하는 3개의 소검사 중 2개에서 총점 0점을 받는다면 VCI, FSIQ는 산출할 수 없음
- 마찬가지로 숫자와 산수 둘 다 0점을 받는다면 WMI, FSIQ도 산출이 불가능함

(5) 카프만 지능검사

① 검사의 개요

㉠ 카프만 지능검사(Kaufman Assessment Battery for Children : K - ABC)는 취학 전 유아와 초등학교 전 학년의 아동에게 실시할 수 있으며, 교육적인 면과 임상장면에 사용될 수 있다.

㉡ K-ABC는 순차처리척도, 동시처리척도, 인지처리과정 종합척도, 습득척도의 4개의 하위척도로 구성되어 있다.

㉢ 정보처리이론을 바탕으로 처리과정중심의 검사로서 교육적 처지가 가능하다.

㉣ 기존 지능검사가 내용을 중심으로 하는 검사인 것에 반해 아동이 왜 그런 인지적 수행을 하였는지에 초점을 두고 설명할 수 있는 검사로서 학교 교육현장에서 문제해결 능력, 학습한 정도를 비교 분석할 수 있다.

㉤ 검사대상은 2세 6개월부터 12세 5개월까지 실시할 수 있으며 비언어성 검사로 특수아동에게 활용가능하다.

> **POINT** 좌뇌와 우뇌 I.Q의 측정
> 순차처리척도와 동시처리척도는 인지처리과정 종합척도로서 순차처리척도는 좌뇌 I.Q를 측정할 수 있으며 동시처리척도는 우뇌 I.Q를 측정가능하다.

② 카프만의 검사 내용

㉠ **순차처리척도** : 손동작, 단어배열

㉡ **동시처리척도** : 마법의 창, 얼굴기억, 그림통합, 삼각형, 시각유추, 사진순서

㉢ **습득척도** : 어휘 표현, 인물과 장소, 산수, 수수께끼, 문자해독, 문장이해

③ 신뢰도와 타당도

㉠ 표준화를 위한 자료 수집은 유아의 연령, 성별, 지역의 세 가지 요인을 고려하여 계층표집방법을 사용하였다.

㉡ 표준화 절차에 따라 검사가 실시되지 못한 자료는 제외시키고 최종적인 자료 분석을 위해 각 연령군마다 표집 되었다.

㉢ 재검사 신뢰도는 모든 연령에서 높은 것으로 나타났다.

㉣ 검사는 여러 가지 목적에 따라 다른 정도의 타당도를 가지고 있기 때문에 검사 목적과 관련된 증거에 따라 타당도의 정도를 기술해야 한다.

(6) 집단용 지능검사

① 군부대 등 대규모 사람들에 대한 검사의 필요에서 비롯되었고, 전문가가 아니라도 집단용 지능검사를 실시 · 채점 · 해석할 수 있다.

② 전국적 규모의 표준화 과정으로 지역별, 연령별, 남녀별 수준을 작성해 놓았으므로 어떤 집단이나 개인의 지능 수준을 다양한 기준에 따라 간단히 비교가 가능하다.

③ 집단용 지능검사는 경제적이고 편리한 반면에, 오차의 가능성이 개인용 지능검사보다 크다는 문제점이 있다.

④ 지능검사 활용 시 유의사항

  ㉠ 과잉 해석을 피할 것 : 결과를 맹신하거나 부정하지 말 것

  ㉡ 피검사자가 어떤 의도와 목적을 가지고 있는지를 파악할 필요 있음

  ㉢ 점수 띠로 생각할 것 : ±5를 가정

  ㉣ 검사받을 당시 개인적 상태나 환경의 영향을 받을 수 있을 인식할 것

  ㉤ 각 검사마다 차이가 있기 때문에 검사 요강에 의해 해석하고 오차에 대해 고려

  ㉥ 기타 성취검사(학업관련) : 대학수학능력시험, SAT, PSAT, ACT, GRE

❸ 성격검사

(1) 성격검사 개발 방법

① **논리-이론적 방법** : 이론이나 모델을 바탕으로 검사 문항을 구성-연역적 방법

② **준거집단 방법** : 경험적 방법

③ **요인분석 방법**

(2) 로샤의 검사

① **검사의 개요** : 로샤(Rorschach)의 검사는 잉크반점의 애매한 자극을 주어 심리적 속성에 대한 반응 정도를 측정하는 검사로서 피검자의 방어와 저항을 우회할 수 있는 투사적 성격검사이다.

② **로샤검사의 특징**

  ㉠ 로샤는 애매성을 띠고 있는 자극을 피험자가 무엇처럼 보이는지를 반응하는 동안 자기도 모르게 심리적 과정을 거친다고 가정한다. 즉 검사자극에 따라 유발된 감각과 기억 흔적의 통합과정을 거친다고 보았다. 이러한 통합의 과정은 감각적인 인상과 기억 내용을 의식적으로 끌어내는 조작과정이라 하였다.

  ㉡ 인간은 개인차로 말미암아 같은 자극에 대해서도 다양한 반응을 한다. 개인의 반응 양식, 정서 상태, 인지적 조작, 동기, 대인간 환경간 지각 양식, 반응경향 등의 복잡한 행동의 표본을 규준과 비교하는 절차를 거쳐 판정된다.

  ㉢ 로샤의 검사반응 과정에 대한 기본적인 가설은 반응과정에서 발생하는 다양한 원인들을 지나치게 간소화하였다고 할 수 있다. 그러나 이 검사에 대해 잘 알아야 실시가 가능하며 인지, 정서, 자기상, 대인 관계, 현실지각, 적응능력 등을 판단한다.

② 도구의 구성 : 10장의 대칭 잉크블롯 카드. Ⅰ, Ⅳ, Ⅴ, Ⅵ, Ⅶ은 무채색, Ⅱ, Ⅲ은 검정색과 붉은 색채, Ⅷ, Ⅸ, Ⅹ은 여러 가지 색채가 혼합

③ 실시 방법

　　㉠ 자리배치 : 검사자에게 영향을 줄 수 있는 단서를 줄일 수 있고 피검사자가 말하는 검사 자극을 잘 볼 수 있도록 옆에 앉는 것이 일반적이다. 아울러 이 검사는 본 것에 대해서는 전부 다 말하는 검사라는 점을 알려준다.

　　㉡ 반응단계 : 카드를 바꾸거나 설명이 필요할 때 이외는 침묵이 원칙이며 '응', '흠' 등의 대답도 피검사에게 잘하고 있다는 신호로 인식 – 자유로운 반응에 방해가 되므로 주의해야 한다.

　　㉢ 피검사자의 질문에 비지시적으로 응답한다.
　　　예 : 카드를 돌려도 되나요 – 마음대로 하세요. 얼마나 많은 반응을 해야 하나요 – 잘 보면 하나 이상은 볼 수 있습니다(표준반응).

　　㉣ 질문단계 : 10개 카드를 모두 실시한 후에 질문을 한다. 질문은 정확한 채점을 위해서
　　　– 새로운 정보를 얻어내기 위한 것이 아니라 반응 단계에서 지각한 것을 분명히 하기 위한 것이다.
　　　㉮ 영역(어디서 그렇게 보았는가?)
　　　㉯ 반응결정인(왜 그렇게 보았는가?)
　　　㉰ 내용(무엇을 보았는가?)
　　　㉱ 질문시 유의점 : 반응 결정인(왜 그렇게 보았는지)을 염두에 두고 질문, 비지시적, 간결함이 원칙이다.

▶POINT 로사의 체점체계
　　　① 엑스너 체계(Exner의 종합체계방식) : Exner방식을 채택(검사방식들의 독립적 채점, 해석체계 때문에 연구의 발전 저해시켰던 문제 해결)
　　　② 반응의 채점 : 반응을 Rorschach 부호로 바꾸는 과정. 종합체계의 반응은 9가지 항목으로 채점된다.
　　　　㉠ 반응의 위치 : 브롯의 어느 부분에 반응했는가?
　　　　㉡ 반응 위치의 발달질 : 위치 반응은 어떤 발달수준을 나타내는가?
　　　　㉢ 반응의 결정요인 : 반응을 결정하는데 영향을 준 브롯의 특징은?
　　　　㉣ 형태질 : 반응된 내용은 자극의 특정에 적절한가?
　　　　㉤ 반응내용 : 반응은 어떤 내용 범주에 속하는가?
　　　　㉥ 평범반응 : 일반적으로 흔히 일어나는 반응인가?
　　　　㉦ 조직활동 : 자극을 조직화하여 응답했는가?
　　　　㉧ 특수점수 : 특이한 언어반응이 일어나고 있는가?
　　　　㉨ 쌍반응 : 사물을 대칭적으로 지각하고 있는가?

④ 로샤검사의 신뢰도와 타당도

　　㉠ 로샤연구는 채점해야 하는 변인이 상당히 많고, 연구에 개입되는 연구자의 선입견, 타당한 준거의 부족, 부적절한 통계 방식이 연구에 영향을 주었다.

　　㉡ 초기의 타당도 연구는 전체적으로 많은 채점 변인과 구조요약 방식 때문에 더 복잡해졌고, 타당도의 범주도 다양하게 연구되었다. 따라서 어떤 변인의 해석은 다양한 여러 가지 가정을 하게 되었다.

ⓒ 더 낮은 로샤의 타당도를 제공하는 주요한 요인은 전체 반응과 의미 있는 관계가 있고, 또한 이에 영향을 받는 것으로 보인다. 전체 반응이 낮다면 이는 방어적이고, 우울한 특성을 말해 주며, 상당히 높은 반응 수는 높은 성취욕구나 혹은 강박적인 성격을 말해 준다.

로샤 카드

---

⑤ **구조적 해석**

ⓐ 로샤검사에서 얻은 결과를 체계적으로 요약해 놓은 표를 구조적 요약이라고 부른다.

ⓑ 구조적 요약지는 상단부, 하단부, 최하단부로 나뉜다.

ⓒ 상단부에는 위치, 발달질, 결정인, 형태질, 반응내용, 조직활동, 특수점수 등 각 변인의 빈도 및 비율을 기록한다.

ⓓ 하단부에는 상단분의 빈도 수치를 사용해 만들어 낸 비율, 백분율을 산출한 점수를 기록한다. 7가지 주요영역이 있다.

ⓔ 최하단부에는 측정할 수 있는 6개의 특수지표를 제시한다.

◆POINT 7가지 주요 영역
1. 핵심영역(Core Section)
2. 관념영역(Ideation Section)
3. 중재영역(Mediation Section)
4. 처리영역(Processing Section)
5. 정서영역(Affect Section)
6. 대인관계영역(Interpersonal Section)
7. 자기지각영역(Self Perception Section)
*크게 인지, 정서, 대인관계에 대해서 알 수 있다.

◆POINT 6개의 특수지표
1. 지각 및 사고지표(PTI : PerceptualThinking Index)

지각 및 사고지표(PTI : PerceptualThinking Index)의 해석 기준	
① XA<.70이고 WDA%<.75	② X%>.29
③ LVL2>이고 FAB2>0	④ M>1 혹은 X%>.40

2. 우울지표(DEPI : Depression Index)
3. 대처결함지표(CDI : Coping Deficit Index)
4. 자살잠재성지표(SCON : Suicide Constellation, Suicide Potential)
5. 과잉경계지표(HVI : Hypervigilance Index)
6. 강방성향지표(OBS : Obsessive Style Index)

(3) HTP

집 – 나무 – 사람검사(HTP ; House – Tree – Person Test)는 집, 나무, 인물에 대한 그림을 통해 성격을 진단하는 투사적 그림검사이며, 과제그림검사다. 집–나무–사람(HTP)을 진단의 주제로 삼은 이유는 친밀감과 연령 차이 없이 누구나 공감될 수 있는 주제, 그림을 언어로써 표현할 때 쉽고 편하게 이야기 할 수 있는 주제이기 때문이다.

① 그림의 해석(해머, Hammer)

    ㉠ 그림의 순서(계열성) : 표현의 계속과정 속에서 내담자의 심리상태를 파악할 수 있다.

    ㉡ 그림의 크기 : 자아이미지, 자신감의 정도를 나타낸다.

        ㉮ 지나치게 큰 그림 : 공격적, 행동화 경향, 낙천적, 과장 경향, 부적절감 보상 또는 억압 방어, 조증, 뇌손상 또는 정신지체, 반사회적 성격, 신체화 가능성

        ㉯ 지나치게 작은 그림 : 열등감, 낮은 자존감, 불안, 수줍음, 위축, 과도한 자기 억제, 낮은 자아 강도, 강박적 경향, 우울증

    ㉢ 그림의 위치 : 대개 종이 가운데 그린다.

        ㉮ 용지의 중앙 : 정상, 안정된 사람

        ㉯ 용지의 가장자리 : 의존, 자신감 결여

        ㉰ 왼쪽 : 충동, 외향, 자기중심적

        ㉱ 오른쪽 : 비교적 안정, 통제된 행동, 정서만족보다 지적만족 선호, 내향성, 환경 변화에 민감.

        ㉲ 위쪽 : 욕구수준 높음, 과잉보상 방어, 공상 즐김, 야심 높음, 성취 위한 투쟁, 냉담, 초연, 낙천주의

        ㉳ 아래쪽 : 불안정감, 우울경향, 구체적, 현실적 사고 경향, 조용하고 나서지 않는 성격, 아동의 경우 신경증 가능성

        ㉴ 위쪽의 왼쪽 모퉁이 : 퇴행, 미성숙, 불안정감, 철수와 공상, 아동의 경우 초등학교 저학년 수준의 경우에는 정상

        ㉵ 위족의 오른쪽 모퉁이 : 불쾌한 과거를 억제하고 싶은 욕구, 미래에 대한 과도한 낙관

        ㉶ 아래쪽 또는 가장자리 : 불안정감, 낮은 자기 확신과 관련된 지지욕구, 불안, 의존경향, 새로운 경험 거부 경향, 환상에 심취

        ㉷ 아래쪽에 작고 희미하게 그린 경우 : 우울

        ㉸ 종이가 모자라서 그림 완성되지 못한 경우 : 뇌손상, 위쪽이 모자라면 환상의 과용. 아래쪽이 모자라면 과도한 억압 또는 폭발적 행동가능. 왼쪽이 모자라면 미래에 대한 두려움에 고착, 강박적 행동가능. 오른쪽이 모자라면 불쾌한 과거에서 탈출하고 싶은 욕망

    ㉣ 왜곡과 생략 : 내적인 갈등과 불안을 나타낸다.

        ㉮ 대상을 일반적인 형태로 그리지 않고 왜곡된 형태로 그리는 것

        ㉯ 심하지 않은 왜곡은 불안. 전반적 왜곡은 정신증, 정신지체, 기질적 뇌손상

    ㉤ 선의 성질 : 압력, 방향, 지속성, 리듬 등을 나타낸다.

        ㉮ 강한 선 : 자신감이 있는 피검자, 주장적 · 독단적 · 공격성 · 분노감정

        ㉯ 흐린 선 : 우유부단, 억제된 성격, 감정표현 억제 · 억압, 위축, 신경증, 우울증, 만성 정신분열증

② 내용적 해석

㉠ 집(House) : 아동의 경우 내면에 가지고 있는 가족, 가정생활, 가족관계, 가족구성원 각각에 대해 가지고 있는 표상, 생각, 그와 관련된 여러 감정, 소망들이 투영한다.

㉮ 문 : 집과 외부세계를 연결하는 통로 – 세상과 자기 자신간의 접근 가능성을 의미
- 문에 열쇠 등의 장치를 강조하는 경우는 의심이 많거나 방어적인 감수성을 나타냄
- 문을 특별히 강조하는 것은 타인에 대한 의존심과 적극적인 대인관계를 바람
- 문을 측면에 그렸을 경우는 도피적 경향이며 신중성을 나타냄
- 문을 최후에 그리며 특히 강조할 경우에는 대인관계가 소극적이고 현실 도피적 경향

㉯ 벽 : 외적인 위협, 자아가 붕괴되는 것으로부터 자기 자신을 보호하는 자아 강도와 자아통제력 의미
- 튼튼한 벽은 완강한 자아를 나타냄
- 얇은 벽은 약한 자아, 상처입기 쉬운 자아를 나타냄
- 과잉 강조된 수평적 차원은 실용주의와 근거에 대한 욕구를 나타냄
- 과잉 강조된 수직적 차원은 적극적이고 환상적 생활을 나타냄
- 부서진 벽들은 분열된 성격을 나타냄 – 벽의 면에 아무것도(문등) 그리지 않는 그림은 현실
- 도피적 사고, 우울, 대인관계 등의 결핍이 심하고, 정신 분열적인 반응이 의심됨

㉰ 창문 : 대인관계와 관련된 피검자의 주관적인 경험, 환경과 상호작용 능력
- 창문이 그려지지 않은 것은 철회와 상당한 편집증적 경향성을 나타냄
- 많은 창문은 개방과 환경적 접촉에 대한 갈망을 나타냄
- 커튼이 쳐진 창문은 가정에서의 아름다움에 대한 관심, 수줍은 접근을 나타냄
- 대단히 작은 창문은 심리적인 거리감, 수줍음을 나타냄

㉱ 지붕 : 내적인 공상, 자신의 생각이나 관념, 기억과 같은 내적 인지과정과 관련
- 지붕이 크고 다른 부분이 작은 집 : 과도한 공상과 대인관계가 후퇴적 경향을 지님
- 벽과 함께 그린 지붕 : 심한 공상적 사고, 정신분열증으로 의심.
- 지붕인지 선인지 지붕의 높이가 없는 집을 그리는 자 : 정신지체에게 많음
- 지붕의 선이 약한 그림 : 자기 통제가 약함을 의미
- 지붕의 선을 강하게 표시하는 자 : 공상적 경향이 자기통제로부터 벗어날까 두려워하는 자기 방어를 뜻하고 불안신경증 환자에게 많음
- 지붕의 기왓장을 하나하나 선으로 면밀하게 그리는 자 – 강박적인 성향
- 지붕이 파괴되거나 금이 간 그림 : 자기 통제력이 억압당하고 있는 것을 의미함

㉡ 나무(Tree) 그림의 해석

㉮ 순서에 의한 분석
- 지면의 선을 그리고 나무그리기 : 타인에게 의존적이며 타인으로부터 인정 희망
- 나무를 그린 후 지면의 선 그리기 : 처음에는 침착하지만 곧 불안해지며 타인의 인정을 구하는 사람
- 잎을 맨 먼저 그리기 : 마음의 안정성이 없고 표면적인 허영과 허식을 구하는 경향

  ㉯ 내용 분석
- 나무에 있는 동물들 : 동물들은 그림을 그린 사람이 동일시 할 수 있는 인물을 나타내며 행동에 대해서 연속적으로 박탈 경험을 가진 사람에게서 그려짐
- 나무껍질이 벗겨진 경우 : 어렵고 난폭한 생활. 진하게 그려진 것은 불안감.
- 나무껍질이 지나치게 상세히 그려진 것 : 강박감, 완고함, 강박관념을 통제하기 위한 조심스러운 시도를 의미함
- 죽은 가지들은 생활의 일부에서의 상실감이나 공허함을 나타냄
- 가지 위에 지은 나무 집은 위협적인 환경에서의 보호를 찾기 위한 시도를 나타냄
- 커다란 줄기에 대해 가느다란 가지들은 환경에서 만족을 얻을 수 없음을 나타냄
- 언덕 위에 있는 나무는 종종 정신적인 의존성을 보여주며 특별히 나무가 단단하고 크다면, 위로 올라가고자 하는 노력을 뜻함
- 커다란 잎들은 부적합성과 관련된 의존성을 나타냄
- 어린 나무는 미성숙이나 공격성을 나타냄

 © 사람그림의 분석
  ㉮ 내용 분석
- 사람은 자아상을 뜻하며 사람의 크기는 자아의 크기를 의미함
- 자신의 성(gender)에 적합한 사람을 먼저 그리고 이성을 그리게 되며 반대의 경우 동성애를 뜻하기도 함

③ 그림검사의 주의점
 ㉠ 피검사자의 내적 상태나 정서적 상태에 대한 정보를 그림검사를 통해 얻는다고 해도 이것은 가설에 지나지 않기에 표준화된 검사가 아니다.
 © 그림의 단서를 가지고 직선적이고 맹목적으로 해석하는 것은 그림검사를 통해 삼가야 한다.
 ② 그림에 대한 해석은 다른 심리검사의 결과 및 관련성, 그림에 대한 반응, 부가적 정보를 고려한다.

> **POINT** 검사종류별 특징
> ㉠ BGT와 HTP와 공통점 : 실시가 간편하다.
> © 차이점 : TAT와 로샤는 언어로 표현하는 반면 HTP는 비언어적으로 표현된다.

> **더 알아보기**
>
> 그림검사의 종류
> ㉠ 사람 – 그림검사 DAP(Draw – a – Person test)
> © 집 – 나무 – 사람 그림검사 HTP(House – Tree –Person)
> © 색채화 검사
> ② 빗속의 사람 그림검사
> ◎ 동물 그림검사
> ⊌ 자화상 검사
> ⊗ 운동성 – 가족화 검사 KFD(Kinetic – Family – Drawing)
> ◎ 가족 그림검사(Drawing – a – Family Test)
> ⊗ 운동성 학교 그림검사

(4) 미네소타 다면인성검사

① 검사의 개념

- ㉠ MMPI(Minnesota Multiphasic Inventory)는 개인의 정서적 적응 수준과 검사에 임하는 태도를 양적으로 측정할 수 있도록 폭넓은 자기 기술을 이끌어 내는 표준화된 질문지다.
- ㉡ MMPI는 1940년에 개발된 이래로 가장 널리 쓰이는 임상적 성격검사이며, 정신의학적·심리적·진경학적·신체적 승후에 대한 내용으로 구성되어 있다.
- ㉢ MMPI의 일차적 목적은 정신의학적인 진단적 분류를 위한 것이었으나 정신 병리적 분류개념이 정상인의 행동과 비교될 수 있다는 전제하에서 MMPI를 통해 정상인의 행동을 설명하고 일반적인 성격특성을 유추할 수 있다.
- ㉣ MMPI는 566문항, MMPI-2는 567문항, MMPI-A는 478문항으로 구성되어 있으며 초등학교 6학년이상의 독해 능력을 갖춘 자는 실시가능하다.

② MMPI의 실시 방법

- ㉠ MMPI는 독해력을 갖춘 16세 이상의 사람에게 실시할 수 있다. 검사자는 라포를 형성하는 한편, 검사하는 이유와 결과가 어떻게 사용될지를 내담자에게 설명해 주어야 한다.
- ㉡ 이 검사는 여러 가지 심리적 특성을 문장으로 기술한 550개의 문항으로 구성되어 있으며 피검사자는 각 문항에 대해 "예", "아니오"로 대답하게 되어 있다.
- ㉢ 이 검사는 피검사자가 얼마나 솔직하게 검사에 임했는지 평가하는 4개의 타당도 척도와 여러 가지 성격적 또는 정신 병리적 특성을 평가하는 10개의 임상척도로 구성되어 있다.
- ㉣ MMPI에서 측정된 수치의 크기가 평균에서 크게 차이가 나면 날수록 그 개인은 정서적으로 어려움을 겪고 있는 것으로 평가된다.
- ㉤ MMPI는 전문적 훈련을 받은 전문가들이 임상적 진단을 정확하게 하기 위한 진단보조도구이므로, 척도상의 통계수치는 진단을 위한 하나의 보조 자료로서만 활용되어야 한다.

③ 개별 척도에 대한 해석

- ㉠ 타당도 척도
    - ㉮ ?척도(알 수 없음) : ?척도의 점수는 응답하지 않은 문항, 즉 답하지 않았거나 "네", "아니오" 모두에 답한 문항들의 총합이다.
    - ㉯ L척도(Lie) : MMPI문항 중 논리적인 문항으로 구성되어 있으며 자신을 양심적이고 사회적으로 바람직하며 모범적인 사람으로 보이려는 솔직하지 못한 태도를 파악한다. 고의적으로 거짓말을 한 경우에 해당된다.
    - ㉰ F척도(Frequency) : 검사문항에 대해 개인이 보고하는 내용들이 대부분의 사람들과 얼마나 다른가를 반영하는 64개의 문항들로 구성된다. 정신장애 또는 비전형적인 피검자의 응답을 파악한다.
    - ㉱ K척도(Defensiveness) : 30개의 문항으로 구성되어 있다. L척도에 비하여, 포착되기 어렵고 보다 효과적인 방어적 태도에 대해서 측정한다. 정신장애는 분명하나 정상적인 프로파일을 보이는 경우 또는 은밀하고 세련되게 자신의 응답을 조작한 경우에 해당된다.

ⓒ 임상척도

㉮ **척도1(Hs : 건강염려증)** : 신체에 대한 신경증적인 걱정인 과도한 불안이나 집착이 있는지를 알아보기 위한 것이다. 수동공격적

㉯ **척도2(D : 우울증)** : 슬픔, 사기저하, 미래에 대한 비관적인 생각, 무기력, 절망감 등을 나타내는 것으로, 총 60개의 문항으로 구성되어 있다.

㉰ **척도3(Hy : 히스테리)** : 심리적 고통을 회피하는 방법으로 부인(Denial)을 사용하는 정도를 측정한다. 신체적 증상으로 나타나고 문제를 회피하며 타인으로부터 주의와 애정, 관심을 요구한다. 전환히스테리로 나타나기도 한다.(전환히스테리 : 신체적 증후를 수단으로 해서 갈등 회피)

㉱ **척도4(Pd : 반사회성)** : 공격성의 정도를 나타내는 것으로, 총 50개의 문항으로 구성되어 있다.

㉲ **척도5(Mf : 남성성 – 여성성)** : 이것은 직업과 취미에 대한 흥미, 심미적이고 종교적인 취향, 능동성과 수동성 그리고 대인관계에서의 감수성에 대한 내용이 포함된다.

㉳ **척도6(Pa : 편집증)** : 평가의 주된 목적은 대인관계 예민성, 피해의식, 만연한 의심, 경직된 사고, 관계망상 등을 포함하는 편집증의 임상적 특징이다.

㉴ **척도7(Dt : 강박증)** : 측정의 대상이 되는 것은 자기비판, 자신감의 저하, 주의집중 곤란, 우유부단 및 죄책감, 강박적 행동, 완벽주의 등이다.

㉵ **척도8(Sc : 정신분열증)** : 사회적 소외, 정서적 소외, 자아통합 결여 등을 측정하는 것으로, 이 척도의 점수가 높을수록 정신적으로 혼란되어 있음을 반영하며, 환각, 환청, 환시가 나타난다.

㉶ **척도9(Ma : 경조증)** : 이것은 비도덕성, 심신운동 항진, 냉정함, 자아팽창 등을 측정하는 것으로, 이 척도가 높을수록 정력적이고 자신만만하며, 자신을 과대평가한다.

㉷ **척도0(St : 내향성)** : 이것은 그 사람이 혼자 있는 것을 선호하는가(점수가 높을 때), 아니면 다른 사람들과 함께 있는 것을 선호하는가(점수가 낮을 때)를 측정하는 척도로, 대인관계 욕구, 대인관계 상황에서의 예민성 또는 수줍음, 사회적 불편감이나 회피, 자기비하 등의 내용으로 구성되어 있다.

④ MMPI의 신뢰도와 타당도

㉠ MMPI는 시간적 안정성과 내적 일관성의 중간 정도이며, 신뢰도에 의문을 갖는 연구자들도 있다.

㉡ MMPI의 문제 중 하나는 여러 척도들이 서로 중복되어서 상관관계가 매우 높게 구성되어 있다는 것이다.

㉢ MMPI에서 문항이 중복된 것은 병리적 증후와 같은 복합적이고 다차원적인 변인에서 중요한 관계의 구성개념이 유사하기 때문이다. 가령, 우울증은 정신 병리의 여러 범주에서 공통된 특징이다.

㉣ 신뢰도와 척도구성의 문제는 MMPI의 타당도에도 문제를 일으킨다. 심지어 MMPI를 '심리측정의 악몽'이라고 지칭한 연구자(Rodgers)도 있지만, 이 문제는 광범위한 타당도 연구로써 다소 보완되고 있다.

⑤ 임상척도의 프로파일 형태

㉠ **정상형** : T점수 – 50점 ±5(55-45)

㉡ **하강된 정상형** : T점수 30-50(왜곡된 마음-해석시 타당성 척도에 주의)

㉢ **경계선형** : 대부분의 임상척도 55이상 몇 개의 척도는 70 가까이

㉣ **신경증 3척도** : Hs, D, Hy (1,2,3 척도)

㉤ **정신병 4척도** : Pa, Pt, Sc, Ma (6,7,8,9 척도)

　　ⓑ 비행성 성격척도 : Pd, Pa, Sc, Ma가 다른 척도보다 높을 때

　　ⓢ 이상성 형태 : 신경증 3개척도과 정신병 4개척도중에서 각 1개의 척도가 높은 경우

(5) MMPI-2

① 개정의 필요성

　　㉠ **무석설 분항** : 성석인 분항, 특성송교 변향, 시대에 맞지 않는 내용

　　　　예 기독교→종교행사, 성 마르다→화가 난다

　　㉡ 새로운 내용 영역을 추가할 필요성 대두 : 자살, 약물, 부부문제, Type A behavior 등

　　㉢ 새로운 규준의 필요성 및 재표준화의 목표

　　㉣ 원판 MMPI와의 연속성 유지, 새로운 척도 및 보강된 정보의 제공

　　㉤ Original MMPI와 개정된 MMPI-2 사이의 연속성을 유지

　　㉥ 기존의 MMPI 연구결과를 활용하기 위하여

　　㉦ 표준척도의 개선/보완을 위해 새로운 척도 개발

　　㉧ 재구성 임상척도(RC scales) 개발, 성격병리 5요인 척도(PSY-5) 개발

② 한국판 MMPI-2와 MMPI-A

　　㉠ 2001년 MMPI-2/MMPI-A 표준화 위원회 발족 : 위원장(김중술)

　　㉡ 2005년 한국판 MMPI-2/MMPI-A 발표

③ 실시 방법

　　㉠ 피검자가 문항을 주의 깊게 읽고, 내용을 파악한 뒤에, 솔직하게 응답해야만, 신뢰성 있고 타당한 해석이 가능해짐

　　㉡ 수검태도(test-taking attitude)의 탐지

　　㉢ 검사외적 행동(성격, 정신병리)에 대한 유용한 정보 제공

④ 타당도 척도의 종류

구분	척도명	측정내용
성실성	? (무응답) VRIN (무선반응 비일관성) TRIN (고정반응 비일관성)	빠짐없이 문항에 응답했는지, 문항을 잘 읽고 응답했는지에 대한 정보 제공
비전형성	F (비전형) F(B) (비전형-후반부) F(P) (비전형-정신병리)	일반인들이 일반적으로 반응하지 않은 방식으로 응답했는지에 대한 정보 제공
방어성	L (부인) K (교정) S (과장된 자기제시)	자기 모습을 과도하게 긍정적으로 제시하고자 했는지에 대한 정보 제공

- ㉠ 무응답 : 빠뜨린 문항과 그렇다와 아니다에 모두 응답한 문항들의 총합(가능한 한 한문항도 빠짐없이 응답하도록 권유)
  - ㉮ 원 점수 30 이상 : 전체결과 무효일수 있다
  - ㉯ 이유 : 독해능력부족, 심각한 정신병리, 비협조적 태도, 강박적 태도
  - ㉰ 11-20 : 일부척도 무효화, 0-10 유효

> **더 알아보기**
>
> **무응답 척도에 대한 신뢰도**
> - 빠뜨린 문항과 '그렇다'와 '아니다'에 모두 응답한 문항들의 총합(가능한 한 한문항도 빠짐없이 응답하도록 권유)
> - 원 점수 30 이상 : 전체결과 무효일 수 있다.
>   ※ 이유 : 독해능력부족, 심각한 정신병리, 비협조적 태도, 강박적 태도(11-20 : 일부척도 무효화, 0-10 유효)
> - 그러나 MMPI-2 단축형 검사에서 원판 타당도척도와 임상척도는 최초 370문항 안에 모두 배치하였기에 대부분의 무응답 문항이 370문항(MMPI-2 : 567문항) 이후에 나타났다면 단지 무응답의 문항수가 많다는 이유만으로 전체검사결과의 타당성을 의심할 필요는 없다.
>   무응답문항이 각 척도마다 전체문항 중 몇 %에 해당하는지 나타나는데 이때 무응답 문항이 전체의 10% 이상인 척도는 해석해서는 안 된다.

- ㉡ VRIN(무선반응 비일관성) : 무선적 반응을 탐지하는 척도
  - ㉮ 비슷하거나 반대되는 문항의 내용에 대해 비일관적으로 응답한 문항 쌍의 수
  - ㉯ 점수가 높을 경우 : 무효 – 독해능력부족, 혼란, 의도적 무선반응 반응 표기상 실수
  - ㉰ 문항 예
    - 다른 집에 비해 우리 가정은 사랑과 우애가 거의 없다.
    - 내 주의 사람들처럼 나의 가정생활도 즐겁다.
    - 거의 두통을 느끼지 않는다.
    - 거의 언제나 머리가 온통 쑤시는 것 같다.
- ㉢ TRIN(고정반응 비일관성) : 모두 그렇다, 모두 아니다 반응을 탐지하는 척도
- ㉣ 반대되는 문항의 내용에 대해 비일관적으로 응답한 반응 쌍의 수
  - ㉮ F척도 : 검사 전반부의 비전형 반응 탐지(1-370문항)
    - 한사람의 생각이나 경험이 다른 사람들과 다른 정도를 측정
    - 규준집단에 비해 매우 낮은 빈도로 응답되어지는 60개 문항으로 구성
    - 무선방응, 고정반응, 정신병리, 부정가장에 민감하고 F가 높으면 임상척도에 영향
  - ㉯ F(B)척도
    - 검사후반부의 비전형반응 탐지(281문항 이후에 분포)
    - 구성방법은 F척도와 같음 – 검사과정에서 수검태도의 변화를 알려줌
  - ㉰ F(P)척도
    - 규준집단과 외래환자 모두에서 비전형 반응
    - F척도의 상승의의미를 명확하게 해줌

　　　⑭ L척도
　　　　• 방어적인 태도를 측정하는 15개 문항으로 구성
　　　　• 대부분의 사람들이 인정하는 사소한 결점이나 약점을 부인하면서 자신을 좋게
　　　　• 보이려고 하는 경향을 측정(**예** 가끔 화를 낸다.)
　　　⑮ K(교정)척도 : 정상 프로파일을 보인 환자와 정상인의 프로파일을 비교
　　　　• L척도보다 세련되고 교묘한 방어성을 탐지
　　　　• 정상인의 경우 자아강도 또는 심리적 자원을 의미
　　　　• 40점 이하는 자아강도가 약한 것을 의미한다.
　　　　• **예** 처음 만나는 사람과 대화하기 어렵다.
　　　⑯ S(과장된 자기 제시 척도)
　　　　• 타당성 척도 해석시 주의점 : 수검태도 탐지 및 평가에 초점
　　　　• false negative의 가능성(**예** 병에 걸렸는데 걸리지 않았다고 판단)

⑤ **임상척도** : T점수 65점 이상일 때 의미 있는 상승으로 해석, 보통 혹은 낮은 수준은 해석하지 않음(T점수 최솟값은 30으로 고정)

⑥ **내용척도** : 새로운 내용 영역에 대한 문항 추가
　　㉠ **15개 내용 척도** : 이성적 방법과 통계적 방법 사용 − 내적합치도와 문항간 독립성이 높음
　　㉡ 모척도에서 60점 이상, 소척도에서 65점 이상일 때 해석

⑦ **내용척도의 종류**
　　㉠ **불안(ANX)** : 소척도 없음
　　㉡ **공포(FRS)** : 일반화된 공포(FRS1), 특정 공포(FRS2)
　　㉢ **강박성(OBS)** : 소척도 없음
　　㉣ **우울(DEP)**
　　　　• 동기결여(DEP1) : 무망감, 공허감, 의미없는 느낌과 관련
　　　　• 기분 부전(DEP2) : 슬프고 울적하고 불행한 기분과 관련
　　　　• 자기 비하(DEP3) : 과거 행동에 대한 부적절감 및 죄책감과 관련
　　　　• 자살 사고(DEP4) : 최근 혹은 현재 죽음이나 자살에 대한 생각과 관련
　　㉤ **건강염려(HEA)**
　　　　• 소화기 증상(HEA1) : 메스꺼움, 변비 및 소화기계통의 불편감 증상 관련
　　　　• 신경학적 증상(HEA2) : 신경학적 장애와 관련된 감각 및 운동 경험 관련
　　　　• 일반적인 건강염려(HEA3) : 병이나 질환에 대해 과장된 일반적 염려
　　㉥ **기태적 정신상태(BIZ)**
　　　　• 정신증적 증상(BIZ1) : 정신증적 증상 관련, 특히 조정당하는 느낌과 관련
　　　　• 분열형 성격특성(BIZ2) : 정신증적 증상 관련

ⓐ 분노(ANG)
- 폭발적 행동(ANG1) : 적대적이며 때때로 통제력을 잃음과 관련
- 성마름(ANG2) : 화가 나고 적개심을 느끼나 표현의 과정에서 좀 더 높은 통제력

ⓞ 냉소적 태도(CYN)
- 염세적 신념(CYN1) : 타인에 대한 경멸적이고 의심 많은 태도와 사람들은 유리한 입장을 점하기 위해 정당하지 않은 수단을 사용한다는 생각과 관련
- 대인의심(CYN2) : 사람들이 지닌 동기에 대한 불신뿐만 아니라 사람들은 종종 과도하게 명예를 얻으려는 방식으로 행동한다는 지각과 관련

ⓩ 반사회적 특성(ASP)
- 반사회적 태도(ASP1) : 순응적이지 않은 태도와 관련
- 반사회적 행동(ASP2) : 학창시절 비행 및 법적인 문제에 연루된 것 등 과거력 관련

ⓩ A유형 행동(TPA)
- 조급함(TPA1) : 짜증을 보이며, 기다리거나 줄 서는 것을 싫어하는 면에 초점
- 경쟁욕구(TPA2) : 대인관계에서의 지루 및 경쟁심 관련

ⓚ 낮은 자존감(LSE)
- 자기회의(LSE1) : 자신에 대한 부정적 태도와 자기 능력에 대한 회의, 불리한 방향으로 타인과 비교
- 순종성(LSE2) : 다른 사람들로부터 쉽게 영향받고 대인관계에서도 수동적이며 복종적인 경향

ⓣ 사회적 불편감(SOD)
- 내향성(SOD1) : 혼자 있는 것을 선호
- 수줍음(SOD2) : 자신에게 이목이 집중되는 경우 불편감을 느끼는 면에 초점

ⓟ 가정문제(FAM)
- 가정불화(FAM1) : 가족 성원에 대한 분노, 미움 및 적개심과 가족으로부터 벗어나고 싶은 마음
- 가족 내 소외(FAM2) : 가족 성원들 사이에서 이해 및 지지가 부족하다고 느끼는 면에 초점

ⓗ 직업적 곤란(WRK) : 소척도 없음

ⓐ 부정적 치료지표(TRT)
- 낮은 동기(TRT1) : 자신의 문제에서 벗어나지 못하리라는 비관적인 태도와 무력감과 관련
- 낮은 자기개방(TRT2) : 자신의 개인적인 정보를 드러내는 것을 꺼릴 뿐만 아니라 그렇게 하지 않는 것과 관련

⑧ **보충척도** : 불안, 억압, 자아강도, 지배성, 사회적 책임감, 대학생활 부적응, 외상 후 스트레스 장애, 결혼생활 부적응, 적대감, 적대감 과잉 통제, 알코올 중독, 중독인정, 중독 가능성, 남성적 성역할, 여성적 성역할

⑨ **정신병리 5척도** : 공격성, 정신증, 통제결여, 부정적 정서성, 신경증, 내향성/낮은 긍정적 정서성

⑩ **임상소척도** : 각 임상척도의 문항을 내용에 따라 분류

　㉠ 무정보 해석 필요 – 그러나 추가 정보 없이 해석이 불가능한 영역이 있음

　㉡ 개인, 상황에 따라 대안적인 해석이 가능할 수 있음

　㉢ L, K척도가 70점 이상인 경우는 극단적인 방어를 반영하며 임상척도 타당성을 보장하기 어려움

　㉣ F척도의 상승도를 병리 정도가 상승하는 것으로 보지만 만성적인 경우 F척도가 높지 않고 낮다고 정상은 아님　임상척도로 파악해야 힘

　㉤ **수검시간 지나치게 빠른 경우** : 충동성, 충분히 고려하지 않고 반응, 무선반응 가능성

　㉥ **수검시간이 긴 경우(2시간 이상)** : 강박증, 우울이나 집중력 장애

　㉦ **답안지 검색** : 지우개 사용 흔적(무선반응은 지운 흔적이 없음), 이중응답 표기, 빠뜨린 문항이 얼마나 되는지 검토

⑪ 70점 이상 상승한 임상척도의 상승을 순서대로 코드타입 확인

⑫ 2point code 4–9/9–4, 6–8/8–6 3point code : 1–3–2, 4point code 2–4–6–8

　㉠ **단독상승확인** : 나머지 척도와 20점 이상 차이나는 유일한 척도

　㉡ **신경증적 상태** : 1, 2, 3, **정신병적 상태** : 6, 7, 8,

⑪ **타당성 척도해석**

　㉠ **타당도 척도 V** : 자신의 심리적 문제를 인정하지 않으려는 폐쇄적 성향을 보임

　　㉮ 자신의 바람직하지 못한 충동, 감정 등을 축소하거나 부인함으로서 자신을 좋게 보이려는 성향을 드러내는 사람에게 흔함(채용, 평가 등)

　　㉯ 환자군에서는 억압, 부인 방어를 잘 사용하고 자신을 통제하려고 애쓰는 통찰력이 부족

　㉡ **타당성 척도 ∧(삿갓형)** : 솔직하게 자신의 문제를 인정하고 있으나 스스로 그 문제를 다루어 나갈 힘이 없음–피검자가 도움 요청–치료에 긍정적 변화 가능

　㉢ **상승형 L<F<K** : 적응에 특별한 문제가 없고 일상적인 스트레스를 적절히 다루어 나감

　㉣ **하강형 L>F>K** : 자신을 좋게 보이려는 순진성으로 사소한 인간의 약점을 부인, 흑백논리, 세상을 선악의 양극으로 보려는 단순하고 융통성 없는 특성을 드러내며 심리적 통찰이 부족

(6) PAI(Personality Assessment Inventory)

① **검사개요**

　㉠ Morey(1991)가 제작한 객관형 성격평가 질문지이다.

　㉡ 이 검사는 성인의 다양한 정신병리를 측정하기 위해 구성된 성격검사로 임상진단, 치료계획 및 진단집단을 변별하는데 정보를 제공해주고 정상인에게도 적용할 수 있는 성격검사이다.

　㉢ 심리측정적 관점에서 매우 타당한 성격검사로서 DSM–Ⅳ와 같이 진단체계가 바뀌고 시대가 변화하면서 새로운 검사도구가 필요하다는 입장에서 제작되었다.

② 최근 진단 실제에서 차지하는 비중을 고려하여 임상증후군을 선정하고 이를 측정하는 22개 척도로 구성된다.

　　⑩ 증상의 수준과 심각성을 고려한 검사이고 진단집단간의 변별력이 높은 검사이다.

　　ⓑ 많은 성격검사들이 개발된 이후로 심리측정이론의 현재 상태를 잘 나타내주는 새로운 중요한 개념적, 방법론적 측면들을 고려하였다.

② 검사의 활용

　　㉠ 심리학적 정상범주와 이상범주의 구별뿐만 아니라 척도별로 3~4개의 구체적인 하위척도로 구성되어 있어서 현재 개인이 경험하고 있는 어려움이나 불편을 호소하고 있는 영역을 구체적이고 전반적으로 파악할 수 있다.

　　㉡ 정신과적 관심이 되는 이상행동뿐만 아니라 개인의 성격적 특징과 행동적 특징을 동시에 파악할 수 있다.

　　㉢ 현대사회를 살면서 일반인들이 흔히 경험하는 대인관계문제, 공격성, 스트레스, 알코올문제 및 약물문제까지도 파악할 수 있다.

③ 구성척도

　　㉠ 정신장애를 측정하는데 가장 타당하다고 보는 22개 척도에 344개 문항을 선별하여 구성하였고 4점척도(0-3)로 이루어진다.

　　㉡ 4개의 타당도 척도와 11개의 임상척도, 5개의 치료고려척도와 2개의 대인관계척도가 있다. 이 중 10개 척도에는 해석을 보다 용이하게 하고 임상적 구성개념을 포괄적으로 다루는데 도움을 주는 3~4개의 하위척도가 포함되어 있다.

　　㉢ **타당도척도** : 비일관성척도, 저빈도척도, 부정적인상척도, 긍정적인상척도

　　㉣ **임상척도** : 신체적 호소척도, 불안척도, 불안관련 장애척도, 우울척도, 조증척도, 망상척도, 정신분열병척도, 경계선적특징척도, 반사회적특징척도, 알코올문제척도, 약물문제척도

　　㉤ **치료고려척도** : 공격성척도, 자살관념척도, 스트레스 척도, 비지지척도,

　　㉥ **대인관계척도** : 지배성척도, 온정성척도

④ 각 구성척도별 하위척도

　　㉠ **신체적호소** : 전환, 신체화, 건강염려

　　㉡ **불안** : 인지적불안, 정서적불안, 생리적불안

　　㉢ **불안관련장애** : 강박장애, 공포장애, 외상적 스트레스장애

　　㉣ **우울** : 인지적우울, 정서적우울, 생리적우울

　　㉤ **조증** : 활동수준, 과대성, 초조감

　　㉥ **망상** : 과경계, 피해의식, 원한

　　㉦ **정신분열병** : 정신병적경험, 사회적위축, 사고장애

　　㉧ **경계선** : 정서적불안정, 정체성문제, 부정적관계, 자기손상

    ⓩ **반사회적** : 반사회적행동, 자기중심성, 자극추구

    ⓩ **공격성** : 공격적태도, 언어적공격, 신체적공격

⑤ PAI의 특징

    ㉠ 환자집단의 성격 및 정신병리적 특징뿐만 아니라 정상성인의 성격평가에 매우 유용하다.

      일반적인 성격검사들이 환자집단에 유용하고 정상인의 성격을 판단하는 데 다소 제한적이지만 PAI는 두 장면에서 모두 유용하다.

    ㉡ DSM-Ⅳ의 진단분류에 가장 가까운 정보를 제공한다.

      우울, 불안, 정신분열병 등과 같은 축Ⅰ 장애뿐만 아니라 반사회적, 경계선적 성격장애와 같은 축Ⅱ 장애를 포함하고 있어 DSM 진단분류에 가장 가까운 정보를 제공한다.

    ㉢ 행동손상정도 및 주관적불편감 수준을 정확히 파악할 수 있는 4점 평정척도로 구성되었다.

      대부분의 질문지형 성격검사가 '예-아니오'라는 양분법적 반응양식으로 되어 있으나, PAI는 4점 평정척도로 이루어져 있어서 행동의 손상 정도 또는 주관적 불편감 수준을 정확히 측정하고 평가할 수 있다.

    ㉣ 분할점수를 사용한 각종 장애의 진단 및 반응 탐지에 유용하다.

      분할점수를 사용한 각종 장애의 진단과 꾀병이나 과장 및 무선적 반응과 부정적 반응왜곡, 물질남용으로 인한 문제의 부인과 긍정적 또는 방어적 반응왜곡의 탐지에 특히 유용하다.

    ㉤ 각 척도는 3~4개의 하위척도로 구분되어 있어, 장애의 상대적 속성을 정확히 측정하고 평가할 수 있다.

      10개 척도는 해석을 용이하게 하고 임상적 구성개념을 포괄적으로 다루기 위해 개념적으로 유도한 3~4개의 하위척도를 포함하고 있어, 장애의 상대적 속성을 정확하게 측정, 평가할 수 있다. 예컨대, 불안척도의 경우 인지적, 정서적, 신체적 불안으로 하위척도를 구분하고 있고 하위척도의 상대적 상승에 따른 해석적 가정을 제공하고 있다.

    ㉥ 높은 변별타당도 및 여러 가지 유용한 지표를 활용한다.

      문항을 중복시키지 않아서 변별타당도가 높고 꾀병지표, 방어성지표, 자살가능성지표 등과 같은 여러 가지 유용한 지표가 있다.

    ㉦ 임상척도의 의미를 보다 정확하게 평가할 수 있는 결정 문항지를 제시한다.

      환자가 질문지에 반응한 것을 분석하는 데 그치지 않고 임상장면에서 반드시 체크해야 할 결정문항을 제시하고 있다. 따라서 그 내용을 직접 환자에게 물어봄으로써 추가적인 정보를 수집할 수 있을 뿐만 아니라 임상척도의 의미를 보다 정확하게 평가할 수 있다는 이점이 있다.

    ㉧ 수검자가 경험하고 있는 다양한 증상이나 심리적 갈등을 이해하는 데 도움을 준다.

      결정문항 기록지를 통해 수검자가 경험하고 있는 다양한 증상이나 심리적 갈등을 이해하고 프로파일의 의미를 구체화시키고 해석하는 데 도움이 된다.

    ㉨ **채점 및 표준점수 환산과정의 편리성** : 채점판을 사용하지 않고 채점할 수 있어서 채점하기 용이하고 프로파일 기록지에 원점수와 T점수가 같이 기록되어 있어서 규준표를 찾아야 하는 번거로움이 없다. 또한 온라인 검사로 PAI를 실시할 경우 검사실시 후 실시간으로 결과를 바로 확인할 수 있다.

(7) 주제통각검사

① 1935년에 Harvard대학교의 임상심리연구실에서 머레이(Murray)와 모간(Morgan)에 의하여 제작된 투사적 검사이다.

② 주제통각검사(Thematic Apperception Test, TAT)는 31매(30+1매)의 흑백사진 카드로 구성되어 있고 그 중 한 장은 백지로 되어 있다. 30매의 카드 중 청소년을 포함하여 피검사자의 성별과 연령에 따라 20매의 카드를 2회로 나누어 실시하도록 되어 있으나, 간편하게 9~12매의 그림으로도 실시한다.(남성/여성/소년/소녀 공통)

③ TAT는 주로 임상장면에서 사용되지만 검사자도 초기면접에서 몇몇 카드를 선택하여 사용하는 경우가 많고, 주로 상담 초기에 라포를 형성할 때와 상담시간 중 피검사자에게 이야기할 기회를 제공하는 정도로 사용되고 있다.

④ 피검사자가 쉽게 동일시할 수 있는 인물과 상황을 묘사한 각 카드를 보여주면서 현재 무슨 일이 일어나고 있는지, 카드 내에 나타난 인물들의 생각·느낌·행동은 어떤지, 과거에는 어떠했고 미래에는 어떻게 될 것인지에 대해 상상력을 발휘해 이야기를 만들어 보라고 요청한다.

⑤ 이 검사는 모호한 그림에 대하여 이야기를 구성하는 과정에서 피검사자가 자신의 개인적인 과거 경험, 상상 및 공상내용, 관심과 욕구를 투사하게 된다. 피검자의 대인관계와 환경지각에서 나타나는 개인의 역동성 즉 개인의 주요 동기, 정서, 기분, 콤플렉스, 갈등 등 다양한 요소와 개인이 지각하지 못하는 억제된 요소들을 드러나게 해준다.

주제통각검사 카드

⑥ 정신치료나 치료적 면담 이전에 시행함으로써 유용한 정보를 미리 얻게 된다(로샤 검사와 상호보완적 기능 – 두 검사를 동시에 시행).

　㉠ 기본적 가정(Murray, 1943)

　　㉮ 그림에 대한 이야기들이 피검자의 주요한 성격 측면을 나타내 준다고 가정한다.

　　㉯ 모호한 상황을 그들의 과거 경험과 현재의 소망에 따라 해석하는 경향이 있다.

　　㉰ 의식적, 무의식적 감정과 욕구와 일치되는 방향으로 이야기를 구성한다.

ⓐ 비구성적인 장면을 완성하면서 피검사자는 자신의 성격을 드러내고, 이야기속의 어떤 인물과 동일시 한다는 것이다.

ⓛ 실시 방법

㉮ 검사도구 : 흑백 그림이 그려진 31개 카드가 있고, 이 가운데 1개의 백지카드, 각 카드 뒷면에는 남자와 여자, 소년과 소녀의 성별, 연령 구별이 제시

㉯ 검사 준비사항

- 반응이 적거나 저항이 강하거나 의심이 있는 내담자의 경우 검사 시행하기 전에 다른 검사를 시행하는 것이 자유로운 반응을 끌어내는데 도움이 된다.
- TAT에서 얻어지는 자료는 피검자의 개방된 정신활동의 결과로 얻어진다.
- 의미 있는 자료가 되려면 검사자와 피검자 사이의 관계 형성이 이루어져야 한다.
- 피검자가 검사 실시동안 자유롭게 상상하고 이러한 공상을 언어로 표현하려면 피검자가 편안하게 느낄 수 있어야 한다.

㉰ 검사 실시

- 성, 연령을 고려하여 선정된 20개 카드를 2회에 걸쳐서 실시한다(1회에 10개).
- 1회 시행시간은 대략 1시간이 소요되며, 표준 지시 내용을 검사자가 읽어준다.

㉱ 검사자의 질문과 면담

- 검사자는 지시내용을 편안한 방식으로 전달해야 하며, 중요한 점은 과거, 현재, 미래가 포함되어야 한 다는 점을 분명하게 알려주어야 한다.
- 검사자는 검사 도중 중립적이어야 하며, 피검자의 반응에 대해 검사자의 개인적인 감정반응을 말해서 는 안 된다.
- 검사자는 중간 질문이나 종결 질문을 통해 가치 있는 정보를 얻을 수 있다.
- 검사시행 후 그림에서 반응된 피검사자의 이야기가 그의 순수한 생각인지, 아니면 다른 잡지나 소설, 혹은 친지의 경험에서 나온 것인지, 이야기의 원천에 대해 질문해 보는 것이 도움이 된다. 피검사자의 이야기의 주요 줄거리를 상기시켜주면 그 주제에 대해 자유롭게 이야기하도록 한다. 이러한 경우 TAT 반응이 피검사자로 하여금 자유로운 연상을 유도하고 의미 있는 경험을 의식화시키는 기회를 제공해주 고 나아가서는 통찰력을 제공해주며 기회도 주게 된다.
- 반응 기록방식은 검사자가 피검사자의 말 그대로를 기록하는 방식이 일반적이지만 피검사자가 직접 기 록하게 하는 방식, 기록보조자의 도움방식, 녹음방식이 있다.

㉲ 해석 방법 : TAT 반응을 해석하기 전 피검자에 관한 기본 정보 필요(피검자의 성, 연령, 부친의 사망이나 이별, 형제들의 연령과 성, 직업, 결혼상태 등) – 반응 내용을 현실적으로 해석하는데 도움을 준다.

㉳ 분석방법

- 정신분석학적 분석법
- 자아의 역할에 초점
- 주제, 주인공, 주인공의 주된 요구, 환경, 대인지각, 중요갈등, 불안의 성격, 중요한 방어, 초자아의 엄격성, 자아의 통합 등

㉖ **요구–압력분석법** : 개인의 욕구와 환경 사이의 상호작용 결과를 분석(개인의 심리적 상황을 평가하는 방식) : 주인공, 환경자극의 특징, 주요 욕구, 주요 대상에 대한 감정적 부착, 주인공의 욕구와 환경적 압력관계에서 빚어지는 주인공의 내적 상태, 행동의 표현한다고 가정한다.

(8) BGT(Bender Gestalt Test) – Bender Visual Motor Gestalt Test

지각과 관련된 게슈탈트 심리학의 원리를 증명하기 위해 고안한 도형들에 착안하여 Bender(1938)가 개발한 심리학적 평가 도구 – 여러 학자의 개정 작업을 거침

① **실시방법** : 간단한 기하학적 도형이 그려져 있는 9개(도형A, 1, 2, 3, 4, 5, 6, 7, 8)의 카드를 피검자에게 한 장씩 차례로 보여주면서 그것을 종이 위에 따라 그리도록 한다. 원래는 두뇌의 기질적 장애를 평가하기 위한 목적으로 제작되었으나, 현재는 뇌손상이나 시각–운동 협응, 인지, 정서, 성격 등 피검자의 심리적 특성들을 분석(실시시간 10분 내외 – 통상 6분 정도)

　㉠ BGT는 행동상의 미성숙을 검사하는 대표적인 투사 검사로 비언어적인 검사이기 때문에 교육에 의한 영향을 적게 받고, 나이나 문화와는 무관해서 실시, 해석될 수 있다는 장점이 있고, 실시, 채점, 해석이 다른 투사적 검사보다 쉽고 간편하고 다른 투사검사에 비해 신뢰도 및 타당도가 높기 때문에 교육과 임상 장면에서도 활발히 사용되고 있다.

　㉡ **측정 영역** : 뇌기능 장애 진단, 시각 – 운동기능 성숙도, 지능, 성격구조, 정서문제, 학습장애, 학업성취도 등의 진단과 예언에 유용

② **채점방법** : 형태의 왜곡, 도형의 회전, 통합의 어려움, 고집(보속성)에서 채점을 하며 오류수를 합산하여 총점으로 계산한 뒤 아동의 연령규준과 비교하여 발달을 측정할 수 있다.

더 알아보기

BGT

카드		측정 내용	카드		측정 내용
A		일반적 대인관계, 경험된 엄마와의 관계	5		가족과의 관계
1		개인과 개인과의 관계	6		감정의 돌출
2		공동체 안에서의 관계	7		아버지와의 관계
3		자기의 의견을 다른 사람에게 주장할 때	8		세상과 나
4		아버지와의 관계			

③ **평가항목** : 객관적인 분석을 할 때는 각 항목을 수치화하여 규준에 따라 양적인 면에서 해석한다.

  ㉠ **조직화 방식(organization)** : 일반적으로 개인의 조직성, 계획성 등과 관련 있다고 알려져 있다.

    ㉮ **배열순서(sequence)**

- 9개의 도형을 용지에 배열하는 순서의 규칙성을 말한다. 대부분 왼쪽에서 오른쪽 또는 위에서 아래로 배열하는데, 이런 배열 방식에서 벗어날 때, 또 피검자가 정한 순서에 변화가 일어날 때 평가의 대상이 된다.
- 객관적 접근방식에서는 도형을 처음에 오른쪽에서 왼쪽으로, 아래에서 위로 배열하는 것이 나타나면 1회 변화일탈로 채점하고, 그 외에는 순서가 달라질 때마다 그 회수를 세어둔다.
- 1회 정도의 일탈은 정상적인 것으로 받아들일 수 있다. 강박적인 사람은 아주 정확한 순서로 배열하고, 불안이 매우 심하여 그에 압도되어 있거나 정신증적 증상을 가진 사람들은 계획성없이 혼란된 방식으로 그려 나가는 경향이 있다.

    ㉯ **도형 A의 위치(position of the first drawing)**

- 도형 A를 어디에 그리는가에 대해서 평가하는 것이다. 도형 A가 용지 상부의 1/3 이내에 있고 가장자리에서는 (어느 가장자리에 그리든) 2.5cm 이상 떨어져 있다면 정상적인 위치에 있는 것으로 볼 수 있다.
- 그러나 용지의 왼쪽 또는 오른쪽 아래의 모서리에 A도형을 그리면 매우 병리적인 상태임이 시사된다. 소심하거나 겁이 많은 사람은 A도형을 극단적으로 왼쪽 위의 모서리에 배치하고 도형을 전체적으로 작게 그리는 경향이 많다. 반면 자기중심적이고 주장적인 사람은 용지의 중앙에 배치하면서 크게 그리는 경향이 있는데, 도형 하나에 용지 1매를 사용하는 경우도 있다.

    ㉰ **공간의 사용(use of space)**

- 이어서 그린 도형들 사이의 공간의 크기에 대해서 평가한다. 연속되는 두 도형 간의 공간이 앞 도형의 해당 축(수평 또는 수직 축)의 크기보다 1/2 이상 떨어져 있거나 1/4 이내로 좁으면 비정상적인 것으로 본다.
- 도형 사이의 공간이 지나치게 큰 것은 적대적이고 과장을 잘하며 독단적인 성격을 가진 사람들에서 많이 나타난다. 반면에 사이의 공간이 아주 좁으면 수동적 경향, 퇴행, 분열성 성격 특성을 반영할 수 있다.

    ㉱ **그림의 중첩(collision)**

- 도형들이 서로 중첩되어 그려진 경우이다. 즉, 한 그림이 다른 도형에 접해 있거나 겹쳐서 그려진 것을 말한다.
- 중첩되게 그리는 것은 그 피검자의 자아 기능에 큰 장애가 있음을 시사한다. 또한 계획능력의 빈약, 극단적인 충동성을 반영하기도 한다. 그리고 뇌기능 장애를 가지고 있는 환자의 경우에도 나타날 수 있다.

    ㉲ **가장자리의 사용(use of margin)**

- 도형을 용지 가장자리에서 약 2cm 이내에 배치하는 것을 말한다. 7개 이상의 도형에서 나타날 때 유의미한 것으로 본다.
- 그림을 종이의 가장자리에 지나치게 치우쳐 그리는 것은 내재된 불안의 지표가 될 수 있으며, 한편으로는 외부의 도움을 받아 자아통제를 유지해 보려는 노력의 일환으로 해석할 수도 있다. 모든 그림을 가장자리에 바짝 붙여 그리는 것은 뇌손상 환자와 심하게 불안한 사람, 망상을 가지고 있는 사람들에게서 많이 볼 수 있다.

ⓑ 용지의 회전(shift in the position of the paper)
- 주어진 용지를 수직 위치에서 수평 위치로 회전시키는 것으로, 약 90도 정도로 회전시키게 된다.
- 용지회전은 제멋대로 하려는 경향을 시사하는 것으로, 잠재적 혹은 외현적인 저항, 자기중심적인 경향이 있을 때 나타난다.

ⓛ 크기의 일탈(deviation in size)
ⓖ 전체적으로 크거나 작은 그림(overall increase or decrease in size)
- 자극 도형과 비교했을 때 모사된 도형의 크기가 어떠한가에 대해서 평가한다. 자극 도형의 수직 또는 수평축의 크기보다 1/4 이상 크거나 작게 그린 것이 5개 이상일 때 유의미한 것으로 본다.
- 그림의 크기가 매우 작으면 퇴행, 불안, 두려움, 내면의 적대감과 관련이 있으며, 그림의 크기가 매우 크면 독단적, 반항적, 자기중심적인 경향을 반영한다고 볼 수 있다. 반면 부적절감이나 무력감이 있을 때도 그림을 크게 그릴 수 있다. 그러나 몇 개의 그림만이 크거나 작다면 해석을 달리 해야 한다.
ⓝ 점진적으로 커지는 그림과 작아지는 그림(progressive increase or decrease in size of drawings)
- 그림을 그려나가면서 점점 크기가 커지거나 작아지는 것을 말한다. 이는 6개 이상의 도형이 뚜렷이 점점 커지거나 작아질 때 유의미한 것으로 평가한다.
- 이런 양상은 자아 통제가 빈약하고 욕구좌절에 견디는 힘이 부족한 경우에 나타나는데, 크기가 커지는 것은 충동성으로 인해서, 크기가 작아지는 것은 에너지 수준의 저하로 인해서 나타나는 것으로 해석된다.
ⓓ 고립된 큰 그림과 작은 그림(isolated increase or decrease in size)
- 한 도형 내에서 일부분이 상대적으로 아주 크거나 작은 경우 또는 어느 한 도형이 다른 도형들에 비하여 아주 크거나 작은 것을 말한다. 도형의 한 부분이 크고 작음의 유의미성 준거는 해당 부분이 다른 부분보다 1/3 정도 크거나 작은 것이고, 전체 도형과 비교할 때에는 전체 도형에 비해서 어느 한 도형이 1/4 이상 크거나 작은 것이다.
- 도형 A의 경우 각 부분의 크기가 변하는 것은 여성상(원)과 남성상(장방형)에 대한 상대적인 태도를 반영한다고 알려져 있다.

ⓒ 형태의 일탈(deviation in form)
ⓖ 폐쇄 곤란(closure difficulty)
- 폐쇄 곤란한 도형 내에서 폐곡선을 완성시키지 못하거나 부분들을 접촉시키는 데 어려움이 있는 것을 말한다. 이러한 폐쇄 곤란이 일어나는 도형은 A, 2, 4, 7과 8이다.
- 폐쇄 곤란은 적절한 대인관계를 유지해 나가기가 곤란함을 시사하며 이와 관련된 정서 문제를 반영하는 지표가 될 수 있다.
ⓝ 교차 곤란(crossing difficulty)
- 도형 6과 7에 해당되는 항목으로, 다각형들의 교차 곤란을 말한다. 선이 서로 교차되는 지점에서 지우고 다시 그린다거나 스케치하는 경우, 선을 지나치게 꼭 눌러 그리는 경우가 있을 수 있다.
- 이 현상은 심리적 단절(psychological blocking)의 지표가 될 수 있으며, 강박증과 공포증 환자, 대인관계의 곤란을 겪는 사람들에게서 많이 나타난다.

ⓒ **곡선 묘사 곤란**(curvature difficulty)
- 도형 4, 5, 6에 있어서 곡선의 성질이 명백히 변화된 것으로, 진폭이 커지거나 작아지는 경우이다.
- 이 요인은 정서와 밀접한 관련이 있는데, 곡선의 진폭이 커졌을 때는 정서적인 민감성이나 정서적 반응성이 큼을 나타내는 것으로 해석된다. 반면 곡선의 진폭이 작아졌을 때는 커졌을 때와는 상반되는 해석을 한다. 우울한 환자는 진폭을 작게 그리는 경향이 있다.

ⓓ **각의 변화**(change in angulation)
- 도형 2, 3, 4, 5, 6, 7에서 각도가 15도 이상 커지거나 작아지는 것을 말한다.
- 정확하게 각도를 그리는 능력은 지적 발달이나 지각의 문제와 관련이 깊다고 볼 수 있다. 각을 부정확하게 그리면 기질성 뇌손상 혹은 정신지체와 관련이 많고, 각도에 의미 있는 변화가 일어났을 때는 감정조절과 충동통제가 제대로 안 되고 있음을 반영할 수 있다.

② **전체적 왜곡**(gross distortion)

㉮ **지각적 회전**(perception rotation)
- 자극도형과 용지는 정상적인 표준위치를 유지하고 있는데도 불구하고 묘사된 도형은 그 주된 축이 회전된 것을 말한다.
- 심한 회전은 다른 명백한 요인이 없으면 자아 기능 수행에 심한 장애를 시사하는 것으로 해석할 수 있는데, 이러한 현상은 뇌기능 장애, 정신지체, 정신증 환자들에서 흔히 볼 수 있다. 또한 시계방향으로의 경미한 회전은 우울증과 관련이 깊고, 역시계방향의 회전은 반항적 경향과 관련이 깊다고 알려져 있다.

㉯ **퇴영**(retrogression)
- 자극 도형을 아주 유치한 형태로 묘사하는 것이다. 예로는, 도형 2에서 원을 고리 모양으로 그려 버리거나 도형 1, 3, 5에서 점 대신 봉선으로 그리는 경우, 도형 2에서 원 대신 점으로 찍어버리는 경우를 들 수 있다.
- 일반적으로 퇴영은 심리적 외상에 대한 비교적 심하고 만성적인 방어 상태에서 일어나며, 자아 통합과 자아 기능 수행의 실패를 나타내 주는 것으로 해석된다. 또한 정신분열증 환자나 방어기제가 약화된 심한 신경증 환자에게서 나타나는 경우도 많다.

㉰ **단순화**(simplification)
- 자극 도형을 훨씬 단순화시켜 그리는 경우를 말한다. 여기에는 ① 도형 A에서 두 부분을 접촉시키지 않는 경우, ② 도형 1, 2, 3, 5에서 구성 요소들의 수를 최소 3개 이상 감소시키는 경우, ③ 도형 6에서 곡선의 수를 감소시키는 경우, ④ 도형 7, 8에서 다각형을 장방형으로 그리는 경우가 있다.
- 단순화는 과제에 대한 집중력의 감소를 나타내며, 행동의 통제나 자아를 실행하는 기능의 장애와도 관련이 있다.

㉱ **단편화**(fragmentation)
- 자극의 형태가 본질적으로 파괴된 것인데, 여기에는 도형 묘사를 분명하게 완성하지 못하는 경우, 형태가 결합되어 있지 않고 부분 부분이 각각 떨어져 있는 모양으로 묘사되어 전체적인 형태가 상실된 경우가 있다.
- 단편화는 지각운동 기능 수행에 심한 장애를 반영하며, 추상적 사고능력과 통합능력의 저하와도 관련이 깊은 것으로 알려져 있다.

⑭ **중첩 곤란**(overlapping difficulty)
- 도형 7의 두 부분을 겹치는 것이 잘 안 되는 것과 도형 A와 4에서 두 부분의 접촉에 특별한 곤란을 보이는 것을 말한다. 여기에 속하는 것으로는 ① 자극 도형 A와 4에는 존재하지 않는 중복을 크게 겹쳐 그리는 것, ② 도형 7에서 두 부분을 겹치지 못한 것, ③ 도형 7의 겹치는 지점에서 어느 한쪽 그림의 여러 부분을 단순화시키거나 왜곡시키는 것이 있다.
- 중첩 곤란은 뇌기능 장애와 관련이 있다고 해석할 수 있다.

⑭ **정교화 또는 조잡**(elaboration or doodling)
- 너무 정교하게 그리거나 낙서하듯 되는 대로 그려서 그 모양이 크게 변해버린 것이다. 정교화는 원래 도형 모양에 고리나 깃 모양을 덧붙인다거나 선 또는 곡선을 더 그림으로써 형태를 변화시키는 것을 말한다.
- 조증 삽화를 보이는 환자들에게서 많이 볼 수 있는데, 이 요인은 충동통제의 문제나 강한 불안과 관계가 된다.

⑭ **보속성**(perseveration)
- 앞 도형의 요소가 뒤 도형에 이어서 이용되거나, 한 도형의 요소들이 자극 도형에서 요구되는 이상까지 연장해서 그려진 경우를 말한다.
- 보속성은 장면을 변화시킬 능력의 부족이나 이미 설정된 장면을 유지하려는 완고성을 나타내는 것이다. 이는 자아 통제력이 크게 저하되어 있음을 반영할 뿐 아니라, 현실 검증력의 저하 때문인 것으로도 해석할 수 있다.

⑭ **도형의 재묘사**(redrawing of the total figure)
- 첫 번째로 모사한 것을 완전히 지우지 않고 그대로 두거나, 지우개를 사용하지 않고 줄을 그어 지워버리고 다시 그리는 것을 말한다.
- 이러한 현상이 한 번만 일어날 때는 현재 불안 수준이 상승되어 있음을 반영하고, 한 번 이상 일어날 때는 계획 능력의 부족 또는 지나친 자기 비판적 태도라고 해석할 수 있다.

⑰ **그려나가는 방식**(movement)
⑭ **그려나가는 방향에서의 일탈**(deviations in direction of movement)
- 도형의 선과 곡선을 그리는 데 있어서, 처음에 피검자가 정하고 시작한 방향으로부터의 일탈이 일어난 것을 말한다. 통상적인 운동방향은 역시계 방향, 위에서 아래쪽 방향 및 도형의 내부에서 외부의 방향이 있다.
- 이들 요인들에 대해서는 연구가 덜 이루어졌으나, 역시계 방향의 운동은 정상적인 성격 적응을, 반면 시계 방향의 운동은 수동공격적인 경향과 자기 중심성을 시사한다.

⑭ **그려나가는 방향의 비일관성**(inconsistency in direction of movement)
- 그려나가는 방향이 일정하지 않고 비일관되게 변화하는 경우를 말한다.
- 이러한 현상은 검사나 어떤 행동에서 긴장이 일어남으로써 생길 수도 있으며, 그 도형이 피검자에게 특징적이고도 상징적인 의미를 가질 때 나타나기도 한다. 또한 현재의 어떤 심리적 갈등을 시사한다고도 볼 수 있다.

　　　ⓓ 선의 질(line quality)
　　　　• 도형 묘사에 사용된 선의 질을 말한다. 지나치게 굵은 선, 협응이 빈약하고 지나치게 굵은 선, 지나치게 가는 선, 협응이 빈약하고 지나치게 가는 선, 빈약한 협응 및 스케치한 선 등이 있다.
　　　　• 이러한 현상들은 뇌기능 장애, 강렬한 불안, 적응을 못하는 사람들에서 나타난다.

(9) 단어 연상검사

현재 사용하고 있는 단어 연상검사는 C. G. Jung이 1908년 만든 것 – 분석심리학에서 사용. 명사와 형용사, 부사를 번갈아 무작위 나열한 것 – 진단용 심리검사가 아니고, 피분석자의 무의식적인 콤플렉스를 환기시켜 이를 의식화시키는 도구로 사용

① **검사 방법**
　　ⓐ 적당한 크기의 조용한 방에 피검자와 검사자가 편안한 의자에 앉아서 실시
　　ⓑ 준비물 : 자극어 표, 필기도구, 검사용 시계
　　ⓒ 검사자는 피검자에게 부르는 단어를 듣고 제일 먼저 머리에 떠오르는 단어 한 개를 될 수 있는 대로 빨리 대답하라고 한다. 꼭 단어 한 개로 응답하라고 하고 대답할 때까지 시간을 재겠다고 하며, 지시가 상대방에게 제대로 이해되었는지 확인 후 실시
　　ⓓ 피검자의 반응시간과 대답한 반응어를 적는다. 이렇게 해서 100개의 자극어에 대한 반응시간과 반응어를 모두 기록한 후 다시 반복한다. 피검자에게 "같은 자극어를 다시 부를테니 아까 대답했던 단어로 대답해 보십시오. 이번에는 시간을 재지 않을 것이니 충분히 회상해볼 수 있다"고 말한다. 같은 반응어를 기억해 내면 해당 반응 뒤에 + 표를, 기억이 나지 않을 경우에는 – 표, 먼젓번 반응어와 다르면 그대로 기록해 넣는다. 검사소요 시간은 대개 한 시간 내외
　　ⓔ 평가는 콤플렉스가 어디에 있는가를 찾는 것을 목적으로 한다. 문제가 되는 것은 반응시간이다. Jung은 많은 건강인을 대상으로 한 반응시간의 통계적 고찰에 의하면 평균 반응시간은 남자 1.6초, 여자 2.0초인데, 교육받은 사람이 빠르다.

② **해석방법**
　　ⓐ 반응시간의 지연
　　ⓑ 재생의 결손
　　ⓒ 보속 : 자극어에 의해서 제기된 감정이 다음 반응에까지 영향을 주어 반응시간의 지연을 보이거나 먼젓번 자극어와 관계되는 반응을 하는 것
　　ⓓ 반응실패 : 자극어에 전혀 대답을 하지 못하는 경우 40초를 기다려서 없으면 반응실패로 판단.
　　ⓔ 자극어를 반복
　　ⓕ 자극어를 잘 못 듣거나 무슨 뜻인지 이해를 하지 못할 때
　　ⓖ **특이한 감정 반응** : 표정이나 말에 두드러지게 감정이 나타날 때, 말을 더듬거나 감탄하거나 얼굴이 붉어지거나 숨을 몰아쉬거나 하는 표현을 말한다.

ⓥ **의미 없는 반응** : 자극어나 반응어 사이의 문법적 혹은 관련성을 볼 수 없는 반응

ⓩ **소리 반응**

ⓒ **단어의 보충**

ⓚ **여러 개의 단어로 반응할 때 문장으로 대답하는 경우도 이에 해당**

ⓣ **외국어로 반응하는 것**

ⓟ **반응어의 반복**

    ㉮ 어떤 자극어를 중심으로 콤플렉스가 작용했는가가 드러나고 이에 대하여 본인의 기억을 되물어 보면 그것이 무엇인가를 알 수 있게 된다.

    ㉯ **자극어표** : 1. 머리, 2. 초록색, 3. 물, 4. 노래한다, 5. 죽음, 6. 기다란, 7. 기선, 8. 돈 낸다, 9. 창문, 10. 다정한 ⋯⋯ 98. 예쁜, 99. 여자, 100. 욕한다.

⑽ **문장완성검사(Sentence Completion test SCT) − 단어 연상 검사의 변형으로 발전**

단어연상 검사에 비하여 문장완성 검사는 문장에 나타난 감정적 색채나 문장의 맥락 등을 통해 피검자의 태도, 피검자가 주의를 쏟고 있는 특정 대상이나 영역이 보다 잘 제시될 수 있으며 피검자에게 반응의 자유와 가변성도 허용할 수 있는 강점이 있다. 다른 투사적 검사들에 비하면 보다 의식된 수준의 심리적 현상들이 반응되는 경향

① **문장완성검사의 역사**

    ㉠ Galton : 자유연상, Wundt와 Jung의 임상적 연구, Rapaport와 동료, 단어연상법이 투사법으로 성격진단의 유효한 방법으로 확립

    ㉡ Ebbinghaus(1897) : 지능의 측정에 사용 − 워싱턴 대학 문장완성검사(WUSCT)

    ㉢ Tendler(1930) : 성격영역에서 활용 − 사고반응과 정서반응의 진단을 구별

    ㉣ Rohde(1946) : 청년기 문제, 내담자의 욕구, 내적갈등, 환상, 감정, 태도, 야망, 적응상의 어려움 등에 대해 파악

    ㉤ 현재 Sacks의 문장완성검사(SSCT)가 가장 널리 사용

    ㉥ **형식적 특성** : 반응시간, 단어수, 표현의 정확성, 질, 수식어구, 단순성, 강박성, 장황성

    ㉦ **내용특성** : 정서, 강도, 소극성, 상징성 − 임상가의 경험과 통찰, 이해가 중요

② **SSCT의 네 가지 대표적인 영역**

    ㉠ **가족 영역** : 어머니, 아버지 및 가족에 대한 태도를 측정

    ㉡ **성적 영역** : 이성 관계에 대한 태도를 포함 − 사회적인 개인으로서의 여성과 남성, 결혼, 성적 관계에 대하여 자신을 나타내도록 한다.

    ㉢ **대인관계 영역** : 친구와 지인, 권위자에 대한 태도 등

    ㉣ **자기개념 영역** : 자신의 능력, 과거, 미래, 두려움, 죄책감, 목표 등에 대한 태도. 이 영역에서 표현되는 태도들은 과거, 미래의 자기개념과 그가 바라는 미래의 자기상과 실제로 자기가 될 것 같다고 생각하는 모습에 대한 정보를 제공

③ 실시

　㉠ SCT는 개인과 집단 모두 가능, 약 20분에서 40분 소요

　㉡ 검사지를 주면서 피검자에게 지시문을 읽어보도록 하고 질문이 있으면 하도록 한다.

　㉢ 지시문을 읽어보게 한 후, 더불어 다음과 같은 사항들을 일러준다.

　　㉮ 답에는 정답, 오답이 없으며 생각나는 것을 쓰도록 할 것.

　　㉯ 글씨나 글짓기 시험이 아니므로, 글씨나 문장의 좋고 나쁨을 걱정하지 말 것

　　㉰ 주어진 어구를 보고 가장 먼저 생각나는 것을 쓸 것

　　㉱ 시간에 제한은 없으나 너무 오래 생각하지 말고 빨리 쓰도록 할 것

④ 해석시 주의사항

　㉠ 내적인 충동에 주로 반응하는가 또는 외부환경 자극에 주로 반응하는가?

　㉡ 스트레스 상황에서의 정서적 반응이 충동적인가 아니면 잘 통제되는가?

　㉢ 사고가 성숙된 편인가 미성숙하고 자기중심적인가?

　㉣ 사고나 현실적인가 아니면 자폐적이고 공상적인가?

⑤ 반응유형 : 고집형, 감정단(短)반응형(좋다, 나쁘다), 장황형, 자기중심형, 허위반응형, 공상반응형, 모순형, 반문형, 은닉형(말할 수 없다), 거부형(모른다), 병적 반응형(망상 등)

⑥ 투사법의 장점

　㉠ 자기보고식 검사보다 반응을 왜곡하기가 어렵다.

　㉡ 대부분의 투사기법은 흥미롭기 때문에 검사 초기에 느끼는 불편감을 없애 줄 수 있어서 검사자와 수검자 사이의 라포를 형성시켜준다.

　㉢ 수검자의 자존감을 저하시키지 않는다.

　㉣ 언어적인 이해력(어린아이)이나 언어기능에 제한이 있는 사람들에게 실시가 용이하다.

⑦ 투사법의 단점

　㉠ 실시 과정에 대한 표준화된 절차가 부족하다.

　㉡ 채점과 해석 과정에서 객관성이 부족하다.

　㉢ 규준 자료에 대한 정보가 부족하다.

　㉣ 신뢰도, 타당도와 관련된 문제가 있다.

(11) 기타 투시력 검사

① 홀쯔만 잉크반점 기법(HIT)

　㉠ 1961년 정신질환자와 정상인을 비교하기 위한 검사

　㉡ 2세트로 된 45장 잉크반점 카드로 구성되어 5세 이하의 아동에게 실시할 수 없다.

ⓒ 로샤와 다르게(카드 한 장에 여래개의 반응) 카드 한 장에 한 개의 반응만을 하게 되며 반응 즉시 반응의 위치와 이유를 알기 위해 표준화된 질문을 실시한다.

② 로웬펠드 모자이크검사

　　㉠ 다양한 기하학적 형태와 색채, 두께를 갖는 456개의 모자이크 조각으로 구성되어 2세 이상의 아동에게 사용

　　㉡ 검사자는 아동에게 각 형태와 색체의 표본을 제시하고 5가지의 형태는 6가지의 색채로 구성되어 있다고 설명해 준다.

　　㉢ 아동에게 준비된 접시에 그가 원하는 것을 만들도록 요구하고 어떤 모양이 완성되면 그것이 무엇인지 설명하도록 한다.

③ 로렌츠바이츠 그림좌절검사(Picture Frustration Test : PFT)

　　㉠ 욕구불만에 대한 반응들을 측정하는 회화연상검사로 욕구불만에 대한 반응을 측정하여 개인의 인격구조를 이해하기 위함

　　㉡ 그림은 풍자적으로 제시하여 검사에서 오는 긴장감을 주지 않는다.

　　㉢ 기본 과정은 아동이 그림에서 나타난 욕구 좌절된 사람으로 의식적으로나 무의식적으로 동일시하고 빈칸에 자신의 생각을 기입한다.

　　㉣ 자아좌절장면, 초자아좌절 장면으로 구성되어 있다.

　　㉤ 좌절장면에서 좌절당한 아이가 어떻게 답을 할 것인지에 대해 떠오르는 생각을 빈칸에 적게 한다.

④ 켄트–로사노프 자유연상검사

　　㉠ 4세 이상의 아동에서 성인까지 실시

　　㉡ 100개의 자극카드로 구성되어 아동은 검사자가 읽어주는 단어를 듣고 제일 먼저 떠오르는 단어를 말하도록 요구받는다.

　　㉢ 검사자는 아동의 반응과 반응시간 및 반응과 관련된 행동들을 기록한다.

⑤ 블랙키 그림

　　㉠ 5세 이상의 아동에게 실시

　　㉡ TAT를 수정하여 개를 주인공으로 만든 검사로 12장의 만화로 구성

　　㉢ 아동이 투사된 감정을 이야기한다.

⑥ CAT(아동용 주제통각검사)

　　㉠ 아동이 주요한 인물이나 충동에 대응해 나가는 방식을 이해할 수 있도록 대인관계, 상호작용, 동일시 양식과 같은 아동의 보다 구체적인 문제들을 반영하는 반응들이 나타난다.

　　㉡ 주인공도 동물로 바꾸어서 만들어졌다.

　　㉢ CAT 표준판 9개와 CAT보충판 9개 모두 18개이다.

⑦ 동작성 가족화(Kinetic-Family-Drawing : K-F-D)

    ㉠ 1970년대 Burns와 Kaufman이 창안하였다.

    ㉡ 기존의 움직임 없는 그림 검사들과는 달리 아동으로 하여금 가족 구성원들이 뭔가를 하고 있는 그림을 지시한다.

    ㉢ 가족들 중 빠진 사람이 없는지 확인, 식구들이 무엇을 하고 있나요?, 누구부터 그렸나요?, 피검자는 어디에 있나요?, 그 가정이 행복한가요?, 가족 중에 아픈 사람이 없나요?, 가족들이 어떻게 달라졌으면 좋을까요?

⑧ 사람-그림 검사 DAP(Draw a Person test)

⑨ 빗속의 사람 그림

⑩ 운동성 학교 그림

⑿ 16PF(16personality factor questionnaire)

① 1949년 카텔에 의해 개발되었다.

② 인간에게 적용되는 형용사 4500개를 추려 성격특성 목록을 작성 후 이 중 171개를 선정하여 요인분석하여 16개 요인을 발견하였다.

③ 16요인 척도를 통해 성격특성 및 직업적 적성까지 이해하려고 하였다.

④ 3개의 타당도 척도 포함(무작위 반응척도, 허세반응(faking good), 꾀병반응(faking bad))

⑤ 청소년용 14개 척도 사용한다.

⑥ 하위척도

    ㉠ 냉정성-온정성

    ㉡ 낮은 지능-높은 지능

    ㉢ 약한 자아강도-강한자아강도

    ㉣ 복종성-지배성

    ㉤ 신중성-정열성

    ㉥ 약한 도덕성-강한 도덕성

    ㉦ 소심한-대담한

    ㉧ 강인한-민감한

    ㉨ 신뢰로운-불신감

    ㉩ 실제성-가변성

    ㉪ 순진성-실리성

ⓣ 편안감-죄책감

ⓟ 보수성-진보성

ⓗ 집단의존성-자기충족성

ⓐ 약한 통제력-강한 통제력

ⓑ 이완감-불안감

⑴ NEO-PI-R

① 1992년 코스타와 맥크레이에 의해 개발되어 CPI, MMPI, MBTI 등의 성격검사들을 결합요인분석하여 공통적으로 추출되는 5요인을 발견하고자 한 결과의 산물이다.

② 이후 골드버그가 개인차를 구조화하기 위한 모델을 big5차원에서 어느 수준에든 포함된다고 제안하면서 5대 성격요인을 사용하게 된다.

③ 중학생 이상 독해가능하면 응시가능, 30~40분 소요된다.

④ 원점수를 T점수로 환산(평균 50, 표준편차 10)으로 평가한다.

⑤ 코스타와 맥크레이는 처음에는 신경증(Neuroticism), 외향성(Extraversion), 개방성(Openness) 즉 NEO-PI에 수용성(Agreeableness), 성실성(Conscientiousness)을 추가하여 NEO-PI-R을 만들었다.

성격 5요인	외향성	타인과의 상호작용을 원하고 타인의 관심을 끌고자 하는 정도 (온정성, 사교성, 리더쉽, 적극성, 긍정성)
	호감성	타인과 편안하고 조화로운 관계를 유지하는 정도 (타인에 대한 믿음, 타인에 대한 배려, 도덕성, 수용성, 겸손, 휴머니즘)
	성실성	사회적 규칙, 규범, 원칙들을 기꺼이 지키려는 정도 (유능함, 조직화능력, 책임감, 목표지향성, 자기통제력, 완벽성)
	정서적 불안정성	정서적으로 얼마나 안정되어 있고 자신이 세상을 얼마나 통제할 수 있으며, 세상이 위협적이지 않다고 생각하는 정도 (불안, 분노, 우울, 자의식, 충동성, 스트레스 취약성)
	경험에의 개방성	자기 자신을 둘러싼 세계에 관한 관심, 호기심, 다양한 경험에 대한 추구 및 포용력 정도(상상력, 문화, 정서, 경험추구, 지적호기심)

더 알아보기

성격요인
① **올포트**: 주특성, 중심특성, 이차특성
② **카텔**: 16개 성격특성요인
② **아이젱크**: 정신병적 경향성, 외향성-내향성, 신경증적 경향성, 허위성
③ **코스타와 맥클레이**: CPI, MMPI, MBTI를 결합요인분석하여 Big Five(8문항씩 240문항)

⒁ 홀랜드의 인성이론

① 검사개요

㉠ 홀랜드(Holland)는 로(Roe)의 욕구이론에서 직업흥미와 성격이라는 이질적인 특성을 통합하여 설명한 것에 영향을 받아 개인의 행동양식 및 성격유형이 직업선택과 발달에 영향을 미치며 개인의 성격과 직업적 성격의 일치정도에 따라 개인의 직업에서의 성공가능성을 예측할 수 있다고 주장하였다.

㉡ 홀랜드의 가정에 따르면 개인의 유선석 소실과 문화석, 개인석 요소간의 상호작봉에 의하여 직업을 선택하게 하고 이러한 직업환경 역시 개인에게 영향을 미친다고 한다. 따라서 개인은 환경에 대처하는 독특한 적응양식에 따라 자신에게 부합하는 직업환경을 선택하게 된다.

② 홀랜드 이론의 가정

㉠ 대부분의 사람들은 여섯 가지 유형(RIASEC) 중의 하나로 분류될 수 있다.

㉡ 여섯 가지 종류의 환경(RIASEC)이 있다.

㉢ 사람들은 자신의 능력과 기술을 발휘하고 태도와 가치를 표현하고 자신에 맞는 역할을 수행할 환경을 찾는다.

㉣ 개인의 행동은 성격과 환경의 상호작용에 의해서 결정된다.

③ 홀랜드의 육각형 모형 : 홀랜드는 개인의 직업 환경과 인성에 대한 육각형 모형을 다음과 같이 설명하고 있다.

[랜드의 육각형 모형]

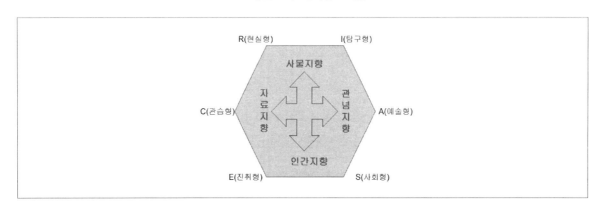

㉠ 직업환경의 특성

㉮ 현실적 성격 및 환경 : 현재 지향적, 기계활동 선호, 육체적 활동 선호

㉯ 탐구적 성격 및 환경 : 추상적 문제해결, 관찰, 탐구 등 이론적 개념 선호

㉰ 예술적 성격 및 환경 : 상상적, 창조적, 변화추구, 심미적 활동 선호

㉱ 사회적 성격 및 환경 : 인간의 문제와 성장, 관계지향, 사회활동 촉진, 사회적 기법과 타인변화 촉진

㉲ 진취적 성격 및 환경 : 정치적·경제적 도전 극복지향, 성공에 대한 격려와 보상추구

㉳ 관습적 성격 및 환경 : 자료지향, 규칙, 관례·예언적인 것, 세부적인 것에 대한 믿음, 성과주의

ⓛ 홀랜드의 6각형 모델의 기본 개념

    ㉮ 일관성 : 홀랜드의 육각형 모형에서 따르면 육각형의 둘레에 따라 인접해 있는 직업유형끼리는 공통점이 많은 반면, 멀리 떨어진 유형끼리는 공통점이 거의 없다. 공통점이 많은 인접한 유형은 일관성이 있다고 가정한다.

    ㉯ 차별성(변별성) : 한 개의 유형에는 유사성이 많이 나타나지만 다른 유형에는 유사성이 나타나지 않는다.

    ㉰ 정체성 : 개인이나 작업환경의 정체성이 확실한가 안정성이 있는가의 정도를 규정하는 것으로 개인의 고유하고 독특한 특성을 의미한다.

    ㉱ 일치성 : 일치성은 개인의 직업흥미나 성격 등의 특성이 직무 또는 조직과 잘 맞는지를 의미하며 자신의 직업적 흥미와 실제 직업특성이 잘 조화를 이룰 때 만족도가 높아지고 근속과 생산성이 높아질 수 있다.

    ㉲ 계측성(Calculus) : 성격유형 또는 환경모형간의 거리는 그들의 이론적 관계와 반비례한다는 것을 의미하며 육각형 모형에서 각 유형간의 차이는 계측이 가능하다.

⒂ MBTI(Myers Briggs Type Indicator) : Jung의 심리유형론에 근거

① 개발(192~1975) : 다양성을 지닌 인간행동이지만 질서정연하고 일관된 경향성 보임

② 각자가 가지고 태어난 선천적인 경향 파악(너의 성격은 어떻다고 생각하니? – 수십 만 명에게 질문) – 타고난 경향성을 바꾸려면 힘들어질 수 있다.

    ㉠ 자신에 대한 이해는 성장의 토대, 타인에 대한 이해는 좋은 관계 성립의 바탕(왜 그렇게 생각하는지 이해가 안 된다. – 다른 것은 틀린 것이 아니다.)

    ㉡ 실시상 유의 사항 : 능력 유무나 좋고 나쁨을 알아보는 진단검사가 아니며, 개개인의 타고난 선호 경향성을 알아보는 비진단 검사. 정답이 없으며 자신을 가장 잘 표현하는 것에 표시. 단 한 문제를 너무 오래 고민하지 말고 이상적인 나의 모습이 아닌 현재의 나를 잘 표현하는 곳에 표시

③ MBTI 검사의 구성

    ㉠ 에너지의 방향 : 내향성(I) 대 외향성(E) – 에너지의 방향, 주의 초점

    ㉡ 인식하는 방법 : 감각형(S) 대 직관형(N) – 인식기능(정보수집)

    ㉢ 결정하는 방법 : 사고형(T) 대 감정형(F) – 판단기능(판단, 결정)

    ㉣ 채택하는 생활양식 : 판단형(J) 대 인식형(P) – 생활양식/행동양식

⒃ 캘리포니아 성격검사(CPI : California Psychological Inventory)

① 검사의 개요

    ㉠ 1956년 거프(H. Gough)가 개발함. 480문항.

    ㉡ MMPI를 기초로 만들었지만(1/3 이상의 문항을 MMPI에서 따옴) 정상적인 개인의 사회적 적응과 내부적 적응을 이해하는 데 도움을 주는 검사이다.

    ㉢ 생득적 특징보다도 후천적, 사회학습적 요인을 많이 포함하고 있다.

  ② 4개 척도군과 20개 척도로 구성됨

  ⑩ 각 척도는 "대비성"을 가지고 있다. 즉, MMPI는 높은 점수일 때 어떤 정신적 증상과 유사한 특징이라고 이해하지만, 저득점은 원칙적으로 그러한 증상이 없다는 소견 밖에 제시하지 못한다.

  ⑭ 학업이나 직업 영역에서 성공을 예언하는 데 유용하게 활용할 수 있다. 3개의 주제로 범주화되는 성격의 측정치를 제작

    ㉮ **범주1** : 내향-외향성

    ㉯ **범주2** : 규준을 따르는데 전통적인 것-비전통적인 것

    ㉰ **범주3** : 자기실현-통합성

② 제1군 : 심리적 안정감, 우월성, 자신감의 정도

  ㉠ 지배성(Dominance)

  ㉡ 지위상승욕구(Capacity for Status)

  ㉢ 사교성(Sociability)

  ㉣ 사회적 안정감(Social Presence)

  ㉤ 자기만족감(Self Acceptance)

  ㉥ **행복감(Sense of Wellbeing)** : 행복감 척도는 CPI에서 타당성 척도 중의 하나로서 MMPI의 F척도와 비슷한 지표이다. 너무 점수가 낮은 경우 자기의 고민을 부당하게 과장하는 등 본심을 속이는 것으로 볼 수 있다.

③ 제2군 : 사회적 성숙도, 책임감의 강도

  ㉠ 책임감(Responsibility)

  ㉡ 사회화 정도/사회적 성숙성(Socialization)

  ㉢ 자기통제력(Self-Control)

  ㉣ 관용성(Tolerance)

  ㉤ **좋은 인상(Good Impression)** : 좋은 인상 척도는 CPI에서 타당성 척도 중의 하나로서 점수가 너무 높은 경우 자기를 미화한 것으로 볼 수 있다.

  ㉥ **동조성(Communality)** : 동조성 척도는 CPI에서 타당성 척도 중의 하나로서 점수가 너무 낮은 경우 응답의 오류나 부주의를 의심할 수 있다.

④ 제3군 : 성취능력과 지적 능력의 정도

  ㉠ 순응적 성취(Achievement via Conformance)

  ㉡ 독립적 성취(Achievement via Independence)

  ㉢ 지적 효율성(Intellectual Efficiency)

⑤ 제4군 : 지적 형태 및 흥미 양식

  ㉠ 심리적 예민성(Psychological Mindedness)

ⓛ 융통성(Flexibility)

ⓒ 여성성(Femininity)

　※참고 : 제3판 CPI (1987) 4개 군집, 20개 척도(18개 척도 + 독립성(Independence), 공감(Empathy)척도)

❹ 적성검사

적성(適性)은 일반적인 지능과는 구별되는 어떤 특수 분야에서 요구되는 능력을 말하는 것으로, 적성검사는 이러한 특수기능을 측정하는 검사이다. 대체로 적성검사는 장차 얼마나 성공 가능성이 있고, 어느 정도 성취할 수 있는가 등 미래의 예측에 좀 더 관심을 갖고 있을 때 많이 사용된다.

(1) 일반적성검사

① 일반적성검사(GATB ; General Aptitude Test Battery)는 미국의 노동부가 개발한 검사로서 직업상담 프로그램에 사용될 목적으로 고안되었으며, 현재 가장 널리 활용되고 있다.

② GATB는 작업영역을 선택하지 못했거나 선택이 적절한지에 대해 확신이 없는 사람들을 대상으로 실시한다.

③ GATB의 구성요인으로는 지능, 언어적성, 수리적성, 공간적성, 형태, 공간, 운동협응, 손가락기능, 수공능력 등이 있다.

④ GATB는 평균점수를 100, 표준편차를 20으로 활용하고 있다. 연령·성·교육·직업·지역 등의 분포를 준거로 하였으며, 각 직종에서 성공하기 위해서 최소한 어느 정도의 점수가 필요한지를 알려주고 있다.

하위검사명	검출되는 적성		측정방식
기구대조검사	형태지각(P)		지필검사
형태대조검사			
명칭비교검사	사무지각(Q)		
타점속도검사	운동반응(K)		
표식검사			
종선기입검사			
평면도판단검사	공간적성(S)	지능(G)	
입체공간검사			
어휘검사	언어능력(V)		
산수추리검사	수리능력(N)		
계수검사			
환치검사	손의 재치(M)		동작검사
회전검사			
조립검사	손가락 재치(F)		
분해검사			

⑤ 검출되는 적성

지능(G)	일반적인 학습능력이나 지도내용과 원리를 이해하는 능력, 추리판단하는 능력, 새로운 환경에 빨리 순응하는 능력을 말한다(입체공간검사, 어휘검사, 산수추리검사).
형태지각(P)	실물이나 도해 또는 표에 나타나는 것을 세부까지 바르게 지각하는 능력, 시각으로 비교·판별하는 능력, 도형의 형태나 음영, 근소한 선의 길이나 넓이 차이를 지각하는 능력, 시각의 예민도 등을 말한다(기구대조검사, 형태대조검사).
사무지각(Q)	문자나 인쇄물, 전표 등의 세부를 식별하는 능력, 잘못된 문자나 숫자를 찾아 교정하고 대조하는 능력, 직관적인 인지능력의 정확도나 비교 판별하는 능력을 말한다(명칭비교 검사).
운동반응(K)	눈과 손 또는 눈과 손가락을 함께 사용해서 빠르고 정확한 운동을 할 수 있는 능력, 눈으로 겨누면서 정확하게 손이나 손가락의 운동을 조절하는 능력을 말한다(타점속도검사, 표식검사, 종선기입검사).
공간적성(S)	공간상의 형태를 이해하고 평면과 물체의 관계를 이해하는 능력, 기하학적 문제해결 능력, 2차원이나 3차원의 형체를 시각으로 이해하는 능력을 말한다(평면도 판단검사, 입체공간검사).
언어능력(V)	언어의 뜻과 그에 관련된 개념을 이해하고 사용하는 능력, 언어상호간의 관계와 문장의 뜻을 이해하는 능력, 보고 들은 것이나 자신의 생각을 발표하는 능력을 말한다(어휘검사).
수리능력(N)	빠르고 정확하게 계산하는 능력을 말한다(산수추리검사, 계수검사).
손의 재치(M)	손을 마음대로 정교하게 조절하는 능력, 작은 물건을 정확·신속히 다루는 능력을 말한다(환치검사, 회전검사).
손가락 재치(F)	손가락을 정교하게 조절하는 능력, 물건을 집고, 놓고 뒤집을 때 손과 손목을 정교하고 자유롭게 운동할 수 있는 능력을 말한다(조립검사, 분해검사).

(2) 특수적성검사

① 특수적성검사란 특수한 지식이나 기술을 숙달하는데 필요한 개인의 능력을 측정하기 위한 검사를 의미한다.

② 특수적성검사는 사무적성, 기계적성, 음악적성, 미술적성, 언어적성, 수공적성, 수리적성 등의 특정 직종이나 분야의 업무수행에 필요한 능력을 측정한다.

③ 특수적성검사의 특성

    ㉠ 다른 적성검사에 포함되지 않은 특정의 능력에 대해 측정 가능하다.

    ㉡ 다른 적성검사에 포함되어 있는 검사라도 이를 특수적성검사와 함께 활용하여 타당도를 더 높일 수 있다.

    ㉢ 특수 분야의 적성을 충분히 측정해 특수 분야의 능력에 대한 이해를 더 높일 수 있다.

(3) 종합적성검사

① 1947년 미국에서 출간된 종합적성검사(Differential Aptitude Test)는 우리나라에서 정범모가 한국판을 제작·활용하고 있다.

② 중·고교생이 교과목을 선택하고, 진로문제를 상담할 때 대체로 활용된다.

③ 종합적성검사의 구성은 언어력, 추리력, 수리력, 추상적 사고능력, 속도와 정확성, 기계적 추리력, 공간관계, 철자법, 언어구사력 등의 하위척도이다.

1 검사자 변인과 수검자 변인

(1) 검사자 변인

검사자의 검사결과에 기대와 검사의 코칭이 검사결과에 영향을 미치는 것으로 검사자가 피검자에 대해 가지고 있는 후광효과, 편향 등이 해당된다.

① 검사의 코칭 및 조언 : 검사자가 검사과정에서 내담자에게 표현하는 검사의 지시사항 및 조언이 검사결과에 영향을 미치게 된다.

② 검사결과에 대한 기대 : 검사자의 피검자에 대한 검사결과에 대한 기대가 검사결과에 영향을 미치게 된다.

(2) 수검자 변인

수검자가 검사에 대해 가지고 있는 불안, 검사에 대한 저항 등이 검사결과에 영향을 미치게 되며 다음의 요인들이 해당된다.

① 개인의 일시적, 일반적 특성 : 도덕적 성숙도, 피로, 질병, 정서적 상태

② 개인의 일시적, 독특한 특성 : 특수한 검사과제에 대한 이해, 특정 검사자료를 다루는 특수한 기술, 특수한 기능이 포함된 분야에서의 연습정도, 특정 검사에 대한 순간적인 마음가짐

③ 개인의 지속적이고, 독특한 특성 : 특정검사에서 요구되는 특성에서의 능력수준, 특별한 검사문항 유형에서 적합한 지식, 안정성 있는 반응습관(예 : 4지선다형에서 3번 찍기)

④ 개인의 지속적, 일반적 특성 : 여러 검사에서 지속적으로 유지되는 일반적 특성에서의 능력수준, 검사를 치르는 능력 및 기법, 검사지시사항을 이해하는 능력

(3) 상황적 요인

① 검사환경 : 검사환경이 불쾌하거나 소음이 발생할 경우 검사결과에 영향을 미치게 된다.

② 투사적 검사 : 투사적 검사의 경우 검사의 상황적 요인에 따라 반응에 영향을 받을 수 있으며 이로 인해 검사결과가 왜곡될 수 있다.

② 영향을 미치는 효과

(1) 로젠탈 효과(Rosenthal Effect)

긍정적 기대감이 좋은 결과를 만든다는 것으로, 미국 하버드대 교수 로버트 로젠탈이 주장하였다.

① 한 초등학교에서 전교생을 대상으로 지능검사를 한 뒤 무작위로 20%를 뽑은 후 학습 기대감(Expectation)이 학업성취에 어떤 영향을 주는지 연구하였다.

② 교사들에게 명단을 주면서 '지적 능력과 학업 성취도가 뛰어난 학생'으로 소개하였다.

③ 8개월 뒤 같은 대상으로 재검사한 결과 뛰어난 학생으로 소개된 학생이 다른 학생 보다 학업성취도가 뛰어난 것으로 나왔다.

④ 교사들은 연구자들의 말을 믿고 명단에 기재된 학생들에 대한 기대를 가지고 칭찬을 하였다.

(2) 피그말리온 효과(Pygmalion Effect)

기대가 현실로 나타나는 효과로 본인의 노력으로 나타나는 긍정적 효과이다.

① 유래 : 그리스 신화에서 유래한 것으로 키프로스의 조각가 피그말리온은 자신의 눈에 비친 여인들의 결점만 보여 평생 독신을 고집했다. 완벽한 여인을 추구하던 그는 어느 날 아름다운 여인의 모습을 조각하고 자신이 조각한 조각상에 빠져 조각상을 아내로 만들어달라고 기도했다. 그의 사랑에 감동한 아프로디테 여신이 그의 소원을 들어준 데에서 유래했다.

② 로젠탈 효과와의 비교 : 로젠탈 효과는 제3자의 긍정적 기대감과 관심이 본인을 변화시킨다는 점에서 피그말리온 효과와 차이가 있다.

(3) 불안

① 자기초점주의 : 상황을 바라보는 초점이 자신의 심리상태나 기질과 같은 내적특성에 맞춰져 있는 것으로, 선행연구에 따르면 높은 사회불안을 가지고 있는 사람은 낮은 사회불안을 가지고 있는 사람에 비해 더 높은 자기초점주의를 가지고 있으며 사회평가적 상황에 더 민감하게 반응한다.

② 특성불안 : 사회불안에 영향을 미치는 주요한 요인 중 하나로 스필버거(Spielberger)는 불안을 A-state(일시적 정서 상태로서의 불안)와 A-trait(비교적 항구적 성향 또는 특성으로서의 불안)으로 구분하였다. 특성불안은 개인차가 있는 동기나 행동성향으로, 광범위한 자극상황을 위험한 상황으로 자각하는 성향이 개인마다 다르게 나타난다. 또한 그러한 위험에 대한 상태불안 반응을 일으키는 성향도 다르게 나타난다.

1 평가의 내용

(1) 정신기능의 영역

① 인지적 과정

　　㉠ 지능 : 계산이나 문장 작성의 지적 작업에서 성취 정도에 따라 정하여지는 적응 능력이며, 지능지수로 수치화할 수 있다.

　　㉡ 주의 : 정신 기능을 높이기 위한 준비 자세를 의미한다. 유기체가 어떤 순간에 환경 내의 다른 것들을 배제하고 특정한 측면에만 집중할 수 있도록 하는 지각의 선택적 측면을 일반적으로 이른다.

　　㉢ 감각 : 눈, 코, 귀, 혀, 살갗을 통하여 바깥의 어떤 자극을 알아차리는 것을 말한다.

　　㉣ 기억 : 이전의 인상이나 경험을 의식 속에 간직하거나 도로 생각해 내는 것을 말한다.

　　㉤ 지각 : 외부로부터 들어오는 감각자극을 과거의 경험과 결부시켜 그 자극의 성질을 파악해서 그 자극과 자신과의 관계를 이해하는 능력을 말한다.

　　㉥ 사고 : 생각, 상상, 추리 등을 통해 관념들을 서로 연결해서 새로운 관념을 만들어 내는 것을 말한다.

　　㉦ 의식 : 자신의 관계와 주의환경을 제대로 파악해서 적절한 대응관계를 마련한다.

② 정서의 표현

　　㉠ 정서의 내용 : 긍정적 정서, 부정적 정서, 양가감정 등

　　㉡ 정서의 양 : 불안, 우울, 무관심, 감정둔화, 의기양양 등

③ 동기수준

　　㉠ 생리적 동기 : 배고픔, 목마름, 성적욕구 등

　　㉡ 심리적 동기 : 자극동기, 성취동기, 작업동기 등

④ 내적 갈등 : 인지, 정서, 동기의 세 과정이 대내외적으로 부조화나 불일치가 나타날 때 일어난다.

⑤ 방어기제 : 두렵거나 불쾌한 정황이나 욕구 불만에 직면하였을 때 스스로를 방어하기 위하여 자동적으로 취하는 적응 행위인 것이다. 도피, 억압, 동일시, 보상, 투사 따위가 있다.

⑥ 스트레스 : 적응하기 어려운 환경에 처할 때 느끼는 심리적·신체적 긴장 상태인 것이다. 장기적으로 지속되면 심장병, 위궤양, 고혈압 따위의 신체적 질환을 일으키기도 하고 불면증, 신경증, 우울증 따위의 심리적 부적응을 나타내기도 한다.

(2) 자아심리학적 관점

① 판단 : 의도한 행동의 적절성에 대한 인식 또는 가능한 결과를 예상해서 차후의 행동에 반영한다.

② 현실검증 : 내적 사상과 외적 사항에 대한 지각 및 해석의 정확성을 구분하는 정도를 나타낸다.

③ 현실감 : 친숙한 맥락에서 일어나는 것으로, 자아경계를 자기와 외부세계로 명확히 구분하는 정도를 말한다.

④ 대상관계 : 타인들과의 관계를 맺는 유형으로, 현재의 관계에 대한 이전관계의 적응적·부적응적 영향의 정도를 말한다.

⑤ 사고과정 : 기억, 주의집중을 개념화할 수 있는 능력, 구체적 및 추상적 사고에 대한 양식이 얼마나 상황에 적합한가의 정도를 나타내는 것을 말한다.

⑥ 방어적 기능 : 방어적 작용의 약화를 가리키는 불안, 우울, 불만족스러운 정서를 나타내는 것이나 방어의 성공 여부를 나타내는 정도를 말한다.

⑦ 자율적 기능 : 1차적 자율장치와 2차적 자율장치의 손상으로부터 얼마나 자유로운가의 정도를 의미한다.
  ㉠ 1차적 자율장치 : 시각, 청각, 주의, 집중, 기억, 학습, 지각, 근육운동, 의도 등
  ㉡ 2차적 자율장치 : 습관, 학습된 복잡한 기술, 취미, 관심, 일상적인 일 등

❷ 평가결과의 적용

(1) 평가보고서의 작성

평가보고서는 신분확인정보 → 의뢰이유 → 평가 시 행동관찰 → 실시된 심리검사명 → 평가결과 → 추론된 진단명 → 결론 → 요약의 순서로 작성한다.

(2) 평가보고서 작성을 위한 일반지침

① 평가보고서는 평가가 끝난 후 다음 내담자(피검사자)를 평가하기 전에 작성한다.

② 평가자에게 가장 유리한 표현양식과 방식을 개발한다.

③ 평가보고서는 간략하고도 명확하게 작성한다.

④ 평가보고서는 직접적으로 쓰고 얻어진 결론이 명료해야 한다.

⑤ 흥미 있게 평가보고서는 작성한다.

⑥ 피드백을 받은 평가보고서는 어떤 영향력을 가지고 있고 약점을 어떻게 보완할 것인지 설명한다.

⑦ 성공적인 평가보고서를 쓰게 된 이유에 대해서 설명한다.

이상심리

① 상담 장면에서 이상심리학의 활용

(1) 내담자 문제의 종류 및 정도 파악하는 틀을 갖게 된다. 따라서 약물치료가 필요한지의 여부를 알 수 있고 적절한 시기에 내담자를 더 잘 도울 수 있다. 또한 상담자 자신이 감당할 수 있는 내담자인지, 상담이 적합한 치료법인지 등을 판단하고 대처할 수 있다.

(2) 문제에 따른 치료적 접근을 이해하여 상담자 자신이 왜 그런 요법으로 치료하는지 이해를 할 수 있다.

(3) 장애의 실제적 특성은 차원적 분류를 적용하는 것이 적절하나 현실적 실용성의 측면에서는 범주적 차원이 유용 → 현재 널리 사용되고 있는 정신장애의 분류체계는 주로 범주적 분류방식을 따르는 실정

② 이상행동 및 정신장애의 판별기준

정신장애에 대한 절대적 단일 기준이 없으며, 기준마다 장단점 있어 실제적으로 여러 기준을 복합적으로 고려하여 판단한다.

> **POINT** 정상성과 이상성의 기준(현재 보편적으로 적용)
> 정신장애는 크게 정신질환과 정신지체로 구분된다. 정신질환에는 정신신경증과 정신증이 있고 정신병적 장애를 다시 기질적 정신병과 기능적 정신병으로 구분한다. 국제질병분류에서는 정신장애를 크게 정신병, 신경증/인격장애 또는 정신병 아닌 정신장애, 정신지체로 구분한다.

③ 정신장애의 발생원인

(1) 내적원인

① 유전적 성향, 체질, 연령, 성별이 원인이 된다.

② 병자체의 유전보다는 병에 걸릴 소질이 유전된다는 것이다.

③ 비만형 체격 : 기분장애, 근육형 : 반사회성, 세장형(세리형) : 정신분열증과 관련

(2) 외적원인

① 기질적, 심리적, 사회적 요인에 의해 유발된다.

② 기질적 요인은 뇌에 영향을 미치는 질병, 내분비장애, 약물, 술, 산소결핍 등

③ 심리적 요인은 본능적 충동, 부정적 감정, 갈등, 상실

④ 사회문화적 요인은 가족문제, 사회적 요인

❹ DSM-Ⅳ

(1) 미국정신의학회(APA)에서 발간한 것으로 미국정신의학회의 진단편람인 DSM-Ⅳ는 5개의 축에 따라 진단 하도록 되어 있다(정신장애와 관련된 5가지 종류의 정보를 수집해 진단하도록 되어있는 다축적 진단체계).

(2) 특정한 이론적 입장에 치우치지 않고 심리적 증상과 증후군을 위주로 정신장애를 분류. 즉, 장애의 원인 이 아니라 증상의 기술적 특징에 근거

① **축1** : 임상적 증후군으로 대부분 정신장애를 기록, 성격장애와 정신발달지체를 제외한 모든 정신장애 포함, 개인이 현재 나타내고 있는 임상적 증상의 내용에 근거한 진단차원(**예** 불안장애, 기분장애, 섭식장애, 정 신분열증 등→정신병)

② **축2** : 성격장애. 오랫동안 지속되어 온 성격적인 특성으로 인해 적응상의 어려움을 나타내는 경우. 정신지 체 포함. 지속적으로 나타나는 성격적 문제를 진단한다는 점에서 어떤 계기로 인해 생겨나 일정기간 지속 되는 임상적 증후군과는 다른 정보를 제공→정신병

③ **축3** : 일반적인 의학적 상태. 비정신적인 현재의 신체적 장애나 신체증상을 진단→신체형 장애

④ **축4** : 심리사회적 및 환경적 문제. 정신장애가 생겨나는 데 기여했다고 보이는 심리사회적 스트레스 요인 을 기술 (**예** 가족, 직업, 교육, 경제적 문제, 주택문제 등→환경적 문제)

⑤ **축5** : 현재의 전반적인 적응적 기능 수준. 현재 환자가 사회적, 직업적, 기타 삶의 영역에서 어느 정도의 적응상태를 나타내고 있는지를 0-100점으로 평가(점수가 낮을수록 심각한 장애 예상). 현재의 적응수준 뿐만 아니라 정신장애를 나타내기 전의 적응수준을 평가하여 환자가 정신장애로 인해 얼마나 적응수준이 저하되어 있는지를 알 수 있게 한다.

> **POINT** 이와 같이 한 사람의 정신질환을 5개의 축을 통해 평가하게 되면 질병자체 뿐 아니라 그의 성격적 특성, 방어기제, 심리사회적 환경, 현재의 적응수준 및 신체적 기능까지 종합적으로 평가할 수 있으므로 치료적 개입이 효과적이다.

❺ DSM-V

(1) 개정방향

DSM-IV에서 사용했던 다축진단체계가 임상적 유용성과 타당성이 부족하다는 이유로 폐기되었으며 DSM-IV에서의 17가지 정신장애의 범주가 DSM-V에서 20개의 정신장애범주로 확장되었다.

(2) DSM-V의 정신장애범주

① 아동기, 유아기, 청소년기에 흔히 처음으로 진단되는 장애→신경발달장애

② 불안장애→불안장애, 강박 및 관련장애, 외상 및 스트레스 사건 관련 장애로 세분화

③ 신체형장애→신체증상 및 관련 장애

④ 해리장애

⑤ 정신분열증과 기타 정신증적 장애→정신분열 스펙트럼 및 기타 정신증적 장애

⑥ 성격장애

⑦ 성 장애 및 성정체감 장애→성기능장애, 성도착장애, 성불편증으로 세분화

⑧ 물질관련 장애→물질관련 중독장애

⑨ 섭식장애→급식 및 섭식장애

⑩ 수면장애→수면-각성장애

⑪ 충동조절 장애→파괴적, 충동통제 및 품행장애

⑫ 섬망, 치매, 기억상실 장애 및 기타 인지장애→신경인지장애

⑬ 기타정신장애

❻ 신경증과 정신증의 구분

특성	신경증	정신증
현실 판단력	정상적임	뚜렷한 손상이 있음
주요한 장애나 문제	불안장애, 우울증	정신분열증
자기 상태에 대한 이해	있음	없음
사회적 적응상태	경미한 문제가 있음	심각한 문제가 있음
주요한 치료방식	외래치료, 방문치료	입원치료

7 정신장애의 유형

(1) 불안장애

① **범불안장애**

   ⊙ 병적인 불안으로 인하여 과도한 심리적 고통을 느끼거나 현실적인 적응에 심각한 어려움을 겪는 경우

   ⓛ **병적인 불안** : 현실적인 위험이 없는 상황이나 대상에 대해 불안을 느끼는 경우

   ⓒ 현실적인 위험의 정도에 비해 과도하게 심한 불안을 느끼는 경우

   ⓔ 위협적 요인이 사라졌음에도 불구하고 불안이 과도하게 지속되는 경우

   ⓜ **일반화된 불안장애** : 다양한 상황에서 만성적 불안과 과도한 걱정을 나타내는 경우, 일상에서 지나치게 걱정함으로써 지속적인 불안과 긴장을 경험하는 상태가 오래 지속돼 몹시 고통스럽고 현실적응에도 어려움 겪는 상태

   ⓗ **진단기준** : 6개월 이상 지속

   ⓢ **분노** : 적대적 태도와 공격적 행동에 대한 보편적 정서, 상태분노(한순간의 분노) + 특성분노(기질적 분노와 반응적 분노)

② **공포증**

   ⊙ 특수한 상황이나 대상에 대해 심한 불안과 공포를 느끼게 되어 이러한 상황이나 대상을 회피하게 되는 장애

   ⓛ 범불안장애와 달리 공포반응이 특정한 대상이나 상황에 한정되며 훨씬 심한 강도의 불안과 두려움 경험

   ⓒ 공포 느끼는 대상의 종류에 따라 특정공포증, 사회공포증, 광장공포증으로 구분

   ⓔ **광장공포증** : 주로 탈출이나 도움 받기가 어려운 특정 장소나 상황에 대한 공포증으로서 흔히 공황발작을 수반하여 최근에는 공황장애의 한 하위유형으로 간주

③ **공황장애**

   ⊙ 갑자기 엄습하는 강렬한 불안, 즉 공황발작을 반복적으로 경험하는 장애. 발작이 없는 시기에는 예기불안으로 부적응적 행동변화를 수반

   ⓛ 흔히 건강염려증, 회피행동, 광장공포증이 수반. 광장공포증과 연관성이 높아 광장공포증이 있는 공황장애와 없는 공황장애로 구분

④ **강박장애** : 원하지 않는 생각과 행동을 반복하게 되는 불안장애

> **더 알아보기**
>
> **강박행동**
> ① 반복적인 행동(예 : 씻기, 정돈, 확인) 또는 정신적 활동(예 : 숫자 세기, 기도하기), 강박사고에 대한 반응으로서 또는 엄격하게 적용되어야 하는 원칙에 따라서 어쩔 수 없이 행해지는 것으로 느낀다.
> ② 고통을 예방 또는 감소시키고, 두려운 사건이나 상황을 방지하기 위한 것. 그러나 이러한 행동이나 정신적 활동이 완화 또는 방지하려고 하는 것과 실제적 연결성이 없으며 명백하게 지나친 것

⑤ 외상 후 스트레스 장애

　　㉠ 충격적인 사건을 경험하고 난 후에 불안상태가 지속되는 경우

　　㉡ 외상이란 죽음이나 심각한 신체적 손상을 초래하는 충격적인 사건을 의미 (예 : 교통사고, 강간, 폭행, 유괴, 살인, 화재, 전쟁, 자연재해 등)

　　㉢ 1개월 이상 나타나서 일상생활에 심각한 지장을 받게 될 때 외상 후 스트레스장애로 진단.

(2) 기분장애

지나치게 저조하거나 고양된 기분상태가 지속되어 현실생활의 적응에 심각한 어려움을 겪게 되는 경우. 우울장애(주요우울장애, 감정부전장애)와 양극성 장애로 나뉨

① 우울증

　　㉠ 일차성 우울(=내인성 우울 : 외부원인 없이 생물학적 원인으로 발생)과 이차성 우울(=반응성 우울 : 신체질환이나 약물, 생활사건, 다른 정신질환으로 발생)

　　㉡ 유전, 생화학적 원인(신경전달물질 : 도파민, 세로토닌)이 감소

　　㉢ 사회심리학적 요인(환경적 사건, 성격적 특성, 정신분학적 죄책감)

　　㉣ 행동주의(학습된 무기력)

　　㉤ 인지이론(부정적인 생활경험, 부정적 자기평가, 비관주의, 무력감, 부정적 해석 등)

② **기분부전장애** : 주요우울장애보다 경미한 증상이 2년 이상 장기간 나타나는 경우

③ **양극성 우울증** : 현재 우울증 상태를 나타내지만 과거에 조증상태를 나타낸 적이 있는 경우. 조증상태에서는 기분이 비정상적으로 고양되고 과도하거나 무모한 행동 나타냄

(3) 신체형장애

심리적 원인에 의해 다양한 신체적 증상을 나타내는 경우. 흔히 다양한 신체적 증상을 나타내지만 의학적 검사에서는 아무런 신체적 이상이 발견되지 않는다.

① 신체화장애

② **전환장애**

　　㉠ 주로 신경학적 손상을 시사하는 소수의 신체적 증상을 나타내는 경우

　　㉡ 다양한 신체적 증상을 호소하는 신체화 장애와 달리 한두 가지의 비교적 분명한 신체증상

　　㉢ **증상 유형** : 수의적 운동기능 이상, 감각기능 이상, 갑작스런 경련이나 발작, 복합적

③ 통증장애

④ 건강염려증

⑤ 신체변형장애

(4) 해리장애

의식, 기억, 행동 및 자기 정체감의 통합적 기능에 갑작스러운 이상을 나타내는 장애. 충격적 경험 후에 발생하는 경향. 해리성 기억상실증, 해리성 둔주, 해리성 정체감 장애, 이인증 장애로 구분

① 해리 : 자기 자신, 시간, 주위환경에 대한 연속적인 의식이 단절되는 현상. 감당하기 어려운 충격적 경험으로부터 자신을 보호하는 기능을 지니고 있으며 진화론적으로 적응적 가치가 있는 기능으로 여겨지고 있다. 그러나 지나치거나 부적응적인 양상으로 나타날 경우 해리장애

② 해리성 기억상실증 : 중요한 과거경험을 기억하지 못하는 경우. 고통스런 사건 당시의 감정상태가 너무 충격적이어서 그런 상태에서 학습되었던 정보들을 기억하지 못하는 것으로 이해되고 있다.

③ 해리성 둔주 : 갑자기 가정과 직장을 떠나 방황하거나 예정에 없는 여행을 하며 이에 대한 기억상실을 나타내는 장애. 해리성 기억상실증과 유사한 원에 의해 유발되는 것으로 이해되고 있으나 기억상실 뿐 아니라 고통스러운 감정을 유발하는 환경으로부터 벗어나며 자기정체감의 상실까지 수반한다는 점에서 훨씬 더 심각한 장애라고 할 수 있다.

④ 해리성 정체감 장애 : 한 사람 안에 둘 이상의 각기 다른 정체감을 지닌 인격이 존재하는 장애이다. 이 장애는 과거에 다중성격장애라고 불리기도 했으며 아동기의 외상경험과 관련되어 있는 것으로 이해되고 있다.

⑤ 이인증 : 자신이 매우 낯선 상태로 변화되었다고 느끼는 이인증이나 외부세계가 예전과는 달라졌다고 느끼는 비현실감을 호소하는 장애이다. 이인증은 자기정체감의 갈등과 관련되어 있으며 자기통합의 어려움에 대한 두려움을 반영하는 것이라고 여겨지고 있다.

(5) 정신분열증

진단기준 : 핵심 증상(A), 경과기준(B, C), 배제기준(D, E, F)로 구성

　A. 특징적 증상들 : 다음 2개 이상의 증상이 1개월(성공적 치료 시 그 이하) 중 상당기간 동안 존재

　　① 망상
　　② 환각
　　③ 와해된 언어
　　④ 심하게 와해된 행동이나 긴장증적 행동
　　⑤ 음성증상, 즉 정서적 둔마, 무언어증 또는 무욕증

　B. 사회적/직업적 기능장애 : 발병 이후 상당기간 동안 직업, 대인관계 또는 자기관리 등의 주요한 생활영역의 기능 수준이 발병이전과 비교하여 현저히 감소

　C. 지속기간 : 장애의 징후가 적어도 6개월 이상 지속

　D. 분열정동장애와 기분장애의 배제

　E. 물질 및 일반적인 의학적 상태의 배제 : 물질이나 일반적 의학적 상태의 직접적인 생리적 효과에 의한 것이 아니다.

F. 전반적 발달장애와의 관계 : 자폐증이나 다른 전반적 발달장애의 과거력이 있는 경우, 현저한 망상이나 환각이 적어도 1개월 이상 존재할 때만 추가적으로 정신분열증으로 진단

(6) 성격장애

어린 시절부터 서서히 발전, 성인기에 개인의 성격으로 굳어진 심리적 특성이 부적응적 양상으로 나타난다. 특정 계기로 인해 발생하는 임상적 증후군(축1)과는 달리, 어린 시절부터 점진적으로 형성, 지속(축2)된다.

① A군 성격장애 : 사회적으로 고립되어 있고 기이한 성격특성

　㉠ 편집성 성격장애 : 타인에 대한 강한 불신과 의심을 지니고 적대적인 태도를 나타내 사회적 부적응을 낳는 성격특성

　㉡ 분열성 성격장애

② B군 성격장애 : 극적이고 감정적이며 변화가 많은 행동이 주된 특징

　㉠ 반사회성 성격장애 : 18세 이상의 성인에게 진단되며 15세 이전에 품행장애를 나타낸 증거가 있어야 한다. 아동기에 주의결핍 – 과잉행동장애(ADHD)를 나타내거나 청소년기에 품행장애를 나타내는 경향

　㉡ 연극성 성격장애 : 타인의 애정과 관심을 끌기 위한 지나친 노력과 과도한 감정표현이 주된 특징. 정서적으로 불안정하며 대인관계의 갈등을 초래하는 경향이 있어 사회적 부적응을 나타내게 된다.

　㉢ 자기애성 성격장애

　㉣ 경계선 성격장애 : 강렬한 애정과 분노가 교차하는 불안정한 대인관계를 특징적으로 나타내는 성격장애

③ C군 성격장애 : 불안하고 두려움을 많이 느끼는 특성

　㉠ 강박성 성격장애 : 지나치게 완벽주의적이고 세부적인 사항에 집착하며 과도한 성취지향성과 인색함을 특징적으로 나타내는 성격장애. 이로 인해 비효율적 일처리, 자신과 타인을 고통스럽게 하는 경우가 대부분

　㉡ 의존성 성격장애

　㉢ 회피성 성격장애 : 다른 사람과의 만남에 대한 불안과 두려움 때문에 사회적 상황을 회피해 적응에 어려움 나타냄

(7) 성 장애 및 성정체감 장애

(8) 물질 관련 장애

중독성을 지닌 다양한 물질과 관련된 심리적 장애. 물질사용장애와 물질유도성장애로 나눔

① 물질남용의 발생과정

　㉠ 실험적 단계 : 호기심

　㉡ 사회적 단계 : 또래와 어울리기 위해 사용

ⓒ 도구적 단계 : 의도적으로 물질을 사용하여 감정이나 행동을 억제함

ⓔ 습관적 단계 : 물질의존증상 발생, 쾌락의 수단으로 사용

ⓜ 강박적 단계 : 전적으로 매달림, 의존적

② **중독성 물질** : 알코올, 니코틴, 카페인, 흡입제, 아편류, 코카인, 환각제, 대마계 제제, 암페타민 또는 유사약물, 펜사이클리딘과 유사약물, 진정제, 최면제 또는 항불안제

⑼ 섭식장애

⑽ 수면장애

⑾ 유아기, 아동기, 청소년기에 흔히 처음으로 진단되는 장애

① **주의력 결핍 및 과잉행동장애(ADHD)**

ⓞ 아동과 청소년이 나타내는 주의집중력의 문제, 과잉행동의 문제, 파괴적이고 공격적인 비행의 문제이다.

ⓛ 매우 산만하고 부주의한 행동을 나타낼 뿐 아니라 자신의 행동을 통제하지 못하고 충동적인 과잉행동을 나타내는 경우. 같은 또래의 아동에 비해 현저하게 부산한 행동을 보이며 안절부절 못하고 충동적인 행동을 나타내기 때문에 가정이나 학교생활에 큰 어려움 겪는다.

ⓒ 주된 특징은 부주의, 충동성, 과잉행동이다. 이는 어린 아동이 일반적으로 나타내는 것이지만 점차 줄어든다. 그러나 나이에 비해 부적절하게 이런 특성이 나타나는 경우 ADHD로 판단할 수 있다.

ⓔ 지능수준에 비해 학업성취도가 저조하고 또래 아이들에게 거부 또는 소외될 가능성 높다.

ⓜ 흔히 학습장애, 의사소통장애, 운동조정장애를 동반한다.

ⓗ 부모나 교사의 잦은 처벌, 부정적 자아개념 형성, 정서적 불안정, 공격적, 반항적 행동 경향→4-50%가 이후 품행장애 진단할 수 있다.

ⓢ **경과와 예후** : 흔히 청소년기에 호전되는 경향 있으나 성인기까지 지속되는 경우도 있다. 대부분 과잉행동은 개선되지만 부주의와 충동성은 오래 지속. 청소년기까지 지속되는 경우 품행장애가 발생될 위험성이 높고, 이러한 품행장애를 나타내는 청소년의 약 50%는 성인이 되어 반사회적 성격장애를 나타낸다.

② **품행장애**

ⓞ 폭력, 복합적 요인으로 인한 방화, 도둑질, 거짓말, 가출 등 난폭하거나 무책임한 행동을 통해 타인을 고통스럽게 하는 행위를 반복적으로 나타내는 경우. 소위 '비행 행동'이 빈번한 경우이다.

ⓛ 타인의 기본적 권리를 해치거나 나이에 적합한 사회 규범을 어기는 행동양상이 지속적으로 반복되는 경우이다.

ⓒ 다양한 요인이 복합적으로 작용하여 발생되는 것으로 추정. 가장 주목 받고 있는 요인은 부모의 양육태도와 가정환경이며, 강압적이고 폭력적 또는 무관심하고 방임적인 양육 태도 및 부모의 불화, 가정폭력, 아동학대, 결손가정, 부모의 정신장애나 알코올 사용장애가 원인이 될 수 있다.

⑿ 충동통제장애

⒀ 적응장애

⒁ 섬망, 치매, 기억상실장애 및 기타 인지장애

⒂ 다른 곳에 분류되지 않는 일반적 의학적 상태로 인한 정신장애

⒃ 허위성 장애

⒄ 임상적 관심의 초점이 될 수 있는 기타 장애

8 DSM-IV에 따른 다양한 정신장애의 유형

(1) **유아기, 아동기, 청소년기에 진단되는 장애** : 정신지체, 학습장애, 운동기술장애, 의사소통장애, 행위장애, 유아기 또는 초기 아동기의 수유 및 섭식장애, 틱장애, 배설장애, 분리불안장애, 반응성 애착장애 등의 기타 장애가 포함됨

(2) **섬망, 치매, 기억상실 및 기타 인지장애** : 주로 기질적 뇌중후군으로 유발된 정신장애를 포함하는데, 뇌조직의 영구적인 손상이나 또는 일시적인 기능장애에 의해 정신기능 및 행동에 장애가 초래되고, 또 병전의 기능 수준에 비해 인지 또는 기억 등에 있어서 임상적으로 심각한 결함이 있는 특징이 있음. 섬망과 치매, 기억상실 장애 등이 포함됨.

(3) **일반적인 의학적 상태로 인한 미분류 장애** : 의학적 상태의 직접적인 생리적 결과라고 판단되는 정신증상이 특징으로, 긴장형 장애, 성격변화, 미 분류 정신장애가 포함됨.

(4) **물질 관련 장애** : 암페타민 관련 장애, 대마계 제제 관련 장애, 코카인 관련 장애, 환각제 관련 장애, 흡입성 관련 장애, 아편류 관련 장애, 펜사이클리딘 관련 장애, 진정제ㆍ수면제ㆍ항불안제 관련 장애, 카페인 관련 장애, 니코틴 관련 장애, 기타 물질 관련 장애

(5) **정신분열증과 기타 정신병적 장애** : 비논리적 사고, 망상, 환각 등 정신병적 증상을 보이고 발병 전보다 훨씬 떨어진 인지적, 사회적 기능을 보이며 현실검증능력 손상 및 기괴한 행동을 보이는 장애, 정신분열증, 분열정동장애, 망상장애, 단기 정신병적, 장애, 공유정신병적 장애

⑹ **기분장애** : 우울장애, 조증을 보이며 가끔 주요 우울을 보이는 양극성 장애 I형, 주로 우울을 보이며 가끔 경조증을 보이는 양극성 장애 II 등의 양극성 장애

⑺ **불안장애** : 과도한 불안이나 걱정, 공포 등 특징적으로 나타나는 것으로 여기에는 공황장애, 광장공포증, 특정공포증, 사회공포증(사회불안장애), 강박장애, 외상 후 스트레스 장애, 급성 스트레스 장애, 일반불안 장애 등

⑻ **신체형장애** : 일반적인 의학적 상태나 물질, 다른 정신장애에 의해 충분히 설명될 수 없는 신체적 증상이 특징인데, 의도적인 것이 아니며 사회적, 직업적 기능에 손상을 가져오거나 심각한 혼란을 가져옴. 신체화장애, 전환장애, 통증장애, 건강염려증, 신체기형장애 등이 포함

⑼ **가성장애** : 환자의 역할을 하기 위하여 의도적으로 아픈 것을 가장하기 위해 만들어내 신체적, 심리적 증상을 특징으로 함. 주로 심리적 징후와 증상이 있는 것, 주로 신체적 징후와 증상이 있는 것, 심리적 · 신체적 징후와 증상이 함께 있는 것으로 구분

⑽ **해리성 장애** : 뇌손상이나 질병과 전혀 무관하며, 순수한 기능적 손상이라는 점이 특징. 의식, 기억, 정체감, 환경에 대한 지각 등의 기능이 통합되지 못하고 혼란을 보이는데, 심한 심리적 충격을 받았을 때 발병하는 경구가 많음. 해리성 기억상실, 해리성 둔주, 해리성 주체감 장애, 이인증이 포함됨

⑾ **성적 장애 및 성적 주체감 장애** : 성적 욕구의 혼란, 성적 반응 주기의 혼란, 성적접촉과 관련된 통증 등으로 인하여 심각한 장애를 겪거나 대인관계의 어려움을 겪는 장애. 성기능장애, 성욕장애, 성욕감퇴장애, 성적혐오장애, 성적흥분장애, 남성발기장애, 절정감장애, 조루증, 성교통증장애, 성적주체감장애, 성도착증 등

⑿ **섭식장애** : 최소한의 정상체중을 유지하는 것을 거부하는 신경성 식욕부진증(거식증)과 탐식을 한 후 이에 대한 보상행동으로 스스로 토하거나 다이어트를 하거나 과도하게 운동을 하는 신경성 폭식증 등

⒀ **수면장애** : 수면-기상을 조절하는 기제의 내인성 이상에서 비롯되는 일차적 수면장애와 기분장애나 비중장애나 불안장애와 같은 정신장애와 관련된 수면장애 및 약물 등에 의해 야기된 수면장애가 포함됨. 악몽장애, 수면 중의 경악 장애, 불면증, 수면과다 등

⒁ **충동조절장애** : 타인에게 해로운 행위를 하려는 충동, 추동 및 시도를 억제하는데 실패하는 것이 특징임. 간헐적 폭발성 장애, 병적 도벽, 병적 방화, 병적 도박, 발모광 등

⒂ **적응장애** : 정신사회적 스트레스에 반응하여 임상적으로 심각한 정서적, 또는 행동적 증상이 발생하는 것으로 증상에 따라 우울한 기분이 있는 것, 불안이 있는 것, 불안과 우울한 기분이 함께 있는 것, 행위장애가 있는 것, 정서 및 행위장애가 있는 것으로 구분됨

⒃ **성격장애** : 사회문화적으로 기대되고 있는 것과 뚜렷하게 일탈된 행동이나 내적 경험이 지속되거나 바뀌지 않는 것으로 ① 편집성, 정신분열성, 정신분혈형 성격장애, ② 반사회적, 경계선급, 연기성, 자애성 성격장애, ③ 회피성, 의존성, 강박성 성격장애의 유형으로 구분됨

⒄ **임상적 관심의 초점이 될 수 있는 기타 상태** : 의학적 상태에 영향을 미치는 심리적 요인, 투약으로 유발된 운동장애, 기타 투약으로 유발된 운동장애부모-아동관계와 같은 관계의 문제들, 학대나 방치와 연관되는 문제, 사별, 종교문제, 임상적 관심의 초점이 도리 수 있는 부가적 상태 등이 포함됨

정답

01 추상적·이론적 세계와 경험적 세계를 연결시켜 주는 수단을 측정이라고 한다. ▶ ○

02 측정은 대상물 자체를 측정하는 것으로 그 속성에 수치를 부여하는 것이다. ▶ ×

03 진단은 개인의 특성을 기술하고 그 특성을 더 잘 이해하기 위하여 개인에 대한 정보를 종합하는 포괄적인 과정을 의미한다. ▶ ×

04 명목측정에는 측정대상에 숫자를 부여하는 행위도 포함된다. ▶ ○

05 등간적 측정은 가감과 같은 수학적 조작을 가능하게 하는 질적 자료를 상대로 한다. ▶ ×

06 오차가 일어나는 것은 측정도구 자체의 결함이나 부정확성 때문에 나타난다. ▶ ○

07 명목척도는 측정대상을 분류한 다음 범주간에 서열 또는 대·소구분이 가능하다. ▶ ×

08 타당도는 자료수집에 있어서 가장 중요한 속성이라고 할 수 있다. ▶ ○

09 예언타당도는 타당성의 준거를 현재에서 찾는다. ▶ ×

10 신뢰도가 낮은 척도는 사용하는 사람이 달라지고 측정하는 시간과 장소가 달라져도 항상 동일한 결과를 가져온다. ▶ ×

정답

01 동일측정도구를 동일상황에서 동일대상에게 서로 다른 시간에 측정한 결과를 비교하는 방법은?

▶ 재검사법

02 행동의 표본을 측정하는 표준적 절차를 무엇이라고 하는가?

▶ 심리검사

03 개인의 다양한 반응을 허용해 주기 위해 검사 지시 방법이 간단하고 일반적인 방법으로 주어지는 검사는?

▶ 투사적 검사

04 지능검사, 학교의 시험 등과 같이 일정한 점수로 표시하는 평가는?

▶ 양적 평가

05 심사자가 심사대상이나 행위가 일어나는 현장에서 즉시 어떤 사실을 포착하는 평가기법은?

▶ 관찰법

06 어떤 사물의 특성과 그 측정값 간에 관계가 있다고 가정하고 측정하는 것은?

▶ 임의측정

07 일정한 규칙에 따라 측정대상에 적용할 수 있도록 만들어진 일련의 기호나 숫자를 뜻하는 것은?

▶ 척도

08 총화평정척도는 평정척도의 변형으로 무엇이라고 하는가?

▶ 리커트타입척도

09 집단구성원 간의 영향관계, 의사소통관계를 기술하여 그림으로 표시하는 방법은?

▶ 소시오그램

10 동일한 대상에 대하여 같거나 유사한 측정도구를 사용하여 반복 측정할 경우에 동일하거나 비슷한 결과를 얻을 수 있는 정도를 뜻하는 것은?

▶ 신뢰도

1 심리검사에 관한 설명으로 옳지 않은 것은?

① 행동표본을 측정할 수 있다.
② 개인 간 비교가 가능하다.
③ 개인의 행동을 예측할 수 있다.
④ 심리적 속성을 직접적으로 측정한다.
⑤ 심리평가의 근거자료 중 하나이다.

> **TIPS!**
>
> 심리검사는 심리적 속성을 간접적으로 측정한다.

2 K–WISC–IV의 작업기억지표(WMI)를 측정하는 소검사는?

① 행렬추리
② 기호쓰기
③ 동형찾기
④ 단어추리
⑤ 순차연결

> **TIPS!**
>
> 작업기억지표(WMI)는 순차연결, 숫자로 측정 가능하다.

3 삭스(J. Sacks)의 문장완성검사(SSCT)에서 자기개념 영역에 포함되지 않는 태도는?

① 죄의식(죄책감)
② 이성관계
③ 목표
④ 두려움
⑤ 자신의 능력

> **TIPS!**
>
> 문장완성검사(SSCT)는 가족, 성, 대인관계, 자기개념에 대한 50개의 미완성 문장으로 구성되어 있는데, 가족 영역은 부모님과 가족에 대한 태도를 측정하고 있으며 성 영역은 이성 관계에 대한 태도와 성 정체성 등에 대한 문장으로 구성되어 있다. 대인관계 영역은 친구와 권위자에 대한 태도를 측정하며, 가족 외의 사람들에게 피검자가 어떻게 느끼는지에 대한 감정 및 사고를 드러내게 유도한다. 자기개념 영역은 자신의 능력, 두려움, 죄책감, 목표 및 미래, 과거 등에 대한 태도를 측정한다.

Answer 1.④ 2.⑤ 3.②

4 지능을 일반요인 g(general factor)와 특수요인 s(special factor)로 구분한 학자는?

① 스피어만(C. Spearman)
② 써스톤(L. Thurstone)
③ 쏜다이크(E. Thorndike)
④ 케텔(R. Cattell)
⑤ 길포드(J. Guilford)

> 🔦 **TIPS!**
> 스피어만(C. Spearman)은 지능을 2요인으로 설명하고 있다.

5 MMPI-2의 척도에 관한 설명으로 옳은 것은?

① 재구성 임상척도는 모두 9개이다.
② TRIN척도는 내용이 유사하거나 상반되는 문항 쌍으로 구성된다.
③ K척도는 긍정왜곡 경향성을 탐지하는 보충척도이다.
④ DEP는 우울 증상을 측정하는 임상척도이다.
⑤ AGGR은 공격적인 성향을 측정하는 내용척도이다.

> 🔦 **TIPS!**
> 재구성 임상척도(RC)는 9개이다.

6 홀랜드(J. Holland)의 진로탐색검사의 직업적 성격유형을 모두 고른 것은?

> ㉠ 통합적 유형   ㉡ 탐구적 유형
> ㉢ 사회적 유형   ㉣ 판단적 유형
> ㉤ 예술적 유형

① ㉠, ㉡
② ㉢, ㉣
③ ㉡, ㉢, ㉣
④ ㉡, ㉢, ㉤
⑤ ㉠, ㉢, ㉣, ㉤

> 🔦 **TIPS!**
> 홀랜드(Holland)는 개인과 환경 간의 적합성(person-environment fit), 즉 개인과 환경은 서로에게 영향을 미치며 두 관계가 일치할수록 직업만족도가 높아지는데, 이런 이유로 개인은 자신의 성격유형과 일치하는 직업을 선택하게 된다고 하였다. 그가 제시한 성격유형은 실재형(realistic), 탐구형(investigative), 예술형(artistic), 사회형(social), 기업형(enterprising), 관습형(conventional)의 여섯 가지로 구분되며, 이를 육각형 모형(RIASEC model)이라고 한다.

Answer 4.① 5.① 6.④

1 다음 중 종단적 연구에 대한 설명으로 적절하지 않은 것은?

① 조사 중 탈락자가 나올 수 있어 조사 인원이 줄어들 수 있다.

② 연구 도중 시대의 흐름에 따라 연구의 가치가 떨어질 우려가 있다.

③ 한 시점에 연구가 진행되기 때문에 시간과 비용 측면에서 경제적이다.

④ 어떤 현상의 동태적 변화나 발전과정 연구에 적합하다.

⑤ 추세연구, 코호트, 패널연구가 있다.

> **TIPS!** --
>
> 시간과 비용이 많이 발생하는 문제점이 있다.

2 다음 중 문항 내적 합치도에 관한 설명으로 맞는 것은?

① 일정한 시간 간격을 두고 동일한 검사를 두 번 실시하여 상관계수를 낸 것이다.

② A, B의 동형검사를 제작하여 각 검사 항목간의 산관계수를 구한 것이다.

③ 한 검사를 반으로 쪼개어 별개의 두 검사로 보고 상관계수를 구한 것이다.

④ 한 검사 내에 있는 문항을 하나하나를 각각 독립된 별개의 검사로 간주하여 문항 내 득점의 일관성을 상관계수로 표시한 것이다.

⑤ 다수의 변수들이 서로 어떻게 연결되는지 분석하는 것이다.

> **TIPS!** --
>
> 내적 합치도에는 크론바하, 쿠드 = 리차든슨, 호이트 계수가 사용된다.

Answer 1.③ 2.④

3 다음 중 HTP를 해석할 때 틀린 것은?

① 그림에 나타난 인물이 크기는 자신감의 정도를 나타낸다.

② 견고함이 강조된 벽은 자아강도가 취약해져 있음을 나타낸다.

③ 선이 강한 경우 적극적인 사람으로 볼 수 있으나 간질이나 뇌 장애자에게서도 나타날 수 있다.

④ 선이 약할 경우 자신이 없는 사람이나 신경증적인 사람, 억압적인 사람으로 볼 수 있다.

⑤ 집은 잘 그렇지만 나무는 피로한 인상을 주고 사람은 머리만 그릴 경우 우울증을 의심한다.

TIPS!

자아강도가 취약해질 때 허술한 벽을 보인다.

4 다음 중 타당도의 종류와 개념을 잘못 설명한 것은 어느 것인가?

① 내용타당도는 목표로 삼고 있는 내용을 얼마나 제대로 평가하고 있는가를 말한다.

② 준거타당도는 검사 점수와 어떤 준거점수와의 상관을 구해 타당도를 추정한 것이다.

③ 대학입시가 대학에서의 학업성취를 정확하게 예언할수록 예언타당도는 높다.

④ 판별 타당도는 동일한 특성이 여러 가지 다른 방법에 의해 측정될 때 상관계수가 높다는 것을 나타내는 타당도를 말한다.

⑤ 공인타당도는 현재 측정한 점수가 기존의 다른 검사에서 얻은 점수와 얼마나 상관이 있느냐 하는 정도를 가리킨다.

TIPS!

서로 다른 개념을 측정하는 경우에는 동일한 측정방법을 사용하더라도 측정값 간에는 차별성이 나타나야 한다.

5 MMPI의 타당성 척도에서 부적 기울기를 보이는 사람의 특징은 어느 것인가?

① 바람직하지 못한 감정이나 충동 혹은 문제들을 회피하려는 사람

② 자신의 신체적 및 정서적 곤란을 인정하고, 문제해결 능력에 자신이 없는 사람이다.

③ 순박하고 교육수준이나 경제적 수준이 낮은 사람이다.

④ 일상생활에서 당면하는 문제들을 해결할 수 있는 능력이 있는 사람

⑤ 자신을 가능한 한 가장 좋게 보이려고 애쓰는 사람

TIPS!

L>F>K(하강형)은 자신을 좋게 보이려는 순진성으로 사소한 인간의 약점을 부인하고 세상을 선악의 양극으로 보려는 단순하고 융통성 없는 특성을 드러내며 심리적 통찰이 부족하다.

Answer 3.② 4.④ 5.③

6 다음 중 심리 평가의 요소에 해당하는 것은?

> ㉠ 심리검사　　　　　　　　　　㉡ 면담
> ㉢ 행동관찰　　　　　　　　　　㉣ 전문지식

① ㉠㉡㉢　　　　　　　　　　　　② ㉠㉡㉣
③ ㉠㉡㉣　　　　　　　　　　　　④ ㉡㉢㉣
⑤ ㉠㉡㉢㉣

> **TIPS!**
> 심리평가는 심리검사, 면접 및 행동관찰 등의 방법을 통해 얻어진 자료를 종합해 다양한 심리적 속성과 정신 병리를 밝히고 개인의 전체생활과 관련해 전문적인 결정을 내리는 과정이다.

7 다음 중 표준점수 Z점수와 T점수에 대한 내용을 틀린 것은?

① 표준편차를 하나의 단위로 하여 나타낸 점수로 평균으로 부터의 편차점수를 그 분포의 표준편차로 나누어 구하는데 이를 Z점수라고 한다.
② Z 점수는 평균이 0, 표준편차가 1인 분포를 말한다.
③ T 점수는 가장 많이 사용되는 표준점수로 Z 점수가 +, −, 소수점을 갖는 불편을 해소하기 위해 평균을 50, 표준편차를 0인 분포로 전환한 점수를 말한다.
④ T점수 = 10+50Z이다.
⑤ 흥미검사나 적성검사의 결과표에서 T점수가 높을수록 흥미나 적성이 높다.

> **TIPS!**
> T점수는 평균을 50, 표준편차로 한 점수이다(10Z+50).

Answer 6.⑤ 7.④

8 다음 설명 중 틀린 것은?

① 중앙치는 한 집단의 점수분포에서 전체 사례를 상위1/2가 하위 1/2로 나누는 점이다.

② 최빈치는 가장 많은 빈도를 지닌 점수를 말한다.

③ 사분편차는 자료를 쭉 늘어놓고 제일 작은 쪽에서 1/4과 3/4지점에 있는 두 개의 자료를 택하여 그 차이를 2로 나눈 값이다.

④ 집중 경향이 부적으로 편포되어 있을 경우 평균>중앙치>최빈치의 순으로 크다.

⑤ 범위는 점수분포에서 최고점수와 최하 점수까지의 거리를 의미한다.

> **TIPS!**
> 부적으로 편포되어 있을 경우 평균<중앙치<최빈치이다.

9 다음 보기 중 병전지능을 알 수 있는 소검사 내용은 어느 것인가?

┌───┐
│ ㉠ 기본 상식   ㉡ 숫자외우기   │
│ ㉢ 어휘검사   ㉣ 바꿔쓰기   │
│ ㉤ 토막짜기   │
└───┘

① ㉠㉡㉢   ② ㉠㉢㉤

③ ㉠㉡㉢㉣   ④ ㉠㉢㉣㉤

⑤ ㉠㉡㉢㉤

> **TIPS!**
> 병전지능은 안정성이 높은 검사로 어휘, 상식 토막짜기 등을 고려하여 추정한다.

10 다음 검사 해석시 T점수는 Z점수와 밀접한 관련이 있다. T점수가 60이라면 이에 해당하는 Z점수는 어느 것인가?

① 1   ② -1

③ 2   ④ -2

⑤ 0

> **TIPS!**
> $T = 10Z + 50$

Answer 8.④ 9.② 10.①

11 다음 중 투사적 성격검사와 비교해 볼 때 객관적 성격검사의 장점은?

① 객관성의 증대　　　　　　　　　② 반응의 다양성
③ 방어의 곤란　　　　　　　　　　④ 무의식적 내용의 반응
⑤ 다양한 주관적 해석 가능성

> **TIPS!**
>
> 객관적 검사는 검사의 시행과 채점, 해석의 간편성하고 시행이 시간이 비교적 짧고 검사의 신뢰도와 타당도
> 문제 높은 것이 특징이다.

12 다음 중 MMPI 타당도 척도에 대한 설명으로 틀린 것은 어느 것인가?

① ?척도에서 높은 점수가 후반부에서 응답하지 않은 것 때문이라면 임상척도에 미치는 영향을 그리 크지 않다.
② L척도는 자신을 좋게 보이려고 사소한 단점마저도 부인하는 세련되지 못한 방어를 평가한다.
③ F척도가 65T인 사람은 고의적으로 나쁘게 왜곡하여 대답했을 가능성이 있다.
④ 교정척도는 방어성과 경계심을 평가한다.
⑤ L척도의 점수가 낮은 사람은 자기 신뢰감이 높은 사람이라고 할 수 있고 K척도에서 높은 점수를 보이는
　사람은 자신에 대해 지나치게 방어적이고 긍정적인 면만을 보이려고 하는 사람이다.

> **TIPS!**
>
> F척도는 개인이 현재 느끼는 고통의 정도를 말한다. F척도가 높다는 것은 도움을 요청하는 것으로 해석할
> 수 있다.

13 다음 중 미네소타 다면적 인성검사에 대한 설명으로 틀린 것은?

① 경험적 방법에 의해 검사가 개발되었다.
② 성격검사 유형 중 객관적 성격검사에 해당하는 대표적 검사이다.
③ 4개의 타당성 척도와 10개의 임상척도 구성되어 있다.
④ 1차 목표는 정신과적 진단분류를 위한 것이며 일반적인 성격특성에 관한 것도 어느 정도 가능하다.
⑤ 논리적, 이성적 방법에 따라 제작되었다.

> **TIPS!**
>
> 경험적인 방법으로 개발되었다.

Answer　11.① 12.③ 13.⑤

14 다음 보기는 다면적 인성검사의 임상척도 중 어떤 척도에 대한 설명인가?

> • 이 척도에서 경미한 상승을 보이는 사람들의 긍정적인 특징은 감정이 풍부하고, 예민하고 너그럽고, 정이 많고, 낙천적이고, 우호적이다.
> • 이 사람들은 감정을 솔직히 표현하고 좋고 나쁜 것이 분명하다.
> • 그러나 스트레스를 받으면 이 같은 장점들은 심신장애나 부인 방어로 변모한다.

① 건강염려증   ② 히스테리 척도
③ 우울증 척도   ④ 강박증 척도
⑤ 경조증 척도

 TIPS!
히스테리는 내적인 갈등을 모호한 신체 증상으로 돌리고 현실적인 어려움이나 갈등을 회피하는 방법으로 부인 기제를 사용한다.

15 성격유형검사(MBTI)의 선호 지표에 대한 설명으로 적절한 것은 어느 것인가?

① 감각형 : 사람들의 모든 정보를 자신의 오감에 의존하여 받아들이는 경향이 있다.
② 판단형 : 삶을 통제하고 조절하기 보다는 상황에 맞추어 자율적으로 살아가길 원한다.
③ 감정형 : 객관적인 기준을 바탕으로 정보를 비교 분석하고 논리적 결과를 바탕으로 판단한다.
④ 직관형 : 내적 세계를 지향하므로 바깥 세계보다 자기 내부의 개념이나 생각 또는 이념에 관심을 둔다.
⑤ 사고형 : 미래 가능성에 초점을 두고 신속하고 비약적인 일처리를 한다.

TIPS!
정보수집(인식 기능)은 감각형과 직관형이 있다.

16 투사법 검사의 이론적 배경으로 적절한 것은 어느 것인가?

① 특질이론   ② 현상학적 이론
③ 정신분석적 이론   ④ 사회 학습이론
⑤ 학습이론

> **TIPS!**
> 프로이드의 동일화 기제(mechanism of identification)와 관련된다.

17 지능이론과 학자가 올바르게 짝지어진 것은 어느 것인가?

① 길포드는 지능을 일반요인과 특수요인으로 구분하였다.
② 카텔은 선천적인 결정성지능과 후천적인 유동성 지능으로 구분하였다.
③ 서스톤은 지능의 7요인설을 주장하고 이를 인간이 기본정신능력이라고 하였다.
④ 스피어만은 지능의 내용, 조작, 결과의 3차원적 구조모델을 제안하였다.
⑤ 가드너는 삼원지능으로 경험적, 맥락적, 성분적 요소를 강조하였다.

> **TIPS!**
> ① 스피어만 ② 선천적인 유동적 지능 ④ 길포드 ⑤ 스턴버그이론이다.

18 투사법의 특징으로 적절한 것은?

① 철저한 객관성   ② 반응의 동일성
③ 지시의 선명성   ④ 높은 신뢰도와 타당도
⑤ 검사자극의 애매성

① ~ ④는 객관성 검사의 특성이다.

Answer 16.③ 17.③ 18.⑤

19 다음 중 표준화와 규준에 관한 내용으로 틀린 것은 어느 것인가?

① 표준화는 검사의 실시와 점수화에 있어 동일한 절차를 사용하는 것이다.

② 표준화 검사에서 모든 수검자는 동일한 지시와 동일한 제한시간을 부여받는다.

③ 표준화 검사는 규준에 의해 절대적인 비교가 가능하다.

④ 규준은 모집단을 대표할 수 있도록 선정된 사람들의 표본이다.

⑤ 규준이 필요한 이유는 심리검사의 점수를 상대적으로 해석할 수 밖에 없기 때문이다.

> **TIPS!**
> 규준은 상대적인 비교를 위한 것이다.

20 NEO-PI-R에서 제시하는 5대 요인에 해당하는 것으로 모은 것은?

㉠ 신경증	㉡ 외향성 – 내향성
㉢ 개방성	㉣ 수용성
㉤ 허위성	

① ㉠㉡㉢㉣㉤　　　　　　　　　② ㉠㉢㉣

③ ㉠㉡㉢㉤　　　　　　　　　　④ ㉠㉣㉤

⑤ ㉡㉢㉣㉤

> **TIPS!**
> Big Five : 신경증, 외향성, 개방성, 수용성, 성실성이다.

21 다음 중 웩슬러의 동작성 검사의 내용이 아닌 것은?

① 차례맞추기　　　　　　　　　② 빠진곳 찾기

③ 토막짜기　　　　　　　　　　④ 바꿔쓰기

⑤ 숫자문제

> **TIPS!**
> 언어성 검사에는 기본지식, 숫자외우기, 어휘, 산수, 이해, 공통성 문제 등이 있다.

Answer 19.③ 20.② 21.⑤

22 약물 중독자들이나 비행 청소년 집단을 조사하기 위한 효과적인 표본추출 방법은?

① 할당 추출　　　　　　　　　　　② 의도적 표본 추출

③ 편의표본추출　　　　　　　　　　④ 군집표본추출

⑤ 눈덩이 표본추출

> **TIPS!**
> 제한된 표본에 해당하는 사람들로부터 추천 등을 통해 표본을 선정하는 과정을 되풀이 하여 마치 눈덩이를 굴리듯이 표본을 누적해가는 방법으로 연구자가 모집단의 구성원을 전부 파악하기 있지 못할 때 유용한 방법이다.

23 다음 신뢰도와 타당도에 관한 설명 중 맞는 것은 어느 것인가?

① 타당도의 확인은 연구자의 판단이 절대적이다.

② 신뢰도는 의도한 개념을 측정한 것인지 보여준다.

③ 측정값들의 일관성을 타당도라고 한다.

④ 크론바하 알파계수는 가장 널리 쓰이는 신뢰도 측정기법이다.

⑤ 측정값이 매번 다를 때 높은 신뢰도를 보인다.

> **TIPS!**
> 내적 일관성을 측정하는 도구로 가장 일반적으로 사용된다.

24 다음 중 모집단에서 추출한 표본이 모집단의 특성과 일치하지 않고 그 주위에 분산되어 있는 정보를 무엇이라고 하는가?

① 표준편차　　　　　　　　　　　② 표집간격

③ 신뢰구간　　　　　　　　　　　④ 표집오차

⑤ 비 표집오차

> **TIPS!**
> 모수치와 통계치의 차이 즉 표본추출로 야기되는 오차를 말한다.

Answer 22.⑤　23.④　24.④

25 다음 중 신뢰도와 타당도와의 관계에 대한 설명이 사실과 다른 것은?

① 타당도가 없어도 신뢰도를 가질 수 있다.
② 타당도가 있으면 반드시 신뢰가 있다.
③ 신뢰도는 타당도를 높이기 위한 충분조건이다.
④ 타당도를 높이기 위해서는 신뢰도가 높아야 한다.
⑤ 신뢰도가 높다는 것은 어떤 현상을 일관성 있게 측정할 수 있음을 의미한다.

 **TIPS!**

　　신뢰도는 타당도를 높이기 위한 필수조건이다.

26 명목 척도에 관한 설명 중 타당한 것은?

① 사회, 경제적 지위를 나타낸 것이다.
② 모든 통계방법의 적용이 가능하다.
③ 측정의 개별 값들은 포괄적, 상호 배타적이다.
④ 질적인 대소 등의 서열을 유지하기 위한 것이다.
⑤ 양적인 등간을 이루고 있다.

TIPS!

　　측정 대상이 그들이 속한 범주나 종류에 따라 분류될 수 있도록 측정대상에 수치나 부호를 부여하는 방법으로 사용된다. 대표적인 예가 성별, 주민등록번호와 같이 남자는 같다, 다르다의 정보만 제공된다.

27 MBTI(마이어스-브리그스)의 유형 지표에 관한 설명으로 틀린 것은?

① 자기보고식의 강제 선택형 검사이다.
② 외향형과 내형형의 성격차원은 세상에 대한 일반적인 태도와 관련된다.
③ 내담자가 선호하는 작업역할, 기능, 환경을 찾아내는데 유용하다.
④ 이 유형 지표는 논리적, 이론적 방법에 의한 검사이다.
⑤ 개인의 타고난 경향성을 재는 진단검사이다.

TIPS!

　　비진단검사이다.

Answer 25.③ 26.③ 27.⑤

28 BIG —FIVE 이론을 토대로 개발된 성격검사의 기본 차원 중에서 상상력, 문화, 정서 지적 호기심 등을 측정하는 소검사로 구성된 차원은?

① 외향성
② 호감성
③ 개방성
④ 성실성
⑤ 정서적 안정성

 TIPS!

호기심, 모험심, 예술적 감각 등으로 보수주의에 반대되는 성향으로 예술가, 발명가 등에서 많이 나타난다.

29 다음 중 현장 연구의 장점은?

① 외적 타당도가 높다.
② 가외변인의 영향을 엄격히 통제할 수 없다.
③ 피험자나 실험 조건의 무선 배치가 가능하다.
④ 독립변인을 자유롭게 조작할 수 있다.
⑤ 내적 타당도가 높다.

TIPS!

외적 타당도란 일반화 가능성을 의미한다.

30 검사 점수의 표준오차에 대한 다음 설명 중 맞는 것은?

① 검사의 표준오차는 클수록 좋다.
② 검사의 표준오차는 검사 점수의 타당도를 나타내는 수치이다.
③ 표준오차가 크더라도 검사 점수의 작은 차이를 중요하게 받아들여야 한다.
④ 표준오차는 표본오차와 같은 개념이다.
⑤ 표준오차를 고려할 때 오차범위안의 점수차이는 무시해도 된다.

TIPS!

표준오차는 적어야 하며, 오차범위안의 점수 차이는 무시해도 상관없다.

Answer 28.③ 29.① 30.⑤

31 문항 변별도에 관한 설명 중 틀린 것은?

① 변별도 지수(D)는 0.00에서 1.00의 값을 갖는다.

② 문항 변별도가 높으면 검사의 신뢰도를 향상시킬 수 있다.

③ 문항 변별도가 높다는 것은 높은 점수를 맞은 사람과 낮은 점수를 맞은 사람을 잘 구분한다는 것이다.

④ 변별도 지수(D)는 상위점수 집단과 하위점수 집단 각각에서 맞춘 사람들의 백분율 차이값을 말한다.

⑤ 문항 변별도와 문항 곤란도는 다른 개념이다.

TIPS!

변별도 지수는 −1 ~ +1사이에 분포한다.

32 준거참조 검사에 관한 설명으로 틀린 것은?

> ㉠ 검사점수를 다른 사람의 점수와 비교하여 어떤 수준인지 알아낸다.
> ㉡ 상대적인 정보를 제공한다.
> ㉢ 성격이나 적성검사에 주로 사용된다.
> ㉣ 기준 점수는 검사, 조직의 특성, 시기 등에 따라 달라 질 수 있다.

① ㉣

② ㉠㉡㉢

③ ㉠㉢

④ ㉡㉢㉣

⑤ ㉡㉣

TIPS!

준거참조는 절대평가를 의미한다.

Answer 31.① 32.②

33 한국판 웩슬러 성인 지능검사의 특징이 아닌 것은?

① 언어성과 동작성으로 이루어졌다.

② 반응양식, 검사 행동양식으로 개인의 독특한 심리특성도 파악할 수 있다.

③ 신뢰도와 타당도가 높다.

④ 객관적 검사의 형태이다.

⑤ 숫자외우기, 추리력, 어휘문제 등의 소검사가 포함된다.

 TIPS!

추리력은 포함되지 않는다.

34 타당도에 대한 설명 중 틀린 것은?

① 내용타당도는 내용 영역을 얼마나 정확하고 자세하게 기술하는 가에 달려 있다.

② 구성타당도가 높으려면 수렴타당도는 높아야 하고 변별타당도는 낮아야 한다.

③ 준거관련 타당도는 현재에 초점을 맞춘 동시타당도와 미래에 초점을 맞춘 예언타당도로 구분 할 수 있다.

④ 검사의 신뢰도는 타당도 계수의 크기에 영향을 준다.

⑤ 구성타당도를 평가하는 방법으로 요인분석방법이 있다.

TIPS!

변별타당도도 높아야 한다.

35 K-WAIS의 동작성 검사에 해당되지 않는 것은?

① 바꿔 쓰기   ② 토막 짜기

③ 숫자 외우기   ④ 빠진 곳 찾기

⑤ 차례 맞추기

TIPS!

동작성 검사는 바꿔 쓰기, 토막 짜기, 빠진 곳 찾기, 차례 맞추기, 모양 맞추기 등이다.

Answer 33.⑤ 34.② 35.③

36 공간지각 적성검사에서 순이의 백분위 점수가 65일때 그 의미로 가장 타당한 것은?

① 순이는 그 검사를 본 65명의 학생보다 높은 점수를 얻었다.

② 순이는 그 검사를 본 사람들 중 56번째이다.

③ 순이의 점수는 그 검사를 본 사람들의 65%에 속한다.

④ 순이의 점수는 평균점수보다 15점 높다.

⑤ 순이의 점수보다 높은 사람이 전체의 65%가 된다.

> **TIPS!**
>
> 백분위 점수는 100개의 동일한 구간으로 점수를 분포하여 변환점수를 부여한 것이다. 최저점수에서부터 등수가 정해지므로 백분위가 낮을수록 개인 성적은 나쁘며, 백분위 점수는 계산이 간편하고 이해가 쉬워 심리검사에서 보편적으로 이용할 수 있는 장점이 있다.

37 지능검사 점수와 학교 성적간의 상관계수가 40일 때 가장 적절한 설명은?

① 지능검사를 받은 학생들 중 40%가 높은 학교성적을 받을 것이다.

② 지능 검사를 받은 학생들 중 16%가 높은 학교성적을 받을 것이다.

③ 학교에서 성적에 관한 변량의 40%가 지능검사에 의해 설명될 것이다.

④ 학교에서의 성적에 관한 변량의 16%가 지능검사에 의해 설명될 것이다.

⑤ 학교에서 성적에 관한 변량의 4%가 지능검사에 의해 설명될 것이다.

> **TIPS!**
>
> 상관계수는 두 값 사이의 상관관계의 정도를 나타낸 계수로 제곱을 해석한다. 이를 결정계수라고 한다.

Answer 36.③ 37.④

38 다음 중 비표준화 검사와 비교할 때 표준화 검사의 특징에 해당하는 것은?

> ㉠ 검사의 실시와 채점이 객관적이다.
> ㉡ 체계적 오차는 있어도 무선적 오차는 없다.
> ㉢ 신뢰도와 타당도가 높다.
> ㉣ 규준집단에 비교해서 피검사자의 상대적 위치를 알 수 있다.

① ㉠㉡   ② ㉠㉢
③ ㉡㉢   ④ ㉡㉢㉣
⑤ ㉠㉢㉣

TIPS! ···

개인의 능력, 기식 및 심리적 특성을 비슷한 연령의 다른 연령 집단과 비교하여 수행수준을 결정할 목적으로 전문가에 의해 개발되고 표준적인 절차에 의해 실시되는 검사이다.

39 MBTI의 유형지표에서 다음에 해당하는 유형은 무슨 유형인가?

> ㉠ 언제나 약속을 지키고 약속 그 자체를 위한 시간과 장소를 가지는 일을 더 선호한다.
> ㉡ 조직과 위계, 규칙 및 규정을 감지하는 경향이 있다.

① 직관형(N)   ② 감각형(S)
③ 사고형(T)   ④ 인식형(P)
⑤ 판단형(J)

TIPS! ···

판단형은 의사결정이 신속하고 해야 할 일을 계획하고 그것에 따라 행동하는 경향이 있다.

Answer 38.⑤ 39.⑤

40 변수와 측정 수준의 연결이 올바른 것은?

① 직업분류 – 등간변수
② 생계급여액 – 서열변수
③ 상담센터 근무연수 – 명목변수
④ 심리학과 졸업생수 – 비율변수
⑤ 복지비 지출의 국가 간 순위 – 명목변수

> **TIPS!**
> 절대적 영점(Zero)이 존재하고, 척도값을 비례식에 의해 계산할 수 있는 척도를 말한다. 일상에 쉽게 활용하는 수치적 데이터들이 대부분 비율척도로 이루어져 있다.

41 신뢰도를 측정하기 위한 방법으로 틀린 것은?

① 반분법은 척도의 문항을 둘로 나누어 동시에 측정한다.
② 재검사법은 절차가 간단하다.
③ 반분법은 검사 효과를 제거할 수 있다.
④ 크론바하 알파계수는 문항들간의 상관관계를 측정한 값이다.
⑤ 대안비교법은 같은 척도를 두 번 측정한 값의 상관관계를 측정한 것이다.

> **TIPS!**
> 같은 척도를 두 번 측정한 것은 검사-재검사 신뢰도이다.

42 다음 설명 중 틀린 것은?

① 측정은 평가와 검사를 포함하는 개념이다.
② 평가는 측정과 검사를 포함하는 개념이다.
③ 측정은 물체나 인간이 가지고 있는 어떤 속성을 수량화하는 과정이다.
④ 평가는 인간, 프로그램, 사물의 속성과 특성을 측정한 결과를 가지고 가치를 판단하는 행위이다.
⑤ 검사는 대답될 일련의 질문과 과제를 제시해 놓은 것으로 적성검사, 성격검사, 학업성취도 검사 등이 있다.

> **TIPS!**
> 측정은 판단이나 평가 활동의 기초가 되는 것으로 계량화가 어려운 질적 속성에 수치를 부여하고 분류할 수 있도록 돕는 것, 규칙에 의거하여 대상이나 사건에 수를 할당하는 것, 추상적, 이론적 세계를 경험의 세계로 연결시키는 수단을 말한다.

Answer 40.④ 41.⑤ 42.①

43 인지적 검사의 특징에 해당되지 않는 것은?

① 극대수행검사　　　　　　　　　　② 습관적 수행검사
③ 문항에 정답이 있음　　　　　　　④ 응답의 시간제한이 있음
⑤ 최대한의 능력발휘 요구

인지적 검사는 대부분 능력검사이다. 습관적 수행검사는 성향 검사를 의미한다.

44 규준의 개념 및 필요성에 대한 내용으로 틀린 것은?

① 규준은 심리검사의 점수는 상대적인 것이며 상대적 점수 해석을 위한 기준이다.
② 규준은 대표집단의 사람들에게 실시한 검사 점수를 일정한 분포도로 작성한다.
③ 규준의 제작은 모집단에 대한 대표성을 확보할 수 있는 표본추출 방법을 이용한다.
④ 심리검사에서 규준을 마련하는 것은 검사 해석을 위해 반드시 필요한 작업이다.
⑤ 원점수로 상대적인 비교가 가능하다.

TIPS!

원점수는 어떤 시험 결과 채점에서 얻은 그대로의 점수로 그 자체로는 의미를 갖지 못한다.

45 다음 중 규준지향평가의 특징으로 볼 수 없는 것은?

① 개인차 범위의 극대화를 통해 엄밀하고 정확한 측정을 시도한다.
② 이 평가로 얻은 원점수를 바르게 해석하기 위해서는 비교척도가 필요하다.
③ 적절한 환경과 노력이 있다면 모두 기대수준에 도달할 수 있다는 믿음을 가지고 있다.
④ 목표 달성 여부보다는 학생 간의 상호 비교에 몰두하게 하여 교수-학습 과정의 개선에 의미 있는 시사를 주기 어렵다.

TIPS!

규준지향은 상대평가를 말한다.

Answer 43.② 44.⑤ 45.③

46 다음 중 곤란도와 변별도를 바르게 활용한 사례는?

① 변별도를 높이기 위해 시험 문제를 어렵게 만들었다.
② 변별도 지수가 '0'이거나 음수로 나온 문항은 제외시켰다.
③ 특히 목표지향 평가를 실시할 때 곤란도와 변별도를 중요하게 고려하였다.
④ 상위 집단과 하위 집단 간의 반응의 차이를 알아보기 위해 곤란도를 산출하였다.

> **TIPS!**
>
> 변별도 지수가 0이라면 그 문항이 능력을 변별하지 못한다는 뜻이다.

47 정상분포이론을 전통적인 평가에서 활용한 이유로 적당하지 않은 것은?

① 개인차 변별에 적합한 곡선이라는 점이다.
② 절대적 평가의 입장에서 해석이 유리하다는 점이다.
③ 통계적, 수리적으로 편리하다는 점이다.
④ 직접적으로 측정할 수 있는 인간의 신체적 특성의 분포가 대체적으로 정상분포를 이룬다는 점이다.
⑤ 상대평가의 입장에서 해석이 유리하다는 점이다.

> **TIPS!**
>
> 상대적인 비교를 용이하게 하기 위해 정상분포 곡선을 사용한다.

48 수치특성은 전혀 가지고 있지 않고 한 측정치상에서 관찰된 두 개체가 서로 다르거나 같다는 정보만을 제공하는 척도의 예에 해당하는 것은?

① 35m는 7m의 5배이다.
② 1점과 2점을 받은 두 아이의 차는 4점과 5점을 받은 두 아이의 차와 반드시 같다고 할 수 없다.
③ 컴퓨터에서 남자에게는 1, 여자에게는 2라는 숫자를 할당했다.
④ 12C와 24C의 차는 24C와 36C의 차와 같다.
⑤ 학교 성적을 우, 수, 미, 양, 가로 구분하였다.

> **TIPS!**
>
> 명명척도에 대한 설명이다.

Answer 46.② 47.② 48.③

49 오늘날 학생들의 지능을 알기 위해 비율 IQ에 비해 편차 IQ를 많이 사용하고 있는데 그 이유라고 볼 수 없는 것은?

① 비율IQ는 척도의 등간성과 절대영점을 가질 수 없다.
② 지능지수는 상대평가보다는 절대기준 평가의 원리에 따라 해석하는 것이 보다 더 신뢰성이 있기 때문이다.
③ 비율 IQ로는 지능이 특별히 높거나 낮은 아동의 지능검사 결과를 해석하는데 무리가 있다.
④ 생활연령은 꾸준히 변화하는 반면 정신연령의 변화 정도는 사람에 따라 다르게 나타난다.
⑤ 60대기 획득한 120점과 20대가 획득한 120점이 해딩 연령집단에서 동질적인 위치에 있음을 나타낸나.

> **TIPS!**
> 편차 IQ 상대적인 비교가 용이하다.

50 다음 설명들은 집중경향치의 성질에 대한 것이다. 이 중 틀린 것은?

① 통계적 정밀도의 수준에서 본다면 최빈치가 가장 높고 다음이 중앙치, 평균치의 순이다.
② 표집에 따라 가장 안정된 값을 나타내는 것은 평균치이다.
③ 집중경향이란 한 집단의 어떤 특성을 점수화하였을 때 이 집단의 특징을 하나의 수치로서 대표하고자 하는 것을 말한다.
④ 하나의 대표치로서 평균치는 등간척도나 비율척도에 적절하며 중앙치는 서열척도 이상에서 최빈값은 모든 척도에서 사용될 수 있다.
⑤ 정상분포일 때 평균치와 중앙치, 최빈치는 한 점에 모인다.

> **TIPS!**
> 평균치가 통계적 정밀도가 가장 높다.

51 통계적으로 가장 유용하게 쓰이는 표준편차에 대한 설명 중 가장 적절한 것은?

① 한집단의 모든 수에 일정한 수를 곱하거나 나누어도 표준편차는 동일하다.
② 표준편차 계산에 이용되는 평균으로부터의 편차점수의 자승화는 다른 어떤 기준으로부터의 자승화보다 최대가 된다.
③ 표준편차는 표집에 따른 변화, 즉 표지오차가 가장 크다.
④ 한 집단의 모든 점수에 일정한 상수 C를 곱하면 C배 만큼 증가한다.
⑤ 표준편차는 정상분포와 일정한 체계를 가지고 있다.

> **TIPS!**
> 1 표준편차에 전체 사례수의 68%, 2 표준편차에 95%, 3 표준편차에 99%가 포함되어 있다.

Answer 49.② 50.① 51.⑤

52 다음 〈보기〉에서 표준편차의 특징으로 묶어져 있는 것은?

> ⊙ 표준편차는 그 계산에 있어서 모든 점수를 고려한다.
> ⊙ 한 집단의 모든 점수에 일정한 수를 더하거나 빼도 표준편차는 변하지 않는다.
> ⊙ 표준 편차는 평균으로부터의 편차점수의 자승합은 다른 어떤 기준으로부터의 자승합보다 최소가 된다.
> ⊙ 표준편차는 정상분포와 일정한 체계적인 관계를 갖고 있다.

① ⊙⊙
② ⊙⊙
③ ⊙⊙⊙
④ ⊙⊙⊙
⑤ ⊙⊙⊙⊙

> **TIPS!**
> 표준편차는 분산의 양의 제곱근이다.

53 다음 중 정규분포의 특징에 해당되는 것은?

> ⊙ 중심부분의 꼭지에서 경사가 조금 완만하다가 갑자기 경사가 급하게 되고 다시 그 경사가 완만해지는 분포이다.
> ⊙ 평균, 중앙치는 일치하나 최빈치는 일치하지 않는 분포이다.
> ⊙ 하나의 꼭짓점을 갖는다.
> ⊙ 평균을 기준으로 한 좌우 대칭형이다.
> ⊙ 분포에 따라 꼭짓점은 하나 이상 가질 수 있다.

① ⊙⊙⊙
② ⊙⊙⊙
③ ⊙⊙⊙
④ ⊙⊙⊙
⑤ ⊙⊙⊙⊙

> **TIPS!**
> 평균값을 중앙으로 하여 좌우 대칭인 종 모양을 이루는 분포를 말한다.

Answer 52.⑤ 53.④

54 기말고사 결과 정상분포를 이루는 100명의 집단에서 평균이 60점이고 표준편차가 15일 때 75점 이상은 약 몇 명 이라고 판단할 수 있는가?

① 13명　　　　　　　　　　　　　　　② 16명

③ 32명　　　　　　　　　　　　　　　④ 34명

⑤ 68

> **⚡TIPS!**
> 75점은 1 표준편차에 속한다. 정상분포의 경우 1표준편차에는 68%가 속하기 때문에 75점은 50%+34＝84% 이므로 1 표준편차 위의 사례수는 16%이다.

55 평균이 50이고 표준편차가 10인 정상분포상에서 백분위 25에 해당하는 점수는 얼마인가?

① 5.67　　　　　　　　　　　　　　　② 56.7

③ 34　　　　　　　　　　　　　　　　④ 43.3

⑤ 4.33

> **⚡TIPS!**
> 백분위는 25는 40점과 50점 사이에 분포한다.

56 상관계수에 대한 설명으로 틀린 것은?

① 상관계수는 두 변인의 상관 정도에 따라 +1.00 ～ −1.00까지 변산 되어있다.

② 상관계수가 1.00이면 두 변인이 완전한 상관을 갖고 있다는 것을 의미한다.

③ 상관계수가 −1.00이면 두 변인이 상관이 전혀 없다는 것을 의미한다.

④ +와 −는 상관의 방향을 나타낸다.

⑤ 상관 계수가 0이면 상관이 거의 없다는 것이다.

> **⚡TIPS!**
> 부적상관은 상관의 방향이 반대이지 상관이 없는 것은 아니다.

Answer　54.②　55.④　56.③

57 상관계수에 대한 설명 중 가장 적절한 것은?

① 상관계수는 −1에서 +1의 값의 갖는다.

② x, y 두 변인에 일정한 수를 가감승제하면 상관계수 r은 그만큼 변한다.

③ 부적상관이란 한 변인의 값이 감소하면 다른 변인의 값도 감소하는 경우를 말한다.

④ 두 변인 간에 상관이 있다는 것은 인과관계가 있다는 것을 의미한다.

⑤ 두 변인은 곡선관계를 가진다는 것을 의미한다.

> **TIPS!**
> 어떤 두 변수 사이의 선형적(직선적) 관계를 수치로 표시한 것을 상관계수라고 한다.

58 다음 중에서 IQ에 대한 설명으로 옳은 것은?

① 지능검사의 결과는 인간의 학습능력을 전적으로 대표할 수 있다.

② 지능검사는 언어능력과 관계가 있으나 언어능력은 문화적 환경과 상관은 낮다.

③ 지능검사 결과는 100% 믿을 만하다.

④ 평균이 100, 표준편차가 15인 Wechsler지능검사는 대부분의 사람들은 약 85에서 115사이의 지능을 지니고 있다고 해석할 수 있다.

⑤ 지능은 변화되지 않는다.

> **TIPS!**
> 웩슬러 지능검사는 개인이 속한 해당 연령집단에서의 상대적인 위치를 지능지수로 환산하는 편차지능지수 사용각 개인의 소검사 원점수를 객관적으로 평가(소검사 평균 10, 표준편차 3)

Answer 57.① 58.④

59 다음 규준점수들 가운데 가장 높은 점수는?

① 백분위 60점
② 백분위 80점
③ C점수 4점
④ Z점수 2점
⑤ T점수 60점

Z점수 2는 백분위 97.5%이다.

60 다음에서 지능 및 지능검사에 관한 설명으로 적절하지 않은 것은?

① 지능은 시간의 경과에 따라 변하는 특징을 갖고 있다.
② 편차 IQ란 한 개인의 지능을 그와 동일 연령 집단 내에서 상대적 위치로 규정한 IQ이다.
③ 지능검사는 개인의 교육적, 문화적 경험과 독립적이다.
④ 지능 검사는 속도검사이며 최대능력 검사이다.
⑤ 단일 요인으로서는 학업성취도를 가장 잘 예언해 준다.

TIPS!

특히 언어성 검사의 경우 교육적, 문화적 배경에 민감하다.

61 스탠포드-비네 지능검사의 설명으로 적절하지 않은 것은?

① 1916년 판에서 처음으로 지능지수의 개념을 사용하였으며 1937년에 폭넓게 개정하였다.
② 나이 어린 피험자는 동작형식의 문항을 많이 사용하고 정상 성인은 언어로 된 문장을 많이 사용하였다.
③ IQ=MA/CA×100을 사용하였다.
④ 실제에 있어 정신발달의 속도가 일정치 않아 생활연령 13세 이후에는 교정연령을 사용하였다.
⑤ 개인형 지능검사로 편차 IQ를 사용하였다.

TIPS!

비율 IQ를 사용한다.

Answer 59.④ 60.③ 61.⑤

62 분필의 길이를 10번 측정한 결과 5.0, 5.5, 5.2, 5.2, 5.3, 5.4, 5.5, 5.5, 5.3, 5.4cm 라는 자료를 얻었다. 최빈치는 얼마인가?

① 5.0   ② 5.2
③ 5.3   ④ 5.4
⑤ 5.5

> **TIPS!**
> 최빈치는 빈도가 가장 많은 것을 말한다.

63 다음 설명 중 적절하지 않은 것은?

① 한 집단의 점수 분포를 하나의 값으로 요약 기술해주는 지수를 변산도라고 한다.
② 정상분포곡선하에서 평균치＝중앙치＝최빈치이다.
③ 부적으로 편포되어 있을 경우 값의 크기는 최빈치＞중앙치＞평균치이다.
④ 정적으로 편포되어 있을 경우 값의 크기는 평균치＞중앙치＞최빈치이다.
⑤ 한 집단의 속하는 모든 점수의 합을 사례수로 나눈 것을 평균치라고 한다.

> **TIPS!**
> 한 집단의 점수 분포를 하나의 값으로 요약 기술해주는 지수는 집중경향치이다.

64 표준편차의 특징에 대한 다음 설명 중 적절한 것은?

① 극단적인 점수의 영향을 덜 받는다.
② 다른 변산도 지수에 비해 표준오차가 가장 크다.
③ 한 집단의 모든 점수에 일정한 수를 더하거나 빼도 표준편차는 동일한다.
④ 한 집단의 모든 점수에 일정한 수를 곱하거나 나누어도 표준편차는 동일하다.
⑤ 표준 편차와 정상분포와는 아무런 관계가 없다.

> **TIPS!**
> 평균과 마찬가지로 모든 점수수의 영향을 받는다. 극단치가 있을 경우 사분편차를 사용한다.

Answer 62.⑤ 63.① 64.③

65 산술평균에 관한 설명 중 적절하지 않은 것은?

① 모든 점수와 평균치간의 점수의 차를 더하면 0이다.
② 평균은 점수 분포의 균형을 이루는 무게중심이다.
③ 한 집단의 점수분포의 흩어진 정도를 요약, 기술해주는 지수이다.
④ 평균을 중심으로 얻어진 편차점수의 제곱의 합은 다른 어떤 값을 기준으로 얻은 편차점수의 제곱의 합보다 작다.
⑤ 극단적인 점수의 영향을 받는다.

> **TIPS!**
> 한 집단의 점수분포의 흩어진 정도를 요약, 기술해주는 지수는 변산도이다.

66 어떤 지능검사의 평균이 100, 표준편차가 15라고 할 때 정상분포 곡선하에서 지능 지수 70~130에 해당하는 인원은 전체의 몇 %인가?

① 68%   ② 90%
③ 95%   ④ 97%
⑤ 99%

> **TIPS!**
> 2 표준편차의 범위를 말한다.

67 피검사자의 관찰 점수를 가지고 진(眞)점수를 추정하는데 생기는 오차를 무엇이라고 하는가?

① 표준편차   ② 표집오차
③ 측정의 표준오차   ④ 사분편차
⑤ 평균편차

> **TIPS!**
> 표집을 여러 번 했을 때 각 표본의 평균이 전체 평균과 얼마나 차이를 보이는 가를 알 수 있는 추정량의 정도를 나타낸다.

Answer 65.③ 66.③ 67.③

68 주제통각검사(Thematic Apperception Test:TAT)에 대한 설명으로 틀린 것은?

① 자아와 환경관계, 역동을 평가하는 검사이다.
② 개인이 자각하지 못하는 억제된 요소들까지 드러나게 해준다.
③ 한 장의 백지카드가 포함되어 있다
④ 31장의 카드로 구성되어 있으며, 각 카드마다 평범반응과 채점기준이 명시되어 있는 구조적 검사이다.
⑤ 정신분석학에 기반을 두고 있다.

 **TIPS!**
TAT 검사는 비구조화 검사이다.

69 검사 실시와 관련해서 고려할 사항으로 적절하지 않은 것은?

① 검사의 목적에 맞는 검사를 선택해야 한다.
② 검사자는 검사의 결과를 해석하거나 전달할 때에는 매우 신중하여야 한다.
③ 검사는 전문가가 한 것이므로 피검사자는 검사 결과에 대해 수용해야 할 의무가 있다.
④ 검사결과가 피 검사자에게 불이익을 주거나 잘못 사용되지 않도록 주의하여야 한다.
⑤ 검사 내용이 밖으로 유출되지 않도록 하여야 한다.

TIPS!
수용해야할 의무가 있는 것은 아니다.

70 로샤검사에서 반응의 결정인인 운동반응(M)에 대한 설명으로 틀린 것은?

① M 반응이 많은 사람은 행동이 안정되어 있고 능력이 뛰어남을 나타낸다.
② M 반응이 많을수록 그 사람은 그의 세계의 지각을 풍부하게 만들기 위해 자유롭게 구사할 수 있는 상상력을 지니고 있다.
③ 상쾌한 기분은 M 반응의 수를 증가시킨다.
④ 좋은 형태의 수준을 가진 M의 출현은 높은 지능의 존재를 부정하는 것이다.
⑤ 좋은 형태의 수준을 가진 M이 많이 나타난다는 사실은 높은 지능을 의미한다.

TIPS!
M은 개념화 욕구, 스트레스로 해석된다.

Answer 68.④ 69.③ 70.④

71 MMPI의 임상척도와 그 척도의 높은 점수에 해당하는 사람들이 주로 사용하는 방어기제의 짝으로 옳은 것은?

① 척도 3(히스테리) : 주지화
② 척도 4(반사회성) : 억압
③ 척도 6(편집증) : 투사
④ 척도 0(사회적 내향성) : 퇴행
⑤ 척도 9(경조증) : 합리화

72 어떤 아이의 키를 측정했더니 138.5cm였다. 정확 상한계는?

① 138cm
② 138.45cm
③ 138.55cm
④ 139cm
⑤ 140cm

73 써스톤이 주장하는 일곱가지 기초 정신 능력에 해당하지 않은 것은?

① 지각속도
② 기억력
③ 추리력
④ 언어 유창성
⑤ 창의력

74 슈퍼의 직업의식 발달 순서가 순서대로 나열된 것은?

① 성장기−탐색기−확립기−유지기−쇠퇴기
② 성장기−탐색기−유지기−확립기−쇠퇴기
③ 탐색기−성장기−확립기−유지기−쇠퇴기
④ 탐색기−성장기−유지기−확립기−쇠퇴기
⑤ 탐색기−확립기−성장기−유지기−쇠퇴기

> **TIPS!**
> 슈퍼는 진로 의식발달이 일생동안 일어난다고 하였다.

75 홀랜드의 여섯 가지 성격 유형 중 정해진 원칙과 규칙에 따라서 자료를 기록. 정리, 조직하는 일을 좋아하며 사무 및 행정적인 일을 선호하는 성격유형은?

① 관습적 ② 실제적
③ 예술적 ④ 사회적
⑤ 탐구적

> **TIPS!**
> 애매하고, 비구조적인 활동을 피하는 경향이 있다.

76 심리검사의 발달과 더불어 각광을 받아온 진로 지도 이론으로서, 개인차 심리학과 응용심리학에 근거를 두고 있는 이론은?

① 사회이론 ② 의사결정 이론
③ 특성요인 이론 ④ 심리 이론
⑤ 욕구이론

> **TIPS!**
> 개인이 가진 특성을 심리검사를 통해 밝혀내고 직무분석을 통해 추출한 각각의 직업에서 요구되는 특성을 매칭하는 것을 말한다.

Answer 74.① 75.① 76.③

77 산술평균은 M, 중앙치 Mdn, 최빈치를 Md라고 할 때 M − Mdn의 값이 +로 나타나는 분포는?

① 부적분포

② 정적분포

③ 표집분포

④ 평균분포

⑤ 정규분포

TIPS!
꼬리쪽이 양수쪽인 분포를 정적 분포라고 한다.

78 추상적 · 이론적 세계와 경험적 세계를 연결시켜 주는 수단이 되는 것은?

① 치료

② 이해

③ 측정

④ 연구

⑤ 비평

TIPS!
측정은 개념 또는 변수를 현실 세계에서 관찰 가능한 자료와 연결시켜 주는 과정이자, 질적 속성을 양적 속성으로 전환하는 작업이다.

79 다음 중 심리측정의 특성으로 볼 수 없는 것은?

① 기술성

② 절대성

③ 간접성

④ 수량화

⑤ 효율성

TIPS!
심리측정의 특성
㉠ 기술성 : 심리측정은 특정한 순간 개인의 수행 능력을 기술하는 것이다.
㉡ 상대성 : 심리측정은 개인간의 차이를 파악하기 위해 절대적인 기준보다는 상대적인 기준이 더 유용하다.
㉢ 간접성 : 추상적인 개념을 간접적으로 측정한다. 심리측정을 위해서는 신뢰할 수 있는 측정도구인 심리검사가 필요하다.
㉣ 수량화 : 심리적 특성을 재는 것과 함께 그 결과를 척도에 따라 수량화하는 것이 심리측정이다. 심리적 특성을 수량화하게 되면 표준화 · 규격화도 가능하고 공평성도 유지할 수 있다.
㉤ 효율성 : 정보수집의 효율성에 있는 것이 심리측정이다.

Answer 77.② 78.③ 79.②

80 심리측정의 특성 중 추상적인 개념과 가장 관련이 깊은 것은?

① 상대성   ② 간접성

③ 기술성   ④ 효율성

⑤ 수량화

> **TIPS!**
> 간접성은 추상적인 개념을 간접적으로 측정하는 것이다.

81 측정의 연결이 잘못된 것은?

① 청소년상담사 자격 등급 – 등간측정

② 청소년상담사 시험 응시자수 – 비율측정

③ 화씨온도 – 등간측정

④ 계절 – 명목측정

⑤ 색깔의 선호도 – 서열측정

> **TIPS!**
> 서열측정은 명목측정에서처럼 측정대상인 사물이나 현상을 분류하고 명칭을 부여할 뿐만 아니라, 나아가서
> 는 순서 또는 서열까지 부여한다. 청소년상담사의 자격을 1급, 2급, 3급으로 구분하는 것은 서열측정에 따
> 른 구분이다.

82 리커트척도에 대한 설명으로 옳은 것은?

① 리커트척도는 등간 – 비율수준의 척도이다.

② 단일차원적이고 누적적인 척도를 구성한다.

③ 실용적이며 사용의 용이성이 높아 널리 쓰인다.

④ 사전 심사자의 주관적 개입이 반영된다.

⑤ 문항마다 서로 다른 척도값을 부여한다.

> **TIPS!**
> 리커트척도는 여러 개의 문항으로 피검사자의 태도를 측정하고 해당 항목에 대한 측정치를 합산하여 피검사
> 자의 태도를 점수로 나타내는 것이다. 이것은 실용적이고 사용의 용이성이 높아 널리 쓰인다.

Answer   80.②   81.①   82.③

83 등간측정에 관한 내용 중에서 틀린 것은?

① 사물이나 현상을 분류하고 서열을 정할 수 있다.

② 변수간 카테고리 사이의 거리 또는 가치가 동일한 경우에 측정이 가능하다.

③ 질적 자료를 상대로 한다.

④ 검사자가 변수를 배타적으로 분류할 수 있다.

⑤ 등간측정의 대표적인 것으로는 IQ와 온도의 측정이 있다.

> **⑨ TIPS!**
> 등간측정은 가감과 같은 수학적 조작을 가능하게 하는 양적 자료를 상대로 한다.

84 남녀의 성별을 구별하기 위해, 기혼·미혼의 결혼상태를 구별하기 위해, 또는 자녀 유무를 구별하기 위해 1과 2의 숫자를 부여하는 경우의 척도는?

① 합의척도   ② 명목척도

③ 비율척도   ④ 서열척도

⑤ 등간척도

> **⑨ TIPS!**
> 명목척도는 측정대상이 몇 개의 상호배타적인 범주로 구분된 것에 부여된 수칙이다.

85 IQ점수는 다음 중 어떤 척도에 해당되는가?

① 서열척도   ② 명목척도

③ 등간척도   ④ 비율척도

⑤ 합의척도

> **⑨ TIPS!**
> 서열척도는 측정대상의 속성에 따른 순서대로 구분하는 것으로 그 차이의 정도를 나타내는 것은 아니다. 통계기법에는 중위수, 순위상관계수가 있다. 예) IQ점수, 수학의 부등호

Answer 83.③ 84.② 85.③

86 다음 타당도 중 요인분석과 관련이 적은 것은?

> ㉠ 구성타당도   ㉡ 판별타당도
>
> ㉢ 수렴타당도   ㉣ 내용타당도

① ㉠㉡㉢   ② ㉠㉢

③ ㉡㉣   ④ ㉣

⑤ ㉠㉡㉢㉣

> **TIPS!**
>
> 요인분석이란 변수들 간의 구조를 파악하고, 심사자가 어떤 개념을 여러 가지 변수를 사용하여 측정하려고 할 때 척도를 구성하게 되는데, 하나의 요인으로 묶이는 변수들은 타당도가 높고, 그렇지 못한 변수는 상이한 개념 으로 분류되어 제외시키는 방법으로, 수렴타당도 · 구성타당도 · 판별타당도 등이 이에 속한다.

87 다음 중 구성개념타당도를 측정하는 방법으로 가장 널리 사용되는 것은?

① 요인분석   ② 기존의 지식과 이론

③ 무작위표본추출   ④ 패널토의

⑤ 워크숍

> **TIPS!**
>
> 구성개념타당도의 측정방법으로 가장 널리 사용되는 요인분석의 기본원리는 항목들 간의 상관관계가 높은 것끼리 묶어 공통요인을 추출하는 것이다.

88 동일한 대상에 대해 같거나 유사한 측정도구를 사용하여 반복 측정할 경우에 비슷한 결과를 얻을 수 있는 정도를 무엇이라 하는가?

① 상관계수   ② 신뢰도

③ 효과성   ④ 타당도

⑤ 실현 가능성

> **TIPS!**
>
> 신뢰도는 측정을 반복할 때 동일한 측정결과를 가져온다면 측정결과를 예측할 수 있고, 따라서 안정성이 높다고 할 수 있다.

Answer 86.④ 87.① 88.②

89 신뢰도 제고방안으로 볼 수 없는 것은?

① 모호하게 작성된 문항은 배제시킨다.

② 자료수집과정에서 측정의 일관성을 보장할 수 있도록 한다.

③ 심사대상자가 잘 모르거나 전혀 관심이 없는 내용은 측정하지 않는 것이 좋다.

④ 동일한 질문이나 유사한 질문은 2회 이상 한다.

⑤ 측정의 항목수를 줄인다.

 TIPS!

측정도구의 신뢰도를 확보하기 위해서 측정의 항목수를 늘려야 한다. 측정의 문항이 많아지면 측정값들의 평균치가 측정하고자 하는 속성의 실제값에 가까워지기 때문이다.

90 다음 중 오차에 관한 내용 중 잘못된 것은?

① 오차가 일어나는 것은 측정도구 자체의 결함 때문이다.

② 검사문항에서 요구하는 반응이 명료할수록 오차가 발생할 가능성이 높다.

③ 인간의 생리적 현상을 측정하는 경우에 오차가 일어난다.

④ 검사실시 요령을 습득할수록 오차를 줄일 수 있다.

⑤ 피검사자의 측정 받은 심리적 속성 자체의 일시적인 변동 때문에 오차가 일어난다.

TIPS!

검사문항에서 요구하는 반응의 조건이 명료하게 제시되지 않을 때 오차가 발생할 가능성이 높다.

91 심리검사의 특성에 관한 내용 중 잘못된 것은?

① 표본행동만을 측정한다.

② 표준화된 조건하에서 실시한다.

③ 채점하는데 명확한 규칙이 있어야 한다.

④ 어려운 문항만을 검사한다.

⑤ 검사를 통해서 얻어진 점수는 믿을 수 있어야 한다.

TIPS!

심리검사는 비교적 쉬운 문항들에서부터, 어려운 문항들까지 모두 포함할 때 난이도가 골고루 분포되어 있다고 말할 수 있다.

Answer 89.⑤ 90.② 91.④

92 관찰에 관한 설명 중에서 틀린 것은?

① 관찰결과의 해석에 있어 하나의 객관적인 의견을 구하기 어렵다.

② 선택적 관찰을 하게 되므로 객관적으로 중요한 사람들을 모두 포함시킬 수 있다.

③ 타당성과 신뢰성에 대한 검증과 통제가 가능해야 한다.

④ 피검사자가 표현능력은 있어도 비협조적이거나 면접을 거부할 때 효과적이다.

⑤ 피검사자에게는 너무 일상적이어서 관심이 가지 않아 면접 등으로 밝힐 수 없는 자료를 얻을 수 있다.

 TIPS!

관찰이란 주위에서 일어나는 일들에 대한 지식을 얻는 가장 기본적인 방법으로서 시각, 청각 등의 감각기관을 통하여 현상을 인식하는 기초적 방법이다. 과학적 심사의 관찰은 일상적인 관찰과 다른데 일정한 심사목적에 도움이 되고, 체계적으로 계획되어야 하며, 그 결과를 체계적으로 기록해야 하고, 타당도와 신뢰도에 대한 검증과 통제가 가능해야 한다.

93 관찰법의 장점으로 볼 수 없는 것은?

① 표현능력이 없는 연구대상에 대한 자료수집방법으로 적절하다.

② 피심사자의 일상적인 부분에 대한 자료도 획득할 수 있다.

③ 면접이나 질문지로 얻을 수 없는 자료도 관찰로 얻을 수 있다.

④ 심사대상 행위가 일어나는 현장에서 즉시 사실을 포착한다.

⑤ 심사에 협조적이며 면접에 적극적인 사람들을 대상으로 가장 적절한 방법이다.

TIPS!

관찰의 장점

㉠ 심사자가 심사대상이나 행위가 일어나는 현장에서 즉시 어떠한 사실을 포착한다.

㉡ 연구대상이 유아나 동물 등 자기의 행위나 감정을 표현하지 못하는 경우나 표현능력이 부족한 경우에는 관찰이 유일한 자료수집방법이 될 때가 있다.

㉢ 피심사자가 표현능력이 있더라도 비협조적이거나 면접을 거부할 경우 용이하다.

㉣ 면접이나 질문지로 얻을 수 없는 자료도 관찰로 얻을 수 있다.

94 다음 중 관찰의 단점이 아닌 것은?

① 심사자에 의한 편견이 개입할 여지가 있다.
② 관찰한 사실을 해석해야 할 경우에는 객관성이 없다.
③ 표현능력이 부족한 사람에 대해서는 활용이 곤란하다.
④ 시간적 제약성이 있다.
⑤ 관찰할 수 없는 특수한 사실이 존재한다.

> **TIPS!**
>
> 관찰의 단점
> ㉠ 미숙한 심사자는 관찰의 오류를 범하기 쉽다.
> ㉡ 심사자의 주관에 의해 선택적 관찰을 하기 쉽다.
> ㉢ 전부를 동시에 관찰하지 못하는 한계성이 있다.
> ㉣ 관찰한 사실을 해석해야 할 경우에는 객관성이 없다.
> ㉤ 관찰 당시의 특수성이 고려되지 못하는 경우가 많다.
> ㉥ 성질상 관찰이 곤란할 경우가 있다(성행위, 부부싸움).
> ㉦ 현장에서 행위를 포착해야 하므로 행위의 발생 시기까지 기다려야 한다.

95 다음 중에서 지각과정상 나타나는 오류를 감소시키는 방법으로서 틀린 것은?

① 관찰의 단위를 작게 한다.
② 혼란을 초래하는 자극을 통제한다.
③ 관찰시간을 짧게 하는 것이 좋다.
④ 가능한 한 관찰단위를 명세화하여야 한다.
⑤ 객관적인 관찰도구를 사용한다.

> **TIPS!**
>
> 지각과정상 나타나는 오류의 감소방법
> ㉠ 객관적인 관찰 도구를 사용한다.
> ㉡ 보다 큰 단위의 관찰을 한다.
> ㉢ 가능한 한 관찰단위를 명세화 한다.
> ㉣ 관찰시간을 짧게 하는 것이 좋다.
> ㉤ 혼란을 초래하는 경향이나 자극을 통제하여 배제한다.

Answer 94.③ 95.①

96 어느 특정 인종의 사생활을 관찰하는 방법으로 적절한 것은 어느 것인가?

① 비참여관찰
② 참여관찰
③ 비통제관찰
④ 준참여관찰
⑤ 사례연구

TIPS!

참여관찰은 심사대상의 내부에 들어가서 그 구성원의 일부가 되어 공동생활에 참여하면서 관찰하는 방법이다.

97 다음에서 관찰의 특징으로 맞는 것을 모두 고른 것은?

㉠ 융통성이 있다.
㉡ 정형화된 자료수집틀을 사용한다.
㉢ 주관성이 개입될 수 있다.
㉣ 과거 회고적 기록이다.

① ㉠㉡㉢
② ㉠㉢
③ ㉡㉣
④ ㉣
⑤ ㉠㉡㉢㉣

TIPS!

관찰은 심사대상의 특성, 언어적 행위, 비언어적 행위 등을 감각기관을 통해서 자료를 수집하는 방법으로 융통성이 있지만, 주관성이 개입할 수 있는 문제점이 있다.

Answer 96.② 97.②

98 관찰심사의 타당도를 높이는 방법이 아닌 것은?

① 심사자를 충분히 훈련한다.

② 기록을 정기적으로 점검받도록 한다.

③ 사실과 해석을 구분하여 기록하도록 한다.

④ 심사자를 여러 명이 아니라 가능하면 한 명으로 한다.

⑤ 유사한 내용은 동일한 용어로 처리하도록 한다.

 TIPS!

관찰심사의 타당도와 신뢰도를 높이기 위해서는 관찰기술의 향상을 위해서 심사자를 훈련시키고, 복수의 심사자로 하여금 관찰하도록 한다.

99 다음 중 면접심사의 장점이 아닌 것은?

① 응답률이 상대적으로 높다.

② 예정 이외의 질문이 가능하다.

③ 무의식적인 응답을 기록할 수 있다.

④ 환경을 통제할 수 있다.

⑤ 익명성의 보장으로 민감한 쟁점을 물어볼 수 있다.

TIPS!

면접은 면접대상의 익명성이 보장되지 않기 때문에 당혹감을 자아내거나 민감한 면접질문에 대해서는 심사자가 위험을 느끼고 정직하게 응답하지 않는 등 자유롭게 의사표시를 하지 않을 가능성이 있다.

Answer 98.④ 99.⑤

100 다음에서 비구조화 된 면접의 장점만으로 묶인 것은?

⊙ 융통성이 있다.
ⓒ 질문문항, 면접기록, 내용상의 차이를 줄일 수 있다.
ⓒ 면접과정에서 생기는 변수를 알아낼 수 있다.
ⓔ 면접결과를 신뢰하기 좋다.

① ⊙ⓒⓒ
② ⊙ⓒ
③ ⓒⓔ
④ ⓔ
⑤ ⊙ⓒⓒⓔ

 TIPS!
비구조화 된 면접은 융통성과 타당성이 높고 면접과정에서 생기는 변수를 알아낼 수 있는 장점이 있다.

101 다음 중 면접의 역할을 잘못 설명된 것은?

① 연구의 초기단계에 가설을 도출시키는 데 도움을 준다.
② 다른 심사방법의 타당성 여부를 사전 검사하는 데도 사용될 수 있다.
③ 실험적 연구에서는 면접이 변수 간의 상관관계를 측정하는 데 사용된다.
④ 관찰이나 질문지법 등으로 얻은 발견을 명백히 하는 데 사용된다.
⑤ 자료수집의 주된 도구가 된다.

TIPS!
비실험적 연구에서는 면접이 변수 간의 상관관계를 측정하는 데 사용될 수 있다.

102 다음 중 질문지법과 비교할 때 면접이 가지고 있는 특징은?

① 보편적 상황의 파악이 가능하다.

② 면접은 어느 정도 학식을 갖춘 자에게 적합하다.

③ 질문지의 회수율이 비교적 낮다.

④ 심사상황에 대한 신축성, 적응성이 높다.

⑤ 개별적 상황에 대해서 경직적이다.

> **TIPS!**
> 면접의 장점
> ㉠ 문맹자에게도 가능한 방법이다.
> ㉡ 개별적 상황에 높은 신축성과 적응성을 갖는다.
> ㉢ 질문지의 회수가 필요 없기 때문에 보다 더 공평한 자료를 얻을 수 있다.

103 읽고 쓸 수 없는 대상을 심사할 수 있고 주로 언어적인 상호작용을 통해 피심사자의 내면을 인지하는 심사의 방법은?

① 관찰　　　　　　　　　　　② 면접

③ 조사표　　　　　　　　　　④ 내용분석

⑤ 사례연구

> **TIPS!**
> 면접은 일정 조건하에서 언어를 매개체로 하여 질문을 가하여 응답을 얻는다는 언어적 상호작용과정을 통해 피심사자가 내적으로 가지고 있는 바를 인지하는 것이다.

104 피심사자의 대답이 불충분하거나 정확하지 못할 때 던지는 추가질문을 무엇이라 하는가?

① 투사　　　　　　　　　　　② 면접

③ 라포　　　　　　　　　　　④ 프로빙

⑤ 선발

> **TIPS!**
> 프로빙(Probing) : 피심사자의 대답이 불충분하거나 정확하지 못할 때 간단한 찬성식 질문이나 비지시적 질문으로 정확한 대답을 유도하는 것이다. 즉, 프로빙이란 자료의 신뢰도를 높이기 위하여 대답을 유도하는 기술이다.

Answer 102.④　103.②　104.④

105 평정법에 관한 내용 중에서 틀린 것은?

① 작성하는 데 시간이 많이 걸린다.
② 한꺼번에 발달영역을 평가할 수 있다.
③ 특별한 교육 없이도 쉽게 활용할 수 있다.
④ 행동의 질도 평가할 수 있다.
⑤ 관찰 자료를 수량화할 수 있다.

> **TIPS!**
> 평정법은 작성하기 쉽고 시간이 많이 들지 않는다.

106 체크리스트의 장점이 아닌 것은?

① 체크할 유목이 명확하고 조작적으로 잘 정의된다면 효율적으로 기록할 수 있다.
② 결과에 대한 양적 분석이 용이하다.
③ 명확하게 정의되고 특수한 일련의 행위들로 나눌 수 있는 수행을 평가하는 데 유용하다.
④ 특정한 학습 결과의 있고 없음에 대한 절대적 판단을 제공할 수 있다.
⑤ 행동 단위를 의미 있게 분류하기 쉽다.

> **TIPS!**
> 체크리스트는 행동 단위를 의미 있게 조직적으로 분류하기가 어렵다.

107 다음 중 발생한 사건이나 행동을 언어적으로 묘사하는 방법은?

① 관찰법 　　　　　　　　② 면접법
③ 질문지법 　　　　　　　④ 일화기록법
⑤ 체크리스트

> **TIPS!**
> 일화기록법은 발생하는 사건, 행동, 혹은 현상에 대해 언어적으로 묘사하는 방법이므로 관찰대상이 되는 사건을 사실적으로 기술해야 한다.

Answer 　105.① 　106.⑤ 　107.④

108 다음 질문 작성 시 유의사항으로 옳은 것을 모두 고른다면?

⊙ 어려운 전문용어의 사용
ⓛ 이중질문 금지
ⓒ 질문용어에 가치를 포함시킬 것
ⓔ 질문응답 항목이 상후 배타적일 것

① ⊙ⓛⓒ
② ⊙ⓒ
③ ⓛⓔ
④ ⓔ
⑤ ⊙ⓛⓒⓔ

> 💡 **TIPS!**
>
> 질문의 용어와 내용에 관한 유의사항
> ⊙ 애매모호한 용어의 사용에 유의한다.
> ⓛ 유도질문의 사용에 유의한다.
> ⓒ 위협적인 질문의 사용에 유의한다.
> ⓔ 이중질문을 지양한다.
> ⓜ 답하기 쉬운 질문부터 먼저 한다.
> ⓗ 질문응답 항목은 상호 배타적이 되도록 한다.

109 일화기록법의 장점이 아닌 것은?

① 개인적, 사회적 발달의 여러 측면, 그리고 다양한 학습 결과에 관한 자료를 얻는 데 사용할 수 있다.
② 대체로 예기치 않은 행동, 사건 혹은 사상을 관찰하여 기록할 때 사용할 수 있다.
③ 아주 어린 학생과 기본 의사소통 기능이 제한된 사람들에 대한 자료를 제공할 수 있다.
④ 관찰대상자가 관찰되고 있다는 것을 알아차리지 못하게 하면서 그에 대한 자료를 제공할 수 있다.
⑤ 적절한 기록 체제를 유지하는 데 시간을 단축할 수 있다.

> 💡 **TIPS!**
>
> 일화기록법은 적절한 기록 체제를 유지하는 데 많은 시간이 필요하다. 학교에서 일화기록법을 사용할 때 일화를 요약하고 기록을 축적하는 일이 가장 시간이 많이 걸린다.

Answer 108.③ 109.⑤

110 질문문항 작성 시 유의해야 할 내용이 아닌 것은?

① 민감한 문제나 개방형 질문은 질문지 뒷부분에 배치한다.
② 신뢰도를 측정하기 위한 문항은 몰아서 배치한다.
③ 질문문항을 정확하게 하고 쌍열질문을 피한다.
④ 부정적 질문은 피하는 것이 좋다.
⑤ 일정한 유형의 응답 경향이 조성되지 않도록 문항을 배치한다.

> **TIPS!**
> 응답의 신뢰도를 묻는 데 많이 사용되는 한 쌍의 질문(긍정적 질문과 부정적 질문)은 분리하여 배치시켜 피
> 심사자로 하여금 알아차리지 못하도록 하여야 한다.

111 질문지 작성방법 중 틀린 것은?

① 전문용어를 사용한다.
② 가능하면 짧게 한다.
③ 쉬운 질문부터 한다.
④ 선질문이 후질문에 영향을 미치지 않도록 한다.
⑤ 신뢰도를 알기 위한 문항은 서로 떨어뜨려 놓는다.

> **TIPS!**
> 질문지에서 사용되는 용어들은 전문가가 아닌 보통 사람들도 이해할 수 있는 정도의 쉬운 용어들이어야 한다.

112 로샤검사에 대한 설명이 바르지 않은 것은?

① 12장이 잉크반점 카드로 이루어져 있다.
② 개인이 잉크반점을 조직하고 구조화하는 방식이 근본적으로 그 사람의 심리적 기능을 반영한다는 것이다.
③ 로샤검사는 지각과 성격의 관계를 상정하고 있다.
④ 로샤검사는 투사적 검사의 일종으로 애매모호한 잉크반점에 대한 지각을 통해 전의식이나 무의식이 드러날 수 있다.
⑤ 카드 Ⅰ, Ⅳ, Ⅴ, Ⅵ, Ⅶ은 무채색으로 되어 있으며, 나머지 카드 Ⅱ, Ⅲ은 검은색과 붉은색이 혼합되어 있고, 카드 Ⅷ, Ⅸ, Ⅹ은 여러 가지 색채가 혼합되어 있다.

> **TIPS!**
> 로샤검사는 10장의 대칭형 그림이 있는 카드를 사용하였다.

Answer 110.② 111.① 112.①

113 질문지의 특징에 해당하는 것은?

① 면접에 비하여 비교적 정확한 응답을 얻을 수 있다.

② 상황에 대한 신축성과 적응성이 높다.

③ 문맹자에게도 적용 가능하다.

④ 회수율이 면접에 비해 높다.

⑤ 피심사지기 압력을 느끼게 된다.

> **TIPS!**
> 질문지의 특징
> ㉠ 질문지는 면접보다 시간, 노력, 비용이 적게 든다.
> ㉡ 질문지는 표준화된 언어구성 및 질문순서 등에 의하여 비개인적 성격(Impersonal nature)을 가지고 있으므로 질문의 정확성을 기할 수 있다.
> ㉢ 질문지는 피심사자가 익명으로 응답할 수도 있으므로 비밀이 보장되어 면접에 의해서는 쉽게 얻을 수 없는 자료도 얻을 수 있다.
> ㉣ 면접에서는 즉시 응답을 해야 하므로 피심사자가 압력을 느끼는 데 반하여, 질문지는 시간적 여유가 있으므로 비교적 정확한 응답을 얻을 수 있다.

114 MMPI(다면적 인성검사)에 관한 설명 중 틀린 것은?

① A척도에서 취급되는 주요 특징들은 사고와 주의집중의 곤란, 저조한 기분, 근력부족 및 비관, 예민성, 그리고 비정상적 사고과정 등이다.

② Si(내향성)척도는 혼자 있는 것을 좋아하는가, 다른 사람들과 함께 있는 것을 좋아하는가를 측정하는 정도이다.

③ Sc(정신분열증)척도는 다양한 사고, 감정, 행동 등의 장애 등, 특히 외부 현실에 대한 해석의 오류, 망상, 환각 등을 측정하는 척도이다.

④ L척도는 경험적 근거에 의해 선발된 15개의 문항으로 구성되어 있다.

⑤ Ma(경조증)척도는 정신적 에너지를 측정하는 척도이다.

> **TIPS!**
> MMPI의 모든 척도가 경험적 방법에 의해 도출된 문항으로 구성된 반면에, L척도만은 이성적 근거에 의해 선발된 15개의 문항으로 구성되어 있고 극도의 양심적인 사람에게서만 발견되는 태도나 행동을 측정한다.

Answer 113.① 114.④

115 다음 중 MMPI의 임상척도에서 다음에 해당하는 것은 어느 것인가?

- 이 척도의 점수가 높았을 때 특징은 분노감, 충동성, 예측 불허성 등이다.
- 그들은 사회적으로 비순응적이고, 거짓말을 잘하며 일반적으로 사회적 규범에 대해 거부적이며 권위적 대상에 대해 적개심을 지니는 경우가 많다.
- 비행청소년이 이에 해당한다.

① 척도1 : Hs(건강염려증)
② 척도2 : D(우울증)
③ 척도4 : Pd(반사회성)
④ 척도6 : Pa(편집증)
⑤ 척도0 : Si(사회내향성)

> **TIPS!**
>
> 척도4(반사회성) : 이 척도는 공격성의 정도를 나타내는 것으로, 총 50개의 문항으로 구성되어 있다.

Answer 115.③

PART

04

상담이론

01 상담의 이해

1 상담의 기본개념

(1) 상담의 의미

① **상담(Counseling)의 어원**: 라틴어의 'Consulere'란 말에서 그 어원을 찾아볼 수 있다. 이 말은 원래 '고려하다', '반성하다', '숙고하다', '조언을 받는다', '상담한다' 등의 뜻을 지니고 있다.

② **상담에 대한 정의**: 인간관이나 인간의 본성에 대한 이해가 서로 다르기 때문에 학자들마다 서로 차이가 있다.

　㉠ Rogers(1980): 상담이란 훈련받은 상담자와 도움을 받고자 하는 내담자를 연결짓는 상호작용 과정으로써, 상담자는 내담자의 감정을 수용하고, 명료화하고, 허용한다고 지적하면서, 내담자가 스스로 자기를 이해하고 발전적인 수준으로 나가도록 도와주는 과정이라고 한다.

　㉡ Williamson과 Foley(1949): 학교상담의 창시자라고도 할 수 있는데, 인간의 지적인 활동을 더 강조하는 이들은 다음과 같이 상담을 정의하고 있다. 상담은 두 사람이 얼굴과 얼굴을 마주대하는 장면이라고 규정할 수 있다.

　㉢ Gustad(1953): 상담이란 개인 대 개인의 사회적 관계 속에서 이루어지는 학습지향적인 과정이라고 하였다.

　㉣ Bordin(1968): 상담이란 심리치료와 마찬가지로 상담자 혹은 치료자가 다른 사람의 성격발달에 적극적으로 기여하는 역할을 수행하는 상호작용 과정에 적용되는 개념이라고 정의하였다.

　㉤ Burks와 Stefflre(1979): 상담이란 훈련된 상담자와 내담자 사이의 전문적인 관계형성이라고 하였다.

　㉥ 이장호(1995): "상담이란 도움을 필요로 하는 사람(내담자)이 전문적 훈련을 받은 사람(상담자)과의 대면관계에서 생활과제의 해결과 사고, 행동 및 감정 측면의 인간적 성장을 위해 노력하는 학습과정이다."라고 정의하였다.

　㉦ 홍경자(2001): "상담이란 상담자가 내담자와의 관계에서 촉진적인 의사소통을 통하여 내담자가 개인적인 문제에 대한 자기 이해와 자기 지도력을 터득하도록 도와주는 과정이다.

　㉧ 노안영(2005): "상담은 전문적 훈련을 받은 상담자와 조력을 필요로 하는 내담자가 상담활동의 공동주체로서 내담자의 자각 확장을 통해 문제예방, 발달과 성장, 문제해결을 달성함으로써 내담자의 삶의 질을 향상시키기 위해 함께 노력하는 조력과정이다."라고 정의하였다.

ⓩ **천성문(2009)** : "상담이란 전문적 훈련을 받은 상담자와 심리적 어려움 때문에 타고난 잠재력을 마음껏 발휘하지 못하는 내담자 간의 상호작용을 통하여 내담자의 문제를 해결할 뿐만 아니라 내담자가 행복한 삶을 살아가도록 돕는 과정이다."라고 정의하였다.

③ **상담** : 내담자와 상담자 간에 수용적이고, 구조화된 관계를 형성하여 상담자가 사람들의 삶의 과정에서 직면하는 개인적 문제를 촉진적 의사소통으로 다룸으로써 부적응적 문제를 현실적이고 합리적으로 해결할 수 있도록 조력하는 일련의 과정을 뜻한다.

> **POINT** 상담의 정의에 대한 공통적인 요소
> ㉠ 상담은 개인 대 개인의 관계이다.
> ㉡ 상담은 언어적 수단에 의한 역동적인 상호작용이다.
> ㉢ 상담은 전문적인 조력을 주는 관계이다.
> ㉣ 상담은 학습의 과정이다.
> ㉤ 상담은 사적인 관계이다.

(2) 상담에 관한 다양한 학문적 의미

① **치료로서의 상담** : 인간문제를 병의 관점에서 파악한다. 의학적 접근에 근거하여 인간행동을 정밀하게 분석하여 정상적 행동과 비정상적 행동, 건강한 행동과 병적 행동을 엄격하게 구별한다.

② **학습으로서의 상담** : 학습이 제대로 되지 못한 것을 인간문제의 원인으로 본다. 상담자의 역할은 내담자가 문제를 스스로 해결할 수 있도록 지원하는 것이다.

③ **의식화로서의 상담** : 인간문제를 생산구조와 지배체제의 산물로 파악한다.

④ **신앙으로서의 상담** : 기독교는 상담의 초점을 구원과 성화에 맞추고 있고, 불교는 상담을 부처의 깨달음과 같은 이해의 경지에 이르게 하는 과정으로 보고 있다.

⑤ **행동변화로서의 상담** : 상담의 전체 과정을 양적 통제의 변화과정으로 설명한다. 인간의 정신세계는 물론 인간문제의 역사적 근원과 문화적 배경 등에 대해 소홀히 다룬다.

⑥ **교육으로서의 상담** : 교육적 상담은 엄밀한 의미에서 가르치고 배우는 과정의 연속이다. 상담은 인간이 인간답게 배우고 가르치는 정교한 미시적 교육과정이다.

⑦ **진리의 안내로서의 상담** : 상담은 개인의 사적 문제해결에서 학문적 진리를 찾아내고 진리의 수행자로서 삶을 살아가도록 길을 안내하는 것을 가리킨다.

(3) 상담과 유사한 의미

① **상담** : 잠재적 능력을 최대한 발휘할 수 있는 힘을 북돋우는 것으로 생활에 적응하는 측면을 넘어 개인의 고유한 특성을 최대한 발달시키려고 한다.

② **생활지도** : 현실에 적응하고 자기방향을 정립해 간다. 생활지도의 주요 방법으로는 정보제공, 가르치기, 훈련, 교정 등이 있다.

③ **심리치료** : 내담자의 비정상적인 병리적 상태에 있는 정신이나 행동을 전문적 치료과정을 통해 정상화시키려고 노력한다.

(4) 상담의 본질

① 상담은 상담자가 한다.

② 상담은 힘 또는 능력을 기르는 것을 목적으로 한다.

③ 모든 사람은 문제를 가지고 있다.

④ 촉진적 의사소통이 상담의 기본 요소이다.

⑤ 상담은 통합적이고 체계적인 학문이며 동시에 실천적이다.

❷ 상담의 특징

(1) 상담이 성립하려면 도움을 필요로 하는 내담자에게 도움을 주는 상담자가 있어야 한다.

(2) 상담은 내담자의 성장과 발전을 안내하고 조력한다.

(3) 상담은 내담자로 하여금 새로운 행동을 학습하거나 새로운 태도를 형성하도록 한다.

(4) 상담은 의사결정과 문제해결에 관여한다.

(5) 상담은 상담자와 내담자의 관계에 기초를 둔 과정이다.

(6) 상담은 전문적으로 교육받고 상담자에 의해서 제공되는 전문적 활동이다.

section 2 상담의 목표

❶ 상담의 소극적 목표와 적극적 목표

상담의 목표는 상담이론이나 적용분야에 따라 차이가 있는데, 상담의 소극적 목표는 어떤 문제행동을 제거하거나 감소시킴으로써 달성될 수 있는 것이고, 적극적 목표는 부정적인 특성을 제거하거나 약화시키고 긍정적이고 적극적인 특성을 형성하고 강화시키는 것이라 할 수 있다. 이 두 가지는 상담의 목표로서 상호모순이라기 보다는 상호보완적인 관계에 있다.

(1) 상담의 소극적 목표

① **문제해결** : 상담은 내담자가 현재 고통받고 있거나 해결을 원하는 문제의 해결을 돕는 과정이어야 한다.

② **적응** : 상담은 내담자가 환경의 변화에 적응하는 것을 돕는 과정이다.

③ **치료** : 상담자는 마음의 상처를 치료하는 데 비중을 두고 있다.

④ **예방** : 상담은 교육 · 직업 · 성격 · 결혼 · 여가 등 광범한 삶의 문제를 장기적으로 예견하고 발달과정에 제기되는 문제를 사전에 대비하여 바르게 성장할 수 있게 하는 것이다.

⑤ **갈등해소** : 상담자는 갈등을 극복하고 화해와 평화, 사랑과 우정의 길을 적극적으로 제시하는 일을 할 수 있다.

(2) 상담의 적극적 목표

① **긍정적 행동변화** : 상담은 부정적 정서를 극복하고 긍정적 정서를 발달시키는 것을 목표로 한다.

② **합리적 결정** : 상담은 수많은 선택과 결정에서 합리적이고 현실적이며 논리적이고 융통성 있는 의사결정을 하도록 지원한다.

③ **전인적 발달** : 상담은 신체적 · 심리적 · 문화적 측면이 균형 있고 조화 있게 발달할 수 있도록 한다.

④ **자아존중감** : 자아의 다양한 경험을 의미 있게 통합할 때 이루어짐으로, 성공적인 상담을 가늠하는 주요 기준이다.

⑤ **개인적 강녕** : 상담이 개인적 강녕을 성취하기 위해서는 긍정적 사고, 신체적 건강, 강인성, 자아효능감, 낙천주의, 도덕적 당당함이 있어야 한다.

❷ 상담의 과정목표와 산출목표

상담의 과정 목표는 상담이나 삶의 과정속에서 달성해야 하는 것이고, 산출목표는 길거나 짧거나 간에 상담의 과정이 모두 끝난 이후 상담의 결과로서 최종적으로 성취하고자 하는 것을 가리킨다.

(1) 상담의 과정목표

① **존재의 용기** : 상담과정에서 내담자에게 길러주어야 할 첫 단계의 힘이 존재의 용기이다. 가정, 학교, 직장에 머물러 있어야 하겠다는 의지와 관련된 힘이다.

② **성숙의 의지** : 존재하는 인간은 성장하고 발전하려는 의지를 기르게 된다. 에릭슨(Erikson)에 의하면, 노년기에 삶을 통합하고 그 통합을 거쳐서 지혜가 생긴다고 본다.

③ **개성의 신장** : 독립되고 고유한 가치를 지닌 나를 인식하고, 자아의 세계를 무엇보다 존중하는 삶의 태도를 바탕으로 할 때 이루어진다.

④ **창조의 지혜** : 이것은 타고나는 것이 아니라 경험과 상담을 통해서 길러진다.

⑤ **탁월성의 추구** : 넓은 의미에서 보면 스스로 설정한 목표를 뛰어 넘어 더 높은 목표를 설정하고 실현하며, 또다시 시작하는 것을 가리킨다.

(2) 상담의 산출목표

① **촉진적 인간관계** : 상담자가 내담자에게 가르치고, 내담자는 이를 학습하여 또 다른 사람에게 가르치는 학습의 재생산을 가능하게 한다.

② **유희와 여가의 향유** : 새로운 삶의 활력을 위해 즐겁고 유쾌하게 놀이에 몰입하는 힘을 기르는 것이다.

③ **학업과 직업의 성공** : 상담은 개인이 하는 일을 좋아하고 헌신하고 능력을 발휘하여 자기에게 맞는 성취를 이루도록 돕는다.

④ **공동체의 조화와 헌신** : 가정 · 학교 · 직장 · 지역사회와 조화를 이루면서 공동체의 목표 속에서 개인의 목표를 발견할 때, 인간은 행복과 성공을 맛볼 수 있다.

⑤ **성숙한 자아** : 자아는 여러 가지 능력이 통합적으로 발달됨에 따라서 점진적으로 성숙해진다.

> **POINT** S. Garfield 상담의 치료적 요인
> ① 치료적 관계
> ② 해석, 통찰, 이해
> ③ 정화, 정서의 표현과 발산
> ④ 강화
> ⑤ 둔감화
> ⑥ 직면
> ⑦ 인지적 수정
> ⑧ 이완
> ⑨ 정보제공
> ⑩ 안도와 지지
> ⑪ 기대감
> ⑫ 시간
> ⑬ 위약효과

section 3 상담의 운영기관과 유형

1 상담의 운영기관

(1) 학교 상담센터

① 학교는 상담과 불가분의 관계라고 할 만큼 밀접한 관계를 가지고 있다. 학생의 학교생활 적응문제, 학업 관련문제, 교우관계문제, 가정 및 가족문제, 비행문제 등 여러 종류의 문제에 관여하며, 문제가 심해지기 전에 미리 발견하여 조치를 취하는 예방의 기능을 많이 한다.

② 중·고등학교에는 상담실이 있어 전문 상담교사가 배치되어 있으며, 초등학교에서는 담임교사 혹은 상담 자원봉사자에 의해서 상담이 이루어지고 있다.

(2) 대학생 상담센터

① 우리나라의 대학들은 학생상담소, 학생생활상담소, 학생상담센터 등의 이름을 가지고 대학생상담을 실시 하고 있다.

② 대학생들의 정신건강문제, 학내 동료 및 이성과의 대인관계문제, 대학생들의 자기발전을 위한 프로그램 등 대학생활의 적응을 도와주는 다양한 개인상담과 집단상담 및 프로그램을 실시하고 있다.

(3) 아동 상담센터

① 아동에 대한 성폭력 사건이 급증하면서 여성가족부가 그 대처방안으로 '해바라기 아동센터'를 설립·운영 하고 있다.

② 각 지역별 센터는 아동의 보호환경 지원, 아동 성폭력 인식 개선 활동, 가해자 집단치료, 재발방지 프로 그램 등의 활동을 하고 있다.

(4) 청소년 상담센터

① 부모상담, 교정교육 등을 제공하는 청소년 전문 상담기관이다.

② 청소년 문제를 예방하고 상담하며, 다양한 교육을 제공하는 등의 일을 하고 있으며, 24시간 운영된다.

(5) 노인 상담센터

① 대한노인회는 전국 245개 시·군·구 지회에서 노인 상담센터를 운영하고 있다.

② 노인 상담센터는 주택, 보험, 교육 등 실질적인 노인생활에 필요한 정보를 제공함으로써 건강하고 행복한 고령사회 구현에 기여하고 있다.

② 상담의 유형

(1) 목적에 따른 상담유형

① **발달상담** : 기본적인 인간성장 발달의 내면적 욕구를 채워 주고 적응능력을 향상시키며, 자신의 스트레스나 갈등에 직면할 때 적절히 해결해 나갈 수 있는 내적인 힘을 기르는 것을 상담의 목표로 한다.

② **예방상담** : 문제가 발생하여 부적응적 상태가 활성화되는 것을 미리 예방하고 최대한 억제하도록 도와주는 기능을 한다.

③ **문제해결상담** : 치료적 상담이라고 불리기도 한다. 이는 내담자에게 이미 발생한 문제를 해결하는 것에 초점을 둔다.

(2) 방법에 따른 상담유형

① **대면상담** : 상담자와 내담자가 직접 얼굴을 맞대고 하는 상담을 말한다.

② **매체상담** : 상담자와 내담자가 직접 얼굴을 마주하는 것이 아니라 편지, 전화, 컴퓨터 등의 매체를 이용하여 상담하는 것을 말한다.

(3) 형태에 따른 상담유형

① **개인상담** : 한 명의 상담자와 한 명의 내담자가 직접 대면 혹은 매체를 통하여 상담관계를 형성하고, 내담자가 자기 자신과 환경에 대해 의미 있는 이해를 증진하도록 함으로써 내담자의 성장과 발전을 촉진하는 심리적인 조력과정을 말한다.

② **집단상담** : 한 명 혹은 그 이상의 상담자와 여러 명의 집단구성원이 일정 기간 동안 정기적으로 만나면서 일상생활에서 부딪치는 문제에 대한 그들의 태도와 행동을 점검하고 변화시키기 위한 목적으로 실시된다.

(4) 장면에 따른 상담유형

① **학교상담** : 초 · 중 · 고등학교에서 이루어지는 상담으로, 발달상담과 예방상담에 보다 많은 비중을 둔다.

② **기업체상담** : 기업을 중심으로 회사 직원과 그 가족을 대상으로 하는 상담실이 운영되고 있다.

③ **청소년기관상담** : 청소년을 주 내담자로 하거나 청소년문제를 상담의 대상으로 한다.

④ **복지기관상담** : 다양한 복지기관들에서 실시되고 있는 상담을 말한다.

⑤ **종교기관상담** : 종교단체에서 하는 상담을 말한다.

(5) 대상에 따른 상담유형

① **아동상담** : 일반적으로 아동상담은 유아기 아동과 초등학교 시기의 아동들을 대상으로 한다.

② **청소년상담** : 13~18세에 해당하는 학생과 학생이 아닌 청소년까지도 포함된다.

③ **특수아상담** : 정신지체, 자폐, 주의력 결핍, 과잉활동장애, 정서장애, 행동장애 등과 같은 문제를 지닌 아동과 청소년을 대상으로 하는 상담이다.

④ **노인상담** : 사회에서 은퇴한 연령층의 사람들을 대상으로 은퇴 이후의 삶을 재설계하고 자신의 살아온 삶을 정리하는 식으로 상담활동이 시행된다.

⑤ **여성상담** : 여성들을 대상으로 여성들이 가진 여러 문제들을 예방하고 해결하기 위해 실시한다.

⑥ **장애인상담** : 주로 신체장애를 가진 사람들을 대상으로 이들의 재활을 돕기 위한 재활상담의 형태로 실시된다.

⑦ **가족상담** : 한 명 혹은 그 이상의 상담자가 내담자의 가족 전체를 하나의 단위로 하여 가족 간의 관계에 초점을 맞추고, 조화로운 관계를 유지하기 위해서 현재의 관계를 수정해 나가는 과정이다.

section 4 상담의 조건과 과정

❶ 상담의 핵심 조건과 실제 조건

(1) 상담의 핵심 조건

① **공감적 이해** : 내담자와의 일체감, 상담자가 내담자의 입장과 시각에서 내담자의 감정, 생각, 경험, 주관적 세계들을 이해하는 능력 그리고 내담자로 하여금 자신이 깊이있고 정확하게 이해받았다는 바를 정확하게 전달할 수 있는 능력을 말한다. 이러한 공감적인 이해가 잘 될수록 내담자의 진정한 자기탐색과 성장이 촉진될 수 있다.

② **무조건적 긍정적 존중** : 비소유적 온정 즉 내담자의 감정, 사고, 행동을 평가하거나 판단하지 않고 있는 그대로 받아들이는 것, 즉 무조건적이어야 하고 긍정적이어야 한다. 이러한 태도를 보여줄 때 내담자는 자유롭게 자신의 감정을 경험하고 표현할 수 있게 된다. 내담자를 위해 상담자가 존재한다는 태도를 보이며, 내담자가 자신의 삶을 보다 잘 통제해 나갈 수 있다는 믿음을 전달하고 내담자에게 힘을 주는 과정이다.

③ **진실성/일치성** : 상담자의 내적 느낌이나 생각이 외적으로 보이는 행동과 일치하며 내담자와의 상호작용에서 솔직하고 자발적으로 자신의 생각이나 감정을 표현함으로써 인위적인 역할이나 연기하는 사람이 아니라 내담자에게 가장 진실되고 인간적인 신뢰되는 사람이라는 느낌을 전달하는 것이다.

(2) 상담의 실제 조건

상담의 핵심적 조건인 진실성/일치성, 공감적 이해, 무조건적 긍정적 존중과 더불어 상담관계가 보다 생산적이고 긍정적인 방향으로 유지 발전되기 위한 실제적 조건은 다음과 같다.

① **구체성** : 내담자로 하여금 문제에 대한 왜곡과 불일치를 스스로 파악하고 보다 명확하게 생각할 수 있도록 도와주는 것을 의미한다.

② **따뜻함** : 상담자가 내담자에 대한 진정한 관심과 배려를 전달하고 보여주는 것이다.

③ **신뢰감** : 내담자가 상담 및 상담자에 대해 믿을 수 있는 마음을 가지게 하는 것이다.

④ **문화적 인식** : 내담자가 상담관계에 들고 오는 문화적 다양성과 배경들에 대해 열린 마음으로 받아들이는 것을 의미한다.

② 상담의 과정

상담의 과정이란 내담자와 상담자가 만나기 시작해서 그 만남을 종결할 때까지의 진행을 말한다. 이 과정은 문제의 특성, 상담자, 내담자, 접근방식, 상황 등에 따라서 각각 다르게 나타날 수 있다.

(1) 문제의 이해와 촉진적 관계의 형성단계(제1단계)

① **내담자의 문제제시 및 상담의 필요성 인식** : 상담자가 면밀히 관찰해야 하는 것은 내담자의 문제를 이해하기 위하여 내담자의 진술에 주의하면서 그의 비언어적 행동인 것이다.

② **촉진적 관계의 형성** : 상담자와 내담자 사이에서 촉진적 관계를 형성하기 위해서 상담자는 내담자를 공감적으로 이해하고, 무조건적으로 존중하며 상담자 스스로 솔직하고 진지한 태도를 견지해야 한다. 또한 내담자가 언어적, 비언어적으로 표현하는 감정과 사고를 적극적으로 경청하는 것이 필요하다.

(2) 목표 설정과 문제해결의 노력단계(제2단계)

① **목표 설정** : 상담의 과정에서 이루고 싶은 것, 변화하고 싶은 정도 등을 목표로 제시한다. 상담의 목표는 상담자와 내담자에게 상담에 대한 동기를 부여한다.

② **문제해결의 노력** : 상담자는 내담자가 제시한 문제를 구체적으로 정의하고 분류하여 해결방법을 모색한다.

(3) 합리적 사고의 촉진 및 실천행동의 계획단계(제3단계)

① **합리적 사고의 촉진** : 내담자에게 과거의 주요 경험에 대하여 다른 새로운 시각에서 볼 수 있게 되고, 또한 세상을 보는 시야가 넓어진다. 이 단계에서 상담자가 주의해야 할 점은 내담자가 상담을 도중에 그만두려고 하거나 직·간접적인 저항을 보일 수 있다는 점이다.

② **실천행동의 계획단계** : 이 단계에서 이루어야 할 목표는 내담자로 하여금 일상생활 속에서 실천할 수 있도록 내담자의 구체적인 행동 절차를 협의하고 세부적인 행동계획을 작성하는 것이다.

(4) 평가 및 종결단계(제4단계)

① **평가** : 그 동안 상담을 통하여 성취한 것들을 평가한다.

② **종결단계** : 상담의 진행이 지루하고 효과가 나타나지 않을 경우에 상담자는 종결을 권유함으로써 이를 전략적으로 활용할 수도 있다. 상담자는 내담자와 종결에 대한 생각, 감정 등을 나누고 장래의 계획을 이야기함으로써 내담자 스스로 홀로서기를 준비하도록 기회를 제공한다.

상담의 원리 및 상담기법

section **1** 상담의 원리

1 상담관계 형성의 원리

(1) 상담관계 형성의 의미

① 상담의 과정이란 내담자와 상담자 간의 상담관계를 핵심으로 하여 내담자가 자신의 문제를 보다 객관적으로 바라볼 수 있도록 하고, 나아가 그 문제를 해결함으로써 자신의 삶의 질을 보다 향상시키도록 도와주는 것이다.

② 상담관계를 형성하고 발달시키는 라포형성(rapport)은 상담효과를 높이는 데 가장 중요한 변인이 된다.

(2) 상담의 기본원리(George)

① **개별화의 원리** : 상담자는 상담을 전개할 때 내담자의 개성과 개인차를 인정하는 범위 내에서 하여야 한다.

② **의도적 감정표현의 원리** : 상담자는 온화한 분위기를 조성해서 내담자가 자유롭게 감정을 표현할 수 있도록 해야 한다.

③ **통제된 정서관여의 원리** : 상담자는 내담자의 정서변화에 민감하게 반응하여 이해하고 적절한 대응책을 마련할 태세를 갖추고 적극적으로 관여해야 한다.

④ **수용의 원리** : 상담자는 내담자에게 따뜻하고 수용적이어야 하며, 내담자를 인격체로서 존중한다는 것을 말이나 행동으로 전달하여야 한다.

⑤ **비판단적 태도의 원리** : 상담자는 객관적으로 내담자의 행동, 태도, 가치관 등을 평가하여야 하며, '유죄이다', '책임져야 한다', '나쁘다' 등과 같은 판단적인 언어로 내담자의 관심사를 다루어서는 안 된다.

⑥ **자기결정의 원리** : 상담자는 내담자 개인의 가치와 존엄성을 존중하고 내담자가 자기 힘으로 문제를 해결해 나갈 수 있다는 신념을 가져야 한다.

⑦ **비밀보장의 원리** : 상담자는 반드시 내담자와의 대화 내용에 대하여 비밀을 지켜야 한다.

(3) S. Garfield 상담의 치료적 요인

① 치료적 관계

② 해석, 통찰, 이해

③ 정화, 정서의 표현과 발산

④ 강화

⑤ 둔감화

⑥ 직면

⑦ 인지적 수정

⑧ 이완

⑨ 정보제공

⑩ 안도와 지지

⑪ 기대감

⑫ 시간

⑬ 위약효과

(4) 상담관계의 형성을 위한 요소

① **수용**(acceptance)
　㉠ 인간의 가치와 존엄에 대한 인식에서 출발하는 것이 수용이다.
　㉡ 수용은 내담자가 새로운 학습을 통해 가치를 구현해야 하는 심리적인 필요와 현실적인 필요를 충족시키기 위한 가능한 조건을 제공하려는 마음의 자세를 수용이라고 한다.
　㉢ 내담자 수용
　　㉮ 인간의 존재 그 자체를 수용한다는 것이다.
　　㉯ 인간의 제 특성을 수용하는 것이다.
　　㉰ 구체적인 인간의 행동을 수용하는 것이다.

② **공감적 이해**
　㉠ 공감적 이해란 감정 이입적 이해라고 부르기도 하며, 내담자의 입장에서 그들의 내면세계를 이해하는 것을 말한다.
　㉡ 공감적 이해는 내담자를 정확히 이해하고 내담자와 정서적으로 연결되었을 때, 그리고 상담자가 자기를 이해하고 동시에 자신과 정서적으로 연결된 것을 내담자가 느낄 수 있을 때 온전한 것이 된다.
　㉢ 이해라고 하는 말은 어떤 이치를 해득하는 것과 같이 주로 지적인 과정에 중심을 둔 개념이다.

ⓔ 상담의 과정에서 중요한 것은 내담자의 마음속에 주관적으로 작용하는 지각, 감정, 동기, 갈등, 목표 등과 같은 것이다.

ⓜ **상담자에게 요구되는 것**

㉮ 상담자는 먼저 자기의 틀을 벗을 수 있어야 한다.

㉯ 상담자는 다양한 인간의 감정을 이해할 수 있어야 한다.

㉰ 내담자의 감정을 깊고 정확하게 경험하고 수용할 수 있는 능력이 있어야 한다.

㉱ 상담자는 내담자가 언어적, 비언어적으로 전달하는 모든 메시지를 통합하여 내담자 자신도 아직 실체화하지 못한 감정까지도 대신 느껴줄 수 있는 감수성이 필요하다.

③ **무조건적 존중**

㉠ 상담자는 내담자의 행동이나 감정, 사고를 무조건적으로 존중하며, 내담자를 하나의 전체적인 인간으로 아끼고 사랑할 수 있어야 한다.

㉡ 내담자와 진정한 상담관계를 형성할 수 없는 것은 내담자를 무조건적으로 존중할 수 없기 때문이다.

㉢ **내담자를 위한 상담자의 무조건적 존중**

㉮ 내담자를 위한 헌신이다.

㉯ 상담자는 내담자를 진정으로 존중하며 내담자의 비밀을 보장해 준다.

㉰ 상담자가 내담자를 존중하면 판단적인 태도를 유보할 수 있게 된다.

④ **신뢰성**

㉠ 내담자는 상담자를 신뢰할 수 있다.

㉡ 내담자는 상담이 진행되는 과정에서도 여전히 상담자에 대하여 신뢰 여부를 확인해 보고자 한다.

⑤ **안전성**

㉠ 상담자와의 관계에서 내담자는 안전함을 느낄 수 있어야 한다.

㉡ 내담자의 심리적 안정을 위해서는 정서적으로 상담자와 연결되고, 존중받는다는 사실을 느끼며, 상담자를 신뢰할 수 있어야 한다.

⑥ **일치성**

㉠ 일치는 일반적으로 진지성, 순수성, 명료성 등으로 불리기도 한다.

㉡ 내적인 경험과 인식의 합일을 가리키는 것이 일치인 것이다.

㉢ 상담관계 속에서 이루어지는 모든 활동과 의사소통은 각각 독립된 것이면서도 하나의 통합을 이룩할 수 있어야 한다.

㉣ 내담자와 상담자가 상담을 통해서 도달하려는 목표가 일치되지 않거나 대립되는 경우 상담은 중단되거나 실패할 수밖에 없다.

② 동기유발의 원리

(1) 상담관계는 상담이 진행되는 동안 계속적인 변화를 겪는다.

(2) 상담자는 상담의 효과를 높이기 위해서 가능한 효과적이고 치료적인 상담관계를 유지해 나가기 위하여 부단히 노력해야 한다.

(3) 동기유발의 방법으로는 우선 상담자는 내담자가 상담에 대해 얼마나 분명한 목표를 가지고 있는지, 자기성장과 발전에 대해 어떠한 느낌을 가지고 있는지, 그리고 상담을 통한 변화에 대해 어떠한 생각을 가지고 있는지를 잘 살펴야 한다.

③ 지도의 원리

(1) 학생들을 상담할 때에는 그들이 지니는 잠재적 발달의 가능성을 최대한 구현하도록 도와야 한다.

(2) 학생들을 학교 상황에서 상담할 때에는 먼저 학생내담자의 속성에 대하여 알아야 한다. 그들의 발달적 특성과 상황적 특성 등 다른 집단과 비교하여 그들만이 가지는 제반 특성을 알고 지도할 때 그들에게 꼭 필요한 것들을 가르치고 제공할 수 있다.

(3) 상담의 과정에서 아주 편하게 학생과 교사가 대화할 수 있는 관계만은 아니다. 이런 점을 미리 생각한다면 교사로서 학생을 상담할 때 취해야 할 행동과 태도는 평상시와 구분되어야 한다.

section 2 상담의 기법

① 상담의 기법

(1) 경청

① 경청이란 내담자의 이야기를 주의 깊게 귀담아 듣는 태도로 말의 내용뿐만 아니라 말하려는 의도와 심정을 주의 깊게 정성 들여 듣는 것이다.

② 경청은 내담자에게 감정이나 생각을 자유롭게 표현할 수 있도록 북돋아 준다.

③ 일상 대화에서의 경청과 상담에서의 경청이 다른 점은 선택적이기 때문에 상담자는 내담자가 핵심적인 문제에서 벗어난 이야기를 할 경우에는 주목하지 않고 내담자가 현재의 심경과 문제를 이야기할 때 선택적으로 주목한다.

④ 상담자가 경청을 할 때는 내담자의 말을 적극적으로 듣는 것뿐만 아니라 내담자에게 자신이 그의 말을 주목하여 듣고 있음을 전달해 줄 필요가 있다. 따라서 경청이란 상담자의 언어적 표현 이외에도 안면표현, 끄덕임, 상담자의 자세 등과 같은 비언어적인 표현도 포함될 수 있다.

(2) 명료화

① 내담자의 말에 내포되어 있는 뜻을 명확하게 말해 주거나 분명하게 말해 달라고 요청하는 것을 명료화라고 한다.

② 명료화는 상담자가 내담자의 말을 정확히 이해하기 위해서도 중요하고, 또 내담자가 스스로의 의사와 감정을 구체화하여 재음미하도록 돕기 위해서도 필요하다.

③ 명료화는 내담자로 하여금 미처 생각하지 못했던 측면을 다시 생각하도록 하는 자극제가 된다.

④ 명료화 기법이 효율적으로 활용되려면 네 가지 단계를 고려하는 것이 바람직하다.

　㉠ 내담자가 언어적 혹은 비언어적으로 표현한 실제 메시지 내용을 확인한다.

　㉡ 들은 메시지 중에서 애매한 부분, 혼란스러운 부분, 더 확인할 필요가 있는 부분을 찾아낸다.

　㉢ 명료화해야 할 내용을 적당한 말로 표현한다. 대체로 의문형으로 표현하는 것이 좋다.

　㉣ 내담자의 반응을 듣고 관찰함으로써 명료화의 효과를 평가한다.

(3) 반영

① 내담자의 메시지 속에 담겨 있는 감정 혹은 정서를 되돌려 주는 것을 반영이라고 한다.

② 내담자가 말한 내용 자체보다는 그 뒤에 숨어 있는 감정을 파악하고 그것을 다시 내담자에게 전달하는 것이다.

③ 반영은 내담자의 감정이나 정서에 초점을 맞춘다는 점을 제외하면 재진술과 유사한 대화기법이다.

④ 상담자는 내담자가 말로 표현하는 것뿐만 아니라 자세, 몸짓, 억양, 눈빛 등으로 표현되는 것에 대하여도 반영해 줄 필요가 있다.

(4) 장단 맞추기

① 상담자가 대화하는 내담자의 분위기와 이야기 흐름에 장단을 맞추어 주는 반응을 장단 맞추기라고 한다.

② 장단 맞추기는 내담자가 수용되고 있다는 것을 반영하면서 지속적으로 이야기할 수 있도록 힘을 불어 넣어 준다.

③ 장단 맞추기는 상담자가 말한 내용 중 특정 부분에 선택적인 주의를 기울이게 함으로써 대화의 내용을 통제하는 방법으로도 활용될 수 있다.

(5) 재진술

① 내담자의 메시지에 표현된 핵심 인지내용을 되돌려 주는 기법이다.

② 재진술은 대화의 인지 측면의 내용을 강조한다.

③ 재진술은 내담자의 대화를 발전 혹은 확장시키고, 자신의 대화내용을 정확히 이해하는 상담자와 함께 있다는 인식이 내담자의 자기 탐색을 격려하여 보다 자유로운 내면세계의 탐사를 가능케 한다.

(6) 직면

① 내담자의 사고, 감정, 행동에 있는 어떤 불일치나 모순에 도전하는 상담자의 반응을 직면이라고 한다.

② 직면의 목적은 내담자의 성장을 방해하는 방어에 대한 도전으로 이끄는 것이다.

③ 직면을 통하여 모순된 언행을 지적하는 일, 직면에 대한 내담자의 반응을 분석하는 일은 모두 내담자를 새로운 통찰로 이끌어 바람직한 변화를 유도하는 수단으로 활용되어야 한다.

④ 직면을 시도할 때는 내담자를 평가하거나 비판하는 인상을 주지 않도록 내담자가 보인 객관적인 행동과 인상에 대하여 서술적으로 표현한다.

(7) 요약

① 내담자가 표현했던 중요한 주제를 상담자가 정리해서 말로 나타내는 것을 요약이라고 한다.

② 상담자의 요약은 내담자가 미처 의식하지 못한 면을 학습하고 문제해결의 과정을 밝히게 된다.

③ 상담자는 내담자의 말을 요약하여 줌으로써 내담자의 말에 주목하고 있음을 확신시킨다.

④ 상담자는 요약을 통하여 상담의 연속성을 확인 할 수 있다.

(8) 구체화

① 구체화는 내담자로 하여금 자신의 체험내용과 내면세계를 명확히 드러내어 표현하게 함으로써 내담자의 이해를 돕고 상담과제의 전모를 파악하는 데 도움을 주는 대화의 핵심 기법이다.

② 상담자는 내담자에게 중요한 의미가 있을 법한 내용에 대해서는 상식 수준에서 이해된다고 그냥 넘어가지 말고 그 뜻을 철저히 밝혀야 한다.

③ 감정과 정서를 표현하는 어휘들은 개인에 따라 엄청나게 다른 의미를 내포할 수 있으므로 철저한 검색이 필요하다.

(9) 침묵

① 내담자는 상담의 과정에서 계속적으로 침묵을 하는 경우가 있다. 대개의 경우에는 내담자가 자기 자신을 음미해 보거나 머리 속으로 생각을 간추리는 과정에서 침묵이 발생하므로 이런 때의 침묵은 유익한 필요 조건이다.

② 상담 초기에 일어난 침묵은 대개 내담자의 당황과 저항을 의미한다. 상담이 진행됨에 따라 침묵은 내담자의 여러 가지 감정과 생각을 간접적으로, 그러나 힘 있게 전달하는 의미를 띠게 된다.

③ 상담자 쪽의 침묵은 진지한 경청과 함께 사용되면 좋은 상담기법이 될 수 있다. 상담자가 특별히 다른 어떤 것도 하지 않고 내담자의 이야기를 묵묵히 들어주는 것이다.

(10) 해석

① 내담자가 명확하게 의식하지 못하는 것에 대한 여러 가지 형태의 교육적 설명을 해석이라고 한다.

② 해석을 신중하게 사용하여야 하는 것은 내담자의 이해 수준과는 상이한 새로운 참조체제를 제공해 준다는 의미에서 의의가 있기 때문이다.

③ 해석은 내담자가 받아들일 준비가 되어 있다고 판단될 때 조심스럽게 하는 것이 중요하다. 즉, 내담자가 거의 깨닫고는 있지만 확실하게 개념화하지 못하고 있을 때 해석을 해 주어야 효과적이다.

④ 해석은 내담자에게 위협을 주지 않도록 유의해야 한다.

> **POINT** 내면세계로의 접근 정도
> ① 반영→② 직면→③ 해석

03 상담의 이론

section 1 정신분석적 상담이론

① 정신분석적 상담의 인간관

인간본성에 관한 Freud의 관점은 결정론적이며 환원적이다. Freud에 따르면 인간의 행동은 비합리적인 힘, 무의식적 동기, 생물학적 및 본능적인 추동, 생의 초기로 5년 동안의 심리 성적 사상에 의해 결정된다고 가정한다. 그러나 Freud 이후 신 정신분석학파는 이러한 결정론적 인간관에 반대하고 인간의 행동에는 사회적, 문화적, 대인관계적 요소들이 포함되어 있음을 강조하고 있다. (S.Freud)로부터 시작된 정신분석학은 정신의학과 심리학 발전에 공헌을 하였다.

② 정신분석적 상담의 기본 가정

(1) 프로이트(S.Freud)로부터 시작된 정신분석학은 정신의학과 심리학 발전에 공헌을 하였다.

(2) 인간의 행동은 기본적으로 어린 시절의 경험들과 심리적인 에너지에 의해서 결정된다.

(3) 정신분석학은 인간을 비합리적이고 결정론적인 존재로 가정하여 인간의 행동이 기본적인 생물학적인 충동과 본능을 만족시키는 욕망에서부터 동기화 된다는 것이다.

(4) 정신분석적 상담에서는 어린 시절의 발달 상황을 대단히 중요하게 보고 있는데 그 까닭은 뒤에 나타나는 성격적인 문제들이 그 뿌리를 찾아가 보면 결국은 억압된 어린 시절의 여러 가지 갈등들로부터 기인하기 때문이다.

(5) 정신분석적 상담이론은 인간의 긍정적인 측면보다는 부정적인 측면을 더욱 강조한다.

3 정신분석적 상담의 주요 개념

(1) 인간성격의 구조

① 원초아(Id)

    ㉠ 생득적인 것으로 쾌락의 원리에 따라 기능한다.

    ㉡ 본능의 욕구를 충족시키려고 작용하는 요소로, 생물적인 측면이 강하다.

    ㉢ 고통과 긴장을 피하며 비논리적이고 맹목적이며 욕망충족을 위해서 계획을 세우거나 사고하지 않는다.

    ㉣ 객관적인 현실의 세계와는 상관없이 개인의 주관적 경험의 내적 세계인 욕구나 충동만을 나타내려고 한다.

② 자아(Ego)

    ㉠ 현실의 원리에 따라 기능하고 자신의 마음과 외계의 것을 구별할 줄 안다.

    ㉡ 개인의 본능적인 욕구와 주위환경을 조정하여 개인의 생활을 유지하고, 종족의 번식을 도모한다.

③ 초자아(Superego)

    ㉠ 도덕의 원리에 따라 기능한다.

    ㉡ 쾌락보다는 도덕적이고 규범적인 것을 추구하며 무엇이 선하고 악한지, 어떻게 하는 것이 옳고 그른지가 주된 관심사이다.

    ㉢ 부모의 가치관과 전통적인 사회규범 및 이상을 내면화한 것이다.

    ㉣ 한 개인의 행동을 평가하고 그에 대해 심리적 보상 또는 처벌을 한다.

(2) 의식수준

① 의식 : 현재 한 개인이 각성하고 있는 모든 행위와 감정들이 포함된다.

② 전의식(이용 가능한 지식) : 의식 속으로 쉽게 떠올릴 수 있는 생각이나 감정, 의식과 무의식을 연결

③ 무의식 : 자신이나 사회에서 용납될 수 없는 감정, 생각, 충동 등이 억압되어 있고, 모든 정신과정의 기원이 된다.

(3) 프로이트의 성격발달단계

프로이트는 인간발달을 심리·성적인 측면에서 설명하고 있다. 상담자는 내담자의 호소문제를 발달단계라고 하는 더 큰 맥락에서 이해할 수 있다.

① 구강기(0~1세) : 입과 입술을 통해 쾌감을 느낀다. 구강에 대한 고착은 이 시기에 입을 통한 만족감을 충분히 얻지 못했을 때 발생하는데 나중에 타인에 대한 불신, 타인의 사랑에 대한 거절, 친밀한 관계를 형성하지 못하거나, 관계형성에 두려움을 느끼게 된다.

② **항문기(1~3세)** : 배변훈련과 관련된 시기로, 부모가 대소변 훈련을 시킬 때 보이는 감정이나 태도 등은 유아의 부모가 배변훈련을 지나치게 엄격하게 시키거나 유아의 부정적 감정을 수용하지 못하면, 의존적이거나 강박적 성격이 된다.

③ **남근기(3~6세)** : 이 시기 자신의 성기에 관심을 가지게 되며 성기가 없는 여아의 경우 남근선망을 하게 된다. 아동은 이성부모에게 성적충동을 느끼게 되어 오이디푸스 콤플렉스(Oedipus Complex)와 엘렉트라 콤플렉스(Electra Complex)가 형성된다. 남아의 경우 어머니에 대한 성적 충동으로 아버지로부터의 처벌을 두려워하게 되어 거세불안을 느끼게 되고 동일한 성의 부모에 대한 동일시를 통해 아동은 자신의 성역할을 습득하고 부모의 가치관을 내면화하게 된다.

④ **잠재기(6~12세)** : 아동이 사회화되고 외부의 세계에 관심을 많이 가지게 된다.

⑤ **성기기(12세 이후)** : 성욕이 이성을 향하지만 사회적인 제한 때문에 청소년들은 성적인 에너지를 사회적으로 수용되는 다양한 활동들에 쏟음으로써 그 에너지를 관리한다.

(4) 방어기제

① **의의** : 방어기제는 적이고 합리적인 방법으로 불안을 극복할 수 없을 때 불안으로부터 자아를 보호하기 위하여 사용하는 심리적 기제를 말한다. 따라서 현실적으로 다룰 수 없는 고통과 불안 및 죄의식으로부터 자신을 보호하기 위해 고안된 무의식적 전략이다. 방어기제가 병리적이지 않다면 크게 문제가 되지 않는다고 할 수 있으며 적절한 방어기제는 불안을 감소시키고 적응을 유도하기도 한다.

② **방어기제의 종류**

ㄱ **거부(Denial)** : 타인에게도 분명하게 비치는 외부현실 및 주관적인 경험이 고통스러운 면을 인식하기를 거부한다. 위협적인 현실에 눈을 감아버리는 것으로 방어기제 중 가장 원시적인 것이다.

(**예** 사랑하는 사람이 죽었을 때 죽지 않았다고 현실을 거부하는 것을 말한다.)

ㄴ **고착(Fixation)** : 인격 성장단계 중 어느 한 단계에 고착하여 성장하지 않는다.

ㄷ **퇴행(Regression)** : 무의식적으로 지나온 과거의 단계로 돌아가는 것이다.

(**예** 항문기가 지난 아이가 동생이 생겼다는 이유로 젖병을 찾거나 배변을 제대로 가리지 못하는 경우를 들 수 있다.)

ㄹ **승화(sublimation)** : 충동이나 부적응적인 감정을 사회적으로 용납될 수 있는 행동으로 변형시켜 표현한다.

(**예** 자신의 폭력성을 권투선수로 승화하는 경우를 들 수 있다.)

ㅁ **억제(suppression)** : 괴롭히는 문제나 욕구, 경험 등을 의식적으로 생각하지 않는다.

(**예** 시험에 대한 스트레스에서 벗어나고자 의식적으로 신나게 노는 경우가 있다.)

ㅂ **억압(repression)** : 자신이 인식하기 싫은 부정적인 감정과 생각을 의식에서 무의식으로 밀어 넣는다.

(**예** 숙제를 하기 싫은 아이가 숙제하는 것을 깜빡 잊었다고 말한다.)

Ⓐ **주지화(intellectualization)** : 불편한 감정을 조절하거나 최소화하기 위해 지나치게 추상적으로 사고하거나 일반화한다.

(예 자녀가 문제를 일으켜 상담을 받을 경우 철학적 관점만 논의한다.)

◎ **분리(isolate)** : 고통스러운 감정이나 생각을 감정과 분리시킴으로서 지각하지 못하게 한다.

(예 아버지가 죽었을 때 슬퍼하지 않은 사람이 아버지를 연상하는 대상에 대하여 슬퍼한다.)

Ⓩ **반동형성(reaction – formation)** : 용납할 수 없는 생각이나 감정을 감추고 정반대의 행동이나 생각·감정들로 대치한다.

(예 계모가 의붓자식을 더욱 사랑해 주는 것이다.)

Ⓩ **합리화(rationalization)** : 자신을 위로하려는 과정에서 자신의 생각이나 행동 또는 감정의 진실한 동기를 숨긴다.

㉮ **신포도형** : 높은 가지에 걸린 포도는 시어서 먹지 못한다는 여우를 말하며 원하는 것이 있으나 얻을 수 없는 것에 대하여 자신이 원하지 않은 것이라고 변명한다.

㉯ **달콤한 레몬형** : 자신이 가지고 있는 것에 대해 별 볼 것이 없으나 본인이 원했던 것이라고 스스로 믿는 것을 말한다.

㉠ **전능감** : 자신이 특별한 힘과 능력을 지니고 있고, 타인보다 우월하다고 느끼고 행동한다.

Ⓔ **투사(projection)** : 받아들일 수 없는 부정적인 감정을 다른 사람의 특성으로 돌려버리는 것이다.

(예 내가 미워하는 사람이지만 오히려 그 사람이 나를 미워한다고 생각하는 것이다.)

Ⓟ **내면화(introjection)** : 타인의 어떤 면을 자기 자신의 자아체계로 통합시킨다.

(예 어머니를 미워하는 마음을 자신을 미워하는 것으로 내면화한다.)

Ⓗ **전환(conversion)** : 심리적 갈등이 수의근과 감각기관에 영향을 미치는 신체증상으로 나타나는 것을 말한다. 예를 들어, 글을 쓰는데 갈등을 느낀 소설가가 오른팔이 마비되는 경우이다.

ⓐ **신체화(somatization)** : 심리적 갈등이 불수의근에 영향을 미쳐 신체증상으로 나타나는 것이다.

(예 사촌이 땅을 사면 배가 아프다.)

ⓑ **대치(substitution)** : 갈구하는 대상을 원래의 목표에서 심리적으로 용인되는 비슷한 대상에게 전환하는 것을 말한다.

ⓒ **전위(displacement)** : 어떤 대상에게 느꼈던 감정을 덜 위협적인 대상으로 옮기는 것을 말한다. 예를 들어, '아빠에게 혼이 나서 화가 난 아이가 강아지를 걷어찬다'와 같은 경우이다.

ⓓ **보상(compensation)** : 자신의 결점을 극복하기 위하여 탁월한 능력을 발휘하는 것을 의미한다.

ⓔ **금욕주의** : 자신의 성적 충동을 억누르고 오히려 이성적이고 경건한 행동을 하는 것을 말하며 청소년시기에 빈번히 발생하는 기제이다.

❹ 정신분석적 상담의 내용

(1) 정신분석적 상담의 기법

정신분석적 이론에서는 한 개인이 변화하기 위해 무의식적 갈등을 의식화하는 것과 성격구조의 변화가 필요하다. 정신분석적 상담에서 이들 두 가지의 조건을 만족시키기 위해서 상담자는 다음과 같은 기법을 사용한다.

① 해석 : 꿈과 자유연상 또는 상담과정에서의 전이 및 저항, 상담에서 내담자가 상담자와 관계를 형성하며 취하는 행동의 의미를 지적하고 설명하며 가르치는 과정이다.

② 자유연상 : 내담자로 하여금 자신의 마음에 떠오르는 것들을 있는 그대로 이야기하도록 하는 것이다.

③ 꿈의 분석 : 꿈의 특성을 활용하여 내담자의 꿈을 분석하고 해석해 내담자로 하여금 문제와 갈등을 통찰하게 한다.

④ 저항 : 현상태를 유지하고 변화를 방해하려는 의식적 · 무의식적인 생각 · 태도 · 감정 · 행동을 의미한다.

⑤ 전이 : 내담자가 상담상황에 대해 가지고 있는 일종의 왜곡으로 과거에 어떤 타자에게 느꼈던 감정을 현재의 상담자에게도 느끼는 것이다.

⑥ 역전이 : 정신분석치료과정에서 환자의 전이에 대한 치료자의 무의식적인 반응, 즉 치료자의 감정, 태도, 사고(思考)를 말한다. 넓은 뜻으로는 치료자가 환자에 대해 품는 의식적, 무의식적인 감정반응 전체를 말한다. 역전이는 치료자의 무의식적 갈등에서 생기는 상황이 많아, 치료자의 중립성을 방해하고 환자에 대한 공감이나 이해의 방해가 되어 치료과정에 큰 영향을 준다.

⑦ 통찰 : 상담자는 전이에 대한 해석을 통해서 내담자가 과거와 현실, 환상을 구분하도록 해주고, 아동기에 통찰할 수 있도록 하는 것은 무의식적이고 환상적인 소망의 힘이다.

⑧ 훈습 : 내담자는 심리적 갈등을 깨달아 자신의 사고와 행동을 실생활에서 수정하고 적응방법을 실행해 나가는 과정으로, 반복, 정교화, 확대로 구성된다.

(2) 정신분석 상담의 목적과 과정

① 상담의 목적

    ㉠ 무의식적 갈등을 의식화시키는 것

    ㉡ 자아의 기능을 강화하여 행동이 본능적 욕구보다 현실에 바탕을 두도록 하는 것이다. 이를 성격의 재구성이라고 하는데 원초아의 억압을 약화시켜 자아주도적 성격구조로 변화시키는 것이다. 무의식적 갈등과 불안정의 배경을 의식화시켜서 긴장으로 인해 사용되지 못했던 에너지를 자아 기능에 활용함으로써 개인의 의식 및 행동과정을 원활하게 만든다. 이러한 분석적 치료는 통찰을 목적으로 하지만 지적 이해에 거치는 것이 아니라 자기 이해와 관련되어 있는 감정과 경험들이 다루어져야 한다.

② 상담의 과정

 ㉠ 억압된 기억의 회상 : 억압된 기억은 소멸되는 것이 아니라 무의식에 남음

 ㉡ 무의식 : 억압된 생각이 강렬한 영향력 행사 – 상자속의 스프링 인형

 ㉢ 무의식적 갈등 : 억압된 생각이 솟아오르려 하면 불안 유발(내적 갈등의 역동성 : 내안에서 부딪치는 힘과 힘들의 싸움)

 ㉣ 정신분석 : 부의식적 갈능의 분석

  ㉮ 무의식에 접근하는 방법 : 꿈의 분석, 자유연상, 증상의 의미 분석, 저항 및 전이의 해석

  ㉯ 전이의 의미 : 과거 의미 있는 대상과의 관계에서 일어났던 무의식적인 소망과 기대 혹은 좌절 등의 관계 경험이 현재 여기의 대상들과의 관계에서 활성화, 반복되는 현상

  ㉰ 전이 다루기 : 상담자가 정확히 인식하고 적절하게 다루었을 때 내담자는 자신에 대한 깊은 이해와 대인관계 개선과 증상 완화

  ㉱ 상담자가 인식하지 못하고 전이관계에 휘말리게 되면, 내담자는 자기문제에 대한 새로운 이해를 얻지 못할 뿐만 아니라 상담관계 자체가 갈등적인 관계 패턴 반복

  ㉲ 전이의 해석 : 전이에 담긴 행동상의 의미를 내담자에게 지적하고 설명하는 절차

  ㉳ 전이해석의 원칙 : 시기적절하게, 어느 정도 깊이로, 저항과 방어를 먼저 다룸

③ 저항의 분석과 해석

 ㉠ 무의식으로부터 자료를 끌어오는 것을 방해하는 모든 것

 ㉡ 저항의 의미 : 약속시간에 늦게 오기, 피상적인 주제를 이야기하기, 꿈에 대한 기억을 가져오지 않기, 상담료 지불하지 않기, 술 먹고 오기, 상담자의 말을 경청하지 않거나 제안을 반박하기

(3) 정신분석적 상담의 평가

① 정신분석적 상담의 공헌점

 ㉠ 정신분석적 상담은 우리의 많은 행동이 발달 초기단계에서 형성된 패턴의 반복이라는 사실을 이해하는 데 기여하였다.

 ㉡ 정신분석적 상담은 치료나 훈련의 일부를 통해 집중적으로 정신분석 치료를 받는 것을 강조한다.

 ㉢ 정신분석은 정신의학이나 심리학뿐 아니라 인문사회과학 분야인 문학과 예술에도 많은 영향을 미쳤고 후에 융, 아들러, 에릭슨 같은 신프로이트학파들이 발전하는 계기가 되었다.

 ㉣ 광기, 정신장애 등은 거부되거나 억제되어야 할 것으로 인식된 것에 대해 인간의 삶과 정신의 한 요소를 이루고 있다는 것을 밝히고 또한 어떤 행동이나 사고의 기본 동기가 될 수 있다는 것 즉 의식이나 이성이 삶을 통제하지만 더 근원적인 무의식적 요소가 있을 수 있다는 것을 밝히고 있다.

 ㉤ 아동 양육의 중요성을 강조하였다.

② 정신분석적 상담의 한계

 ㉠ 상담이나 치료에서 시간이나 비용이 많이 든다.

ⓒ 상담자가 숙달된 전문가가 되기 위해서는 장기간의 훈련과 자기분석을 받아야한다.

ⓒ 인간의 성격형성을 심리성적 발달에만 근거하여 바라봄으로 가족의 구조나 사회제도, 문화적인 측면을 간과하였다.

ⓔ 인간의 병리적인 측면을 강조하여 신경증, 강박증, 불안증 등 제한된 병리적인 증세만을 다루었다.

ⓜ 인간의 자아를 정신내적 갈등의 결과로 보아서 원초아의 보조적 역할의 수행자로만 이해한다는 점이다.

ⓗ 비과학성과 성에 대한 지나친 강조, 시대적 특성(유모)을 간과했다는 평가를 받고 있고 있다.

⑤ 아들러(A. Adler)의 개인심리이론

(1) 아들러 이론의 기초

① 아들러는 프로이트가 지나치게 성적 본능을 중시하는 데 반대하고 인간의 성격을 결정하는 요인으로 사회적·가족적 요인을 강조하였고, 인간을 통일되고 자아가 일치된 전체적인 존재로 보았다.

② 아들러는 인간의 이성, 주체적 자각 그리고 창조에 대한 강조 때문에 프로이트이론에 만족하지 못하는 당시의 많은 학자와 세인들로부터 주목을 받았고 공감을 얻을 수 있었다.

③ 부모교육, 아동, 부부, 가족 상담 분야에 널리 적용되었고 흔히 신프로이트학파로 분류되며 정신역동에 기반과 인본주의적 그리고 인지 행동적 상담이론이 결합되었다고 할 수 있다. 아울러 인간을 이해하기 위해서는 객관적 현실보다는 개인이 인식하는 주관적 세상이 중요(프로이드가 객관적 심층심리학자라면 아들러 주관적 심층심리학자라고 할 수 있다).

(2) 인간관

인간은 열등감을 느끼는 존재이며, 열등감은 인간 행동의 동기적 기초이다. 열등감을 극복하려는 노력의 결과로 진보하고 성장, 발달한다고 가정한다. 아울러 인간은 통합된 전체로서 사회 속에서 의미를 부여하며 살아가는 존재이며 자신이 경험하고 있는 현재의 상태에서 매순간을 주관적으로 선택하는 현상학적 존재이다. 또한 사회적 관심을 받기 위해 노력하는 존재이며 현재를 바탕으로 미래 지향적인 삶의 목적을 향해 노력하는 목적론적 존재라고 가정한다.

① **총체적 존재** : 의식과 무의식, 원초아, 자아, 초자아로 나눌 수없는 존재(통합적)

② **성장 지향적 존재** : 열등감과 보상−타인과의 비교 우월이 아닌 자신의 가능성 실현

③ 성적충동에 의한 갈등하는 존재가 아닌 낙천적이고 긍정적인 인간관

④ **창조적 존재** : 창조적 힘이 인간의 성격형성에 중요 − 창조적 능력으로 인해 인생목표가 설정되고 자신의 독특한 삶의 방식 선택하고 주관적 존재로 이해한다.

⑤ **사회적 존재** : 성적 동기가 아닌 사회적 동기에 의해 동기화되며 가족 요인에 의해 성격이 형성된다.

(3) 이론의 주요 개념

① **열등감과 보상** : 인간이 자신의 약점 또는 약한 상태를 자각하는 것을 열등감이라 하고, 이 같은 열등을 보완하거나 강화하고 또는 다른 것으로 대체함으로써 열등상태를 축소하는 것을 보상이라 한다. 열등감을 우월성 추구를 위해 사용하면 건설적 생활양식과 심리적 건강을 가져오지만 우월성 추구에 집착하면 파괴적 생활양식을 가지게 되어 신경증, 열등감이 생길 수 있다.

    ㉠ **열등감을 가져오는 원인**
        ㉮ **기관열등감** : 신체적 허약과 결함, 외모와 신체에 대한 부정적 인식으로 인한 열등감
        ㉯ **과잉보호** : 타인이 자신의 욕구 충족 시켜주는 환경으로 인해 자신감 부족
        ㉰ **양육태만(부모의 무관심)** : 무관심으로 인해 자신의 능력을 인정받고, 애정을 얻거나 타인에게 존경을 받을 수 있다는 자신감 결여

② **우월추구** : 인간의 행동을 자극하고 추동하는 요인으로서, 완벽을 향해 인간의 행동에 에너지를 공급하고 지속시키는 선천적인 것이다. 우월성 추구는 자기완성, 자기실현 즉 문제직면시 미완성을 완성으로, 무능을 유능으로 만드는 경향성을 말한다.(우월 콤플렉스 : 정상적인 열등감을 과잉으로 반응하여 보상하려고 할 때 발달, 자신의 신체적, 지적, 사회적 기술을 과장하려는 경향 – 자신만 중요한 이기적인 경향성을 의미한다).

③ **사회적 관심** : 인간이 이상적인 공동사회의 목표를 달성하고자 사회에 공헌하려는 성향이다. 이러한 목표는 개인적 우월의 목표를 어느 정도 포기하고 사회적 목표로 이동하는 것으로 선천적인 것이다.

④ **생활양식** : 인간의 생활양식은 열등의 보상방식으로, 우월성을 추구하는 과정에서 개인의 독특한 목표를 추구하면서 형성되고 발현된다. 자아일치된 통합된 성격구조로 개인의 존재를 특징짓는 주제이며, 열등감과 보상을 기초로 발달한다.

⑤ **초기발달과 생활양식**
    ㉠ 초기 발달에 있어서 부모의 적절한 사랑과 관심은 건강한 성격발달에 필수적 요인
    ㉡ 4~5세경 자아개념과 가치 및 태도 등을 포함한 자신의 독특성을 형성–생활양식
    ㉢ 생활양식의 이해를 위해 인생의 초기 기억, 꿈, 가족 내 출생순위 고려
    ㉣ 사회적인 관심과 활동수준에 따라 지배형, 의존형, 도피형, 사회형의 생활양식
        ㉮ **지배형** : 사회적 관심이 거의 없으면서 활동수준이 높아 공격적이고 주장적인 형
        ㉯ **의존형** : 다른 사람에게 의존하여 욕구 충족(기생형)
        ㉰ **회피형** : 사회적 관심과 활동이 적고, 문제를 회피함, 실패 가능성도 모면
        ㉱ **사회형** : 활동수준과 사회적 관심이 높아 자신과 타인의 복지를 위해 협력

(4) 삶의 과제

① 일(기여), 우정(타인과의 관계), 사랑과 결혼(친밀) – 일, 사랑(우정), 사회

② **아들러 학파의 모사크와 드라이크스** : 자신과 잘 지내기(자기수용), 그리고 영적영역의 발달(가치관, 의미, 삶의 목표, 세상이나 우주와의 관계) 두 가지 삶의 과제를 덧붙임 – 삶의 과제를 해결 방식은 생활양식에 달려있고 부적절한 생활양식이 문제를 유발

(5) 가족구도와 출생순위

부모와 자녀와의 가족관계의 가족구도 형성은 생활양식 형성에 중요, 자녀의 수와 출생순위는 성격형성에 중요 – 결혼해서 낳은 첫째 아이가 원하던 출생인가, 남아인가, 여아인가 따라 부모의 심리적 태도가 다를 수 있고, 이것이 자녀의 심리에 영향을 미침 또한 출생순위는 세상과 상호작용하는 방식에 영향을 미친다.

① **첫째** : 부모의 관심을 받다가 동생의 출생으로 관심을 잃는 절망적 경험 – 부모의 관심을 지키기 위해 노력 – 권위를 유지하려는 보수적인 경향과 부모의 기대 부응

② **둘째와 중간** : 형은 모델겸 위협, 동생은 추격과 견제, 최고가 되고자 노력, 투쟁

③ **막내** : 관심과 사랑의 중심, 모험과 높은 야망을 가지거나 과잉보호로 독립성 부족

④ **외동아이** : 사회적 상호작용 기회 부족 – 관심을 당연한 것으로 여김 – 맏이와 유사

⑥ 부적응 행동과 심리치료에 관한 이론

(1) 이론의 개념과 특성

① 병리적 모델이라기보다는 성장모델 : 환자의 개념이 아닌 낙담한 사람의 관점

② 비정상적인 행동은 삶의 좌절과 연관, 즉 열등 콤플렉스 및 생활양식과 관련 : 낙담한 사람은 과도하게 타인의 관심을 요구하고, 완벽주의적이고 경쟁과 책임을 회피

③ 행동에 대한 수정이 아니라 동기에 대한 수정, 단순한 증상 제거보다는 생의 목표나 생활양식의 변화 시도

④ 많은 격려 속에 삶의 주요 과제를 처리할 수 있는 자원과 선택이 자신 안에 있음을 발견하도록 하는 것

(2) 상담의 목표

① 삶의 목표와 생활양식의 재구성을 돕는 것 : 무의식에 있는 열등 콤플렉스(열등감)와 생활양식의 발달과정의 통찰을 통해 부정적인 자기평가와 열등감 감소, 즉 생활방식을 바꾸고 사회적 관심을 재개발하며 목표지향적이고 창조적 인간이 되는 것

② 상담의 진행 과정 : 자신과 타인에 대한 믿음, 장래에 대한 소망, 다른 사람에 대한 사랑을 실현해가는 과정

(3) 상담의 4단계

① **치료관계 형성** : 신뢰적 상담 관계의 형성 – 강점 지각, 긍정적 영역에 초점

② **생활양식에 대한 평가와 분석** : 부적절한 행동양식에 영향을 준 요인들을 평가, 분석. 출생순위, 형제에 대한 진술(상대적 속성), 부모, 초기기억, 꿈이 포함 – 부적절한 생황 양식을 파악하고 내담자의 역동성을 탐색하여 내담자의 신념, 감정, 동기, 목표를 이해

③ **내담자의 치료적 통찰과 분석** : 생활양식에 대한 평가와 분석을 바탕으로 부적응에 대한 해석 – 해석을 통해 내담자의 자기 이해와 통찰 촉진 – 내담자 스스로 통찰할 수 있도록 해야 하며 성급한 해석은 주의

④ **행동의 변화** : 생활양식과 사회적 관심을 재조정 – 비효과적인 신념과 행동에 대한 대안 탐색 – 긍정적인 생활양식, 사회적 관심, 정상적인 행동을 위한 모델

(4) 상담의 기법

내담자는 스스로 변화할 수 있는 능력이 있다고 믿기 때문에 그러한 믿음을 그에게 보여줄 수 있는 상담 기법과 내담자 개개인에 맞춘 절충적 방법 사용한다.

① **즉시성** : 상담 중에 내담자의 경험을 표현, 그때 거기를 지금 여기로 가져와서 작업하는 것으로 상담 중에 일어나는 것이 일상생활의 표본이 된다.

② **직면** : 내담자를 수동적인 존재로 가정하지 않기 때문에 잘못된 신념과 태도, 감추어진 거부 반응에 직면한다.

③ **격려** : 아들러 상담 이론의 중요한 중재 기법의 하나로서 불행, 우울, 분노, 불안의 심리 상태에 있는 사람의 내적 자원(resource) 개발을 촉진하고 긍정적인 방향으로 나아갈 수 있는 용기를 북돋아 주는 것이다.

④ **마치 그런 것처럼 행동하기**(가상행동) : 내담자가 실패할 것이라고 믿는 행동을 실제 장면이 아닌 가상 장면에서 '마치 ~ 인 것처럼(as if)' 다른 역할을 해보도록 하는 것이다.

⑤ **자기모습 파악하기** : 행동에 옮기기 전에 자기 모습 파악 연습한다.

⑥ **질문하기** : 내담자의 문제가 심리적, 신체적, 성격적인 것을 진단하기 위해 사용한다.

⑦ **내담자 수프에 침 뱉기** : 자기 패배적인 행동에 감추어진 동기를 밝혀냄으로써 내담자가 그 행동을 할 때 상담자가 밝힌 사실이 생각나서 그 행동을 할 수 없게 하는 기법

⑧ **단추누르기** : 유쾌한 경험과 유쾌하지 않은 경험 생각한 후 각 경험과 관련된 감정에 관심을 가지도록 해준다. 느낌으로 인해 감정이 일어나면 단추를 누르게 함으로서 자신이 원하는 정서를 스스로 만들 수 있다는 사실을 알게 되며 내담자가 감정 희생자가 아닌 창조자가 된다는 것을 인식시킬 수 있다.

⑨ **상상하기**(creating images) : 신경증적 방어를 시각적으로 상상하여 어리석음을 구체화하는 것으로 바람직한 자신의 모습을 상상함으로써 실제로 그렇게 되도록 하는 방법

⑩ **역설적 의도** : 바라지 않는 행동을 의도적으로 반복하게 함으로써 역설적으로 그 행동을 제거 혹은 벗어날 수 있게 하는 행동(**예** : 불면증 환자 – 잠자지 않으려고 노력)

⑪ **기타** : 과제의 설정과 이해, 숙제주기 등

(5) 아들러 이론의 제한점과 공헌점

① 제한점

    ㉠ 우월성 추구나 창조적 자기 개념 등 개념 정의의 모호성 – 상식 심리학

    ㉡ 인간에 대한 지나친 낙관성으로 인해 인간의 부패성과 비합리성을 등한시

    ㉢ 급히 해결해야 할 문제를 가지고 있는 내담자들에게 적용 어려움

② 공헌점

    ㉠ 아들러 이론은 실존 및 행동치료, 인간중심, 형태치료, 현실치료, 합리적 정서적 치료 등 다른 상담이론에 영향을 주었고 후속연구 지속시킴

    ㉡ 사회적 요인과 사회적 관계 중시

    ㉢ 개인의 성장만이 아니라 더 나은 사회를 위한 공헌

❼ 융(Jung)의 분석심리이론

(1) 분석심리학의 정신의 구조

인간의 본질이 정신의 전체성에 있다고 보고 이 정신의 전체성을 자기(self)라는 개념으로 설명하였다. 자기는 자아(ego)와 구별되는 개념으로 자아가 일상적인 나라면, 자기는 본래적인 나라고 할 수 있다. 즉, 자아를 자기 원형에서 분화되어 발달되다가 다시 자기로 통합을 강조하며 인간의 정신은 상호작용하는 분화된 다수의 체계 – 의식, 개인 무의식, 집단 무의식으로 구성되었다. 분석심리학은 인간의 마음에 무엇이 어떻게 작용하고 있는가를 살펴서 개인의 의지와 방향을 연구하고자 하였다. 프로이드와 마찬가지로 정신을 의식과 무의식의 구조로 보았으나 인류의 역사를 통해 발달된 정신구조(집단 무의식)를 이해하려고 노력하였으며 병리적 현상이외의 건강한 사람의 인성을 보다 넓게 이해하고 자기통찰을 돕는 데 기여하였다. 프로이드의 인생초기에 성격이 결정된다는 것에 반대하고 주관적 체험과 현상학을 바탕으로 체계화하였다. 단어 연상을 통해 무의식적인 콤플렉스의 존재 발견하고 성적 충동이외의 정신적 체험에 대한 욕구 발견하였다. 프로이드는 리비도를 성적 에너지로 보지만 융은 생활 에너지로 간주하고, 성격 역시 미래의 목표와 열망에 의해 후천적으로 변화 가능하다고 주장하였다.

(2) 분석심리이론의 주요개념

① **정신** : 퍼스낼리티 전체를 정신으로 보았으며, 의미, 가치로 풀이할 수 있다.

② **리비도** : 생물학적 · 성적 · 사회적 · 문화적 · 창조적인 모든 형태의 활동에 에너지를 제공하는 전반적인 것

을 생명력으로 보았다.

③ **자기(self)** : 의식과 무의식 모두의 중심이기 때문에 자기의 모든 것을 볼 수 있는 원형의 하나이다. 의식과 무의식을 통일하여 완성된 전체를 이루도록 촉구하고 자기를 찾아 현실에 실현시키는 것을 자기실현이며 Jung은 중년기 이후에 자기실현이 가능하다고 하였다.

④ **자아(ego)** : 의식의 주체로 지각, 기억, 사고, 감정 등으로 자아를 통해 외부에 표현하고 인식한다.

⑤ **페리조나(persona)** : 가면(희랍어), 개인이 사회적 요구들에 대한 반응으로서 밖으로 드러난 공적 얼굴(자아) – 표면과 내면의 불일치 – 이중적인 성격 – 사회적 부적응

⑥ **원형(Archetype)** : 인간 정신의 가장 보편적이고 집단적, 선험적인 심상, 근원적인 핵으로 집단 무의식을 구성하며 분석 심리학에서 성격의 주요한 구성 요소

⑦ **아니마, 아니무스** : 모든 인간은 생리학적으로 심리학적으로 양성적인 존재다. 남성의 무의식속에 있는 여성적이고 수동적인 요소를 아니마, 여성의 무의식속에 있는 남성적이고 능동적인 원형을 아니무스라고 한다. 성숙한 인간을 이 두 가지를 이해하고 개발해야 한다.

⑧ **그림자** : 의식의 뒷면에서 미분화된 채 무의식 속에 남아있는 어두운 부분–페리조나에 의해 가려지지거나 개인 무의식 속으로 억압되어 있다. 상담에서 가장 장애가 되는 원형으로 무의식적 그림자의 존재를 깨닫고자 노력, 인정하는 것이 성숙의 기본이다.

⑨ **개인 무의식** : 의식에 머물러 있지 못하는 경험이나 너무나 약하기 때문에 의식에 도달하지 못하는 경험의 저장소로 필요시 쉽게 의식에 접근할 수 있다(자아와 교류).

⑩ **집단무의식** : 조상으로부터 물려받은 전 인류에게 공통된 기억이나 이미지를 말한다. 대부분의 사람들의 뱀에 대한 혐오감은 옛 인류의 조상들이 파충류에게 습격을 당했던 당시의 기억이 유전자에 의해 지금도 우리 마음 깊숙한 곳에 자리 잡고 있기 때문이다. Jung은 정신과 의사로서 많은 분열병 환자들의 임상 치료 중 환자의 꿈이나 망상 가운데에는 현대인들이 전혀 알지 못하는 태곳적이며 신화적인 상징이 나타난다는 것을 발견했는데, 이 상징이 정상적인 사람의 꿈에서도 나타난다는 사실에 주목하여 집단 무의식의 존재를 확신하게 되었다.

⑪ **콤플렉스** : 개인 무의식 속에 존재하는 감정, 사고, 지각, 기억 등의 내용이 모여 하나의 집단을 형성한 심리적 에너지의 결합으로 개인의 사고와 행동을 지배한다. 신경증적 증상이 이것과 연관되어 있고 이것으로부터의 해방이 분석요법의 목적 가운데 하나이다. Jung의 분석심리학에서는 정신 병리에 대해 정상과 이상을 절대적인 구분이 아닌 상대적 구분으로 이해하고 정신의 전체성이 깨어질 때 유발되며 전체성의 자각을 자기실현 혹은 개성화의 과정이라고 설명하였다.

(3) 상담의 목표

무의식적으로 작동하는 정신 원리를 의식화하고 개성화의 과정을 촉진 – 전인적 전체성

(4) 상담의 과정

① **고백단계** : 정서의 표출(무의식적 비밀의 공유)과 치료적 동맹관계 형성

② **명료화 단계** : 증상의 의미, 아니마, 아니무스, 그림자, 현재의 생활상황 명료화 즉 무의적 내용을 표면화 하며 통찰을 얻음 즉 문제의 기원을 이해에 초점을 둔다.

③ **교육단계** : 발달과정의 문제에 초점을 두고 내담자의 페르소나와 자아에 초점을 맞추어 사회에 적응하도록 한다. 대부분 이 단계에 상담이 종료된다.

④ **변형단계** : 의식과 무의식을 포함한 전체성 즉 자기실현을 이루는 과정이다.

(5) 상담의 기법

① **꿈 분석** : 꿈은 무의식의 명료한 표현으로 반복되는 주제에서 문제를 발견하고자 하였다.

② **상징의 사용** : 내담자의 사고, 감정, 행동을 추동하는 역동성과 패턴은 상징을 통해 나타난다고 가정하고 신화, 동화, 예술작품 등에서 발견되는 상징들을 이해함으로서 가능하다고 하였다.

③ **그림 분석** : 그림의 내용뿐만 아니라 그림을 그릴 때 보이는 감정적 반응도 중요하게 고려하였다.

④ **단어 연상 검사** : 100개 단어목록을 콤플렉스 밝히는데 사용하였다.

⑤ **적극적 명상** : 무의식과의 대화로 해석보다는 자아와 무의식과의 대면이 중요하다고 간주하였다.

⑥ **전이와 역전이** : 반드시 필요한 것은 아니며 환자가 보고하는 증상에 초점을 두고자 하였다. 외상 후 스트레스를 이해하는데 도움을 주었다.

⑦ MBTI 검사의 개발의 토대가 되었다.

(6) 융의 공헌점과 제한점

① **제한점**

　㉠ 지적 통찰과 삶의 성취를 이루고 있는 사람에게만 효율적이지만 그렇지 않으면 다소 혼란을 초래할 수 있다.

　㉡ 긴 시간과 많은 노력과 비용이 들기 때문에 단기 상담이나 위기 상담 개입에는 한계가 있다.

② **공헌점**

　㉠ 인간을 전체로 파악하려고 한 점(전체성 형성)

　㉡ 인간 영혼에 대한 이해 증진-영적인 것에 대한 중요성 강조

　㉢ 무의식의 개념을 인류의 역사와 문화적 배경으로 확산

　㉣ 개인적 경험만이 아닌 역사적 기원에 따른 인간의 심층을 밝혀 인간본질 이해 노력

(7) 심리적 유형

융은 심리유형을 나누기 위해서 우선 자아의 태도와 자아의 기능으로 구분하였다. 그리고 자아의 태도는 외향과 내향으로, 자아의 기능은 사고 · 감정 · 감각 · 직관으로 나누어 총 8개의 유형으로 구분하였다.

① 자아의 태도

　㉠ 외향적인 사람 : 여건에 잘 순응하고 다른 사람과의 관계도 원만하다.

　㉡ 내향적인 사람 : 객체에 관심이 없거나 거부하는 경향을 보이기 때문에 교만한 이기주의자나 부적응자로 보이기 쉽다.

② 자아의 기능

　㉠ 사고 : 사실과 일치하느냐 않느냐를 판단하고 여러 가지 정보를 연결지어 일반화된 성향을 파악하여 문제를 해결하는 기능을 한다.

　㉡ 감정 : 대상에 대하여 좋음과 나쁨, 편함과 불편함, 기쁨과 슬픔 등을 판단하여 종합하는 기능을 한다.

　㉢ 감각 : 감각기관을 통하여 외부 세계와 신체 내부의 자극들을 보거나 듣는 등과 같은 현실 경험의 형태이다.

　㉣ 직관 : 무의식을 통한 감각과 내용을 알지 못하지만 전체적인 형태를 깨닫는 순간적 지각의 형태이다.

③ 8가지의 심리유형

　㉠ 외향적 사고형 : 자기의 감성적 측면을 억압하기 쉽고 공식에 맞는 것을 옳다고 여기는 경향이 있다.

　㉡ 내향적 사고형 : 내적 현실, 자신의 생각에 몰두해 있는 경향을 보인다.

　㉢ 외향적 감정형 : 외부자극을 중시하며 향락적인 경향을 보인다.

　㉣ 내향적 감정형 : 주관적인 조건에 사로잡히는 경향을 보인다.

　㉤ 외향적 감각형 : 외계의 구체적 · 감각적 사실들, 만질 수 있는 현실을 중시하며 현실적 · 실제적이고 감각적 즐거움을 밝힌다.

　㉥ 내향적 감각형 : 바깥 세계에는 관심이 없고 주관적 · 내적 감각을 중시하며 물리적 세계의 표면보다는 배경들을 포착하는 경향을 보인다.

　㉦ 외향적 직관형 : 객관적 상황에서 모든 가능한 것, 새로운 것을 발견하고자 하거나 새로운 세계를 정복하려고 한다.

　㉧ 내향적 직관형 : 모든 것을 원형의 이미지에서 찾는 경향을 보이며, 바깥 세계에 대해서는 매우 어둡다.

1 인간중심적 상담의 기본 가정

(1) 인간관

인간은 선하고 유능한 존재로 과거와 현재를 정확히 인식하고 성장 가능하며 미래 지향적 존재이다. 인간은 선천적으로 자기 실현 동기를 가지고 있으며 자신의 행동에 책임을 지고 합리적 건설적인 방향으로 성장하고자 하는 존재라고 가정한다.

(2) 기본가정

① 로저스(Rogers)의해서 창시된 인간중심 상담이론은 인간을 대단히 긍정적인 시각으로 바라본다. 무엇보다도 인간을 마음껏 기능할 수 있는 경향성을 가진 존재로 여긴다.

② 인간은 스스로를 이해할 수 있는 능력을 가지고 있고, 자신의 잠재력을 최대한 발휘하고자 하며, 자기실현의 동기를 가지고 있다는 전제에서 출발한다.

③ 인간중심 상담이론은 인간을 합목적적이고, 건설적이며, 현실적인 존재인 동시에 아주 신뢰할 만한 선한 존재로 본다.

2 인간중심적 상담의 목적과 목표

(1) 상담의 목적

상담자는 특수 문제의 해결이나 특수한 행동변화를 상담의 목적으로 설정하기보다는 오히려 한 개인을 전체적이고 계속적인 성장의 방향으로 향하게 하는 데 그 목적이 있다고 말할 수 있다.

(2) 상담의 목표

상담의 궁극적 목표는 자기(자아)실현이다. 즉 내담자로 하여금 충분히 기능하는 인간으로 성장하도록 하는 것이다. 이를 위해 안전한 분위기를 제공해 주고 자신을 탐색하게 만든다. 자기실현은 경험의 왜곡에서 회복하고 가치의 조건화를 해결하고 개인의 내적 경험의 존중을 통해 달성될 수 있다. 인간중심이론에서 자기실현이란 누구도 아닌 자신의 전체 모습을 그대로 드러내는 것으로 자기 방어를 위해 현실을 왜곡하지 않고, 자신에 대한 올바른 이해에 바탕을 둔 신뢰감과 융통성 있는 마음의 자세를 가지고 있고, 실존 문제에 대한 해답을 자신 속에서 찾으며 인간적 성숙이 지속적인 과정임을 아는 것이다.

③ 인간중심적 상담의 내용

(1) 인간중심적 상담의 주요 개념

① **자기(Self)** : 개인의 전체적인 정신구조로 (ego가 정신구조의 한 요소라면) 자신의 개인적 특성, 타인과의 관계 속에서 형성한 특성에 대해 스스로 가지고 있는 통합적이고 전체적인 개념을 의미한다.

② **자기실현의 동기와 성향** : 자기를 이해할 수 있는 잠재력, 자신의 잠재력을 최대한 발휘하고자 하는 동기와 성향을 의미한다.

③ **자아실현 경향성** : 인간은 고유한 가능성들을 건설적 방향으로 성취하고자 하는 욕구를 가지고 있다. 실현 경향성은 인간의 성장과 발달의 모든 면에 영향을 미친다. 인간의 가장 기본적이고 유일한 동기로 자기 본연의 모습대로 살려는 동기, 자신을 유지하고 잠재력을 발전시키는 선천적인 경향으로 유기체의 성장과 발달 촉진한다. 자기와 유기체의 경험이 일치하면 실현화 경향은 통일된 형태로 남는다.

④ **이상적 자기** : 한 개인이 가장 소유하고 싶어 하고 가장 높은 가치를 부여하는 특성들에 대한 자기개념을 지칭하는 것으로 성격적 특성 · 진로 · 학업 등의 영역에서 자신이 스스로에게 바라는 모습 등을 의미한다.

⑤ **충분히 기능하는 인간** : 인간은 타인으로부터 긍정적 관심을 얻고자 자기관심의 욕구를 가지고 있는데, 이런 욕구들이 충족될 때 개인은 충분히 기능하는 인간이 될 수 있다.

⑥ **유기체(Organism)** : 역동성을 표출하기 위해 인간이란 말 대신 사용. 전체로서의 개인(하나의 경험은 감정, 행동, 태도에 영향을 미침)으로. 대상이나 사건을 능동적으로 지각하고 이해하는 주체이다.

⑦ **가치의 조건화** : 부모에게 가치 있는 존재로 인정받기 위해 그에 맞추어 행동하는 것 즉 주관적 경험을 왜곡하고 부정하고 자신이 원하는 것과 상관없이 인정받기 노력하는 것으로 유기체의 경험과 마찰 시 갈등과 불안, 두려움 즉 심리적 문제 발생하게 된다.

(2) 인간중심적 상담의 발전

① **비지시적 단계(1940~1950년)** : 1940년은 비지시적 단계가 처음으로 적용된 해이며 이 시기에 감정의 반영과 비지시적 기법을 사용한 것이 큰 특징이다.

② **내담자 중심 단계(1950~1957년)** : 1951년 '내담자 중심 치료'를 발간으로 하여 비지시적 상담이 내담자 중심 상담으로 바뀌었다. 이 시기에는 도움을 청하는 사람은 의존적 환자가 아니라 책임 있는 내담자로 취급하여야 한다는 것을 강조하였다.

③ **경험적 단계(1957~1975년)** : 이 시기에는 상담자가 자유스러워졌다. 상담자의 유기체적 경험은 내담자의 경우와 마찬가지로 자신의 행동을 이끄는 데 중요한 준거가 되었다. 상담자와 내담자 간의 전문적 관계의 상호성이 충분히 발전되면서 이론이 광범위하게 적용되었다.

④ **인간중심 단계**(1975년) : 내담자 중심에서 인간중심으로 전환된 시기가 정확하지 않지만, 로저스가 개인에 대하여 가지고 있던 관심이 교육, 산업, 사회와 같은 보다 넓은 측면으로 옮아가기 시작한 1970년 중반으로 본다.

> **POINT** 인간중심상담의 발달단계
> 비지시적상담 → 내담자중심상담 → 인간중심상담

(3) 인간중심적 상담의 기법

인간중심적 상담의 기법은 상담자와 내담자와의 상담관계형성이다. 이런 점에서 로저스는 진실성, 무조건적 긍정적 관심, 공감적 이해의 세 가지 태도를 강조하고 있다.

① **진실성** : 상담자는 내담자와의 관계에서 느낀 감정이나 태도를 부정적이든 긍정적이든 솔직하게 표현하는 태도를 지녀야 한다. 진실성은 일치성이라고 하며 상담자는 진실하고 개방적인 존재여야 한다. 상담자는 내담자의 인간적 측면과 문제를 동시에 보며 내담자뿐 아니라 자신의 감정을 인식하고 수용한다. 내적인 경험과 인식의 합일을 가리키는 것이 일치인 것이다. 상담관계 속에서 이루어지는 모든 활동과 의사소통은 각각 독립된 것이면서도 하나의 통합을 이룩할 수 있어야 한다.

② **무조건적 긍정적인 관심**(무조건적인 수용, 존중) : 상담자는 내담자를 무조건적으로 수용한다. 내담자의 갈등과 부조화를 비평가적이고 온정적으로 수용하며 내담자를 하나의 인간으로 있는 그대로 받아들인다.

　㉠ 상담자는 내담자의 행동이나 감정, 사고를 무조건적으로 존중하며, 내담자를 하나의 전체적인 인간으로 아끼고 사랑할 수 있어야 한다. 내담자와 진정한 상담관계를 형성할 수 없는 것은 내담자를 무조건적으로 존중할 수 없기 때문이다.

　㉡ 내담자를 한 인간으로 존중하며, 그의 감정, 사고, 행동을 평가하거나 판단하지 않고 있는 그대로 수용하며 소중히 여기는 것을 말한다. 내담자가 어떤 상태에 놓여 있든 간에 상담자의 태도는 그를 향해 무조건적이고 긍정적인 것이어야 한다.

③ **공감적 이해** : 상담자가 내담자의 입장이 되어 내담자를 깊게 주관적으로 이해하면서도 결코 상담자로서의 본연의 자세를 잃지 않는 것이 공감이다. 이런 의미에서 공감적 이해는 동감적 이해와는 다른 개념으로 상담자는 내담자의 주관적, 현상적인 세계를 내담자의 입장에서 그대로 인식하며 내담자의 내면세계를 '마치 자신의 것처럼' 인식한다. 내담자를 정확히 이해하고 내담자와 정서적으로 연결되었을 때, 그리고 상담자가 자기를 이해하고 동시에 자신과 정서적으로 연결된 것을 내담자가 느낄 수 있을 때 온전한 것이 된다.

(4) 인간중심적 상담의 평가

① 인간중심적 상담의 공헌점

　㉠ 내담자의 입장에서 생각하고 이해하기 때문에 내담자가 자연스럽게 상담과정에 참여할 수 있다.

　㉡ 상담에서 상담자와 내담자 사이의 관계의 중요성을 강조하였다.

    © 상담자가 내담자의 문제를 떠맡는 것이 아니라, 내담자가 상담과정에서 스스로 중요한 결정을 내릴 수 있는 사람이라는 것을 인정하였다.

    @ 내담자의 변화에 상담자의 태도가 중요하다는 점을 강조하였다.

② 인간중심적 상담의 한계

    ㉠ 내담자를 의식적으로 표현하는 것은 신뢰하지만 무의식적인 요인은 무시하는 경향이 있다.

    ㉡ 내담자의 정서와 감정은 중요시 하는 반면에, 내담자의 지적 및 인지적 요인은 무시하고 있다.

    ㉢ 상담자에 대한 기대를 갖고 찾아온 내담자는 상담을 쉽게 포기하는 경우가 생길 수 있다.

    ㉣ 상담자의 인격과 소양이 중요시 됨에도 불구하고, 누구나 인간중심적 상담을 할 수 있을 만큼 쉽고 단순하다고 오해 받을 수 있다.

❹ 게슈탈트 상담이론

(1) 게슈탈트 상담의 기본 가정

① 펄스(Frederick S. Perls)에 의해 제안된 이론으로, 게슈탈트 심리학의 영향을 받고 있다.

② 인간은 전체를 추구하는 존재로서 사고, 감정, 행동을 통합하고자 한다. 인간은 신체, 정서, 사고, 감각, 지각 등 모든 부분이 서로 관련을 갖고 있는 전체로서 완성되려는 경향이 있다.

③ 내담자가 지금 이 순간 자신의 감정·사고 및 신체적 감정을 왜곡하지 않고 있는 그대로 경험하는 것을 중시한다는 점에서 경험적 접근이라 할 수 있다.

(2) 게슈탈트 상담의 목적과 목표

① **상담의 목적** : 상담자는 내담자를 반복되는 습관에 직면시킴으로써 현재 그가 무엇을 경험하고 무엇을 피하려 하는지 등에 대해 더 많이 알아차리도록 돕는다.

② **상담의 목표** : 내담자의 감정, 지각, 사고, 신체가 모두 하나의 전체로서 통합된 기능을 발휘할 수 있도록 개인의 성장을 돕는 것이다. 즉 주어진 상황에서 자신에게 일어난 일을 충분히 자각하면, 그 상황에서 필요한 게슈탈트를 형성할 수 있기 때문에 주어진 문제를 처리할 수 있다고 가정한다.

(3) 게슈탈트 상담의 주요 개념

① **게슈탈트** : 개체의 욕구나 감정이 하나의 의미 있는 전체로 조직된 것을 의미한다. 게슈탈트는 유기체가 가진 자기 조정능력에 의해 매 순간 자신에게 가장 필요한 욕구와 감정의 순서대로 게슈탈트를 형성·조정하여 욕구와 감정을 해결한다.

② **자기각성** : 신체구조와 그 작용을 깨닫게 하는 것은 사고와 환상, 감각과 느낌인 것이다.

③ **환경접촉 각성** : 각성을 하는 것은 주위환경과 접촉하고 있는 실제의 상황인 것이다.

> **🔊POINT** 알아차림과 접촉
>
> 접촉이란 게슈탈트 해소를 위해 환경과 상호작용하는 행위로서 에너지를 동원하여 실제로 환경과 만나는 행동을 의미한다.
> 전경과 배경의 교체에서 알아차림과 접촉이 매우 중요하며 알아차림은 게슈탈트 형성과 관계 되어 있으며 접촉은 게슈탈트 해소에 관계한다.
> ※ Zinker이 '알아차림 – 접촉주기' 여섯 단계
>
> | 배경→감각→알아차림→에너지 동원→행동→접촉 |
> |---|
>
> 건강한 유기체는 환경과의 교류를 통해 알아차림-접촉 주기를 자연스럽게 반복해가면서 성장해간다.

④ **전경과 배경** : 사람이 대상을 지각할 때 지각의 초점이 되는 부분이 전경이고 관심 밖에 있는 부분을 배경이라고 한다.

⑤ **알아차림** : 개체가 자신의 욕구나 감정을 지각하고 그것을 게슈탈트로 형성하여 전경으로 떠올리는 행위를 의미한다.

⑥ **미해결 과제** : 개체가 게슈탈트를 형성하지 못했거나 형성된 게슈탈트가 적절히 해소되지 못하여 배경으로 물러나지 못한 상태를 의미한다. 미해결 과제는 계속 이의 해결을 요구하며 전경으로 떠오르려 하기 때문에 다른 게슈탈트가 선명하게 형성되는 것을 방해한다. 그래서 적응에 방해를 준다. 미해결 과제가 많아질수록 개체는 자신의 유기체적 욕구를 효과적으로 해소하는데 실패하게 되어 심리적, 신체적 장애를 일으킨다.

⑦ **접촉경계 혼란** : 개체의 모든 활동은 항상 환경과의 관계 속에서 일어나며, 게슈탈트의 형성과 해소도 환경과의 교류를 통해서만 가능하다. 경계에 문제가 생기면 유기적인 교류접촉이 차단되고 심리적, 생리적 혼란이 생긴다. 혼란의 원인은 개체와 환경간의 경계가 너무 단단하거나, 불분명하거나, 경계가 상실될 때 생긴다. 결과적으로 접촉 경계혼란은 개체로 하여금 환경과의 유기적인 접촉을 방해하고 따라서 개체는 계속하여 미해결 과제를 가지게 되고 마침내 환경에 창조적으로 적응하는데 실패하게 된다.

　㉠ **내사** : 권위자의 행동이나 가치관을 무비판적으로 받아들임으로써 자기 것으로 동화되지 못한 채 남아 있으면서 개체의 행동이나 사고방식에 악영향을 미치는 타인의 행동방식이나 가치관을 내사라고 한다.

　㉡ **투사** : 개체가 자신의 생각이나 욕구, 감정 등을 타인의 것으로 지각하는 현상을 말한다. 개체가 투사를 하는 것은 그렇게 함으로써 자신의 욕구가 좌절되는 것보다 고통을 덜 받게 되기 때문이다. 즉, 개체가 자신 속의 받아들이기 힘든 부분들을 부정해버리고, 그것들을 타인의 것으로 돌려버림으로써 심리적 부담을 덜 수 있기 때문이다.

　　㉮ **창조적 투사** : 개체가 새로운 상황에 처하여 그 상황에 능동적으로 대처하는 한 방편으로서 의도적으로 자신의 상상력과 창의력을 사용하는 행위

　　㉯ **병적 투사** : 개체가 직면하기 힘든 자신의 내적인 욕구나 감정 등을 회피하기 위해서 무의식적이고 습관적으로 반복하는 행위

ⓒ **융합** : 밀접한 관계에 있는 두 사람이 서로 간에 차이점이 없다고 느끼도록 합의함으로써 발생하는 것이다. 융합은 두 사람 간에 서로 다투지 서로 다투지 않기로 계약은 맺은 것과 같은 상태라고 정의할 수 있으며 죄책감과 짜증은 융합관계에 위협이 닥치면 나타나는 감정. 죄책감은 융합을 위반한 사람이 느끼는 감정이고, 짜증은 이의 시정을 요구하는 사람 쪽에서 내보내는 감정이다. 공허감이나 고독을 피하기 위한 목적으로 시작되고, 유지된다. 자신감이 없어 다른 사람의 힘이 없으면 혼자서 아무 일도 할 수 없다고 생각하므로 혼자 있는 것에 공포감을 가져 자신의 개성과 주체성을 포기하고 타인과 합치는 것이 고독하거나 공허한 것 보다 낫다고 생각한다.

ⓡ **반전** : 개체가 다른 사람이나 환경에 대하여 하고 싶은 행동을 자기 자신에게 하는 것으로 개체는 반전을 통하여 환경이 용납하지 않는 행동을 하지 않음으로써 환경으로부터 어떤 처벌이나 불이익을 받지 않으며, 또한 그 대상이 자기 자신이기는 하지만 부분적으로 욕구나 행동을 해소할 수 있다. 타인에게 어떤 욕구를 표현하거나 행동을 했다가 거부당하거나 처벌받을 수 있다는 두려움으로 자신의 충동을 억압하고 자신을 희생양으로 삼는다.

ⓜ **편향** : 환경과의 접촉이 힘든 심리적 결과를 예상할 때 경험으로부터 압도당하지 않기 위해 환경과의 접촉을 피하거나 혹은 자신의 감각을 둔화시켜 환경과의 접촉을 약화하는 것으로 접촉을 차단하는 면에서 반전과 비슷하다.

⑧ **성격층**

ⓒ **피상층** : 형식적이고 의례적 규범에 따라 피상적으로 만나는 단계. 표면적으로 세련된 행동을 보이고 적응적 행동을 보이지만 자신을 깊이 노출시키지 않아 진정한 변화는 일어나지 않음

ⓒ **공포층(연기층)** : 부모나 주위 환경의 기대역할에 따라 행동하며 살아가는 단계이다. 환경에 적응하기 위해 자신의 욕구를 억압하고 주위에서 바라는 역할 행동을 연기하며 살아가는데, 그것이 연기라는 것조차 망각하고 진정한 자기인 줄 착각하고 살아감.

ⓒ **교착층** : 역할연기를 그만두고 자립은 시도하지만 동시에 심한 공포를 체험한다. 이때 내담자들은 "갑자기 모든 것이 혼란스럽다. 도대체 뭐가 뭔지 모르겠다. 앞으로 어떻게 해야 좋을지 모르겠다. 마음이 공허하다. 쉬고 싶다" 등의 표현을 쓴다.

ⓡ **내피층** : 자신이 억압하고 차단해왔던 욕구와 감정을 알아차리게 됨. 그러나 이런 유기체적 에너지들은 오랫동안 차단되어 왔기 때문에 상당한 파괴력을 갖고 있음. 내담자는 이런 파괴적 에너지가 외부로 발산되면 관계가 악화될 것이라는 두려움 때문에 이것이 자신의 내부로 향하게 됨.

ⓜ **폭발층(외파층)** : 자신의 감정과 욕구를 더 이상 억압하지 않고 직접 외부 대상에게 표현함. 개체는 자신의 욕구와 감정을 분명하게 알아차려 강한 게슈탈트를 형성하여 환경과 접촉을 통해 완결지음.

참고 **접촉경계 혼란**

퍼얼스는 접촉경계 혼란이란 우리와 환경이 직접 만나지 못하도록 둘 사이에 마치 중간층 같은 것이 끼어있는 현상이라 했으며, 이 중간층을 '마야(maja)'라 불렀고, 이는 개체와 환경이 직접 만나는 것을 방해하는 '환상'이며 편견과 선입견에 비유했다. 이를 걷어내면 우리 본연의 존재를 회복할 수 있다.

이 중간층을 발생시킨 원인은 내사, 투사, 융합, 반전, 편향(자의식)이 있고, 이들을 "접촉경계 혼란 행동" 또는 "접촉에 대한 저항"이라고 한다.

① 내사 : 내면화된 타인의 확신

　⊙ 내사의 결과 : 개체는 고정된 행동패턴을 개발하고 습관적이고 자동화된 행동을 반복거나, 수동적으로 행동하게 된다. 그렇게 되면 개체는 매 상황에서 발생하는 자신의 다양한 욕구에 따라 행동하지 못하고 내사된 것들의 명령에 따라 그것이 자기 자신인 줄 잘못 알고 살아가게 된다.

　　대부분 '모범생으로서 다른 사람의 마음에 들게 행동하지만, 정작 자신이 진정으로 무엇을 원하는지 잘 알지 못하며, 피상적이고 판에 박힌 행동을 하며 깊은 대인관계를 맺지 못하는 경향이 있다. 이들은 대체로 타인과 사회로부터 인정을 받지만 내면세계는 축적된 미해결 과제로 인해 분열되어 있으며, 내사된 도덕적 명령들과 이에 반발하는 목소리들이 싸우는 소위 '자기 고문 게임에 빠지거나, 혹은 내사된 것들을 타인에게 투사하고서 타인과 갈등을 일으키기도 한다.

　⊙ 내사의 예 : "얌전해라. 착하게 굴어라", "부모님께 순종해라", "성질부리지 마라" 등 사회행동과 "여자는 조신해야 하고, 남자는 용감해야 한다"는 문화적 영향도 있다.

　⊙ 치료 : 내사에 있어서 치료란 어느 것이 자기이고 어느 것이 자기가 아닌지를 명확히 구분하도록 도와주는 것이라고 할 수 있다. 즉, 개체가 자기 자신이 되는 것을 방해하는 요소들을 제거함으로써 개체로 하여금 다시 진정한 자기 자신이 되도록 도와주는 것이라 하겠다. 대부분의 심리치료는 부모에 대한 나쁜 이미지를 바꾸어 주는데 상당한 비중을 둔다. 즉, '새로운 부모 이미지 심기'를 강조하는데 이는 애도작업과 함께 천천히 진행되어야 하며 내담자로 하여금 나쁜 부모 이미지와 결별하도록 도와주고, 자신의 경계를 확실히 느끼도록 해주어야 한다.

　　내담자는 성장과정에서 환경을 실제보다 더욱 비관적으로 지각함으로써 필요이상으로 지나치게 엄격한 내사를 보이기도 한다. 예컨대, 아무도 그렇게 요구한 적도 없는데 아동은 "나는 절대로 슬퍼해서는 안 된다." "나는 절대로 실수해서는 안 된다"와 같은 지나치게 엄격한 내사를 스스로 채택하는 경우가 있다. 따라서 내사에서 정말 문제가 되는 것은 실제 부모의 교육이나 태도 그 자체보다도 오히려 그러한 부모의 교육이나 태도를 개체가 어떻게 내사하느냐가 더 중요할 수 있는 것이다. 많은 경우 '실제 부모'보다 '내사된 부모'가 훨씬 더 엄격하고 도덕적이기 때문이다. 내사는 누구에게나 있으며, 성인이 된 다음에 생기기도 한다. 내사가 반드시 나쁜 것만은 아니며 어린아이에게 내사는 가치와 규칙을 배우는데 꼭 필요한 것이기도 하다. 그러나 내사는 우리가 가지고 있는 것이기도 하지만, 우리가 곧 내사 자체이기도 한 까닭에 시간이 오래되면 될수록 내사는 소화되지 못한 채로 머물러 있게 되고 어느 순간 이물질임을 잊어버리면서 마치 우리 몸의 일부로 느끼기 때문에 내사를 떨쳐버리기 어려워진다.

② 투사 : 누군가 나에게 해를 입히려 한다.

　⊙ 투사의 결과 : 투사는 자신의 유기체 욕구를 자각하고 접촉하며 해소하는 과정을 방해할 뿐 아니라 타인과의 접촉도 방해한다. 그것은 타인의 존재를 있는 그대로 바로 보지 못하게 하고, 나의 생각, 나의 욕구로 상대편을 지각하게 만듦으로써 타인들을 진정으로 만나지 못하게 한다.

　⊙ 치료 : 우리의 생각과 감정, 욕구 그리고 행동이 우리 자신의 창조물이라는 것을 자각하고 이해할 때 책임 있는 삶을 살아가며, 삶을 능동적으로 개척해 갈 수 있다.

　　내담자에게 자신의 지각과 거꾸로 행동하도록 요구

　　투사는 반드시 나쁜 것만은 아니며, 심지어 인간에게 없어서는 안 될 중요한 능력이다. 이 능력이 없다면 인간은 타인을 이해할 수도 없다. 왜냐하면 인간은 자신의 심리를 근거로 해서 타인을 이해하기 때문이다. 타인의 장점을 잘 볼 수 있는 것은 자신 안에 그런 장점이 있기 때문이다. 상호신뢰를 바탕으로 타인과의 접촉을 강화시켜주는 것이 중요하다.

③ 융합 : 서로 같은 마음으로 의존하는 상태

　⊙ 융합이 발생하는 원인 : 그들 사이에 아무런 새로운 일이 일어나지 않도록 항상 장치를 마련한다. 새로운 것보다는 현상유지에 힘쓴다. 이를 유지하기 위해서 자신의 모든 욕구를 억압하고 순종하면 희생하는 반면, 설득, 강요하거나 협박하여 억지로 관계를 유지한다.

　⊙ 치료 : 경계선 성격장애자들은 부모(어머니)와 경계를 그어주는 작업을 한다. 자신의 욕구를 자각하고 자신의 행동에 책임지는 한편 부족한 자신감을 길러준다. 치료자와도 분명한 경계를 그으면서 상담하는 것이 효과적이다. 또한 치료과정에서 내사된 부모의 메시지가 독립시도에 방해가 되기도 한다. 이런 현상이 나타나면 내담자가 죄책감을 느끼게 되는데 치료자는 인내를 가지고 재도전하도록 용기를 주는 것이 좋다.

④ 반전 : 자신을 억압하거나 학대하는 상태
　　㉠ 반전이 발생하는 원인 : 개체가 성장한 환경이 억압적이거나 비우호적이어서 자연스런 접촉행동을 할 수 없을 때 나타나며, 부모와 환경의 태도를 자신의 인격 속으로 내사하여 내면세계가 두 부분으로 분열되어 한쪽은 행위자로 또 한쪽은 피행위자가 된다. 개체는 환경간의 갈등을 내부갈등으로 바꾸어 나타내며 이것이 습관화되어 나중에는 무의식적이게 된다. 환경대신 자신의 욕구를 억압하게 되는 것이다.
　　㉡ 반전의 현상
　　　㉮ 타인과 함께 있을 때에도 혼자 속으로 내적 대화를 하거나 딴 생각을 하면서 타인과의 접촉을 피하며 "나 자신에게 화가 난다. 니 자신이 부끄럽디. 니 자신에게 말한디. 니 자신을 보살펴야 한다. 나 자신을 달랜다. 나 자신을 스스로 통제해야 한다."와 같은 말을 자주한다.
　　　㉯ 부모에게 화를 내는 대신 자신에게 화풀이를 함으로서 부모의 처벌을 피할 수 있다. 자신을 벌하기 때문에 가학적인 쾌감을 느낀다. 자신을 공격함으로써 타인에게 피해를 입히지 않고 죄책감을 덜 수 있는 장점이 있다.
　　　㉰ 겉으로 봐서 자신이나 타인에게 무의미해 보이는 행동을 끊임없이 되풀이하는 강박증상에서도 나타난다.
　　　㉱ 열등의식
　　　㉲ 자기관찰 : 신체긴장이 심해지고 그 결과 두통, 위장장애, 근육경색, 가슴부분 통증 등이 나타나는데, 이때 목과 어깨, 팔 부분의 긴장은 누구에게 기대고 싶은 애정 욕구의 억제 또는 공격욕구의 반전일 수 있다.
　　㉢ 치료
　　　㉮ 근육의 사용 : 자신의 호흡을 자각하면서 신체 내부로부터 오는 감각을 느끼며 내담자가 어떻게 스스로 자연스런 호흡을 방해해서 자신의 신체를 긴장시키는지 지각하도록 도와주어 자신의 반응과 행동에 대해 스스로 책임질 수 있도록 함.
　　　㉯ 행동방향의 수정 : 자신의 욕구나 충동의 방향을 바로 찾도록 도와주어 이 에너지를 조금씩 밖으로 원래의 방향으로 표출시키면서 통합시키게 함. 자신에게 사랑을 베풀지 않는 부모에 대한 분노감을 억압하는 대신 이를 자각하고 부모에게 향하도록 해준다.
　　　㉰ 억압해온 행동의 수정 : 베게 같은 상징적인 공격대상에게 억압된 감정을 행동으로 표출시킨다. 강요하지 말고 내담자가 이제껏 억압해온 행동을 표현할 창조적인 실험을 만들어낼 수 있도록 한다.
　　　㉱ 감정정화 : 연극이나 예술행위를 통하여 떠는 언어적인 표현이나 신체적인 행위를 통하여 억압된 감정을 의식의 표면에 표출시켜 감정 정화가 되게 하여 미해결 과제들을 해소시킨다.
⑤ 편향
　　㉠ 편향의 발생원인
　　　㉮ 불안, 죄책, 갈등, 긴장 등의 부적인 심리상태를 피하기 위한 적응기제의 하나
　　　㉯ 불안은 개체가 체험하는 다양한 종류의 고통과 부정적 감정에 총체적으로 관여함
　　　㉰ 편향은 이런 불안을 막는 방법으로 흥분 에너지를 피하거나 둔화시킴
　　㉡ 치료 과정
　　　㉮ 지금 여기에 충실하게 몰입하라. 흥분은 바로 행동 에너지로 전환되어 불안은 발생하지 않음
　　　㉯ 내담자의 불안과 갈등상황을 지금 여기에서 벌어지고 있는 일인 것처럼 상상하며 '시연'해봄으로써 불안을 극복하게 함
　　　㉰ 흥분은 알아차림과 접촉의 원인이자 불안의 원인이기도 함
　　　㉱ 알아차림은 유기체의 활동 에너지인 흥분을 지각하는 것이고 접촉은 흥분에너지를 행동으로 전환시키는 행위. 이때 초래될 수 있는 불안 때문에 편향을 사용하여 흥분을 억제, 마비시킴
　　　㉲ '당신은'으로 시작하는 문장으로 치료자와 깊은 접촉 시도, 눈접촉을 통하여 내담자와 접촉 증진
　　　㉳ 신체감각에 대한 온전한 집중과 지각

(4) 게슈탈트 상담의 기법

① **욕구와 감정의 지각** : 체험하는 욕구와 감정을 '지금 – 여기'에서 알아차리게 한다.

② **신체의 지각** : 감각작용인 만지기, 보기, 듣기, 냄새 맡기, 목소리 내기 등을 통해 환경과의 접촉을 증진한다.

③ **환경의 지각** : 환경과의 접촉을 증진시키기 위해 주의 사물의 환경에 대해 자각하도록 한다.

④ **언어의 지각** : 책임의 소재가 불명확한 말을 사용해서 행동이 명확하지 않은 경우, 내담자는 감정과 동기에 책임을 지는 문장으로 말한다.

⑤ **대화실험** : 내담자로 하여금 공상 대화를 통해서 내적 분할을 인식하고 성격 통합을 촉진하고자 한다.

⑥ **알아차림 연속** : '지금 – 여기'에서 내담자가 자신과 환경 사이에서 일어나는 모든 것들을 있는 그대로 연속해서 알아차리는 것이다. 즉, 전경으로 떠오르는 것을 그때그때 놓치지 않고 계속해서 알아차리는 것을 의미한다. 알아차림 연속이란 자신의 감정과 욕구의 흐름 그리고 환경적인 변화들을 놓치지 않고 자연스럽게 따라가는 것이다.

⑦ **창조적 투사** : 타인과의 대화를 통해 끊임없이 자신의 존재를 되찾는 동시에 나와 다른 타인을 발견하고 만나게 해준다. 창조적 투사는 타인이나 세계를 지각함에 있어 자신의 경험을 토대로 지각하지만 자신의 지각이 사실과 다를 수 있다는 것을 알며 사실을 확인하여 자신의 지각이 틀렸을 때 이를 수정할 수 있다.

⑧ **현재화 기법** : 미해결과제나 감정처리 문제, 슬픔, 억압, 죽음의 장면을 현재화시켜 재체험하도록 한다. 이 것은 두려운 상황을 직접 현재로 직면해 보게 함으로써 상상했던 것보다는 쉽게 적응해 나갈 수 있다는 것을 인식할 수 있다.

⑨ **실연화 기법** : 내담자가 자신에게 중요했던 과거 어떤 장면이나 혹은 미래에 있을 수 있는 장면을 현재 상황에 벌어지는 장면으로 상상하면서 어떤 행동을 실제로 시연해 보이는 것으로, 알아차림을 증가시켜 주고 미해결과제를 해결해 준다.

⑩ **빈 의자 기법** : 현재의 치료 장면에 오지 않은 사람과 관련이 있을 때 사람 대신 의자를 사용하여 다룬다. 이 기법은 내담자가 거부하면 거부하는 이유를 질문하여 새로운 내사를 찾을 수 있고 이를 근거로 새로운 작업을 해 나갈 수 있다.

⑪ **직면기법** : 내담자가 하는 말의 내용이나 행동, 얼굴의 표정, 목소리나 감정이 불일치하는 것을 일치하도록 한다. 상담자는 내담자의 회피적인 행동이나 진정한 동기를 지적함으로써 미해결 과제를 해소할 수 있다.

⑫ **반대로 하기** : 내담자가 새로운 행동영역과 접촉을 시도하게 하여 행동영역을 확장해 줄 수 있다. 내담자의 행동을 반대로 해봄으로써 자신의 솔직한 욕구나 지각에 직면할 수 있다.

⑬ **머물러 있기** : 내담자가 불쾌한 감정이나 기분에서 도망치고 회피하고 싶은 순간에 상담자는 내담자에게 그 감정, 기분에 그대로 머물러 있도록 한다. 감정의 고통이나 분노, 부정적인 감정을 더 깊이 느끼고 체험하도록 한다.

⑭ **상상기법** : 내담자의 문제를 바로 직면시키지 않고 간접적으로 접근하므로 불안을 감소시켜주며, 일상적 테두리를 벗어나는 신선한 체험을 하게 해주어 내담자의 흥미와 관심을 끌어준다.

⑮ **꿈작업** : 내담자가 꾼 꿈의 일부를 행동으로 체험하게 하는 것으로 정신분석의 꿈의 분석과는 다르다.

⑯ **뜨거운 자리** : 내담자의 자기자각을 높여주기 위해 사용되는 기법으로 집단에서 참여자 중에서 자신의 문제를 해결하고 싶은 사람과 상담자와 자리를 마주본 후 질문이나 피드백을 집중적으로 실시하는 것이다.

(5) 게슈탈트 상담의 평가

① 게슈탈트 상담의 공헌점

    ㉠ 게슈탈트 상담은 전통적으로 감정을 억압하고 욕구표출이 어려운 사람, 생각이 너무 많아서 산만한 사람, 의사결정에 우유부단한 사람, 대인관계에서 회피하고 소극적인 사람, 막연한 불안증에 시달리는 사람, 신체화를 보이는 신경증 환경, 공포증 환자에게 효과적으로 적용할 수 있다.

    ㉡ 게슈탈트 상담에서 예술치료로는 미술치료, 음악치료, 무용치료, 동작치료, 연극치료, 판토마임·시·인형치료 등 다양한 창조적 도구들을 개인이나 집단의 문제를 진단하거나 치료하는 데에 사용한다.

    ㉢ 게슈탈트 상담은 성격장애, 아동의 학습장애, 품행장애, 교사의 교육, 새로운 수업방식 개발, 주의 집중 훈련, 약물중독 치료, 성폭행피해자 치료, 목회상담 및 종교적 치료, 명상치료, 노인집단 치료, 에이즈 환자, 산업과 조직의 경영에서도 활용이 가능하다.

② **게슈탈트 상담의 한계** : 게슈탈트 상담에서 상담자는 자신의 편견이나 한계를 극복해야 하며 내담자의 다양성을 존중하고 수용하는 태도를 지녀야 한다.

---

section 3 행동주의적 상담이론

❶ 행동주의적 상담의 기본 가정

(1) 행동주의적 상담이론은 인간의 행동을 수정함으로써 심리적 문제, 병리현상증후군 또는 중독 등을 수정할 수 있다고 보는 이론이다.

(2) 행동주의적 이론은 인간을 자극에 따라 반응하는 존재로 보고, 학습이란 인간의 바람직한 행동의 변화를 일으키기 위해 적절한 자극과 그 반응을 강화시키는 것으로 이해한다.

(3) 고전적 조건형성이론에 적용된 초기의 행동주의적 이론은 점점 발전을 거듭하였고 조작적 조건형성이론 등의 원리가 이론에 도입되면서 이 이론은 강화의 원리를 주축으로 하여 체계화 되었다.

(4) 행동주의자들은 현재의 모든 행동이 오랜 학습의 과정을 거쳐 이루어진 것으로 보고 있으며, 그 행동을 지속시키는 환경적인 자극이 있음을 강조한다.

② 행동주의적 상담의 주요 개념

(1) 인간관

① 환경에 반응하는 수동적인 인간관은 기계론적이고 결정론적인 입장이었다.

② 유전과 환경의 상호작용에 의해 형성되는 것이 인간의 행동이다.

③ 인간의 행동을 구성하는 것은 학습된 부정적 또는 긍정적 습관인 것이다.

④ 생활환경이 제공하는 강화의 형태와 그 빈도에 의해 결정되는 것이 인간의 행동인 것이다.

(2) 행동의 변화

① 현재의 행동을 강조하는 행동주의적 접근은 성격의 구조나 발달, 역동성보다는 행동의 변화에 관심이 있다.

② 행동주의 학자들은 행동의 변화를 유전적 기초 위에서 자극, 반응, 반응의 결과, 인지구조의 상호관계에 의해 설명하고 있다.

③ 행동주의적 상담의 목적과 목표

(1) 행동주의적 상담의 목적

① 바람직하지 못한 행동을 소거하고 효과적인 행동을 학습시킨다.

② 잘못 학습된 행동의 소거와 바람직하고 효과적인 행동의 학습에 도움이 되는 조건을 찾아내거나 조성하려 한다.

(2) 행동주의적 상담의 목표

① 상담의 목표는 내담자가 결정하며, 하나의 상담목표는 구체적인 세부 단계의 목표로 나뉜다.

② 상담자는 상담의 목표가 사전에 규명되므로 목표의 달성여부를 평가할 수 있는 준거를 제공받게 된다.

④ 행동주의적 상담의 기초가 된 이론

(1) 고전적 조건형성이론

① 고전적 조건형성이론의 배경

　㉠ 파블로프의 실험절차

　　㉮ 종소리를 울린 뒤 개에게 소량의 고기를 제공한다.

　　㉯ 나중에는 종소리만 들려도 개는 침을 흘리게 된다.

　　㉰ 고기에 대해서만 침을 흘리던 개가 실험이 반복되면서 종소리만 듣고서도 침을 흘리게 된다.

　㉡ 파블로프의 실험에 의한 자극과 반응 : 파블로프는 이 실험에서 침을 흘리게 한 고기를 무조건자극(UCS), 그것이 유발한 타액분비 반응을 무조건반응(UCR), 원래는 타액반응을 일으킬 수 없었던 중립적인 종소리를 조건자극(CS), 종소리만 듣고서도 침을 흘리는 행동을 조건반응(CR)이라고 한다.

② 고전적 조건형성의 주요 개념

　㉠ 소거 : 조건반응이 약화되는 현상, 즉 조건형성과정에서 조건반응이 획득된 후 무조건자극을 주지 않고 조건자극만 반복 제시할 때 조건반응이 점차 감소하는 현상을 가리킨다.

　㉡ 일반화 : 일단 조건형성이 된 후 원래의 조건자극과 유사한 자극에 대해 조건반응을 나타내는 현상이다. 이것은 조건자극에 관련된 신경활동이 두뇌의 다른 영역으로 확산되기 때문에 나타나는 것으로 추정되고 있다.

　㉢ 변별 : 내담자(학습자)가 원래의 조건자극에만 조건반응을 나타내고 다른 자극에는 조건반응을 나타내지 않는 현상이다.

　㉣ 자발적 회복 : 소거가 이루어진 후 조건반응이 다시 나타나는 현상, 즉 조건반응이 일단 소거되고 나서 일정 시간이 경과한 후에 조건자극에 대해 조건반응이 우연히 다시 나타나는 현상을 지칭한다.

③ 고전적 조건형성에 영향을 미치는 요인

　㉠ 조건자극과 무조건자극의 결합횟수 : 조건반응의 강도는 무조건자극과 조건자극의 결합횟수에 비례한다. 조건자극과 무조건자극을 짝짓는 횟수가 증가하면 할수록 어느 수준까지는 조건반응의 강도는 증가한다.

　㉡ 조건자극과 무조건자극의 제시순서 : 조건반응은 조건자극이 무조건자극보다 앞에 제시되어야 쉽게 형성된다.

　㉢ 조건자극과 무조건자극의 제시간격 : 조건자극을 무조건자극보다 0.5초 정도 먼저 제시했을 때, 조건자극과 조건반응이 가장 강하게 연결된다.

④ 고전적 조건형성의 응용

　㉠ 홍수법 : 조건자극이 해롭지 않다는 것을 명백하게 알 수 있을 때까지 유기체에게 조건자극을 충분하게 경험시켜 바람직하지 못한 반응을 소거하는 방법이다.

　㉡ 체계적 둔감법 : 불안 때문에 근육이 긴장된다면 반대로 근육을 이완시킴으로써 불안을 감소시키는 방법을 의미한다.

ⓒ **감각적 구상법** : 내담자의 불안을 극복하기 위하여 불안을 초래되는 상황에서 과거의 즐거웠던 기억을 떠올리며 불안을 제거하는 방법이다.

ⓔ **스트레스 접종** : 스트레스가 직면되는 상황에 평상시 조금씩 노출되어 스트레스를 극복하는 방법이다.

ⓜ **근육이완훈련** : 근육이완훈련을 통하여 불안을 제거하는 방법이다.

ⓗ **인지적 모델링** : 주어진 행동을 수행하는 모델(상담자)의 생각과 이유를 언어적으로 제시하는 모델화된 설명과 시연을 의미(과제 해결과정을 언어로 모델링 해주는 것)하며 학습자들에게 실수를 인지하고 극복하는 방법을 보여주기 위해, 실수가 모델화된 시범 속에 포함될 수도 있다.

(2) 조작적 조건형성이론

① 조작적 조건형성이론의 배경

㉠ 인간은 일상생활에서 개, 고양이, 쥐, 바퀴벌레, 터널, 의사, 병원 등과 같이 다양한 자극에 대해 약한 공포증을 경험하게 된다.

㉡ 스키너(Skinner)에 의해 시작된 행동주의 상담에서는 인간의 행동을 학습의 결과로 본다.

㉢ 스키너 상자를 사용한 학습실험

㉮ 한쪽 벽에 표적을 장치해 놓은 상자 속에 비둘기를 넣는다.

㉯ 비둘기는 그 주변을 탐색하면서 여러 가지 탐색행동을 하게 되는데 이때 우연히 표적을 쪼게 되면 먹이통에서 자동적으로 먹이가 나와 그 반응을 보상해 준다.

㉰ 이 절차가 반복됨에 따라 비둘기는 표적을 때리는 반응을 학습하게 된다.

㉣ 인간과 환경은 서로 영향을 주기도 하고 받기도 하며, 자기지도의 능력이 있다.

② 조작적 조건형성의 주요 개념

㉠ **강화** : 반응의 확률 혹은 강도를 증가시키는 절차를 말한다. 강화물(Reinforcer)은 반응의 확률을 증가시키기 위해 반응 후 주어지는 자극을 의미한다.

㉡ 정적 강화물과 부적 강화물

㉮ **정적 강화물** : 제공함으로써 행동의 빈도를 증가시킨다.

㉯ **부적 강화물** : 제거함으로써 행동의 빈도를 증가시킨다.

㉢ **처벌** : 행동의 강도를 약화시키거나 빈도를 감소시키기 위해 반응 후 불쾌한 자극을 제시하거나 좋아하는 것을 박탈한다.

㉮ **수여성 처벌**(정적 벌) : 바람직하지 못한 행동을 했을 때 꾸중을 하거나 벌을 준다.

㉯ **제거성 처벌**(부적 벌) : 바람직하지 못한 행동을 할 때 좋아하는 것을 제거하거나 박탈함으로써 그 행동을 감소시키는 방법이다.

② 소거: 어떤 행동에 대해 정적 강화물이 뒤따르지 않거나 부정적인 결과를 얻게 되어 그 행동이 점차 없어지는 것을 의미한다.

⑩ 포만(Satiation): 문제의 행동을 지칠 때까지 반복하도록 함으로써 문제의 행동을 감소시키는 방법이다.

⑪ 반응대가: 내담자가 바람직하지 않은 행동을 할 때마다 정적 강화물을 회수하는 절차를 말한다.

③ 조작적 조건형성의 응용

㉠ 과잉교정: 내담자가 바람직하지 못한 행동을 했을 때 그가 싫어하는 행동을 하도록 하는 처벌기법이다. 이 경우 싫어하는 행동은 바람직하지 않은 행동과 유사해야 한다.

㉡ 상표제도: 다른 강화자극과 연합되어 행동을 강화할 수 있는 힘을 지닌 것으로, 이차적 강화자극 또는 학습된 강화자극이라고 한다. 일정수준의 성취를 했을 때 주는 티켓·도서상품권 등이 있다.

㉢ 타임아웃: 개체가 바람직하지 않은 행동을 할 때 일정 시간 동안 다른 장소에 격리시키는 방법이다.

> **POINT** 타임아웃을 실시할 때 유의할 점
> ㉠ 문제행동을 분명히 규정하고 일관성 있게 적용해야 한다.
> ㉡ 부적절한 행동을 했던 장소에 정적인 강화자극이 있어야 한다.
> ㉢ 타임아웃을 하는 장소에는 정적인 강화자극이 전혀 없어야 한다.

㉣ 조형법(행동조성법): 목표행동에 점진적으로 보상을 주어 행동을 습득시키는 기법이다.

㉤ DOR(차별적 강화)

④ 강화계획(강화스케줄): 시간(고정간격, 변동간격)과 횟수(고정비율, 변동비율)에 따라 분류할 수 있다.

㉠ 고정간격계획: 일정한 시간이 지난 뒤에 강화를 제공하는 것(예 주급, 월급, 일당 등)

㉡ 고정비율계획: n번째의 일정한 수마다 강화를 제공하는 것(예 공장에서 100개당 10만원 성과급)

㉢ 변동간격계획: 강화시행의 간격은 다르나 평균적인 시간간격에 따라 강화를 제공하는 것(예 평균 5분)

㉣ 변동비율계획: 강화시행의 시간은 다르나 평균 n번째의 반응이 일어난 후 강화를 제공하는 것(예 도박기계에서 잭팟이 터지는 것)

(3) 관찰학습이론

① 관찰학습이론의 배경

㉠ 인간은 관찰을 통해 지식·기능·전략·신념·태도 등을 습득하며, 모델로부터 행동의 유용성과 적합성을 학습한다.

㉡ 관찰학습이란 관찰자가 모델에 대한 관찰을 통해 일어나는 행동적·인지적·정서적 변화를 말한다.

② 관찰학습이론의 기본 관점

㉠ 대부분의 인간학습은 다른 사람이나 상징적 모델에 대한 관찰과 모방을 통해 이루어진다.

㉡ 긍정적 결과를 가져다주는 모방행동은 나타날 확률이 높아진다.

③ 관찰학습에 작용하는 강화

　　㉠ 직접강화 : 행동의 결과로 제시되는 강화로, 모방행동에 직접적인 영향을 준다.

　　㉡ 대리강화 : 특정 방식으로 행동을 하는 다른 사람에 대한 관찰을 통해 획득하는 일종의 간접적 강화를 말한다.

④ 관찰학습의 과정

　　㉠ 주의집중단계 : 관찰자가 모델의 행동에 주의를 기울이는 것이다.

　　㉡ 파지단계 : 재생하기 전 머리에 일정시간 동안 기억해 두는 것이다.

　　㉢ 재생단계 : 관찰자가 모델의 행동에 대해 내면적으로 모델을 만들고 있다가 그것을 재생하는 것이다.

　　㉣ 동기화단계 : 관찰을 통해 학습한 행동이 실행되기 위해 강화를 받는 것이다.

⑤ 관찰학습의 효과

　　㉠ 새로운 행동의 학습 : 인간은 모델의 행동을 관찰함으로써 새로운 행동이나 기능을 학습하게 된다.

　　㉡ 기존행동의 금지 : 관찰자는 모델이 처벌받는 장면을 관찰할 경우에 이미 학습한 행동을 억제하거나 금지하게 된다.

　　㉢ 탈제지 효과 : 모델이 어떤 행동을 한 후 처벌을 받게 되면 관찰자는 그 행동을 억제하게 된다(금지효과).

　　㉣ 기존행동의 촉진 : 모델의 행동은 관찰자가 이미 학습한 행동을 촉진하는 기능을 한다.

⑤ 행동주의적 상담이론의 평가

(1) 행동주의적 상담이론의 공헌

① 행동주의 상담은 객관적인 측정이 가능하기 때문에 과학적이라는 평가를 받는다.

② 행동주의적 상담기법의 또 다른 기여는 상담자가 제시한 상담기법이 내담자 개개인에게 적합한 방법이며, 그것은 내담자와 합의가 이루어진 이후 적용된다는 점이다.

③ 행동주의적 상담기법은 내담자가 내놓은 문제에 대하여 매우 구체적으로 접근을 한다.

④ 행동주의적 상담기법은 체계화와 발전을 거듭하면서 현재 여러 분야에서 널리 사용되고 있다. 행동주의적 상담기법은 이미 의학, 소아과, 재활과, 스트레스 대처 등에 널리 사용되고 있었으며, 최근 들어 새로운 기법들이 개발되며 더 넓은 범위에서 사용되고 있다.

(2) 행동주의적 상담이론의 문제점

① 학습이론을 기본 전제로 두고 있기 때문에 인간에게 적용한다는 것은 무리라는 비판이 있다.

② 행동주의적 상담이론은 내담자가 가지고 있는 부적응적 문제행동을 수정한 것으로 상담이 성공적으로 종결되었다고 하지만, 일시적으로 사라졌던 문제들이 다시 나타날 수 있다.

③ 행동주의적 상담이론은 상담에서 중요시되어야 하는 내담자와 상담자의 관계를 중요시 여기지 않고 상담의 기법에 치중한다는 비판을 받고 있다.

section 4 인지정서 상담이론

1 인지정서 상담의 기본 가정

(1) 인간의 내면에는 감정만 있는 것이 아니며, 인간의 감정은 생각에서 시작되고, 생각을 바탕으로 감정이 일어나고 행동을 하게 된다.

(2) 오늘날 상담 및 심리치료의 세계에서 인지중심적 상담이론이 가장 널리 사용되고 있다.

(3) 인간을 이루는 세 가지 핵심영역인 인지 · 정서 · 행동이 서로 상호작용하는 과정에서 인지가 핵심이 되어 정서와 행동에 영향을 준다.

(4) 인간의 비합리적인 사고로 인해 나타나는 문제를 해결하기 위해서는 비합리적인 사고방식들을 합리적인 사고로 바꾸어야 한다.

2 인지정서 상담의 주요 개념

(1) 합리적 – 정서적 상담이론(REBT)

엘리스(A. Ellis)가 제창한 합리적 – 정서적 상담은 정서적인 문제가 대부분 비합리적이고 비논리적인 사고에서 기인한다고 본다. 이 이론은 어떤 사건에 대해 우리가 경험하는 정서나 행동은 그 사건 자체보다는 그에 대한 우리의 신념이나 생각에 의해 결정된다는 것이다.

① 합리적 – 정서적 상담의 절차 : 엘리스는 카운슬링의 목표를 내담자가 가지고 있는 비합리적 사고에 논박을 가해 선행사건에 관한 내담자의 사고방식을 바꿈으로써 내담자의 정서적 · 행동적 결과를 변화시키는 것으로 보았다.

　　㉠ 선행사건(Activating event) : 어떤 감정의 동요나 행동에 영향을 미치는 사건들을 의미한다.

　　㉡ 신념체계(Belief system) : 어떤 사건이나 행위 등과 같은 환경적 자극에 대해서 각 개인이 갖게 되는 태도, 또는 신념체계나 사고방식을 의미한다.

　　㉢ 결과(Consequence) : 선행사건을 경험한 후 개인의 신념체계를 통해 사건을 해석함으로써 생기는 정서적 · 행동적 결과를 의미한다.

㉣ **논박(Dispute)** : 자신과 외부현실에 대한 내담자의 왜곡된 사고와 신념을 논리성·현실성·실용성에 비추어 반박하는 것이다.

　　㉤ **효과(Effect)** : 내담자의 비합리적인 신념을 철저하게 논박함으로써 합리적인 신념으로 대치한 다음에 느끼게 되는 자기 수용적 태도와 긍정적 감정의 결과를 지칭한다.

② 엘리스가 제시한 비합리적 사고의 유형

　　㉠ **당위적 사고** : 강한 요구가 포함되어 있는 경직된 사고이다.

　　㉡ **지나친 과장** : '~하면 끔찍하다' 또는 '~하면 큰일이다' 등으로 표현되는 사고나 진술이다.

　　㉢ **자기 및 타인비하** : 자신이나 타인, 또는 상황에 대해 극도의 비하를 하는 것이다.

　　㉣ **좌절에 대한 인내심 부족** : 부적응적인 내담자는 요구하는 것이 주어지지 않을 때 그 상황을 견디지 못하는 경향이 있다.

③ 비합리적 신념에 뿌리를 둔 3가지 당위성

　　㉠ **나 자신에 대한 당위성** : '나는 성공해야 한다. 실패해서는 안 된다' 등의 당위성

　　㉡ **타인에 대한 당위성** : '다른 사람은 나를 공정히 대우해야 한다. 사랑해야 한다' 등의 당위성

　　㉢ **세상에 대한 당위성** : '세상은 내가 원하는 대로 움직여야 한다. 세상은 공정해야 한다' 등의 당위성

④ 비합리적 신념 11가지

　　㉠ 주위의 모든 사람들로부터 항상 사랑과 인정을 받아야만 한다.

　　㉡ 모든 면에서 반드시 유능하고 성취적이어야 한다.

　　㉢ 악하고, 야비한 행위에 대하여 반드시 준엄한 저주와 처벌을 받아야 한다.

　　㉣ 일이 내가 바라는 대로 되지 않는 것은 끔찍스러운 파멸이다.

　　㉤ 인간의 불행은 외부 환경 때문이며, 인간의 힘으로는 그것을 통제할 수 없다.

　　㉥ 위험하거나 두려운 일이 일어날 가능성이 언제든지 존재하므로 이것은 커다란 걱정의 원천이 된다.

　　㉦ 인생에 있어서 어떤 난관이나 책임을 직면하는 것보다 회피하는 것이 더 쉬운 일이다.

　　㉧ 항상 타인에게 의존해야 하고, 자신이 의존할 만한 더 강한 누군가가 있어야 한다.

　　㉨ 현재 행동과 운명은 과거의 경험이나 사건에 의하여 결정되며, 과거의 영향에서 벗어날 수 없다.

　　㉩ 주변 인물에게 환난이 닥쳤을 경우에 자신도 당황할 수밖에 없다.

　　㉪ 모든 문제에는 가장 적절하고도 완벽한 해결책이 반드시 있기 마련이며 그것을 찾지 못한다면 그 결과는 파멸이다.

(2) 인지상담이론(CT)

벡(A. Beck)이 개발한 인지적 상담은 개인이 가지고 있는 자동적이고 부정적인 사고가 세계를 지각하고 해석하는 방식은 물론이고 행동 및 감정에도 영향을 준다고 가정한다.

① 부정적 사고의 패턴

　㉠ 과잉일반화 : 특수한 사례에 근거해서 자기 자신에 대한 총괄적인 판단을 내리는 사고를 말한다.

　㉡ 극화된 사고 : 정보를 두 개의 유목(옳고 그른) 중 하나로 분류하는 사고를 말한다.

　㉢ 선택적 지각 : 사건의 특정 부분에 집착함으로써 다른 부분을 간과하는 사고를 말한다.

② 자동적 사고 : 한 개인이 어떤 상황에 대해 내리는 즉각적이고 자발적인 평가를 의미한다.

③ 스키마(Schema) : 기본적인 신념과 가정을 포함하여 사건에 대한 한 개인의 지각과 반응을 형성하는 인지구조이다.

④ 추론에서 나타나는 인지적 오류

　㉠ 임의적 추론 : 어떤 결론을 지지하는 증거가 없거나 그 증거가 결론에 위배되는 데도 그러한 결론을 내리는 것을 말한다.

　㉡ 선택적 추상화 : 다른 중요한 요소들은 무시한 채 사소한 부분에 근거하여 전체 경험을 이해하는 것을 말한다.

　㉢ 지나친 일반화 : 한 두 개의 고립된 사건에 근거해서 일반적인 결론을 내리고 그것을 서로 관계없는 상황에 적용하는 것을 말한다.

　㉣ 과대평가과소평가 : 어떤 사건, 한 개인이나 경험이 가진 특성의 한 측면을 그것이 실제로 가진 중요성과 무관하게 과소평가 또는 과대평가하는 경우이다.

　㉤ 사적인 것으로 받아들이기(개인화) : 자신과 관련시킬 근거가 없는 외부사건을 자신과 관련시키는 성향으로 실제로는 다른 것 때문에 생긴 일에 대해 자신이 원인이고 자신이 책임져야 할 것으로 받아들이는 경우이다.

　㉥ 이분법적 사고(양면적 사고) : 모든 경험을 한 두 개의 범주로만 이해하고 흑백논리로 현실을 파악하는 것 등이 이에 포함된다.

⑤ 부정적인 사고패턴을 바꾸기 위한 상담

　㉠ 부정적인 사고와 비합리적인 신념이 정서적인 문제에 어떤 영향을 주는지를 설명한다.

　㉡ 사고와 신념을 깨닫도록 한다.

　㉢ 부정적인 사고를 인식한다.

　㉣ 부정적인 사고를 합리적인 사고로 대치하는 방법을 사용한다.

⑥ 벡(Beck)의 인지적 오류에 대한 치료절차

　㉠ 1단계 : 내담자가 느끼는 부정적 사고를 인식하게 되고 긍정적 사고로 전환하게 한다.

　㉡ 2단계 : 내담자가 가지고 있는 감정과 연결된 사고 신념태도를 확인한다.

　㉢ 3단계 : 내담자의 사고들을 1~2개의 문장으로 요약 정리한다. 이 문장은 앞으로 바꿔야 할 내담자의 낡은 사고방식으로 구성된 것이다.

　㉣ 4단계 : 내담자를 도와 현실과 이상의 사고를 조사해 보도록 개입한다.

ⓜ 5단계 : 과제를 부여하여 신념과 생각의 적절성을 검증하게 한다.

ⓗ 6단계 : 긍정적 대안사고를 찾는다.

ⓢ 7단계 : 사고중지법을 시행한다.

ⓞ 8단계 : 원하는 목표를 세우고 구체적인 실천계획을 세워 행동실천에 매진한다.

❸ 인지정서 상담이론의 목적과 목표

(1) 인지정서 상담이론의 목적

인지정서상담은 합리적으로 사고하는 인간이 되도록 돕는 것을 목적으로 한다.

(2) 인지중심적 상담이론의 목표

인지상담의 목표는 내담자의 인지적 과정에서 나타나는 비합리적 신념과 추론에서의 오류와 왜곡을 수정하여 궁극적으로 내담자의 정서적 · 행동적 변화를 일으키는 것이다.

❹ 인지정서적 상담이론의 과정과 기법

(1) 인지정서적 상담이론의 과정

① 호소문제 탐색 : 상담에 대해 구조화하고 목표문제를 바로 탐색한다.

② 목표문제의 규정과 동의 : 상담자와 내담자는 부적응적인 정서적 · 행동적 결과를 가능한 조작적이고 구체적으로 규정한다.

③ 결과의 평가 : 정서적인 결과에 초점을 맞춰 명료화한 후 정서적인 결과를 변화시키려는 내담자의 동기를 확인한다.

④ 선행사건의 평가 : 결과를 평가한 후 상담자는 그러한 결과를 초래했다고 내담자가 '추론'하고 있는 선행사건을 확인한다.

⑤ 이차적 정서문제의 평가 : 너무 심각해서 일차적 정서문제를 해결하기 어려울 때에는 이차적 정서문제를 먼저 다루어야 한다.

⑥ 신념체계와 결과간의 관련성 학습 : 내담자는 왜 다음 단계에서 상담자가 신념체계에 대한 논박을 하는지 이해할 수 있는 기반을 형성하게 된다.

⑦ 신념체계의 평가 : 내담자의 비합리적 신념체계를 평가한다.

⑧ 비합리적 신념과 결과를 연관시키기 : 내담자의 비합리적 신념을 지적하고 그것과 내담자의 정서적 · 행동적 결과를 관련시켜 설명한다.

⑨ **비합리적 신념에 대한 논박** : 내담자가 가진 비합리적 신념의 논리성·현실성·실용성 등에 초점을 맞춰, 주로 질문형태로 논박한다.

⑩ **내담자가 합리적 신념을 확신하게 하기** : 상담자는 내담자가 합리적 신념을 가질 수 있도록 따뜻한 공감대를 조성한다.

⑪ **새로 학습한 결과를 실제에 적용하도록 격려하기** : 내담자는 새로 학습한 결과를 실제에 적용할 수 있을 때 상담자를 신뢰하고 믿을 수 있게 된다.

⑫ **과제수행 여무 검사** : 내담자가 부적응적 정서나 행동결과에 선행하는 사건을 다시 겪었는지, 그리고 그때 새로운 합리적 사고를 적용했는지 구체적으로 검토한다.

⑬ **반복적 학습의 촉진** : 상담자는 같은 비합리적 사고에 대해서도 다른 상황에 다른 과제를 부여함으로써 내담자가 합리적 사고를 통해 사건을 평가하고 한층 적응적인 결과를 경험할 수 있도록 도와준다.

(2) 인지정서적 상담이론의 기법

① **인지적 기법** : 내담자는 일상생활에서 비합리적 신념을 찾아 목록을 만들고 스스로 논박하게 하는 것, 비합리적 신념이 떠오를 때 그에 상응하는 합리적 신념을 큰 소리로 기억되게 하는 것, 상담내용을 녹음테이프로 들어보면서 자신의 비합리적 신념을 확인하고 새로운 방식을 생각해 보게 하거나 다른 사람에게 적용시켜 보는 것 등이 있다.

② **정서적 기법**

ㄱ **유머의 사용** : 유머의 목적은 내담자가 아닌 비합리적인 신념을 공격하는 것이다.

ㄴ **수치심 공격하기** : 내담자가 수치스러운 행동을 억제할 수 있도록 사소한 사회적 규범을 어기는 행동을 하게 한다.

ㄷ **합리적정서적 심상법** : 이것은 강력한 연습과정으로 내담자가 새로운 정서 패턴을 형성할 수 있도록 한다.

ㄹ **내담자의 불완전성에 대한 무조건적인 수용** : 인간 존재의 불완전성에 대한 수용으로부터 시작하는 것이 인지·정서·행동치료의 기본인 것이다.

③ **행동적 기법**

ㄱ **범람법** : 이것은 내담자가 둔감해지도록 하는 기법으로, 어떤 대상이나 상황에 대해 공포를 느끼는 사람에게 그 상황에 억지로 빠져보게 한다.

ㄴ **여론조사** : 내담자가 주위 사람에게 자신에 대해 물어서 그 결과를 보고하도록 하는 기법으로, 이 기법을 통하여 내담자는 자신의 사고를 현실적으로 검증하게 된다.

(3) Lazarus 다중양식 치료 BASIC ID(인지정서행동 치료기법)

각 개인의 BASIC ID 각각을 '양식'이라 칭하고 실제 상담에서 치료자는 각 내담자마다 독특한 BASIC ID 형태를 파악하여 내담자의 문제를 평가하고 치료한다.

① 행동(Behavior) : 소거, 역조건형성, 긍정적 강화, 부정적 강화, 처벌

② 감정적 과정/반응(Affect) : 소유하고 수용하는 감정

③ 감각(Sensation) : 긴장이완, 감각적 쾌감

④ 심상(Imagery) : 자기상의 변화

⑤ 인지(Cognition) : 인지적 재구성, 자각

⑥ 대인관계(Interpersonal) : 모델링, 역설적인 책략, 비판적인 수용

⑦ 생물학적 기능, 성향(Drugs, Diet) : 의학적 치료, 운동의 이행, 영양섭취, 물질·약물 남용

⑤ 인지정서적 상담이론의 평가

(1) 공헌점

① 인지상담에서 사용하는 개념과 어휘들은 이해하기 쉽다.

② 다양한 방식의 개입방식과 기법들을 제시한다.

③ 다른 이론에 비해 두려움·불안과 우울증상을 개선하는데 효과적이다.

④ 연구가 용이하며 그 결과 경험적 연구들이 많은 편이다.

(2) 문제점

① 상담의 기간 동안 인지적 수정작업과 자기언어의 교정을 계속한다.

② 내담자의 문제점을 평가함과 동시에 비합리적 신념을 논박한다.

section 5 기타 상담이론

① 대상관계이론

(1) 개요

대상관계이론은 사람들이 생애 초기에 가졌던 대인관계 경험, 특히 주요 양육자와의 관계 경험을 바탕으로 어떻게 자기 자신과 다른 사람들에 대한 표상을 형성하며 이런 내면화된 표상들이 개인의 성격 형성과 이후 주변 사람들과의 관계에 어떤 영향을 주는가를 조명하는 이론이다.

(2) 기본 개념

① **대상관계** : 자기와 내적 혹은 외적 대상과의 상호작용으로, 대인관계 차원 모두를 일컫는 포괄적인 전문 용어이다.

② **대상** : 일반적으로 갈망이나 행동을 지향하고 있는 사람을 지칭하는 것으로, 사랑이나 환상을 의미한다.

　㉠ **내적 대상(정신적 표상)** : 어떤 이미지나 개념, 환상, 감정 혹은 다른 사람과 관련된 기억 등을 말한다.

　㉡ **외적 대상** : 정서적 에너지가 투여된 실제 사람이나 사물, 장소를 가리킨다.

③ **표상** : 어떻게 인간이 정신적으로 대상을 상징화하는가를 의미한다.

대상표상	개인의 삶에서 의미 있는 타인에 대한 경험, 지각, 정서, 감각, 기억, 기대 등
자기표상	대상과 상호작용을 바탕으로 내면화된 자기에 대한 경험

④ **자기 – 대상** : 대상관계는 자기와 대상 간의 상호작용인 것이다. 이것은 대상관계 단위에서 자기와 대상 간의 구별이 모호할 때를 가리킨다.

⑤ **대상관계** : 자기표상과 대상표상의 쌍들로서 모든 사람의 내면에 있는 자신의 자기에 대한 경험과 관계에 대한 경험들로 구성된 수많은 쌍들을 말한다. 대상표상, 자기표상, 그리고 표상들 간의 관계에서 파생하는 정서들로 구성되어 있다.

(3) 인간관

① 인간은 선천적으로 타자와의 관계 욕구를 가지고 태어났다. 유아의 초기에 관계경험이 내면화되는 과정을 거쳐 독특한 내적인 심리구조(대상관계)로 형성되어 그 사람의 성격과 자기 및 세상을 보는 틀, 정서적 패턴을 형성하게 된다.

② 내면화된 심리구조는 이후 다른 사람과의 관계에서 다시 나타나게 되어 의미 있는 타인을 선택하는 것에서부터 그들과의 실제 상호작용 행동에 많은 영향을 준다.

③ 인간은 선한 존재도 악한 존재도 아니며 대상과의 관계에서 그 특성이 결정되는 유동적인 존재이다.

(4) 상담목표

① 자신과 타인을 통합적으로 인식하는 능력과 태도의 습득 및 건강한 개별화를 돕는다.

② 내담자가 자신과 타인은 공통점도 있지만 차이점도 있는 독립적인 개체임을 이해하도록 돕는다.

(5) 상담과정

① **상담관계 형성** : 내담자는 과거의 왜곡된 대상관계를 안전하고 신뢰로운 상담관계에서 재경험하면서 새로운 관계경험을 통해 온전한 대상관계를 형성한다.

② 문제의 개념화 : 내담자 문제와 역동에 대한 심층적인 이해

　주요 증상과 시작시기 → 특정한 심리내적 갈등 → 가족사 및 발달사 → 대인관계 범위와 지속기간등의 점검 → 자기표상(자기에 대한 지각, 신념, 기대, 정서 등) → 대상표상(타인에 대한 지각, 신념, 기대 정서 등) → 치료자와의 관계 현재 내담자의 관계 외적 상황 파악 및 이들의 관련성 파악

(6) 치료기법

① 안아주기, 담아주기, 버텨주기

② 해석

③ 지금-여기의 경험 다루기

(7) 분열과 인간발달

① **분열의 시작** : 분열은 생애 초기에 시작된다. 이 시기에 경험하는 분열은 가슴과 상호작용을 한다.

② **보존과 상상적 분열** : 유아는 심리적·신체적으로 초기 양육자에게 완전히 의존해야만 하는 무력한 존재이다. 유아는 이런 발달적 시점에서 분리된 자신감을 갖지 못한다.

③ **자기 분열**(배변훈련 시기) : 언어 사용의 증가로 어머니와의 상호작용은 내적 대화의 형태를 갖는다.

④ **정체감 분열** : 대인관계가 시작되는 단계로, 자신만의 방식을 갖고 있는 모든 정체감은 좋음과 나쁨의 주제에 지대한 영향을 받게 된다.

(8) 내면화 과정

① 내면화

　㉠ 유아기의 감정은 원시적이고 강력하며, 자기표상과 대상표상이 융합되어 있다.

　㉡ 분화과정에서 도움이 되는 것은 분열이고 감정의 강도와 유형은 성격구조에 영향을 미치게 된다.

② 동일시

　㉠ 한 개인이 특정한 상황에서 다른 사람들의 행동이나 반응을 유발하는 대인관계 행동유형이다.

　㉡ 조정의 대상자는 투사를 하고 있는 사람이 부인한 측면을 동일시하도록 유도한다.

　㉢ 아동이 다른 사람들과의 상호작용에서 역할에 대한 양상을 인식할 수 있을 만큼 성숙되었을 경우에만 동일시는 나타난다.

　㉣ 투사적 동일시의 단계

　　㉮ 자기의 부분을 투사하거나 제거한다.

　　㉯ 대상에게서 자기의 제거된 또는 투사된 부분을 발견한다.

　　㉰ 투사된 대상을 안으로 들임으로써 그 대상처럼 된다.

③ 자아정체성

    ⊙ 자아정체성이란 함입된 내용과 동일시한 내용들을 조직하는 것과 같이 통합적인 기능을 수행하는 자아를 말한다.

    ⓒ 자기이미지는 함입과 동일시를 통해서 조직된다.

    ⓒ 자아조직은 아동이 연속감을 가질 수 있도록 자아구조를 강화하게 된다.

(9) 주요 대상관계 이론

① 말러의 분리-개별화 이론 : 유아는 독립적이고 자율적인 존재가 되고자 하는 욕구와 다시 어머니와의 공생적 융합 상태로 되돌아가고자하는 욕구사이에서 분투하는 존재이다.

분리	유아가 어머니와 공생적 융합으로부터 벗어나는 것
개별화	유아가 자신의 개인적 특성들을 갖추어 가는 것

분리-개별화의 유아발달 4단계

분화단계 (출생~10개월)	자신의 신체감각만을 인식하는 자폐상태
연습단계 (~16개월)	• 유아는 전능환상을 갖게 됨 • 엄마는 유아에게 안전기지로의 역할을 함
화해단계 (~24개월)	• 전능의 환상이 깨지고 엄마라는 대상은 자신을 도울 수 있는 한계가 있는 대상으로 자각 • 엄마는 기지에서 대상으로 전환되며 유아는 분리와 개별화를 진행
대상항상성단계 (~36개월)	• 유아는 좋은 대상으로서의 엄마와 나쁜 대상으로서의 엄마를 모두 수용 • 나쁜 대상과 좋은 대상이 하나로 통합되어 안정된 상태가 됨 • 유아는 분리개별화를 통해 자신만의 고유하고 독특한 구조를 형성

② 클라인의 투사적 동일시 이론

③ 페어베언의 순수 대상관계 이론

④ 컨버그의 **자아심리학적 대상관계이론** : 유아의 초기 관계경험은 내면화의 과정을 거쳐 유아의 독특한 내적인 대상관계로 형성된다. 내면화는 유아가 환경이나 대상의 특성을 내면으로 받아들여 자기의 특성으로 변형시키는 심리적 기재를 말한다. 내면화의 과정은 내사화, 동일시, 자아정체성의 3단계를 거치게 된다.

(10) 평가

① 인간의 성욕, 공격성이 아닌 관계형성이라는 사회적 욕구 중시

② 무의식과 결정론을 받아들인다는 점에서 정신분석 계열의 이론이지만 표상, 대상 등의 개념을 도입함으로써 인지행동적 접근의 연결점을 마련

③ 전 오이디푸스 시기의 모자관계에서 발생할 수 있는 상호작용에 대한 모형을 제시

④ 상담자−내담자 관계 자체가 치료적

⑤ 이론을 이해하기 어렵고 용어 · 명제의 혼란스러움, 과학적 연구의 어려움

② 의사교류분석 상담이론

(1) 기본 개념

① Berne에 의해서 창시된 의사교류분석 상담이론은 인간의 모든 것은 어릴 때 결정되나 변화될 수 있다는 입장을 취한다. 즉, 인간은 환경과 경험들에 의하여 과거에 이미 결정, 형성되어 있는 자신의 행동양식들을 이해할 수 있고, 또 나아가서는 그러한 행동들을 새롭게 다시 선택, 결정할 수 있는 자율적 존재이다.

② Berne은 부모 − 자녀 관계를 교류적 측면 이라고 강조하였으며, 환자를 신속하게 치료하기 위해서는 환자를 변화시킴으로써 갈등을 해소해야 한다고 보았다. 이러한 관점에서 의사교류분석은 상담이론이라기보다는 상담기법이라고 말할 수 있기에 사회적 인간관계를 중심으로 한 의사교류분석 상담이론이 발전하게 되었다.

(2) 의사교류분석 상담의 목적

① **자각성** : 자기 자신에 대해 깊이 자각함으로써 자기 통제 능력을 극대화시킴에 있다.

② **자율성** : 자기의 느낌, 생각, 행동에 대한 책임이 자기 자신에게 있다는 자각을 통하여, 자신의 삶을 자율적으로 운영토록 함으로써, 진정으로 자신의 삶의 책임자가 되도록 하는 것이다.

③ **친밀성** : 인간관계에 있어서 비현실적인 상상의 관계가 아니라, 현실성에 입각한 투명하고 친밀한 관계를 맺도록 하는데 그 궁극적인 목적이 있다.

(3) 자아구조분석

① **부모자아**(P) : 부모가 말하는 것을 보거나 듣거나 해서 그것을 그대로 받아 들여 자신의 인격으로 한 것으로 프로이트의 성격발달 단계 중 남근기에 부모의 성역할을 학습하면서 내면화된 자아로 초자아(super ego)적 성격을 가지고 있으며 도덕, 신념, 가치를 의미한다.

② **성인자아**(A) : 사고력, 판단력을 강하게 생각하면서 상황에 대응하는 경험반복을 통해 행동방식이 인격으로 된 것으로 프로이트의 자아구조 중 자아(ego)에 속한다.

③ **아동자아**(C) : 부모로부터 받은 감각적 · 감정적인 자극에 대해 느낌을 받았던 방법이나 반응의 방식을 서서히 모아서 축적되어 그것이 인격이 된 것을 생득적으로 충동적이며 본능적이다. 프로이트의 자아구조 중 원초아(id)에 해당한다.

(4) 의사교류패턴분석(대화분석)

① **상보교류**(Complementary Transaction) : 의사교류의 자극과 반응이 평행을 이루는 의사교류로 갈등이 없는 이상적인 대화를 이루는 것을 말한다.

② **교차교류**(Crossed Transaction) : 의사소통의 방향이 서로 어긋나 대화 중단되며 갈등이 유발되는 것으로 의사교류의 파행을 의미한다.

③ **이면교류**(Ulterior Transaction) : 표면상의 교류 외에 이면적 거래가 있는 대화를 하는 것으로 겉으로는 문제가 발생하지 않지만 자칫 게임으로 발전할 수 있는 위험한 의사소통을 의미한다.

(5) 게임분석

게임이란 일련의 연속적 교류가 이루어진 결과로 의사교류의 결과 최소 한 사람 이상이 나쁜 감정으로 끝나는 심리적 교류를 말한다.

(6) 각본분석

생활자세란 개인이 세상과 타인에 대한 태도, 반응을 의미하며 4가지의 생활자세가 존재한다. 생활자세가 정형화될 경우 각본이라고 할 수 있으며 인생각본에 따라 패배자 각본과 승리자 각본으로 자신의 삶을 조직할 수 있다고 말한다.

① 자기부정 – 타인긍정(I'm not OK, You're OK)

② 자기긍정 – 타인부정(I'm OK, You're not OK)

③ 자기부정 – 타인부정(I'm not OK, You're not OK)

④ 자기긍정 – 타인긍정(I'm OK, You're OK)

> **POINT** 의사교류분석순서
> 자아구조 분석 → 의사교류 분석 → 게임분석 → 각본분석

(7) 의사교류분석 상담자와 내담자의 관계

① 내담자는 상담자와 계약을 하여 원하는 변화를 가져온다. 계약이 완료되면 상담은 끝나게 된다.

② 상담은 상담자와 내담자와의 계약, 구조분석, 의사교류분석, 게임분석, 생활각본분석 등의 과정을 거친다.

③ 상담자들은 상담과정에서 자신들이 개발한 기술들을 사용함은 물론 상담목표 달성에 유리하다고 생각되는 기술들이면 다른 이론적 접근에서 개발한 기술들일지라도 기꺼이 차용한다. 주요 기술로는 허용, 보호, 상담자의 잠재능력, 조작(상담기술) 등이 있다.

⑻ 의사교류이론의 장단점

① 공헌

　㉠ 대인관계에 있어서 의사소통의 질을 개선할 수 있는 구체적인 방안을 제시

　㉡ 효율적인 부모역할에 대한 지혜를 제공

　㉢ 이해하기 쉽고 적용되기 쉬운 개념들 사용

　㉣ 교류분석기법만을 고집하는 것이 아니라 다른 상담기법 등을 적용해서 상담목적 달성 가능

② 한계

　㉠ 많은 개념이 인지적이기 때문에 지적능력이 낮은 내담자에게 부적절

　㉡ 교류분석의 이론과 개념들의 타당성을 검증하거나 지지하기 위해 수행된 경험적 연구 부족(Patterson, 1980)

　㉢ 다른 이론가들이 이미 사용한 개념들과 유사한 점이 많아 새롭거나 독특한 면이 부족함. 예컨대 세 가지 자아 상태인 P, A, C는 Frued의 세 가지 성격요소 즉 superego, ego, id와 유사하며 생활각본의 개념은 Adler의 '생활양식'과 비슷함

❸ 현실치료 상담이론

⑴ 기본 개념

① 현실치료는 1960년대 중반 이후 상담자들에게 급속히 인기를 얻게 되었다.

② 현실치료는 인간 본성에 대한 결정론적 철학에 의존하지 않고 인간은 궁극적으로 자기결정을 하고 자기 삶에 책임을 갖고 있다는 가정에 근거한다. 인간은 자유롭고 자신의 목표를 스스로 선택하고자 하는 욕구를 지닌다.

③ 현실치료의 인기는 수많은 긍정적인 속성에서 기인한다. 즉, 현실치료는 이해하기 쉽고, 기법이 적으며, 상식을 기초로 하며, 결과 및 성취 지향적, 문제 중심적이며, 시간, 자원, 노력에 있어서 효율적이다.

⑵ 현실치료의 목표

① 내담자는 자신의 현재 행동을 평가하고 효과적인 행동을 할 수 있도록 심리적인 힘을 개발할 수 있는 조건을 제공한다.

② 상담이란 내담자가 생활의 통제를 획득하고 좀 더 효율적으로 살아가는 방법을 배우도록 도와주는 것이다.

(3) 인간의 기본욕구

① **소속의 욕구** : 인간은 누구에게 소속감을 느끼는 것뿐 아니라 사랑하고 협동하는 것을 포함하며, 인간이 살아남는 데 중요한 역할을 한다.

② **힘의 욕구** : 인간은 자신의 삶을 효과적으로 통제할 수 있다고 지각하는 것을 말하며 경쟁하고, 성취하고, 중요한 존재이고 싶어 하는 속성을 말한다.

③ **자유의 욕구** : 인간은 자기의 행동을 스스로 선택하고자 하는 욕구이며 이동하고 선택하는 것을 마음대로 하고 싶어 하는 속성을 의미한다.

④ **즐거움의 욕구** : 인간은 새로운 것을 배우고 놀이를 통해 즐기고자하는 속성을 말한다.

⑤ **생존의 욕구** : 인간은 살고자 하고 생식을 통한 자기 확장을 하고자 하는 속성을 지니고 있다.

(4) 현실치료에서 상담자의 역할

① 현실치료의 핵심은 내담자에게 다음과 같은 평가를 하도록 하는 것이다. '당신의 현재 행동이 당신이 현재 원하는 것을 얻을 수 있도록 충분한 기회를 만들어 주고 있는가? 그리고 당신이 원하는 방향으로 가도록 하고 있는가?' 숙련된 질문을 사용하여 상담자는 내담자로 하여금 자신의 행동을 평가하도록 도울 수 있다.

② 상담자는 내담자의 필요, 지각, 전체 행동에 대해 질문함으로써 가치 판단을 내릴 수 있도록 내담자를 격려할 수도 있다.

③ 내담자가 자신의 행동 결과를 직면하도록 하고 자신의 행동을 판단하도록 하는 것이 상담자의 과제이다. 이러한 자기 평가 없이 내담자는 변화하지 않을 것이다.

(5) 현실치료의 진행절차(WDEP)

① W(wants) : 바람, 욕구와 지각의 탐색으로서 내담자에게 그들의 '바람'과 관련된 질문들을 던진다. 상담자의 질문을 통해서 내담자는 자신의 욕구를 만족시킬 수 있는 방법을 인식하며, 정의하고, 세련되게 만든다.

② D(doing) : 현재 행동에 관심을 두고 과거 사건은 내담자가 영향을 미치는 경우에만 관심을 둔다. 현실치료는 현재의 전체 행동을 변화시키려는 것이지, 단순히 태도나 감정만을 바꾸려는 것은 아니다.

③ E(evaluation) : 내담자 스스로 전체 행동을 평가하도록 함으로써 자신이 원하는 것과 행동 사이의 거리를 스스로 돌아볼 수 있도록 도와준다.

④ P(plan) : 내담자와 상담자의 공동 노력으로 계획이 수립되면 그 계획이 수행되도록 실천에 대한 계약을 체결한다.

(6) 전행동(全行動)

① 인간은 그들이 원하는 것을 얻고 싶어질 때 전행동(Total Behavior - 활동하기, 생각하기, 느끼기, 생리기능)을 통해 자신이 원하는 것을 얻으려고 노력한다.

② 현실요법에서는 개인의 행동변화는 활동하기에서부터 그리고 개인의 환경변화는 그의 환경이나 타인의 행동을 변화시키기 보다는 변화를 원하는 자신의 활동하기에서 출발하는 것이 훨씬 현실적이라고 보며, 개인의 행동의 선택임을 상기시킨다.

③ 활동하기, 생각하기, 느끼기, 생리적 기능으로 분리될 수 없는 행동의 양상들로서 내부로부터 생성되며 대부분이 선택적이다. 현실요법은 우리 스스로가 운명을 선택한다는 사실에 의거한다. 즉, 각자가 자신의 운명을 선택했다고 믿기 때문에 행동이 형성되어 진다는 사실을 현재진행형을 사용하여 강조하고 있다.

(7) 현실치료에 대한 상담 기법

현실치료에 대한 상담의 기법으로는 숙련된 질문, 적절한 유머, 토의와 논쟁, 맞닥뜨림, 역설적 기법 등이 있다. 이러한 기법은 내담자와 상담자 간에 관계가 잘 형성되었을 때 사용할 수 있다.

① 질문 : 상담의 각 과정마다 그에 적절한 질문을 사용한다. 이미 상담의 과정에서 밝힌 바와 같이 '상담 관계 형성하기' 단계에서는 내담자의 욕구와 원함이 무엇인지, 또 얼마나 강한지와 관련된 질문을 한다.

② 유머 : 상담관계 형성하기에 도움이 되는 기법이다. 상담자는 때에 따라서 적절한 유머를 사용하여 내담자의 긴장을 풀어주는 것이 중요하다.

③ 토의와 논쟁 : 상담자는 현실치료에서 강조하는 욕구 및 이의 충족을 위한 방법이 현실성이 있는지와 그 책임성에 초점을 주어 이 내담자와 논쟁 또는 토의를 한다.

④ 맞닥뜨림 : 질문, 논쟁 또는 토의 중 내담자의 모순성, 특히 현실적 책임과 관련된 모순성이 보이면 이에 대해 상담자는 맞닥뜨리기를 할 수 있다.

⑤ 역설적 기법 : 역설적이라고 하는 것은 받아들여진 의견과 상반되는 것, 통념에 반대되는 주장, 혹은 감정이나 주장이 모순된 것처럼 보이지만 실제로는 사실일 수 있는 것이다.

(8) 현실치료의 장단점

① 현실치료는 상담원리가 간단하고 기본적이나 숙련된 상담자에 의해 상담이 적용되어야 할 만큼 상담의 적용이 쉽지 않다.

② 단기상담에 효과적이며 다양한 집단과 장면에서 실제적으로 적용이 가능하다.

③ 현실치료는 현재의 책임을 중시하고 과거의 역할을 경시하며 문제를 피상적으로 대하게 할 수도 있다.

④ 의식적인 면에 중점을 둔다는 것은 장점이 될 수도 있지만 인간의 잠재가능성과 모호한 점을 무시할 수도 있다.

④ 실존주의 상담이론

(1) 기본 개념

① 실존주의적 상담은 한 두 사람의 특정인에 의해 창시된 단일의 이론체계라기보다는 철학, 정신의학, 심리학 등의 여러 분야에서 각기 발달한 이론들의 묶음으로써 내담자 세계에 존재하는 그대로의 실존을 이해하려는 상담의 접근방법이다.

② 실존주의 상담은 인간실존을 이해하기 위한 내담자의 자세와 태도, 철학을 강조하기 때문에 상담기법에 대해서는 크게 관심이 없으나 다양하고 융통성 있는 기법을 사용한다.

(2) 실존주의 상담의 목표

① 실존주의 상담의 궁극적인 목표는 인간이 의식적으로 자신에 대한 책임감을 수용하도록 하는 것이다.

② 인간이 창조적인 작업을 할 수 있도록 삶·사랑·일·행동에 대한 의미 등을 깨닫도록 한다.

(3) 실존주의 주요개념

① **진실성** : 진실한 존재로 있다는 것은 우리를 정의하고 긍정하는 내부로부터의 삶을 살 수 있다는 의미이다.

② **자유와 책임** : 인간은 선택할 수 있는 자유를 가진 자기결정적인 존재이며 자신의 운명을 결정하고 존재를 개척하는 것을 의미한다.

③ **삶의 의미성** : 삶의 중요성과 목적을 향한 노력은 인간의 독특한 특성으로 생활에서 의미를 발견하고 내부의 욕망에 가지고 생활에 관심을 보이는 태도를 의미한다. 삶이 무엇인가에 대한 내적 갈등으로 삶은 그 자체 내에 긍정적인 의미를 가지고 있지 않으며 인간이 스스로 그 의미를 창조해야 한다.

④ **죽음과 비존재** : 죽음은 비존재에 대한 불안감을 말하며 죽음은 가장 자기적인 것이며 죽음에 대한 두려움과 삶에 대한 두려움은 서로 연관된 것으로 부정적인 것이 아니다.

⑤ **실존의 터전** : 주어진 삶의 필연성 또는 조건을 말한다. 인간은 태어나면서부터 세계 안에서 어떤 조건을 가지게 되는데, 인간이 진실된 삶을 살아가려면 우선 실존의 터전, 즉 그의 피투성(thrownness)을 인식하고 이를 수용할 수 있어야 한다. 어떤 신체적 또는 사회적 조건들이 실존적 가능성을 제한다는 사실을 솔직히 시인하고 수용해야 우리가 보다 진실한 삶을 살 수 있다는 것이다.

⑥ **성격**
  ㉠ **자유의지**(freedom of will) : 의지의 자유는 어떤 상태로부터의 자유가 아니라 그 상태에 대해 각 개인이 취할 수 있는 태도에 대한 자유를 말한다.

ⓛ 의미에의 의지(will to meaning) : 인간의 의지는 "의미추구"를 위해 전진한다. 쾌락이나 권력은 의미추구의 과정에서 나오는 부산물이지 결코 목표가 아니며, 삶의 근본적인 힘은 본능적 충동이 아닌, 의미의 발견과 의미를 향한 의지에서 비롯된다. 의미는 존재에 앞서고 자기 초월적인 것이기 때문에 주어지는 것이 아니라 탐색하는 것이다.

ⓒ 삶의 의미(meaning of life) : "의미를 가지려고 하는 의지"는 결실 있는 생활을 하려는 노력의 가장 커다란 동기다. 생활에서 의미를 찾으려는 욕망은 행동에 불을 당겨준다. 이런 욕망이 없거나 생활에 무관심한 것은 실존족인 공허다. 공허는 그의 존재를 가치 없는 것으로 규정짓게 하며, 극단적인 권태, 불확실성, 혼돈으로 이어진다. 이를 극복하려는 동기가 생겨야 삶의 의미를 찾게 될 것이고 계속 그 의미를 추구하게 된다. 이러한 추구는 긴장을 증대시키며 긴장이 적정 수준 유지될 때, 좋은 정신건강을 갖게 된다.

(4) 실존주의 상담의 과정

① **증상확인** : 상담치료의 첫 단계는 적절한 진단을 하는 것이다. 진단의 목적은 각 요인의 성질을 판단하는 것이며, 이 성질이 일차적인 요인이 된다.

② **의미의 자각** : 상담자는 내담자를 증상으로부터 분리하고 삶에 대한 의미를 자각할 수 있도록 도와주어야 한다.

③ **태도의 수정** : 상담자는 객관적이고 무비판적으로 내담자의 태도가 건강하지 못한 것인지 또는 심리적으로 어려움을 느끼는 것인지를 결정하고 이러한 것이 내담자의 삶이나 생존에 긍정적인 영향을 주는 것으로 바라보도록 한다.

④ **증상의 통제** : 상담자는 내담자로 하여금 증상을 약화시키거나 증상 자체를 통제할 수 있다는 사실을 받아들이도록 도와준다.

⑤ **삶의 발견** : 상담자는 내담자가 미래의 정신건강을 위한 긍정적인 태도를 갖도록 하고, 현재의 생활에 대한 새롭고 긍정적인 요인을 찾아내도록 한다.

(5) 실존주의 상담이론의 기법

① **역반영** : 이는 장애를 무시하는 것으로 방관이라고 한다. 이 기법은 과도한 관심, 의도, 자아관찰에 초점을 두고 적용된다.

② **역설적 의도** : 이는 내담자가 두려움으로부터 예측 또는 기대하는 바를 직접 대면하도록 요구하거나 격려하는 것으로 그 사태에 대한 태도의 역전 이를 의미한다. 내담자가 가지고 있는 불안을 제거함으로써 공포증이나 강박증과 같은 신경증적 행동을 치료하는 기법이다.

⑹ 실존주의 이론의 공헌점과 비판점

① 공헌점

    ㉠ 개인의 개별성과 자아의 발달을 강조하고 삶의 의미와 방향성을 제시하였다.

    ㉡ 자유와 책임을 강조하고 능동적인 삶을 강조하였다.

    ㉢ 개인의 독특성과 주관성을 강조하고 창조적인 삶을 추구하는 인간을 이해하였다.

② 비판점 : 너무 철학적이어서 구체적 기법이 부족하며, 상담기법이 미체계적이고 추상적이다.

❺ 해결중심 단기 상담

해결중심 단기상담은 2차 대전으로 상담의 수요가 급증하게 됨에 따라 문제의 원인을 규정하기보다는 내담자가 가진 자원(강점, 성공경험)이나, 예외 상황에 대한 탐색을 통하여 내담자의 문제 해결 능력을 향상시키는데 역점을 두는 상담 이론이다. 즉 문제의 원인이라고 생각하는 부적응을 고치려하거나 문제의 원인을 제거하려는 노력보다는 문제 해결에 초점을 둔 방법이다. 그러나 오랜 시간 형성된 문제는 단기간으로 처지가 불가능하며, 단기적 증상의 처치는 진정한 치료가 아니며 증상 대치나 성급한 종결의 문제 발생한다는 비판을 받기도 한다.

(1) 기본가정

① 효과적인 것에 초점을 맞춘다 – 특정 이론에 얽매이지 않는다.

② 해결 중심적이다 – 간단한 전략부터 사용한다.

③ 내담자가 표현한 모든 것을 이용한다(내담자의 언어와 체제를 수용)

④ 내담자의 장점과 자원에 초점을 맞춘다.

⑤ 미래와 현재에 초점, 내담자와 협조적인 관계를 맺는다.

(2) 주요철학

① 내담자가 문제시하지 않으면 그 문제에 집착하지 않는다.

② 효과적인 방법을 알고 있다면 계속 활용한다.

③ 어떤 방법이 효과가 없다면 다른 방법을 사용한다.

(3) 상담의 과정

① 내담자와 관계 형성 및 내담자 유형 평가(방문객형, 불평형, 고객형)

② **목표 협상** : 내담자에게 중요한 것, 작고 간단한 행동, 구체적인 행동적 용어, 긍정적 용어(~을 안했으면 좋겠다보다는 어떤 행동을 할 수 있었으면 좋겠다고 목표로 설정한다)

③ 유용한 질문(다섯 가지) : 상담 이전의 변화에 대한 질문(접수면접에서 상담전), 기적 질문(기적이 일어나서 문제가 해결되었다면 지금 무엇을 하고 있을까요), 대처질문, 예외 행동 발견 질문, 척도화 질문(수치로 표시 – 달라지기 위해 어느 정도 노력했나요)

④ 해결중심적 개입(과제 주기) – 과제 주는 이유 설명하고 과제는 고객의 유형에 따라 달라진다.

6 이성적·지시적 상담(특성–요인상담)

(1) 특성요인상담 개요

① 특성 – 요인 진로상담의 배경

  ㉠ 파슨스의 특성 – 요인 직업상담은 인간행동의 개인차에 대한 측정과 확인에 초점을 맞추어 온 심리학 분야에 배경을 두고 있다.

  ㉡ 직업선택이론에서 유래한 것으로 개인, 직업, 개인과 직업 사이의 관계성을 기본으로 하여 만든 직업이론의 원리를 반영하고 있다.

  ㉢ 상담의 이성적 과정, 판정결과에 대한 명확한 태도 등 과학적인 문제해결의 도식을 엄격히 따르고 있다.

  ㉣ 20세기 초 미국의 경제대공황 때 해직당한 사람들이 새로운 직업을 유지하는 것을 돕기 위하여 만들어졌다(Paterson & Darley, 1936).

② 특성 – 요인이론의 가정

  ㉠ 개인은 각자의 독특한 심리학적 특성이 있으며, 각각의 직업은 요구하는 직업적 특성이 다르다.

  ㉡ 개인의 독특한 특성이 직업수행에서 요구되는 직업적 특성과 합리적으로 연결될 때 만족감을 느끼고 적응할 수 있다.

③ 특성 – 요인이론의 개념

  ㉠ **특성(trait)** : 개인의 독특한 특성들로 심리검사를 통해서 적성, 흥미, 가치, 성격 등으로 측정될 수 있다.

  ㉡ **요인(factor)** : 직업수행을 위해 요구되는 특징으로 직업성취도, 책임, 성실 등을 말한다.

(2) 특성 – 요인 진로상담의 목표

① 개인의 특성을 여러 가지 검사를 통해서 자세히 밝혀내고 그것을 각 직업의 특성에 연결시키는 것이다.

② 특성 – 요인 접근법의 일반적인 목표는 내담자의 의사결정과 문제해결에서 합리적인 과정을 통해서 실행하고, 그의 특성에 맞는 직업을 선택하는 것이다.

(3) 특성 – 요인상담(이성적 · 지시적 상담)과정

① **분석** : 개인에 관한 자료수집, 표준화검사, 적성, 흥미, 동기 등의 요소들과 관련된 심리검사가 주로 사용된다.

② **종합** : 개인의 성격, 장 · 단점, 욕구, 태도 등에 대한 이해를 얻기 위해 정보를 수집, 종합한다.

③ **진단** : 종합단계에서 얻어진 문제를 야기하는 요소들에 관한 자료를 파악하고 그 문제를 해결할 수 있는 다양한 방법들을 검토한다.

④ **예측(예후)** : 선택한 대안들을 평가하고 예측한다.

⑤ **상담(개입, 중재, 처치)** : 분석, 종합, 진단, 예측과정을 통해 얻어진 자료를 중심으로 해결해야 할 대안에 대해 우선순위를 정하고 상담자는 특별한 행동과정을 권고한다.

⑥ **추후(추수)상담** : 결정과정의 적합성이나 새로운 문제를 해결하거나 혹은 동일한 문제의 재발을 막기 위해 첨가해야 할 도움이 필요한지를 확인하며, 상담의 효율성을 점검하는 재배치 등이 이루어진다.

(4) 상담기법(Williamson)

① **면담상담기법**

　㉠ **촉진적 관계형성** : 상담자는 내담자로 하여금 신뢰하고 문제를 맡기도록 할 수 있는 수준에서 관계를 유지한다.

　㉡ **자기이해의 신장** : 상담자는 내담자가 자신의 장점이나 특징들에 대하여 개방된 평가를 하도록 도우며, 이런 장점이나 특징들이 문제해결에 어떻게 관련되는지에 대하여 통찰력을 갖도록 격려한다. 유능한 상담자는 내담자가 그의 장점을 최대한 발휘하여 진로면에서 성공과 만족을 얻도록 조력한다.

　㉢ **행동계획의 권고나 설계** : 상담자는 내담자가 이해하는 관점에서 상담이나 조언을 하고 내담자가 표현한 학문적, 직업적 선택 또는 감정, 습관, 행동, 태도에 일치하거나 반대되는 것을 언어로 정리해준다. 그리고 실제적인 행동을 계획하고 설계하도록 조력한다.

　㉣ **계획의 수행** : 행동계획이 일치했다면 상담자는 진로선택을 하는데 있어 직접적인 도움이 되는 여러 가지 제안을 함으로써 내담자가 직업을 선택하는 것을 돕는다.

　㉤ **위임** : 모든 상담자가 내담자를 전부 상담할 수는 없으므로 경우에 따라서는 내담자에게 다른 상담자를 만나보도록 권유할 수 있다.

② **검사의 해석기법**

　㉠ **직접 충고** : 내담자들이 따를 수 있는 가장 만족할 만한 선택, 행동, 계획에 관해 자신의 견해를 솔직히 표명한다.

　㉡ **설득** : 상담자는 내담자의 대안적인 행동이 나올 수 있는 결과를 가져오도록 합리적이고 논리적인 방법으로 증거를 정리하고 내담자에게 다음 단계의 진단과 결과의 암시를 이해할 수 있도록 설득한다.

ⓒ 설명 : 상담자는 진단과 검사자료뿐 아니라 비검사자료들을 해석하여 내담자가 의미를 이해하고 가능한 선택을 하며, 선택한 결과에 대해 이해할 수 있도록 해석 및 설명한다.

(5) 특성요인이론의 장단점

① 상담자 중심의 상담방법이며 내담자의 정서적 이해보다 문제의 객관적 이해에 중점을 둔다.

② 학습기술과 사회적 적응기술을 알려주는 것이 중요하다.

③ 내담자를 객관적으로 이해하고 올바른 예언을 위해 사례나 사례연구를 중요한 자료로 삼는다.

❼ 여성주의 상담

(1) 개요

① 여성에 대한 새로운 정보에 초점을 맞추어 초기에는 성에 따른 차이에 초점을 맞추었으나 집단 내 변이에 대한 연구로 발전되었으며 후반의 연구는 다양한 맥락에서 민족적, 성적 정체성, 집단적 특성의 다양성 등과 연관되어 연구되었다.

② 이 분야의 연구자들은 이전의 성에 의해서 규정된다고 믿었던 행동과 태도가 개인에게 본래 갖추어진 것이라기보다는 사회적, 상황적으로 만들어진 것이라고 전제하였고 획득된 성별적 행동은 사회의 불평등한 권력관계로 해석될 수 있으며 이를 토대로 재구성을 요구하게 한다.

③ 다양성 – 각자의 다양한 사회적 위치와 정체성의 복잡한 상호작용은 개인적 자기개념과 세계관을 형성하므로 다양성을 고려해야한다. 그럼으로 해서 내담자의 행동과 최근관심사의 사회적 맥락과 개인적 의미를 이해하고 반응할 수 있게 된다. 또한 사회적 위치는 내담자에게 긍지 또는 억압(열등하고 가치 없으며 타자로 규정된 구성원이 가치 있는 지역사회의 자원에 접근하는 것을 제도적으로 막는 것)을 경험하게 하므로 이를 살펴보아야 한다.

(2) 이론적 특성

① **포괄성** : 다양한 개인적, 사회적 정체성을 가진 여성들에게 불평등하고 불공정하게 경험된다는 것을 안다.

② **평등** : 여성 다수가 낮은 지위에 있으며 가치 있는 자원에 접근하는 것이 동등하지 않음을 반영한다는 것을 인식한다.

③ **새로운 지식 추구** : 여성경험의 다양성은 복합적인 개인적, 사회적 정체성에 의해 형성되는 것으로 이해하는 것이 늘어나는 것에 가치를 두고 그를 주장한다.

④ **맥락주의** : 여성의 삶은 사회적, 경제적, 정치적 맥락 속에 있으며 따로 떼어서 연구될 수 없다.

⑤ **가치 인식** : 개인적, 사회적 가치는 모든 인간 활동에 개입한다. 교육, 과학, 실천 그리고 사회적 주창자는 결코 가치중립적이지 않다.

⑥ **변화지향** : 모든 인간에게 평등한 정의가 달성되는 날을 위해 사회적, 경제적, 정치적 변화를 추구하는 행동에 참여한다.

⑦ **과정지향** : 개인과 집단의 성과에 영향을 주는 의사결정과정은 합의를 거치는 것이어야 하며 상호존중과 모든 목소리를 존중하는 여성주의 원리에 부합되어야 한다.

⑧ **심리학적 실천의 확장** : 여성주의 원리가 우리가 참여하는 모든 전문적 활동에 적용될 수 있음을 안다.

⑨ **다문화주의** : 다문화주의란 '삶의 지향과 다원주의적 정체성의 발달, 유연성과 다양성의 발달을 제공하는 철학'으로 '차이'가 있음을 전제로 한다. 차이는 알파편견과 베타편견으로 나눌 수 있는데 알파편견이란 취향, 능력, 가치관 사이에 본질적 차이가 있다고 보며 분리주의를 고수한다. 베타편견은 차이를 무시하거나 최소화하는데 두 편견 모두 맥락에서 보면 내담자에게 불리하게 작용한다.

⑧ 청소년상담의 윤리

(1) 비밀유지

① 비밀보호의 의미는 내담자의 가족과 동료에 대해서도 지켜야 한다.

② 비밀유지의 예외사항

    ㉠ 내담자의 상담과 치료를 위해 관여한 상담자와 보조자간의 의사소통을 할 때

    ㉡ 내담자가 비밀노출을 허락한 대상에게

    ㉢ 내담자를 대신해서 법적으로 권한을 부여받은 사람(후견인, 대리인 등)의 동의를 얻은 경우

    ㉣ 수퍼비전을 받는 경우

    ㉤ 내담자가 그 밖의 다른 사람들을 상해나 위험으로부터 보호하기 위한 경우

    ㉥ 법률에 의해 승인을 받은 경우

(2) 자신을 해칠 위험에 대한 평가

① 상담자는 내담자가 자신이나 타인에게 위험한 일을 할 개연성이 있는지를 파악해야 한다.

② 위험요인, 자살가능성 평가, 피명성 평가, 폭력을 당할 위험을 평가한다.

    ㉠ **위험요인** : 자살위험의 특성을 보인 경우 상담자는 언제나 그 내담자의 자살위험성을 평가할 준비가 되어 있어야 한다. 자살 가능성에 대해 평가해야 한다.

    ㉡ **자살가능성 평가** : 자살에 대한 생각, 의지, 충동성을 평가한다.

    ㉢ **치명성 평가** : 위험요인과 자살가능성을 평가하여 자살 생각 및 빈도를 고려한다.

  ⓛ **폭력을 당할 위험** : 내담자가 폭력을 당할 위험이 있다면 이 내용을 내담자의 배경정보를 수집과정에 포함시킨다.

(3) 위기상황에서의 상담지침

① 내담자가 위기상황에서 감정의 홍수에 휘말리지 않도록 문제에 초점을 맞추도록 한다.

② 위기상황을 이해하고 내담자의 그간의 경험에 비추어 보면 이해될 수 있는 반응이라는 것을 지적하는 것도 도움이 된다.

③ 내담자의 왜곡된 사고를 교정한다.

④ 내담자의 강한 감정에 거리두기를 함으로서 충동적인 행위를 하지 않도록 한다. 즉 내담자가 위기상황에 처해 있을 때 특정감정에 초점을 두는 것은 역효과를 초래한다.

(4) 청소년상담자의 윤리강령 62조

① **청소년상담사의 책임**

  ㉠ 청소년기본법에 따라 청소년의 권리와 책임을 다할 수 있도록 지원해야 한다.

  ㉡ 청소년상담사는 자기의 능력과 기법의 한계를 인식하고 전문적 기준에 위배되는 활동을 하지 않도록 한다.

  ㉢ 청소년상담사는 검증되지 않고 훈련되지 않은 상담기법의 오남용을 삼간다.

  ㉣ 청소년상담사는 현행법이 윤리강령을 제한할 경우 현행법을 우선적으로 적용하지만 윤리강령이 보다 엄격한 기준을 설정하고 있다면 윤리강령을 따른다.

  ㉤ 청소년상담사는 청소년과 관련된 정책, 규칙, 법규에 대해 정통해야 하고, 청소년 내담자를 보호하며 청소년 내담자가 최선의 발달을 이루도록 노력해야 한다.

  ㉥ 청소년상담사는 청소년상담사 윤리강령에 어긋나는 사실을 알게 된 경우 청소년 상담사의 의무에 준하여 윤리위원회에 보고해야 한다.

② **품위유지 의무**

  ㉠ 청소년상담사는 전문상담자로서 품위를 손상하는 행위를 하지 않는다.

  ㉡ 청소년상담사는 동종에 종사하는 자와 협력하여야 한다.

③ **상담관계**

  ㉠ 청소년상담사는 자신의 법적, 도덕적 한계를 벗어난 다중 관계를 맺지 않는다.

  ㉡ 청소년상담사는 청소년 내담자에게 무력, 정신적 압력 등을 사용하지 않는다.

  ㉢ 청소년상담사는 상담적 배임행위(내담자 유기, 동의를 받지 않은 사례 활용 등)을 하지 않는다.

ⓔ 청소년상담사는 외부 지원이 적합하거나 필요할 때 의뢰를 요청할 수 있으며 의뢰에 대해 청소년 내담
   자와 부모에게 알리고 서비스를 받도록 노력한다.

ⓜ 매체를 활용한 서비스 지원에 있어 위해 요소로부터 청소년상담을 보호하기 위한 신뢰할 수 있는 조치
   를 취한다.

④ 부모/보호자와의 관계

⑤ 자격과 수련

정답

01 상담은 힘 또는 능력을 기르는 것을 목적으로 한다.　　　　　　　▶ ○

02 치료적 상담인 예방상담은 내담자에게 이미 발생한 문제를 해결하는 것에 초
점을 둔다.　　　　　　　　　　　　　　　　　　　　　　　　　▶ ×

03 매체상담은 상담자와 내담자가 직접 얼굴을 맞대고 하는 상담을 의미한다.　▶ ×

04 상담의 과정이란 내담자와 상담자가 만나기 시작해서 그 만남을 종결할 때까
지의 진행을 말한다.　　　　　　　　　　　　　　　　　　　　　▶ ○

05 상담의 과정에서 내적인 경험과 인식의 합일을 가리키는 것이 신뢰인 것이다.　▶ ×

06 지도의 원리에 의할 때 상담관계는 상담이 진행되는 동안 계속적인 변화를
겪는다.　　　　　　　　　　　　　　　　　　　　　　　　　　　▶ ×

07 상담에서 대화의 궁극적 목적은 내담자의 변화를 유도하는 것이다.　　　　▶ ○

08 상담에서 일상적인 대화는 내담자와 상담자 사이에 도움을 주고받을 수 있지
만 그 방향이 양방향적이다.　　　　　　　　　　　　　　　　　　▶ ○

09 상담은 인간이 인간답게 배우고 가르치는 정교한 거시적 교육과정이다.　　▶ ×

10 상담의 적극적 목표는 부정적 정서를 극복하고 긍정적 정서를 발달시키는 것
이다.　　　　　　　　　　　　　　　　　　　　　　　　　　　　▶ ○

01 상담자와 내담자가 직접 얼굴을 맞대고 하는 상담의 유형은?

02 상담자가 내담자를 대할 때 표면적이거나 대화 내용의 왜곡 또는 가식이나 겉치레가 없는 상담자의 자질은?

03 내담자의 특성과 문제를 이해하는데 필요한 정보를 얻어내는 제반활동을 무엇이라고 하는가?

04 인간의 가치와 존엄에 대한 인식에서 출발하는 상담관계 형성의 요소는?

05 내담자의 입장에서 내면세계를 이해하는 것으로 감정이입적 이해라고도 부르는 것은?

06 내담자에게 감정이나 생각을 자유롭게 표현할 수 있도록 북돋아 주는 상담의 기법은?

07 내담자의 메시지에 표현된 핵심 인지내용을 되돌려 주는 상담의 기법은?

08 상담자가 상담과정에서 자신의 생각, 감정, 경험, 가치 등을 내담자에게 드러내는 기법은?

09 의식 속으로 떠올릴 수 있는 생각이나 감정들이 포함되며, 의식과 무의식을 연결해 주는 것은?

10 개인이 용납할 수 없는 감정이나 충동을 부당하게 타인의 탓으로 돌리는 것은?

정답

▶ 대면상담

▶ 진솔성(일치성)

▶ 내담자의 평가

▶ 수용

▶ 공감적 이해

▶ 경청

▶ 재진술

▶ 자기 노출

▶ 전의식

▶ 투사

1 상담에 관한 설명으로 옳은 것을 모두 고른 것은?

> ㉠ 상담자, 내담자, 상담관계가 주요 요소이다.
> ㉡ 상담자는 상담에 대한 전문적 훈련을 받은 사람이다.
> ㉢ 상담은 내담자의 문제를 예방하고 해결하며 삶의 질을 향상시킨다.
> ㉣ 상담자는 내담자의 변화를 위해 내담자 문제를 해결해 주는 주체이다.

① ㉠, ㉣   ② ㉡, ㉢
③ ㉠, ㉡, ㉢   ④ ㉡, ㉢, ㉣
⑤ ㉠, ㉡, ㉢, ㉣

> ● TIPS! --------
> 상담자는 내담자의 변화를 위해 조력할 뿐 내담자 문제를 해결해 주는 주체가 아니다.

2 아들러(A. Adler) 개인심리학에 관한 설명으로 옳지 않은 것은?

① 범인류적 유대감(공동체감)을 중시한다.
② 인간을 전체적 존재로 본다.
③ 증상의 원인을 찾는데 초점을 둔다.
④ 사회 및 교육 문제에 관심을 갖는다.
⑤ 역경을 이겨 내는 능력을 발달시키기 위해 격려를 사용한다.

> ● TIPS! --------
> 증상의 원인을 찾는데 초점을 두는 이론은 정신분석이다.

Answer 1.③ 2.③

3 방어기제와 그 예로 옳은 것은?

① 주지화 : 사랑하는 사람을 사고로 잃은 사람이 그 죽음을 인정하지 않는다.

② 투사 : 아내를 미워하는 남편이 아내가 자신을 미워한다고 인식한다.

③ 합리화 : 직장상사에게 야단을 맞은 사람이 상사에게 대들지 못하고 부하 직원에게 짜증을 낸다.

④ 승화 : 실연을 당한 남자가 여성의 심리에 대한 지적인 분석을 하며 자신의 고통을 회피한다.

⑤ 반동형성 : 대소변을 잘 가리던 아이가 동생이 태어난 이후 대소변을 가리지 못하게 된다.

> **TIPS!**
>
> 투사는 자신의 감정이나 동기를 다른 사람에게 돌려서 어려움에 대처하는 방법이다. 예를 들면 어떤 사람을
> 미워하여 해치고 싶은 충동을 느꼈을 때 자신의 증오심을 상대에게 떠넘겨 그 사람이 자신을 미워해서 해칠
> 지도 모른다고 생각하는 경우이다. 투사는 자신의 욕구나 문제를 옳게 깨닫는 대신 다른 사람이나 주변에
> 탓을 돌리고 진실을 감추어 현실을 왜곡시키므로 바람직하지 않은 방어기제이다.

4 다음 사례에서 게슈탈트 이론의 접촉경계 혼란 현상은?

> 고등학생 A는 우울과 신체화 증상을 자주 호소한다. 이러한 증상은 학교에서 친구들과 갈등이 생길 때 더욱
> 심하게 경험하게 되는데, 특별히 자각하지 못한 채 자동적으로 일어난다고 하였다.

① 반전　　　　　　　　　　　② 투사

③ 편향　　　　　　　　　　　④ 융합

⑤ 내사

> **TIPS!**
>
> 반전은 접촉경계혼란을 일으키는 요소 중 하나다. 예를 들어, 타인에게 화를 내는 대신 자기 자신에게 화를
> 내거나, 자신을 돌봐 주어야 할 부모가 너무 바쁘거나 무관심하여 부모에게 사랑을 받지 못한 아이가 스스로
> 자기 가슴을 쓸어 주면서 자장가를 부르는 경우 등이다. 반전을 쓰는 사람은 부모에게서 받은 상처 때문에
> 생긴 공격적인 충동을 부모에게 나타내는 것이 아니라 자신에게 돌려 자신을 괴롭히고 학대하며 살아간다.
> 이러한 행동은 성장환경이 억압적이거나 비우호적이어서 자연스러운 접촉행동을 할 수 없을 때 나타난다.

Answer 3.② 4.①

5 다음은 어떤 상담접근의 목표인가?

> 상담자는 내담자가 스스로 삶의 의미와 목적을 발견하고, 삶을 주체적으로 선택하고 책임지도록 돕는다.

① 인간중심 상담   ② 개인심리학적 접근
③ 게슈탈트 상담   ④ 인지치료
⑤ 실존주의 상담

 TIPS!

내담자가 스스로 삶의 의미와 목적을 발견하고, 삶을 주체적으로 선택하고 책임지도록 돕는 것은 실존주의 상담이다.

6 상담과정에 관한 설명으로 옳은 것은?

① 해석은 상담의 필수요소이다.
② 직면은 상담의 어느 시기라도 할 수 있다.
③ 요약은 내담자의 산만한 생각과 감정을 정리해볼 기회를 갖게 한다.
④ 저항은 상담과정에서 일어나지 않도록 해야 한다.
⑤ 상담 중 침묵에 대해서는 직접 다루지 않는 것이 좋다.

TIPS!

요약은 정리하는 것으로 내담자의 산만한 생각과 감정을 정리해볼 기회를 갖게 한다.

Answer 5.⑤ 6.③

1 프로이드의 인간관에 대한 설명으로 적합하지 않은 것은?

① 원초아, 자아, 초자아가 서로 갈등을 겪는 비관론적 존재이다.
② 인간은 본능의 지배를 받는 생물학적 존재이다.
③ 인간은 삶 속에서 지속적인 갈등을 겪는 갈등의 존재이다.
④ 이성적이고 사회적 본능에 의해 통제되고 지배되는 결정론적 존재이다.
⑤ 모든 사람이 심리성적 발달 단계에 따라 성격발달이 이루어진다.

 TIPS!

인간의 행동은 비합리적인 힘, 무의식적 동기, 생물학적 및 본능적 추동, 생의 초기의 심리성적 사상에 의해 결정된다.

2 정신분석적 상담과정에서 가장 중요하게 생각하는 것은 무엇인가?

① 저항과 전이의 분석　　　　　② 체계적 상담
③ 수용과 분위기의 조성　　　　④ 주장적 훈련
⑤ 적응적 사고 방식의 개발

TIPS!

전이는 내담자가 과거 중요인물의 긍정적 이거나 부정적인 감정, 환상을 무의식적으로 치료자에게 이동시킨 것으로 정신분석적 접근의 핵심이다.

3 꿈, 농담, 말실수 등으로 나타나기도 하고 신경증적 행동, 정신신체 장애 등의 근본원인이 되는 것은?

① 동일시　　　　　　　　　　② 억압
③ 승화　　　　　　　　　　　④ 전위
⑤ 반동형성

TIPS!

프로이드는 억압을 가장 기본적이고 중요한 방어기제 간주하며, 수치, 죄의식, 또는 자기비난을 일으키는 기억들을 흔히 억압하게 된다.

Answer 1.④ 2.① 3.②

4 정신분석학에서의 상담 진행과정이 순서대로 연결 되어진 것은 무엇인가?

> ㉠ 저항 단계   ㉡ 전이의 발달단계
> ㉢ 통찰   ㉣ 훈습
> ㉤ 전이의 해결단계

① ㉠ - ㉡ - ㉢ - ㉣ - ㉤   ② ㉡ - ㉠ - ㉢ - ㉣ - ㉤
③ ㉠ - ㉢ - ㉣ - ㉡ - ㉤   ④ ㉠ - ㉡ - ㉤ - ㉣ - ㉤
⑤ ㉠ - ㉡ - ㉣ - ㉢ - ㉤

> ⭐ **TIPS!**
> 정신분석치료가 효과를 가지려면 전이관계를 훈습해야 한다. 훈습과정은 무의식의 자료와 방어기제를 탐색하는 것이다.

5 정신분석 상담에서 상담의 기능과 역할에 관한 설명 중 맞지 않는 것은?

① 상담자는 내담자로 하여금 과거의 경험과 감정을 자유롭게 털어 놓도록 격려한다.
② 처음에는 주로 듣는데 치중하다가 가끔 해석을 해 준다.
③ 내담자 보이는 심리적 저항에 관심을 가지며 이야기 중 불일치되는 점에 주의한다.
④ 상담자는 내담자에게 자신의 문제에 대한 통찰을 얻도록 함으로써 내담자가 자신을 더 잘 이해하고 자신에 대해 솔직해지도록 도와준다.
⑤ 상담자는 내담자에게 무엇을 하도록 강요하는 것이 아니라 상담자의 존재양식과 태도를 매우 중요시 한다.

> ⭐ **TIPS!**
> 정신분석상담자의 역할은 환자와 상담관계를 형성하고 많은 경청과 해석을 한다. 상담자는 치료과정을 구조화함으로써 내담자 문제의 실제적인 본질을 파악할 수 있게 된다.

Answer   4.①   5.⑤

6 정신분석학의 공헌점과 거리가 있는 것은?

① 인간에 대한 결정론과 비합리성에 대한 강조
② 성격에 관한 최초의 이론 수립
③ 일관성 있는 심리치료체계로 발전시킴
④ 아동양육에 대한 실제적 제언을 함
⑤ 어떤 욕구나 동기에 의해 인간의 사고나 행동이 결정된다고 봄

 **TIPS!**
결정론과 비합리성은 공헌점이 아니라 제한점이다.

7 다음 중 개인 심리 상담의 주요내용이 아닌 것은?

① 자아의 창조력 – 삶에 영향을 주는 것들에 대해 능동적이고 창조적으로 반응한다.
② 삶의 과제 – 일, 사회, 성 세 가지로 보았다.
③ 통일성과 성격유형 – 성격은 나누어질 수 없는 전체로 개인만이 유일한 것이며 통합적, 전체적 자아 일치된 유기체이다.
④ 중요성과 우월성 추구 – 사람은 선천적으로 완성, 완전, 우월, 자기실현화, 유능성 및 극복을 추구한다. 그렇기 때문에 열등감을 느낀다.
⑤ 사회적 관심 – 사회적 관심은 다른 사람의 눈과 귀와 마음으로 느끼는 것이다.

TIPS!
사회적 관심은 자신의 눈과 귀와 마음으로 느끼는 것이다.

8 아들러의 개인 심리 상담과 관계가 없는 것은 무엇인가?

① 목적적 특성   ② 우월을 향한 추구
③ 객관적인 지각   ④ 사회적 관심
⑤ 자아의 창조적 힘

TIPS!
객관적인 현실보다는 개인이 인식하는 주관적인 세상이 중요하다.

Answer 6.① 7.⑤ 8.③

9 개인 심리 상담은 생활양식이 형성되었던 아동기의 상태를 알아보기 위해 내담자의 기록을 조사한다. 이 가운데 가장 중요하게 다루어지는 것은?

① 부모의 가치관   ② 부모의 태도
③ 출생순위   ④ 형제의 수
⑤ 부모의 교육수준

> **💡 TIPS!**
> 아동의 출생순위를 강조하며 같은 부모 밑에서 자란 아동들도 동일한 사회적 환경을 지닌 것이 아니라고 하였다.

10 내담자의 생활양식 혹은 초기 회상의 요약을 통해 내담자의 기본 오류의 기원이 밝혀지는데 그 가운데 "모든 사람들은 이기적이다". "인생은 위험하다" 등등의 신념의 오류를 무엇이라고 하는가?

① 즉시성   ② 개인화
③ 초기회상   ④ 과잉 일반화
⑤ 후광 효과

> **💡 TIPS!**
> 과잉 일반화란 한두 번의 경험으로부터 일반적인 법칙이나 결론을 도출하여, 그것과 관련이 적은 상황에까지 광범위하게 적용하는 사고방식을 말한다.

11 아들러의 개인 심리 상담과정으로 옳은 것은?

① 좋은 상담관계 형성 – 생활양식조사 – 해석과 통찰–재교육
② 생활양식조사 – 좋은 상담관계 형성 – 해석과 통찰–재교육
③ 좋은 상담관계 형성 – 생활양식조사 – 재교육 – 해석과 통찰
④ 좋은 상담관계 형성 – 해석과 통찰 – 생활양식조사 – 재교육
⑤ 좋은 상담관계 형성 – 재교육 – 생활양식조사 – 해석과 통찰

> **💡 TIPS!**
> 열등감 극복을 위해 취하게 되는 독특한 방식인 생활양식을 강조한다.

Answer   9.③   10.④   11.①

12 다음 중 타인에게 화낸 대신 자기 자신에게 화를 낸다든지, 타인에게 위로받는 대신에 스스로 자기를 위로 한다면 이것은 무슨 개념인가?

① 내사 ② 투사
③ 융합 ④ 편향
⑤ 반전

TIPS!
반전이란 다른 사람이나 환경에 대해서 하고 싶은 행동을 자신에게 하는 것이나 다른 사람이 자기에게 해주기를 바라는 행동을 자기 자신에게 하는 것을 말한다.

13 개인 심리 상담의 성격발달이론이 알맞게 짝지어진 것은?

㉠ 자기	㉡ 우월성 추구
㉢ 열등감과 보상	㉣ 어버이 자아
㉤ 삶의 과제	

① ㉠㉡㉢ ② ㉢㉣㉤
③ ㉡㉢㉤ ④ ㉠㉡㉣㉤
⑤ ㉠㉡㉢㉣㉤

TIPS!
개인심리 상담에서는 인간의 행동은 열등감을 극복하기 위한 노력과 우월감 그리고 일, 사랑, 사회 3가지 삶의 과제를 중시한다.

14 저녁을 먹으며 아무 말 없이 생각에 빠진 남편을 보고 아내가 "또 나를 무시하는 군"이라고 생각하였다면 이는 어떤 인지적 오류인가?

① 임의적 추론 ② 과잉 일반화
③ 선택적 추상 ④ 평가절하
⑤ 개인화

TIPS!
임의적 추론은 어떤 결론을 지지하는 증거가 없거나 그 증거가 결론에 위배 되는데도 그러한 결론을 임의적으로 내리는 것을 말한다.

Answer 12.⑤ 13.③ 14.①

15 방어기제 중 합리화에 대한 예로 옳은 것은?

① 불치병으로 죽어가는 아들의 어머니가 아들이 곧 나을 것이라고 생각하는 것

② 성적 호기심을 지식 추구, 예술 추구하는 욕망으로 전환

③ 미운 놈 떡 하나 더 준다.

④ 내가 싫어하는 것이 아니라 그 여자가 나를 싫어한다.

⑤ Sour – grape 기제, Sweet – lemon기제

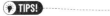 **TIPS!**

합리화는 현실을 왜곡하여 자신을 정당화함으로써 자존심을 보호하려 하는 것이다.

16 일을 미루기만 하고 끝내지 못하는 내담자에 일을 더 미루도록 요구하는 것은 무슨 기술인가?

① 직면   ② 역설적 의도

③ 모델링   ④ 혐오치료

⑤ 문답법

TIPS!

불면증 환자에게 억지로 잠을 청하지 말고 일부러 잠을 쫓아내려고 노력하는 것 등이다.

17 다음 중 REBT의 인지적 기법에 해당되지 않는 것은?

① 인지적 과제   ② 내담자의 언어 변화시키기

③ 비합리적인 신념 논박하기   ④ 욕구와 감정 자각

⑤ 역할 연기

TIPS!

욕구와 감정 자각은 게슈탈트기법이다.

18 상담 장면에서 직면시켜야 하는 상황으로 가장 적절하지 않은 것은?

① 내담자의 생각과 상담자의 생각 간에 괴리가 있을 때

② 내담자의 말과 행동 간에 괴리가 있을 때

③ 내담자의 언어적 메시지와 비언어적 메시지 간에 괴리가 있을 때

④ 내담자의 기대와 현실적 가능성 간에 괴리가 있을 때

⑤ 내담자가 보여준 객관적인 행동과 인상에 대해 서슴적으로 표현해 줄 때

TIPS!

내담자의 말과 비언어적 표현간의 불일치, 말과 행동간의 불일치, 비언어적 표현간의 불일치가 있을 때 직면한다.

19 합리적, 정서적, 행동치료의 치료모형 요소로서 부적절한 것은?

① 선행사건 ② 비합리적 사고

③ 부정 ④ 신념

⑤ 결과

TIPS!

A(선행사건), B(신념), C(결과), D(논박), E(효과) – 부정은 포함되지 않는다.

20 합리적, 정서적 행동치료의 상담에서 제한점으로 옳지 않은 것은?

① 상담자가 전문적이고 권위적으로 표현될 가능성이 있다.

② 인지적, 행동적인 면을 강조하다 보면 정의적인 면이 소홀히 다루어 질 수 있다.

③ 설득, 제안, 반복을 통해 상담자의 인생철학을 내담자에게 강요할 위험이 있다.

④ 내담자가 상담 원리를 받아들일 준비가 되는 시점에 대해 간과하였다.

⑤ 정서 장애 발달에 있어서 인지적 과정에 강조를 두었다.

TIPS!

문제행동을 일으키는 근본 원인이 되는 비합리적 신념을 극소화시키고 삶에 대하여 보다 현실적이고 합리적인 가치관을 갖도록 도와주는 것인데 인지적인 면이 강조된다는 것은 제한점으로 보기 어렵다.

Answer 18.① 19.③ 20.⑤

21 합리적 정서적 행동치료의 구체적인 목표로 틀린 것은?

① 과학적인 생각을 할 수 있도록 한다.
② 유토피아주의 생각을 가지도록 한다.
③ 모험을 실행할 수 있도록 한다.
④ 자기 자신을 수용할 수 있게 한다.
⑤ 융통성을 기르도록 한다.

 TIPS!

현실적이고 합리적인 가치관을 갖도록 도와주는 것이 때문에 유토피아적인 생각은 합당하지 않다.

22 다음 중 게슈탈트 상담의 인간관이 아닌 것은?

① 인간은 현실적이며 실존적 존재로서 자신에게 가장 긴급하게 필요로 하는 게슈탈트를 끊임없이 완성하며 살아가는 유기체이다.
② 인간은 완성을 추구하는 경향이 있다.
③ 인간은 객관적으로 세상을 경험하면서 살아가는 실존적 존재임을 강조한다.
④ 인간의 행동은 행동이 일어난 상황과 관련해서 의미 있게 이해 될 수 있다.
⑤ 인간의 행동은 그것을 구성하는 구체적인 구성요소 즉 부분의 합보다 큰 전체이다.

TIPS!

지금 여기에서 주관적으로 세상을 경험한다.

23 게슈탈트 상담에서 개체가 자신의 욕구나 감정을 자각하고 그것을 게슈탈트로 형성하여 전경으로 떠올리게 되는 행위를 무엇이라고 하는가?

① 반전   ② 알아차림
③ 편향   ④ 투사
⑤ 융합

TIPS!

게슈탈트에서 알아차림은 자신과 접촉하는 중요한 수단으로 인식된다.

Answer 21.② 22.③ 23.②

24 게슈탈트 치료자의 과제와 태도에 대한 설명중 적절하지 않은 것은?

① 좌절과 지지 – 내담자의 의존적인 태도나 행동, 회피행동도 지지하고 격려한다.
② 알아차림과 접촉의 증진 – 자신이 감정과 욕구를 알아차리고 환경과의 접촉을 통해 갈등을 해소할 수 있도록 도와준다.
③ 관심과 감동 능력 – 내담자의 삶에 대해 진지한 흥미와 관심, 감동할 수 있는 능력
④ 저항의수용 – 이해심을 갖고 내담자를 따뜻하게 대하는 동시에 저항 행동을 계기로 치료자 자신의 행동을 다시 검토해 보는 것
⑤ 현상학적 태도 – 모든 치료행위를 내담자에게서 나타나는 생명 현상의 흐름을 따라가면서 진행해야 한다.

> **TIPS!**
> ① 내담자의 의존적인 태도나 행동, 회피행동은 좌절시켜야 한다.

25 다음 설명에 해당하는 상담 이론은 무엇인가?

> 내담자의 양극적인 감정을 받아들이는 것을 돕기 위해 지금 – 여기에서, 무엇을, 어떻게 느끼는가를 강조한다. 주요개념은 개인의 책임성, 미해결과제, 회피, 경험, 현재의 자각 등이다. 현재의 성격발달에 영향을 주는 미해결 과제와 감정을 강조하는 상담기법은?

① 현실치료　　　　　　　　　　② 게슈탈트
③ 인간중심상담이론　　　　　　④ 의미치료
⑤ 행동치료

> **TIPS!**
> 전경에 있던 미해결 과제가 어느 정도 해결되면 배경으로 물러나면서 유연하게 움직이게 되지만 신경증적인 사람은 전경과 배경의 상호작용이 원활하지 못하고 과거에 집착하게 된다.

Answer 24.① 25.②

26 펄스의 형태주의 상담에 대한 내용으로 틀린 것은?

① 인간은 현상학적이며 실존적 존재이다.

② 인간은 전경과 배경의 원리에 따라 세상을 경험한다.

③ 내담자로 하여금 오감을 통해 현재 그가 경험하는 것을 자각하도록 돕는다.

④ 민감한 자극 통해 게슈탈트의 순환을 원활히 하도록 하는 것이 중요하다.

⑤ 인간은 완성을 추구하는 경향이 있으면 자신의 과거 욕구에 따라 게슈탈트를 완성한다.

> **TIPS!**
> 개체에 의해 지각된 행동 동기인 게슈탈트는 현재의 욕구에 따라 완성한다.

27 다음 중 로저스의 인간관에 대한 설명이 아닌 것은?

① 인간은 자기를 실현하는 경향성이 있다.

② 인간의 행동은 목적 지향적이다.

③ 인간은 체제화된 전체로서 반응한다.

④ 개인은 비합리적인 사고의 산물이다.

⑤ 인간은 자기가 경험하고 지각되는 대로 반응한다.

> **TIPS!**
> 비합리적 사고는 정서 행동치료에서 다루는 개념이다.

28 인간중심 상담의 목표로 적절하지 않은 것은 무엇인가?

① 내담자의 자아 개념과 유기체적 경험간의 불일치를 제거하도록 돕는다.

② 자아 방어적인 행동을 하게 하는 가치 조건의 해제를 돕는다.

③ 내담자로 하여금 유기체적 경험간의 불일치를 제거하도록 돕는다.

④ 개인의 외적 경험의 의미를 존중한다.

⑤ 내담자의 자기확신과 자기이해가 더욱 확장될 수 있도록 돕는다.

> **TIPS!**
> 외적 경험이 아니라 내적 경험의 의미를 존중한다.

Answer 26.⑤ 27.④ 28.④

29 로저스의 성격이론에서 가장 주요한 개념은 무엇인가?

① 정서   ② 지성
③ 경험   ④ 신체
⑤ 자아

> **TIPS!**
> 자아란 전체적인 현상학적인 장 또는 지각의 장에서 분화된 부분으로 자기 자신에 대한 일련의 가치와 인식으로 이루어진 것으로 유기체의 행동을 일관성 있게 유지하려는 성격구조의 핵심을 말한다. 실제적 자기와 이상적 자기가 일치하는 것을 자아일치라고 한다.

30 다음 중 인간중심 상담에서 충분히 기능하는 사람의 특징으로 적절하지 않은 것은?

① 경험에 대한 개방성   ② 모방성
③ 실존적 삶   ④ 자유 의식
⑤ 자신의 유기체에 대한 신뢰

> **TIPS!**
> 충분히 기능하는 사람은 모방성이 아니라 창조성이다.

31 다음 설명에 해당하는 상담이론은?

> 상담자는 구조화나 방향을 거의 제시하지 않으며 내담자는 의미 있고 건설적인 성장을 향해서 움직일 수 있는 능력을 가진 존재로 여긴다.

① 인지행동치료   ② 교류분석
③ 정신분석치료   ④ 인간중심상담
⑤ 실존치료

> **TIPS!**
> 인간은 부적응으로부터 건강한 심리적 상태로 나아가는 내재적인 능력을 가지고 있는 존재로 본다.

Answer 29.⑤ 30.② 31.④

32 인간중심 상담의 성격구조를 설명한 것으로 잘못된 것은 무엇인가?

① 유기체란 자극에 대하여 경험적으로 반응하는 개인의 사상, 행동 등 모두를 포함한 전인격체로서의 개인을 말한다.

② 자아는 전체적인 현상학적 장 또는 지각되는 장으로부터 분화된 것으로 나에 대한 일련의 인식과 가치로 이루어진다.

③ 상담자가 내담자를 그대로 이해하고 수용하면 내담자도 스스로 이해하고 수용하지만 문제해결의 초점은 상담자에게 있다.

④ 현상학적 장이란 인간이 경험하는 모든 것을 말한다.

⑤ 로저스의 성격이론에서 핵심적인 구조적 개념은 자아이다.

 TIPS!

문제 해결의 초점은 내담자에게 있고 가치 조건화가 아닌 참다운 자기를 발견하게 하는 것이다.

33 다음 중 행동주의 상담이론에 속하지 않는 것은?

① 인지적 행동치료
② 반두라의 학습이론
③ 에릭슨의 사회심리학적 이론
④ 파블로브의 고전적 조건형성
⑤ 스키너의 조작적 조건형성

TIPS!

에릭슨은 정신분석학파에 속한다.

Answer 32.③ 33.③

34 인간중심 상담이론에서 상담자의 태도 중 일치성에 대한 설명으로 맞지 않는 것은?

① 상담자가 진실하다는 것이다.

② 어떤 부정적인 감정이라도 상담자는 드러내고 수용함으로써 내담자와의 관계에서 현존하는 감정과 태도를 공개적으로 표현할 수 있다.

③ 거짓된 태도 없이 내적 경험과 그 경험의 외적표현이 일치하며, 내담자와 정직한 의사소통을 촉진할 수 있다

④ 상담자는 자기 자신의 감정에 책임을 지는 것이 중요하며, 완전하게 내담자와 일치하지 못하도록 방해가 되는 사고적인 감정을 함께 탐색하는 것이 좋다.

⑤ 내담자의 문제인식과 상담자의 문제인식이 일치하는 것이다.

> **TIPS!**
> 상담자 태도에서 일치성을 의미하지 문제인식의 일치성이 아니다.

35 다음 중 행동주의 상담에 속하지 않는 것은?

① 결과에 대한 경험적 타당성에 기초한 실용적인 방법이다.

② 공포증, 우울증, 성도착증, 아동의 행동장애, 말더듬이 등에 특히 잘 적용된다.

③ 상담자는 행동적이고 지시적이며 내담자가 보다 효율적인 행동을 배우도록 돕는 교사, 훈련가로서 기능한다.

④ 현재의 행동과 특정 행동을 변화시킬 수 있는 방법에 초점을 맞추게 장기적이고 거시적인 목표를 설정한다.

⑤ 행동은 변화될 수 있을지 모르지만 감정은 변화시킬 수 없다는 한계를 지닌다.

> **TIPS!**
> 단기적이고 구체적인목표를 설정한다.

36 다음 중 행동주의의 기본가정으로 맞는 것은 어느 것인가?

① 인간의 행동은 사고에 의해 결정되며 부정확한 지각과 생각이 부적응적인 행동을 초래한다.

② 잘못된 인지, 왜곡된 생각, 비합리적인 신념은 개인의 의식수준 밖에서 일어난다.

③ 인간의 감정은 사회적 상황에 대해 생각하고 말하고 가정하고 믿는 것으로부터 초래된다.

④ 정상적이거나 역기능적인 행동, 느낌, 사고 등은 학습의 결과이다.

⑤ 잘못된 생각을 학습하고 이를 지속적으로 사용하면서 자신도 모르게 역기능적이 정서가 형성된다.

> **TIPS!**
> 행동주의에서는 인간의 모든 행동은 학습된 것이라고 가정한다.

Answer 34.⑤ 35.④ 36.④

37 다음 설명에 해당하는 상담이론은 무엇인가?

> 인간 조건의 본질을 강조하고, 자기 자각의 능력, 자신의 운명을 결정할 수 있는 선택의 자유, 책임성, 기본적 요소로서의 불안, 무의미한 세계에서의 독특한 의미의 창조, 생의 유한성과 죽음을 포함한다.

① 실존주의 상담
② 인간중심 상담
③ 현실치료
④ 인지행동치료
⑤ 의사교류 분석

> **TIPS!**
> 실존주의에서는 인간은 그 무엇에 의해서도 규정되어 있지 않기 때문에, 자신을 규정할 수 있는 힘은 오로지 자신에게만 있다고 본다. 즉, 각 개인은 자신의 자유의지에 따라서 선택하고, 행동하고, 그 결과에 책임지는 가운데 자신의 본질을 만들어 간다.

38 다음 중 실존주의 상담의 설명으로 맞지 않는 것은?

① 죽음과 비존재의 인식은 실존주의 상담이다.
② 내담자와 상담자의 관계에서 자신의 독특성을 발견한다.
③ 상담자와 내담자간의 동등한 관계가 강조되기 때문에 책임이 나누어진다.
④ 인간 대 인간의 만남, 상담자와 내담자 관계의 현재성을 강조한다.
⑤ 내담자와 상담자 모두 만남에 의해 변화될 수 있다.

> **TIPS!**
> 실존주의적 상담자들은 특별한 기법을 사용하거나 강조하지 않는다. 상담자는 내담자가 겪는 실존적 공허감이 그의 궁극적 관심사와 관련되어 있다는 전제에서 그러한 문제를 진솔하게 직면할 수 있도록 격려한다. 내담자의 자각을 최대화함으로써 내담자가 삶의 의미와 목적을 스스로 발견하도록 돕고, 자기 인생에 대한 확고한 방향설정과 결단을 내리도록 도와주는 것에 그 목적을 둔다.

Answer 37.① 38.③

39 실존주의 상담에 관한 설명 중 관련이 없는 것은?

① 상담의 초점을 인간존재의 본질에 둔다.
② 내담자의 현재와 미래에 초점을 둔다.
③ 선택의 자유, 책임성, 기본적 요소로서의 불안을 강조한다.
④ 미해결 과제, 회피, 현재의 자각 등이 중요개념이다.
⑤ 인생의 위기나 전환기에 직면하는 사람들에게 적합하다.

⑨ TIPS! ⋯⋯⋯⋯⋯⋯⋯⋯⋯⋯⋯⋯⋯⋯⋯⋯⋯⋯⋯⋯⋯⋯⋯⋯⋯⋯⋯⋯⋯⋯⋯⋯⋯⋯

게슈탈트의 개념과 더 가깝다.

40 다음 설명에 해당하는 상담 이론은?

> 내담자가 정서적으로 강해지고, 자기 인생에서 책임성을 충분히 받아들일 만큼 합리적인 사람이 되도록 돕
> 는다. 내담자로 하여금 그들이 무엇을 하고 있는지 평가하고, 이런 행동들이 그들에게 어떻게 제대로 작용하
> 고 있는지를 평가하도록 도전하게 된다.

① 행동치료   ② 실존주의 상담
③ 의미치료   ④ 현실치료
⑤ 합리, 정서, 행동치료

⑨ TIPS! ⋯⋯⋯⋯⋯⋯⋯⋯⋯⋯⋯⋯⋯⋯⋯⋯⋯⋯⋯⋯⋯⋯⋯⋯⋯⋯⋯⋯⋯⋯⋯⋯⋯⋯

현실치료에서는 책임수용 능력을 정신건강로 간주하고 WDEP의 과정을 거친다.

41 다음 중 현실치료에서 사용되는 기법이 아닌 것은?

① 역할연기, 직면   ② 계약, 구체적인 행동 계획
③ 개인화, 과잉 일반화   ④ 질문, 역설적 기법
⑤ 유머의 사용

⑨ TIPS! ⋯⋯⋯⋯⋯⋯⋯⋯⋯⋯⋯⋯⋯⋯⋯⋯⋯⋯⋯⋯⋯⋯⋯⋯⋯⋯⋯⋯⋯⋯⋯⋯⋯⋯

자기 통제력을 키워가도록 도와주는 것이 상담의 목표이며, 주로 적극적 지지, 자기 욕구와 바램탐색, 자기
선택 행동점검, 자기행동 평가, 그리고 자기계획과 교육 등을 사용한다.

Answer 39.④ 40.④ 41.③

42 현실치료에 대한 설명으로 맞지 않는 것은?

① 상담자는 내담자에게 자신의 삶에 대한 책임을 갖도록 가르친다.

② 현재의 행동과 특정행동을 변화시킬 수 있는 방법에 초점을 맞춰 내담자를 구조화한다.

③ 현실적으로 살고 있지 않는 내담자에게 현실을 직면시킨다.

④ 내담자는 자신들이 이루고자 하는 구체적인 변화들을 결정한다.

⑤ 내담자는 선천적으로 의미 있고 건설적인 성장을 향해 움직일 수 있는 능력을 가진 존재로 간주된다.

 TIPS!

자신의 욕구를 충족할 수 있는 합리적인 행동을 배우거나 계획함으로써 성공적으로 현실을 살아 나갈 수 있는 방법 탐구에 초점을 둔 치료법이다.

43 현실치료에서 변화를 촉진하는 상담자의 태도와 행동으로 맞지 않는 것은?

① 상담자는 내담자의 능력에 대한 신념을 쉽게 포기하지 않는다.

② 현실치료는 벌이 행동변화에 유용한 수단이 아니라고 주장한다.

③ 인간은 사고, 정서, 행동의 전체성과 통일성을 추구한다.

④ 비난을 하지 않고 변명을 수용하지 않고 판단을 하지 않는다.

⑤ 상담자는 무책임한 행동에 대한 변명을 받아들이지 않는다.

TIPS!

게슈탈트에 대한 설명과 더 가깝다(WDEP 사용).

44 다음 중 의사교류분석의 인간관에 해당되는 것은 무엇인가?

① 인간은 자신의 욕구를 효율적으로 만족시키는 방법을 배워야 한다.

② 개인은 사고, 정서, 행동의 전체성과 통일성을 추구한다.

③ 개인의 이념, 목적, 가치 및 자유의지가 인간의 행동을 결정한다.

④ 인간은 심적 에너지와 유아기의 경험에 의해 결정된다.

⑤ 인간은 초기 결정의 희생자일지 모르지만 과거의 인생극복, 자기 패배적 양상들을 재결정할 수 있다.

TIPS!

모든 인간은 변화 가능성을 지니고 있으며, 또한 자신의 행동을 자유롭게 선택할 수 있고 그 행동에 책임을 지는 반결정론적이며 긍정적인 특징을 가지고 있다.

Answer 42.⑤ 43.③ 44.⑤

45 다음 중 의사교류분석 이론의 내용 중 맞지 않는 것은 무엇인가?

① 상담자와 내담자간의 동등한 관계가 강조되기 때문에 책임이 나누어지고, 서로의 책임을 계약서에 명시한다.

② 내담자와 상담자는 내담자가 어떤 변화를 이루고 싶어 하는 지와 어떤 문제를 탐색하고자 하는지를 계약서에 자세하게 기록한다.

③ 사용기법으로는 초기의 명령과 결정을 알아보기 위한 극본분석, 평가목록이나 질문지를 사용한다.

④ 신체의 긴장과 신체적, 정서적으로 밀접하게 되는 것에 대한 두려움을 자가할 수 있도록 돕는다.

⑤ 인간은 선택의 능력을 가졌고, 결정된 것을 다시 결정할 수 있다.

 TIPS!

심리치료에서 계약은 치료자와 내담자의 능력이 동등하게 취급되는 특징을 가지고 있다.

46 다음 중 의사교류 분석과 관계가 없는 것은?

① 3가지 자아 상태를 근거로 사람들 간의, 한 개인 내에서의 교류를 분석한다.

② 사람은 사회나 힘의 영향을 받지 않고 전적으로 스스로의 힘만으로 중요한 생활결정을 할 수 있다.

③ 치료목표와 치료방향을 분명히 기술하고, 계약하며 내담자가 제안한다.

④ 사고, 감정, 성격의 행동적 측면을 강조한다.

⑤ 습관을 초월하고 새로운 목표나 행동을 선택할 수 있는 사람의 능력을 믿는다.

TIPS!

어린 시절의 결정은 전적으로 다른 사람에게 의존해서 만들어지기 때문에 중요한 타인의 기대나 요구에 영향을 받을 밖에 없다.

47 인지치료의 주요 개념이 아닌 것은?

① 자동적 사고　　　　　　　　② 스키마

③ 통제이론　　　　　　　　　　④ 선택적 추상

⑤ 과잉일반화

TIPS!

통제이론은 현실치료의 개념이다.

Answer 45.④ 46.② 47.③

48 엘리스의 합리적 정서치료(REBT) 모형으로 틀린 것은?

① 내담자의 비합리적이고 부적절한 자기-독백을 인식하게 하고 보다 합리적이고 긍정적인 자기 독백으로 대체하게 한다.
② 상담기법에는 인지적 기법, 정서적 기법, 행동적 기법 중의 하나를 사용한다.
③ 인지적 기법은 비합리적인 사고를 논의하여 합리적 사고로 대치시켜 정신건강을 유지하도록 하는 방법이다.
④ 정서적 기법은 정서적 모험을 경험하게 하여 정서적으로 개방되도록 조력한다.
⑤ 행동적 기법은 실제 생활 속에서 행동적 과제를 이행하도록 구체적이고 확고한 행동을 형성하도록 한다.

> **TIPS!**
> 인지적 기법과 정서적, 행동적 기법을 절충해서 사용한다.

49 벡의 인지치료에 해당하는 내용이 아닌 것은?

① 이성에 입각한 논박을 통해 비합리적인 신념을 합리적 신념으로 바꾸어야 한다.
② 개인의 성격은 개인이 학습해서 형성한 가치와 지각에 의해 형성되었다.
③ 개인은 자신, 타인, 세계에 대해 올바른 가정에 기초한 견해를 갖는 것이 중요하다.
④ 우울 등 부정적인 정서를 효과적으로 다루기 위해서는 편견, 인지적 왜곡을 제거한다.
⑤ 인지적 왜곡이 문제의 핵심이다.

> **TIPS!**
> REBT에 대한 설명이다.

50 벡이 제시한 개념 중 가장 독특한 개념은 무엇인가?

① 당위적 사고
② 논박
③ 무조건적 수용
④ 합리적 정서적 심상법
⑤ 스키마

> **TIPS!**
> 세상에 대한 관점인 인지 도식틀을 말한다. 내담자가 중심도식을 이르는 자동적 사고를 이용함으로써 생각하는 방식을 변화시키고 도식을 재구성 하도록 한다.

Answer 48.② 49.① 50.⑤

51 벡에 의하면 개인의 정보처리과정에서 나타나는 오류와 왜곡이 부적응을 초래한다고 한다. 여기에 해당되지 않는 것은?

① 지나친 일반화
② 상대적 사고
③ 선택적 추상화
④ 자의적 추론
⑤ 개인화

> **TIPS!**
> 상대적 사고는 적응적인 사고이다.

52 의사교류분석적 상담의 목적으로 가장 적절한 것은 ?

① 인지의 재구조화
② 자아의 강화
③ 문제 행동의 수정
④ 자율성의 성취
⑤ 상담관계의 촉진

> **TIPS!**
> 자율성의 성취는 세 가지의 수용능력은 각성, 자발성, 친밀성의 회복으로 나타난다.

53 교류분석의 상담이론에 대한 내용에 해당하는 것은?

> ㉠ 내담자의 문제는 그가 과거에 받지 못했던 어루만짐에서 비롯된다.
> ㉡ 대인관계에서 주고받은 의사소통의 유형과 게임을 분석한다.
> ㉢ 3가지 자아상태는 부모 자아, 성인 자아, 아동 자아가 있다.
> ㉣ 교류의 유형에는 보완적, 교차적, 암시적 교류가 있다.

① ㉠㉢㉣
② ㉡㉢㉣,
③ ㉠㉡㉣
④ ㉢㉣
⑤ ㉠㉡㉢㉣

> **TIPS!**
> 교류분석에서는 스트로크(어루만짐)를 자극을 주고 받는 교류의 기본단위로 간주한다.

Answer 51.② 52.④ 53.⑤

54 다음 보기의 내용 연결이 적절한 것은?

> ⊙ 개인화 – 우리집 문제는 다 나 때문이다.
> ⊙ 과장과 축소 – 합격한 것은 순전히 운이야.
> ⊙ 과잉일반화 – 이번 채용시험에서 떨어지다니 난 무가치한 사람이야.
> ⊙ 이분법적 사고 – 완벽하지 못하면 완전 실패한 거야.
> ⊙ 임의적 추론 – 7시간을 잘 보낸 것은 문제가 아니고 싸운 15분이 중요한 거야.

① ⊙ⓛⓒⓔⓜ   ② ⊙ⓛⓒⓔ
③ ⓛⓒⓔⓜ   ④ ⊙ⓒⓔⓜ
⑤ ⊙ⓔⓜ

> **TIPS!**
> 임의적 추론이 아니라 선택적 추상화에 대한 설명이다.

55 글래서(Glasser)의 현실 치료 이론에 대한 내용을 틀린 것은?

① 개인이 주관적으로 갖는 내적 요구나 바람대로 행동한다.
② 내담자의 문제는 자신을 불행하게 하는 감정을 선택함으로서 비롯된다.
③ 내담자의 현실적인 선택은 전적으로 내담자의 통제 하에 있고 내담자의 책임이다.
④ 현실치료의 과정은 WDEP순서로 이루어진다.
⑤ 상담의 태도는 변명불수용, 처벌 금지, 포기하지 않는 것이 요구된다.

> **TIPS!**
> 감정이 아니라 행동을 선택하였기 때문이다.

Answer 54.② 55.②

56 현실주의 상담의 핵심개념으로 다른 사람의 욕구 충족의 능력을 침범하지 않는 범위내에서 자신의 욕구를 충족시킬 수 있는 능력이라고 무엇이라고 하는가?

① 책임감   ② 선택이론

③ 통제이론   ④ 정체감

⑤ 사진첩

사진첩: 욕구충족을 위한 다양한 방법과 수단을 자기 내면세계(질적 세계)에 심리적인 사진으로 저장하는 것을 말한다.

57 상담 초기에 중요하게 다룰 부분으로 틀린 것은?

① 내담자가 도움을 청하는 내용과 직접적인 이유를 확인한다.

② 문제를 발생한 배경을 탐색하며 구체적인 탐색과 직면, 저항 처리가 이루어진다.

③ 상담과정에 대한 오리엔테이션과 합의가 이루어져야 한다.

④ 상담목표를 설정한다.

⑤ 상담진행의 효과성을 위해 상담의 구조화를 이룬다.

TIPS!

저항은 상담 중기에 이루어진다.

58 상담의 중기 내용으로 틀린 것은?

① 문제를 해결하는 핵심단계이다.

② 사례 개념화와 특정의 상담 기법을 사용한다.

③ 내담자가 저항하는 경우 이에 대한 내용을 점검하고 처리해주어야 한다.

④ 문제에 대한 구체적인 탐색과 내담자의 불일치된 면이 나타날 경우 직면한다.

⑤ 실천과정을 유지하고 강화해 나가야 한다.

TIPS!

사례개념화는 주로 상담 초기에 일어난다. 내담자의 문제와 관련된 원인 및 유지, 강화 조건들, 내담자의 장점을 파악하고 이에 대한 종합적 이해를 근거로 바람직한 문제해결 방향과 효과적인 개입전략 및 기법을 세우고 계획하는 것이다.

Answer 56.① 57.② 58.②

59 다음 중 상담의 종결부분에서 다루어야 할 부분으로 맞는 것은?

> ㉠ 내담자의 불안을 다루어 주어야한다.   ㉡ 상담자에 대한 의존성을 극복할 수 있게 원조한다.
>
> ㉢ 대처에 대한 면역력을 증대시킨다.   ㉣ 증상재발시의 대처방법을 강구한다.

① ㉠㉡
② ㉠㉡㉣
③ ㉡㉢㉣
④ ㉠㉡㉢
⑤ ㉠㉡㉢㉣

> **TIPS!** ┄┄┄┄┄┄┄┄┄┄┄┄┄┄┄┄┄┄┄┄┄┄┄┄┄┄┄┄┄┄┄┄┄┄┄
> 모두 포함된다.

60 내담자의 세계를 상담자 자신의 세계인 것처럼 경험하지만 객관적인 위치에서 벗어나지 않는 것을 무엇이라고 하는가?

① 해석
② 직면
③ 수용
④ 공감
⑤ 반영

> **TIPS!** ┄┄┄┄┄┄┄┄┄┄┄┄┄┄┄┄┄┄┄┄┄┄┄┄┄┄┄┄┄┄┄┄┄┄┄
> 공감은 내담자의 경험에 대해 상담가자 깊이 이해하고자 하는 태도이고, 반영은 이해된 것을 내담자에게 전달하는 세부기술이다.

61 정신분석적 상담에서 내담자의 갈등과 방어를 탐색하고 이를 해석해나가는 과정으로 상담의 주된 과정에 해당되는 것은?

① 논박과정
② 훈습과정
③ 역전이 과정
④ 전이과정
⑤ 관계형성 과정

> **TIPS!** ┄┄┄┄┄┄┄┄┄┄┄┄┄┄┄┄┄┄┄┄┄┄┄┄┄┄┄┄┄┄┄┄┄┄┄
> 훈습은 치료 과정을 철저히 이해하는 작업, 즉 자신의 내면의 문제를 인식하고 일상과 경험속에서 자기를 변화시키기 위해 끊임없이 노력하는 과정을 말한다.

Answer 59.⑤ 60.④ 61.②

62 상담자와 내담자의 신뢰관계의 일종으로 상담을 계속하고 내담자의 성장을 촉진하기 위한 기본적인 관계를 지칭하는 가장 적절한 말은?

① 적극적 경청
② 작업동맹
③ 적극적 이해
④ 전이동맹
⑤ 전이 관계

 TIPS!
내담자와 상담자간의 정서적인 유대관계인 라포와 작업동맹은 내담자와 독립적이고 대등한 관계를 전제로 한다.

63 다음 중 비밀 유지의 예외상황이 아닌 것은?

① 내담자나 그 밖의 다른 사람들을 상해나 위험으로부터 보호하기 위한 경우
② 내담자가 비밀 노출을 허락한 대상에게 비밀을 말할 필요가 있을 때
③ 내담자를 대신하여 법적으로 권한을 부여받은 사람의 동의를 얻은 경우
④ 적절한 자문을 구하기 위한 슈퍼비전의 경우
⑤ 제 3자에 의해 위임되고 승인된 경우

TIPS!
비밀유지는 내담자의 복지와 권리를 증진시키는데 부합한지에 따라 판단을 해야 한다.

64 상담의 기본 원리와 거리가 있는 것은?

① 자기결정
② 감정처리
③ 개별화
④ 내담자의 모든 말과 행동에 동의
⑤ 무비판적 수용

TIPS!
상담자는 자신의 개인적인 가치관이나 사회적 기준에 따라 내담자를 평가하거나 판단하지 않으며, 내담자를 주체로서 인정하고 있는 그대로 수용해야 한다. 그러나 이것이 모든 말과 행동에 동의하고 찬성하는 것을 의미하지는 않는다.

Answer 62.② 63.⑤ 64.④

65 상담의 초기에 이루어지는 일과 거리가 있는 것은?

① 내담자 문제의 이해
② 내담자의 행동변화의 촉진
③ 촉진적 상담관계의 형성
④ 상담에서의 구조화하는 일
⑤ 내담자의 비현실적 기대의 수정

TIPS!

상담초기란 내담자가 상담자를 만난 후부터 상담목표를 세워 구체적으로 개입을 시작하기 전까지를 의미한다.

66 다음 상담자 자질의 특성 중 상담 활동 자질에 들어가지 않는 것은?

① 개인에 대한 지식, 상담자의 윤리
② 사회문화에 대한 이해
③ 상담이론 및 기법
④ 심리검사 진단 및 평가체제
⑤ 연구 활동에 관련된 자질

TIPS!

연구는 연구자의 자질이다. 그러나 자신의 상담에 대한 연구는 가능하다.

67 다음 중 형태주의 상담의 목표에 해당하는 것은 어느 것인가?

① 책임, 각성, 통합의 성취
② 상담자와 내담자의 촉진관계 형성
③ 자율성의 성취
④ 내담자의 타고난 잠재력의 실현
⑤ 인지 재구성

TIPS!

각성 없이는 내담자가 자신의 부정적인 면을 직면하고 수용할 수 없다.

Answer 65.② 66.⑤ 67.①

68 다음 중 라틴어 'Consulere'의 뜻으로 볼 수 없는 것은?

① 고려하다   ② 반성하다

③ 경험하다   ④ 숙고하다

⑤ 조언을 받는다

 TIPS!

상담은 라틴어의 Consulere란 말에서 그 어원을 찾아볼 수 있다. 이 말은 원래 '고려하다', '반성하다', '숙고하다', '조언을 받는다', '상담한다' 등의 뜻을 지니고 있다.

69 상담의 정의에 관한 내용으로 볼 수 없는 것은?

① 상담은 학습의 과정이다.   ② 상담은 개인 대 개인의 관계이다.

③ 상담은 전문적인 조력을 주는 관계이다.   ④ 상담은 역동적인 상호작용이다.

⑤ 상담은 공적인 관계이다.

TIPS!

상담은 사적인 관계이다.

70 상담의 과정에서 공통적으로 필요한 요소가 아닌 것은?

① 이익의 추구   ② 존재의 용기

③ 성숙의 의지   ④ 창조의 지혜

⑤ 수월성의 추구

TIPS!

상담이란 상담자가 사람들의 삶의 과정에서 직면하는 개인적 문제를 촉진적 의사소통으로 다룸으로써 그 문제를 현실적으로 해결할 수 있도록 할 뿐만 아니라 반복적으로 일어날 수 있는 여러 가지 삶의 문제를 해결하기 위해 거의 공통적으로 필요한 존재의 용기, 성숙의 의지, 자아관 확립, 창조의 지혜, 수월성 추구와 같은 힘을 기르는 학문적 이론과 실천적 적용의 통합적 체제이다.

Answer   68.③   69.⑤   70.①

71 다음 중 의식화로서의 상담은 인간문제를 무엇으로 파악하는가?

① 정상적 행동과 비정상적 행동
② 건강한 행동과 병적 행동
③ 생산구조와 지배체제
④ 구원과 성화
⑤ 깨달음과 이해

> **TIPS!**
> 의식화로서의 상담은 인간문제를 생산구조와 지배체제의 산물로 파악한다.

72 다음 중 상담과 가장 관련이 깊은 것은?

① 잠재적 능력의 발휘
② 교정
③ 훈련
④ 가르치기
⑤ 정보제공

> **TIPS!**
> 상담은 잠재적 능력을 최대한 발휘할 수 있는 힘을 북돋우는 것이다.

73 로저스(Rogers)의 인간중심 치료이론에 영향을 준 것은?

① 도덕적 치료
② 상담의 보편성
③ 합리적 이성
④ 현실에 대한 적응
⑤ 언어적 수단

> **TIPS!**
> 로저스의 인간중심 치료이론은 상담의 일반화 내지 보편화에 커다란 영향을 주었다.

Answer 71.③ 72.① 73.②

74 다음 중에서 상담의 본질로 볼 수 없는 것은?

① 상담은 능력을 기르는 것을 목적으로 한다.
② 상담은 상담자가 한다.
③ 모든 사람은 문제를 가지고 있다.
④ 상담의 기본 요소는 치료에 있다.
⑤ 상담은 통합적이고 체계적인 학문이다.

 TIPS!

축진적 의사소통은 상담의 기본적인 요소가 된다.

75 상담 초기에 상담자가 지녀야 할 태도는?

① 공감적 이해와 수용적인 태도
② 우월적 지위 이용
③ 비판적인 태도
④ 감상적인 태도
⑤ 객관적인 사실에 대한 이해

TIPS!

상담의 초기에는 인간의 가치와 존엄에 대한 인식에서 출발하는 수용과 내담자의 입장에서 그들의 내면세계를 이해하는 공감적 이해가 필요하다.

76 상담의 특성이 아닌 것은 어느 것인가?

① 상담은 문제해결과 의사결정에 관여한다.
② 상담은 내담자로 하여금 과거의 행동을 학습하도록 하는 것이다.
③ 상담은 전문적 활동인 것이다.
④ 상담은 내담자의 성장과 발전을 안내하고 조력한다.
⑤ 상담은 상담자와 내담자의 관계에 기초를 둔 과정이다.

TIPS!

상담은 내담자로 하여금 새로운 행동을 학습하거나 새로운 태도를 형성하도록 한다.

Answer 74.④ 75.① 76.②

77 상담의 적극적 목표에 해당하는 것은 어느 것인가?

① 문제해결　　　　　　　　　　② 적응
③ 치료　　　　　　　　　　　　④ 예방
⑤ 합리적 결정

> **TIPS!**
>
> 상담의 목표
> ㉠ 상담의 소극적 목표 : 문제해결, 적응, 치료, 예방, 갈등해소 등
> ㉡ 상담의 적극적 목표 : 긍정적 행동변화, 합리적 결정, 전인적 발달, 자아존중감, 개인적 강녕 등

78 다음 중 상담이 개인적 강녕을 성취하기 위해서 요구되는 것으로 볼 수 없는 것은?

① 긍정적 사고　　　　　　　　　② 신체적 건강
③ 자아효능감　　　　　　　　　④ 도덕적 당당함
⑤ 미래에 대한 예견 능력

> **TIPS!**
>
> 상담이 개인적 강녕을 성취하기 위해서는 긍정적 사고, 신체적 건강, 강인성, 자아효능감, 낙천주의, 도덕적 당당함이 있어야 한다.

79 상담의 과정목표로 볼 수 없는 것은?

① 촉진적 인간관계　　　　　　　② 존재의 용기
③ 성숙의 의지　　　　　　　　　④ 개성의 신장
⑤ 창조의 지혜

> **TIPS!**
>
> 상담의 과정목표로는 존재의 용기, 성숙의 의지, 개성의 신장, 창조의 지혜, 탁월성의 추구 등이 있다.

Answer 77.⑤ 78.⑤ 79.①

80 다음 중 목적에 따른 상담의 유형에 속하는 것은?

① 매체상담   ② 개인상담
③ 발달상담   ④ 학교상담
⑤ 기업체상담

> **TIPS!**
> 상담의 목적에 따른 유형으로는 발달상담, 예방상담, 문제해결상담 등이 있다.

81 상담자와 내담자에게 상담에 대한 동기를 부여하는 것과 관련이 있는 것은?

① 문제의 이해   ② 촉진적 관계의 형성
③ 목표 설정   ④ 합리적 사고의 촉진
⑤ 평가 및 종결

> **TIPS!**
> **목표 설정**: 상담의 과정에서 이루고 싶은 것, 변화하고 싶은 정도 등을 목표로 제시한다. 상담의 목표는 상담자와 내담자에게 상담에 대한 동기를 부여한다.

82 상담에 관한 내용으로 가장 타당한 것은?

① 상담자는 생각이나 가치에 수용적이어서는 안 된다.
② 어떤 행동이나 일을 개인에게 제공한다.
③ 항상 상담에는 면접을 포함한다.
④ 행동의 변화는 설득을 통해서 가져온다.
⑤ 상담자의 관점에서 바라 본 내담자의 문제를 해결한다.

> **TIPS!**
> 내담자의 행동변화는 면접을 통해서 이루어지기 때문에 상담에는 항상 면접이 포함될 수 있도록 해야 한다.

Answer 80.③ 81.③ 82.③

83 내담자가 보다 명시적으로 말하도록 격려하고 그가 한 말에 대해 상담자가 이해하고 있음을 입증하기 위해 질문하는 기술은 무슨 상담기술인가?

① 해석   ② 직면
③ 명료화   ④ 중재
⑤ 정보제공

> 🔆 **TIPS!**
> 명료화는 상담자가 내담자의 말을 정확히 이해하기 위해서도 중요하고, 또 내담자가 스스로의 의사와 감정을 구체화하여 재음미하도록 돕기 위해서도 필요하다.

84 다음 사례는 어떤 상담기술을 적용한 것인가?

> 내담자 : 난 술병만 보면 징글징글해요. 술병이 인생을 얼마나 비참하게 하는지…, 특히 그 술병이 누굴 매일 붙어 다녀요. 큰 사람에게 …, 우리 가족의 인생을 힘들게 한답니다.
> 상담자 : 그래요? 술병이 싫은 것은 아닌 것 같군요. 혹, 그 술병과 아버지가 관련이 있는 거군요.
> 내담자 : 네, 아버지는 항상 술병을 들고 살만큼 술을 많이 마신답니다. 술을 드시고 오는 날은 어김없이 아버지와 어머니가 다투시거든요. 그럼 나는 방에 들어가서 귀를 막아요.

① 해석   ② 직면
③ 명료화   ④ 중재
⑤ 정보제공

> 🔆 **TIPS!**
> 명료화는 내담자의 말 속에 내포되어 있는 뜻을 보다 명확하게 내담자에게 말해주는 것이다.

85 다음 중에서 재진술과 유사한 대화기법은?

① 장단 맞추기   ② 경청
③ 명료화   ④ 반영
⑤ 구체화

> 🔆 **TIPS!**
> 반영은 내담자의 감정이나 정서에 초점을 맞춘다는 점을 제외하면 재진술과 유사한 대화기법이다.

Answer   83.③   84.③   85.④

86 대화의 내용을 통제하는 방법으로 활용될 수 있는 것은?

① 구체화
② 반영
③ 장단 맞추기
④ 직면
⑤ 재진술

 TIPS!

장단 맞추기는 상담자가 말한 내용 중 특정 부분에 선택적인 주의를 기울이게 함으로써 대화의 내용을 통제하는 방법으로도 활용될 수 있다.

87 재진술에 관한 내용 중에서 잘못된 것은?

① 내담자의 메시지에 표현된 핵심 인지내용을 되돌려 주는 기법이다.
② 대화의 인지 측면을 강조한다.
③ 내담자의 대화를 축소시킨다.
④ 내담자의 자기 탐색을 격려한다.
⑤ 자유로운 내면세계의 탐사를 가능케 한다.

TIPS!

재진술은 내담자의 대화를 발전 혹은 확장시키고, 자신의 대화내용을 정확히 이해하는 상담자와 함께 있다는 인식이 내담자의 자기 탐색을 격려하여 보다 자유로운 내면세계의 탐사를 가능하게 한다.

88 다음 중 내담자의 성장을 방해하는 방어에 대한 도전으로 보는 기법은?

① 요약
② 직면
③ 재진술
④ 반영
⑤ 장단 맞추기

TIPS!

내담자의 사고, 감정, 행동에 있는 어떤 불일치나 모순에 도전하는 상담자의 반응을 직면이라고 한다.

Answer 86.③ 87.③ 88.②

89 대화의 기법 중에서 구체화에 관한 내용으로 볼 수 없는 것은?

① 상담 과정의 본질과 목적 등에 대해서 상담자가 정의를 한다.
② 내담자의 내면세계를 명확히 드러내어 표현하게 한다.
③ 상담 과제의 전모를 파악하는 데 도움을 준다.
④ 내담자에게 중요한 의미가 있을 법한 내용에 대해서는 그 뜻을 철저히 밝혀야 한다.
⑤ 감정과 정서를 표현하는 어휘들은 동일한 의미를 내포하고 있으므로 그냥 넘어간다.

 TIPS!

감정과 정서를 표현하는 어휘들은 개인에 따라 엄청나게 다른 의미를 내포할 수 있으므로 철저한 검색이 필요하다.

90 내담자가 자기 자신을 음미해 보거나 머릿속에서 생각을 간추리는 과정에서 발생할 수 있는 것은?

① 침묵　　　　　　　　　　② 해석
③ 요약　　　　　　　　　　④ 직면
⑤ 재진술

TIPS!

내담자는 상담의 과정에서 계속적으로 침묵을 하는 경우가 있다. 대개의 경우 내담자가 자기 자신을 음미해 보거나 머릿속으로 생각을 간추리는 과정에서 침묵이 발생하므로 이런 때의 침묵은 유익한 필요조건이다.

91 해석에 관한 내용 중에서 틀린 것은?

① 해석은 신중하게 사용되어야 한다.
② 해석은 내담자의 이해 수준과는 상이한 새로운 참조체제를 제공한다.
③ 내담자가 의식하지 못하는 것에 대한 여러 가지 형태의 교육적 설명을 해석이라고 한다.
④ 내담자가 확실하게 개념화 할 경우에 해석의 효과가 크다.
⑤ 해석은 내담자에게 위협을 주지 않도록 유의해야 한다.

TIPS!

해석은 내담자가 받아들일 준비가 되어 있다고 판단될 때 조심스럽게 하는 것이 중요하다. 즉, 내담자가 거의 깨닫고는 있지만 확실하게 개념화하지 못하고 있을 때 해석을 해 주어야 효과적이다.

Answer　89.⑤　90.① 91.④

92 질문에 관한 기술 중에서 잘못된 것은?

① 상담의 과정에서 질문을 많이 사용하도록 한다.

② 폐쇄형 질문보다 개방형 질문이 더 바람직하다.

③ 질문은 간결하고 명확하게 한다.

④ 질문을 한 다음에는 내담자에게 귀를 기울여야 한다.

⑤ 질문은 신중하고 적절하게 활용한다.

> 💡 **TIPS!** ....
>
> 어떠한 경우에서든지 상담의 과정에서 질문을 많이 사용하는 것은 바람직하지 못하다.

93 상담의 과정에서 상담자가 생각이나 감정을 드러내는 것을 무엇이라고 하는가?

① 침묵   ② 해석

③ 자기 노출   ④ 정보제공

⑤ 질문

> 💡 **TIPS!** ....
>
> 상담자가 상담과정에서 자신의 생각, 감정, 경험, 가치, 판단, 정보 등을 내담자에게 드러내는 것을 자기 노출(자기 개방)이라고 한다.

94 주어진 상황에 대처하는 대안들에 대한 무지가 문제의 원인인 경우에 해결의 실마리가 될 수 있는 것은?

① 정보제공   ② 자기 노출

③ 질문   ④ 해석

⑤ 침묵

> 💡 **TIPS!** ....
>
> 상담자가 내담자에게 사실이나 자료, 의견, 자원의 형태로 정보를 제공하는 것을 정보제공이라고 한다.

Answer 92.① 93.③ 94.①

95 정신분석적 상담의 한계로 볼 수 없는 것은?

① 상담이나 치료에 비용이 많이 든다.
② 가족의 구조나 사회제도를 간과한다.
③ 인간의 병리적인 측면을 경시한다.
④ 상담자는 장기적인 훈련을 받아야 한다.
⑤ 인간의 자아는 원초아의 보조적 역할의 수행자로만 이해한다.

 TIPS!

정신분석적 상담은 인간의 병리적인 측면을 강조하여 신경증, 강박증, 불안증 등 제한된 병리적인 증세만을 다루었다.

96 다음 중 정신분석적 상담이론의 기법에 대한 내용 연결이 잘못된 것은 어느 것인가?

① 훈습 – 통찰 후 자신의 심리적 갈등을 깨달아 실생활에서 자신의 사고와 행동을 수정하고 적응방법을 실행해나가는 과정이다.
② 전이 – 치료자가 내담자에게 하는 전이현상으로 바람직하지 않을 수 있다.
③ 통찰 – 치료자는 전이 해석을 통해 내담자가 현실과 환상, 과거와 한계를 구분하도록 해주며 아동기의 무의식적이고 환상적인 소망의 힘을 깨닫게 한다.
④ 자유연상 – 내담자로 하여금 떠오르는 생각이나 느낌을 의식적으로 검열하지 않고, 그대로 표현하게 한다.
⑤ 해석 – 꿈, 자유연상, 저항, 전이 또는 치료관계에서 나타난 내담자의 행동의 의미를 치료자가 지적하거나 설명하는 것이다.

TIPS!

전이는 내담자가 상담자에게 하는 것이다.

97 다음 중 상담에서 자아개념을 도입하여 비지시적 상담이론을 정립한 학자는?

① 프로이트 ② 로저스
③ 파블로프 ④ 윌리암슨
⑤ 아들러

TIPS!

1940년 로저스는 감정의 반영과 비지시적 기법을 인간중심적 상담이론에 사용하였다.

Answer 95.③ 96.② 97.②

98 인간중심적 상담이론에 관한 설명으로 틀린 것은?

① 상담관계에서 무조건적 존중, 진실성, 공감적 이해를 강조한다.
② 행동이란 개인이 지각하고 해석한 직접적인 사상들의 결과이다.
③ 객관적 현실에 중점을 두기보다는 주관적으로 경험하는 세계에 관심을 둔다.
④ 내담자의 지적 및 인지적 요인을 중요시 한다.
⑤ 자아개념을 중요시 하는 현상학적 심리학의 이론적 기초가 되고 있다.

> 🔞 **TIPS!**
> 인간중심적 상담은 내담자의 정서와 감정을 중요시 하는 반면에, 내담자의 지적 및 인지적 요인은 무시하고 있다.

99 로저스의 인간중심적 상담이론에 관한 내용으로 잘못된 것은?

① 행동은 지각적인 견해를 갖는다.
② 인간은 선량하고 믿을 만하다.
③ 상담자의 태도보다는 상담기술을 강조한다.
④ 개인은 충분히 기능하는 인간이 될 수 있다.
⑤ 인간의 감정과 정서적 역할을 강조한다.

> 🔞 **TIPS!**
> 인간중심적 상담이론에서 내담자가 어떤 상태에 놓여 있든 간에 상담자의 태도는 무조건적이고 긍정적인 것이어야 한다.

100 게슈탈트 상담의 주요 개념 중에서 사람의 대상을 지각할 때 초점이 되는 것은?

① 알아차림   ② 미해결 과제
③ 자기각성   ④ 환경접촉 각성
⑤ 전경

> 🔞 **TIPS!**
> 사람이 대상을 지각할 때 지각의 초점이 되는 부분이 전경이고 관심 밖에 있는 부분을 배경이라고 한다.

> **Answer** 98.④ 99.③ 100.⑤

101 현재의 치료 장면에 오지 않은 사람과 관련이 있을 때 사용하는 게슈탈트 상담의 기법은?

① 실연화 기법　　　　　　　　　　　② 현재화 기법
③ 빈 의자 기법　　　　　　　　　　　④ 창조적 투사
⑤ 신체의 지각

 TIPS!

빈 의자 기법 : 현재의 치료 장면에 오지 않은 사람과 관련이 있을 때 사람 대신 의자를 사용하여 다룬다. 이 기법은 내담자가 거부하면 거부하는 이유를 질문하여 새로운 내사를 찾을 수 있고 이를 근거로 새로운 작업을 해 나갈 수 있다.

102 행동주의적 상담이론에 관한 내용 중에서 잘못된 것은?

① 주관적인 측정이 가능하다.
② 내담자와 합의가 이루어진 이후 적용된다.
③ 내담자가 내놓은 문제에 대하여 매우 구체적으로 접근한다.
④ 내담자가 가지고 있는 부적응적 문제행동을 수정한 것이다.
⑤ 학습이론을 기본 전제로 한다.

TIPS!

행동주의적 상담은 객관적인 측정이 가능하기 때문에 과학적이라는 평가를 받는다.

Answer 101.③ 102.①

PART

05

학습이론

01 학습의 기초

section 1 학습의 정의 및 종류

1 학습의 정의와 요소

(1) 학습의 일반적인 정의

① 학습은 인간의 수행이나 수행 잠재력에서의 지속적인 변화이다.

② 학습은 경험을 통한 개인의 지식이나 행동에서의 영구적인 변화이다.

③ 학습은 연습 또는 경험의 결과로 일어나는 행동과 행동할 수 있는 능력에서의 일관적이고 지속적인 변화이다.

(2) 학습에 대한 킴블(G. A. Kimble)의 정의

학습은 강화된 연습의 결과로 일어나는 행동적인 잠재능력의 변화라고 보았다.

① 학습은 행동의 변화를 통해서 나타난다. 즉, 학습 결과는 항상 관찰 가능한 행동으로 표현되어야 한다.

② 행동의 변화가 일시적이거나 조정된 것이 아니라 상당히 영구적이어야 한다.

③ 행동의 변화가 학습경험 후 즉시 나타날 필요는 없다.

④ 행동의 변화는 경험이나 연습의 결과이다.

⑤ 경험이나 연습은 강화되어야 한다. 즉, 보상을 받게 되는 반응만을 학습한다.

(3) 힐가드(Hilgard)의 학습에 대한 정의

학습이란 모든 인간에게 나타나는 변화에서 성숙에 의한 변화와 일시적인 변화, 생득적 변화를 제외한 것을 의미한다.

> **POINT** 학습의 공식 L=A-(B+C+D)
> L : 학습
> A : 모든 변화
> B : 성숙적 변화
> C : 일시적 변화
> D : 생득적 변화

(4) 학습의 정의에서 나타난 요소

① 학습자의 행동에서 나타나는 변화 또는 변화능력

② 연습이나 경험으로 인한 변화

③ 장기간 지속될 수 있는 변화

❷ 학습이론에 영향을 미친 학자

(1) 플라톤(Platon)

① 플라톤은 관념이 독자적이고 영향력을 가지고 있다는 사상을 바탕으로 지식이론을 발전시켰으며, 인식론과 심리학에 크게 영향을 미쳤다.

② 지식이란 본유적(本有的)인 것이며, 인간 정신의 자연적 구성요소로 보았다.

③ 그의 관점은 지식의 본질을 설명함에 있어 정신의 활동(이성)을 강조하므로 합리주의에 속한다.

④ 지식이 내재해 있음을 강조하는 그의 입장은 선천론(Nativism)이다.

(2) 아리스토텔레스(Aristoteles)

① 아리스토텔레스의 관점은 모든 지식의 기저로서, 감각적인 경험의 중요성을 강조하므로 경험주의로 불린다.

② 감각적 인상이 지식의 시작이라 보고, 정신은 인상을 통해 들어오는 것이 타당한지를 심사숙고해야 한다고 주장했다.

(3) 데카르트(R. Descartes)

① 인간의 육체는 동물과 같은 구조이며, 정신은 인간만의 특성인 것이다.

② 내재적 관념에 큰 비중을 두어 인간의 정신작용을 설명하였다.

(4) 홉스(T. Hobbes)

① 지식의 근원을 감각적 인상이라고 보는 경험론 및 연상주의와 맥을 같이한다.

② 인간의 행동은 욕망과 혐오에 의해 조정되며, 이것은 선과 악으로 표현할 수 있다.

③ 프로이트의 쾌락원리와 행동주의의 강화이론으로 연결된다.

(5) 로크(J. Locke)

① 내재적 관념의 입장을 반대하고, 정신은 관념들로 구성되며 관념은 경험으로부터 온다고 주장하였다.

② 로크는 일차적인 것과 이차적인 것을 구분한다. 일차적인 것은 크기, 무게, 부피, 형태, 가동성 등과 같은 물리적 특성을 말하며, 이차적인 것은 색깔, 냄새, 맛과 같은 지각하는 사람의 내면에 있는 것들이다.

(6) 버클러(G. Berkeley)

① 물리적 특성이라고 부르는 형태, 크기 등은 환경에 투사한 구성개념들이다.

② 정신의 내용은 경험으로부터 온다(경험주의).

(7) 칸트(I. Kant)

① 이성주의와 경험주의의 비현실적인 측면을 수정하려고 시도하였다. 의식적으로 경험하는 것은 감각경험과 내재적 정신능력 양자에 의해 영향을 받는다.

② 칸트는 정신이 지식의 근원임을 보여줌으로써 이성주의를 고수하였다.

(8) 밀(J. S. Mill)

경험주의와 연합주의의 입장을 견지하면서도 중요한 발전을 보이고 있다. 전체는 각 부분의 합 이상이라고 본다.

(9) 갈(F. J. Gall)

① 모든 인간의 정신기능의 수준은 각기 다르다.

② 골상학은 심리학에 2가지 중요한 영향을 미쳤다. 첫 번째는 대뇌의 각 영역 연구의 토대가 되었고, 두 번째는 많은 기능심리학자들이 연습에 의해서 기능이 발전한다고 믿게 된 것이다.

(10) 다윈(C. Darwin)

① 생물학적 진화의 개념(진화론)을 주장하여 인간과 동물의 영속성의 개념을 부흥시켰다.

② 프로이트(S. Freud)는 다윈의 영향을 받은 학자이다.

(11) 에빙하우스(H. Ebbinghaus)

① 기억이 반복을 통해 더욱 강화된다는 것을 입증하기 위해 '무의미철자' 연구를 하였다.

② 파지곡선에서 보면, 망각의 속도는 학습경험이 일어난 후 처음 몇 시간 내에 가장 빠르고, 그 이후부터는 느려지면서, 또한 '반복학습'이 망각의 속도를 뚜렷하게 감소시킨다는 사실도 발견했다.

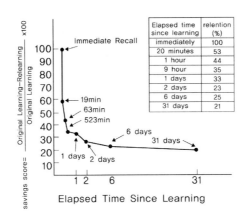

더 알아보기

에빙하우스

독일의 심리학자. 실험심리학의 선구자. G.T.페히너의 정신물리학에 자극을 받았다. 감각영역에서 행하여
진 일을 고등정신작용에 적용시키려 한 기억실험의 결과인 〈기억에 관하여〉를 발표하였다. '에빙하우스
의 망각곡선'으로 유명하다.
기억 연구에서 무의미 음절(無意味音節)의 사용을 고안하여 스스로 피험자(被驗者)가 되어 여러 가지로 실
험한 결과, 망각률(忘却率)은 습득 직후가 높고 파지량(把持量)은 처음 9시간 동안은 급격히 감소하다가
그 뒤로는 서서히 준다는 것을 발견하였다. '에빙하우스의 망각곡선'은 이 연구에서 비롯된 것이며, 이러한 그의 연구결
과는 그 후의 기억·학습 연구의 원형(原型)으로서 크게 공헌하였다.

❸ 학습의 연구

에빙하우스의 연구 이후 다양한 학습에 대한 관점이 제시되었다.

① **구성주의**(구조주의)

　　㉠ 분트(1832~1920)에 의해 제시된 구성주의는 의식의 내용을 분석하고 확인하는 것, 즉 내성법을 강조하며
　　　유기체가 자신의 경험에 대해 객관적으로 관찰하고 보고하도록 훈련 시키는 것을 중요하게 강조하였다.

　　㉡ 구조주의는 내성법의 이론적 기반을 토대로 분트에 의해 개발되었다.

　　㉢ 의식의 개별요소에 대한 분석을 중시한 이론으로 행동주의 등의 공격을 받게 된다.

　　㉣ 연구대상자가 자신의 경험을 언어적으로 보고한 것을 관찰하는 방식으로 연구를 진행하였다.

② **기능주의** : 존 듀이에 의해 주장된 기능주의는 개인의 환경에 대한 적응에 관심을 둔 이론으로 내성법을
　　받아들였지만 객관적 관찰의 중요성 강조하는 관점이다.

③ **행동주의** : 왓슨, 스키너에 의해 주장된 행동주의는 의식이나 감정이 아닌 관찰가능한 행동이 주요한 과제
　　가 되며 S - R의 연합을 통한 동물과 인간의 행동의 변화에 관심을 주고 이것을 조건화 즉 학습이라고 설
　　명하고 있다.

④ **형태주의** : 켈러, 코프가 등에 의해 주장된 형태주의는 경험의 전체성에 내포된 현상에 관심을 두고 내성법을 사용하는 대신, 환경과의 관계성을 인식하고 전체를 지각하는 유기체의 정신활동에 관심을 두고 있다.

⑤ **정보처리이론** : 2차 세계대전 이후 통신연구가 발달되면서 인간의 인지적 활동이 복잡한 정보처리체계에서 비롯되었다는 믿음을 가지게 되었고, 이후 컴퓨터의 발달로 인하여 인간의 인지적 활동을 컴퓨터에 비유하여 정보처리모형이 제시되었다.

⑥ **신경심리학**(1995년 이후) : 신경과학연구와 뇌의 신경발달연구가 활발해지면서 인지행동과 뇌의 신경활동 간의 연계에 관심을 가지게 되었다. 이로 인해 신경심리학이 발달하게 된다.

section 2 학습에 영향을 주는 요소

1 학습과 발달

학습과 발달의 관계에 대해서 비고츠키(L. S. Vygotsky)는 학습과 발달을 별개로 보는 것, 학습과 발달을 동일하게 보는 것, 학습이 발달을 주도하는 것의 세 가지 관점으로 구분하였다.

(1) 학습과 발달은 별개

① 발달이 지배적 과정이고, 학습은 이에 따라 이루어지며 어린이의 사고구조나 성숙에 거의 영향을 미치지 못한다. 학습은 발달에 좌우되지만 발달의 과정은 학습의 영향을 받지 않는다.

② 비고츠키는 교육이 성공하려면 어린이가 반드시 발달적으로 준비가 되어 있어야 한다는 주장은 타당하다고 본다.

③ 발달이 학습에 우선함을 강조하는 피아제(Piaget)식 접근에 따르면, 교사는 교수를 통해 지식을 언어적으로 전달하지 않고, 대신 어린이에게 탐색의 기회를 넓혀 주고 어린이 마음대로 선택하도록 계획된 풍부한 활동을 제공해야 한다(발견학습이론).

(2) 학습과 발달은 동일

① 교육에 대해 연합적이며 환경과의 연관성을 강조한 접근을 반영하는데, 개념은 외부로부터 부여하고 어린이가 여기에 동화해야 한다고 한다.

② 기본 심리이론은 왓슨(J. B. Watson), 손다이크(E. L. Thorndike), 스키너(Skinner) 등 학습이 발달을 초래한다고 보는 행동주의 학자들이다.

③ 발달적 준비에 관심을 두지 않는 교수란 무의미하고 성인이 전달하는 지식을 앵무새처럼 따라 하도록 만들 뿐이라는 분리주의자들의 생각에 동의하지 않는다.

(3) 학습이 발달을 주도

① 학습과 발달이 서로 복잡하게 얽혀 있고, 이 상태에서 교수가 발달을 주도 또는 유도한다고 본다. 비고츠키는 어린이의 발달에서 모방과 교수가 중심적인 역할을 담당한다고 했다.

② 학습은 어린이가 자신의 사고과정을 인식하고 이를 조절하는 데 영향을 미치는 매우 중요한 역할을 하며, 인지활동의 수준을 향상시킨다.

❷ 학습과 동기

(1) 동기의 어원

① 동기(Motivation)란 '움직이다'라는 뜻을 가진 라틴어 'Movere'에서 유래된 용어로, '행동을 일으키고, 행동의 방향을 제시하며, 행동을 유지하는 심리적 에너지 또는 정신적 힘'이다.

② 학습 동기란 학습자로 하여금 어떤 학습 목표를 향하여 학습행동을 하도록 하는 학습자의 모든 심리적 상태를 의미하는 용어이다.

③ 쉰크(Schunk, 1990)는 동기를 목적지향적인 행동을 부추기고 유지시키는 과정이라고 정의하고 있다.

(2) 학습동기의 근원

① 학습과제의 적절성

　㉠ 학습과제가 학생들의 흥미와 관련될 때 동기화되기 쉽다.

　㉡ 흥미와 인지수준에 적절한 목표의 설정, 학생들의 요구와 가치를 충족시켜 줄 수 있는 과제 등을 유지하는 것이 중요하다.

② 호기심

　㉠ 호기심은 아동과 성인 모두에게 매우 강한 학습동기가 된다. 호기심은 기본적으로 환경에서 새롭거나, 복잡하거나, 좀 특이한 위협에 의해 발생된다.

　㉡ 호기심으로 인한 주의집중을 유지시키기 위해서 수업방식을 대담하게 하는 것, 판타지를 활용하는 것, 탐구가 필요한 문제상황을 조성하는 것 등이 활용될 수 있다.

③ 자기효능감

　㉠ 반두라에 의하면 자기효능감은 실제이고, 어떤 수행의 가능여부와는 상관없이 일련의 수행을 할 수 있다는 믿음을 갖는 것이다.

　㉡ 개인의 자기효능감에 영향을 주는 요소들로서 사전의 수행 완성 경험, 간접적 경험, 부모나 교사에 의한 언어적 격려, 불안과 두려움이 극복된 편안한 상태와 같은 생리적 상태 등을 들 수 있다.

(3) 과거의 경험과 학습동기화

① 기대와 만족

　㉠ 효능감 기대의 만족, 즉 의도한 과제를 성공했을 때 자기효능감은 더 증가된다.

　㉡ 학습결과의 보상은 새로 배운 기능이나 지식을 사용할 때 느낄 수 있으며, 이는 학습의 자연스러운 결과이다.

② 귀인이론

　㉠ 학생들이 갖는 학습과 수행에 대한 태도, 성공과 실패의 원인에 대한 이해 등은 학습동기를 지속시키는 데 중요하다.

　㉡ 학습결과에 대한 이해와 설명은 동기의 지속에 영향을 미친다.

　㉢ 실패가 불안정하고 통제 가능한 요인에 의한 것이라고 생각할 때 동기는 유지될 수 있다.

③ 동기의 사회적 맥락

　㉠ 협동학습과 동기화 : 학습목표가 협동적 목표구조일 때 함께 작업하려는 동기가 높지만, 경쟁적 목표구조일 때는 독립적으로 작업하고자 한다.

　㉡ 교사효능감 : 높은 자아효능감을 가진 교사는 학생들의 자율성, 책임감, 학습과제의 구조화를 격려하고 이들 과제의 성공적 수행을 돕는다.

(4) 동기유발의 전략

① 주의집중 유지를 위해 호기심, 탐구하는 태도, 다양한 수업방식의 활용 등이 제안된다.

② 교사는 학생들의 동기와 가치에 맞는 기회와 활동의 제공으로 학생들의 동기를 유도할 수 있다. 또한 친숙한 내용들도 동기유발에 도움이 된다.

③ 교사는 학생들의 성취에 긍정적 기대를 해주고 스스로 할 수 있도록 충분히 도와 줄 필요가 있다. 또한 자신에 대한 부정적 태도를 수정해 줌으로써 보다 자신감을 갖도록 도와주는 것이 바람직하다.

④ 학습과정에서 학생들이 만족감을 가질 수 있도록 학습한 것을 활용해 보는 기회를 주거나 칭찬과 격려 등을 해 준다.

(5) 학습에 대한 동기유발의 방법

① 학습에 대한 동기유발의 일반적인 방법

　㉠ 교실환경과 생활환경을 변화시킨다.

　㉡ 학습주제에 관한 발표를 시킨다.

　㉢ 학생에게 일상생활 경험을 문제로 구성하여 질문한다.

② 학습에 대한 동기유발의 구체적 방법

  ㉠ 흥미를 갖도록 학생을 지도한다.

  ㉡ 학습자가 학습의 목적을 명확히 알 수 있게 한다.

  ㉢ 정확하게 학습의 결과를 알려준다.

  ㉣ 학생이 성취감을 갖게 한다.

(6) 동기유발의 분류

① 내재적 동기

  ㉠ 학습자가 무엇인가를 하고자 하는 내면적 욕구를 내재적 동기라고 한다.

  ㉡ 내재적 동기는 학습자가 외부의 보상과는 무관하게 어떤 과제나 일에 대한 흥미나 호기심, 관심, 만족 감, 성취감에서 유발되는 동기이다.

  ㉢ 내재적 동기에 속하는 것으로는 목적의 자각, 적절한 암시, 과시, 수집, 자율행동 및 반사 등이 있다.

  ㉣ 내재적 동기를 유발시키는 방법으로 동일시 대상을 활용, 긍정적인 자아개념을 형성, 학습 목표를 학 습자의 욕구와 일치시킴, 지적 호기심을 자극할 수 있다.

② 외재적 동기

  ㉠ 학습자 외부에서 주어지는 동기를 외재적 동기라고 한다.

  ㉡ 점수, 보상, 인정이나 칭찬, 사회적 압력, 벌에 의해서 유발되는 동기이다.

  ㉢ 외재적으로 동기화된 학습자는 학습활동에 참여하더라도 학습활동 그 자체에는 관심이 없고 학습활동 의 결과에 더 많은 관심을 보인다.

  ㉣ 외재적 동기에 속하는 것으로는 학습결과의 확인, 성공감과 실패, 상과 벌, 협동과 경쟁심의 적절한 사용, 구조적인 수업사태, 교사의 적극적 노력 등이 있다.

참 고 동기(動機)

① 종류
  ㉠ 1차적 동기 : 생리적 동기
  ㉡ 2차적 동기 : 심리적 욕구로써 경험에 의해서 학습된 욕구이다. 즉, 예술적 창작 및 학문탐구와 관련된 동기를 말한다.
  ㉢ 외재적 동기(외발적 동기) : 칭찬, 상, 벌, 경쟁심, 결과의 제공, 학습목표의 인식, 학습과제의 제시 등
    ※ 내발적 동기보다 단기적인 효과만 있을 뿐이다.
  ㉣ 내재적 동기 : 호기심, 흥미, 적성, 욕구, 긍정적 자아개념, 보람, 기쁨 등으로 효과는 장기간 지속된다.
    ※ 내·외재적 동기와 학습의 관계 : 외재적 동기와 내재적 동기는 학습을 진행시키고 촉진시키고, 외재적 동기는 내재적 동기보다 약하거나 거칠거나 혹은 학습행동을 비정상적인 방법으로 이끄는 수가 많다.
  ㉤ 외재적 학습동기에 의한 성취과업은 그게 성취되면 망각이 빨리 온다.
② Weiner의 귀인이론
  ㉠ 어떤 현상의 원인을 어디에 귀인하느냐에 따라 학습자가 동기에 영향을 미치는 데 내부요인에는 능력, 노력이 속하며 외부요인에는 과제 곤란도, 운이 속하게 된다.
  ㉡ 성취동기가 높은 학생들의 특징은 결과는 노력에 달려있다고 생각한다.
③ Atkinson의 이론
  ㉠ 동인 습관설 : 행동은 동인, 유인, 그리고 습관과의 상호작용에 의하여 결정된다.
  ㉡ 기대가치설 : 동기화 = M × P × I (M=동기의 강도, I=유인가, P=기대치)
④ 동기유발의 개념모형(Dececco) : 각성, 기대, 유인, 벌
⑤ 동기유발의 방법
  ㉠ 내발적 동기유발의 방법
    ㉮ 호기심 유발
    ㉯ 동일시
    ㉰ 성취의욕
    ㉱ 켈러(Keller)의 A. R. C. S. 모형(A : 주의집중, R : 관련, C : 신념, S : 성공감)
  ㉡ 학습동기유발의 방법
    ㉮ 적절한 학습목표와 과제를 제시한다.
    ㉯ 학습목표를 뚜렷하게 인식시킨다.
    ㉰ 학습과제는 개인의 흥미와 적성에 부합되게 한다.
    ㉱ 긍정적 자아개념을 형성시킨다.
    ㉲ 학습결과에 대한 정보를 제시한다.
    ㉳ 상(칭찬), 벌을 효과적으로 활용한다. (Hurlock : 상찬반>질책반>방임반>통제반)
    ㉴ 협동과 경쟁을 활용한다.
    ㉵ 부분해답을 제시한다.

3 학습의 전이와 역전이

(1) 학습의 전이

① 전이의 의미 : 학습의 전이란 과거의 의미 있는 대상과의 관계에서 일어났던 무의식적 기대나 소망 혹은 좌절 등이 학습을 통해 일어나는 현상이다.

② 전이의 분류

    ㉠ 적극적 전이 : 긍정적 전이라고도 하며, 하나의 학습 또는 경험이 다른 학습을 이행하는 데 있어서 학습에 영향을 미치고 촉진시켜 주는 것을 말한다.

    ㉡ 소극적 전이 : 부정적 전이라고도 하며, 하나의 학습 또는 경험이 다른 학습을 이행하는데 있어서 학습을 금지 또는 지체하거나, 방해하는 것을 말한다.

③ 학습에서 전이를 좌우하는 요건

    ㉠ 동일한 요소가 학습과정에 있을 때 전이효과를 높일 수 있다.

    ㉡ 적극적 전이는 훈련을 받지 않은 경우보다 훈련을 받은 경우에 일어난다.

    ㉢ 적극적 전이는 지능이 높은 학습자일수록 쉽게 일어난다.

    ㉣ 적극적 전이는 학습의 정도가 높을수록 많아진다.

    ㉤ 전이효과는 두 학습 사이의 시간의 차이에 따라 나타난다.

    ㉥ 전이도는 학습자가 학습결과를 평가할 수 있는 기회가 많으면 높아진다.

    ㉦ 전이를 유발할 수 있는 것은 학습한 내용이 새로운 학습에 이용될 것이라는 믿음과 자세가 나타날 때이다.

    ㉧ 전이효과는 수업목표를 구체화할 때 크다.

(2) 전이의 유형

① 수평적 전이와 수직적 전이

    ㉠ 수평적 전이 : 한 상황에서 습득한 내용이 다른 상황에도 적용되는 경우를 말하며 수학에서 배운 지식과 원리가 물리나 화학에도 잘 응용되는 경우로 설명할 수 있다. 전이가 잘 되기 위해서는 학교에서의 학습장면과 실생활 사이에, 혹은 선행학습과 후속학습 사이에 유사성이 있어야 하고, 기초 원리에 대한 지식을 갖추어야 하며, 충분한 연습을 해야 한다.

    ㉡ 수직적 전이 : 단순한 과제를 학습함으로써 더욱 복잡한 과제를 이해하고 다룰 수 있게 되는 것으로 덧셈 뺄셈을 배운 것부터 시작해서 이차방정식을 푸는 것처럼 난이도가 낮은 것에서부터 난이도가 높은 것으로 일어난다.

② 정적 전이와 부적 전이

　㉠ **적극적 전이** : 긍정적 전이라고도 하며, 하나의 학습 또는 경험이 다른 학습을 이행하는 데 있어서 학습에 영향을 미치고 촉진시켜 주는 것을 말한다.

　㉡ **소극적 전이** : 부정적 전이라고도 하며, 하나의 학습 또는 경험이 다른 학습을 이행하는데 있어서 학습을 금지 또는 지체하거나, 방해하는 것을 말한다.

③ **특수전이와 일반전이**

　㉠ **특수전이**(specific transfer) : 자극 유사성의 구체적인 측면에 의해서, 즉 선행학습과 후속학습 간의 구체적 요인(특수요인)에 의해 전이가 일어나는 것이다.

　㉡ **일반전이**(nonspecific transfer) : 일반적인 원리의 이해가 전이를 일으키는 현상이다. 즉, 학습하는 방법을 학습함으로써 다른 방면에도 두루 전이의 현상이 일어나는 것이다.

(3) 전이의 종류

전이종류	대표학자	내용
형식도야설	로크	정신도야이론이라고도 하며 전이가 잘 일어날 수 있는 기본학문을 반복학습함으로써 전이가 발생한다.
동일요소설	손다이크	최초의 학습상황과 동일한 요소가 새로운 상황에 많을 때 전이가 잘 일어난다.
일반화설	주드	• 일반적인 법칙과 원리를 학습했을 때 새로운 상황에서 전이가 잘 일어난다. • 연역적인 학습과 유사하다.
형태이조설	코프카	• 어떤 사건의 사실이나 현상들의 관계를 발견하는 능력이 학습되면 새로운 상황에 잘 적용할 수 있다. • 귀납적 추론과 유사하다
전문가 - 초보자이론 (인지적 도제이론)	콜린스	전문가는 해당영역에 관련된 지식, 기술을 많이 가지고 있어 새로운 문제를 잘 해결할 수 있으므로 초보자에게 전문가가 가진 지식과 기술을 가르쳐야 전이가 발생한다.

④ 기억과 망각

(1) 기억

① **기억의 의미** : 인지활동을 수행하는데 있어 필수 불가결한 요소인 기억은 학습자의 사실 및 내용을 기억했다가 다음 활동에서 변화하지 않고 원래대로 재생할 때까지의 심리적 과정을 의미한다.

② **기억의 측정** : 회상 → 재인 → 재학습을 통해서 이루어진다.

③ **기억의 과정** : 입력(부호화) → 저장 → 인출의 순서로 이루어진다. (기명 → 파지 → 재생 → 재인 → 기억)

④ 기억의 종류

　　㉠ 감각기억 : 감각기관인 시각, 청각 등으로 들어온 정보를 저장하는 기억을 말한다.

　　㉡ 단기기억(= 작업기억) : 감각적 기억에 들어온 환경에 관한 정보를 처리하는 기억을 말한다.

　　㉢ 장기기억 : 감각기억과 단기기억의 과정을 거쳐 장기적으로 저장할 때를 의미한다.

> **더 알아보기**
>
> 일화기억(에피소드 기억)과 의미기억(노력에 의한 기억)
> 1972년 캐나다 툴빙은 두뇌에서 정보를 담당하는 영역들이 다르며 기억의 형성과 회상과정에서도 분명히 차이를 보인다는 사실을 발견했다.
> ① 일화기억(에피소드 기억)
> 　㉠ 일화기억이란 생활 하면서 경험한 내용을 기억 회상하는 것을 말한다.
> 　㉡ 일화기억의 문제는 다른 기억들이 자꾸 머리에 쌓이면서 두뇌에서 밀려 숨어버리는 것으로 노년기에는 일화기억이 다른 기억들에 의해 더 많이 쇠퇴하게 된다.
> 　㉢ 일화기억은 자동으로 만들어 진다.
> ② 의미기억
> 　㉠ 언어를 포함하여 우리가 보통 지식이라고 하는 모든 것이라 할 수 있다.
> 　㉡ 의미기억은 수동적으로 만들어지며 일단 기억 되었다고 해도 계속 연상되며 복습을 통해 유지될 수 있다.
> 　㉢ 한번 만들어진 의미기억은 일화기억과 달리 매우 오래간다.
> ③ 학습의 효율성 : 혼자 공부하는 것보다 선생님의 설명을 듣는 것이 기억에 도움이 된다. 일화기억(선생님의 모습과 행동)과 의미기억(선생님이 설명한 내용)이 힘을 합할 때 순간 기억이 강해지기 때문이다. 또한 실험과 체험을 통한 학습은 일화기억으로 인하여 학습효율성이 증진된다.

⑤ 기억전략의 발달

　　㉠ 시연전략 : 나중에 회상해 낼 것을 생각하고 미리 기억해야 할 대상이나 정보를 눈으로 여러 번 보아 두거나 말로 되풀이해 보는 것이다.

　　㉡ 조직화 전략 : 제시된 기억자료를 기억하기 쉬운 형태로 구성하는 방법이다.

　　㉢ 정교화 전략 : 기억해야 하는 둘 이상의 항목들 사이에서 공유되는 공통점을 찾아 의미를 가지도록 연결하는 방법을 말한다.

　　㉣ 인출전략 : 저장되어 있는 정보 중에서 필요한 정보를 실패하지 않고 꺼내서 사용할 수 있는 효율적인 방법이다

　　㉤ 상향 처리(bottomup processing) : 정보의 흐름이 감각 정보로부터 장기 기억으로 진행되는 과정으로 자극에 대한 기본적인 요소나 특징과 같은 세부 단위를 분석한 후 더 큰 단위로 구성하는 처리 과정이다. 반면, 하향 처리(topdown processing)는 개인의 선 지식이나 기대, 자극이 제시된 맥락에 따라 정보의 흐름이 장기 기억으로부터 감각 방향으로 진행하는 과정이다

　　㉥ 기억훑기는 작업기억에서의 기억 인출과정에 사용된다.

　　㉦ 활성화 확산은 장기기억을 일깨우는 과정이다.

⑥ 기억력을 높이는 조건 : 기억력은 반복된 학습, 직전의 경험, 이해관계, 흥미, 책임감, 합리성 등에 의해서 높아진다.

(2) 망각

① **망각의 의미** : 망각이란 일단 기억된 학습이 간섭, 기억상실증, 정서적으로 야기된 원인 등에 의해서 다시 재생되지 않는 현상을 의미한다.

② **망각의 원인**

ㄱ **소멸** : 망각은 시간이 흐르면서 기억이 희미해지기 때문에 일어난다.

ㄴ **간섭** : 망각은 파지기간 동안 일어나는 여러 정보들 간의 간섭에 의해 일어난다.

㉮ **역행적 간섭** : 새로운 정보가 이전에 획득한 정보의 파지를 방해할 때 일어난다.

㉯ **순행적 간섭** : 이전에 획득한 정보가 새로운 정보의 파지를 간섭하는 것을 말한다.

ㄷ **인출 실패** : 인출단서와 최초 부호화 간의 잘못된 만남으로 생기는 것을 의미한다.

ㄹ **동기적 망각** : 때로는 간섭이나 소멸 혹은 적절한 인출단서의 부재 때문에 망각하는 것이 아니라 기억하기를 원치 않기 때문에 망각한다.

ㅁ **뇌 손상에 의한 기억상실** : 일반적으로 기억상실은 뇌에 심한 손상을 입은 것과 같은 기질적인 원인을 가지고 있다.

③ **망각을 방지할 수 있는 방법**

ㄱ 논리적인 지식체계로 학습내용을 유도하여 학습한다.

ㄴ 학습 자료는 동기화된 것을 활용한다.

ㄷ 학습은 완전히 처음부터 습득한 후에 다음 학습을 시작한다.

ㄹ 집중학습보다는 분산학습이 파지에 효과적이다.

ㅁ 파지를 저해하는 것은 기억된 자료 간의 간섭이다.

ㅂ 망각을 방지하는 것은 초과학습이다.

5 학습과 피로

(1) 피로의 의미

피로란 일종의 복잡한 불쾌감을 일으키는 것으로, 주관적인 요인과 객관적인 요인으로 구분된다.

① **주관적 요인** : 주의력의 감소, 흥미의 상실, 권태 등

② **객관적 요인** : 학습능률의 감퇴 및 저하, 착오의 증가 등

(2) 피로의 원인

① **생리적 원인** : 에너지원의 소모, 질병, 신체적 결함, 노폐물의 축적, 산소의 결핍, 신체적 · 생리적 불균형

② **학습자체의 원인** : 정서적 불안정, 연령과 학습의 지속시간, 학습의 내용 및 난이도, 교과서에 대한 적응 등

③ 시기 및 계절의 영향

  ㉠ 오전보다 오후에 피로를 많이 느낀다.

  ㉡ 월요일에 학습의 능률이 오르지 않는다.

  ㉢ 학습능률은 처음과 마지막 시간에 떨어진다.

  ㉣ 여름 · 겨울보다는 봄 · 가을에 학습능률이 높다.

(3) 피로의 회복방법

피로는 음식의 섭취, 휴식, 수면, 기분전환, 가벼운 운동, 담화, 목욕, 마사지 등에 의해서 회복될 수 있다.

⑥ 연습과 연습곡선

(1) 연습

① 연습의 의미 : 연습이란 적극적인 방향으로 동작을 변화시키려는 숙달 또는 반복을 지향하는 것을 말한다.

② 연습의 분류

  ㉠ 전습법과 분습법

    ㉮ 전습법 : 한 번에 학습내용이나 기술을 학습하는 것이다.

    ㉯ 분습법 : 몇 개의 단위로 학습내용이나 기술을 학습하는 것이다.

  ㉡ 집중학습과 분산학습

    ㉮ 집중학습 : 휴식이 없이 반복적으로 연습하는 것이다.

    ㉯ 분산학습 : 휴식을 학습도중에 넣어 연습하는 것이다.

③ 연습의 원리

  ㉠ 연습의 의미와 효과를 인식시킨다.

  ㉡ 연습의 필요성을 학습자에게 알린다.

  ㉢ 연습이나 학습결과에 대한 진전 상태를 알 수 있도록 한다.

  ㉣ 연습은 개인차를 고려해서 한다.

  ㉤ 연습에 대한 성취동기를 갖도록 지도한다.

(2) 연습곡선

① 연습곡선의 의미 : 연습에 대한 질적 · 양적인 변화를 나타내기 위하여 학습결과를 종축으로 하고 학습에 대한 횟수를 횡축으로 하여 학습의 진행 상황을 도표로 표시한 것이다.

② 연습곡선의 형태 : 직선형 연습곡선, 적극적 가속도 곡선, 소극적 가속도 곡선, 적극적 · 소극적 가속도 곡선 등

section 3 학습장애

1 학습장애의 개념

(1) 학습자가 정상적인 지능지수를 가지고 정서적, 사회 환경적 문제가 없음에도 불구하고 학업성취가 떨어지는 것을 말한다.

(2) 학습장애의 원인은 학습과 관련된 뇌기능의 일부에 결함이 발생하여 장애를 보이는 경우로 후천성 뇌손상, 유전적 원인, 신생아 초기의 영양상태 악화 등으로 발생할 수 있다.

(3) 학습장애는 학습과 관련된 특정부분에서 장애가 나타나는 것으로 일부 잘하는 과목이 있으며 읽기장애, 쓰기장애 등이 있다.

(4) 자폐증, 장애(시각장애, 청각장애, 운동장애, 지적장애)는 학습장애로 간주하지 않는다.

> 더 알아보기
>
> **발달장애**···성장기에 발병하여 신체적, 지적, 사회적 기능을 심하게 손상시키며 그 장애가 영구적으로 지속되므로 특별한 서비스가 요구되는 정신지체, 뇌성마비, 간질, 자폐증, 근위축증 등 일련의 장애를 통칭한다.

2 학습장애 아동의 특성

(1) 과민한 행동으로 과잉행동이 나타난다.

(2) 주의집중의 결함으로 학습 집중이 어렵다.

(3) 충동성으로 인하여 공격적인 행동과 학습회피행동이 나타난다.

(4) 읽기장애, 쓰기 장애 등의 학습장애가 나타난다.

③ 주의력결핍과잉행동장애(ADHD)

(1) 아동기에 많이 나타나는 장애로 지속적으로 주의력이 부족하여 산만하고 과다활동, 충동성을 보이는 상태를 말한다.

(2) ADHD를 치료하지 않고 방치할 경우 아동기 동안 여러 측면에서 어려움이 지속되고 일부의 경우 청소년기와 성인기가 되어서도 증상이 남게 된다.

(3) 초기 발견 후 치료시 예후가 좋다.

(4) 아동의 80%가 약물치료 및 인지치료를 병행할 경우 80%이상 호전되는 것으로 나타났다. ADHD는 아동에 대한 직접적인 치료 이외에도 부모의 아동에 대한 부모교육이 전제되어야 한다.

(5) ADHD의 원인에 대해서는 정확히 알려진 바가 없으나 아동의 유전적인 요인과 발달적 측면, 또는 정서박탈과 같은 사회환경적 측면과 생물학적 측면에서 다양하게 영향을 미치는 것으로 알려져 있다.

(6) ADHD아동은 자극에 선택적으로 집중하기 어렵고, 주의집중시간이 오래가지 못한다. 허락 없이 자리를 이동하고 뛰어다니고 끊임없이 움직이는 등 활동수준이 매우 높다. 생각하기 전에 행동하려는 경향이 있으며 말이나 행동이 많고 규율이 있음에도 행동하려는 자제의 의지가 부족하다.

참고 ADHD의 특성

정서특성	부정정 자아개념, 불안한 정서, 공격적이고 반항적인 행동을 나타냄
예후	• ADHD 아동의 40~50%가 이후에 CD로 진단되며 CD의 50%는 성인기 반사회적 성격장애로 나타냄 • 청소년기에 호전되는 경향이 있으나 성인기까지 지속되기도 함 • 대부분 과잉행동은 개선되나 부주의와 충동성은 지속 • 종단적 추적연구에서 31% ADHD가 지속됨

참고 ADHD의 공존병리

• ADHD의 약 30~50%에서 품행장애나 반항장애가 동반
• 25%에서 불안장애
• 1/3에서 우울증이 동반됨

적게는 10% 많게는 92%까지 ADHD아동들이 학습장애를 함께 보이는 것으로 나타남

공존병리는
학습장애-품행장애-반항장애-불안장애 순으로 높았다(홍강의 등, 1996).

ADHD 증상의 발달은 다른 장애의 위험을 증가시킨다.

> **더 알아보기**
>
> **주의력결핍 과잉행동장애(ADHD)**
> • 주의력결핍 과잉행동장애(ADHD)는 치료를 통하여 과잉행동, 충동성 및 부주의함 등 세가지 증상을 완화(호전)시키는 것이 일차적 목표입니다. 또한 치료를 하면 ADHD로 인하여 생기는 이차적 문제(불안, 우울, 학습의 어려움, 부모, 교사 및 또래 관계의 어려움 등)도 호전될 수 있습니다.
> • ADHD의 치료에는 약물치료, 부모교육과 상담, 사회성훈련, 놀이치료, 인지행동치료와 같은 방법이 있습니다. 그간 보고된 자료들을 볼 때 약물치료를 가장 기본적인 치료로 볼 수 있으므로 다른 치료들을 진행한다고 해도 약물치료를 병행하도록 권장하고 있습니다. 미국 국립보건원의 2002년 발표에 따르면 14개월 이후 치료율은 약물치료와 행동치료를 병행할 경우 68%, 약물치료만으로 56%, 행동치료만으로 34%로 나타나, 약물치료와 행동치료를 병행하는 것이 가장 효과적이라고 할 수 있습니다.
> • ADHD 치료를 위해 약물을 사용하게 되면 약물의 기전은 무엇인지, 얼마나 오래 써야 하는지, 끊으면 치료 이전과 다시 똑같이 지지는 않는지, 완치가 가능한지 등, 이런 저런 걱정을 많이 합니다.
> • ADHD 치료제는 도파민 운반체가 과도하게 증가하는 것을 적절하게 조절하고 필요한 도파민의 양을 증가시켜 신경활성제 역할을 합니다. 이런 작용을 통해 단기적으로는 신경전달물질을 활성화시키고 장기적으로는 신경망을 활성화시켜 신경발달을 촉진합니다. 단기 작용 기전에서 알 수 있듯이 단기사용 후 중단하면 원래의 증상이 나타납니다. 그러나 장기간 복용한 후에 끊었을 때에는 주의력, 충동성, 과잉행동의 문제가 악화되지 않았다는 보고가 있습니다. '약을 얼마나 오래 써야 하는가'하는 부분은 개인적인 차이를 반드시 고려해서 결정해야 하며, 가정환경적인 요인도 중요합니다. 경험적으로 약 2년 정도의 치료는 일반적입니다.
> 의학적 치료에는 '완치', '근치', '조절'의 3가지 방식이 있는데, 이중 완치는 거의 없으며 외과의 수술 중 일부에 국한됩니다. ADHD 및 기타 뇌 관련 상태의 치료원칙은 조절(control)방식이기 때문에 장기적으로 치료 받아야 합니다. 고혈압, 비만, 당뇨, 아토피 등과 같이 내과/소아과 질환 중 상당 수도 조절방식 치료입니다. 실제로 치료 전략을 세울 때에는 약 1년 정도 약물 치료를 한 뒤, 약 방학(drug holiday)을 가져봅니다. 만약 약 방학 때 큰 문제가 없으면, 일단 투약하지 않고 경과를 관찰할 수 있지만, 약 방학 시에 ADHD증세가 심하게 나타나면 다시 투약으로 조절하기 시작합니다.

④ 학습부진

(1) 정상적인 지능범위에도 불구하고 정서적인 문제 또는 사회문화적인 문제 등으로 인하여 학습장애나 주의력결핍, 학교 부적응 등의 낮은 학업 성취를 보이는 경우를 의미한다.

(2) 학습부진 뇌의 기능장애나 인지적 결함 등의 기질적 문제가 원인이 되는 학습장애와 구별된다.

(3) 학습부진아는 IQ가 75~90정도로 정상아보다 지능이 약간 낮은 편이나 학습수행에는 문제가 없는 정상범위로 아동의 잠재적인 지적능력 수준에 비해 학업성취가 현저하게 뒤떨어지는 상태를 말한다.

⑤ 학습지진

(1) 정신지체는 아니지만, 경계선 지능이라고 표현할 수 있다.

(2) 학습지진아는 학습능력 이외에도 언어를 비롯한 공간능력, 운동능력, 대인관계, 정서 등 대부분의 영역에서 발달이 느리다.

(3) 전체 학업과목에서 성적이 저조하게 나타난다.

⑥ 학습지체

(1) 정신지체수준으로 학습능력이 낮으며 사회적 기능이 떨어진다.

(2) 정신지체 수준정도에 따라 훈련을 통해 일상적인 생활이 가능할 수도 있지만 매우 낮은 경우 보호자가 필요할 수도 있다.

02 교수 – 학습이론에 관한 연구

section **1** 행동주이저 접근

1 파블로프의 고전적 조건화

파블로프(L. P. Pavlov)는 음식물에 대한 개의 위액분비를 측정하던 중 음식을 보는 것만으로도 개가 타액을 분비한다는 것과 더 나아가 실험자의 모습을 보거나 발자국 소리만 들어도 타액을 분비한다는 사실을 발견하였다.

(1) 기본적 절차

① **고전적 조건화의 의미** : 무조건자극과 조건자극을 함께 반복하여 제시함으로써 무조건자극이 없는 상황에서도 조건자극에 대해 무조건 반응과 같은 조건반응을 얻게 되는 새로운 연합의 과정을 말한다.

② **파블로프가 제시한 반사의 두 종류**

    ㉠ **무조건반사** : 무조건자극(Unconditioned – Stimulus)과 무조건반응(Unconditioned Response)으로 구성되는데, 예를 들면 고깃덩어리는 무조건자극이며, 타액 분비는 무조건반응을 반드시 야기한다.

    ㉡ **조건반사** : 조건자극(Conditioned Stimulus)과 조건반응(Conditoned Response)으로 구성되며, 먹이접시를 보는 것으로써 정규적으로 타액 분비가 일어나면 그 먹이접시는 조건자극이고, 타액 분비는 조건반응이다.

(2) 고전적 조건화를 형성하는 데 포함되는 요인

① **무조건자극**(US) : 개에게 주어지는 음식물

② **무조건반응**(UR) : 개가 음식물에 대해 침을 분비하는 반응

③ **조건자극**(CS) : 개에게 제시되었던 벨소리

④ **조건반응**(CR) : 벨소리에 대한 타액 분비현상으로 조건자극과 무조건자극이 여러 번 짝지어 제시되어야 한다.

(3) 조건화의 형성과 시행

① 고전적 조건화의 초기연구에서는 조건화가 형성되는 과정을 '근접성'과 '수반성'의 원리로 설명했다.

② 무조건반응과 조건반응은 언제나 같은 종류의 반응이나 조건반응의 강도는 언제나 무조건반응의 강도보다는 약하다.

③ 조건자극과 무조건자극을 한 번 짝지어 제시하는 것을 시행(trial)라고 하며, 이 절차를 가리켜 파블로프의 조건화 또는 고전적 조건화라고 한다.

(4) 조건자극과 무조건자극의 제시순서와 시간간격에 따른 조건형성

① **지연조건형성** : 조건자극이 먼저 제시되어 무조건 자극이 제시될 때까지 지속되는 경우로 종소리를 먼저 제시하고 종소리를 유지한 채 먹이를 제시한다.

② **흔적조건형성** : 조건자극이 먼저 제시되지만 무조건 자극이 제시되기 전에 조건자극이 종료된 경우로 종소리를 제시하고 종소리가 사라진 후 먹이를 제시한다.

③ **역행조건형성** : 무조건 자극이 먼저 제시되고 조건자극이 나중에 제시되는 경우로 먹이 이후에 종소리를 제시한다.

④ **동시조건형성** : 조건자극과 무조건 자극이 동시에 제시되는 경우로 종소리와 먹이를 동시에 제시한다.

> **더 알아보기**
>
> 조건자극이 먼저 제시되고 무조건 자극이 나중에 제시되는 지연조건형성, 흔적조건형성이 학습에 효과적이다.

(5) 고전적 조건화를 통한 학습과정

① **실험적 소멸** : 조건반응(CR)이 나타난 후에 무조건자극(US : 강화인) 없이 계속해서 조건자극(CS)만 주어진다면 조건반응(CR)은 점차 사라질 것이다. 조건자극이 더 이상 조건반응을 유발시킬 수 없을 때 실험적 소멸이 일어났다고 한다.

② **자발적 회복** : 소멸 후에 일정 시간이 지난 후 조건자극을 다시 제시하면 조건반응이 일시적으로 다시 나타나는 현상이다.

③ **고차적 조건형성** : 조건자극이 일단 조건반응을 유발하는 힘을 획득하면, 그 조건자극은 다른 제2의 자극과 짝지어질 수 있다. 그러면 이 제2의 자극은 무조건자극과 짝지어진 적은 없지만 조건반응을 일으키는 자극력을 얻게 된다. 이런 방식의 절차를 고차적 조건형성이라고 말한다.

④ **일반화** : 개들이 종소리와 유사한 소리를 듣고도 침을 분비하는 것처럼 조건자극과 유사한 다른 자극에 대해서도 동일한 반응을 나타내는 '일반화' 현상이 나타난다.

> **POINT** 자극일반화 : 알버트의 흰쥐실험에서 알버트가 흰쥐에서 이와 유사한 흰털, 흰토끼에 대해 공포감을 느끼는 것을 자극일반화라 한다.
> 의미일반화 : 옥수수라는 글자(CS)와 전기충격(UCS)을 연합하여 조건하였을 때 실험자는 옥수수 이외에도 소, 경운기, 밭갈이 글자에도 공포감을 느끼게 된다. 이것을 의미일반화라고 할 수 있다.
> 이외에도 인종에 대한 편견이 예가 되는데 2차 세계대전 미국인의 일본인에 대한 혐오가 황인종에게 일반화된 사례가 있다.

⑤ **변별** : 특정 소리 후에만 음식을 줌으로써 조건자극과 유사한 자극을 구별해 내도록 하는 '변별'을 가르칠 수 있다.

⑥ **소거** : 종소리만 들려주고 음식이 수반되지 않는 상황이 반복되면 침 분비는 점차 사라지게 되는데, 무조건자극 없이 조건화된 자극만이 계속해서 주어지면 조건반응이 점차로 희미해지고 결국 소멸되는 '소거'에 이르게 된다.

> **POINT** 반응방지와 소거의 차이
> • 반응방지 : 반응하는 것 자체를 막는다.(예 : 위험물에 자물쇠를 채운다.)
> • 소거 : 반응은 일어나도록 내버려두고 반응의 강화를 막는다.

⑦ **역조건형성** : 물에 빠져 죽을 뻔한 사람에게 물을 내담자가 좋아하는 어떤 것과 짝지어 물에 대해 좋은 느낌을 학습시켜 부적응적 조건형성을 없애는 치료적 방법이다.

> **더 알아보기**
>
> **울프의 상호제지 이론** : 불안을 일으키는 자극이 존재할 때 이 불안과 반대되는 한 반응이 일어나서 이 반응이 불안반응을 완전히 혹은 부분적으로 억압할 수 있다면 이 불안자극이 불안반응을 야기하는 힘은 약화될 것이다

(6) 고전적 조건화의 응용

① **공포영화와 음악** : 공포감 조성 음악(CS)를 공포장면(UCS)와 연결되어 공포감을 조성한다.

② **번개와 천둥소리** : 번개(CS)가 치면 천둥소리(UCS)를 대비해 귀를 막을 수 있다.

③ **아프리카 영양과 사자의 출현** : 아프리카 영양들은 사자의 냄새(CS)가 나면 사자의 출현(UCS)를 피해 미리 멀리 달아나게 된다.

④ **Albert 흰쥐 실험** : 하얀 쥐(CS)가 굉음(UCS)와 결합되어 공포감이 조성되고 이후 일반화된다.

⑤ **광고** : 판매할 상품(CS)이 매력적이고 섹시한 스타나 매력적인 상황(UCS)과 결합되어 상품을 구입하고 싶은 충동을 가지게 한다.

⑥ **약물에 대한 내성** : 약물사용 환경(CS)이 신체에 대한 보상반응으로 내성이 생긴다(CR).

⑦ **심인성 질병** : 마음에 의해 발생하는 기질적 장애로 알레르기, 천식 등이 있다.

(7) 이론의 주요 내용

① **반응적 행동** : 분명한 자극에 의해 유발되는 행동으로, 무조건반응은 무조건자극에 의해 일어나기 때문에 반응적 행동의 예이다. → 자극에 의존함

② **근접성의 원리** : 조건화하려는 자극은 무조건자극보다는 시간적으로 동시 또는 조금 앞서서 주어야만 조건화가 잘된다(지연, 흔적, 동시조건형성).

③ **강도의 원리** : 무조건자극에 대한 반응은 조건자극에 대한 반응보다 강하거나 또는 완전한 것이 될 것을 필요로 한다. 가령 벨의 소리를 너무 크게 하면 그 공포감이 음식에 대한 반응보다도 강하게 되어 조건반사는 성립되지 않는다.

④ **일관성의 원리** : 무조건자극은 조건화가 성립될 때까지 일관하여 조건자극에 결부시켜야 한다. 결부와 관계없이 벨을 울리는 일이 많으면 조건화는 성립하지 않는다.

⑤ **계속성의 원리** : 이것은 자극과 반응과의 관계를 반복하여 횟수를 더할수록 조건화가 잘 된다는 원리로서, 시행착오(施行錯誤)의 원리에 있어서의 연습의 법칙과 같은 것이다.

⑥ **특정 자극에 대한 비자발적(불수의적) 반응의 학습 원리**

⑦ **고전적 조건 형성의 기능** : 유기체가 조건자극과 무조건 자극의 두 사건들 사이의 관계성을 학습하여 앞으로 닥쳐올 일에 대해 준비가 가능하다.

> **더 알아보기**
>
> 고전적 조건형성원리에 의한 학습은 정서, 선호와 관련되어 있다.

❷ 손다이크의 학습이론

손다이크(Thorndike)는 동물학습을 통해 특정장면 또는 상황 속의 자극(S)과 그 자극에 대해 동물이 실행한 반응(R)사이의 결합에 있어 발생하는 시행착오를 통해 학습이 발생한다고 보았다.

(1) 이론의 주요 개념

① **연관론**

  ㉠ 손다이크는 연상주의, 다윈의 학설, 과학적 방법을 결합하여 학습이론을 구성하고 있다.

  ㉡ 손다이크는 자극(S)과 반응(R) 사이가 신경적으로 연관되었기 때문에 학습이 일어난다고 주장하였다.

② **시행착오설**

  ㉠ 손다이크는 여러 가지 반응들을 임의적으로 해 보다가 그 중 어느 하나가 문제를 해결하게 되면 그 반응이 여러 행에 걸쳐 점진적으로 습득되는 식의 학습이다.

  ㉡ 그는 동물을 자신이 고안한 기구에 넣은 후 특정한 반응을 하면 도피할 수 있도록 하는 실험을 통해서 시행착오학습의 개념에 도달했다.

  ㉢ 문제해결에 소요된 시간(종속변인)은 시도 횟수가 증가함에 따라 체계적으로 감소하였다. 즉, 동물이 시도를 더 많이 할수록 문제를 더 빨리 해결한다는 것이다.

③ 학습의 과정 및 적용

　　㉠ 학습은 점증적이다. 학습은 한 번에 이루어지는 것(통찰력)이 아니라 아주 조금씩 체계적 단계를 밟으며 이루어진다(점증적).

　　㉡ 학습은 사고의 중재를 받지 않는다. 경험적 연구를 통해 학습은 직접적으로 이루어지지 사고나 추론에 의해 중재되지 않는다.

　　㉢ 포유류는 모두 같은 방식으로 학습한다. 동물학습을 알 수 있게 해주는 단순하며 준기계적인 현상은 인간학습에도 그대로 적용된다. 물론 인간학습이 보다 복잡하고 발전된 학습형태를 취한다는 사실은 인정했다.

(2) 학습의 법칙

① 효과의 법칙

　　㉠ 자극 – 반응 간의 결합이 만족스러운 결과를 가져오면 결합을 증대시키고, 불만족스럽거나 고통스러운 결과를 가져오면 결합이 감소된다.

　　㉡ 이 법칙은 후에 수정되었는데, 만족스러운 결과나 보상이 결합의 강도를 증대시키지만 벌과 같은 불만족스러운 결과가 반드시 그 결합을 약화시키는 것은 아니라고 보았다. 불만족도 행동의 변화를 일으켜 올바른 반응이 일어나는 기회를 증가시키기도 한다. 그것은 처벌의 간접적이고도 긍정적인 효과를 보여 주는 것이다.

② 연습의 법칙

　　㉠ 자극과 반응의 관계를 반복하면 할수록 결합이 견고해지고 더욱더 오래 보존된다.

　　㉡ 학습은 연습을 통해서 향상되고 바람직한 행동변화를 가져오게 하며 장기간 유지된다는 것이다.

　　㉢ 이 법칙은 나중에 다소 수정되었는데, 학습이란 단순한 반복만으로는 강화되지 않으며, 학습의 성취와 동시에 보상을 줌으로써 강화된다고 주장했다.

　　㉣ 결합이 강화되는 것은 연습의 횟수나 사용빈도가 많을 경우이다.

③ 준비의 법칙 : 자극–반응에서 학습자의 반응이 준비되어 있을 때 만족스러운 반응, 만족스러운 결합을 가져온다. 즉, 할 준비가 되어 있을 때, 그 행동을 하면 만족스러워지고, 그 행동을 하지 않으면 불만족스러워지며, 준비가 되어 있지 않을 때 강제로 그 행동을 하게 되면 불만족스럽게 된다는 것이다.

④ 다중 반응

　　㉠ 모든 학습에서 일어나는 첫 번째 단계의 첫 번째 반응이 문제해결을 하지 못하면 다시 다른 반응을 시도한다는 것이다.

　　㉡ 어떤 반응이 문제를 해결할 때까지 유기체는 활동을 계속하는 경향이 있다.

(3) 교육에의 적용

손다이크는 학교문제에 심리학적 지식을 적용해야 보다 성공적인 교수가 이루어진다고 보았다.

① 어린이가 직면해 있는 상황을 고려한다.

② 그 상황과 관련시키고자 하는 반응을 고려한다.

③ 연결 관계를 형성한다. 우연에 의해서 나타난다고 기대하지 않도록 한다.

④ 깨져야 할 연결 관계를 형성하지 않는다.

⑤ 두, 세 가지의 연결 관계를 형성하지 않는다.

⑥ 나중에 상호작용에 요구되는 방식으로 연결 관계를 형성한다.

⑦ 인생 자체가 제공하게 될 상황, 인생 자체가 요구하게 될 반응을 선호한다.

③ 스키너의 조작적 조건화

스키너(Skinner)는 주로 쥐를 위한 지렛대나 막대기, 혹은 비둘기를 위한 원판이 설치되어 있는 스키너 상자에서의 실험을 통해 손다이크의 연구결과를 진일보시켰다.

(1) 기본적 절차
① 강화
  ㉠ 정적 강화
    ㉮ 어떤 반응에 의해 즐거운 결과를 추구하려는 것이다.
    ㉯ 어떤 반응 후에 자극이 출현하든지 자극의 강도가 증가한다. 정적 강화인자는 먹이와 같이 보통 유기체가 찾는 것이다.
    ㉰ 정적 강화인자에 선행해서 일어난 반응의 빈도는 증가한다.
  ㉡ 부적 강화
    ㉮ 혐오스러운 결과를 제거하려는 것이다.
    ㉯ 어떤 반응 후 자극이 제거되거나 자극강도가 감소된다. 부적 강화인자는 전기 쇼크와 같이 보통 유기체가 피하려는 것이다.
    ㉰ 부적 강화인자에 선행한 반응의 빈도는 증가한다.
② 처벌
  ㉠ **정적 처벌**(수여성 처벌 : 제 1유형처벌) : 어떤 반응 후 혐오적인 자극이 제시된다. 반응 뒤에 혐오스러운 사건이 뒤따른다(R : 수업시간에 떠든다 → S : 화장실 청소를 한다).
  ㉡ **부적 처벌**(제거성 처벌 : 제 2유형처벌) : 어떤 반응 뒤에 정적 강화인자가 제거된다. 이 경우에는 바람직한 것을 잃게 된다(R : 음식접시를 던짐 → S : 음식이 제공되지 않음).

POINT 부적 처벌의 종류

- 반응대가(반응비용) : 음주 또는 속도 위반시 벌금을 낸다. 회사에서 실수로 상품을 훼손하여 월급이 삭감된다.
- 기회박탈(고립) : 수업시간에 떠든 아이를 친구들의 관심과 환호를 받을 기회를 박탈시켜 교실 밖으로 이동시킨다.

더 알아보기

정적 강화 : 유쾌 자극 제공 → 행동 빈도 증가
부적 강화 : 불쾌 자극 제거 → 행동 빈도 증가
정적 처벌 : 불쾌 자극 제공 → 행동 빈도 감소
부적 처벌 : 유쾌 자극 제거 → 행동 빈도 감소

③ **소거와 자발적 회복** : 스키너는 지렛대를 밟아서 먹이를 얻어먹는 횟수가 많아짐에 따라 지렛대를 밟는 행동이 습관화되는 것을 강화라고 하였다.

ⓐ **소거** : 먹이장치를 눌러도 음식물이 제공되지 않으면 지렛대 누르기 반응이 점차 감소하다가 결국은 전혀 나타나지 않게 된다(보상 제거 → 소멸).

ⓑ **자발적 회복** : 소멸 후에 동물을 실험상황에 다시 처하게 하면 부가적인 훈련 없이도 짧은 시간 내에 지렛대를 누르기 시작한다.

④ **강화와 강화인자** : 강화란 어떤 행동의 강도가 발생빈도를 증가시키는 것을 의미한다.

ⓐ **정적 강화** : 가치 있는 어떠한 것을 제공함으로써 바람직한 행동의 강도와 빈도를 증가시키는 것을 의미한다.

ⓑ **부적 강화** : 바라지 않는 어떠한 것을 제거하여 바람직한 행동의 강도와 빈도를 증가시키는 것을 의미한다. 행동을 약화시키거나 감소시키려고 의도된 '벌'과는 구별된다.

POINT 강화의 종류

- 물질적 강화인자(1차적 강화인자) : 음식, 장난감
- 사회적 강화인자(2차적 강화인자) : 관심, 인정, 칭찬 , 또래의 인정
- 활동 강화인자(상대적 가치원리) : 좋아하는 활동을 하는 기회
  Premack(강화의 상대성 – 모든 반응은 잠재적 강화인으로 간주)
- 내적 강화인자 : 어려운 문제를 푼 뒤의 성취감, 자긍심 등
  (긍정적인 피드백 : 강화는 아름다움처럼 보는 사람의 눈에 달려 있다.)

⑤ 행동에 대한 일련의 순차적 반응을 분석하여 자극 – 반응의 연결과정을 통하여 행동 수정이나 행동 관리를 실시하는 것이다. 연쇄의 각 행동이나 반응은 다음 반응에서 식별 자극의 역할을 하게 되는데, 첫 반응은 두 번째 반응을 위한 식별 자극을 산출하고, 두 번째 반응은 세 번째 반응을 위한 식별 자극을 산출하여 모든 반응이 끝날 때까지 차례대로 발생한다. 물론 행동 연쇄는 마지막 반응이 강화되는 결과를 가져올 때에만 계속된다. 행동 연쇄는 처음부터 과제를 단계별로 목표 행동을 설정하여 실천하는 전진 행동 연쇄(forwardchaining)와 맨 마지막 과제부터 한 가지씩 역순으로 목표행동을 실천하는 역순 행동 연쇄(backwardchaining)의 두 가지로 구분된다.

⑥ 벌(罰)

　　㉠ 벌은 정서적으로 불쾌하며 공포심을 갖게 한다.

　　㉡ 벌은 무엇을 해서는 안 되는지 만을 알려주기 때문에 부차적 학습이 요구된다.

　　㉢ 벌은 타인에 대한 가해행위를 정당화시킨다.

　　㉣ 과거에 벌 받았던 상황에서 벌을 받지 않으면 그 행동을 다시 하게 된다.

　　㉤ 벌을 주는 대상과 타인에 대한 공격성을 유발시킨다.

　　㉥ 벌은 바람직하지 못한 대체행동을 일으킨다.

⑦ 강화계획

　　㉠ **연속강화계획** : 행동이 일어났을 때마다 강화물이 주어지는 것이다(초기 훈련단계)

　　㉡ **부분강화계획** : 행동이 일어났을 때 일부에 대해서 강화물이 주어지는 경우로 연속 강화 이후 반응을 유지하기 위해 사용한다.

　　　㉮ 고정간격강화계획(FI) : 일정한 시간 간격을 두고, 이때 나타나는 반응을 강화한다.
　　　　(**예** 월급이나 주급)

　　　㉯ 고정비율강화계획(FR): 일정한 반응 수에 따른 예측 가능한 강화를 말한다.
　　　　(**예** 성과급(100개의 제품 생산시 성과급이 지급된다.))

　　　㉰ 변동간격강화계획(VI) : 시간간격은 일정하지만 실제로 강화가 주어지는 시간간격은 다르다.
　　　　(**예** 낚시(평균 3시간에 한 마리를 잡았다.))

　　　㉱ 변동비율강화계획(VR) : 각기 다른 수의 반응에 따라 강화가 주어지는데, 평균으로 하면 일정수의 강화가 된다. (**예** 도박)

　　　➲POINT • 일반적으로 행동의 지속은 고정보다는 변동이, 간격보다는 비율이 오래 지속되는 경향이 있다.
　　　　　　• 반응률은 FI<VI<FR<VR 순으로 나타난다.
　　　　　　• 고정강화계획은 강화 이후 간격, 비율에 대해 예측이 가능하므로 부채꼴로 휴지기간이 있으나 변동강화계획은 강화 이후 다음 강화의 제공을 예측할 수 없으므로 휴지기간이 나타나지 않는다.

⑧ 프리맥의 원리(= 상대적 가치의 원리)

　　㉠ 프리맥의 원리(Premack principle)란 빈번히 일어나는 특정 행동이 상대적으로 자주 일어나지 않는 행동을 강화하는 것이다.

　　㉡ 프리맥의 원리는 선호하는 것을 선호하지 않는 것에 연관시켜 선호하지 않는 것을 전에 배치하고 선호하는 것을 후에 배치하여 동기유발 요인으로 활용한다.

　　　➲POINT 프리맥의 원리는 최초로 선호하는 행동이 강화물이 될 수 있다는 것을 발견하였으며 선호 행동은 개인의 가치에 따라 달리 나타난다.

⑨ 반응박탈이론

　　㉠ 프리맥의 원리(Premack principle)의 연장선으로 유기체가 어떤 행동을 그 정상적인 빈도로 하기를 금지 당했을 때 그 행동이 강화되는 것을 설명하는 이론이다.

ⓛ 어느 정도 빈번히 일어나는 행동은 기저수준을 가지게 되며 행동의 동인이 된다. 예를 들어 하루 3시간씩 TV를 시청하던 아이가 1시간으로 TV시청이 줄어든다면 아이는 이전의 행동빈도(2시간 TV시청을 하기 위해)를 위해 집안 청소를 한다.

(2) 이론의 주요 내용

① 조작적 조건화이 원리 : 조자이란 인이의 행동에 대하여 변별지극을 때맞추이 주는 것을 의미하며, 이를 통해 행동을 습관화시키는 것을 조작적 조건화라고 한다.

　ⓐ 행동의 절차

　　㉮ 스키너의 주장에 따르면, 인간은 어떤 결과를 창출하기 위해 그들의 환경을 적극적으로 조작하므로, 교사는 학습자가 자발적으로 행하는 반응이나 행동을 바람직한 방향으로 강화시킴으로써 목표하는 학습결과를 조성할 수 있다.

　　㉯ 어린이가 성인이 되었을 때 지니기를 바라는 주요 성격 특성을 결정한다.

　　㉰ 바람직한 행동에 보상을 주고 강화한다.

　　㉱ 환경의 다른 요소나 사람들도 중요 행동에 보상을 주도록 배려함으로써 일관성을 유지한다.

　ⓑ 조작적 조건화의 기본원리

　　㉮ 강화자극, 즉 보상이 따르는 반응은 반복되는 경향이 있다.

　　㉯ 반응이 일어날 확률을 증가시켜 주는 것은 어느 것이나 강화자극 또는 보상이 될 수 있다.

　　㉰ 강화인자는 반응 다음에 와야 한다.

　　㉱ 강화인자는 반응 직후에 와야 한다.

　　㉲ 강화인자는 바라는 반응을 보일 때 제공한다.

　ⓒ ABC패러다임

　　㉮ 스키너는 인간의 행동(Behavior)이 선행요인(Antecedents)에 영향을 받으며 그에 따른 결과(Consequence) 역시 행동의 동기요인이 된다고 주장하였으며 이것을 ABC패러다임이라고 한다.

　　㉯ 행동주의 이론은 인간의 행동은 선행사건과 행동 뒤에 발생하는 사건의 결과에 의해 나타난다.

(3) 교육에의 적용

① 학습효과를 올리는 방법

　ⓐ 학습은 적극적 자극(보상 : 유쾌한 자극)에 의해 강화되어야 한다.

　ⓑ 반응과 강화인자출현간의 시간차를 좁혀야 한다. 즉, 보상은 즉시 주어져야 한다.

　ⓒ 강화의 빈도가 많아야한다.

　ⓓ 학습내용이 계열적으로 짜인 프로그램을 학습시켜야 한다.

② 교육자의 주요한 역할 : 교육자는 바람직한 행동을 강화하고, 그러한 적절한 행동이 유발될 가능성이 가장 커지도록 변별적으로 자극을 활용하는 데 있다.

③ 조작적 조건화를 바탕으로 하는 교육프로그램의 과정

　㉠ 바람직한 목표행동을 구체적·객관적 용어로 기술한다.

　㉡ 과제와의 관련성 속에서 아동의 행동목록을 평가한다.

　㉢ 강화를 위해 자극자료와 행동기준 등을 계열적으로 준비한다.

　㉣ 약 90%의 아동이 바르게 반응할 수 있는 행동단위에서부터 시작한다.

　㉤ 바람직한 행동에 점진적으로 접근하고 과제에 내적인 조건화된 강화인이 형성되도록 강화를 준다.

　㉥ 교육 자료와 수업을 수정하기 위한 기초자료로서 아동의 반응을 기록해 둔다.

(4) 조작적 조건화의 적용

① 도피학습 : 소나기가 내릴 때 혐오자극인 젖은 옷을 피하기 위하여 우산을 쓴다.

② 회피학습 : 혐오자극이 시작되기 전에 그런 자극을 피하는 행동을 학습한다. 예를 들어, 자동차를 탄 뒤 안전벨트를 매지 않으면 소리가 난다. 이러한 소리를 피하기 위하여 안전벨트를 매게 되는 경우를 들 수 있다.

> **더 알아보기**
>
> **도피 – 회피학습**
> - 정신장애자의 이상행동 : 불쾌한 활동으로부터 도피하기 위해 이상행동을 하게 된다(부적강화의 일종)
> - 거짓말 : 혐오자극(타인의 거절, 비난, 불편한 관계)을 피하고자 거짓말을 하게 된다.
> - 10대들의 성관계 : 또래집단으로부터 따돌림을 받지 않기 위해 성관계를 하게 된다.
> - 전기충격에 대한 반응 : 처음에는 전기충격을 피하려고 도망가나(도피학습) 이후에는 전기충격 전에 도망간다(회피학습)

③ 미신행동 : 어떤 행동의 결과 우연히 나타난 보상(실제로 특정 결과를 초래하지 않았음에도 불구하고)으로 인해 행동이 강화되는 경우이다. 예를 들어 시험 날 머리를 감지 않은 사람이 시험을 잘 보았다면(강화), 그 사람은 다음의 시험에도 머리를 감지 않는다.

④ 차별적 강화(DOR ; differential of reinforcement) : 바람직한 행동은 강화하고 바람직하지 못한 행동을 소거하여 문제행동을 감소시키는 방법으로 예를 들어 학생이 바람직하지 못한 행동을 정해진 시간동안 하지 않고 있을 때 강화하는 방법이다.

　㉠ DRH : 발생률 높은 행동에 대한 차별강화

　㉡ DRL : 발생률 낮은 행동에 대한 차별강화

　㉢ DRO : 문제가 되는 행동이외의 다른 모든 행동에 대한 차별강화

　㉣ DRA : 대안적 행동에 대한 차별강화

　㉤ DRI : 상반행동에 대한 차별강화

⑤ 행동조성법(shaping) : 바람직한 행동을 학습시키기 위해서 목표행동이 복잡하고 어려울 때 목표행동을 세분화하여 단계적으로 조작하여 유기체의 행동을 유도하는 방법을 말한다.

⑥ **상반행동의 강화** : 부적절한 행동(문제행동)에 상반되는 다른 행동을 찾아 적절히 강화하는 방법이다(상반행동 : 문제행동과 반대되는 다른 바람직한 행동).

⑦ **소멸의 원리** : 부적절한 행동이 더 이상 강화될 수 없도록 이제까지 주어지던 강화를 차단하여 그 행동의 발생률을 낮추다가 결국 없어지게 하는 것

⑧ **포화의 원리** : 부적절한 행동을 싫증이 날 때까지 수행하도록 허용 또는 강요하는 것이다.

⑨ **타임아웃** : 바람직하지 못한 행동에 대해 주어질 정적 강화의 기회를 차단함으로서 그 행동이 강화되지 않도록 하는 것이다.

(5) 학습된 무기력

① 반복되는 실패의 경험으로 자신이 환경을 통제할 수 없다는 무기력을 학습하게 되는 것을 학습된 무기력(learned helplessness)라 한다.

② **셀리그만(Seligman)의 동물실험** : 개에게 피할 수 없는 전기충격을 주고 이후 피할 수 있는 상황을 설계해도 개들은 상황을 피하려 하지 않는다.

③ 학습된 무기력은 귀인이론과 함께 성공의 귀인에 대해 설명한다.

POINT 고전적 조건형성과 조작적 조건형성의 비교

구분	고전적 조건형성	조작적 조건형성
자극 – 반응	S – R	R – S
반응	반응은 인출된다.	반응은 방출된다.
내용	• 한 자극이 다른 자극으로 대치한다. • 정서적, 부수적 행동을 학습한다. • 불수의근에 영향을 미친다. • 신경계, 내장근, 심장근 등과 관련되어 있다.	• 자극의 대치는 일어나지 않는다. • 의도적 행동이 학습된다. • 수의근에 영향을 미친다. • 골격근, 근육과 관련되어 있다.

④ 헐(Hull)의 신행동주의(추동감소이론)

(1) S – O – R모형

① 신행동주의 모형은 자극과 반응사이에 직접 관찰할 수 없는 유기체라는 매개변인을 가정한다.

② 매개변인은 유기체의 내적과정으로 자극과 반응을 매개하고 중재하는 유기체 내의 특성이나 상태를 의미한다.

③ 충동(drive)은 매개변인 중 하나로서 음식이나 물과 같은 생물학적 욕구를 박탈하는 시간에 비례해 커진다.

④ 반응경향성 = 충동(drive)×습관강도(학습강도)

POINT 고전적 조건형성과 조작적 조건형성의 비교

구분	고전적 조건형성	조작적 조건형성
자극 - 반응	S - R	R - S
반응	반응은 인출된다.	반응은 방출된다.
내용	• 한 자극이 다른 자극으로 대치한다. • 정서적, 부수적 행동을 학습한다. • 불수의근에 영향을 미친다. • 신경계, 내장근, 심장근 등과 관련되어 있다.	• 자극의 대치는 일어나지 않는다. • 의도적 행동이 학습된다. • 수의근에 영향을 미친다. • 골격근, 근육과 관련되어 있다.

⑤ 가르샤(Garcia)의 맛 혐오학습

가르샤는 고전적 조건형성원리에 대한 한계를 증명하는 실험에서 CS와 UCS의 한 번의 결합 또는 시간간격이 길어도 학습이 일어난다는 것을 발견하였다.

(1) 실험

① 쥐에게 사카린이 든 물을 주고 X-ray에 노출하면 이로 인한 구토와 복통이 발생한다.

② 이후 쥐는 사카린이 든 물이 구토와 복통을 초래한다고 학습하고 먹기를 기피한다.

③ 하지만 쥐에게 사카린이 든 물과 전기충격을 연합할 경우 잘 연관되지 않는 것으로 나타났다.

(2) 결론

① 고전적 조건형성의 원리로 사카린 물은 조건자극(CS), X-ray는 무조건자극(UCS), X-ray로 인한 구토, 고통은 무조건반응(UR)을 의미한다.

② 고전적 조건형성의 학습형성은 CS와 UCS의 시간간격과 제시순서에 따라 학습이 형성된다고 한 것에 반해 가르샤의 맛 혐오학습에서는 CS와 UCS의 시간간격이 아주 길고 한 번의 조건화를 통해서도 학습이 된다는 점에서 고전적 조건형성 학습 원리와 상반된다.

③ 상기 실험에서는 고전적 조건형성원리가 어떤 조건자극이라도 모든 종류의 무조건자극과 연합될 수 있다는 학습 원리와 위배되며 생물학적으로 생존과 관련된 먹이에 대한 구토와 복통의 연합은 시간간격이 매우 길어도 학습이 되는 것으로 나타났다.

⑥ 거스리(Guthrie)의 습관의 형성(접근적 조건화설)

(1) 거스리는 조건반사의 형성에 있어서 접근에 대한 이론을 형성하는 데 이것을 근접의 법칙이라고 한다. 자극과 반응간의 결합은 자극과 반응의 접근에서 비롯되며 인접의 법칙(이전에 했던 행동과 같은 자극에 대해 비슷한 행동을 하게 된다)을 통해 어떤 자극에 연합되는 행동은 나중에 자극이 다시 발생할 때 또 행동하게 되는 경향을 강조하였다

(2) 조건형성의 원리가 보상이나 강화를 학습에 있어서 필수적인 요소로 본 반면 거스리는 특정행동의 발생이 보상이나 강화 없이도 습관으로 형성되는 것을 설명하였다. 거스리는 강화란 학습의 기계적 배열에 지나지 않다고 보며 강화는 자극화 조건을 변화시키고 망각을 방지할 뿐이라고 설명한다.

(3) 거스리는 특정행동의 발생이 보상이나 강화 없이도 습관으로 형성되는 것을 설명하면서 어떤 자극에 연합되는 행동은 나중에 자극이 다시 발생할 때 또 행동하게 되는 경향을 강조하였다.

> **POINT** 접근적 조건화설의 법칙
> ㉠ 근접의 법칙 : 근접한 자극에 따라 행동이 일어난다.
> ㉡ 일회시행의 법칙 : 한번 짝지어진 조건화로 학습이 된다.
> ㉢ 최신의 원리 : 가장 최근에 일어난 자극과 반응의 결합이 재현될 확률이 높다.

(4) 습관을 깨뜨리는 법칙

습관을 깨뜨리기 위해서는 나쁜 습관을 시작하게 되는 단서를 찾아내어, 그 단서와 다른 반응을 연습하는 것이다. 유기체가 어떤 자극에 대해 바람직하지 못한 반응 이외의 다른 반응을 하도록 하는 것으로 습관을 깨뜨리는 법칙은 다음과 같다.

① **식역법**(역치법, threshold method) : 자극강도를 점진적으로 증가시켜서 반응하지 않게 하는 방법으로 점차적으로 어떤 자극의 강도를 증대할 때 항상 반응은 '식역(흥분성 조직을 자극할 경우 흥분을 일으키는 가장 약한 강도의 자극)' 이하이어야 한다. 예를 들어 야생마를 길들일 때 처음에는 천 안장, 말안장, 사람이 타는 것과 같이 점진적으로 자극의 강도를 증가시켜야 한다.

② **피로법**(fatigue method) : 강한 강도의 자극을 일시에 제시하여 지쳐서 습관적 행동을 제거하는 방법으로 예를 들어 야생마를 길들이는 카우보이가 말 등에 안장을 얹어 말이 지쳐 떨어질 때까지 타는 것으로 말안장과 카우보이의 자극에 대해 날뛰는 행동 대신에 조용히 달리는 반응이 대체된다.

③ **양립불가능 반응법** : 바람직하지 못한 반응에 대한 자극을 바람직하지 못한 반응과는 양립불가능한 다른 자극(이전 자극보다 더 강한 자극)을 같이 제시함으로서 유기체는 부정적인 반응이 아닌 다른 반응을 보이게 된다.

7 반두라의 사회학습이론

반두라(Bandura)는 사회학습이론이란 인간이 어떤 모델(동일시)의 행동을 보는 것만으로도 학습이 이루어진다고 하는 입장을 제안하였으며, 이를 관찰학습이론 또는 모델링 및 모방학습이라고 한다.

(1) 모방의 효과

① 모방학습의 대표적인 실험은 공격행동의 모방효과에 관한 것으로 반두라와 로스의 실험결과를 들 수 있다. 실험의 개요를 간략히 소개하면, 유치원 어린이들을 대상으로 두 집단화한 다음, 실험집단의 어린이들에게는 어른이 큰 인형을 때리고, 발로 차고, 던지는 등의 공격적 행동을 하는 모습을 필름으로 보여주었다. 통제집단의 어린이들에게는 아름다운 풍경과 같은 중립적 내용의 필름을 관람시켰다.

② 타인의 행동을 관찰함으로써 새로운 반응을 학습할 수 있다.

③ 타인의 행동을 관찰함으로써 어떤 특수한 행위를 억제하거나 피할 수 있다.

④ 모방은 행동을 촉진하는 작용을 한다.

⑤ 모방은 대리학습, 관찰학습으로 학습자가 행동으로 인한 직접적인 강화 없이도 관찰과 모방을 통해서 학습이 가능하다.

(2) 관찰학습의 과정

반두라의 관찰학습과정은 일련의 4단계 과정을 거치면서 일어나는데, 이들은 주의집중과정, 파지과정, 재생과정, 동기화 과정으로 구분된다.

① **주의집중과정** : 관찰학습이 일어나기 위해서 관찰자(학습자)는 모델의 행동에 주의를 기울여야 한다. 지위가 높은 사람이나 유능한 사람 또는 매력적인 모델에 주의를 기울이는 경향이 있다.

> **더 알아보기**
>
> 1) 효과적인 모델링
>   • 모델이 학습자와 유사할수록 학습이 잘 나타난다.
>   • 모델이 매력적(지위, 외모 등)일수록 학습이 잘 나타난다.
> 2) 학습자의 모방정도 : 학습자가 자긍심이 낮거나 이전에 모방학습 결과 정적보상을 받은 경험이 많을수록 관찰학습이 잘 나타난다.

② **파지과정** : 관찰한 행동을 상징적으로 파지, 즉 기억한다.
　　㉠ 관찰할 때 모델이 하는 행동에 맞는 심상이나 정신적 도식을 형성하게 된다.
　　㉡ 파지를 오래까지 하기 위해서는 시연(Rehearsal)이나 실제 연습을 하는 것이 좋다.

③ **재생과정** : 관찰하여 심상을 형성하고 난 즉시 그 행동을 해보아야 한다. 이때 즉각적인 패드백이 강력한 힘을 발휘한다.

④ 동기화 과정 : 관찰을 통해 학습한 행동은 강화를 받아야(동기화 되어야) 실행하게 되고, 만일 그 행동의 실행이 벌을 받는다면 그 행동은 일어나지 않을 것이다. 이 과정에서는 두 개의 강화적 기능을 갖는다.

   ㉠ 모델과 같이 행동하면 자신도 강화를 받게 된다.

   ㉡ 학습을 수행으로 전환시키면 유인가치(Incentive value)를 얻게 될 것이라는 기대가 발생한다.

(3) 상호결정론

① 사회학습이론은 외적 자극의 행동변화에 대한 영향을 인정한다. 그러나 그 영향은 행위자 자신의 인지적 매개에 의하는 한에 있어서만 의미가 있는 것이다.

② 사회학습이론에서는 모든 행동의 변화는 사회적 맥락 속에서 설명되어야 한다는 것을 주장한다.

(4) 행동의 자기규제

① 인간의 행동은 외적 보상이나 처벌의 지배를 받기도 하지만, 내재적 표준들의 지배를 받기도 한다. 사람들의 사고, 행동 및 정서들은 자신들 스스로에게 주는 강화의 영향을 크게 받으며, 자신의 수행이 기대를 넘어설 때는 자부심을 갖게 된다.

② 사회학습이론에서 자유란 행동할 수 있는 여러 대안들 중 어떤 것을 선택하느냐의 문제이며, 또 선택할 권리에 대한 문제이다.

③ 사회학습이론은 통제(결정론의 입장)와 자유를 상호 결정적 의미로 받아들임으로써 행동주의 심리학과 인본주의 심리학을 조화시킬 수 있는 근거를 제공하였다.

(5) 자기효능감

① 자신에게 주어진 행동에 대하여 성공적으로 수행할 수 있다는 강한 신념이다.

② 자기효능감은 과제들에 대하여 얼마나 많이 준비할 것인지, 어떤 과제들을 선택할 것인지를 결정하며, 이는 우리의 사고양식과 정서에 직접적인 영향을 미친다.

(6) 자기조절학습

① 학습자 스스로 학습과제에 맞는 목표 그리고 계획을 수립해 필요한 학습전략을 동원해 계획을 실행하고 평가하여 목표달성을 위한 노력을 점검하고 통제하는 것

② 자기조정능력을 학습자들이 자신의 학습과정에 능동적으로 참여하는 능력이라고 하면서, 이는 전략적 지식(strategic knowledge), 자기효능감(self-efficacy), 주인의식(ownership), 숙달지향성(성취지향성 ; mastery orientation), 자기성찰(self-reflection) 등의 요소로 구성되어 있다

[자기조정능력의 구성요소]

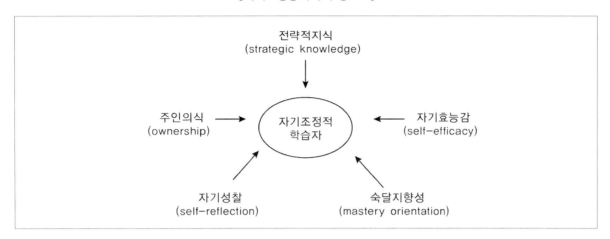

8 돌라드와 밀러의 조작적 조건형성

(1) 돌라드와 밀러의 추동심리학 개요

① 자극과 반응의 과정에서 내적 상태가 개입되는 점에서 고전적 조건화와는 다르다.

② 당시 정신분석을 기조로 한 돌라드와 밀러는 행동주의적 학습을 설명하면서 정신분석의 추동이라는 개념을 도입하게 되는데 학습이란 추동에 의해 목표에 접근하거나 회피하려는 경향이 강해지며(특히 고통을 회피하려는 쪽으로 강해진다) 이것에 대한 적응으로 학습이 일어나며 습관이 형성된다고 설명하고 있다.

③ 돌라드와 밀러는 반두라의 관찰학습을 비판하며 동물을 예를 들어 파지과정 없이 모방이 가능하다는 것을 설명한다. 반두라는 모방을 개인 내적 작용으로 이해한 것에 반해, 돌라드와 밀러는 강화 없는 행동도 학습된다는 것을 발견하고 학습이란 환경과 행동의 작용으로 일반화되는 것이라고 주장한다.

④ 추동은 긍정적인 목표를 도달하는 것보다 부정적인 목표를 회피하려는 경향이 강하며 즉 유기체는 긍정적인 만족을 얻기보다 고통을 피하는 쪽으로 행동한다고 간주한다.

(2) 행동형성의 요건

① **단서**：반응에 대한 선행하는 자극이 된다.

② **추동**：행동을 일으키는 동기 즉 원인(고통을 회피하려는 내적인 욕구)이 된다.

③ **반응**：행동을 의미한다.

④ **보상**：생물학적 특성과 관련된 충족 즉, 불안의 해소, 포만감 등을 의미한다.

(3) 성격의 발달

① 성격의 발달은 곧 습관의 형성을 의미한다.

② 습관은 자극이 반응과 안정되게 연합된 것을 말한다.

③ 습관은 유아기 때부터 다양한 학습과정을 통해 형성되며 과정이 곧 성격의 발달과정이 된다.

> **POINT** 행동주의와 인지주의의 차이점
>
> | 행동주의 학습이론 | 인지학습이론 |
> | --- | --- |
> | 1. 학습은 수동적이며 환경에 반응적이다. | 1. 학습은 적극적이며 환경을 관리한다. |
> | 2. 학습은 자극과 반응 간의 연합을 통해서 이루어진다. | 2. 학습은 학습자가 환경을 적극적으로 이해하려는 노력의 산물이다. |
> | 3. 지식은 학습된 연합의 형태들로 구성된다. | 3. 지식은 조직화된 정신적 구조와 절차들로 구성된다. |
> | 4. 학습은 새로운 연합의 획득이다. | 4. 학습은 정신적 추론에 의한 정신적 구조의 변화이다. |
> | 5. 사전 지식은 자극과 상황간의 유사성 때문에 발생하는 긍정적·부정적 전이와 같은 간접적 과정을 통해서 새로운 학습에 영향을 준다. | 5. 학습은 새로운 상황을 이해하기 위해 사전 지식을 활용하거나 생소한 상황을 다루기 위해 지식구조를 변화시키는 과정에서 일어난다. |
> | 6. 마음의 작용과 활동에 관한 언급은 인정되지 않는다. | 6. 마음의 작용에 관한 논의가 핵심적 주제가 된다. |
> | 7. 강력한 실험연구의 전통에 기초하여 이론을 검증하고자 한다. | 7. 실험연구의 비중이 작고, 관찰, 사고실험, 논리적 분석의 방법들을 이용한다. |
> | 8. 교육은 바람직한 연합을 형성하기 위해 자극을 조작하는 과정이다. | 8. 교육은 복잡한 환경에 대한 적극적인 정신적 탐색을 허용하고 조장하는 과정이다. |

---

section 2 인지주의적 접근

❶ 인지학습이론의 배경과 관점

(1) 인지학습이론의 배경

① 어떤 인지주의자들은 주의집중, 단기기억, 장기기억과 같은 정보처리 과정에 많은 관심을 두지만 다른 인지주의자들은 의미학습, 즉 정보를 의미 있게 만듦으로써 그 정보를 더 잘 이해하고 잘 활용할 수 있도록 하는 데 더 많은 관심을 기울인다.

② 초기의 인지학습이론은 기본적으로 인지이론을 증명할 수 있는 정밀한 연구도구가 부족했기 때문에 학습을 설명하는 데 그다지 큰 영향을 미치지 못하였다.

③ 베르트하이머(M. Wertheimer)는 시각에 관한 연구에 몰두하면서 형태 이론을 제창하였는데, 이것이 인지이론의 시초이다.

④ 베르트하이머는 형태주의 심리학의 창시자이며 쾰러(W. Kohler), 코프카(K. Koffka)와 함께 게슈탈트 학파를 형성하였다.

(2) 인지학습이론의 관점

① 인지주의자들은 학습자가 현상이나 아이디어를 탐색하고 추측하며, 그들의 가설을 다른 학습자와 공유하고, 필요하다면 그들의 원래의 생각을 수정할 수 있는 충분한 시간과 기회를 많이 제공해야 한다고 주장한다.

② 인간의 학습에는 복합적인 정신적 과정이 중요한 역할을 한다.

③ 학습은 인지구조의 습득과 변형으로 본다.

④ 인지이론에서 중요하게 생각하는 정신적 과정은 지각, 통찰, 인지 등이다.

(3) 내포의 법칙

① 어떤 상황을 독립되고 무의미한 단편으로 지각하는 것이 아니라 어떤 종류의 조직된 전체 또는 게슈탈트(형태)로 지각하는 경향이 있다는 것이다.

② 코프카는 이 법칙을 "심리적인 조직화는 주어진 상황에서 가능한 한 가장 좋은 것이 되도록 한다."라고 정의했다. 여기서 '좋다'라는 말은 단순하고 압축적이며, 대칭적이고 조화를 이루는 것을 의미한다.

③ 내포의 법칙은 지각, 학습, 기억현상을 설명하는 데 기본이 된다.

(4) 지각의 원리

① 유사성의 원리 : 유사한 요소들은 상이한 요소들과 등거리에 있을 때 유사한 것끼리 함께 지각되는 경향이 있다.

② 근접성의 원리 : 가까이 있는 요소들은 멀리 떨어져 있는 동일한 요소들보다 먼저 지각된다.

③ 완성성(폐쇄성)의 원리 : 불완전한 것을 완전한 것으로 보려는 경향이 있다.

④ 연속성의 원리 : 기존의 요소들이 선행요소들의 방향으로 계속되는 것처럼 보이며, 서로 연결된 것으로 본다.

⑤ 간결성의 원리 : 현상을 간단, 명료하게 지각하는 경향이 있다.

② 통찰이론

켈러(Kohler)의 통찰이론은 학습을 반응의 변화가 아니라 지식의 변화로 보며 목적, 통찰력, 이해와 같은 정신적 과정을 강조하고 성공적 수행은 과거의 경험보다 현재 상황 속의 관계를 이해하는 데 더 밀접한 연관성을 갖는다.

(1) 관찰의 대상

① 켈러는 침팬지가 손을 펼쳐서 닿을 수 없는 천장에 바나나를 매달아 놓고 침팬지의 행동을 관찰하였다. 실험실 안에서 침팬지들은 시행착오적 행동을 하였으나 실패하였다.

② 어느 침팬지이든 문제를 처음으로 해결할 때까지는 많은 시간이 경과되었으나 두 번째 시도부터는 문제를 즉시 해결하였다.

③ 켈러에 의하면, 침팬지는 어느 순간에 문제해결의 통찰(Insight)을 얻어 주변 상황의 관계성을 파악하게 되었다는 것이다.(a-ha학습)

④ 형태주의에 기초한 인지주의 학습은 인지적 과정으로 사고, 통찰력의 변화이다. 켈러는 문제 상황이 제시되면 그 상황에 있는 모든 자극들을 전체적으로 지각하여 자극들 간의 관계를 파악함으로써 문제해결을 할 수 있다고 설명한다. 즉 상황적 요소들을 지각하여 자극들 간의 관계를 파악하는 통찰(insight)을 통해 시행착오과정을 거치지 않고도 한 번에 문제를 해결할 수 있다고 본다.

> **더 알아보기**
>
> **a-ha학습**: 문제에 대한 갑작스런 통찰로 문제가 해결되는 현상으로 아르키메데스가 a-ha하고 목욕탕을 뛰쳐나온 것에서 유래되었다.

(2) 통찰이론이 주는 변인

① 통찰을 통한 문제해결은 문제상황에 배열된 요소들을 전체적으로 지각하고 그 요소들의 관계를 파악함으로써 가능하다.

② 통찰을 통해 해결한 방법은 반복적으로 연습하지 않아도 오래 유지되고 쉽게 재연된다.

③ 통찰은 어떤 특수한 상황에만 적용되는 문제해결 능력을 의미하지 않는다. 문제해결을 위한 자극들의 관계를 파악하는 능력은 문제상황의 자극들을 지각하는 인지적 능력이다.

④ 손다이크의 S-R 결합 이론에서는 자극과 반응의 결합에 필요한 행동적 시행착오였지만 켈러의 인지적 시행착오는 통찰이 발생하기 전에 여러 가지 방법들을 마음으로 시행해보는 정신적 시연(mental rehearsal)이다.

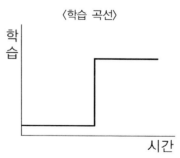

〈학습 곡선〉

❸ 장이론

장이론(인지적 장심리학)은 레빈(K. Lewin)의 주장으로 어떤 순간의 인간행동은 그때 경험되는 전체적인 심리적 사실들의 수에 의해 결정된다. 이 모든 심리적 사실들은 각 개인의 '생활의 장'을 구성해 어떤 것은 긍정적인 영향을, 어떤 것은 부정적인 영향을 주기도 한다. 이러한 심리적 사실의 변화는 전 생활의 장을 재구성해 준다.

(1) 장이론의 개념과 특징

① 장이론의 개념

- ㉠ 장이란 개념은 원래 물리학의 개념으로 사람이 사물을 인지할 때 그 사물 하나와 관계를 맺는 것이 아니라, 그 사람의 심리에 영향을 주고 있는 모든 사물 및 사실이 함께 관계를 맺게 된다는 것이다.
- ㉡ 장이란 인지가 일어날 때 그 사람에게 심리적으로 영향을 준 전체적 상황이라고 설명할 수 있다. 생활공간을 구체적으로 설명함으로써 '장'이란 개념을 이해하면 된다.
- ㉢ 인간은 어느 시점에서 특정의 목표를 추구하려는 내적 긴장에 의해서 특정한 목표를 가질 때에는 그 목표를 달성할 수 있는 방법에 대해 나름대로의 신념을 가지게 된다.

② 장이론의 특징

- ㉠ 지각과 실재의 상대적 관계 : 생활공간으로서의 장은 개인의 인지의 내용으로 되어 있다. 개인의 지각과 환경이 상호작용하며 상호관계 하므로 유기체나 환경의 어느 한쪽만을 취급해서는 행동을 이해할 수 없다.
- ㉡ 행동의 목적성 : 장이론에서는 인간이 자신의 자아관심을 추구하려는 특성이 있다고 믿는다. 즉, 자아관심추구라는 것은 행동 상에 목표가 설정된다는 것을 뜻한다. 장이론의 목적성은 현실적 생활상황 내에서 확립되는 것이다.
- ㉢ 심리적 기능의 강조 : 장이론에서는 심리적 기능과 심리적 사건을 강조한다.
- ㉣ 상황의 강조 : 장이론의 연구는 항상 전체로서의 상호 즉, 장의 설명으로 시작하고 그 상황의 다양한 영역들을 세세히 분석함으로써 진행된다.
- ㉤ 현시성의 원리 : 장이란 현재 개인이 인지하는 내용이기 때문에 행동은 과거나 미래의 어떤 사건에 의하여 원인이 되는 것이 아니라, 현재 장의 영역에 의한 기능이라고 하는 것이다.

(2) 장이론의 주요 요소

① 생활공간 : 개인과 심리적 환경으로 구성된다.

② 위상 : 생활공간을 표현한 것으로, 지각이나 활동의 범위를 나타낸다.

③ 벡터(Vector) : 방향이나 강도를 나타내는 것으로, 심리적 운동에 영향을 미친다.

④ 행동방정식 : 의식적 경험으로, 생활공간에서 일어난다.

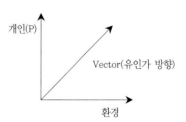

더 알아보기

벡터

Lewin은 형태심리학을 위상심리학 또는 벡터심리학으로 발전시켰다. 즉 그는 행동을 규정하는 제 조건을 취급함에 있어 과학적 구성개념으로 설명하기 위하여 토포로지 기하학의 개념을 사용하여 표현하였다. 이것에 대해서 장의 역동설을 한층 명확하게 하였으며, 이 장의 개념에다 그의 학설을 전개하였다. 그리고 그는 생활체에게 외계가 부여하는 것은 단지 보고, 듣고, 감촉하는 감각의 총체만이 아니고 마음을 끄는 plus valence라든가 혹은 반발하는 minus valence를 가지고 있다고 하였다. 그는 이러한 관계에서 생활체의 이를 둘러싸고 있는 외계와의 관계를 이것으로 파악하며 장의 개념을 성립시켰던 것이다. 인간은 그가 말하는 이러한 장 가운데서 행동하고 있는데, 어떤 일정한 순간에 있어서 개인의 행동을 구성하는 조건의 총체를 생활공간이라고 하였다. 이리하여 행동을 이 생활공간의 함수관계라고 하며 이것을 B=f(L)로 표현하였다. 따라서 생활공간은 크게 사람(P)과 환경(E)으로 나눌 수 있기 때문에 B=f(L)는 B=f(P, E)로 바꾸어 쓸 수 있다. 이것은 Lewin의 근본적인 행동법칙인 것이다. Lewin은 학습론에서 학습이란 행동의 속도·성질·개선 등의 변화라 하여 즉 "이전보다는 낫게 되도록 하는 것"이라고 학습을 다음과 같은 형태로 구분하였다.

(3) 장이론과 학습과의 관계

장이론에서는 지적 고정이 목표에 의해 많은 영향을 받으며 학습활동은 물론이고 습관형성도 목표에 의해 제시되는 것으로 본다. 학습이란 통찰이며 지적 구조의 변화이다.

① **영역** : 대상이나 활동에 대한 심리적인 의미를 나타내며, 생활공간의 유기적인 부분이다.

② **분화** : 분할되는 과정을 의미하며, 영역보다 작은 것을 나타낸다.

③ **일반화** : 일련의 공통적인 특징을 밝혀내고 일반적인 개념이나 개념을 형성하는 과정인 것이다.

④ **재구조화** : 생활공간의 방향을 재정의 하는 것으로, 생활공간의 상이한 기능적인 영역의 의미 있는 영역을 자각할 때 이루어진다.

4 톨만의 목적적 행동주의

(1) 기호형태설

① 톨만(Tolman)은 행동주의와 형태주의 학습이론을 접목시킨 목적적 행동주의를 주장하였다.

② 그는 "모든 행동은 목적적이다."라고 가정하였다. 즉, 행동은 어떤 목적을 향하여 단순한 자극 – 반응의 연합보다는 목적과 관련된 지배를 받는다.

③ 학습에 포함된 인지도란 목적물과 환경 사이의 관계에 관한 내적 지식과 목적물을 찾게 될 환경을 의미한다.

④ 스키너와는 다르게 톨만은 강화를 학습에 필수적인 것으로 보지 않았다.

⑤ 강화는 학습한 것의 수행에 영향을 미치는 것이지, 학습에 영향을 미치는 것이 아니다.

(2) 잠재학습

① 톨만은 쥐의 미로실험에서 쥐가 미로를 통과하면서 학습하는 것을 인지도(cognitive map)이라고 보았다.

② 톨만은 잠재학습에서 학습이 강화 없이도 가능하며 강화는 학습한 것을 수행하는 것으로 나타내는 동기가 될 뿐이라는 것을 증명하였다.

③ 쥐의 미로실험 : 쥐를 3집단으로 나누어 매일 미로를 달리게 하며 A집단은 미로의 끝 목표점에 도달할 때 먹이를 주고 B집단은 목표점에 도달해도 먹이를 주지 않으며 C집단은 처음 10일 동안 목표점에 도달해도 먹이를 주지 않았다가 11일째부터 먹이를 준다. C집단은 12일째부터 오류수가 급격히 줄어들어 첫 번째 집단과 비슷하게 나타나며 이것은 C집단의 쥐가 처음 강화를 받지 않아 학습이 되었지만 수행으로 나타나지 않다가 강화를 받고 난 이후 수행을 한 것이라고 할 수 있으며 이것을 잠재학습이라고 한다.

④ 잠재학습은 이미 학습은 되었으나 보상이 주어질 때까지는 학습한 것이 나타나지 않고 잠재해 있는 것을 말하며 톨만은 강화를 학습에 필수적인 요소가 아니라 학습의 수행에 영향을 미치는 요인으로 보았다.

(3) 형태주의 학습이론의 공헌

① 형태주의 학습은 이전의 조건학습의 원자론적 접근을 비판하며 지각과 인지과정의 통찰과정을 학습의 주요한 요인으로 보았다.

② 형태주의 학습은 전체의 문제에 대한 인지구조를 중요하게 다루며 이해를 통한 학습, 즉 구성주의적 접근을 시도한다.

③ 형태주의 학습은 외적 강화보다는 내재적 강화에 관심을 가지고 생물체의 통찰학습에 중점을 준다.

❺ 정보처리이론

정보처리이론 연구자들은 인간학습을 인간이 정보를 획득하고 보유하는 방법, 자신이 배울 것의 내용과 방법을 결정하는 것으로 서술하고 있다. 정보처리이론은 인간의 정보처리 과정을 컴퓨터의 기능에서 유추해 낸 인지이론으로서 인간이 어떻게 정보에 주의를 기울이고, 어떻게 정보를 인식, 변환, 저장하며, 어떻게 그 정보를 필요할 때 복구해 내는지에 대해 설명해 준다.

(1) 심리학적 정보이론

① 정보와 학습이론

ㄱ 학습이론에서는 강화를 강조하지만, 학습효과나 수행능력을 변화시키는 '동기로서의 특성'인지, 아니면 강화인자의 존재나 강화인자의 영향을 받는 인간이나 동물 행동과의 관계에 대한 지식 때문인지에 대해 오랫동안 의문시 되어 왔다.

ⓒ 최근에 와서 중요한 강화인자의 정보적 가치를 인정하게 되었고, 기존 연구자들이 과소평가한 학습과 정보의 관련성을 인정받게 되었다.

② **통신기술과 심리학** : 기존의 심리학적 연구 풍토는 행동을 기술하고 예측하려고 이론을 사용했지만 기술자와의 교류를 통해 체계가 제 기능을 수행하면서 개선될 수 있는 방법을 찾고 기존의 체계를 검토하는 법을 알게 되었다.

(2) 정보이론이 심리학자들에게 미친 영향

① 정보이론을 통해 심리학자들은 인간 학습을 결정적 관점이 아닌 가능성(개연성)의 관점으로 바라보게 되었다.

② 피험자의 학습과 행동에 큰 영향을 주는 실제 제시된 자극과 마찬가지로, 제시되었을지도 모르는 일련의 자극의 중요성을 심리학자들이 인정하게 되었다.

③ 정보이론은 초기의 심리학에 비해 훨씬 세부적으로 인지과정을 연구할 수 있는 이론적 기초가 되었다.

(3) 정보이론이 심리학자들에게 미친 영향

① **컴퓨터의 정보처리** : 컴퓨터는 자료를 저장하고 분석·평가하며 처리의 결과를 보고한다.

② **인공지능과 시뮬레이션** : 인공지능의 실제적 목표는 컴퓨터가 정보를 저장, 보유, 조작, 사용하는 최적의 방법을 알아내는 것이다. 컴퓨터 프로그램의 형태로 심리학적 이론을 쓰고자 시도함으로써 컴퓨터는 같은 과제에 대한 인간의 문제해결활동에서 드러나는 것과 같은 성취와 실패를 보이게 될 것이다.

③ **인간의 정보처리능력에 대한 이론의 발달**

ⓒ 개인의 행동은 위계적 관계로 배열된 기본적 정보처리에 의해 지배된다는 입장을 취한다.

ⓒ 뉴웰과 사이먼은 문제해결을 시도하는 각 개인들을 집중 관찰한 결과를 바탕으로 이론을 유출하고 생성해 냈다.

(4) 인지적 정보처리이론과 학습

인지적 정보처리 관점에서 인간학습자는 컴퓨터가 정보를 처리하는 것과 같은 방법으로 정보를 처리하는 정보처리자로 간주된다. 일반적으로 정보처리이론의 구조는 정보저장소와 인지처리과정의 두 가지 요소로 구성되어 있다.

(5) 정보처리이론의 접근

① **구조이론적 접근**(Atkinson-Shiffrin, 1968) : 정보처리이론 중 가장 영향력 있는 이론(이중기억 모형)으로 감각등록기 - 단기 - 장기 기억의 세 구조를 거치면서 정보가 처리된다고 가정한다. 여기에는 어떤 정보에 주의를 기울이고 저장과 인출에 어떤 책략을 사용할 것인가에 따라 학습의 정도가 달라질 수 있다.

POINT Atkinson – Shiffrin의 다단계모형
정보→감각기억→단기기억→저장→장기기억→인출→반응

② **과정이론적 접근**(Craik와 Lockart, 1972) : 정보처리 수준 또는 깊이 모형이라고 한다. 정보처리를 연속적인 과정이며 단기기억과 장기기억의 구조를 정보처리 과정의 수준 차이로 해석할 수 있다고 간주한다. 학습할 내용을 얼마나 정교화 하느냐에 따라 기억의 정도가 달라질 수 있다.

> **더 알아보기**
>
> **구조이론(이중기억 모형=중다저장모형)과 과정이론(처리수준)의 차이점**
> 1. 처리의 순서에 차이가 있다 : 이중기억 모형은 정보는 감각등록기 – 단기 – 장기기억으로 순으로 처리되지만 처리 수준 모형은 순서를 가정하지 않는다.
> 2. 처리의 유형이 기억에 미치는 방식에 차이가 있다 : 처리수준모형에서는 처리되는 수준이 깊을수록 기억이 잘되는 반면 이중기억이론에서는 동일 유형에 대해 부가적인 처리를 할수록 기억이 잘 된다. 즉, 더 많이 시연될수록 더 잘 회상될 수 있다.

(6) 정보처리 모형

① **정보처리모형**(중다저장모형) : 정보처리과정과 저장장소를 중심으로 순차처리를 설명하는 이론으로 정보처리모델은 감각기관(눈, 귀 등)를 통해 들어온 신호를 처리하는데 정보저장소에 저장된 정보를 주의집중, 지각, 시연, 부호화, 인출의 인지처리과정을 통해 장기기억으로 전이하는 것을 말한다. 정보처리이론은 학습자의 정보처리를 순차처리로 이해하고 있다.

② **처리수준이론** : 정보처리모델의 반발로 나타난 처리수준이론은 정보를 처리하는 수준에 따라 정보의 지속력(기억력)이 다르다고 주장한다. 수준은 지각으로 환경에 대해 즉각적으로 깨닫게 해주며 의미수준의 분석이 최선의 기억을 할 수 있도록 해준다. 즉 최선의 기억이란 의미수준에서의 기억이며 이 때 정교화의 정도도 가장 크게 나타난다.

③ **이중부호이론** : 정보를 시각이나 언어의 형태(이중 부호화하여)로 나누어 저장하여 기억력을 높일 수 있다고 설명한다. 이중부호처리는 정보의 병렬분산처리로 정보가 처리된다.

④ **병렬분산처리모형** : 정보가 감각등록기, 작업기억, 장기기억에서 동시에 처리된다고 가정하는 것으로, 정보가 병행적으로 처리되고, 또 신경망 전체에 분산되어 표상되어 있음을 말한다.

⑤ **연결주의모형** = 신경과학 접근, 새로운 틀로서 최근 인지심리학들이 선호
　　㉠ 인간의 뇌는 디지털방식 이라기보다는 아날로그 방식(동시에 많은 것을 처리, Parallel Distributed Processing, PDP)
　　㉡ 지식이 두뇌에 저장될 때, 낱개로 순차적으로 처리되는 것이 아니라 결합되어 처리, 저장된다고 설명하는 것으로 연결주의(신경망 모형)은 지식이 분리되어 존재하는 것이 아니라 두뇌 속에서 결합되어 신경망의 그물형태로 저장된다고 주장한다. 이것은 의도적인 학습을 하는 메타인지와 관련되어 있으며 인간의 인지과정이 계열적이 아닌 병렬적인 처리과정으로 동시에 여러 가지를 처리할 수 있다.

(7) 정보처리모형

① 정보저장소

    ㉠ **감각등록기** : 학습자가 귀나 눈과 같은 감각수용기관을 통해 최초로 정보를 매우 짧은 시간 동안 저장한다.

    ㉡ **단기기억(작동기억)** : 일시적인 저장장소로, 성인의 경우 약 5~(7±2개)6개의 정보가 20초 동안 저장될 수 있다.

    ㉢ **장기기억** : 영구적으로 무한한 정보를 저장할 수 있다.

② **인지처리과정** : 인지처리과정이란 어떠한 정보를 하나의 저장소에서 다른 저장소로 옮기는 내부적이고 지적인 활동을 의미하며 주의집중, 지각, 시연, 부호화, 인출과 망각 등의 처리과정이 포함되어 있다.

    ㉠ **주의집중** : 자극에 반응하는 것을 의미한다. 따라서 학습은 주의집중을 함으로써 시작된다.

    ㉡ **지각** : 경험에 의미와 해석을 부여하는 과정으로, 일단 지각이 일어난 자극은 그것이 '객관적 실재'로서의 자극이 아니라 개인마다 다르게 받아들이는 '주관적 실재'로서의 자극이 된다.

    ㉢ **시연** : 작업기억 안에서 이루어지는 처리과정으로, 작업기억 안으로 들어온 정보는 시연을 통해 파지가 되기도 하고 장기기억으로 전이가 되기도 한다.

    ㉣ **부호화** : 장기기억 속에 존재하고 있는 기존의 정보에 새로운 정보를 연결하거나 연합하는 것으로 작업기억에서 장기기억으로 정보를 이동시키는 과정이다.

    ㉤ **인출** : 장기기억에서 정보를 찾는 탐색과정이며, 효과적으로 부호화되지 않으면 효과적으로 인출될 수 없다.

    ㉥ **인출실패** : 부호화가 잘못되어 있는 경우 또는 인출단서가 잘못된 경우 인출실패가 나타날 수 있다.

> **POINT** 인출과 관련된 개념
> • 상태의존적 기억 : 부호화할 때와 인출할 때의 상태가 일치할 때 더 잘 기억나는 현상으로 예를 들어 스킨스쿠버가 지상에서 학습한 것이 물 속에서 인출실패가 나타나는 것으로 상태가 같은 조건에서 인출이 더 잘되는 맥락단서의 일종을 말한다.
> • 정서일치효과 : 행복한 기분일 때 불쾌한 정보보다는 유쾌한 정보를 더 잘 기억하고 슬프거나 우울한 기분이 일 때는 즐거운 정보보다 불쾌한 정보를 더 잘 기억하는 현상을 말한다.
> • 맥락단서 : 어떤 사건을 사건이 일어났던 상황 속으로 돌아가서 생각해 봄으로 인출을 돕는 것을 말한다.

③ 기억의 병렬처리와 계열처리

    ㉠ **단기기억 계열처리** : 스턴버그(Saul Sternberg)의 기억탐사실험

        ㉮ 스턴버그는 단기기억 재인 및 재생에 대한 실험으로 기억탐사실험을 실시하였다. 숫자(2, 5, 7, 10 등)를 제시한 다음 자극(3, 4 등)이 되는 숫자를 제시한다. 제시되는 자극이 기존에 제시된 숫자와 일치하는지의 여부를 파악하는 것으로 기존의 숫자가 많을수록 기억되는 반응시간은 오래 걸린다. 이것을 계열처리라고 한다.

        ㉯ 반응 시간은 외울 목록 내의 숫자가 몇 개인가에 비례해서 증가한다는 것을 발견하였다. 각각의 수가 하나씩 첨가될 때마다 사람들의 반응은 1/25초씩 더 오래 걸렸다.

㉰ 만약 사람들이 맞는 숫자를 탐지하자마자 그 목록에 대한 심적 탐색을 중지한다면 그들의 '예' 반응시간은 '아니오' 반응보다 덜 걸릴 것이다. '아니오' 반응은 그 목록에 목표자극 숫자가 포함되어 있는지를 확인하기 위해 전체 목록을 탐색해야 하기 때문이다. 그러나 사실상 '예' 반응과 '아니오' 반응이 목록 길이에(숫자가 하나씩 더 첨가됨에) 비례해서 동일하게 반응시간이 느려졌다. 따라서 스턴버그는 사람들은 목표자극이 앞에서 나타나서 이를 맞추어 본 후에도 전체 목록을 다 탐색하며, 반응은 전체목록을 다 탐색한 후에 한다는 것이다.

ⓛ 장기기억 병렬처리 : 컴퓨터 모의실험(simulation)

㉮ 브로드벤트는 그런 다양한 결과들 모두가 어떻게 단일한 기본적 병렬(parallel) 기제에서부터 발생하는가를 보여주는 컴퓨터 모델을 발전시켰다. 그는 마음이 '예'나 '아니오' 반응을 하기 위해 증거를 모으고 검토한다고 제안한다. 이는 마치 통계학자들이 불확실성에 당면하였을 때 결정을 내리는 과정과 같다.

㉯ 증거의 강도는 목록의 각 항목에 하나의 등록기가 할당되는 등록기들의 집합 내에 병렬적으로 모아진다. 즉, 입력되는 각 항목은 목록의 모든 항목들과 비교되고, 긍정적인 부합이 일어나면 그것은 관련 등록기 내의 값을 특정 양만큼 감소시킨다.

㉰ 브로드벤트의 컴퓨터 모의실험에서는 기억의 처리과정에 있어서 계열처리가 아닌 일정한 반응시간이 나타난다고 할 수 있다.

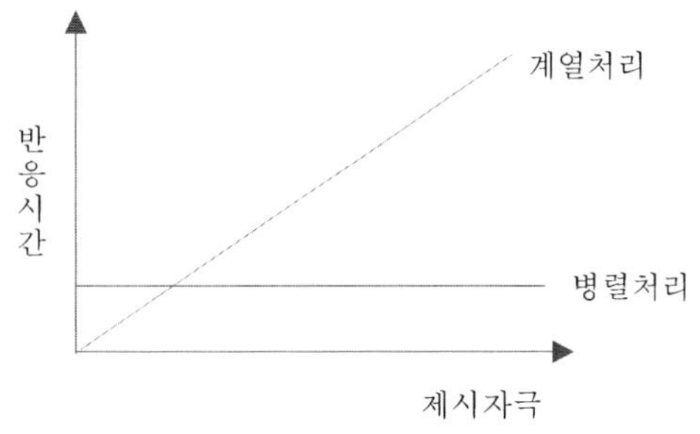

(8) 교육연구와 개발에 관한 시사

① 정보처리이론은 교육과 관련 있는 과정에 관한 정보를 제공한다. 다른 이론에 비해 아동이나 청소년 대상보다는 성인을 대상으로 하였으나, 인간 피험자에 관한 자료를 수집하였다.

② 장기기억의 특징과 과정이 수업에 주는 시사점

㉠ 수업은 학습될 자료를 여러 가지 방법으로 제시하는 것이 바람직하다.

ⓛ 수업은 정보검색 가능성을 극대화하도록 조직되어야 한다.

구분		내용			
자극	감각기억	• 감각자극 수용 : 일시적 정보 저장고 • 무제한 용량 및 짧은 지속시간(시각:1초, 청각: 4초) • 원자극 형태로 보관 : 시각(사진처럼 이미지화), 청각(메아리처럼 소리패턴화)	주의	• 정보의 한 부분에 선택적으로 집중 : 감각등록기의 1/3만 처리 • 학습의 시작점 • 단기기억에 연결(처리량 제한)	쇠퇴 (소실)
			지각	감각기관으로부터 받아들인 정보를 탐지, 의미부여	
메타인지	작업기억 3가지 구성요소 ① 음운루프 ② 시공간잡기장 ③ 중앙집행기	• 정보를 처리하는 동안 정보 유지하는 정보저장고 • 의도적 사고활동이 일어남 • 새로운 정보가 일시적으로 머물면서 장기기억 지식과 결합 • 컴퓨터의 중앙처리 장치와(CPU) 유사 • 한번에 7 ± 2개 정보만 유지 • 감각기억에서 주의, 지각을 받아넘어온 정보가 5~20초 정도 지속 • 인지부하이론 : 작업기억 한계를 극복하는 방안으로 청킹, 자동화, 이중부호처리를 활용해 기억 지속가능 • 청킹 : 의미단위 • 자동화 : 자각이나 의식적인 노력 없이 수행할 수 있는 정신적 조작의 사용 • 이중부호처리 : 시각과 청각 정보를 동시에 보내어 부호처리 • 시연을 통해 작업기억 속의 정보 보존	부호화	• 장기기억에의 정보표상(유의미화, 부호화)부호화방법 • 정교화 : 기존지식에 추가적 연결(새로운 정보연결, 사례, 유추, 기억술 등) • 조직화 : 관련 내용범주화(도표, 행렬표, 위계화, 개요, 모형제시, 지도, 그래프 등) • 심상화 : 이중부호화이론과 관련(언어적 정보와 그림을 함께 연결, 언어적 정보와 청각을 함께 연결) • 맥락화 : 학습할 정보를 상황과 연결	망각 (소실)
			시연	작업기억에서 충분히 시연할 경우 장기기억으로 전달	
	장기 기억	• 영구적, 무한정 정보 저장고 • 내용 : 의미기억(선언적 기억), 일화기억, 절차기억, 조건적 지식	인출	• 장기기억으로부터 정보 가져오는 것 • 활성화 확산방식(하나의 정보를 인출하면 관련 정보 함께 인출) • 부호화특수성 : 부호화방식과 인출방식이 일치할 때 인출이 잘 됨	망각 (회복 가능)

더 알아보기

작업기억의 3가지 구성요소(Baddeley)
㉠ 음운루프(언어정보를 일시적으로 저장하는 임시저장소)
㉡ 시공간 잡기장(시공간정보를 일시적으로 저장하는 임시저장소),
㉢ 중앙집행기(정보의 통합이나 주의 배분과 같은 처리를 주로 담당)

6 신경계 관련 이론

(1) 신경계(nervous system / nerv)

① **신경계의 의미** : 신경계는 많은 신경세포로 구성되어 있다. 이 신경세포에는 '뉴런'이라고 하는, 신호전달의 가장 기본이 되는 세포도 있으며 '글리아세포(glial cell)'라는 좀 더 보조적으로 작동하는 세포도 있다. 일반적으로 신경세포라고 할 때는 단순히 뉴런만을 가리키기도 한다. 뉴런은 세포본체가 되는, 핵이나 미토콘드리아 등이 있는 신경세포체와 거기서 뻗어 나온 돌기로 구성되어 있다. 이 돌기는 '수상돌기(수지상돌기)'와 '축삭돌기(축색돌기)' 두 가지가 있는데, 둘 다 섬유 형태로 뻗어 있으며 특히 축삭돌기는 매우 가늘고 길게 뻗어 있다. 때문에 축삭돌기를 흔히 신경섬유라고 한다. 신경은 여러 가지 의미로 쓰이지만 보통 이러한 신경섬유의 다발을 일컫는다. 이러한 신경섬유는 동물을 해부했을 때도 관찰할 수 있다. 신경계는 유전자에 의해 설계되어 있으나 환경에 노출되어 있기 때문에 환경에서의 경험에 의해 신체에 많은 변화를 일으키게 한다.

> **더 알아보기**
>
> **신경계 및 뇌와 관련된 용어**
> ① 신경 : 축색돌기 다발
> ② 수초 : 축색돌기를 덮고 있는 절연체
> ③ 신경전도체 : 열구에서 방출된 수천개의 미립자로 구성되어 있다.
> ④ 란비어절(node of ranvier) : 신경흥분이 빠른 속도로 연접전말단에 이르게 하는 역할을 하며 수초가 덮인 축색돌기 위의 틈새
> ⑤ 브로카 영역은 두뇌 좌반구 하측 전두엽에 위치한 영역으로, 언어의 생성 및 표현, 구사 능력을 담당하는 부위이다.
> ⑥ 편도체는 뇌의 변연계(limbic system)에 속하는 구조의 일부로서 동기, 학습, 감정과 관련된 정보를 처리하는 데 중요한 역할을 한다.
> ⑦ 후두엽은 뇌 뒤쪽에 있으며, 이 후두엽에는 시각 중추가 있어서 시각 피질이라고도 부른다.
> ⑧ 기저핵(basal nucleus)은 다양한 기원의 피질하핵(subcortical nucleus)이 모여 이루는 뇌 내 구조물로서, 사람을 포함한 척추동물에서 전뇌(forebrain)의 하부와 중뇌(midbrain)의 상부에 위치하고 있다. 기저핵은 수의 운동(voluntary movement), 절차 기억(procedural memory), 안구 운동(eye movement), 인지(cognition), 감정(emotion) 등의 기능을 수행하는 데 중요하다.

② **신경계의 구성** : 신경계는 가장 크게 중추신경계와 말초신경계로 구분할 수 있다. 중추신경계는 들어온 자극을 종합해서 반응을 생성하는 신경계이며, 말초신경계는 자극과 반응을 전기 신호의 형태로 전달하는 역할을 한다. 척추동물에서 중추신경계는 뇌와 척수에 해당하며 말초신경계는 신경섬유의 형태로 감각기관과 근육, 내장 등을 중추신경계와 이어 준다. 중추신경계는 주로 연합뉴런으로 구성되어 있고, 말초신경계는 자극을 받아들여 중추신경계에 전달하는 감각뉴런과 중추신경계에서 만들어진 반응을 몸 곳곳에 전달하는 운동뉴런으로 구성되어 있다. 또한 말초신경계는 동물이 의식적으로 조절할 수 있는 작용을 맡고 있는 체성신경계와 의식적으로 조절할 수 없는 작용을 맡고 있는 자율신경계로 구분할 수도 있다. 자율신경계는 서로 반대되는 작용을 하는 교감신경계와 부교감신경계로 나뉜다.

POINT 신경계의 구성
- 뇌신경계 12쌍과 척수신경 31쌍으로 구성되어 있다.
- 좌반구(우성반구)는 일반적으로 말이나 문자에 대한 신경학적 토대를 제공하고, 이 기능들은 의식적인 사고를 기술하고 표현하는데 아주 중요하기 때문에 ,종종 우성 반구로 일컬어지기도 한다. 언어와 수학 등과 같은 논리적 사고기능을 담당하며 독자불능증과 관련되어 있다.
- 우반구(열성반구)는 공간, 지각능력과 관련되어 있으며 예술과 직관 등 심리적 사고를 지배하게 된다.

section 3 구성주의 교수 – 학습이론

1 구성주의의 개념

구성주의자들은 인식론적 측면에서 실재(Reality)는 개인의 마음속에 존재하며 지식은 인식의 주체인 학습자가 능동적으로 구성해 간다고 믿는다. 지식은 인식주체의 외부세계에 객관적으로 존재하며, 그러한 지식에 관한 정보는 외적 세계를 지각하고 표상하는 과정을 거쳐 이루어진다고 믿는 전통적 인식론을 거부하는 것이다.

(1) 의의

① **표상이 아닌 적용** : 피아제는 생물학에서 사용하는 유기체와 환경과의 관계에 대한 '적응'개념을 인식적 주체의 개념구조와 경험적 세계와의 관계를 이해하기 위한 단서로 보고 자신의 발생학적 인식론에 적용하였다.

② **환경에 대한 의미** : 환경이란 변화하지 않는 사물들과 우리의 경험 속에서 추상화해 온 관계 모두를 포함한 전부를 의미한다. 한 가지 사물에 초점을 두고 말할 때 환경이란 지적한 사물 주의에 있는 것만을 지칭한다.

③ **의미의 구성** : 상호작용에서의 의미 분석은 개인적인 의미가 타인의 언어적 · 행동적 반응과 양립될 때까지 경험과 단어 사이를 연결 지어 주는 과정을 거치게 된다.

2 구성주의와 객관주의의 비교

(1) 객관주의

① **지식** : 고정적이고 확인할 수 있는 대상이다.

② **현실** : 규칙으로 규명이 가능하며, 통제와 예측이 가능하다.

③ **최종목표** : 모든 상황적 · 역사적 · 문화적인 것을 초월해 적용할 수 있는 절대적 진리와 지식의 추구이다.

(2) 구성주의

① **지식** : 개인의 사회적 경험을 바탕으로 개인의 인지적 작용에 의해 지속적으로 구성되고 재구성되어지는 것이다.

② **현실** : 불확실하며, 복잡하고, 독특함을 지니고, 예측이 불가능하다.

③ **최종목표** : 개인에게 의미 있고 타당하고 적합한 것이면 모두 진리이며 지식이다.

③ 구성주의의 교수 – 학습원칙

(1) 학습자의 학습에 대한 주인의식

모든 학습 환경은 자율적 학습자의 생각과 지식, 능력을 적극 발휘시킬 수 있게 조성되어야 한다.

(2) 자아성찰 실천

자신의 모든 개인적 경험이나 일상적 사건이나 현상에 대해 항상 의문을 가져 보고 분석하고, 그 대안을 구한다.

(3) 협동학습 환경의 활용

자연적으로 자신의 견해와 생각을 논리적이고 설득력 있게 제시하는 기술도 익히게 되며, 토론과 협상의 기술 역시 익힐 수 있다.

(4) 조언자, 동료 학습자로서의 역할

학습자의 학습을 돕는 조언자이며, 나아가 배움을 같이하는 동료 학습자로서의 역할을 담당한다.

section 4 교수 – 학습이론

① 듀이의 교육원리 : 경험주의

듀이(Dewey)의 교육사상의 핵심은 성장과 변화경험의 끊임없는 개조를 강조한 데 있다. 교육을 하고 교육을 받는 과정은 상호간의 경험을 개조하고 경험을 다시 쌓아 올리는 계속적인 성장·발달의 과정이다. 이러한 생각은 구성주의적 개념의 시발점이라고 볼 수 있다. 20세기의 진보주의 교육으로 교육은 계속적인 경험의 재구성이며 생활에 의한 학습이라고 본다.

(1) 듀이의 교육사상

① 과학적 사고방법의 지성

  ㉠ 과학적 사고방법은 자연과학에서 사용되어 왔던 인간의 지성적 개념으로, 관찰, 분석, 명료화, 특성의 참작, 결과의 검증, 가설 정립 등의 탐구과정을 의미한다.

  ㉡ 지성은 항상 현성과정에 있으며, 지성을 유지하고 보존하려면 결과를 관찰하려는 꾸준한 기민성과 배우려는 열린 마음의 의지와 적응의 용기가 있어야 한다.

  ㉢ 듀이는 과학의 급속한 발달이유를 인간의 지성적 방법에 대한 활용으로 보고 인간의 교육문제에 대한 적용 가능성을 강조하였다.

② 반성적 사고과정의 지성

  ㉠ 반성적 사고의 의미 : 정신 속에서 사고의 문제를 발견하고 그 문제를 중시하고 그 문제를 연속적으로 사고하는 것이다.

  ㉡ 반성적 사고과정의 특성
    ㉮ 연쇄성의 특징을 갖는다.
    ㉯ 결론을 목표로 한다.
    ㉰ 탐구를 촉진한다.

(2) 교육원리

① 놀이 : 아동의 자연성의 발로이며 아동의 의식 및 활동을 보다 높은 수준으로 자극하는 것이다.

② 학교교육의 원리(듀이의 「학교와 사회」)

  ㉠ 학교의 우선 임무는 협력적이며 상호 협조적인 생활양식에 따라 아동을 훈련하고, 그들의 마음속에 서로 공존해야 한다는 의식을 길러 주며, 협동정신을 가지고 직접 행동으로 옮길 수 있도록 조정하는 일이다.

  ㉡ 모든 교육활동에 있어 제일의 근원은 아동이 가지고 있는 여러 본능적·충동적 태도이다.

  ㉢ 아동의 개인적 경향이나 활동은 아동들이 서로 협력하는 생활양식을 유지하는데 사용된다.

(3) 교육의 목적과 역할 및 방법

① **교육의 목적** : 성장의 계속적 과정이며, 다시 현재를 중요시하고 활동을 중심으로 하는 교육이 되는 것이다.

② **교육의 출발점** : 아동 자신이고, 그것이 사고와 연결되어지는 것을 강조하였으며, 교육방법도 아동의 입장에서 출발하여야 한다.

③ **교사의 역할** : 아동의 사고력을 길러 주기 위한 관찰자·안내자·연결자·제안자·중재자로서의 역할을 해야 하며, 아동과의 계속적 상호작용을 해야 한다.

④ 교수방법

　　㉠ 아동의 본성에 따라야 한다.

　　㉡ 아동의 흥미를 존중해야 한다.

　　㉢ 교육방법, 교육내용, 교육목적은 분리될 수 없다.

　　㉣ 개별화 방법을 찾아야 한다.

　　㉤ 자립적인 자기표현에 의한다.

(4) 교육의 평가

① **듀이의 교육관** : 삶, 성장, 경험으로 압축될 뿐만 아니라 그것 자체가 목적이며 내용이고 방법이며 또한 과정이자 결과인 것이다.

② **듀이가 말하는 가치판단** : 유기체 외부에서 일어나는 것이 아니라 경험을 만드는 주체에 속해 있으며, 이것은 교육목적, 내용, 방법 등과도 일치한다.

② 브루너의 교수이론

(1) 교수이론의 주요 개념

① 브루너(J. Bruner)는 학습이론이나 발달이론은 근본적으로 기술적인 성격을 가지고 있는 반면, 교수이론은 처방적이고 규범적이어야 한다고 주장하였다. 이는 교수이론이 지식이나 기능을 성취하는데 가장 효과적인 방법을 제시해 주어야 하며 특정 교수 – 학습 방법을 평가할 수 있는 기준을 마련해 주어야한다는 의미를 내포한다.

② 교수이론은 학습되어야 할 지식이나 기술 수준의 준거(Criterion)마련과 함께 학습자가 정해진 학습목표까지 도달하는 데 필요한 조건을 제시해 주어야 한다.

③ 브루너는 학문주의자로 경험주의와 교과중심교육을 비판하며 지적능력을 강조한다. 브루너의 교수이론을 학습자의 발달수준이 높아질수록 교육내용과 심도가 넓어지고 높아질 수 있도록 수업사태를 제공하는 구조이론, 나선형이론이라고 한다.

(2) 표상단계

고유한 인지구조에 따라 사물을 파악하고 표상한다고 주장하며, 표상은 3단계를 거쳐 발달하게 된다고 보았다. 이는 피아제의 전조작단계, 구체적 조작단계, 형식적 조작단계에 상응한다.

① **행동적 표상단계** : 아동의 사물에 대한 파악과 표현은 그들이 그 사물에 대하여 취하는 활동의 면에서 이루어진다. 이 시기에는 나무도막 쌓기, 직접적인 경험을 하도록 하는 것이 바람직하다.

② **영상적 표상단계** : 아동은 사물을 파악하고 표현할 때 구체적인 시청각적 및 기타 감각적 영상 및 심상에 의존한다. 이 시기에는 도해, 그림, 사진을 제공하고 교수자가 직접 시범을 보이거나 견학을 하는 것이 바람직하다.

③ **기호적 표상단계** : 아동 및 청소년은 경험을 언어로 설명할 수 있고, 언어를 사고의 수단으로 사용할 수 있어 추상적 심상을 전개할 수 있다.

(3) 준비성에 대한 견해

① 준비성은 학습자가 어떤 학습을 성취할 수 있을 정도로 성숙되어 그 학습이 쉽게 이루어질 수 있는 생리적 바탕이 되어 있음을 말한다.

② 단순한 지식이나 기능을 충분히 습득하게 하여 후속적으로 오는 고차적 지식과 기능이 이루어지게 하는 기본을 마련하는 것이 준비성에 대한 올바른 관점이다.

(4) 교수이론의 특징

① **선행학습 경향성**

　㉠ 선행학습 경향성이란 학습하고자 하는 의욕 혹은 경향성을 뜻하며 사회계층, 인종과 같은 문화적 특징, 외적 혹은 내적 동기체제, 그리고 학습자의 개인적 요인들과 관련되어 있다.

　㉡ 브루너가 제안한 발견학습은 교사가 학습과제를 최종적인 형태로 제공하는 것이 아니라 학습자 스스로 답을 찾아 조직해 나가는 과정에서 이루어지는 학습이기 때문에 과제에 대하여 학습자가 탐구하려는 선행경향성은 매우 중요하다.

② **지식의 구조화**

　㉠ 지식의 구조는 지식의 영역에서 가장 기본적이며 핵심적인 개념이나 법칙, 원리 및 아이디어라 할 수 있다.

　㉡ 구조화된 교과 지식을 학습할 때 경제성과 생성력이 극대화 될 것이다.

③ **학습의 계열화**

　㉠ 학습계열이란 학습자가 학습내용을 이해 · 변형 · 전이하는 능력을 스스로 발휘할 수 있도록 조직된 학습과제의 제시순서를 의미한다.

　㉡ 학습과제의 제시순서는 학습과제의 모호성과 난이도를 좌우하게 되며 학습장면에서 문제해결의 가능성을 탐색하려는 학습자의 의욕과 태도에 많은 영향을 주게 되므로, 부여되는 이해 · 변형 · 전이가 용이하도록 조직되어야 한다.

④ **강화**

　㉠ 학습의 증진을 위해 상과 벌의 성격과 그 적용으로서 강화가 필요하다.

　㉡ 강화는 내적 보상과 외적 보상으로 구분된다.

(5) 발견학습의 조건

① 학습태세 : 학습자가 학습상황에 임해서 보이는 내적 경향성으로 발견학습을 촉진하기 위해서는 발견하도록 하는 제시를 자주하여 학생 스스로 발견할 기회를 충분히 제공하여야 한다.

② 요구상태 : 학습자의 동기수준을 가리키는데 보통의 동기수준이 너무 높거나 낮은 동기수준 보다는 분류체계의 발견에 도움을 준다

③ 관련정보의 학습 : 학습자가 관련된 구체적 정보를 알고 있는 정도로 발견은 우연한 것이 아니고 많은 구체적 정보(개념, 법칙, 원리)의 학습이 발견능력을 촉진하는 것이다.

④ 연습의 다양성 : 정보에 접촉하는 사태가 다양하면 그 정보를 조직할 수 있는 분류체계의 개발이 용이해진다는 것이다.

(6) 발견학습의 과정 및 장점

① 발견학습의 과정

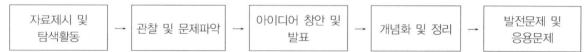

② 발견학습의 장점

  ㉠ 개인의 지적 능력 향상 : 탐구기능과 문제해결력을 터득함으로서 일반전이 (새로운 상황에서 학습한 개념을 적용) 능력이 형성된다.

  ㉡ 내적 보상 : "지적 희열"을 경험하게 된다.

  ㉢ 발견의 과정을 직접 경험함으로써 발견의 기술과 방법을 터득할 수 있다.

  ㉣ 발견학습을 통해 얻은 개념은 오래 기억된다.

(7) 교육실천을 위한 시사

① 학령 전 수준의 아동들에게는 시각적·감각적 경험을 통해 학습하게 함으로써 행동적 표상이 일어나도록 도와야 한다.

② 점차적으로 언어로 생각을 교환할 수 있는 기회를 가능한 한 많이 주어야 한다.

③ 지식과 기술의 구조(원리)가 체계적으로 표현된 내용으로 교육과정을 구성해야 한다.

④ 터득한 개념과 원리를 비슷한 다른 상황에 적용해 보도록 하고, 그 결과로 한 가지 분야에서의 구조를 발견하도록 한다.

⑤ 한 교과의 구조를 알거나 교과에 포함된 기본적 원리를 알면 기본 분류체계의 형성을 증진시킨다.

⑥ 어떤 교과든지 어떤 학생에게도 표현양식의 순서를 따라 가르칠 수 있다는 가능성을 보이고 있다.

브루너의 발견학습은 귀납적 추론에 의한 학습원리를 적용한다.

❸ 오수벨의 설명적 교수이론(선행조직자)

오수벨(Ausubel)은 교사가 많은 양의 정보를 의미 있고 효율적으로 전달하는 방법에 관심을 두었다. 그는 이러한 목적을 위해 인지적 교수 – 학습에 기초한 설명적 교수이론을 제시하였다.

(1) 학교교육의 목표와 기본가정

① 학교교육의 목표 : 정보의 습득이 가장 타당하고 본질적이므로, 교사는 많은 양의 정보를 가능한 한 의미 있고 효과적으로 조직화하고 전달해야 한다.

② 기본가정

  ㉠ 설명적 교수이론에서는 기계적 학습이 아닌 유의미 학습을 강조하고 있다. 그는 유의미한 학습을 설명 하기 위하여 학습과제와 학습자의 두 변인을 설정하고 서로 관련지우고 있다.

  ㉡ 학습자가 올바른 준비태세(학습태세)가 되어 있고 자료가 잘 조직화되어 있으면 의미 있는 학습은 이 루어진다.

  ㉢ 수용학습은 적절한 조건이 갖춰진다면 수동적이지 않다.

  ㉣ 수업설계에 있어서 선행조직자란 학습과제를 제시하기 전에 제시되는 일종의 언어적 설명자료로 학습 과제보다 더 높은 수준의 포괄적, 추상적, 일반개념이나 명제이다.

학습과제의 두 변인 : 실사성과 구속성
실사성이란 한 과제를 어떻게 표현해도 그 과제의 의미가 변하지 않는 특성을 의미한다. 예를 들어 정삼각형은 세변의 길이가 같은 삼각형이다. 라는 논제를 세변의 길이가 같은 삼각형은 정삼각형이다라고 표현해도 의미가 변하지 않는 것 이다. 구속성이란 시간이 지나도 변하지 않는 과제의 특성을 의미한다.
학습과제에 있어서 실사성과 구속성은 학습과제에 대해 학습자가 학습을 하고 싶어 하는 동기가 되기에 중요하다고 오 수벨은 설명한다.

(2) 정보의 조직화

① 각 학문분야가 위계적으로 조직화된 개념들의 구조를 갖고 있으므로, 제일 위에는 매우 광범위하고 추상 적 개념이 존재하고, 아래 부분에는 보다 구체적 개념이 자리 잡는다.

② 브루너(J. S. Bruner)와 마찬가지로 각 분야의 구조적 개념을 학생들에게 가르칠 수 있고, 학생들은 이를 정보처리에 이용할 수 있다고 믿었다.

(3) 교육과정에 주는 의미

오수벨은 다음의 두 원리를 적용하여, 주제영역에서 개념이 학생들의 안정된 인지구조의 일부분이 되는 방식으로 내용을 조직하도록 하며 학생들의 지적 역할을 설명하였다.

① **점진적 분화의 원리** : 학습과제의 위계상 상위에 위치하고 있는 포괄적이고 일반적인 지식을 먼저 제시하고, 그 다음에 점진적으로 세부적이고 특수한 것으로 분화시켜 나가는 것을 말한다. 그 이유는 포괄성이 높은 지식이 포괄성이 낮은 지식을 포섭하는 종속적 포섭형태가 가장 능률적이며, 또한 인지구조도 그에 따라 위계적인 형태를 갖추기 때문이다.

② **설명적 교수 – 학습의 특징과 선행조직자**

　㉠ 설명적 교수 – 학습의 특징

　　첫째, 교사와 학생간의 많은 상호작용을 요구한다.

　　둘째, 많은 예증을 사용한다.

　　셋째, 연역적 방법으로 가장 일반적이고 포괄적인 개념들이 우선 제시되고, 그로부터 구체적인 개념들이 도출된다.

　　넷째, 계열화를 이루며 다음 단계로 이행하기 위한 순서가 정해져 있는 것으로 볼 수 있다.

　㉡ 선행조직자 : 오수벨의 이론에서 중요한 위치를 차지하고 있는 것이 선행조직자(advance organizer)라는 개념이다. 선행조직자는 제시되는 새로운 정보를 포함할 만큼 넓은 관련성, 또는 상위 수준의 입문적 자료를 뜻한다.

　　㉮ 비교조직자 : 학습할 과제와 인지 구조 내에 있는 지식 간에 상당한 유사성이 있는 경우 이들간의 유사성과 차이점을 분명히 하여 상호간의 변별력을 증진시킬 것을 목적으로 제시하는 자료이다. 비교조직자는 이미 존재하고 있는 인지 구조를 활성화시킴으로써, 알고는 있지만 서로간의 적절한 관련성을 찾지 못했던 것들을 이해시키는데 도움을 준다.

　　㉯ 설명조직자 : 학습 과제가 학습자가 알고 있는 기존의 지식과는 전혀 관계없는 새로운 것이어서, 이를 학습자의 인지 구조에 끌어들이기 위한 발판으로 사용되는 조직자를 뜻한다.

　　　따라서 설명조직자는 포섭자, 또는 일반적 개념을 의미한다.

> **더 알아보기**
>
> **포섭되기 위한 3가지 조건**
> 1. 학습과제가 실사성과 구속성이 높아 논리적 의미성을 갖도록 표현되어야 한다.
> 2. 포섭가능한 관련 정착지식을 소유해야 한다.
> 3. 새로운 학습과제를 기존 인지구조 속의 정착지식에 실사적이고 구속적으로 관련시키고자 하는 학습자의 동기(학습 태세)가 있어야 한다.
> ※ 통합적 조정의 원리 : 먼저 제시된 학습과제와 그 다음에 제시되는 과제간의 중요한 유사점이나 차이점을 인식시켜 불일치한 점이 사전에 조정되도록 학습과제를 조직하고 제시하는 방법을 의미한다.

(4) 주요 수업 원리

① **점진적 분화의 원리** : 학습 내용 중 가장 일반적이고 포괄적인 내용을 먼저 제시하고, 점차 세분되고 특수한 의미로 분화하게 한다.

② **통합적 조정의 원리** : 새로운 개념이나 의미는 이미 학습된 내용과 일치되고 통합되어야 한다는 것을 의미한다.

③ **선행학습의 요약, 정리의 원리** : 새 과제의 학습에 임할 때 현재까지 학습해온 내용을 요약, 정리해주면 학습이 촉진된다는 것이다.

④ **내용의 체계적 조직의 원리** : 학문의 내용이 계열적, 체계적으로 조직되어 있으면 학습의 극대화를 도모하기가 쉽다.

⑤ **선행조직자의 원리** : 선행조직자를 구성하는 내용은 인지 구조의 조직 능력을 증진시키는데 필요한 인지 구조의 안정성과 명료성을 증진 시켜준다.

⑥ **학습 준비도의 원리** : 학습자의 기본 인지 구조뿐만 아니라 학습자의 발달 수준도 포함한다.

(5) 수업에 주는 의미

① **선행조직자의 필요성** : 유기체의 인지구조를 강화시키고 새로운 정보의 파지를 증가시켜 주며, 그 자체가 중요한 내용이며 배울 필요가 있다.

② **선행조직자의 유형**
ㄱ **설명적 조직자** : 추상성이 가장 높은 수준에서 기본이 되는 개념(지적 골격)이다.
ㄴ **비교조직자** : 비교적 익숙한 자료에 사용되는데, 이것은 과거의 개념과 새로운 개념 사이의 유사성으로 야기되는 혼란을 피하기 위해 이 둘을 구분하도록 한다.

(6) 선행조직자를 이용한 교수모형

① **선행조직자 모형의 단계** : 선행조직자를 이용한 교수모형은 선행조직자의 제시, 학습과제와 자료의 제시 그리고 인지적 조직의 강화 등 3단계로 구성된다.
ㄱ **제1단계(선행조직자의 제시)** : 수업목적의 명료화, 선행조직자의 제시, 관련된 지식의 즉각적인 인식의 세 가지 활동으로 구성된다.
ㄴ **제2단계(학습과제 또는 학습자료의 제시)** : 학습자료의 조직화를 학생들에게 분명하게 한다.
ㄷ **제3단계(인지적 조직화의 강화)** : 학생들이 기존 인지구조에 새로운 학습자료를 맞추는 일(통합적 조정의 장려, 능동적인 수용학습의 장려, 주제에 대한 비판적 접근의 유도, 명료화)이다.

② **능동적 학습을 촉진하는 방법**
ㄱ 새로운 자료와 조직자가 어떤 관계를 갖고 있는지 학생들에게 설명하도록 한다.

ⓒ 학생들에게 학습자료에서의 개념이나 명제의 부가적인 실례를 들어보도록 한다.

ⓒ 대인적인 견해에서 자료를 검토해 보도록 한다.

ⓒ 선행학습자를 활용하여 새로운 학습과제와 관련시킬 수 있는 포섭자를 학습자의 인지구조에 도입하거나, 기존의 인지구조를 조정하고 교과, 내용을 학습자의 발달단계에 적합하게 선정하여 점진적 분화의 원리를 통합적 원리의 조정에 따라 조직하고 제시하면 중학교 이상의 학생들에게 설명적 교수가 구체적 경험이나 직관에 의한 교수방법보다 훨씬 효과적일 수 있다.

오수벨의 유의미학습은 연역적 추론에 의한 학습원리를 적용한다.

④ 가네의 학습이론

(1) 학습이론의 배경

가네(R. Gagne)의 학습위계이론은 인간의 학습이 단순한 것에서 복잡한 것으로, 저차원에서 고차원으로 발전하는 위계를 이루고 있으며 한 단계의 학습은 다음 단계의 학습에 필수적인 선행요건이 된다는 학습위계에 기초를 두고 있다. 가네의 학습위계이론은 교수목표 분석, 학습과제 분석, 그리고 교수이론의 정립에 기여하는 바가 크다.

① 가네는 학습의 조건에서 교수모형을 제시하는 대신 학습의 주요 변인을 분석하였다.

② 학습의 조건은 기본적으로 해당 학습 과제를 획득하기 위해서 본질적인 내적 조건으로 선수 학습이 되어 있어야 하며, 보조적인 내적 조건으로 학습동기가 준비되어 있어야 한다.

③ 학습과제는 위계적으로 구성되어 있고, 위계 순위가 다른 학습과제는 유형이 다른 학습형태를 요구하기 때문에 주어진 학습과제를 효과적으로 학습시키려면 무엇보다 먼저 그 학습과제를 면밀히 분석하여 그것을 학습하는 데 필요한 학습유형을 밝히고, 그 다음 그것을 위계적 순서에 맞추어 정리해야 한다는 것이다.

(2) 수행의 유형

① 학습 결과 일어나는 인지영역의 수행 분류

② **단일반응**: 특정한 자극에 특정한 반응을 하는 것이다.

③ **연쇄반응**: 서로 관련된 일련의 반응들이 연속되는 것이다.

④ **복합적 변별**: 다양한 단일반응과 연쇄반응을 학습하고, 이것을 적절하게 분류하는 법을 학습하는 것이 수반된다.

⑤ **분류**: 기능과 같은 표시하는 범주로 대상을 할당하는 것이다.

⑥ **원리의 사용**: 행위를 의미하는 개념에 작용하는 능력이다.

⑦ **문제해결** : 학습자가 처음 당면하는 문제에 여러 가지 원리를 적용하는 것이다.

(3) 학습의 조건

① **내적조건** : 학습의 내적조건은 학습자가 이미 소유한 능력으로 선행학습, 학습동기, 자아개념이라고 할 수 있다.

② **외적조건** : 학습자와 상관없이 학습을 위해 외부에서 가해지는 조건으로 예를 들면 접근의 원리, 방법의 원리, 강화의 원리를 이용한 교수방법이라고 할 수 있다.

(4) 학습의 구성요소(학습영역)

학습은 단순한 하나의 형태가 아닌 다양한 형태로 구성되어 있으며 학습의 영역은 위계가 학습유형 3가지(언어정보, 지적기능, 인지전략)와 이를 포함한 운동기능, 태도의 총 5가지가 있다.

학습영역	내용
언어정보	가장 기본적인 영역으로 사실, 명제에 대해 진술한 것
지적기능	일명 절차적 지식으로 언어정보를 활용하여 개인이 환경과 상호작용하는 능력
인지전략	개인에 따른 독특한 내적과정으로 경험하지 않은 문제 상황에 자신의 지식과 지적기능을 활용하여 문제를 해결하는 것
운동기능	일을 수행하기 위한 신체움직임
태도	어떤 사건·사람에 대한 학습자의 내적 경향성

(5) 학습의 내적인지과정(9단계)

가네의 학습의 조건 중 외적 조건에 해당하는 교수 방법으로 가네의 수업의 사태를 들 수 있다. 수업의 사태는 내적인 학습 과정에 해당하는 9가지의 일련의 활동이 순서대로 구성된다. 9단계로 수업을 구성할 때 효과적인 학습이 발생한다.

단계	세부단계	내용
학습을 위한 준비	① 주의집중	학습자가 학습할 내용에 대해 주의를 기울인다.
	② 기대	학습목표의 방향을 설정한다.
	③ 작동기억으로 재생	선수학습의 재생을 제공한다.
획득과 수행	④ 선택적 지각	중요한 자극에 대하여 작동 기억 속에 일시적으로 저장한다.
	⑤ 부호화	선택적으로 지각된 내용을 장기기억으로 전이시킨다.
	⑥ 재생과 반응	저장된 정보를 재현시킨다.
	⑦ 강화	학습목표에 대해 학습자가 가졌던 기대를 확인시켜준다.
재생과 전이	⑧ 재생을 위한 암시	이후의 학습 재생을 위하여 암시를 제공한다.
	⑨ 일반화	새로운 상황으로의 학습을 전이시킨다.

(6) 학습의 지적기능영역에서 8가지 위계

가네는 어떤 학습과제를 성공적으로 학습하기 위해서 하위차원의 단계를 학습해야 한다고 말하며 이 같은 가정에 기초하여 지적기능을 8가지 위계적 성격을 가진 학습형태를 제시하였다.

① 1단계 : 신호학습이며 가장 단순한 형태로 고전적 조건형성과정을 통해 신호자극에 대한 반사적 반응을 학습하는 것이다. 예를 들어, 파란불이면 보행, 빨간불이면 정지하는 것이다.

② 2단계 : 자극 – 반응학습으로 자극과 반응이 결합된 조작적 조건형성 원리와 같으며 기대되는 특정반응이 나타나도록 자극을 가하여 학습이 일어난다. 바람직한 행동이 나타나면 칭찬이나 상을 제공하는 경우이다.

③ 3단계 : 운동연쇄학습이며 자극과 반응을 연결하여 관념과 관념 사이에 연합이 이루어지도록 학습하는 것을 말한다. 예를 들어, 자동차에 착석하여 키를 돌려 시동을 거는 경우이다.

④ 4단계 : 언어연상학습이며 언어로서 기명된 내용을 경험으로 연결하는 것을 말한다. 예를 들어 우리나라 말과 유사한 외국어 단어를 학습하는 경우이다.

⑤ 5단계 : 변별학습이며 비슷한 대상을 구별할 수 있는 능력으로 유사한 대상 속에서 차이점을 발견한다. 포유동물과 양서류의 동물이 섞여 있을 때 이것을 구분해 내는 것을 예로 들 수 있다.

⑥ 6단계 : 개념학습이며 자극간의 공통성, 유사성을 추출할 수 있는 것을 말한다. 예를 들어, 토끼, 고래 등 제시된 포유동물을 보고 공통성을 알 수 있는 것과 같다.

⑦ 7단계 : 원리학습이며 원리란 두 개 이상의 개념간의 의미 있는 관계를 나타내는 것으로 개념 전체에 대한 반응을 의미한다. 예로 사각형의 넓이를 구하려면 가로와 세로의 길이를 곱하면 된다.

⑧ 8단계 : 문제해결학습이며 기존의 원리를 종합하여 문제해결의 아이디어를 창출하는 능력을 말한다. 예로 간단한 원리를 이용하여 복잡한 응용문제를 해결하는 것이다.

(7) 가네의 수업사태

① 주의획득하기

② 학습목표 제시

③ 선수지식의 회상

④ 자극의 제시

⑤ 학습안내 제공

⑥ 수행유도

⑦ 피드백 제공

⑧ 수행의 평가

⑨ 전이와 파지 증진

5 켈러의 학습동기이론

(1) 학습동기이론의 개념

① 켈러(Keller)는 학습환경에서 학습자의 동기를 유발하기 위한 전략을 ARCS이론으로 설명하였다.

② ARCS모형은 학습동기를 유발하고 유지하는 변인으로 주의(Attention), 관련성(Relevance), 자신감(Confidence), 만족감(Satisfaction)을 의미한다.

(2) 동기유발의 기능(4가지)

① 활성적 기능 : 동기는 행동을 유발시키고 지속시키며 추진하는 힘을 주게 된다.

② 지향적 기능 : 동기에 의하여 행동의 방향을 결정하게 된다.

③ 조절적 기능 : 선택한 목표에 도달하기 위하여 필요한 동작을 선별하여 선택하고 이를 수행하게 된다.

④ 강화적 기능 : 행동의 수행이 유기체에 미치는 영향에 따라 그 행동을 할 확률이 증가하거나 감소할 수 있는데 이것을 강화적 기능이라고 한다.

> **더 알아보기**
>
> **내재적 동기와 외재적 동기**(데시)
> ㉠ 내재적 동기 : 행동의 동기 자체가 목표에 해당하는 것으로 어떤 행동이 그 자체로 즐거움을 주는 경우 행동으로 옮기는 것을 말한다.
> ㉡ 외재적 동기 : 행동의 목표가 행동 이외의 것으로 상기 행동이 수단이 되는 것을 말한다.

(3) 동기유발 시 유의점

① 학습자들의 능력에 따라 적절한 학습목표가 선정되어야 한다.

② 학습의 결과에 대한 정보가 제공되어야 한다.

③ 경쟁적인 방법을 활용할 경우 동기유발에 효과적이다.

④ 상과 벌을 적절히 사용하면 효과적이다.

(4) 동기유발요인

① 주의(attention) : 동기의 요소이자 학습의 선행요건으로 학습자에게 새로운 사실이나 사건을 제시함으로서 호기심을 유발할 수 있다.

② 관련성(relevance) : 학습자가 자신의 학습내용이 자신의 미래와 연관된다고 인지할 때 학습동기는 높아진다.

③ 자신감(confidence) : 학습자가 능력이 있다고 느끼며 자신이 통제가능하다고 느낄 때 학습동기는 높아진다.

④ 만족감(satisfaction) : 학습자가 자신의 수행에 대해 적절한 보상을 받을 경우 학습동기는 높아진다.

> **더 알아보기**
>
> **데세코(Dececo)의 동기유발모형**
> ① 각성 : 주의집중, 기민성
> ② 기대
> ③ 유인
> ④ 상과 벌 시기적으로 발달과업이 달성되는 것

(5) 이론의 평가

① 동기와 관련된 다양한 연구들을 자극하였으며 동기에 대한 구체적인 변인을 제시하였다.

② 하지만 인간의 학습동기를 유발하는 다양하고 복잡한 조건에 대해 간과하였기에 모든 학습자에게 적용하기에는 무리가 있다.

6 글레이저의 수업절차 모형

(1) 교수이론의 주요 개념

① 글레이저(Glaser)의 교수이론은 학습내용을 일종의 정보로 간주하고 수업 과정을 신속하고 정확하게 정보를 처리하는 컴퓨터의 구조와 기능에 유추시킨 것이다.

② 수업의 과정을 하나의 시스템으로 볼 때 교육목표는 시스템 목표가 되고, 수업절차는 시스템 조정자가 되고 성취도 평가는 산출 조사자가 되는 셈이다.

(2) 교수이론의 특징

교수이론 특징은 수업의 한 단계 한 단계가 바로 후속 하는 단계들의 활동을 결정하는 계속적인 결정과 수정의 모형이다.

① 한 단원의 수업목표가 결정되면 수업목표의 달성에 관련된 학생들의 출발점 행동의 양상이 정확히 예견된다.

② 학생들에게 어떤 학습지도가 주어져야 할 것인가를 처방한다.

③ 최종적으로 학습지도의 성과를 평가하도록 되어 있다.

(3) 교수이론의 각 단계

① 수업목표

　　㉠ 수업목표는 교육이 궁극적으로 달성해야 할 인간의 태도변화를 의미하며 컴퓨터의 입력장치에 해당된다.

　　㉡ 수업목표는 반드시 구체적이고 행동적인 수업목표, 즉 명세적 수업목표로 진술되어야 한다.

② **출발점 행동(진단, 확인)**

　　㉠ 출발점 행동은 투입행동이라는 말로 사용되며, 학생들이 새로운 특정 도착점 행동을 습득하기 전에 사전에 습득해 있어야 할 행동을 의미한다. 즉, 준비성의 개념과 일치한다.

　　㉡ 출발점행동은 선행학습의 정도, 적성, 지능 등의 인지요인과 흥미, 태도, 자아개념과 같은 정의적 요인이 있으며, 이들은 학습의 결과에 중요한 영향을 미친다.

③ **수업절차**

　　㉠ 수업절차는 교사의 수업전개 활동을 내포하고 있으며, 학습자의 출발점행동에서 시작하여 학습자가 수업을 마치고 그 상황을 떠나기 전까지의 과정으로서 학습지도의 장이 된다.

　　㉡ 글레이저는 설정된 수업목표에 점진적으로 접근시킬 수 있는 보조행동의 활용을 강조한다.

④ **성취도 평가**

　　㉠ 학습성과의 평가단계는 컴퓨터의 출력장치에 해당한다고 할 수 있다.

　　㉡ 수업절차가 종료된 후 설정된 수업목표에 비추어 학습평가를 한다.

⑤ **피드백**

　　㉠ 피드백(Feedback)은 수업과정에서 각 단계의 작업결과를 평가하고 수정 보완하는 데 필요한 정보를 송환하는 기능을 한다.

　　㉡ 이 과정은 각 단계의 적절성 여부에 대한 정보제공과 함께 다음 단계의 수업과정 설계에 대한 중요한 정보를 제공한다.

7 캐롤의 학교학습모형

(1) 의의

학교에서 이루어지고 있는 여러 가지 형태의 학습 가운데 지적학습에 작용하는 중요 변인들을 추출한 다음 그들 변인간의 상호관계를 기초로 하여 학교학습의 방안을 조직적으로 체계화시킨 것이 캐롤(Carroll)의 학교학습모형이다. 캐롤의 학습의 정도는 학습자가 주어진 학습과제를 위해서 필요로 하는 시간에 비추어 실제 학습에 사용한 시간의 비율로 나타낼 수 있다고 하였다.

학습의 정도 = 학습에 사용된 시간(지속력, 학습기회)/학습에 필요한 시간(적성, 수업이해력, 수업질)

(2) 학교학습모형의 제 변인

① **학생변인(개인차)**

　　㉠ 적성

　　　㉮ 적성이란 최적의 수업조건하에서 주어진 과제를 완전히 학습하는 데 필요한 시간을 뜻한다.

　　　㉯ 적성은 학습자의 완전학습을 하는 데 필요한 시간을 결정해 준다.

ⓒ 수업이해력
　　㉮ 수업이해력은 학습과제의 성질과 교사의 수업절차를 이해하는 데 소요되는 시간을 의미한다.
　　㉯ 수업이해력을 결정하는 중요한 하위요인으로는 학습자의 일반지능과 언어능력을 들 수 있다.
ⓒ 학습지구력
　　㉮ 학습자가 스스로 인내를 갖고 학습에 투자하는 시간을 최대화하려는 학습의욕과 태도를 의미한다.
　　㉯ 학습지속력은 학습자에 따라서 다르고, 또 동일한 학습자라 하더라도 학습과제에 따라 다르다.
② 교사변인
　ⓝ 수업의 질
　　㉮ 캐롤은 수업의 질을 특정한 학습자에 대한 '교수자의 학습과제 제시, 설명 및 구성이 최적 상태에 접근된 정도'로 보고 있다.
　　㉯ 수업의 질은 학습자 개개인의 학습능력과 수준에 따라 달라질 수 있다.
　ⓒ 학습기회
　　㉮ 학습자들이 그들에게 주어진 특정과제를 학습할 수 있도록 허용된 총시간을 의미한다.
　　㉯ 학습기회는 캐롤의 학교학습모형에서 완전학습을 성취하는 데 가장 필요한 변인으로 고려된다.

> **더 알아보기**
>
> 블룸(Bloom)은 캐롤의 학교학습모형을 바탕으로 완전학습을 위한 교수전략을 고안하였다.
> 완전학습이란 95%의 학생이 교과의 90%를 이해하는 것을 의미한다.

⑧ 와이너(Weiner)의 귀인이론

(1) 의의

① 인간의 행위를 인지주의 관점에서 설명한 이론으로 행동의 원인이 개인의 특성과 환경의 영향이 아닌 자신이 어떻게 생각하느냐에 영향을 받는다는 관점이다.

② 와이너는 성공과 실패의 원인을 자신의 4가지 요소에 귀속시킴으로 행동의 결과를 이해하고자 하며 귀인의 요소를 능력, 노력, 과제난이도, 운으로 정의하였다.

③ 반복되는 실패의 경험으로 자신이 환경을 통제할 수 없다는 무기력을 학습하게 되는 것을 학습된 무기력(learned helplessness)라 한다.

④ 셀리그만(Seligman)의 동물실험 : 개에게 피할 수 없는 전기충격을 주고 이후 피할 수 있는 상황을 설계해도 개들은 상황을 피하려 하지 않는다.

⑤ 학습된 무기력은 귀인이론과 함께 성공의 귀인에 대해 설명한다.

(2) 귀인의 4가지 요소

① **능력** : 인간이 내적으로 가지고 있는 안정적이고 통제 불가한 속성을 말한다.

② **노력** : 인간이 내적으로 통제할 수 있는 변화 가능한 속성을 말한다.

③ **과제난이도** : 개인이 통제할 수 없는 외부적 요인으로 과제의 난이도는 시간의 경과에 따라 변화하지 않는다.

④ **유(fortune)** : 개인이 통제할 수 없는 외부적 요인으로 상황에 변화 가능한 속성이다.

(3) 귀인의 방향

① **원인의 소재** : 내부 – 외부

    ㉠ 일의 성공여부에 대한 책임을 내부 또는 외부로 두는가의 여부를 말한다.

    ㉡ 결과에 대한 책임을 능력과 노력에 둔다면 내적 귀인을 한 것이며 과제난이도와 운으로 둔다면 외적 귀인을 한 것으로 설명할 수 있다.

② **안정성** : 안정적 – 불안정

    ㉠ 성공과 실패의 원인이 시간의 경과나 특정사건에 의하여 변화하는지의 여부를 의미한다.

    ㉡ 결과의 원인이 노력, 운에 귀인 한다면 불안정하며 능력, 과제난이도에 귀인한다면 안정적이다고 할 수 있다.

③ **통제가능성** : 통제가능 – 통제불가

    ㉠ 결과에 대한 원인을 개인이 통제할 수 있는지의 여부를 의미한다.

    ㉡ 결과의 원인이 노력으로 귀인 한다면 개인은 이것을 통제 가능한 것으로 볼 수 있으나 능력, 운, 과제 난이도로 귀인 한다면 통제가 어려운 것으로 이해하기 쉽다.

④ **구체성** : 전반적 – 특수적

    ㉠ 결과에 대한 원인을 구체적인 한정된 것으로 판단하는지 전반적이고 일반적인 특성으로 판단하는지의 여부를 의미한다.

    ㉡ 결과의 원인이 일반적이고 전반적인 것에 귀인 한다면 실패의 결과에 대해 계속적으로 일어나는 불가피한 것으로 간주하여 통제 불가능해지므로 우울해지게 된다. 반면 특수한 일부에 귀인하면 해당 원인에 대해 대처하여 통제가능하게 된다.

> **더 알아보기**
>
> 귀인요인과 차원간의 관계
>
> | 귀인요소 | 원인소재 | 안정성 | 통제가능성 | 구체성 |
> | --- | --- | --- | --- | --- |
> | 능력 | 내적 | 안정 | 통제불가 | 전반적 |
> | 노력 | 내적 | 불안정 | 통제가능 | 특수적 |
> | 과제난이도 | 외적 | 안정 | 통제불가 | 전반적 |
> | 운 | 외적 | 불안정 | 통제불가 | 특수적 |

01 학습은 인간의 수행이나 수행 잠재력에서의 지속적인 변화이다. ▶ ○

02 인지전략은 개인의 학습, 기억, 사고, 행동을 지배하는 외적으로 조직된 기능이다. ▶ ×

03 태도는 여러 종류의 활동들 중 어느 것 하나를 선택하는 데 영향을 주는 집단의 반응경향을 나타낸다. ▶ ×

04 학습은 발달에 좌우되지만 발달의 과정은 학습의 영향을 받지 않는다. ▶ ○

05 호기심은 아동에게만 매우 강한 학습동기가 된다. ▶ ×

06 망각을 방지하기 위해서는 논리적인 지식체계로 학습내용을 유도하여 학습한다. ▶ ○

07 장기기억은 영구적으로 무한한 정보를 저장할 수 있다. ▶ ○

08 부호화는 단기기억 속에 존재하고 있는 기존의 정보를 작업기억에서 단기기억으로 정보를 이동시키는 과정이다. ▶ ×

09 톨만(Tolman)은 인지주의와 학습이론을 접목시킨 목적적 행동주의를 주창하였다. ▶ ×

10 정보이론은 초기의 심리학에 비해 훨씬 세부적으로 인지과정을 연구할 수 있는 이론적 기초가 되었다. ▶ ○

04 주관식 단답형 문제풀이

01 연습 또는 경험의 결과로 일어나는 행동의 지속적인 변화를 무엇이라고 하는가?

▶ 학습

02 방법적 지식 혹은 절차적 지식이라고 할 수 있으며, 여러 가지 기호나 상징을 사용하여 환경과 상호작용할 수 있는 능력을 말하는 것은?

▶ 지적기능

03 개인의 학습, 기억, 사고, 행동을 지배하는 내적으로 조직된 기능을 무엇이라고 하는가?

▶ 인지전략

04 학생들의 흥미와 관련될 때 동기화되기 쉬운 것은 무엇인가?

▶ 학습과제

05 새로운 정보가 이전에 획득한 정보의 파지를 방해할 때 일어나는 것은?

▶ 역행적 간섭

06 장기기억 속에 존재하고 있는 기존의 정보에 새로운 정보를 연결하거나 연합하는 것은?

▶ 부호화

07 장이론의 주요 요소 중 개인과 심리적 환경으로 구성되는 것은?

▶ 생활공간

08 생활공간의 상이한 기능적인 영역을 자각할 때 이루어지는 것은?

▶ 재구조화

09 인지학습이론 중 지각, 학습, 기억현상을 설명하는 데 기본이 되는 것은?

▶ 내포의 법칙

10 파블로프가 제시한 반사의 종류 중 학습을 요하지 않는 선천적이고 영구적인 반사는?

▶ 무조건 반사

1 다음 사례에 해당하는 장기기억의 유형은?

> 지난주 토요일 오전, 동네 카페에 커피를 마시러 갔고 점원과 그날 날씨에 대해 이야기 나눈 것을 기억한다.

① 절차기억　　　　　　　　　　　② 재인기억
③ 의미기억　　　　　　　　　　　④ 일화기억
⑤ 미래기억

TIPS!

장기기억의 유형
㉠ **서술기억(명시기억, 외현기억)** : 해마가 담당하는 장기기억으로 의식적으로 떠올릴 수 있는 기억이다.
  • **일화기억** : 내가 겪었던 과거의 사건에 대한 기억으로 과거 여행에 대한 기억이나 예전에 만났던 사람의 얼굴 등을 기억하는 것이 일화기억에 해당한다.
  • **의미기억** : 단순한 사실이나 개념에 대한 기억으로 수학 공식이나 영어 단어를 암기하는 것이 의미기억에 해당한다.
㉡ **절차기억(운동기억, 암묵기억)** : 습관화를 통해 형성된 기억으로 무의식 중에 반응을 일으키는 내재된 기억이다.
  • **기술이나 습관에 대한 기억** : 젓가락 사용법, 자전거 타는 법, 운전하는 법 등을 기억하는 것이 여기에 해당한다.
  • **예비화(인지적 점화)** : 선행된 경험에 의해 특정 자극에 대한 민감도가 증가하는 현상으로 무언가 기억해 내려고 할 때 단서가 주어지면 쉽게 회상되는 경우를 말한다.
  • **고전적 조건화** : 두 자극 사이에 조건화된 반응으로 파블로프식 조건화를 말한다.
  • **비연합적 기억** : 어떤 자극에 반복적으로 노출되었을 때 반응의 세기가 거의 영구적으로 변하는 현상으로 민감화나 습관화에 영향을 받는다.

Answer 1.④

2 다음 사례에서 반두라(A. Bandura)의 관찰학습에 영향을 주는 하위과정을 바르게 연결한 것은?

> 경수는 기차역 대합실 TV에서 프로 테니스 선수가 백핸드를 완벽하게 구사하는 것을 보고(A), '아! 저렇게 팔목을 구부리지 않아야 하는구나.'라고 혼잣말을 하며 마음속으로 그 동작을 모방하였다(B).

① A : 주의과정, B : 파지과정　　　　　② A : 동기과정, B : 파지과정
③ A : 운동재현과정, B : 주의과정　　　④ A : 동기과정, B : 운동재현과정
⑤ A : 운동재현과정, B : 파지과정

> **♥ TIPS!**
> 관찰학습의 과정
> ㉠ 주의과정 : 모델로부터 무엇을 학습하기 전에 우선 모델에 주의를 집중하는 과정으로, 사람들이 어떤 모델에 주의를 집중할 확률은 그들의 의존성, 자존심, 자신의 능력에 대한 지각 등 성격적 특성에 의해 영향을 받는다.
> ㉡ 파지과정 : 관찰된 내용이 기억되는 단계로, 관찰에서 얻은 정보가 유용하기 위해서는 그것이 파지되어야 한다. 정보는 심상적 방법과 언어적 방법의 두 가지 방법으로 상징적 기호의 형태로 저장되며, 일단 정보를 인지적으로 저장한 다음에는 오랜 시간이 경과하여도 우리는 그것을 인출하고 재현할 수 있다.
> ㉢ 운동재현과정 : 학습된 것이 어느 정도 수행으로 번역되느냐를 결정하는 단계이다. 관찰자의 행동이 모델의 행동과 배합할 수 있기 위해서는 일정 기간의 인지적 시연이 필요하다.
> ㉣ 동기과정 : 강화를 통해서 행동의 동기를 높여주는 과정이다. 관찰을 통해서 학습된 행동은 그 행동이 강화를 받을 때 지속적으로 일어나고 벌을 받게 되면 더 이상 일어나지 않는다.

3 톨만(E. Tolman)의 학습이론에 관한 설명으로 옳지 않은 것은?

① 유기체의 행동은 목표지향적이다.
② 학습은 강화와 독립적으로 일어난다.
③ 유기체는 강화 기대를 학습한다.
④ 유전의 역할을 고려하지 않았다.
⑤ 유기체는 잠재적 학습을 한다.

> **♥ TIPS!**
> ④ 톨만은 학습에 있어서 개인차를 인정하였다. 즉, 유전적 요인, 연령, 훈련, 내분비선의 개인차가 행동의 예측과 이해에 주요한 요인이 된다.

Answer 2.① 3.④

4 다음 사례를 설명하는 개념으로 옳은 것은?

> 운동선수가 해외 원정경기를 할 때 자국의 응원단이 많거나 운동장 환경이 비슷하면 경기력이 높아진다. 자국에서 경기할 때와 유사한 환경으로 인하여 긴장이 줄어 자신의 실력을 제대로 발휘할 수 있기 때문이다.

① 조형   ② 변별
③ 일차적 강화   ④ 자발적 회복
⑤ 일반화

> **TIPS!**
> 일반화란 유사한 자극에 같은 반응을 보이는 것을 말한다. 해외 원정경기를 할 때, 그 환경이 자국에서 경기할 때와 유사하다면, 자국에서 경기하는 것과 같은 기량을 발휘할 수 있게 된다.
> ① **조형**: 원하는 반응을 학습할 때까지 그 반응을 점진적으로 보상하여 학습시키는 것
> ② **변별**: 자극의 차이를 구분하여 반응하는 것
> ③ **일차적 강화**: 이전의 특별한 훈련이 없어도 학습자의 행동을 강화시키는 데 효과적인 자극으로 강화시키는 것
> ④ **자발적 회복**: 소거가 일어난 후라도 해당 자극이 주어지면 다시 반응하게 되는 것

5 처벌에 관한 설명으로 옳지 않은 것은?

① 반응-대가는 처벌의 한 형태이다.
② 처벌받은 행동은 억제될 뿐이다.
③ 처벌의 결과는 유기체에게 혐오적이어야 한다.
④ 사회적 고립은 일차적 처벌 중 하나이다.
⑤ 처벌 전에는 사전 경고를 하는 것이 바람직하다.

> **TIPS!**
> ④ 사회적 고립은 이차적 처벌에 해당한다.

Answer 4.⑤ 5.④

6 인간 뇌 기능에 관한 설명 중 옳은 것을 모두 고른 것은?

> ㉠ 전두엽은 추론, 계획세우기 등의 고차원적 사고 과정을 조절한다.
> ㉡ 브로카 영역은 언어 이해에 중요한 기능을 담당하며, 뇌의 좌측 측두엽에 위치한다.
> ㉢ 두정엽은 온도와 통증 등 체감각을 처리한다.
> ㉣ 편도체는 시각정보의 해석과 기억을 주로 담당한다.
> ㉤ 후두엽은 정서와 관련된 기억에 관여한다.

① ㉠, ㉡

② ㉠, ㉢

③ ㉠, ㉣, ㉤

④ ㉡, ㉢, ㉣

⑤ ㉡, ㉢, ㉤

> **TIPS!**
> ㉡ 브로카 영역은 두뇌 좌반구 하측 전두엽에 위치한 영역으로, 언어의 생성 및 표현, 구사 능력을 담당하는 부위이다.
> ㉣ 편도체는 뇌의 변연계(limbic system)에 속하는 구조의 일부로서 동기, 학습, 감정과 관련된 정보를 처리하는 데 중요한 역할을 한다.
> ㉤ 후두엽은 뇌 뒤쪽에 있으며, 이 후두엽에는 시각 중추가 있어서 시각 피질이라고도 부른다.

Answer 6.②

1 다음 중 조건자극(Conditioned stimulus)과 무조건자극(Unconditioned stimulus)사이의 시간간격이 아주 길며 단 한 번의 조건화를 통해서도 학습이 된다는 것으로 전통적인 학습이론과 의미가 다른 이론을 무엇이라고 하는가?

① 상대적 가치이론　　　　　　　　　　② 사회학습이론
③ 잠재학습　　　　　　　　　　　　　④ 가르시아효과
⑤ 귀인이론

> **TIPS!**
> 가르시아 효과는 고전적 조건형성의 학습조건인 수반성과 근접성에 대한 원리에 상충되는 이론으로 유기체의 조건화가 1회 또는 오랜 시간 이후에 무조건 자극을 연합하였다하더라도 학습이 될 수 있다는 것을 발견한다. 이것을 가르시아(Garcia effort)효과라고 한다.

2 다음 중 망각에 영향을 주는 요인끼리 바르게 묶인 것은 ?

① 간섭, 소멸, 부호화　　　　　　　　　② 부호화, 재구조화, 저장
③ 간섭, 재구조화, 인출실패　　　　　　④ 간섭, 소멸, 인출실패
⑤ 부호화, 저장, 인출실패

> **TIPS!**
> 망각에 영향을 주는 요인으로는 이전의 기억을 방해하는 간섭, 인출하지 않아 기억이 소실되는 소멸, 이전의 부호화가 잘못되어 발생하는 인출실패가 있으며 저장, 재구조화는 기억과 관련되어 있다.

3 스키너가 말하는 조작적 조건형성의 원리를 가장 잘 설명한 것은?

① 유기체에 의해 방출되는 행동　　　　② 유기체에 의해 인출되는 행동
③ 유기체의 불수의근에 의한 행동　　　④ 유기체가 자극에 반응하는 행동
⑤ 신경내분비계통의 영향에 의한 행동

> **TIPS!**
> 스키너의 조작적 조건형성은 유기체에 의해 방출되는 행동으로 유기체가 자극에 반응하는 인출, 신경내분비계통의 영향에 의한 유기체의 불수의근에 의한 행동인 고전적 조건형성원리와는 상반된다.

Answer 1.④　2.④　3.①

4 다음 중 주의력결핍증후군(ADHD : attention deficit hyperactivity disorder)에 대한 설명으로 바르지 못한 것은?

① 주로 영유아기에 많이 나타나는 장애로 적절한 치료가 되지 않을 때는 일부 청소년기까지 증세가 나타날 수 있다.

② ADHD 아동은 과다행동, 주의력 결핍, 산만하고 공격적인 품행장애로 나타날 수 있다.

③ ADHD 아동은 자극에 선택적으로 집중하기 어렵고 충동적이다.

④ ADHD 아동은 학습장애를 가지고 있으니 학업성적이 낮을 수 있다.

⑤ ADHD는 자폐증과 같은 발달장애와는 다르다.

TIPS!

ADHD는 주로 아동기에 나타나 적절한 치료가 없다면 초기 청소년기까지 지속될 수 있다.

5 학습을 경험이나 연습을 통하여 학습자들에게 일어나는 비교적 지속적인 행동이나 인지의 변화라고 정의할 때 학습의 영역을 바르게 나타낸 것은?

A : 개인에게 일어나는 변화	B : 생득적인 반응 경향에 의한 변화
C : 성숙에 의한 자연적인 변화	D : 일시적 변화

① 학습 = B+C

② 학습 = B+C+D

③ 학습 = A-(B+D

④ 학습 = A-(B+C+D)

⑤ 학습 = A+B+C+D

TIPS!

학습이란 모든 인간에게 나타나는 변화에서 성숙에 의한 변화와 일시적인 변화, 생득적 변화를 제외한 것을 의미한다.

※ 학습의 공식

L = A-(B+C+D)

L : 학습

A : 모든 변화

B : 성숙적 변화

C : 일시적 변화

D : 생득적 변화

Answer 4.① 5.④

6 캐롤의 학교학습 모형에서 다음의 다섯 개의 요소를 사용하여 학습의 정도를 학습에 필요한 시간과 학습에 소비한 시간의 함수로 표현한다. 학습에 소비한 시간으로 묶인 것은?

> ㉠ 적성　　　　　　　　　　　　㉡ 수업의 질
> ㉢ 수업이해력　　　　　　　　　　㉣ 학습지속력
> ㉤ 학습기회

① ㉠㉡　　　　　　　　　　　　　　② ㉠㉢

③ ㉢㉤　　　　　　　　　　　　　　④ ㉡㉣

⑤ ㉣㉤

TIPS!

• 학생변인
　㉠ 적성
　㉢ 수업이해력
　㉣ 학습지속력
• 교사변인
　㉡ 수업의 질
　㉤ 학습기회

7 다음과 관계된 가네의 학습된 능력의 영역은?

> 학습이나 사고에 대한 통제 및 관리능력이다.
> 다양한 상황에서의 문제해결 경험을 통해 개발된다.
> 비교적 오랜 기간에 걸쳐 습득되는 창조적 능력이다.

① 태도　　　　　　　　　　　　　　② 지적 기술

③ 언어 정보　　　　　　　　　　　　④ 인지 전략

⑤ 운동 기능

TIPS!

인지전략이란 쉐마, 스키마를 의미하며 정보처리적 관점에서는 메타인지라고 표현한다.

Answer 6.⑤ 7.④

8 각인현상에 대한 설명 중 틀린 것은?

① 로렌즈에 의해 최초로 발견된 현상

② 생후 특정시기 즉 결정적 시기에만 일어난다.

③ 유전적인 특성에 의하여 일정시기에 나타나는 현상이다.

④ 각인현상은 강화의 영향을 받지 않고 자동적으로 일어난다.

⑤ 초기경험을 강조한다.

> **TIPS!**
> 각인은 동물행동적 관점에서 결정적 시기에 나타나는 본능에 해당된다.

9 사회학습의 단계 중 관찰하면서 모델의 행동에 맞는 심상이나 정신적 도식을 형성하는 단계는?

① 주의집중   ② 파지

③ 운동재생   ④ 동기부여

⑤ 전이

> **TIPS!**
> 파지는 기억과정 중 일부로 기억을 위한 정신적인 활동을 의미한다.

10 다음 중 가네의 8가지 위계적 학습형태를 바르게 연결한 것은?

㉠ 신호학습	㉡ 자극 – 반응 연결학습
㉢ 연쇄학습	㉣ 언어 연상 학습
㉤ 변별학습	㉥ 개념학습
㉦ 문제해결학습	㉧ 원리학습

① ㉠－㉡－㉢－㉣－㉤－㉥－㉦－㉧   ② ㉡－㉠－㉢－㉣－㉤－㉥－㉧－㉦

③ ㉠－㉡－㉣－㉢－㉤－㉥－㉦－㉧   ④ ㉠－㉡－㉢－㉣－㉤－㉥－㉧－㉦

⑤ ㉡－㉠－㉢－㉣－㉤－㉥－㉦－㉧

> **TIPS!**
> 가네의 지적기능은 신호학습 → 자극 – 반응 연결학습 → 연쇄학습 → 언어 연상 학습 → 변별학습 → 개념학습 → 원리학습 → 문제해결학습으로 위계적으로 나타난다.

Answer   8.③   9.②   10.④

11 조건형성에 대한 설명으로 틀린 것은?

① 조작적 조건형성은 유기체가 자신의 행동과 그 결과 사이의 관계를 학습하는 것이다.

② 조작적 조건형성은 어떤 행동이 학습될지의 여부는 행동의 결과가 무엇이냐에 달려있다.

③ 인간은 좋은 결과를 가져오는 것을 추구하고 나쁜 결과를 가져오는 것을 피한다.

④ 고전적 조건형성은 불수의적인 것이지만 조작적 조건형성은 수의적이다.

⑤ 고전적 조건형성은 동물로부터 어떤 반응을 방출(emit)하지만 조작적 조건형성은 동물이 인출(elicit)해 내는 반응에 의존한다.

TIPS!

고전적 조건형성과 조작적 조건형성의 비교

구분	고전적 조건형성	조작적 조건형성
자극 - 반응	S - R	R - S
반응	반응은 인출된다.	반응은 방출된다.
내용	• 한 자극이 다른 자극으로 대치한다. • 정서적, 부수적 행동을 학습한다. • 불수의근에 영향을 미친다. • 신경계, 내장근, 심장근 등과 관련되어 있다.	• 자극의 대치는 일어나지 않는다. • 의도적 행동이 학습된다. • 수의근에 영향을 미친다. • 골격근, 근육과 관련되어 있다.

12 인간의 수행이나 수행 잠재력에서의 지속적인 변화를 무엇이라고 하는가?

① 동기   ② 학습

③ 정보   ④ 실험

⑤ 인상

TIPS!

학습은 경험을 통한 개인의 지식이나 행동에서의 영구적인 변화인 것이다.

Answer   11.⑤   12.②

13 학습의 종류로 볼 수 없는 것은?

① 언어정보
② 운동기능
③ 인지전략
④ 지적기능
⑤ 추리능력

> **TIPS!**
>
> 학습의 종류로는 언어정보, 지적기능, 인지전략, 운동기능, 태도 등이 있다.

14 학습의 개념에 대한 설명으로 옳은 것은?

① 학습은 일시적이어야 한다.
② 학습은 행동의 변화를 통해서 나타난다.
③ 행동의 변화는 학습경험 후 즉시 나타나야 한다.
④ 일시적인 행동의 변화도 학습의 징표로 볼 수 있다.
⑤ 경험이나 연습이 학습을 일으키지는 않는다.

> **TIPS!**
>
> 킴블(G. A. Kimble)의 학습에 대한 정의
> ㉠ 학습은 행동의 변화를 통해서 나타난다. 즉, 학습의 결과는 언제나 관찰 가능한 행동으로 표현되어야만 한다.
> ㉡ 행동의 변화가 일시적이거나 조정된 것이 아니라 상당히 영구적이어야 한다.
> ㉢ 행동의 변화가 학습경험 후 즉시 나타날 필요는 없다.
> ㉣ 행동의 변화는 경험이나 연습의 결과이다.
> ㉤ 경험이나 연습은 강화되어야 한다. 즉, 보상을 받게 되는 반응만을 학습한다.

Answer 13.⑤ 14.②

15 학습의 정의에서 나타난 요소만으로 연결된 것은?

> ⊙ 학습자의 행동에서 나타나는 변화
> ⓛ 연습이나 경험으로 인한 변화
> ⓒ 학습자의 행동에서 나타나는 변화능력
> ⓔ 단기간 지속될 수 있는 변화

① ⊙ⓛⓒ   ② ⊙ⓒ

③ ⓛⓔ   ④ ⓔ

⑤ ⊙ⓛⓒⓔ

> **TIPS!**
>
> 학습의 정의에서 나타난 요소
> ⊙ 학습자의 행동에서 나타나는 변화 또는 변화능력
> ⓛ 연습이나 경험으로 인한 변화
> ⓒ 장기간 지속될 수 있는 변화

16 다음 중에서 절차적 지식이라고 할 수 있는 것은?

① 태도   ② 운동기능

③ 인지전략   ④ 지적기능

⑤ 언어정보

> **TIPS!**
>
> 지적기능은 방법적 지식 혹은 절차적 지식이라 할 수 있으며, 여러 가지 기호나 상징을 사용하여 환경과 상호작용할 수 있는 능력을 의미한다.

17 인지전략이 지배하는 것으로 볼 수 없는 것은?

① 학습   ② 기억

③ 사고   ④ 행동

⑤ 능력

> **TIPS!**
>
> 인지전략은 개인의 학습, 기억, 사고, 행동을 지배하는 내적으로 조직된 기능이다. 학습이 계속 진행됨에 따라 '자기교수', '독자학습'이 가능한 것은 내재적 과정을 조정할 수 있는 효과적인 전략들을 획득하기 때문이다. 즉 '자신의 두뇌를 활용하는 방법을 터득한 것'이라 할 수 있다.

18 학습의 종류 중에서 개인의 반응경향을 나타내는 것은?

① 운동기능   ② 태도

③ 인지전략   ④ 지적기능

⑤ 언어정보

> **TIPS!**
>
> 태도는 여러 종류의 활동들 중 어느 것 하나를 선택하는데 영향을 주는 능력으로서, 대상에 대한 찬성 혹은 반대, 선호 혹은 불선호 등 개인의 반응경향을 의미한다.

19 다음 중 발달이 학습에 우선함을 강조한 학자는?

① 피아제   ② 왓슨

③ 손다이크   ④ 스키너

⑤ 비고츠키

> **TIPS!**
>
> 발달이 학습을 주도한다는 것은 피아제가 주장한 것이고 비고츠키는 학습이 발달에 영향을 미친다고 한다.

Answer 17.⑤ 18.② 19.①

20 다음 중 학습이 아닌 것은 어느 것인가?

① 전기에 감전된 사람의 경우 실생활에 유용한 어떤 것과 짝지어 전기에 대해 좋은 느낌을 갖게 한다.
② 유아가 나이가 들면서 자연적으로 걷게 되었다.
③ 중국에서 지진이 일어나면 아이들은 책상 밑으로 들어간다.
④ 선생님에게 인사 잘해서 칭찬을 받으면, 다른 어른들에게도 인사를 한다.
⑤ 부모의 체벌이 심한 아이는 부모가 손만 들어도 신체의 일부를 막는다.

 TIPS!
학습은 연습 또는 경험의 결과로 일어나는 것이지, 자연적으로 일어나는 것은 학습이 아니다.

21 다음 중 학습과 발달에 관한 설명으로서 올바른 것은?

① 발달은 학습의 영향을 받는다.
② 피아제 이론에서는 학습이 발달을 주도한다는 것이 강조된다.
③ 행동주의 학자들은 학습과 발달은 동일하다고 본다.
④ 비고츠키는 학습과 발달은 별개의 독립적인 특성이라고 설명한다.
⑤ 왓슨은 직접적인 교수보다 어린이 스스로의 발견학습을 강조한다.

TIPS!
학습과 발달은 동일하다고 보는 입장은 행동주의적 관점이다. 왓슨, 손다이크, 스키너 등이 학습이 발달을 초래한다고 본다.

22 다음 중 학습동기의 근원으로만 바르게 짝지어진 것은?

① 호기심, 학습과제의 적절성, 자아정체감
② 자기효능감, 도전성, 직접적 교수
③ 호기심, 학습과제의 적절성, 자기효능감
④ 자아정체감, 도전성, 만족지연
⑤ 흥미, 도전성, 호기심

TIPS!
학습동기의 근원 : 호기심, 학습과제의 적절성, 자기효능감

Answer 20.② 21.③ 22.③

23 학습동기를 유발하기 위한 전략을 잘못 설명한 것은?

① 교사는 학생들의 성취에 긍정적인 기대를 해주고 스스로 할 수 있도록 도와준다.

② 학생들의 동기와 가치에 맞는 기회와 활동을 제공한다.

③ 교사는 학생들에게 어려운 내용들을 제공한다.

④ 학습과정에서 학생들이 만족감을 가질 수 있도록 학습한 것을 활용해 보는 기회를 준다.

⑤ 주의집중을 유지하기 위해 호기심, 탐구하는 태도, 다양한 수업방식의 활용 등을 제안한다.

> **TIPS!**
>
> 동기유발을 위한 전략
> ㉠ 주의집중을 유지하기 위해 호기심, 탐구하는 태도, 다양한 수업방식의 활용 등이 제안된다.
> ㉡ 교사는 학생들의 동기와 가치에 맞는 기회와 활동, 친숙한 내용들을 제공한다.
> ㉢ 교사는 학생들의 성취에 긍정적인 기대를 해주고 스스로 할 수 있도록 충분히 도와주며, 자신에 대한 부정적인 태도를 수정해 줌으로써 보다 자신감을 갖도록 도와준다.
> ㉣ 학습과정에서 학생들이 만족감을 가질 수 있도록 학습한 것을 활용해 보는 기회를 주거나 칭찬과 격려 등을 해 준다.

24 학습동기를 높이기 위한 방법으로 적절하지 않은 것은?

① 다양한 매체를 사용한다.

② 친숙한 사례를 사용한다.

③ 수업 시작 시 수업목표를 알려준다.

④ 학생들이 현재 무엇을 어떻게 하고 있는가를 알게 한다.

⑤ 시험에 관한 정보를 제공하지 않는다.

> **TIPS!**
>
> 학습동기를 높이기 위해서 흥미 있는 수업방법을 활용하고 시험에 관한 정보를 제공한다.

Answer 23.③ 24.⑤

25 호기심으로 인한 주의집중을 유지하기 위해서 활용될 수 있는 것은?

① 수업방식을 대담하게 하는 것
② 불안과 두려움을 극복하는 것
③ 부모나 교사에 의한 언어적 격려
④ 흥미와 인지수준에 적절한 목표의 설정
⑤ 학생들의 요구와 가치를 충족시켜 줄 수 있는 과제의 설정

> **TIPS!**
> 호기심으로 인한 주의집중을 유지시키기 위해서는 수업방식을 대담하게 하는 것, 판타지를 활용하는 것, 탐구가 필요한 문제 상황을 조성하는 것 등이 활용될 수 있다.

26 다음 중에서 내재적 동기에 해당하는 것은?

① 자율적인 행동
② 사회적 압력
③ 성공과 실패
④ 교사의 적극적인 노력
⑤ 협동과 경쟁심의 적절한 사용

> **TIPS!**
> 내재적 동기
> ㉠ 학습자가 무엇인가를 하고자 하는 내면적 욕구를 내재적 동기라고 한다.
> ㉡ 내재적 동기는 학습자가 외부의 보상과는 무관하게 어떤 과제나 일에 대한 흥미나 호기심, 관심, 만족감, 성취감에 의해서 유발되는 동기이다.
> ㉢ 내재적 동기에 속하는 것으로는 목적의 자각, 적절한 암시, 과시, 수집, 자율행동 및 반사 등이 있다.

27 과거의 의미 있는 대상과의 관계에서 일어났던 무의식적 기대나 소망이 학습을 통해서 일어나는 현상은?

① 망각
② 전이
③ 협동심
④ 기억
⑤ 시연

> **TIPS!**
> 학습의 전이란 과거의 의미 있는 대상과의 관계에서 일어났던 무의식적 기대나 소망 혹은 좌절 등이 학습을 통해 일어나는 현상이다.

Answer 25.① 26.① 27.②

28 기억의 과정이 옳은 것은 다음 중 어느 것인가?

① 부호화→인출→저장
② 부호화→저장→인출
③ 저장→부호화→인출
④ 저장→인출→부호화
⑤ 인출→저장→부호화

 TIPS!

기억의 과정은 입력(부호화) → 저장 → 인출의 순서로 이루어진다.

29 학습에서 전이를 좌우하는 요건의 내용으로 볼 수 없는 것은?

① 서로 다른 요소가 학습과정에 있을 때 전이효과는 크다.
② 적극적 전이는 지능이 높은 학습자일수록 쉽게 일어난다.
③ 전이효과는 수업목표를 구체화할 때 크다.
④ 적극적 전이는 훈련을 받은 경우에 일어난다.
⑤ 전이효과는 두 학습 사이의 시간의 차이에 따라 나타난다.

TIPS!

학습에서 전이를 좌우하는 요건
㉠ 동일한 요소가 학습과정에 있을 때 전이효과를 높일 수 있다.
㉡ 적극적 전이는 훈련을 받지 않은 경우보다 훈련을 받은 경우에 일어난다.
㉢ 적극적 전이는 지능이 높은 학습자일수록 쉽게 일어난다.
㉣ 적극적 전이는 학습의 정도가 높을수록 많아진다.
㉤ 전이효과는 두 학습 사이의 시간의 차이에 따라 나타난다.
㉥ 전이효과는 학습자가 학습결과를 평가할 수 있는 기회가 많으면 높아진다.
㉦ 전이를 유발할 수 있는 것은 학습한 내용이 새로운 학습에 이용될 것이라는 믿음과 자세가 나타날 때이다.
㉧ 전이효과는 수업목표를 구체화 할 때 크다.

30 다음에 회상해 낼 것을 생각하고 대상이나 정보를 눈으로 여러 번 보는 것은?

① 망각
② 인출전략
③ 정교화 전략
④ 조직화 전략
⑤ 시연전략

TIPS!

시연전략: 나중에 회상해 낼 것을 생각하고 미리 기억해야 할 대상이나 정보를 눈으로 여러 번 보아 두거나 말로 되풀이해 보는 것이다.

Answer 28.② 29.① 30.⑤

31 망각을 방지할 수 있는 방법이 아닌 것은?

① 논리적인 지식체계로 학습한다.
② 학습 자료는 동기화된 것을 활용한다.
③ 분산학습보다는 집중학습이 파지에 효과적이다.
④ 파지를 저해하는 것은 기억된 자료 간의 간섭이다.
⑤ 학습은 완전히 처음부터 습득한 후에 다음 학습을 시작한다.

> **TIPS!**
>
> 망각을 방지할 수 있는 방법
> ㉠ 논리적인 지식체계로 학습내용을 유도하여 학습한다.
> ㉡ 학습 자료는 동기화된 것을 활용한다.
> ㉢ 학습은 완전히 처음부터 습득한 후에 다음 학습을 시작한다.
> ㉣ 집중학습보다는 분산학습이 파지에 효과적이다.
> ㉤ 파지를 저해하는 것은 기억된 자료 간의 간섭이다.
> ㉥ 망각을 방지하는 것은 초과학습이다.

32 기억력을 높이는 조건으로 볼 수 없는 것은?

① 반복된 학습　　　　　　　② 직전의 경험
③ 이해관계　　　　　　　　④ 책임감
⑤ 독립성

> **TIPS!**
>
> 기억력을 높이는 조건 : 기억력은 반복된 학습, 직전의 경험, 이해관계, 흥미, 책임감, 합리성 등에 의해서 높아진다.

33 다음 피로의 원인 중 그 성격이 다른 하나는?

① 에너지원의 소모　　　　　② 정서적 불안정
③ 학습의 지속시간　　　　　④ 교과서에 대한 적응
⑤ 학습의 내용 및 난이도

> **TIPS!**
>
> 피로의 원인
> ㉠ 생리적 원인 : 에너지원의 소모, 질병, 신체적 결함, 노폐물의 축적, 산소의 결핍, 신체적·생리적 불균형 등
> ㉡ 학습자체의 원인 : 정서적 불안정, 연령과 학습의 지속시간, 학습의 내용 및 난이도, 교과서에 대한 적응 등

Answer 31.③ 32.⑤ 33.①

34 학습에 대한 피로의 객관적 요인에 해당하는 것은?

> ㉠ 주의력 감소   ㉡ 흥미의 상실
> ㉢ 권태   ㉣ 착오의 증가

① ㉠㉡㉢   ② ㉠㉡
③ ㉡㉣   ④ ㉣
⑤ ㉠㉡㉢㉣

> **TIPS!**
>
> 피로의 주관적 요인과 객관적 요인
> ㉠ 피로의 주관적 요인 : 주의력 감소, 흥미의 상실, 권태
> ㉡ 피로의 객관적 요인 : 학습능률의 감퇴 및 저하, 착오의 증가

35 다음 중 파블로프의 조건형성 실험에서 고기는 주지 않고 종소리만 계속 울렸더니 종소리에 대해서는 타액반응이 일어나지 않았다. 이것이 의미하는 바는?

① 투사   ② 강화
③ 소멸   ④ 일반화
⑤ 변별

> **TIPS!**
>
> 조건반응(CR)이 나타난 후에 무조건자극(US : 강화인) 없이 계속해서 조건자극(CS)만 주어진다면 조건반응(CR)은 점차 사라질 것이다. 조건자극이 더 이상 조건반응을 유발시킬 수 없을 때 실험적 소멸이 일어났다고 말할 수 있다. 조건자극이 제시되고 강화가 뒤따르지 않을 때 소멸이 초래된다.

Answer   34.④   35.③

36 파블로프의 고전적 조건화에서 무조건자극에 해당하는 것은?

> ㉠ 개에게 제시되었던 벨소리
> ㉡ 개가 음식물에 대해 침을 분비하는 것
> ㉢ 벨소리에 대해 타액을 분비하는 것
> ㉣ 개에게 주어지는 음식물

① ㉠㉡㉢　　　　　　　　　　　② ㉠㉢
③ ㉡㉣　　　　　　　　　　　　④ ㉣
⑤ ㉠㉡㉢㉣

> 🔹 **TIPS!**
> 무조건자극이란 유기체의 자연적이고 본능적인 반응을 유도해 내는 자극을 말하는 것으로 개에게 주어지는 음식물은 조건화 전에도 개의 타액분비를 유발했던 자극이므로 무조건자극이다.

37 다음 중 매우 제한된 자극에 반응하거나 훈련 중에 사용된 자극에만 반응하는 경향을 가리키는 것은?

① 강화　　　　　　　　　　　　② 연관론
③ 행동조성　　　　　　　　　　④ 변별
⑤ 소멸

> 🔹 **TIPS!**
> 일반화는 훈련 중에 실제로 사용된 자극과 관련 있는 자극들에 반응하는 경향을 말하는 반면, 변별은 매우 제한된 자극에 반응하거나 훈련 중에 사용된 자극에만 반응하는 경향을 말한다. 즉, 일반화는 자극의 유사성에 대한 반응인데, 변별은 자극의 차이점에 대한 반응이다.

Answer 36.④ 37.④

38 다음은 고전적 조건화에 대한 설명이다. 옳은 것은?

> ㉠ 눈깜박임, 타액분비 등과 같이 특정자극에 대해 자동적으로 반응을 보인다.
> ㉡ 인간이 환경적 자극에 수동적으로 반응하여 형성되는 행동이다.
> ㉢ 인간에게 연상적 학습을 가져올 수 있다.
> ㉣ 파블로프의 개실험에서 유래를 찾을 수 있다.

① ㉠㉡㉢   ② ㉠㉢
③ ㉡㉣   ④ ㉣
⑤ ㉠㉡㉢㉣

⊙ TIPS!
파블로프의 고전적 조건화는 무조건자극과 조건자극을 함께 반복하여 제시함으로써 무조건자극이 없는 상황
에서도 조건자극에 대해 무조건반응과 같은 조건반응을 얻게 되는 새로운 연합의 과정을 말한다.

39 고전적 조건화에 관한 내용 중 잘못된 것은?

① 소멸 후에 일정시간이 지난 후 조건자극을 다시 제시하면 조건반응이 일시적으로 다시 나타나는 자발적
회복 현상이 나타난다.
② 고전적 조건형성 기본원리는 근접성과 수반성이다.
③ 조건반응의 강도는 언제나 무조건반응의 강도보다 강하다.
④ 조건자극이 더 이상 조건반응을 유발시킬 수 없을 때 실험적 소멸이 일어났다고 한다.
⑤ 조건자극과 무조건자극을 한 번 짝지어 제시하는 것을 시행이라고 한다.

⊙ TIPS!
무조건반응과 조건반응은 언제나 같은 종류의 반응이나, 조건반응의 강도는 언제나 무조건반응의 강도보다
는 약하다.

Answer 38.⑤ 39.③

40 손다이크의 학습이론에 관한 법칙만으로 나열된 것은?

⊙ 효과의 법칙   ⓒ 연습의 법칙
ⓒ 준비도의 법칙   ② 소멸의 법칙

① ⊙ⓒⓒ   ② ⊙ⓒ
③ ⓒ②   ④ ②
⑤ ⊙ⓒⓒ②

> ● TIPS!
> 손다이크는 학습과정을 연습의 법칙, 효과의 법칙, 준비도의 법칙을 통해 정리하였다.

41 다음 중 손다이크가 학습을 보는 관점에 대한 설명으로 올바른 것은?

① 학습은 한 번에 이루어지는 것이다.
② 학습의 가장 기본적인 형태는 상상이다.
③ 학습은 통찰적이기 보다는 점증적이다.
④ 인간은 포유류와는 다르게 학습한다.
⑤ 학습은 사고의 중재를 받아 일어난다.

> ● TIPS!
> ① 학습은 한 번에 이루어지는 것이 아니라 아주 조금씩 체계적 단계를 밟으며 이루어진다.
> ② 손다이크는 학습의 가장 기본적인 형태가 시행착오학습 또는 그가 선택과 연관시키기로 명명한 것이라고 하였다.
> ④ 손다이크는 학습이 직접적이며 사고의 중재를 받지 않는다고 주장하였고, 이와 함께 인간을 포함한 모든 포유류의 학습이 같은 법칙을 따른다고 했기 때문에 많은 사람들에게 혼란을 불러 일으켰다. 그의 이론에 따르면, 인간의 학습을 설명할 때 특별한 과정을 가정할 필요가 없다.
> ⑤ 손다이크는 경험적인 연구를 통해서 학습은 직접적으로 이루어지지 사고나 추론에 의해 중재되지 않는다고 하였다.

Answer 40.① 41.③

42 손다이크의 준비도의 법칙에 대한 설명으로서 올바른 것은?

① 주어진 상황에서 어떤 행동을 자주하게 되면 유사한 상황에서 동일한 행동을 하기 쉽다.

② 행동할 준비가 되어 있을 때, 그 행동은 만족스럽게 된다.

③ 행동할 준비가 되어 있지 않을 때 그 행동은 더욱 만족스럽다.

④ 반응 다음에 만족스러운 상태가 오면 연관성이 증가된다.

⑤ 연습이 계속되지 않으면 준비도는 약해진다.

> **TIPS!**
> 손다이크가 제시한 준비도의 법칙에 의하면 어떤 사람이 어떤 행동을 할 준비가 되어 있을 때 그 행동은 만족스럽게 되고, 어떤 사람이 어떤 행동을 할 준비가 되어 있을 때 그 행동을 하지 않는 것은 불쾌한 것이며, 어떤 사람이 어떤 행동을 할 준비가 되어 있지 않은데 강제로 그 행동을 하게 되면 불쾌한 것이 된다.

43 다음 중 스키너의 행동주의적 학습이론의 주요개념이 아닌 것은?

① 반응적 행동　　　　　　　　② 조작적 행동

③ 연관성의 강도　　　　　　　④ 변별자극

⑤ 강화

> **TIPS!**
> 연관성의 강도가 반응을 유도한다는 것은 손다이크의 효과의 법칙을 설명한 것이다.

44 어떤 행동의 강도와 발생빈도를 증가시키는 것을 의미하는 것은?

① 시행착오　　　　　　　　　② 강화

③ 벌　　　　　　　　　　　　④ 반응률

⑤ 행동조성

> **TIPS!**
> 강화란 어떤 행동의 강도와 발생빈도를 증가시키는 것을 의미한다.

Answer 42.② 43.③ 44.②

45 정적 강화와 부적 강화에 대한 설명으로 옳은 것은?

① 부적 강화에서는 어떤 반응 후에 강화자극이 뒤따른다.
② 정적 강화란 나쁜 행동을 제거하기 위해 주는 칭찬과 보상이다.
③ 부적 강화란 바라지 않는 것을 제거하며 나쁜 행동을 감소시키려는 것이다.
④ 정적 강화란 가치 있는 것을 줌으로써 바람직한 행도의 빈도를 증가시키는 것이다.
⑤ 부적 강화란 벌과 같이 나쁜 행동에 대해 주어지는 것이다.

 TIPS!

정적 강화란 가치 있는 어떠한 것을 제공함으로써 바람직한 행동의 강도와 빈도를 증가시키는 것을 의미하며, 부적 강화란 바라지 않는 어떤 것을 제거하여 바람직한 행동의 강도와 빈도를 증가시키는 것을 의미한다.

.

46 아이와 대형마트에 가서 식사를 하게 될 때, 대부분의 아이들은 밥을 먹지 않은 채 놀이기구를 태워달라고 졸라댄다. 그 때 밥을 다 먹으면 놀이기구를 태워주겠다고 했다. 이는 무엇에 해당하는가?

① 통찰학습
② 잠재학습
③ 가르시아 효과
④ 손다이크의 효과의 법칙
⑤ 프리맥의 원리

 TIPS!

프리맥의 원리란 빈번히 일어나는 특정 행동이 상대적으로 자주 일어나지 않는 행동을 강화하는 데 이용되는 것이다.

47 다음의 강화계획에서 초기의 훈련단계에 요구되는 것은?

① 변화비율강화계획
② 변화간격강화계획
③ 고정비율강화계획
④ 고정간격강화계획
⑤ 연속강화계획

 TIPS!

연속강화계획은 행동이 일어났을 때마다 강화물이 주어지는 것이다.

Answer 45.④ 46.⑤ 47.⑤

48 다음 중 조작적 조건화의 학습이론을 바탕으로 하는 교육프로그램의 과정을 옳게 설명한 것은?

① 바람직한 목표행동은 주관적인 용어로 기술한다.

② 목표행동을 광범위하고 포괄적으로 기술한다.

③ 강화를 위해 자극자료와 행동기준을 무작위로 준비한다.

④ 약 90%의 아동이 바르게 반응할 수 있는 행동단위에서부터 시작한다.

⑤ 바람직한 행동을 설정하기보다는 발견해 가도록 한다.

 TIPS!

조작적 조건화를 바탕으로 하는 교육프로그램의 과정

㉠ 바람직한 목표행동을 구체적이고 객관적인 용어로 기술한다.

㉡ 과제와의 관련성 속에서 아동의 행동목록을 평가한다.

㉢ 강화를 위해 자극자료와 행동기준 등을 계열적으로 준비한다.

㉣ 약 90%의 아동이 바르게 반응할 수 있는 행동단위에서부터 시작한다.

㉤ 바람직한 행동에 점진적으로 접근하고 과제에 내적인 조건화된 강화인이 형성되도록 강화를 준다.

㉥ 교육자료와 수업을 수정하기 위한 기초자료로서 아동의 반응을 기록해 둔다.

49 다음 중 관찰된 학습과 대리경험의 효과를 중요하게 생각하는 것은?

① 사회학습이론　　　　　　　　　② 조작적 조건화

③ 연관론　　　　　　　　　　　　④ 시행착오설

⑤ 자극의 유사성

TIPS!

관찰된 학습과 대리경험의 효과를 중요하게 생각하는 사회학습이론은 행동의 단서, 즉 모델에 의해 표현되는 행동의 효과를 강조한다.

Answer　48.④　49.①

50 도구적 조건형성의 현상 중 원하는 목표행동을 단계적으로 조작하여 최종적으로 동물이 하기를 바라는 반응에 점차적으로 근접해 가도록 하는 과정은 다음 중 어느 것인가?

① 행동조성(조형)
② 조작적 행동
③ 반응적 행동
④ 체계적 둔감법
⑤ 자극의 일반화

TIPS!

행동조성은 어떤 행동은 강화를 하고 다른 행동은 강화를 하지 않는 차별적 강화와, 실험자가 원하는 반응에만 강화를 하는 점진적 접근의 두 부분으로 구성된다.

51 다음 중 타인의 행동을 관찰함으로써 학습하는 관찰학습을 체계적으로 연구한 학자는?

① 칸트
② 스키너
③ 반두라
④ 파블로프
⑤ 손다이크

TIPS!

타인의 행동을 관찰함으로써 학습하는 관찰학습을 본격적으로 체계적으로 연구한 학자는 반두라이다.

52 반두라가 행동의 인지적 기본 원리의 핵심 요소로 규정하였고, 어떤 행동을 잘 수행할 수 있다는 신념을 말하는 것은 반두라의 개념 중 무엇인가?

① 자기조정
② 모방
③ 자기강화
④ 자기규제
⑤ 자기효능감

TIPS!

자기효능감이란 어떤 행동을 잘 수행할 수 있는 능력, 즉 특정과제를 효과적으로 다룰 능력에 대한 개인적 감각을 의미한다.

Answer 50.① 51.③ 52.⑤

53 관찰학습의 과정을 올바르게 나열한 것은?

① 주의집중과정 → 운동재생과정 → 기억과정 → 동기적 과정
② 주의집중과정 → 기억과정 → 운동재생과정 → 동기적 과정
③ 주의집중과정 → 운동재생과정 → 동기적 과정 → 기억과정
④ 동기적 과정 → 주의집중과정 → 운동재생과정 → 동기적 과정
⑤ 농기적 과정 → 주의집중과정 → 기억과정 → 운동재생과정

 TIPS!
관찰학습의 과정: 주의집중과정 → 파지(기억)과정 → 운동재생과정 → 강화와 동기적 과정

54 우리속담에 '자라보고 놀란 가슴 솥뚜껑 보고 놀란다'가 있다. 이는 어떤 학습이론인가?

① 조작적 조건화   ② 고전적 조건형성
③ 변별자극   ④ 자극의 일반화
⑤ 조작적 조건형성

TIPS!
고전적 조건형성 중 자극일반화에 대한 설명이다.

55 스키너의 강화계획에 대한 설명으로 틀린 것은?

① 고정간격강화계획 – 특별히 정해진 시간 간격에 따라 강화를 주는 것이다.
② 가변간격강화계획 – 평균 몇 번의 반응이 일어난 후 강화를 주는 것이다.
③ 고정비율강화계획 – 부모가 자녀에게 성적을 20점 올리면 용돈인상을 약속하는 것이 대표적인 예이다.
④ 가변비율강화계획 – 카지노의 자동도박기계, 로또복권과 같은 것이 대표적인 예이다.
⑤ 연속강화계획 – 자동판매기와 같이 반응이 있을 때마다 강화를 주는 것이다.

TIPS!
가변간격강화계획: 시간간격은 일정하지만 실제로 강화가 주어지는 시간간격은 다르다.

Answer 53.② 54.④ 55.②

56 게슈탈트 심리학의 지각의 원리에 속하지 않는 것은?

① 연속성의 원리　　　　　　　　② 유사성의 원리
③ 근접성의 원리　　　　　　　　④ 완성성의 원리
⑤ 통찰의 원리

 TIPS!

지각의 원리 : 유사성의 원리, 근접성의 원리, 완성성의 원리, 연속성의 원리

57 다음의 원리 중 서로 연결된 것으로 보는 것은?

① 근접성의 원리　　　　　　　　② 연속성의 원리
③ 통찰의 원리　　　　　　　　　④ 유사성의 원리
⑤ 완성성의 원리

TIPS!

연속성의 원리는 요소들이 선행요소들의 방향으로 계속되는 것처럼 보이며, 서로 연결된 것으로 본다.

58 다음 중 학습을 반응의 변화가 아니라 지식의 변화로 보는 것은?

① 통찰이론　　　　　　　　　　② 귀인이론
③ 성취동기　　　　　　　　　　④ 효과의 법칙
⑤ 준비성의 법칙

TIPS!

통찰이론은 학습을 반응의 변화가 아니라 지식의 변화로 보고 목적, 통찰력, 이해와 같은 정신적 과정을 강조한다.

Answer 56.⑤ 57.② 58.①

59 인지이론에서 중요하게 생각하는 과정으로 짝지어진 것은?

> ㉠ 지각   ㉡ 통찰
> ㉢ 인지   ㉣ 동기

① ㉠㉡㉢   ② ㉠㉡
③ ㉡㉣   ④ ㉣
⑤ ㉠㉡㉢㉣

   TIPS! --
   인지이론에서 중요하게 생각하는 정신적 과정은 지각, 통찰, 인지 등이다.

60 장이론의 특징으로 볼 수 없는 것은?

① 지각과 실재의 상대적 관계   ② 행동의 목적성
③ 심리적 기능의 강조   ④ 상황의 강조
⑤ 강화의 원리

   TIPS! --
   장이론의 특징 : 지각과 실재의 상대적 관계, 행동의 목적성, 심리적 기능의 강조, 현시성의 원리, 상황의 강조

61 목적적 행동주의에 관한 내용 중 잘못된 것은?

① 행동주의와 형태주의 학습이론을 접목시킨 것이다.
② 모든 행동은 목적적이다.
③ 강화는 학습에 필수적이다.
④ 행동은 목적과 관련된 지배를 받는다.
⑤ 인지도는 학습에 포함된다.

   TIPS! --
   스키너와는 다르게 톨만은 강화를 학습에 필수적인 것으로 보지 않았다.

Answer   59.①   60.⑤   61.③

62 다음 중 인지처리과정에 포함되지 않는 항목은 무엇인가?

① 주의집중
② 시연
③ 부호화
④ 평가
⑤ 망각

> **TIPS!**
> 인지처리과정이란 어떠한 정보를 하나의 저장소에서 다른 저장소로 옮기는 내부적이고 지적인 활동을 의미하며 주의집중, 지각, 시연, 부호화, 연출과 망각 등의 처리과정이 포함되어 있다.

63 다음 중 작업기억 안에서 이루어지는 처리과정에 해당하는 것은?

① 시연
② 부호화
③ 인출
④ 지각
⑤ 주의집중

> **TIPS!**
> 작업기억 안으로 들어온 정보는 시연을 통해 파지가 되기도 하고 장기기억으로 전이가 되기도 한다.

64 다음 중 오수벨이 강조한 개념으로 옳은 것은?

① 연접경로
② 지식의 구조
③ 연습
④ 정보의 조직화
⑤ 학습의 조건

> **TIPS!**
> 오수벨에 따르면 주제를 조직하는 방식과 사람들이 정신적으로(인지구조) 지식을 조직화하는 방식 사이에는 유사점이 있다. 그는 각 학문 분야가 위계적으로 조직화된 개념들의 구조를 갖는다는 견해를 표명했다. 즉, 각 분야의 제일 윗부분에는 매우 광범위하고 추상적인 개념이 존재하며, 아래 부분에는 보다 구체적인 개념이 자리 잡고 있다는 것이다.

Answer 62.④ 63.① 64.④

65 다음 중 가네가 초기에 제시한 학습유형에 속하지 않는 것은?

① 연쇄반응
② 단일반응
③ 복합적 변별
④ 원리의 사용
⑤ 선행조직자

> **TIPS!**
>
> 가네는 학습의 결과로 일어나는 수행을 6가지 유형, 즉 단일반응, 연쇄반응, 복합적 변별, 분류하기, 원리의 사용, 문제해결로 분류하고 있다.

66 다음에서 설명하고 있는 것으로 옳은 것은?

> • 새로운 정보의 파지를 증가시킨다.
> • 학생의 '인지구조'를 강화시킨다.
> • 학습과제 자체보다 더 높은 수준의 추상과 포섭이다.

① 사회적 구성주의
② 지시적 교수
③ 선행조직자
④ 조작적 조건화
⑤ 역조건화

> **TIPS!**
>
> 선행조직자란 학습과제에 앞서 제시하는 예비자료로서 학습과제 자체보다 더 높은 수준의 추상과 포섭으로 내용이 잘 조직된 것으로서 그 목적은 과거에 학습한 자료로 새로운 학습과제에서의 자료를 설명하고 통합시키며 상호 관련시키도록 하는데 있다.

67 다음 중 학습자가 새로운 사상을 과거에 학습된 내용과 의식적으로 관련시키는 것은 오수벨의 교수원리 중 어떤 것이 진행될 때 일어나는 현상인가?

① 수평성의 원리
② 통합적 조정의 원리
③ 선행학습의 요약 및 정리의 원리
④ 점진적 분화의 원리
⑤ 내용의 체계적 조직의 원리

> **TIPS!**
>
> 통합적 조정의 원리 : 교육과정의 순서를 조직화하여 연속되는 각 학습을 과거에 제시했던 것과 관련시키는 것이다.

Answer 65.⑤ 66.③ 67.②

68 오수벨이 설명하고 있는 주요 교수원리만으로 나열된 것은?

> ㉠ 점진적 분화의 원리   ㉡ 통합적 조정의 원리
>
> ㉢ 선행조직자의 원리   ㉣ 발견학습의 원리

① ㉠㉡㉢   ② ㉠㉢

③ ㉡㉣   ④ ㉣

⑤ ㉠㉡㉢㉣

> **TIPS!**
>
> 발견학습의 원리는 브루너의 교수이론이다.

69 가네가 제시한 교사의 기능과 거리가 먼 것은?

① 자극을 제시한다.

② 학습을 자극하고 지도한다.

③ 학습자에게 목표를 알려 준다.

④ 학습 조직화를 분명히 한다.

⑤ 학습자가 과거에 학습한 것을 회상하도록 돕는다.

> **TIPS!**
>
> 가네가 제시한 교사의 기능
> ㉠ 학습자에게 목표를 알려 준다.
> ㉡ 자극을 제시한다.
> ㉢ 학습자의 관심을 증가시킨다.
> ㉣ 학습자가 과거에 학습한 것을 회상하도록 돕는다.
> ㉤ 수행을 불러일으킬 조건을 제공한다.
> ㉥ 학습순서를 결정한다.
> ㉦ 학습을 자극하고 지도한다.

Answer 68.① 69.④

70 가네가 주장한 것으로 학생들에게 개념을 회상하도록 하는 것은?

① 원리사용의 촉진
② 문제해결의 촉진
③ 연쇄반응의 촉진
④ 단일반응의 촉진
⑤ 복합적 분별의 촉진

> **TIPS!**
>
> 원리사용의 촉진 : 학생들에게 개념을 회상하도록 하고, 그 후 다양한 구체적 상황에 적용해 보도록 한다.

71 구성주의의 교수-학습원칙과 관련이 있는 것으로 짝지어진 것은?

> ㉠ 자아성찰적 실천　　　　　　　　㉡ 협동학습 환경의 활용
> ㉢ 학습자의 학습에 대한 주인의식　　㉣ 지식전달자로서의 역할

① ㉠㉡㉢
② ㉠㉢
③ ㉡㉣
④ ㉣
⑤ ㉠㉡㉢㉣

> **TIPS!**
>
> 구성주의 학습원칙 : 학습자의 학습에 대한 주인의식, 자아성찰적 실천, 협동학습 환경의 활용, 조언자이며 동료 학습자로서의 역할, 구체적 상황을 배경으로 한 실제적 성격의 과제

72 다음 중 듀이의 교육사상의 핵심으로 옳은 것은?

① 통찰학습
② 정보의 조직화
③ 행동의 자기규제
④ 잘 구조화된 지식의 체계화
⑤ 성장과 변화경험의 끊임없는 개조

> **TIPS!**
>
> 듀이의 교육사상의 핵심은 성장과 변화경험의 끊임없는 개조를 강조한 데 있다. 교육을 하고 교육을 받는 과정은 상호간의 경험을 개조하고 경험을 다시 쌓아 올리는 계속적인 성장·발달의 과정이다. 이러한 생각은 구성주의적 개념의 시발점이라고 볼 수 있다.

Answer 70.① 71.① 72.⑤

73 듀이가 주장한 교수방법으로 적절하지 못한 내용은?

① 자립적인 자기표현에 의한다.
② 아동의 본성에 따라야 한다.
③ 집단화 방법을 찾아야 한다.
④ 아동의 흥미를 존중해야 한다.
⑤ 교육방법, 교육내용, 교육목적은 분리 될 수 없다.

TIPS!

듀이가 제시한 교수방법
㉠ 아동의 본성에 따라야 한다.
㉡ 아동의 흥미를 존중해야 한다.
㉢ 교육방법, 교육내용, 교육목적은 분리될 수 없다.
㉣ 개별화 방법을 찾아야 한다.
㉤ 자립적인 자기표현에 의한다.

74 브루너가 제시한 표상단계의 순서가 옳은 것은?

① 영상적 표상단계 → 행동적 표상단계 → 기호적 표상단계
② 기호적 표상단계 → 행동적 표상단계 → 영상적 표상단계
③ 기호적 표상단계 → 영상적 표상단계 → 행동적 표상단계
④ 행동적 표상단계 → 영상적 표상단계 → 기호적 표상단계
⑤ 행동적 표상단계 → 기호적 표상단계 → 영상적 표상단계

TIPS!

브루너의 표상단계 : 행동적 표상단계 → 영상적 표상단계 → 기호적 표상단계

Answer 73.③ 74.④

75 Bandura 사회학습 이론에서 청소년기에 일어나는 여러 변화들은 청소년기 자체가 지닌 필연적인 발달 현상의 특성이 아니라 문화적 조건과 사회적 기대 때문이라고 본다. 다음 중 사회학습이론에서 설명하는 행동에 영향을 미치는 요인에 해당하지 않는 것은?

① 대리강화에 의한 학습 ② 결과에 대한 인지적 예상
③ 사회화 과정의 내적 통제화 ④ 자기효능감
⑤ 지아정체감

> **TIPS!**
> Bandura 사회학습 이론의 행동에 영향을 미치는 요인
> ㉠ 대리강화에 의한 학습
> ㉡ 상징적 활동
> ㉢ 선행사고 활동 – 결과에 대한 인지적 예상
> ㉣ 자기규제 능력 – 사회화 과정의 내적 통제화
> ㉤ 자기반영 능력
> ㉥ 자기효능감

76 다음 중 조건자극(Conditioned stimulus)과 무조건자극(Unconditioned stimulus)사이의 시간간격이 아주 길며 단 한 번의 조건화를 통해서도 학습이 된다는 것으로 전통적인 학습이론과 상충되는 이론을 무엇이라고 하는가?

① 상대적 가치이론 ② 사회학습이론
③ 잠재학습 ④ 가르시아 효과
⑤ 귀인이론

> **TIPS!**
> 가르시아 효과는 고전적 조건형성의 학습조건인 수반성과 근접성에 대한 원리에 상충되는 이론으로 유기체의 조건화가 1회 또는 오랜 시간 이후에 무조건 자극을 연합하였다하더라도 학습이 될 수 있다는 것을 발견한다. 이것을 가르시아(Garcia effort) 효과라고 한다.

Answer 75.⑤ 76.④

77 내담자가 물에 빠져 죽을 뻔한 고통을 호소하며 물에 대한 공포를 가지고 있다. 이러한 내담자의 물에 대한 두려움을 극복할 수 있는 행동주의 기법으로 사용할 수 없는 방법은 무엇인가?

① 체계적 둔감법   ② 홍수법

③ 감각적 구상법   ④ 의미일반화

⑤ 양립불가능 반응법

> **TIPS!**
> 행동주의 기법에서 공포 및 불안에 대한 부적응행동을 수정하는 방법에는 상호역제지법을 활용한 체계적 둔감법, 홍수법, 감각적 구상법 등이 있다. 하지만 의미일반화는 특정 대상에 대한 불안을 의미가 유사한 다른 대상에 까지 오히려 증가시킬 수 있다.

78 다음 중 내담자의 내면세계에 대해 접근하는 정도가 수위적으로 낮은 것부터 높은 것으로 바르게 나열된 것을 찾으시오.

① 반영 → 직면 → 해석   ② 해석 → 반영 → 명료화

③ 반영 → 해석 → 직면   ④ 해석 → 명료화 → 반영

⑤ 명료화 → 반영 → 해석

> **TIPS!**
> 상담기법 중 내담자의 내면세계에 접근하는 정도는 반영 → 명료화 → 직면 → 해석 순으로 이해할 수 있다.

79 다음 중 토큰경제에 대한 설명으로 틀린 것은 무엇인가?

① 토큰은 스키너의 조작적 조건형성원리를 이용한 학습기법 중 하나이다.

② 직접적인 강화인자 대신 내담자가 원하는 물건으로 교환할 수 있는 토큰을 보상으로 제공하여 내담자의 행동 동기를 촉진한다.

③ 토큰은 정적 강화 이외 부적강화인자도 포함한다.

④ 토큰은 실험자가 바라는 적절한 행동을 촉진한다.

⑤ 토큰은 직접적인 보상이 아닌 간접적인 보상방법 중 하나이다.

> **TIPS!**
> 토큰은 긍정적인 강화인자로서 유기체가 바라는 강화물로 토큰으로 보상으로 제공하는 기법을 말한다. 토큰은 유기체가 원하는 보상으로 바꿀 수 있으며 유기체 대상이 성인보다는 아동일 경우 행동수정에 효과적이다.

Answer   77.④   78.①   79.③

80 다음 중 망각에 영향을 주는 요인끼리 바르게 묶인 것은 ?

① 간섭, 소멸, 부호화
② 부호화, 재구조화, 저장
③ 간섭, 재구조화, 인출실패
④ 간섭, 소멸, 인출실패
⑤ 부호화, 저장, 인출실패

 **TIPS!**

망각에 영향을 주는 요인으로는 이전의 기억을 방해하는 간섭, 인출하지 않아 기억이 소실되는 소멸, 이전의 부호화가 잘못되어 발생하는 인출실패가 있으며 저장, 재구조화는 기억과 관련되어 있다.

81 다음 중 Weiner의 귀인이론에서 설명하는 내용으로 잘못된 것은?

① 귀인이론은 어떤 일의 성패에 대한 원인이 무엇인지에 대해 설명한다.
② 귀인의 4가지 요소에는 능력, 노력, 과제난이도, 운이 있다.
③ 귀인의 차원은 원인의 소재, 안정성, 통제가능성, 구체성을 근거로 이해할 수 있다.
④ 귀인이 외부에 있고, 안정적이며 통제불가능할 때 개인의 성취욕은 저하된다.
⑤ 개인의 능력은 내부적 소재로 노력에 의해 변화할 수 있다.

TIPS!

귀인의 요소 중 능력은 내적 소재로 안정적이며 통제 불가능한 것으로 노력에 의해 쉽게 변화하지 않는다.

82 돌라드와 밀러의 추동심리학에서 행동을 일으키는 요소에 해당하지 않는 것은?

① 추동
② 행동
③ 보상
④ 단서
⑤ 모방

TIPS!

돌라드와 밀러의 추동심리학은 유기체의 행동은 고통을 회피하려는 내적인 욕구에 기인한다고 주장한다. 여기서 추동이란 행동을 일으키는 대표적인 요인이 되며 이외에 단서(자극, 외부 신호), 반응, 보상이 있다.

Answer 80.④ 81.⑤ 82.⑤

83 다음 중 주의력결핍증후군(ADHD : attention deficit hyperactivity disorder)에 대한 설명으로 바르지 못한 것은?

① 주로 영유아기에 많이 나타나는 장애로 적절한 치료가 되지 않을 때는 일부 청소년기까지 증세가 나타날 수 있다.

② ADHD 아동은 과다행동, 주의력 결핍, 산만하고 공격적인 품행장애로 나타날 수 있다.

③ ADHD 아동은 자극에 선택적으로 집중하기 어렵고 충동적이다.

④ ADHD 아동은 학습장애를 가지고 있으며 학업성적이 낮을 수 있다.

⑤ ADHD는 자폐증과 같은 발달장애와는 다르다.

> 🏵 TIPS!
> ADHD는 주로 아동기에 나타나 적절한 치료가 없다면 초기 청소년기까지 지속될 수 있다.

84 다음 중 기억에 대한 개념을 잘못 연결한 것은 무엇인가?

① 감각기억 : 감각수용기에 수집되는 정보로 정보의 양이 방대하며 대부분은 소실된다.

② 단기기억 : 20~30초 이내의 짧은 기간동안 저장되는 정보로 정보의 양은 제한되어 있다.

③ 장기기억 : 정보의 수집에 제한이 없으며 저장되는 기간 역시 제한이 없다.

④ 작동기억 : 정보가 작동되는 기간 동안 일시에 저장되는 기억을 의미한다.

⑤ 작업기억 : 기억저장소에서 처리해야 할 정보의 양을 의미하며 장기간이 지난 뒤 인출된다.

> 🏵 TIPS!
> 작업기억은 단기기억을 의미하며 단기기억이 기억되는 시간을 기준으로 한다면 작업기억은 처리해야 할 정보를 기준으로 한다.

85 다음 중 기억을 향상시킬 수 있는 방법에 대해서 설명한 것 중 잘못된 것은?

① 시연   ② 간섭의 최대화
③ 두문자어 활용   ④ 맥락화
⑤ 심상화

> 🏵 TIPS!
> 간섭은 기억을 방해하는 것으로 간섭을 최소화해야 기억을 향상시킬 수 있다.

86 다음 보기의 내용은 무엇에 대한 설명인가?

> ㉠ 실험집단의 쥐에게 설탕물과 진통제를 같이 투여한다.
> ㉡ 통제집단의 쥐에게 설탕물을 준다.
> ㉢ 이후 두 집단 모두에게 설탕물만 제시할 경우 실험집단의 쥐는 진통제에 대한 내성이 생긴다.

① 면역반응 – 조작적 조건형성　　　　② 변별학습 – 조작적 조건형성
③ 변별학습 – 고전적 조건형성　　　　④ 면역반응 – 고전적 조건형성
⑤ 습관의 형성 – 조작적 조건형성

> **TIPS!**
> 고전적 조건형성의 원리로 면역학습을 설명하고 있다.

87 다음 중 단기기억에서 장기기억으로 저장할 때 사용할 수 있는 방법은 무엇인가?

① 시공간잡기장　　　　　　　　　　② 음운루프
③ 중앙집행기　　　　　　　　　　　④ 일화기억
⑤ 시연

> **TIPS!**
> 시공간잡기장, 음운루프, 중앙집행기는 작업기억의 3가지 구성요소를 말하며 일화기억이란 장기기억의 종류 중 일부를 말한다. 단기기억을 장기기억으로 저장할 때 시연, 부호화 등을 거쳐 기억의 보존할 수 있다.

88 다음 중 엣킨스 & 쉬프린(Atkinson&Shiffrin)의 다단계 모형의 순서로 바르게 짝지어진 것은?

① 정보→단기기억→감각기억→저장→장기기억→인출→반응
② 정보→감각기억→단기기억→저장→장기기억→인출→반응
③ 정보→감각기억→장기기억→저장→인출→반응
④ 정보→단기기억→저장→반응→장기기억
⑤ 정보→단기기억→감각기억→장기기억→인출

> **TIPS!**
> 엣킨스 & 쉬프린(Atkinson&Shiffrin)의 다단계 모형은 기억의 순서를 정보→감각기억→단기기억→저장→ 장기기억→인출→반응과 같이 설명하고 있다.

Answer　86.④　87.⑤　88.②

89 다음 중 기억에 대한 설명으로 잘못된 것은?

① 삽화적 기억이란 과거 개인의 경험을 일화적으로 기억하는 것을 의미한다.

② 절차적 기억이란 선언되지 않은 행동이나 기술에 대한 과정을 의미한다.

③ 암묵기억이란 개인이 무의식적으로 체화되어 나타나는 기억을 의미한다.

④ 서술적 기억이란 언어로 선언된 기억을 의미한다.

⑤ 선언적 기억이란 일상의 태도, 절차와 관련되어 있다.

 TIPS!

일상의 태도, 절차와 관련되어 있는 기억은 절차적 기억이다.

90 다음 보기는 무엇에 대한 이론인지 찾으시오

- 학습의 요소가 보상이라고 보는 스키너의 이론과 상충되는 이론으로 보상은 행동의 수행에 영향을 미치는 동기가 될 뿐이며 학습은 보상과 상관없이 나타난다고 주장한 이론이다.
- 쥐의 미로실험에서 쥐가 가지고 있는 인지도(cognitive map)에 따라 미로를 통과하는 시간의 차이에 대한 연구를 통해 밝혀진다.

① 톨만의 잠재학습   ② 스키너의 조작적 조건형성

③ 쾰러의 통찰학습   ④ 헐의 신행동주의

⑤ 웰페의 상호제지 이론

TIPS!

톨만은 목적적 행동주의자로 형태주의와 행동주의를 접목한 이론을 전개한다.

그의 주장에 따르면 학습에 있어서 보상이 필수가결의 요소가 아니라 단지 수행에 영향을 미치는 요소로 설명하고 있다.

쥐의 미로실험에서 보상을 받지 않은 쥐는 학습은 되었지만 수행을 보이지 않다가 보상이 주어지면 오류수가 급격히 줄어들면서 이전에 보상을 받은 쥐만큼이나 높은 성취를 보이게 된다. 이것은 쥐가 이전에는 학습은 되었지만 보상이 없어 수행이 나타나지 않다가 이후 보상을 받고 수행이 나타난 것이며 이것을 톨만은 '잠재학습'이라고 지칭하였다.

Answer   89.⑤   90.①

91 스키너의 조작적 조건형성의 이론에 대한 설명으로 잘못된 것은?

① 스키너는 학습의 3요소로 보상, 처벌, 소거로 설명한다.
② 보상은 조작적 조건형성의 주요한 개념으로 물질적 보상이 행동증가에 중요한 역할을 한다.
③ 반응적 행동은 유기체가 환경을 조작해서 의도하는 결과를 얻게 되는 행동을 말한다.
④ 강화의 종류에는 정적강화와 부적강화가 있다.
⑤ 부적강화는 유기체가 선호하지 않은 불쾌한 것을 철회함으로서 바람직한 행동을 증가시키는 것을 의미한다.

> **TIPS!**
> 보상은 물, 음식과 같은 1차적 보상 이외에 미소, 칭찬과 같은 2차적 강화물이 있다.
> 강화는 유기체가 선호하는 것에 따라 다르며 어떤 사람에게는 물질적 보상이 강화가 될 수 있는 반면 어떤 사람에게는 내적 동기유발이 보상이 될 수 있다.
> 스키너는 강화란 개인마다 다르기에 개인의 특성에 부합하는 강화물을 제공하는 것이 바람직하다고 주장한다.

92 다음 중 반두라의 이론에 대한 설명으로 잘못된 것은?

① 반두라의 이론을 관찰이론, 모방학습이라고 한다.
② 반두라는 모델이 학습자와 이질적일수록 학습에 효과적이라고 한다.
③ 반두라는 개인의 행동-개인의 특성-환경이 상호보완적이라고 한다.
④ 관찰학습은 유기체가 주의집중-파지-재생-동기화과정을 거쳐 학습된다.
⑤ 자기효능감은 자신에게 주어진 행동에 대해 얼마나 성공적으로 수행할 수 있는지에 대한 자기인지를 의미한다.

> **TIPS!**
> 반두라는 사회학습이론에서 모델의 역할을 중시여기며 모델은 학습자가 동경하는 매력적인 사람일수록 학습이 촉진된다는 것을 발견한다.

Answer 91.② 92.②

93 다음 중 고전적 조건형성의 수반성과 근접성에 대한 내용이다. 다음 설명 중 옳지 않은 것은?

① 조건자극이 먼저 제시되고 이후 무조건자극이 제시되는 경우 학습이 효과적이다.
② 조건자극이 지속되며 무조건자극이 제공될 경우 지연조건형성이라고 한다.
③ 무조건 자극이 제시되고 조건자극이 제시될 경우 학습이 일어나지 않을 수 있다.
④ 조건자극이 제시된 후 무조건자극이 제시되는 시간이 짧을수록 조건화가 잘 된다.
⑤ 조건자극 이후 무조건자극의 수반이 여러 번 시행될 경우 조건화가 잘 일어난다.

> 🔎 **TIPS!**
> 조건자극이 제시된 이후 무조건자극이 제시되는 지연조건형성, 흔적조건형성의 경우 역행조건형성, 동시조건형성보다는 학습정도가 높다. 고전적 조건형성은 수반성과 근접성이 충족되어야 하는데 이 중 근접성은 시간이 짧을수록 효과적이지만 1초 이내의 매우 짧은 시간에서는 오히려 학습을 방해하는 것으로 나타났다.

94 다음 중 고전적 조건형성의 원리가 적용된 예시로 바람직하지 않은 것은?

① 아프리카 영양들이 사자의 냄새가 흘러오면 사자의 출현을 피해 미리 멀리 달아난다.
② 개가 으르렁거리고 위협하며 문다.
③ 엄마가 노래를 부르며 아이에게 젖을 물린다.
④ 토끼꼬리를 행운의 마스코트를 지니고 다닌다.
⑤ 번개가 치면 천둥소리 때문에 귀를 가린다.

> 🔎 **TIPS!**
> 고전적 조건형성은 이전의 경험을 통한 예고학습으로 영양이 사자의 냄새가 사자의 출현을 예고하여 도망하는 것이며, 개의 으르렁거리는 행위 뒤에는 사람을 무는 것을 예고한다. 또한 엄마가 젖을 물리기 전 노래를 들려줌으로서 아이가 젖을 줄 것을 아이가 준비할 수 있다.
> 번개 뒤에는 천둥소리가 따르므로 귀를 가리게 된다. 미신행동, 징크스는 조작적 조건형성의 응용이라 할 수 있다.

Answer 93.④ 94.④

95 다음은 고전적 조건형성의 자극의 제시순서와 시간간격에 따른 조건형성과정에 대한 설명이다. 이 중 지연조건형성의 예로 적합한 것은?

① 개가 으르렁거리면서 문다.
② 개가 으르렁거리고 문다.
③ 엄마가 노래를 부르며 아이에게 젖을 물린다.
④ 개에게 벨소리와 먹이를 같이 제공한다.
⑤ 개에게 먹이를 제공하고 종소리를 제시한다.

> **TIPS!**
>
> 고전적 조건형성은 이전의 경험을 통해 개가 으르렁거리는 위협의 행위 뒤에는 물리적인 공격으로 이어지며 유기체는 위협소리에 물리적 공격을 준비할 수 있다. 또한 고전적 조건형성에는 지연조건형성, 흔적조건형성, 역행조건형성, 동시조건형성이 있으며 조건자극이 먼저 제시되어 무조건 자극이 제시될 때까지 지속되는 경우를 지연조건형성이라고 한다.

96 다음은 고전적 조건형성의 원리를 이용한 학습과정이다. 다음 중 내용이 잘못 연결된 것은?

① 소멸 – 조건반응이 나타난 후 무조건 자극이 제시되지 않고 조건자극만 주어진다면 조건반응이 사라지는 것을 의미한다.
② 자발적 회복 – 소멸 후에 일정시간이 지난 후 조건자극을 다시 제시하면 조건반응이 일시적으로 다시 나타나는 현상을 말한다.
③ 고차적 조건형성 – 조건자극이 조건반응을 유발한 후 다른 제 2의 자극과 짝지어져 조건반응을 일으킨다.
④ 일반화 – 특정 자극에 대해 유기체가 유사한 자극을 구별해 내는 것을 의미한다.
⑤ 의미일반화 – 유기체가 특정자극에 대해 반응하는 것을 의미가 유사한 다른 자극에도 반응하는 것을 의미한다.

> **TIPS!**
>
> 일반화란 조건자극과 유사한 다른 자극에 대해서도 동일한 반응을 나타내는 '일반화'라고 하며 특정 자극에 대해 유기체가 유사한 자극을 구별해 내는 것을 '변별'이라고 한다.

Answer 95.① 96.④

97 아이가 하루 3시간씩 TV를 보던 시간에서 처벌로 인하여 1시간으로 TV시청이 줄었을 때 아이가 이전의 TV시청시간을 **충족하기 이하여** 부모가 요구한 행동을 증가시키는 것을 무엇이라고 할 수 있는가?

① 반응박탈이론　　　　　　　　② 격리이론
③ 혐오학습　　　　　　　　　　④ 홍수법
⑤ 습관의 형성

> **TIPS!**
> 반응박탈이론은 유기체가 어떤 행동을 하는 것을 (그 기저선 빈도에 비하여) 박탈당한 만큼 그 행동이 강화적이라고 말하는 강화 이론으로 '평형이론'이라고도 한다.

98 다음의 이론은 무엇에 대한 설명인지 찾으시오.

> 셀그리만과 그의 동료들은 개에게 피할 수 없는 전기충격을 주고 이후 피할 수 있는 상황이 되어도 개가 전기충격을 피하지 않게 된다.

① 학습된 무기력　　　　　　　　② 상대적 가치이론
③ 목적적 행동주의　　　　　　　④ 신행동주의
⑤ 혐오학습

> **TIPS!**
> 학습된 무기력이란 반복되는 실패의 경험으로 인해 자신이 환경을 통제할 수 없다는 무기력을 학습하게 된다는 것을 의미한다. 상기 이론은 웨이너의 귀인이론과 더불어 성공의 귀인에 대한 많은 시사를 제공한다.

99 다음 중 물에 빠져 죽을 뻔한 사람에게 물을 내담자가 좋아하는 어떤 것과 연합하여 물에 대한 공포를 제거하는 방법을 무엇이라 할 수 있는가?

① 역조건형성　　　　　　　　　② 자발적 회복
③ 체계적 둔감법　　　　　　　　④ 홍수법
⑤ 소거

> **TIPS!**
> 행동주의 기법 중 부적응을 해결하는 방법에는 여러 가지가 있다. 이 중 공포스러운 대상에 대해 갖는 불쾌한 감정을 유쾌한 감정과 연합하여 불안을 해소하는 기법은 양립불가능의 원리를 이용한 역조건형성기법이다.

Answer　97.①　98.①　99.①

100 다음 중 개가 조건형성에 의해 침을 흘리게 되는데 종소리의 크기를 달리하여 특정 종소리에만 침을 흘리게 되었다면 무엇이라고 할 수 있는가?

① 고순위조건형성　　　　　　　　　② 자극 변별
③ 의미일반화　　　　　　　　　　　④ 자극 일반화
⑤ 자발적 회복

> **TIPS!**
> 개가 조건화에 따라 침을 분비하게 되는데 이 때 조건자극이었던 종소리의 크기를 분별하여 특정 종소리에만 침을 분비하게 된다면 자극변별이라고 할 수 있다.

101 고전적 조건화형성을 위하여 개에게 불빛과 음식을 제공하여 위액의 분비정도를 측정하고자 한다. 다음 중 불빛과 관련된 내용으로 바르지 못한 것은?

① 불빛은 조건자극이 된다.
② 불빛은 조건화 이전에 중성자극이라 할 수 있다.
③ 불빛에 의한 침분비는 조건반응이다.
④ 음식에 의한 침분비는 무조건 반응이다.
⑤ 음식에 대한 침분비는 무조건 자극이다.

> **TIPS!**
> 음식에 의한 침분비는 무조건 반응이며 음식은 무조건 자극이 된다.

102 반두라의 관찰학습과정을 순서대로 바르게 나열한 것은?

① 주의집중 - 재생 - 파지 - 동기화
② 기명 - 시연 - 파지 - 기억 - 인출
③ 주의집중 - 파지 - 재생 - 동기화
④ 기명 - 파지 - 시연 - 저장 - 인출
⑤ 기명 - 재인 - 저장 - 시연 - 인출

> **TIPS!**
> 반두라의 관찰학습과정은 주의집중-파지-재생-동기화를 통해 이루어진다.

Answer 100.② 101.⑤ 102.③

103 다음 중 각각 연결이 올바른 것은 ?

> 손다이크가 학습 실험에서 학습결과 측정을 위해 사용한 종속변인은 (   )인 반면 스키너는 종속변인으로
> (   )을 사용하였다.

① 반응시간 – 반응비율
② 반응비율 – 반응시간
③ 반응강도 – 반응횟수
④ 반응횟수 – 반응강도
⑤ 반응강도 – 반응시간

> **◉ TIPS!**
> 손다이크는 문제상자에서 고양이가 문제상자를 탈출하기까지 발생하는 다중반응에 대한 문제해결 시간을 종속
> 변인으로 본 반면 스키너는 비둘기가 보상을 통해 원판을 쪼는 행동의 빈도를 종속변인으로 설명하고 있다.

104 다음 중 바람직하지 못한 행동을 감소시키는 방법이 아닌 것은?

① 상반행동의 강화   ② 포화의 원리
③ 처벌   ④ 타임아웃
⑤ 정적강화

> **◉ TIPS!**
> 유기체의 바람직하지 못한 행동을 감소시키는 대표적인 방법에는 정적처벌이 있으며 이외에 포화의 원리를
> 사용하여 유기체가 문제행동을 계속적으로 수행하기를 강요받을 경우 문제행동이 줄어들게 된다. 또한 유기
> 체가 받을 강화를 제거하여 문제행동을 감소시키는 부적처벌인 타임아웃이 있다. 하지만 정적강화는 오히려
> 유기체의 문제행동을 더욱 강화시키는 효과가 나타나 바람직하지 않다.

Answer 103.① 104.⑤

105 다음의 보기의 설명으로 올바른 것은?

> 안아달라고 울어대는 아이를 처음에는 무시하던 엄마가 아이가 계속해서 울자 안아주었다. 아이를 내려놓자 전 보다 더욱 울었고, 엄마는 아이를 안아주게 되었고, 아이의 안아달라는 요구에 엄마 지속적으로 받아들이고 제지하는 것을 그만하게 되었다.

① 엄마의 아이에 대한 부적강화

② 엄마의 아이에 대한 일반화

③ 아이의 엄마에 대한 일반화

④ 아이의 엄마에 대한 부적강화

⑤ 엄마는 아이에 대한 제지를 포기

 **TIPS!**

엄마는 아이의 우는 소리를 피하고자 아이를 안아주게 되는 행동이 증가하는 모습이 나타난다. 행동이 증가되는 것은 강화이며 불쾌한 것을 피하고자 하는 유기체의 행동으로 보기의 내용은 부적강화라고 할 수 있다.

106 학습이론 중 유기체가 생물학적 충동에서 박탈된 정도와 습관의 정도에 따라 반응경향성이 달라질 수 있고 이에 따라 행동이 다르다는 것을 주장한 이론은?

① 반두라의 사회학습이론

② 헐의 신행동주의

③ 프리맥의 상대적 가치이론

④ 톨만의 기호형태설

⑤ 쾰러의 통찰학습

TIPS!

Hull은 그의 이론에서 유기체의 반응경향성은 충동(drive)×습관강도(학습의 강도)와 관련 있다는 것을 신행동주의로 설명한다.

Answer 105.① 106.②

107 다음은 무엇에 대한 설명인지 찾으시오.

> • 코프카
> • 베르트하이머의 시각에 관한 연구

① 톨만의 잠재학습
② 스키너의 조작적 조건형성
③ 레빈의 장이론
④ 헐의 신행동주의
⑤ 웰페의 상호제지 이론

> 🔦 TIPS! ....
>
> 형태주의 이론은 부분에 대한 인식보다는 전체에 대한 지각을 중시여기며 '전체는 부분총화 이상의 합이다'
> 라고 설명한다. 초기의 형태주의 심리학은 베르트하이머의 시각의 연구에서 비롯되었으며 부분에 대한 인식
> 보다는 내포의 법칙에 따라 지각하는 것이 게슈탈트를 형성할 수 있음을 강조하고 있다.

108 다음 중 형태주의의 지각의 원리가 아닌 것은?

① 유사성
② 근접성
③ 완성성
④ 연속성
⑤ 지배성

> 🔦 TIPS! ....
>
> 형태주의의 지각의 원리
> • 유사성의 원리 : 유사한 요소끼리 함께 지각한다.
> • 근접성의 원리 : 근접해 있는 요소끼리 먼저 지각한다.
> • 완성성(폐쇄성)의 원리 : 불완전한 것을 완전한 것으로 인식하려 한다.
> • 연속성의 원리 : 기존의 요소들이 선행요소들의 방향으로 계속되어 서로 연결된 것으로 인식한다.
> • 간결성의 원리 : 현상을 간단명료하게 지각하려 한다.

Answer 107.③ 108.⑤

109 다음 중 조작적 조건형성의 처벌과 관련된 내용이다. 다음의 내용이 바르게 설명된 것은 ?

> 음주운전을 한 박씨에게 범칙금 고지서가 날라 왔다.

① 기회박탈
② 제1유형처벌
③ 반응대가
④ 토큰경제
⑤ 조형법

TIPS!

보기의 내용은 부적절한 행동에 대해 개인의 특권이나 이득을 빼앗는 부적처벌(제2유형처벌) 중의 하나로 '반응대가'를 의미하며 불쾌한 인자를 제공하는 정적처벌(제1유형처벌)과는 다르다

110 다음 중 부적강화의 예시를 모두 고르시오.

> ㉠ 옆집의 소음이 시끄러워 옆집 벽을 세게 두드린다.
> ㉡ 창밖의 소음이 커서 창문을 닫는다.
> ㉢ 아이의 울음소리가 시끄러워 젖을 물린다.
> ㉣ 섹스폰의 빽빽거리는 소리가 싫어 음감연습을 한다.
> ㉤ 우박이 내려 처마밑에 들어간다.

① ㉠, ㉡
② ㉠, ㉡, ㉢
③ ㉠, ㉡, ㉣
④ ㉡, ㉢, ㉣, ㉤
⑤ ㉠, ㉡, ㉢, ㉣, ㉤

TIPS!

부적강화는 유기체가 불쾌한 유인가를 제거하기 위하여 행동의 빈도가 증가되는 것으로 모두 ㉠, ㉡, ㉢, ㉣, ㉤모두 유기체의 행동이 증가하는 모습을 보인다.
옆집의 소음(불쾌한 유인가)을 피하기 위하여 벽을 두드리는 행위의 증가, 소음을 피하기 위하여 창문을 닫는 행위의 증가, 울음소리를 피하고자 젖을 물리는 행위의 증가, 섹스폰의 불협화음을 피하고자 연습을 하는 행위의 증가, 우박을 피하고자 처마밑으로 들어가는 행위의 도출이 결국 부정적인 보상을 제거하기 위한 유기체의 행동의 증가로 설명될 수 있다.

Answer 109.③ 110.⑤

111 다음 중 제 1유형처벌의 예를 찾으시오.

① 공원을 산책하다 강도를 만난다.

② 속도위반을 해서 벌금을 낸다.

③ 직장에서 물건을 훼손하여 월급이 삭감된다.

④ 늦은 귀가로 엄마로부터 외출금지를 당한다.

⑤ 숙제를 하지 않아 게임시간을 줄인다.

 TIPS!

제1유형처벌은 정적처벌을 의미하며 정적처벌은 유기체의 바람직하지 못한 행동의 결과 불쾌한 보상을 받아 바람직하지 못한 행동의 감소하는 것을 말한다. 보기①은 산책 중 강도라는 불쾌한 보상이 이후 혼자 공원을 산책 하지 못하게 되는 결과를 초래하게 된다. 반면 속도위반 및 물건훼손에 의한 현금보상, 외출금지, 게임은 유기체에게 긍정적인 보상이 박탈되는 것으로 부적처벌의 예라고 할 수 있다.

112 다음은 고전적 조건형성과 관련된 개념으로 알맞은 것을 찾으시오

> 실험자는 피험자에게 옥수수라는 글씨를 보여주고 전기충격을 가한다. 이후 피험자는 옥수수만이 아닌 소, 밭갈이, 경운기라는 글씨만 봐도 두려움을 느끼게 된다.

① 자극일반화   ② 자극통제

③ 의미일반화   ④ 자극변별

⑤ 고차적 조건형성

TIPS!

위의 보기는 고전적 조건형성 중 일반화의 개념을 표상화된 언어를 통하여도 획득이 된다는 것을 증명한 연구이다. 피험자는 옥수수를 일반화하여 농사와 관련된 모든 대상에게까지 확대하는데 자극만이 아닌 의미적 자극에도 반응하는 현상을 보이게 된다. 이것을 의미일반화라고 한다.

Answer 111.① 112.③

113 다음은 기억의 인출에 대한 설명이다. 다음 내용이 설명하는 것은?

> 영식이는 우울할 때 과거 엄마가 혼자 자신을 할머니집에 두고 떠난 엄마의 뒷모습이 떠올라 더 우울해진다.

① 제체제화   ② 설단현상

③ 상태의존적 기억   ④ 정시일치효과

⑤ 간섭

> **⚲ TIPS!**
>
> 맥락단서의 일종인 정서일치효과, 상태의존적 기억은 당시의 정서와 상태에서 기억의 인출단서를 촉발할 수 있다. 이 중 정서일치효과란 내담자의 감정과 결합된 과거의 사건이 당시의 감정과 유사한 상황에서 쉽게 인출된다는 것으로 우울한 감정일 때는 우울한 기억이 행복한 감정일 때는 행복했던 기억이 잘 나타나게 된다.

114 다음은 기억의 종류에 대한 설명이다. 다음의 내용과 관련있는 것은?

> • 초등학교 때 친구 ○○와 캠프를 갔다.
> • 부모님과 지리산을 놀러갔었다.
> • 친구들과 학교 수업이 끝나고 운동장을 뛰어 다녔다.

① 절차적 기억   ② 일화적 기억

③ 의미적 기억   ④ 내적 기억

⑤ 외적 기억

> **⚲ TIPS!**
>
> 기억의 종류에는 선언적 기억(의미적 기억), 절차적 기억, 일화기억 등 있다.
> 의미적 기억은 정신적 표상을 통한 즉 언어를 통한 기억을 의미하며 일화 기억은 과거의 삽화적 기억으로 당시 사건에 대한 기억을 의미한다. 절차적 기억은 시동을 걸어 운전을 한다. 금고 열쇠 등을 열 수 있다는 등의 문제해결에 접근하는 기억을 말한다.

Answer 113.④ 114.②

115 다음 중 웨이너의 귀인이론에서 성공과 실패는 능력, 과제난이도, 노력, 운에 따라 영향을 받게 된다. 이러한 원인은 귀인의 차원에 따라 개인에게 상이한 영향을 미치게 된다. 다음의 경우 귀인의 차원으로 잘못 짝지어진 것은?

① 원인소재 : 내부적 – 외부적
② 안정성 : 안정적 – 불안정적
③ 통제가능성 : 통제가능 – 통제불가
④ 구체성 : 일반적 – 특수적
⑤ 누적성 : 점진적 – 전반적

> **TIPS!**
>
> 웨이너의 귀인이론은 어떤 일의 결과에 대한 원인을 유기체가 귀인하는 특성에 대해 관심을 가진 이론으로 귀인의 요소는 능력, 노력, 과제난이도, 운이라고 설명한다. 각 귀인은 귀인의 방향에 따라 개인에 상이한 영향을 미치게 되는데 예를 들어 운은 원인의 소재가 유기체 외부에 있으며 통제 불가하다는 것이다. 이에 비해 노력은 내부소재의 불안정적인 것으로 개인이 통제가 가능하므로 어떤 일의 성패를 운으로 돌리기보다는 자신이 통제 가능하여 변화시킬 수 있는 노력에 귀인 한다면 자신의 삶을 주체적으로 조절할 수 있다고 설명한다.
>
> 〈귀인요인과 차원간의 관계〉
>
> | 귀인요소 | 원인소재 | 안정성 | 통제가능성 | 구체성 |
> |---|---|---|---|---|
> | 능력 | 내적 | 안정 | 통제불가 | 전반적 |
> | 노력 | 내적 | 불안정 | 통제가능 | 특수적 |
> | 과제난이도 | 외적 | 안정 | 통제불가 | 전반적 |
> | 운 | 외적 | 불안정 | 통제불가 | 특수적 |

116 과거 유년시절과 같은 오래된 장기기억을 인출할 때 사용되는 정보처리방법은 무엇인가?

① 병렬분산처리
② 계열처리
③ 조건처리
④ 무반응 응답
⑤ 자극-환류

> **TIPS!**
>
> 정보처리이론은 정보의 저장과 인출에 대해 관심을 가지고 있다. 오래된 장기기억을 인출할 때는 병렬처리를 함으로서 제시된 자극이 많아져도 일정시간 이상을 소요하지 않게 된다.

Answer 115.⑤ 116.①

117 다음은 정보처리이론에 대한 설명이다. 알맞은 것은?

> • 지식은 조각이 아니라 두뇌 속에서 결합된 망상형태로 저장된다.
> • 메타인지와 관련되어 있다.
> • 인간인지과정은 병렬적이므로 여러 과제를 동시에 처리가능하다.

① 처리수준이론　　　　　　　　② 병렬분산처리이론
③ 연결주의모형　　　　　　　　④ 이중부호이론
⑤ 자동화

 TIPS!

　　정보처리이론 중 연결주의(신경망 모형)은 지식이 분리되어 존재하는 것이 아니라 두뇌 속에서 결합되어 신
경망의 그물형태로 저장된다고 주장한다. 이것은 의도적인 학습을 하는 메타인지와 관련되어 있으며 인간의
인지과정이 계열적이 아니 병렬적인 처리과정으로 동시에 여러 가지를 처리할 수 있다고 본다.

118 다음은 정보처리와 관련된 개념이다. 다음의 내용은 무엇에 대한 설명인가?

> ㉠ 자신의 사고과정에 적용하는 인지적 과정이다.
> ㉡ 인지과정에 대한 지식과 인지과정을 어떻게 정할 것인가에 대한 지식이다.
> ㉢ 구성요소에는 절차적 지식, 조건적 지식, 인지적 지식이 있다.

① 메타인지　　　　　　　　　　② 인지전략
③ SQ4R　　　　　　　　　　　④ 인출
⑤ 투입

　　　　TIPS!

　　메타인지란 인지에 대한 지식으로 자신의 인지과정에 대한 지식과 인지과정을 어떻게 처리할 것인가에 대한
지식을 의미한다. 이것은 정보를 처리하는 방식을 설명한 인지전략과는 다소 차이가 있다.
※ 인지전략과 메타인지의 비교

인지전략	메타인지
정보를 처치하는 방식 **예** 주의, 부호화, 조직화, 정교화, 시연, 인출 등)	인지과정에 대한 지식 **예** 집행통제과정 : 정보를 저장하고 인출하는데 영향을 미치는 선택적 주의, 정교화, 조직화 같은 정신고정)
정보에 적용되는 정신과정	자기사고에 적용되는 인지적 과정

Answer 117.③ 118.①

119 정보처리이론 중 정보기능을 특별한 주의나 노력없이 무의식적으로 능숙하게 처리하는 것을 무엇이라고 하는가?

① 처리수준이론   ② 병렬분산처리이론
③ 연결주의모형   ④ 이중부호이론
⑤ 자동화

 TIPS!

자동화란 정보처리개념 중 정보기능을 특별한 주의나 노력없이 무의식적으로 능숙하게 처리하는 것을 의미한다.

120 다음은 뇌질환에 대한 환자의 예후이다. 환자의 상태를 통해 의심할 수 있는 뇌질환은?

전혀 웃기지 않는 상태에서 웃음을 참지 못한다.
가족의 죽음 앞에서 누군가의 작은 실수를 보고 박장대소한다.

① 시상이 손상되었다.   ② 해마가 손상되었다.
③ 편도체가 손상되었다.   ④ 전두엽가 손상되었다.
⑤ 뇌기능 전체가 손상되었다.

TIPS!

전두엽은 인지적 판단기능으로 고등정신기관이다. 웃지 말아야 할 상황을 판단하여 웃음을 통제하지 못하는 비상식적인 행동은 전두엽의 문제를 짐작할 수 있다.
• 시상 : 추억이나 지각의 기억을 거르는 필터역할을 한다. 공간의 인지를 담당한다.
• 변연계 : 본능 행동과 정서 감정을 관장하며 기억을 담당한다.
• 해마 : 단기기억의 창고로 추억과 지식의 기억을 만들거나 일시적으로 보존한다.
• 편도체 : 감정적 기억, 무의식적 기억으로 공포나 분노를 담당하며 감정처리의 중추가 된다.
• 전두엽 : 고등한 정신기관으로 감정을 통제할 수 있다.

Answer 119.⑤ 120.④

121 게임을 좋아하는 아이에게 하루종일 게임을 시켜 바람직하지 못한 행동을 소멸시키는 방법을 무엇이라고 하는가?

① 기회박탈
② 제1유형처벌
③ 소멸의 원리
④ 피로법
⑤ 소형법

 TIPS!

행동수정 기법 중 피로법은 유기체의 바람직하지 못한 행동을 교정하기 위하여 문제행동을 반복적으로 수행 시킴으로서 권태감을 느끼게 하여 더 이상 문제행동을 하지 않도록 하는 방법을 말한다.

122 다음은 뇌의 구조에 대한 설명이다. 뇌의 기능과 역할이 잘못 설명된 것은?

① 변연계 – 본능 행동과 정서 감정을 관장하며 기억을 담당한다.
② 해마 – 단기기억의 창고로 추억과 지식의 기억을 만들거나 일시적으로 보존한다.
③ 편도체 – 감정적 기억, 무의식적 기억으로 공포나 분노를 담당하며 감정처리의 중추가 된다.
④ 전두엽 – 고등한 정신기관으로 감정을 통제할 수 있다.
⑤ 최근의 기억을 하지 못하는 알츠하이머는 변연계의 손상에 의해 발생하였다.

TIPS!

알츠하이머는 전두엽과 해마의 손상으로 인하여 이성적인 판단이 미흡하고 단기기억(최근의 기억)이 손상되어 자신이 앞서 한 행동을 기억하지 못한다.

Answer 121.④ 122.⑤

123 다음 중 손다이크의 이론과 관련이 없는 것은?

① 형식도야설
② 시행착오학습
③ 효과의 법칙
④ 다중반응
⑤ 동일요소설

> **TIPS!**
>
> 형식도야설은 로크가 주장한 학습전이이론에 해당한다. 형식도야설을 비판하면서 손다이크는 동일요소설을 주장한다. 형식도야설이 일반 전이를 강조한 것에 반해 동일요소설은 특수한 전이를 강조하며 경험형 교육과정과 연관되어 있다.

Answer 123.①

청소년이해론

01 청소년의 성장과 발달

section 1 청소년의 정의와 특성

① 청소년의 정의

청소년은 아동과 성인 사이의 이행기로, 성인을 준비하는 신체적 · 인지적 · 심리사회적 성숙기이다. 청소년을 명확히 구분하기는 어렵지만, 이 기간은 11~12세 무렵의 제2차 성징이 발현되는 사춘기에서 시작되어 정서 · 경제적으로 독립할 때까지, 즉 아동에서 성인 사이의 과도기인 10~15년을 의미하며, 인간의 평균수명 중 15~20% 정도를 차지한다.

청소년기본법에서는 9~24세까지를 청소년으로 보지만, 심리학적 측면에서는 사춘기가 시작되는 11~12세에서 23~24세까지를 청소년으로 본다. 이 시기는 급격한 신체생리적인 성장(growth), 인지적인 발달(development), 정의 · 사회적인 성숙(maturation)이라는 측면에서 동시적인 변화를 겪으면서 성인으로 탈바꿈해 나가는 과도기라는 점에서 제2의 탄생기라고도 한다.

※ 정신적-육체적 불평형(psychic-physic disequilibrium) 상태에서 혼란과 갈등을 느끼는 과정에서 특유의 문화가 형성되거나 문제 행동이나 부적응으로 인한 방황이 생겨나게 된다.

(1) 법률학적 차원의 청소년 연령

① **영화 및 비디오물의 진흥에 관한 법률** : 만 18세 미만인 자를 청소년으로 규정한다.

② **아동복지법** : 만 18세 미만을 요보호 대상으로 규정한다.

③ **민법** : 만 19세 미만인 자를 미성년자로 규정한다.

④ **청소년기본법** : 청소년을 만 9~24세인 자로 규정한다.

⑤ **형법** : 만 14세가 되지 아니한 자를 형사미성년자로 규정한다.

⑥ **근로기준법** : 만 15세 미만인 자를 연소자로 본다.

⑦ **한부모가족지원법** : 만 18세 미만인자를 아동으로 본다.

② 청소년기의 특성

청소년은 급격한 신체 변화를 경험하고, 심리적으로는 자의식을 형성하고 자아를 확립해 나간다. 또, 이성을 그리워하거나 화려한 미래를 꿈꾸며, 급격한 지적 발달이 이루어지는 등 인생의 다른 시기와는 확연히 구분되는 여러 가지 특성을 지닌다.

(1) 신체적 · 생리적 특성

① 신장과 체중의 발달에 힘입어 신체 내부의 발달도 현저해지는데, 특히 간장과 폐활량, 그리고 소화기능이 이 시기에 현저히 발달한다.

② 내분비선(endocrine glands)의 발달 때문에 성장과 성숙이 급격히 나타난다.

> **더 알아보기**
>
> **내분비선**
> ㉠ 뇌하수체 : 뇌하수체의 전배엽에서 청소년기 신체, 생리적 발달(2차성징)과 관련된 6개의 호르몬을 분비하게 된다.
> - 성장촉진 호르몬은 발육 중인 어린이의 성장을 촉진하는데 분비가 과잉되면 거인증(巨人症)이 되고, 성인의 경우는 말단거대증(末端巨大症)이 된다. 반대로 발육시에 분비가 장애를 받으면 난장이처럼 왜소증이 나타난다.
> - 생식선자극 호르몬은 난소나 정소에 작용하여 난자나 정자의 형성을 촉진한다.
> - 황체형성 호르몬은 배란 후의 황체형성을 촉진하는 호르몬이다.
> - 부신피질자극 호르몬(ACTH)은 부신피질을 자극하고, 특히 코티존 분비와 젖의 분비를 촉진한다.
> - 갑상선자극 호르몬(TSH)이 분비된다.
> - 젖분비자극 호르몬은 젖샘을 자극한다.
> ㉡ 성선(생식선) : 성선에서는 난자와 정자를 생성하며 난소는 에스트로겐과 프로게스테론을, 정소는 안드로겐, 테스토스테론을 분비한다.
> - 에스트로겐 : 성숙한 난소의 여포와 황체에서 분비되고, 태반에서도 분비되어 여성호르몬으로 알려져 있다. 여성의 2차성징을 발현시키고 생식주기를 조절, 임신과 관련된 작용을 한다.
> - 프로게스테론(황체호르몬) : 난자가 배란된 후 형성된 황체에서 분비되는 호르몬으로 생식주기를 조질함으로써 여성의 몸, 특히 자궁벽을 임신에 맞추어 변화시키며 임신하게 되면 분만까지 임신을 유지하는 역할을 맡는다.
> - 안드로겐 : 남성 생식계의 성징과 발달에 영향을 미치는 호르몬의 총칭으로 남성호르몬이라고도 한다. 남성의 2차 성징 발달에 작용하는 호르몬으로, 주로 남성의 정소에서 분비되지만 일부는 부신피질과 여성의 난소에서도 분비된다.
> - 테스토스테론 : 주로 정소의 간질세포에서 생성, 분비된다. 남성성기의 발육을 재촉하고, 성숙시키며, 제2차 성징을 발현시킨다. 기타, 근육, 뼈의 발육을 돕는다. 남성화 효과를 일으키며, 공격성에도 관여한다.

POINT 거인증과 왜소증
- 거인증 : 성장호르몬이 과도하게 나와서 키가 비정상적으로 크게 자라는 병.
  뼈에서 길이 생장을 담당하는 성장판이 닫히기 전에 성장호르몬이 많이 나와 키가 자라는 병을 거인증이라고 한다. 키가 완전히 자랐을 때 총 신장은 2m 이상이 된다. 뼈의 기능은 정상이지만 상대적으로 근육의 힘은 약하기 때문에 심혈관계 질환과 근골격계 질환 등을 앓을 수도 있다. 반면 성장판이 닫힌 뒤 성장호르몬이 많이 나오면 말단거대증이 된다.
  거인증은 보통 성장호르몬이 나오는 부분인 뇌하수체에 종양이 생기는 경우에 발생한다. 이 경우 뇌하수체에 생긴 종양을 외과적으로 절제하거나 방사선을 쬐어 종양을 없애는 방법으로 치료한다.
- 왜소증 : 연령에 맞는 신체의 크기를 볼 수 없는 매우 작은 상태.
  여러 가지 원인에 의해서 초래되는데 그 원인으로는 내분비기능의 장애, 즉 갑상선기능저하증(크레틴병, 점액수종), 뇌하수체기능저하(하수체성 왜소증), 부신 및 성선의 기능장애(성조숙성 왜소증) 등이 있고, 그 외에 영양장애, 대사장애(신장, 간의 기능장애), 염색체이상다운증후군 (Down's syndrome) 터너증후군 (Turner's syndrome), 뼈형성장애(골형성부전, 구루병) 등이 있다. 체질성, 원자력 발전소성인 것이 많으며, 다음으로 내분비장해에 따른 경우가 많다. 난장이라고도 한다.

③ 신체적인 힘은 25세에서 30세 사이에 극대화되며 그 이후에는 점진적으로 쇠퇴한다.

④ 제2차 성징의 특징

    ㉠ 남자 청소년의 경우

        ㉮ 남자 청소년의 경우 13세부터 신체적 변화가 시작되어 약 20세까지 계속되며, 근육세포가 출생 시보다 약 14배가 될 때까지 계속 분열한다.

        ㉯ 수염이 턱과 코 밑에 돋아나며 음모가 나타난다.

        ㉰ 후두가 급속히 발달하여 성대가 굵어져 목소리가 거칠게 들린다.

        ㉱ 밤에는 야간 몽정(Nocturnal emission)이 나타나는데, 몽정은 고환에서 발육된 정자가 정액과 혼합되어 정액낭에 축적되었다가 요도를 통해 배출되는 극히 정상적인 것이다.

        ㉲ 사춘기에는 남성호르몬의 분비가 왕성해져 이마와 머리의 경계가 완만한 U자형으로 남성선이 뚜렷해진다.

    ㉡ 여자 청소년의 경우

        ㉮ 여자 청소년의 사춘기 초기 성징은 가슴 발달로 9~13세 반 정도에 나타난다. 부신피질 기능항진으로 알려진 치모 성장은 그로부터 2~6개월 후에 나타난다.

        ㉯ 초경이 나타나면서 음성도 변하고 어깨도 넓어진다.

        ㉰ 유방이 커지고 둔부가 둥글어진다.

        ㉱ 치골부위(恥骨部位)가 널찍해지며, 피하지방이 발달되어 살결과 피부가 통통하면서도 부드러워진다.

⑤ 성장폭발(Growth spurt) : 청소년기에는 신장과 체중이 급성장하고 성적인 성숙이 급격히 이루어지는 것을 의미한다. 남아들의 경우에는 12~14세 정도에, 여아들의 경우는 10~12세 정도에 키와 체중이 급격하게 늘어난다.

⑥ 신체적 변화

    ㉠ 남자보다 여자가 빨리 시작되고 빨리 완료된다.

    ㉡ 머리, 손, 발 등의 신체의 말단부분이 먼저 발달하는 불균형 성장을 보인다.

    ㉢ 유전인자, 영양상태, 사회적 환경, 생활양식의 요인 때문에 신장의 개인차가 나타난다.

⑦ 신체적 변화에 따른 심리변화

    ㉠ 타인과 비교해서 자아의식이 발달하고 자아정체감 확립을 위한 고민과 노력을 한다.

    ㉡ 생리적인 변화로 정서적 불안정을 겪고, 조숙, 만숙에 따른 자신감이나 열등감이 나타난다.

    ㉢ 신체의 불균형적 성장으로 자신의 신체에 대한 관심과 불만이 증가한다.

    ㉣ 급격한 변화에 대처할 방법을 알지 못해서 심리적 불안감을 느낀다.

    ㉤ 변덕스러운 감정변화로 공연히 심술을 부리거나 불안해하기도 하고, 때로는 자기 도피나 고독감을 느끼기도 한다.

조숙과 만숙에 따른 신체상
㉠ 남자 청소년 : 조숙>만숙(조숙한 경우 긍정적)
㉡ 여자 청소년 : 조숙<만숙(만숙한 경우 긍정적)

⑧ 청소년기의 고정관념

　㉠ 청소년은 반항적이고 버릇이 없다.

　㉡ 청소년은 사려 깊지 못하고 의사결정 능력이 부족하다.

　㉢ 청소년은 감수성이 예민하다.

　㉣ 청소년은 혼란스럽고 감정적이다.

　㉤ 청소년은 갈등적이고 타협하기 어렵다.

　㉥ 청소년은 충동적으로 비행을 저지른다.

　㉦ 청소년은 책임감이 결여되어 있다.

　㉧ 청소년은 성에 대해 관심이 크다.

(2) 인지적 발달의 특성

청소년은 지적 호기심에 눈뜨기 시작하여 자신의 정신세계를 형성해 나간다. 수학·과학 등 지적 문제해결 능력은 대개 청소년기에 최고 수준에 도달하며, 이때 추상적 사고와 논리적 추론능력도 상당한 수준에 이르게 된다.

① 일반적인 인지발달의 특성

　㉠ 출생 후 10세까지 지능은 급격히 발달하다가 발달속도가 완만해지고, 20세 이후 정체와 하강을 보이며, 생득적인 소질과 환경적인 경험의 상호작용에 의해 변화한다.

　㉡ 30대 후반까지도 결정적 지능(어휘력, 이해력, 종합력, 평가능력 등)은 발달한다.

　㉢ 대략 청소년 후기에 유동적 지능(기억력, 도형지각, 지각속도, 귀납추리 등)이 정점에 근접하게 된다.

② 청소년기에 나타나는 인지발달의 특성

　㉠ **사회성 발달** : 이성 친구에 대한 관심의 증가, 친구관계의 중요시, 집단의 규율과 규칙을 중요시, 또래 집단에서의 역할·책임·소속을 중요시, 부모로부터 친구나 유명인물로 동일시 대상의 변화

　㉡ **추상적 사고의 발달** : 자신의 사고 자체와 사고과정에 대한 반성, 본질(원리)을 파악하려는 사고, 추상적 상징과 은유 활용, 형식논리(귀납, 연역)에 의한 사고

　㉢ **논리적 추리능력의 발달** : 조합적 사고(관련 변인들의 관계설정과 검증 사고), 경험적·귀납적 사고, 가설적·연역적 사고의 가능, 논리적 사고의 발달 등

③ 청소년기는 Piaget의 형식적 조작기에 해당

　㉠ 형식적 조작기(Formal Operational Period)는 논리적 사고의 시대(12세~성인초기/15, 16세경)로 추

상적인 사고가 가능하다. 추상적 사고란 융통성 있는 사고, 효율적인 사고, 복잡한 추리, 가설을 세우고 체계적으로 검증하는 일, 직면한 문제 사태에서 해결 가능한 모든 방안을 종합적으로 고려해 보는 일 등과 같은 것을 말한다.

- ⓛ **추상성**(abstractness) : 구체적 사고에서 추상적 사고로, 직시적 사고의 수준을 넘어선 본질적 사고가 가능하며, 상위인지(metacognition)가 발달한다.
- ⓒ **논리적 추리력**(logical reasoning) : 가설 연역적 사고, 조합적 사고, 명제 간 사고가 가능해 진다.
- ⓔ **자아정체감**(self identity)을 형성, 발전하는 동시에 정체감 형성의 위기를 맞는다.
- ⓜ **이상주의**(idealism) : 유토피아를 이야기하고자 한다.

(3) 정서적 발달의 특성

① 정서(emotion)는 라틴어의 어원 'emovere' 혹은 'emotus'에서 유래된 단어로, 어떤 자극을 받았을 때 일어나는 감정으로 신체 · 생리적 동요를 전제로 한다. 청소년기의 정서 변화 요인으로 신체적 급성장, 호르몬의 변화, 형식적 조작 능력의 획득으로 인한 인지적 변화, 자아의식의 변화, 사회적 역할에 따른 적응의 문제(스트레스)를 들 수 있다.

② 정신적으로 자의식을 가지게 되면서 자기정체성(Self identity)을 형성하기 시작한다.

③ 대개 다른 사람이나 외계 사물에 대한 종속적 관계에서 벗어나 자신의 내면에 눈뜨게 되며, 독립적인 자아를 형성하고자 한다.

④ 아직은 자기정체성이 온전하지 못하여 특정 논리나 이념에 쉽게 감동하며 극단적 선택을 하거나 반항적 행동에 빠져들기 쉽다.

⑤ 청소년들의 정서적 경험에 대한 연구결과들에 따르면, 청소년기에 경험하는 정서 혹은 감정의 내용은 성인기의 그것과 거의 유사하나 차이점은 청소년들은 그러한 감정들을 훨씬 더 강렬하게 경험한다는 것이다.

> **더 알아보기**
>
> **청소년발달별 정서의 특징**
> ① 청소년 초기 : 감정의 이변이 크고, 성적충동이 나타난다. 또래집단과의 상호작용을 선호한다.
> ② 청소년 중기 : 감정이 내면화되고 자기중심적이며 이상주의적인 사고가 나타난다. 높은 자의식에 의해 청소년 특유의 개인적 우화가 나타나며 이상과 현실이 괴리되어 있다.
> ③ 청소년 후기 : 이제는 심리적 안정되어 현실적인 사고가 가능하며 청소년 조작적 사고에 의해 논리적 사고이고 합리적인 사고가 가능해진다.

⑥ 청소년들이 무의식적으로 방어기제를 사용하는 것은 자신들이 이해하고 소화할 수 있는 수준 이상의 강도 높은 정서들을 용납할 수 없을 경우이다. 청소년이 가장 흔하게 사용하는 방어기제는 주지화, 금욕주의가 있다.

⑦ 이 시기는 에릭슨(Erikson)이 '자아정체감 형성 대 자아정체감 혼미'라고 말한 생애주기의 다섯 번째에 해당되는 13세경부터 21세경까지로서, 사춘기의 변화로 시작해서 신체적인 성숙으로 끝난다.

> **POINT** 자아정체감
> ① 자기가 확립한 자아성과 자기다음으로 신체가 발달하고, 자아의식이 발현되며, 사회의 독립 기대로 자신에 대한 고민을 한다.
> ② 자신만의 독특하고 고유한 모습과 특징을 정립하기 위해 노력하며, 독립적인 자산만의 삶의 방식을 모색한다.

⑧ 청소년들의 정조

 ㉠ 정조란 정서 가운데 가장 분화되고 고등한 감정으로써 지적 활동에 수반되는 조용하고도 고상한 지적 감정이며 가치 감정을 의미한다.

 ㉡ 정서의 내면화가 정조로 발전하며 이성의지에 의해 통제되는 냉정한 감정 활동을 말한다.

 ㉢ 정조의 종류

  ㉮ 지적 정조(논리적 정조) : 감정의 인지작용

  ㉯ 윤리적 정조(도덕적 정조) : 사회적, 도덕적 행동 규범에 기초하여 자신을 평가

  ㉰ 심미적 정조(예술적 정조) : 자연의 미적 가치를 발견, 예술의 가치를 발견

  ㉱ 종교적 정조 : 자신의 유한성 자각, 초월적 절대자를 의지

⑨ 신체 생리적 변화에 따른 심리적 변화

 ㉠ 정서성(emotionality)의 증가로 감정 또는 정서의 기복이 심하다.

 ㉡ 불안감이 증가되고 과잉 자아의식이 발달하게 된다.

 ㉢ 자기 주장성이 강하게 나타나며 타자의식이 발달하게 된다.

 ㉣ 남의 시선과 평가에 매우 민감해 짐에 따라 고립 욕구(독립) 역시 증대된다.

> **POINT** 청소년기 정서의 특징
> ㉠ 일관성이 없고 불안정적이다.
> ㉡ 감정의 기복이 심하고 예민하다.
> ㉢ 수줍음이 많다.
> ㉣ 열정적이며 호기심과 모방성이 강하다.

(4) 사회적 발달의 특성

① 청소년기에 이르면 사회적으로 독립적인 대인관계를 구축해 나가기 시작한다.

② 청소년은 자의식을 형성하면서 자신의 판단에 따라 독자적으로 행동하고 싶어 한다.

③ 부모뿐 아니라 교사나 기성세대에 대해서도 비판적인 태도를 취하며, 친구나 또래와의 관계를 중요하게 여긴다. 친구를 무조건 사귀기보다는 자신의 관심과 취향에 따른 선택적 친구관계를 형성해 나간다.

④ 부모로부터 개별화되고자 한다. 개별화란 청소년이 부모와 정서적인 유대를 지속하면서 자신을 부모와는 다른 독특한 한 사람의 인격체로 인식하고 경험해 가는 심리적 과정이다.

⑤ 청소년기를 통하여 성인기 진입을 위한 이행을 시작한다. 청소년은 그동안 절대적으로 의존해 왔던 부모에게서 독립하기 시작하며, 학교를 떠나 직장생활로 진입한다. 이러한 이행과정을 성공적으로 수행하는 청소년은 부모 집을 떠나 완전히 독립하게 된다.

> **POINT** 허로크(Hurlock)의 청소년 교우관계의 장점
> ㉠ 즐거울 때 즐길 수 있다.
> ㉡ 안정감이 촉진된다.
> ㉢ 관대함과 이해력이 발달된다.
> ㉣ 타인과 원만하게 일할 수 있는 경험을 얻게 한다.
> ㉤ 사회적 기술을 획득하는 기회를 가진다.
> ㉥ 사람을 비판하는 기회가 된다.
> ㉦ 구애행동을 경험하게 된다.
> ㉧ 충성심이 발달하기도 한다.

section 2 청소년 발달의 이론적 이해와 접근

① 생물학적 이론

(1) 생물학적 이론의 개요

① 청소년을 논할 때 가장 우선적으로 다루는 것은 생물학적 특성이다. 따라서 주로 남자 아동은 남성으로, 여자 아동은 여성으로서 성숙하게 되는 신체적 성장발달에 대한 생물학적 연구가 시도되고 있다.

② 청소년의 개인차나 개인적 소질도 유전적 요인에 의한 것이므로 존중해 주어야 한다.

③ 청소년기의 혼란은 생물학적인 이유로 발생하기 때문에 필연적·보편적으로 일어나며, 청소년기의 다른 능력과 자질도 특별한 학습이나 훈련 없이 나타난다.

④ 파우스트(Faust)와 태너(Tanner)는 초기 청소년기의 성장발달에 관한 연구에서 초기 청소년기는 갑작스러운 키의 성장, 생식기관의 성숙, 2차 성징의 출현, 체중의 재분배 등의 빠른 성장변화를 보여 주는 시기라고 하였다.

⑤ 청소년에 대한 관용이 필수적인 것은 성숙과정에서 나타나는 대부분의 문제가 시간이 지나면 해결되기 때문이다.

(2) 홀(Hall)의 재현이론

① 개인의 발달은 원시적인 유아기부터 시작해서 청소년기를 거쳐 성인기로 발달한다.

② 청소년기에 혼란이 불가피한 이유는 급격한 문명화 변화를 겪기 때문이다.

③ 홀은 개인적인 발달과정이 인류의 발달과정을 재현하며, 개체발생이 계통발생과정을 따른다고 보았다.

  ㉠ 유아기(0~4세) : 동물적인 발달을 재현한다.

  ㉡ 아동기(5~7세) : 술래잡기나 장난감 총 놀이로 동굴 거주와 수렵 및 어로시대를 재현한다.

  ㉢ 소년기(8~14세) : 야영 시대의 삶을 재현한다.

  ㉣ 청소년기(15~25세) : 급진적이고 '질풍노도의 시기'라고 불릴 만큼 안정성이 결여된 문명 초기를 재현한다.

  ㉤ 성인기(25세 이상) : 문명생활을 하는 인류의 모습을 재현한다.

(3) 게젤(Gesell)

① 청소년기 발달을 신체적 성장에 초점을 두고 기술하면서, 그 변화가 너무나 극적이어서 인간의 모든 면에 영향을 미친다고 하였다.

② 청소년 각 개인의 발달 속도와 시기는 차이가 있지만, 모든 사람에게 그 발달의 순서는 동일하기 때문에 새로운 행동이나 능력이 언제 나타날지는 이미 결정되어 있다.

(4) 생물학적 이론의 문제점

① 청소년의 발달에 있어 생물학적 요인을 너무나 과도하게 강조하면서 가족의 영향, 친구의 영향과 같은 사회 환경적 요인을 과소평가하였다는 점에서 비판받고 있다.

② 청소년기를 질풍노도의 시기로 보는 것은 많은 부모들이 자녀의 독립을 반대하고 있기 때문이며, 어떤 문화에서는 청소년이 질풍노도의 격동기를 전혀 겪지 않기도 한다.

③ 청소년기의 불안정과 혼란은 보편적인 현상이 아니며, 급격한 변화가 아닌 점진적 변화이다.

❷ 심리사회적 발달이론

청소년기 자아중심성은 형식적 조작사고가 발달하는 11~12세경에 시작되며, 15~16세경에 정점을 이루다가 청소년들이 다양한 대인관계의 경험을 통해 자신과 타인에 대한 객관적인 이해를 증가시켜 나가면서 점차 사라진다.

(1) 로빙거(Loevinger)의 자아발달단계 이론

① 전사회적 공생 단계 : 주변의 생물과 무생물이 아직 분화되지 않는 자폐적 단계이다. 이 단계의 영아는 주변의 욕구가 기대를 인식하지 못하며, 자신의 욕구 충족에만 관심을 갖는다.

② 충동적 단계 : 아동 초기에 전형적으로 나타나며, 때때로 중학교 시기에서도 보이나 청소년 후기나 성인기에서는 외상적 경험이나 특정한 문제가 있는 경우를 제외하고는 거의 나타나지 않는다.

③ 자기 보호적 단계(=기회주의적 단계 : 제1전환기) : 자아통제가 출현하기 시작하고 자아 및 즉각적인 충족과 관련이 있고 개인적 이익을 위해 규칙을 조종한다.

④ 순응주의자 단계 : 자신의 복지를 타인의 복지와 동일시하는데, 이는 그들 자신이 사회적 인정과 수용에 대해 크게 관심을 갖기 때문이다.

⑤ 자아인식 단계(제2전환기) : 의식적인 자아인식이 가능해지면서 타인 인식을 대체하기 시작하고 남성성과 여성성에 관심을 나타낸다.

⑥ 양심적 단계 : 개인은 대인관계 면에서 행동보다 감정과 동기가 더 중요해지며, 다른 사람들에 대해 관용적이다.

⑦ 개인주의적 단계(제3전환기) : 개별성에 대한 존중과 각기 다른 유형의 사람에 대한 관용이 더욱 증가하게 되고 각기 다른 사람들은 서로 다른 역할을 충족시킨다는 실제적 인식을 한다.

⑧ 자율적 단계 : 자율적인 개인은 다른 사람에 대해 보다 관용적이고 내부 지향적인 행동을 보인다.

⑨ 통합적 단계 : 성인들의 자아발달은 거의 발견되지 않고 사회집단에서 1% 이하의 사람들이 통합적 수준에 속한다.

(2) 설리반(Sullivan)의 발달이론

① 설리반은 성격의 본질이 생리적 욕구와 사회적·심리적 욕구에서 야기되는 긴장에 의해 결정된다고 믿었다. 따라서 행동의 일차적 목적은 긴장을 감소시키거나 최소화하는 것이다.

② 인간은 타인과 사회적 관계를 맺고자 하는 욕구를 지닌 존재이며, 추구하는 상호작용의 형태와 욕구는 연령에 따라 변화한다. 욕구충족을 위한 타인과의 관계 양상은 행동(사회성) 발달에 영향을 준다.

③ 청소년기는 성적 접촉 및 이성관계에 대한 욕구가 증가하며, 현실적으로 충족이 불가능하다는 것을 인식하고, 스트레스와 불안을 느낀다.

④ 설리반은 생의 성격발달을 다음과 같은 단계로 구분하여 설명하였다.

　ⓐ 제1단계(영아기~1세) : 강한 접촉욕구를 보이며, 주로 양육자에 의해 충족된다.

　ⓑ 제2단계(유아기 2~7세) : 성인의 인정 추구 욕구가 있어 인정하는 행위만 주로 하는 시기이다.

　ⓒ 제3단계(아동전기 6~9세) : 또래와의 활동 욕구가 있으며, 협동심과 경쟁심을 학습한다.

　ⓓ 제4단계(아동후기 8~14세) : 동성친구와의 친밀한 우정을 추구하는 욕구가 있으며 부모와의 관계가 좋지 못하다.

　ⓔ 제5단계(청소년 전기 12~18세) : 이성과의 애정적 관계를 추구하는 욕구가 있다.

　ⓕ 제6단계(청소년 후기 17~20세) : 성인사회에 통합되고 싶어 하는 욕구가 있다.

⑤ 샐만(Selman)의 사회조망이론

　ⓐ 사회역할수행에 따라 발달단계를 구분하였다.

　ⓑ 샐만은 모든 사람이 4단계(인습수준과 후인습수준)에 이르지 않는다고 생각하였다.

ⓒ 사회역할수용이론은 인지적 측면을 강조한 제한된 관점에서 벗어나 대인간 사회인지에 대한 인식을 포함시키고 있다.

ⓔ 할리딜레마를 통해 응답에 따라 발달단계를 구분하였다.

> **POINT** 할리 딜레마
>
> 할리는 나무타기를 좋아하는 8세 여아이다. 나무를 타다 떨어진 할리를 보고 아버지는 나무를 타지 말라고 약속했다. 하지만 이후 할리는 고양이 숀이 나무에 올라간 것을 보게 되었고 할리는 나무 위에 올라가 고양이를 내려 줄 유일한 사람이지만 아버지와의 약속을 기억하게 된다.
>
> ① 0단계(3~6세) : 자아중심적 혹은 미분화된 조망
>   자신과 다른 어떤 조망도 인식하지 못한다.
> ② 1단계(6~8세) : 사회정보적 역할맡기
>   사람들이 자신의 조망과는 다른 조망을 가질 수 있다는 것을 인식하지만 이것은 단지 다른 정보를 가졌기 때문에 일어난다고 생각한다.
> ③ 2단계(8~10세) : 자기반성적 역할 맡기, 주관적 역할수용
>   같은 정보를 받았더라도 타인관점을 갈등할 수 있다는 것을 알고 타인의 관점을 고려하여 타인의 반응을 예측할 수 있다. 단, 자신의 관점과 타인의 관점을 동시에 고려할 수 없다.
> ④ 3단계(10~12세) : 상호적 역할 맡기
>   자신과 타인의 관점을 동시에 고려하고 타인도 같은 일을 할 수 있다는 것을 인식할 수 있다. 또한 아동은 관심 없는 제3자의 관점을 추정하고 자신과 타인의 관점에 대해 어떻게 반응할 것인지를 예측할 수 있다.
> ⑤ 4단계(12세 이후) : 사회적 역할 맡기
> • 청소년은 사회체계의 조망, 즉 일반화된 타인의 관점과 또 다른 사람의 조망을 비교함으로서 그 사람의 조망을 이해하려고 시도한다.
> • 청소년은 타인들이 고려할 것을 기대하고 사회집단에서 취하게 될 사건에 대해서도 조망한다.

(3) 자아정체감의 형성

① 자아정체감의 정의

ㄱ 자아정체감은 자신만이 독특하며 타인과 다르다는 인식으로 시간이 경과하여도 자신은 동일한 사람이라는 인식을 의미한다.

ㄴ 자아정체감은 아동기의 경험을 동일시함으로서 나타나기 시작하며 청소년기의 과업으로 자아정체감이 확립되지 않을 경우 다양한 문제들이 야기될 수 있다.

② 자아정체감 형성과 발달의 양상

ㄱ **정체감 형성** : 아동기의 경험과 동일시에 뿌리를 두고 청년기를 거쳐 성인기까지 발달이 계속되는데 청소년기보다 청년기에 더 중요한 문제로 대두되고 있다.

ㄴ **자아정체감 발달의 양상** : 청년기 남성의 정체감 형성에는 이념, 직업선택이 핵심이 되는 반면 청년기 여성의 정체감 형성에는 친밀감이나 인간 상호 관계 등이 중요한 역할을 하는 것으로 보인다.

ㄷ **자신감** : 내적 동일성과 일관성을 유지하려는 자신의 능력과 신념이 다른 사람의 눈에도 동일하게 비칠 때 생긴다.

③ 자아정체감 형성이 청년기에 문제가 되고 필요한 이유

    ㉠ 청년기가 급격한 신체적 변화와 성적 성숙의 단계이다

    ㉡ 과도기로서 신체적으로는 이미 성인으로 성장했지만 경제적, 정서적으로는 여전히 부모에게 의존한다.

    ㉢ 선택과 결정의 시기로 진학 문제, 직업 선택, 이성 문제, 교우 관계 등 스스로의 선택이 요구되는 상황에 직면하게 된다.

    ㉣ 현저한 성장을 보이는 인지능력 때문이다.

(4) 마르샤(Marcia)의 자아정체감 분류

마르샤(Marcia)는 자아정체감이란 여러 가지 충동, 능력, 신념, 개인의 생활사 등의 발생적인 내적, 역동적 체계로 곧 자기구조라고 정의내렸다. 마르샤는 에릭슨의 자아정체감에 영향을 받아 역할연습을 통한 역할의 몰입정도(전념)와 의사결정정도(위기)를 기준으로 정체감 성취, 정체감 유예, 정체감 유실, 정체감 혼미의 네 범주로 나누었다.

① **정체감 성취**(획득) : 자아정체감의 위기를 성공적으로 극복하여, 신념, 직업, 정치적 견해 등에 대해 스스로 의사결정을 할 수 있는 상태이다.

② **정체감 유예** : 현재 정체감 위기의 상태에 있으면서 자아정체감 형성을 위해 다양한 역할, 신념, 행동 등을 실험하고 있으나 의사결정을 하지 못한다.

③ **정체감 유실**(조기완료) : 자신의 신념, 직업선택 등의 중요한 의사결정에 앞서 수많은 대안에 대해 생각해보지 않고 부모나 다른 역할모델의 가치나 기대 등을 그대로 수용한다.

④ **정체감 혼미** : 자아에 대해 안정되고 통합적인 견해를 갖는 데 실패한 상태로, 직업이나 이념 선택에 대한 의사결정을 하지 않았을 뿐 아니라 이러한 문제에 관심도 없다.

	전념 O	전념 X
위기 O	정체감성취	정체감 유예
위기 X	정체감 유실	정체감 혼란

> **더 알아보기**
>
> 마르샤는 정체감의 성취(획득)를 위해서는 정체감 유예상태를 반드시 거쳐야 한다고 주장하였으며 유예상태를 거치지 않은 경우 정체감을 획득하더라도 추후 외부충격이 발생할 경우 쉽게 정체감 혼란을 겪을 수 있다고 설명하였다.

(5) 청소년기 정체감 위기의 형성요인

① 청소년기에 접어들면서 양적 변화와 함께 신체 내부에서는 여러 가지 질적인 변화가 일어난다.

② 청소년들은 아이도 성인도 아닌, 이른바 주변인으로서의 존재적 특징 때문에 많은 양가적인 상황에 처하게 된다.

③ 청소년기가 되면서 선택을 강요받으면서 책임이 수반될 뿐만 아니라 미래의 삶의 방향이 좌우될 수 있다는 점에서 불안감과 초조감은 커질 수밖에 없다.

④ 청소년기에 증대되는 인지능력은 현재에 제한되지 않고 과거와 미래로 확장되는데, 이것은 그들의 사고가 현실 구속을 벗어나 가능성의 세계로 확대됨을 의미한다.

⑤ 청소년기가 되면서 좋아하는 인물이나 의미 있는 대상이 크게 바뀜으로써 정체감의 위기를 경험하게 된다.

(6) 감성의 개발

감성지능이란 한마디로 인간의 감성적 능력, 즉 자신의 감정을 조절하는 능력을 지칭하는 것으로 다음의 개념들을 포함한다.

① 자신의 감정을 알고 다루는 것이다.

② 스스로 동기화하는 것이다.

③ 다른 사람의 감정을 알아차리는 것이다.

④ 다른 사람의 감정을 다루는 능력이 있다.

(7) 창의성의 발달

청소년기의 창의성은 성인기 창의성의 첫 번째 발판이 되는 중요한 시기로서, 이 시기의 인지발달과 인성발달은 이후의 창의성 발달에 중요한 영향을 미치게 된다.

③ 발달과업이론

(1) 발달과업이론의 개요

① 발달과업의 개념을 완성시킨 하비거스트(Havighurst)는 인간발달기를 여섯 과정, 즉 유아기와 초기 아동기, 중기 아동기, 청소년기, 초기 성인기, 중년기, 노년기로 분류하고 하나의 연속적인 과정으로 설명하였다.

② 하비거스트는 이전 단계의 과업을 올바르게 완성하지 못하면 현 단계의 과업을 성숙시킬 수 없다고 지적하면서, 청소년기 과업을 잘 성취한 자만이 성숙한 성인 역할을 할 수 있다고 강조하였다.

[시기별 청소년에 대한 이해]

시기	대표학자	주요내용
고대희랍시대	플라톤	• 국가론, 이데아 추구 • 국가위주의 교육론 강조(국가가 개인의 교육을 50살까지 개입한다) • 초월적인 유신론 • 인간의 발달은 욕망, 정신, 이성의 발달을 의미한다. • 이성은 가장 높은 차원의 개념은 청소년시기에 최초로 발달한다. • 이원론적 사상(인간의 영혼과 이성이 육체와 감정을 지배한다)
	아리스토텔레스	• 현실적인 체제론 추구 • 리케이온(김나지움, 학교), 소요학파 • 일원론적 사상(지덕체를 겸비한 인재상 지향) • 이성과 중용 중시 • 청소년기는 "선택적 능력의 발달"이 이루어지는 시기로 "자기선택에 의한 자기결정적 존재"이다. • 최초로 인간발달의 구체적 단계를 기술 　-유아기(0~7년) 　-소년기(7년~사춘기) 　-청소년기(사춘기~21세)
중세		• 청소년을 냉소적, 비인격적 존재로 취급 • 축소된 성인(miniature)으로 간주 • 엄격한 훈육의 대상 • 작은 야만인
계몽기 (18C)	루소	• '독립된 인격체'로 성인과 다르다 • 발단단계 　-1단계 : 유아기(0~4,5세) 　-2단계 : 야만인기(5~12세) 　-3단계 : 소년기(12~15세)or 초기청소년 　-4단계 : 청소년기(15~20세)or 후기청소년 – 제2의 탄생기
근대말		• 청소년의 시대 • 현재 '청소년'이란 개념의 창안된 시기(20세기 초 : 1890~1920) • 산업혁명에 따른 세기 전환기의 사회적 변동
1920년대		• 방종 하는 청소년 '고함치고 법석대는 청소년' • 이성에 대한 허용적인 태도 조성 • 금주령 이후 지나친 음주의 확대 • 1차세계대전으로 여성들의 사회진출 활발 • 성인은 젊은이로부터 스타일을 모방
1940년대		2차세계대전으로 청소년 지위 낮아짐
1950년대		청소년연령을 구분한 발달심리학 기반 확립 청소년의 '침묵의 시기'
1960~70		저항운동 절정
1970년 이후		개인주의 성향

(2) 청소년기에 해야 할 과업

① 남녀 동년배와 좀 더 성숙한 관계를 형성한다.

② 사회성을 획득한다.

③ 자신의 체격을 인정하고, 성 역할을 수용한다.

④ 부모나 다른 성인으로부터 독립심을 기른다.

⑤ 경제적 독립을 준비한다.

⑥ 직업을 준비하고 선택한다.

⑦ 결혼과 가정생활을 준비한다.

⑧ 시민으로서 필요한 지식을 습득한다.

⑨ 사회적으로 책임 있는 행동을 한다.

⑩ 행동지침이 되는 도덕적인 가치체계를 기른다.

02 청소년과 환경

section **1** 가정

① 가정의 의미와 기능

(1) 가정의 의미

① 가정이란 부부·자식·부모 등 가족이 공동 생활하는 조직체를 말한다. 가정의 정의는 사람에 따라 다를 수 있으나, 가족이 공동생활을 하고 있는 장소라고 보는 것이 보통이며, 영어의 'Home'이나 독일어의 'Heim'이 이에 해당한다.

② 가정과 집을 비교할 때, 가정은 인간이 만들어 낸 하나의 조직체인 반면에, 집은 구체적인 건조물을 가리킨다.

③ 가구(家口)라는 말은, 주거와 가계(家計)를 같이 하는 가족을 중심으로 한 집단을 말하는데, 가족 이외에 가사 사용인(家事使用人)을 포함하는 경우도 있다. 이는 대체로 통계용어로 쓰이는 말이며, 가정과는 다른 범주에 속한다.

④ 가정에서 청소년의 인격이 존중되고 신뢰를 받을 때 건전하게 성장할 수 있다.

(2) 가정의 기능

① 가장 기본적인 사회단위이다.

② 청소년들의 사회화에 매우 중요한 기능을 담당하고 있다.

③ 청소년이 평생 지니고 살아갈 인간과 사회에 대한 기본적 태도와 사회규범을 습득시켜준다.

④ 청소년의 인격대우를 충족시켜 줌으로써 사회적 인격의 기반을 만들어 준다.

❷ 가정환경의 유형

(1) 과정환경

어떤 행동의 직접적인 학습에 관계되는 환경을 의미한다.

(2) 모방환경

특정 행동에 간접적으로 관계되거나 모방학습에 관계되는 환경을 의미한다.

(3) 지위환경

종래의 물리적인 환경으로 정의되었던 것으로, 가정의 정적 환경을 의미한다. 양친의 상태, 지역의 특성, 경제적 수준, 가족의 수, 동거 상황 등이 이에 속한다.

❸ 가정에서 부모 – 자녀의 갈등요인

(1) 세대차

부모와 자녀는 성장해 온 사회적 또는 교육적 배경이 다름으로 인한 가치관, 사고방식, 행동규범, 생활습관, 감정 표현방식 등의 현저한 차이로 인해서 부모-자녀 간의 애정이 돈독하다 할지라도 서로의 가치관과 사고방식이 다른 세대차로 인해 여러 가지 마찰과 갈등이 생겨날 수 있다.

(2) 독립과 보호의 갈등

청소년기에 접어들면서부터 자녀는 자율적인 존재로 독립하고자 하는 욕구가 생겨난다. 이 시기에 자녀는 자신의 행동과 진로를 스스로 결정하고 행동하고자 하는 반면, 부모는 여전히 자녀를 어리다고 생각하여 자녀의 행동과 진로에 관여하면서 갈등이 나타난다.

(3) 애정표현의 방식

어떤 부모는 지나치게 통제하고 보호하는 방식으로 표현하고, 어떤 부모는 자녀가 원하는 대로 허용함으로써 애정을 표현하지만, 자녀의 입장에서 상대적으로 사랑을 받고 있지 못하다고 생각하는 불만을 가지고 있을 수도 있다.

(4) 부모의 불화

부모 사이에 다툼이 있을 때, 자녀는 부모가 화목하기를 바라고 부모 사이에 중재를 하려는 생각을 하게 된다. 이러한 노력에도 불구하고 부모 사이가 화목해지지 않는다면 자녀는 부모에 대해서 분노의 감정을 갖게 되고 부정적 감정이 누적되어 부모의 불화가 부모-자녀의 불화로 이어지게 된다.

4 가정환경이 청소년의 발달에 미치는 영향

(1) 부모의 양육태도에 영향을 미치는 요인

① 사회 · 문화적 요인 : 인종 · 사회계층, 가족구조 및 규모, 거주지역, 자녀에 대한 기대나 가치기준, 종교 등

② 사회 · 심리적 요인 : 가족의 분위기, 부부관계, 형제자매간의 관계, 부모-자녀 관계 등

③ 부모의 개인적 특성 : 부모의 연령, 성별, 교육수준, 성격 및 생활경험, 부모역할에 대한 이해 등

(2) 부모의 애착이 청소년에게 미치는 영향

① 부모와 안정된 관계를 가지고 있는 청소년들은 높은 자긍심과 감정적으로 더 평안한 것으로 나타났다.

② 부모에 대한 안정된 애착은 청소년들이 아동기에서 성인기로의 전환과 관련된 불안, 감정적 불만 등을 완화하도록 도와줄 수 있다.

③ 부모와 이중적 애착을 가진 청소년들은 친구와의 관계에서 더 많은 갈등, 의존성 낮은 만족감을 나타낸다.

(3) 부모의 자녀양육 유형

① 권위형(민주형) : 부모가 적절한 권위를 가지고 자녀들과 의사소통하며 안정적인 양육을 하는 유형

② 전제형(독재형, 처벌형) : 부모가 권위주의적이며 일방적으로 지시하고 통솔하는 유형

③ 방임형(거부형) : 부모 역할에 무관심하고 자녀에 대해 방관하는 유형

④ 익애형(허용형) : 부모의 권위가 없이 자녀의 요구에 순응하는 유형

더 알아보기

① 바움린드의 부모의 양육유형(애정과 통제를 기준으로 분류)
  - 민주형 : 적절한 권위와 인정으로 자녀를 훈육하는 안정적인 부모유형
  - 권위주의형 : 강압적인 독선과 통제가 있는 부모유형
  - 허용형 : 부모의 권위가 없이 자녀의 요구에 순응하는 유형
② 쉐퍼(Schaefer)의 부모의 양육유형
  - 권위형(애정-통제형) : 부모의 통제와 애정이 있는 유형
  - 권위주의형(거부-통제형) : 부모의 통제만 있고 애정이 없는 유형
  - 허용형(애정-자율형) : 부모의 통제 없이 애정만 있는 유형
  - 방임형(혼란거부-자율형) : 부모의 통제와 애정도 없는 유형

	애정	거부
통제	권위형	권위주의형
자율	허용형	혼란형

③ 발드윈(Baldwin)의 부모의 양육유형 : 애정형, 요구형, 거부형, 방임형, 관심형

1 지역사회의 의미와 기능

(1) 지역사회의 의미

① 지역사회란 청소년들이 단순하게 일정한 지역에 거주하는 것이 아니라 다른 지역과 구별될 수 있는 독립적인 일정한 지역에 모여 살면서(지리적 공동), 상호작용을 통해 서로의 생활에 도움을 주며(생활의 공동), 같은 전통, 관습 및 규범, 그리고 가치 등을 공유하는 공동체(문화의 공유)이다.

② 청소년의 인격형성은 가정, 학교, 사회의 장에서 이루어지지만, 가정이나 학교가 그 역할을 충분히 수행하기 위해서는 지역사회와의 제휴와 협력이 요구된다.

(2) 지역사회의 기능

지역사회가 유지 발전하기 위해 지역사회가 수행할 기능이 있는데 청소년의 사회화를 포함한 인간생활에 필요한 자원이 생산과 분배 그 외 인간의 욕구충족에 가능하도록 해야 한다.

① **생산·분배·소비의 기능** : 청소년들이 일상생활에 필요한 물자와 서비스를 생산하고 소비하는 과정과 관련된 기능을 말한다.

　㉠ 생산 : 필요한 자원을 얻고 재화를 만들어 내는 과정으로 청소년들이 이를 위해 일을 하도록 동기를 만들어 주고, 그 일을 분업할 수 있도록 하는 것이다.

　㉡ 분배 : 청소년들이 무엇을 얼마나 어떻게 갖도록 하는지를 규정해 주는 사회보장적 기능이다.

　㉢ 소비 : 청소년들의 욕구충족을 위해 생산, 분배한 재화와 용역을 소모하고 이용하는 과정이다.

② **사회화 기능** : 사회가 향유하고 있는 일반적 지식, 사회적 가치, 그리고 행동양태를 그 사회의 청소년들에게 전달시키는 과정을 말한다.

③ **사회통제의 기능** : 지역사회가 청소년들에게 사회규범에 순응하도록 행동을 규제하는 것이다. 사회규범의 위반을 예방하고 사회통합을 유도하기 위해 규범을 진행하려는 노력이 사회통제이다.

④ **사회통합의 기능** : 사회체계를 구성하는 청소년들 간의 관계와 관련된 기능을 말한다.

2 지역사회가 청소년복지에 중요한 이유

(1) 청소년들에게 있어서 구체적인 생활의 원천적 거점이 되는 것이 지역사회이다.

(2) 지역사회에 존재하는 모든 물질적·문화적·인간적 자원은 청소년을 위한 교육적 자원이 될 수 있다.

(3) 지역사회는 청소년과 관련된 국가의 정책의지가 그 실효성을 거둘 수 있는 현장이 된다.

(4) 청소년들에게 유용한 자원들이 잠재되어 있는 곳이 지역사회이다.

section 3 학교와 또래집단 및 친구관계

1 학교

(1) 학교의 의미

① 학교란 일정한 목적 하에 전문직 교사가 집단으로서의 학생을 대상으로 교육을 실시하는 기관을 말한다.

② 학교의 형태는 목적단계에 따라 다양한데, 교육법에 규정된 초등학교·중학교·고등학교·대학 및 교육대학·사범대학, 방송통신대학·개방대학, 기술학교·기술고등학교, 공민학교·고등공민학교·특수학교, 유치원, 각종 학교를 포함하며, 교육법이외의 법률에 의한 기능대학을 비롯한 직업훈련소 등도 널리 학교라는 명칭으로 부르고 있다.

(2) 학교의 목적과 기능

① 학교의 목적은 인류의 문화적 가치(언어·과학·기술·예술 등)를 매개로 한 청소년들의 학습을 통하여 그 능력의 성장·발달을 지향하는 데 있으며, 학교의 기능으로서 중요한 것으로는 국민형성·직업적 훈련·교양의 육성 등을 들 수 있다.

② 학교는 청소년들의 내면적인 풍요함을 배양하고 교양의 육성을 중요한 기능으로 하여야 한다.

(3) 학교의 중요성

① 학교는 청소년들이 학교생활을 통해서 자신의 진로를 결정하고 장래를 설계하게 된다.

② 청소년들에게 있어서 학교가 차지하는 비중이 크고 많은 영향을 미치는 것은 하루 중 수면시간을 제외한 대부분의 시간을 학교에서 보내기 때문이다.

③ 오늘날 사회가 복잡해짐에 따라서 학문뿐만 아니라 비인식적 능력에 대한 부담까지도 학교가 떠맡게 되면서 그 중요성은 점점 증가할 것이다.

(4) 학교의 문제점

① 성적 제일주의의 가치가 지배하고 있으며, 입시 중심의 주입식 교육으로 청소년들에 대한 전인적인 교육은 뒷전이 될 수밖에 없으며, 건전한 인간육성을 위한 생활교육과 인격교육과는 거리가 멀다는 것이다.

② 성적 중심의 경쟁은 이기주의의 사고를 불러일으켰을 뿐만 아니라 경쟁에서 뒤진 청소년들은 좌절감과 패배감을 경험함으로써 부정적 자아개념의 형성으로 인해 비행의 가능성을 높여 학교교육이 오히려 청소년 문제를 제기하는 결과를 초래한 면도 없지 않았다는 것이다.

③ 교사와의 상호작용에서의 문제로 인간은 기계가 아니므로 성실과 신념, 경험을 바탕으로 학생과 접촉하면서 각종 교육방법과 교육기술을 가미할 때 더욱 큰 성과를 얻을 수 있는 것이다. 교육은 결국 인격과 인격의 만남이다. 대부분의 교사들은 헌신적이고 열성적으로 학생의 지도에 임하고 있으나 일부 교사에 의해 자행되고 있는 학생에 대한 비인간적인 처우문제 등은 한창 예민한 청소년에게는 씻을 수 없는 치욕적인 경험과 상처가 되어 교사에 대한 분노와 공격성을 갖는다.

④ 최근 학교는 더 이상 학생의 교육적 기능만을 전담하는 사회제도가 아니라, 이들의 기본적 삶과 복지를 향상시키는 사회 복지적 기능을 도입해야 한다는 주장이 대두되고 있다. 학교가 추구하는 전인교육의 목적을 달성하기 위해서는 학업 향상과 진로지도에 중점을 두는 교육적 기능만으로는 학생들의 잠재력과 능력을 개발시키는 데에 한계가 있음은 물론 모든 학생의 기본적 교육권을 보장해 주지 못하기 때문이다.

❷ 또래집단

(1) 또래집단의 의미

또래집단이란 청소년이 사귀는 친구들이며, 비슷한 배경과 관심을 가지고 모인 같은 나이 또래의 청소년 집단을 말한다.

(2) 또래집단의 일반적인 성격

① 근본적으로 사교적인 목적으로 존재한다.

② 또래집단 속에서는 모든 개인들이 비슷한 위치에 있다.

③ 어떤 집단보다도 수평적 · 횡적 · 개방적인 성격이 강하다.

(3) 또래집단의 기능

① 문화의 전수기능

　㉠ 또래집단은 또래청소년에게 성인세계의 문화를 반영하는 하위문화를 서로 가르치게 된다.

　㉡ 성역할을 배워나가고 사회적 관계를 터득할 수 있는 정보의 창고역할을 한다.

② 이동하는 하나의 현상기능

　㉠ 동등한 위치를 가지고 상호 작용한다.

　㉡ 자신의 태도와 판단을 자유롭게 표현한다.

　㉢ 또래집단의 형성이 가변적, 유동적 현상을 나타낸다.

③ 준거집단기능

  ㉠ 또래관계를 통해 자신의 상(Image)을 형성한다.

  ㉡ 가정으로부터의 분리가 가속화됨으로 인해 청소년기의 가장 중요한 준거역할을 한다.

  ㉢ 아동 세계와 성인 세계를 매개하는 완충장치 역할을 한다.

(4) 또래집단의 영향

① 사회성 발달

  ㉠ 청소년기에 또래집단의 경험은 성인의 집단활동에 대한 기초적 경험이 될 수 있다.

  ㉡ 또래집단은 새로운 언어, 사회적 기술, 사회성을 기르는 데 있어 청소년의 생활세계에서 중요한 의미를 갖는다.

  ㉢ 또래집단의 경험 속에서 청소년은 집단의 조직을 평가하고 조직 내에서 자신의 위치를 평가하는 기술을 배우게 된다.

② 정서적 발달

  ㉠ 청소년의 자아개념은 또래에 의해 어떻게 지각되는가와 밀접한 연관을 갖고 있다.

  ㉡ 또래집단에서의 상호작용은 청소년의 성격발달에 영향을 준다.

  ㉢ 청소년기에 또래집단에서 필요로 하는 심리적 지지는 우정으로 나타난다.

  ㉣ 청소년들은 판단에 있어서 자신의 또래를 비교 대상으로 삼는다.

  ㉤ 또래집단은 청소년들의 태도와 가치관 형성에 도움을 준다.

  ㉥ 또래집단은 정서적인 안정감을 제공한다.

  ㉦ 또래집단은 정체감, 태도, 가치의 발달과 사회화의 대리인으로서의 역할을 한다.

  ㉧ 또래집단은 청소년들이 사회에 적응하는 방법을 습득하도록 한다.

  ㉨ 또래집단은 성 역할 행동을 습득하게 한다.

  ㉩ 또래집단은 적응기제적 역할을 수행한다.

③ 또래 집단에 영향을 주는 요인

  ㉠ 수용 또는 인기에 영향을 미치는 요인 : 또래집단의 규준에 일치하기, 사교적 성격과 유연한 사회적 상호작용 능력, 신체적 매력, 우수한 지적 능력, 활발한 과외활동 등

  ㉡ 배척 또는 거절에 영향을 미치는 요인 : 또래집단의 규준에 일치하지 않기, 지나치게 어른 같은 행동, 비사교적인 성격, 지나치게 공부를 많이 하는 것

④ 따돌림이 실제 나타나는 모습 : 대화 거부하기, 약점 들추기, 비난하기, 시비걸기, 괴롭히기 등

(5) 또래집단 관계의 조사방법

① 사회성 측정법

    ㉠ 개인이 사회적 적응을 개선시키는데 도움을 준다.

    ㉡ 집단의 구조를 개선할 수 있도록 해준다.

    ㉢ 집단을 조직하는 것을 도와준다.

    ㉣ 특수한 교육문제의 해결에 적용될 수 있다.

② **사회도** : 사회성 측정법을 통해 얻은 자료를 분석하는 하나의 방법이다.

③ 친구관계

(1) 친구의 정의

① 친구의 사전적 정의는 '오래 두고 정답게 사귀어 온 벗'이다.

② 친구의 우리말인 '벗'은 '마음이 서로 통하여 친하게 사귄 사람'이나 '뜻을 같이하는 사람'이라고 정의된다.

(2) 친구의 특성

① 친구는 대등한 위치의 인간관계이다.

② 친구는 가장 순수한 인간지향적인 대인관계이다.

③ 친구는 인간관계 중 가장 자유롭고 편안한 관계이다.

④ 친구는 구속력이 적어 해체되기 쉽다.

⑤ 친구는 여러 가지 측면에서 유사점을 지닌 사람들이기 때문에 서로 공유할 삶의 영역이 넓다.

(3) 친구의 기능

① 청소년들은 아동들보다 더 많이 공유하고 덜 경쟁한다.

② 여자 청소년들은 남자 청소년들에 비해 친구에게 더 많은 것(특히 정서적 기대)을 기대한다.

③ 여자 청소년들의 친구관계에 대한 기대는 너무 높아서 종종 실망할 때가 있다.

④ 소년들은 스포츠와 같은 레저를 선호하고 소녀들은 이야기를 나누는 것을 선호한다.

⑤ 청소년들은 친구들과 대인관계, 가족, 학교, 사랑, 미래의 계획과 목표에 대해 토의한다.

⑥ 상호작용의 질적 특성은 친밀감을 유지할 때 중요한 역할을 한다.

⑦ 가장 친한 친구의 수는 청소년 초기 동안 다섯 명 정도가 가장 많고 그 이후 점차 감소한다.

⑧ 친구관계 발달은 개인적인 차이가 있다.

⑨ 청소년들의 친구관계는 매우 지속적이다.

⑩ 청소년들, 특히 여자 청소년들은 아동들보다 서로에 대한 충성심이나 신뢰를 더 중요하게 고려한다.

(4) 발달별 친구사귀기

① 아동기에는 단체집단이 준거기능을 하며 주로 집에서 가까운 친구를 사귀게 된다.

② 청소년기에는 취미, 공통의 관심사에 따라 친구를 사귀게 된다.

(5) 또래의 특성

① 청소년 또래집단의 형태

　㉠ 군집(15~30명) : 응집성이 끼리 집단만큼 높지 않으며, 조직화된 집단 활동을 이루는데 중심적 역할을 한다. 군집에 소속됨으로 청소년들은 이성과의 접촉을 할 수 있는 기회를 얻는다.

　㉡ 배타적인 끼리 집단(3~9명) : 청소년이 자기의 일상생활의 형태에 따라 여러 끼리 집단에 소속하는 것이 가능하다.

　　→ 끼리에 속한 청소년들이 모두 군집에 속할 필요는 없지만, 군집에 속한 청소년들은 모두 끼리 집단에 속하게 된다.

POINT 청소년 또래집단의 형태

군집	배타적인 끼리집단
끼리의 3배 정도크기. 15명 내지 30명	3명 내지 9명
활동에 대한 공동의 관심사로 구성	서로간의 친밀성, 응집성이 높은 집단.
• 끼리만큼 응집성이 높지 않고 기능은 조직화된 집단활동 이루는데 중심적 역할. • 군집에 속한 청소년들은 모두 끼리 집단에 속함.	• 배경과 관심사가 비슷한 청소년들이 적은 수로 구성 • 높은 응집력 • 군집의 활동에 필요한 정보 교환 • 활동에 대한 평가도 같이 함

② 청소년 또래집단의 형성단계

　㉠ 전 군집 단계 : 동성의 집단이 독립적으로 구성됨

　㉡ 군집시작 단계 : 동성 또래집단들 간의 교류 시작

　㉢ 군집의 조직에 구조적 변화 : 이성의 또래들로 구성된 끼리 집단이 형성되기 시작함

　㉣ 완숙된 군집(군집발달) : 동성, 이성으로 구성된 집단들 간의 긴밀함

　㉤ 군집의 해체(이성간 커플집단) : 이성간의 커플로 끼리 집단이 형성되어 군집의 결속력 약화

4 이성관계

(1) 청년기가 되면서 인생의 동반자를 구하는 애정으로 발달하게 된다.

(2) 청년기는 신체와 성기능의 발달로 인해 이성에 대한 높은 관심과 열망 때문에 모든 청년들이 이성교제를 원하고 있다.

(3) 청년기의 이성 교제와 배우자 선택은 결혼을 위한 마지막 단계이며 행복한 결혼생활을 위해서는 현명한 배우자 선택이 필수 조건이라 할 수 있다.

5 직업준비와 선택

(1) 직업 준비

① 직업은 생활수단으로서의 의미뿐만 아니라 사회적·정서적 욕구를 충족시켜 주는 역할까지 포함하기 때문에 대부분의 성인 남성들과 상당수의 여성들에게 있어서 직장생활은 중요한 의미를 지닌다.

② 직업을 준비하는 과정을 직업발달이라고 하며 이런 과정에서는 개인의 인성 특성과 사회적·경제적·직업적 현실과의 조화를 맞추는 것이 이상적이다.

(2) 직업 선택에 영향을 주는 요인

청년기의 직업 선택을 위해서는 그에 대한 정보도 중요하지만 자신에 대한 올바른 이해가 우선되어야 한다.

① **가족 관련 요인** : 어린 시절의 경험과 역할 모델로서의 부모의 직업

② **사회적 요인** : 학교에서의 교육, 또래 집단과의 경험, 대중매체 등

③ **상황적 요인** : 적절한 기회

④ **사회·경제적 요인** : 출신, 성 차별, 직업의 수요와 공급

⑤ **개인적 요인** : 자신 스스로에 대한 기대, 능력, 직업에 대한 태도, 성취 욕구

⑥ **심리적 요인** : 자신감의 결여, 실패에 대한 두려움, 자기주장능력의 결여, 역할 갈등

03 청소년 문화

section 1 청소년 문화의 의의와 성격

① 청소년 문화의 의의

(1) 문화와 청소년 문화의 정의

① 문화의 정의

ㄱ 문화는 특정한 인간집단 또는 한 지역이나 나라에서 특징적으로 나타나는 생활양식을 총괄해서 나타내는 말로도 쓰인다.

ㄴ 일반적으로 문화는 사상, 의상, 언어, 종교, 의례, 법이나 도덕 등의 규범, 가치관과 같은 것들을 포괄하는 "사회 전반의 생활양식"이라고 정의할 수 있다.

ㄷ 유네스코(UNESCO)는 한 사회 또는 사회적 집단에서 나타나는 예술, 문학, 생활양식, 더부살이, 가치관, 전통, 신념 등의 독특한 정신적 · 물질적 · 지적 특징을 문화라고 한다.

ㄹ 구조체계로서의 문화는, 문화를 인간 스스로의 행동을 규제하는 틀로 보는 관점으로서 청소년들의 문화가 기성세대의 문화와 근본에 있어서 크게 다르지 않다고 본다.

ㅁ **문화의 미래예측성**: 한 사회의 문화는 구성원의 행동양식, 사고방식, 심미적 취향마저 결정할 수 있다. 즉 문화는 구성원의 행동양식과 생활양식의 구체적인 방향까지 결정하는 힘을 가지게 된다.

> **POINT** 문화에 대한 다양한 관점의 정의
> ㄱ 문화는 사회의 성원이 공유하고 있는 것이다.
> ㄴ 역사적으로 전승된 것이다.
> ㄷ 학습된 것이다.
> ㄹ 사회 구성원에 대한 행동의 지침이 된다.
> ㅁ 문화는 통합된 체제 또는 형태이다.
> ㅂ 사회구성원에 대한 경험조직의 표준이 된다.

② 청소년 문화의 정의

ㄱ '청소년들의 생활양식'으로서, 청소년들이 가지고 있는 행동양식, 사고방식, 심미적 취향, 말투, 의상 등을 통틀어 지칭하는 것으로 청소년의 총체적인 삶의 양식이다.

ㄴ 한 사회 구성원들의 관습적인 행위와 그러한 행위의 산물로서, 관습(관념, 제도, 문물), 도덕, 법률 신앙, 예술, 지식 등을 의미한다.

ⓒ 청소년들이 공유하고 있는 청소년세대 특유의 삶의 방식으로서 청소년 집단 간에 명시적, 잠재적 사회화를 통해 형성되고 전수되어지는 청소년세대의 행동 방식과 정신적 지표로 젊음을 풍기는 영상, 젊은이다운 행동, 젊은이 나름대로 쓰는 말을 통해 표출된다.

ⓔ 박진규는 청소년 문화를 사회적 범주로서의 문화, 상징체계로서의 문화, 구조체계로서의 문화, 적응체계로서의 문화, 관념으로서의 문화로 정의한다.

(2) 청소년 문화의 중요성

① 청소년들에게 그들만의 독자적인 생활과 세계를 체험하게 된다.

② 활동력을 착근시키고 에너지를 발산하는 토대가 된다.

③ 불합리한 권위의 예속으로부터 해방시킨다. 이러한 측면에서 청소년 문화는 반권위적, 반사회적 비판적, 창조적인 성격을 지닌다.

④ 사회가 앞으로 지향해야 할 방향을 시사한다.

⑤ 성인 주도의 문화에 새로운 자극을 주어 반성하도록 한다.

⑥ 청소년들의 자아정체성을 표현하고, 예술적인 활동을 고무한다.

⑦ 신체적 · 지적 · 심리적 발달의 방향을 제공한다.

⑧ 청소년들의 내부에 있는 사상과 감정, 잠재능력을 표현하고 창조하게 된다.

(3) 우리나라 청소년 문화의 문제점

① 여가문화가 빈곤하고 문화공간이 부족하다.

② 획일적이고 모방 일색의 대중문화와 상업주의로부터 악영향을 받고 있다.

③ 도피적이고 탐닉적인 성문화가 확산되고 있다.

④ 학교에서는 권위주의적이며 경쟁적인 문화를 경험하고 있다.

(4) 청소년 문화의 특징

① 성인문화들이 점차 청소년에게도 허용되면서 성적, 폭력적인 메시지에 노출되고 있다.

② 감각적인 욕구를 추구하며, 시각적 이미지의 수용과 창조에 적극적이다.

③ 다양성이 날로 증가하고 다양한 스타일과 취향이 공존한다.

④ 지역, 성별, 연령에 국한되지 않고 같은 취향을 공유하는 청소년들끼리의 연대가 이루어진다.

⑤ 주로 대중매체를 통해 문화를 소비하며, 매체의 발달로 전 세계적인 공유가 이루어지고 있다.

> **참고** 청소년활동 진흥법(약칭 : 청소년활동법)
>
> 제6장 청소년문화활동의 지원
>
> 제60조(청소년문화활동의 진흥)
> ① 국가 및 지방자치단체는 청소년문화활동 프로그램 개발, 문화시설 확충 등 청소년문화활동에 대한 청소년의 참여 기반을 조성하는 시책을 개발·시행하여야 한다.
> ② 국가 및 지방자치단체는 제1항에 따른 시책을 수립·시행할 때에는 문화예술 관련 단체, 청소년동아리단체, 봉사활동단체 등이 청소년문화활동 진흥에 적극적이고 자발적으로 참여할 수 있도록 하여야 한다.
> ③ 국가 및 지방자치단체는 제2항에 따른 자발적 참여에 대해서는 예산의 범위에서 그 경비의 전부 또는 일부를 지원할 수 있다. [전문개정 2014. 1. 21.]
>
> 제61조(청소년문화활동의 기반 구축)
> ① 국가 및 지방자치단체는 다양한 영역에서 청소년문화활동이 활성화될 수 있도록 기반을 구축하여야 한다.
> ② 문화예술 관련 단체 등 각종 지역사회의 문화기관은 청소년문화활동의 기반 구축을 위하여 적극 협력하여야 한다.[전문개정 2014. 1. 21.]
>
> 제62조(전통문화의 계승) 국가 및 지방자치단체는 전통문화가 청소년문화활동에 구현될 수 있도록 필요한 시책을 수립·시행하여야 한다.[전문개정 2014. 1. 21.]
>
> 제63조(청소년축제의 발굴지원) 국가 및 지방자치단체는 청소년축제를 장려하는 시책을 수립하여 시행하여야 한다.
>
> 제64조(청소년동아리활동의 활성화)
> ① 국가 및 지방자치단체는 청소년이 자율적으로 참여하여 조직하고 운영하는 다양한 형태의 동아리활동을 적극 지원하여야 한다.
> ② 청소년활동시설은 제1항에 따른 동아리활동에 필요한 장소 및 장비 등을 제공하고 지원할 수 있다.[전문개정 2014. 1. 21.]
>
> 제65조(청소년의 자원봉사활동의 활성화) 국가 및 지방자치단체는 청소년의 자원봉사활동을 활성화할 수 있는 기반을 조성하여야 한다.[전문개정 2014. 1. 21.]

② 청소년 문화의 성격(시각)

(1) 미숙한 문화로 보는 시각(20C 초)

① 정신적으로 미숙하고, 사회적 책임능력을 인정받지 못한 많은 청소년들이 만들어 내는 삶의 양식이다.

② 어른들은 청소년들을 언제나 모자라고 미숙하게만 생각한다.

(2) 비행문화(일탈적 문화)로 보는 시각

① 몰래 나쁜 짓을 하며, 공부나 일하는 것보다는 놀기를 좋아한다.

② 규범과 질서를 깨뜨리는 데서 쾌감을 얻는 생활방식이다.

③ 청소년들은 항상 부모나 교사 또는 성인들의 감독 하에 두어야 한다고 믿는다.

(3) 하위문화로 보는 시각

① 청소년세대의 문화는 전체문화의 일부분을 구성하는 하위문화이다.

② 각 연령집단마다 그 연령에 맞는 문화를 가지고 있는 것이므로 청소년들에게 그들의 문화가 존재하는 것은 지극히 당연한 일로 간주된다.

(4) 저항의 문화(반문화, 대항문화)로 보는 시각(≠ 비주류문화)

① 기성세대의 문화를 거부하고, 개혁과 변화를 요구하는 문화이다.

② 성인들이 도저히 받아들일 수 없는 옷차림과 행동, 예절도 모르고 사회규범도 무시하는 행위는 기성문화에 대한 대항과 반대의 표현인 것이다.

(5) 새로운 문화로 보는 시각

① 언어, 옷차림, 의사소통, 행동에서 새로운 방식을 시도하고 도입하는 문화로서, 비문법 표현주의 문화, 열린 여백의 문화이다.

② 한 사회의 생동적 발전을 위하여 없어서는 안 될 귀중한 자극인 동시에 활력소가 되는 것이 청소년 문화이다.

> **POINT** 청소년의 문화를 하위문화 또는 저항문화로 보는 것은 기성세대를 주류문화, 청소년을 비주류문화로 이해하는 것과는 다르다는 것을 숙지하자!!

section 2 청소년 문화의 형태와 유형

1 청소년 문화의 형태

(1) 대중문화

① 대중문화의 의미 : 이윤창출을 목적으로 대량으로 생산되며, 대량으로 소비되는 상업주의 문화로, 대중이 형성하는 문화를 의미한다.

② 청소년의 대중문화 수용에 대한 시사점
  ㉠ 대중문화와 문화산업은 대중의 비판적 의지와 창의력을 마비시키고, 저항정신을 고갈시키며, 변혁의 의지까지 빼앗아간다.
  ㉡ 초기 문화산업 과정에서 청소년은 소극적 대중문화 소비 세력의 지위와 역할을 수행하는 것으로 주로 논의되었고, 최근에는 능동적 소비자의 논의가 대두되고 있다.

ⓒ 1990년대 이후 대중문화의 최대 수혜자라 할 수 있는 성장세대가 등장하면서 '오빠부대'라는 신조어를 낳았고, 최근에는 청소년이 대중문화의 구매력을 본격적으로 가지게 되면서 창조적 문화소비자 혹은 문화생비자(Prosumer)라는 이칭까지 확보하면서 팬덤문화라는 신조어를 낳기도 하였다

ⓔ 프랑크푸르트학파는 일명 "비판이론(Kritische Theorie)" 학파로 예술의 무기능성(즉 비현실성)이 곧 비판적인 사회적 기능성(즉 현실성)으로 작동한다고 보며 대중문화를 이데올로기와 자본주의 사회의 상업성을 결합한 문화산업의 산물로 비판하였다. 대표적인 학자로는 아도르노, 호르크하이머, 마르쿠제, 벤야민 등이 있다.

참고 **프랑크푸르트학파**(The Frankfurt school)

프랑크푸르트학파는 일명 "비판이론"(Kritische Theorie) 학파로 불린다. 1923년 막스 호르크하이머(M. Horkheimer)는 프랑크푸르트에서 "사회연구소"를 설립하며, 당시 수많은 젊은 맑스주의적 학자들이 그 연구소에 참여하게 된다. 그러나 나치 정권의 유대인 숙청 작업이 진행되면서 연구소가 폐쇄 당하자 유태계 학자들은 독일을 탈출하여 미국으로 도피한다. 전쟁이 끝난 후 아도르노를 중심으로 프랑크푸르트 대학에 사회연구소가 재건되면서 "비판이론"은 전후의 거대한 사유 흐름으로 자리잡게 되며 나아가 1968년 학생 운동의 기폭제가 된다.

물론 그들의 저서에서 프랑크푸르트 학파의 이론 혹은 비판이론의 뚜렷한 강령이나 원칙이 구체적으로 제시된 적은 없었으며, 단지 그들은 사유의 출발점을 구성하거나 혹은 현재 사회를 진단한다는 차원에서 서로 일치하는 의견을 지녔을 뿐이었다. 그들 사유의 공통된 출발점은 다양한 이론들의 결합에서 싹튼다. 가령 독일 관념론, 맑스주의 이론, 프로이트의 정신분석학 등을 결합하였고, 또한 현대 사회에 대해서는 기능적-도구적 합리성이 총체적으로 지배되는 사회라는 시각을 갖고 있었다.

프랑크푸르트 학파는 크게 세 단계로 분류된다. 첫 번째 단계는 30년대 「사회 연구지」라는 잡지에 발표된 호르크하이머의 글을 들 수 있으며, 그것은 대체로 전통과 결별하는 비판 이론의 자기성찰적 작업과 『권위와 가족(Autoritt und Familie)』이라는 사회 연구 작업의 특징을 띤다. 두 번째 단계는 호르크하이머와 아도르노의 공동 작업인 『계몽의 변증법(Dialektik der Aufkrung)』을 통해서 형성된다. 기본적인 출발점은 계몽이 자기성찰을 결여한 나머지 어떻게 다시금 신화로 전환되는가를 조명하는 일이다. 이와 같은 선상에서 아도르노의 『한 줌의 도덕(Minima Moralia)』, 『부정 변증법(Negative Dialektik)』 등이 발표된다. 아울러 사회 연구소의 동료였던 마르쿠제(Marcuse)는 『일차원적 인간(Der eindimensionale Mensch)』에서 발전된 산업사회의 이론을 제시하였지만, 아도르노는 매우 회의적인 태도를 취했다. 프랑크푸르트 학파의 세 번째 단계는 하버마스로 대표된다. 『공공성의 구조변화(Strukturwandel der ffentlichekti)』, 『이론과 실천(Theorie und Praxis)』 등을 통해 비판이론을 방법론의 영역으로 확장시켰으며, 특히 『인식과 이해(Erkenntnis und Interesse)』는 과학적 학문의 자기성찰이라는 이념을 표방하고 나섰다.

프랑크푸르트 학파는 기본적으로 파시즘, 스탈린주의, 후기자본주의를 조명할 수 있는 "사회이론"을 제시하려고 했지만, 그 핵심은 무엇보다도 사회이론과 미학이론의 매개에 있다. 흥미로운 점은 그러한 매개 작업 또한 학파의 구성원들 사이에서도 결코 일치된 모습을 띠지 않는다는 것이다. 가령 벤야민은 아우라를 지닌 예술과 재생산 예술을 서로 대립시키고 있다면, 아도르노는 그러한 대립을 비변증법적인 것이라고 폄하하였다.

또한 아도르노의 경우 예술의 자율성과 사회적 운명(fait social)은 변증법적으로 결합되는데, 예컨대 예술의 무기능성(즉 비현실성)이 곧 비판적인 사회적 기능성(즉 현실성)으로 작동한다. 또한 마르쿠제의 경우 전통적인 예술의 긍정성은 현실 옹호적인 의미가 아니라 현실 비판적인 의미를 띤다. 이처럼 서로 상이한 시각의 공존이 프랑크푸르트 학파의 특성이라고 할 수 있다.(최문규)

---

③ 대중스타 수용에 대한 발달심리적 이해

ⓐ 발달심리학적 견해에서 청소년기는 부모 이외에 다양한 역할모델의 대상을 추구하는 시기이다. 따라서 새로운 인간상을 추구하는 과정에서 대중매체를 통해 접하는 대중스타를 모델로 삼는다.

ⓑ 청소년기에 수용되는 대중스타는 수용자 자신의 자아정체성 형성과 수립에도 영향을 미치지만 동시에 대중스타가 이성일 경우 청소년기의 성 정체감 정립에도 영향을 미친다.

ⓒ 청소년기에는 대중스타에 대한 집단적 추구를 통해 또래집단과의 동일성을 확보하고 대인관계를 확장하는 등 이 시기의 심리사회적 발달 특성과 밀접하다.

④ 대중스타의 수용이 청소년에게 미치는 영향

ⓐ 긍정적 영향

㉮ 자기 인식을 촉진시키는 계기가 되어 청소년 자신이 자아정체감의 형성과 수립에 긍정적인 영향을 미칠 수 있다.

㉯ 청소년들로 하여금 다양한 문화경험을 체득하는 기회이자 공간으로 작용할 수 있다.

㉰ 청소년기의 긴장과 갈등, 현실에 대한 불안과 억압되었던 욕구들을 대리 분출하는 스트레스 해소의 기능, 통로까지 수행한다.

㉱ 대중스타 수용을 통해 적극적인 사회참여의 기회를 가질 수 있으며, 스스로가 사회변화의 주체라는 경험을 하는 기회가 된다.

㉲ 청소년들은 대중문화의 소비를 통해 창조적 소비의 경험을 누리고, 이를 통한 창조적 소비자, 문화생산자로서의 경험과 지위까지 얻을 수 있다.

ⓑ 부정적 영향

㉮ 지나친 수용과 의존적 경향은 편집증적 성향을 불러올 수 있다.

㉯ 지나친 집단적 동질성은 청소년 팬클럽들을 새로운 이익단체로까지 변모시킨다.

㉰ 문화산업의 함정, 소비산업의 상업성에 성장세대가 포착되어 희생자가 되기 쉽다.

㉱ 문화적 포퓰리즘의 경향에 종속될 수도 있다.

(2) 언어문화

① 청소년들이 사용하는 언어의 실태

ⓐ 노골적이고 교양 없는 표현이 많으며, 신조어를 만들어 사용한다.

ⓑ 사회 비판이나 풍자가 나타난 경우가 많으며, 청소년들의 관심사나 지식의 정도를 알 수 있다.

② 청소년 언어문화에 영향을 준 요인

ⓐ 향락성·퇴폐성이 증가한다.

ⓑ 정치, 체제에 대한 비판을 한다.

ⓒ 기성세대, 전통에 대한 거부감을 느낀다.

ⓓ 대중 언어 매체가 발달하였다.

ⓔ 교육이 발전하였다.

③ 청소년 언어문화의 문제점

ⓐ 정서적 깊이가 없는 즉흥적이고 감각적인 인스턴트 언어를 사용한다.

ⓑ 표기법을 무시하는 등 문법을 무시해서 사용한다.

ⓒ 청소년들만의 독특한 언어 습관과 신조어 사용으로 세대 간 소통의 어려움이 있다.

ㄹ 외래어의 무분별한 사용으로 우리문화의 창조력이 약화된다.

④ 현대 청소년 언어문화의 실태

　　㉠ 문법을 무시하며, 음운(소리)이나 표기를 변형하고, 비속어나 은어, 외래어를 통해 어휘를 바꾼다.

　　㉡ 금언, 격언, 속담, 표어 등을 변형하고, 해학과 풍자가 나타난 것도 많다.

❷ 청소년 문화의 유형

(1) 주류(지배)문화와 하위문화

① 주류(지배)문화 : 사회적으로 영향력이 있는 집단에 의해 향유되는 문화이다.

② 하위문화 : 사회의 특수한 집단이나 영역에서 특징적으로 나타나는 문화이다.

(2) 표현된 문화와 내재된 문화

① 표현된 문화 : 청소년들의 독특한 복장, 헤어스타일 등과 같이 관찰 가능한 형태로 표현된 문화를 말한다.

② 내재된 문화 : 청소년들의 독특한 복장이나 헤어스타일에 부여된 의미나 가치 등과 같이 직접적으로 관찰이 불가능한 영역의 문화를 말한다.

(3) 실재문화와 이상문화

① 이상문화 : 한 사회 집단의 전통이나 이념과 관련된 문화를 지칭한다.

② 실재문화 : 현실에서 드러나는 양상들을 의미한다.

(4) 물질문화와 비물질문화

① 물질문화 : 우리가 보고 만질 수 있는 구체적인 물리적 업적과 그것을 사용하는 방법을 말한다.

② 비물질문화 : 물질적이 아닌 모든 것을 포함한다(행동문화와 정신문화로 구분된다).

　　㉠ 행동문화 : 우리의 구체적인 행동이 이루어지는 절차나 방식에 관한 문화이다.

　　㉡ 정신문화 : 학문, 종교, 도덕, 가치관 등 정신적 창조물을 지칭하는 것으로, 인간이나 집단이 갖는 상징이나 의미와 가치를 그 내용으로 한다.

> **더 알아보기**
>
> 베블렌 효과(Veblen effect)
> 소스타인 베블렌이 주창한 이론으로 가격이 오르는 데도 불구하고 수요가 증가하는 효과로 가격이 오르고 있음에도 불구하고 특정 계층의 허영심 또는 과시욕으로 인해 수요가 줄어들지 않고 오히려 증가하는 현상이 나타나며 이를 베블렌 효과라 명명하였다. 이는 주로 충분한 부를 가진 상류층 소비자로부터 나타난다.

① 청소년 문화의 구성

(1) 문화체계

① 각 사회집단의 문화는 전체로서 하나의 통합된 체계를 이루고 있다.

② 문화를 구성하는 요소들은 상호 의존관계에 있으며, 한 요소가 변하면 다른 요소에도 영향을 미친다.

(2) 문화특질

① 문화특질이란 한 문화의 가장 작고, 가장 기본적인 요소를 말한다.

② 문화특질이라고 부를 수 있는 문화요소들이 더 기본적인 단위로 나누어질 수도 있다.

(3) 문화복합

① 문화특질들은 서로 관련을 맺으면서 문화복합을 형성하고 있다.

② 문화복합이라는 용어는 여러 상호의존관계에 있는 특질들이 하나의 복합으로서의 문화유형을 구성하고 있다는 사실에 주목할 때 사용된다.

② 청소년 문화의 속성

(1) 문화의 가변성

① 문화의 가변성이란 문화가 정체되어 있는 것이 아니라 항상 변하고 있다는 것을 말한다. 청소년 문화 역시 지속적으로 변화하고 있다.

② 청소년들은 사회변화에 민감하며, 새로운 유행을 받아들이는데 선구적인 역할을 하고 있기 때문에, 청소년 문화의 변화 모습은 여타 다른 문화의 변화보다 훨씬 더 역동적이라고 할 수 있다.

(2) 문화의 체계성 및 총체성

① **문화의 체계성** : 한 사회집단의 문화는 지식, 신앙, 예술, 도덕, 법, 관습 등 수많은 부분들로 구성되어 있는데, 이들 다양한 부분들이 무작위로 또는 각기 독립적으로 존재하는 것이 아니라, 상호 긴밀한 관계를 유지하면서 하나의 전체 또는 체계를 이룬다는 것을 말한다.

② **문화의 총체성** : 청소년들의 일탈이나 비행문화를 이해하고자 할 때, 단순히 그러한 문화행태를 보이는 청소년들의 개인적 특성이나 가정환경만을 보아서는 안 되고, 파행적인 청소년 문화가 형성되는데 영향을 미치는 복합적 맥락을 보아야 한다.

(3) 문화의 축적성

① 문화가 세대변화를 통해 다음 세대로 전해져 가면서 새로운 지식늘이 기존의 문화에 추가되고 축적된다.

② 청소년들이 참여하여 활동하는 청소년단체나 동아리, 동호회 등은 나름대로의 집단 문화를 공유하며, 이러한 문화는 집단의 규율이나 관행 등의 형태로 축적된다.

(4) 문화의 학습성

① 문화의 학습성이란 일상생활을 통해서 문화가 학습된다는 것을 말한다.

② 청소년들은 문화화 과정을 거치면서 특정한 방식의 사고 과정이나 인지지향을 발달시키게 된다.

③ 새로운 세대는 기성세대의 문화를 학습을 통하여 획득하게 되는데, 이와 같은 문화의 내면화과정을 사회학자들은 사회화라 부르고, 인류학자들은 문화가 세대와 세대 간에 전승되어 간다는 점에 착안하여 문화전계라 부른다.

> **POINT** 문화전계
> 한 사회의 문화는 발명, 발견, 다른 문화와의 접촉을 통해 끊임없이 변화한다. 문화전계는 내부적 요인(발명, 발견)과 외부적 요인(전파)를 나타나는데 전파는 한 사회의 문화요소가 다른 사회로 전해져 그 사회에 정착되는 현상으로 직접전파, 간접전파, 자극전파가 있다.
> ① 발명 : 아직까지 없던 기술이나 물건을 새로 생각하여 만들어 내는 것
> ② 발견 : 이전에는 미처 찾아내지 못하였거나 아직 알려지지 아니한 사물이나 현상, 사실 따위를 찾아내게 되는 것
> ③ 전파
> ㉠ 직접전파 : 외부에서 문화를 직접적으로 전달해 주는 것
> ㉡ 간접전파 : 대중매체나 정보통신수단 등의 매개를 통한 정보, 사상, 관념이 전파되는 것
> ㉢ 자극전파 : 다른 사회의 문화요소로부터 자극과 아이디어를 얻어 새로운 발명이 일어나는 것

(5) 문화의 다양성

① 문화의 다양성이란, 환경에 대한 적응방식이 사회에 따라 상이한 것처럼, 문화도 한 가지만 있는 것이 아니라 다양한 방식으로 나타난다는 것을 의미한다.

② 청소년 문화는 청소년집단에 의해 공유되지만, 또한 다양하게 구획되는 집단들에 의해 다시 분화되어 다양한 모습으로 존재한다.

(6) 문화의 공유성

① 문화의 공유성이란 문화가 사회구성원들에 의해 공유된다는 것을 말한다.

② 청소년 문화는 성인이나 노인세대, 유·아동과는 다른 청소년들에게서 대체로 공유되는 행위양식이나 사고방식, 여러 가지 스타일이다.

(7) 창의력의 개발

① 창의력은 발산적 사고로 유창성과 융통성(다양성), 독창성을 가지고 있어야 한다.

② 창의력을 개발하는 기법에는 브레인스토밍, 시네틱스, 형태학적 분석, CORT법, 여섯가지 생각하는 모자기법 등이 있다.

> **더 알아보기**
>
> **창의적 기법**
> ① 브레인스토밍
>   ㉠ 일정한 주제에 관하여 집단토의를 통해 구성원의 자유발언으로 아이디어를 제시하여 다양한 방법을 도출하는 방법
>   ㉡ 양적인 아이디어가 많을수록 질적으로 우수한 아이디어가 나올 가능성이 많다.
>   ㉢ 다른 아이디어는 비판이 가해서는 안된다.
> ② 시네틱스
>   ㉠ 집단 아이디어 발상법의 일종으로 고든이 개발한 창의적 사고기법으로 2개 이상의 것을 결합하거나 합성한다는 의미의 그리스어 'synthesis'에서 비롯된 것이다.
>   ㉡ 고든은 천재나 대발명가들을 대상으로 심리 연구를 실시한 후 대부분이 발명 과정에서 유추(analogy) 사고를 한다는 공통적인 현상을 발견하여 어떤 사물과 현상을 관찰하여 다른 사상을 추측하거나 연상하는 것이었다.
>   ㉢ 방법 : 친숙한 것을 이용해 새로운 것을 창안하거나 친숙하지 않은 것을 친숙한 것으로 보도록 하는 것이다(① 직접적 유추 ② 의인적 유추 ③ 상징적 유추 ④ 공상적 유추).
>   ㉣ 창의적 사고를 위해서 친숙한 것으로부터 벗어나 달리 보이는 것이 하나도 없는 것처럼 보이는 상황을 벗어나야 한다. 우리는 친숙하지 않은 것을 보면 기존의 인지 구조 내에서 이들을 탐색한 후에 무관심의 영역으로 내던져 버리는 때가 많다. 그러나 창의적인 사고를 하기 위해서는 주변에서 접하게 되는 친숙하지 않은 상황도 수용할 수 있어야 한다는 것이다.
> ③ 생각하는 모자기법
>   ㉠ 에드워드가 개발한 창의적 사고 기법으로 구성원이 모자라는 사고행위의 범주에서 다양한 새로운 사고를 생각할 수도 있다.
>   ㉡ 하나의 모자를 착용하는 것은 의도적으로 반드시 자신의 사고가 아닌 어느 한 관점을 채택하는 것을 의미한다.
>   ㉢ 모자의 역할
>   • 백색(관찰자) : 중립적, 활용 가능한 정보, 객관적인 사실, 필요한 것, 획득방법에 초점을 둔다.
>   • 빨간색(각자, 다른 사람) : 불, 온정, 정서, 감정, 직관에 의존하고 직감에 따라 행동한다. 설명이나 정당화 없이 관점을 제시한다.
>   • 검정색(각자, 다른 사람) : 도덕적 판단, 논리적, 비판적, 부정적으로 견해를 제시한다.
>   • 노란색(각자, 다른 사람) : 낙천주의, 긍정적인 견해로 의견을 제시한다.
>   • 녹색(각자, 다른 사람) : 창조적인 생각, 가능성과 가설, 새로운 아이디어로 의견을 제시한다.
>   • 파란색(통제자) : 냉정함을 가지고 다른 색깔의 모자에 대한 통제하는 의장, 조직자로서의 역할을 담당한다.

③ 신세대문화

(1) 신세대문화의 사회적 배경

① **탈냉전과 탈이념의 시대** : 1980년대는 대학이 계급문화와 대중문화의 주요한 장소였지만, 그 이후에는 대학에 상업적 소비대중문화가 빠른 속도로 파고들었다.

② **산업사회에서 정보사회로의 변천** : 1995년 이후 유선방송 및 위성방송이 도입되면서 논리성과 합리성의 활자매체에서 감각과 감성의 영상매체로 이전하였다.

③ **고도성장과 풍요의 시대** : 1990년대 경제가 고도로 성장하면서 신세대를 특징짓는 것은 막강한 구매력의 물적 조건인 것이다.

④ **영상세대** : 과거 어느 세대보다 글로벌하고 개방적인 사고와 경험을 가지고 있는 신세대의 가치 기준은 '어떤 것이 좋고 싫은가'에 있다.

(2) 신세대의 대중음악

① 대중음악의 주제

　　㉠ 랩(Rap)

　　　㉮ 빈민가 흑인 청소년들의 커뮤니케이션 수단이었던 랩은 전 세계 청소년들의 하위문화 체계의 일부로 자리매김하게 되었다.

　　　㉯ 멜로디와 화성이 최소화되고 리듬위주의 음악으로 기성세대에 대한 강한 불만을 표현하고 있다.

　　　㉰ 기성시대의 억압적인 윤리관에 대한 거부와 반항의 의미를 내포하고 있는 것은 과장된 몸놀림의 춤과 파괴적인 화법인 것이다.

　　　㉱ 최근 댄스음악의 공통적인 특징은 강하고 빠른 리듬감을 구현하는 힙합과 레게 등이다.

　　　㉲ 우리나라의 랩은 감각적인 댄스음악의 형태인 빠르고 강한 비트와 리듬을 중심으로 받아들여지고 있다.

　　㉡ 록(Rock)

　　　㉮ 기성문화에 대한 저항의식과 거부감을 직접적이고 구체적으로 표현한다.

　　　㉯ 기성세대의 가치와 문화에 대한 거침없는 야유와 공격성을 가수의 스타일과 무대 매너, 연주 현장의 광적인 분위기를 통해 드러낸다.

② 대중음악의 특성

　　㉠ 저항성은 육체성을 통해 표현한다.

　　㉡ 신세대문화의 전반에서 나타나고 있는 것은 이성적이고 합리적인 사고와 정신이 가지고 있는 기존의 권위를 부정하고 인간의 육체로부터 환원되는 감각성의 의미를 새롭게 강조하는 점이다.

③ 대중음악의 생산과정

  ㉠ 대중음악 생산의 정치원리

    ㉮ 대중음악을 수동적 객체로 재생산하기 위해서 대중을 현실로부터 도피시키고 정치적 무관심을 조장한다.
    ㉯ 우리나라 청소년들은 기성세대의 지배적인 가치관인 업적주의와 출세주의의 가치에 의해 억압당하고 있다.
    ㉰ 청소년들이 대중음악의 가수에 대해 열광하는 것은 억압적 가치체계에 대한 몸부림으로 이해된다.

  ㉡ 대중음악의 경제원리

    ㉮ 음악의 획일적인 성격을 은폐하기 위해서 가장 적극적인 수용층을 집중적으로 겨냥해서 음악을 제작한다.
    ㉯ 음악의 수용자가 획일성을 깨닫지 못하도록 가수들의 개성, 의상, 헤어스타일, 춤에 대한 변화를 추구한다.

④ 대중음악의 수용방식

  ㉠ 대안 추구의 유형 : 청소년들의 풍물패 활동이나 노래모임을 통해서 적극적으로 현실을 이해하고 주체성을 찾고자 한다.

  ㉡ 상징적 저항의 유형 : 완전히 부모세대의 가치관을 거부하지는 못하지만 저항을 표현하는 방식을 상징적인 방식을 통해 수용한다.

  ㉢ 상상적 편입의 유형 : 일정한 정도의 욕구 충족이 가능한 청소년을 대상으로 자신들에게 부과되는 지배적 가치체계를 수용할 수 있도록 한다.

  ㉣ 실제적 편입의 유형 : 물질적 조건을 실제로 갖추고 있는 부유층 청소년들의 문화수용방식으로, 항상 새로운 스타일을 추구하고 청소년 문화 전반의 유행을 선도한다.

(3) 신세대 청소년 문화론

① 청소년의 소외문화 : 청소년들은 '공부'라는 과제 때문에 수많은 욕구와 바램들을 성인기로 미루고 있는 상황이다.

② 시험열병의 입시문화 : 우리나라의 입시문화를 '노예의 삶'으로 표현하기도 한다. 학교 밖의 영화, 비디오, 팝송 등의 문화상품을 통해서 입시제도 하에서 억압된 육체적 · 정신적 박탈을 해소하기도 한다.

③ 신세대 신드롬문화 : 압구정동의 로데오거리 오렌지족, 낑깡족, 야타족 등과 같은 이방지대의 특수층 신세대문화 신풍속도가 나타나고 있다.

④ 포스트모던의 감각 지향적 문화 : 패션(하이캐주얼패션, 이지룩패션), 음악(하우스 음악, 언플러그드 음악), 영화(SF물), 삶에 대한 사고 방식(딩크족, 온달족, 인턴결혼) 등에서 초현대적이고 초현실적인 포스트모던 문화 성향이 나타나고 있다.

⑤ 일탈 증후군의 문화 : 청소년들의 일탈적 성향으로 인해서 자살, 가출, 약물중독, 범죄 등이 증가하고 있다.

04 청소년 문제

section 1 청소년 문제의 개념과 유형

1 청소년 문제의 개념

(1) 청소년 문제의 의미

① 청소년 문제는 넓은 의미에서 사회문제의 한 부분이며 청소년과 관련하여 일어나는 사회문제인 것이다.

② 청소년 문제는 청소년에게서 나타나는 문제, 청소년이 유발하는 사회적 문제, 청소년이 겪는 어려움이나 부적응 및 심리적 문제, 청소년 비행 등을 의미한다.

③ 문제행동이란 인간이 생존하기 위해 행동한 것이 사회적으로 문제시 되는 것을 말한다. 인간의 행동은 사회성, 반사회성, 비사회성 기준에 의해 구분될 수 있는데 '사회적 행동'은 사회적으로 가치가 있으면 사회구성원으로부터 허용되는 행위를 말하고, '반사회적 행동'은 사회의 안전과 발전을 저해하는 일탈행위로, 범죄와 비행이 해당된다. 그리고 '비사회적 행동'은 타인에게 해를 입히는 행동은 아니지만 행위자 자신이 사회적 적응을 저해하게 되는 행위를 뜻한다.

(2) 청소년 문제에 대한 용어의 정의

① 일탈 : 사회적 기준에서 벗어난 행동으로 모든 규칙과 규범을 위반한 행위이다.

② 청소년비행 : 청소년에게 기대되는 규범에 벗어나는 청소년의 탈규범 행동으로 일탈행위도 포함한다.

③ 지위(신분)비행 : 청소년이라는 지위로 인해 일탈로 간주되어 통제와 규제를 받는 행동으로 성인이라면 문제가 되지 않는다.

④ 청소년 문제 행동 : 반사회적 · 비사회적 · 부적응행동을 포함하는 개념으로 행위의 주체가 청소년임을 부각시킨다.

⑤ 소년범죄 : 19세 미만자(14세 이상~19세 미만)의 범죄행위를 의미하는 소년법상의 개념이다.

② 청소년 문제의 유형

(1) 청소년의 다양한 비행으로 10세 이상~19세 미만의 청소년들이 저지른 범죄행위, 촉법 행위, 우범행위 등이 있다.

> **더 알아보기**
>
> **소년보호 통고제도**
> 학교폭력 사건으로 경찰에 조사를 받거나 수사에 의뢰된 경우, 학교장이나 학부모가 법원에 통고신고를 하고 받은 법원은 소년조사관을 보내 학생을 면담하고 생활환경을 조사한다. 면담과 조사결과를 바탕으로 법원은 상담교육부터 심리치료까지 해당 청소년에게 필요한 보호처분을 내린다.
> ① 운영목적 : 비행에 대한 처벌보다는 재발 방지와 환경조성을 우선하는 등 청소년이 건전하게 성장하도록 돕는 데 목적을 둔다.
> ② 대상자
> • 범죄소년(죄를 범한 소년) : 만 14세 이상~19세 미만
> • 촉법소년(법령에 저촉되는 행위를 한 소년) : 만 10세 이상~14세 미만
> • 우범소년(법령에 저촉되는 행위를 할 우려가 있는 소년) : 만 10세 이상~19세 미만

(2) 청소년 문제는 청소년들의 반사회적 행동으로서의 일탈행위나 비행뿐 아니라 비사회적 행동으로서의 도피적 행동이나 자해행위, 부적응 행동, 청소년 고민거리도 포함된다.

(3) 비사회적 행동으로 자살, 약물 오남용, 인터넷 중독 등과 같이 자신에게 심각한 영향을 주는 도피적 · 자해적 행동 등이 있다.

(4) 청소년들의 고민거리나 부적응 행동으로 스트레스, 우울증 같은 정서장애, 학습부적응, 진로에 대한 고민, 이성교제, 가치관 갈등 등이 있다.

① **개인적 일탈행동** : 가출, 자살, 학업중단, 섭식장애, 대인기피 등이 이에 해당한다.

② **지위비행** : 청소년이기 때문에 사회적으로 문제가 되는 영역으로 유해업소 출입, 음주, 흡연, 유해매체 접촉, 성관계, 불량 서클 가입 등이 이에 해당된다.

③ **청소년범죄 행동** : 학교폭력, 성비행, 사이버 일탈 등이 해당되며, 경미한 사안의 경우에는 청소년의 지위비행에 속하지만 심각한 경우에는 범죄로 볼 수 있다.

④ **범죄행위** : 청소년에게만 국한된 문제가 아닌 누구라도 위반하면 사법적 처벌을 받는다.

(5) 청소년 비행의 실태

① 15세 전후하여 비행의 빈도와 심각성이 절정에 이른다. 이 시기는 집단정체감을 형성하는 시기로 집단으로부터의 수용 여부에 가장 민감하여 또래들로부터 거부당할까 두려워 비행에 동조할 가능성이 높다.

② 비행 연령의 폭이 넓어지고 있으며, 여자들의 비행이 증가하고 있다.

③ 하류 계층의 청소년에서 중·상류 계층의 청소년의 비행이 증가하고 있다.

④ 우발적 범행이나 유흥비 마련을 위한 범죄가 증가하고 있다.

⑤ 재범률 증가하고 있다.

> **POINT** 보호처분의 종류(학교폭력상담 04, 조정실외, 2012에서 발췌)

	보호처분의 종류	기간/시간	대상 연령
1호	보호자 또는 보호자를 대신하여 소년을 보호할 수 있는 자에게 감호 위탁	6개월(6개월 연장 가능)	10세 이상
2호	수강명령	100시간 이내	12세 이상
3호	사회봉사 명령	200시간 이내	14세 이상
4호	보호관찰관의 단기 보호관찰	1년	10세 이상
5호	보호관찰관의 장기 보호관찰	2년(1년 연장 가능)	10세 이상
6호	아동복지법상의 아동복지시설이나 그 외 소년 보호시설에 감호 위탁	6개월(6개월 연장 가능)	10세 이상
7호	병원, 요양소 또는 보호소년 등의 처우에 관한 법률상의 소년의료보호시설에 위탁	6개월(6개월 연장 가능)	10세 이상
8호	1개월 이내의 소년원 송치	1개월 이내	10세 이상
9호	단기 소년원 송치	6개월 이내	10세 이상
10호	장기 소년원 송치	2년 이내	12세 이상

③ 청소년 이해의 절차

(1) 내담자의 기본 기능 평가

① 신체(건강) 기능

    ㉠ 내담자가 질병의 영향하에 있는가?

    ㉡ 수면을 제대로 취하는가?

    ㉢ 영양섭취가 적절한가?

② 학업기능(성인의 경우, 직업수행기능)

    ㉠ 지능을 비롯한 학업적성을 고려해 볼 때 학업성적이 어떠한가?

    ㉡ 최근에 학업성적의 급격한 하락을 경험했는가?

    ㉢ 학업수행에 대한 기대가 합리적인가?

     ⓔ 학교 및 학업에 대한 태도와 행동에 이상은 없는가?

     ⓜ 학업성적 조사

③ 대인관계 기능

     ㉠ 친구가 있는가?

     ㉡ 친구가 누구이며, 함께 무엇을 하는가?

     ㉢ 기초적인 대인기술을 가지고 있는가?

     ㉣ 학교에서 따돌림을 받는 입장인가?

④ 가족기능

     ㉠ 내담자의 호소문제와 관련이 있는 가족부터 시작

     ㉡ 내담자의 가족이 내담자의 문제 극복에 도움, 지원, 지지의 역할을 할 수 있는지 평가

     ㉢ 각 가족원의 기능을 별개로 평가

⑤ 여가기능 : 여가로부터 즐거움, 재미, 보람, 긴장이완, 기쁨을 경험하는지 알아보아야 한다.

(2) 자살가능성의 평가

① **자살 수준** : 생각수준, 행동수준

② **자살을 행동으로 옮길 가능성이 높은 경우** : 자살생각이 잦고, 자살방법이나 상황에 관한 생각이 구체적이고, 자살방법에 대한 실천적 준비가 있고, 전에 자살기도 경력이 있는 경우

③ **자살가능성의 평가** : 상황적 맥락 속에 자연스럽게 질문

(3) 접수면접의 내용

① **접수면접에 관한 기본정보** : 접수면접의 날짜, 내담자의 이름과 생년월일, 접수면접자의 이름, 지도감독자의 이름 등

② **호소문제** : 상담소에 찾아온 목적 및 배경. 문제발생 시기, 상황적 혹은 생물학적 배경, 문제 발전 경로, 현 상태와 심각도

③ **현재 및 최근의 주요 기능 상태** : '현재 어떠한가', '지난 1년간 어떠했는가'

④ **스트레스 원(原)** : 스트레스를 주는 원인

⑤ **사회 · 심리적 지원**

⑥ **호소문제와 관련된 개인사 및 가족관계**

⑦ **외모 및 행동**

⑧ 진단평가 및 면접자 소견

⑨ 상담자 배정에 필요한 정보

section 2 청소년 문제에 관한 이론

1 사회학적 이론

(1) 베커(Becker)의 낙인이론

① 낙인이론의 개요

　㉠ 낙인이론은 한 개인이 낙인에 의해 문제 행위자가 되는 것에 중점을 두고 있다.

　㉡ 비행과 문제행동은 사회의 권력이나 지위를 가지고 있는 사람들이 그들의 기준에 따라 잘못된 것으로 명명한 것에 불과한 것이다.

② 레머트(Lemert, 1970)의 1차적 일탈과 2차적 일탈

　㉠ 1차적 일탈 : 모든 사람이 행하는 실수(부주의)로 일시적이다.

　㉡ 2차적 일탈 : 주위 사람들의 시선과 상호작용적 교환이 얼마나 중요한가를 보여준다. 1차적 일탈에 대한 힘 있는 자(권력)의 낙인(전과자)으로 인한 부정적 정체성 수용으로 인해 비행이 발생한다고 주장한다.

　㉢ 3차적 일탈 : 청소년 스스로가 당연시 정상으로 인정하는 것

③ 낙인효과 : 제도적 강제, 불공정의 자각, 오명 씌우기, 일탈, 하위문화에 의한 사회화, 부정적 정체성의 수용 등이 있다.

(2) 머튼(Merton)의 아노미이론

① 아노미이론의 개요

　㉠ 뒤르켐의 아노미이론에 영향을 받아 머튼은 제도화된 수단과 문화적으로 규정된 목표의 불일치로 인해 발생하는 구조적 긴장에 대한 적응방식으로 부적응 행동과 일탈이 발생한다고 보았다.

　㉡ 비행과 아노미는 상호 촉진적이어서 한 번 어떤 비행이 이루어지면 다른 사람에게도 영향을 미쳐 규범의 합법성 자체가 위협받고 많은 사람들이 혁신형의 방법을 택한다.

② 개인적 적응양식의 유형

　㉠ **동조형** : 문화적 목표와 제도화된 수단 양자를 모두 수용한 형태로서 정상적 행위유형을 말하며, 이 동조형을 제외한 나머지 네 가지 유형은 모두 일탈행위로 규정한다.

　㉡ **혁신형** : 기존 사회의 문화적 목표는 받아들이지만, 제도화된 수단만으로 만족하지 못하고 불법적인 수단까지 수용하려 하는 자세로서 하층민의 경제 범죄, 화이트칼라 범죄 등을 저지르기 쉽다.

ⓒ 의례형 : 목표에 따른 부담을 회피하여 제도화된 수단에 의해 얻을 수 있는 목표에 만족하는 소시민적인 삶을 택하는 것이다.

ⓔ 도피형 : 현실을 도피하는 양상으로 문화적 목표와 수단을 모두 포기하고 알코올, 마약에의 탐닉, 정신병, 자살 등 사회의 경쟁에서 포기하는 형태이다.

ⓜ 반역형 : 목표와 수단을 모두 거부하고 새로운 사회체제를 만들려는 혁명형으로 지배계급의 가치를 정면으로 공격한다는 점에서 권위에 대한 위협세력이 된다.

⑶ 클라우드(Cloward)의 차별적 기회구조이론

① 합법적인 수단의 결여가 곧바로 비행유발의 원인이 되는 것은 아니고, 불법적 수단에 접근할 수 있는 기회가 비행유발의 원인이 되는데, 불법적인 수단에 접근함에 있어서도 개인마다 기회의 차이가 난다.

② 합법적 수단이 제한되어 있고 불법적 수단에 접근이 가능하면 비행이 발생할 수 있다고 보며 일탈을 사회화과정으로 인식하였다.

⑷ 서덜랜드(Sutherland)의 차별적 접촉(차등접촉)이론

① 차별적 접촉이론의 개요

ⓐ 범죄를 학습된 행위로 이해한 최초의 이론으로, 범죄행동은 차별적 접촉에 의해 다른 사람의 행동을 학습한 결과로 일어난다.

ⓑ 범죄행위는 비행자와의 접촉, 교류, 교제를 통해서 학습된 것이 비행으로 나타난다.

ⓒ 상징적 상호작용이론을 바탕으로 한 차별적 접촉이론은 범죄를 사회구조의 산물로 보지 않고 개인의 사회화 과정으로 접근한 효시적인 이론으로 이후 범죄를 개인적인 측면에서 접근하는 계기가 되었다.

② 문제행동의 사회화와 관련된 명제

ⓐ 항상 비행의 동기나 동인이 인간 누구나 추구하는 일반적인 욕구 충족에 있는 것은 아니다.

ⓑ 차별적 접촉에 의한 비행학습은 흉내나 모방과 구분되는 복잡한 학습과정인 것이다.

ⓒ 학습되는 것이 비행이다.

ⓓ 비행은 타인과의 상호작용인 의사소통을 통해서 학습된다.

ⓔ 비행의 학습은 주로 1차적 집단과의 친밀한 인간관계를 통해 학습된다.

ⓕ 비행학습의 내용에는 비행의 기술 뿐 아니라 비행과 관련된 충동, 합리화, 동기, 태도 등도 포함된다.

ⓖ 비행의 동기와 태도의 방향은 법이나 규범에 대한 생태적 환경의 방향에 의해 결정된다.

ⓗ 비행을 격려·고무하는 분위기가 억제·반대하는 분위기를 압도할 때 비행이 시도된다.

ⓘ 비행은 접촉빈도, 지속시간, 우선성 및 강도에 따라서 그 여부가 결정된다.

(5) 밀러(Miller)의 하위(계급)문화이론

① 하위문화이론의 개요

    ㉠ 사회의 주류적인 가치·규범·행위양태와는 다른 하층계급의 가치·규범 또는 행위양태를 자체적으로 오랫동안 존속시켜 유형화된 전통으로 지속하고 받아들이는 것이다.

    ㉡ 밀러(Miller)는 하류층의 하위문화를 그들의 고유한 전통으로 이해한다.

    ㉢ 하위문화이론에 따르면 사회경제적 지위가 낮은 계층(하위문화집단)은 범죄행위를 유발하는 특성을 갖고 있다. 이러한 하류층의 비행문화를 수용하고 학습한 결과로 비행이 발생한다.

    ㉣ 비행문화는 비행을 정당시하는 신념 및 생활방식과 관련이 깊다.

② 비행 하위문화의 발생원인 : 지위박탈에 대한 대응방안의 추구로 비행을 한다.

③ 일탈행위로 표시되는 가치와 규범의 결정요인(하층 청소년의 집단 내 지위획득을 위한 6가지 요소)

    ㉠ **자율** : 자기 의지, 자립 등을 가지고 있기 때문에 외부의 통제에 대해 강한 거부감을 가진다.

    ㉡ **운명(운)** : 중류층은 현재 상태를 자신의 의지보다는 운명이나 다른 어떤 힘에 의해 지배받고 있는 것으로 믿는다.

    ㉢ **흥분** : 긴장, 모험, 스릴, 위험한 행위 등을 추구하는 것으로, 하류층의 규칙적인 욕구 발생의 하나인 것이다.

    ㉣ **영리함** : 타인을 잘 유도하여 속인다거나 기만적인 상술 등으로 돈을 버는 행위를 말한다. 이 계층의 청소년들은 열심히 정상적으로 노력해서 돈을 모으거나 신용을 쌓는 것에 대해서는 전혀 관심을 두지 않는다.

    ㉤ **강인성(억셈)** : 육체적인 용감성, 남성성, 두려움을 모르는 것을 나타내며, 조심성, 나약함, 여성다움, 주저하는 것은 부정적인 가치를 지닌다.

    ㉥ **말썽거리(근심)** : 문제유발이나 갈등을 나타내는 것으로, 공공행정기관이나 중류의 가치를 지향하는 기관들과의 관계에서 법규 위반 행위나 그와 유사한 상황을 말한다.

(6) 코헨(Cohen)의 비행하위문화이론

① 하층 청소년들이 그들의 지위 욕구불만에 기인하여 중산층의 지배문화에 대항적인 성격으로 비행하위문화가 형성되는 것을 말한다.

② 하층 청소년의 경우 그들의 사회적 배경으로 인해 중산층의 기준에 의한 지위를 얻기는 상대적으로 불리하며 따라서 그들의 지위 욕구불만의 문제가 대두된다.

③ 따라서 그들은 중산층의 기준을 버리고 자기들에게 유리한 새로운 준거틀을 집단적으로 만들어 중상층에 대항하는 하위문화를 만들게 되며 지배적인 문화를 거부한 쾌락주의, 비공리성, 다면적 특성을 가지게 된다.

④ 청소년은 비행하위문화 속에서 비행이 나쁜 행위라는 것을 알고서 하는 것이 아니라 비행이 나쁘지 않다고 배우기 때문에 비행을 저지르게 된다.

(7) 메차(Matza)의 중화이론

① 코헨의 비행하위문화이론과 달리 청소년은 여러 상황에서 양심이나 규범의식, 전통적인 도덕 가치를 중화(무시, 둔화)시킴으로써 범법행위를 합리화하여 죄의식 없이 비행을 저지르게 된다.

② 계층 간에 다른 규범 및 가치가 있다는 하위문화이론을 거부한 중화이론은 문제행동을 수행하는 청소년들도 전통적 가치를 수용하고 있으나 중화를 통해 내적 통제가 약화되어 문제행동을 일으킨다고 볼 수 있으며 사회구조적 접근이라 할 수 있다.

③ 비행청소년도 비행이 나쁘다는 것은 알고 있지만 비행을 정당화하는 구실을 찾으므로 비행을 저지르게 된다.

④ 비행청소년의 비행의 원인은 다음과 같다.
  ㉠ 자신의 비행에 대한 책임전가 또는 부정
  ㉡ 피해자에게 책임을 전가(피해자 부정)
  ㉢ 비난자 부정(자신을 비난하는 자를 도리어 비난함)
  ㉣ 조직충성의 의리

(8) 에이커스(Akers)의 사회학습이론

① 인간의 학습은 자연스러운 환경 속에서 일상적인 환경과의 관계에서 새로운 것을 의식적 또는 무의식 중에 모방을 통해서 이루어진다.

② 청소년 비행에서 에이커스(Akers)의 사회학습이론은 좀 더 정확하게 차별적 강화의 원리를 통합시킨 이론이다.

③ 다른 사람의 행동을 관찰하고 모방하면서 이루어지는 것이 대부분의 학습이다.

(9) Hirschi의 사회유대이론(사회통제이론)

① 사회유대이론의 개요
  ㉠ 켄달과 히르히는 사람을 일탈경향이 있는 잠재적 범죄자로 전제하고 있으며 머튼의 사회구조적 압력에 의해 비행이 발생했다는 아노미 이론을 반박하는 이론이다.
  ㉡ 청소년들의 문제행동은 자신들에 대한 사회의 유대가 약하거나 손상될 때 나타나며 사회적 유대가 약화되면 자신에 대한 비난이 줄어들고 이로 인하여 비행이 발생한다는 것이다.
  ㉢ 즉, 청소년들이 문제행동을 하지 않는 이유는 자신들에게 돌아올 사회적 비난이나 행동이 두렵기 때문이다.
  ㉣ 청소년을 둘러싸고 있는 환경, 가치, 규범 등의 측면에서 혼란과 갈등을 겪고 있기 때문에 가정, 학교, 사회 등에서 청소년들의 비행이 급증하고 있다는 사회구조적 접근이다.

② 개인이 규범을 준수하도록 하는 유대요인

　㉠ **신념** : 개인의 문제행동은 비행에 대한 부정적인 태도를 가질수록 감소할 수 있다.

　㉡ **참여** : 청소년들이 일상적인 생활에 적극적으로 참여할 때 문제활동을 할 절대적 시간이 없기 때문에 문제행동을 하지 않는다.

　㉢ **관여** : 일상적인 사회적 목표나 수단을 존중하고 순응할 때 문제행동은 감소한다.

　㉣ **애착** : 부모나 형제자매와 애정적인 유대관계를 유지할 때 문제행동은 쉽게 하지 못한다.

② 심리학적 범죄이론

(1) 정신병리이론

① 프로이트의 정신분석학

　㉠ 프로이트의 정신분석학은 개인의 심리나 정신 상태를 중심으로 범죄현상을 설명한다.

　㉡ 자아(Ego)는 자기 자신을 타인의 관계에서 현실적으로 이해하는 능력을 말하고, 원초아(Id)는 자기보존의 본능에서 공격적이고 성적충동을 일으키는 인간의 본성을 의미한다.

　㉢ 자아(Ego)나 초자아(Superego)가 제대로 형성되지 않아, 적절한 사리판단이 불가능하여 반사회적인 행위를 아무런 양심의 가책 없이 행하게 된다는 것이 정신분석학이다.

　㉣ 정신분석학은 정신의학분야에 중대한 영향을 끼쳤을 뿐만 아니라 현대의 정신사조에도 영향을 주었다.

② 정신병리적 성격과 범죄 – 슈나이더(Schneider)의 분류 : 정신병리적 성격이란 정신의학 분야에서 범죄발생의 원인으로 특히 중요시하는 사항이다. 정신병리적 성격 혹은 사회병리적 성격, 반사회적 성격으로 불리는 이러한 성격은 이상 정도가 정상을 크게 벗어나 거의 병적으로 볼 수 있는 경우이며, 정신병리자가 이러한 성격을 소지한 사람을 뜻한다.

　㉠ **발양성 정신병질자** : 자기 자신의 능력과 운명에 대하여 낙관적이지만, 이로 인해 경솔하고 불안정적인 면을 갖는다.

　㉡ **우울성 정신병질자** : 염세적, 비관적인 인생관에 빠져 항상 우울하게 지내며, 과거를 후회하고 장래를 걱정하는 일로 소일한다.

　㉢ **의지박약성 정신병질자** : 박약성 때문에 주변의 상황과 사람들의 태도에 따라서 우왕좌왕한다.

　㉣ **무정성 정신병질자** : 타인에 대한 동정심이나 연민의 정이 박약하고 방자하게 행동한다.

　㉤ **폭발성 정신병질자** : 사소한 자극에 대해서도 격렬하게 반응하고 폭언하기를 주저하지 않는다.

　㉥ **기분이변성 정신병질자** : 기분의 동요가 심하여 예측할 수 없다.

　㉦ **무력성 정신병질자** : 관심을 자기에게만 돌리고 동정을 바라는 성격으로, 심신의 부조화 상태를 늘 호소한다.

(2) 정신지체이론

① 비행행동이 낮은 지능과 이로 인한 범죄의 오인 또는 자기 행동에 대한 예측이 불능한 경우 나타난다고 간주한다.

② Hirschi 등(1997)은 낮은 지능이 비행을 증가시키는 위험요소로 West(1973)는 I.Q가 90 이하에서는 20%의 상습적 비행이 보인 반면 91~98인 경우 9%, 99~109에서는 5%, 110 이상은 2%만이 상습적 비행을 보인다고 하였다.

(3) 성격이론

① 성격이론에 따르면 비행은 개인의 특수한 성격과 관련이 있다고 볼 수 있으며 특수한 성격의 경우 좌절감을 준 사람에 대해 공격적인 행동을 취하게 된다.

② 반사회적 성격장애자는 자신의 범죄행위에 대해 그 동기가 불분명하고 뉘우침이 없으며 극단적인 사고를 하는 특성을 갖고 있음을 볼 수 있다. 그러나 성격의 어떤 특수한 요소가 비행의 직접적인 원인이 되는지, 그리고 성격장애가 비행에 어느 정도 작용하는지는 확실하지 않다.

③ 기타 범죄이론

(1) 행동주의적 이론

① 비행은 본능이 아닌 환경적 자극에 의해 학습된 결과로 간주하는 것으로 스키너의 조작적 조건화이론은 인간의 모든 행동이 보상과 무관심의 방법에 의해 습득된 것임을 보여준다.

② 반두라는 청소년의 비행이 모방과 관찰의 결과라고 설명하며 특히 청소년 폭력과 공격성을 설명하는데 크게 기여하고 있으며 TV를 비롯한 대중매체에 대한 청소년의 모방심리를 설명하는데도 커다란 역할을 하고 있다.

(2) 생태학적 이론

① 생태학적 이론에 따르면 비행은 인간과 환경의 역동적 상호작용을 전제로 생태학적 조건에 의해 발생하며 청소년비행은 청소년 고유의 특성과 환경의 상호작용의 산물로 인식할 수 있다.

② 가족관계, 부모와의 상호관계, 교우관계 등의 청소년의 대표적인 생태적 환경으로 가정의 불화, 교우와의 폐쇄성, 열등감을 고조하는 집단문화 등은 문제행동을 유발시킬 수 있다.

section **3** 청소년 문제의 유형

1 자살

(1) 자살의 의미

① 자살은 청소년의 사망원인 중 2위를 차지하며, 지난 30년 사이에 15~24세에 이르는 청소년의 자살률이 3배 이상 증가해 왔다.

② 자살은 스스로 목숨을 끊는 자신에 대한 살인 행위인 것이다. 일반적으로 자살행위는 이미 약해져 있는 자아구조에 많은 스트레스와 위기가 주어질 때 발생한다. 특히, 청소년에게는 의미 있는 관계를 상실했거나 학교 부적응, 원하지 않은 임신 등을 경험하였을 경우 그 위험성이 높다.

③ 자살행동은 자살생각, 자살시도, 자살로 구분되는데 우선 자살생각은 우리가 살아가면서 한번쯤 갖게 되는 일시적인 생각에서 구체적인 계획을 세우는 것까지 포함한다. 자살생각이 자살에 대한 생각, 계획 등 사고적 측면과 관련된 것이라면 자살시도는 구체적인 행동으로 표현되는 경우이다. 자살시도 역시 정말 죽으려는 의도 없이 자살행동을 통해 다른 목적(관심을 끌거나 위협의 수단)을 가지고 자살을 시도하는 것에서부터 죽으려고 하였으나 타인의 개입으로 목적을 달성하지 못하는 경우까지 매우 다양하다. 즉, 자살행동은 자살에 대한 생각이나 신념, 행동으로 나타날 수 있는 여러 결과들 중 하나이며, 자살에 대한 생각, 동기, 행동의 연속선상에서 이해될 수 있다.

④ 자살시도는 남자보다 여자에게 자주 일어나지만 실제로 자살에 관여할 가능성 및 치사율은 남자가 더 높다.

(2) 자살의 원인

① 청소년 자살의 원인은 좌절감, 충동, 우울, 소외감, 공격욕·우월욕과 같은 욕구의 좌절, 우정의 상실, 삶의 의미의 상실·부정 등이다.

② Durkheim의 자살론에서 자살은 사회적 현상이며 가치관이나 이데올로기의 붕괴로부터 나타나며 정신쇠약이나 정신병이 원인이 아니다. 뒤르켐은 사회적 통합도와 사회적 규제에 따라 자살의 종류를 다음과 같이 4가지로 설명하였다.

(3) 자살의 종류

① 사회적 통합도

ㄱ 이타적 자살 : 개인이 사회에 지나치게 통합된 나머지 자신보다도 자신이 속한 집단을 더 중요하게 생각된 결과로 자살하게 되는 것을 말한다.

ㄴ 이기적 자살 : 주변 사회와의 유대 약화로 인한 자살이다. 주변과 정신적 유대가 단절되면 고독, 소외, 삶의 무의미함으로 인한 우울을 느끼게 되며 이것이 자살로 이어질 수 있다.

② **사회적 규제**

　　㉠ **아노미적 자살**(가치 혼란적 자살) : 실직이나 파산, 사랑하는 사람의 죽음으로 인해 지금까지의 생활 질서나 규범, 심리 균형, 가치질서가 붕괴되어 삶의 의욕이 저하되고 삶의 방향을 상실하여 자살하는 경우이다.

　　㉡ **숙명론적 자살** : 개인이 선택하거나 통제할 수 없는 강력한 사회적 속박 하에 개인의 삶이 종속되어 있어서 자포자기적으로 살아가는 노예나 포로, 원하지 않은 결혼에 얽매인 경우에 보이는 자살을 말한다.

(4) 자살의 특성

① 분명한 동기가 있다.

② 충동성이 강하게 작용하여 순간적으로 이루어진다.

③ 피암시성이 강하여 동반자살이나 모방자살이 흔히 일어난다.

④ 치사도가 높은 자살수단을 사용한다.

⑤ 특이한 사생관을 가지고 있다. 겪고 있는 문제에 대한 외부 압력이 강할 경우 생사를 혼돈하게 되면 도피 같은 심리적 기제가 적용되어 현실의 고민을 벗어나 사후세계에서 해결하려는 기대를 가진다. 다시 말해 자살을 시도하는 청소년의 대부분이 죽음에 대해 불확실한 생각을 가지고 있으며 죽음을 단지 고통을 회피하려는 한 방법으로 생각하고 있는 것으로 나타났다.

(5) 자살의 증후

① 자신이 아끼던 물건을 딴 사람에게 준다.

② 갑자기 학교를 가기 싫어한다.

③ 생명을 끊는다는 죄의식과 수치감을 느낀다.

(6) 자살의 예방

① 자살위협은 항상 매우 신중하게 받아들여야 하며, 도움이 필요한 것으로 인식해야 한다.

② 부모나 청소년의 감정변화, 학교나 가족의 상황변화, 친구로부터의 소외, 환경에 대한 태도변화 등이 있는지 파악한다.

③ 상처를 줄 수 있는 물리적 환경을 제거하고, 세심하게 관찰한다.

④ 자해하지 않겠다는 약속을 서면으로 받아 놓거나 구두로 계약한 후 24시간 마다 확인한다.

⑤ 과거 자살시도로 이끌었던 생각이나 느낌, 충동적 행동에 대해 표현하도록 유도한다.

⑥ 자신의 절망감·무력감을 인식하고 표현하는 방법을 알아내고, 적절하게 변화된 대응기술을 사용할 수 있도록 교육한다.

⑦ 청소년이 자신을 가치 있고 쓸모 있게 느낄 수 있도록 지속적으로 지지하고 수용한다.

⑧ 자살을 예방하기 위해서는 부모교육과 지지를 통해 자녀 교육법을 개선하고 절망과 부적응적인 행동을 일으키는 사회 환경을 변화시키는 데 역점을 두어야 한다.

2 가출

(1) 가출의 의미

① 청소년기는 발달 특성상 다른 어떤 시기보다 더 많은 스트레스 요인에 노출되어 있으며 강한 우울을 경험하는 시기이다. 이와 같은 우울의 취약시기에 가출이나 노숙생활 경험은 그들에게 또 다른 심각한 스트레스 요인이 되어 자살 같은 극단적인 선택으로 연결되기도 한다.

② 가출이란 자신 및 자신을 둘러싼 주위 환경에 대한 불만이나 갈등에서 비롯된 문제에 대한 반발이나 해결을 위해 보호자의 승인 없이 최소한 하룻밤 이상 무단으로 집을 나가 돌아오지 않는 충동적 혹은 계획적인 일탈행위를 말한다.

   ⊙ **가출청소년** : 부모나 보호자 동의 없이 '상당 기간' 가정을 떠난 청소년이나 '정당한 이유 없이 가정에서 이탈한 청소년'을 의미 한다.

   ⊙ **가출** : 자신 및 자신을 둘러싼 주의 환경에 대한 불만이나 갈등에서 비롯된 문제에 대한 반발이나 해결을 위해 보호자의 승인 없이 최소한 하룻밤 이상 무단으로 집을 나가 돌아오지 않는 충동적 혹은 계획적인 일탈행위를 말한다.

③ 청소년의 가출은 원인과 형태가 매우 다양하고 복잡하다. 아동학대나 가정폭력 등 견디기 힘든 상황에서 벗어나기 위해 도움을 청하는 방법일 수도 있으며, 무기력, 원한, 적개심 등을 지닌 청소년이 하나의 해결책으로 가출을 시도하는 경우도 있다.

(2) 가출의 요인

① 촉발요인 : 개인요인

   ⊙ 가출 청소년은 심리적·정신적 이상 또는 부정적인 태도 등을 보인다.

   ⊙ 일반적으로 가출자는 공격적이고 화를 잘 내며, 충동적이고 불안정할 뿐만 아니라 쉽게 흥분하거나 무단결석을 일삼는다.

   ⊙ 청소년들은 자신의 자아정체감을 발달시키기 위하여 자신을 가족 상황에서 분리하고자 욕구를 나타내며 이는 결국 가출하는 현상을 낳게 한다.

② 방출요인 : 가정요인

  ㉠ 부모와의 불화, 부모의 별거나 이혼 등 가정적인 문제가 가출의 주된 동기가 된다.

  ㉡ 청소년을 가정 밖으로 몰아내는 요인으로서 주로 가정과 학교에서 청소년들이 느끼는 어려움에서 비롯된다.

  ㉢ 애정, 협력, 의사소통, 공동목표 결여와 같은 기능적 결손으로 가정의 안정도나 청소년이 자신의 부모를 지각하는 형태가 가출행동에 영향을 미친다.

  ㉣ 대부분의 가출청소년이 가정에서 부모로부터 언어적 · 신체적 폭력으로 인한 피해경험을 갖고 있다.

  ㉤ 가출 청소년은 가족에게 강한 유대감이 없고, 가족에게 관여하지도 않으며 또래집단에 충성을 다한다.

③ 방출요인 : 학교요인

  ㉠ 학교생활에서의 소외감이나 학업으로부터의 심한 압박감 등이 가출의 원인이 되기도 한다.

  ㉡ 획일적인 입시위주의 풍토에서 낮은 학교 성적(잠재적 요인)이나 집단 따돌림, 교사와의 관계 소원(촉발 요인), 학교 부적응, 잦은 무단결석 등과 같은 여러 요인들이 복합적으로 작용하여 가출에 영향을 미치고 있다.

  ㉢ 우리 사회는 청소년의 대부분이 학생이며, 이 시기에 친구집단의 영향이 크다.

④ 유인요인 : 사회요인

  ㉠ 합법적인 경우 : PC방, 노래방, 찜질방 등에서 가출 청소년들은 속박에서 벗어나 자유로운 시간을 보낸다.

  ㉡ 불법적인 경우 : 가출 청소년을 성인문화에 참여시키거나 불법 · 탈법적인 방식으로 숙식을 해결해 주는 것을 말한다.

> **POINT** 가출원인에 대한 이해
>
> 가출은 맥락적 접근과 정신병리적 접근에서 원인을 파악할 수 있는데 맥락적 접근이란 가족의 부정적인 상호관계, 학교, 또래 집단의 영향 등 개인에게 영향을 주는 체제적 특성을 의미하며 정신병리적 접근이란 개인의 분노조절이 어렵고 충동적인 성격적 측면에서 발생하는 가출을 말한다.

더 알아보기

가출청소년 현황 및 실태
- 가출청소년이 매년 크게 증가하고 있는 추세
- 우리나라에서 공식적으로 가출청소년의 실태를 조사한 자료는 전무하며, 단지 일부 기관이나 단체에서 제시한 자료를 통해서 가출청소년의 가출행동과 문제 파악
- 가출 청소년 관련 정책을 총괄하고 있는 여성가족부에 따르면 지난해 가출 청소년의 수는 경찰청에서의 공식 집계된 수는 2만 2천명
- 한국청소년정책연구원에서는 전국 초, 중, 고등학교 만 명을 대상으로 조사했을 때, 매년 22만 명 정도가 가출
- 복지부에서 실시한 청소년 유해환경실태 조사에서는 19만 명 정도 가출

(3) 가출의 특성

① 가출에 대해 청소년 과반수는 긍정적인 태도를 가진다.

② 처음에는 부모님이 다양한 방법으로 자녀들을 찾으려 노력하나, 가출 빈도가 높아질수록 찾지 않는 부모가 많아진다.

③ 집을 나와 친구나 또래들의 집에 기거하며, 가출 후 가족 비행을 경험하는 경향이 높아진다.

④ 첫 가출의 경우보다 두 번째 이상의 재가출의 경우가 더 문제가 된다.

⑤ 부모들과의 갈등이 가장 중요한 원인이 된다.

⑥ 시작의 대부분이 초등학교 고학년에서 중학교 시절이며, 초기에 많이 나타날수록 재가출이 높아진다.

⑦ 가출청소년은 가출 자체가 문제라기보다는 가출 이후의 위험행동이 개입될 소지가 많으며 학업중단, 불법 근로에 의한 유흥업소의 유입이 문제가 된다.

> **더 알아보기**
>
> 가출청소년의 문제해결을 위해 무조건 가정에 돌려보내는 것은 바람직하지 못하다. 가출의 원인(부모의 불화, 학교에서 소외 등)이 해결되지 않는 한 계속적인 가출이 발생하기 때문이다. 이러한 경우 가출의 원인에 대한 문제처치가 우선시되어야 한다.

(4) 가출의 예방

① 가출 청소년은 신체적 문제나 우울, 자살사고와 같은 심리적 문제를 가진 경우가 많으므로, 이에 대한 사정이 필요하다.

② 부모가 청소년기를 이해하고 이에 대처할 수 있는 기술을 향상하도록 지지한다.

③ 가족기능 강화 프로그램을 통하여 가족 내 의사소통방법, 역할기대와 융통성 등을 향상한다.

④ 청소년의 스트레스 관리기술과 능력을 증진시킨다.

⑤ 가출에 대한 비합리적·개인적인 신념을 개선 또는 강화할 수 있는 방안을 마련한다.

⑥ 부모나 교사 또는 또래 등과 안정적인 사회적 지지관계를 형성하고 유지하도록 돕는다.

⑦ 가출청소년의 학업중단이 일어나지 않도록 교육기회를 제공하고, 청소년쉼터, 선도보호시설을 재정비하여 청소년의 지원에 조력한다.

더 알아보기

가출청소년쉼터 현황

구분	일시쉼터	단기쉼터	중장기쉼터
위치	• 이동형(10인 이상 청소년 탑승 가능한 차량) • 고정형(청소년유동지역 내 소재하는 쉼터로 최소 42평 기본)	주요 도심별	주택가
지향점	가출예방, 조기발견, 초기개입	보호, 가정 및 사회복귀	자립지원 : 기초생활 관리, 직업 지원, 학업지원, 상담 서비스
비고		1회에 한하여 기간 연장가능	1회에 한하여 기간 연장가능

(5) 학교 밖 청소년

① 학교 밖 청소년은 학교를 다니지 않는 청소년을 이르는 말이다.

② 초 · 중등교육법에 따르면 제2조의 초등학교 · 중학교 또는 이와 동일한 과정을 교육하는 학교에 입학한 후 3개월 이상 결석하거나 제14조 제1항에 따라 취학의무를 유예한 청소년, 고등학교 또는 이에 준하는 학교에서 같은 법 제18조에 따른 제적 · 퇴학처분을 받거나 자퇴한 청소년, 진학하지 않은 청소년을 말한다.

③ 카터 빅터 굿은 '정규학교 교육기간동안 학교성원으로 있다가 중등학교를 졸업하거나 교육프로그램을 마치기 전에 학교로 부터 제적당하거나 자퇴하는 청소년'이라 정의하였다. 전학이나 복학 등으로 학업을 지속하거나 사망하여 중단한 경우 학교밖청소년이라 하지 않는다.

④ '학교 밖 청소년'에 해당하는 자

  ㉠ 초등학교 취학의무를 유예한 11세 청소년

  ㉡ 중학교 졸업 후 고등학교에 진학하지 않은 17세 청소년

  ㉢ 중학교를 졸업하고 3개월 동안 무단결석했던 15세 청소년

⑤ 학교 밖 청소년 지원에 관한 법률(국가 및 지방자치단체의 지원내용)

  ㉠ 상담지원

  ㉡ 자립지원

  ㉢ 교육지원

  ㉣ 직업체험 및 취업지원

③ 폭력행위

(1) 폭력의 의미

① 폭력은 언어나 물리적인 힘, 심리적 요인으로 타인을 인격적으로 침해하여 부정적 감정을 유발하도록 만드는 행위라고 할 수 있다.

② 청소년 폭력은 어떤 형태이든, 그리고 그것을 어떻게 규정하든 인간의 존엄성과 생명의 소중함을 무시하는 행위라는 점에서 다른 어떤 문제행동보다 심각하며 근원적이다.

③ 학교 폭력이란 학교 내·외에서 발생하는 폭력이나 학생폭력과 같은 신체적·물리적 폭력, 집단 따돌림이나 협박과 같은 심리적·언어적 폭력행위와 같은 청소년 비행 및 탈선행위를 말한다.

④ 청소년 폭력은 청소년기에만 국한되는 현상이 아니라 일반적으로 아동기의 성격 특성에서 비롯되어 청소년기를 거쳐 성인기에까지 지속된다는 점에서 그 심각성이 더 크다. 즉 9세에서 17세 사이의 비행청소년의 80%가 8년만에 다시 수감되는 결과를 보였으며 반사회적 행동을 보이는 성인의 대다수가 과거 반사회적 청소년이었다는 연구결과를 통해 청소년기의 폭력적 행동이 성인기의 반사회적 폭력행동과 인격장애의 예언변인이 될 수 있다.

⑤ 공격적 행위는 개인의 공격성의 표현으로 자신의 내적 욕구를 표현하는 것이라고 한다면 폭력은 언어나 물리적 힘, 심리적 요인에 의해 타인을 인격적으로 침해하여 부정적인 감정을 유발하도록 만드는 행위라고 할 수 있다.

⑥ 청소년의 공격성은 신체적 공격이외에도 언어적 학대, 성인에 대한 부정적이고 가학적인 태도를 통해 나타나며 지속적인 거짓말, 빈번한 무단결석, 거부증 등도 주요한 특징이 된다. 공격성이 심해질 경우 신체적 폭력, 강간, 절도 등의 범죄행위가 나타난다.

⑦ 우리나라의 경우에 학교폭력의 특징을 보면, 학교폭력의 내용과 방법이 매우 다양해지고 그 정도가 파괴적이고 잔인해지고 있다. 학교폭력의 주체도 갈수록 저연령화 되는 등 매우 우려스러운 양상을 보인다. 우리나라에서 학교폭력이 중요한 사회적 이슈로 부각된 것은 1990년대 초 무렵이며, 본격적인 사회적 의제로 공론화된 시기는 1995년 학교폭력과 관련한 민간단체가 설립되기 시작한 때이다. 이러한 분위기 속에서 정부는 학교폭력 근절 대책으로 "청소년보호법"(1997)을 제정하였고, 2004년 "학교폭력예방 및 대책에 관한 법률"과 2005년 "학교폭력예방 및 대책 5개년 기본계획" 수립 등 학교폭력 근절을 위한 지속적인 노력을 기울여왔다. 국가적 차원에서 이처럼 학교폭력 근절에 노력하는 이유는 학교폭력이 가해학생과 피해학생 모두에게 돌이킬 수 없는 정신적·육체적 상처를 남기며, 이로 인해 때로는 피해학생의 자살이라는 참혹한 결과를 초래하기 때문이다. 그런데 학교폭력 예방을 위한 노력은 주로 학교폭력에 대한 정보와 대처방법을 알려주는데 주안점을 두고 있을 뿐, 학교폭력의 원인이 되는 근본적인 문제해결에는 미치지 못하였다. 많은 연구자들은 이미 발생한 폭력문제해결을 위한 현실적 대책 마련도 중요하지만 학교폭력을 예방할 수 있는 근본적 대책 마련이 필요하다는 부분에 대체로 동의하고 있다. 이러한 의견 수렴은 결국,

학생들의 정서를 바람직한 방향으로 배양하거나 폭력의 잠재적 요인을 지닌 학생들에 대한 예방 프로그램을 개발·적용함으로써 사회·정서적 능력을 키우고 인성교육 강화를 통해 학교폭력 사태를 미연에 방지하는 것이 필요하다는 것이다.

(2) 폭력의 원인

① 가정과 학교에서의 체벌을 그대로 습득하고 시행한 결과이다.

② 가정과 학교에서의 힘의 논리로 지식과 물리적 힘의 우위에 있는 부모와 교사의 영향이 학교폭력의 원인이다.

③ 가정과 학교에서 당연시하는 불평등 관계도 학교폭력의 원인으로 지적된다.

④ 대중매체의 폭력성은 학업성적, 가치관 형성, 도덕관 등에 부정적인 영향을 끼친다.

⑤ 청소년 폭력행위의 위험요인으로는 타인과의 취약한 대인관계, 과도한 또는 일관성 없는 처벌이나 부적절한 감독 같은 비효율적인 부모 역할, 가정 내에서의 폭력 경험, 대중매체의 과다한 폭력성, 사회규범 약화, 교육 과열로 인한 긴장과 불안 등이 있다.

(3) 폭력의 특성

① 폭력성을 드러내는 청소년은 어린 시절 좌절을 경험했거나 폭력적 역할모델이 존재한 경우가 많다.

② 청소년기 폭력성은 불안과 좌절을 '분노 반응'으로 대처하는 부적응적인 행동양상으로 이해해야 한다.

③ 불안이 많은 일부 청소년은 자신의 파괴적 공격성을 제어할 수 없게 되는 상황을 두려워한다. 이들은 폭력이 일어날 여지가 적은 경우에도 자신을 위협하는 것에 대해 격렬한 폭력행동을 하는 것을 공상하며, 이러한 공상이 행동화될 것이라는 두려움을 가지고 있다.

④ 청소년폭력은 청소년문제행동 가운데 가장 많은 비중을 차지하고 있다. 인감의 존엄성과 생명의 소중함을 무시하는 행위라는 점에서 청소년폭력은 인권의 도전이며 성인범죄로 이어지는 경우가 많아 경각심이 필요하다.

⑤ 청소년폭력은 친구나 선배, 불량배 등을 통해 이루어지는 악성폭력의 형태가 많으며 교사나 부모의 체벌도 상당부분 영향을 미치게 된다. 체벌에 대한 반감, 저항이 폭력을 정당화시키고 있다.

⑥ 청소년폭력을 비롯한 범죄가 저연령화되어 가고 있다. 특히 15세 이하의 청소년에게 범죄행동이 증가하고 있다. 그러나 고등학교시기와 대학시기에는 범죄율이 감소되는 반면 사회진출과 함께 증가하는 형태를 보인다. 이러한 현상은 청소년초기의 심리적 불안이 폭력행위로 나타나며 사회진출과 함께 유해환경의 접촉, 사회생활에 대한 접촉이 범죄행위를 촉발시킨다고 볼 수 있다.

POINT 대상별 폭력의 특성
① 남자청소년 : 여자청소년에 비해 적대적, 외현적, 도구적 폭력행위가 높은 편
② 여자청소년 : 남자청소년에 비해 언어적, 심리적 폭력행위가 높은 편
③ 유아 : 아동에 비해 도구적 공격성이 높은 편
④ 아동 : 유아에 비해 적대적 공격성이 높은 편

⑦ 청소년폭력이 더욱 잔인해진다. 청소년의 초기 공격적 행위는 물질적, 권위적 목표를 획득하기 위한 수단이었으나 이후 재미, 스릴, 쾌락을 추구하는 가학적 성향을 보이게 된다. 따라서 뚜렷한 목표 없이 타인을 괴롭히며 죄의식이나 양심의 가책을 보이지 않는다.

⑧ 청소년폭력의 가해자는 다양한 얼굴을 지니고 있다. 모범생이 폭력을 일삼을 수도 있으며 가장 친한 친구가 가해자인 경우도 종종 있다.

⑨ 피해 학생의 경우 그 사실을 부모나 선생님에게 알리지 않는다. 폭력을 당하였다고 알릴 경우 마마보이 또는 누설자가 되어 또래집단으로부터 소외당할 수 있기에 피해사실을 알리지 않는 경향이 많다.

(4) 폭력의 예방

① 청소년의 일반적인 발달과정과 심리적 특성을 이해함으로써 이들의 욕구불만과 갈등을 해결할 수 있는 방법을 모색해야 하며, 폭력 행동을 모방하고 강화하는 사회의 각종 폭력매체와 성인들의 폭력행동을 제도적으로 차단하는 방안을 마련하려고 노력해야 한다.

② 피해자의 수, 폭력의 양상·빈도, 주동자 등 실태의 정확한 파악이 필요하다.

③ 지역사회기관에서 제공하는 폭력 예방 교육이나 훈련프로그램을 활용한다.

④ 폭력학생과 관련된 사건을 지도하거나 처리를 의뢰하는 데에 있어서 필요한 경우 지역사회기관과 협력한다.

⑤ 학교환경과 사회환경에 변화를 유도하는 활동을 통해 제도적인 변화를 꾀한다.

⑥ 청소년 자녀가 있는 부모 스스로 폭력행위 발생 가능성을 파악하여 자녀를 교육하고 지지한다.

(5) 학교폭력의 대처방안

① 정확한 실태 파악 : 피해 학생 수, 폭력의 양상·빈도, 주동 학생 등 실태의 정확한 파악이 필요하다.

② 피해 학생에 대한 지지와 보호
　㉠ 흔히 '싸우면서 큰다'라는 말로 폭력을 정당화하기도 하는데 이러한 태도를 지양하고 가해의 부당성을 강조한다.
　㉡ 짝체계(상호지지 보호프로그램), 큰형프로그램(선후배 간 보호프로그램) 등을 통해 동료나 선후배 간에 서로 지지하고 보호하도록 한다.

③ 가해 학생과 가해 위험집단에 대한 예방활동

　　㉠ 학생과의 신뢰감을 형성하면서 가정생활에 대한 불만을 경청하고, 가족치료나 부모교육 프로그램 등을 제공한다.

　　㉡ 학생 자신의 분노감을 타인에게 표출하는 경우가 많으므로 긴장이완훈련, 자기주장훈련, 사회기술훈련을 통해 분노와 좌절감을 해소할 수 있도록 한다.

　　㉢ 가정과 학교 및 경찰서가 협력하여 학생이 폭력서클을 탈퇴할 수 있도록 도와준다.

④ 지역사회기관에서 제공하는 폭력 예방 교육이나 훈련프로그램을 활용한다.

⑤ 학교환경과 사회 환경에 변화를 유도하는 활동을 통해 제도적인 변화를 꾀한다.

⑥ 학교폭력예방 대책에 관한 법률이 제정되어 실행 중이다.

> **POINT** 학교폭력예방대책에관한법률
> 제17조(가해학생에 대한 조치)
> ① 자치위원회는 피해학생의 보호와 가해학생의 선도·교육을 위하여 가해학생에 대하여 다음 각 호의 어느 하나에 해당하는 조치(수 개의 조치를 병과하는 경우를 포함한다)를 할 것을 학교의 장에게 요청하여야 하며, 각 조치별 적용 기준은 대통령령으로 정한다. 다만, 퇴학처분은 의무교육과정에 있는 가해학생에 대하여는 적용하지 아니한다. 〈개정 2009.5.8, 2012.1.26, 2012.3.21〉
> 　1. 피해학생에 대한 서면사과
> 　2. 피해학생 및 신고·고발 학생에 대한 접촉, 협박 및 보복행위의 금지
> 　3. 학교에서의 봉사
> 　4. 사회봉사
> 　5. 학내외 전문가에 의한 특별 교육이수 또는 심리치료
> 　6. 출석정지
> 　7. 학급교체
> 　8. 전학
> 　9. 퇴학처분

④ 성문제

(1) 성에 관련된 개념

① Sex(생물학적 성)의 개념 : 생물학적으로 형성된 남자와 여자를 구별하는 개념이다.

② Gender(사회문화적 성)의 개념 : 사회문화적 환경에 의해 학습된 것으로 남성성·여성성 혹은 성역할과 관련된 개념이다.

③ Sexuality(성에 대한 전반적인 태도의 개념) : 개인이 성에 대해 가지고 있는 감정, 사고, 환상, 꿈, 가치관, 신념 등을 의미하는 것으로 성적 성격이라고도 한다.

(2) 청소년의 성역할 개념 및 가설

① 청소년 초기의 많은 신체적, 사회적 변화를 경험함으로서 자신의 성역할에 대해 새로운 정의를 내리게 된다.

② 청소년초기 신체적 성장과 2차 성징이 나타나 사회로부터 강도 높은 성관련 기대를 부여 받는 것을 성 집중화가설(gender intensification hypothesis)라고 한다. 이 가설은 청소년초기가 되면 사회가 청소년들의 전통적인 남성과 여성의 성역할에 동조하도록 사회화 압력을 증가시키게 된다는 것으로 이를 통해 남자와 여자의 심리적, 행동적 차이가 나타나 청소년초기 성역할 고정관점이 증가하게 되는 이유가 된다.

③ 청소년 후기가 되면 성 역할 집중화 현상이 감소되고 사회환경의 영향을 받아 비교적 융통성 있는 성역할로 발달하게 되며 양성성(androgeny)이 나타난다. 양성성은 상황에 따라 남성적인 역할과 여성적인 역할을 선택할 수 있으며 심리적으로 안정적이며 또래에게 인기가 있고 자신감과 성취도가 높은 편이다.

> **더 알아보기**
>
> 성역할고정성은 취학전 초등학교 초기에 절정에 달하며 그 이후 감소된다.

(3) 성역할발달의 원인

① **생물학적 영향**

    ㉠ 호르몬에 의한 사춘기적 변화는 청소년의 성태도와 성행동을 통합하게 된다.

    ㉡ 프로이트는 성행동을 본능적 행동이라고 생각한다.

② **사회적 영향**

    ㉠ 남아는 푸른색, 여아는 핑크색 등의 성별에 대한 구분이 머리모양, 의상, 장난감 등 발달과정에 성별적인 차별을 준다.

    ㉡ 또한 남자아이와 여자아이는 부모의 성역할을 모방하면서 성태도와 성행동을 학습하게 된다. 특히 일하는 어머니의 수가 증가되는 것은 성역할 모델의 중요한 변화로 초기 청소년에게 중요한 영향을 끼치게 된다.

    ㉢ 초기 청소년의 경우 어머니의 역할선택이 여성의 역할에 대한 그들의 개념과 태도 형성에 중요한 영향을 미칠 수 있다. 일하는 여성과 함께 생활하는 청소년은 전일제 주부인 청소년보다 여성의 역할에 대한 개념형성이 덜 고착되어 있다.

    ㉣ 학교에서 교사, 또래, 대중매체를 통해 성역할과 성행동을 학습할 수 있다.

③ **인지적 경향**

    ㉠ **인지발달이론** : 성에 대한 인지는 유아가 부모를 학습하여 성유형화 발달이 나타난다고 설명한다.

    ㉡ **성도식 이론** : 도식 즉 스키마(Shema)란 개인의 지각을 조직하고 안내하는 인지구조로 성도식이론은 개인의 관심과 행동이 자발적으로 성에 기초한 사회문화적 기준과 고정관념에 합치되도록 이끄는 과정을 의미한다(Bem, 1987).

ⓒ 초기 청소년의 경우 어머니의 역할선택이 여성의 역할에 대한 그들의 개념과 태도 형성에 중요한 영향을 미칠 수 있다. 일하는 여성과 함께 생활하는 청소년은 성역할에 유연적이다.

(4) 청소년의 성적욕구와 성의 의미

① 청소년의 성적 욕구

ⓐ 우리나라의 청소년은 분별없이 이른 나이에 성관계를 가지게 되는데 청소년 자신의 자제력 결핍과 도덕성의 결여와도 관련이 있으며 일부는 부모에 대한 방황 및 애정결핍에 대한 보상으로 조기성경험이 이루어진다.

ⓑ 청소년의 충동적 성행위는 자기 열등감이나 분노가 반영된 것으로 이해할 수 있으며 인지적 측면에서 성관련 추측과 환상을 구체적인 성행동을 통해 검증함으로서 자신의 인지적 능력을 시험하고자 하는 경우도 있다.

ⓒ 따라서 청소년기의 발달과업 중 하나는 그들이 스스로 성욕을 조절하고 자신의 성을 사회적 관계로 승화시키는 것이라 할 수 있다

② 성의 의미

ⓐ 남자 청소년의 첫 경험은 자위를 통해 이루어지며 사회적 성의 영역으로 들어가기 전 성을 경험하기에 성적사회를 다른 사람과의 상호작용과 분리하여 생각하게 된다.

ⓑ 남자청소년은 친밀감이나 감정의 교류가 아닌 성취로 성관계를 지향하게 된다.

ⓒ 반면 여자청소년의 첫 경험은 남자에 비해 자위비율이 낮다고 할 수 있다. 상대자의 친밀감을 위해 첫 성경험이 시작되게 된다.

(5) 성의식 발달 : 헐룩(Hurlock)의 성의식 발달과정

① 초기성적단계(1~5세) : 양육자에게 애정을 나타내며 남녀의 구별이 없다.

② 성적 대항기(6~12세) : 동성에게 친밀함을 보이며 이성에게 대립감을 나타낸다.

③ 성적 혐오기(12~13세) : 또래이성에게 심한 대립감을 나타낸다.

④ 성적 애착기(13~15세) : 또래동성 또는 이성 연장자에게 애착을 느낀다.

⑤ 이성애 단계

    ㉠ 송아지(15~16세) : 이성연장자에게 애착을 느낀다.

    ㉡ 강아지(16~18세) : 이성일반에게 애착을 느낀다.

    ㉢ 연애(19~20세) : 또래 이성에게 애착을 느낀다.

(6) 성문제의 원인

① 학교교육에서 체계적이고 적극적인 성교육의 부재를 원인으로 들 수 있다.

② 성의식 구조의 변화가 청소년 성범죄를 급증시킨 원인으로 들 수 있다.

③ 우리 사회에서 남성의 성욕과 공격성을 남성적이라고 전적으로 받아들이는 사회·문화적 성의 시각에도 원인이 있다.

④ 이중성 윤리에 가세한 것이 우리 사회의 퇴폐·향락산업의 특수성이다.

⑤ 경제적 원인이 성비행을 선택하게 된다.

⑥ 가족관계의 문제가 청소년의 성비행을 일으키는 원인이 된다.

⑦ 현행 교육제도의 문제가 청소년 성비행에 심각한 영향을 주고 있다.

(7) 청소년의 충동

청소년의 성적 충동은 본능적이고 자연 발생적인 것으로, 청소년의 자위행위는 이를 해소하기 위한 하나의 방법으로 간주한다.

① 자위행위에 대한 죄의식 원인

    ㉠ 성은 생식이 목적이지 쾌락의 대상은 아니라고 보는 종교의 영향을 받았다.

    ㉡ 순결의 강요와 순결 상실에 대한 두려움이 존재했다.

    ㉢ 자위행위를 배우자에 대한 의무를 불이행하는 것으로 보는 시각도 영향을 미쳤다.

② 자위행위에 대한 오늘날 주류입장 : 성적 충동을 승화할 수 있는 운동과 같은 대안적 해소가 우선되어야 하지만 자위행위로 인해 도덕적·종교적으로 죄의식을 가질 필요는 없다.

⑻ 성에 관한 청소년 수칙 10가지

① 성에 대하여 궁금한 것은 전문교사나 상담기관에 도움을 청해야 한다.

② 성충동을 느꼈을 때 자연스러운 것으로 받아 들여야 한다.

③ 성충동은 스스로 조절하고 자제할 수 있는 것임을 알아야 한다.

④ 자위행위 시 청결은 필수이며 지나치면 미래의 건강한 부부생활에 장애가 된다는 것을 기억해야 한다.

⑤ 이성 친구의 성적 자아 결정권을 존중해야 한다.

⑥ 자신의 의사는 분명하게 하고 이성 친구의 '거절'은 거절로서 받아들인다.

⑦ 성관계란 욕구해소가 아니라 인간관계의 한 표현방법이다.

⑧ 성관계를 통해 아기가 생길 수 있으므로 생명에 대한 책임감을 갖는다.

⑨ 음란비디오, 잡지, 만화 등 각종 매체에 나타난 성적묘사는 과장되고 비정상적임을 생각한다.

⑩ 성폭력은 성관계가 아니며 다른 사람에 대한 정신적·육체적·폭력행위임을 깨닫는다.

⑼ 성문제 상담의 지침

① 성에 관한 상담자 자신의 인식이 필요하다.

② 개방적인 의사소통의 방식을 가지고 있어야 한다.

③ 내담자가 무지하다는 것을 가정해야 한다.

④ 상담자는 기본적인 성 지식을 가지고 있어야 한다.

⑤ 의사나 전문가에게 의뢰할 수 있어야 한다.

⑥ 내담자의 위장적·회피적 태도를 처리할 수 있어야 한다.

⑦ 상담자는 객관적 역할을 수행해야 한다.

⑽ 성문제의 예방

① 청소년의 성적 행위와 관련된 과거에 대해 면담할 때는 수용과 지지, 비밀유지가 필요하다.

② 심사숙고해서 청소년 성행위의 의미를 평가해야 한다.

③ 성교육은 올바른 성지식과 성윤리관을 확립하기에 적합해야 하며, 그 내용은 구체적이고 실질적이어야 한다.

④ 성적으로 개방된 청소년에게 임신의 위험과 원치 않는 임신을 방지할 수 있는 피임수단을 제공한다. 또한 스스로 임신과 피임에 대해 책임감이 있는 의사결정을 할 수 있도록 긍정적인 자아상을 심어 준다.

⑤ 성병이 있는 경우 지지와 함께 성병의 형태, 각 단계의 증상, 치료에 대한 구체적인 정보를 제공한다.

⑥ 청소년의 성적 일탈을 방지하는 데 가장 큰 영향력을 가지는 요인은 부모, 특히 어머니와의 관계이다. 성에 관한 가치관을 전달하는 어머니의 역할을 지지한다.

⑦ 건강한 발달과 책임 있는 성행동에 가치를 두는 사회규범의 강화와 함께 효과적인 성교육과 피임·임신예방 교육을 가능하게 하는 제도적 대책 마련이 필요하다.

> **더 알아보기**
>
> **스텐버그의 사랑의 삼각형이론**
> 사랑의 3요소로 친밀감, 구속(책임감), 정열(열정)이 있으며 사랑의 종류로는 이상적 사랑(친밀감+정열+책임감), 동반적 사랑(친밀감+책임감), 공허한 사랑(정열+책임감), 낭만적 사랑(친밀감+정열)으로 분류할 수 있다.
> 친밀감 요소는 사랑의 감정적 측면으로 상대방과 연결되어 있고 유대감이 있는 느낌을 말하며 열정적 요소는 사랑의 동기적 측면으로 낭만, 신체적 매력, 성적 흥분 및 호감을 일으키는 욕망을 뜻한다.
> 약속/책임감 요소는 인지적 측면으로 약속은 약혼 등을 통해 누군가를 사랑하겠다는 결정이며, 책임감은 사랑을 계속 지키려는 것을 말한다.
> 이 중 동반적 사랑은 친밀감과 책임감이 동반된 사랑으로 부모·자식 간과 이성 간의 사랑에서 공통적으로 나타날 수 있는 사랑의 유형이 된다.

⑤ 약물남용

(1) 약물남용의 의미

① 약물남용은 치료적 목적이 아닌 정기적인 약물복용을 말하며, 결과적으로 신체적·심리적 위험이 드러나 사회에 유해한 영향을 미치는 것을 의미한다.

② 지나친 약물사용은 남용, 의존, 중독, 금단 등의 형태로 이루어진다. 약물남용은 대인관계장애, 지각장애, 신체기능장애 및 심리장애까지 유발하게 된다.

③ 약물사용으로 인한 금단이나 중독현상이 나타남으로써 사회활동이 불가능해지기도 하고, 중요한 일상 활동이 줄어들거나 중단되기도 한다.

④ 약물중독일 때는 어지러움, 흥분, 불안감, 운동기능 장애, 안절부절못하거나 지나친 이완상태 등의 증상이 나타나고, 약물이 중추신경계를 자극함으로써 나타나는 행동변화가 있다. 예를 들면 성충동, 판단력 상실, 운동성 기능장애, 충동적 행동 등이 있게 된다.

> **POINT** 약물의 사용
> ㉠ 중독의 순서 : 약물오용 → 약물남용 → 약물의존 → 약물중독
> 결과적으로 신체적·심리적 위험이 드러나 사회에 유해한 영향을 미치는 것을 의미한다.
> ㉡ 약물의 사용
> • 약물오용 : 치료적 목적으로 약물의 복용이 잘못된 경우
> • 약물남용 : 치료적 목적이 아닌 정기적인 약물복용
> • 약물의존 : 약물의 사용 없이 대인관계장애, 지각장애, 신체기능장애 및 심리장애까지 유발되는 경우
> • 약물중독 : 금단현상이 나타나며 일상적인 생활이 불가한 경우, 성충동, 판단력 상실, 운동성 기능장애, 충동적 행동 등의 문제 등 다른 중독이 병행하여 나타나게 된다.

(2) 약물남용의 특성

많은 요인이 약물이용에 영향을 주게 된다. 청소년은 호기심에서 약물을 복용하는 경우가 상당수로 약물은 청소년에게 변화된 의식상태, 무력감, 흥분, 등을 가지게 해 준다.

① 가족 구성원의 관계에 무관심하고 스트레스를 느낀다.

② 자신에 대한 신체적·심리적 학대가 있다.

③ 사회적으로 고립되어 있으며, 친구도 없고, 대인관계에서도 안정감이 결여 되어 있다.

④ 가치관이나 생의 목표, 행동결정의 우선순위가 불확실하고, 건전한 결정을 내리기가 곤란하다.

⑤ 자존감이 낮고, 자기확신감이 없으며, 자기인식이 확실하지 않다.

⑥ 자기조절이 결여되어 있으며, 동년배의 영향을 크게 받는다.

⑦ 알코올이나 약물에 의존하고, 열망하게 되며, 약물 때문에 신체적 부작용이 있다.

⑧ 도벽이나 강도 등 범법행위로 약물구입 비용을 충당하려고 한다.

(3) 물질남용의 단계

① **실험적 단계** : 호기심에서 약물을 사용한다.

② **사회적 단계** : 또래와의 대인관계를 위해 사용한다.

③ **도구적 단계** : 감정을 억제하거나 행동을 조절하기 위해 의도적으로 사용한다.

④ **습관적 단계** : 자신의 탐닉을 위해 사용하며 의존증상이 시작된다.

⑤ **강박적 단계** : 전적으로 약물에 의존하며 통제가 어렵고 의존도가 더욱 높아진다.

(4) 남용되는 약물의 종류

① **알코올** : 사회적으로 허용된 중추신경계 억제제인 에탄올의 급성 또는 만성남용은 폭력, 자살, 우발적 사고, 사망의 원인이 될 수 있다. 알코올의 가장 두드러진 효과는 중추신경계에 대한 영향으로 운동협응력 상실, 두드러진 기분변화, 판단력·기억력·지각장애를 보이게 된다.

② **정신자극제** : 각성제는 중추신경을 자극해서 불안감을 없애고 피로감을 감소시켜 정신을 맑게 하고 집중력을 높여 주는 약물로 대표적으로 암페타민, 메스암페타민, 코카인 등이 있다.

③ **환각제** : 지각, 감각, 사고, 자기인식, 감정 등에 영향을 미치는 약물로 시간에 대한 감각변화, 망상과 환시, 환청, 환촉, 환취 같은 환각증상을 일으킨다. 이 범주의 약물로는 칸나비스(마리화나, Hashish), 리세르그산 디에틸아미드(Lysergic Acid Diethylamide, LSD) 등을 들 수 있다.

④ **흡입제** : 접착제, 세척제, 아세톤, 연무질(Aerosols), 가솔린, 에테르, 페인트 등의 물질과 화학 주성분이 흡입제로 사용된다. 청소년은 접착제, 가솔린, 페인트, 라이터 기름 등에서 나오는 냄새를 흡입함으로써 도취감을 느낀다.

⑤ **진정제** : 중추신경계의 특정부위에 작용하여 진통효과, 긴장완화, 수면유도, 간질예방, 근육이완 등의 의학적 효과를 가지는 약물을 말한다.

⑥ **아편제제** : 마약은 헤로인, 모르핀, 데메롤, 코데인과 같은 아편제제(Opiates)를 뜻한다. 아편과 그 유도체는 마음의 평화를 유지하고, 행복감과 만능감을 얻기 위해 오래전부터 사용해 온 것이다.

(5) 약물의존의 치료

① **개입** : 약물사용자에 대해 개입하여 부정적인 결과가 초래될 수 있음을 인지시킨다.

② **해독** : 내과적 질병이 없다면 감기와 같이 증상이 약하며 금단현상이 발생할 수 있으나 오래가지 않는다.

③ **재활** : 약물의 사용을 계속적으로 중단하는 것을 유지시킨다.

(6) 청소년유해약물

① **개념** : 청소년의 사용을 제한하지 않으면 청소년의 심신을 심각하게 훼손할 우려가 있는 약물을 말함

② **청소년유해약물의 종류**
  ㉠ 주세법의 규정에 의한 주류
  ㉡ 담배사업법의 규정에 의한 담배
  ㉢ **마약류관리에 관한법률의 규정에 의한 마약류** : 마약류(항정신성의약물 및 대마), 마약(양귀비, 아편, 및 코카인, 헤로인 등)
  ㉣ 유해화학물질관리법의 규정에 의한 환각물질
  ㉤ 기타 중추신경계에 작용하여 습관성, 중독성, 내성을 유발하여 인체에 유해작용을 미칠 수 있는 약물 등

③ 청소년의 사용을 제한하지 않으면 청소년의 심신을 심각하게 훼손할 우려가 있는 약물로서 대통령이 정하는 기준에 따라 국가청소년위원회가 결정, 고시한 것
  ㉠ 대통령령이 정하는 기준
  ㉡ 청소년의 정신기능에 영향을 미쳐 판단력 장애 등 일시적 또는 영구적 정신장애를 초래할 수 있는 약물
  ㉢ 청소년의 신체기능에 영향을 미쳐 정상적인 신체발육에 장애를 초래할 수 있는 약물
  ㉣ 습관성, 내성, 금단증상 등을 유발함으로서 청소년의 정상적인 심신발달에 장애를 초래하는 경우

④ **흡연**
  ㉠ **흡연의 역사**
    ㉮ 우리나라에는 임진왜란 기간 동안 일본을 거쳐 담배가 도입되었다.

④ 1987년 정부투자기관인 한국전매공사가 담배의 독점 제조판매권을 행사여 담배의 국가전매제도를 실시하였다.

⑤ 1989년 한국담배인삼공사를 설립하여 국가전매제도가 사라지고 담배의 독점 제조판매권을 한국담배인삼공사가 가지게 되었다.

⑥ 우리나라 군대에서는 1949년부터 담배를 무상으로 제공하기 시작하였으나 2009년 담배 보급이 중단되었다.

ⓛ 흡연율의 상관관계

㉮ 가족 중 흡연자가 있는 경우 그렇지 않은 경우에 비해 흡연할 확률이 더 높다.

㉯ 선진국보다 개발도상국의 흡연율이 더 높다.

㉰ 인문계보다는 실업계 학교에서의 흡연율이 더 높다.

㉱ 도시지역의 흡연율보다 농촌지역의 흡연율이 더 높다.

ⓒ 청소년 흡연의 원인

㉮ 또래집단의 일원이 되기 위해서

㉯ 스트레스 해소

㉰ 호기심

㉱ 어른스러워 보이기 위해서

ⓔ 흡연의 폐해

㉮ 니코틴(담배 중독의 원인물질) 의존(니코틴 금단 현상 등)

㉯ 타르(30가지 이상의 중금속 포함), 일산화탄소로 인한 문제 발생

ⓜ 흡연과 관련된 피해

㉮ 암 : 폐암의 위험은 흡연의 양 및 기간과 밀접하게 연결된다.

㉯ 심혈관계 질환 : 혈소판 응집과 혈관 폐색을 조장해 심근경색과 돌연 심장사 등의 가능성이 높아진다.

㉰ 관상동맥 질환 : 협심증, 심근경색 등의 가능성이 높아지며 재발 가능성도 높음

㉱ 폐 질환 : 천식, 폐시종, 기관지 확장증, 만성기관지염, 폐렴 등

㉲ 임신 중 위험 질환 : 태아의 발육 저하, 지적 발달 저하의 가능성 있음

㉳ 간접흡연으로 인한 질환 : ETS 폐암, 기침, 가래, 폐활량 감소, 기관지염, 천식, 심장질환, 영아돌연사증후군 등

㉴ 경제적 피해 : 보건사회경제학적 손실, 흡연자의 내부적 비용, 금연 시도 비용, 질병치료비, 담뱃불 화재로 인한 재산 피해, 금연 교육 및 연구 비용

ⓗ 금연 방법

㉮ 개인의 의지가 중요함

㉯ 약물요법 : 니코틴 대체 요법, 부프로피온(항우울제) 경구 투여 등

㉰ 행동요법 : 금연 결심, 금연일 결정, 금연 결심을 주변에 알리기 등

      ⊗ 대책

         ㉮ 5월 31일 금연의 날에 청소년들을 대상으로 하는 금연 행사를 대대적으로 실시하는 등 청소년들을 대상으로 흡연 예방 대책을 마련한다.

         ㉯ 보건소 금연클리닉 및 금연 콜센터의 서비스 확대

         ㉰ 담뱃세 인상 등을 통한 흡연율 저하

         ㉱ 금연구역 확대 및 벌금의 부과

         ㉲ 금연 진료의 보험 급여화

⑤ 알코올

    ㉠ 현 상태

       ㉮ **사용자 현황**: 성인 인구의 절반 이상이 술을 마신다.

       ㉯ **알코올로 인한 공중보건 문제**: 세계 질병 부담의 4%가 알코올 사용으로 발생한다.

       ㉰ 과도한 음주로 인한 중독, 질병이환, 사고 및 부상, 장애 등을 일으킨다.

       ㉱ 음주로 인한 인격의 붕괴, 가정 파탄등의 사회적 문제 발생한다.

       ㉲ 여성 알코올 의존 환자 증가 추세로 선천적 기형, 태아 알코올증후군, 소아청소년 정신병리 등의 질병이 증가한다.

    ㉡ 알코올의 흡수 과정

       ㉮ 10%는 위에서 흡수하고 신장과 폐를 통해 흡수된 알코올의 10%는 배설되며 나머지는 간에서 산화 과정을 통해 배설된다.

       ㉯ 흡수된 알코올은 간에 있는 효소 ADH에 의해 아세트알데히드로 산화되며 전신에 존재하는 알데히드 탈수소효소에 의해 아세트산으로 산화된다. 아세트산은 물과 일산화탄소로 산화된다.

    ㉢ 알코올이 미치는 영향

       ㉮ 뇌에 작용하여 마비시키며 행동장애를 일으킨다.

       ㉯ 중추신경계에 영향을 미쳐 기억상실을 야기한다.

       ㉰ 지방간과 알코올성 간염, 간경화증으로 발전한다.

       ㉱ 내과적 합병증: 위염, 위궤양, 식도염, 빈혈, 췌장염, 소장의 장애 등

       ㉲ 말초신경 장애: 알코올 섭취량이 많아지면 비타민 B1의 흡수 저하

    ㉣ 알코올리즘의 진행과정

       ㉮ 초기단계

         • 전구적 증상: 해방감을 위해 때때로 또는 매일 마시며 알코올에 대한 내성이 커진다.

       ㉯ 진행단계

         • 진행성 증상: 초기 기억상실 즉, 필름이 끊어지는 횟수가 증가한다. 몰래 숨어서 술을 마시거나 들이마시는 단계로 발전하며 음주에 대한 죄책감이 증가한다.

       ㉰ 위기단계

         • 중대한 위기: 사회적 압박감을 회피하기 위해 마시며, 공격적 행동을 하고 끊임없는 가책을 느낀다. 또는 이 때문에 직장을 그만두거나 잃게 된다. 술 외의 다른 문제에 대해 흥미를 잃게 되며 타인과의 교제를 피하게 되며 성적욕구가 감퇴한다.

    ㉴ 종속단계
- 만성적 증상 : 술꾼이 되어 매일 마시게 된다. 막연한 공포심에 사로잡히며 술 이외에 다른 생각을 할 수 없게 되어 정신이 황폐해진다.

  ㉤ 대책
    ㉮ 알코올 의존증에 대한 전반적인 교육을 실시한다. 특히 중·고등학생과 대학생에게 중독의 심각성과 폐해를 알릴 수 있는 예방 교육을 실시한다.
    ㉯ 정부의 지원 아래 보건소나 동네 병원에서 치료 프로그램과 재활프로그램을 실시한다.
    ㉰ 알코올에 의해 비정상화된 신경전달물질의 정상화를 위해 약물치료(외래치료)를 실시한다.
    ㉱ 입원치료를 통해 금단 증상을 예방하거나 정상적인 사회생활로의 복귀로의 적응을 돕는다. 이때 환자의 인권, 재산권, 직장생활 내의 자존심 등을 보호해야 한다.
    ㉲ 친목단체를 통해 서로 도움을 주는 단주친목에 참가한다.
    ㉳ 알코올 상담 센터의 확대와 전폭적 지원을 한다.
    ㉴ 재활치료와 재발방지에 힘쓴다.

6 인터넷 중독

(1) 인터넷 중독의 의미

① 인터넷은 청소년에게 학습, 여가생활, 대인관계 등 생활전반에 걸쳐 밀접한 관련을 맺고 있는 매체이고, 대다수 청소년은 이러한 인터넷 매체를 학습이나 적당한 오락 등에 유용하게 이용한다. 하지만 일부 청소년은 인터넷 사용이 과도한 경우를 넘어 중독 양상을 보이기도 한다.

② 인터넷 중독이란 "인터넷의 과다한 사용으로 인해 이용자의 일상생활에 심각한 신체적·정신적·직업적·경제적·사회적응적 기능손상을 초래하는 상태"를 말한다. 그러나 아직까지는 학술적 정의가 확고히 정립되지 못한 상태이다.

(2) 인터넷 중독의 원인

인터넷 중독의 원인은 현실에서의 낮은 효능감, 충족되지 못하는 심리적인 욕구, 해결되지 못한 심리적인 문제, 그리고 컴퓨터 게임스타를 만드는 사회적인 분위기 등에서 찾을 수 있다. 청소년들에게 다음의 항목을 적용해서 5개 이상인 경우 인터넷 중독으로 진단할 수 있다.

① 장시간 온라인에 접촉한다.

② 통신에 접촉하지 않은 상태에서 금단증상을 호소한다.

③ 의도했던 것보다 자주 또는 오랫동안 접속해 인터넷상에서 긴 시간을 소모한다.

④ 통신 접속을 줄이려 했으나 실패한다.

⑤ 사회생활, 학교생활 또는 취미활동에 흥미를 상실한다.

⑥ 인터넷 때문에 여러 가지 문제가 생겼거나 더 나빠졌어도(학교, 직장, 재정 또는 가족문제 등) 인터넷을 계속한다.

⑦ 인터넷을 사용하지 않을 때에도 빨리 접속해 보고 싶은 마음에 사로잡힌다.

(3) 인터넷 중독의 특성

① **인터넷 환경이 제공하는 익명성** : 인터넷의 가상현실 공간에서 자신의 이름, 나이, 성별, 직업 등을 드러내지 않고 자유롭게 활동할 수 있다.

② **인터넷은 이용자들 간의 쌍방향 통신** : 인터넷에서는 뉴스그룹, 게시판, 블로그 등을 통하여 누구나 자신이 알고 있는 정보를 올리고 다른 사람들의 의견에 반응할 수 있다.

③ **인터넷의 무한한 개방성** : 인터넷이 제공하는 가상현실 공간은 누구에게나 차별 없이 개방되어 있다.

(4) 인터넷 중독의 예방

① 인터넷 과용을 예방하고 올바른 인터넷 사용법을 교육하고 지도한다.

② 인터넷 중독 여부를 체크하는 도구 등을 이용하여 컴퓨터 사용 실태를 점검하고, 인터넷 중독 여부를 확인한다.

③ 인터넷 중독에 이르게 된 과정과 근본적인 생활방식을 살펴보고 이해하면서 인터넷 중독과의 관련성을 알아본다.

④ 인터넷에 대한 문제를 인식하게 하는 것이 필요하다. 즉, 인생에서 중요한 것이 무엇인지, 삶의 목표, 희망, 가치 등을 생각해 본다.

⑤ 인지행동적 · 자조치유적 방법을 이용한다.

⑥ 자발적인 노력이 비효율적일 경우 전문가에 의한 좀 더 집중적인 개입이 필수적이다.

⑦ 현실감을 증진하고 사회성 기술 향상에 초점을 두며, 사회적 기술을 지속적으로 지도하고 교육한다.

❼ 섭식장애

(1) 섭식장애의 의미

① 윌리엄 굴(1868)이 제시한 이론으로 자신의 체형에 대한 불만족과 날씬함을 추구하는 성향이 섭식에 영향을 미치어 섭식과 관련된 문제를 야기하는 증후를 의미한다.

② 섭식장애에 걸린 45%의 환자가 주요우울증이나 경우울증으로 진단받은 경험이 있는 것으로 나타나 우울과 섭식장애의 관계를 잘 설명해준다.

③ 섭식장애를 가진 사람들은 불안, 우울, 적대감, 강박관념이 더 강한 것으로 나타났다.

(2) 섭식증의 원인

① 무식욕증은 성인기가 되기 이전의 젊은 여성에게 많이 나타나는데 사춘기의 호르몬 변화에 의해 중재되는 기저의 유전적 형태가 어떤 형태로든 영향을 미친다고 본다.

② 또한 부모가 자녀의 자율적 욕구를 지나치게 억제하고 통제할 경우 나타난다.

③ 성적학대, 성욕에 대한 심리적 성숙과 책무성의 두려움으로 나타난다고 주장하는 학자들도 있다.

(3) 섭식증의 진단과 특성

① 거식증은 신경성 식욕 부진증이라고 하며 정상체중보다 15% 이하임에도 불구하고 자신이 과체중이라고 인식하고 음식을 거부하는 증후로 강박, 완벽주의적 성격에서 많이 나타난다.

② 폭식증은 체중증가를 막기 위하여 음식을 섭취(폭식) 후 구토(부적절한 보상행동)를 하고 2시간 이내에 많이 먹는 행동을 반복하게 된다.

③ 폭식증은 주2회 이상 3개월을 지속하는 경우 진단내릴 수 있으며 사춘기 이전에 발생하면 심각할 수 있고 사춘기 이후에 문제 발견시 예후가 좋다.

section 4 청소년 행정 및 법령

1 청소년 행정

(1) 청소년 행정의 분류

① **공권설** : 법규정설, 청소년에 관한 행정

② **기능설** : 조건정비설, 청소년을 위한 행정

③ **경영설** : 행정행위설, 조직적 협동행위

④ **정책집행설** : 청소년에 관한 정책을 집행하는 것

(2) 청소년시설

① **청소년기본법** : 청소년활동시설, 청소년복지시설, 청소년보호시설에 법령을 규정하고 있다.

　ⓧ **청소년활동시설** : 청소년활동에 제공되는 시설

　ⓛ **청소년복지시설** : 청소년복지에 제공되는 시설

　ⓒ **청소년보호시설** : 청소년보호에 제공되는 시설

② **청소년복지지원법** : (가출청소년을 위한) 청소년쉼터

　※ 청소년쉼터의 설치 · 운영(청소년복지지원법 제 14조) : 국가 및 지방자치단체는 가출청소년의 일시적인 생활 지원과 선도, 가정 · 사회로의 복귀를 지원하기 위하여 청소년 쉼터를 설치 · 운영할 수 있다.

❷ 청소년 법령

(1) 청소년관련 법령

① **청소년육성법**(1987) : 청소년육성법 제정 청소년육성법의 제정으로 청소년대책위원회가 청소년육성위원회로 되고, 「제6차 경제사회발전5개년계획」에 청소년 부분이 최초로 포함되었다

② **청소년기본법**(1991년) : 청소년기본법은 청소년 장기육성계획인 한국청소년기본계획을 효과적으로 추진할 수 있는 제도적 장치를 마련하기 위해 1987년 제정된 청소년육성법을 전면 개정 · 보완하여 1991년 12월 31일 새롭게 제정하였다.

③ **청소년보호법**(1997년) : 청소년보호법은 청소년을 음란 · 폭력적인 영상물, 인쇄물등 유해매체물과 약물, 각종 유해한 사회환경으로부터 보호하기 위한 법

④ **청소년복지지원법**(2004년) : 청소년기본법 49조 4항의 규정에 따라 청소년복지 증진에 관한 사항을 정하기 위해 제정한 법(2004. 2. 9, 법률 제7164호)

(2) 청소년 보호법

① **청소년 고용금지업소** : 숙박업, 이용업(다른법령에서 취업이 금지되지 아니하는 남자청소년 제외), 목욕장업 중 안마실 설치영업하거나 개실로 구획하여 하는 영업, 담배소매업, 유독물제조, 판매, 취급업, 티켓다방, 주류판매목적의 소주방, 호프, 카페 등 형태의 영업, 음반판매업, 비디오물 판매, 대여업, 종합게임장, 만화대여업 등

② **청소년 출입 · 고용금지업소** : 유흥주점, 단란주점, 비디오물감상실업, 노래연습장업(청소년의 출입이 허용되는 시설을 갖춘 업소에의 청소년 출입은 가능하나, 고용은 금지됨) 무도학원업, 무도 장업, 사행행위영업, 전화방, 청소년보호위원회 고시업소(성기구 취급업소) 등

POINT 청소년쉼터 기능

① 청소년의 일시보호를 위한 무료숙박
② 의료서비스를 제공
③ 청소년 및 학부모, 교사를 대상으로 상담
④ 청소년가출 실태조사 연구활동
⑤ 청소년문제 예방 프로그램, 문화프로그램을 실시

③ 청소년보호

ㄱ 청소년에게 유해한 매체물과 약물 등이 청소년에게 유통되는 것과 청소년이 유해한 업소에 출입하는 것 등을 규제하고 청소년을 유해한 환경으로부터 보호·구제함으로써 청소년이 건전한 인격체로 성장할 수 있도록 함을 목적으로 하며, 1997년 7월 1일 시행되었다. 이후 일부 법집행상 실효성 확보가 필요하거나 해석상 논란의 소지가 있는 부분 및 규정미비로 청소년보호 사각지대가 되어온 부분 등을 보완하기 위해 1999년 7월 1부터 개정 청소년 보호법이 시행되고 있다.

ㄴ 개정 청소년보호법은 그 동안 식품위생법, 미성년자보호법 등 관련 법규상 '청소년 보호연령'이 18~20세 미만으로 각기 달라 혼선을 빚었던 단점을 보완하기 위해 '연19세 미만'으로 보호연령을 통일하였다.

ㄷ 청소년 보호법은 청소년에게 유해한 매체물과 유해약물, 유해물건, 청소년 유해업소들에 대해 명시하여 유해매채물 등의 유통을 규제하고, 청소년 유해업소로의 청소년 출입 및 고용 등을 금지하고 있다.

ㄹ 청소년 유해매체물이란, '영화 및 비디오물의 진흥에 관한 법률'에 따른 영화 및 비디오물, '게임산업진흥에 관한 법률'에 따른 게임물, '방송법'에 따른 방송프로그램 등 그 밖에 청소년의 정신적·신체적 건강을 해칠 우려가 있어 청소년보호위원회 및 각 심의기관이 청소년에게 유해한 것으로 결정하거나 확인하여 여성가족부장관이 고시한 매체물을 말한다.

ㅁ 청소년 유해약물이란, 청소년에게 유해한 것으로 인정되는 약물로 '주세법'에 따른 주류, '담배사업법'에 따른 담배, '마약류 관리에 관한 법률'에 따른 마약류, '유해화학물질 관리법'에 따른 환각물질, 그 밖에 습관성·중독성·내성 등을 유발하여 청소년의 심신을 심각하게 손상시킬 우려가 있는 약물로서, 대통령령으로 정하는 기준에 따라 관계 기관의 의견을 들어 제36조에 따른 청소년 보호위원회가 결정하고 여성가족부장관이 고시한 것을 말한다. (청소년 보호법 제2조)

ㅂ 2012년 9월 16일부터 개정된 청소년 보호법이 시행되는데, 세 가지 주요 내용으로는

㉮ 청소년에게 술, 담배 등 무상/대리구매 제공 금지
㉯ PC방에서 19세 미만 청소년 고용 금지
㉰ 청소년에게 유해매체물 제공 시 본인 확인 등 강화 등으로 법이 강화되었다.

위 ㉮항 위반 시에는 2년 이하의 징역 또는 1,000만 원 이하의 벌금이 부과되고, ㉯ 위반 시에는 3년 이하의 징역 또는 2,000만 원 이하의 벌금과 1명 1회 고용 시마다 500만 원의 과징금 부과 등 처벌 또한 강화되었다.

POINT 청소년 복지와 청소년 보호의 차이

ⓐ 청소년복지란 일반 청소년뿐만 아니라 다양한 문제를 가진 청소년을 포함한 모든 청소년들이 가족과 사회의 일원으로서 행복하게 살면서 건전하게 성장, 발달하도록 지원하는 공적, 사적차원에서의 조직적 활동을 의미한다.

ⓑ 청소년의 인권보장과 가족 및 사회의 일원으로서 바람직한 삶을 누릴 수 있도록 하기 위한 복지 정책과 서비스 지원을 의미한다.

ⓒ 청소년보호란 청소년의 건전한 성장을 위해서는 그것을 저해하는 요인을 배제하는 것으로 청소년의 생활환경의 보호와 건전육성을 도모하기 위해 근로기준법에 의한 연소근로자의 취로제한 등 유해환경으로부터의 보호를 의미한다

(3) 청소년 근로

① **18세 이하의 청소년의 야간근로**

제70조(야간근로와 휴일근로의 제한) ① 사용자는 18세 이상의 여성을 오후 10시부터 오전 6시까지의 시간 및 휴일에 근로시키려면 그 근로자의 동의를 받아야 한다.

② 사용자는 임산부와 18세 미만자를 오후 10시부터 오전 6시까지의 시간 및 휴일에 근로시키지 못한다. 다만, 다음 각 호의 어느 하나에 해당하는 경우로서 고용노동부장관의 인가를 받으면 그러하지 아니하다.

1. 18세 미만자의 동의가 있는 경우
2. 산후 1년이 지나지 아니한 여성의 동의가 있는 경우
3. 임신 중의 여성이 명시적으로 청구하는 경우

③ 사용자는 제2항의 경우 고용노동부장관의 인가를 받기 전에 근로자의 건강 및 모성 보호를 위하여 그 시행 여부와 방법 등에 관하여 그 사업 또는 사업장의 근로자대표와 성실하게 협의하여야 한다.

② **연소근로자** : 일정한 연령에 달하지 아니한 근로자. 근대국가의 노동법은 예외 없이 연소근로를 금지 또는 제한하고 있는데, 우리나라 근로기준법은 이와 관련하여 원칙적으로 15세 미만인 자를 근로자로 사용할 수 없게 하는 한편, 18세 미만인 자에 대해서는 그 연령을 증명하는 호적증명서와 친권자 또는 후견인의 동의서를 사업장에 비치하도록 의무를 과하고 있다. 그 밖에 근로시간 및 휴일, 야업, 위험·유해업무의 취업 제한, 갱내 근로금지 등 일반근로자와는 다른 기준에 의하여 보호를 하고 있다. (근로기준법 제5장) 연소근로자는 노동 특히 안전, 보건에 대해서 육체적 이유에서도 특히 유의해야 한다. 그들은 성인과 같은 육체적 강도도 없고, 충동적으로 행동해서 재해를 일으키기 쉽고, 기능도 아직 미숙하기 때문에 재해 발생율도 높다. 이 때문에 ILO에서는 1937년에 15세 미만의 아동 고용금지가 채택되고, 근로기준법(제5장)에 의해 15세 미만의 아동을 근로자로서 사용하지 못하도록 규정하고 있으며, 또 18세 미만의 근로자에게는 위험, 유해한 업무에 종사시키는 것을 금지하고 있다.

(4) 기타 청소년 관련기관

① **두드림존** : 취약계층청소년들의 특성과 욕구에 부합된 교육 및 체험 프로그램, 사회진출지원 등을 통해 종합적으로 청소년의 자립을 돕는 사업

② **굿네이버스** : 보건복지부에서 시행하는 문제행동아동조기개입서비스 제공기관으로 지역 내 빈곤아동에 대한 통합사례관리와 이에 따른 One-Stop 서비스 지원체계인 치료프로그램을 제공

③ 청소년동반자 : 국가청소년위원회의 프로그램으로 위기청소년에게 찾아가서 서비스를 제공하는 프로그램

④ 인터넷 RESCUE 스쿨 : 심각한 인터넷 중독 청소년을 대상으로 전문상담사의 맞춤형 개별상담과 집단상담, 임상심리전문가의 중독원인 진단 및 평가, 수련활동 전문가들의 수련 및 대안활동 등을 결합한 전문적인 인터넷 중독 치료 캠프이다.

⑤ 위센터 : 청소년의 문제를 다양한 전문가와 연계하여 인적, 물적, 인프라를 활용한 원스톱 상담센터이다.

⑥ 위스쿨 : 소수의 위기 청소년이 숙박을 하면서 직업교육까지 병행하며 이전 학교의 학적을 유지할 수 있는 프로그램을 제공한다.

⑦ 청소년 방과 후 아카데미

　㉠ 개념 : 국가의 정책사업 과제로 여성가족부와 지방자치단체에서 공적 서비스를 담당하는 청소년수련시설(청소년수련관, 청소년문화의집)을 기반으로 청소년들의 건강한 방과후 생활과 삶의 질 향상을 위해 가정이나 학교에서 체험하지 못했던 다양한 청소년활동 프로그램운영, 청소년생활관리등 청소년을 위한 종합서비스를 지원하는 국가정책지원 사업입니다. 2005년 9월부터 46개소를 시범운영하여, 2006년 전국적으로 확대, 현재 200개소 청소년시설에서 방과후아카데미가 운영되고 있습니다.

　㉡ 목표와 비전 : 중앙·지방 및 학교와 가정·지역사회가 연계하여 방과후 돌봄이 필요한 '나홀로 청소년'을 대상으로 가정과 공교육을 보완하는 공적 서비스 기능 강화
　　• 맞벌이·한 부모·장애·취약계층 가정의 나홀로 청소년을 활동·복지·보호·지도를 통하여 스스로 자립할 수 있는 역량배양 지원
　　• 주 5일 수업 시행에 따른 다양한 복지적 서비스를 제공하여 계층 간 격차 완화 및 사회통합 실현
　　• 일자리 사업으로의 여성경제참여 촉진, 저소득가정 사교육비 절감, 나홀로 청소년의 범죄·비행 노출 예방 등

　㉢ 기능 : '방과후 나홀로 청소년'을 위한 안전하고 안정적인 공간의 기능
　　• 건전한 놀이·문화지도 및 체험을 실천하는 기능
　　• 보호자·청소년·지역사회가 원활하게 소통할 수 있도록 돕는 기능
　　• 학교교육만으로 부족한 인성 및 창의성 개발 지원 기능
　　• 학습위주의 교육이 아닌 청소년의 건전한 성장을 위한 다양한 체험활동 진행
　　• 지역사회 차원에서 청소년 활동·복지·보호체계 구축
　　　－지역사회의 인적·물적 자원의 연계 활용을 통하여 통합적인 청소년 지원체계 구축
　　• 가정·학교와 지역사회의 상호 신뢰 및 연계 복원 계기
　　　－가정의 입장에서 함께 청소년 성장을 도모할 수 있는 신뢰감 형성
　　　－학교교육 보완 기능으로서, 공교육과 방과후 아카데미와의 상호연계
　　　－「청소년방과후아카데미 지원협의회」 구성을 통하여 상시적인 운영 지원
　　　－청소년의 성장발달에 부합하고, 청소년·부모의 눈높이에 맞는 내용과 질이 담보

⑧ 아이존 : 아동청소년정신보건시설로 입원할 정도는 아니지만 외래치료만으로는 어려운 수준의 정서행동 문제아동에게 치료서비스를 제공하는 기관으로 아이존은 아이(ai)와 존(zone)의 합성어로 아이들의 마음건강을 위한 치료공간이라는 의미로 정서행동 문제아동을 위해 서울시에만 유일하게 운영되고 있는 주간치료시설이다.

⑨ 117 : 학교·여성폭력피해자 등 긴급지원센터

⑩ **소년특별회의** : 소년기본법 제12조에 근거하여 매년 개최되는 청소년 특별회의는 청소년의 정책참여를 제도적으로 보장하기 위한 법적기구이다.

⑪ 국립중앙청소년디딤센터

　㉠ 프로그램 목표

　　㉮ 자아 존중감 회복 및 건전한 자아 성장 도모

　　㉯ 긍정적 대인관계 형성 및 문제해결능력 배양

　　㉰ 문제 상태·행동의 교정 및 관리능력 향상

　㉡ 프로그램 운영 방향

　　㉮ '보호＋치료＋교육＋자립' 측면에서 종합적 지원

　　㉯ 대상자 개별상황에 따라 탄력적 운영하고 문제영역별로 맞춤형 서비스 제공

　　㉰ 프로그램 운영과정은 오름과정(1개월), 디딤과정(4개월), 힐링캠프(4박5일) 이용자로 구분

　　㉱ 상담·생활선생님, 생활지도사, 대안교육교사와 함께 가족형태의 돌봄기능 제공

　　㉲ 지역사회의 관련 인프라와 연계해 통합적 서비스 제공

　㉢ 프로그램 대상자 기준

　　㉮ 연령 : 만 9세~만 18세 (입교시기 기준)

　　㉯ 증상 : ADHD, 불안, 우울 등 심리적 문제와 인터넷(게임) 중독, 은둔형외톨이, 학교부적응, 따돌림, 대인관계 어려움 등 사회적 문제

　　㉰ 배제기준

　　　• 지적장애, 자폐 등 전반적 발달장애가 있는 경우

　　　• 자살, 타살, 폭력(성폭력 포함)의 위험이 높은 경우

　　　• 전문(의료)치료 기관을 이용하는 것이 적합한 경우

　　　• 치료가 아닌 양육·거주를 목적으로 의뢰한 경우

　　　• 청소년과 부모가 입교에 동의하지 않는 경우

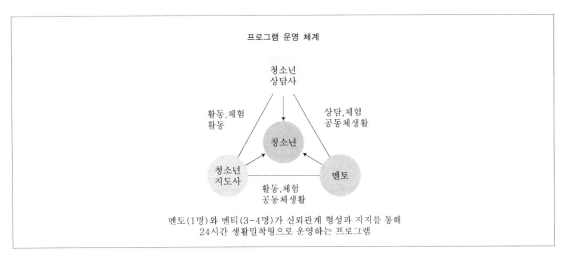

프로그램 운영 체계

멘토(1명)와 멘티(3~4명)가 신뢰관계 형성과 지지를 통해
24시간 생활밀착형으로 운영하는 프로그램

⑫ **대한민국청소년박람회** : 청소년의 달에 개최하는 국내 최대 규모의 청소년 축제의 장으로, 청소년의 참여와 체험과 소통을 위한 주제별 공간을 마련하여 청소년들에게 새로운 문화 콘텐츠를 공유, 창출, 확산하는 기회를 제공한다.

⑬ **드림스타트** : 아이들이 사회구성원으로 잘 성장할 수 있도록 꿈을 갖게 하고, 그 꿈을 키워갈 수 있도록 아동과 그 가족에게 맞춤형 통합서비스를 제공한다. 정부의 아동복지정책 방향을 사후대처 방식에서 사전 예방·미래지향적 방식으로 바꾸어 취약계층 아동의 공평한 출발기회 보장이라는 목표를 가진다. 2007년 16개 지역을 시작으로 2013년에는 전국 211개 지역으로 확대되었으며 전국 6만 명이 넘는 아이들이 참여 중이다.

⑭ **스마트쉼센터** : 미래창조과학부와 한국정보화진흥원이 청소년의 스마트폰 중독 치료를 위해 전국 17개 광역시·도의 스마트폰 중독 상담기관인 스마트쉼센터(구 인터넷중독대응센터)에서 스마트폰 중독 유형별 맞춤형 상담 서비스를 제공하고 있다.

　㉠ **거버넌스 구축 및 운영** : 스마트폰 과의존 문제에 효과적으로 대처하기 위해 전국 18개 스마트 쉼센터와 전문상담·치료기관을 연계하여 상담서비스 제공

　㉡ **스마트쉼캠페인 개최** : 건강한 디지털문화 조성 및 스마트폰 과의존 예방을 위해 종교단체, NGO, 기업, 학회 등으로 구성된 스마트쉼문화운동본부와 함께 스마트 휴데이(休day), 실천수칙 보급 등 다양한 캠페인 활동을 전개하고 있습니다.

　㉢ **전문상담** : 스마트폰 과의존과 관련하여 학교 부적응, 학업 및 진로, 부모와의 갈등 등 다양한 심리적 어려움을 극복할 수 있도록 전문상담 실시

　㉣ **전문인력양성 및 보수교육** : 상담사·예방교육강사·교사를 대상으로 스마트폰 과의존에 대한 상담이론과 실제 접근법들을 교육하여 스마트폰 과의존 문제에 체계적으로 대응할 수 있도록 전문역량 강화하고 전문상담사 자격검정제도를 통한 체계적인 상담 전문인력 확보

　㉤ **예방교육** : 학교, 기관, 시설에 전문강사를 파견하여 유아, 청소년, 성인(대학생, 학부모, 교사, 고령층 등) 전국민 대상 스마트폰 과의존 예방교육 지원

ⓑ 찾아가는 가정방문상담 : 스마트폰 과의존 문제로 심각한 어려움을 겪고 있어 도움이 필요한 취약계층 가정은 물론 일반가정(고위험 사용자군, 잠재적 위험사용자군 해당자)으로 직접 방문하여 상담 실시

ⓢ 조사 및 연구 : 스마트폰 과의존 문제에 대처하기 위해 매년 스마트폰 과의존 실태조사와 상담 프로그램 개발, 뉴미디어 과의존과 관련한 연구 실시

⑮ 청소년통합지원체계 : 학업중단, 가출, 인터넷 중독 등 위기에 처한 청소년의 건강한 성장과 복지증진을 위해 상담·보호·교육·자립 등 맞춤형 서비스를 제공함

㉠ 지원대상 : 만 9~24세의 청소년

㉡ 지원내용

㉮ 지역사회 청소년통합지원체계(청소년안전망)를 구축·운영하고 있는 전국 청소년상담복지센터에서 서비스를 제공

㉯ 청소년에 대한 상담, 긴급구조, 보호, 의료지원, 학업지원, 자립지원 등의 서비스 제공 및 상담복지 사례 관리. 전화(지역번호+1388), 휴대전화 문자상담(#1388), 사이버 채팅상담(www.cyber1388.kr)을 통해 유·무선 상담을 지원

㉰ 위기 청소년의 삶의 현장인 학교나 가정을 찾아가 심리적·정서적으로 안정을 찾을 수 있도록 찾아가는 전문가(청소년동반자)가 상담 서비스를 제공

㉱ 학교밖 청소년 지원센터(학업중단 청소년 자립 및 학습지원) 등 지역사회 청소년 연계기관과의 원활한 연계를 지원

참 고 청소년통합지원체계 CYSNet 법령

제4장 지역사회 청소년통합지원체계 등

제9조(지역사회 청소년통합지원체계의 구축·운영)
① 지방자치단체의 장은 관할구역의 위기청소년을 조기에 발견하여 보호하고, 청소년복지 및 「청소년기본법」 제3조제5호에 따른 청소년보호를 효율적으로 수행하기 위하여 지방자치단체, 공공기관, 「청소년기본법」 제3조제8호에 따른 청소년단체 등이 협력하여 업무를 수행하는 지역사회 청소년통합지원체계(이하 "통합지원체계"라 한다)를 구축·운영하여야 한다.
② 국가는 통합지원체계의 구축·운영을 지원하여야 한다.
③ 통합지원체계에 반드시 포함되어야 하는 기관 또는 단체 등 통합지원체계의 구성 등에 필요한 사항은 대통령령으로 정한다.

제10조(운영위원회)
① 지방자치단체의 장은 통합지원체계의 원활한 운영을 위하여 필요하다고 인정하는 경우에는 제15조제2항에 따른 특별지원 대상자의 선정 등 대통령령으로 정하는 청소년 지원에 관한 사항을 심의하는 지역사회 청소년통합지원체계 운영위원회(이하 "운영위원회"라 한다)를 둘 수 있다.
② 운영위원회는 통합지원체계를 구성하는 기관·단체의 장 또는 종사자와 그 밖에 청소년복지에 대하여 지식과 경험이 풍부한 사람으로 구성한다.
③ 제1항 및 제2항에서 정한 사항 외에 운영위원회의 구성, 위원의 위촉 및 회의 절차 등 운영위원회의 운영에 필요한 사항은 해당 지방자치단체의 규칙으로 정한다.

제11조(주민의 자원 활동 지원)
국가 및 지방자치단체는 지역 주민들이 자발적으로 단체를 구성하여 위기청소년의 발견·보호 및 지원을 위한 활동을 하는 경우에는 그 단체의 활동을 지원할 수 있다.

제12조(상담과 전화 설치 등)

① 국가 및 지방자치단체는 모든 청소년이 필요한 사항에 관하여 전문가의 상담을 받을 수 있도록 하여야 한다.

② 국가 및 지방자치단체는 제1항에 따른 상담을 위하여 전화를 설치·운영하거나 정보통신망을 운영하여야 한다.

③ 제2항에 따른 전화의 설치·운영 및 정보통신망의 운영에 필요한 사항은 대통령령으로 정한다.

★ POINT Hart의 청소년참여 사다리 모델(The Ladder of Participation Model)

아른스테인(Arnstein)의 시민참여의 사다리모델을 청소년의 사회참여에 적용시킨 것으로 시민참여 사다리모델은 다음과 같다.

① Manipulation(조작) : 지역 유지들이 참여하는 동정자문위원회 등에서 많이 발견되며 자문위원회들이 해야 할 일을 공무원들이 하게 되는 경우이다. 공무원이 자문위원을 가르치거나 설득하거나 충고한다.

② Therapy(치유) : 사회적 약자를 정신병자와 동일시한다. 그들과 관련하여 문제 발생시 기관이 스스로 잘못을 인정하기보다 그 약자의 문제를 치유하려 한다.

③ Information(정보제공) : 피드백을 받거나 협상의 기회 없이 정보만을 제공하는 것으로 대부분 마지막 단계에서 정보를 제공함으로써 협상의 기회를 박탈한다.

④ Consultation(의견조사) : 의식조사(attitude survey), 반상회(neighborhood meeting), 공청회(public hearing)등을 이용한다.

⑤ Placation(달래기) : 참여자가 어느 정도의 영향력을 발휘하지만 명목적 참여의 수준에 머물러 있는 경우이다. 참여의 결과로 그들이 실제로 얻은 이익이 없다면 이는 달래기 수준의 참여에 머물렀음을 말한다.

⑥ Partnership(공동참여) : 시민과 힘 있는 사람들 사이의 협상 과정을 통하여 권력이 재분배되는 수준을 말한다. 일단 기본규칙(ground rule)을 정하고 나면 어느 한쪽이 일방적으로 그 규칙을 파기할 수 없다.

⑦ Delegated Power(권한위임) : 어떤 특정한 계획이나 프로젝트에서 시민과 공무원의 협상 과정 중 시민측이 지배적인 의사결정권을 행사하게 되는 경우이다.

⑧ Citizen Control(시민통제) : 실제로는 시민이 절대적 권한을 가지게 되는 경우는 거의 없으나 실제 시민통제의 수준에 다다르는 개념을 갖는 것은 중요하다.

아른스테인(Arnstein)은 Manipulation(조작), Therapy(치유)를 비참여(nonparticipation)로, Information(정보제공), Consultation(의견조사), Placation(달래기)을 명목적 참여(tokenism)로, Partnership(공동참여), Delegated Power (권한위임), Citizen Control(시민통제)를 시민권력(citizen power)으로 분류하였다.

더 알아보기

성범죄자 알림서비스의 공개내용 … 이름, 사진, 나이, 키, 몸무게, 주민등록상 거주지(2013. 6. 19.부터 도로명, 건물번호로 확대적용, 위치추적장치 부착여부도 공개), 실제거주지, 성범죄요지

정답

01 청소년기는 아동기와 성인기 사이의 이행기로, 성인을 준비하는 신체적·인지적·심리사회적 성숙기이다.　　　　　　　　　　　　　　▶ ○

02 심리적 이유기는 미숙한 아동기에서 성숙한 성인기로 옮겨가는 시기이다.　　▶ ×

03 사회학적 측면에 의하면, 청소년기는 성취인이 되어 가는 과정의 기간에 있는 자를 말한다.　　　　　　　　　　　　　　　　　　　　　　　▶ ×

04 청소년기본법은 청소년을 20세 미만인 자로 규정하고 있다.　　　　　　　▶ ×

05 신체적 변화는 남자보다 여자가 빨리 시작되고 빨리 완료된다.　　　　　　▶ ○

06 청소년기에 정신적으로 자의식을 가지게 되면서 자기정체성을 형성하기 시작한다.　　　　　　　　　　　　　　　　　　　　　　　　　　　▶ ○

07 청소년기에 이르면 사회적으로 종속적인 대인관계를 구축해 나가기 시작한다.　▶ ×

08 청소년을 논할 때 우선적으로 다루는 것은 정신분석적 특성이다.　　　　　▶ ×

09 피아제의 인지발달이론에서는 청소년기를 '구체적 조작기'라고 하였다.　　　▶ ×

10 감성지능이란 한마디로 인간의 감성적 능력, 즉 자신의 감정을 조절하는 능력을 지칭한다.　　　　　　　　　　　　　　　　　　　　　　　　▶ ○

정답

01 청소년기를 지칭하는 용어로, 심리적인 불안정, 위험행동 등을 겪게 되는 것을 잘 표현한 것은?

▶ 질풍노도기

02 청소년을 9~24세인 자로 규정한 법은 무엇인가?

▶ 청소년기본법

03 청소년기에 신장과 체중이 급성장하고 성적인 성숙이 급격히 이루어지는 것을 의미하는 것은?

▶ 성장폭발

04 피아제의 인지발달이론에서는 청소년기를 무엇이라고 하였는가?

▶ 형식적 조작기

05 기존의 도식에 맞추어서 새로운 경험을 일반화하는 과정을 나타내는 인지발달이론의 개념은?

▶ 동화

06 사회적 환경 안에서 자아정체감을 탐색하는 과정에서 자아정체감과 역할 사이의 갈등이 나타난다고 주장한 학자는?

▶ 에릭슨(Erikson)

07 생태학적 이론에서 가정, 친구, 학교, 교사, 이웃과 같은 환경을 무엇이라고 하는가?

▶ 미시체계

08 부부 · 자식 · 부모 등 가족이 공동 생활하는 조직체를 무엇이라고 하는가?

▶ 가정

09 종래의 심리적 측면에 해당하는 환경과 물리적 측면에 해당되는 환경의 일부분을 무엇이라고 하는가?

▶ 구조환경

10 청소년이 사귀는 친구들로, 비슷한 배경과 관심을 가지고 모인 같은 나이 또래를 무엇이라고 하는가?

▶ 또래집단

1 소년법에 따라 감호 위탁 처분을 받은 청소년을 보호자 대신 보호할 수 있는 자가 상담·주거·학업·자립 등의 서비스를 제공하는 청소년복지 지원법상의 시설은?

① 꿈드림센터
② 꿈키움센터
③ 청소년희망센터
④ 청소년특화시설
⑤ 청소년회복지원시설

TIPS!

청소년복지시설의 종류〈청소년복지 지원법 제31조〉
㉠ 청소년쉼터 : 가출청소년에 대하여 가정·학교·사회로 복귀하여 생활할 수 있도록 일정 기간 보호하면서 상담·주거·학업·자립 등을 지원하는 시설
㉡ 청소년자립지원관 : 일정 기간 청소년쉼터 또는 청소년회복지원시설의 지원을 받는데도 가정·학교·사회로 복귀하여 생활할 수 없는 청소년에게 자립하여 생활할 수 있는 능력과 여건을 갖추도록 지원하는 시설
㉢ 청소년치료재활센터 : 학습·정서·행동상의 장애를 가진 청소년을 대상으로 정상적인 성장과 생활을 할 수 있도록 해당 청소년에게 적합한 치료·교육 및 재활을 종합적으로 지원하는 거주형 시설
㉣ 청소년회복지원시설 : 「소년법」에 따른 감호 위탁 처분을 받은 청소년에 대하여 보호자를 대신하여 그 청소년을 보호할 수 있는 자가 상담·주거·학업·자립 등 서비스를 제공하는 시설

2 탭스콧(D. Tapscott)이 제시한 용어로 디지털혁명이 가속화되는 가운데 인터넷을 일상생활의 동반자처럼 활용하는 세대를 지칭하는 용어는?

① N세대
② X세대
③ Y세대
④ C세대
⑤ P세대

TIPS!

N세대는 'Net 세대'의 줄임말로, 인터넷으로 대표되는 '네트워크 세대'라는 의미를 지닌다.
② X세대 : 1960년대와 1970년대 베이비붐 세대 이후에 태어난 세대로, 정확한 특징을 설명하기가 모호한 세대를 지칭한다.
③ Y세대 : 1982년부터 2000년 사이에 출생한 세대로, 미국에서 세계 제2차 대전 이후 1946년부터 1965년 사이에 출생한 베이비붐 세대의 자녀 세대를 지칭한다.
④ C세대 : 접속(Connection), 창조(Creation), 커뮤니티(Community), 큐레이션(Curation)의 네 단어에 공통적으로 들어가는 앞 글자 C를 딴 세대로, 2006년 구글 연구진이 처음 고안한 개념이다.

Answer 1.⑤ 2.①

⑤ P세대 : 참여(participation), 열정(passion), 힘(potential power), 패러다임의 변화를 일으키는 세대 (paradigm-shifter) 등에서 P를 딴 세대로, 제일기획㈜이 2002년 월드컵축구대회 · 대통령선거 · 촛불시위 이후 달라진 대한민국 변화상의 원인을 분석한 보고서인 「P세대의 라이프 스타일과 특성」에서 유래하였다.

3 '열광적으로 추종한다'는 의미로 청소년들이 스타와 같은 특정 대상에 몰두하여 자신이 좋아하는 대상을 공유하는 사람들끼리 스타일을 함께함으로써 자신의 정체성을 드러내고 싶어 하는 현상은?

① 히끼꼬모리 문화
② 리셋 신드롬(reset syndrome)
③ 보보스(BOBOS) 문화
④ 팬덤(fandom) 문화
⑤ 차브(chav) 문화

TIPS!

지문은 팬덤 문화에 대한 설명이다.
① 히끼꼬모리(ひきこもり) : 은둔형 외톨이로 장기간 자신의 집이나 방에 틀어박혀 사회적 활동에 참가하지 않는 상태 또는 그런 사람을 일컫는다.
② 리셋 신드롬(reset syndrome) : 컴퓨터가 오작동할 때 리셋(Reset) 버튼만 누르면 처음부터 다시 시작할 수 있는 일이 현실에서도 가능하다고 착각하는 증상이다.
③ 보보스(BOBOS) : 부르주아(bourgeois)와 보헤미안(Bohemian)의 합성어로 부르주아의 물질적 실리와 보헤미안의 정신적 풍요를 동시에 누리는 미국의 새로운 상류 계급을 일컫는다.
⑤ 차브(chav) : 차브는 어린이를 의미하는 19세기 집시 언어인 'CHAVI'에서 유래된 말로, 영국에서 고급 브랜드 및 상류문화를 저질스럽게 즐기는 하층민 출신의 비행 청소년 집단을 일컫는다.

4 피아제(J. Piaget)의 인지발달이론 중 형식적 조작기의 특성이 아닌 것은?

① 직관적 사고
② 사고과정에 대한 사고
③ 가능성에 대한 사고
④ 논리적 사고
⑤ 추상적 사고

TIPS!

형식적 조작기는 피아제의 인지발달이론 중 제 4단계에 해당하는 시기로, 가설과 논리적 추론이 가능해지는 11~15세 청소년기 동안의 발달 단계를 지칭한다.
① 직관적 사고는 전조작기의 특성이다.

Answer 3.④ 4.①

5 에릭슨(E. Erikson)의 심리사회적 발달단계 중 청소년기 정체감 발달에 관한 설명으로 옳지 않은 것은?

① 친밀하고 의미 있는 관계 형성의 기초가 된다.
② 심리사회적 유예 상태가 요구된다.
③ 영유아기에 형성된 신뢰를 바탕으로 발달한다.
④ 근면성 성취에 필요한 전제 조건이다.
⑤ 성취하지 못할 경우 자기회의에 빠지게 된다.

> **TIPS!**
> ④ 근면성 대 열등감은 학동기(6~12세)에 해당하는 단계이다.

6 청소년 기본법상 청소년정책위원회의 주요 기능으로 옳은 것을 모두 고른 것은?

> ㉠ 청소년육성에 관한 기본계획의 수립에 관한 사항을 심의 · 조정한다.
> ㉡ 청소년정책의 분야별 주요시책에 관한 사항을 심의 · 조정한다.
> ㉢ 청소년정책의 제도개선에 관한 사항을 심의 · 조정한다.
> ㉣ 둘 이상의 행정기관에 관련된 청소년정책의 조정에 관한 사항을 심의 · 조정한다.

① ㉠, ㉡
② ㉠, ㉢
③ ㉠, ㉡, ㉢
④ ㉡, ㉢, ㉣
⑤ ㉠, ㉡, ㉢, ㉣

> **TIPS!**
> 청소년정책위원회의 주요 기능〈청소년 기본법 제10조(청소년정책위원회) 제2항〉
> ㉠ 청소년육성에 관한 기본계획의 수립에 관한 사항
> ㉡ 청소년정책의 분야별 주요 시책에 관한 사항
> ㉢ 청소년정책의 제도 · 평가에 관한 사항
> ㉣ 둘 이상의 행정기관에 관련되는 청소년정책의 조정에 관한 사항
> ㉤ 그 밖에 청소년정책의 수립 · 시행에 필요한 사항으로서 대통령령으로 정하는 사항

Answer 5.④ 6.⑤

1 청소년기에 관한 내용 중에서 잘못된 것은?

① 아동기와 성인기 사이의 이행기이다.

② 성인을 준비하는 신체적 · 인지적 · 심리사회적 성숙기이다.

③ 제2차 성징이 발현되는 사춘기로 명확히 구분된다.

④ 정서 · 경제적으로 독립할 때까지 시기이다.

⑤ 인간의 평균수명 중 15~20% 정도를 차지한다.

> **TIPS!**
>
> 청소년기는 명확히 구분되기는 어렵지만, 그 기간은 11~12세 무렵의 제2차 성징이 발현되는 사춘기에서 시작되어 정서 · 경제적으로 독립할 때까지의 시기이다.

2 청소년기를 지칭하는 용어가 아닌 것은?

① 주변인
② 질풍노도기
③ 심리적 이유기
④ 격동기
⑤ 안정기

> **TIPS!**
>
> 청소년기를 지칭하는 용어로는 주변인, 질풍노도기, 심리적 이유기, 과도기, 격동기, 제2의 탄생기 등이 있다.

3 청소년은 부모의 보호로부터 벗어났지만 성인의 권리는 제한되어 있다는 의미에서 나타내는 용어는?

① 사춘기의 변형
② 주변인
③ 격동기
④ 질풍노도기
⑤ 심리적 이유기

> **TIPS!**
>
> 청소년은 아동과 성인의 양쪽에서 영향을 받으면서도 어느 쪽에도 소속되지 못한다는 의미에서 주변인으로 불린다.

Answer 1.③ 2.⑤ 3.②

4 1904년 '청소년기'라는 개념을 처음으로 사용하였으며, 청소년기를 '질풍노도기(Strum and Drang)'라고 한 사람은?

① G. Stanley Hall
② Roger Barker
③ Erikson
④ Locke
⑤ Froud

> **TIPS!**
> 홀이 청소년기의 특성에 대하여 사용한 질풍노도기는 심리적인 불안정, 부모와 갈등, 위험행동 등을 겪게
> 되는 것을 가장 잘 표현한 것이다.

5 다음 중 청소년이 자신의 판단과 책임 하에 행동하려고 하기 때문에 나타내는 용어는?

① 제2의 탄생기
② 격동기
③ 과도기
④ 사춘기의 변형
⑤ 심리적 이유기

> **TIPS!**
> 심리적 이유기 : 청소년기는 정신적인 의존관계에 있는 부모로부터 이탈하여, 자신의 판단과 책임하에 행동하
> 려고 한다.

6 다음 중에서 청소년기에 주체가 발견되고 형성된다는 의미에서 나타내는 명칭은?

① 제2의 탄생기
② 격동기
③ 과도기
④ 심리적 이유기
⑤ 질풍노도기

> **TIPS!**
> 청소년기는 자아의식이 성장하는 정신적 독립의 시기로, 주체성을 발견하고 형성된다는 의미에서 제2의 탄
> 생기라고 한다.

Answer 4.① 5.⑤ 6.①

7 다음 중 청소년에 대한 정의로 적당하지 않은 것은?

① 청소년기는 생식기관과 성 특징들이 나타날 때 시작하여 생식체계의 완전한 성숙과 함께 끝난다.

② 추상적 사고와 논리적 추리가 나타나기 시작하고 상위 인지능력을 갖기 시작할 때 청소년기가 시작 되고 생활의 모든 영역에서 그것들을 사용할 수 있을 때 끝난다.

③ 사춘기의 출현으로 청소년기가 시작되어 사회적 요구에 대한 일관성 있는 대처양식이 확립되므로 사회가 그들의 성인됨을 인정할 때 종결된다.

④ 우리나라의 청소년기본법에서는 10세부터 19세까지를 청소년기로 규정하고 있다.

⑤ 사회적 자유가 허용될 때 청소년기가 시작되어 대다수의 청소년들 연령이 법적·경제적·도덕적 책임을 질 수 있을 때 종결된다.

우리나라의 청소년기본법은 연령적으로 9세에서 24세까지를 청소년으로 규정하고 있다.

8 청소년기의 특성으로 볼 수 없는 것은 어느 것인가?

① 신체적인 변화가 거의 없다.　　　　　② 심리적으로 자아의식을 형성한다.

③ 이성을 그리워하거나 미래를 꿈꾼다.　　④ 급격한 지적 발달이 이루어진다.

⑤ 아동기와 확연히 구분된다.

TIPS!

청소년은 급격한 신체 변화를 경험하고, 심리적으로는 자의식을 형성하고 자아를 확립해 나간다.

9 청소년기의 신체적·생리적 특성으로 잘못된 것은?

① 유전인자, 영양상태 등으로 인해서 신장의 개인차가 나타난다.

② 신체의 불균형 성장으로 신체에 대한 관심과 불안이 증가한다.

③ 머리, 손, 발 등의 신체의 말단 부분이 가장 늦게 발달한다.

④ 발달은 남자보다 여자가 빨리 시작되고 빨리 완료된다.

⑤ 생리적인 변화로 정서적 불안정을 겪는다.

TIPS!

청소년기는 머리, 손, 발 등의 신체의 말단 부분이 먼저 발달하는 불균형 성장을 보인다.

Answer 7.④ 8.① 9.③

10 청소년기에 논리적 추리능력의 발달을 나타내는 것은?

① 조합적 사고
② 이성친구에 대한 관심의 증가
③ 동일시 대상의 변화
④ 집단의 규율과 규칙의 중요시
⑤ 또래집단의 역할 증대

 TIPS!

논리적 추리능력의 발달 : 조합적 사고(관련 변인들의 관계설정과 검증 사고), 경험적·귀납적 사고, 가설적·연역적 사고의 가능, 논리적 사고의 발달 등

11 청소년기의 고정관념을 나타내는 것으로 틀린 것은?

① 청소년은 반항적이고 버릇이 없다.
② 청소년은 감수성이 예민하다.
③ 청소년은 혼란스럽고 감정적이다.
④ 청소년은 갈등적이고 타협하기 어렵다.
⑤ 청소년은 성에 관심이 없다.

TIPS!

청소년기의 고정관념
㉠ 청소년은 반항적이고 버릇이 없다.
㉡ 청소년은 사려 깊지 못하고 의사결정 능력이 부족하다.
㉢ 청소년은 감수성이 예민하다.
㉣ 청소년은 혼란스럽고 감정적이다.
㉤ 청소년은 갈등적이고 타협하기 어렵다.
㉥ 청소년은 충동적으로 비행을 저지른다.
㉦ 청소년은 책임감이 결여되어 있다.
㉧ 청소년은 성에 대해 관심이 크다.

Answer 10.① 11.⑤

12 청소년기의 사회적 발달에 관한 내용 중에서 옳지 않은 것은?

① 독립적인 대인관계를 구축해 나간다.
② 청소년 자신의 판단에 따라 독자적으로 행동하고 싶어 한다.
③ 친구를 무조건 사귄다.
④ 부모로부터 개별화되고자 한다.
⑤ 성인기 진입을 위한 이행을 시작한다.

 **TIPS!**

청소년기에는 부모뿐 아니라 교사나 기성세대에 대해서도 비판적인 태도를 취하며, 친구나 또래와의 관계를 중요하게 여긴다. 친구를 무조건 사귀기보다는 자신의 관심과 취향에 따른 선택적 친구관계를 형성해 나간다.

13 청소년의 위험행동의 특징으로 바르지 않는 것은?

① 위험행동은 배타적 끼리집단에서 유사한 조건을 공유하면서 발생한다.
② 청소년 자살은 피암시성이 강해 급작스럽게 발생한다.
③ 청소년의 자살동기는 분명하며 구체적이다.
④ 청소년 초기보다는 후기로 갈수록 위험행동이 외현적이고 공격적이다.
⑤ 청소년위험행동은 하위집단의 문제를 사회화하면서 성인보다 문제양상이 크다.

TIPS!

청소년 초기에는 감정이변과 외현적 정서, 이에 반해 형식적 사고가 발달하지 못해 충동적이고 공격적인 위험행동이 나타나는 것에 반해 후기로 갈수록 현실과 이성을 통합한 안정된 모습을 보이게 된다. 따라서 청소년의 문제행동은 청소년 초기에서 위협적이고 공격적으로 나타나는 경향이 있다.

14 프로이트의 성격발달단계 중에서 성적 욕구가 억압되는 시기는?

① 구강기   ② 항문기
③ 남근기   ④ 잠복기
⑤ 생식기

TIPS!

잠복기는 다른 단계에 비해 평온한 시기로, 성적 욕구가 억압되어 성적 충동이 잠재되어 있는 시기이다.

Answer 12.③ 13.④ 14.④

15 청소년의 특징으로 바르지 않은 것은?

① 청소년기에는 성집중화 현상이 나타난다.

② 청소년은 신체발달에 있어서 불균형된 발달이 이루어진다.

③ 청소년은 특정 성역할에 충실할 수 있도록 훈련받고 있다.

④ 청소년은 최소한 하나 이상의 또래집단에 소속되어 친구들과 함께 지내는 것을 좋아한다.

⑤ 청소년기는 인지적으로 성숙하므로 성역할에 대해 편협하지 않으며 이로 인해 양성성이 발달하게 된다.

> 전통적인 성역할에 동조하도록 압력을 가하는 것을 '성집중화가설'이라고 하며 '성집중화'란 자신의 생물학적 성에 초점을 주고 성역할을 수행하는 것을 의미한다. 따라서 청소년기는 자신의 생물학적 성에 충족하는 성역할을 사회로부터 권유받으며 특정 성에 유형화된 행동을 하게 된다. 성집중화는 현대의 양성적 역할을 부여받는 현대사회의 특성과는 상반되는 특성으로 양성성은 연령이 증가할수록 증가하는 모습을 보이게 된다. 청소년은 급격한 성장이 발생하는 2차 성징시기로 팔과 다리가 특히 길어지는 불균형 성장이 이루어지는 것이 특징이다.

16 청소년 문화에 대한 해석이 잘못된 것은?

① 미숙한 문화 : 청소년은 정신적으로 미숙하고 사회적 책임능력이 낮으므로 어른들의 보호가 필요하다고 인식하는 문화이다.

② 비행문화 : 청소년문화를 일탈문화로 보는 관점으로 규범을 깨뜨리고 질서를 파괴하는데 관심을 두어 성인의 감독 하에 두어야 한다는 이론이다.

③ 하위문화이론 : 청소년문화는 전체 문화의 일부분에 해당하며 연령집단에 맞는 그들의 문화가 존재하며 이것은 당연한 일이다.

④ 저항문화 : 청소년문화는 기성세대의 주류문화를 거부하고 저항하는 문화로 기성세대문화와는 반대의 개념이다.

⑤ 새로운 문화 : 청소년문화는 새로운 형태의 시범적 문화이므로 미숙하며 시행착오가 나타날 수 있다는 입장으로 기성세대의 선도가 필요하다고 본다.

> 새로운 문화란 새로운 방식의 패션, 의사소통 등을 실험적으로 시도하는 문화로서 비문법표현주의 등이 해당된다. 새로운 문화의 관점은 사회에서 자극제와 활력제 역할을 담당한다는 것으로 새로운 아이콘으로 문화를 이해해야 한다는 관점이다.

Answer 15.⑤ 16.⑤

17 청소년기의 심리적 변화의 양상으로 볼 수 없는 것은?

① 가정 밖에서 일탈행동을 할 가능성은 없다.
② 부모에 대한 의존에서 벗어나 자율성을 추구한다.
③ 가정 밖에서 애정의 대상을 추구한다.
④ 성격구조가 취약하여 불안정과 불안을 겪는다.
⑤ 성숙에 적응하기 위한 인성이 취약해 진다.

 TIPS!

청소년기는 가정 밖에서 정서적 · 성적 관계를 추구하며, 일탈행동을 할 가능성이 있다.

18 피아제의 인지발달이론에서 청소년기를 무엇이라 하였는가?

① 감각운동기   ② 전조작기
③ 구체적 조작기   ④ 형식적 조작기
⑤ 잠복기

TIPS!

피아제의 인지발달이론에서는 청소년기를 '형식적 조작기'라고 하였다. 형식적 조작기의 청소년은 구체적 사물을 넘어서 상징화하고 가설적인 범위로까지 사고를 확장하고 추상화한다.

19 다음 중 기존에 가지고 있던 도식을 변경하거나 새롭게 만들게 되는 인지발달이론의 개념은?

① 동화   ② 적응
③ 조절   ④ 조직화
⑤ 목표달성

TIPS!

조절이란 새로운 경험이 기존에 가지고 있던 도식에 맞지 않을 때, 유기체는 불평형의 상태를 겪게 되는데 이 상태에서 평형의 상태로 돌아가기 위해 기존에 가지고 있던 도식을 변경하거나 새롭게 만들게 된다.

20 인지발달의 단계 중에서 자기중심적 사고가 나타나는 것은?

① 생식기

② 감각운동기

③ 전조작기

④ 구체적 조작기

⑤ 형식적 조작기

 TIPS!

전조작기(2~7세) : 언어의 발달이 이루어지며, 상징적 사고가 발달하고 개념획득에 빠른 성장을 하며, 자기중심적 사고가 나타난다.

21 사회적 상호작용을 통하여 문화가 개인 심리과정으로 전환되는 것을 무엇이라고 하는가?

① 내면화

② 발달

③ 자아중심성

④ 학습

⑤ 언어와 사고의 관계

TIPS!

개인의 사고 및 감정, 행동 등이 여러 가지의 사회적 영향을 받아 내부로 흡수되는 현상, 즉 사회적 상호작용을 통하여 문화가 개인 심리과정으로 전환되는 것이 내면화이다.

22 로빙거(Loevinger)의 자아발달단계 중에서 아동 초기에 전형적으로 나타나는 것은?

① 전사회적 공생 단계

② 충동적 단계

③ 자기 보호적 단계

④ 자아인식 단계

⑤ 순응주의자 단계

TIPS!

충동적 단계는 아동 초기에 전형적으로 나타나며, 때때로 중학교 시기에서도 보이나 청소년 후기나 성인기에서는 외상적 경험이나 특정한 문제가 있는 경우를 제외하고는 거의 나타나지 않는다.

Answer 20.③ 21.① 22.②

23 다음 중 남성성과 여성성에 관심을 나타내는 자아발달 단계는?

① 충동적 단계
② 자기 보호적 단계
③ 순응주의자 단계
④ 자아인식 단계
⑤ 양심적 단계

 TIPS!

청소년기에 의식적인 자아인식이 가능해지면서 타인 인식을 대체하기 시작하고 남성성과 여성성에 관심을 나타낸다.

24 여러 가지 대상에 적극적인 참여를 보이나 참여의 안정성과 만족이 결핍되어 있어 위기를 경험하고 있는 성취수준은?

① 정체감 확산
② 정체감 상실
③ 정체감 성취
④ 정체감 유예
⑤ 정체감 혼미

TIPS!

정체감 유예: 현재 정체감 위기의 상태에 있으면서 적극적인 참여를 보이나 참여의 안정성과 만족이 결핍되어 의사결정을 하지 못한다.

25 다음 중 직업이나 이념 선택에 대한 문제에 관심이 없는 자아정체감의 범주는?

① 정체감 성취
② 정체감 상실
③ 정체감 확산
④ 정체감 혼미
⑤ 정체감 유예

TIPS!

정체감 혼미: 자아에 대해 안정되고 통합적인 견해를 갖는 데 실패한 상태로, 직업이나 이념 선택에 대한 의사결정을 하지 않았을 뿐 아니라 이러한 문제에 관심도 없다.

Answer 23.④ 24.④ 25.④

26 다음 중 청소년기에 자아정체를 탐색하는 과정에서 경험하게 되는 것이 아닌 것은?

① 순응
② 자기회의
③ 혼돈
④ 충동성
⑤ 권위와 갈등

 TIPS!

청소년기에 자아정체성을 확립하게 되며, 자아정체를 탐색하는 과정에서 자기회의, 혼돈, 충동성, 권위와 갈등을 경험하게 된다.

27 다음 중 청소년기에 해야 할 과업이 아닌 것은?

① 사회성을 획득한다.
② 성 역할을 거부한다.
③ 경제적 독립을 준비한다.
④ 직업을 준비하고 선택한다.
⑤ 시민으로서 책임 있는 행동을 한다.

TIPS!

청소년기에 해야 할 과업
㉠ 남녀 동년배와 좀 더 성숙한 관계를 형성한다.
㉡ 사회성을 획득한다.
㉢ 자신의 체격을 인정하고, 성 역할을 수용한다.
㉣ 부모나 다른 성인으로부터 독립심을 기른다.
㉤ 경제적 독립을 준비한다.
㉥ 직업을 준비하고 선택한다.
㉦ 결혼과 가정생활을 준비한다.
㉧ 시민으로서 필요한 지식을 습득한다.
㉨ 사회적으로 책임 있는 행동을 한다.
㉩ 행동지침이 되는 도덕적인 가치체계를 기른다.

28 다음 중에서 발달과업의 개념을 완성시킨 학자는?

① 프로이트
② 매슬로
③ 로저스
④ 에릭슨
⑤ 하비거스트

> **TIPS!**
> 발달과업의 개념을 완성시킨 하비거스트(Havighurst)는 인간발달기를 여섯 과정, 즉 유아기와 초기 아동기, 중기 아동기, 청소년기, 초기 성인기, 중년기, 노년기로 분류하고 하나의 연속적인 과정으로 설명하였다.

29 유전적 요소, 가정의 역사, 사회경제적 수준 등과 같은 가능한 모든 요인들이 청소년의 발달과 관련된다고 보는 이론은?

① 생태학적 이론
② 발달과업이론
③ 인본주의 이론
④ 심리사회적 이론
⑤ 인지발달이론

> **TIPS!**
> 생태학적(Ecological) 이론에서는 유전적 요소, 가정의 역사, 사회경제적 수준, 가정생활의 질, 인종, 문화적인 배경 등과 같은 가능한 모든 요인들이 청소년의 발달과 관련된다고 본다.

30 다음 중 어떤 사회적 상황에서의 개인적 경험이 다른 상황에서의 경험에 영향을 미치는 환경체계는?

① 미시체계
② 외체계
③ 중간체계
④ 거시체계
⑤ 시간체계

> **TIPS!**
> **외체계**: 어떤 사회적 상황에서의 개인적 경험이 다른 상황에서의 경험에 영향을 미치는 것을 의미하며, 또한 개인이 직접적으로 관여하지는 않지만 정부기관, 지역사회의 공공기관 등이 외체계에 포함되어 진다.

Answer 28.⑤ 29.① 30.②

31 피아제(Piaget)의 형식적 조작기를 설명한 것으로 틀린 것은?

① 청소년들의 형식적 조작기는 아동기의 사고와 질적으로 다른 사고이다.

② 현실 지향에서 가능성 지향의 사고를 갖게 된다.

③ 부분적 분석에서 조합적 분석을 하게 된다.

④ 서열화에 의한 연역적인 사고가 가능해 진다.

⑤ 여러 가설을 생성하고, 모든 가능성을 체계적으로 검증할 수 있는 조합적인 분석이 가능하며 가설 연역적으로 사고하게 된다.

 TIPS!

구체적 조작기에는 자기중심적 사고에서 벗어나 보존 개념, 유목화, 서열화에 의한 연역적인 사고가 가능해진다.

32 가정에 관한 내용 중에서 잘못된 것은?

① 부부·자식·부모 등 가족이 공동생활하는 조직체이다.

② 인간이 만들어 낸 조직체이다.

③ 가구는 가정과 같은 범주에 속한다.

④ 가장 기본적인 사회단위이다.

⑤ 영어의 'Home'이나 독일어의 'Heim'이 이에 해당한다.

TIPS!

가구(家口)라는 말은, 주거와 가계(家計)를 같이 하는 가족을 중심으로 한 집단을 말하는데, 가족 이외에 가사 사용인(家事使用人)을 포함하는 경우도 있다. 이는 대체로 통계용어로 쓰이는 말이며, 가정과는 다른 범주에 속한다.

33 부모의 양육태도에 영향을 미치는 요인 중 사회·심리적 요인은?

① 부부관계   ② 사회계층

③ 가족구조   ④ 거주지역

⑤ 자녀에 대한 기대

TIPS!

가정환경의 사회·심리적 요인으로는 가족의 분위기, 부부관계, 형제자매간의 관계, 부모－자녀의 관계 등이 있다.

Answer 31.④ 32.③ 33.①

34 가정에서 부모 – 자녀의 갈등요인만으로 짝지어진 것은?

> ⊙ 세대차   ⓛ 독립과 보호의 갈등
> ⓒ 애정표현의 방식   ⓔ 부모의 불화

① ⊙ⓛⓒ   ② ⊙ⓒ
③ ⓛⓔ   ④ ⓔ
⑤ ⊙ⓛⓒⓔ

> **●TIPS!**
> 가정에서 부모 – 자녀의 갈등요인으로는 세대차, 독립과 보호의 갈등, 애정표현의 방식, 부모의 불화 등이 있다.

35 친구의 특성으로 볼 수 없는 것은?

① 친구는 대등한 위치의 인간관계이다.
② 친구 사이에는 서로 공유할 삶의 영역이 넓다.
③ 친구 사이는 해체되기 어렵다.
④ 친구는 가장 순수한 인간지향적인 대인관계이다.
⑤ 친구는 인간관계 중 가장 자유롭고 편안한 관계이다.

> **●TIPS!**
> 친구는 구속력이 적어 해체되기 쉽다.

36 친구의 기능에 관한 내용 중 잘못된 것은?

① 청소년들의 친구관계는 매우 지속적이다.
② 소년들은 스포츠와 같은 레저활동을 선호한다.
③ 친구관계 발달은 개인적인 차이가 있다.
④ 여자 청소년들은 아동들보다 서로에 대한 충성심이나 신뢰를 더 중요하게 고려한다.
⑤ 가장 친한 친구의 수는 3명 정도가 가장 많고 그 이후 점차 증가한다.

> **●TIPS!**
> 가장 친한 친구의 수는 청소년 초기 동안 다섯 명 정도가 가장 많고 그 이후 점차 감소한다.

Answer 34.⑤ 35.③ 36.⑤

37 문화에 대한 다양한 관점의 정의로 볼 수 없는 것은?

① 문화는 사회의 성원이 공유하고 있는 것이다.

② 역사적으로 전승된 것이 문화이다.

③ 학습된 것이 문화이다.

④ 문화는 분리된 체제이다.

⑤ 사회 성원에 대한 경험조직의 표준이 된다.

> **TIPS!**
>
> 문화는 통합된 체제 또는 형태이다.

38 한 사회 또는 사회적 집단에서 나타나는 예술, 문학, 생활양식 등의 독특한 정신적 · 물질적 · 지적 특징을 문화라고 정의한 국제기구는?

① ILO

② UNESCO

③ IBRD

④ NATO

⑤ IMF

> **TIPS!**
>
> 유네스코(UNESCO)는 한 사회 또는 사회적 집단에서 나타나는 예술, 문학, 생활양식, 더부살이, 가치관, 전통, 신념 등의 독특한 정신적 · 물질적 · 지적 특징을 문화라고 한다.

39 청소년 문화의 중요성에 관한 내용 중 틀린 것은?

① 청소년들에게 독자적인 생활과 세계를 체험하게 한다.

② 불합리한 권위의 예속을 지속시켜 준다.

③ 사회가 앞으로 지향해야 할 방향을 시사한다.

④ 신체적 · 지적 · 심리적 발달의 방향을 제공한다.

⑤ 성인 주도의 문화에 새로운 자극을 주어 반성하도록 한다.

> **TIPS!**
>
> 불합리한 권위의 예속으로부터 해방시킨다. 이러한 측면에서 청소년 문화는 반권위적, 반사회적 비판적, 창조적인 성격을 지닌다.

Answer 37.④ 38.② 39.②

40 우리나라 청소년 문화의 문제점이 아닌 것은?

① 청소년들의 사상·감정·잠재능력을 표현한다.
② 여가문화가 빈곤하고 문화공간이 부족하다.
③ 획일적이고 모방 일색의 대중문화와 상업주의로부터 악영향을 받고 있다.
④ 도피적이고 탐닉적인 성문화가 확산되고 있다.
⑤ 학교에서는 권위적이며 경쟁적인 문화를 경험하고 있다.

TIPS!

청소년들의 내부에 있는 사상과 감정, 잠재능력을 표현하고 창조하는 것은 청소년 문화의 중요성을 나타낸 것이다.

41 청소년 문화의 특징으로 볼 수 없는 것은?

① 주로 대중매체들을 통해 청소년 문화들이 소비되고 있다.
② 다양한 스타일과 취향이 공존한다.
③ 성인문화들이 청소년에게도 허용되면서 성적, 폭력적인 메시지에 노출되어 있다.
④ 시각적 이미지의 수용과 창조에 소극적이다.
⑤ 대중매체의 발달로 전 세계적인 공유가 이루어지고 있다.

TIPS!

청소년 문화는 감각적인 욕구를 추구하며, 시각적 이미지의 수용과 창조에 적극적이다.

42 다음 중 청소년 문화를 미숙한 문화로 보는 시각으로 옳은 것은?

① 사회적 책임능력이 낮은 청소년들이 만들어 내는 삶의 양식이다.
② 몰래 나쁜 짓을 하고 놀기를 좋아한다.
③ 규범과 질서를 깨뜨리는 데서 쾌감을 얻는다.
④ 전체문화의 일부분을 구성한다.
⑤ 각 연령집단마다 그 연령에 맞는 문화를 가지고 있다.

TIPS!

청소년 문화는 정신적으로 미숙하고, 사회적으로 인정받지 못한 청소년들이 만들어 내는 삶의 양식이다.

Answer 40.① 41.④ 42.①

43 다음 중에서 비문법 표현주의 문화, 열린 여백의 문화가 나타내는 청소년 문화의 시각은?

① 미숙한 문화로 보는 시각
② 비행문화로 보는 시각
③ 하위문화로 보는 시각
④ 저항의 문화로 보는 시각
⑤ 새로운 문화로 보는 시각

 TIPS!

청소년 문화를 새로운 문화로 모는 시각 : 청소년 문화는 언어, 옷차림, 의사소통, 행동에서 새로운 방식을 시도하고 도입하는 문화로서, 비문법 표현주의 문화, 열린 여백의 문화이다.

44 다음 중 마르샤의 자아정체감 유형에 대한 설명으로 잘못된 것은?

① 마르샤는 에릭슨의 자아정체감에 영향을 맞아 자아정체감 유형을 확립하였다.
② 마르샤는 역할연습과 의사결정정도에 의해 자아정체감 유형을 분류하였다.
③ 자아정체감의 역할몰입은 있으나 위기가 없는 유형은 정체감 유실이다.
④ 마르샤는 정체감의 획득을 위해서는 정체감 유예상태를 거쳐야 한다고 주장한다.
⑤ 정체감 유형은 역할의 몰입정도가 높다면 긍정적이다.

TIPS!

마르샤의 정체감 유형은 역할의 몰입정도를 전념, 의사결정에 대한 위기를 기준으로 분류하였다. 역할의 몰입(전념)이 있으나 의사결정의 위기감을 경험하지 못한 정체감유실인 경우 긍정적이라 할 수 없다.

45 청소년 언어문화의 문제점이 아닌 것은?

① 정서적 깊이가 없는 즉흥적인 언어를 사용한다.
② 표기법을 무시해서 사용하고 있다.
③ 감각적인 인스턴트 언어를 사용한다.
④ 신조어의 사용으로 세대 간 소통의 어려움이 있다.
⑤ 외래어의 사용으로 우리문화의 창조력이 강화되고 있다.

TIPS!

청소년 언어문화는 외래어의 무분별한 사용으로 우리문화의 창조력이 약화되고 있다.

Answer 43.⑤ 44.⑤ 45.⑤

46 청소년 문화의 유형 중에서 복장, 헤어스타일에 부여된 의미나 가치 등과 같이 직접적으로 관찰이 불가능한 영역의 문화는?

① 주류문화
② 하위문화
③ 내재된 문화
④ 이상문화
⑤ 실재문화

> **TIPS!**
> 내재된 문화 : 청소년들의 독특한 복장이나 머리형태에 부여된 의미나 가치 등과 같이 직접적으로 관찰이 불가능한 영역의 문화를 말한다.

47 청소년 문화의 유형 중 학문, 종교, 도덕, 가치관 등과 관련이 있는 것은?

① 행동문화
② 정신문화
③ 물질문화
④ 이상문화
⑤ 표현된 문화

> **TIPS!**
> 정신문화 : 학문, 종교, 도덕, 가치관 등 정신적 창조물을 지칭하는 것으로, 인간이나 집단이 갖는 상징이나 의미와 가치를 그 내용으로 한다.

48 청소년 문화의 구성에 관한 내용 중 잘못된 것은?

① 문화를 구성하는 요소들은 상호 의존관계에 있다.
② 문화체계란 한 문화의 가장 작고, 기본적인 요소를 말한다.
③ 문화특질들은 서로 관련을 맺으면서 문화복합을 형성한다.
④ 각 사회집단의 문화는 전체로서 하나의 통합된 체계를 이루고 있다.
⑤ 문화복합은 문화유형을 구성하고 있다는 사실에 주목할 때 사용된다.

> **TIPS!**
> 문화특질이란 한 문화의 가장 작고 기본적인 요소를 말한다.

Answer 46.③ 47.② 48.②

49 청소년 문화의 모습은 여타 다른 문화의 변화보다 훨씬 더 역동적이기 때문에 나타나는 속성은?

① 문화의 체계성   ② 문화의 총체성
③ 문화의 축적성   ④ 문화의 학습성
⑤ 문화의 가변성

> 문화의 가변성이란 문화가 정체되어 있는 것이 아니라 항상 변하고 있다는 것을 말한다. 청소년 문화 역시 지속적으로 변화하고 있다.

50 청소년들의 일탈이나 비행문화를 이해하고자 할 때 어떤 것을 보아야 하는가?

① 문화의 학습성   ② 문화의 축적성
③ 문화의 총체성   ④ 문화의 가변성
⑤ 문화의 다양성

> **TIPS!**
> 문화의 총체성 : 청소년들의 일탈이나 비행문화를 이해하고자 할 때, 단순히 그러한 문화행태를 보이는 청소년들의 개인적 특성이나 가정환경만을 보아서는 안 되고, 파행적인 청소년 문화가 형성되는데 영향을 미치는 복합적 맥락을 보아야 한다.

51 다음 중 청소년단체나 동아리, 동호회 등과 관련이 있는 문화의 속성은?

① 문화의 축적성   ② 문화의 학습성
③ 문화의 가변성   ④ 문화의 다양성
⑤ 문화의 체계성

> **TIPS!**
> 청소년들이 참여하여 활동하는 청소년단체나 동아리, 동호회 등은 나름대로의 집단 문화를 공유하며, 이러한 문화는 집단의 규율이나 관행 등의 형태로 축적된다.

Answer   49.⑤   50.③   51.①

52 대중음악의 주제 중 록(Rock)에 관한 내용으로 옳은 것은?

① 무대 매너, 연주 현장의 광적인 분위기를 통해 드러난다.
② 전 세계 청소년들의 하위문화 체계의 일부로 자리매김하였다.
③ 리듬 위주의 음악이다.
④ 멜로디와 화성을 최소화하였다.
⑤ 과장된 몸놀림의 춤과 파괴적인 화법을 사용하였다.

TIPS!

록은 기성세대의 가치와 문화에 대한 거침없는 야유와 공격성을 가수의 스타일과 무대 매너, 연주 현장의 광적인 분위기를 통해 드러낸다.

53 대중음악의 수용방식 중에서 최신 스타일의 모방과 관련이 있는 것은?

① 대안 추구의 유형　　　　　　　② 상징적 저항의 유형
③ 상상적 편입의 유형　　　　　　④ 실제적 편입의 유형
⑤ 저항적 편입의 유형

TIPS!

상상적 편입의 유형: 일정한 정도의 욕구 충족이 가능한 청소년을 대상으로 자신들에게 부과되는 지배적 가치체계를 수용할 수 있도록 한다.

54 다음 중 부유층 청소년들의 문화수용방식으로 옳은 것은?

① 상상적 편입의 유형　　　　　　② 대안 추구의 유형
③ 상징적 저항의 유형　　　　　　④ 실제적 편입의 유형
⑤ 저항적 편입의 유형

TIPS!

실제적 편입의 유형: 물질적 조건을 실제로 갖추고 있는 부유층 청소년들의 문화수용방식으로, 항상 새로운 스타일을 추구하고 청소년 문화 전반의 유행을 선도한다.

Answer 52.① 53.③ 54.④

55 청소년들의 자살, 가출, 약물중독과 관련된 문화는?

① 청소년의 소외문화   ② 시험열병의 입시문화

③ 신세대 신드롬문화   ④ 일탈 증후군의 문화

⑤ 포스트모던의 감각 지향적 문화

 **TIPS!**

청소년들은 일탈석 성향으로 인해서 자살, 가출, 약불중독, 범죄 능이 증가하고 있다.

56 다음 중 청소년들의 반사회적 행동에 해당하는 것은?

① 일탈행위   ② 도피적 행동

③ 자해행위   ④ 부적응 행동

⑤ 고민거리

TIPS!

청소년 문제는 청소년들의 반사회적 행동으로서의 일탈행위나 비행뿐 아니라 비사회적 행동으로서의 도피적 행동이나 자해행위, 부적응 행동, 청소년 고민거리도 포함된다.

57 다음 중 대중매체가 청소년에게 미치는 영향을 잘못 설명한 것은?

① 대중매체는 청소년 비행에 영향을 준다.

② 신문은 청소년에게 영향을 끼치지 않는다.

③ 비행과 관련된 보도를 함으로써 감각을 둔화시키고, 가치기준을 저하시킨다.

④ 비행행위의 직접적 동기가 될 수 있는 가능성이 있다.

⑤ 텔레비전은 교육수준과는 무관하게 전 연령층에게 전달되기 때문에 청소년에게도 쉽게 전달된다.

TIPS!

대중매체인 인쇄매체(신문, 잡지)와 전파매체(텔레비전, 라디오)가 일탈행위나 비행과 관련된 보도를 할 때 청소년들의 감각을 둔화시키고 발달에 악 영향을 미칠 수 있다.

Answer   55.④   56.①   57.②

58 다음 중에서 성인이라면 문제가 되지 않는 것은?

① 일탈행위　　　　　　　　　　　② 지위비행
③ 도피적 행위　　　　　　　　　　④ 자해행위
⑤ 부적응 행동

> **TIPS!**
>
> 지위(신분)비행 : 청소년이라는 지위로 인해 일탈로 간주되어 통제와 규제를 받는 행동으로 성인이라면 문제가
> 되지 않는다.

59 청소년의 개인적 일탈행동으로 볼 수 없는 것은?

① 가출　　　　　　　　　　　　　② 자살
③ 섭식장애　　　　　　　　　　　④ 대인기피
⑤ 음주와 흡연

> **TIPS!**
>
> 청소년의 개인적 일탈행동으로는 자살, 가출, 학업중단, 섭식장애, 대인기피 등이 있다.

60 한 개인을 문제 행위자로 만드는 과정에 초점을 두는 이론은?

① 아노미이론　　　　　　　　　　② 낙인이론
③ 하위문화이론　　　　　　　　　④ 사회학습이론
⑤ 차별적 접촉이론

> **TIPS!**
>
> 낙인이론은 한 개인을 문제 행위자로 만드는 과정에 초점을 둔다. 비행과 문제행동은 사회의 권력이나 지위
> 를 가지고 있는 사람들이 그들의 기준에 따라 잘못된 것으로 명명한 것에 불과한 것이다.

Answer 58.② 59.⑤ 60.②

61 다음 중 낙인의 효과만으로 짝지어진 것은?

> ⊙ 제도적 강제   ⓛ 오명 씌우기
> ⓒ 일탈행동   ⓔ 부정적 정체성의 수용

① ⊙ⓛⓒ   ② ⊙ⓛ
③ ⓛⓔ   ④ ⓔ
⑤ ⊙ⓛⓒⓔ

> **TIPS!**
>
> 낙인효과 : 제도적 강제, 불공정의 자각, 오명 씌우기, 일탈, 하위문화에 의한 사회화, 부정적 정체성의 수용 등이 있다.

62 다음 중에서 지배계급의 가치를 정면으로 공격하는 유형은?

① 혁신형   ② 동조형
③ 의례형   ④ 도피형
⑤ 반역형

> **TIPS!**
>
> 목표와 수단을 모두 거부하고 새로운 사회체제를 만들려는 혁명형으로 지배계급의 가치를 정면으로 공격한다는 점에서 권위에 대한 위협세력이 된다.

63 사회경제적 지위가 낮은 계층에서 나타나는 범죄행위에 관한 이론은?

① 사회학습이론   ② 낙인이론
③ 하위문화이론   ④ 차별적 접촉이론
⑤ 아노미이론

> **TIPS!**
>
> 하위문화이론에 따르면 사회경제적 지위가 낮은 계층은 범죄행위를 유발하는 특성을 갖고 있다. 이러한 하류층의 비행문화를 수용하고 학습한 결과로 비행이 발생한다.

Answer   61.⑤   62.⑤   63.③

64 개인적 적응양식의 유형 중에서 정상적인 것은?

① 동조형   ② 혁신형
③ 의례형   ④ 도피형
⑤ 반역형

개인적 적응양식의 유형

㉠ 동조형 : 문화적 목표와 제도화된 수단 양자를 모두 수용한 형태로서 정상적 행위유형을 말하며, 이 동조형을 제외한 나머지 네 가지 유형은 모두 일탈행위로 규정한다.

㉡ 혁신형 : 기존 사회의 문화적 목표는 받아들이지만, 제도화된 수단만으로 만족하지 못하고 불법적인 수단까지 수용하려 하는 자세로서 하층민의 경제 범죄, 화이트칼라 범죄 등을 저지르기 쉽다.

㉢ 의례형 : 목표에 따른 부담을 회피하여 제도화된 수단에 의해 얻을 수 있는 목표에 만족하는 소시민적인 삶을 택하는 것이다.

㉣ 도피형 : 현실을 도피하는 양상으로 문화적 목표와 수단을 모두 포기하고 알코올, 마약에의 탐닉, 정신병, 자살 등 사회의 경쟁에서 포기하는 형이다.

㉤ 반역형 : 목표와 수단을 모두 거부하고 새로운 사회체제를 만들려는 혁명형으로 지배계급의 가치를 정면으로 공격한다는 점에서 권위에 대한 위협세력이 된다.

65 일탈행위로 표시되는 가치와 규범의 결정요인 중에서 외부의 통제에 대해 강한 거부감을 가지는 것은?

① 자율   ② 운명
③ 흥분   ④ 영리함
⑤ 강인성

일탈행위로 표시되는 가치와 규범의 결정요인

㉠ 자율 : 자기 의지, 자립 등을 가지고 있기 때문에 외부의 통제에 대해 강한 거부감을 가진다.

㉡ 운명(운) : 중류층은 현재 상태를 자신의 의지보다는 운명이나 다른 어떤 힘에 의해 지배받고 있는 것으로 믿는다.

㉢ 흥분 : 긴장, 모험, 스릴, 위험한 행위 등을 추구하는 것으로, 하류층의 규칙적인 욕구 발생의 하나인 것이다.

㉣ 영리함 : 타인을 잘 유도하여 속인다거나 기만적인 상술 등으로 돈을 버는 행위를 말한다. 이 계층의 청소년들은 열심히 정상적으로 노력해서 돈을 모으거나 신용을 쌓는 것에 대해서는 전혀 관심을 두지 않는다.

㉤ 강인성(억셈) : 육체적인 용감성, 남성성, 두려움을 모르는 것을 나타내며, 조심성, 나약함, 여성다움, 주저하는 것은 부정적인 가치를 지닌다.

㉥ 말썽거리(근심) : 문제유발이나 갈등을 나타내는 것으로, 공공행정기관이나 중류의 가치를 지향하는 기관들과의 관계에서 법규 위반 행위나 그와 유사한 상황을 말한다.

Answer 64.① 65.①

66 다음 중 청소년들이 열심히 정상적으로 노력해서 돈을 모으거나 신용을 쌓는 것에 대해서는 전혀 무관심한 가치와 규범의 결정요인은?

① 운명   ② 흥분
③ 영리함   ④ 강인성
⑤ 말썽거리

> **TIPS!**
>
> 영리함 : 타인을 잘 유도하여 속인다거나 기만적인 상술 등으로 돈을 버는 행위를 말한다. 이 계층의 청소년들은 열심히 정상적으로 노력해서 돈을 모으거나 신용을 쌓는 것에 대해서는 전혀 관심을 두지 않는다.

67 차별적 접촉이론에서 문제행동의 사회화와 관련된 명제의 내용으로 틀린 것은?

① 비행학습은 흉내나 모방과 구분된다.
② 비행의 동기나 동인은 일반적인 욕구 충족에 있다.
③ 비행은 학습되는 것이다.
④ 비행은 1차적 집단과의 친밀한 인간관계를 통해 학습된다.
⑤ 비행의 동기와 방향은 생태적 환경에 의해 결정된다.

> **TIPS!**
>
> 항상 비행의 동기나 동인이 인간 누구나 추구하는 일반적인 욕구 충족에 있는 것은 아니다.

68 개인이 규범을 준수하도록 하는 유대요인이 아닌 것은?

① 신념   ② 참여
③ 관여   ④ 애착
⑤ 흥분

> **TIPS!**
>
> 개인이 규범을 준수하도록 하는 유대요인
> ㉠ 신념 : 개인의 문제행동은 비행에 대한 부정적인 태도를 가질수록 감소할 수 있다.
> ㉡ 참여 : 청소년들이 일상적인 생활에 적극적으로 참여할 때 문제 활동을 할 절대적 시간이 없기 때문에 문제행동을 하지 않는다.
> ㉢ 관여 : 일상적인 사회적 목표나 수단을 존중하고 순응할 때 문제행동은 감소한다.
> ㉣ 애착 : 부모나 형제자매와 애정적인 유대관계를 유지할 때 문제행동은 쉽게 하지 못한다.

Answer   66.③   67.②   68.⑤

69 청소년기의 자살행위의 원인으로 볼 수 없는 것은?

① 가정불화
② 정신장애
③ 부모의 과잉보호
④ 높은 사회적 지지
⑤ 경제적 어려움

> **TIPS!**
>
> 청소년기의 자살행위의 원인은 좌절감, 충동, 우울, 가정불화, 정신장애, 과잉보호, 삶에 대한 의미의 상실, 경제적 어려움 등이다.

70 청소년들이 주변 사회와의 유대 약화로 인한 자살의 유형은?

① 이타적 자살
② 이기적 자살
③ 아노미적 자살
④ 가치 혼란적 자살
⑤ 숙명론적 자살

> **TIPS!**
>
> 자살의 유형
> ㉠ 이타적 자살 : 개인이 사회에 지나치게 통합된 나머지 자신보다도 자신이 속한 집단을 더 중요하게 생각된 결과로 자살하게 되는 것을 말한다.
> ㉡ 이기적 자살 : 주변 사회와의 유대 약화로 인한 자살이다. 주변과 정신적 유대가 단절되면 고독, 소외, 삶의 무의미함으로 인한 우울을 느끼게 되며 이것이 자살로 이어질 수 있다.
> ㉢ 아노미적 자살(가치 혼란적 자살) : 실직이나 파산, 사랑하는 사람의 죽음로 인해 지금까지의 생활 질서나 규범, 심리 균형, 가치질서가 붕괴되어 삶의 의욕이 저하되고 삶의 방향을 상실하여 자살하는 경우이다.
> ㉣ 숙명론적 자살 : 개인이 선택하거나 통제할 수 없는 강력한 사회적 속박하에 개인의 삶이 종속되어 있어서 자포자기적으로 살아가는 노예나 포로, 원하지 않은 결혼에 얽매인 경우에 보이는 자살을 말한다.

71 가출의 요인에 관한 내용 중에서 틀린 것은?

① 가출자는 공격적이고 화를 잘 낸다.
② 심리적·정신적 이상 등을 보인다.
③ 가족에 대한 유대감이 강하다.
④ 가정적인 문제가 가출의 주된 동기가 된다.
⑤ 흥분하거나 무단결석을 일삼는다.

> **TIPS!**
>
> 가출 청소년은 가족에게 강한 유대감이 없고, 가족에게 관여하지도 않으며 또래집단에 충성을 다한다.

Answer 69.④ 70.② 71.③

72 가출의 특성으로 볼 수 없는 것은?

① 가출에 대해 청소년의 과반수는 부정적이다.

② 처음에는 부모님이 다양한 방법으로 자녀들을 찾으려 노력하나, 가출 빈도가 높아질수록 찾지 않는 부모가 많아진다.

③ 집을 나와 친구나 또래들의 집에 기거하며, 가출 후 각종 비행을 경험하는 경향이 높아진다.

④ 첫 가출의 경우보다 두 번째 이상의 재가출의 경우가 더 문제가 된다.

⑤ 부모들과의 갈등이 가장 중요한 원인이 된다.

> **TIPS!**
>
> 가출에 대해 청소년의 과반수는 긍정적인 태도를 가진다.

73 청소년 가출의 학교요인으로 볼 수 있는 것은 어느 것인가?

① 집단따돌림　　　　　　　　② 지역공동체의 의식 약화

③ 결손가정　　　　　　　　　④ 발달단계의 욕구 불만족

⑤ 공동목표의 결여

> **TIPS!**
>
> 청소년 가출에 영향을 미치는 학교요인으로는 획일적이고 입시위주의 풍토에서 학교성적의 좌절이나 집단따돌림, 교사와의 관계 소원, 학교 부적응, 잦은 무단결석 등과 같은 여러 요인들이 복합적으로 작용하여 가출에 영향을 미치고 있다.

74 청소년의 특성인 '상상 속 청중'과 관련된 기본 감정은?

> 수치심, 외로움, 자부심등

① 수치심　　　　　　　　　　② 외로움

③ 자부심　　　　　　　　　　④ 열등감

⑤ 타인에 대한 조망

> **TIPS!**
>
> 청소년의 특성인 '상상 속 청중'과 '개인적 우화'의 기본감정은 과도한 자의식 즉 자부심에서 비롯된다.

Answer　72.①　73.①　74.③

75 다음 중 자살예방을 위한 대책만으로 짝지어진 것은?

> ㉠ 친근한 인간유대 ㉡ 자아 강건성의 함양
> ㉢ 친근한 사물유대 ㉣ 비실존적 의식

① ㉠㉡㉢ ② ㉠㉡
③ ㉡㉣ ④ ㉣
⑤ ㉠㉡㉢㉣

TIPS!

자살예방을 위해 제시되는 대책들 : 친근한 인간유대, 친근한 사물유대, 자아 강건성의 함양, 실존적 의식 등을 들 수 있다.

76 다음은 청소년의 신체상에 대한 내용이다. 다음 중 잘못된 것은?

① 남아의 경우 조숙하다면 자신감이 있으며 또래로부터 지도자상을 부여받는다.
② 남아의 경우 만숙하다면 또래 집단에서 적응하지 못하는 경우가 가끔 발생한다.
③ 여아의 경우 조숙하다면 또래 집단으로부터 자신감을 잃게 된다.
④ 여아의 경우 만숙하다면 활동적이며 심리적 안정감이 있다.
⑤ 여아의 경우 조숙하다면 성체로서 만족하며 긍정적인 자아상을 가지게 된다.

TIPS!

남아의 경우 신체상은 조숙한 경우 긍정적이며 반면 여아의 경우 만숙한 경우 긍정적이며 자신감이 있다. 따라서 여아의 경우 조숙하다면 2차 성징에 따른 여성적 특성이 심리적 불안감을 조장하며 자신의 신체상을 왜곡하는 경우가 있어 등이 굽는 등 체형이 바르지 못하는 경우가 발생하기도 한다.

Answer 75.① 76.⑤

77 가출청소년에게 해야 될 조치 중 바람직하지 않은 것은?

① 곧바로 가정의 품에 돌려보낸다.
② 가출이후 불법유흥업소로 유입되지 않도록 경제활동 조력에 주력한다.
③ 학업중단이 일어나지 않도록 학업수행을 조력한다.
④ 상담을 통해 가출의 원인을 해결한다.
⑤ 범죄를 저지르지 않도록 선도한다.

 **TIPS!**

가출청소년을 곧바로 가정으로 돌려보낼 경우 가출요인이 해결되지 않아 또다시 가출을 반복하게 된다.

78 대리적 서비스에 대하여 해당하는 것이 아닌 것은?

① 보육시설   ② 방과 후 지도
③ 가정위탁   ④ 입양
⑤ 시설보고

TIPS!

대리적 서비스란 부모가 아닌 제3자가 부모의 역할을 대신하는 경우를 말하며 출생가정이 기능을 상실하여 아동이 가정을 떠나 다른 양육자에게 보호를 받는 것을 의미한다. 보기 중 방과 후 지도는 부모의 일부양육을 지원하는 것으로 아동이 다른 체계로 일탈된 형태는 아니기에 대리적 서비스에 해당되지 않는다.

79 다음 중 청소년범죄에 대한 설명으로 잘못된 것은?

① 청소년범죄란 청소년의 일탈행위를 말한다.
② 청소년의 범죄에 대해서 우범행위, 촉법행위, 범죄행위로 구분지을 수 있다.
③ 우범행위의 종류에는 문제청소년의 단체행동이 포함된다.
④ 촉법행위는 범죄를 범할 우려가 있는 경우를 의미한다.
⑤ 촉법행위 대상자는 10세 이상 14세 미만을 말한다.

TIPS!

촉법행위는 범죄를 저질렀으나 범죄대상이 되지 않아 법에 저촉을 받지 않은 경우를 말한다. 범죄를 범할 우려가 있는 행위를 우범행위라고 한다.

Answer   77.①   78.②   79.④

80 다음 중 마르샤의 청소년의 정체감 유형에 대한 설명이다. 다음 중 마르샤의 정체감 유형이 아닌 것은?

① 정체감 유예   ② 정체감 조기완료

③ 정체감 유실   ④ 정체감 성취

⑤ 정체감 붕괴

> **TIPS!**
>
> 마르샤는 청소년의 자아정체감에 대한 유형을 다음과 같이 분류하였다.
>
> ※ **마르샤(Marcia)의 자아정체감 분류**
>
> 마르샤(Marcia)는 자아정체감을 정체감 성취, 정체감 유예, 정체감 유실, 정체감 혼미의 네 범주로 나누었다.
>
> ㉠ **정체감 성취**: 자아정체감의 위기를 성공적으로 극복하여, 스스로 의사결정을 할 수 있는 상태
>
> ㉡ **정체감 유예**: 현재 정체감 위기의 상태에 있으나 극복을 위한 노력을 하지 못하는 상태
>
> ㉢ **정체감 유실**: 중요한 의사결정에 부모나 다른 역할모델의 가치나 기대 등을 그대로 수용하며 위기를 경험하지 못하는 상태
>
> ㉣ **정체감 혼미**: 자아에 대한 고민이나 위기를 경험하지 못하고 노력도 하지 않는 상태

	전념(commitment)	
위기	정체감획득(성취)	정체감유예
(crisis)	정체감유실(조기완료)	정체감혼란(혼미)

81 청소년에게 유해하여 약물관리법에 저촉되는 약물이 아닌 것은?

① 수면유도제   ② 맥주

③ 본드   ④ 시너

⑤ 담배

> **TIPS!**
>
> 청소년기의 유해약물 남용은 다른 유형의 청소년문제행동보다 치명적인 폐해를 가져올 수 있으며 특히 다른 문제행동이 청소년기의 일시적인 현상인 것에 반해 유해약물 남용은 평생에 걸쳐 악영향을 끼치게 되므로 심각한 문제가 된다.
>
> 청소년보호위원회는 청소년 유해약물을 다음과 같이 정의하였다.
>
> • 술, 담배, 마약류 관리에 관한 법률의 규정에 의한 마약류
>
> • 유해화학물질 관리법의 규정에 의한 환각물질
>
> • 기타 중추신경에 작용하여 습관성, 중독성, 내성을 유발하여 인체에 유해한 영향을 미치는 약물
>
> • 술, 담배, 본드, 시너, 부탄가스 등의 흡입제, 대마, 메스암페타인(필로폰), 헤로인 등
>
> 따라서 청소년 약물관리법상 수면유도제는 유해약물에 속하지 않지만 수면유도제의 남용이 문제를 일으킬 수 있다.

Answer 80.⑤   81.①

82 다음 중 약물과 관련된 내용 중 잘못된 것은?

① 약물의 오용이란 의학적인 목적으로 사용하나 의사의 처방을 따르지 않고 임의로 복용하는 것을 말한다.
② 약물의 남용이란 의학적인 목적으로 사용하나 의사의 처방을 따르지 않고 임의로 복용하는 것을 말한다.
③ 약물의 남용이란 치료적 목적이 아닌 쾌락을 추구하기 위하여 약물을 과잉하여 복용하는 것을 말한다
④ 약물의 남용이란 약물을 환각목적으로 사용한다 할지라도 법적 규제대상에 포함되지 않는다면 남용이라 볼 수 있다.
⑤ 약물중독이란 약물사용에 대한 강박적 집착, 조절 불능, 강박적 사용을 하는 경우라 볼 수 있다.

> **TIPS!**
> 약물의 오용과 남용의 차이는 치료적 목적의 여부에 따라 판단되며 약물오용이란 의학적 목적으로 사용하나 지시대로 사용하지 않는 것을 말하며 남용은 치료적 목적 없이 일탈적 쾌락을 위하여 사용하는 경우를 말한다.
> 약물 의존이란 약물의 주기적인 사용으로 인하여 정신적, 신체적 변화를 일으켜 약물사용을 중단하기 어려운 상태를 말한다.

83 다음 중 약물 의존의 진단기준이다. 진단기준으로 바르지 못한 것은?

① 약물에 대한 내성이 생겼다.
② 약물에 대한 금단증세가 나타난다.
③ 생각했던 양과 기간보다 더 많은 양의 약물을 사용한다.
④ 약물 사용에 많은 시간을 사용한다.
⑤ 약물 사용은 대인관계와 관련이 없다.

> **TIPS!**
> 약물의 의존이란 지속적, 주기적으로 약물을 사용하여 정신적, 신체적 변화를 일으켜 약물사용을 중단, 조절하기 어려운 상태를 말하며 미국정신의학회는 다음 7가지 증상 중 3개 이상 1년 동안 지속되는 경우 의존이라고 진단한다.
> ① 약물에 대한 내성이 생겼다.
> ② 약물에 대한 금단증세가 나타난다 : 약물을 중단, 사용을 줄이면 손떨림, 발한, 빠른 맥박, 불면, 구역질, 구토, 환시, 환청, 불안, 초조, 간질 등이 나타난다.
> ③ 생각했던 양과 기간보다 더 많은 양의 약물을 사용한다.
> ④ 약물 사용에 많은 시간을 사용한다.
> ⑤ 약물 사용은 대인관계 및 직업, 취미생활을 저해한다.
> ⑥ 약물사용으로 인해 심리적, 신체적 질병이 발생하였음을 알면서도 계속 사용한다.
> ⑦ 약물사용 중단이나 사용량 감소의 노력이 실패하였다.

Answer 82.② 83.⑤

84 다음 중 인터넷 중독을 치료하기 위한 기숙형 프로그램을 무엇이라고 하는가?

① 두드림존
② 굿네이버스
③ 청소년 동반자프로그램
④ RESCUE스쿨
⑤ Wee센터

> **TIPS!**
>
> ① 두드림존 : 취약계층청소년들의 특성과 욕구에 부합된 교육 및 체험 프로그램, 사회진출지원 등을 통해 종합적으로 청소년의 자립을 돕는 사업
> ② 굿네이버스 : 보건복지부에서 시행하는 문제행동아동조기개입서비스 제공기관으로 지역 내 빈곤아동에 대한 통합사례관리와 이에 따른 One-Stop 서비스 지원체계인 치료프로그램을 제공
> ③ 청소년동반자 : 국가청소년위원회의 프로그램으로 위기청소년에게 찾아가서 서비스를 제공하는 프로그램
> ④ 인터넷 RESCUE 스쿨 : 심각한 인터넷 중독 청소년을 대상으로 전문상담사의 맞춤형 개별상담과 집단상담, 임상심리전문가의 중독원인 진단 및 평가, 수련활동 전문가들의 수련 및 대안활동 등을 결합한 전문적인 인터넷 중독 치료 캠프이다.
> ⑤ 위센터 : 청소년의 문제를 다양한 전문가와 연계하여 인적, 물적, 인프파를 활용한 원스톱 상담센터이다.

85 다음은 비행과 관련된 이론이다. 이론과 이론가를 잘못 연결한 것은?

① 낙인이론 – 베커
② 하위문화이론 – 클라우드
③ 아노미이론 – 머튼
④ 사회학습이론 – 에이커스
⑤ 차등접촉이론 – 서드랜드

> **TIPS!**
>
> 청소년 비행에 대한 다양한 일탈이론이 있으며 상기 문제는 일탈이론과 이론가의 연결문제이다. 하위문화이론은 사회 주류의 가치양태와는 다른 하위계층의 문화를 말하며 밀러가 주장한 이론이다.

Answer 84.④ 85.②

86 다음은 청소년 일탈과 관련된 내용이다. 내용에 적합한 일탈이론은?

> 청소년이 시험을 잘 보기 위하여 시험전날 시험지를 훔쳤다.

① 낙인이론
② 하위문화이론
③ 아노미이론
④ 사회학습이론
⑤ 차등접촉이론

TIPS!

보기는 아노미이론에 대한 설명이며 제도화된 수단과 목표와의 불일치에 의한 구조적 긴장과 아노미에 의한 부적응행동이 일탈로 나타난다는 주장이다.

87 범죄에 대한 머튼의 아노미이론에서 개인이 수단과 목표와의 불일치에서 적응양식의 유형이 다양하게 나타난다. 다음 중 개인의 적응양식의 유형이 일탈형이 아닌 것은?

① 동조형
② 혁신형
③ 의례형
④ 도피형
⑤ 반역형

TIPS!

동조형은 아노미적 상황에서 목표와 수단 모두를 수용한 정상적인 행위로 일탈적 행위가 아니다.

※ 개인적 적응양식의 유형

ⓐ **동조형** : 문화적 목표와 제도화된 수단 양자를 모두 수용한 형태로서 정상적 행위유형을 말하며, 이 동조형을 제외한 나머지 네 가지 유형은 모두 일탈행위로 규정한다.

ⓑ **혁신형** : 기존 사회의 문화적 목표는 받아들이지만, 제도화된 수단만으로 만족하지 못하고 불법인 수단까지 수용하려 하는 자세로서 하층민의 경제 범죄, 화이트칼라 범죄 등을 저지르기 쉽다.

ⓒ **의례형** : 목표에 따른 부담을 회피하여 제도화된 수단에 의해 얻을 수 있는 목표에 만족하는 소시민적인 삶을 택하는 것이다.

ⓓ **도피형** : 현실을 도피하는 양상으로 문화적 목표와 수단을 모두 포기하고 알코올, 마약에의 탐닉, 정신병, 자살 등 사회의 경쟁에서 포기하는 형이다.

ⓔ **반역형** : 목표와 수단을 모두 거부하고 새로운 사회체제를 만들려는 혁명형으로 지배계급의 가치를 정면으로 공격한다는 점에서 권위에 대한 위협세력이 된다.

Answer 86.③ 87.①

88 다음은 범죄이론에 대한 설명이다. 보기에서 개인이 범죄인이 되어가는 사회화과정에서 접근한 이론을 모두 고르시오.

⊙ 낙인이론   ⓒ 아노미이론
ⓒ 하위문화이론   ⓔ 사회학습이론
ⓜ 차별적 접촉이론   ⓗ 중화이론
ⓢ 사회유대이론

① ⊙, ⓒ   ② ⊙, ⓒ
③ ⊙, ⓒ, ⓔ   ④ ⊙, ⓒ, ⓔ, ⓜ
⑤ ⊙, ⓒ, ⓒ, ⓔ, ⓜ, ⓗ, ⓢ

TIPS!

범죄이론 중 아노미이론은 가치체계의 붕괴에 따른 범죄를 설명하며, 중화이론은 가치의 중화에 따른 우범행위, 사회유대이론은 사회적 유대가 약화되었을 경우의 범죄행위로 사회구조적 접근에서 범죄를 이해하였다.

89 다음 중 청소년쉼터에서 하는 일이 아닌 것은?

① 위기청소년 일시보호
② 청소년가출 실태조사연구
③ 위기청소년 상담
④ 청소년 문화프로그램 보급
⑤ 학업중단 청소년 홈스쿨링

TIPS!

청소년쉼터는 청소년의 일시보호를 위한 무료숙박, 의료서비스를 제공하며 청소년 뿐 아니라 학부모, 교사를 대상으로 한 상담, 청소년가출 실태조사 연구활동, 청소년문제 예방 프로그램, 문화프로그램을 실시한다.

Answer   88.④   89.⑤

90 다음 중 Wee 스쿨의 기능이 아닌 것은?

① 청소년의 장기기숙이 가능하다.
② 정서적 문제를 경험하는 청소년이라면 누구나 사용할 수 있는 다수가 수용가능하다.
③ 장기위탁교육기관으로 실용교육을 실시한다.
④ 학교교육과 직업교육이 병행된다.
⑤ 학생은 원적학교 학적을 유지할 수 있다.

> **TIPS!**
> 위스쿨은 소수정예를 위한 기숙형 장기위탁교육기관으로 기숙을 하면서 교육, 치유, 적응을 도와주는 감성과 실용교육 중심의 교육장을 의미한다.

91 뒤르켐의 자살론에 대한 내용으로 잘못된 것은?

① 최초로 아노미적 자살을 설명한 사람이다.
② 아노미적 자살은 개인이 믿던 신념과 가치가 일시에 붕괴되어 혼란을 겪음으로 삶의 의미를 상실하여 자살하는 경우를 말한다.
③ 자살의 종류에는 사회적 규제를 기준으로 한 아노미적 자살과 숙명적 자살이 있다.
④ 사랑하는 사람이 죽어서 따라서 죽는다면 이것은 아노미적 자살이다.
⑤ 최초로 자살을 사회현상으로 이해하고 자살의 원인을 사회적 문제로 이해하고 있다.

> **TIPS!**
> 뒤르켐은 자살론에서 자살을 개인의 병리적 문제가 아닌 사회현상으로 이해하는 아노미적 자살을 설명한다. 아노미적 자살이란 자신이 믿어 왔던 신념체계가 무너져 삶의 의욕을 상실하고 삶의 방향을 잃어버려 자살하는 경우를 말한다.

92 청소년 문화에 대한 시각 중 기성세대에 대해 반항하는 문화를 의미하는 것은?

① 대항문화
② 신문화
③ 하위문화
④ 미숙한 문화
⑤ 비행문화

> **TIPS!**
> 청소년문화의 다양한 문화에 대한 특성을 질문한 문제이다. 청소년이 기성세대에 대항하는 대항문화적 시각을 의미한다.

Answer 90.② 91.④ 92.①

93 다음의 내용이 설명하는 자살론은 무엇인가?

> 2차 세계대전 당시 일본군이 적군의 적함을 격추하기 위하여 자신을 희생하여 특공대를 결성한다. 일본은 다시 한번 신의 바람이 불어서 자신들을 구원해 주길 바라는 마음에서 자살특공대를 가미가제라 부르게 된 것이다.

① 이타적 자살
② 이기적 자살
③ 아노미적 자살
④ 숙명적 자살
⑤ 모두 해당

 TIPS!

개인이 사회에 지나치게 통합된 나머지 자신보다도 자신이 속한 집단을 더 중요하게 생각된 결과로 자살하게 되는 경우를 말한다.

94 다음 중 섭식장애에 대한 설명으로 잘못된 것은?

① 식이장애에는 폭식증과 거식증이 있다.
② 폭식증이란 폭식하여 체중이 과중되는 경우를 의미한다.
③ 거식증이란 정상체중 이하임에도 음식섭취를 거부하는 경우를 의미한다.
④ 거식증을 신경성 식욕부진증이라고도 한다.
⑤ 폭식증은 주 2회 이상 폭식과 구토를 하는 경우 진단내릴 수 있다.

TIPS!

폭식증 역시 체중증가를 막기 위하여 폭식 후 구토 또는 이뇨제 등을 복용하는 경우로 남성보다는 여성에게 흔하게 나타난다.

Answer 93.① 94.②

95 다음 중 홀랜드 육각형 모형의 흥미유형과 직업의 연결이 잘못된 것은?

① 사회적 유형–판매원, 정치가　　　　　② 예술적 유형–소설가, 음악가

③ 관습적 유형–사무원, 회계원　　　　　④ 현실적 유형–기술자, 운전자

⑤ 진취적 유형–관리자, 영업사원

 TIPS!

사회적 유형은 사람과 함께 하는 일을 선호한다는 측면에서 진취적 유형과 유사하나 타인에 대한 이타적 행위를 선호한다. 따라서 사회적 유형은 교육, 종교, 봉사활동을 선호하며 진취적 유형은 목적을 달성하기 위하여 다른 사람과 일을 하는 것을 선호하며 판매원, 정치가는 진취적 유형에 해당한다.

96 연구조사방법 중 표집수가 많지 않을 경우 사용할 수 있는 방법으로 조사대상자의 현상적 상황을 이해할 수 있으며 연구자가 객관적인 위치에서 접근할 수 있는 방법은?

① 참여관찰법　　　　　　　　　　　　② 자연관찰법

③ 설문지법　　　　　　　　　　　　　④ 면접법

⑤ 사례법

TIPS!

연구조사방법 중 관찰법은 연구대상자의 관찰을 통해 현상적인 문제를 파악하는데 효과적이다. 이 중 참여관찰법은 연구자가 직접 연구대상에 포함되어 구체적인 정보수집이 가능하나 현상적 문제에 오염을 일으킬 수 있으며 반면 비참여관찰법(자연관찰법)은 연구자가 3자적 위치에서 연구대상을 관찰하는 방법으로 객관적으로 현상을 파악할 수 있으나 구체적인 정보수집은 어렵다.

97 다음은 청소년과 대중가요에 대한 설명이다. 대중가요에 대한 설명으로 잘못된 것은?

① 청소년은 대중가요의 구매자이자 창조자가 된다.
② 대중가요는 기성세대에 대한 반항심을 표현한 것이다.
③ 대중가요는 감각적인 육체성으로 환원된다.
④ 청소년의 대중가요는 심미성을 강조한다.
⑤ 청소년 대중가요를 대표할만한 장르에는 락(Rock)과 랩(Rap)이 있다.

TIPS!

대중가요는 감각성과 육체성을 중시하며 예술가요는 심미성을 중시 여긴다.

Answer 95.① 96.② 97.④

98 다음 중 부모의 자녀에 대한 양육태도를 유형화한 학자는?

① 바움린드   ② 스탠리 홀
③ 브론펜브레너   ④ 슈나이더
⑤ 에릭슨

 **TIPS!**

부모의 양육태도를 권위형, 권위주의형, 허용형 3가지로 유형화한 학자는 버클리대학의 아동발달 전문가 바움린드이다.

99 쉐퍼(Schaefer)가 제시한 양육태도에 대한 부모유형을 (   )과 (   )으로 분류하였다. (   )안의 내용으로 알맞은 것은?

① (권위–자율)과 (물질적 지원–정서적 지원)
② (애정–거부)와 (자율–통제)
③ (권위–통제)와 (애정–거부)
④ (물질적 지원–정서적 지원)과 (통제–자율)
⑤ (통제–자율)과 (몰입–비몰입)

TIPS!

양육자가 아동을 양육하면서 취하는 일반적인 태도나 행동양식을 양육태도라 할 수 있으며 이러한 부모의 양육태도는 부모–자녀관계의 질을 결정해 주고 자녀의 정서적, 성격적 발달에도 중요한 영향을 미치게 된다. 이러한 양육태도에 대해 발드윈은 애정, 거부, 방임, 요구, 관심의 5개 유형으로 분류하였고 쉐퍼는 애정–거부, 자율–통제의 축을 분류로 4개 유형으로 설명하며, 바움린드는 민주적, 권위주의적, 허용적 태도로 유형화하였다.

Answer   98.①   99.②

100 바움린드가 제시한 양육태도에 대한 부모유형에 해당하지 않는 것은?

① 권위 있는 부모
② 허용적인 부모
③ 민주적 부모
④ 권위주의적 부모
⑤ 애정적 부모

 TIPS!

부모의 양육태도를 권위형(민주적), 권위주의형(독재형, 전제형), 허용형(익애형) 3가지로 유형화하였다.

101 마르샤의 정체감 유형중 정체감 유실에 대한 설명으로 맞는 것은?

① 청소년은 정체감 유실의 상황에 놓여 있다.
② 정체감 유실은 이데올로기의 붕괴와 같은 외부적 충격이 있을 경우 쉽게 정체감 혼란이 될 수 있다.
③ 정체감 유실은 역할연습은 없으나 위기를 경험하고 있는 유형이다.
④ 정체감 유실은 정체감 유예 이후에 나타나는 현상이다.
⑤ 정체감 유실은 역할의 몰입정도는 낮은 편이라 할 수 있다.

TIPS!

마르샤는 청소년의 자아정체감에 대한 유형을 다음과 같이 분류하였다.

※ **마르샤(Marcia)의 자아정체감 분류**

위기	전념(commitment)	
(crisis)	정체감획득(성취)	정체감유예
	정체감유실(조기완료)	정체감혼란(혼미)

이 중 정체감 유실은 조기완료형으로 의사결정의 위기를 경험하지 못하고 역할연습에 몰입하는 경우로 외현적으로는 위기가 없어 보이지만 실제로는 문제가 심각하다 할 수 있다.
정체감 유실형은 외부적 충격에 의해 정체감 혼미형으로 자아정체감이 붕괴되는 모습을 보이게 된다. 정체감 유실형은 특정 이데올로기나 이단종교에 빠지기 쉽다. 히틀러정권의 독일인, 이단종교에 빠져 집단자살을 하는 경우가 정체감 유실이 붕괴된 예라 할 수 있다.
따라서 정체감 유실은 역할연습에 대한 전념이 있기 때문에 몰입정도는 높다고 할 수 있다.

Answer 100.⑤ 101.②

102 바움린드의 자녀 양육에 대한 부모의 유형 중 많은 사람들이 가장 바람직한 자녀의 유형으로 오해하는 유형으로 자녀의 요구에 부모가 거절하지 못함으로서 적응력과 사회적 책임도가 낮아지게 된다. 이와 같은 양육유형을 무엇이라 하는가?

① 권위 있는 부모형
② 허용적인 부모형
③ 혼란된 부모형
④ 권위주의적 부모형
⑤ 민감한 부모형

> 💡 **TIPS!**
> 허용적 부모유형은 포스트모더니즘 이후 각광받던 부모유형으로 무조건적 애정을 주는 것을 말한다. 하지만 이러한 양육태도로 훈육된 자녀들이 사회적 책임도와 적응도가 낮다는 실증연구를 통해 근래에는 다시 권위주의적 양육태도로 회귀하는 모습을 보이고 있다.

103 마르샤는 자아정체감의 수준에 따라 유형별로 분류하였다. 다음 중 정체감 조기완료에 속하는 유형으로 역할수행에 있어서는 적극적이나 의사결정에 대한 위기를 경험하지 못한 유형은 무엇인가?

① 정체감 혼란
② 정체감 유실
③ 정체감 성취
④ 정체감 유예
⑤ 모두 해당됨

> 💡 **TIPS!**
> 마르샤(Marcia)의 자아정체감 분류
> 마르샤(Marcia)는 자아정체감을 정체감 성취, 정체감 유예, 정체감 유실, 정체감 혼미의 네 범주로 나누었다.
> ⊙ **정체감 성취** : 자아정체감의 위기를 성공적으로 극복하여, 스스로 의사결정을 할 수 있는 상태
> ⓛ **정체감 유예** : 현재 정체감 위기의 상태에 있으나 극복을 위한 노력을 하지 못하는 상태
> ⓒ **정체감 유실** : 중요한 의사결정에 부모나 다른 역할모델의 가치나 기대 등을 그대로 수용하며 위기를 경험하지 못하는 상태
> ② **정체감 혼미** : 자아에 대한 고민이나 위기를 경험하지 못하고 노력도 하지 않는 상태

Answer 102.② 103.②

104 중학교 학교폭력 가해자에 대한 조치로 맞는 것을 모두 고르시오.

> ⊙ 피해학생에게 서면사과   ⓒ 피해학습 접촉 금지
> ⓒ 학교에서 봉사활동   ⓔ 사회봉사명령
> ⓜ 학교폭력 심리치료   ⓗ 학교출석 정지
> ⓼ 피해학색이 속한 학급에서 교체   ⓸ 전학
> ⓳ 퇴학

① ⊙, ⓒ, ⓒ
② ⊙, ⓒ, ⓒ, ⓔ, ⓜ
③ ⊙, ⓒ, ⓒ, ⓔ, ⓜ, ⓗ
④ ⊙, ⓒ, ⓒ, ⓔ, ⓜ, ⓗ, ⓼, ⓸
⑤ ⊙, ⓒ, ⓒ, ⓔ, ⓜ, ⓗ, ⓼, ⓸, ⓳

TIPS!

제17조(가해학생에 대한 조치)

① 자치위원회는 피해학생의 보호와 가해학생의 선도·교육을 위하여 가해학생에 대하여 다음 각 호의 어느 하나에 해당하는 조치(수 개의 조치를 병과하는 경우를 포함한다)를 할 것을 학교의 장에게 요청하여야 하며, 각 조치별 적용 기준은 대통령령으로 정한다. 다만, 퇴학처분은 의무교육과정에 있는 가해학생에 대해서는 적용하지 아니한다. 〈개정 2009.5.8, 2012.1.26, 2012.3.21〉

1. 피해학생에 대한 서면 사과
2. 피해학생 및 신고·고발 학생에 대한 접촉, 협박, 및 보복행위의 금지
3. 학교에서의 봉사
4. 사회 봉사
5. 학내외 전문가에 의한 특별 교육이수 또는 심리치료
6. 출석정지
7. 학급교체
8. 전학
9. 퇴학처분

보기는 학교폭력가해자에 대한 법적조치를 다룬 내용이다. 중학생은 의무교육과정에 있는 가해학생으로 퇴학처분은 면하게 된다.

Answer 104.④

105 다음은 스텐버그의 사랑의 3요소에 대한 설명이다. 다음 중 부부 간 뿐 아니라 부모와 자식 간에도 해당하는 사랑의 유형은 무엇인가?

① 이상적 사랑
② 동반적 사랑
③ 공허한 사랑
④ 낭만적 사랑
⑤ 헌신적 사랑

> **TIPS!**
>
> 스텐버그의 사랑의 삼각형이론
> 사랑의 3요소로 친밀감, 구속(책임감), 정열(열정)이 있으며 사랑의 종류로는 이상적 사랑(친밀감+정열+책임감), 동반적 사랑(친밀감+책임감), 공허한 사랑(정열+책임감), 낭만적 사랑(친밀감+정열)으로 분류할 수 있다.
> 친밀감 요소는 사랑의 감정적 측면으로 상대방과 연결되어 있고 유대감이 있는 느낌을 말하며 열정적 요소는 사랑의 동기적 측면으로 낭만, 신체적 매력, 성적 흥분 및 호감을 일으키는 욕망을 뜻한다.
> 약속/책임감 요소는 인지적 측면으로 약속은 약혼 등을 통해 누군가를 사랑하겠다는 결정이며, 책임감은 사랑을 계속 지키려는 것을 말한다.
> 이 중 동반적 사랑은 친밀감과 책임감이 동반된 사랑으로 남녀와 이성간의 사랑에서 공통적으로 나타날 수 있는 사랑의 유형이 된다.

106 다음은 스텐버그의 사랑의 3요소에 대한 설명이다. 다음 중 부부 간 뿐 아니라 부모와 자식 간에도 해당하는 사랑의 요소는 무엇인가?

㉠ 친밀감	㉡ 책임감
㉢ 열정	㉣ 약속

① ㉠
② ㉠, ㉡
③ ㉠, ㉡, ㉢
④ ㉠, ㉡, ㉢, ㉣
⑤ 정답 없음

> **TIPS!**
>
> 스텐버그는 사랑에 대한 요소를 연구하면서 '열정'이라는 요소에 주목하였다. 이전의 서구사회에서는 '열정'이라는 요소에 사로잡혀 결혼을 한 남녀가 이후 '책임감'이라는 요소가 결여되어 이혼을 하는 사례가 많이 나타나 '열정'이라는 요소를 사랑의 요소 중 하등한 것으로 치부ㅏ게 되었다. 이후 서구사회에는 열정보다는 '친밀감'이나 '책임감'이 사랑의 중요한 요소로 강조되게 된다. 하지만 스텐버그는 '열정'이라는 요소는 남녀의 사랑에 있어서 없어서는 필수가결의 요소이며 '친밀감'과 '책임감'이 더해주면서 '이상적인 사랑'이 될 수 있다고 주장한다.

Answer 105.② 106.②

107 다음 중 청소년의 고용에 대한 설명으로 옳은 것은?

① 15세 이상의 청소년은 취업인허증 없이 고용될 수 있다.
② 약물의 남용이란 의학적인 목적으로 사용하나 의사의 처방을 따르지 않고 임의로 복용하는 것을 말한다.
③ 약물의 남용이란 치료적 목적이 아닌 쾌락을 추구하기 위하여 약물을 과잉하여 복용하는 것을 말한다
④ 약물의 남용이란 약물을 환각목적으로 사용한다 할지라도 법적 규제대상에 포함되지 않는다면 남용이라 볼 수 있다.
⑤ 약물중독이란 약물사용에 대한 강박적 집착, 조절 불능, 강박적 사용을 하는 경우라 볼 수 있다.

 TIPS!

약물의 오용과 남용의 차이는 치료적 목적의 여부에 따라 판단되며 약물오용이란 의학적 목적으로 사용하나 지시대로 사용하지 않는 것을 말하며 남용은 치료적 목적 없이 일탈적 쾌락을 위하여 사용하는 경우를 말한다.
약물 의존이란 약물의 주기적인 사용으로 인하여 정신적, 신체적 변화를 일으켜 약물사용을 중단하기 어려운 상태를 말한다.

108 사춘기에 분비되는 호르몬에 대한 설명이다. 다음 중 잘못된 것은?

① 남성은 2차 성징과 관련하여 안드로겐이라는 호르몬을 분비하게 된다.
② 에스트로겐과 안드로겐은 여성, 남성의 2차 성징을 비롯한 성분화를 결정짓는 성호르몬으로 남녀모두에게 존재한다.
③ 안드로겐은 남성에 분비되는 호르몬으로 전립선과 관련된 일을 담당한다.
④ 프로게스테론은 여성에게 분비되는 호르몬으로 여성의 2차 성징과 관련된 일을 담당한다.
⑤ 여성의 2차 성징과 관련되는 호르몬은 테스토스테론이다.

TIPS!

성 호르몬은 양성모두에게 분비되나 반대의 성에게는 호르몬의 양이 적게 나타난다. 예를 들어 남성에게 나타나는 안드로겐은 갱년기 여성이 여성호르몬의 분비가 적어지면서 나타나게 되는데 이로 인해 중년기 여성은 호전적이고 남성적인 성격을 가지게 된다.
테스토스테론은 남성의 체모와 신장에 영향을 미치는 호르몬이다.

Answer 107.③ 108.⑤

109 한 문화가 다른 문화에 전파되어 제3의 문화가 생기는 것을 무엇이라고 하는가?

① 간접 전파
② 문화 접변
③ 문화 개혁
④ 자극 전파
⑤ 문화 발견

> **TIPS!**
>
> 한 사회의 문화는 발명, 발견, 다른 문화와의 접촉을 통해 끊임없이 변화한다. 문화변동은 내부적 요인(발명, 발견)과 외부적 요인(전파)를 나타나는데 전파는 한 사회의 문화요소가 다른 사회로 전해져 그 사회에 정착되는 현상으로 직접 전파, 간접 전파, 자극 전파가 있다.
> 이 중 자극 전파란 다른 사회의 문화요소로부터 자극과 아이디어를 얻어 새로운 발명이 일어나는 것을 의미하며 예를 들어 우리나라에 불교, 선교, 유교가 전래되어 천도교가 탄생한 것과 같은 원리이다.

110 청소년이 대중매체를 통해 포스트모더니즘에 대한 문화를 수용했다면 문화전달 방법 중 어디에 해당하는가?

① 간접 전파
② 문화 접변
③ 문화 개혁
④ 자극 전파
⑤ 문화 발견

> **TIPS!**
>
> 문화의 변동 중 전파에 해당하며 대중매체나 정보통신수단 등의 매개를 통한 정보, 사상, 관념의 전파로 간접 전파를 의미한다.

Answer 109.④ 110.①

PART

07

청소년수련활동론

청소년수련활동 기초

section **1** 발달의 이해

❶ 청소년수련활동의 필요성

디지털 혁명에 의한 대량 정보의 유통은 청소년의 간접적인 경험은 확대시켰지만 청소년이 타인이나 자연과의 직접적인 접촉을 통하여 인격을 형성하거나 사회성을 신장할 기회는 축소시키고 있다. 따라서 청소년 활동은 교육적 함의를 지니며 체험학습을 통한 청소년의 일상생활에서의 활동은 청소년에게 학습과 일의 장면, 가족과 여가, 또래와의 관계에 긍정저인 영향을 미치게 되므로 청소년의 교육현실에 대한 인식의 전환과 총체적인 접근이 필요하다.

❷ 청소년수련활동의 정의

청소년의 권리 및 책임과 가정·사회·국가 및 지방자치단체의 청소년에 대한 책임을 정하고 청소년육성정책에 관한 기본적인 사항을 청소년기본법에서 규정하여 청소년의 지도, 육성, 보호에 관한 기본적인 계획과 대책을 마련하였다. 이에 대해 1987년 청소년 육성이라는 새로운 개념이 도입되면서 지식위주의 교육에서 지, 덕, 체를 겸비한 교육정책에 따라 '청소년수련활동'이 정책화되었다. 최근에는 청소년수련활동이란 교육활동으로서의 청소년활동과 여가 및 문화활동으로의 공통영역에 위치하며 정규교육을 수행하면서 균형적인 성장을 위하여 청소년의 여가와 문화활동에 대한 의미를 두고 있다.

(1) 청소년수련활동의 개념

① 청소년은 사회구성원으로서 정당한 대우와 권익을 보장받으며 유해한 환경으로부터 보호될 수 있도록 장기적·종합적 청소년육성정책을 추진하게 된다.

② 청소년수련활동은 청소년의 균형적인 발달을 위하여 심신을 단련하고 안정적인 정서를 함양하며 사회봉사활동 등을 통하여 청소년의 자아정체성 확립에 긍정적인 영향을 미치게 된다.

③ 청소년수련활동은 전국의 청소년 단체 및 청소년수련시설, 청소년 문화원 등을 통하여 운영되고 있으며 청소년의 창의성과 자율성에 기초한 능동적 삶의 실현하고 공동체 의식을 고취하는데 이바지하고 있다.

④ 청소년기본법에 따르면 청소년활동이란 '청소년활동'이라 함은 청소년의 균형 있는 성장을 위하여 필요한 활동과 이러한 활동을 소재로 하는 수련활동·교류활동·문화활동 등 다양한 형태의 활동을 말한다.

⑤ 청소년수련활동은 신체의 움직임을 통해 활동장면이 포함되어야 하며, 상상력을 자극하고 청소년에게 갈등장면과 시행착오가 만들어 내는 상황을 지니게 된다. 또한 활동을 통하여 청소년은 자신의 감성을 함양할 수 있다.

⑥ 청소년수련활동에 대한 정의는 다양하나 종합해 보면, 학교교육과 학교 밖 교육을 연계할 수 있는 것이 청소년수련활동으로 학교교육정책과 청소년육성정책의 상호보완적인 제도라고 할 수 있다.

(2) 용어의 정리

① **청소년** : '청소년'이라 함은 9세 이상 24세 이하의 자를 말한다. 다만, 다른 법률에서 청소년에 대한 적용을 달리할 필요가 있는 경우에는 따로 정할 수 있다.

② **청소년 육성** : 청소년활동을 지원하고 청소년의 복지를 증진하며 사회여건과 환경을 청소년에게 유익하도록 개선하고 청소년을 보호하여 청소년에 대한 교육을 보완함으로써 청소년의 균형 있는 성장을 돕는 것을 말한다.

③ **청소년복지** : 청소년이 정상적인 삶을 영위할 수 있는 기본적인 여건을 조성하고 조화롭게 성장·발달할 수 있도록 제공되는 사회적·경제적 지원을 말한다.

④ **청소년보호** : 청소년의 건전한 성장에 유해한 물질·물건·장소·행위 등 각종 청소년 유해환경을 규제하거나 청소년의 접촉 또는 접근을 제한하는 것을 말한다.

⑤ **청소년시설** : 청소년활동·청소년복지 및 청소년보호에 제공되는 시설을 말한다.

⑥ **청소년지도자** : 청소년기본법에 의한 청소년지도사 및 청소년상담사와 청소년시설·청소년단체·청소년관련기관 등에서 청소년육성 및 지도업무에 종사하는 자를 말한다.

⑦ **청소년단체** : 청소년육성을 주된 목적으로 설립된 법인 또는 대통령령이 정하는 단체를 말한다.

(3) 청소년수련활동 특징

① 수련활동을 통하여 청소년은 사회적응능력을 함양하고 인성계발을 도모할 수 있다.

② 청소년수련활동을 통하여 공동체 활동을 체험함으로서 지도력을 기를 수 있으며 결속력을 강화시킬 수 있다.

③ 자연권의 청소년수련시설에서의 경험을 통하여 자연과 일치하는 삶의 경험하고 일상생활에서 활용할 수 있다.

④ 인간에 대한 존엄성과 가치를 배울 수 있으며 체험적 활동을 통하여 체력을 향상시킬 수 있다.

⑤ 청소년수련활동은 유희를 위한 일회적인 행사가 아니라 청소년의 심신단련, 긍정적인 가치관 확립 등의 목적을 가진 생산 활동이다.

⑥ 일반적인 학습원리가 연역적으로 지식을 전달하여 생활에서의 적용을 하는 과정이라면 수련활동은 귀납적으로 특정행동의 결과에 대해 청소년이 일반 원리를 이끌어 내어 새로운 상황에 적용하는 과정을 거치게 된다.

③ 청소년수련활동의 분류

(1) 중심이 되는 유형별 분류

① 시설별 수련활동

    ㉠ 생활권 청소년수련시설 : 청소년의 거주 지역 근처에 시설이 위치하여 청소년의 접근성이 용이하다. 학교와의 연계성이 매우 높으며 지속적인 활동이 이루어질 수 있다.

    ㉡ 자연권 청소년수련시설 : 청소년의 모험적 활동을 지지하고 자연 내에서의 다양한 체험적 활동을 목적으로 설치되며 접근성이 떨어지나 청소년이 기존에 경험해보지 못한 새롭고 진취적인 활동을 할 수 있다.

② 단체수련활동

    ㉠ 한국보이스카우트, 한국걸스카우트, 한국청소년연맹 등과 같이 청소년의 육성을 주된 목적으로 설립된 단체로 청소년에게 수련거리를 제공한다.

    ㉡ 상기 수련단체는 일정한 절차에 따라 가입한 청소년에게 체계적으로 체험활동을 제공하게 되며 일회성이 아닌 지속적인 수련활동을 한다는 것이 장점이다.

    ㉢ 단체수련활동에는 여가활동의 일환으로 이루어지는 청소년 동호회 등은 포함되지 않는다.

③ 사업형 수련활동

    ㉠ 사업형 수련활동은 시설이 위치한 거점 도는 단체수련활동이 아닌 일정한 목적을 가지고 다양한 장소에서 이루어지는 수련활동을 말한다.

    ㉡ 단체수련활동과 달리 지속적이지 않는 일회적인 형태로 끝나는 것이 단점이다.

    ㉢ 예를 들어 청소년 어울마당, 움직이는 수련마을 등이 있다.

    ㉣ 학교와의 연계성도 높지 않으며 개인의 활동에 대한 선택의 폭도 넓지 않다.

④ 프로그램별 수련활동

    ㉠ 다양한 체험활동을 하나로 묶어 일정한 수준의 체험을 성취한 경우 자격을 부여하여 활동에 대한 체계성이 있는 수련활동을 말한다.

    ㉡ 집단적인 체험활동은 미약하지만 개인의 활동에 대한 선호와 선택의 폭이 넓으며, 학교와의 연계성, 활동의 동기부여 면에서 긍정적이다.

    ㉢ 예를 들면 문화활동, 과학 및 정보활동, 봉사·협력활동, 진로·직업활동 등이 있다.

(2) 목적별 분류

① 문화적 감성 함양

② 과학 및 정보화 능력 함양

③ 봉사, 협력정신 함양

④ 모험심, 개척정신 배양

⑤ 전문적 직업능력 함양

⑥ 국제감각 고양

⑦ 환경의식 함양 등

02 청소년수련활동 구성

section 1 청소년 수련활동의 이론적 기초

1 참여동기이론

청소년수련활동은 청소년의 자발적인 참여가 기본전제가 된다. 이러한 청소년의 활동참여에 대한 현상은 다음과 같이 설명할 수 있다.

(1) 밀러의 힘 – 장 모델(force – field model)

① 밀러의 힘 – 장이론은 매슬로의 욕구단계론과 레빈의 힘 – 장이론을 연계한 것으로 비제도권 교육에 대한 참여현상을 설명한 이론이다.

② 청소년은 자신의 사회경제적 위치에 따라 충족하고자 하는 욕구가 다르며 그와 관련된 활동에 참여동기를 가지게 된다. 또한 참여의사는 긍정적인 요인과 부정적인 요인의 상호작용에 의하여 결정되며 이 두 요인 간의 상호작용 결과 개인은 활동에 참여하게 된다.

(2) 보시어의 일치모델(congruency model)

① 학습자는 개인적 요인과 사회적 요인의 상호작용에 의하여 활동참여를 결정하게 된다.

② 청소년기의 활동참여 여부는 개인적 자아와 이상적 자아간의 차이를 이해한 자아내 일치정도와 청소년과 교육환경(동료학생, 지도자 등)간의 일치 정도에 따라 결정하게 된다.

(3) 루벤슨의 기대 – 유인가 모델

① 청소년활동의 참여는 기대와 유인가의 상호작용에 의해 결정된다.

② 기대는 교육이 긍정적인 결과를 가져 올 것이라는 기대와 프로그램을 성공적으로 끝마칠 것이라는 기대를 의미하며, 유인가는 교육의 결과에 대한 개인의 가치를 말한다.

③ 청소년활동의 참여는 청소년활동에 대한 기대와 청소년활동의 참여결과로 얻게 될 보상에 대한 개인적 가치에 의해 결정된다.

⑷ 크로스의 연쇄반응모델(COR ; chain of response model)

① 청소년의 활동참여는 심리적 요인, 환경적 요인 등의 다양한 영향요인에 대한 연쇄적인 반응의 결과로 나타난다.

② 연쇄반응 모델은 자기평가. 교육에 대한 태도, 목표의 중요성과 기대, 생애주기 변화, 교육기회와 장애물, 정보, 참여의 단계로 교육참여가 결정된다고 설명한다.

❷ 경험학습

⑴ 존 듀이의 실용주의운동에 의하여 확산된 경험학습은 레빈과 피아제를 거쳐 1980년대 콜브에 의해 종합적인 모형으로 제시되었다.

⑵ 경험학습은 학습자의 경험을 학습과정에 통합하는 교육으로 학습자의 생각, 느낌, 신체적, 정신적, 감성적, 사회적 존래로서 표출할 수 있는 감각을 총체적으로 활동하는 것을 의미한다.

⑶ 청소년수련활동과 같은 유목적적인 경험학습은 흥미와 도야를 중요시하며 흥미는 활동을 실현하는 수단이 되며 도야는 새로운 자아를 형성하기 위한 의식적인 노력을 의미한다.

⑷ 경험학습은 반성적 사고, 비판적 분석, 종합적 사고, 적극적 실천 등으로 순차적으로 이루어진다.

⑸ 콜브(D. Kolb)가 제시한 경험학습의 진행과정

① 구체적 경험

② 반성적 관찰

③ 추상적 개념화

④ 적극적 실험

❸ 몰입경험

⑴ 몰입경험은 자신의 행위에 사로잡혀 시간의 흐름이나 공간, 자신에 대한 생각까지도 잊어버리게 되는 심리적 상태를 말하며 이러한 몰입경험은 자신이 수행중인 활동에 최대한 참여하여 즐거움과 창조성을 경험하게 한다.

⑵ 몰입은 즐거움을 강조하게 되는데 활동 그 자체에서 의미를 찾고 자율의지에 따라 심도 있는 활동을 하게 된다.

03 청소년수련활동 지도

section 1 청소년수련활동 구성

❶ 수련터전(청소년활동시설)

(1) 수련터전의 개념

수련터전은 청소년의 생활과 일반적인 활동공간으로 수련활동 실시와 관련된 공간과 시설을 의미한다. 따라서 수련터전은 청소년수련시설을 포함하는 포괄적인 개념이다.

(2) 수련터전의 유형

① 청소년수련시설 : 청소년활동진흥법에서는 청소년활동시설의 종류를 청소년수련시설과 청소년이용시설로 구분하고 있다. 국가와 지방자치단체, 법인, 단체 또는 개인 등 민간도 활동시설 설치 및 운영이 가능하나, 민간의 경우 시·군·구청장의 허가를 받아야 한다.

　㉠ 생활권 수련시설 : 청소년의 거주 지역 근처에 시설이 위치하여 청소년의 접근성이 용이하다. 학교와의 연계성이 매우 높으며 지속적인 활동이 이루어질 수 있다.

　㉡ 자연권 수련시설 : 청소년의 모험적 활동을 지지하고 자연 내에서의 다양한 체험적 활동을 목적으로 설치되며 접근성이 떨어지나 청소년이 기존에 경험해보지 못한 새롭고 진취적인 활동을 할 수 있다.

　㉢ 유스호스텔 : 수련활동시설로서 적극적 기능보다 청소년의 숙박 등에 적합한 시설로 여행의 편의를 제공함으로서 수련활동 환경을 지원해 주는 수련시설로 볼 수 있다.

② 청소년이용시설

　㉠ 청소년수련시설은 아니지만, 설치목적의 범위 내에서 청소년활동과 청소년의 건전한 이용을 위하여 제공할 수 있는 시설을 말한다.

　㉡ 청소년이용시설로는 문화예술진흥법에 의거한 문화시설, 과학관육성법에 의거한 과학관, 체육시설설치·이용에 관한 법률에 의거한 체육시설, 평생교육법에 의거한 평생교육시설 등이 있다.

　㉢ 청소년이용시설은 청소년의 공용시설로 수련활동 또는 여가선용을 위한 이용에 적합한 시설 등이 해당된다.

(3) 수련터전 현황

① 청소년수련시설은 기능이나 수련거리, 입지적 여건에 따라 다양한 유형으로 구분된다.

② 2005년부터 청소년활동진흥법에 의거하여 청소년수련관, 청소년수련원, 청소년문화의 집, 청소년특화시설, 청소년야영장, 유스호스텔로 구분하고 있다.

③ 청소년수련관은 다양한 수련거리를 실시하는 종합수련시설을 의미하며 시·군·구에 1개소이상 설치되어야 하는 시설로 약 150여개의 시설이 운영 중이다.

④ 청소년수련원은 숙박기능을 갖춘 생활관과 다양한 수련거리를 실시할 수 있는 각종 시설과 설비를 갖춘 종합수련시설로 약 180여개의 시설이 운영 중이며 국립청소년수련원은 2개소(국립중앙청소년수련원, 국립평창청소년수련원)가 운영 중이다.

⑤ 청소년문화의 집은 간단한 수련활동을 실시할 수 있는 시설로 정보, 문화, 예술 중심의 수련활동을 운영하고 있으며 읍·면·동에 1개소 이상 설치하도록 되어 있다. 약 200여개가 운영 중이다.

⑥ 청소년특화시설은 청소년의 직업체험, 문화예술, 과학정보, 환경 등 특정 목적의 청소년활동을 전문적으로 실시할 수 있는 시설과 설비를 갖춘 수련시설을 말한다.

청소년특화시설	
명칭	운영목적
서울특별시립 청소년미디어센터 '스스로넷'	• 청소년의 다양한 미디어 창작활동을 지원
서울특별시립 청소년문화교류센터 'MIZY(미지)'	• 다양한 문화이해 프로그램 운영 • 국제교류 프로그램을 통한 세계시민으로의 성장
서울특별시립 청소년직업체험센터 'HAJA(하자)'	• 청소년직업체험프로그램 운영 • 청년실업문제 해결 모델 제시 • 경영마인드를 갖춘 문화작업자 육성
서울특별시립 청소년성문화센터 'AHA(아하)'	• 청소년성교육, 상담제공
서울특별시립 근로청소년복지관	• 근로청소년 주거환경개선, 복지증진 • 문화활동을 통한 개인의 자아개발 • 건전한 여가활동을 통한 올바른 사회인 육성
서울특별시립 청소년활동진흥센터	• 청소년봉사활동 활성화 • 청소년활동인증제 지원 • 청소년활동정보 종합안내서비스

(4) 수련터전의 발전방향

① 청소년시설의 설치 · 운영과정에 청소년의 실질적 참여를 보장

② 청소년시설의 다양화와 전문화

③ 청소년시설의 정체성 확립과 기능강화

④ 신규건립보다는 기존시설이 효율적 활용

⑤ 수요자중심의 프로그램 개발

❷ 청소년단체

(1) 청소년단체의 개념

① 청소년단체란 청소년 개개인의 자아실현을 도모하고 나아가 국가사회의 발전에 참여, 봉사할 수 있는 인간으로 육성하려는 목표 아래 건전한 활동을 통하여 청소년을 지도하는 단체(유네스코청년회, 1984)으로 정의한다.

② 과도기에 있는 청소년들의 불안정한 심리적, 사회적 욕구를 건전한 방향으로 지도하는 동시에 조직적인 집단활동을 토해서 청소년개인의 인격형성에 직접적인 도움을 주기 위해 생겨난 조직체이다(김정중, 2001).

③ 청소년기본법 제3조8항에 "청소년육성을 주된 목적으로 설립된 법인 또는 대통령령이 정하는 단체"라고 규정하고 있으며 각기 다양한 활동을 하지만 모든 단체 가운데 청소년사업을 주로 행하고 있는 단체로 규정할 수 있다.

(2) 청소년단체의 유형

① **청소년연구개발** : 청소년에 관한 이론을 연구하고 연구한 이론을 바탕으로 정책을 개발, 수행하는 단체

② **청소년회의단체** : 특유한 수련거리를 중심으로 이를 선호하는 청소년을 회원으로 주로 수련활동을 수행하는 단체

③ **청소년시설단체** : 청소년수련터전을 소유하거나 관리, 운영하는 것을 목적으로 하는 단체

④ **청소년전문단체** : 청소년수련거리에 관한 전문적인 운영기법을 제공하거나 특별한 수련거리를 수행하는 단체

⑤ **침목협력단체** : 다양한 청소년단체들 간의 친목과 협력을 도모하는 것을 주된 목적으로 하여 소속 단체들의 상호유대를 돕고 이들의 이익을 대표하여 사회적, 국제적 활동도 하는 단체

⑥ **일반단체** : 주된 설립목적은 사회봉사, 환경운동, 사회정화 등에 있으나 이와 관련하여 청소년육성 등 청소년에 관한 기능도 주요목적으로 하고 있는 단체

(3) 청소년기본법상 청소년단체

① 한국청소년활동진흥원

㉠ 청소년활동진흥법을 기반으로 청소년수련활동인증제 시행, 청소년활동 및 복지, 보호에 관한 종합적인 정보안내 및 서비스 제공, 청소년복지 지원을 위한 사업 및 서비스 영역개발과 보급 등의 업무를 담당하기 위해 설립되었다.

㉡ 청소년활동진흥법에 명시된 한국청소년활동진흥원 주요기능

㉮ 청소년활동 · 복지 · 보호에 관한 종합적인 안내 및 서비스

㉯ 청소년정보의 종합적 관리 및 제공

㉰ 청소년 자원봉사활동 활성화

㉱ 청소년활동 프로그램의 개발과 보급

㉲ 청소년수련활동인증위원회의 운영

㉳ 국가가 설치하는 수련 시설에 대한 유지 · 관리 및 운영업무의 수탁

㉴ 국가 및 지방자치단체가 개발한 주요 수련거리의 시범운영

㉵ 청소년지도자 연수

▶POINT 한국청소년진흥센터 규정삭제(2010.05.17)
청소년의 건전한 육성 및 활동 지원을 위해 청소년기본법 및 청소년활동진흥법에 '한국청소년진흥센터'와 '한국청소년수련원'의 설치를 각각 규정하고 있으나, 두 기관의 업무가 거의 유사하여 업무중복 및 효율성의 문제가 제시됨에 따라 청소년관련 업무의 효율성을 높이고 청소년활동분야의 중추기관으로서의 위상을 정립하기 위하여 두 기관을 통합하여 청소년활동진흥법에 '한국청소년활동진흥'으로 설치하도록 하였다.

② 한국청소년단체협의회

㉠ 국가별전에 이바지할 수 있는 바람직한 청소년육성과 국내 · 외 청소년단체 상호간의 협력 및 교류와 지원을 목적으로 국내 15개 민간청소년단체들의 협의체로 창설되었다.

㉡ 청소년기본법에 명시된 한국청소년단체협의회의 주요기능

㉮ 회원단체가 행하는 사업과 활동에 대한 협조와 지원

㉯ 청소년지도자의 연수 및 권익증진

㉰ 외국 청소년단체와의 교류 및 지원

㉱ 남 · 북 청소년 및 해외교포청소년과의 지원 · 교류

㉲ 청소년활동에 관한 조사 · 연구 · 지원

㉳ 청소년관련 도서출판 및 정보지원과 청소년육성을 위한 홍보

㉴ 지방청소년단체협의회에 대한 협조 및 지원

㉵ 기타 청소년단체의 육성에 필요한 사업

③ 한국청소년상담원

　ㄱ 한국청소년상담원은 청소년의 건전 육성을 목표로 제정된 청소년기본법에 따라 청소년들이 건강한 몸, 마음, 정신을 소유한 인격체로 성장할 수 있도록 도와주기 위해 설립된 여성가족부 산하 청소년 상담, 연구기관이다

　ㄴ 전국 청소년상담·복지 관련기관을 총괄하는 중추기관으로서 청소년상담·복지정책 연구 및 프로그램 개발·보급, 상담·복지 전문인력 양성을 위한 교육연수, 위기청소년을 위한 통합지원체계 운영·지원, 취약계층 청소년을 위한 자립 및 복지 사업 등 국가차원의 청소년 정책 업무를 수행하고 있다.

　ㄷ 주요기능

　　㉮ 청소년 상담관련 정책의 연구개발 : 사회 이슈가 되는 청소년 문제들을 분석·연구함으로써 문제 해결과 예방에 도움을 주고 있습니다. 이를 위해 청소년상담·복지 정책에 대한 중장기적 연구를 수행하고 있다.

　　㉯ 청소년 상담기법의 연구 및 상담자료의 제작·보급 : 다양하고 심각해진 청소년 문제를 해결하고 예방하기 위해서 맞춤형 프로그램을 개발하고 있으며 이를 전국 청소년관련 기관에 보급·운영하고 있다.

　　㉰ 상담인력의 양성 및 연수 : 지역 청소년상담·복지 관련 종사자들의 전문성 강화를 위해 직무연수를 실시하고 있으며 자녀지도를 위한 부모교육, 친구의 문제를 같은 눈높이에서 공감하고 조언하는 또래상담자 양성교육, 건강한 청소년육성에 목적을 둔 품성교육 등을 실시하고 있다.

　　㉱ 위기청소년 지역사회 통합지원체계 운영지원 및 지역 청소년상담지원센터 지도지원 : 위기청소년을 신속하게 또한 효과적으로 지원하기 위해서 지역 내 경찰, 학교, 청소년관련 시설들과 연계하여 원스톱으로 지원하고 있는 지역사회통합지원체계(CYS-Net)를 운영·지원하고 있습니다. 또한 전국 청소년상담지원센터와의 효과적 연계를 위하여 컨설팅 지원, 관계자 회의 등 다양한 지원활동을 실시하고 있다.

　　㉲ 사이버상담 등 청소년상담 사업의 운영 : 청소년들이 쉽게 접근하고 이용할 수 있는 온라인 사이버상담센터 운영과 심도 깊은 상담을 위한 개인상담, 집단상담, 심리검사 등의 전문상담을 운영함으로써 청소년들의 건강한 성장을 돕고 있다.

　　㉳ 취약계층 청소년 자립지원 사업 : 경제적, 환경적 어려움으로 학업을 중단하고 진로를 포기하거나 보호시설 등에 입소된 청소년들을 위해서 자립의지를 심어주고, 학교복귀, 진로 및 취업을 지원하는 자립지원 사업을 실시하고 있다.

　　㉴ 인터넷 중독 기숙형 치료학교 운영 등 인터넷 중독 예방사업 : 인터넷을 과다하게 사용하여 건강한 생활이 어려운 청소년들을 위해서 11박 12일 기숙사형 치료학교(RESCUE)를 운영·지원하고 있으며 전국 청소년상담지원센터와 연계하여 인터넷 중독 예방사업을 실시하고 있다.

　　㉵ 빈곤 가정 아동에 대한 복지지원 사업 등 : 어린 자녀들이 경제적 어려움으로 건강한 성장의 기회를 잃지 않도록 '드림스타트' 사업지원단을 운영하여 전국 지방자치단체와 협력하여 빈곤 가정의 아동을 지원하고 있다.

④ 청소년수련시설협회는 청소년수련시설에 대한 정부의 적극적인 지원과 시설간 정보교류, 협의체계를 통한 상호간의 권익과 교류사업 증진을 위해 설치되었다.

　ㄱ 협회 내 수련시설의사업과 활동에 대한 협력 및 지원

ⓛ 청소년지도자의 연수 · 권익증진 및 교류사업

ⓒ 수련활동의 활성화와 수련시설의 안전에 관한 홍보 및 실천운동

ⓔ 수련활동에 대한 조사 · 연구 지원사업

ⓜ 지방청소년수련시설협회에 대한 지원 등

⑤ **청소년 운영 위원회** : 청소년기본법 제2조(기본이념) 제5조(청소년의 권리와 책임)와 청소년활동진흥법 제4
조(청소년운영위원회)에 근거하여 청소년시설에서 청소년에 의해, 청소년에 의한, 청소년을 위한 일을 하
는 것으로 청소년의 대표가 되어 청소년회관을 이용하는 청소년들의 책임과 의무, 권리에 대해 이해하고
돕는 것이다. 대상은 중 · 고 · 대학생 및 해당연령 청소년 중 선발하고 학교장 추천 및 공개모집 병행한
다. 임기는 1년이나, 연임이 가능하다

ⓖ 청소년회관 운영방향, 사업계획 심의 · 평가 등을 통하여 시설운영 전반에 대한 참여

ⓛ 전용청소년시설로서의 목적에 부합하도록 청소년운영활성화유도

ⓒ 청소년회관 시설 및 프로그램 참여 및 모니터링 및 평가

ⓔ 정기회의(총12회) 및 임시회의 개최함

ⓜ 청소년 시설 및 프로그램 모니터링

ⓗ 기관장 간담회 및 워크숍 및 타 지역 청소년운영위원회와의 교류활동

ⓢ 자체프로그램 실시(회관 북적이기 프로젝트 등)

③ 청소년활동지도자

(1) 청소년활동 지도자의 개념

① 청소년의 전인적인 성장과 잠재역량을 개발하고 사회적응적 능력을 함양하기 위하여 체계적으로 설계된
프로그램에 근거하여 청소년에게 전문적인 지원 및 조력활동을 하는 사람을 의미한다.

② 청소년을 주된 대상으로 삼아 그들을 만나는 사람으로서 청소년관련 전문지식을 습득한 전문 직업인 또는
자원봉사자로서 청소년활동분야에 종사하는 사람을 말한다.

③ 청소년활동 조직이나 단체의 목적을 효과적으로 달성하기 위하여 청소년의 행동을 이끌고 도와주면서 청
소년 개개인의 욕구에 관심을 가지고 계획 및 절차를 구체화하여 실행하고, 그 결과를 평가하여 집단의
유지 · 강화에 힘쓰는 사람을 말한다(함병수, 1996).

④ 협의의 개념으로는 국가에서 부여하는 청소년지도사 자격소지자로 한정하여 볼 수 있고 광의의 개념으로
는 청소년 조직에 정규직으로 종사하면서 청소년지도활동에 종사하는 사람을 의미한다(김정주, 1999).

⑤ 2008 아동 · 청소년백서에는 "청소년지도자란 청소년기본법에 의한 청소년지도사 및 청소년상담사와 청소
년시설 · 청소년단체 · 청소년관련기관 등에서 청소년 육성 및 지도업무에 종사하는 자를 총칭한다".

(2) 청소년활동 지도자의 유형

청소년지도자는 국가자격인 청소년지도사와 청소년상담사 뿐만 아니라 청소년시설, 청소년단체, 청소년관련기관에 종사하는 일반지도자와 자원지도자도 포함한다.

구분	지도자유형
지도성격	• 청소년전문지도자 • 청소년일반지도자 • 청소년자원지도자 • 청소년상담지도자
지도대상	• 학생청소년지도자 • 근로청소년지도자 • 농·어촌청소년지도자 • 장애청소년지도자 • 복무청소년지도자 • 무직·미진학청소년지도자
지도업무	• 수련활동지도자 • 각 고유영역별 고유업무담당지도자 • 상담지도자 • 교정담당지도자 • 청소년행정담당공무원
지도수준과 기능	• 관리조정자 • 활동지도자 • 보조지도자
지도참여정도	• 상시지도자 • 비상근지도자

(3) 청소년활동 지도자의 역할

① 청소년단체의 이념과 목적을 실현한다.

② 타 기관과의 관계형성 및 협력을 통하여 청소년의 성장과 발전에 이바지한다.

③ 청소년의 자발적 행동유발과 동기화를 위하여 리더십을 발휘한다.

④ 청소년수련활동 및 프로그램을 기획하고 설계한다.

⑤ 청소년수련활동 및 프로그램을 운영하고 관리한다.

⑥ 청소년지도에 대한 평가를 한다.

⑦ 청소년지도에 필요한 시설·인적자원을 관리하고 동원한다.

⑧ 청소년에게 유익한 환경을 조성한다(유해한 환경을 차단한다).

⑨ 청소년의 인권을 옹호한다.

⑩ 청소년의 조직행동에 대한 촉진자역할을 담당한다.

⑪ 청소년활동에 대한 정보를 제공하고 커뮤니케이터가 된다.

⑫ 청소년의 잠재적인 능력을 개발하는 교육자역할을 담당한다.

⑬ 청소년을 위한 상담자, 비판적 분석가, 가이드 역할을 한다.

⑭ 청소년 집단역동의 지도자(촉진자)가 된다.

⑮ 청소년의 국내 및 국제 교류관계에 대한 촉진적 역할을 담당한다.

④ 수련거리

(1) 수련거리의 개념

① 수련거리는 청소년활동진흥법에 의하면 청소년수련활동에 필요한 프로그램과 이에 관련되는 사업으로 규정하고 있다.

② 수련거리란 수련프로그램과 활동으로서의 사업을 의미한다.

③ 수련거리의 협의의 개념은 수련거리를 의미하는 프로그램으로 일반적으로 공연 등 각종 행사를 할 때 배포되는 행사내용이나 소책자부터 어떤 활동을 목적으로 시간과 활동의 순서에 따라 구체적으로 나열한 사전계획표와 활동지침이라고 할 수 있다.

④ 넓은 의미에서 수련거리는 수련활동을 하기 위해 요구되는 사전의 준비단계인 기획과정과 인적·물적 자원과 소프트웨어, 행정과 재정을 포괄하는 종합적 개념이다.

(2) 수련거리의 성격

① 수련거리는 청소년들에게 학업 등의 지적활동에서 벗어나 다양한 활동 즉 체험을 목적으로 체계적으로 구조화된 활동이다.

② 수련거리는 논리적, 창의적 사고를 형성하고 신체적 활동을 도모하는 경험적 수단을 제공하게 된다.

③ 수련거리는 사업의 의미를 지님에 따라 체계적인 활동경험을 제공하는 지침과 준거가 된다.

④ 수련거리는 그 자체가 청소년의 자발적 참여를 위한 동기를 부여할 수 있게 구성되어 있다.

(3) 수련거리의 특징

① 정책성

    ㉠ 수련거리는 일정한 방향과 지침을 갖고 수행하는 프로그램으로 공공의 이익에 부합하는 목적과 방향을 가지고 있다.

    ㉡ 수련거리의 정책성은 수련거리개발이 국가의 주도로 이루어지고 있다.

    ㉢ 수련거리의 정책성은 청소년에 대한 국가의 적극적인 책임을 강조한다.

    ㉣ 청소년 문제의 대응방안이 아닌 청소년을 건전하게 육성하여 청소년 문제를 사전에 예방하여 청소년의 사회성을 높이고 잠재적 창의성을 개발하는 것이 정책적 목표가 된다.

    ㉤ 청소년에 대한 국가와 사회의 공동체적 이념을 수련거리를 통해 구현하고자 한다.

② 체험성

    ㉠ 수련거리는 정책적인 체험적 활동이다.

    ㉡ 교육현장에서 체험적 교육이 이루어지지 않은 것에 대한 반성으로 수련거리를 통해 청소년의 체험적 활동을 도모하고자 한다.

    ㉢ 체험적 활동은 참여자 자신이 실제로 보고, 듣고, 만지고, 느끼며, 활동하여 지금까지 경험해 보지 않은 일을 실행해 보는 과정이다.

    ㉣ 청소년은 체험적 활동을 통해 생활과 삶에 대한 다양한 인식을 할 수 있게 된다.

③ 전문성

    ㉠ 수련거리의 전문성은 집단 활동의 체계성과 관련이 있다.

    ㉡ 청소년은 집단경험을 통해 사회적 상호관계기술을 배우며, 이를 통해 자아를 개발하고 발전시킬 수 있다.

    ㉢ 수련거리는 청소년에게 개별적이며 자발적인 활동에 대한 전문성을 갖고 조직화되어 있다.

    ㉣ 청소년의 발달 특성상 또래 관계증진에 기여할 수 있다.

(4) 수련거리의 실태

① 청소년기본계획에 따라 1992년부터 개발하기 시작한 수련거리는 청소년의 태도, 가치, 기술 등의 주제에 따라 체계적으로 구조화되었다.

② '청소년어울마당', '청소년수련거리 시범운영', '찾아가는 청소년수련마을운영' 등 다양한 사업형태가 있다.

(5) 수련거리 유형(청소년활동수련프로그램)

① 개발주체에 따른 유형

    ㉠ 정책수련거리 : 국가 정책계획에 의해 한국청소년개발원을 통해 개발된 프로그램으로 청소년기본법에 제시된 심신단련, 자질배양, 취미개발, 정서함양, 사회봉사 등의 체험활동영역을 중심으로 개발된 수련거리를 말한다.

ⓛ 단체수련거리 : 정책적 목적으로 개발 이전, 청소년단체협의회 회원단체를 중심으로 개발된 것으로 단체의 고유한 설립목적과 특성에 따라 개발되었다.

ⓒ 개별수련거리 : 청소년수련활동을 전제로 하기보다 생활의 다양한 분야에서 필요한 음식, 여행, 취미 활동 등과 관련된 그 자체가 하나의 활동내용을 과정을 담고 있다.

② 구성형태에 따른 유형

ⓐ 단위수련거리 : 가장 최소단위의 수련거리와 관련프로그램으로 단일한 목적과 목표를 달성하기 위한 하나의 활동내용으로 구성되었다. 예를 들면 농구, 수예품 만들기, 음악 알아맞히기 게임 등이 있다.

ⓛ 종합수련거리 : 여러 영역의 활동프로그램을 한데 모아서 활동의 체계에 따라 분류하지 않고 유형 또는 영역별로 활동을 나열하는 수련거리로 부문별로 고유의 성격을 유지하면서 일정한 연결원칙이나 연계성을 가지고 조합된 수련거리이다. 예를 들면 청소년수련광장, 수련거리백과 등이 있다.

ⓒ 통합수련거리 : 정책적으로 개발, 보급된 수련거리에서 흔하며, 청소년수련활동영역과 관련한 하나의 주제를 정하고 세분화된 여러 활동이나 비슷한 성격을 가진 활동을 모아 한 체계 속에 체험을 위해 순차적으로 연결시켜, 하나의 활동을 구성한 수련거리이다. 통합수련거리는 각각의 독립적 성격의 단위수련거리가 연결되어 있으면서 하나의 목적과 목표 달성을 위해 결합되어 있다. 예를 들면 '청소년독서교실활동'으로 인식(책의 세계로), 탐색(책과 만남), 준비(책을 가까이), 실행(책과 생활을)의 단계적 접근을 통해 독서를 체험하게 구성되어 있다.

③ 활동영역에 따른 유형

ⓐ 6대 지표에 따른 분류 : 수련거리 개발준거가 되는 건강, 정서, 용기, 예절, 협동, 긍지의 6대 지표에 따라 분류하였다.

ⓛ 21세기 청소년상에 따른 분류 : 문화적 감성, 과학정보, 사회봉사, 모험개척, 자기계발, 국제 교류, 다영역 활동으로 분류하였다.

ⓒ 청소년수련활동영역에 따른 분류 : 청소년기본법시행령 제3조에 따라 21세기 청소년상에 따른 분류에 환경의식 영역이 추가로 분류되었다.

(6) 수련거리의 구성요소

① 청소년 : 청소년 : 청소년은 수련거리의 주체인 동시에 대상이 된다. 수련거리를 적극적으로 운영하는 주체인 동시에 수련거리가 계획하는 정책적이고 의도적인 변화의 대상으로 수련거리가 원하는 목적을 달성하기 위해서는 개발과 실행의 전 과정에 중심이 되는 청소년에 대한 이해가 필요하다.

② 청소년지도자 : 수련거리에서 주도적인 역할을 하는 청소년지도사는 프로그램을 구성하고 실행하며 수련거리의 효과성과 효율성을 높이는데 결정적인 요소가 된다.

> **더 알아보기**
>
> 청소년지도사 배치기준
> 1급 또는 2급 청소년지도사 각각 1명 이상을 포함하여 4명 이상의 청소년지도사를 두되, 수용인원이 500명을 초과하는 경우에는 500명을 초과하는 250명단 1급, 2급 또는 3급 청소년지도사 중 1명 이상을 추가로 둔다.

③ **목표** : 수련거리가 가진 일반적인 목표는 정책적인 목표를 달성하는 것에 있지만 이것은 수련활동에 참여하는 청소년과 청소년지도자, 그리고 수련활동 시설 또는 단체가 지향해야 하는 바와 일치되어야 한다. 수련거리의 목표 자체가 청소년은 물론, 청소년지도자와 수련활동 현장의 역량을 촉진시킬 수 있는 방향에서 개발, 실행되어야 한다.

④ **활동내용** : 수련거리의 핵심사항으로 수련거리가 지향하는 목적과 목표, 수련거리의 운영주체가 바라는 전략 등을 성취하기 위해서 수련활동에 참여한 청소년들이 체험해야 할 구체적인 내용을 의미한다.

⑤ **활동방법과 기법** : 활동방법이란 수련거리의 내용을 구체적으로 담아낸 규칙으로 이를 통해 수련활동에 참여한 청소년과 청소년지도자와의 상호작용을 이끌고 구체적이고 다양한 방법을 도출시킬 수 있어야 한다. 활동기법이란 활동내용을 순서적으로 진행하는 과정에서 가장 능률적이고 수련활동에 참여한 청소년들의 취향에 맞도록 전달하는 기술을 의미하며, 수련거리가 목적한 수준에 이르도록 청소년들의 태도나 행동, 인식변화에 실재적으로 영향을 미치는 중요한 요소가 된다.

⑥ **장소 및 시설** : 수련거리를 실행하기 위한 물리적 조건을 말하며 대다수의 수련거리는 청소년수련시설에서 활용하는 것을 전제로 개발되어 실행되고 있다.

⑦ **시기와 기간** : 청소년에게 수련활동을 하는 시기와 기간은 수련활동 참여에 영향을 미치므로 시기와 기간을 결정할 때에는 청소년의 특성과 욕구에 사전조사가 필요하다.

⑧ **준비사항** : 수련활동 운영전반에 대한 사항을 기재하는 것으로 수련거리 내용, 방법을 운영하는데 있어 필요한 물품을 제시하는 것이다.

⑨ **평가활동** : 수련활동에 참여하는 청소년과 청소년지도자가 활동목표와 내용, 방법, 준비사항, 장소, 기간 등의 요소를 평가하는 것을 의미한다.

⑩ **청소년 생활환경 내에서의 위치** : 수련거리가 청소년의 생활환경에 다목적으로 활용될 수 있도록 청소년 자신만의 새로운 수련거리를 창조할 수 있는 동인으로 위치해야 한다.

(7) 수련거리의 개발과정

① 개발원칙

ㄱ **분명하지만 숨겨져 있는 목적과 목표** : 수련거리는 목표지향적 프로그램이지만 목표가 두드러지게 드러난다면 자발적 참여를 저해할 수 있다. 따라서 전체활동을 통해 자연스럽게 설정된 목표와 목적이 성취될 수 있도록 구성해야 한다.

ㄴ **흥미로운 체계와 방법** : 체험활동 자체가 흥미를 가져다 줄 수 있어야 하며 흥미로운 체계구성으로 수련거리를 직접 체험해 보지 않더라도 그것만으로도 수련활동의 관심과 참여도를 증진할 수 있는 촉매제가 되어야 한다.

ㄷ **가능한 활동추구** : 특수한 성격의 수련거리를 제외한 다수의 수련거리는 활용이 용이해야 한다.

② 점진적 전개 : 수련거리는 점진적 전개를 통해 청소년들이 정해진 기간, 일정한 시간 동안 목표에 점차 접근할 수 있도록 구성되어야 한다.

② 개발절차

㉠ 수요자 요구조사

㉡ 계획 : 수련거리 개발의 시작이다. 활동의 목적과 방향을 토대로 활동내용과 시간, 장소, 환경 등을 고려하여 방향을 추진한다.

㉢ 구성 : 수련거리 개발의 핵심단계이다. 구성안에서 활동의 목적, 내용, 방법, 유의사항, 준비물, 평가방법에 대한 내용이 담겨져 있어야 한다.

㉣ 실행 및 평가(현장 적용)

㉤ 확정 및 보급 : 수련거리 개발과정의 마지막 단계이다.

⑻ 수련거리의 발전방향

① 정책프로그램으로서 분명한 성격을 정립해야 한다.

② 수련거리의 개념을 재정리해야 한다.

③ 수련거리의 형태를 다양화해야 한다.

④ 학교 특별활동 프로그램과 연계해야 한다.

⑤ 개별적으로 활용할 수 있는 수련거리의 개발도 요구된다.

04 청소년수련활동의 발전방향

section **1** 청소년수련활동 지도

① 수련활동 지도

(1) 수련활동 지도 개념

① 수련활동은 행하면서 배우는 체험학습이 기본이 되어야 한다.

② 청소년이 중심이 되는 활동, 즉 참가자 중심의 집단활동이어야 한다.

③ 청소년활동은 참가자인 청소년이 중심이 되는 참가자활동과 주최측 중심의 집단활동으로 나눌 수 있으며 주최자 중심활동은 계획, 진행, 평가의 모든 활동과정이 성인에 의해 이루어지는 반면, 참가자 중심의 활동은 참가자 개개인의 재능과 창의성을 발휘할 수 있는 자발적인 활동이다.

> **POINT** 소집단 활동의 장_원들 간의 감정적 수용도가 높으며 서로를 인격적으로 이해하며 집단구성원들 사이에 야기되는 갈등이나 문제를 통하여 타인을 이해하면서 성장할 수 있다.

(2) 수련활동 지도 원칙(John Dewey)

① 수련활동의 장이 인간교육의 장이 되어야 한다.

② 청소년의 흥미와 욕구충족이 모든 학습과 활동의 동기가 되어야 한다.

③ 지도자는 청소년의 활동을 고무하고 적절한 정보를 제공하는 안내자가 되어야 한다.

④ 청소년의 평가는 지적인 면에 대한 평가 뿐 아니라 청소년의 신체적, 도덕적, 사회적 특징에 대한 평가를 포함하는 것으로 청소년의 발달과 지도에 도움이 되는 것이어야 한다.

⑤ 청소년의 건강은 중요시되며, 이를 위해 수련시설의 시설, 환경, 인적 조건은 명랑해야 한다.

⑥ 가정과 학교, 수련시설은 학부모와 긴밀한 협조관계를 유지하면서 청소년의 육성에 힘써야 한다.

② 청소년수련활동 실제

청소년지도는 청소년들이 실생활에서 자발적으로 참여하여 이루어지는 모든 체험활동을 의미하며 청소년지도 영역은 청소년의 생활전체를 포괄하는 것이다.

(1) 자연체험활동

① 청소년들로 하여금 자연을 사랑하고 이해하는 마음을 갖는데 목적이 있다.

② 자연체험활동을 통해 자연에 대한 이해와 사귐, 신체적 · 정신적 건강, 인간관계 개선, 민주적 생활의 훈련, 창의성 개발과 기술습득이 가능하다.

③ 야영활동(캠핑)은 청소년으로 하여금 대자연에서 1박 이상의 숙식을 직접 체험케 하는 대표적인 야외활동으로 청소년 야영활동을 지도하는 캠프지도자는 집단(캠퍼)에 대한 이해를 갖고 안전, 교육적 효과, 자각, 행복과 성장에 관심을 기울여야 한다.

④ 야영활동(캠핑)의 계획은 착상→구상→과제계획→실시계획단계의 하위단계를 거치며 야영활동을 준비하게 된다.

⑤ 자연체험활동으로는 야영 이외에 자연탐사활동 프로그램, 자연을 가꾸고 보존하는 활동프로그램, 레크리에이션을 겸한 자연탐구프로그램 등이 있다.

> **POINT** 캠프지도자가 지녀야 할 기술(Priest, 1987)
> ㉠ 활동과 안전을 관리하는 기술
> ㉡ 조직기술
> ㉢ 지도기술
> ㉣ 집단상담기술
> ㉤ 경험에 근거한 판단기술

(2) 체육활동 프로그램

① 청소년들의 신체적 · 정신적 건강을 증진하는데 주목적이 있다.

② 체육활동 프로그램은 정서적 휴식과 창조성을 제공하는 중요한 역할을 하며 인격형성, 사회적응력 배양, 정신건강 증진 등의 긍정적인 가치를 지니고 있다.

③ 체육활동은 놀이, 여가, 레크리에이션과는 다른 개념이다.

> **POINT** 체육활동과 유사한 개념
> ㉠ 놀이 : 활동 자체가 즐거움과 만족을 주고 강제성이 없이 자발적인 것으로 기분 전환 및 의욕을 고취하는데 효과적이다.
> ㉡ 여가 : 생활시간 이외의 자유로운 시간을 의미하는 여가는 생계를 위한 필요성이나 의무가 따르지 않고 스스로 만족을 얻기 위한 자유로운 활동으로서 활동을 행하는 일 자체가 목적이 되는 것을 의미한다.
> ㉢ 레크리에이션 : 일로 피로해진 심신을 정상적인 상태로 회복하기 위하여 자유시간을 활용하여 즐기는 여러 활동으로 여가선용의 활동이 된다.

④ 각종 스포츠 활동프로그램(수영, 축구, 태권도, 등산 등), 안전훈련프로그램(응급처치, 안전사고 대비훈련 등), 영양 및 보건프로그램(식단짜기, 건강교양), 스포츠행사프로그램(체육대회, 전국해양제전 등)이 이에 속한다.

(3) 예능활동 프로그램

① 청소년들로 하여금 예술활동에 대한 기본적인 소양과 안목을 갖추고 성서발달과 창조능력을 증진시키는데 목적이 있다.

② 종합예술프로그램(청소년 예능교실, 종합예술제 등), 음악활동 프로그램(즉석가요제, 음악감상회 등), 미술 활동프로그램(미술전시회 관람, 서예교실, 미술대회 등), 문학 프로그램, 기타활동(춤강연, 영화감상 등)이 있다.

(4) 과학활동 프로그램

① 청소년들에게 직접적인 관찰과 실험을 통하여 과학의 기초적인 지식과 원리를 습득하도록 하고, 여러 가지 과학적 현상에 대한 탐구능력을 키우도록 하는데 목적이 있다.

② 실험 및 실습활동프로그램(컴퓨터교실, 재미있는 곤충 기르기 등), 견학프로그램, 과학 공작 프로그램 등이 있다.

(5) 봉사활동 프로그램

① 청소년들에게 이웃, 지역사회와의 만남을 통하여 향토애와 시민정신을 함양할 뿐 아니라, 나아가 일상생활에서 삶의 의미를 깨닫고 실천하도록 하는데 목적이 있다.

② 봉사활동은 참여한 청소년들이 성취할 수 있는 범위 내에서 실천하도록 지도한다.

③ 봉사활동 프로그램은 주최측 집단활동이 아닌 참가자 체험 중심의 청소년활동의 비중이 많다.

④ 봉사활동은 장소에 따라 시설봉사프로그램, 지역사회봉사프로그램(꽃길 가꾸기, 지역사회 청소활동 등)으로 나눌 수 있으며, 대상에 따라 아동보호활동, 청소년보호활동, 장애인복지활동으로 분류할 수 있다.

(6) 예절수양 프로그램

① 청소년들이 사회성원으로서 갖추어야 할 공동생활 규범을 습득하도록 하는데 주목적이 있다.

② 전통예절 프로그램(혼례, 제례, 상례 배우기 등)이 있다.

(7) 전통문화활동 프로그램

① 청소년들에게 올바른 문화적 정체성을 형성시켜 주고, 문화의 전달과 유지, 창조의 과정을 익히도록 하는데 목적이 있다.

② 민속놀이프로그램, 향토민속프로그램, 문화유적 탐사프로그램, 민속예술프로그램 등이 있다.

(8) 자아개발활동 프로그램

① 청소년기의 발달과업인 자아정체감형성을 돕고 자아에 대한 이해와 수용을 바탕으로 타인과의 참만남을 형성하도록 돕는다.

② 자기의 건전한 성격발달과 인간관계 및 사회적응을 조력하는데 목적이 있다.

③ 수련활동의 구성시 인간관계훈련, 심성개발, 가치관훈련, T그룹활동, 의사소통프로그램 등은 제한된 시간에 청소년의 경험을 극대화 하는 동시에 자발적 참여를 가능하게 하는 효과가 있기에 구조화한 놀이기법이 바람직하다.

④ 자아개발활동프로그램으로는 자아인지프로그램, 자기성장프로그램, 심성개발프로그램, 진로탐색프로그램 등이 있다.

❸ 청소년 지도 프로그램 유형 및 분류

(1) 프로그램의 개발 주체에 따른 분류

① 국가 및 사회적 수준의 프로그램

  ㉠ 국가 및 사회적 수준의 프로그램이란 국가가 청소년지도의 활성화를 위하여 정책적으로 개발 보급하는 프로그램을 말한다.

  ㉡ 청소년 교육과정이라고 할 수 있는 것으로서 대체로 중앙집권적이고 획일적이며, 보편적인 성격을 지닌다.

  ㉢ 우리나라에서는 청소년지도 분야가 아직도 매우 초보적인 단계에 있음으로써 이 수준의 프로그램이 많이 개발되어 있지 않다.

  ㉣ 국가 수준 프로그램의 가장 대표적인 것은 1992년에 한국청소년개발원이 개발해서 보급하고 있는 청소년활동 프로그램을 들 수 있다.

  ㉤ 프로그램에는 역사연극활동, 도시 농촌 교환봉사, 호연훈련활동, 명절쇠기활동, 국토탐사팔동 등이 포함되어 있다.

  ㉥ 국가 및 사회적 수준의 프로그램은 포함된 각각의 활동들을 독립적인 프로그램으로 볼 수도 있으며, 이 경우 전체는 청소년 교육과정으로 명명될 수 있다.

ⓢ 이들 프로그램은 각 지역의 청소년수련기관에서 활용될 경우 현장성이 떨어지는 문제점을 안고 있다.

ⓞ 프로그램이 지역성과 현시성 등을 충분하게 반영하지 못함으로써 문서로만 남아 있게 되는 문제가 있다

② 기관 수준의 프로그램

ㄱ 기관 수준의 프로그램은 청소년단체나 시설 등에서 독자적으로 개발하는 사업적인 성격을 가진 프로그램을 의미한다.

ㄴ 프로그램들은 기관의 목적 및 목표를 달성하기 위한 기본 수단으로 활용된다.

ㄷ 각 기관의 기본이념을 보다 잘 반영하기 위하여 독창적으로 개발되고 운영된다.

ㄹ 청소년적십자의 각종 공중위생활동 프로그램, 해양청소년단의 해양스포츠활동 프로그램, 걸스카우트의 가정생활교육 프로그램, 라보의 다언어 가족활동 프로그램, 한국우주소년단의 실물모형제작활동 프로그램, 한국 청소년마을의 청소년가족 수련활동 프로그램 등이 이에 속한다.

ㅁ 기관 프로그램은 성격이 뚜렷하며 팔동의 내용을 비롯하여 방법, 시기, 장소, 효과, 평가 등이 보다 명확하게 제시되어 있다.

ㅂ 프로그램들은 특징성과 구체성을 띠며, 평가는 프로그램의 의도가 청소년들에게 얼마나 효과 적 효율적으로 전달되었는가에 기초한다.

ㅅ 최근 청소년지도 현장에서 프로그램의 중요성이 크게 강조되면서 각 기관과 시설별로 독자적인 프로그램을 개발 운영하려는 노력이 확산되고 있다.

③ 교사 및 지도사 수준의 프로그램

ㄱ 교사 및 지도사 수준의 프로그램은 학교학습에서 말하면 단시(차시) 학습지도 안과 같은 성질을 띤다.

ㄴ 청소년지도 현장에서는 청소년지도사가 기관의 독자적 인 프로그램에 기초하여 한 단위의 활동을 전개하는 데 필요한 구체적인 활동 계획을 수립하는 것을 말한다.

ㄷ 내용뿐만 아니라 시간, 장소, 대상, 매체, 인적 자원 등 구체적인 모든 요소가 포함되며, 연극에서 각본(script)을 만들 듯이 지도자의 지도실제를 명시해야 한다.

ㄹ 레크리에이션 프로그램, 친밀감형성 프로그램, 무인도탐사 프로그램, 전통생활용품조사 프로그램, 위문활동 프로그램, 자동차 모형제작활동 프로그램 등을 들 수 있다.

ㅁ 프로그램은 대부분 일정한 단위시간 동안 청소년지도사의 지도과업과 청소년들의 구체적인 경험이 단계별로 제시되며, 청소년지도사의 입장에서 반드시 필요한 활동계획안이라고 할 수 있다.

ㅂ 현실적으로 기관 수준의 프로그램이 있는 경우에도 단위활동 프로그램은 마련해 두지 않는 경우가 많으며, 설령 있다고 하더라도 구체적인 지도지침을 제공해 주지 못하는 다분히 일반적인 지도안만이 존재하고 있는 실정이다.

(2) 프로그램의 구조화 정도에 따른 분류

① 구조화된 프로그램

    ㉠ 프로그램의 목적 및 목표가 분명하고, 이를 달성하기 위한 내용 및 경험이 적절하게 선정. 조직되어 있으며, 지도방법과 절차, 매체 등이 합리적으로 계획되어 있고, 평가전략과 피드백 과정까지도 명확하게 제시되어 있는 것을 말한다.

    ㉡ 전문적이고 체계적인 프로그램이라고 할 수 있다. 청소년지도 프로그램은 목적과 내용, 방법, 평가의 전 과정을 보다 체계적으로 구성함으로써 지도활동의 지속성과 전눙성을 가져올 수 있도록 하여야 할 것이다.

② 비구조화된 프로그램

    ㉠ 단순한 행사 진행표나 일정표 등과 같은 것을 말하는데, 이들 대부분은 프로그램이 갖추어야 할 기본적인 요소가 부분적으로 또는 전체적으로 생략되어 있고, 기관 뜻는 실행자의 주관적 경험에 크게 의존하고 있다.

    ㉡ 청소년의 요구를 분석하고 지도활동의 문제점과 개선점을 파악하려는 의도가 내포되어 있지 않다.

    ㉢ 청소년지도사가 바뀌게 되면 행사의 성격도 크게 달라질 수 밖에 없게 됨으로써 청소년지도사의 지속성을 보장할 수 없다.

(3) 프로그램의 구성범위에 따른 분류

① 단위 프로그램

    ㉠ 어떤 하나의 내용을 한 번에 지도하기 위한 일회성의 프로그램으로써, 학교학습과 관련해서 말하면 교사의 차시(단시) 학습지도안과 같은 성격을 갖는다.

    ㉡ 이 프로그램은 비교적 짧은 시간에 달성해야 할 특정한 활동을 중심으로 구성되어 있다.

② 연속(단계적) 프로그램

    ㉠ 한 주제를 여러 개의 내용으로 나누어서 이를 일정한 순서에 따라서 연결한 프로그램이다.

    ㉡ 어느 한 프로그램의 활동 결과는 반드시 다음 프로그램의 시작이 되도록 설계되며, 선후 활동내용간에 종적인 체계를 이루면서 활동의 깊이와 넓이를 더하고 있다.

    ㉢ 프로그램을 구성할 때의 기본원리는 초보적인 활동에서 복잡하고 어려운 활동으로, 구체적이고 세부적인 활동에서 추상적이고 일반적인 활동으로, 부분 활동에서 전체 활동으로 단계적으로 연결하는 것이다.

    ㉣ 프로그램은 기능연마나 기술습득을 목적으로 하는 청소년지도 영역에서 많이 개발되어 진다.

③ 통합 프로그램

    ㉠ 한 주제에서 세분화된 여러 활동이나 비슷한 성격의 활동들을 모아 한 체계 속에 적절하게 연결하여 하나의 활동으로 묶어서 구성한 것이다.

ⓛ 연속 프로그램과 같이 복합 프로그램의 한 방식으로써 통합프로그램들의 구성요소들은 서로 독립되는 개별 내용으로서 모순되지 않고 하나의 목표를 향해 효과적으로 결합되어 있는 것이 특징적이다.

ⓒ 통합프로그램의 구성요소들은 종적인 체계를 이루는 연속 프로그램과는 달리 수평적인 관계에서 서로가 서로를 보강하고 강화할 수 있도록 조직되어 있다.

ⓔ 청소년의 가치관 또는 태도 형성이나 각종 사회문제 해결을 목적으로 하는 청소년지도 영역에서 많이 나타난다.

④ 종합 프로그램

㉠ 부분별 프로그램이 각각 고유한 목표와 성격을 유지하면서 어떤 연결 원칙이나 공통적인 문제 또는 상호 관심 영역 하에서 그 연계성을 합리적으로 조합한 총괄성을 가진 프로그램이다.

㉡ 비교적 편성규모가 큰 광역 프로그램으로서 주로 특정한 기간동안 이루어지는 일정한 제목 중심의 행사형 프로그램들이 대부분이다

④ 청소년수련프로그램 개발과 운영

(1) 수련프로그램 개발의 운영원리

① 청소년수련프로그램을 개발하고 운영하는 전체과정에 있어 수요자인 청소년을 중심으로 고려한다.

② 청소년수련프로그램은 수련활동을 목적으로 수행되는 프로그램으로서 활동과정과 결과에 있어 다양한 체험과 경험이 조직적이고 단계적으로 이루어져야 한다.

③ 청소년프로그램은 그 프로그램이 의도한 목적을 효과적으로 달성하고 원활하게 수행되어질 수 있도록 요구되는 제반요소와 자원들을 고려하여 개발, 운영되어야 한다.

④ 청소년수련프로그램의 개발과 운영과정에 활동의 대상자인 청소년들이 적극 참여할 수 있도록 해야 한다.

⑤ 청소년수련프로그램은 청소년의 전체생활과 활동 속에서 통합될 수 있도록 개발되어야 한다.

(2) 수련프로그램의 과정

① **프로그램 기획** : 단위프로그램의 개발여부를 결정짓는 의사결정과정이자 장래 전개될 프로그램을 추상적인 아이디어 수준에서 실행 가능한 구체적인 형태로 변화하는 과정을 말한다. 기획의 하위단계는 다음과 같다.

㉠ 프로그램에 대한 확신과 문제인식

㉡ 요구조사 및 정보수집

㉢ 프로그램 기획안(단위프로그램 계획서)작성

㉣ 의사결정

② **프로그램 설계** : 무엇을 어떻게 할 것인가에 집중하여 기획안을 구체화하여 상세한 지침과 내용을 구안하고 확정단계로 채택된 프로그램을 보다 실행 가능한 구체적인 형태로 변환하는 과정이다. 프로그램 설계의 하위단계는 다음과 같다.

　㉠ 설계사전준비

　㉡ 프로그램 설계안 작성

　㉢ 설계안평가

③ **프로그램 실행** : 가설과 가정으로 이루어진 프로그램이 실제로 현장에서 활동화되어 타당성이 검증되면서 가치를 가지게 되는 단계로서 청소년이 프로그램에 참여하여 적극적으로 활동할 수 있도록 지도하는 단계이다. 하위단계는 다음과 같다.

　㉠ 도입단계

　㉡ 실행 및 심화단계

　㉢ 종결단계

④ **프로그램 평가** : 프로그램이 설계된 안에 따라 실행한 이후 처음 설정한 기획단계의 목적과 실행이후의 결과를 비교하여 프로그램개발의 결과를 알고 그 의미를 부여하는 과정이다. 프로그램 평가의 기준은 프로그램 기획 시 설정한 목표의 달성여부와 달성정도, 기획한대로 실행단계에서 진행되었는지에 대한 여부, 수요자의 만족도와 프로그램에 참여한 인적자원의 주관적 평가, 청소년의 성장과 발달에 미친 효과가 될 수 있다.

　㉠ 평가

　㉡ 보고

　㉢ 추수활동

(3) 수련프로그램의 지원활동

① 수련프로그램의 지원활동은 프로그램의 개발 및 운영에 요구되는 물적 · 인적자원의 확보와 개발, 프로그램 운영의 효율성과 효과성 제고를 위해 프로그램 전 과정에 걸쳐 이루어지는 업무의 조정 · 지원과 유기적인 통합활동을 말한다(김민 외, 2001).

② 프로그램 지원부문의 과업은 인적자원의 전문성과 지도력의 개발부문과 프로그램의 운영과 관련된 운영지원, 관리부문으로 구분할 수 있다.

> **POINT** 프로그램개발통합모형
> 　㉠ 프로그램 기획
> 　㉡ 프로그램 설계
> 　㉢ 프로그램 마케팅
> 　㉣ 프로그램 실행
> 　㉤ 프로그램 평가

section **2** 청소년수련활동의 발전방향

1 청소년수련활동의 현황

(1) 청소년수련활동 정책현황

① 청소년육성정책과 청소년수련활동

　　㉠ 청소년육성이란 청소년기본법에 의하면 '청소년의 복지를 증진하고 청소년의 수련활동을 지원하며, 청소년교류를 진흥하고, 사회여건과 환경을 청소년에게 유익하도록 개선하여 청소년에 대한 교육과 상호 보완함으로서 청소년의 균형있는 성장을 돕는 것'이라고 정의하고 있다.

　　㉡ 청소년육성은 청소년을 위한 복지증진, 수련활동 지원, 교류진흥, 환경 개선으로 영역화 된다.

　　㉢ 여성가족부장관이 관계행정기관의 장과 협의하여 청소년육성정책을 총괄하는 조정할 수 있다.

② 청소년수련활동 정책 현황

　　㉠ 청소년수련활동의 관련 정책은 청소년육성정책의 법적 근거인 청소년기본법에 의하면 "국가 및 지방자치단체는 청소년의 수련활동을 장려하고 복지를 증진하며, 국민의 책임수행에 필요한 여건을 조성하고 이에 필요한 재원을 조달할 책임을 진다"고 규정하고 있다.

　　㉡ 청소년수련활동을 위한 시책은 국가가 매 5년마다 청소년육성에 관한 기본계획에 의해 수립하여야 한다.

(2) 청소년수련활동 정책방향(청소년육성 5개년계획 정책방향)

① 미래의 주인공으로 권리유보 → 오늘의 사회구성으로 권익증진

② 성인주도 · 정책대상의 청소년 → 청소년참여 · 정책주체로서의 청소년

③ 소수 문제청소년의 지도 · 보호 → 다수건강한 청소년의 활동지원

④ 공급자 · 시설위주의 양적성장 → 수요자 · 프로그램 중심의 질적 향상

⑤ 중앙중심의 규제와 닫힌 운영 → 지역 · 현장 중심의 자율과 열린 운영

(3) 청소년수련활동 체제의 구축

① 청소년기본법에서 국가 뿐 아니라 지방자치단체에게도 청소년 건전 육성을 위한 적극적인 참여에 대한 책임과 의무를 부과하였으며 최근에는 지방자치단체의 적극적인 투자에 의하여 행정구역별로 수련시설이 증가하고 있다.

② 청소년수련시설은 생활권 수련시설로 행정구역별로 1개소씩 건립하는 것이 원칙으로 모든 지역과 계층의 청소년에게 수련활동 참여 기회가 제공되어야 한다.

(4) 수련거리 개발 및 운영지원

① 1999년 개정된 청소년수련활동 영역에 따라 영역별 수련거리 소재 30종을 2002년도까지 추가로 개발하여 보급하고 있다.

② 문화체육관광부에서는 청소년 어울마당 운영, 청소년수련거리 시범운영, 찾아가는 수련마을 등의 다양한 사업을 지원하고 있다.

③ 현재까지의 수련거리 관련 정책의 변화는 종전의 대규모 획일적 프로그램 운영에서 소규모의 다양화, 특성화된 프로그램이 확대되어 청소년의 생활현장과 연계를 촉진한다.

④ 과거 규제와 통제적 중앙단위 중심에서 지역 청소년들의 삶의 현장에 맞는 자율적 사업들의 확대를 강조하면서 수요자·프로그램 중심의 질적 향상을 꾀하고 있다.

⑤ 공급자중심, 하드웨어 중심, 시설 위주의 양적성장에서 벗어나 청소년 중심의 프로그램의 질적 향상으로 청소년의 창조적, 문화적 감수성 발현에 이바지하고 있다.

> **더 알아보기**
>
> **청소년특별회의**
> 청소년 기본법 제12조(청소년특별회의의 개최)
> ① 국가는 범정부적 차원의 청소년정책과제의 설정·추진 및 점검을 위하여 청소년 분야의 전문가와 청소년이 참여하는 청소년특별회의를 해마다 개최하여야 한다.
> ② 청소년특별회의의 참석대상·운영방법 등 세부적인 사항은 대통령령으로 정한다.
> - 청소년 기본법 제 12조에 근거하여 전국 17개 시도의 청소년 대표 및 청소년분야 전문가들이 함께 청소년의 시각에서 청소년 정책과제를 발굴하여 정부에 제안하는 청소년 참여기구이다.
> - 2004년 참여정부 공약으로, 설치된 위원회인 대통령 청소년특별위원회가 그 시초이다. 당시 여기서 브랜드명으로 활용했던 WithYouth를 활용하여 청소년특별회의를 구성할 것을 계획하여 청소년특별위원회 위원이 중심이 되어 추진위원회를 구성, 청소년 및 청소년계 관계자들을 추가로 하여 확대된 청소년특별회의를 시범사업으로 개최하였다. 여기서 연 1회 시행을 정례화할 것을 제안하여, 2005년 4월 의회형식으로 구성된 청소년특별회의로 개편하여 현재에 이른다. 현재는 여성가족부, 한국청소년활동진흥원에서 사업을 운영하고 있다.
> - 청소년특별회의는 출범 이후 총 470개의 정책과제를 제안, 이중 416개 정책과제가 수용(88.5%)되어 정부 정책으로 추진되었다. 현재 WithYouth는 청소년특별회의를 포함 범 청소년 참여포탈 브랜드로 사용 중이다.

(5) 국제청소년성취포상제

① 국제청소년성취포상제(The Duke Of Edinburgh's International Award)는 1956년 영국 에딘버러 공작에 의해 설립되었으며 청소년들이 다양한 활동영역에서 자기주도적으로 활동하여 스스로의 잠재력을 최대한 개발하고 삶의 기술을 갖도록 하는 전 세계 130여개국에서 운영되는 국제적으로 공인된 자기성장 프로그램입니다.

② 활동개요
   ㉠ **참가대상** : 만 14세~24세 청소년
   ㉡ **활동영역** : 봉사활동, 자기개발활동, 신체단련활동, 탐험활동, 합숙활동(금장에 한함)
   ㉢ **포상단계** : 동장(6개월), 은장(6개월~12개월), 금장(12개월~18개월)

ⓒ **참여방법** : 운영기관의 지도자와 상담 후 e청소년 사이트 홈페이지(www.youth.go.kr) 통해 입회신청

③ **활동기준**

구분	봉사활동	자기개발활동	신체단련활동	탐험활동	합숙활동
금장 16세 이상	12개월 48시간 이상	12개월 48시간 이상	12개월 48시간 이상	3박 4일	4박5일 합숙활동
	은상을 보유하시 않는 자는 봉사, 자기개발, 신체단련 중 하나를 선택하여 추가로 6개월 수행				
은장 15세 이상	6개월 24시간 이상	6개월 24시간 이상	6개월 24시간 이상	2박3일	
	동장을 보유하지 않은 자는 봉사, 자기개발, 신체단련 중 하나를 선택하여 추가로 6개월 수행				
동장 14세 이상	3개월 12시간 이상	3개월 12시간 이상	3개월 12시간 이상	1박2일	
	참가자는 봉사, 자기개발, 신체단련 중 하나를 선택하여 추가로 3개월 수행				

※ 활동 1회당 1시간 이상
※ 활동영역별 최소 필요 시간과 성취목표를 모두 달성해야 각 단계별 포상을 받게 됨

④ **활동철학**

ㄱ 비경쟁성(NonCompetitive)

ㄴ 평등성(Available to All)

ㄷ 자발성(Voluntary)

ㄹ 유연성(Flexibility)

ㅁ 균형성(Balanced program)

ㅂ 단계성(Progression)

ㅅ 성취지향성(Record of Achievement)

ㅇ 지속성(Marathon, not a Sprint)

ㅈ 과정 중시성(Value of Process)

ㅊ 재미(Enjoyment)

2 청소년수련활동의 과제와 방향

(1) 관련 분야 간 협력체제 수립

① 청소년육성정책은 학교교육정책과 조화와 균형을 이루어 상호보완적 기능을 수행해야 한다.

② 청소년 관련 제분야를 유기적으로 연계하고 상승적 효과를 기대할 수 있도록 분야 간 구분을 벗어나 정책사업으로서 그 성격을 재정립할 필요가 있다.

③ 청소년수련활동과 관련하여 청소년육성정책은 청소년개발을 지원하는 역할을 명확히 하고 학교 교육정책과 학교 외 교육정책으로서의 큰 틀로서 청소년 정책의 범주에서 수행될 수 있도록 사회적 합의를 도출할 수 있어야 한다.

(2) 수련활동 범주의 확인

① 청소년수련활동은 청소년육성정책을 통해 이루어지는 정책사업으로서 청소년들에게 필요한 자기계발의 기회를 갖도록 하는 공공의 책무성을 구현하기 위한 정책수단이 된다.

② 청소년정책이 수련활동 이외의 분야에서도 실질적인 정책 구현의 근거와 수단을 확보하여야 한다.

③ 청소년활동을 청소년이라면 누구나 차별 없이 지원받을 수 있어야 한다.

④ 청소년육성정책을 통한 청소년 지원은 청소년들이 선호하는 동아리 활동, 여가활동, 문화활동 등에 필요한 다양한 인프라의 구축, 확보 및 활동지원을 포함되어야 한다.

(3) 수련활동 운영체계의 개선

① 학교 주5일제와 같은 청소년활동 수요 여건의 변화에 의해 '학교 밖의 시간'이 확대되어야 한다.

② 수련활동이수시간제의 제도화를 통해 학교에서의 체험학습 확대할 수 있다.

③ 수련활동이수시간제를 다양하고 탄력적으로 운영하여 청소년들의 선택의 기회를 넓힌다.

④ 수련시설을 현행과 같이 생활권 또는 자연권의 구분에서 벗어나 프로그램의 내용을 중심으로 숙박형, 비숙박형, 혼합형 등으로 청소년의 수요에 따라 다양하게 운영할 필요가 있다.

⑤ 수련활동이 정책적 지원사업이라는 측면에서 공급되는 프로그램과 참여결과의 제시가 객관적인 형태로 제시되어야 한다.

⑥ 수련활동을 학생만이 아닌 청소년이 참여할 수 있어야 한다.

⑦ '묶음'의 편의보다 '활용'의 편의를 돕는 프로그램을 개발 지원할 수 있는 체계를 수립한다.

⑧ 청소년시설이나 청소년단체 등 수련활동 수행 단위 간 협력을 촉진하여야 한다.

(4) 관련 정책 및 법령의 개선

① '수련활동 이수'시간제는 학교교육 현장의 요구를 수영할 수 있는 통로로 제공되는 것이고 '수련활동 인증제'는 청소년과 보호자가 내용과 품질을 확인하고 선택할 수 있는 제도로서 이와 같은 제도적 장치가 마련되어야 한다.

② 정책의 수립, 집행, 전달체계의 측면에서 정책전반의 방향성을 미래지향적, 수요자 중심, 현장중심의 청소년정책 체제로 균형적인 청소년정책 수립과 지원을 실현한다.

③ 관련 정책기구의 측면에서는 관련 부처 간의 정책적인 연계성, 일관성, 협력체계를 구성하여 청소년관련 업무의 통일적 조정과 운영을 실현한다.

④ 청소년육성을 지원할 근거법의 균형감이 미흡하고 세부 실천 법령이 부족한 상황으로 관련 법류를 제정한다.

⑤ 청소년정책에 대한 인식의 편협성과 관심의 부재를 전환한다.

⑥ 지방의 자치단체의 경우 예산부족으로 청소년 관련 사업의 수립에 한계가 있으므로 적극적인 지원이 필요하다.

더 알아보기

청소년수련활동인증제

청소년수련활동인증제는 청소년활동진흥법에 의거하여 시행되는 제도로, 다양한 청소년활동에 수련활동이 갖는 일정기준 이상의 형식적 요건과 질적 특성을 갖춘 청소년활동이 정당한 절차로 성립되었음을 공적기관에 의해 증명된 제도이다. 인증제는 청소년활동 프로그램, 프로그램을 운영할 수 있는 지도력, 프로그램이 운영되는 활동장, 참여하는 청소년의 활동기록체제 등의 영역에서 일정기준을 갖춘 프로그램으로 인증기준을 충족시키지 못하는 프로그램이나 서비스제공자에게 어떤 제재조치를 취하고자 하는 제도가 아니다. 인증제의 시행은 청소년활동의 질적 향상을 추구하기 위한 계기를 마련하는 한편, 프로그램 운영에 대한 효과와 평가에 초점을 맞추는 것이다. 인증제는 청소년활동이 인증기준을 통하여 가능한 위험요소를 최소화함으로서 안전한 활동환경을 마련하려는 것이다.

더 알아보기

청소년수련활동의 인증절차

㉠ 국가 및 지방자치단체 또는 개인·법인·단체 등이 수련활동에 필요한 프로그램을 개발하여 실시하려는 때에는 인증위원회에 그 인증을 신청할 수 있다.

㉡ ㉠에 따른 인증을 받으려는 자는 수련활동에 필요한 프로그램을 진행하는 활동의 장소, 시기, 목적, 대상, 내용, 진행방법, 평가, 지원조달, 청소년지도자 등에 관한 사항을 작성하여 인증위원회에 제출하여야 한다.

㉢ 인증위원회가 ㉠에 따른 인증을 하는 때에는 현장방문 등 필요한 방법으로 인증신청의 내용을 확인할 수 있다.

㉣ 인증위원회는 인증신청의 내용을 확인한 결과 ㉡에 따른 신청사항이 누락되거나 신청사항의 보완이 필요한 경우에는 대통령령으로 정하는 바에 따라 20일 이내의 기간을 정하여 보완을 요구할 수 있다.

㉤ ㉠부터 ㉢까지의 규정에 따른 수련활동 인증의 절차와 방법 등에 관하여 필요한 사항은 대통령령으로 정한다.

05 청소년프로그램 개발 및 평가

section 1 청소년프로그램 개발

1 청소년프로그램 개발 패러다임

(1) 의의

패러다임이란 일종의 개념적인 틀(Conceptual Framework), 인식의 틀로서 청소년 프로그램을 개발하는데 있어서 적용되는 것이다.

청소년프로그램개발 패러다임이란 청소년 지도사가 프로그램 개발에 대해 가지고 있는 인식의 틀을 말한다. 청소년 지도자는 자신이 형성하고 있는 인식의 틀에 기초하여 청소년 프로그램을 개발하게 되는데 이때 패러다임은 프로그램 개발에 대해 거시적인 인식의 체계를 형성해 준다. 여기서 패러다임(paradigm)이란 어떤 한 시대 사람들의 견해나 사고를 근본적으로 규정하고 있는 테두리로서의 인식의 체계 또는 사물에 대한 이론적인 틀이나 체계를 말한다. 청소년프로그램개발 패러다임은 실증주의 패러다임과 구성주의 패러다임, 비판주의 패러다임으로 나누어진다.

청소년 프로그램은 청소년이 실행하는 활동의 목표부터 과정, 평가까지 종합적으로 포함한 것이라고 한다. 청소년이 자발적으로 참여하는 활동으로 직접 체험하는 것이다. 청소년 프로그램은 미래에 이상적인 인재가 되기 위한 목표를 세우고 갖가지 경험을 한다.

(2) 청소년프로그램 개발 패러다임 유형

① **비판주의 패러다임** : 청소년의 반성(부정적인 생각)과 이를 해결하려는 행위의 상호과정으로 개발 형태가 대화모형이기에 청소년 참여가 부각된다.

② **구성주의 패러다임** : 구성주의패러다임은 학습자와 교수자의 역할, 학습환경, 학습방법 등 변화를 강조하며 지식이 개인의 경험에 근거하여 개인적인 의미를 어떻게 구성하느냐에 따라 다르게 구성될 수 있음을 전제로 한다. 기존의 지식이 새로운 지식을 구성하는 데 활용되므로 교사나 수업설계자가 수업설계 전에 학생들이 가지고 있는 현재의 지식이 개념 또는 인지구조를 확인하는 것은 매우 중요하게 인식한다.

③ **실증주의 패러다임** : 실증주의 패러다임은 객관주의 혹은 경험 분석적 패러다임, Tyler 이론으로도 불린다. 이 패러다임에서 프로그램이란 청소년의 외부 세계에 존재하는 새로운 지식과 정보, 그리고 기술 등을 청소년에게 전달하거나 가르칠 수 있도록 하는 도구적이고 공학적인 성격으로 규정한다. 청소년프로그램 내

용은 청소년기관의 입장에서 결정하는 경향이 있으며 전개방식이 권위적이고 일방적이다. 청소년의 자율적이고 적극적인 참여가 상대적으로 등한시될 위험성이 있는 단점이 있다.

❷ 청소년프로그램 개발모형

(1) 선형적 무형과 비선형적 모형

① **선형적 모형** : 전통적인 방법으로써 보편적으로 사용되는 모형이다. 프로그램 개발과정에 대해 단계별로 세분화하여 그 절차를 도식화 하는 것으로, 선형모델이 제시하는 과정에 대해 순서대로 실행하면 하나의 완성된 프로그램이 되는 것이다. 선형 모델의 과정을 보면 아래의 도형과 같다.

> 요구분석→목표설정→프로그램 설계→예산 및 자원 획득→프로그램 마케팅→프로그램 실행

  ㉠ **요구분석** : 청소년들의 요구를 분석한다.
  ㉡ **목표설정** : 청소년들의 요구에 따른 분석을 토대로 목표로 전환한다.
  ㉢ **프로그램 설계** : 목표를 달성하기 위해 프로그램의 내용 및 방법을 선정하고 그에 맞는 조직을 한다

② **비선형적 모형** : 여러 개발단계 동시 진행되는 방식으로 시간과 자원할당에 의해 융통성을 보다 많이 부여받게 된다. 프로그램 평가가 이 접근의 중심 핵이 되어 각 단계 마다 적절한 평가가 되풀이 되고 피드백된다. 선형 접근이 각 단계에 하나의 절차만이 수행되는 것에 비해 같은 시간에 몇 개의 절차가 동시에 이루어져 시간상의 제약을 받지 않으며, 각 단계가 계속 순환되는 특징을 가지고 있는 방식으로 선형접근에 비해서 훨씬 더 어렵고 더 많은 자원을 필요로 하며, 상당한 능력과 접근성이 요구되는 접근방식이다

(2) 통합적 모형과 비통합적 모형

① **통합적 모형** : 한 주제에서 세분화 된 여러 활동이나 비슷한 성격의 활동들을 모아 한 체계 속에 적절하게 연결하여 하나의 활동으로 묶어서 구성한 것이다. 연속프로그램을 구성하는 각각의 내용은 그 자체로서 미완성의 결과물이지만, 초보자들도 쉽게 구성할 수 있다.

② **비통합적 모형** : 청소년의 참여를 고려하지 않고 청소년단체나 기관, 그리고 청소년지도사가 독자적으로 프로그램개발을 전개하는 방식으로, 단시간 내에 일방적으로 이루어지는 정책적인 행위와 같이 미비한 계획을 쉽게 개정하거나 수정할 수 있다는 장점이 있지만 청소년의 흥미와 필요를 왜곡하거나 부정할 수 있다는 문제점을 발생시킬 수 있는 접근방식이다. 프로그램 개발 과정에서 기존에 어딘가에 존재하는 프로그램을 차용하여 모방하는 방식을 선호한다. 이 접근방식의 큰 특징 중에 하나는 고립성을 가지고 있다는 것으로 잠재적 고객의 참여와 집중을 제한시키는 형태이다. 프로그램 개발의 전개과정이 진행될 때 참여고객인 청소년의 요구과 가치를 반영시키려는 의식적인 노력을 기울이지 않는다.
미비한 계획을 쉽게 개정하거나 수정 할 수 있으며 청소년 단체나 청소년과의 연계체제를 마련하지 않음으로써, 청소년의 흥미와 필요를 왜곡하거나 부정할 수 있다는 문제점을 발생시킬 소지가 있다.

① 청소년활동 프로그램 평가의 기능과 원리

(1) 청소년활동 평가의 기능

① 대상에 대한 이해, 진단, 치료의 기능

학습자 개개인의 성취 정도를 이해하고 교육지도 평가는 참여자의 성취 정도를 정확히 이해하는 것이 목적

② 청소년활동 구성요소들을 개선 시켜 주는 기능

㉠ 평가는 청소년 개인의 학습행위나 결과만의 평가가 아니며 평가로 얻어진 자료는 청소년지도자, 청소년지도법, 청소년지도 프로그램 등을 평가하는 데 유효한 증거가 될 수 있다.

㉡ 청소년지도 과정을 평가하여 얻은 결과는 청소년교육이나 지도의 질적 개선을 위한 생생한 증거가 된다.

③ 청소년들의 지도 및 학습행위를 촉진시키기 위한 기능

지도를 통해 습득한 학습결과에 대한 정기적 또는 수시로 실시하는 평가하고 청소년들의 지도 참여, 동기유발한다. 또한 평가결과의 확인으로 학습 의욕 촉진시켜 준다.

④ 생활지도나 상담의 자료로 활용 가능

㉠ 생활지도 역시 학습지도와 마찬가지로 교육의 중요한 기능 중 하나로 일련의 특성에 대한 정확한 진단과 평가자료가 된다.

㉡ 청소년을 있는 그대로 정확히 이해할 수 있는 좋은 근거가 된다.

⑤ 청소년 지도의 질적 수준이 유지될 수 있도록 하는 기능

청소년 지도에 대한 체계적인 평가로 단순한 진단이나 성취 결과에 대한 점검을 뛰어넘어 청소년 지도 자체가 생명력을 가지고 청소년들에게 의미 있는 경험을 제공하도록 하는 기능을 한다.

(2) 청소년활동 프로그램 평가의 기준

① 유용성

② 실행가능성

③ 적합성

④ 정확성

(3) 청소년활동 프로그램 평가모형

프로그램 평가의 모형은 평가의 목적을 어디에 초점을 두느냐에 따라 다르게 분류될 수 있다.

① **목표중심 평가모형** : 프로그램 목표 달성 정도를 파악하는데 목적이 있다.

② **스터플빔의 의사결정중심 평가모형(CIPP)** : 평가를 통해 프로그램에 관한 특정 결정을 내리기 위한 경우에 사용된다.

    ㉠ **전통적 합리성 이론** : 테일러(R.Tyler)의 프로그램 개발 모형은 '학교는 어떤 교육 목적을 성취 하고자 하는가?', '목적을 성취 하려면 어떤 교육적 경험을 제공해야 하는가?', '교육적 경험들을 어떻게 효율적으로 조직 할 수 있는가?', '목적이 성취 되었는가?'를 '우리는 어떻게 결정할 것인가?'에 중점을 두고 테일러는 프로그램 개발에 대한 합리적인 틀을 제시하였다는데 큰 의의가 있다. 테일러는 목표와 수단을 분리하여 수단에 대한 결정에 앞서 목표의 결정을 내세웠다. 목표를 결정하기 위해 학습과 사회, 지식에 대한 분석이 필요하다고 하였다. 학습 성과는 학습 목표에 근거 해서 평가해야 한다는 논리적이고 단계적인 절차를 제시한 점에서는 높은 평가이지만 지나치게 단순화 시켜 유연성이 부족하다는 단점과 이미 알고 있는 내용으로부터 시작한다는 점에서 적용에 한계가 있다는 비판도 있다.

    ㉡ **순환적 개발 이론** : 니콜스(A.Nichoils)부부가 대표적 학자로 상황 분석을 강조한다 상황 분석이란 교육 과정 개발에 방해가 되는 요인들을 찾아내는 예비적 단계를 말한다.

    ㉢ **역동적 상호작용 이론** : 대표적 학자는 왈커(D.Walker)로 실제로는 직선적인 절차나 단계를 따르지 않는다는 점에서 출발한다. 어떤 순서로 진행되어도 무방하다고 주장한다. 미리 결정된 지식보다는 학습자의 요구가 더욱 중요하다. 학습내용에서 목표가 결정되어야 하며 학습 목표 설정보다 학습 내용에 초점을 두고 있다.

    ㉣ **비판적 실천 이론** : 권력 관계나 정치적인 요소를 간과 했다는 비판에서 출발하여 프로그램 개발 과정은 결코 중립적이거나 탈가치적인 과정이 아닌 정치적 의도는 사회적 이데올로기로부터 분리되어 진공상태에서 만들어지는 것이 아니라는 것으로 간주한다. 이 이론은 교수자와 학습자가 대화를 통해 상용 작용 하는 과정 자체를 프로그램 개발과정으로 규정한다. 대표적인 학자는 프레이레(P.Freire)가 있다.

③ **판단중심 평가모형** : 프로그램의 장점 및 가치를 파악하는데 목적이 있다.

    ㉠ **스크리븐의 탈목표평가모형** : 평가의 목적을 가치판단에 두었으며 이를 위해 목표달성 정도 뿐만 아니라 프로그램의 부수적 효과까지 포함한 실제 효과를 포괄적으로 평가해야 한다고 강조하였다. 이 모형은 목표와 관계없이 표적집단(교육관계자)의 요구를 얼마나 충족시켰는지에 대한 요구근거평가라고도 한다.

    ㉡ **아이즈너의 예술적 비평모형** : 예술가가 예술작품을 비평할 때 사용하는 방법과 절차를 적용하여 그 가치를 판단할 수 있도록 하였다.
    평가자의 지각적 민감성, 풍부한 경험, 전문적 판단을 토대로 한 질적 평가를 중시하며 질높은 평가를 위해 평가자에게 교육적 감식안과 교육비평능력을 요구한다.

④ **전문성중심 평가모형** : 프로그램의 진가나 장점을 발견하는데 목적이 있다.

⑤ **참여-반응 중심 평가모형** : 스테이크가 제시한 모형으로 평가자와 평가관련자 간의 지속적인 상호작용을 통해 서로의 요구를 조정하고 평가과정을 창조하는 모형으로 교육활동의 복잡성을 이해하고 평가관련자들의 요구에 부응하여 그들의 다양한 주장과 관심, 쟁점을 확인하는데 목적이 있다. 반응평가모형은 평가와 직, 간접적으로 관련을 맺는 여러 인물들의 프로그램에 대한 반응을 가장 중요시하며 이 반응에 따라 평가내용이나 절차를 수시로 수정, 보완한다.

② 프로그램평가 유형

(1) 평가기준에 따른 유형

① **준거지향평가**(절대평가)

  ㉠ **개념** : 평가기준을 절대적 기준인 학습목표에 두고 학습목표를 얼마나 달성하였는지 성취수준을 확인하는 평가방법이다.

  ㉡ **특징** : 발달적 교육관에 토대로 프로그램의 타당도를 중시한다. 부적편포를 전제하여 얻어진 원점수는 점수 그 자체로 중요한 의미를 지닌다. 학생들 간에 경쟁심을 제거하고 협동적 학습을 가능하게 해준다.

  ㉢ **장점** : 무엇을 알고 무엇을 모르는지에 대해 직접적 정보를 제공해 주므로 교수학습이론에 적합하다. 교수학습 프로그램이 어느 정도 효과가 있었는지에 대한 정보를 제공해 주므로 교수학습 개선에 유용하다.

  ㉣ **단점** : 학생의 집단 내에서 상대적 위치를 알 수 없으므로 개인차 변별이 어렵다. 절대적 기준인 교육목표를 누가, 어떻게 정하느냐는 고도의 전문성이 요구되기 때문에 준거설정이 어렵다.

② **규준지향평가**(상대평가)

  ㉠ **개념** : 평가기준을 집단 내부에 두고 개인의 성취수준을 집단 내에서의 상대적 위치로 나타내는 평가방법이다

  ㉡ **특징** : 선발적 교육관에 토대로 프로그램의 신뢰도를 중시한다. 정상 분포를 전제로 원점수 자체보다는 순위나 서열 등 상대적 비교가 가능한 규준점수를 중시한다.

  ㉢ **장점** : 개인차의 변별이 가능하며 교수자의 주관 편견을 배제할 수 있다. 경쟁을 통해 외재적 동기를 유발한다.

  ㉣ **단점** : 무엇을 알고 무엇을 모르는지에 관심을 두지 않으므로 프로그램 적합성이 떨어진다.

(2) 자기참조평가

① **성장지향평가**

  ㉠ **개념** : 초기 성취수준에 비추어 얼마나 성장하였느냐를 평가한다.

  ㉡ **장점** : 개인의 능력 향상 정도를 중시하며 능력의 변화과정에 대한 정보를 얻을 수 있다.

  ㉢ **단점** : 성장 정도를 기준으로 성적을 줄 경우 성적의 의미를 왜곡시킬 가능성이 있다.

② **능력지향평가**

  ㉠ **개념** : 학생 자신의 능력을 기준으로 얼마나 최선을 다했느냐에 초점을 두고 평가하는 것이다.

  ㉡ **장점** : 개인의 능력 발휘 정도에 관심을 두므로 개인을 위주로 하는 개별적 평가이다.
     능력이 낮은 학생이라도 자신의 능력에 비추어 최선을 다하면 더 좋은 점수를 받을 수 있어 학습동기
     가 유발된다.

  ㉢ **단점** : 능력을 정확히 측정해야 하는데, 능력을 정확하게 측정하기 매우 어렵다. 학습자의 능력이 변하
     지 않는다고 가정하고 있으나, 이 가정은 오류이다. 학습과제에 관련된 필수적인 능력이 무엇인지 명
     확하게 규정할 수 없다.

② **노력지향평가** : 학생이 기울인 노력의 정도를 기준으로 얼마나 노력을 하였는가에 관심을 두는 평가이다

(3) 기타평가방법

① **포트폴리오 평가**

  ㉠ **개념** : 지속적이면서도 체계적으로 모아 둔 개인별 작품집 혹은 서류철을 이용한 평가방법이다. 일정
     기간 동안 구체적인 목적에 따라 계획적으로 학생들의 수행 정도와 성취정도, 향상 정도를 표현하는
     산물출의 축적된다.

  ㉡ **장점** : 수업과 평가의 연계하며 성장과 발달과정의 파악이 가능하다. 또한 자신의 발달과정의 파악 가
     능하다.

  ㉢ **단점** : 신뢰도가 낮으며 많은 시간과 노력이 소요된다. 평가의 어려움이 있다.

② **과정 중심의 평가** : 학생의 학습과 성장을 지원하는 과정 중심의 평가이다.

③ **정적평가** : 학생의 완료된 정도를 평가하는 것(파아제에 기초), 평가자와 학생 간의 표준적인 상호작용을
   제외하고는 거의 상호작용 없이 이루어지는 평가이다.

④ **역동적 평가** : 평가자와 학생 간의 역동적 상호작용을 중시하는 평가 방법으로 비고츠키 – 근접발달영역에
   기초한다. 역동적 평가은 명시적, 묵시적으로 힌트와 피드백을 제공하면서 미래에 나타날 발달 가능성(잠
   재적 능력)을 평가한다.

⑤ **정의적 특성의 평가** : 학습자의 태도, 자아개념, 학습동기, 자기효능감, 대인관계, 도덕성 등 정의적 특성
   을 평가한다.

⑥ **메타평가** : 메타평가는 평가에 대한 평가, 평가의 평가를 의미하며, 평가의 질적 수준을 향상시킬 목적으
   로 실시한다.

청소년활동 진흥법(약칭 : 청소년활동법)

[시행 2020. 11. 20.] [법률 제17286호, 2020. 5. 19., 일부개정]

제1장 총칙

제1조(목적) 이 법은 「청소년기본법」 제47조 제2항에 따라 다양한 청소년활동을 적극적으로 진흥하기 위하여 필요한 사항을 정함을 목적으로 한다.

[전문개정 2014. 1. 21.]

제2조(정의) 이 법에서 사용하는 용어의 뜻은 다음과 같다.

1. "청소년활동"이란 「청소년기본법」 제3조 제3호에 따른 청소년활동을 말한다.

2. "청소년활동시설"이란 청소년수련활동, 청소년교류활동, 청소년문화활동 등 청소년활동에 제공되는 시설로서 제10조에 따른 시설을 말한다.

3. "청소년수련활동"이란 청소년이 청소년활동에 자발적으로 참여하여 청소년 시기에 필요한 기량과 품성을 함양하는 교육적 활동으로서 「청소년기본법」 제3조 제7호에 따른 청소년지도자(이하 "청소년지도자'라 한다)와 함께 청소년수련거리에 참여하여 배움을 실천하는 체험활동을 말한다.

4. "청소년교류활동"이란 청소년이 지역 간, 남북 간, 국가 간의 다양한 교류를 통하여 공동체의식 등을 함양하는 체험활동을 말한다.

5. "청소년문화활동"이란 청소년이 예술활동, 스포츠활동, 동아리활동, 봉사활동 등을 통하여 문화적 감성과 더불어 살아가는 능력을 함양하는 체험활동을 말한다.

6. "청소년수련거리"란 청소년수련활동에 필요한 프로그램과 이와 관련되는 사업을 말한다.

7. "숙박형 청소년수련활동"이란 19세 미만의 청소년(19세가 되는 해의 1월 1일을 맞이한 사람은 제외한다. 이하 같다)을 대상으로 청소년이 자신의 주거지에서 떠나 제10조 제1호의 청소년수련시설 또는 그 외의 다른 장소에서 숙박·야영하거나 제10조 제1호의 청소년수련시설 또는 그 외의 다른 장소로 이동하면서 숙박·야영하는 청소년수련활동을 말한다.

8. "비숙박형 청소년수련활동"이란 19세 미만의 청소년을 대상으로 제10조 제1호의 청소년수련시설 또는 그 외의 다른 장소에서 실시하는 청소년수련활동으로서 실시하는 날에 끝나거나 숙박 없이 2회 이상 정기적으로 실시하는 청소년수련활동을 말한다.

[전문개정 2014. 1. 21.]

제3조(관계 기관의 협조)

① 여성가족부장관 및 지방자치단체의 장은 학생인 청소년의 청소년활동 진흥을 위하여 필요하면 「청소년기본법」 제48조에 따라 교육부, 특별시·광역시·특별자치시·도·특별자치도 교육청 및 지역교육청(이하 "교육청"이라 한다)과 협의를 할 수 있다.

② 제1항에 따른 협의를 요청받은 관계 기관은 특별한 사유가 없으면 그 요청에 따라야 한다.

[전문개정 2014. 1. 21.]

제4조(청소년운영위원회)

① 제10조 제1호의 청소년수련시설(이하 "수련시설"이라 한다)을 설치·운영하는 개인·법인·단체 및 제16조제3항에 따른 위탁운영단체(이하 "수련시설운영단체"라 한다)는 청소년활동을 활성화하고 청소년의 참여를 보장하기 위하여 청소년으로 구성되는 청소년운영위원회를 운영하여야 한다. 〈개정 2017. 12. 12.〉

② 수련시설운영단체의 대표자는 청소년운영위원회의 의견을 수련시설 운영에 반영하여야 한다.

③ 제1항에 따른 청소년운영위원회의 구성·운영 등에 필요한 사항은 대통령령으로 정한다.

[전문개정 2014. 1. 21.]

제2장 청소년활동의 보장

제5조(청소년활동의 지원)

① 청소년은 다양한 청소년활동에 주체적이고 자발적으로 참여하여 자신의 꿈과 희망을 실현할 충분한 기회와 지원을 받아야 한다.

② 국가 및 지방자치단체는 청소년활동을 활성화하는 데 필요한 청소년활동시설, 청소년활동 프로그램, 청소년지도자 등을 위한 시책을 수립·시행하여야 한다.

③ 국가 및 지방자치단체는 개인·법인 또는 단체가 청소년활동을 지원하려는 경우에는 그에 필요한 행정적·재정적 지원을 할 수 있다.

[전문개정 2014. 1. 21.]

제6조(한국청소년활동진흥원의 설치)

① 「청소년기본법」 제3조 제2호에 따른 청소년육성(이하 "청소년육성"이라 한다)을 위한 다음 각 호의 사업을 하기 위하여 한국청소년활동진흥원(이하 "활동진흥원"이라 한다)을 설치한다. 〈개정 2016. 3. 2., 2017. 3. 21.〉

1. 청소년활동, 「청소년기본법」 제3조 제4호에 따른 청소년복지, 같은 법 제3조 제5호에 따른 청소년보호에 관한 종합적 안내 및 서비스 제공
2. 청소년육성에 필요한 정보 등의 종합적 관리 및 제공
3. 청소년수련활동 인증위원회 등 청소년수련활동 인증제도의 운영
4. 청소년 자원봉사활동의 활성화
5. 청소년활동 프로그램의 개발과 보급
6. 국가가 설치하는 수련시설의 유지·관리 및 운영업무의 수탁
7. 국가 및 지방자치단체가 개발한 주요 청소년수련거리의 시범운영
8. 청소년활동시설이 실시하는 국제교류 및 협력사업에 대한 지원
9. 청소년지도자의 연수
9의2. 제9조의2에 따른 숙박형등 청소년수련활동 계획의 신고 지원에 대한 컨설팅 및 교육
10. 제18조의3에 따른 수련시설 종합 안전·위생점검에 대한 지원
11. 수련시설의 안전에 관한 컨설팅 및 홍보
11의2. 제18조의2에 따른 안전교육의 지원
12. 그 밖에 여성가족부장관이 지정하거나 활동진흥원의 목적을 수행하기 위하여 필요한 사업

② 활동진흥원은 법인으로 한다.

③ 활동진흥원은 그 주된 사무소의 소재지에서 설립등기를 함으로써 성립한다.

[전문개정 2014. 1. 21.]

제6조의2(정관) 활동진흥원의 정관에는 다음 각 호의 사항이 포함되어야 한다.

1. 목적
2. 명칭
3. 주된 사무소의 소재지
4. 사업에 관한 사항
5. 임원 및 직원에 관한 사항
6. 이사회에 관한 사항
7. 재산 및 회계에 관한 사항
8. 정관의 변경에 관한 사항

[본조신설 2010. 5. 17.]

제6조의3(임원)

① 활동진흥원에 이사장을 포함한 15명 이내의 이사와 감사 1명을 둔다.

② 이사장은 「공공기관의 운영에 관한 법률」 제29조에 따른 임원추천위원회(이하 "임원추천위원회"라 한다)가 복수로 추천한 사람 중에서 여성가족부장관이 임명한다.

③ 상임이사는 활동진흥원 이사장이 임명한다.

④ 비상임이사(활동진흥원의 정관에 따라 당연히 비상임이사로 선임되는 사람은 제외한다)는 여성가족부장관이 임명한다.

⑤ 감사는 임원추천위원회가 복수로 추천하여 「공공기관의 운영에 관한 법률」 제8조에 따른 공공기관운영위원회의 심의 · 의결을 거친 사람 중에서 기획재정부장관이 임명한다.

⑥ 이사장의 임기는 3년, 이사와 감사의 임기는 각각 2년으로 하되, 1년을 단위로 연임할 수 있다.

[본조신설 2010. 5. 17.]

제6조의4(사업계획서 등의 제출)

① 활동진흥원은 대통령령으로 정하는 바에 따라 사업계획서 및 예산서를 작성하여 매 사업연도 시작 전까지 여성가족부장관에게 제출하여야 한다.

② 활동진흥원은 회계연도가 종료된 때에는 지체 없이 그 회계연도의 결산서를 작성하고 감사원규칙에서 정하는 바에 따라 공인회계사나 회계법인을 선정하여 회계감사를 받아 매 회계연도 종료 후 2개월 이내에 여성가족부장관에게 제출하여야 한다.

[본조신설 2010. 5. 17.]

제6조의5(자료의 요청 등)

① 활동진흥원은 제6조 제1항 제2호의 사업을 수행하기 위하여 필요할 때에는 공공기관 등에 대하여 간행물이나 자료의 제공을 요청할 수 있다. 이 경우 상당한 대가를 지급하여야 한다.

② 활동진흥원은 제1항에 따라 제공된 간행물이나 자료를 제공받은 목적 외의 용도로 사용하여서는 아니 된다.

③ 제6조 제1항 제2호의 사업에 종사하는 임직원 및 임직원이었던 사람은 직무상 알게 된 비밀을 누설하여서는 아니 된다.

[전문개정 2014. 1. 21.]

제6조의6(보조 및 출연 등)

① 정부는 예산의 범위에서 활동진흥원의 사업 및 운영에 드는 경비의 전부 또는 일부를 출연(出捐)하거나 보조할 수 있다. 〈개정 2020. 5. 19.〉

② 개인·법인 또는 단체는 활동진흥원의 사업 또는 운영을 지원하기 위하여 금전이나 그 밖의 재산을 출연 또는 기부할 수 있다. 〈개정 2020. 5. 19.〉

[본조신설 2010. 5. 17.]

[제목개정 2020. 5. 19.]

제6조의7(「민법」의 준용)

활동진흥원에 관하여 이 법과 「공공기관의 운영에 관한 법률」에서 정한 사항 외에는 「민법」 중 재단법인에 관한 규정을 준용한다.

[본조신설 2010. 5. 17.]

제6조의8(유사명칭의 사용금지)

이 법에 따른 활동진흥원이 아닌 자는 한국청소년활동진흥원 또는 이와 유사한 명칭을 사용하지 못한다.

[본조신설 2010. 5. 17.]

제6조의9(벌칙 적용 시의 공무원 의제)

제6조 제1항 제2호의 사업에 종사하는 사람은 「형법」 제129조부터 제132조까지의 규정에 따른 벌칙을 적용할 때에는 공무원으로 본다.

[전문개정 2014. 1. 21.]

제7조(지방청소년활동진흥센터의 설치 등)

① 특별시·광역시·특별자치시·도·특별자치도(이하 "시·도"라 한다) 및 시·군·구(자치구를 말한다. 이하 같다)는 해당 지역의 청소년활동을 진흥하기 위하여 지방청소년활동진흥센터를 설치·운영할 수 있다.

② 제1항에 따른 지방청소년활동진흥센터(이하 "지방청소년활동진흥센터"라 한다)는 다음 각 호의 사업을 수행한다.

1. 지역 청소년활동의 요구에 관한 조사
2. 지역 청소년 자원봉사활동의 활성화
3. 청소년수련활동 인증제도의 지원
4. 인증받은 청소년수련활동의 홍보와 지원
5. 청소년활동 프로그램의 개발과 보급
6. 청소년활동에 대한 교육과 홍보

7. 제9조의2에 따른 숙박형등 청소년수련활동 계획의 신고에 대한 지원

8. 제9조의4에 따른 정보공개에 대한 지원

9. 그 밖에 청소년활동을 위하여 필요한 사업

③ 지방청소년활동진흥센터는 제2항에 따른 사업을 수행하는 경우 활동진흥원과 연계·협력한다.

④ 국가 및 지방자치단체는 예산의 범위에서 지방청소년활동진흥센터의 운영에 필요한 경비의 전부 또는 일부를 지원할 수 있다.

[전문개정 2014. 1. 21.]

제8조(청소년활동 정보의 제공 등)

① 활동진흥원과 지방청소년활동진흥센터는 청소년의 요구를 수용하여 청소년의 발달단계와 여건에 맞는 프로그램과 정보를 상시 안내하고 제공하여야 한다.

② 활동진흥원과 지방청소년활동진흥센터는 제1항에 따른 사업을 시행하기 위하여 해당 지역 청소년의 활동 요구를 정기적으로 조사하고, 그 결과를 그 지역의 청소년활동시설과 「청소년기본법」 제3조 제8호에 따른 청소년단체(이하 "청소년단체"라 한다)에 제공하여야 한다.

[전문개정 2014. 1. 21.]

제9조(학교와의 협력 등)

① 활동진흥원과 지방청소년활동진흥센터는 「청소년기본법」 제48조에 따라 학교 및 평생교육시설과의 협력체제를 구축하여야 한다.

② 활동진흥원과 지방청소년활동진흥센터는 해당 지역 각급학교 및 평생교육시설에서 필요로 하는 청소년활동 관련 사항을 지원할 수 있다.

③ 활동진흥원과 지방청소년활동진흥센터는 제2항에 따라 매년 1회 이상 상호 협의하여 청소년수련거리를 개발하고, 해당 지역의 수련시설에 이를 보급하여야 한다.

④ 활동진흥원과 지방청소년활동진흥센터는 학생인 청소년을 위한 청소년수련거리를 개발할 때 필요하면 교육청 및 각급학교에 관련 자료를 요청할 수 있다. 이 경우 관계 기관은 특별한 사유가 없으면 그 요청에 적극 협조하여야 한다.

[전문개정 2014. 1. 21.]

제9조의2(숙박형등 청소년수련활동 계획의 신고)

① 숙박형 청소년수련활동 및 비숙박형 청소년수련활동(이하 "숙박형등 청소년수련활동"이라 한다)을 주최하려는 자는 여성가족부령으로 정하는 절차와 방법에 따라 특별자치시장·특별자치도지사·시장·군수·구청장(자치구의 구청장을 말한다. 이하 같다)에게 그 계획을 신고하여야 한다. 다만, 다음 각 호의 경우는 제외한다.

  1. 다른 법률에서 지도·감독 등을 받는 비영리 법인 또는 비영리 단체가 운영하는 경우
  2. 청소년이 부모 등 보호자와 함께 참여하는 경우
  3. 종교단체가 운영하는 경우
  4. 비숙박형 청소년수련활동 중 제36조 제2항에 따라 인증을 받아야하는 활동이 아닌 경우

② 특별자치시장·특별자치도지사·시장·군수·구청장은 제1항에 따른 신고를 받은 날부터 14일 이내에 신고수리 여부를 신고인에게 통지하여야 한다. 〈신설 2018. 3. 13.〉

③ 특별자치시장·특별자치도지사·시장·군수·구청장이 제2항에서 정한 기간 내에 신고수리 여부 또는 민원 처리 관련 법령에 따른 처리기간의 연장을 신고인에게 통지하지 아니하면 그 기간(민원 처리 관련 법령에 따라 처리기간이 연장 또는 재연장된 경우에는 해당 처리기간을 말한다)이 끝난 날의 다음 날에 신고를 수리한 것으로 본다. 〈신설 2018. 3. 13.〉

④ 숙박형등 청소년수련활동을 주최하려는 자는 제1항에 따른 신고가 수리되기 전에는 모집활동을 하여서는 아니 된다. 〈개정 2018. 3. 13.〉

⑤ 특별자치시장·특별자치도지사·시장·군수·구청장은 다음 각 호의 어느 하나에 해당하는 사람이 숙박형등 청소년수련활동을 운영 또는 보조하려는 경우에는 신고를 수리하여서는 아니 된다. 〈개정 2018. 3. 13.〉

  1. 「아동복지법」 제17조 위반에 따른 같은 법 제71조 제1항의 죄, 「성폭력범죄의 처벌 등에 관한 특례법」 제2조에 따른 성폭력범죄 또는 「아동·청소년의 성보호에 관한 법률」 제2조 제2호에 따른 아동·청소년 대상 성범죄를 범하여 형 또는 치료감호를 선고받고 그 형 또는 치료감호의 전부 또는 일부의 집행이 끝나거나 집행이 유예·면제된 날부터 10년이 지나지 아니한 사람
  2. 「청소년기본법」 제21조 제3항에 따라 청소년지도사가 될 수 없는 사람

⑥ 특별자치시장·특별자치도지사·시장·군수·구청장은 관계 기관의 장에게 제5항에 따른 범죄경력 등을 확인하기 위한 자료의 제공을 요청할 수 있다. 이 경우 관계 기관의 장은 정당한 사유가 없으면 그 요청에 따라야 한다. 〈개정 2018. 3. 13.〉

⑦ 특별자치시장·특별자치도지사·시장·군수·구청장은 숙박형등 청소년수련활동 계획의 신고를 수리한 때에는 그 계획을 여성가족부장관에게 통보하여야 한다. 〈개정 2018. 3. 13.〉

⑧ 여성가족부장관은 제7항에 따라 통보받은 숙박형등 청소년수련활동 계획에 보완이 필요하다고 인정될 때에는 그 계획을 통보한 특별자치시장·특별자치도지사·시장·군수·구청장에게 보완사항을 통보하여야 한다. 〈개정 2018. 3. 13.〉

⑨ 제8항에 따라 보완사항을 통보받은 특별자치시장·특별자치도지사·시장·군수·구청장은 그 내용을 숙박형등 청소년수련활동 주최자에게 통보하여야 한다. 〈개정 2018. 3. 13.〉

[전문개정 2014. 1. 21.]

제9조의3(건강상태 확인 및 의료조치 의무 등)

① 제9조의2에 따라 신고를 한 자(이하 "신고자"라 한다)는 여성가족부령으로 정하는 방법에 따라 해당 청소년활동에 참가하려는 청소년의 건강상태를 확인하여야 한다. 이 경우 해당 청소년활동에 참가하려는 청소년 및 보호자(친권자, 법정대리인 또는 사실상 청소년을 양육하는 사람을 말한다. 이하 같다)가 해당 청소년의 건강상태를 서면으로 보증한 때에는 신고자가 건강상태를 확인한 것으로 본다.

② 신고자는 해당 청소년활동에 참가하는 청소년에게 질병·사고 또는 재해 등으로 인하여 의료조치가 필요하거나 참가자가 요청할 경우 다음 각 호의 시설에서 신속하고 적정한 치료를 받도록 하여야 한다.

  1. 「응급의료에 관한 법률」 제2조 제5호에 따른 응급의료기관

  2. 「의료법」 제3조에 따른 의료기관

  3. 「약사법」 제2조제3호에 따른 약국

[본조신설 2013. 5. 28.]

제9조의4(숙박형등 청소년수련활동 관련 정보의 공개)

① 특별자치시장·특별자치도지사·시장·군수·구청장은 제9조의2에 따라 숙박형등 청소년수련활동 계획의 신고를 수리한 경우에는 여성가족부령으로 정하는 절차와 방법에 따라 해당 내용을 인터넷 홈페이지 등을 이용하여 공개하여야 한다.

② 여성가족부장관은 제1항에 따른 공개를 위하여 온라인 종합정보제공시스템을 구축·운영하여야 한다.

③ 여성가족부장관은 제2항에 따른 종합정보제공시스템의 운영을 활동진흥원에 위탁할 수 있다.

[전문개정 2014. 1. 21.]

제9조의5(숙박형등 청소년수련활동 관련 정보의 표시·고지) 제9조의2에 따라 숙박형등 청소년수련활동 계획의 신고가 수리된 자는 모집활동 및 계약을 할 경우 여성가족부령으로 정하는 바에 따라 다음 각 호의 사항을 표시하고 고지하여야 한다.

  1. 제36조에 따라 인증을 받은 청소년수련활동인지 여부

  2. 이 법 또는 다른 법률에 따른 안전관리 기준의 충족 여부

  3. 제25조에 따른 보험 등 관련 보험의 가입 여부 및 보험의 종류와 약관

[본조신설 2014. 1. 21.]

제9조의6(숙박형등 청소년수련활동의 제한) 이 법 또는 다른 법률에 따라 신고·등록·인가·허가를 받지 아니한 단체 및 개인은 숙박형 청소년수련활동, 비숙박형 청소년수련활동 중 제36조 제2항에 따라 참가 인원이 일정 규모 이상이거나 위험도가 높은 청소년수련활동을 하여서는 아니 된다. 다만, 청소년이 부모 등 보호자와 함께 참여하는 경우 또는 종교단체가 운영하는 경우에는 그러하지 아니하다.

[본조신설 2014. 1. 21.]

제9조의7(관계 기관과의 협력)

① 특별자치시장·특별자치도지사·시장·군수·구청장은 제9조의2에 따라 숙박형등 청소년수련활동 계획의 신고를 수리한 후 필요할 경우에는 그 사실을 관계 기관에 알려 필요한 조치를 요청하여야 한다.

② 제1항에 따라 요청을 받은 관계 기관은 특별한 사정이 없으면 다음 각 호의 조치를 위한 준비를 하여야 한다. 〈개정 2014. 5. 20.〉

  1. 내수면, 해수면 등에서 이루어지는 청소년수련활동인 경우 「수상레저안전법」 제45조에 따른 안전점검

  2. 제36조 제2항 본문에 따른 청소년수련활동인 경우 「119구조·구급에 관한 법률」 제3조에 따른 구조·구급활동

  3. 제9조의2에 따라 신고 수리된 숙박형등 청소년수련활동인 경우 「경찰관 직무집행법」 제4조 및 제5조에 따른 보호조치 등과 위험발생의 방지

  4. 그 밖에 다른 법률에서 정하는 안전에 관련한 조치

[본조신설 2014. 1. 21.]

제3장 청소년활동시설

제10조(청소년활동시설의 종류) 청소년활동시설의 종류는 다음 각 호와 같다.

  1. 청소년수련시설

    가. 청소년수련관 : 다양한 청소년수련거리를 실시할 수 있는 각종 시설 및 설비를 갖춘 종합수련시설

    나. 청소년수련원 : 숙박기능을 갖춘 생활관과 다양한 청소년수련거리를 실시할 수 있는 각종 시설과 설비를 갖춘 종합수련시설

    다. 청소년문화의 집 : 간단한 청소년수련활동을 실시할 수 있는 시설 및 설비를 갖춘 정보·문화·예술 중심의 수련시설

    라. 청소년특화시설 : 청소년의 직업체험, 문화예술, 과학정보, 환경 등 특정 목적의 청소년활동을 전문적으로 실시할 수 있는 시설과 설비를 갖춘 수련시설

    마. 청소년야영장 : 야영에 적합한 시설 및 설비를 갖추고, 청소년수련거리 또는 야영편의를 제공하는 수련시설

    바. 유스호스텔 : 청소년의 숙박 및 체류에 적합한 시설·설비와 부대·편익시설을 갖추고, 숙식편의 제공, 여

행청소년의 활동지원(청소년수련활동 지원은 제11조에 따라 허가된 시설·설비의 범위에 한정한다)을 기능으로 하는 시설

2. 청소년이용시설 : 수련시설이 아닌 시설로서 그 설치 목적의 범위에서 청소년활동의 실시와 청소년의 건전한 이용 등에 제공할 수 있는 시설

[전문개정 2014. 1. 21.]

제11조(수련시설의 설치·운영 등)

① 국가 및 지방자치단체는 「청소년기본법」 제18조 제1항에 따라 다음 각 호와 같은 수련시설을 설치·운영하여야 한다.

1. 국가는 둘 이상의 시·도 또는 전국의 청소년이 이용할 수 있는 국립청소년수련시설을 설치·운영하여야 한다.

2. 특별시장·광역시장·특별자치시장·도지사·특별자치도지사(이하 "시·도지사"라 한다) 및 시장·군수·구청장은 각각 제10조 제1호 가목에 따른 청소년수련관을 1개소 이상 설치·운영하여야 한다.

3. 시·도지사 및 시장·군수·구청장은 읍·면·동에 제10조 제1호 다목에 따른 청소년문화의 집을 1개소 이상 설치·운영하여야 한다.

4. 시·도지사 및 시장·군수·구청장은 제10조 제1호 라목부터 바목까지의 규정에 따른 청소년특화시설·청소년야영장 및 유스호스텔을 설치·운영할 수 있다.

② 국가는 제1항 제2호부터 제4호까지의 규정에 따른 수련시설의 설치·운영 경비의 전부 또는 일부를 예산의 범위에서 보조할 수 있다.

③ 수련시설을 설치·운영하려는 개인·법인 또는 단체는 특별자치시장·특별자치도지사·시장·군수·구청장의 허가를 받아야 한다. 허가받은 사항 중 대규모의 부지 변경, 건축 연면적의 증감 등 대통령령으로 정하는 중요 사항을 변경하려는 경우에도 또한 같다.

④ 국가 또는 지방자치단체는 제3항에 따른 허가를 받아 수련시설을 설치·운영하는 자(이하 "수련시설 설치·운영자"라 한다)에게 예산의 범위에서 그 설치 및 운영에 필요한 경비의 일부를 보조할 수 있다.

[전문개정 2014. 1. 21.]

제12조(수련시설의 허가 요건)

① 제11조제3항에 따라 수련시설의 허가를 받으려는 자는 다음 각 호의 요건을 모두 갖추어야 한다.

1. 제17조·제18조 및 제19조에 따른 시설기준·안전기준 및 운영기준에 적합할 것
2. 해당 시설의 설치·운영에 필요한 자금을 조달할 능력이 있을 것
3. 해당 시설의 설치에 필요한 부동산을 소유하거나 사용할 수 있는 권한이 있을 것
4. 그 밖에 여성가족부령으로 정하는 기준에 적합할 것

② 특별자치시장·특별자치도지사·시장·군수·구청장은 제11조 제3항에 따라 수련시설을 허가할 때 그 시설이 제1항에 따른 허가 요건 중 여성가족부령으로 정하는 경미한 사항을 충족하지 못한 경우에는 일정한 기간을 정하여 이를 보완할 것을 조건으로 허가할 수 있다.

[전문개정 2014. 1. 21.]

제13조(수련시설의 등록)

① 수련시설을 운영하려는 자는 이를 운영하기 전에 그 시설의 소재지를 관할하는 특별자치시장·특별자치도지사·시장·군수·구청장에게 등록하여야 한다. 등록한 사항 중 여성가족부령으로 정하는 중요 사항을 변경하려는 경우에도 또한 같다. 〈개정 2014. 1. 21.〉

② 삭제 〈2007. 7. 27.〉

③ 제1항에 따른 등록 등에 필요한 사항은 대통령령으로 정한다. 〈개정 2014. 1. 21.〉

제14조(수련시설의 운영대표자)

① 수련시설 설치·운영자 또는 제16조에 따른 위탁운영단체는 대통령령으로 정하는 자격을 갖춘 사람을 그 수련시설의 운영대표자로 선임하여야 한다. 다만, 대통령령으로 정하는 수련시설에 대해서는 운영대표자를 선임하지 아니할 수 있다.

② 제1항에도 불구하고 수련시설을 설치·운영하는 개인·법인 또는 단체의 대표자(이하 "수련시설의 대표자"라 한다) 또는 제16조에 따른 위탁운영단체의 대표자가 제1항에 따른 운영대표자의 자격을 갖춘 경우에는 운영대표자가 될 수 있다.

③ 국가 및 지방자치단체는 제1항 및 제2항에 따른 운영대표자에 대하여 대통령령으로 정하는 바에 따라 연수를 실시할 수 있다.

[전문개정 2014. 1. 21.]

제15조(결격사유) 다음 각 호의 어느 하나에 해당하는 사람은 수련시설의 대표자(법인의 경우에는 임원을 포함한다) 또는 운영대표자가 될 수 없다.

1. 미성년자·피성년후견인 또는 피한정후견인
2. 파산선고를 받고 복권되지 아니한 사람
3. 금고 이상의 형을 선고받고 그 집행이 끝나거나 집행을 받지 아니하기로 확정된 후 2년이 지나지 아니한 사람
4. 금고 이상의 형의 집행유예를 선고받고 그 유예기간 중에 있는 사람
5. 법원의 판결 또는 법률에 따라 자격이 상실되거나 정지된 사람

6. 제22조에 따라 허가 또는 등록이 취소된 수련시설의 대표자로서 허가 또는 등록이 취소된 날부터 2년이 지나지 아니한 사람

[전문개정 2014. 1. 21.]

제16조(수련시설 운영의 위탁)

① 국가 또는 지방자치단체, 제11조 제3항에 따라 허가를 받은 수련시설 설치·운영자는 수련시설의 효율적 운영을 위하여 청소년단체에 그 운영을 위탁할 수 있다.

② 제1항에 따라 수련시설의 운영을 위탁할 때에는 위탁 업무의 내용, 위탁 계약의 기간·조건·해지 등에 관한 사항이 포함된 위탁계약서를 작성하여야 한다. 〈신설 2017. 12. 12.〉

③ 국가 또는 지방자치단체는 제1항에 따라 수련시설의 운영을 위탁받은 청소년단체(이하 "위탁운영단체"라 한다)에 예산의 범위에서 그 위탁된 수련시설의 운영에 필요한 경비를 지원할 수 있다. 〈개정 2017. 12. 12.〉

④ 위탁운영단체 및 그 대표자와 임원에 관하여는 제14조 및 제15조를 준용한다. 〈개정 2017. 12. 12.〉

[전문개정 2014. 1. 21.]

제16조의2(수련시설 운영 위탁계약의 해지)

① 국가 또는 지방자치단체는 위탁운영단체가 다음 각 호의 어느 하나에 해당하는 경우에는 위탁계약을 해지할 수 있다. 다만, 제1호에 해당하는 경우에는 위탁계약을 해지하여야 한다.

1. 거짓이나 그 밖의 부정한 방법으로 위탁계약을 체결한 경우
2. 제16조 제3항에 따라 지원받은 경비를 목적 외로 사용한 경우
3. 제18조의3 제1항에 따른 종합 안전·위생점검 또는 제19조의2 제1항에 따른 종합평가를 정당한 사유 없이 거부·방해 또는 기피한 경우
4. 고의 또는 중대한 과실로 제20조의2 제1항 각 호의 어느 하나에 해당하는 사유가 발생한 경우

② 국가 또는 지방자치단체와 위탁운영단체는 위탁계약으로 정하는 바에 따라 계약을 해지할 수 있다.

③ 국가 또는 지방자치단체는 제1항 또는 제2항에 따라 위탁계약을 해지하려면 해당 위탁운영단체에 의견진술의 기회를 주어야 한다.

④ 국가 또는 지방자치단체는 제1항에 따라 위탁계약이 해지된 위탁운영단체에 그 해지된 날부터 2년 동안 해당 수련시설의 운영을 위탁하여서는 아니 된다.

[본조신설 2017. 12. 12.]

제17조(수련시설의 시설기준)

① 수련시설은 청소년이 다양한 활동을 통하여 기량과 품성을 함양하는데 적합한 시설·설비를 갖추어야 한다.

② 수련시설의 종류별 시설기준에 관하여 필요한 사항은 여성가족부령으로 정한다. 〈개정 2005. 3. 24., 2007. 7. 27., 2008. 2. 29., 2010. 1. 18.〉

제18조(수련시설의 안전점검 등)

① 수련시설의 운영대표자는 시설에 대하여 정기 안전점검 및 수시 안전점검을 실시하여야 한다.

② 수련시설의 운영대표자는 제1항에 따라 정기 안전점검 및 수시 안전점검을 실시한 후 그 결과를 특별자치시장·특별자치도지사·시장·군수·구청장에게 제출하여야 한다.

③ 제2항에 따른 결과를 받은 특별자치시장·특별자치도지사·시장·군수·구청장은 필요한 경우 수련시설의 운영대표자에게 시설의 보완 또는 개수(改修)·보수(補修)를 요구할 수 있다. 이 경우 수련시설의 운영대표자는 그 요구에 따라야 한다.

④ 국가 또는 지방자치단체는 예산의 범위에서 제1항부터 제3항까지의 규정에 따른 안전점검이나 시설의 보완 및 개수·보수에 드는 비용의 전부 또는 일부를 보조할 수 있다.

⑤ 제1항 및 제2항에 따른 정기 안전점검 및 수시 안전점검을 받아야 하는 시설의 범위·시기, 안전점검기관, 안전점검 절차 및 안전기준은 대통령령으로 정한다.

[전문개정 2014. 1. 21.]

제18조의2(안전교육) 수련시설 설치·운영자 또는 위탁운영단체는 수련시설의 이용자에게 여성가족부령으로 정하는 바에 따라 해당 수련시설의 이용 및 청소년수련활동에 관한 안전교육을 실시하여야 한다.

[본조신설 2014. 1. 21.]

[종전 제18조의2는 제18조의3으로 이동 〈2014. 1. 21.〉]

제18조의3(감독기관의 종합 안전·위생점검)

① 여성가족부장관 또는 특별자치시장·특별자치도지사·시장·군수·구청장은 수련시설의 안전과 위생관리를 위하여 정기적으로 수련시설에 대한 종합 안전·위생점검을 실시하고 그 결과를 공개하여야 한다. 〈개정 2015. 2. 3., 2017. 3. 21.〉

② 여성가족부장관 또는 특별자치시장·특별자치도지사·시장·군수·구청장은 제1항에 따른 종합 안전·위생점검을 실시하려면 미리 수련시설의 운영대표자에게 그 종합 안전·위생점검의 절차, 방법 및 기간을 통보하여야 한다. 〈신설 2017. 12. 12.〉

③ 여성가족부장관 또는 특별자치시장·특별자치도지사·시장·군수·구청장은 제2항에 따른 통보를 할 때 또는 그 통보 후에 수련시설의 운영대표자에게 제1항에 따른 종합 안전·위생점검에 필요한 자료의 제출을 요구할 수 있다. 이 경우 수련시설의 운영대표자는 정당한 사유가 없으면 그 요구에 따라야 한다. 〈신설 2017. 12. 12.〉

④ 국가 및 지방자치단체는 제1항에 따른 종합 안전·위생점검 결과에 따라 수련시설의 운영대표자에게 시설의 보완 또는 개수·보수, 위생상태의 개선을 요구할 수 있다. 이 경우 운영대표자는 특별한 사정이 없으면 그 요구에 따라야 한다. 〈개정 2017. 3. 21., 2017. 12. 12.〉

⑤ 제1항에 따른 종합 안전·위생점검의 주기, 절차, 방법 및 점검결과의 공개 등에 필요한 사항은 대통령령으로 정한다. 〈개정 2015. 2. 3., 2017. 3. 21., 2017. 12. 12.〉

[전문개정 2014. 1. 21.]

[제목개정 2017. 3. 21.]

[제18조의2에서 이동 〈2014. 1. 21.〉]

제18조의4(수련시설의 종사자 등에 대한 안전교육)

① 여성가족부장관은 수련시설의 운영대표자 및 종사자의 안전관리 역량을 강화하고 수련시설에서의 안전사고를 예방하기 위하여 수련시설의 운영대표자와 그 종사자를 대상으로 안전교육을 실시할 수 있다.

② 제1항에 따른 안전교육의 내용·방법·횟수 등에 필요한 사항은 여성가족부령으로 정한다.

[본조신설 2016. 3. 2.]

제19조(수련시설의 운영기준)

① 수련시설의 운영대표자는 그 종사자에 대하여 연 1회 이상 수련시설의 운영·안전·위생 등에 관한 교육을 실시하여야 한다.

② 수련시설의 운영대표자는 제1항에 따라 교육을 실시한 후 그 결과를 여성가족부장관 및 특별자치시장·특별자치도지사·시장·군수·구청장에게 제출하여야 한다.

③ 수련시설의 청소년수련거리 운영, 생활지도, 시설의 관리 및 운영, 종사자교육 등 운영기준은 수련시설 종류별로 여성가족부령으로 정한다.

[전문개정 2014. 1. 21.]

제19조의2(수련시설의 종합평가 등)

① 여성가족부장관은 수련시설의 전문성 강화와 운영의 개선 등을 위하여 시설 운영 및 관리 체계, 활동프로그램 운영 등 수련시설 전반에 대한 종합평가를 정기적으로 실시하고 그 결과를 공개하여야 한다.

② 여성가족부장관은 제1항에 따른 종합평가를 실시하려면 미리 수련시설의 운영대표자에게 그 종합평가의 절차, 방법 및 기간을 통보하여야 한다. 〈신설 2017. 12. 12.〉

③ 여성가족부장관은 제2항에 따른 통보를 할 때 또는 그 통보 후에 수련시설의 운영대표자에게 제1항에 따른 종합평가에 필요한 자료의 제출을 요구할 수 있다. 이 경우 수련시설의 대표자는 정당한 사유가 없으면 그 요구에 따라야 한다. 〈신설 2017. 12. 12.〉

④ 국가 및 지방자치단체는 제1항에 따른 종합평가의 결과 우수한 수련시설에 대하여 포상 등을 실시할 수 있다. 〈개정 2017. 12. 12.〉

⑤ 여성가족부장관은 제1항에 따른 종합평가의 결과에 따라 수련시설의 운영대표자에게 미흡사항에 대한 개선이나 그 밖의 필요한 조치를 하도록 요구할 수 있다. 〈개정 2017. 12. 12.〉

⑥ 여성가족부장관은 제1항에 따른 종합평가의 결과를 교육부장관 등 관계 기관의 장에게 알려야 한다. 〈개정 2017. 12. 12.〉

⑦ 제1항에 따른 종합평가의 주기·방법·절차 및 평가결과의 공개 등에 필요한 사항은 여성가족부령으로 정한다. 〈개정 2017. 12. 12.〉

[본조신설 2014. 1. 21.]

제20조(시정명령)
특별자치시장·특별자치도지사·시장·군수·구청장은 수련시설 설치·운영자 또는 위탁운영단체가 다음 각 호의 어느 하나에 해당하는 경우 그 시정을 명할 수 있다.

1. 제17조의 시설기준을 위반한 경우
2. 제18조의 안전기준을 위반한 경우
3. 제18조의3 제4항에 따른 시설의 보완 또는 개수·보수, 위생상태의 개선 요구에 따르지 아니한 경우
4. 제19조의 운영기준을 위반한 경우
5. 제19조의2 제5항에 따른 미흡사항에 대한 개선이나 그 밖의 조치 요구에 따르지 아니한 경우

[전문개정 2020. 5. 19.]

제20조의2(운영 중지 명령)

① 특별자치시장·특별자치도지사·시장·군수·구청장은 수련시설의 운영 또는 청소년활동 중에 다음 각 호의 어느 하나에 해당하는 사유가 발생한 경우에는 수련시설 설치·운영자 또는 위탁운영단체, 숙박형등청소년수련활동 주최자에게 3개월 이내의 기간을 정하여 시설 운영 또는 활동의 중지를 명할 수 있다.

1. 시설이 붕괴되거나 붕괴할 우려가 있는 등 안전 확보가 현저히 미흡한 경우
2. 숙박형등 청소년수련활동의 실시 중 참가자 또는 이용자의 생명 또는 신체에 심각한 피해를 입히는 사고가 발생한 경우
3. 「성폭력범죄의 처벌 등에 관한 특례법」 제2조의 성폭력범죄 또는 「아동·청소년의 성보호에 관한 법률」 제2조 제2호 및 제3호의 아동·청소년대상 성범죄 및 아동·청소년대상 성폭력범죄가 발생한 경우
4. 「아동복지법」 제17조의 금지행위가 발생한 경우

② 제1항에 따른 행정처분의 자세한 기준은 그 위반행위의 유형과 정도 등을 고려하여 여성가족부령으로 정한다.

[본조신설 2014. 1. 21.]

제21조(금지행위) 수련시설 설치·운영자 또는 위탁운영단체는 다음 각 호의 행위를 하여서는 아니 된다.

1. 정당한 사유 없이 청소년의 수련시설 이용을 제한하는 행위
2. 청소년활동이 아닌 용도로 수련시설을 이용하는 행위. 다만, 대통령령으로 정하는 용도로 이용하는 경우는 제외한다.
3. 청소년단체가 아닌 자에게 수련시설을 위탁하여 운영하게 하는 행위

[전문개정 2014. 1. 21.]

제22조(허가 또는 등록의 취소) 특별자치시장·특별자치도지사·시장·군수·구청장은 수련시설 설치·운영자가 다음 각 호의 어느 하나에 해당하는 경우에는 그 수련시설의 허가 또는 등록을 취소할 수 있다. 다만, 제1호 또는 제2호에 해당하는 경우에는 허가 또는 등록을 취소하여야 한다. 〈개정 2016. 5. 29.〉

1. 거짓이나 그 밖의 부정한 방법으로 허가를 받거나 등록을 한 경우
2. 최근 2년 이내에 제72조 제2항 제8호에 따른 과태료처분을 2회 이상 받고 다시 같은 호에 따른 위반행위를 한 경우
3. 정당한 사유 없이 수련시설의 허가를 받거나 등록을 한 후 1년 이내에 그 수련시설의 설치 착수 또는 운영을 시작하지 아니하거나 특별자치시장·특별자치도지사·시장·군수·구청장이 정하는 기간에 수련시설의 등록을 하지 아니한 경우
4. 고의 또는 중대한 과실로 제20조의2 제1항 각 호의 사유가 발생한 경우
5. 제19조의2에 따른 종합평가에서 가장 낮은 등급을 연속하여 3회 이상 받은 경우

[전문개정 2014. 1. 21.]

제23조(청문) 특별자치시장·특별자치도지사·시장·군수·구청장은 제22조에 따른 허가 또는 등록을 취소하려면 청문을 하여야 한다.

[전문개정 2014. 1. 21.]

제24조(이용료 및 수련비용)

① 수련시설 설치 · 운영자 및 위탁운영단체는 수련시설을 이용하는 자로부터 이용료를 받을 수 있다.

② 제36조 제1항부터 제3항까지의 규정에 따라 인증받은 청소년수련활동을 실시하는 자는 그 청소년수련활동에 참여하는 청소년으로부터 수련비용을 받을 수 있다.

[전문개정 2014. 1. 21.]

제25조(보험 가입)

① 제9조의2에 따라 숙박형등 청소년수련활동 계획을 신고하려는 자, 수련시설 설치 · 운영자 또는 위탁운영단체는 청소년활동의 운영 또는 수련시설의 설치 · 운영과 관련하여 청소년활동 참가자 및 수련시설의 이용자에게 발생한 생명 · 신체 등의 손해를 배상하기 위하여 보험에 가입하여야 한다.

② 제1항에 따른 보험에 가입하여야 할 수련시설의 종류 및 보험금액 등은 대통령령으로 정한다.

[전문개정 2014. 1. 21.]

제26조(수련시설의 승계)

① 제11조 제3항에 따라 허가받은 수련시설이 양도 · 양수, 상속 또는 증여되거나 수련시설을 설치한 법인이 합병되었을 때에는 그 양수인, 상속인, 증여를 받은 자, 합병 후 존속하는 법인 또는 합병으로 설립되는 법인은 수련시설의 허가 및 등록에 따른 권리 · 의무를 승계한다.

② 다음 각 호의 어느 하나에 해당하는 절차에 따라 여성가족부령으로 정하는 수련시설의 주요 부분을 인수한 자는 수련시설의 허가 또는 등록에 따른 권리 · 의무를 승계한다. 〈개정 2016. 12. 27.〉

  1. 「민사집행법」에 따른 경매
  2. 「채무자 회생 및 파산에 관한 법률」에 따른 환가(換價)
  3. 「국세징수법」 · 「관세법」 또는 「지방세징수법」에 따른 압류재산의 매각
  4. 그 밖에 제1호부터 제3호까지의 어느 하나에 준하는 절차

[전문개정 2014. 1. 21.]

제27조(수련시설운영의 휴지 · 폐지 등)

① 수련시설 설치 · 운영자가 시설의 운영을 휴지(休止), 재개(再開), 폐지(閉止)하려는 경우에는 여성가족부령으로 정하는 바에 따라 특별자치시장 · 특별자치도지사 · 시장 · 군수 · 구청장에게 신고하여야 한다.

② 특별자치시장 · 특별자치도지사 · 시장 · 군수 · 구청장은 국가 또는 지방자치단체의 특별한 지원을 받은 수련시설로서 대통령령으로 정하는 시설에 대해서는 시설운영의 휴지 또는 폐지를 제한할 수 있다.

③ 특별자치시장·특별자치도지사·시장·군수·구청장은 제1항에 따른 휴지 또는 폐지 신고를 받은 날부터 7일 이내에 신고수리 여부를 신고인에게 통지하여야 한다. 〈신설 2018. 3. 13.〉

④ 특별자치시장·특별자치도지사·시장·군수·구청장이 제3항에서 정한 기간 내에 신고수리 여부 또는 민원 처리 관련 법령에 따른 처리기간의 연장을 신고인에게 통지하지 아니하면 그 기간(민원 처리 관련 법령에 따라 처리기간이 연장 또는 재연장된 경우에는 해당 처리기간을 말한다)이 끝난 날의 다음 날에 신고를 수리힌 깃으로 본다. 〈신실 2018. 3. 13.〉

[전문개정 2014. 1. 21.]

제28조(수련시설 건립 시 타당성의 사전 검토)

① 국가 및 지방자치단체는 제11조 제1항에 따라 설치되는 수련시설이 청소년활동에 적합하도록 하기 위하여 입지 조건, 내부 구조, 그 밖의 설계사항 등 건립의 타당성에 관한 사항을 포함한 기본계획을 수립하고, 관련 설계사항을 사전에 심의한 후 시행하여야 한다.

② 제1항에 따른 기본계획 및 관련 설계사항의 심의 과정에는 청소년 관련 전문가 및 청소년이 참여할 수 있다.

③ 제1항 및 제2항의 심의 과정에 관하여 필요한 사항은 대통령령으로 정한다.

[전문개정 2014. 1. 21.]

제29조 삭제 〈2016. 5. 29.〉

제30조(민간인의 참여 유도)

① 국가 및 지방자치단체는 개인·법인 또는 단체가 수련시설을 쉽게 설치할 수 있도록 토지·금융·세제 또는 그 밖의 행정절차상의 지원을 할 수 있다.

② 개인·법인 또는 단체는 국가 및 지방자치단체가 설치하는 수련시설에 대하여 토지·금전 등을 출연할 수 있다. 이 경우 출연자의 성명 등을 그 수련시설의 명칭으로 할 수 있다.

[전문개정 2014. 1. 21.]

제31조(수련시설의 이용)

① 수련시설을 운영하는 자는 청소년단체가 청소년활동을 위하여 시설 이용을 요청할 때에는 특별한 사유가 없으면 그 요청에 따라야 한다.

② 수련시설을 운영하는 자는 청소년활동에 지장을 주지 아니하는 범위에서 다음 각 호의 용도로 수련시설을 제공할 수 있다. 〈개정 2020. 5. 19.〉

  1. 법인·단체 또는 직장 등에서 실시하는 단체연수활동 등에 제공하는 경우

2. 「평생교육법」에 따른 평생교육의 실시를 위하여 제공하는 경우

3. 청소년수련원, 유스호스텔 및 청소년야영장에서 개별적인 숙박·야영 편의 등을 제공하는 경우

4. 해당 수련시설에 설치된 관리실·사무실 등을 청소년단체의 활동공간으로 제공하는 경우

5. 그 밖에 여성가족부령으로 정하는 용도로 이용하는 경우

③ 제2항 제1호부터 제3호까지에 따른 이용은 여성가족부령으로 정하는 이용 범위를 초과할 수 없다. 〈개정 2020. 5. 19.〉

[전문개정 2014. 1. 21.]

제32조(청소년이용시설)

① 제10조 제2호의 청소년이용시설을 설치·운영하는 국가·지방자치단체 또는 그 밖의 공공기관 등은 그가 설치·운영하는 시설을 그 시설의 운영에 지장을 주지 아니하는 범위에서 청소년활동에 제공하여야 한다.

② 국가 또는 지방자치단체는 청소년이용시설을 설치·운영하는 개인·법인 또는 단체에 청소년활동 프로그램을 제공하거나 그 밖에 필요한 지원을 할 수 있다.

③ 국가 또는 지방자치단체는 예산의 범위에서 청소년이용시설의 운영에 필요한 경비의 일부를 보조할 수 있다.

④ 청소년이용시설의 종류 등에 관하여 필요한 사항은 대통령령으로 정한다.

[전문개정 2014. 1. 21.]

제33조(다른 법률에 따른 인·허가 등의 의제)

① 제11조제3항에 따라 수련시설의 허가를 받은 경우에는 다음 각 호의 허가·인가·해제·지정 또는 신고를 받은 것으로 본다.

1. 「국토의 계획 및 이용에 관한 법률」 제56조·제86조 및 제88조에 따른 개발행위의 허가, 도시·군계획시설사업 시행자의 지정 및 실시계획의 인가

2. 「자연공원법」 제20조 및 제23조에 따른 공원사업 시행의 허가, 공원구역에서의 행위의 허가

3. 「농지법」 제34조에 따른 농지전용허가

4. 「초지법」 제23조 제2항 및 제3항에 따른 초지전용의 허가 및 신고

5. 「산지관리법」 제14조 및 제15조에 따른 산지전용허가 및 산지전용신고, 같은 법 제15조의2에 따른 산지일시사용허가·신고

6. 「산림보호법」 제9조 제1항 및 같은 조 제2항제1호에 따른 산림보호구역(산림유전자원보호구역은 제외한다)에서의 행위의 허가

7. 「사방사업법」 제14조 및 제20조에 따른 사방지에서의 입목·죽의 벌채 등의 허가 및 사방지 지정의 해제

8. 「수도법」 제52조에 따른 전용상수도 설치의 인가

9. 「사도법」 제4조에 따른 사도의 개설허가

② 제13조에 따라 수련시설을 등록한 경우에는 그 수련시설에 대한 다음 각 호의 신고 또는 통보를 한 것으로 본다.

　1. 「체육시설의 설치·이용에 관한 법률」 제20조에 따른 체육시설업의 신고

　2. 「공중위생관리법」 제3조에 따른 공중위생영업 중 이용업 및 미용업의 신고

　3. 「식품위생법」 제37조 및 제88조에 따른 식품접객업 중 휴게음식점영업·일반음식점영업의 신고 및 집단급식소의 설치·운영의 신고

③ 특별자치시장·특별자치도지사·시장·군수·구청장은 제11조 제3항에 따라 수련시설의 허가를 하거나 제13조에 따라 수련시설의 등록을 할 때에는 제1항 각 호 및 제2항 각 호에 따른 관계 법령에의 적합 여부에 관하여 미리 소관 행정기관의 장과 협의하여야 한다. 다만, 제52조 제2항에 따라 협의된 사항에 대해서는 그러하지 아니하다.

④ 소관 행정기관의 장은 제3항에 따른 협의를 요청받은 날부터 다음 각 호의 기간 내에 의견을 제출하여야 한다. 〈신설 2017. 3. 21.〉

　1. 제1항에 따른 협의 기간 : 20일

　2. 제2항에 따른 협의 기간 : 10일

⑤ 소관 행정기관의 장이 제4항에서 정한 기간 내에 의견을 제출하지 아니하면 의견이 없는 것으로 본다. 〈신설 2017. 3. 21.〉

⑥ 특별자치시장·특별자치도지사·시장·군수·구청장은 제13조에 따라 수련시설의 등록증을 발급하였을 때에는 등록증을 발급한 날부터 15일 이내에 제3항에 따라 협의한 행정기관의 장에게 이를 통보하여야 한다. 〈개정 2017. 3. 21.〉

[전문개정 2014. 1. 21.]

정답

01 1991년 지역 사회에서 홍보 모집 관리하기 위해 설치된 봉사 센터는 재가복지봉사센터이다. ▶ ✕

02 '수련활동 인증제'는 학교교육 현장의 요구를 수용할 수 있는 통로로 제공되는 것이고 '수련활동 이수시간제'는 청소년과 보호자가 내용과 품질을 확인하고 선택할 수 있는 제도이다. ▶ ○

03 수련거리의 사회학적 측면에 의하면, 청소년기는 성취인이 되어 가는 과정의 기간에 있는 자를 말한다. ▶ ○

04 청소년기본법은 청소년을 20세 미만인 자로 규정하고 있다. ▶ ✕

05 '수련활동 인증제'는 학교교육 현장의 요구를 수영할 수 있는 통로로 제공되는 것이고 '수련활동 이수시간제'는 청소년과 보호자가 내용과 품질을 확인하고 선택할 수 있는 제도이다. ▶ ○

06 청소년수련활동의 참여동기에 대한 모델로 매슬로의 욕구이론과 레빈의 힘 – 장이론을 결합한 모형을 기대 – 유인가 모델이라고 한다. ▶ ✕

07 청소년 수련시설을 시설 중심으로 분류한 경우 생활권 수련시설과 자연권 수련시설로 분류될 수 있다. ▶ ○

08 청소년이용시설은 청소년의 수련시설로 청소년활동 또는 여가선용을 위한 이용에 적합한 시설을 말한다. ▶ ✕

09 청소년기본법상 청소년활동은 수련활동, 문화활동, 교류활동 등으로 구분된다. ▶ ○

10 청소년수련활동의 목적에 따라 체육활동 프로그램, 문예활동 프로그램, 봉사활동 프로그램, 전통문화활동 프로그램 등으로 구분된다. ▶ ○

01 매슬로의 욕구단계론과 레빈의 힘 – 장 이론을 연계한 것으로 힘 – 장 모텔을 제시한 학자는?

> ▶ 밀러

02 청소년을 9~24세인 자로 규정한 법은 무엇인가?

> ▶ 청소년기본법

03 청소년수련프로그램에서 기획 · 설계 · 실행 외의 단계는 무엇인가?

> ▶ 평가

04 수련활동이 청소년의 심신단련과 정서적 안정에 기여할 수 있도록 실시하는 국가 인증 제도는?

> ▶ 청소년수련활동인증제

05 자신의 행위에 사로잡혀 시간의 흐름이나 공간, 자신에 대한 생각까지도 잊어버리게 되는 심리 상태를 무엇이라 하는가?

> ▶ 몰입경험

06 현대적 의미의 자원봉사활동은 1903년 (   )의 창립을 계기로 비롯되었다. (   )는 무엇인가?

> ▶ YMCA

07 청소년수련활동과 같은 흥미와 도야를 중시하며, 콜브에 의해 종합적인 모형으로 제시된 것은?

> ▶ 경험학습

08 청소년 수련활동지도자로 청소년시설, 청소년단체, 청소년관련기관에 종사하는 일반지도자와 자원지도자를 무엇이라 하는가?

> ▶ 청소년지도사

09 청소년지도사 소관 부처는?

> ▶ 여성가족부

10 수련프로그램의 과정 중 프로그램 기획단계의 하위단계는 프로그램에 대한 확신과 문제인식, 요구조사 및 정보수집, 프로그램 기획안 작성, (   )으로 구성되었다. 다음의 (   )에 들어갈 말은?

> ▶ 의사결정

1 청소년활동 진흥법령상 청소년수련시설 종합평가를 실시하여야 하는 자는?

① 여성가족부장관
② 보건복지부장관
③ 한국청소년수련시설협회장
④ 한국청소년상담복지개발원장
⑤ 한국청소년활동진흥원 이사장

TIPS!
여성가족부장관은 수련시설의 전문성 강화와 운영의 개선 등을 위하여 시설 운영 및 관리 체계, 활동프로그램 운영 등 수련시설 전반에 대한 종합평가를 정기적으로 실시하고 그 결과를 공개하여야 한다〈청소년활동진흥법 제19조의2(수련시설의 종합평가 등) 제1항〉.

2 청소년수련활동 인증위원회의 인증위원 구성에서 (   )에 들어갈 알맞은 숫자는?

> 인증위원회는 위원장과 부위원장 각 1명을 포함한 (   )명 이내의 위원으로 구성한다.

① 15　　　　　　　　　　② 20
③ 25　　　　　　　　　　④ 30
⑤ 35

TIPS!
인증위원회는 위원장과 부위원장 각 1명을 포함한 15명 이내의 위원으로 구성한다〈청소년활동 진흥법 제35조(청소년수련활동 인증제도의 운영) 제3항〉.

Answer 1.① 2.①

3 청소년활동 진흥법령상 위험도가 높은 청소년수련활동이 아닌 것은?

① 래프팅
② 패러글라이딩
③ 10km 도보이동
④ 암벽 클라이밍
⑤ 2시간 이내의 야간등산

> **TIPS!**
>
> 위험도가 높은 청소년수련활동〈청소년수련활동 진흥법 시행규칙 별표7〉

구분	프로그램
수상활동	래프팅, 모터보트, 동력요트, 수상오토바이, 고무보트, 수중스쿠터, 호버크래프트, 수상스키, 조정, 카약, 카누, 수상자전거, 서프보드, 스킨스쿠버
항공활동	패러글라이딩, 행글라이딩
산악활동	클라이밍(자연암벽, 빙벽), 산악스키, 야간등산(4시간 이상의 경우만 해당한다)
장거리걷기활동	10Km 이상 도보이동
그 밖의 활동	유해성 물질(발화성, 부식성, 독성 또는 환경유해성 등), 집라인(Zip-line), ATV탑승 등 사고위험이 높은 물질·기구·장비 등을 활용하여 이루어지는 청소년수련활동

4 학교 밖 청소년 지원에 관한 법률상 '학교 밖 청소년 지원센터'의 주요 업무가 아닌 것은?

① 학교 밖 청소년에 대한 사회적 인식 개선
② 학교 밖 청소년 지원 프로그램의 개발 및 보급
③ 학교 밖 청소년 지원 우수사례의 발굴 및 확산
④ 방과 후 활동 지원센터의 운영 모형 개발
⑤ 학교 밖 청소년 지원을 위한 지역사회 자원의 발굴 및 연계·협력

> **TIPS!**
>
> 학교 밖 청소년 지원센터의 업무〈학교 밖 청소년 지원에 관한 법률 제12조(학교 밖 청소년 지원센터) 제2항〉
> ㉠ 학교 밖 청소년 지원
> ㉡ 학교 밖 청소년 지원을 위한 지역사회 자원의 발굴 및 연계·협력
> ㉢ 학교 밖 청소년 지원 프로그램의 개발 및 보급
> ㉣ 학교 밖 청소년 지원 프로그램에 대한 정보제공 및 홍보
> ㉤ 학교 밖 청소년 지원 우수사례의 발굴 및 확산
> ㉥ 학교 밖 청소년에 대한 사회적 인식 개선
> ㉦ 그 밖에 학교 밖 청소년 지원을 위하여 필요한 사업

Answer 3.⑤ 4.④

5 문제해결 학습과정을 순서대로 옳게 나열한 것은?

> ㉠ 문제 인식   ㉡ 자료수집
>
> ㉢ 결과의 검토   ㉣ 해결방법의 계획
>
> ㉤ 활동의 전개

① ㉠ − ㉡ − ㉢ − ㉣ − ㉤   ② ㉠ − ㉣ − ㉡ − ㉤ − ㉢

③ ㉠ − ㉣ − ㉢ − ㉡ − ㉤   ④ ㉠ − ㉣ − ㉤ − ㉡ − ㉢

⑤ ㉠ − ㉤ − ㉣ − ㉡ − ㉢

> **TIPS!**
>
> 문제해결 학습과정
>
> 문제 인식 → 해결방법의 계획 → 자료수집 → 활동의 전개 → 결과의 검토

6 청소년활동 진흥법의 내용 중 ( )에 들어갈 용어로 옳은 것은?

> 특별자치시장·특별자치도지사·시장·군수·구청장은 청소년활동을 지원하기 위하여 필요한 경우 명승고적지, 역사유적지 또는 자연경관이 수려한 지역으로서 청소년활동에 적합하고 이용이 편리한 지역을 ( )(으)로 지정할 수 있다.

① 청소년 블루존   ② 청소년 두드림존

③ 청소년수련거리   ④ 청소년수련지구

⑤ 청소년야영장

> **TIPS!**
>
> 특별자치시장·특별자치도지사·시장·군수·구청장은 청소년활동을 지원하기 위하여 필요한 경우 명승고적지, 역사유적지 또는 자연경관이 수려한 지역으로서 청소년활동에 적합하고 이용이 편리한 지역을 청소년수련지구로 지정할 수 있다〈청소년활동 진흥법 제47조(청소년수련지구의 지정 등) 제1항〉.

Answer   5.②   6.④

1 청소년기본법에 의한 청소년의 장기적·종합적 청소년육성정책을 추진방향으로 바르지 않은 것은?

① 청소년의 참여보장
② 청소년의 창의성과 자율성에 기초한 능동적 삶의 실현
③ 청소년의 권익 옹호
④ 청소년의 성장여건과 사회환경의 개선
⑤ 민주·복지·통일조국에 대비하는 청소년의 자질향상

> **TIPS!**
>
> 청소년기본법의 기본이념을 구현하기 위한 장기적·종합적 청소년육성정책을 추진함에 있어 다음을 추진방향으로 한다.
> ㉠ 청소년의 참여보장
> ㉡ 청소년의 창의성과 자율성에 기초한 능동적 삶의 실현
> ㉢ 소년의 성장여건과 사회환경의 개선
> ㉣ 민주·복지·통일조국에 대비하는 청소년의 자질향상

2 다음 중 청소년기본법에서 설명하는 용어가 잘못된 것은?

① "청소년"이라 함은 13세 이상 24세 이하의 자를 말한다.
② "청소년육성"이라 함은 청소년활동을 지원하고 청소년의 복지를 증진하며 사회여건과 환경을 청소년에게 유익하도록 개선하고 청소년을 보호하여 청소년에 대한 교육을 보완함으로써 청소년의 균형 있는 성장을 돕는 것을 말한다.
③ "청소년활동"이라 함은 청소년의 균형 있는 성장을 위하여 필요한 활동과 이러한 활동을 소재로 하는 수련활동·교류활동·문화활동 등 다양한 형태의 활동을 말한다.
④ "청소년보호"라 함은 청소년의 건전한 성장에 유해한 물질·물건·장소·행위 등 각종 청소년 유해환경을 규제하거나 청소년의 접촉 또는 접근을 제한하는 것을 말한다.
⑤ "청소년시설"이라 함은 청소년활동·청소년복지 및 청소년보호에 제공되는 시설을 말한다.

> **TIPS!**
>
> "청소년"이라 함은 9세 이상 24세 이하의 자를 말한다. 다만, 다른 법률에서 청소년에 대한 적용을 달리할 필요가 있는 경우에는 따로 정할 수 있다〈청소년기본법 제3조〉.

Answer 1.③ 2.①

3 청소년육성에 관한 기본계획 수립에 대한 설명으로 잘못된 것은?

① 기본계획은 이전의 기본계획에 관한 분석·평가해야 한다.
② 국가는 청소년육성에 관한 기본계획을 매년 수립하여야 한다.
③ 기본계획은 청소년육성에 관한 기본방향을 포함해야 한다.
④ 기본계획은 청소년육성에 관한 추진목표가 명시되어야 한다.
⑤ 기본계획은 청소년 육성의 분야별 주요시책이 언급되어야 한다.

> **TIPS!**
> 국가는 청소년육성에 관한 기본계획을 5년마다 수립하여야 한다.

4 다음 중 청소년기본법에 의한 청소년의 기준연령으로 맞는 것은?

① 9세~21세
② 15세~20세
③ 9세~24세
④ 13세~19세
⑤ 15세~24세

> **TIPS!**
> 청소년기본법에 의한 "청소년"이라 함은 9세 이상 24세 이하의 자를 말한다.

5 다음 중 청소년기본법에 의한 청소년단체협의회의 기능이 아닌 것은?

① 회원단체가 행하는 사업 협조
② 청소년관련 정보 및 간행물의 출판
③ 청소년활동관련 장비·기자재·물품 대여
④ 청소년지도자의 연수
⑤ 청소년관련 홍보

> **TIPS!**
> 청소년단체협의회는 청소년활동에 관한 조사·연구를 지원한다.

Answer 3.② 4.③ 5.③

6 다음 중 최근 청소년수련활동의 특징이 아닌 것은?

① 창조성　　　　　　　　　　　　　② 특성화된 프로그램
③ 대규모 프로그램 운영　　　　　　　④ 수요자 중심
⑤ 프로그램 중심

 TIPS!

현재까지의 수련거리 관련 정책의 변화는 종전의 대규모 획일적 프로그램 운영에서 소규모의 다양화, 특성
화된 프로그램이 확대되어 청소년의 생활현장과 연계를 촉진한다.

7 다음 중 청소년활동진흥법에서 정의한 청소년문화활동이 아닌 것은?

① 종교활동　　　　　　　　　　　　② 예술활동
③ 스포츠활동　　　　　　　　　　　④ 봉사활동
⑤ 동아리활동

TIPS!

"청소년문화활동"은 청소년이 예술활동 · 스포츠활동 · 동아리활동 · 봉사활동 등을 통하여 문화적 감성과 더불
어 살아가는 능력을 함양하는 체험활동을 말한다.

8 한국청소년활동진흥원의 기능이 아닌 것은?

① 청소년활동 · 청소년복지 · 청소년보호에 관한 종합적 안내 및 서비스 제공
② 청소년육성에 관한 기본계획 수립
③ 청소년수련활동인증제도의 운영
④ 청소년활동 프로그램의 개발과 보급
⑤ 수련거리의 시범운영

TIPS!

청소년기본법에 의거한 청소년육성에 관한 기본계획은 여성가족부 장관이 총괄 · 조정한다.

Answer 6.③ 7.① 8.②

9 다음 중 청소년 단체 중 한국청소년단체협의회의 기능이 아닌 것은?

① 회원단체가 행하는 사업과 활동에 대한 협조와 지원
② 청소년지도자의 연수 및 교류
③ 청소년활동 · 복지 · 보호에 관한 종합적인 안내 및 서비스
④ 남 · 북 청소년의 동질성 회복 및 해외동포청소년의 지원
⑤ 수련활동 및 봉사활동에 대한 정보의 지원

 TIPS!
청소년기본법상 청소년 단체는 한국청소년활동진흥원, 한국청소년단체협의회, 한국청소년상담원이 있으며
청소년활동 · 복지 · 보호에 관한 종합적인 안내 및 서비스는 한국청소년활동진흥원의 기능이다.

10 다음 중 청소년활동 지도자가 아닌 것은?

① 청소년지도사   ② 청소년상담사
③ 청소년단체 자원봉사자   ④ 청소년관련기관에 종사자
⑤ 심리상담사

TIPS!
청소년 수련활동지도자로 청소년지도사와 청소년상담사 뿐만 아니라 청소년시설, 청소년단체, 청소년관련기
관에 종사하는 일반지도자와 자원지도자도 포함한다.

11 다음 중 청소년활동 지도자의 역할이 아닌 것은?

① 청소년단체의 이익을 실현한다.
② 청소년에게 유해한 환경을 차단한다.
③ 청소년수련활동 및 프로그램을 운영하고 관리한다.
④ 청소년활동에 대한 비판적 분석을 한다.
⑤ 청소년 집단의 촉진자가 된다.

TIPS!
청소년활동 지도자는 청소년에게 유익한 환경을 조성한다.

Answer 9.③ 10.⑤ 11.②

12 다음 중 청소년수련거리의 특징이 아닌 것은?

① 수련거리는 일정한 방향과 지침을 갖고 수행하는 프로그램으로 공공의 이익에 부합하는 목적과 방향을 가지고 있다.

② 수련거리는 정책적인 체험적 활동이다.

③ 수련거리의 전문성은 집단 활동의 체계성과 관련이 있다.

④ 수련거리는 청소년 문제를 사전에 예방하고자 유해한 환경을 차단하는데 있다.

⑤ 수련거리의 정책성은 국가의 주도로 이루어지고 있다.

 TIPS!

수련거리는 협의의 수련프로그램을 의미하며 청소년 문제의 대응방안이 아닌 청소년을 건전하게 육성하여 청소년 문제를 사전에 예방하여 청소년의 사회성을 높이고 잠재적 창의성을 개발하는 것이 정책적 목표가 된다.

13 다음 중 청소년활동수련프로그램의 유형이 잘못 짝지어진 것은?

① 구성형태에 따른 유형 – 단위수련거리

② 개발주체에 따른 유형 – 단체수련거리

③ 개발주체에 따른 유형 – 종합수련거리

④ 개발주체에 따른 유형 – 개별수련거리

⑤ 활동영역에 따른 유형 – 모험개척수련거리

 TIPS!

개발주체에 따른 유형으로는 정책수련거리, 단체수련거리, 개별수련거리가 있다 .

14 다음 중 단체수련프로그램의 내용이 아닌 것은?

① 청소년 동호회

② 보이스카우트

③ 한국청소년연맹

④ 일정한 절차에 따라 단체에 가입한 청소년

⑤ 일회성이 아닌 지속적인 수련활동

TIPS!

단체수련활동에는 여가활동의 일환으로 이루어지는 청소년 동호회 등은 포함되지 않는다.

Answer 12.④ 13.③ 14.①

15 청소년수련거리의 개발과정을 바르게 설명한 것은?

① 청소년수련거리는 목표가 분명히 표출되어야 한다.

② 청소년수련거리는 교육적 목적을 가지고 있으므로 흥미보다는 교육적 목표달성이 우선시된다.

③ 청소년수련거리는 청소년들에게 특별한 경험을 제공하기 위하여 고도화된 활동을 요구한다.

④ 청소년들이 수련거리를 접하는 것은 쉽지 않으므로 일시에 많은 경험을 하도록 개발한다.

⑤ 청소년수련거리는 자연스럽게 설정된 목표와 목적이 성취될 수 있도록 구성해야 한다.

> **TIPS!**
>
> 청소년 수련거리는 분명하지만 숨겨져 있는 목적과 목표, 흥미로운 체계와 방법, 다수의 수련거리는 활용이 용이, 점진적 전개로 목표에 점차 접근할 수 있도록 구성되어야 한다.

16 다음 중 수련거리의 구성요소가 아닌 것은?

① 청소년   ② 청소년지도자
③ 활동방법과 기법   ④ 활동 동기
⑤ 평가활동

> **TIPS!**
>
> 청소년수련거리의 구성요소는 청소년, 청소년지도자, 활동방법과 기법, 목표, 활동내용, 장소 및 시설, 시기와 기간, 준비사항, 평가활동이 있다

17 다음 중 수련거리에 대한 내용이 잘못된 것은?

① 정책프로그램으로서 분명한 성격을 정립해야 한다.

② 수련거리는 집단활동을 목적으로 하므로 개별적으로 활용할 수 있는 수련거리는 삼간다.

③ 청소년의 흥미자극을 위하여 수련거리의 형태를 다양화해야 한다.

④ 수련거리는 체험을 목적으로 체계적으로 구조화된 활동이다.

⑤ 수련거리는 사업의 의미를 지님에 따라 체계적인 활동경험을 제공하는 지침과 준거가 된다.

> **TIPS!**
>
> 개별적으로 활용할 수 있는 수련거리의 개발도 요구된다.

Answer 15.⑤ 16.④ 17.②

18 청소년수련활동을 지도하는 방법에 대해 잘못 설명한 것은?

① 수련활동은 행하면서 배우는 체험학습이 기본이 되어야 한다.
② 청소년수련활동은 조직활동 내에서 상호역동을 고려한다면 소집단이 효과적이다.
③ 청소년의 건강은 중요시되며, 이를 위해 수련시설의 시설, 환경, 인적 조건은 명랑해야 한다.
④ 청소년활동은 청소년이 중심이 되는 참가자활동과 주최측 중심의 집단활동으로 나눌 수 있는데 봉사활동의 경우 주최측 중심이 활동이 동기부여에 효과적이다.
⑤ 가정과 학교, 수련시설은 학부모와 긴밀한 협조관계를 유지하면서 청소년의 육성에 힘써야 한다.

> **TIPS!**
> 청소년활동은 참가자인 청소년이 중심이 되는 참가자활동과 주최측 중심의 집단활동으로 나눌 수 있으며 주최자 중심활동은 계획, 진행, 평가의 모든 활동과정이 성인에 의해 이루어지는 반면, 참가자 중심의 활동은 참가자 개개인의 재능과 창의성을 발휘할 수 있는 자발적인 활동이다. 따라서 봉사활동 같이 활동의 자발성을 중시하는 경우 참가자 중심의 활동이 효과적이다.

19 다음 중 자연체험활동에 대한 설명으로 틀린 것은?

① 자연체험활동은 캠핑과 자연탐사활동으로 구분될 수 있다.
② 캠핑은 자연에서 숙식을 직접 체험하는 야외활동으로 청소년의 자연에 대한 이해, 실생활 속에서의 창의성개발과 기술습득을 목적으로 한다.
③ 자연체험활동은 스포츠의 일종이다.
④ 캠프지도자는 집단(캠퍼)에 대한 이해를 갖고 안전, 교육적 효과, 자각, 행복과 성장에 관심을 기울여야 한다.
⑤ 야영활동(캠핑)의 계획은 착상→구상→과제계획→실시계획단계의 하위단계를 거치게 된다.

> **TIPS!**
> 스포츠는 체육활동에 속한다.

Answer 18.④ 19.③

20 다음 중 체육활동과 개념이 유사한 것은?

① 놀이　　　　　　　　　　　② 여가
③ 레크리에이션　　　　　　　　④ 취미활동
⑤ 스포츠

> **TIPS!**
> 체육활동은 스포츠를 의미하며 놀이, 여가, 레크리에이션과는 다른 개념이다.

21 봉사활동의 분류가 다른 것은?

① 장소에 따른 분류 - 시설봉사프로그램, 아동보호봉사
② 장소에 따른 분류 - 시설봉사프로그램, 지역사회봉사프로그램
③ 장소에 따른 분류 - 노인정 봉사, 지역사회 청소활동
④ 대상에 따른 분류 - 아동보호활동, 청소년보호활동
⑤ 대상에 따른 분류 - 장애인복지활동, 노인복지활동

> **TIPS!**
> 봉사활동은 장소에 따라 시설봉사프로그램, 지역사회봉사프로그램(꽃길 가꾸기, 지역사회 청소활동 등)으로
> 나눌 수 있으며, 대상에 따라 아동보호활동, 청소년보호활동, 장애인복지활동으로 분류할 수 있다.

22 수련프로그램의 개발과정이 아닌 것은?

① 프로그램 계획　　　　　　　　② 프로그램 기획
③ 프로그램 설계　　　　　　　　④ 프로그램 실행
⑤ 프로그램 평가

> **TIPS!**
> 수련프로그램의 과정은 프로그램 기획→프로그램 설계→프로그램 실행→프로그램 평가의 단계를 거친다.

Answer 20.⑤ 21.① 22.①

23 수련프로그램의 개발과정의 최초 단계로 프로그램 기획단계가 있다. 다음 중 프로그램 기획단계의 하위단계가 잘못 설명된 것은?

① 프로그램에 대한 확신과 문제인식　　② 프로그램 설계안 작성
③ 요구조사 및 정보수집　　　　　　　④ 단위프로그램 계획서
⑤ 의사결정

 **TIPS!**

프로그램 설계안 작성은 프로그램 개발단계 2단계의 프로그램 설계단계에서 나타난다.

24 다음 중 수련프로그램의 개발과정으로 올바른 것은?

① 프로그램 기획→프로그램 설계→프로그램 실행→프로그램 평가
② 프로그램 평가→프로그램 기획→프로그램 실행→프로그램 기획
③ 프로그램 계획→프로그램 설계→프로그램 실행→프로그램 평가
④ 프로그램 설계→프로그램 기획→프로그램 실행→프로그램 평가
⑤ 요구조사→프로그램실행→프로그램 평가→프로그램 환류

TIPS!

수련프로그램의 개발과정은 프로그램 기획→프로그램 설계→프로그램 실행→프로그램 평가로 구성된다.

25 다음 중 청소년상담원의 설립목적이 아닌 것은?

① 청소년상담 관련정책의 연구개발　　② 청소년 상담기법의 연구
③ 청소년 상담사업의 시범운영　　　　④ 청소년 상담 관련법 제정
⑤ 상담인력의 양성

TIPS!

청소년상담원은 청소년상담 관련정책의 연구개발, 청소년 상담기법의 연구 및 상담자료의 제작·보급, 청소년 상담사업의 시범운영, 상담인력의 양성 및 연수, 청소년 상담기관 상호간의 연계 및 지원을 목적으로 설립되었다.

Answer 23.② 24.① 25.④

26 한국청소년상담원의 기능이 아닌 것은?

① 청소년 상담관련 정책의 연구개발   ② 청소년 육성에 관한 기본계획 수립

③ 상담인력의 양성 및 연수   ④ 사이버상담 등 상담사업의 운영

⑤ 취약계층 청소년 자립지원

> **TIPS!**
>
> 청소년 육성에 관한 기본계획은 여성가족부 장관이 총괄·조정한다.

27 다음 중 청소년유해환경으로 청소년의 출입이 가능한 곳은?

① 비디오방   ② 단란주점

③ 전화방   ④ 숙박시설

⑤ 무도장

> **TIPS!**
>
> 청소년 유해업소라 함은 청소년의 출입과 고용이 청소년에게 유해한 것으로 인정되는 청소년 출입·고용금지업소와 청소년의 출입은 가능하나 고용은 유해한 것으로 인정되는 청소년고용금지 업소를 말한다. **청소년 출입·고용금지업소**: 유흥주점, 단란주점, 비디오물감상실업, 노래연습장업(청소년의 출입이 허용되는 시설을 갖춘 업소에의 청소년 출입은 가능하나, 고용은 금지됨) 무도학원업, 무도 장업, 사행행위영업, 전화방, 청소년보호위원회 고시업소(성기구 취급업소)가 있다.

28 다음은 청소년유해환경에 대한 내용이다. 청소년의 고용이 가능한 곳은?

① 숙박시설   ② 담배판매점

③ 비디오대여점   ④ 커피숍

⑤ 만화대여점

> **TIPS!**
>
> 청소년 청소년고용금지업소의 종류로 숙박업, 이용업(다른 법령에서 취업이 금지되지 아니하는 남자청소년 제외), 목욕장업 중 안마실 설치영업하거나 개실로 구획하여 하는 영업, 담배소매업, 유독물제조. 판매. 취급업, 티켓다방, 주류판매목적의 소주방. 호프. 카페등 형태의 영업, 음반판매업, 비디오물 판매. 대여업, 종합게임장, 만화대여업이 있다.

Answer 26.② 27.④ 28.④

29 청소년활동시설 중 성격이 다른 것은?

① 청소년이용시설   ② 청소년수련관

③ 청소년수련원   ④ 유스호스텔

⑤ 청소년특화시설

> **TIPS!**
>
> 청소년활동진흥법에 따르면 청소년활동시설은 청소년수련시설과 청소년이용시설로 구분할 수 있다.
>
> ㉠ 청소년수련시설
>
> - 청소년수련관: 다양한 수련거리를 실시할 수 있는 각종 시설 및 설비를 갖춘 종합수련시설
> - 청소년수련원: 숙박기능을 갖춘 생활관과 다양한 수련거리를 실시할 수 있는 각종 시설과 설비를 갖춘 종합수련시설
> - 청소년문화의집: 간단한 수련활동을 실시할 수 있는 시설 및 설비를 갖춘 정보·문화·예술중심의 수련시설
> - 청소년특화시설: 청소년의 직업체험·문화예술·과학정보·환경 등 특정 목적의 청소년활동을 전문적으로 실시할 수 있는 시설과 설비를 갖춘 수련시설
> - 청소년야영장: 야영에 적합한 시설 및 설비를 갖추고 수련거리 또는 야영편의를 제공하는 수련시설
> - 유스호스텔: 청소년의 숙박 및 체재에 적합한 시설·설비와 부대·편익시설을 갖추고 숙식편의제공, 여행청소년의 활동지원 등을 주된 기능으로 하는 시설
>
> ㉡ 청소년이용시설: 수련시설이 아닌 시설로서 그 설치목적의 범위에서 청소년활동의 실시와 청소년의 건전한 이용 등에 제공할 수 있는 시설

30 청소년기본법의 청소년전담공무원의 내용으로 틀린 것은?

① 특별시·광역시·도, 시·군·구 및 읍·면·동 또는 청소년육성전담기구에 청소년육성전담공무원을 둘 수 있다.

② 관할구역안의 청소년 및 다른 청소년지도자 등에 대하여 그 실태를 파악하고 필요한 지도한다.

③ 청소년육성전담공무원의 임용 등에 관하여 필요한 사항은 조례에 따른다.

④ 청소년전담공무원은 관계행정기관, 청소년단체 및 청소년시설의 설치·운영자의 협조를 받아 업무를 수행할 수 있다.

⑤ 청소년육성전담공무원은 청소년지도사 또는 청소년상담사의 자격여부와 관계없이 업무가 가능하다.

> **TIPS!**
>
> 청소년육성전담공무원은 청소년지도사 또는 청소년상담사의 자격을 가진 자로 한다.

Answer   29.①   30.⑤

31 다음 청소년활동시설 중 청소년수련시설은?

> ㉠ 청소년수련관   ㉡ 청소년수련원
> ㉢ 청소년문화의 집   ㉣ 청소년특화시설
> ㉤ 청소년야영장   ㉥ 청소년미디어센터 '스스로넷'
> ㉦ 청소년성문화센터 'AHA(아하)'   ◎ 과학관
> ㉧ 문화시설

① ㉠㉡㉢㉣㉤
② ㉥㉦
③ ㉠㉡㉢㉣㉤㉥㉦
④ ㉠㉡㉢
⑤ ㉠㉡㉢㉣㉦◎㉧

TIPS!

청소년수련시설
㉠ 청소년수련관
㉡ 청소년수련원
㉢ 청소년문화의 집
㉣ 청소년특화시설
㉤ 청소년야영장 이외에 유스호스텔
㉥ 청소년미디어센터 '스스로넷'
㉦ 청소년성문화센터 'AHA(아하)'
과학관 문화시설은 청소년이용시설의 세부분류에 포함된다.

32 다음 중 유스호스텔의 특징으로 아닌 것은?

① 숙박 및 편의시설 제공
② 여행청소년의 활동 지원
③ 청소년수련시설
④ 청소년 숙박시설
⑤ 체험활동 제공

TIPS!

유스호스텔 : 청소년의 숙박 및 체재에 적합한 시설·설비와 부대·편익시설을 갖추고 숙식편의제공, 여행청소년의 활동지원 등을 주된 기능으로 하는 시설

Answer   31.③   32.⑤

33 다음 중 청소년야영장의 특징으로 아닌 것은?

① 수련거리 제공

② 집단간 경쟁

③ 야영편의 제공

④ 청소년수련시설

⑤ 자연체험활동

TIPS!

야영에 적합한 시설 및 설비를 갖추고 수련거리 또는 야영편의를 제공하는 수련시설로 자연체험활동을 통해 자연 안에서 사회성을 기를 수 있다.

34 다음 중 한국청소년수련시설협회의 업무내용에 해당하지 않는 것을 모두 고르시오.

> ㉠ 회원 수련시설이 행하는 사업과 활동에 대한 협력 및 지원
>
> ㉡ 청소년지도자의 연수 · 권익증진 및 교류사업
>
> ㉢ 수련활동의 활성화
>
> ㉣ 수련시설의 안전에 관한 홍보 및 실천운동
>
> ㉤ 수련활동에 대한 조사 · 연구 · 지원사업
>
> ㉥ 지방청소년수련시설협회에 대한 지원
>
> ㉦ 수련시설의 운영 · 발전을 위하여 필요하다고 문화부장관이 인정하는 사업

① ㉠㉡㉢

② ㉡㉢

③ ㉢㉥㉦

④ ㉥㉦

⑤ ㉦

TIPS!

한국청소년수련시설협회의 업무
㉠ 회원 수련시설이 행하는 사업과 활동에 대한 협력 및 지원
㉡ 청소년지도자의 연수 · 권익증진 및 교류사업
㉢ 수련활동의 활성화 및 수련시설의 안전에 관한 홍보 및 실천운동
㉣ 수련활동에 대한 조사 · 연구 · 지원사업
㉤ 지방청소년수련시설협회에 대한 지원
㉥ 그 밖에 수련시설의 운영 · 발전을 위하여 필요하다고 여성가족부장관이 인정하는 사업

Answer 33.② 34.⑤

35 다음은 청소년수련시설의 설립에 대한 내용이다. 다음 내용 중 틀린 것은?

① 시·도지사 및 시장·군수·구청장은 청소년특화시설·청소년야영장 및 유스호스텔을 설치·운영할 수 있다.

② 특별시장·광역시장·도지사·특별자치도지사 및 시장·군수·구청장은 각각 청소년수련관을 1개소 이상 설치·운영하여야 한다.

③ 시·도지사 및 시장·군수·구청장은 읍·면·동에 청소년문화의집을 1개소 이상 설치·운영하여야 한다.

④ 국가는 전국의 청소년이 이용할 수 있는 국립청소년수련시설을 1개 이상 설치·운영하여야 한다.

⑤ 개인·법인 또는 단체는 특별자치도지사·시장·군수·구청장의 허가를 받아 수련시설을 설치·운영할 수 있다

 TIPS!
국가 및 지방자치단체는 청소년활동진흥법에 따라 2 이상의 시·도 또는 전국의 청소년이 이용할 수 있는 국립청소년수련시설을 설치·운영하여야 한다.

36 수련시설을 운영하는 자는 청소년활동에 지장이 없는 범위 내에서 수련시설을 제공할 수 있다. 다음 중 가능한 용도가 아닌 것은?

① 법인·단체 또는 직장 등에서 실시하는 단체연수활동 등에 제공하는 경우

② 문화체육관광부령이 정하는 용도로 이용하는 경우

③ 당해 수련시설에 설치된 관리실·사무실 등을 청소년단체의 활동공간으로 제공하는 경우

④ 평생교육법의 규정에 의한 평생교육의 실시를 위하여 제공하는 경우

⑤ 유스호스텔 및 청소년야영장에서 여성가족부령이 정하는 범위 안에서 개별적인 숙박·야영 편의 등을 제공하는 경우

TIPS!
여성가족부령이 정하는 용도로 이용하는 경우 해당하는 용도로 수련시설을 제공할 수 있다.

Answer 35.④ 36.②

37 청소년문화활동으로 행해지는 봉사활동은 다음과 같은 성격적 특성을 가지게 된다. 다음 중 봉사활동의 특징과 거리가 먼 것은?

① 청소년에게 책임감을 갖게 한다.
② 자기희생을 통한 이타심을 갖게 한다.
③ 소외된 계층에 대한 배려와 존중하는 태도가 생긴다.
④ 지역사회에서이 봉사활동을 통하여 연고주익적 사기를 갖게 된다.
⑤ 생활속에서의 경험을 통하여 학교교육 이외의 전인적 교육에 이바지한다.

 TIPS!

청소년의 자발적인 봉사활동을 통하여 지역사회의 다른 구성원에 대한 책임감과 연대감을 고취할 수 있다.

38 다음 중 청소년문화를 미숙한 문화로 보는 시각으로 옳은 것은?

① 사회적 책임능력이 많은 청소년들이 만들어 내는 삶의 양식이다.
② 몰래 나쁜 짓을 하고 놀기를 좋아한다.
③ 규범과 질서를 깨뜨리는 데서 쾌감을 얻는다.
④ 전체문화의 일부분을 구성한다.
⑤ 각 연령집단마다 그 연령에 맞는 문화를 가지고 있다.

TIPS!

청소년문화는 정신적으로 미숙하고, 사회적 책임능력이 많은 청소년들이 만들어 내는 삶의 양식이다.

39 레크리에이션에 대한 설명으로 틀린 것은?

① 자발적 참여동기　　　　　　② 창조적 활동
③ 몰입　　　　　　　　　　　④ 즐거움
⑤ 경쟁프로그램

TIPS!

레크리에이션은 비경쟁프로그램으로 협동심을 기르고 집단원간의 이해와 나눔을 목적에 두고 있다 .

Answer 37.④ 38.① 39.⑤

40 여가에 대한 설명으로 바른 것은?

① 그 자체가 목적이 되는 활동이다.

② 경쟁적이다.

③ 본업에서의 재창조할 수 있는 시간을 제공한다.

④ 관습과 규율을 중시여긴다.

⑤ 여가활동은 육체적 활동이므로 이후에는 휴식이 필요하다.

 TIPS!

여가활동은 그 자체가 목적이 되는 놀이와는 다른 개념으로 휴식을 위한 재창조의 시간이 된다.

41 다음 중 레크리에이션에 대한 설명으로 옳지 않은 것은?

① 여가선용의 방법이 된다.

② 레크리에이션은 활동 자체가 동기가 된다.

③ 가치창조적 활동이다.

④ 신조어의 사용으로 세대 간 소통의 어려움이 있다.

⑤ 개별적 작업을 통해 이루어지므로 사회적 고립이 나타난다.

TIPS!

레크리에이션은 자기발전과 공동체의식을 함양할 수 있는 집단활동의 형태를 띠게 된다.

42 청소년육성에 관한 기본계획은 몇 년마다 수립하는가?

① 1년   ② 3년

③ 5년   ④ 10년

⑤ 15년

TIPS!

국가는 청소년육성에 관한 기본계획을 5년마다 수립하여야 한다.

Answer 40.③ 41.⑤ 42.③

43 청소년수련프로그램의 과정의 프로그램 기획단계의 하위단계가 아닌 것은?

> ㉠ 프로그램에 대한 확신과 문제인식   ㉡ 요구조사 및 정보수집
> ㉢ 단위프로그램 계획서작성   ㉣ 설계사전준비
> ㉤ 프로그램 설계안 작성   ㉥ 설계안평가
> ㉦ 의사결정

① ㉠㉡㉢   ② ㉣㉤㉥
③ ㉦   ④ ㉣㉤
⑤ ㉥㉦

> **TIPS!**
>
> 기획의 하위단계
> ㉠ 프로그램에 대한 확신과 문제인식
> ㉡ 요구조사 및 정보수집
> ㉢ 프로그램 기획안(단위프로그램 계획서)작성
> ㉣ 의사결정

44 다음 중 청소년수련활동의 4대 요소가 아닌 것은?

① 수련시설   ② 청소년
③ 수련거리   ④ 청소년지도자
⑤ 청소년단체

> **TIPS!**
>
> 청소년수련활동의 4대 요소는 수련거리, 청소년지도자, 청소년단체, 수련시설이다.

45 청소년지도의 원리에 대한 설명으로 잘못된 것은?

① 수련활동의 다양성　　　　　　　　② 자발적인 참여동기

③ 합리적 통제 및 조정　　　　　　　④ 창의적 활동

⑤ 성숙한 인격

TIPS!

청소년지도는 개인의 자발적 참여와 다양한 활동을 통하여 지덕체를 겸비한 성숙한 인격형성을 위한 창의적인 교육이다.

46 청소년법 제정 순서대로 관련 법령을 나열하시오.

> 가. 청소년기본법　　　　　　　　　　나. 청소년육성법
> 다. 청소년보호법　　　　　　　　　　라. 청소년복지지원법

① 가-나-다-라　　　　　　　　　　② 가-다-라-나

③ 나-가-다-라　　　　　　　　　　④ 다-가-나-라

⑤ 다-나-라-가

TIPS!

㉠ 청소년육성법 : 1987

청소년육성법 제정 청소년육성법의 제정으로 청소년대책위원회가 청소년육성위원회로 되고, 「제6차 경제사회발전 5개년계획」에 청소년 부분이 최초로 포함되었다.

㉡ 청소년기본법 : 1991년

청소년기본법은 청소년 장기육성계획인 한국청소년기본계획을 효과적으로 추진할 수 있는 제도적 장치를 마련하기 위해 1987년 제정된 청소년육성법을 전면 개정·보완하여 1991년 12월 31일 새롭게 제정하였다.

㉢ 청소년보호법 : 1997년

청소년보호법은 청소년을 음란·폭력적인 영상물, 인쇄물등 유해매체물과 약물, 각종 유해한 사회환경으로부터 보호하기 위한 법

㉣ 청소년복지지원법 : 2004년

청소년기본법 49조 4항의 규정에 따라 청소년복지 증진에 관한 사항을 정하기 위해 제정한 법(2004. 2. 9, 법률 제7164호)

Answer 45.③ 46.①

47 다음은 청소년관련 법령 중 어느 법령에 해당하는가?

> 청소년이 정상적인 삶을 영위할 수 있는 기본적인 여건을 조성하고 조화롭게 성장·발달할 수 있도록 제공되는 사회적·경제적 지원을 말한다(청소년기본법 3조 4호). 청소년은 이 법의 규정을 적용함에 있어 인종·종교·성·연령·학력·신체조건 등의 조건에 의해 차별을 받아서는 안 된다. 청소년은 사회의 정당한 구성원으로서 본인과 관련된 의사결정에 참여할 권리를 가진다.

① 청소년복지지원법　　　　　　　　② 청소년기본법
③ 청소년보호법　　　　　　　　　　④ 청소년육성법
⑤ 청소년활동지원법

♥ TIPS!

국가와 지방자치단체는 청소년이 원활하게 정보에 접근하고 그 의사를 표명할 수 있도록 청소년 관련정책의 자문·심의 등의 절차에 청소년 대표를 참여시키거나 그 의견을 수렴하여야 한다. 청소년에 대해 국가나 지방자치단체가 운영하는 수송시설과 궁·능·박물관·공원·공연장 등의 시설 이용료를 면제 또는 할인해줄 수 있다.
시장·군수·구청장은 9세 이상 18세 이하의 청소년에게 청소년증을 발급할 수 있다. 국가와 지방자치단체는 청소년의 체력검사와 건강진단을 실시하고, 그 결과를 분석하여 필요한 대책을 수립·시행해야 한다. 청소년의 건강증진 사업을 수행하기 위해 불가피한 경우를 제외하고는 진단결과를 공개해서는 안 된다.
조화로운 성장과 정상적인 생활에 필요한 기초적인 여건이 미비하여 사회적·경제적 지원이 필요한 청소년을 특별지원 청소년으로 선정하고, 기초적인 생활·학업·의료·직업훈련·청소년활동 등을 지원한다. 가출 청소년의 일시적인 생활지원과 선도, 가정과 사회로의 복귀를 지원하기 위해 청소년쉼터를 설치·운영할 수 있다.
국가와 지방자치단체는 청소년 본인이나 보호자 또는 학교장의 신청에 따라 6개월 이내의 교육적 선도를 실시할 수 있다. 단, 보호자나 학교장의 신청에 의한 경우 반드시 청소년 본인의 동의를 얻어야 한다.
6장으로 나누어진 전문 21조와 부칙으로 구성되어 있다.

※ 청소년복지지원법령 중 일부
　제1조(목적) 이 법은 「청소년기본법」 제49조 제4항에 따라 청소년복지 향상에 관한 사항을 규정함을 목적으로 한다.
　제2조(정의) 이 법에서 사용하는 용어의 뜻은 다음과 같다.
　　1. "청소년"이란 「청소년기본법」 제3조 제1호 본문에 해당하는 사람을 말한다.
　　2. "청소년복지"란 「청소년기본법」 제3조 제4호에 따른 청소년복지를 말한다.
　　3. "보호자"란 친권자, 법정대리인 또는 사실상 청소년을 양육하는 사람을 말한다.
　　4. "위기청소년"이란 가정 문제가 있거나 학업 수행 또는 사회 적응에 어려움을 겪는 등 조화롭고 건강한 성장과 생활에 필요한 여건을 갖추지 못한 청소년을 말한다.
　제2장 청소년의 우대 등
　제3조(청소년의 우대)
　① 국가 또는 지방자치단체는 그가 운영하는 수송시설·문화시설·여가시설 등을 청소년이 이용하는 경우 그 이용료를 면제하거나 할인할 수 있다.
　② 국가 또는 지방자치단체는 다음 각 호의 어느 하나에 해당하는 자가 청소년이 이용하는 시설을 운영하는 경우 청소년에게 그 시설의 이용료를 할인하여 주도록 권고할 수 있다.
　　1. 국가 또는 지방자치단체의 재정적 보조를 받는 자

Answer 47.①

2. 관계 법령에 따라 세제상의 혜택을 받는 자

3. 국가 또는 지방자치단체로부터 위탁을 받아 업무를 수행하는 자

③ 제1항 또는 제2항에 따라 이용료를 면제받거나 할인받으려는 청소년은 시설의 관리자에게 주민등록증, 학생증, 제4조에 따른 청소년증 등 나이를 확인할 수 있는 증표 또는 자료를 제시하여야 한다.

④ 제1항 또는 제2항에 따라 이용료를 면제받거나 할인받을 수 있는 시설의 종류 및 청소년의 나이 기준 등은 대통령령으로 정한다.

제4조(청소년증)

① 특별자치도지사 또는 시장·군수·구청장(자치구의 구청장을 말한다. 이하 같다)은 9세 이상 18세 이하의 청소년에게 청소년증을 발급할 수 있다.

② 제1항에 따른 청소년증은 다른 사람에게 양도하거나 빌려주어서는 아니 된다.

③ 누구든지 제1항에 따른 청소년증 외에 청소년증과 동일한 명칭 또는 표시의 증표를 제작·사용하여서는 아니 된다.

④ 제1항에 따른 청소년증의 발급에 필요한 사항은 여성가족부령으로 정한다.

48 다음 중 학교폭력을 당한 학생의 징후를 모두 고르시오.

가. 전학을 가자고 조른다.
나. 안경이 부러지고 멍들어 온다
다. 용돈이 모자란다고 달라고 한다.
라. 엄마의 지갑에 손을 댄다.
마. 학교를 가기 싫다고 한다.

---

① 가, 나, 다
② 가, 나, 다, 라
③ 가, 나, 다, 라, 마
④ 나, 마
⑤ 나, 다, 라, 마

TIPS!

학교 폭력을 당하는 청소년의 경우 학교생활에 공포감을 느껴 학교출석을 꺼려하고 전학을 요구하기도 한다. 물리적인 폭력이외에도 약취 등의 용돈을 빼앗기는 경우도 있고 상납을 위해 부모의 지갑에 손을 대기도 한다.

49 청소년과 관련된 개념이다. 관련 기간 및 법제가 발생한 순서대로 나열하시오.

> 가. 청소년국   나. 청소년기본법   다. 산업체학교

① 가-나-다   ② 가-다-나
③ 다-가-나   ④ 나-가-다
⑤ 다-나-가

> **🔎 TIPS!**
>
> ㉠ 산업체학교 : 1977년
> - 산업체에 근무하고 있는 근로 청소년들을 위해 산업체에 부설하여 설립된 중학교와 고등학교로 산업화 과정에서 새로운 형태로 발족된 교육기관으로, 산학협동체제의 일환이라고 할 수 있다. 1976년 〈교육법〉의 개정에 따라 1977년부터 실시되었다.
> - 산업체 부설학교는 1,000명 이상의 상용 근로자를 가지고 있는 산업체가 학교법인의 설립 없이 산업체 내에 설치, 운영할 수 있다. 주간에 운영되는 경우가 많으며, 교육과정은 중학교 과정과 고등학교 과정이 있고, 고등학교 과정은 다시 인문계와 실업계로 나누어진다.
> - 교과시간 배당은 정규 중·고등학교에 비하여 3분의 1 정도 감축하여 운영되나, 수업연한은 일반 중·고등학교에 준하게 되어 있고, 졸업 후 학력 인정에서도 차이가 없다.
> ㉡ 청소년국 : 1988년
> - 정부의 청소년업무 전담조직은 청소년 관련 최초의 종합법률인「청소년육성법」이 1987년에 제정되어 1988년부터 시행되면서, 1988년 6월 18일 독립된 부서로 당시 체육부에 청소년국이 처음 설치되었다. 청소년국은 1991년에 체육청소년부 청소년정책조정실로 확대·개편되었고, 1993년 3월에는 정부조직의 통합에 따라 문화체육부 청소년정책실로 변화되었다.
> - 지금의 청소년위원회의 시초가 청소년국이라 할 수 있다.
> ㉢ 청소년기본법 : 1991년
> 청소년기본법은 청소년 장기육성계획인 한국청소년기본계획을 효과적으로 추진할 수 있는 제도적 장치를 마련하기 위해 1987년 제정된 청소년육성법을 전면 개정·보완하여 1991년 12월 31일 새롭게 제정하였다.

50 청소년의 특성인 '상상 속 청중'과 관련된 기본 감정은?

① 수치심   ② 외로움
③ 자부심   ④ 열등감
⑤ 타인에 대한 조망

> **🔎 TIPS!**
>
> 청소년의 특성인 '상상 속 청중'과 '개인적 우화'의 기본감정은 과도한 자의식 즉 자부심에서 비롯된다.

Answer   49.③   50.③

51 성폭력을 당한 여학생의 징후를 모두 고르시오

가. 혼자 있는 것을 두려워한다.

나. 특정한 장소, 물건을 보면 예민해지고 두려워한다.

다. 성적 수치감을 느낀다.

라. 손가락을 빨거나 물어뜯는다.

마. 죄의식을 가지게 된다.

바. 남성만 보면 두려워하며 혐오감을 가지게 된다.

① 가, 나, 다

② 가, 나, 다, 라

③ 가, 나, 다, 라, 마

④ 가, 나, 다, 라, 마, 바

⑤ 가, 나, 다, 바

> **TIPS!**
> 성폭행을 당한 피해여성은 자신의 피해에 대해 정조를 더럽혔다는 죄의식과 수치감, 자신이 문제의 장소에 있던 것에 대한 자책을 하게 된다. 또한 충격적인 사건에 의해 퇴행이 나타나기도 해서 손톱을 물어뜯는 행위도 나타날 수 있다.

52 민수는 말 잘 듣고 효심이 많아 부모님 말씀에 무조건 따르고 순종한다. 아이 부모의 양   육 형태?

① 허용적 부모

② 권위주의적인 부모

③ 권위적 부모

④ 방임적 부모

⑤ 혼란적 부모

> **TIPS!**
> 민수는 자신의 내적가치가 아닌 부모의 기준에 여과없이 자신의 행동규범을 맞추려는 유형으로 권위주의적(전제적) 부모에게 양육된 아동에게 나타나는 유형이다.

Answer 51.④ 52.②

53 청소년기에 급격한 반항이 나타나는 이유에 대한 설명으로 잘못된 것은?

① 급격한 신체적 변화
② 형식적 조작기의 사고변화
③ 기성세대에 대한 반발
④ 인습적인 도덕적 추론
⑤ 풍부한 정서의 발달

TIPS!

청소년기의 반항은 숙명적인 것으로 자신의 신체가 급격히 변화한 것에 반해 사회적 기대나 역할이 부여되지 않아 발생하는 문제로 인식할 수 있으며 청소년기의 풍부한 정서와 인지적 발달이 발생하지 않은 현재의 상태를 비관적으로 수용하여 나타나게 된다.

54 청소년 문화에 대한 해석이 잘못된 것?

① 미숙한 문화 : 청소년은 정신적으로 미숙하고 사회적 책임능력이 낮으므로 어른들의 보호가 필요하다고 인식하는 문화이다.
② 비행문화 : 청소년문화를 일탈문화로 보는 관점으로 규범을 깨뜨리고 질서를 파괴하는데 관심을 두어 성인의 감독 하에 두어야 한다는 이론이다.
③ 하위문화이론 : 청소년문화는 전체 문화의 일부분에 해당하며 연령집단에 맞는 그들의 문화가 존재하며 이것은 당연한 일이다.
④ 저항문화 : 청소년문화는 기성세대의 주류문화를 거부하고 저항하는 문화로 기성세대문화와는 반대의 개념이다.
⑤ 새로운 문화 : 청소년문화는 새로운 형태의 시범적 문화이므로 미숙하며 시행착오가 나타날 수 있다는 입장으로 기성세대의 선도가 필요하다고 본다.

TIPS!

새로운 문화란 새로운 방식의 패션, 의사소통 등을 실험적으로 시도하는 문화로서 비문법표현주의 등이 해당된다. 새로운 문화의 관점은 사회에서 자극제와 활력제 역할을 담당한다는 것으로 새로운 아이콘으로 문화를 이해해야 한다는 관점이다.

Answer 53.④ 54.⑤

55 교육적 선도를 규정하고 있는 법령은?

① 청소년복지지원법

② 청소년기본법

③ 청소년보호법

④ 청소년육성법

⑤ 청소년활동지원법

 TIPS!

청소년복지지원법령 중 일부

제6장 교육적 선도(善導)

제19조(교육적 선도의 실시 등)

① 특별자치도지사 또는 시장·군수·구청장은 다음 각 호의 어느 하나에 해당하는 청소년에 대하여 청소년 본인, 해당 청소년의 보호자 또는 청소년이 취학하고 있는 학교의 장의 신청에 따라 교육적 선도(이하 "선도"라 한다)를 실시할 수 있다. 이 경우 해당 청소년의 보호자 또는 학교의 장이 선도를 신청하는 때에는 청소년 본인의 동의를 받아야 한다.

　1. 비행·일탈을 저지른 청소년

　2. 일상생활에 적응하지 못하여 가정 또는 학교 외부의 교육적 도움이 필요한 청소년

② 선도는 해당 청소년이 정상적인 가정·학교·사회 생활에 복귀하는 데에 도움이 되는 방법으로서 대통령령으로 정하는 방법에 따라 한다.

③ 선도의 기간은 6개월 이내로 한다. 다만, 특별자치도지사 또는 시장·군수·구청장은 선도의 결과를 검토하여 선도의 연장이 필요하다고 인정하는 경우 청소년 본인의 동의를 받아 6개월의 범위에서 한 번 연장할 수 있다.

④ 선도 대상자의 선정 기준 및 절차에 관한 사항은 여성가족부령으로 정한다.

56 중세의 청소년에 대한 관점으로 잘못된 것은?

① 중세에는 청소년을 비인격적인 존재로 냉소적으로 바라보았다.

② 종교적 특성에 의해 원죄설을 가지고 청소년을 바라보았다.

③ 청소년의 하위문화를 인정받지 못하였다.

④ 청소년은 질풍노도의 시기를 경험하는 퇴폐적 문제제공자이다.

⑤ 청소년에게 엄격한 훈육과 체벌이 가해졌다.

TIPS!

청소년을 질풍노도기, 퇴폐적 문제제공자였다는 20세기 초, 스텐리 홀의 주장으로 근대 이후의 견해이다.

Answer　55.①　56.④

57 현대의 청소년에 대한 특징으로 잘못된 설명은?

① 현대의 청소년은 단점보다는 장점을 극대화하는 관점을 가지고 있다.
② 청소년기를 혼란스럽고 부정적인 관점으로 이해하고 있다.
③ 청소년은 성인기로 이행하는 중간자적 위치에 있다.
④ 청소년은 과거보다 역할에 대한 권리를 이양 받는다.
⑤ 현대화가 진행될수록 청소년에 대한 상대적 위치와 가치를 인정받게 된다.

 **TIPS!**

청소년을 혼란스러운 질풍노도기로 이해한 시각은 중세 이후의 근대적 견해이며 현대화가 진행될수록 청소년 고유의 특성을 인정받으며 권리를 이양받게 된다.

58 청소년의 범위와 특성에 대한 설명으로 잘못된 것은?

① 청소년기본법에서 청소년은 9세에서 24세를 의미한다.
② 사춘기란 생물학적 관점에서 청소년을 이해하는 용어이다.
③ 사춘기에는 양적인 변화뿐 아니라 질적인 변화도 나타난다.
④ 성적 성숙은 청소년의 신체적 영향 뿐 아니라 심리적 발달에 지대한 영향을 미친다.
⑤ 청소년증 13세 이상 18세 이하의 청소년에게 발급된다.

TIPS!

특별자치도지사 또는 시장·군수·구청장(자치구의 구청장을 말한다. 이하 같다)은 9세 이상 18세 이하의 청소년에게 청소년증을 발급할 수 있다.

Answer 57.② 58.⑤

59 블룸의 지능발달에 대한 설명으로 잘못된 것은?

① 준거를 기준으로 4세가 되면 성인지능의 50%정도가 생성된다.

② 8세가 되면 준거지능의 약 80%가 생성된다.

③ 17세는 전체 지능발달의 준거가 되며 이후에는 점차 감소한다.

④ 13세가 되면 성인지능의 약 92%가 생성된다.

⑤ 지능의 최고정점은 20세이다.

> **TIPS!**
>
> 지능은 항상성을 가지고 일생에 걸쳐 발달하는데 블룸(B.S. Bloom)에 의하면, 지능은 생후 1세부터 10세까지는 거의 직선적인 성장을 하고, 그 후 발달속도가 느려지다가 20세를 전후해서 정체(停滯) 및 하강현상을 보이며, 연령의 증가에 따라 지능의 변산도(變散度), 즉 개인차는 커진다고 주장한다.
>
> 블룸의 지능곡선은 만 17세를 지능발달의 준거(100%로 간주)로 보며 이 지점까지 급격히 발달하다가 이후 20세까지 완만한 곡선을 그리며 정점에 이르게 된다. 이후 지능의 발달정도는 크지 않지만 노년기까지 유지된다고 본다.

60 사춘기의 생리적 변화에 대한 설명으로 잘못된 것은?

① 사춘기와 관련된 내분비선은 뇌하수체와 성선이다.

② 사춘기의 호르몬 분비는 뇌하수체의 전배엽에 영향을 받는다.

③ 사춘기의 남성에게는 에스트로겐이 분비되지 않는다.

④ 청소년기에는 체강영양호르몬이 분비되며 과도하게 분비될 경우 거인증이 발생할 수 있다.

⑤ 사춘기의 남성호르몬인 안드로겐이 분비된다.

> **TIPS!**
>
> 뇌하수체는 뇌분비선의 활동을 활성화하는 역할을 하며 뇌하수체 전배엽은 부신피질 호르몬 등을 분비하여 생식영역을 확대시킨다. 인간에게 여성호르몬과 남성호르몬이 모두 분비되며 사춘기에는 이성의 호르몬이 적게 분비된다고 할 수 있다.

Answer 59.③ 60.③

61 청소년의 정서표현에 대한 특징으로 잘못된 것은?

① 청소년의 정서는 외부에 표현되지 못하고 내부에서 나타난다.

② 청소년의 정서는 일시적이고 충동적이다.

③ 희노애락과 같은 기본정서가 계속적으로 유지되는 기분이 생성된다.

④ 청소년의 정서는 가치성을 부여하며 정조로 발전한다.

⑤ 정조에는 종교적 정조, 심미적 정조, 윤리적 정조, 지적 정조가 있다.

 TIPS!

> 청소년의 정서는 내면적이고 방어적이기 때문에 외부로 표현되지 않으며 일정기간동안 유지하는 형태를 띄게 된다. 일시적이고 충동적인 정서는 아동기에 나타나는 특징이다.

62 청소년의 인터넷 사용에 대한 설명이다. 다음 중 잘못된 것은?

① 청소년의 정서에 긍정적인 영향보다 부정적인 영향이 크다.

② 청소년은 인터넷을 통해 사회적 관계를 유지하는 수단으로 이용한다는 측면에서 긍정적이다.

③ 인터넷이 범용화되면서 인터넷중독이 심각한 사회문제로 대두되고 있다.

④ 인터넷은 청소년이 몰입을 할 수 있는 매체가 되므로 부정적인 것은 아니다.

⑤ 청소년의 인터넷 사용은 사이버공간에서 피상적인 인간관계를 맺으므로 인간소외문제를 해결할 수 없다.

TIPS!

> 인터넷사용이 범용화되면서 인터넷 중독이 심각한 사회문제로 대두되고 있다. 근래에는 인터넷중독대응센터가 건립되어 학교별 사이버중독에 대한 다양한 교육과 상담이 서비스되고 있다. 인터넷은 긍정적인 영향과 부정적인 효과를 모두 가지고 있으나 부정적인 영향이 크다 할 수 있다.

Answer 61.② 62.④

63 청소년의 특징으로 바르지 않은 것은?

① 청소년기에는 성집중화 현상이 나타난다.

② 청소년은 신체발달에 있어서 불균형된 발달이 이루어진다.

③ 청소년은 특정 성역할에 충실할 수 있도록 훈련받고 있다.

④ 청소년은 최소한 하나 이상의 또래집단에 소속되어 친구들과 함께 지내는 것을 좋아한다.

⑤ 청소년기는 인지적으로 성숙하므로 성역할에 대해 편협하지 않으며 이로 인해 양성성이 발달하게 된다.

> **TIPS!**
>
> 전통적인 성역할에 동조하도록 압력을 가하는 것을 '성집중화가설'이라고 하며 '성집중화'란 자신의 생물학적 성에 초점을 주고 성역할을 수행하는 것을 의미한다. 따라서 청소년기는 자신의 생물학적 성에 충족하는 성역할을 사회로부터 권유받으며 특정 성에 유형화된 행동을 하게 된다. 성집중화는 현대의 양성적 역할을 부여받는 현대사회의 특성과는 상반되는 특성으로 양성성은 연령이 증가할수록 증가하는 모습을 보이게 된다. 청소년은 급격한 성장이 발생하는 2차 성징시기로 팔과 다리가 특히 길어지는 불균형 성장이 이루어지는 것이 특징이다.

64 청소년의 위험행동의 특징으로 바르지 않는 것은?

① 위험행동은 배타적 끼리집단에서 유사한 조건을 공유하면서 발생한다.

② 청소년 자살은 피암시성이 강해 급작스럽게 발생한다.

③ 청소년의 자살동기는 분명하며 구체적이다.

④ 청소년 초기보다는 후기로 갈수록 위험행동이 외현적이고 공격적이다.

⑤ 청소년위험행동은 하위집단의 문제를 사회화하면서 성인보다 문제양상이 크다.

> **TIPS!**
>
> 청소년 초기에는 감정이변과 외현적 정서, 이에 반해 형식적 사고가 발달하지 못해 충동적이고 공격적인 위험행동이 나타나는 것에 반해 후기로 갈수록 현실과 이성을 통합한 안정된 모습을 보이게 된다. 따라서 청소년의 문제행동은 청소년 초기에서 위협적이고 공격적으로 나타나는 경향이 있다.
>
> ※ 청소년 비행의 실태
> • 15세 전후하여 비행의 빈도와 심각성이 절정에 이른다. 이 시기는 집단정체감을 형성하는 시기로 집단으로부터의 수용 여부에 가장 민감하여 또래들로부터 거부당할까 두려워 비행에 동조할 가능성이 높다.
> • 비행 연령의 폭이 넓어지고 있으며, 여자들의 비행이 증가하고 있다.
> • 하류 계층의 청소년에서 중·상류 계층의 청소년의 비행이 증가하고 있다.
> • 우발적 범행이나 유흥비 마련을 위한 범죄가 증가하고 있다.
> • 재범률 증가하고 있다.

Answer 63.⑤ 64.④

65 청소년의 섭식장애에 대한 내용으로 틀린 것은?

① 섭식장애는 남자청소년보다 여자청소년에게 많이 나타난다.

② 섭식장애에는 거식증(신경성 무식용증), 신경성 식용부진증, 폭식증, 비만 등이 있다.

③ 섭식장애는 외모를 중시하는 문화에서 크게 나타난다.

④ 섭식장애가 청소년시기부터 발생할 경우 성인전반에 걸쳐 영향을 미치며 발달정도가 취약해진다.

⑤ 자녀에 대해 통제가 강한 양육환경에서 청소년은 폭식증이 걸릴 확률이 높다.

 TIPS!

섭식장애 중 부모의 강한 통제는 자녀에게 거식증, 신경성 식용부진증을 초래할 가능성이 높다.

66 다음 중 청소년의 고용금지업소이나 출입금지가 아닌 것은?

① 식품접객업 중 대통령령이 정하는 곳   ② 숙박업소

③ 이용업소   ④ 만화대여점

⑤ 무도장

TIPS!

무도장은 청소년고용금지, 출입금지 업소에 해당된다.

67 다윈의 진화론에 영향을 받아 과학적이며 생물학적 관점으로 청소년을 연구한 학자는?

① 게젤   ② 스텐리 홀

③ 베네틱트   ④ 마가렛 미드

⑤ 장자크 루소

TIPS!

스텐리 홀은 청소년학의 아버지로서 청소년을 연구하면서 질문지법을 활용해 과학적인 양적 접근을 시도했다는 것에 의의를 가지고 있다.

Answer   65.⑤   66.⑤   67.②

68 청소년 시기의 특징으로 잘못된 것은?

① 청소년은 성장이 가속화현상을 보이며 나타나며 도전의식이 커진다.
② 청소년 초기에는 갈등과 혼동을 경험하다 후기로 갈수록 점차 안정되어 간다.
③ 청소년 초기에는 성적 충동은 있으나 수용하는 것에 죄책감을 가지게 되어 혼란과 불안정한 정서를 보인다.
④ 청소년기는 구체적 조작적 사고를 함으로서 문제에 대해 대안을 구현할 수 있다.
⑤ 청소년기는 추상적 사고, 연역적 사고가 가능하다.

> 🖐 **TIPS!**
> 청소년기는 형식적 조작적시기로 가능성 지향사고, 3차 추상적 사고를 할 수 있다.

69 청소년폭력에 대한 설명이다. 다음 중 잘못된 것은?

① 청소년 폭력의 문제는 남자청소년에게 나타나는 문제이다.
② 청소년 폭력은 가해학생의 얼굴이 다양하다는 것이 특징이다.
③ 청소년 초기에는 집단행동을 통해 폭력에 대한 가학성이 큰 편이다.
④ 청소년 성문제가 있다면 폭력이나 알콜, 2차 비행이 동반하여 나타나게 된다.
⑤ 청소년 폭력은 개인내적 특성 이외에 환경적 영향을 많이 받게 된다.

> 🖐 **TIPS!**
> 청소년폭력은 남자, 여자 모두에게 나타난다. 남자청소년은 외현적인 폭력양상으로 나타나는 반면 여자청소년은 언어폭력이 심각하다.
> 가해학생은 문제 학생만이 아닌 모범학생으로 교사와 부모에게 다양한 얼굴을 가지고 있으며 15세 이하의 청소년초기에는 집단행동 및 처벌을 예측하지 못하는 성향으로 폭력의 가학성이 크다.
> 중독과 관련된 비행은 다른 중독과 동반하여 나타난다. 폭력성은 개인의 충동조절이 안되어 나타나기도 하지만 가정, 또래에게서 학습한다는 측면에서 사회학습적 이론으로 설명이 가능하다.

Answer 68.④ 69.①

70 청소년가출에 대한 설명이다. 다음 중 맞는 것은?

① 맥락적 접근에서 청소년이 환경에 반응하는 특성, 충동조절 실패 등이 가출의 원인이 된다.
② 청소년 가출이 충동적이고 불안정한 심리적 문제라면 개인내적 문제로 이해할 수 있다.
③ 청소년 가출은 촉발요인과 방출요인, 유인요인으로 분류할 수 있다.
④ 청소년 가출을 유인하는 요인에는 찜질방, 노래방, 단란주점 등이 있다.
⑤ 청소년 가출은 부모의 동의 없이 최소한 하룻밤 이상 무단으로 집을 나가 돌아오지 않는 경우를 말한다.

> **TIPS!**
> 청소년가출에 대한 이해는 맥락적 접근과 정신병리적 접근에서 이해할 수 있다.
> 맥락적 접근에서 가출은 가정의 불화, 입시위주의 학교문화, 교사의 강압적 태도 등 외부환경적 영향에서 나타날 수 있으며 정신병리적 접근에서 가출은 충동조절 실패, 쾌락지향적 사고, 오이디푸스컴플렉스, 자기애적 성향 등에서 비롯된다고 본다.
> 또한 가출에 영향을 미치는 요인으로는 촉발요인, 방출요인, 유인요인으로 분류할 수 있는데 촉발요인은 개인의 성격적 특성이 가출을 촉진시키는 요인으로 작용하며, 방출요인이란 가정, 학교 등에서 발생하는 문제가 청소년을 가정에서 밀어내는 요인이 된다. 또한 유인요인이란 청소년을 가출하도록 유인하는 유흥업소 등이라 할 수 있다.

71 다음 중 청소년 비행에 대한 설명으로 잘못된 것은?

① 지능이 높을수록 도덕적 추론에서 인습수준에 있으므로 비행이 낮게 나타난다.
② 청소년 비행에 영향을 미치는 요인에는 가정, 학교, 사회가 있다.
③ 청소년 비행은 부모의 소득, 양육방식에 의해 수동적으로 나타나는 것을 상태환경이라 말한다.
④ 과잉행동 및 충동조절 미흡, 공격적 성격은 청소년 비행과 상관도가 높다.
⑤ 청소년 비행은 하위문화에서 접한 사람들의 범죄를 배워서 발생한다는 이론은 차등접촉이론에 해당된다.

> **TIPS!**
> 지능은 비행과 상관이 낮다.
> 청소년비행은 개인적 변인과 환경적 변인에 영향을 받는데 개인의 충동성, 공격성 등이 개인적 변인에 해당되며, 학교, 사회, 가정 등이 환경적 변인에 해당된다.
> 비행을 사회화과정으로 이해한 차등접촉이론은 접촉대상을 차단하여 비행을 배우지 않는다면 비행을 저지할 수 있다.

Answer 70.① 71.①

72 청소년문화에 대한 설명으로 잘못된 것은?

① 청소년이 공유하는 삶의 방식으로 청소년에게 강력한 영향을 미치는 것을 문화라고 한다.

② 청소년 문화는 다양성이 존재하며 위계화 되어 있다.

③ 하위문화에서 기성문화는 주류문화이고 청소년문화는 비주류문화가 된다.

④ 선진국에 비해 한국의 청소년 문화는 매우 미흡하다.

⑤ 청소년은 대중문화의 수동적 위치에서 능동적인 참여자로서 신분이 상승하였다.

> **TIPS!**
>
> 기성문화가 주류문화이고 청소년문화가 비주류라는 견해는 잘못된 서술이다.
> 특히 하위문화에서 각 문화는 독특하고 고유한 영역으로 존재하며 인정받는다.
> 청소년문화는 다양성이 존재하며 계층별, 학교별, 지역별 계급화 되어 있다.
> 청소년은 대중문화의 수혜자로서 피동적 영향을 받은데 반해 근래에는 대중문화에 대한 구매력이 생기면서
> 능동적 참여자가 되었다.

73 다음 중 청소년법령과 관련된 내용이다. 다음 내용 중 바른 것은?

① 아동복지법상 청소년이란 19세 미만을 대상으로 한다.

② 소년법상 청소년이란 20세 미만을 의미한다.

③ 민법상 미성년이란 21세 미만을 의미한다.

④ 청소년기본법상 청소년은 13~20세를 규정한다.

⑤ 우리나라에는 소년법원이 없다.

> **TIPS!**
>
> 청소년관련 법령에 정한 청소년의 연령은 다음과 같다(연령은 '만' 나이를 의미한다)
> – 아동복지법 : 18세 미만을 요보호 대상으로 규정한다.
> – 소년법 : 19세 미만을 소년으로 규정한다.
> – 민법 : 20세 미만인 자를 미성년자로 규정한다.
> – 청소년기본법 : 청소년을 9~24세인 자로 규정한다.
> 또한 우리나라에는 소년법원이 없으며 가정법원 소년부, 지방법원 소년부에서 청소년관련 범죄를 처리한다.

Answer 72.③ 73.⑤

74 다음 중 청소년쉼터에서 하는 일이 아닌 것은?

① 일시보호   ② 거리상담

③ 상담 수련활동   ④ 청소년 지도사 양성

⑤ 직업훈련

청소년지도사 양성은 관련교육기관에서 담당한다.

75 다음 중 청소년보호법에 의거해 청소년고용이 금지된 사업장이 아닌 것은?

① 단란주점   ② 비디오감상실

③ 노래연습장   ④ 무도학원

⑤ 음식점

TIPS!

청소년보호법(법 제29조제1항/법 제58조제4호)에 의해 다음과 같은 경우 청소년을 고용할 경우 3년이하의 징역, 또는 2천만원 이하의 벌금에 처해진다.

• 단란주점, 유흥업소, 비디오감상실업, 노래연습장업, 무도학원업, 무도장업, 사해행위영업, 전화방, 화상채팅방, 성기구취급업소
• 다른 법률의 규정에 의한 행정처분 대상으로서 행정처분이 이루어졌거나 행정처분이 가능한 경우 외에는 1명 1회고용마다 5백만원~1천만원의 과징금 부과된다(법 제54조, 영 제44조).
• 2012년 9월 16일부터 PC방(인터넷 컴퓨터 게임 시설 제공업) 역시 청소년 고용금지된다.

Answer 74.④ 75.⑤

76 청소년의 근로와 관련된 내용이다. 다음 내용 중 잘못된 것은?

① 사용자는 18세 미만자를 휴일근로에 종사시키고자 하는 경우 인가신청서를 당해 근로자의 동의서와 근로자 대표와의 협의 결과사본을 첨부하여 지방노동관서의 장에게 제출하여 허가받아야 한다.

② 청소년의 휴일근로에 대하여는 통상임금의 50% 이상을 가산수당으로 지급받는다.

③ 1주간 소정근로일수를 개근한 청소년 근로자에 대하여 1일 이상의 유급휴일을 부여해야 한다.

④ 청소년의 시간외 연장근로는 1일 1시간. 1주 6시간을 초과할 수 없다.

⑤ 18세 미만 청소년을 야간근로에 종사시키고자 하는 사용자는 인가신청서에 당해 근로자의 동의서 및 근로자 대표와의 협의결과 사본을 첨부하여 관할 지방노동관서에의 장에게 제출해야 한다.

 TIPS!

사용자는 18세 미만자를 휴일근로에 종사시키고자 하는 경우 인가신청서를 당해 근로자의 동의서와 근로자 대표와의 협의 결과사본을 첨부하여 지방노동관서의 장에게 제출하여 인가받아야 한다.

Answer 76.①

PART

부록

최근 기출문제분석

2020. 10. 10. 청소년상담사 3급

section **1** 발달심리

1 발달에 관한 설명으로 옳은 것을 모두 고른 것은?

> ㉠ 생물학적, 인지적 발달과정은 독립적으로 이루어진다.
> ㉡ 상황에 따른 일시적인 변화도 발달에 속한다.
> ㉢ 학습은 직접 또는 간접 경험의 산물로서 훈련이나 연습에 기인한다.
> ㉣ 발달적 변화의 과정에는 신체, 운동기능, 사고, 언어, 성격, 사회성 등이 포함된다.

① ㉠, ㉣
② ㉡, ㉢
③ ㉢, ㉣
④ ㉠, ㉡, ㉢
⑤ ㉡, ㉢, ㉣

TIPS!

발달이란 성숙, 성장, 경험에 의하여 이루어지는데, 이는 심신의 구조·형태 및 기능이 변화하는 과정이다. 또한 인간의 행동이 상향적으로 또는 지향적으로 변화할 때 발달이라고 할 수 있다. 발달에 대한 변화의 방향이 바람직한 방향으로 변화되는 것을 의미한다.
발달이란 이전보다 더 다양화되고 다채로워지며 전보다 더 능숙해지고, 행동의 구조 역시 전보다 더 정밀해지고 정교해져 가는 변화를 보일 때, 이것을 발달이라고 할 수 있다.

2 질적연구방법에 관한 설명으로 옳지 않은 것은?

① 심리적 현상을 계량화하고 인과관계를 검증한다.
② 근거이론연구, 사례연구, 담화분석, 행동연구가 해당된다.
③ 인간 경험의 심미적 차원을 해석한다.
④ 외부감사자에 의해 연구의 정밀성을 검토한다.
⑤ 연구자들은 자신의 해석을 뒷받침하기 위해 삼각측정기법을 사용한다.

TIPS!

심리적 현상을 계량화하고 인과관계를 검증하는 것은 양적연구방법에 해당된다.

3 발달연구의 자료수집 방법에 관한 설명으로 옳지 않은 것은?

① 질문지법은 질문지를 통해 자료를 수집한다.
② 구조화된 면접은 모든 대상자에게 동일한 질문을 동일한 순서대로 물어본다.
③ 사례연구는 소수를 대상으로 관찰이나 면접을 통해 자료를 수집한다.
④ 에믹(emic)접근법은 다른 문화권에서도 일반화 할 수 있는 행동을 묘사한다.
⑤ 자연관찰법은 어떠한 개입없이 일상적인 환경에서 참여자의 행동을 기록한다.

TIPS!

비교문화연구는 한 문화권 또는 모든 문화권에서 나타나는 특성연구법이다.
① 에믹(emic)접근법 : 내부자관점. 특정문화에 국한되어 해당대상자에게만 적용할 수 있는 연구법으로 질적인 연구방법에서 많이 활용된다.
② 에틱(etic)접근법 : 일반적 관점. 모든 문화에 적용할 수 있는 연구법으로 양적인 접근에서 활용된다.

Answer 1.③ 2.① 3.④

4 다음 설명이 모두 해당되는 브론펜브레너
(U. Bronfenbrenner)의 생태학적 체계는?

> - 특정한 맥락이 아니라 문화적 가치, 법, 관습,
>   자원들로 구성된다.
> - 한국에서 태어난 아이가 미국으로 이민을 가
>   서 그 문화권의 영향을 받는다.

① 외체계　　　　　② 거시체계

③ 중간체계　　　　④ 미시체계

⑤ 시간체계

TIPS!

브론펜브레너(Bronfenbrenner)의 생태학적 체계이론
① 미시체계 : 미시체계는 개인에게 직접 영향을 미치며
성장과 함께 변화하는 생태학적 환경이다. 미시체계
안에서 아동과 부모, 교사, 친구, 코치 같은 사회화
인자들은 대부분 직접적인 상호작용을 한다.
② 중간체계 : 미시체계들 간의 상호관계, 즉 환경들과의
관계를 의미한다. 부모-교사의 관계, 부모-친구의
관계 등으로 부모와 관계가 좋지 못한 아동이 친구와
의 관계도 좋지 못하다. 또는 학업성취가 떨어진다.
③ 외체계 : 미시체계에 영향을 주는 것은 사회환경이지
만, 개인과 직접 상호작용을 하지 않는다. 외체계에
속하는 것으로는 부모의 직장, 문화시설, 정부기관
등이 있다.
④ 거시체계 : 미시체계, 중간체계, 외체계에 포함된 모
든 요소에 개인이 살고 있는 문화 환경까지 포함된
다. 문화란 전 세대에서 차세대로 전수되는 행동유
형, 신념, 관습 등을 의미한다. 거시체계는 일반적
으로 다른 체계보다 안정적이지만, 사회변화에 따라
바뀔 수 있다. 거시체계는 아동의 삶에 직접적으로
개입하지는 않아도, 전체적으로 아치 모양으로 펼쳐
진 사회계획을 포함함으로써 간접적이지만 매우 강
한 영향력을 행사한다.
⑤ 시간체계 : 인간의 전 생애에 걸쳐 일어나는 변화와
사회역사적 환경이 포함된다. 시간체계의 구성요소로
는 인간이 성장하면서 겪게 되는 내적인 사건(심리적
변화)이나 외적인 사건(부모의 죽음) 등이 있다.

5 발달이론가와 성인발달에 관한 주장의 연결이 옳
은 것은?

① 헤이플릭(L. Hayflick) - 인생주기는 네 개의
시기로 구분된다.
② 레빈슨(D. Levinson) - 세포의 수명은 유전적
프로그램에 한정되어 있다.
③ 해비거스트(R. Havighurst) - 성공적 노화는
선택, 최적화, 보상의 요인과 연결되어 있다.
④ 레빙거(J. Loevinger) - 전생애 동안 개인의 자
아는 단계적으로 발달하고 발달이 진행될수록
개인은 더 성숙한 자아발달 상태를 지향한다.
⑤ 발테스와 발테스(P. Baltes &M. Baltes) - 능동
적이고 적극적인 생활양식이 성인후기의 안녕
감과 만족도를 높인다.

TIPS!

레빈슨은 인생주기를 네 개의 시기로 구분하였고 발테
스와 발테스는 성공적 노화는 선택, 최적화, 보상의 요
인과 연결되어 있다고 주장하였다.

6 다음 설명이 모두 해당되는 검사는?

> - 신생아의 건강상태를 검사하기 위한 것으로,
>   출생 후 바로 실시한다.
> - 검사내용은 심장박동률, 호흡, 근육, 강도, 피
>   부색, 반사민감성이다.

① 덴버(Denver) 발달선별검사

② 베일리(Bayley) 영아발달검사

③ 게젤(Gesell) 발달검사

④ 아프가(Apgar) 척도

⑤ 카텔(Cattell) 영아척도

TIPS!

아프가척도(Apgar scale)… 신생아의 건강상태 및 스트
레스 대처능력을 측정하는 검사이다.

Answer　4.②　5.④　6.④

7 뇌에 관한 설명으로 옳은 것을 모두 고른 것은?

> ㉠ 뇌의 발달속도는 각 부위마다 다르다.
> ㉡ 뇌 발달은 환경적 자극의 양과 종류에 영향을 받는다.
> ㉢ 뇌간의 기본적인 기능은 호흡, 심혈관 활동, 수면, 의식에 관계되다
> ㉣ 우반구는 신체의 오른쪽을 통제하고 언어능력, 청각, 정서표현을 관장한다.

① ㉠, ㉡
② ㉢, ㉣
③ ㉠, ㉡, ㉢
④ ㉡, ㉢, ㉣
⑤ ㉠, ㉡, ㉢, ㉣

> **TIPS!**
>
> 뇌의 좌반구는 신체의 오른쪽을 통제하고 언어능력, 청각, 정서표현 등을 관장한다.

8 피아제(J. Piaget)가 제시한 구체적 조작기 사고의 주요 특징으로 옳지 않은 것은?

① 상위유목과 하위유목 간의 관계를 이해한다.
② 타인의 입장, 감정, 인지 등을 추론하고 이해한다.
③ 미래의 가능성에 대해 이상적으로 공상한다.
④ 문제해결 과정에서 직관보다는 논리적 조작이나 규칙을 적용한다.
⑤ 두 가지 이상의 속성에 따라 대상을 비교해서 순서대로 배열이 가능하다.

> **TIPS!**
>
> 형식적 조작기에 미래의 가능성에 대해 이상적으로 공상가능하다.

9 다음 설명이 모두 해당되는 콜버그(L. Kohlberg)의 도덕성발달 단계는?

> - 자신의 흥미와 욕구를 만족시키기 위해 규범을 준수한다.
> - 훈이는 어머니가 약속한 선물 때문에 찻길에서 뛰어다니지 않는다

① 사회 계약 지향
② 착한 아이 지향
③ 법과 질서 지향
④ 벌과 복종 지향
⑤ 도구적 목표 지향

> **TIPS!**
>
> 콜버그의 도덕성 발달단계
> ㉠ 1단계 : 물리적·신체적인 벌과 복종에 의한 도덕성
> ㉡ 2단계 : 욕구충족수단으로서의 도덕성
> ㉢ 3단계 : 대인관계의 조화를 위한 도덕성
> ㉣ 4단계 : 법과 질서 준수로서의 도덕성
> ㉤ 5단계 : 사회 계약정신으로서의 도덕성
> ㉥ 6단계 : 보편적 도덕원리에 대한 확신으로서의 도덕성

10 방어기제와 그에 관한 설명으로 옳은 것은?

① 합리화 – 용납하기 어려운 충동이 무의식적으로 억제되어 반대로 나타난다.
② 반동형성 – 충격적인 사건이나 용납할 수 없는 충동을 무의식적으로 거부한다.
③ 억압 – 종교나 철학 등의 지적 활동에 몰입함으로써 성적 욕망에서 벗어나고자 한다.
④ 동일시 – 다른 사람의 태도, 신념, 가치 등을 자신의 것으로 채택함으로써 다른 사람의 특성을 자신의 성격에 흡수한다.
⑤ 투사 – 성적 본능이 신경증적인 행동으로 전이되지 않고 오히려 사회적으로 바람직한 행동으로 나타난다.

Answer 7.③ 8.③ 9.⑤ 10.④

- 반동형성 : 용납하기 어려운 충동이 무의식적으로 억제되어 반대로 나타난다.
- 억압 : 충격적인 사건이나 용납할 수 없는 충동을 무의식적으로 거부한다.
- 주지화 : 종교나 철학 등의 지적 활동에 몰입함으로써 성적 욕망에서 벗어나고자 한다.
- 승화 : 성적 본능이 신경증적인 행동으로 전이되지 않고 오히려 사회적으로 바람직한 행동으로 나타난다.

11 다음 각 사례에 해당하는 청소년기의 자아정체감 유형이 바르게 나열된 것은?

> A : 저는 사람들에게 봉사하는 것을 좋아해서 장래 희망이 사회복지사예요.
> B : 저는 잘하는 것도 없고, 하고 싶은 것도 없어요. 아직 장래에 대해 생각해보지 않았어요.
> C : 아버지가 치과 의사이고, 부모님이 의사가 되는 게 좋겠다고 하셔서 장래희망은 의사예요.

① A : 정체감 성취, B : 정체감 유실, C : 정체감 혼미
② A : 정체감 성취, B : 정체감 혼미, C : 정체감 유실
③ A : 정체감 성취, B : 정체감 혼미, C : 정체감 유예
④ A : 정체감 유예, B : 정체감 유실, C : 정체감 혼미
⑤ A : 정체감 유예, B : 정체감 혼미, C : 정체감 유실

🔖 TIPS!

마르샤(Marcia)는 자아정체감이란 여러 가지 충동, 능력, 신념, 개인의 생활사 등의 발생적인 내적, 역동적 체계로 곧 자기구조라고 정의내렸다. 마르샤는 에릭슨의 자아정체감에 영향을 받아 역할연습을 통한 역할의 몰입정도(전념)와 의사결정정도(위기)를 기준으로 정체감 성취, 정체감 유예, 정체감 유실, 정체감 혼미의 네 범주로 나누었다.
① 정체감 성취(획득) : 자아정체감의 위기를 성공적으로 극복하여, 신념, 직업, 정치적 견해 등에 대해 스스로 의사결정을 할 수 있는 상태이다.
② 정체감 유예 : 현재 정체감 위기의 상태에 있으면서 자아정체감 형성을 위해 다양한 역할, 신념, 행동 등을 실험하고 있으나 의사결정을 하지 못한다.

③ 정체감 유실(조기완료) : 자신의 신념, 직업선택 등의 중요한 의사결정에 앞서 수많은 대안에 대해 생각해 보지 않고 부모나 다른 역할모델의 가치나 기대 등을 그대로 수용한다.
④ 정체감 혼미 : 자아에 대해 안정되고 통합적인 견해를 갖는 데 실패한 상태로, 직업이나 이념 선택에 대한 의사결정을 하지 않았을 뿐 아니라 이러한 문제에 관심도 없다.

12 샤이(K. Schaie)가 제시한 성인기 인지발달 단계로 옳은 것은?

① 획득 → 성취 → 책임(실행) → 재통합
② 획득 → 책임(실행) → 재통합 → 성취
③ 획득 → 책임(실행) → 성취 → 재통합
④ 성취 → 획득 → 재통합 → 책임(실행)
⑤ 성취 → 재통합 → 책임(실행) → 획득

🔖 TIPS!

샤이에의 인지발달 5단계 … 피아제가 지식획득이 되는 청소년기까지 인지발달과정을 설명한 것에 반해 샤이에는 지식의 사용능력이 발휘되는 청소년기 이후의 성인 인지발달단계를 설명하고 있다.
① 획득(아동, 청소년기) : 감각운동기~형식적 조작기까지의 기본인지구조 발달
② 성취단계(20~30대) : 직업선택, 가정의 설계 등 생애의 중요한 의미를 갖는 실제적 문제를 해결하는 단계로 독자적 의사결정이 가능
③ 책임단계(성인중기) : 배우자, 자녀, 동료, 지역사회에 대한 책임을 가지고 과업에 관여하고 의사결정, 자신의 의사결정에 책임이 따름
④ 실행단계(성인중기) : 자신의 지적기능을 어떻게 사용하는가에 따라 발전 또는 위기 초래, 복잡한 조직적 위계와 책임을 갖는 문제해결
⑤ 재통합단계(노년기) : 사회적 책임 감소

Answer 11.② 12.①

13 퀴블러-로스(E. Kűbler-Ross)가 제시한 죽음에 적응하는 심리적 변화의 순서로 옳은 것은?

① 부정 → 분노 → 타협 → 우울 → 수용
② 분노 → 부정 → 우울 → 수용 → 타협
③ 부정 → 우울 → 분노 → 수용 → 타협
④ 분노 → 부정 → 타협 → 우울 → 수용
⑤ 부정 → 타협 → 분노 → 우울 → 수용

🔵TIPS!

죽음에 대한 태도(로스&큐)
① 부정단계 : 의사의 오진이라고 생각하며, 죽음을 인정하지 않는다.
② 분노단계 : 자신만의 죽음에 대하여 주변 사람들에게 화를 내고 건강한 사람을 원망한다.
③ 타협단계 : 죽음을 받아들이고 불가사의한 힘과 타협한다.
④ 우울단계 : 주변 사람과 헤어져야 한다는 것 때문에 우울증이 나타난다.
⑤ 수용단계 : 죽음 자체를 수용하고 임종에 직면한다.

14 태내발달에 관한 설명으로 옳지 않은 것은?

① 중배엽은 근육, 골격, 순환계가 된다.
② 태내발달은 착상 순간부터 시작된다.
③ 태내발달은 배종기, 배아기, 태아기로 나뉜다.
④ 라누고(lanugo)는 태아의 신체를 덮고 있는 가는 털을 말한다.
⑤ 기형발생물질이 태내발달에 영향을 미치는 민감한 시기가 있다.

🔵TIPS!

배아기
① 수정란이 자궁벽에 착상된 뒤 약 2~8주간을 배아기라고 한다.
② 이 기간은 짧지만, 신체의 각 부분의 약 95%가 형성되며, 신경계가 형성된다. 선천적 기형도 이 시기에 거의 이루어진다.
③ 이 시기에 외배엽, 중배엽, 내배엽이 발달된다.
   ⓐ 외배엽 : 피부의 표피, 손톱, 발톱, 머리카락, 신경계, 감각기관 등

   ⓑ 중배엽 : 피부의 진피, 근육, 골격, 순환계, 배설기관 등
   ⓒ 내배엽 : 소화기관, 기관지, 내장, 간, 췌장, 갑상선 등의 신체 내부기관
④ 어머니의 질병, 영양결핍, 약물이 발달에 치명적인 영향을 주게 된다.

15 유전 발달에 관한 설명으로 옳은 것은?

① 접합체의 발달은 감수분열을 통해 발생한다.
② 다운증후군은 성염색체 장애이다.
③ 생식세포는 22개의 상염색체와 1개의 성염색체를 갖고 있다.
④ 정상적인 인간 접합체는 48개의 염색체를 갖고 있다.
⑤ 클라인펠터(Klinefelter) 증후군은 여아에게 발생한다.

🔵TIPS!

접합체의 발달은 유사분열을 통해 발생하며 생식세포는 감수분열하여 22개의 상염색체와 1개의 성염색체 총 23개의 염색세를 가지고 있다.

16 신경계에 관한 설명으로 옳은 것을 모두 고른 것은?

> ⓐ 뉴런은 뇌와 신경계의 기본 단위로 태아의 신경관에서 만들어진다.
> ⓑ 뇌의 브로카 영역과 베르니케 영역의 손상은 언어장애를 초래한다.
> ⓒ 뇌량은 좌반구와 우반구를 이어주는 신경섬유 다발을 말한다.
> ⓓ 대뇌피질은 수의적인 신체움직임, 학습, 사고와 관련된 대뇌 바깥층을 말한다.

① ⓐ, ⓑ, ⓒ
② ⓐ, ⓑ, ⓓ
③ ⓐ, ⓒ, ⓓ
④ ⓑ, ⓒ, ⓓ
⑤ ⓐ, ⓑ, ⓒ, ⓓ

Answer 13.① 14.② 15.③ 16.⑤

🕐 TIPS!

① 신경 : 축색돌기 다발

② 수초 : 축색돌기를 덮고 있는 절연체

③ 신경전도체 : 엽구에서 방출된 수천개의 미립자로 구성되어 있다.

④ 란비어절(node of ranvier) : 신경흥분이 빠른 속도로 연접전말단에 이르게 하는 역할을 하며 수초가 덮인 축색돌기 위의 틈새

⑤ 브로카 영역 : 두뇌 좌반구 하측 전두엽에 위치한 영역으로, 언어의 생성 및 표현, 구사 능력을 담당하는 부위이다.

⑥ 편도체 : 뇌의 변연계(limbic system)에 속하는 구조의 일부로서 동기, 학습, 감정과 관련된 정보를 처리하는 데 중요한 역할을 한다.

⑦ 후두엽 : 뇌 뒤쪽에 있으며, 이 후두엽에는 시각 중추가 있어서 시각 피질이라고도 부른다.

17 신체 및 운동발달에 관한 설명으로 옳은 것을 모두 고른 것은?

> ㉠ 뇌하수체는 내분비선을 통제하고 성장호르몬을 생산한다.
> ㉡ 마라스무스(marasmus)는 열량을 충분히 섭취하지만 단백질을 전혀 섭취하지 않는 아이에게 생기는 질병이다.
> ㉢ 에스트로겐(estrogen)은 남녀 모두에게 있다.
> ㉣ 프리래디컬(free radicals)은 신체노화를 촉진한다.

① ㉠, ㉡

② ㉡, ㉢

③ ㉢, ㉣

④ ㉠, ㉡, ㉣

⑤ ㉠, ㉢, ㉣

🕐 TIPS!

마라스무스(marasmus) … 단백질 및 에너지의 결핍에 의해서 일어나는 영양 실조증의 일종. 중증의 단백질 결핍증을 콰시오르코르증이라고 하는데 반해서 마라스무스는 특히 에너지가 부족한 경우를 가르키는데 실제로 양자를 구별하는 것은 상당히 어렵다. 마라스무스의 증상은 극도의 저체중, 근육위축, 설사, 호흡부전증상 및 탈수증상이다. 치료는 당초 영양소를 골고루 함유한

식사를 소량씩 여러회로 나누어서 주고 회복기에 이르면 150kca/kg(1일당)정도의 에너지를 준다.

프리래디컬은 동식물의 체내 세포들의 대사과정에서 생성되는 산소화합물인 활성산소를 이르는 말이다. 활성산소는 체내 적당량이 있으면 세균이나 이물질로부터 방어하는 기능을 하지만, 과다 발생할 경우 정상세포까지 무차별 공격해 각종 질병과 노화의 주원인이 된다

18 다음 설명이 모두 해당되는 이론으로 옳은 것은?

> – 자폐스펙트럼장애를 가진 아동의 사고특성을 보여준다.
> – 타인의 욕망과 행위 사이의 연결을 이해할 수 있다.
> – 거짓믿음 검사를 활용한다.

① 사회인지이론　　　② 대인관계이론

③ 인지발달이론　　　④ 마음이론

⑤ 성역할발달이론

🕐 TIPS!

마음이론

㉠ 우리가 '안다', '생각한다', '느낀다', '바란다'를 언어로 표현하는 등 마음의 상태를 정확하게 이해하는 능력이다.

㉡ 인간의 행동이 믿음, 바람, 의도와 같은 마음상태에서 비롯된다는 것을 이해하고 그 마음의 상태를 추론하는 능력을 말한다.

㉢ 마음이론은 궁극적으로 사회성 발달과 연관된다.

㉣ 마음이론은 타인의 감정을 이해하는 인지적 측면, 타인과 같은 감정을 공유하는 정의적 측면을 포함한다.

㉤ 만4세가 되면 틀린 믿음을 이해한다.

㉥ 틀린 믿음이란 어떤 사실에 대한 우리의 생각이 사실과 다를 수 있다는 믿음의 표상적 특성을 말하며 4세 이상이 되어서 사람이 틀린 믿음을 가질 수 있다는 것을 이해한다.

㉦ 형제가 있는 아동과 부모와 대화가 풍부한 아동은 틀린 믿음을 잘 이해한다.

Answer 17.⑤ 18.④

19 다음 사례에서 활용되지 않은 것은?

> 정우는 일주일 후에 볼 시험을 앞두고 매일 그동안 학습했던 내용을 정리하고 더 보완해야 할 지식을 찾아 유형별로 구조화하여 공부한다.

① 비계설정　　　　② 실행기능
③ 작업기억　　　　④ 선택적 주의
⑤ 장기기억

🔹 TIPS!

비계설정(scaffolding)=발판화 설정 … 교사, 즉 성인이 아동 학습에 도움을 주어 인지적 향상을 꾀하는 발판 역할을 하는 체계를 의미하며 독자적으로 학습하기 어려운 지식, 기능을 학습자가 획득하도록 도와주기 위한 것이다.

20 아동의 사회성 발달에 관한 설명으로 옳지 않은 것은?

① 주양육자의 비일관적 양육행동은 불안정애착을 야기할 수 있다.
② 프로이트(S. Freud)에 의하면 초자아 발달은 구강기에 형성된다.
③ 닷즈(K. Dodge)에 의하면 공격적 아동은 적대적 귀인편향을 보인다.
④ 아이젠버그(N. Eisenberg)에 의하면 아동의 공감능력은 친사회성 발달을 촉진한다.
⑤ 반두라(A. Bandura)의 보보인형 실험은 아동의 공격성이 모방될 수 있음을 보여준다.

🔹 TIPS!

프로이트(S. Freud)에 의하면 초자아 발달은 남근기에 형성된다.

21 성인기 발달에 관한 설명으로 옳은 것을 모두 고른 것은?

> ㉠ 하잔(C. Hazan)과 쉐버(P. Shaver)에 의하면 아동기 애착유형은 성인기 낭만적 사랑 관계에서도 나타난다.
> ㉡ 하트필드(F. Hatfield)이 사랑이 삼각형 이론에 의하면 사랑의 유형은 시간과 함께 변화한다.
> ㉢ 코스타(P. Costa)와 맥크래(R. McCrae)의 5요인 모델에 의하면 성격의 안정성은 아동기보다 성인기에 더 크다.
> ㉣ 위트본(S. Whitbourne)에 의하면 성인의 정체감 변화에는 친구가 가장 큰 영향을 미친다.

① ㉠, ㉡　　　　　　② ㉠, ㉢
③ ㉠, ㉣　　　　　　④ ㉡, ㉢
⑤ ㉡, ㉣

🔹 TIPS!

헤이즌과 셰이버의 성인 애착 유형 및 특징
(Hazan & Shaver, 1987)

애착유형	애착유형별 특성
안정형 (secure)	자신이 사랑받을 만한 가치가 있다고 생각하고 타인은 수용적일 것으로 기대한다. 행복감과 신뢰감을 형성하며 이성 관계를 만들어 갈 수 있다.
회피형 (avoidant)	타인을 신뢰하지 못하고 타인과 지나치게 가까워지면 불편함을 느낀다. 파트너와 친밀감을 형성하는 데서 두려움을 느끼며 정서적인 동요를 나타낸다.
불안/양가형 (anxious/ambivalent)	타인과 지나치게 많이 가까워지기를 원하나 자신이 원하는 만큼 타인이 자신과 가까워지려 하지 않는 것을 걱정하는 동시에 타인에게 버림받거나 사랑받지 못할 것을 두려워한다. 파트너에게 강박적으로 몰두하며, 심각한 정서 변화와 질투심을 나타낼 수 있다.

Answer 19.① 20.② 21.②

22 도덕성 발달에 관한 설명으로 옳은 것은?

① 피아제(J. Piaget)에 의하면 타율적 도덕성은 구체적 조작기에서 처음 나타난다.

② 길포드(J. Guilford)에 의하면 여성의 도덕성은 배려와 관련된다.

③ 콜버그(L. Kohlberg)에 의하면 도덕적 추론은 비연속적이다.

④ 피아제(J. Piaget)에 의하면 아동의 도덕적 추론은 사회적 상호작용의 영향을 받지 않는다.

⑤ 반두라(A. Bandura)에 의하면 도덕적 행동은 관찰학습과 관련이 없다.

⟨♥TIPS!⟩

콜버그(L. Kohlberg)에 의하면 물리적·신체적인 벌과 복종에 의한 도덕성, 욕구충족수단으로서의 도덕성, 대인관계의 조화를 위한 도덕성, 법과 질서 준수로서의 도덕성, 사회 계약정신으로서의 도덕성, 보편적 도덕원리에 대한 확신으로서의 도덕성으로 단계적이며 비연속적이다.

23 다음 사례에서 나타난 발달양상은?

> 우수한 언어능력과 지적능력을 갖고 있지만 사회성 발달은 매우 뒤쳐진 자폐스펙트럼장애 청소년이 있다.

① 발달전이   ② 역할갈등

③ 적응실패   ④ 비동시성

⑤ 퇴행

⟨♥TIPS!⟩

자폐스펙트럼의 경우 일부영역에서만 발달이 일어나고 일부영역의 발달이 지연되는 비동시성을 지니고 있다.

24 발달정신병리를 설명하는 이론적 모델과 주요 개념의 연결이 옳지 않은 것은?

① 사회인지 모델 – 부적절한 정보처리

② 사회학적 모델 – 아노미 상태

③ 의학적 모델 – 기질적 역기능

④ 가족체계 모델 – 경계의 붕괴

⑤ 정신역동 모델 – 과잉행동 보상

⟨♥TIPS!⟩

발달정신병리학(Developmental Psychopathology) … 영유아, 아동, 청소년기의 주요 발달의 문제와 발달정신장애에 관한 전반적인 이해를 하며 구체적으로는 각 장애의 따른 원인과 심리적 역기능, 치료적 개입에 관한 필요 지식들을 습득한다.

25 DSM-5의 탈억제성 사회적 유대감 장애 진단을 받은 아동에 관한 설명으로 옳지 않은 것은?

① 타인에 대한 최소한의 사회적·감정적 반응성을 보인다.

② 진단 시점까지 장애가 12개월 이상 지속되었다.

③ 심각한 사회적 방임이나 불충분한 양육을 경험했다.

④ 아동의 연령은 최소 9개월 이상이다.

⑤ 양육환경이 바뀌어도 증상이 잘 개선되지 않을 것이다.

⟨♥TIPS!⟩

탈억제성 사회적 유대감 장애
(Disinhibited Social Engagement Disorder)
① 아동이 낯선 성인에게 활발하게 접근하고 소통하면서 다음 중 2가지 이상으로 드러나는 행동 양식이 있다.
   ㉠ 낯선 성인에게 접근하고 소통하는데 주의가 약하거나 없음
   ㉡ 과도하게 친숙한 언어적 또는 신체적 행동(문화적으로 허용되고 나이에 합당한 수준이 아님)
② 낯선 성인을 따라가는데 있어 주저함이 적거나 없음

Answer 22.③ 23.④ 24.⑤ 25.①

③ 진단기준 A의 행동은(주의력결핍 과잉행동장애의) 충동성에 국한되지 않고, 사회적으로 탈억제된 행동을 포함한다.

④ 아동이 불충분한 양육의 극단적인 양식을 경험했다는 것이 다음 중 최소 한 가지 이상에서 분명하게 드러난다.

   ㉠ 성인 보호자에 의해 충족되는 안락과 자극, 애정 등이 기본적인 감정적 요구에 대한 지속적인 결핍이 사회적 방임 또는 박탈의 형태로 나타남.

   ㉡ 안정된 애착을 형성하는 기회를 제한하는 주 보호자의 반복적인 교체(예 위탁 보육에서의 잦은 교체)

   ㉢ 선택적 애착은 형성하는 기회를 고도로(심각하게) 제한하는 독특한 구조의 양육(예 아동이 많고 보호자가 적은 기관)

⑤ 진단기준 C의 양육이 진단기준 A의 장애 행동에 대한 원인이 되는 것으로 추정된다.(예 진단기준 A의 장애는 진단기준 C의 적절한 양육 결핍 후에 시작했음)

⑥ 아동의 발달 연령이 최소 9개월 이상이어야 한다.

section 2 집단상담의 기초

26 집단상담의 장점으로 옳은 것을 모두 고른 것은?

> ㉠ 한정된 시간에 보다 많은 내담자와 상담할 수 있다.
> ㉡ 개개인에 대한 깊이 있는 관심과 탐색이 용이하다.
> ㉢ 실생활에 필요한 대인관계 기술을 학습할 수 있다.
> ㉣ 유대감, 소속감, 협동심을 향상킬 수 있다.

① ㉠, ㉣　　　　　　　② ㉢, ㉣
③ ㉠, ㉡, ㉢　　　　　④ ㉠, ㉢, ㉣
⑤ ㉡, ㉢, ㉣

🔵TIPS!

집단상담은 개인상담과 달리 개인에 대한 관심이 탐색이 어렵다는 단점이 있다.

27 구조화 집단상담 계획에 관한 설명으로 옳지 않은 것은?

① 집단상담 회기, 시간, 장소를 사전에 계획한다.

② 집단원의 선별 절차에 대한 계획을 사전에 수립한다.

③ 집단평가 시기, 방법, 내용을 사전에 계획한다.

④ 집단원 모집을 위한 홍보계획을 사전에 수립한다.

⑤ 회기별 세부적인 활동은 해당 회기 직전에 계획한다.

🔵TIPS!

구조화된 집단상담은 회기별 세부활동계획은 미리 계획하고 집단을 운영한다.

28 다음에 해당하는 집단의 유형은?

> – 집단원들은 주로 일상생활에서 어려움을 경험하는 일반인들로 구성된다.
> – 대인관계 과정, 자기이해 증진, 부적응 행동의 극복에 초점을 맞춘다.
> – 과거 문제의 탐색보다 지금–여기에 초점을 둔 상담기술을 주로 사용한다.
> – 비교적 단기간에 해결 가능한 문제를 다루며 성장 지향적인 특징이 있다.

① 상담집단　　　　　　② 치료집단
③ 과업집단　　　　　　④ 자조집단
⑤ 교육집단

🔵TIPS!

상담집단은 치료집단에 비해 정산범주의 일반인으로 구성되어 대인관계기술, 자기이해증진을 목적으로 운영된다.

Answer 26.④ 27.⑤ 28.①

29 집단상담의 윤리에 관한 설명으로 옳지 않은 것을 모두 고른 것은?

> ㉠ 법원 판결을 받아 참여하는 집단원이 중도에 집단을 포기할 때, 이로 인해 발생할 수 있는 문제를 설명하고 집단 참여 여부를 스스로 선택하게 한다.
> ㉡ 한 집단원이 부정적인 감정표출에 대한 집단 압력을 받을 때, 집단상담자는 집단원들이 상호작용해서 문제를 해결하도록 기다린다.
> ㉢ 청소년 집단원이 치명적인 전염병에 걸렸을 때, 즉시 집단원, 법적 보호자, 교사 및 관련 전문기관 등에 이 사실을 알려야 한다.
> ㉣ 청소년들이 집단상담에 참여할 때 상담료와 상담기록 부분은 집단상담 종료 후 청소년과 법적 보호자에게 동의를 받아야 한다.
> ㉤ 개인상담 내담자가 집단상담에 참여해야 할 때, 상담의 효과를 위해 개인상담자는 가급적 자신이 운영하는 집단에 내담자를 참여하게 해야 한다.

① ㉠, ㉢   ② ㉣, ㉤

③ ㉠, ㉡, ㉤   ④ ㉠, ㉣, ㉤

⑤ ㉡, ㉣, ㉤

30 집단상담의 이론적 접근과 기법의 연결로 옳지 않은 것은?

① 현실치료 – 유머, 직면
② 정신분석 – 꿈 분석, 해석
③ 게슈탈트 – 자각, 빈 의자 기법
④ 해결중심 – 기적 질문, 탈숙고 기법
⑤ 아들러 – 생활양식 분석, 역설적 의도

31 심리극 접근의 집단상담에 관한 설명으로 옳지 않은 것은?

① 역할연기를 통해 자신, 타인 및 상황에 대한 이해를 증진한다.
② 과거 발생한 일도 지금-여기에서 일어나는 것처럼 실연된다.
③ 주요 5대 구성요소로 주인공, 보조자아, 연출가, 각본, 무대가 있다.
④ 실연단계에서 내면적 정서들이 표현되면서 주인공은 억압된 감정을 의식하게 된다.
⑤ 언어적·비언어적 수단을 통해 즉흥적으로 주인공의 상황이 표현된다.

Answer 29.⑤ 30.④ 31.③

32 다음에서 공통적으로 설명하고 있는 집단상담의 이론적 접근은?

> – 집단상담자는 집단원들이 자신을 표현하도록 돕는 역할을 하므로 촉진자로 불린다.
> – 집단원에 대한 상담자의 태도와 개인적 특성이 핵심적인 역할을 한다.
> – 집단원의 성장을 신뢰하며, 집단에서 현재의 순간을 충분히 경험하도록 한다.

① 인간중심 집단상담
② 교류분석 집단상담
③ 행동주의 집단상담
④ 실존주의 집단상담
⑤ 인지주의 집단상담

☞TIPS!

로저스의 인간중심 집단상담은 집단원의 역동을 촉진하고 허용적이다.

33 다음에서 집단상담자가 적용한 상담기술을 <보기>에서 모두 고른 것은?

> 영희 : 제가 원하는 학과에 들어가려면 공부를 열심히 해야 한다는 것을 알고 있어요. 하지만 막상 책상 앞에 앉으면 공부하기가 싫고, 자꾸 핸드폰을 보며 딴 행동을 하게 돼요. 저도 집중력을 높이고 싶지만 방법을 모르겠어요.
> 상담자 : 열심히 공부해야 한다는 것은 알 있지만 책상 앞에 앉으면 집중력이 떨어져서 스스로 힘들 때가 많구나. 혹시 영희와 비슷한 문제를 겪고 이를 극복한 학생들이 있다면 함께 이야기 해 줄래요?

> **〈보기〉**
> ㉠ 반영
> ㉡ 직면
> ㉢ 해석
> ㉣ 연결

① ㉠, ㉢
② ㉠, ㉣
③ ㉡, ㉣
④ ㉠, ㉡, ㉣
⑤ ㉠, ㉢, ㉣

☞TIPS!

① 반영하기
• 내담자가 전달하고자 하는 의사의 본질을 스스로 알 수 있도록 상담자가 감정·생각·태도를 참신한 말로 기술하는 것을 의미한다.
• 내담자가 자신의 감정을 더 표현해 보도록 격려하기 위함이다.
• 내담자의 감정을 정확히 구별하기 위함이다.
• 내담자를 압도하고 있는 감정을 보다 잘 지각하게 하기 위함이다.
② 연결하기
• 한 내담자의 말과 행동을 다른 내담자의 관심에다 관련지어 주는 통찰력에 관한 기술이다.
• 내담자가 도움을 받을 수 있는 것은 자기문제를 다른 각도에서 보거나 미처 의식하지 못했던 문제의 진정한 원인이나 해결책을 찾는 것이다.
• 집단원의 문제개방에 대해 다른 집단원도 비슷한 경험이 있는지 연결해 주는 것이다.
• 특정 집단원의 행동이나 말을 다른 집단원의 관심사와 연결시키는데 사용되는 집단상담자의 통찰을 표현하는 방법으로 사고와 행동의 유사점과 차이점을 지적하는데 사용하며 집단원의 진술 내용과 감정을 연결하여 감추어진 의미를 발견하며 비언어적 행동의 관찰로 느낌과 사고를 연결하게 된다. 집단원간의 상호작용과 응집력을 높이는데 효과적인 기법이라 할 수 있다.

Answer 32.① 33.②

34 소극적으로 참여하는 집단원에 관한 집단상담자의 개입 방안으로 옳지 않은 것은?

① 소극적인 참여 원인에 관한 집단원의 자각을 촉진한다.
② 다른 집단원이 소극적인 집단원을 공격하지 않도록 개입한다.
③ 집단상담자에 대한 저항의 표시인지 탐색해 본다.
④ 생산적인 침묵 시 기다리지 않고 즉시 개입하는 것이 효과적이다.
⑤ 집단상담 초기 침묵 시 집단상담자가 표현하는 것을 보여주어 참여를 유도한다.

🔎 **TIPS!**

침묵에는 여러 가지 의미가 있는데 생산적인 침묵은 내담자가 숙고, 통찰하는 시간이므로 기다려줘야 한다.

35 주지화 행동을 보이는 집단원에 관한 집단상담자의 대처방안으로 옳은 것을 모두 고른 것은?

　⊙ 역할연습을 통해 자신의 감정을 인식하게 하여 표현을 유도한다.
　ⓒ 집단상담자가 감정표현하는 것을 보여줌으로써 집단원이 정서를 표현할 수 있게 한다.
　ⓒ 주지화로 인한 대인관계 문제점을 이야기하여 주지화 행동이 비효과적임을 알려 준다.
　ⓔ 비언어적 수단을 통해 용납하기 어려운 충동 및 감정을 인식하고 감정을 표현하게 한다.

① ⊙, ⓒ
② ⓒ, ⓔ
③ ⊙, ⓒ, ⓔ
④ ⓒ, ⓒ, ⓔ
⑤ ⊙, ⓒ, ⓒ, ⓔ

🔎 **TIPS!**

주지화는 일종의 방어기제로 집단원이 핵심문제를 벗어나 철학적 사상이나 개념 등을 이야기하는 것으로 작업에 방해가 된다. 주지화 행동이 일어난 경우 집단상담자는 역할연습을 통해 자신의 감정을 인식하게 유도하고 상담자가 감정표현하는 것을 보여줌으로써 집단원이 정서를 표현하도록 도와준다.

36 다음 집단원에 대한 상담자의 개입에 관한 설명으로 옳지 않은 것은?

　길동 : (어린 시절 잦은 전학으로 학교적응이 어려웠던 과거 이야기를 장황하게 늘어놓으며) 그리고 저는 중학교 가서도 계속 전학을 다녔는데, 하나하나 이야기하면…
　상담자 : 잠깐만! 길동아. 잠시만 이야기를 멈추고, (다른 집단원들을 쳐다보며) 다른 친구들은 길동이 이야기를 들으며 어떤 생각을 했는지 이야기 해 볼까요?

① 집단원들에게 참여기회를 제공하여 상호작용을 촉진시키고 있다.
② 해석 기법을 통해 집단원 행동의 원인과 목적을 통찰하도록 돕고 있다.
③ 과거 사건에 대한 이야기가 현재 집단에 미치는 영향을 탐색하도록 돕고 있다.
④ 연결 기법을 통해 집단원들이 지금-여기에서의 상호작용에 집중하도록 돕고 있다.
⑤ 차단 기법을 통해 대화의 독점이 일어나지 않도록 문제행동에 대처하고 있다.

🔎 **TIPS!**

해석… 집단원이 보이는 행동들간의 관계 및 의미에 대한 가설을 제시하여 정확하고 시기적절하게, 집단원 스스로 해설할 수 있는 기회를 줌

Answer 34.④ 35.③ 36.②

37 공동리더십 한계의 극복방안으로 옳지 않은 것은?

① 집단계획과 목표를 분담하여 수립한다.

② 집단 예비모임에 함께 참석한다.

③ 서로의 개인적 특성을 파악할 시간을 갖는다.

④ 회기 후 집단원 반응에 대해 서로 의견을 교환한다.

⑤ 회기 전 집단에 대한 기대를 함께 나눈다.

TIPS!

공동리더십 … 두 명의 리더가 함께 집단을 진행하는 것으로 리더와 코리더(보조리더)를 공동리더라고 한다. 집단계획과 목표는 리더가 정하고 코리더는 리더의 방향에 따라 집단운영에 협조한다.

38 집단상담자의 상담기법과 예시의 연결로 옳은 것은?

① 구조화 – "선생님이 노력한 것을 알아주지 않아서 서운했겠네요."

② 해석 – "집단을 마치기 전에 오늘 여러분들이 경험한 것에 대해 잠시 이야기 나눠보죠."

③ 개방적 질문 – "오늘 아침 식사를 하고 왔나요?"

④ 보편화 – "방금 언급한 부정적인 감정이 구체적으로 무엇을 의미하는 것이죠?"

⑤ 직면 – "긴장되지 않는다고 이야기하면서 다리를 계속 떨고 있는데 알고 있나요?"

TIPS!

직면 … 집단원의 언행 혹은 말의 앞뒤가 불일치되는 경우, 이러한 모순점을 집단상담자의 말로 드러내어 주는 기술

39 집단역동의 요소인 내용적 측면과 과정적 측면에 관한 설명으로 옳지 않은 것은?

① 내용적 측면은 집단원들이 무엇에 관하여 이야기하고 있는지에 관심을 둔다.

② 과정적 측면은 집단원이 어떻게, 왜 그런 말을 했는지에 대해 관심을 둔다.

③ 내용적 측면은 언어로 표현된 것보다 이면에 있는 무의식적인 동기나 의도를 더 중시하는 것이다.

④ 과정적 측면을 이해하기 위해 시선, 동작, 태도에도 주의를 기울여야 한다.

⑤ 내용적 측면과 과정적 측면 중 어느 한쪽으로 치우쳐서는 안 된다.

TIPS!

집단역동에서 과정적 측면은 언어로 표현된 것보다 이면에 있는 무의식적인 동기나 의도를 더 중시하는 것이다.

40 다음에서 설명하는 집단상담의 치료적 요인은?

> 집단원들은 타인으로부터 받을 수 있는 도움에 한계가 있다는 점, 자신들이 선택한 삶에 대한 궁극적인 책임은 자신의 것이라는 점, 그리고 아무리 가까운 사이라 할지라도 타인과는 함께 할 수 없는 어떤 부분이 있다는 점을 깨닫게 된다.

① 정화   ② 실존적 요인

③ 자기이해   ④ 보편성

⑤ 이타주의

TIPS!

집단상담의 치료적 요인
① 희망의 고취 : 집단성원은 집단상담을 통해 자신에게 일어나는 문제를 해결할 수 있다는 희망을 가지게 된다.

Answer 37.① 38.⑤ 39.③ 40.②

② 보편성 : 문제의 일반화를 의미하며 다른 사람들도 자신과 비슷한 문제를 경험하고 고민하고 있음을 알게 되어 위로를 받게 된다.

③ 정보전달 : 유사한 문제를 겪고 있는 집단성원에게 자신의 문제 극복 방법에 대한 정보를 전달할 수 있다.

④ 이타심 : 타인에게 정보전달, 심리적지지 등을 통해 도움을 준다는 것을 발견하고 자존감이 높아질 수 있다.

⑤ 일차가족집단의 교정적 경험 : 집단은 가족 및 작은 사회의 기능을 하며 가족에서 상호작용이 미숙했던 집단원이 심리적 지지를 받음으로서 부정적 대인관계 양상과 미해결된 감정을 해결할 수 있는 기회를 갖게 된다.

⑥ 사회화 : 다른 집단원들과 사회적 관계를 형성하면서 다양한 사회화 기술을 습득하게 된다.

⑦ 모방행동 : 다른 집단원 또는 집단상담자를 모방하여 바람직한 행동, 사고를 학습하게 된다.

⑧ 대인관계 학습 : 집단원들과의 대안관계를 통해 대인관계문제를 해결할 수 있으며 새로운 행동양식을 학습할 수 있다.

⑨ 집단응집력(소속감, 결속력) : 집단원들이 집단에 매력을 느끼게 계속 참여하도록 만드는 요소로서 집단원들의 소속감, 친밀감은 집단을 신뢰할 수 있는 치료적 가치를 지닌다.

⑩ 정화(환기) : 집단원 개개인의 억압된 감정 및 생각을 집단상담에서 표출함으로서 정서적 변화를 경험하게 된다.

⑪ 실존적 요인 : 삶이 반드시 공정하지 못하고 죽음이나 고통은 피할 수 없음을 인식하고 자신의 삶에 대해 책임을 지니고 있음을 이해하고 집단원들이 각자의 경험을 공유함으로서 집단성원 개개인의 실존과 책임을 이해하게 된다.

41 응집력이 높은 집단의 특징을 모두 고른 것은?

> ㉠ 깊은 인간관계를 맺는다.
> ㉡ 새로운 시도를 하기보다는 편안함에 안주하려 한다.
> ㉢ 건강한 유머를 통해 친밀해지고 기쁨을 함께한다.
> ㉣ 지금-여기에 초점을 맞추면서 순간의 느낌을 토대로 솔직한 피드백을 교환한다.

① ㉠, ㉡   ② ㉡, ㉢
③ ㉠, ㉢, ㉣   ④ ㉡, ㉢, ㉣
⑤ ㉠, ㉡, ㉢, ㉣

TIPS!

집단응집력의 특징
① 집단응집력은 결속시키는 힘이다.
② 집단응집력은 집단의 일체성이다.
③ 집단응집력은 끌어당기는 힘(매력)이다.
④ 집단응집력은 팀워크이다.
⑤ 집단응집력은 다차원적인 것이다

42 집단 발달단계의 특징을 순서대로 옳게 나열한 것은?

> ㉠ 집단원들 간에 신뢰감이 높아지면서 불안감도 공존하게 된다.
> ㉡ 집단원들은 새로운 사람들과의 만남으로 어색해하거나 참여에 부담을 느끼기도 한다.
> ㉢ 집단경험을 통해 학습한 것들을 총체적으로 정리하고, 일상생활에서 지속적으로 적용할 계획을 세운다.
> ㉣ 다양한 방식으로 상호작용하게 되면서 강력한 집단역동이 발생한다.

① ㉠ → ㉡ → ㉢ → ㉣
② ㉠ → ㉡ → ㉣ → ㉢
③ ㉠ → ㉣ → ㉡ → ㉢
④ ㉡ → ㉠ → ㉢ → ㉣
⑤ ㉡ → ㉠ → ㉣ → ㉢

TIPS!

집단발달단계
① 준비단계 : 집단원들이 대면하기 이전 단계로 집단을 구성하고 목표를 설정하는 단계이다.
② 오리엔테이션 : 집단원들이 1차적으로 접촉하고 집단원의 불안과 긴장이 고조되는 단계로 집단 내에서 권위쟁탈을 위한 투쟁적 리더가 출현하는 단계이다.
③ 탐색단계 : 집단 목표지향적 활동이 나타나며 친밀한 집단원 간 하위집단이 나타나게 된다.

Answer 41.③ 42.⑤

④ 문제해결단계 : 집단 응집성이 가장 높은 단계로 집단 원간 집단역동이 활발하여 문제해결능력이 상당히 높은 수준에 해당한다.
⑤ 종결단계 : 집단목적 달성시 집단종결을 준비하며 집단원의 의존성이 감소되나 집단목적달성이 안된 집단원에서는 부적응이 나타나기도 한다.

43 다음 집단상담자 역할이 공통으로 요구되는 집단 발달단계는?

> – 상호작용 촉진
> – 구조화 실시 및 모델역할
> – 신뢰분위기 조성

① 준비단계　　　　② 초기단계
③ 과도기단계　　　④ 생산단계
⑤ 종결단계

> **TIPS!**
>
> 집단초기단계로 집단원 간의 어색함으로 침묵하는 경우가 종종 있어 집단 분위기를 조성하고 집단 구조화를 꾀한다.
> ※ 집단 구조화
> • 집단의 성격, 목적 정의
> • 상담자역할 언급
> • 집단규범 및 유의사항 전달

44 집단역동에 영향을 미치는 요소를 모두 고른 것은?

> ㉠ 집단참여 경험　　㉡ 집단모임 장소
> ㉢ 집단크기　　　　㉣ 집단모임 시간

① ㉡, ㉢
② ㉠, ㉡, ㉣
③ ㉠, ㉢, ㉣
④ ㉡, ㉢, ㉣
⑤ ㉠, ㉡, ㉢, ㉣

> **TIPS!**
>
> 집단역동의 영향 요소
> • 집단원의 배경–어떤 사람들로 구성되는가?
> • 집단목적의 명료성–집단은 집단목적을 명확하게 이해하고 있는가?
> • 집단의 크기–집단은 몇 명으로 구성되는가?
> • 집단회기 길이–한 회기를 얼마 동안 갖는가?
> • 집단모임 장소–집단모임을 어디서 갖는가?
> • 집단모임 빈도–집단회기는 얼마나 자주 갖는가?
> • 집단모임 시간–집단의 모임을 하루 중 어느 시간대에 갖는가?
> • 집단참여 동기–어떤 동기로 집단에 참여하는가?

45 청소년 집단상담 회기 종결 시에 주로 이루어지는 상담자의 반응을 모두 고른 것은?

> ㉠ "오늘 어떤 경험을 했습니까?"
> ㉡ "이번 회기에서 어떤 느낌이 들었습니까?"
> ㉢ "이번 회기에 필요한 참여규칙은 무엇일까요?"
> ㉣ "오늘 배운 것을 일상생활에 어떻게 적용할 계획입니까?"

① ㉠
② ㉡, ㉢
③ ㉠, ㉡, ㉢
④ ㉠, ㉡, ㉣
⑤ ㉠, ㉡, ㉢, ㉣

> **TIPS!**
>
> 참여규칙은 집단초기에 다루는 주제이다.

Answer　43.② 44.⑤ 45.④

46 청소년 집단상담에 관한 설명으로 옳은 것은?

① 비자발적인 집단원이 집단참여에 대한 불편한 감정을 표현할 수 있도록 돕는다.

② 정신병리 징후를 가진 학생을 집단상담에 참여하도록 권유한다.

③ 개방집단은 상담진행에서 높은 안정성과 일관성을 유지할 수 있다.

④ 동질집단에 비해 이질집단은 속마음을 쉽게 공개하고 공감할 수 있다.

⑤ 게임이나 매체를 활용하는 활동은 하지 않는다.

TIPS!

비자발적인 집단원은 집단의 참여동기가 불분명하고 부정적일 수 있기에 집단참여에 대한 불편한 감정을 표현할 수 있도록 돕는다.

47 청소년 집단상담의 계획, 실시, 평가에 관한 설명으로 옳지 않은 것은?

① 집단의 형태, 회기, 인원, 선발방법 등을 계획한다.

② 부모나 법적보호자의 서면동의를 받은 후에 집단상담 계획을 수립한다.

③ 사전 오리엔테이션으로 집단상담에 대한 기본적인 이해를 돕는다.

④ 집단원 선정 시 집단원들의 동질성과 이질성을 고려한다.

⑤ 집단상담 성과평가를 위해 사전 및 사후 검사를 실시한다.

TIPS!

청소년의 경우 아동과 달리 집단상담 참여가 자유롭다.

48 청소년 집단상담에서 비밀유지에 관한 집단상담자의 역할로 옳지 않은 것은?

① 비밀유지 한계를 알려주어 집단에서 자기개방을 어느 정도 할지 집단원 스스로 결정하도록 한다.

② 동일한 학급에 소속된 집단원들의 경우 비밀유지의 문제를 더 중요하게 다룰 필요가 있다.

③ 부모나 법적보호자의 참여 동의서 작성 시 비밀유지에 관한 내용은 고지하지 않아도 된다.

④ 집단회기 중의 녹음, 녹화에 대해 반드시 사용목적을 알린 후 서면 동의를 받아야 한다.

⑤ 법적으로 집단원에 대한 정보 공개가 요구되는 경우는 비밀유지 예외상황이다.

TIPS!

부모나 법적보호자의 참여 동의서 작성 시에도 청소년의 비밀유지에 관한 내용은 고지한다.

49 다문화 가정 청소년 집단상담을 실시할 때 상담자의 태도로 옳지 않은 것은?

① 문화적 특성이 고려된 다양한 개입방법을 사용한다.

② 집단원들의 문화적 가치와 경험들을 존중한다.

③ 집단원에게 상담자의 문화적 가치를 강요하지 않는다.

④ 집단원의 문화적 배경에 대해 학습한다.

⑤ 집단원 행동을 다수 집단원의 문화적 관점에서 이해한다.

TIPS!

집단원 행동을 소수 집단원의 문화적 관점에서 이해한다.

Answer 46.① 47.② 48.③ 49.⑤

50 다음 청소년 집단상담 장면에서 상담자가 공통으로 사용한 기술은?

> – "여러분, 지금 이야기하는 내용에 대해 곰곰이 생각해 봅시다. 여러분이 친구들과 다투게 되는 상황에서 어떤 패턴이 있는지 더 이야기를 나누어 볼까요?"
> – "지금 다루고 있는 주제를 10분 정도만 더 나누고, 새로운 주제로 옮겨 가겠습니다."

① 피드백하기　　② 차단하기
③ 연결하기　　　④ 초점 맞추기
⑤ 해석하기

section 3 심리측정 및 평가

51 심리검사 제작자에게 요구되는 역량으로 옳지 않은 것은?

① 검사목표, 내용, 과정을 이해하여야 한다.
② 수검자 집단의 특성을 파악하여야 한다.
③ 검사이론을 숙지하고 있어야 한다.
④ 추상적이고 복잡한 글을 쓸 수 있는 문장력을 갖추어야 한다.
⑤ 성별, 인종, 학력 등에 대한 편견이 없어야 한다.

52 심리측정과 검사에 관한 설명으로 옳지 않은 것은?

① 추상적인 구성개념을 직접적으로 측정하는 과정이다.
② 심리측정은 신뢰성 높은 측정도구가 요구된다.
③ 심리검사는 개인 간 또는 개인 내 비교를 가능하게 한다.
④ 심리검사는 행동의 표본을 표준화된 방법으로 측정한다.
⑤ 표준화검사는 시행과 채점이 일정한 방식으로 진행된다.

53 심리검사와 개발자의 연결이 옳은 것은?

① Army-β : 해서웨이(S. Hathaway)
② Stanford-Binet : 머레이(H. Murray)
③ PMA : 써스톤(L. Thurstone)
④ 16PF : 엑스너(J. Exner)
⑤ Strong-Campbell : 벡(A. Beck)

54 자연스런 환경에 참여하고 있는 관찰자가 개인을 관찰하는 측정법은?

① 유사관찰법　　　② 일화관찰법

③ 참여관찰법　　　④ 자기관찰법

⑤ 실험관찰법

> **TIPS!**
>
> 참여관찰
> ㉮ 관찰대상의 내부에 들어가서 그 구성원의 일부가 되어 공동생활에 참여하면서 관찰하는 방법으로 관찰대상의 자연성과 유기적 전체성을 보장하게 된다.
> ㉯ 참여관찰은 특히 인류학자들이 많이 사용해 온 방법이나 최근에는 평가의 심사연구에서도 많이 사용되고 있다.
> ㉰ 참여관찰은 어떤 특수한 행위의 동기나 사람들 간의 미묘한 감정관계 등 외부로 나타나지 않는 사실까지 직접 경험할 수 있다.
> ㉱ 관찰자가 일단 관찰대상 집단에 들어갔다 할지라도 관찰자가 그 집단에서 어떤 업무를 수행하면서 관찰해야 하므로 관찰활동의 제약을 받게 된다.
> ㉲ 다른 조직구성원들과의 접촉관계로 인하여 관찰자 자신도 모르는 사이에 감정적 작용을 받아 관찰에 있어 객관성을 잃기 쉬우며, 또 집단생활에 익숙해질 경우 외부사람들이 보면 쉽게 즉시 알아볼 수 있는 집단의 생태나 특성을 무시하기 쉽다

55 타당도에 관한 설명으로 옳은 것은?

① 안면타당도는 다른 점수와의 관계를 분석하여 추정한다.

② 공인타당도는 검사점수와 예측행동자료를 일정 시간에 거쳐 수집해서 알아본다.

③ 내용타당도는 관련분야 전문가의 평가를 통해 판단된다.

④ 구성타당도는 크론바흐 알파계수(α)를 사용하여 측정한다.

⑤ 내용타당도는 숙련도검사보다 성격검사나 적성검사에서 더 중요하다.

> **TIPS!**
>
> • 예언타당도 : 공인타당도와 차이점은 시간차원과 준거의 특성에 있다. 예언타당도에서는 타당성의 준거를 미래에서 찾는다. 피검사자가 미래에 표출하게 될 행동특성을 준거로 삼아서 예언타당도를 결정하는 것이다.
> • 공인타당도(동시타당도) : 타당성의 준거를 현재에서 찾는다. 즉, 공인타당도는 해당 검사점수와 그검사 이외에 현재의 다른 어떤 준거점수 간의 상관관계로 판단한다.
> • 내용타당도 : 수많은 질문문항과 지표를 통해서 과연 얼마만큼 모집단의 특성을 잘 대표해 주고 있는가에 대한 것이다. 다시 말하면, 측정도구를 구성하는 측정지표(문항)가 측정하고자 하는 내용을 대표하고 있는가를 나타내는 측정도구의 대표성 또는 표본문항 추출의 적절성을 의미한다.

56 신뢰도에 관한 설명으로 옳지 않은 것은?

① 검사-재검사 신뢰도는 실시 간격의 영향을 받지 않는다.

② 평정자 간 신뢰도는 두 명 이상의 평가자가 필요하다.

③ 평정자 간 점수 차이는 신뢰도에 영향을 준다.

④ 문항들의 내용이 동질적일수록 신뢰도는 높아진다.

⑤ 검사 문항수가 증가하면 반분신뢰도는 높아진다.

> **TIPS!**
>
> 재검사신뢰도
> ㉠ 재검사신뢰도는 동일측정도구를 동일상황에서 동일대상에게 서로 다른 시간에 측정한 측정결과를 비교하는 방법이다.
> ㉡ 재측정기간은 보통 2주 정도의 간격을 갖는 것이 좋다.
> ㉢ 검사-재검사결과의 상관계수가 신뢰도의 추정치가 된다.
> ㉣ 측정기간이 길어진다면 검사기간 중 응답자의 속성 변화에 따른 성숙의 효과가 나타날 수 있으며 측정기간이 짧다면 검사의 노출로 인한 학습의 효과가 나타날 수 있다.

Answer　54.③　55.③　56.①

57 척도에 관한 설명으로 옳지 않은 것을 모두 고른 것은?

> ㉠ 성별은 서열척도이다.
> ㉡ 온도는 등간척도이다.
> ㉢ 비율척도는 절대영점이 존재하지 않는다.
> ㉣ 서열척도는 단위 사이이 간격에 관한 정보가 없다.

① ㉠, ㉡ ② ㉠, ㉢
③ ㉡, ㉢ ④ ㉡, ㉣
⑤ ㉢, ㉣

TIPS!

① 명목척도
  ㉠ 명목수준의 측정을 수행하는 측정도구를 명목척도(Nominal scale)라고 하며, 명목척도에 의하여 측정되는 변수를 명목변수(Nominal variable)라고 부른다.
  ㉡ 명목척도에 의한 각각의 수치는 이름 대신 붙인 것으로 어떠한 수치를 부여하느냐는 연구자(심사자)가 임의로 결정한다.
  ㉢ 숫자의 차이가 대상에 따라 측정한 속성이 다르다는 것만을 나타내는 척도이다. 축구선수나 배구선수의 등번호와 같이 속성의 같고 다름을 의미하며 이외에는 아무런 정보를 갖고 있지 않다.
② 서열척도
  ㉠ 측정대상을 분류한 다음 범주 간에 서열 또는 대·소 구분이 가능하다.
  ㉡ 서열수준의 척도는 순서를 변경하지 않는 수학적 조작이 가능하다.
  ㉢ 숫자의 차이가 측정한 속성의 차이에 관한 정보뿐 아니라, 그 순위관계에 대한 정보도 포함하고 있는 척도이다. 예를 들면 학교석차가 있다.
③ 등간척도
  ㉠ 등간격수준의 측정이 이루어질 수 있으려면 측정단위(Unit)가 있어야 하는데, 단위는 일정 정도를 나타내고 그 정도는 불변(Constant)이며, 공통적인 표준으로 공인되거나 될 수 있어야 한다. 예를 들어, 거리, 무게, 시간, 온도 등은 단위가 공통된다.
  ㉡ 심리검사에서는 등간척도로 공인된 것은 거의 없다. 그러나 실제로 엄밀한 의미에서의 서열척도를 등간척도로 간주하여 사용하는 경우가 많은데 이것은 심사자 개개인의 결정에 의하는 경우이다.

  ㉢ 수치상의 차이가 실제 측정한 속성간의 차이와 동일한 숫자집합을 말한다. 따라서 등간척도는 할당된 수의 차이가 '다르다'는 차이정보와 '더 ~ 하다'는 서열정보 외에 간격에 대한 정보도 포함하고 있다. 예를 들면 온도계로 측정한 온도에서 0도와 5도의 차이는 15도와 20도의 차이와 같다고 할 수 있다.
④ 비율척도
  ㉠ 비율척도는 등간척도의 성격을 다 가지면서 거기에 절대적인 영이 존재하기 때문에 더하기, 빼기, 곱셈, 나눗셈도 의미 있게 할 수 있다.
  ㉡ 통계기법으로는 상승평균과 변이계수가 있다.
  ㉢ 비율척도는 차이정보와 서열정보, 등간정보 외에 수의 비율에 관한 정보도 담고 있는 척도로서 등간척도에 비해 절대영점을 가지고 있다 예를 들면 10kg는 1kg의 10배이고, 10 : 1이다.

58 심리측정에 관한 설명으로 옳은 것은?

① '대학 학점은 대학수학능력시험 점수와 관련된다'는 가설은 실험가설의 대표적인 예이다.
② 실험가설은 선행조건의 조작과 결과적 행동의 측정을 위한 것이다.
③ 종속변인은 실험가설을 증명하기 위해 실험자가 의도적으로 조작하는 변수이다.
④ 등간척도는 가장 높은 수준의 척도이다.
⑤ 표준점수는 원점수와 동일하다.

TIPS!

① '대학 학점은 대학수학능력시험 점수와 관련된다'는 가설은 연구가설 중 상관연구가설를 대표적인 예이다.
③ 종속변인은 실험가설을 증명하기 위해 실험자가 의도적으로 조작하는 변수이다.
④ 등간척도는 가장 높은 수준의 척도이다.
⑤ 표준점수는 원점수와 동일하다.

Answer 57.② 58.②

59 심리평가 시행 단계의 순서로 옳은 것은?

> ㉠ 평가방법 및 절차 선택
> ㉡ 의뢰 문제 분석
> ㉢ 면담
> ㉣ 심리평가 결과보고

① ㉠ - ㉡ - ㉣ - ㉢
② ㉡ - ㉠ - ㉢ - ㉣
③ ㉡ - ㉠ - ㉣ - ㉢
④ ㉡ - ㉢ - ㉠ - ㉣
⑤ ㉢ - ㉠ - ㉡ - ㉣

> **TIPS!**
>
> 심리평가 시행 … 의뢰문제 분석→평가방법 및 절차 선택→면담→심리평가 결과보고

60 심리검사 제작 절차의 순서로 옳은 것은?

> ㉠ 문항 개발 및 작성
> ㉡ 신뢰도와 타당도 검토
> ㉢ 검사 목적의 명료화
> ㉣ 문항 분석 및 수정
> ㉤ 규준과 검사 요강 작성

① ㉠ - ㉢ - ㉡ - ㉣ - ㉤
② ㉠ - ㉢ - ㉣ - ㉤ - ㉡
③ ㉡ - ㉢ - ㉠ - ㉤ - ㉣
④ ㉢ - ㉠ - ㉣ - ㉡ - ㉤
⑤ ㉢ - ㉡ - ㉠ - ㉤ - ㉣

> **TIPS!**
>
> 심리검사 제작 절차 … 검사목적의 명료화→문항개발 및 작성→문항분석 및 수정→신뢰도와 타당도의 검→규준과 검사요강 작성

61 심리검사에 관한 설명으로 옳은 것을 모두 고른 것은?

> ㉠ 검사자는 검사실시의 표준절차를 따라야 한다.
> ㉡ 전집의 행동을 측정한다.
> ㉢ 검사자의 성격특성은 검사결과에 영향을 미친다.
> ㉣ 심리검사의 결과는 확정적이다.

① ㉠, ㉡   ② ㉠, ㉢
③ ㉡, ㉢   ④ ㉡, ㉣
⑤ ㉢, ㉣

> **TIPS!**
>
> 심리검사시 전집(전체 모집단)의 행동을 측정하는 것 아니라 검사집단의 행동을 측정한다.

62 투사검사의 장점을 모두 고른 것은?

> ㉠ 반응의 독특성
> ㉡ 방어의 어려움
> ㉢ 반응의 풍부함
> ㉣ 사회적 바람직성의 반영
> ㉤ 무의식의 반영

① ㉠, ㉤   ② ㉡, ㉢, ㉣
③ ㉡, ㉣, ㉤   ④ ㉠, ㉡, ㉢, ㉣
⑤ ㉠, ㉡, ㉢, ㉤

> **TIPS!**
>
> 투사법의 장점
> ㉠ 자기보고식 검사보다 반응을 왜곡하기가 어렵다.
> ㉡ 대부분의 투사기법은 흥미롭기 때문에 검사 초기에 느끼는 불편감을 없애 줄 수 있어서 검사자와 수검자 사이의 라포를 형성시켜준다.
> ㉢ 수검자의 자존감을 저하시키지 않는다.
> ㉣ 언어적인 이해력(어린아이)이나 언어기능에 제한이 있는 사람들에게 실시가 용이하다.

Answer 59.② 60.④ 61.② 62.⑤

63 심리검사 및 평가의 윤리에 관한 설명으로 옳지 않은 것은?

① 수검자가 자해 위험이 있는 경우 비밀보장의 원칙을 지키지 않아도 된다.

② 평가결과의 해석은 내담자가 그 내용을 이해할 수 있어야 한다.

③ 평가서를 보여 주면 안 되는 경우, 사전에 수검자에게 이 사실을 인지시켜야 한다.

④ 가장 적은 시간과 노력을 들여 가장 타당하게 평가할 수 있는 검사를 선택한다.

⑤ 평가 의뢰인과 수검자가 동일하지 않을 경우에, 평가서와 검사보고서는 의뢰인의 동의 없이 수검자에게 열람될 수 있다.

> **TIPS!**
>
> 평가 의뢰인과 수검자가 동일하지 않을 경우에, 평가서와 검사보고서는 의뢰인의 동의를 얻고 수검자에게 열람될 수 있다.

64 웩슬러 지능검사에 관한 설명으로 옳지 않은 것은?

① 편차지능지수 개념을 도입했다.

② 개인의 인지적 강점과 약점에 관한 정보를 제공한다.

③ 학업성취와 신경심리학적 손상까지 예측할 수 있다.

④ 지능지수는 타고난 능력과 모든 문제해결능력을 대표한다.

⑤ 개인의 성격을 측정하는 도구로도 사용할 수 있다.

> **TIPS!**
>
> K-WAIS의 특징
> ㉠ 국내에서 현재 가장 널리 사용되고 있는 개인형 지능검사로서 개인의 복잡한 인지구조(인지 장애)뿐만 아니라 개인의 성격적, 정서적 측면을 측정할 수 있다.

㉡ 목적에 맞게 효율적으로 행동할 수 있는 개인의 잠재력을 평가하기 위한 표준화된 과제들로 구성된 정신기능 측정 검사이다.

㉢ 다요인적이고 중다결정적이며 특정한 능력이 아닌 전체적인 능력을 평가하는 것이다.

㉣ 인지적 요소뿐만 아니라 비인지적 요소(불안, 지구력, 목표자각)도 평가한다.

65 K-WISC-IV의 처리속도 지표(PSI)에 해당하는 소검사는?

① 어휘

② 행렬추론

③ 기호쓰기

④ 숫자

⑤ 토막짜기

> **TIPS!**
>
> K-WAIS-IV의 소검사 구성
> ㉮ 15개의 소검사
> • 9개는 K-WAIS와 동일
> • 12개는 WAIS-III와 동일
> ㉯ 차례 맞추기, 모양 맞추기 삭제: 시간 보너스의 비중과 동작 요구를 줄이기 위함
> ㉰ 6개의 소검사가 새롭게 추가됨
> • 행렬추론, 동형찾기, 순서화(WAIS-III부터 포함)
> • 퍼즐, 무게비교, 지우기는 새로 제작됨
> ㉱ 추상적 기호의 조작과 같은 정신적 조작을 수행하는 유동적 추론의 평가 강조: 행렬추론
> ㉲ 작업기억 평가 강조: 순서화
> ㉳ 처리속도 평가 강조: 동형찾기, 지우기
> ㉴ 비언어적 추론과 시각적 지각 측정: 퍼즐
> ㉵ 양적, 유추적 추론 측정: 무게비교

Answer 63.⑤ 64.④ 65.③

66 K-WISC-IV 검사를 실시할 때 주의할 점으로 옳지 않은 것은?

① 토막짜기 : 수검자의 정중앙에 토막을 놓는다.
② 모양 맞추기 : 지침서에 제시된 순서대로 조각을 제시한다.
③ 바꿔쓰기 : 지우개가 달린 심이 뾰족한 연필 한 자루를 준비한다.
④ 차례 맞추기 : 카드 순서가 뒤섞이지 않도록 유의한다.
⑤ 어휘/이해 소검사 : 수검자의 반응을 놓치지 않고 그대로 기록한다.

67 맥락적, 경험적, 성분적 요인을 기반으로 지능의 삼원지능모형을 주장한 학자는?

① 스피어만(C. Spearman)
② 써스톤(L. Thurstone)
③ 길포드(J. Guilford)
④ 스턴버그(R. Sternberg)
⑤ 카텔(R. Cattell)

68 MMPI-A의 내용척도에 관한 설명으로 옳은 것은?

① A-aln : 높은 점수는 다른 사람들과 큰 정서적 거리를 느낌
② A-cyn : 높은 점수는 자신이 매력 없고 자신감이 부족하다고 생각함
③ A-las : 낮은 점수는 수줍어하고 혼자 있는 것을 좋아함
④ A-con : 높은 점수는 낮은 성적과 무단결석 등을 나타냄
⑤ A-ang : 높은 점수는 부모나 다른 가족과 많은 갈등이 있음

Answer 66.③ 67.④ 68.①

69 MMPI-2의 타당도 척도에 관한 설명으로 옳지 않은 것은?

① ?무응답 척도가 높아지는 요인으로 읽기장애, 정신운동의 지체가 있다.

② L척도가 높으면 자신을 완벽하고 이상적으로 꾸며대는 경향이 있다.

③ F척도는 이상반응 경향을 탐지하기 위한 척도이다.

④ K척도는 자신을 긍정적으로 기술하는 것을 측정하기 위한 척도이다.

⑤ TRIN은 비일관적으로 응답하는 경향을 탐지하기 위한 무선반응 비일관성 척도이다.

> **♥TIPS!**
>
> VRIN … 비일관적으로 응답하는 경향을 탐지하기 위한 무선반응 비일관성 척도이다.

70 NEO-PI-R의 성격 5요인이 아닌 것은?

① 신경증(N) ② 친화성(A)
③ 개방성(O) ④ 내향성(I)
⑤ 성실성(C)

> **♥TIPS!**
>
> NEO-PI-R 5요인
> 신경증(Neuroticism), 외향성(Extraversion),
> 개방성(Openness), 수용성(Agreeableness),
> 성실성(Conscientiousness)

71 다음 성격 특징을 모두 포함하는 홀랜드(J. Holland)의 직업적 성격유형은?

> – 상상력이 풍부하며 감수성이 강하다.
> – 자유분방하며 개방적이다.
> – 감정이 풍부하고 독창적이며 개성이 강한 반면 협동적이지는 않다.

① 사회적(Social) 유형
② 예술적(Artistic) 유형
③ 관습적(Conventional) 유형
④ 탐구적(Investigative) 유형
⑤ 현실적(Realistic) 유형

> **♥TIPS!**
>
> 예술적 성격 및 환경 : 상상적, 창조적, 변화추구, 심미적 활동 선호한다.

72 성격평가질문지(PAI)의 하위척도와 그 형태적 해석으로 옳은 것은?

① ALC : 정서적 불안정성, 분노, 정체감 혼동, 충동성 시사

② ANT : 자기중심적 또는 감각적 경험 추구, 반사회적 행동경향 지속

③ SAS : 마술적 사고, 망상적 신념과 지각, 환각 경험

④ DEP : 공포적 회피행동, 외상사건과 관련된 불쾌한 생각 포함

⑤ DRG : 확장된 자존감, 뚜렷한 과대성, 다양한 일에 대한 지나친 개입

> **♥TIPS!**
>
> PAI 구성척도별 하위척도
> ㉠ 신체적호소(SOM) : 전환, 신체화, 건강염려
> ㉡ 불안(ANX) : 인지적불안, 정서적불안, 생리적불안
> ㉢ 불안관련장애(ARD) : 강박장애, 공포장애, 외상적 스트레스장애
> ㉣ 우울(DEP) : 인지적우울, 정서적우울, 생리적우울
> ㉤ 조증(MAN) : 활동수준, 과대성, 초조감
> ㉥ 망상(PAR) : 과경계, 피해의식, 원한
> ㉦ 정신분열병(SCZ) : 정신병적경험, 사회적위축, 사고장애
> ㉧ 경계선(BOR) : 정서적불안정, 정체성문제, 부정적관계, 자기손상
> ㉨ 반사회적(ANT) : 반사회적행동, 자기중심성, 자극추구
> ㉩ 공격성(AGG) : 공격적태도, 언어적공격, 신체적공격

> **Answer** 69.⑤ 70.④ 71.② 72.②

73 다음 내용을 포함하는 MMPI-2의 Harris-Lingoes 소척도는?

> - 사회적 불안의 부인
> - 애정욕구
> - 권태-무기력
> - 신체증상 호소
> - 공격성의 억제

① Hy   ② D

③ PD   ④ SC

⑤ Ma

📌 TIPS!

내용척도의 종류

㉠ 불안(ANX) : 소척도 없음

㉡ 공포(FRS) : 일반화된 공포(FRS1), 특정 공포(FRS2)

㉢ 강박성(OBS) : 소척도 없음

㉣ 우울(DEP)
- 동기결여(DEP1) : 무망감, 공허감, 의미없는 느낌과 관련
- 기분 부전(DEP2) : 슬프고 울적하고 불행한 기분과 관련
- 자기 비하(DEP3) : 과거 행동에 대한 부적절감 및 죄책감과 관련
- 자살 사고(DEP4) : 최근 혹은 현재 죽음이나 자살에 대한 생각과 관련

㉤ 건강염려(HEA)
- 소화기 증상(HEA1) : 메스꺼움, 변비 및 소화기계통의 불편감 증상 관련
- 신경학적 증상(HEA2) : 신경학적 장애와 관련된 감각 및 운동 경험 관련
- 일반적인 건강염려(HEA3) : 병이나 질환에 대해 과장된 일반적 염려

㉥ 기태적 정신상태(BIZ)
- 정신증적 증상(BIZ1) : 정신증적 증상 관련, 특히 조정당하는 느낌과 관련
- 분열형 성격특성(BIZ2) : 정신증적 증상 관련

㉦ 분노(ANG)
- 폭발적 행동(ANG1) : 적대적이며 때때로 통제력을 잃음과 관련
- 성마름(ANG2) : 화가 나고 적개심을 느끼나 표현의 과정에서 좀 더 높은 통제력

㉧ 냉소적 태도(CYN)
- 염세적 신념(CYN1) : 타인에 대한 경멸적이고 의심 많은 태도와 사람들은 유리한 입장을 점하기 위해 정당하지 않은 수단을 사용한다는 생각과 관련
- 대인의심(CYN2) : 사람들이 지닌 동기에 대한 불신뿐만 아니라 사람들은 종종 과도하게 명예를 얻으려는 방식으로 행동한다는 지각과 관련

㉨ 반사회적 특성(ASP)
- 반사회적 태도(ASP1) : 순응적이지 않은 태도와 관련
- 반사회적 행동(ASP2) : 학창시절 비행 및 법적인 문제에 연루된 것 등 과거력 관련

㉩ A유형 행동(TPA)
- 조급함(TPA1) : 짜증을 보이며, 기다리거나 줄 서는 것을 싫어하는 면에 초점
- 경쟁욕구(TPA2) : 대인관계에서의 지루 및 경쟁심 관련

㉪ 낮은 자존감(LSE)
- 자기회의(LSE1) : 자신에 대한 부정적 태도와 자기 능력에 대한 회의, 불리한 방향으로 타인과 비교
- 순종성(LSE2) : 다른 사람들로부터 쉽게 영향받고 대인관계에서도 수동적이며 복종적인 경향

㉫ 사회적 불편감(SOD)
- 내향성(SOD1) : 혼자 있는 것을 선호
- 수줍음(SOD2) : 자신에게 이목이 집중되는 경우 불편감을 느끼는 면에 초점

㉬ 가정문제(FAM)
- 가정불화(FAM1) : 가족 성원에 대한 분노, 미움 및 적개심과 가족으로부터 벗어나고 싶은 마음
- 가족 내 소외(FAM2) : 가족 성원들 사이에서 이해 및 지지가 부족하다고 느끼는 면에 초점

㉭ 직업적 곤란(WRK) : 소척도 없음

㉮ 부정적 치료지표(TRT)
- 낮은 동기(TRT1) : 자신의 문제에서 벗어나지 못하리라는 비관적인 태도와 무력감과 관련
- 낮은 자기개방(TRT2) : 자신의 개인적 정보를 드러내는 것을 꺼릴 뿐만 아니라 그렇게 하지 않는 것과 관련

74 로샤 검사의 지각적 사고 지표(PTI)에 해당하지 않는 것은?

① XA%<.70이고 WDA%<.75

② X-%>.29

③ LVL2>이고 FAB2>0

④ M->1 혹은 X-%>.40

⑤ 3r+(2)/R<.31 혹은 >.44

> **TIPS!**
>
> 로샤검사에서 얻은 결과를 체계적으로 요약해 놓은 표를 구조적 요약이라고 부른다.
> 구조적 요약지는 상단부, 하단부, 최하단부로 나뉜다.
> 상단부에는 위치, 발달질, 결정인, 형태질, 반응내용, 조직활동, 특수점수 등 각 변인의 빈도 및 비율을 기록한다.
> 하단부에는 상단분의 빈도 수치를 사용해 만들어 낸 비율, 백분율을 산출한 점수다. 7가지 주요영역이 있다.
> 최하단부에는 측정할 수 있는 6개의 특수지표를 제시한다.
> ※ 7가지 주요 영역
>   1. 핵심영역(Core Section)
>   2. 관념영역(Ideation Section)
>   3. 중재영역(Mediation Section)
>   4. 처리영역(Processing Section)
>   5. 정서영역(Affect Section)
>   6. 대인관계영역(Interpersonal Section)
>   7. 자기지각영역(Self Perception Section)
>   *크게 인지, 정서, 대인관계에 대해서 알 수 있다.
> ※ 6개의 특수지표
>   1. 지각 및 사고지표(PTI : Perceptual-Thinking Index)
>   2. 우울지표(DEPI : Depression Index)
>   3. 대처결함지표(CDI : Coping Deficit Index)
>   4. 자살잠재성지표(S-CON : Suicide Constellation, Suicide Potential)
>   5. 과잉경계지표(HVI : Hypervigilance Index)
>   6. 강방성향지표(OBS : Obsessive Style Index)
>   ⑤ 3r+(2)/R<.31 혹은 >.44는 S-Constellation (Suicide Potential)지표에 포함됨

75 허트(M. Hutt)의 BGT 평가항목 중 '형태의 일탈'에 해당하는 것은?

① 지각적 회전(perception rotation)

② 중첩 곤란(overlapping difficulty)

③ 교차 곤란(crossing difficulty)

④ 단편화(fragmentation)

⑤ 보속성(perseveration)

> **TIPS!**
>
> 교차 곤란(crossing difficulty) … 도형 6과 7에 해당되는 항목으로, 다각형들의 교차 곤란을 말한다. 선이 서로 교차되는 지점에서 지우고 다시 그린다거나 스케치하는 경우, 선을 지나치게 꼭 눌러 그리는 경우가 있을 수 있다.
> 이 현상은 심리적 단절(psychological blocking)의 지표가 될 수 있으며, 강박증과 공포증 환자, 대인관계의 곤란을 겪는 사람들에게서 많이 나타난다.

section 4 상담이론

76 상담의 정의에 관한 설명으로 옳지 않은 것은?

① 상담자, 내담자, 상담관계가 주요 요소이다.

② 상담자는 상담에 대한 전문적 훈련을 받은 사람이다.

③ 내담자는 자발적인 신청자로 제한한다.

④ 상담은 내담자의 문제를 해결하도록 노력하는 것이다.

⑤ 상담은 조력의 과정이다.

> **TIPS!**
>
> 상담의 내방자의 경우 자발적 신청자 외에도 비자발적 참여자가 있을 수 있다.

Answer 74.⑤ 75.③ 76.③

77 인간중심 상담에 관한 설명으로 옳지 않은 것은?

① 구체적인 상담기법보다 상담자의 태도를 더 중요시한다.
② 인간은 자기실현경향성을 가지고 있는 존재이다.
③ 철학적 배경은 실증주의이다.
④ 로저스(C. Rogers)에 의해 창시된 상담이론이다.
⑤ 비지시적 상담 또는 내담자중심 상담으로 불리어졌다.

TIPS!

철학적 배경은 실존주의이다.

78 상담자의 역할 중 내담자를 돕는 직접적인 역할을 모두 고른 것은?

> ㉠ 상담면접
> ㉡ 교육
> ㉢ 훈련
> ㉣ 의뢰 및 위탁
> ㉤ 조직개발

① ㉠, ㉡
② ㉡, ㉢
③ ㉢, ㉣
④ ㉠, ㉡, ㉢
⑤ ㉡, ㉣, ㉤

TIPS!

상담자는 내담자의 적응적 발전을 위해 교육, 훈련할 수 있다.

79 보기의 주요개념을 다루고 있는 상담이론으로 옳은 것은?

> 〈보기〉
> – 죽음의 불가피성과 삶의 유한성
> – 개인이 갖고 있는 자유와 책임에 대한 인식
> – 타인과 세계로부터의 근본적인 고립
> – 삶의 의미를 상실한 상태

① 개인심리학
② 실존주의 상담
③ 인간중심 상담
④ 게슈탈트 상담
⑤ 현실치료

TIPS!

실존주의 상담… 실존주의 철학을 기반으로 삶의 유한성, 자유와 책임을 강조하고 있으며 주요개념으로는 고립, 의미성, 진실성 등이 있다.

80 상담자의 자질에 해당하는 것을 모두 고른 것은?

> ㉠ 상담이론의 적용 능력
> ㉡ 자기성찰적 태도
> ㉢ 자신과 타인의 감정인식 및 수용능력
> ㉣ 상담자 윤리에 대한 이해

① ㉠
② ㉡, ㉢
③ ㉠, ㉡, ㉢
④ ㉡, ㉢, ㉣
⑤ ㉠, ㉡, ㉢, ㉣

TIPS!

상담자의 자질… 상담이론의 적용능력, 자기성찰적 태도, 자신과 타인의 감정인식과 수용능력, 상담자 윤리에 대한 이해가 필요하다.

Answer 77.③ 78.④ 79.② 80.⑤

81 상담의 종결과정에서 다루어야 할 사항으로 옳지 않은 것은?

① 내담자와 비공식적인 수준에서 지속적인 상담 관계를 계획한다.
② 내담자가 상담과정에서 무엇을 얻었는지 확인한다.
③ 내담자와 상담종결에 대한 불안을 다룬다.
④ 내담자가 사용했던 효과적인 대처행동을 검토한다.
⑤ 내담자가 앞으로 사용할 수 있는 가용자원과 행동목록을 점검한다.

TIPS!

상담의 종결과정에서 이별감정을 다루고 추수지도에 대해 이야기 나눈다.

82 상담구조화에 관한 설명으로 옳은 것을 모두 고른 것은?

> ㉠ 상담절차나 조건, 비밀보장 등에 대해 설명한다.
> ㉡ 라포가 형성된 이후 상담구조화를 천천히 진행한다.
> ㉢ 상담자의 역할과 내담자의 역할을 안내한다.
> ㉣ 내담자가 상담에 대한 비현실적 기대를 갖고 있을 경우 중요성이 더욱 높아진다.

① ㉠, ㉡ 　　　　② ㉢, ㉣
③ ㉠, ㉡, ㉢ 　　④ ㉠, ㉢, ㉣
⑤ ㉠, ㉡, ㉢, ㉣

TIPS!

상담의 구조화는 첫회기에 이루어진다.

83 보기의 상담자가 사용한 상담기법으로 옳은 것은?

> 〈보기〉
> 내담자: (굳은 표정을 지으며) 괜찮아요.
> 상담자: 당신은 말로는 괜찮다고 하면서도 얼굴 표정은 그렇게 보이지 않네요.

① 도전과 직면
② 질문과 탐색
③ 이해와 공감
④ 주의집중과 경청
⑤ 패턴의 자각 및 수정

TIPS!

직면
① 내담자의 사고, 감정, 행동에 있는 어떤 불일치나 모순에 도전하는 상담자의 반응을 직면이라고 한다.
② 직면의 목적은 내담자의 성장을 방해하는 방어에 대한 도전으로 이끄는 것이다.
③ 직면을 통하여 모순된 언행을 지적하는 일, 직면에 대한 내담자의 반응을 분석하는 일은 모두 내담자를 새로운 통찰로 이끌어 바람직한 변화를 유도하는 수단으로 활용되어야 한다.
④ 직면을 시도할 때는 내담자를 평가하거나 비판하는 인상을 주지 않도록 내담자가 보인 객관적인 행동과 인상에 대하여 서술적으로 표현한다.

84 보기에서 설명하고 있는 상담이론으로 옳은 것은?

> 〈보기〉
> 내담자가 변화하고자 하는 구체적인 행동에 초점을 두고, 상담을 진행할 때 인간 내부의 심리적 구조보다는 환경과의 상호작용을 중시한다.

① 현실치료 　　　② 행동주의 상담
③ 교류분석 상담 　④ 정신분석 상담
⑤ 게슈탈트 상담

Answer 81.① 82.④ 83.① 84.②

85 첫 회 상담에서 상담자가 수행해야 할 사항으로 옳지 않은 것은?

① 상담신청서 정보 확인
② 접수면접 정보 확인
③ 라포 형성
④ 상담구조화
⑤ 사례개념화

86 상담기술과 상담자 반응의 연결이 옳지 않은 것은?

① 감정반영 – 엄마한테 야단맞아서 많이 속상했겠다.
② 해석 – 친구에 관해 이야기를 나누기 전에 엄마한테 야단맞은 일에 대해서 좀 더 대화를 해보자.
③ 즉시성 – 네가 엄마 이야기를 하면서 나의 눈치를 자꾸 보는 것 같아 안쓰럽게 느껴진다.
④ 구체화 – 엄마한테 무슨 일 때문에 야단맞았니?
⑤ 자기개방 – 나도 고등학교 다닐 때 엄마한테 야단을 많이 맞았어.

87 정신분석 상담기법으로 옳은 것을 모두 고른 것은?

> ㉠ 자유연상   ㉡ 꿈분석
> ㉢ 실험기법   ㉣ 해석
> ㉤ 역설적 의도   ㉥ 탈숙고

① ㉠, ㉡
② ㉢, ㉣
③ ㉠, ㉡, ㉣
④ ㉢, ㉤, ㉥
⑤ ㉠, ㉡, ㉣, ㉥

88 사례에 해당하는 A의 인지적 오류로 옳은 것은?

> A는 친구들이 자신을 꼬맹이라고 부르는 이유가 성적이 낮은 자신을 무시해서라고 생각한다.

① 이분법적 사고
② 파국화
③ 의미축소
④ 잘못된 명명
⑤ 임의적 추론

Answer   85.⑤   86.②   87.③   88.⑤

89 합리정서행동치료(REBT)에 관한 설명으로 옳은 것을 모두 고른 것은?

> ㉠ 인간은 합리적인 존재로 태어났지만 가치조건화에 의해 비합리적인 존재가 된다.
> ㉡ 비합리적 사고의 요소로는 당위적 사고, 과장적 사고, 인간 가치의 총체적 비하 등이 있다.
> ㉢ ABCD 모델에서 "시험을 망쳐서 너무 슬퍼!"라는 내담자의 감정은 B에 해당된다.
> ㉣ 상담기법으로 수치심 극복하기, 신체 자각하기 등이 있다.

① ㉠   ② ㉡
③ ㉠, ㉡   ④ ㉢, ㉣
⑤ ㉠, ㉡, ㉢, ㉣

90 보기에 해당하는 방어기제로 옳은 것은?

> 〈보기〉
> – 용납되기 어려운 충동이나 행동을 그럴듯한 이유로 설명함으로써 비판으로부터 자신을 보호하여 자존심을 유지하고자 한다.
> – 원하는 대학에 불합격하자 "그 대학은 명문대학도 아니야. 나도 그 대학을 꼭 다니고 싶지는 않았어."라고 말하는 경우에 해당된다.

① 부인   ② 합리화
③ 치환   ④ 투사
⑤ 억압

91 다음의 인간관에 기초한 상담이론으로 옳은 것은?

> – 사회적 존재
> – 목표 지향적 존재
> – 주관적 존재

① 개인심리학   ② 정신분석 상담
③ 실존주의 상담   ④ 인간중심 상담
⑤ 행동주의 상담

Answer 89.② 90.② 91.①

92 게슈탈트 상담에 관한 설명으로 옳지 않은 것은?

① 내파층은 개체가 게슈탈트를 해소하고 완결 짓는 단계이다.
② 알아차림과 접촉 주기는 배경, 감각, 알아차림, 에너지 동원, 행동, 접촉의 순으로 이루어진다.
③ 완결되지 못했거나 해소되지 않은 게슈탈트를 미해결 과제라고 한다.
④ 게슈탈트 상담의 목적은 알아차림과 접촉을 증진시키는 것이다.
⑤ 언어수정 기법을 통해 "나는 ~할 수 없다"를 "나는 ~하지 않겠다"로 바꾼다.

> **TIPS!**
> 성격층 중의 하나인 외파층은 개체가 게슈탈트를 해소하고 완결 짓는 단계이다.

93 엘리스(A. Ellis)가 제시한 합리적 사고와 비합리적 사고의 변별 기준으로 옳은 것을 모두 고른 것은?

㉠ 논리성	㉡ 현실성
㉢ 실용성	㉣ 객관성
㉤ 융통성	

① ㉠, ㉡, ㉢
② ㉠, ㉣, ㉤
③ ㉡, ㉢, ㉣
④ ㉠, ㉡, ㉢, ㉤
⑤ ㉠, ㉢, ㉣, ㉤

> **TIPS!**
> 엘리스의 합리적 사고와 비합리적 사고의 변별기준은 논리성, 현실성, 실용성, 융통성이다.

94 게슈탈트 상담에서 접촉경계 장애와 그 예시가 옳은 것은?

① 내사 – 부모님이 이혼하신 지 한 달이 지났지만 힘들지는 않아요. 통계자료를 봐도 이혼 가정 청소년들이 모두 힘든 것은 아니잖아요.
② 투사 – 엄마는 제가 어려서부터 변호사가 되길 원하셨어요. 저는 변호사 이외에 다른 직업을 생각해 본 적이 없어요.
③ 반전 – 아빠가 술을 드시고 제게 화를 내시면 저는 자해를 하곤 했어요.
④ 융합 – 제가 원하는 것을 엄마가 해 주지 않을 때 정말 화가 나요. 엄마는 자기중심적이세요.
⑤ 편향 – 제가 원하는 대로 진로를 결정한다면 엄마가 실망하실 거예요. 저는 엄마를 실망시켜드리고 싶지 않아요.

> **TIPS!**
> 반전…접촉경계혼란을 일으키는 요소 중 하나다. 예를 들어, 타인에게 화를 내는 대신 자기 자신에게 화를 내거나, 자신을 돌봐 주어야 할 부모가 너무 바쁘거나 무관심하여 부모에게 사랑을 받지 못한 아이가 스스로 자기 가슴을 쓸어 주면서 자장가를 부르는 경우 등이다. 반전을 쓰는 사람은 부모에게서 받은 상처 때문에 생긴 공격적인 충동을 부모에게 나타내는 것이 아니라 자신에게 돌려 자신을 괴롭히고 학대하며 살아간다. 이러한 행동은 성장환경이 억압적이거나 비우호적이어서 자연스러운 접촉행동을 할 수 없을 때 나타난다.

Answer 92.① 93.④ 94.③

95 상담자가 사용하고 있는 개인심리학의 상담 기법으로 옳은 것은?

> 내담자 : 저도 언니처럼 엄마에게 제 속마음을 이야기하고 싶어요.
>
> 상담자 : 엄마와 대화를 잘하는 언니를 흉내 낸다고 생각하고 엄마와 대화를 나눠보면 어떻겠니?

① 격려하기
② 자기 포착하기
③ 스프에 침 뱉기
④ 단추 누르기 기법
⑤ 마치 ~인 것처럼 행동하기

TIPS!

마치 그런 것처럼 행동하기(가상행동) … 내담자가 실패할 것이라고 믿는 행동을 실제 장면이 아닌 가상 장면에서 '마치~인 것처럼(as if)' 다른 역할을 해보도록 하는 것이다.

96 사례에서 상담자가 사용한 해결중심 상담의 질문 기법으로 옳은 것은?

> 내담자 : 너무 힘들어서 죽고 싶었어요.
>
> 상담자 : 그렇게 힘든 상황 속에서 어떻게 견딜 수 있었나요?

① 예외 질문
② 기적 질문
③ 대처 질문
④ 척도 질문
⑤ 관계성 질문

TIPS!

유용한 질문(다섯 가지)
① 상담 이전의 변화에 대한 질문(접수면접에서 상담전)
② 기적 질문(기적이 일어나서 문제가 해결되었다면 지금 무엇을 하고 있을까요)
③ 대처질문(문제 상황에 대한 대처능력 질문)
④ 예외 행동 발견 질문
⑤ 척도화 질문(수치로 표시-달라지기 위해 어느 정도 노력했나요)

97 현실치료에 관한 설명으로 옳은 것은?

① 기본 욕구에는 사랑과 소속, 힘과 성취, 자유, 즐거움, 자아실현의 욕구가 있다.
② 개인이 경험하는 현실세계는 감각체계와 직관체계를 거친다.
③ 전행동에는 활동하기, 생각하기, 관계하기의 세 가지 요소가 있다.
④ 3R에는 책임, 현실, 옳고 그름이 있다.
⑤ WDEP에서 W는 바람, D는 행동, E는 평가, P는 내담자를 의미한다.

TIPS!

3R은 책임(responsibility), 현실(reality), 옳고 그름(right and wrong)을 의미한다.

98 교류분석 상담에 해당하는 개념으로 옳은 것을 모두 고른 것은?

> ㉠ 구조분석   ㉡ 게임
> ㉢ 상보교류   ㉣ 시간구조화
> ㉤ 공동체감   ㉥ 조성

① ㉠, ㉡, ㉢
② ㉢, ㉣, ㉥
③ ㉣, ㉤, ㉥
④ ㉠, ㉡, ㉢, ㉣
⑤ ㉡, ㉣, ㉤, ㉥

TIPS!

공동체감을 강조하는 것은 아들러의 개인주의 이론이다.
조성은 행동주의기법에 해당된다.

99 여성주의 상담에 관한 설명으로 옳지 않은 것은?

① 차별적이고 가해적인 사회제도를 변화시키는 것은 여성주의 상담목표를 벗어난다.

② 밀러(J. Miller)의 관계 모형에서 여성은 타인과 연결되어 있다고 느낄 때 존재 가치를 인정받는 것으로 지각한다.

③ 내담자의 문제는 개인적 특성에 의해서라기보다 사회·정치적 환경에 의해 더 잘 유발된다.

④ 여성주의 상담은 성에 대한 도식, 관계의 중요성, 다중 정체성 등을 다룬다.

⑤ 성(性)차이는 선천적이라기보다 사회화에 의한 것이다.

TIPS!

여성주의 이론의 특징

① 포괄성 : 다양한 개인적, 사회적 정체성을 가진 여성들에게 불평등하고 불공정하게 경험된다는 것을 안다.

② 평등 : 여성 다수가 낮은 지위에 있으며 가치 있는 자원에 접근하는 것이 동등하지 않음을 반영한다는 것을 인식한다.

③ 새로운 지식 추구 : 여성경험의 다양성은 복합적인 개인적, 사회적 정체성에 의해 형성되는 것으로 이해하는 것이 늘어나는 것에 가치를 두고 그를 주장한다.

④ 맥락주의 : 여성의 삶은 사회적, 경제적, 정치적 맥락 속에 있으며 따로 떼어서 연구될 수 없다.

⑤ 가치 인식 : 개인적, 사회적 가치는 모든 인간 활동에 개입한다. 교육, 과학, 실천 그리고 사회적 주창자는 결코 가치중립적이지 않다.

⑥ 변화지향 : 모든 인간에게 평등한 정의가 달성되는 날을 위해 사회적, 경제적, 정치적 변화를 추구하는 행동에 참여한다.

⑦ 과정지향 : 개인과 집단의 성과에 영향을 주는 의사결정과정은 합의를 거치는 것이어야 하며 상호존중과 모든 목소리를 존중하는 여성주의 원리에 부합되어야 한다.

⑧ 심리학적 실천의 확장 : 여성주의 원리가 우리가 참여하는 모든 전문적 활동에 적용될 수 있음을 안다.

⑨ 다문화주의 : 다문화주의란 '삶의 지향과 다원주의적 정체성의 발달, 유연성과 다양성의 발달을 제공하는 철학'으로 '차이'가 있음을 전제로 한다. 차이는 알파편견과 베타편견으로 나눌 수 있는데 알파편견이란 취향, 능력, 가치관 사이에 본질적 차이가 있다고 보며 분리주의를 고수한다. 베타편견은 차이

를 무시하거나 최소화하는데 두 편견 모두 맥락에서 보면 내담자에게 불리하게 작용한다.

100 보기에 적용된 상담기법을 활용할 때 유의사항으로 옳지 않은 것은?

〈보기〉
수업시간에 떠드는 학생을 잠깐 동안 복도에 나가 있게 한다.

① 수업이 이루어지고 있는 교실에 학생이 좋아하는 요인이 있어야 한다.

② 격리되어 있는 장소에 강화자극이 없어야 한다.

③ 복도에 나가 있는 시간은 5분 정도로 한다.

④ 벌을 사용할 때의 일반적인 주의사항을 고려하여 적용한다.

⑤ 수업에 참여하는 것 자체를 싫어하는 학생에게 적용하는 것이 적절하다.

TIPS!

수업에 참여하는 것이 강화인자로 수업 참여를 제한하는 것은 부적강화의 일종인 타임아웃기법에 해당된다. 하지만 수업참여를 싫어하는 학생은 수업참여 제한이 유쾌한 것에 해당되어 떠드는 문제행동이 강화되는 현상이 나타난다. 따라서 강화인자는 개인마다 다르며 적절한 강화인자에 대한 소거, 제공 등을 실시해야 효과적이다.

101 학습에 관한 뇌과학적 설명으로 옳지 않은 것은?

① 도파민은 정적강화와 관련된 신경전달 물질이다.
② 아세틸콜린과 세로토닌은 기억과 관련된 신경전달 물질이다.
③ 뇌의 우반구가 손상되면 신체의 왼쪽 부분이 영향을 받는다.
④ 뇌의 쾌락중추에 직접적으로 전기자극을 가하는 강화 절차를 실시하면, 자극이 종료되어도 소거가 급격히 일어나지 않는다.
⑤ 거울 뉴런은 인간이 아닌 다른 동물들에게도 발견된다.

TIPS!

뇌의 쾌락중추에 직접적으로 전기자극을 가하는 강화 절차를 실시하면, 자극이 종료되면 소거가 급격히 일어나게 된다.

102 뇌의 가소성(plasticity)에 관한 설명으로 옳지 않은 것은?

① 신경가소성은 경험의 결과로서 뇌가 연결을 재조직하거나 수정하는 능력을 말한다.
② 학습 경험은 뉴런 간의 새로운 시냅스를 발달시킬 수 있다.
③ 신경가소성은 환경 자극이 부족할 때 더 활발하게 일어난다.
④ 신경생성(neurogenesis)은 성인기에도 진행된다.
⑤ 신경생성은 뇌의 특정 부위 손상 시, 그 영역의 기능 회복에 도움이 된다.

TIPS!

신경가소성은 환경 자극이 활발할 때 더 활발하게 일어난다.

103 각성에 관한 설명으로 옳은 것을 모두 고른 것은?

> ㉠ 유기체가 현재 경험하는 내적 에너지 수준을 말한다.
> ㉡ 각성수준이 지나치게 높으면 공황상태를 경험할 수 있다.
> ㉢ 각성수준과 수행수준 간의 관계는 U형 함수 관계로 나타낼 수 있다.
> ㉣ 망상활성계(reticular activation system)와 관련이 있다.

① ㉠, ㉢   ② ㉡, ㉣
③ ㉢, ㉣   ④ ㉠, ㉡, ㉢
⑤ ㉠, ㉡, ㉣

TIPS!

각성수준과 수행수준간의 관계는 역U형 함수관계로 나타난다.

104 고전적 조건형성에 관한 설명으로 옳은 것을 모두 고른 것은?

> ㉠ 조건 자극과 새로운 중성 자극이 유사할수록 변별(discrimination)의 가능성이 커진다.
> ㉡ 무조건 자극과 중성 자극 간의 연결에 관심이 있다.
> ㉢ 약물내성과 중독은 고전적 조건형성으로 설명될 수 있다.
> ㉣ 레스콜라-와그너(Rescola-Wagner) 모형은 잠재적 억제를 설명할 수 있다.

① ㉠, ㉡   ② ㉠, ㉣
③ ㉡, ㉢   ④ ㉠, ㉢, ㉣
⑤ ㉡, ㉢, ㉣

TIPS!

조건자극과 새로운 중성자극이 유사할수록 변별이 어렵다. 레스콜라-와그너 모형은 차폐와 기대성에 대한 설명을 하고 있다.

Answer 101.④ 102.③ 103.⑤ 104.③

105 내재적(intrinsic) 동기에 관한 설명으로 옳지 않은 것은?

① 몰입(flow)은 내재적 동기에 해당된다.
② 내재적 동기가 높아질수록 외재적 동기는 낮아진다.
③ 내재적 동기는 시간이 경과함에 따라 달라질 수 있다.
④ 과제를 선택할 수 있는 자율성이 주어지면 내재적 동기가 높아지는 경향이 있다.
⑤ 내재적으로 동기화된 과제에 외적 보상이 더해지면 내재적 동기가 감소될 수 있다.

TIPS!

외재적 동기가 높아질수록 내재적 동기는 낮아진다.

106 고전적 조건형성의 자발적 회복에 관한 설명으로 옳은 것은?

① 소거 후 추가적 훈련이 필요한 절차이다.
② 과거에 강화를 받았던 행동이 재출현하는 현상이다.
③ 조건 자극 없이 무조건 자극만 추가로 제시하는 절차이다.
④ 소거 후 일정 시간이 지난 다음 진행되는 절차이다.
⑤ 학습이 소거 절차에서 완전히 사라졌다는 것을 보여주는 증거이다.

TIPS!

자발적 회복 … 소거가 일어난 후라도 해당 자극이 주어지면 다시 반응하게 되는 것

107 고전적 조건형성의 적용 사례로 옳지 않은 것은?

① 쥐가 설탕물을 마실 때 소음에 노출되면 설탕물에 대한 맛혐오가 학습된다.
② 인기있는 모델이 A제품을 광고하면 A제품에 대한 긍정적 이미지가 학습된다.
③ 무의미철자를 보는 중 무서운 장면이 나타나면 무의미철자에 대한 공포가 학습된다.
④ 아침에 머리를 감은 날 시험을 망치면 시험 보는 날은 머리를 감지 않는 행동이 학습된다.
⑤ 범죄 뉴스에서 특정 국가의 사람을 보면 그 국가 국민에 대한 편견이 학습된다.

TIPS!

아침에 머리를 감은 날 시험을 망치면 시험 보는 날은 머리를 감지 않는 행동이 학습되는 것은 조작적 조건형성의 예시이다.

108 귀인의 속성에 관한 분류가 옳은 것은?

① 능력이나 적성 : 내적, 안정적, 통제 불가능
② 과제 난이도 : 외적, 불안정적, 통제 가능
③ 운이나 우연한 기회 : 외적, 안정적, 통제 불가능
④ 시험 당일 기분 상태 : 외적, 안정적, 통제 가능
⑤ 꾸준한 장기적인 노력 : 내적, 불안정적, 통제 불가능

TIPS!

웨이너의 귀인이론 … 어떤 일의 결과에 대한 원인을 유기체가 귀인하는 특성에 대해 관심을 가진 이론으로 귀인의 요소는 능력, 노력, 과제난이도, 운이라고 설명한다. 각 귀인은 귀인의 방향에 따라 개인에 상이한 영향을 미치게 되는데 예를 들어 운은 원인의 소재가 유기체 외부에 있으며 통제 불가하다는 것이다. 이에 비해 노력은 내부소재의 불안정적인 것으로 개인이 통제가 가능하므로 어떤 일의 성패를 운으로 돌리기보다는 자신이 통제 가능하여 변화시킬 수 있는 노력에 귀인 한다면 자신의 삶을 주체적으로 조절할 수 있다고 설명한다.

Answer 105.② 106.④ 107.④ 108.①

109 다음 사례에 해당하는 강화계획으로 옳은 것은?

> A씨는 그 동안의 경험을 통해 15분 간 빵을 구우면 가장 맛있다는 것을 알게 되었다. 그래서 요즘은 반죽을 오븐에 넣고 15분이 가까워지면 오븐안을 더 자주 들여다 본다.

① 변동비율강화 ② 고정비율강화
③ 변동간격강화 ④ 고정간격강화
⑤ 연속강화

> **TIPS!**
>
> ④ 고정간격강화계획(FI) : 일정한 시간 간격을 두고, 이때 나타나는 반응을 강화한다.(예 월급이나 주급)
> ① 변동비율강화계획(VR) : 각기 다른 수의 반응에 따라 강화가 주어지는데, 평균으로 하면 일정수의 강화가 된다. (예 도박)
> ② 고정비율강화계획(FR) : 일정한 반응 수에 따른 예측 가능한 강화를 말한다. (예 성과급(100개의 제품 생산 시 성과급이 지급된다.))
> ③ 변동간격강화계획(VI) : 시간간격은 일정하지만 실제로 강화가 주어지는 시간간격은 다르다.(예 낚시(평균 3시간에 한 마리를 잡았다.))

110 뇌의 구조와 기능의 관계로 옳지 않은 것은?

① 편도체 : 정서 기억
② 기저핵 : 서술적 기억
③ 해마 : 새로운 기억 저장
④ 두정엽 : 공간적 특성에 대한 사고
⑤ 전두엽 : 학습전략, 주의 집중 등 의식적인 사고

> **TIPS!**
>
> 기저핵(basal nucleus) … 다양한 기원의 피질하핵(subcortical nucleus)이 모여 이루는 뇌 내 구조물로서, 사람을 포함한 척추동물에서 전뇌(forebrain)의 하부와 중뇌(midbrain)의 상부에 위치하고 있다. 기저핵은 수의 운동(voluntary movement), 절차 기억(procedural memory), 안구 운동(eye movement), 인지(cognition), 감정(emotion) 등의 기능을 수행하는 데 중요하다.

111 다음 내용에 해당되는 이론 또는 원리는?

> C학생은 매일 영어공부를 1시간씩 하기로 하였다. 하지만, 이 목표가 잘 지켜지지 않아서 영어공부를 1시간 해야만 자신이 좋아하는 게임을 하는 것으로 바꾸었다. 그 후 영어공부를 더 자주 하게 되었다.

① 2과정 이론 ② 추동감소 이론
③ 자극대체이론 ④ 반응박탈 이론
⑤ 프리맥의 원리

> **TIPS!**
>
> 프리맥의 원리(=상대적 가치의 원리)
> ㉠ 프리맥의 원리(Premack principle)란 빈번히 일어나는 특정 행동이 상대적으로 자주 일어나지 않는 행동을 강화하는 것이다.
> ㉡ 프리맥의 원리는 선호하는 것을 선호하지 않는 것에 연관시켜 선호하지 않는 것을 전에 배치하고 신호하는 것을 후에 배치하여 동기유발 요인으로 활용한다.

112 학습된 무력감(learned helplessness)에 관한 설명으로 옳은 것을 모두 고른 것은?

> ㉠ 행동과 그 결과 사이에 관련이 없다고 인식될 때 나타난다.
> ㉡ 학습된 무력감이 높은 사람은 실패를 노력 부족으로 생각한다.
> ㉢ 숙달지향성이 높은 사람에게 나타날 가능성이 높다.
> ㉣ 통제 불가능한 상황에서 혐오자극의 반복적 노출로 발생할 수 있다.

① ㉠, ㉢   ② ㉠, ㉣
③ ㉡, ㉣   ④ ㉠, ㉡, ㉢
⑤ ㉡, ㉢, ㉣

💡TIPS!

학습된 무기력

① 반복되는 실패의 경험으로 자신이 환경을 통제할 수 없다는 무기력을 학습하게 되는 것을 학습된 무기력(learned helplessness)라 한다.

② 셀리그만(Seligman)의 동물실험: 개에게 피할 수 없는 전기충격을 주고 이후 피할 수 있는 상황을 설계해도 개들은 상황을 피하려 하지 않는다.

③ 학습된 무기력은 귀인이론과 함께 성공의 귀인에 대해 설명한다

113 기억 관련 개념에 관한 설명으로 옳은 것을 모두 고른 것은?

> ㉠ 상향처리(bottom-up processing)는 부호화 전략이다.
>
> ㉡ 반향기억(echoic memory)은 장기기억에서 나타나는 현상이다.
>
> ㉢ 기억훑기(memory scanning)는 작업기억에서의 기억 인출과정에 사용된다.
>
> ㉣ 활성화 확산(spreading activation)은 장기기억을 일깨우는 과정이다.

① ㉠, ㉡   ② ㉡, ㉢
③ ㉢, ㉣   ④ ㉠, ㉡, ㉣
⑤ ㉠, ㉢, ㉣

💡TIPS!

상향 처리(bottom-up processing) ⋯ 정보의 흐름이 감각 정보로부터 장기 기억으로 진행되는 과정으로 자극에 대한 기본적인 요소나 특징과 같은 세부 단위를 분석한 후 더 큰 단위로 구성하는 처리 과정이다. 반면, 하향 처리(top-down processing)는 개인의 선 지식이나 기대, 자극이 제시된 맥락에 따라 정보의 흐름이 장기 기억으로부터 감각 방향으로 진행하는 과정이다

114 망각에 관한 설명으로 옳은 것은?

① 망각은 소거와 동일한 의미를 지닌다.

② 순행간섭에 의한 망각은 선행 학습량이 많을수록 증가한다.

③ 기억의 왜곡이론은 억압을 망각의 주된 원인으로 본다.

④ 역행간섭은 망각을 지연시키는 기능을 수행한다.

⑤ 단서의존망각은 소멸에 의한 망각을 설명하는 개념이다.

💡TIPS!

망각에 영향을 주는 요인으로는 이전의 기억을 방해하는 간섭, 인출하지 않아 기억이 소실되는 소멸, 이전의 부호화가 잘못되어 발생하는 인출실패가 있으며 저장, 재구조화는 기억과 관련되어 있다.

115 각 이론의 주요 입장에 관한 설명으로 옳은 것을 모두 고른 것은?

> ㉠ 행동주의: 내적 사고과정에 관심을 둔다.
> ㉡ 인지주의: 태도, 가치 등에 관심을 둔다.
> ㉢ 행동주의: 정서반응에 대한 조건형성이 가능하다.
> ㉣ 인지주의: 학습환경은 고려사항이 아니다.

① ㉠, ㉡   ② ㉠, ㉣
③ ㉡, ㉢   ④ ㉠, ㉡, ㉢
⑤ ㉡, ㉢, ㉣

💡TIPS!

인지주의 ⋯ 내적 사고과정에 관심을 둔다.

Answer 113.③ 114.② 115.③

116 이론과 주장의 연결이 옳지 않은 것은?

① 연합주의 : 학습은 인지와 정서의 결합이다.
② 형태주의 : 전체는 부분의 합 이상이다.
③ 구성주의 : 지식은 능동적 구성의 산물이다.
④ 진화심리학 : 개인차 중 일부는 유전으로 전달된다.
⑤ 신경생리학 : 해마는 학습에서 중요한 역할을 수행한다.

TIPS!

연합주의 … 학습은 조건자극과 무조건자극의 결합이다.

117 각 학자의 이론적 관점에 관한 설명으로 옳은 것은?

① 분트(W. Wundt) : 기존의 실험 중심 연구에 반기를 들었다.
② 왓슨(J. Watson) : 내성법을 받아들인 이론가 중 한 명이다.
③ 피아제(J. Piaget) : 인지적 구성주의 입장을 취한다.
④ 스키너(B. Skinner) : '학습된 무력감'을 최초로 제안하였다.
⑤ 비고츠키(L. Vygotsky) : 사회문화이론에 동기 개념을 도입하였다.

TIPS!

• 분트(W. Wundt) : 실험 중심 연구의 창시자로 실험중심 연구를 강조하였겨 내성법을 받아들인 이론가 중한 명이다.
• 마틴 셀리그만(Martin Seligman) : '학습된 무력감'을 최초로 제안하였다.
• 비고츠키(L. Vygotsky) : 언어를 통한 사회문화이론을 강조한다.

118 다음 사례에서 볼 수 있는 학습전략은?

> C학생은 노트필기를 할 때 수업내용을 그대로 옮겨 적지 않고 가급적 앞서 배운 내용과 관련지어 정리하는 습관이 있다. 공부한 내용을 관련 내용과 유의미하게 통합·정리함으로써 기억이 더 잘되기 때문이다.

① 정교화(elaboration)
② 조직화(organization)
③ 모니터링(monitoring)
④ 자기언어화(self-verbalization)
⑤ 시각적 심상(visual imagery)

TIPS!

정교화 전략 … 기억해야 하는 둘 이상의 항목들 사이에서 공유되는 공통점을 찾아 의미를 가지도록 연결하는 방법을 말한다.

119 다음 사례의 학습습관을 설명하는 이론은?

> C학생은 일요일 아침 카페에 가서 그 주에 공부한 내용을 정리하는 습관이 있다. 일요일 아침의 여유로운 시간과 카페라는 조용한 장소의 선택이 본인의 학습 효과를 높이는 데 도움이 된다는 것을 알기 때문이다.

① 자기조절학습이론(self-regulated learning theory)
② 처리수준이론(levels-of-processing theory)
③ 상황학습이론(situated learning theory)
④ 이중부호화이론(dual-coding theory)
⑤ 비계설정이론(scaffolding theory)

TIPS!

자기조절학습 … 학습자 스스로 학습과제에 맞는 목표 그리고 계획을 수립해 필요한 학습전략을 동원해 계획을 실행하고 평가하여 목표달성을 위한 노력을 점검하고 통제하는 것

Answer 116.① 117.③ 118.① 119.①

120 반두라(A. Bandura)의 이론적 개념이 아닌 것은?

① 신념
② 일반화
③ 자기효능감
④ 상호결정주의
⑤ 인지적 모델링

> **TIPS!**
>
> 일반화 … 파블로프의 고전적 조건형이론에 근거한 개념으로 개들이 종소리와 유사한 소리를 듣고도 침을 분비하는 것처럼 조건자극과 유사한 다른 자극에 대해서도 동일한 반응을 나타내는 '일반화' 현상이 나타난다.

121 초기 심리학 입장 중 구조주의(structuralism)에 관한 설명으로 옳은 것은?

① 기능주의(functionalism) 입장의 이론적 기반이 되었다.
② 제임스(W. James)의 학술적 성과로부터 영향을 받았다.
③ 의식의 개별 요소에 대한 분석보다 연속적 흐름에 대한 이해를 강조하였다.
④ 행동주의가 심리학 연구의 주류로 자리를 잡는 데 중요한 역할을 하였다.
⑤ 연구대상자가 자신의 경험을 언어적으로 보고한 것을 관찰하는 방식으로 연구를 진행하였다.

> **TIPS!**
>
> 구조주의는 내성법의 이론적 기반을 토대로 분트에 의해 개발되었다. 의식의 개별요소에 대한 분석을 중시한 이론으로 행동주의 등의 공격을 받게 된다.

122 반두라(A. Bandura)가 제안한 관찰학습 과정에 포함되지 않는 것은?

① 주의(attention)
② 파지(retention)
③ 행동산출(behavioral production)
④ 동기(motivation)
⑤ 자동화(automatization)

> **TIPS!**
>
> 자동화란 정보처리개념 중 정보기능을 특별한 주의나 노력 없이 무의식적으로 능숙하게 처리하는 것을 의미한다.
>
> ※ 반두라의 관찰학습 과정
> ㉠ 주의과정 : 모델로부터 무엇을 학습하기 전에 우선 모델에 주의를 집중하는 과정으로, 사람들이 어떤 모델에 주의를 집중할 확률은 그들의 의존성, 자존심, 자신의 능력에 대한 지각 등 성격적 특성에 의해 영향을 받는다.
> ㉡ 파지과정 : 관찰된 내용이 기억되는 단계로, 관찰에서 얻은 정보가 유용하기 위해서는 그것이 파지되어야 한다. 정보는 심상적 방법과 언어적 방법의 두 가지 방법으로 상징적 기호의 형태로 저장되며, 일단 정보를 인지적으로 저장한 다음에는 오랜 시간이 경과하여도 우리는 그것을 인출하고 재현할 수 있다.
> ㉢ 운동재현과정 : 학습된 것이 어느 정도 수행으로 번역되느냐를 결정하는 단계이다. 관찰자의 행동이 모델의 행동과 배합할 수 있기 위해서는 일정 기간의 인지적 시연이 필요하다.
> ㉣ 동기과정 : 강화를 통해서 행동의 동기를 높여주는 과정이다. 관찰을 통해서 학습된 행동은 그 행동이 강화를 받을 때 지속적으로 일어나고 벌을 받게 되면 더 이상 일어나지 않는다.

Answer 120.② 121.⑤ 122.⑤

123 학습에 관한 설명으로 옳지 않은 것은?

① 성숙에 의한 변화는 학습이 아니다.
② 수행이 없어도 학습은 일어날 수 있다.
③ 행동 잠재력의 변화는 학습으로 볼 수 없다.
④ 태도의 변화는 학습의 영역에 포함된다.
⑤ 학습은 경험을 통하여 이루어진다

> **TIPS!**
>
> 학습은 관찰가능한 행동의 변화로 측정가능하며 행동 잠재력의 변화는 학습으로 볼 수 있다.

124 전이(transfer) 유형에 관한 설명으로 옳은 것을 모두 고른 것은?

> ㉠ 정적(positive) 전이 : 독립운동사 지식을 일제시대 저항시를 배우면서 적용한다.
> ㉡ 특수(specific) 전이 : 수학과목에서 배운 지식을 물리과목에 적용한다.
> ㉢ 근접(near) 전이 : 1차 방정식을 배운 후 2차 방정식을 배운다.
> ㉣ 수평적(horizontal) 전이 : 구구단을 외운 다음 분수를 배운다.

① ㉠, ㉡   ② ㉡, ㉢
③ ㉢, ㉣   ④ ㉠, ㉡, ㉣
⑤ ㉠, ㉢, ㉣

> **TIPS!**
>
> 전이의 유형
> ① 수평적 전이와 수직적 전이
> ㉠ 수평적 전이 : 한 상황에서 습득한 내용이 다른 상황에도 적용되는 경우를 말하며 수학에서 배운 지식과 원리가 물리나 화학에도 잘 응용되는 경우로 설명할 수 있다. 전이가 잘 되기 위해서는 학교에서의 학습장면과 실생활 사이에, 혹은 선행학습과 후속학습 사이에 유사성이 있어야 하고, 기초 원리에 대한 지식을 갖추어야 하며, 충분한 연습을 해야 한다.
> ㉡ 수직적 전이 : 단순한 과제를 학습함으로써 더욱 복잡한 과제를 이해하고 다룰 수 있게 되는 것

으로 덧셈 뺄셈을 배운 것부터 시작해서 이차방정식을 푸는 것처럼 난이도가 낮은 것에서부터 난이도가 높은 것으로 일어난다.
② 정적 전이와 부적 전이
 ㉠ 적극적 전이 : 긍정적 전이라고도 하며, 하나의 학습 또는 경험이 다른 학습을 이행하는 데 있어서 학습에 영향을 미치고 촉진시켜 주는 것을 말한다.
 ㉡ 소극적 전이 : 부정적 전이라고도 하며, 하나의 학습 또는 경험이 다른 학습을 이행하는데 있어서 학습을 금지 또는 지체하거나, 방해하는 것을 말한다.
③ 특수전이와 일반전이
 ㉠ 특수전이(specific transfer) : 자극 유사성의 구체적인 측면에 의해서, 즉 선행학습과 후속학습 간의 구체적 요인(특수요인)에 의해 전이가 일어나는 것이다.
 ㉡ 일반전이(non-specific transfer) : 일반적인 원리의 이해가 전이를 일으키는 현상이다. 즉, 학습하는 방법을 학습함으로써 다른 방면에도 두루 전이의 현상이 일어나는 것이다.

125 다음 사례에 관한 설명으로 옳지 않은 것은?

> A학생은 '코로나바이러스감염증-19' 확산 방지를 위한 방역조치로 인하여 음식점에 들어갈 때마다 '온도 체크→방문자 명부 작성→한 자리 건너 앉기→식사 시작 시 마스크 벗기' 등을 반복하다보니 이 과정이 습관화되어 어느 곳을 가더라도 자연스럽게 이를 따른다.

① 절차적 지식을 습득하는 사례이다.
② 습관화 과정에서 시연의 역할이 중요하다.
③ 인출속도가 비교적 빠른 지식에 관한 것이다.
④ 저장 용량이 제한된 기억에 관한 것이다.
⑤ 부호화와 관련이 있다.

> **TIPS!**
>
> 절차적 지식은 저장용량의 제한이 없다.

Answer 123.③ 124.① 125.④

126 마르샤(J. Marcia)의 자아정체감 이론에서 위기에 처해 있으면서 대안을 탐색하지만 아직 의사결정을 내리지 못한 상태는?

① 정체감 유예
② 정체감 유실
③ 정체감 성취
④ 정체감 혼미
⑤ 정체감 분리

TIPS!

마르샤(Marcia)의 자아정체감 분류 … 마르샤(Marcia)는 자아정체감이란 여러 가지 충동, 능력, 신념, 개인의 생활사 등의 발생적인 내적, 역동적 체계로 곧 자기구조라고 정의내렸다. 마르샤는 에릭슨의 자아정체감에 영향을 받아 역할연습을 통한 역할의 몰입정도(전념)와 의사결정정도(위기)를 기준으로 정체감 성취, 정체감 유예, 정체감 유실, 정체감 혼미의 네 범주로 나누었다.
① 정체감 성취(획득): 자아정체감의 위기를 성공적으로 극복하여, 신념, 직업, 정치적 견해 등에 대해 스스로 의사결정을 할 수 있는 상태이다.
② 정체감 유예: 현재 정체감 위기의 상태에 있으면서 자아정체감 형성을 위해 다양한 역할, 신념, 행동 등을 실험하고 있으나 의사결정을 하지 못한다.
③ 정체감 유실(조기완료): 자신의 신념, 직업선택 등의 중요한 의사결정에 앞서 수많은 대안에 대해 생각해 보지 않고 부모나 다른 역할모델의 가치나 기대 등을 그대로 수용한다.
④ 정체감 혼미: 자아에 대해 안정되고 통합적인 견해를 갖는 데 실패한 상태로, 직업이나 이념 선택에 대한 의사결정을 하지 않았을 뿐 아니라 이러한 문제에 관심도 없다

127 피아제(J. Piaget)의 형식적 조작기에 나타나는 특성을 모두 고른 것은?

> ㉠ 추상적 사고
> ㉡ 물활론적 사고
> ㉢ 가설 연역적 사고
> ㉣ 가능성에 대한 사고

① ㉠, ㉡
② ㉢, ㉣
③ ㉠, ㉡, ㉢
④ ㉠, ㉢, ㉣
⑤ ㉠, ㉡, ㉢, ㉣

TIPS!

형식적 조작기는 피아제의 인지발달이론 중 제 4단계에 해당하는 시기로, 가설과 논리적 추론이 가능해지는 11~15세 청소년기 동안의 발달 단계를 지칭한다.

128 엘킨드(D. Elkind)의 개인적 우화(personal fable)에 관한 설명으로 옳지 않은 것은?

① 자기중심성(egocentrism)의 대표적 현상 중 하나이다.
② 다른 사람들이 나를 관심의 초점으로 생각하는 현상이다.
③ 어떠한 사건을 자신에게 적용시킬 때는 일반적인 확률을 무시하거나 왜곡하는 현상이다.
④ 자신의 사고와 감정이 너무나 독특해서 남들이 이해할 수 없을 것이라고 생각하는 것이다.
⑤ 약물을 복용해도 자신의 독특성으로 인해 중독 현상이 없을 것이라고 생각하는 것은 개인적 우화의 예이다.

TIPS!

'개인적 우화'의 기본감정은 과도한 자의식 즉 자부심에서 비롯된다.

Answer 126.① 127.④ 128.②

129 다음 설명에 해당하는 학자는?

> – 대리강화를 중요한 도덕성의 학습기제로 설명하였다.
> – 도덕성도 모방과 강화에 의해 학습되는 행동으로 생각하였다.

① 프로이드(S. Freud)
② 로저스(C. Rogers)
③ 피아제(J. Piaget)
④ 반두라(A. Bandura)
⑤ 콜버그(L. Kohlberg)

🕊 TIPS!

반두라는 청소년의 비행이 모방과 관찰의 결과라고 설명하며 특히 청소년 폭력과 공격성을 설명하는데 크게 기여하고 있으며 TV를 비롯한 대중매체에 대한 청소년의 모방심리를 설명하는데도 커다란 역할을 하고 있다.

130 MBTI(Myers–Briggs Type Indicator)의 선호지표 (indicator)가 아닌 것은?

① 내향형(introversion)
② 직관형(intuition)
③ 사고형(thinking)
④ 감각형(sensing)
⑤ 의식형(consciousness)

🕊 TIPS!

MBTI 검사의 구성
㉠ 에너지의 방향 : 내향성(I) 대 외향성(E) – 에너지의 방향, 주의 초점
㉡ 인식하는 방법 : 감각형(S) 대 직관형(N) – 인식기능 (정보수집)
㉢ 결정하는 방법 : 사고형(T) 대 감정형(F) – 판단기능 (판단, 결정)
㉣ 채택하는 생활양식 : 판단형(J) 대 인식형(P) – 생활양식/행동양식

131 ( )에 적합한 학자가 순서대로 옳은 것은?

> – ( )는 생애 초기 부모와의 관계에서 형성된 직업 욕구에 따라 직업을 선택한다고 보았다.
> – ( )는 개인의 성격유형과 직업특성이 일치할 때 직업만족도가 가장 높다고 주장하면서 6가지의 성격유형을 제시하였다.

① 로우(A. Roe), 수퍼(D. Super)
② 로우(A. Roe), 홀랜드(J. Holland)
③ 수퍼(D. Super), 홀랜드(J. Holland)
④ 수퍼(D. Super), 긴즈버그(E. Ginzberg)
⑤ 홀랜드(J. Holland), 긴즈버그(E. Ginzberg)

🕊 TIPS!

로우는 욕구이론에서 지기업적 홍미는 생애초기 부모와의 관계에서 형성되는 욕구에 따라 직업선택을 한다고 강조하였으며 홀랜드는 직업특성과 성격유형을 6가지로 제시하였다.

132 또래집단의 역할 또는 기능에 해당하는 것을 모두 고른 것은?

> ㉠ 자아정체성 형성의 기회 제공
> ㉡ 준거집단으로서의 역할 제공
> ㉢ 심리적 지원과 안정감 제공
> ㉣ 문화학습 및 전승의 기능

① ㉠, ㉢
② ㉡, ㉣
③ ㉠, ㉡, ㉢
④ ㉡, ㉢, ㉣
⑤ ㉠, ㉡, ㉢, ㉣

🕊 TIPS!

또래집단의 기능
① 문화의 전수기능
㉠ 또래집단은 또래청소년에게 성인세계의 문화를 반영하는 하위문화를 서로 가르치게 된다.

Answer 129.④ 130.⑤ 131.② 132.⑤

ⓛ 성역할을 배워나가고 사회적 관계를 터득할 수
있는 정보의 창고역할을 한다.
② 이동하는 하나의 현상기능
㉠ 동등한 위치를 가지고 상호 작용한다.
㉡ 자신의 태도와 판단을 자유롭게 표현한다.
㉢ 또래집단의 형성이 가변적, 유동적 현상을 나타
낸다.
③ 준거집단기능
㉠ 또래관계를 통해 자신의 상(Image)을 형성한다.
㉡ 가정으로부터의 분리가 가속화됨으로 인해 청소
년기의 가장 중요한 준거역할을 한다.
㉢ 아동 세계와 성인 세계를 매개하는 완충장치 역
할을 한다.

---

133 설리반(H. Sullivan)의 대인관계 발달단계별 특성
으로 옳지 않은 것은?

① 아동기 : 부모의 관심을 얻으려는 욕구가 강함
② 소년 · 소녀기 : 또래 놀이친구를 얻고자 하는 욕
구가 커짐
③ 전청소년기 : 성적 접촉의 욕구가 강함
④ 청소년초기 : 이성관계를 형성하려는 욕구가 강함
⑤ 청소년후기 : 성인사회에 통합하려는 욕구가 커짐

📌 TIPS!

설리반 발달단계
㉠ 제1단계(영아기~1세) : 강한 접촉욕구를 보이며, 주로
양육자에 의해 충족된다.
㉡ 제2단계(유아기 2~7세) : 성인의 인정 추구 욕구가
있어 인정하는 행위만 주로 하는 시기이다.
㉢ 제3단계(아동전기 6~9세) : 또래와의 활동 욕구가 있
으며, 협동심과 경쟁심을 학습한다.
㉣ 제4단계(아동후기8~14세) : 동성친구와의 친밀한 우
정을 추구하는 욕구가 있으며 부모와의 관계가 좋
지 못하다.
㉤ 제5단계(청소년 전기 12~18세) : 이성과의 애정적 관
계를 추구하는 욕구가 있다.
㉥ 제6단계(청소년 후기 17~20세) : 성인사회에 통합되
고 싶어 하는 욕구가 있다.

---

134 청소년의 근로시간과 관련된 근로기준법의 내용이
다. (   )에 들어갈 숫자가 순서대로 옳은 것은?

> (   )세 이상 (   )세 미만인 사람의 근로시간
> 은 1일에 7시간, 1주에 35시간을 초과하지 못한
> 다. 다만, 당사자 사이의 합의에 따라 1일에 1시
> 간, 1주에 5시간을 한도로 연장할 수 있다.

① 9, 18   ② 10, 14
③ 13, 18   ④ 14, 19
⑤ 15, 18

📌 TIPS!

15세 이상 18세 미만인 사람의 근로시간은 1일 7시간,
1주에 35시간을 초과하지 못한다. 다만 당사자 사이의
합의에 따라 1일에 1시간, 1주에 5시간을 한도로 연장
할 수 있다.

---

135 다음 설명에 해당하는 것은?

> – 대중문화를 이데올로기와 자본주의 사회의 상
> 업성을 결합한 문화산업의 산물로 비판하였다.
> – 대표적인 학자는 아도르노(T. Adorno), 호르크
> 하이머(M. Horkheimer), 마르쿠제(H. Marcuse),
> 벤야민(W. Benjamin) 등이다.

① 구조주의
② 후기 구조주의
③ 프랑크푸르트학파
④ 포스트모더니즘
⑤ 엘리트주의적 비판론

📌 TIPS!

프랑크푸르트학파는 일명 "비판이론(Kritische Theorie)"
학파로 예술의 무기능성(즉 비현실성)이 곧 비판적인 사
회적 기능성(즉 현실성)으로 작동한다고 본다.

Answer 133.③ 134.⑤ 135.③

136 베블렌(T. Veblen)의 소비이론에 관한 설명으로 옳은 것은?

① 소비는 물건을 구매해서 상품의 경제적 효용가치를 사용하는 행위이다.
② 사회적 지위나 성공에 대한 상징수단으로 소비행위를 설명한다.
③ 소비행위의 핵심 구성체계로 아비투스(habitus)를 강조한다.
④ 소비는 개인과 집단의 과시가 아닌 상품에 부여된 기호를 소비하는 것이다.
⑤ 소비행위를 문화자본의 하나인 제도적 문화자본으로 규정하였다.

> 🔎 **TIPS!**
>
> 베블렌 효과(Veblen effect) … 소스타인 베블렌이 주창한 이론으로 가격이 오르는 데도 불구하고 수요가 증가하는 효과로, 가격이 오르고 있음에도 불구하고 특정 계층의 허영심 또는 과시욕으로 인해 수요가 줄어들지 않고 오히려 증가하는 현상이 나타나며 이를 베블렌 효과라 명명하였다. 이는 주로 충분한 부를 가진 상류층 소비자로부터 나타난다.

137 다음 설명에 해당하는 문화의 특성은?

> 한 사회의 문화는 구성원의 행동양식, 사고방식, 심미적 취향마저 결정할 수 있다. 즉, 문화는 구성원의 행동양식과 생활양식의 구체적인 방향까지 결정하는 힘을 가진다.

① 미래예측성　　② 선천성
③ 가변성　　　　④ 다양성
⑤ 상대성

> 🔎 **TIPS!**
>
> 문화의 미래예측성 … 한 사회의 문화는 구성원의 행동양식, 사고방식, 심미적 취향마저 결정할 수 있다. 즉 문화는 구성원의 행동양식과 생활양식의 구체적인 방향까지 결정하는 힘을 가지게 된다.

138 청소년활동 진흥법상 국가 및 지방자치단체의 청소년문화활동 지원 규정에 명시된 것이 아닌 것은?

① 전통문화의 계승
② 청소년축제의 발굴지원
③ 교포청소년교류활동의 지원
④ 청소년동아리활동의 활성화
⑤ 청소년의 자원봉사활동의 활성화

> 🔎 **TIPS!**
>
> 청소년활동 진흥법(약칭 : 청소년활동법)상 교포청소년교류활동의 지원은 청소년교류 활동 지원에 해당되며 이외는 청소년 문화활동의 지원에 해당됨
> ※ 청소년활동 진흥법(약칭 : 청소년활동법)
> 　제6장 청소년문화활동의 지원
> 　제60조(청소년문화활동의 진흥)
> 　① 국가 및 지방자치단체는 청소년문화활동 프로그램 개발, 문화시설 확충 등 청소년문화활동에 대한 청소년의 참여 기반을 조성하는 시책을 개발·시행하여야 한다.
> 　② 국가 및 지방자치단체는 제1항에 따른 시책을 수립·시행할 때에는 문화예술 관련 단체, 청소년동아리단체, 봉사활동단체 등이 청소년문화활동 진흥에 적극적이고 자발적으로 참여할 수 있도록 하여야 한다.
> 　③ 국가 및 지방자치단체는 제2항에 따른 자발적 참여에 대해서는 예산의 범위에서 그 경비의 전부 또는 일부를 지원할 수 있다.[전문개정 2014. 1. 21.]
> 　제61조(청소년문화활동의 기반 구축)
> 　① 국가 및 지방자치단체는 다양한 영역에서 청소년문화활동이 활성화될 수 있도록 기반을 구축하여야 한다.
> 　② 문화예술 관련 단체 등 각종 지역사회의 문화기관은 청소년문화활동의 기반 구축을 위하여 적극 협력하여야 한다.[전문개정 2014. 1. 21.]
> 　제62조(전통문화의 계승) 국가 및 지방자치단체는 전통문화가 청소년문화활동에 구현될 수 있도록 필요한 시책을 수립·시행하여야 한다.[전문개정 2014. 1. 21.]
> 　제63조(청소년축제의 발굴지원) 국가 및 지방자치단체는 청소년축제를 장려하는 시책을 수립하여 시행하여야 한다.
> 　제64조(청소년동아리활동의 활성화)
> 　① 국가 및 지방자치단체는 청소년이 자율적으로 참여하여 조직하고 운영하는 다양한 형태의 동아리

Answer 136.② 137.① 138.③

활동을 적극 지원하여야 한다.

② 청소년활동시설은 제1항에 따른 동아리활동에 필요한 장소 및 장비 등을 제공하고 지원할 수 있다.[전문개정 2014. 1. 21.]

제65조(청소년의 자원봉사활동의 활성화) 국가 및 지방자치단체는 청소년의 자원봉사활동을 활성화할 수 있는 기반을 조성하여야 한다.[전문개정 2014. 1. 21.]

② 도피형 : 현실을 도피하는 양상으로 문화적 목표와 수단을 모두 포기하고 알코올, 마약에의 탐닉, 정신병, 자살 등 사회의 경쟁에서 포기하는 형태이다.

⑪ 반역형 : 목표와 수단을 모두 거부하고 새로운 사회체제를 만들려는 혁명형으로 지배계급의 가치를 정면으로 공격한다는 점에서 권위에 대한 위협세력이 된다.

139 머튼(R. Merton)의 아노미 이론 중, 기존의 문화적 목표는 추구하지만 합법적인 수단이 없어 부당하게 목표를 추구하는 유형은?

① 반항형 ② 도피형
③ 의례형 ④ 혁신형
⑤ 동조형

TIPS!

머튼(Merton)의 아노미이론
① 아노미이론의 개요
  ㉠ 뒤르켐의 아노미이론에 영향을 받아 머튼은 제도화된 수단과 문화적으로 규정된 목표의 불일치로 인해 발생하는 구조적 긴장에 대한 적응방식으로 부적응 행동과 일탈이 발생한다고 보았다.
  ㉡ 비행과 아노미는 상호 촉진적이어서 한 번 어떤 비행이 이루어지면 다른 사람에게도 영향을 미쳐규범의 합법성 자체가 위협받고 많은 사람들이 혁신형의 방법을 택한다.
② 개인적 적응양식의 유형
  ㉠ 동조형 : 문화적 목표와 제도된 수단 양자를 모두 수용한 형태로서 정상적 행위유형을 말하며, 이 동조형을 제외한 나머지 네 가지 유형은 모두 일탈행위로 규정한다.
  ㉡ 혁신형 : 기존 사회의 문화적 목표는 받아들이지만, 제도화된 수단만으로 만족하지 못하고 불법적인 수단까지 수용하려 하는 자세로서 하층민의 경제 범죄, 화이트칼라 범죄 등을 저지르기 쉽다.
  ㉢ 의례형 : 목표에 따른 부담을 회피하여 제도화된 수단에 의해 얻을 수 있는 목표에 만족하는 소시민적인 삶을 택하는 것이다.

140 청소년복지 지원법상 청소년복지지원기관에 해당하는 것은?

① 청소년자립지원관
② 한국청소년상담복지개발원
③ 청소년쉼터
④ 청소년치료재활센터
⑤ 청소년회복지원시설

TIPS!

청소년복지시설의 종류
㉠ 청소년쉼터 : 가출청소년에 대하여 가정, 학교, 사회로 복귀하여 생활할 수 있도록 일정기간 보호하면서 상담, 주거, 학업, 자립 등을 지원하는 시설
㉡ 청소년자립지원관 : 일정기간 청소년쉼터 또는 청소년회복 지원시설의 지원을 받았는데도 가정, 학교, 사회로 복귀하여 생활할 수 없는 청소년에게 자립하여 생활할 수 있는 능력과 여건을 갖추도록 지원하는 시설
㉢ 청소년치료재활센터 : 학습, 정서, 행동상의 장애를 가진 청소년을 대상으로 정상적인 성장과 생활을 할 수 있도록 해당 청소년에게 적합한 치료, 교육 및 재활을 종합적으로 지원하는 거주형 시설
㉣ 청소년회복 지원시설 : 감호위탁 처분을 받은 청소년에 대하여 보호자를 대신하여 그 청소년을 보호할 수 있는 자가 상담, 주거, 학업, 자립 등 서비스를 제공하는 시설

Answer 139.④ 140.②

141 학교 밖 청소년 지원에 관한 법률상 학교 밖 청소년에 해당하는 자를 모두 고른 것은? (단, 주어진 조건만 고려할 것)

> ㉠ 초등학교 취학의무를 유예한 11세 청소년
> ㉡ 중학교에 입학한 후 2개월 동안 무단결석했던 15세 청소년
> ㉢ 중학교 졸업 후 고등학교에 진학하지 않은 17세 청소년
> ㉣ 고등학교를 졸업하고 대학에 진학하지 않은 21세 청소년

① ㉠, ㉡   ② ㉠, ㉢
③ ㉡, ㉣   ④ ㉠, ㉡, ㉢
⑤ ㉠, ㉡, ㉣

> **TIPS!**
>
> 학교 밖 청소년의 정의
> ① 학교 밖 청소년은 학교를 다니지 않는 청소년을 이르는 말이다.
> ② 초·중등교육법에 따르면 제2조의 초등학교·중학교 또는 이와 동일한 과정을 교육하는 학교에 입학한 후 3개월 이상 결석하거나 제14조 제1항에 따라 취학의무를 유예한 청소년, 고등학교 또는 이에 준하는 학교에서 같은 법 제18조에 따른 제적·퇴학처분을 받거나 자퇴한 청소년, 진학하지 않은 청소년을 말한다.
> ③ 카터 빅터 굿은 '정규학교 교육기간동안 학교성원으로 있다가 중등학교를 졸업하거나 교육프로그램을 마치기 전에 학교로 부터 제적당하거나 자퇴하는 청소년'이라 정의하였다. 전학이나 복학 등으로 학업을 지속하거나 사망하여 중단한 경우 학교 밖 청소년이라 하지 않는다.
> ※ '학교 밖 청소년'에 해당하는 자
> ㉠ 초등학교 취학의무를 유예한 11세 청소년
> ㉡ 중학교 졸업 후 고등학교에 진학하지 않은 17세 청소년
> ㉢ 중학교에 입학한 후 3개월 동안 무단결석했던 15세 청소년

142 청소년문제행동 및 대응 등에 관한 설명으로 옳지 않은 것은?

① 여성가족부장관은 법령에 따라 학교폭력의 예방 및 대책에 관한 기본계획을 5년마다 수립해야 한다.
② 시장·군수·구청장은 법령에 따라 청소년유해환경 개선활동을 수행하는 시민단체를 청소년유해환경감시단 운영기관으로 지정할 수 있다.
③ 청소년자살은 2007년 이후 청소년 사망원인 중 1위를 기록하고 있다.
④ 청소년자립지원관은 청소년쉼터 또는 청소년회복지원시설의 지원을 받았는데도 가정·학교·사회로 복귀하여 생활할 수 없는 청소년을 대상으로 한다.
⑤ 여성가족부장관은 법령에 따라 3년마다 학교 밖 청소년에 대한 실태조사를 실시하고 그 결과를 공표해야 한다.

> **TIPS!**
>
> 교육부장관은 법령에 따라 학교폭력의 예방 및 대책에 관한 기본계획을 5년마다 수립해야 한다.

143 학교 밖 청소년 지원에 관한 법률상 학교 밖 청소년에 대한 국가 및 지방자치단체의 지원내용에 해당하는 것을 모두 고른 것은?

> ㉠ 상담지원
> ㉡ 자립지원
> ㉢ 교육지원
> ㉣ 직업체험 및 취업지원

① ㉠, ㉡   ② ㉠, ㉢
③ ㉡, ㉢   ④ ㉠, ㉡, ㉢
⑤ ㉠, ㉡, ㉢, ㉣

Answer 141.② 142.① 143.⑤

144 청소년비행에 관한 학자와 이론내용이 바르게 연결된 것은?

① 코헨(A. Cohen) - 하층지역에는 본래부터 비행
가치와 문화가 존재하기 때문에 청소년들이 비
행을 저지른다고 보았다.

② 써덜랜드(E. Sutherland) - 청소년이 자기 문제
행동을 정당화함으로써 내적 통제가 약화되어
비행으로 이어진다고 보았다.

③ 클로워드(R. Cloward)와 올린(L. E. Ohlin) -
비행하위문화를 범죄하위문화, 동조하위문화,
도피(은둔)하위문화로 분류하였다.

④ 허쉬(T. Hirschi) - 사회와의 유대관계가 청소
년의 비행가능성을 높이거나 비행동기를 통제
할 수 있다고 보았다.

⑤ 밀러(W. Miller) - 하층 청소년들이 중산층 기
준에 맞추는 과정에서 지위좌절을 경험하게 되
고 이런 좌절이 비행하위문화를 형성한다고 보
았다.

🔴 TIPS!

허쉬(Hirschi)의 사회유대이론(사회통제이론)
㉠ 켄달과 히르히는 사람을 일탈경향이 있는 잠재적 범
죄자로 전제하고 있으며 머튼의 사회구조적 압력에
의해 비행이 발생했다는 아노미 이론을 반박하는
이론이다.
㉡ 청소년들의 문제행동은 자신들에 대한 사회의 유대
가 약하거나 손상될 때 나타나며 사회적 유대가 약
화되면 자신에 대한 비난이 줄어들고 이로 인하여
비행이 발생한다는 것이다.

145 다음 설명에 해당하는 것은?

> – 한국정보화진흥원 소속으로 스마트폰과 인터
> 넷 과의존으로 인한 각종 생활 장애를 해결하
> 는데 목적을 두고 있다.
> – 스마트폰 과의존 실태조사 업무를 담당하고
> 있다.

① Wee센터
② 청소년쉼터
③ 스마트쉼센터
④ 국립청소년인터넷드림마을
⑤ 국립중앙청소년디딤센터

🔴 TIPS!

스마트쉼센터가 하는 일
㉠ 거버넌스 구축 및 운영 : 스마트폰 과의존 문제에 효
과적으로 대처하기 위해 전국 18개 스마트 쉼센터와
전문상담·치료기관을 연계하여 상담서비스 제공
㉡ 스마트쉼캠페인 개최 : 건강한 디지털문화 조성 및 스
마트폰 과의존 예방을 위해 종교단체, NGO, 기업,
학회 등으로 구성된 스마트쉼문화운동본부와 함께
스마트 휴데이(休day), 실천수칙 보급 등 다양한 캠
페인 활동을 전개하고 있다.
㉢ 전문상담 : 스마트폰 과의존과 관련하여 학교 부적응,
학업 및 진로, 부모와의 갈등 등 다양한 심리적 어
려움을 극복할 수 있도록 전문상담 실시
㉣ 전문인력양성 및 보수교육 : 상담사·예방교육강사·
교사를 대상으로 스마트폰 과의존에 대한 상담이론
과 실제 접근법들을 교육하여 스마트폰 과의존 문제
에 체계적으로 대응할 수 있도록 전문역량 강화하고
전문상담사 자격검정제도를 통한 체계적인 상담 전
문인력 확보
㉤ 예방교육 : 학교, 기관, 시설에 전문강사를 파견하여
유아, 청소년, 성인(대학생, 학부모, 교사, 고령층
등) 전국민 대상 스마트폰 과의존 예방교육 지원
㉥ 찾아가는 가정방문상담 : 스마트폰 과의존 문제로 심
각한 어려움을 겪고 있어 도움이 필요한 취약계층
가정은 물론 일반가정(고위험 사용자군, 잠재적 위
험사용자군 해당자)으로 직접 방문하여 상담 실시
㉦ 조사 및 연구 : 스마트폰 과의존 문제에 대처하기 위
해 매년 스마트폰 과의존 실태조사와 상담 프로그
램 개발, 뉴미디어 과의존과 관련한 연구 실시

Answer 144.④ 145.③

146 탈북학생 맞춤형 교육에 관한 설명으로 옳지 않은 것은?

① 여성가족부는 탈북학생의 학교 및 사회적응력을 높이기 위해 교육경로를 단계별로 체계화하여 교육지원을 하고 있다.

② 초등학생에 해당하는 탈북학생은 '입국 초기'에는 하나원에서 생활하며 삼죽초등학교에서 학업과 사회적응을 지원받는다.

③ '전환기'를 맞는 탈북학생들을 위해 한겨레 중·고등학교를 운영하고 있으며 일반 학교와의 협력사업도 실시하고 있다.

④ '정착기'의 학교 맞춤형 교육 사업에서는 정규학교를 중심으로 탈북학생이 정착지 학교에서 생활하는데 필요한 종합적 지원을 제공한다.

⑤ 탈북학생 맞춤형 교육은 개인특성에 따른 교육 수요를 반영한 맞춤형 교육 강화를 중점 추진 방향으로 삼는다.

⑨ TIPS!

한국교육개발원은 탈북학생의 학교 및 사회적응력을 높이기 위해 교육경로를 단계별로 체계화하여 교육지원을 하고 있다.

147 하트(R. Hart)의 참여 사다리모델에서 실질적 참여로 볼 수 없는 단계는?

① 장식 단계(Decoration)

② 청소년이 시작하고 청소년이 감독하는 단계 (Child-initiated and directed)

③ 성인들이 협의하고 정보를 제공하는 단계 (Consulted and informed)

④ 성인들이 시작하고 청소년과 의사 결정을 공유하는 단계(Adult-initiated, shared decision with children)

⑤ 성인들이 정하지만 정보는 제공되는 단계 (Assigned but informed)

⑨ TIPS!

Hart의 청소년참여 사다리 모델
(The Ladder of Participation Model)

① Manipulation(조작) : 지역 유지들이 참여하는 동정자문위원회 등에서 많이 발견되며 자문위원회들이 해야 할 일을 공무원들이 하게 되는 경우이다. 공무원이 자문위원을 가르치거나 설득하거나 충고한다.

② Therapy(치유) : 사회적 약자를 정신병자와 동일시한다. 그들과 관련하여 문제 발생시 기관이 스스로 잘못을 인정하기보다 그 약자의 문제를 치유하려 한다.

③ Information(정보제공) : 피드백을 받거나 협상의 기회 없이 정보만을 제공하는 것으로 대부분 마지막 단계에서 정보를 제공함으로써 협상의 기회를 박탈한다.

④ Consultation(의견조사) : 의식조사(attitude survey), 반상회(neighborhood meeting), 공청회(public hearing) 등을 이용한다.

⑤ Placation(달래기) : 참여자가 어느 정도의 영향력을 발휘하지만 명목적 참여의 수준에 머물러 있는 경우이다. 참여의 결과로 그들이 실제로 얻은 이익이 없다면 이는 달래기 수준의 참여에 머물렀음을 말한다.

⑥ Partnership(공동참여) : 시민과 힘 있는 사람들 사이의 협상 과정을 통하여 권력이 재분배되는 수준을 말한다. 일단 기본규칙(ground rule)을 정하고 나면 어느 한쪽이 일방적으로 그 규칙을 파기할 수 없다.

⑦ Delegated Power(권한위임) : 어떤 특정한 계획이나 프로젝트에서 시민과 공무원의 협상 과정 중 시민측이 지배적인 의사결정권을 행사하게 되는 경우이다.

⑧ Citizen Control(시민통제) : 실제로는 시민이 절대적 권한을 가지게 되는 경우는 거의 없으나 실제 시민통제의 수준에 다다르는 개념을 갖는 것은 중요하다.

148 청소년복지 지원법령상 지역사회 청소년통합지원체계 구성 시 반드시 포함하여야 하는 필수연계기관에 포함되지 않는 것은?

① 지방자치단체　　② 청소년 비행예방센터

③ 보호관찰소　　④ 보건소

⑤ 청소년수련관

Answer 146.① 147.① 148.⑤

149 우리나라 청소년은 공직선거법상 몇 세 이상부터 대통령 및 국회의원 선거권이 있는가?

① 16세 　　　　② 17세

③ 18세 　　　　④ 19세

⑤ 20세

TIPS!

공직선거법상 18세 이상부터 대통령 및 국회의원 선거권을 가지게 된다.

150 소년법상 보호처분에 관한 내용으로 옳지 않은 것은?

① 사회봉사명령 처분은 14세 이상의 소년에게만 할 수 있다.
② 소년의 보호처분은 그 소년의 장래 신상에 어떠한 영향도 미치지 아니한다.
③ 수강명령은 100시간을 초과할 수 없다.
④ 보호관찰관의 단기 보호관찰기간은 1년으로 한다.
⑤ 단기로 소년원에 송치된 소년의 보호기간은 3개월을 초과하지 못한다.

TIPS!

단기로 소년원에 송치된 소년의 보호기간은 6개월을 초과하지 못한다.

151 콜브(D. Kolb)가 제시한 경험학습의 진행과정을 순서대로 옳게 나열한 것은?

> ㉠ 적극적 실험(active experimentation)
> ㉡ 구체적 경험(concrete experience)
> ㉢ 반성적 관찰(reflective observation)
> ㉣ 추상적 개념화(abstract conceptualization)

① ㉠ - ㉡ - ㉣ - ㉢

② ㉠ - ㉢ - ㉡ - ㉣

③ ㉡ - ㉢ - ㉠ - ㉣

④ ㉡ - ㉢ - ㉣ - ㉠

⑤ ㉡ - ㉣ - ㉢ - ㉠

TIPS!

콜브(D. Kolb)가 제시한 경험학습의 진행과정
① 구체적 경험
② 반성적 관찰
③ 추상적 개념화
④ 적극적 실험

152 다음이 설명하는 프로그램 유형은?

> - 어떤 하나의 내용을 한 번에 지도하기 위한 일회성 프로그램이다.
> - 비교적 짧은 시간에 달성해야 하는 특정한 활동을 중심으로 구성된다.

① 단위 프로그램 　　　② 연속 프로그램

③ 통합 프로그램 　　　④ 종합 프로그램

⑤ 단계적 프로그램

TIPS!

단위프로그램 … 임의의 프로그램에 부속되지 않지만, 공통적으로 반복해서 사용할 수 있도록 작성된 프로그램

Answer 149.③ 150.⑤ 151.④ 152.①

153 청소년프로그램개발 패러다임 중 비판주의 패러다임에 관한 설명에 해당하는 것은?

① 외부세계에 존재하는 새로운 지식과 정보, 기술을 청소년에게 전달하는 도구적인 성격이 강하다.

② 청소년지도사는 빈 그릇 상태인 청소년에게 무엇인가를 채워주는 권위 있는 사람으로 인식된다.

③ 프로그램의 목표에 의해 프로그램의 내용이 결정되는 성격이 강하다.

④ 교육을 의식화 과정으로 간주하고, 억압상태로부터의 해방과 비판적 실천행위를 강조한다.

⑤ 프로그램에 참여하는 청소년은 수동적이고 피동적인 존재로 간주된다.

TIPS!

비판주의 패러다임 … 청소년의 반성(부정적인 생각)과 이를 해결하려는 행위의 상호과정으로 개발 형태가 대화모형이기에 청소년 참여가 부각된다.

154 프로그램개발 통합모형에서 프로그램 관련 상황분석과 프로그램개발의 기본방향이 설정되는 단계는?

① 프로그램 설계

② 프로그램 기획

③ 프로그램 마케팅

④ 프로그램 실행

⑤ 프로그램 평가

TIPS!

프로그램 기획 … 프로그램 관련 상황을 분석하고 프로그램 개발의 기본방향을 설정한다.

155 요구(needs)에 관한 설명으로 옳은 것을 모두 고른 것은?

> ⊙ 느낀 요구(felt needs) : 학습자에 의해 인식된 요구
> ⓒ 표현된 요구(expressed needs) : 학습자에 의해 표출되거나 행동화된 요구
> ⓒ 규범적 요구(normative needs) : 주관적 차원에서 진단된 요구
> ⓔ 비교 요구(comparative needs) : 타인이나 다른 집단과의 비교에 의해 생성된 요구

① ⊙, ⓒ

② ⓒ, ⓔ

③ ⊙, ⓒ, ⓔ

④ ⓒ, ⓒ, ⓔ

⑤ ⊙, ⓒ, ⓒ, ⓔ

TIPS!

프로그램 요구사정 … 프로그램 기획과정의 첫단계로 교육을 통하여 변화되여야 할 문제내용이나 범위를 확인한다. 대상자의 교육요구와 영향을 미치는 요소들을 파악하여 대상자의 요구를 가장 잘 충족시킬 수 있는 프로그램을 제공하는게 목적이다.

① 규범적 요구 : 프로그램 전문가에 의해 정의되는 요구로 학습자의 주관적인 느낌, 생각과 차이가 존재할 수 있다.

② 느낀 요구 : 학습자에 의해 인식된 요구

③ 표현된 요구 : 학습자에 의해 표출되거나 행동화된 요구

④ 비교 요구 : 타인이나 다른 집단과의 비교에 의해 생성된 요구

Answer 153.④ 154.② 155.③

156 켈러(J. Keller)의 ARCS모형에 기초한 동기유발전략 중 관련성(Relevance) 향상 전략에 해당하는 것은?

① 특이성의 전략
② 난이도 계열화의 전략
③ 긍정적인 피드백의 전략
④ 친밀성의 전략
⑤ 성공기회 제공의 전략

💡 TIPS!

켈러(Keller)의 A. R. C. S. 모형(A : 주의집중, R : 관련, C : 신념, S : 성공감) 중 관련성(relevance)은 학습자가 자신의 학습내용이 자신의 미래와 연관된다고 인지할 때 학습동기는 높아진다.

157 청소년 기본법령상 청소년수련관의 청소년지도사 배치기준에 관한 내용이다. (   )에 들어갈 숫자가 순서대로 옳은 것은?

> 1급 또는 2급 청소년지도사 각각 1명 이상을 포함하여 (   )명 이상의 청소년지도사를 두되, 수용인원이 500명을 초과하는 경우에는 500명을 초과하는 (   )명당 1급, 2급 또는 3급 청소년지도사 중 1명 이상을 추가로 둔다.

① 3, 150 ② 3, 200
③ 3, 250 ④ 4, 200
⑤ 4, 250

💡 TIPS!

청소년지도사 배치기준 … 1급 또는 2급 청소년지도사 각각 1명 이상을 포함하여 4명 이상의 청소년지도사를 두되, 수용인원이 500명을 초과하는 경우에는 500명을 초과하는 250명당 1급, 2급 또는 3급 청소년지도사 중 1명 이상을 추가로 둔다.

158 개인중심 청소년지도방법에 해당하는 것을 모두 고른 것은?

> ㉠ 멘토링(mentoring)
> ㉡ 도제제도(apprenticeship)
> ㉢ 브레인스토밍(brainstorming)

① ㉡
② ㉠, ㉡
③ ㉠, ㉢
④ ㉡, ㉢
⑤ ㉠, ㉡, ㉢

💡 TIPS!

브레인스토밍은 창의적 사고 도출방법에 해당된다.

159 청소년 기본법령상 청소년특별회의에 관한 내용으로 옳지 않은 것은?

① 여성가족부장관은 특별회의의 참석 대상을 정할 때에는 성별·연령별·지역별로 각각 전체 청소년을 대표할 수 있도록 노력하여야 한다.
② 여성가족부장관이 공개모집을 통하여 선정한 청소년은 참석대상이 된다.
③ 특별회의는 2년마다 개최하여야 한다.
④ 참석대상·운영방법 등 세부적인 사항은 대통령령으로 정한다.
⑤ 여성가족부장관은 특별회의의 의제와 관련된 중앙행정기관의 장이 회의에 참석하도록 협조를 요청할 수 있다.

💡 TIPS!

연 1회 시행을 정례화할 것을 제안하여, 2005년 4월 의회형식으로 구성된 청소년특별회의로 개편하여 현재에 이른다.

Answer 156.④ 157.⑤ 158.② 159.③

160 청소년 기본법상 한국청소년단체협의회의 청소년육성을 위한 활동에 해당하는 것을 모두 고른 것은?

> ㉠ 청소년지도자의 연수와 권익 증진
> ㉡ 청소년 관련 분야의 국제기구활동
> ㉢ 해외교포청소년과의 교류·지원
> ㉣ 청소년 관련 도서 출판 및 정보 지원

① ㉠, ㉢   ② ㉡, ㉣
③ ㉠, ㉡, ㉣   ④ ㉡, ㉢, ㉣
⑤ ㉠, ㉡, ㉢, ㉣

> **TIPS!**
>
> 청소년기본법에 명시된 한국청소년단체협의회의 주요기능
> ㉮ 회원단체가 행하는 사업과 활동에 대한 협조와 지원
> ㉯ 청소년지도자의 연수 및 권익증진
> ㉰ 외국 청소년단체와의 교류 및 지원
> ㉱ 남·북 청소년 및 해외교포청소년과의 지원·교류
> ㉲ 청소년활동에 관한 조사·연구·지원
> ㉳ 청소년관련 도서출판 및 정보지원과 청소년육성을 위한 홍보
> ㉴ 지방청소년단체협의회에 대한 협조 및 지원
> ㉵ 기타 청소년단체의 육성에 필요한 사업

161 청소년활동 진흥법 제2조(정의) 규정의 일부이다. ( )에 들어갈 용어로 옳은 것은?

> ( )(이)란 청소년수련활동에 필요한 프로그램과 이와 관련된 사업을 말한다.

① 청소년이용시설
② 청소년수련시설
③ 청소년수련거리
④ 청소년수련지구
⑤ 청소년어울림마당

> **TIPS!**
>
> 청소년수련거리란 청소년수련활동에 필요한 프로그램과 이와 관련된 사업을 말한다.

162 청소년활동 진흥법령상 ( )에 들어갈 숫자로 옳은 것은?

> 국가는 인증수련활동에 참여한 청소년의 활동 기록을 확인하는 등의 절차를 거쳐 해당 활동이 끝난 후 ( )일이 경과한 날부터 그 기록을 제공할 수 있도록 하여야 한다

① 7   ② 10
③ 14   ④ 15
⑤ 20

> **TIPS!**
>
> 청소년수련활동의 인증절차
> ㉠ 국가 및 지방자치단체 또는 개인·법인·단체 등이 수련활동에 필요한 프로그램을 개발하여 실시하려는 때에는 인증위원회에 그 인증을 신청할 수 있다.
> ㉡ ㉠에 따른 인증을 받으려는 자는 수련활동에 필요한 프로그램을 진행하는 활동의 장소, 시기, 목적, 대상, 내용, 진행방법, 평가, 자원조달, 청소년지도자 등에 관한 사항을 작성하여 인증위원회에 제출하여야 한다.
> ㉢ 인증위원회가 ㉠에 따른 인증을 하는 때에는 현장방문 등 필요한 방법으로 인증신청의 내용을 확인할 수 있다.
> ㉣ 인증위원회는 인증신청의 내용을 확인한 결과 ㉡에 따른 신청사항이 누락되거나 신청사항의 보완이 필요한 경우에는 대통령령으로 정하는 바에 따라 20일 이내의 기간을 정하여 보완을 요구할 수 있다.
> ㉤ ㉠부터 ㉣까지의 규정에 따른 수련활동 인증의 절차와 방법 등에 관하여 필요한 사항은 대통령령으로 정한다.

Answer 160.⑤ 161.③ 162.⑤

163 청소년활동 진흥법령상 청소년수련시설의 안전기준에 관한 내용이다. (　)에 들어갈 내용으로 옳은 것은?

> 수련시설의 운영대표자는 (　) 이상 시설물에 대한 안전점검(세부적인 점검사항은 여성가족부령으로 정하는 바에 따른다)을 실시하여야 하며, 점검 결과를 시설물 안전점검기록대장에 기록·관리하여야 한다.

① 매월 1회　　　② 분기별 1회
③ 반기별 1회　　④ 매년 1회
⑤ 2년마다 1회

164 청소년활동 진흥법상 (　)에 들어갈 숫자로 옳은 것은?

> 특별자치시장·특별자치도지사·시장·군수·구청장은 수련시설의 운영 또는 청소년활동 중에 「성폭력범죄의 처벌 등에 관한 특례법」 제2조의 성폭력범죄가 발생한 경우 수련시설 설치·운영자 또는 위탁운영단체, 숙박형등 청소년수련활동 주최자에게 (　)개월 이내의 기간을 정하여 시설 운영 또는 활동의 중지를 명할 수 있다.

① 3　　　　② 4
③ 5　　　　④ 6
⑤ 9

165 청소년활동 진흥법령상 위험도가 높은 청소년수련활동에 해당하는 것을 모두 고른 것은?

> ㉠ 행글라이딩　　　㉡ 하강레포츠
> ㉢ 2시간의 야간등산　㉣ 8km의 도보이동

① ㉠, ㉡　　　　② ㉠, ㉢
③ ㉠, ㉡, ㉣　　④ ㉡, ㉢, ㉣
⑤ ㉠, ㉡, ㉢, ㉣

166 청소년활동 진흥법령상 수련시설의 종합평가에 관한 내용으로 옳지 않은 것은?

① 여성가족부장관은 수련시설에 대한 종합평가를 2년마다 1회 이상 실시하여야 한다.
② 여성가족부장관은 종합평가결과를 교육부장관 등 관계 기관의 장에게 알려야 한다.
③ 종합평가의 주기·방법·절차에 필요한 사항은 한국청소년활동진흥원이 정한다.
④ 국가는 종합평가의 결과가 우수한 수련시설에 대하여 포상 등을 실시할 수 있다.
⑤ 종합평가는 수련시설의 전문성 강화와 운영의 개선 등을 위하여 실시된다.

Answer　163.① 164.① 165.① 166.③

167 청소년활동 진흥법 제2조(정의) 규정의 일부이다. ( )에 들어갈 내용이 순서대로 옳은 것은?

> "비숙박형 청소년수련활동"이란 19세 미만의 청소년을 대상으로 제10조 제1호의 청소년수련시설 또는 그 외의 다른 장소에서 실시하는 청소년수련활동으로서 실시하는 날에 끝나거나 숙박 없이 (   )회 이상 (   )으로 실시하는 청소년수련활동을 말한다.

① 1, 비정기적
② 1, 정기적
③ 2, 비정기적
④ 2, 정기적
⑤ 3, 비정기적

TIPS!

수련시설을 현행과 같이 생활권 또는 자연권의 구분에서 벗어나 프로그램의 내용을 중심으로 숙박형, 비숙박형(2회 이상, 정기적), 혼합형 등으로 청소년의 수요에 따라 다양하게 운영할 필요가 있다.

168 청소년활동 진흥법상 (   )에 들어갈 내용으로 옳은 것은?

> 국가는 청소년수련활동 인증제도를 운영하기 위하여 청소년수련활동 인증위원회를 (   )에 설치·운영하여야 한다.

① 한국청소년정책연구원
② 한국청소년단체협의회
③ 한국청소년활동진흥원
④ 한국청소년수련시설협회
⑤ 한국청소년상담복지개발원

TIPS!

청소년활동진흥법에 명시된 한국청소년활동진흥원 주요기능
㉮ 청소년활동·복지·보호에 관한 종합적인 안내 및 서비스
㉯ 청소년정보의 종합적 관리 및 제공
㉰ 청소년 자원봉사활동 활성화
㉱ 청소년활동 프로그램의 개발과 보급
㉲ 청소년수련활동인증위원회의 운영
㉳ 국가가 설치하는 수련 시설에 대한 유지·관리 및 운영업무의 수탁
㉴ 국가 및 지방자치단체가 개발한 주요 수련거리의 시범운영
㉵ 청소년지도자 연수

169 청소년활동 진흥법령상 '숙박형등 청소년수련활동 계획의 신고'에 관한 내용으로 옳은 것은?

① 20세 청소년집단을 대상으로 숙박형등 청소년수련활동을 주최하려는 자는 그 활동계획을 신고하여야 한다.
② 숙박형등 청소년수련활동을 주최하려는 자는 그 활동계획의 신고가 수리되기 전이라도 모집활동을 할 수 있다.
③ 활동계획의 신고서는 한국청소년활동진흥원에 제출하여야 한다.
④ 활동계획을 신고한 자는 신고한 내용의 변경이 필요한 경우, 활동 후 3일 이내에 변경신고서를 제출하여야 한다.
⑤ 청소년이 부모 등 보호자와 함께 참여하는 경우는 활동계획의 신고 대상에서 제외된다.

TIPS!

숙박형등 청소년수련활동 계획의 신고시 청소년이 부모 등 보호자와 함께 참여하는 경우는 활동계획의 신고 대상에서 제외된다.

Answer 167.④ 168.③ 169.⑤

170 청소년활동 진흥법령상 청소년수련시설에 해당하는 것은?

① 어린이회관
② 청소년특화시설
③ 청소년쉼터
④ 청소년치료재활센터
⑤ 청소년자립지원관

> **TIPS!**
>
> 청소년특화시설은 청소년의 직업체험, 문화예술, 과학정보, 환경 등 특정 목적의 청소년활동을 전문적으로 실시할 수 있는 시설과 설비를 갖춘 수련시설을 말한다.

171 청소년활동 진흥법령상 청소년운영위원회에 관한 내용으로 옳지 않은 것은?

① 위원장은 위원 중에서 호선(互選)한다.
② 국가 및 지방자치단체는 예산의 범위에서 운영위원회의 운영에 필요한 경비를 지원할 수 있다.
③ 청소년운영위원회의 구성·운영 등에 필요한 사항은 대통령령으로 정한다.
④ 위원의 임기는 2년으로 한다.
⑤ 수련시설운영단체의 대표자는 운영위원회의 의견을 수련시설 운영에 반영하여야 한다.

> **TIPS!**
>
> 청소년 운영 위원회 … 청소년기본법 제2조(기본이념) 제5조(청소년의 권리와 책임)와 청소년활동진흥법 제4조(청소년운영위원회)에 근거하여 청소년시설에서 청소년에 의해, 청소년에 의한, 청소년을 위한 일을 하는 것으로 청소년의 대표가 되어 청소년회관을 이용하는 청소년들의 책임과 의무, 권리에 대해 이해하고 돕는 것이다. 위원의 임기는 1년으로 한다.

172 국제청소년성취포상제에 관한 설명으로 옳지 않은 것은?

① 영국의 에딘버러(Edinburgh) 공작에 의해 시작되었다.
② 은장 단계에서는 4박 5일의 합숙 활동을 해야 한다.
③ 기본이념에는 비경쟁성이 포함된다.
④ 동장 단계에서는 봉사, 자기개발, 신체단련, 탐험을 해야 한다.
⑤ 한국청소년활동진흥원이 국제청소년성취포상제의 한국사무국이다.

> **TIPS!**
>
> 은장 단계에서는 2박 3일의 합숙 활동을 해야 한다.

173 청소년 관련법의 제정연도가 빠른 순서대로 나열한 것은?

> ㉠ 청소년 기본법
> ㉡ 청소년활동 진흥법
> ㉢ 학교 밖 청소년 지원에 관한 법률

① ㉠ - ㉡ - ㉢
② ㉠ - ㉢ - ㉡
③ ㉡ - ㉠ - ㉢
④ ㉡ - ㉢ - ㉠
⑤ ㉢ - ㉠ - ㉡

> **TIPS!**
>
> 청소년 관련법 제정 … 청소년기본법 → 청소년활동진흥법 → 학교 밖 청소년 지원에 관한 법률

Answer 170.② 171.④ 172.② 173.①

174 청소년수련활동 인증기준 중 공통기준에 해당하지 않는 것은?

① 프로그램 자원운영
② 지도자 역할 및 배치
③ 공간과 설비의 확보 및 관리
④ 안전관리계획
⑤ 이동관리

> **TIPS!**
>
> 청소년수련활동인증제 … 청소년수련활동인증제는 청소년
> 활동진흥법에 의거하여 시행되는 제도로, 다양한 청소
> 년활동에 수련활동이 갖는 일정기준 이상의 형식적 요
> 건과 질적 특성을 갖춘 청소년활동이 정당한 절차로 성
> 립되었음을 공적기관에 의해 증명된 제도이다.
> 인증제는 청소년활동 프로그램, 프로그램을 운영할 수
> 있는 지도력, 프로그램이 운영되는 활동장, 참여하는
> 청소년의 활동기록체제 등의 영역에서 일정기준을 갖춘
> 프로그램으로 인증기준을 충족시키지 못하는 프로그램이
> 나 서비스제공자에게 어떤 제재조치를 취하고자 하는 제
> 도가 아니다. 인증제의 시행은 청소년활동의 질적 향상
> 을 추구하기 위한 계기를 마련하는 한편, 프로그램 운영
> 에 대한 효과와 평가에 초점을 맞추는 것이다. 인증제는
> 청소년활동이 인증기준을 통하여 가능한 위험요소를 최
> 소화함으로서 안전한 활동환경을 마련하려는 것이다.
>
> ※ 청소년수련활동의 인증절차
>
> ㉠ 국가 및 지방자치단체 또는 개인·법인·단체 등
> 이 수련활동에 필요한 프로그램을 개발하여 실시
> 하려는 때에는 인증위원회에 그 인증을 신청할
> 수 있다.
>
> ㉡ ㉠에 따른 인증을 받으려는 자는 수련활동에 필
> 요한 프로그램을 진행하는 활동의 장소, 시기,
> 목적, 대상, 내용, 진행방법, 평가, 자원조달, 청
> 소년지도자 등에 관한 사항을 작성하여 인증위원
> 회에 제출하여야 한다.
>
> ㉢ 인증위원회가 ㉠에 따른 인증을 하는 때에는 현
> 장방문 등 필요한 방법으로 인증신청의 내용을
> 확인할 수 있다.
>
> ㉣ 인증위원회는 인증신청의 내용을 확인한 결과 ㉡
> 에 따른 신청사항이 누락되거나 신청사항의 보완
> 이 필요한 경우에는 대통령령으로 정하는 바에
> 따라 20일 이내의 기간을 정하여 보완을 요구할
> 수 있다.
>
> ㉤ ㉠부터 ㉢까지의 규정에 따른 수련활동 인증의
> 절차와 방법 등에 관하여 필요한 사항은 대통령
> 령으로 정한다.

175 청소년방과후아카데미에 관한 설명으로 옳지 않은 것은?

① 청소년 기본법에 법적 근거를 두고 있다.
② 초등학교 1학년부터 중학교 3학년까지가 지원 대상이다.
③ 한국청소년활동진흥원에서 운영지원을 하고 있다.
④ 청소년수련시설에 설치·운영할 수 있다.
⑤ 담임(SM)은 상담 및 생활기록·관리 업무를 수 행한다.

> **TIPS!**
>
> 청소년 방과 후 아카데미 … 국가의 정책사업 과제로 여
> 성가족부와 지방자치단체에서 공적 서비스를 담당하는
> 청소년수련시설(청소년수련관, 청소년문화의집)을 기반으
> 로 청소년들의 건강한 방과후 생활과 삶의 질 향상을 위
> 해 가정이나 학교에서 체험하지 못했던 다양한 청소년활
> 동 프로그램운영, 청소년생활관리등 청소년을 위한 종합
> 서비스를 지원하는 국가정책지원 사업입니다. 2005년 9
> 월부터 46개소를 시범운영하여, 2006년 전국적으로 확
> 대, 현재 200개소 청소년시설에서 방과후아카데미가 운
> 영되고 있습니다.
> 방과후 돌봄이 필요한 청소년(초등 4학년~중등 3학년/
> 운영기관에 따라 교급 상이)이 대상이 된다.

Answer   174.⑤   175.②

당신의 꿈은 뭔가요?

MY BUCKET LIST !

꿈은 목표를 향해 가는 길에 필요한 휴식과 같아요.

여기에 당신의 소중한 위시리스트를 적어보세요. 하나하나 적다보면 어느새 기분도

좋아지고 다시 달리는 힘을 얻게 될 거예요.

창의적인 사람이 되기 위해서

정보가 넘치는 요즘, 모두들 창의적인 사람을 찾죠.
정보의 더미에서 평범한 것을 비범하게 만드는 마법의 손이 필요합니다.
어떻게 해야 마법의 손과 같은 '창의성'을 가질 수 있을까요. 여러분께만 알려 드릴게요!

01. 생각나는 모든 것을 적어 보세요.

아이디어는 단번에 솟아나는 것이 아니죠. 원하는 것이나, 새로 알게 된 레시피나, 뭐든 좋아요.
떠오르는 생각을 모두 적어 보세요.

02. '잘하고 싶어!'가 아니라 '잘하고 있다!'라고 생각하세요.

누구나 자신을 다그치곤 합니다. 잘해야 해. 잘하고 싶어.
그럴 때는 고개를 세 번 젓고 나서 외치세요. '나, 잘하고 있다!'

03. 새로운 것을 시도해 보세요.

신선한 아이디어는 새로운 곳에서 떠오르죠. 처음 가는 장소, 다양한 장르에 음악, 나와 다른 분야의 사람.
익숙하지 않은 신선한 것들을 찾아서 탐험해 보세요.

04. 남들에게 보여 주세요.

독특한 아이디어라도 혼자 가지고 있다면 키워 내기 어렵죠.
최대한 많은 사람들과 함께 정보를 나누며 아이디어를 발전시키세요.

05. 잠시만 쉬세요.

생각을 계속 하다보면 한쪽으로 치우치기 쉬워요. 25분 생각했다면 5분은 쉬어 주세요.
휴식도 창의성을 키워 주는 중요한 요소랍니다.